Kulturgeschichte

WILL UND ARIEL DURANT

KULTURGESCHICHTE DER MENSCHHEIT

BAND 13

ULLSTEIN

WILL UND ARIEL DURANT

VOM ABERGLAUBEN ZUR WISSENSCHAFT

ULLSTEIN

Kulturgeschichte
Ullstein Buch Nr. 36113
im Verlag Ullstein GmbH, Frankfurt/M – Berlin – Wien
Titel der amerikanischen Originalausgabe
»The Story of Civilization«
VIII. The Age of Louis XIV., IV–V (Kap. 17–24)
IX. The Age of Voltaire I (Kap. 1–6)
Simon and Schuster, New York
Übersetzt von Bee Juker (Erstes und Zweites Buch)
und Elinor Lipper (Drittes und Viertes Buch)
Redaktion: Hans Dollinger

Ungekürzte Ausgabe

Umschlagentwurf: Hansbernd Lindemann
Umschlagfoto: Die Anatomie des Dr. Tulp,
Gemälde von Rembrandt van Rijn, 1632
(Amsterdam, Rijksmuseum)

ISBN 3 548 36113 7

Mai 1982

CIP-Kurztitelaufnahme der Deutschen Bibliothek

Durant, Will:
Kulturgeschichte der Menschheit / Will u. Ariel Durant. –
Ungekürzte Ausg. – Frankfurt/M; Berlin; Wien: Ullstein
(Ullstein-Buch; ...)
Einheitssacht.: The story of civilization ⟨dt.⟩

NE: Durant, Ariel:

Bd. 13. Vom Aberglauben zur Wissenschaft / Will u. Ariel Durant. –
[Übers. von Bee Juker u. Elinor Lipper]. – 1982.
(Ullstein-Buch; Nr. 36113: Kulturgeschichte)
ISBN 3-548-36113-7

NE: GT

Vorwort

Der überwiegende Teil dieses Bandes ist dem geistigen Abenteuer der Befreiung der Menschen aus Aberglauben, Obskurantismus und Intoleranz zu Gelehrsamkeit, Naturwissenschaft und Philosophie gewidmet. Wenn auch ganz Europa davon erfaßt wurde, so waren es im 17. Jahrhundert vornehmlich die protestantischen Länder England und Holland, die in den Naturwissenschaften und in der Philosophie dominierten, da die Vielfalt der Konfessionen in diesen Ländern die Zensur weniger stark wirken ließ als in den katholischen Regionen. Im 18. Jahrhundert stieß dann auch noch Frankreich unter der alles beherrschenden Feder von Voltaire zu den Wegbereitern eines neuen Weltbilds.

Bis dahin, in der Zeitspanne von 1648 bis 1715, prägten die europäische Geistesgeschichte in Frankreich Namen wie Fermat, Pascal, Roberval, Mariotte, Perrault und eine ganze Dynastie von Cassine; in der Schweiz wirkte die Gelehrtenfamilie der Bernoulli; in Deutschland arbeiteten Guericke, Leibniz, Tschirnhaus und Fahrenheit, in Holland Huygens und Leeuwenhoek, in Italien Viviani und Torricelli, in Dänemark Sterno, in Schottland James und David Gregory und in England schließlich Wallis, Lister, Boyle, Hooke, Falmsteed, Halley und der alle überragende Isaak Newton. So war die zweite Hälfte des 17. Jahrhunderts eine der glänzendsten Perioden in der Entwicklung der Wissenschaften. Damals wurde beispielsweise mit der Entdeckung der Ernährungs- und Fortpflanzungsprozesse der Pflanzen die noch von Aristoteles stammende Erklärung des Wachstums der Pflanzen aus dem Expansionstrieb der «Pflanzenseele» endgültig ins Archiv der Geschichte verwiesen; da schrieb 1686 der berühmte Reisende Jean Chardin den für die spätere Ethnologie so grundlegenden Satz: «Das Klima jeder einzelnen Rasse ist . . . immer die Grundursache der Neigungen und Gebräuche der Völker.» Der Engländer Edward Tyson beschrieb 1699 den Orang-Utan als «Waldmenschen», verglich die Anatomie des Menschen mit der des Affen und bezeichnete den Schimpansen als das Zwischenglied zwischen den beiden. Es war lediglich die Angst der damaligen Biologen vor den Theologen, die sie davor zurückhielt, schon im 17. Jahrhundert der Entwicklungstheorie eines Darwin vorzugreifen. Und 1702 sagte der Franzose Fontenelle voraus, daß «der Tag kommen wird, da der Mensch fähig sein wird, sich mit Flügeln durch die Luft zu schwingen; diese Kunst wird sich entwickeln . . . bis wir eines Tages imstande sein werden, auf den Mond zu fliegen.»

Das siebzehnte Jahrhundert war auch das fruchtbarste in der Geschichte des modernen Denkens. Der Engländer John Locke schwärmte davon, daß «jeder Mensch von Natur frei ist . . . und nichts imstande ist, ihn ohne seine Zustimmung einer irdischen Gewalt zu unterwerfen». Lockes Einfluß auf das politische Denken blieb von überragender Wirksamkeit bis zu Karl Marx. George Berkeley stellte die damalige Philosophie vollends auf den Kopf mit seiner Behauptung, daß «alle himmlischen Chöre und die ganze Fülle der irdischen Dinge . . . alle diese Dinge, die das großartige Weltgebäude ausmachen», für den Menschen nur als Vorstellungen in seinem Geist bestehen würden. Baruch Spinoza begann bereits um 1670 mit dem Entwurf einer modernen Demokratie, obwohl er um «den so schwankenen Sinn der Menge» wußte: «Die Demokratie erscheint mir von allen Regierungsformen die natürlichste zu sein und der Freiheit des Individuums am besten zu entsprechen.»

Was sich im 17. Jahrhundert in der Geistesgeschichte anbahnte, manifestierte sich dann in den zwei Themen, die Westeuropa im 18. Jahrhundert beherrschen sollten: das Einstürzen der alten Feudalordnung und den drohenden Zusammenbruch der christlichen Religion, der geistlichen und sozialen Stütze dieser Ordnung. Staat und Glaube waren zu gegenseitigem Schutz verbunden, und «der Fall des einen schien auch den des anderen zu bedeuten» (Durant). In diesem Drama des großen Umsturzes ging wieder einmal England voran und hatte in David Hume, der Kant den Anstoß für seine Kritik der Vernunft gab, seinen schärfsten und ganz Europa befruchtenden Geist der Aufklärung, der den Kampf für die Vernunft «nicht nur bis unter die Mauern, sondern bis in die Zitadelle des alten Glaubens trug» und bereits seine Schläge gegen die alte Ordnung austeilte, bevor in Frankreich die «Philosophes» auftraten und ein Voltaire sich anschickte, die Welt nach seinen Ideen umzuwandeln.

England war auch im Bereich der Literatur, des Theaters und der Musik im 18. Jahrhundert wegweisend, was wir ebenfalls diesem Band entnehmen können. Dort entstand der moderne Roman mit Samuel Richardsons «Clarissa», vor allem aber mit Henry Fieldings «Tom Jones». In diesen Werken wurde nach der Vervollkommnung der Abenteuergeschichte durch Defoe und der aufrüttelnden Reisebeschreibung eines Jonathan Swift erstmals die Kunst der allmählichen Entfaltung eines Charakters gemeistert, wobei gleichzeitig im Laufe der Ereignisse dieser Entfaltung auch die Sitten des Zeitalters abgebildet wurden. Der Realist Fielding war deshalb der «Vater» von Smollett, Sterne, Dickens und Thackeray. In der bildenden Kunst tat William Hogarth, nach Fielding, «mehr für die Sache der Tugend . . . als alle Wälzer über Moral, die je geschrieben wurden». Und in der Musik eroberte Händel in England eine der ersten überragenden Positionen in der Geschichte der Musik, ehe er von Bach und den späteren Genies erreicht oder gar übertroffen wurde.

München, im Sommer 1978 *Hans Dollinger*

Inhaltsverzeichnis

ERSTES BUCH
DIE ABENTEUER DES GEISTES
[1648–1715]

ZWEITES BUCH
FRANKREICH GEGEN EUROPA
[1683–1715]

DRITTES BUCH
FRANKREICH NACH LUDWIG XIV.

VIERTES BUCH
ENGLAND [1714–1756]

Erstes Kapitel: Das Volk [1714–1756]

Zweites Kapitel: Die Herrscher

Drittes Kapitel: Religion und Philosophie

Erstes Buch

DAS ABENTEUER DES GEISTES

[1648–1715]

ERSTES KAPITEL

Vom Aberglauben zur Forschung

[1648–1715]

I. HINDERNISSE

Mit Ausnahme einer kleinen Minderheit waren alle Europäer des siebzehnten Jahrhunderts überzeugt, die Natur sei das Produkt oder der Tummelplatz wohl- oder übelgesinnter übernatürlicher Wesen, die in den Menschenleibern als Seelen wohnen, in Bäumen, Wäldern, Flüssen und Winden als wirkende Geister hausen, als Engel oder Dämonen in Lebewesen eindringen oder als mutwillige Elfen die Luft bevölkern. Diese Geister gehorchten keinen Gesetzen, jeder konnte wunderwirkend in die den Edelsteinen oder Gestirnen, Tieren oder Menschen eigenen Kräfte eingreifen; Ereignisse, die nicht offensichtlich dem natürlichen, gewohnten Verhalten von Dingen oder Wesen entsprachen, wurden solchen übernatürlichen Kräften zugeschrieben, die einen geheimnisvollen, unheimlichen oder vorbestimmenden Anteil am Lauf der Welt hatten. Alle natürlichen Dinge, alle Planeten mit ihren Bewohnern, alle Sternbilder und Milchstraßen waren unselbständige, in einem Meer von Übernatürlichem treibende Inseln.

Gewisse Formen von Aberglauben haben wir schon früher beschrieben. Die meisten von ihnen überdauerten die mit Kopernikus, Vesalius und Galileo Galilei einsetzenden Anfänge der modernen Naturwissenschaften, einige lebten selbst in Newton noch fort. Am Hof Ludwigs XIV. lebten zahlreiche Astrologen[1], obschon Astrologie und Alchimie weiter an Bedeutung verloren, und in Wien «gab es eine erstaunlich große Zahl von Alchimisten»[2], wie Lady Mary Wortley Montagu 1717 berichtet. Robuste Briten glaubten immer noch an Gespenster, achteten auf Vorbedeutungen, gaben Geld für Horoskope aus, hielten ihre Träume für prophetisch und berechneten Glücks- und Unglückstage; und weniger robuste Briten baten den König um Heilung von ihren Skrofeln durch Berührung. Nummer sieben von *The Spectator* beschrieb die Aufregungen, die ein wenig verschüttetes Salz oder das Kreuzen von Messer und Gabel auf dem Teller oder die Anwesenheit von dreizehn Personen in einem Zimmer in einer englischen Familie hervorrufen konnten. (Man erinnere sich an das Fehlen des dreizehnten Stockwerks in manchen Hotels des zwanzigsten Jahrhunderts!) In Frankreich war Jacques Aymer der Held des Tages (1692), weil ihm das Zucken einer in den Händen getragenen Haselrute die Nähe eines Verbrechers anzeigte[3]. In Deutschland bediente man sich zum Stillen von Blutungen, zur Wundheilung und zur Einrenkung von Knochen eines Zauberstabs[4]. In Schweden klagte man Stiernhielm der Zauberei an, als er mit einem Brennglas den Bart eines Bauern anzündete; der Experimentator konnte nur durch das Eingreifen Königin Christines vor dem Todesurteil bewahrt werden[5].

Die Zweifler an der Zauberkunst mehrten sich zwar, aber die, die daran glaubten, waren offensichtlich sehr viel zahlreicher. Die Höflinge Karls II. kümmerten sich wenig um spielverderbende Kobolde, aber eine «riesige Mehrheit» und die hervorragendsten Autoren der englischen Geistlichkeit hielten immer noch daran fest, daß Menschen sich mit dem Teufel verbünden und auf diese Weise zu übernatürlichen Kräften gelangen können[6]. Joseph Glanvill, ein anglikanischer Kleriker von glänzendem Verstand und kraftvoller Sprache, entrüstete sich in *Philosophical Considerations touching Witches and Witchcraft* (Philosophische Betrachtungen über Hexen und Zauberkünste; 1666) darüber, daß «im übrigen intelligente und geistig unabhängige Leute der überheblichen Ansicht sein können, es gebe so etwas wie Hexen oder Geistererscheinungen überhaupt nicht»; Zweifel dieser Art, warnte er, würden zum Atheismus führen. Ein anderer berühmter Theologe, Ralph Cudworth, prangerte in seinem *True Intellectual System of the Universe* (1678) alle jene als Atheisten an, die nicht an das Vorhandensein von Hexen glauben[7]. Der Cambridger Platoniker Henry More verbürgte sich in seinem *Antidote to Atheism* (Gegengift gegen den Atheismus; 1668) nachdrücklich für die Wahrheit einer Geschichte, wonach eine «Hexe» dreißig Jahre lang mit dem Teufel verheiratet gewesen sei; und er hielt es für schiere Gotteslästerung, die Fähigkeit von Hexen, durch Beschwörung Stürme hervorzurufen oder auf Besen durch die Luft zu reiten, in Frage zu stellen[8].

Die Hexenverfolgungen ließen nach. Der schottische Klerus indessen zeichnete sich weiterhin durch besondern Feuereifer aus. 1652 wurden sechs Frauen vermittels einer Reihe von Folterungen dazu gebracht, sich der Zauberei schuldig zu bekennen; sie wurden an den Daumen aufgehängt und gepeitscht, brennende Kerzen wurden unter ihre Füße gestellt oder in ihre gewaltsam geöffneten Münder gesteckt; vier von den sechs starben an diesen Martern[9]. 1661 haben in Schottland vierzehn Gerichte Hexenverhöre durchgeführt, 1664 wurden in Leith neun Frauen aufs Mal verbrannt. Solche Hinrichtungen setzten sich in Schottland sporadisch bis 1722 fort. In England wurden 1664 in Bury St. Edmunds zwei Hexen gehängt; 1682 wurden drei und 1712 eine unbekannte Anzahl hingerichtet. Äußerungen von Weir, Spee, Hobbes, Spinoza und anderen untergruben nach und nach bei den gebildeten Laien den Hexenwahn. Rechtsanwälte und Magistraten setzten den Theologen Widerstand entgegen und weigerten sich, Angezeigte zu verfolgen oder zu überführen. 1712 erklärte ein aus einfachen Bürgern bestehendes Geschworenengericht Jane Wenham der Zauberei schuldig; der Richter jedoch verweigerte den Schuldspruch, worauf ihn der Ortsklerus öffentlich rügte[10]; aber seit diesem Jahr gab es in England keine Hinrichtungen wegen Hexerei mehr. In Frankreich verstand es Colbert, von Ludwig XIV. ein Edikt zu erwirken (1672), welches Schuldsprüche für Hexerei verbot[11]. Das Parlament von Rouen wandte ein, dieses Verbot verstoße gegen den ausdrücklichen Befehl der Heiligen Schrift: «Die Zauberinnen sollst du nicht leben lassen» (2. Mose, 22, 17/18), und einige Ortsbehörden brachten es fertig, in Frankreich zwischen 1680 und 1700 sieben «Zauberer» zu verbrennen; aber nach 1718 hört man von keinen solchen Hinrichtungen mehr. Der Glaube an Zauberei und Hexenkünste behauptete sich selbst während des zeitweiligen Sieges des Rationalismus in der Aufklärung des achtzehnten Jahrhunderts; da und dort gibt es auch heute noch Rückfälle.

Zensur und Intoleranz wirkten gemeinsam der Mehrung und Verbreitung des Wissens entgegen. In Frankreich verhinderten die Kämpfe zwischen Königen und Päpsten, zwischen Gallikanismus und Papsttum, zwischen Jansenisten und Jesuiten, zwischen Katholiken und Hugenotten die Einheitlichkeit, Konsequenz und Gründlichkeit der Zensur, während diese zur gleichen Zeit alle europäischen Geistesströmungen von Spanien fernhielt. Ketzerische Schriftsteller fanden Mittel und Wege zur Umgehung der Zensoren, und vielleicht gewann der französische Esprit seinen feinsten Schliff aus der Notwendigkeit, Ideen in einer für Beamte zu subtilen Weise vorzubringen. Im katholischen Köln überwachte der Kurfürst-Erzbischof jede Äußerung oder Veröffentlichung über religiöse Themen. Im protestantischen Brandenburg ordnete der Große Kurfürst eine gründliche Zensur zur Dämpfung der religiösen Streitereien an. In England fuhr die Regierung trotz der Toleranzakte (1689) fort, unliebsame Autoren ins Gefängnis zu werfen und ketzerische Bücher zu verbrennen[12]. Dennoch brachte es die Vielfalt der Konfessionen in den protestantischen Ländern mit sich, daß hier die Zensur weniger wirksam war als in den katholischen; zum Teil ist es diesem Umstand zuzuschreiben, daß sich England und Holland während des siebzehnten Jahrhunderts in den Naturwissenschaften und in der Philosophie besonders hervortaten.

Die rivalisierenden Konfessionen waren alle gleich intolerant. Die katholische Kirche bewies schlagend, daß, da fast alle Christen die Bibel als Wort Gottes anerkennen und da nach der Bibel der Sohn Gottes die Kirche gegründet hat, es ganz klar das Recht und die Pflicht der Kirche sei, jede Häresie auszurotten. Die protestantischen Konfessionen kamen zu einem ähnlichen, wenn auch weniger blutigen Schluß: Da die Bibel Gottes Wort ist, muß jede Abweichung von ihrer Lehre (das heißt ihrer offiziellen Auslegung) unterdrückt werden, und die Betreffenden sollten noch dankbar sein, nicht umgebracht zu werden. Mit dem Westfälischen Frieden (1648) wurden drei Bekenntnisse gesetzlich zugelassen: der Katholizismus, das Luthertum und der Calvinismus. Jeder Herrscher hatte das Recht, eines von diesen dreien zu wählen und es seinen Untertanen aufzuzwingen. Die skandinavischen Länder gestatteten nur das Lutherische Bekanntnis. In der Schweiz konnte jeder Kanton seine Religion selber wählen. Frankreich betrat mit dem Edikt von Nantes (1598) den Weg zur Toleranz, verließ ihn aber wieder mit dem Widerruf (1685). England milderte nach 1689 die Rechtlosigkeit der Dissenters, behielt aber die der Katholiken bei und rottete ein Drittel aller Katholiken in Irland aus. Der Rationalist Hobbes teilte die Ansicht der Päpste über die Notwendigkeit der Intoleranz.

Und doch nahm die Duldsamkeit zu. Das kritische Bibelstudium begann in dieser Zeit die Menschen dafür frei zu machen, den literarischen Wert der Bibel zu bewundern, aber ihre Wissenschaftlichkeit in Zweifel zu ziehen, und die wachsende Zahl der Sekten gestaltete die Aufrechterhaltung der öffentlichen Ordnung ohne gegenseitige Duldung immer schwieriger. In Neuengland verkündete Roger Williams (1644), es sei «Gottes Wille und Befehl, selbst die heidnischsten, jüdischen und türkischen oder christenfeindlichen Überzeugungen und Arten der Gottesverehrung aller Menschen in allen Ländern zuzulassen»[13]. John Milton warb für unzensierte Veröffentlichungen (1644), Jeremy Taylor setzte sich für freie Bibelauslegung ein (1646), und James Harrington (1656) wollte keine Einschränkung der Glaubensfreiheit gestatten: «Wo die bürgerlichen Rechte vollständig sind, umfassen sie auch die Gewissensfreiheit; wo Gewissensfreiheit vollständig ist ..., soll ein Mensch seine Religion nach seinem Gewissen in voller Freiheit und ohne Schaden für seine Beförderung oder Anstellung beim Staat ausüben dürfen.»[14] In Handelsländern wie Holland und sogar in dem katholischen Venedig machten die Handelsinteressen die Duldung der verschiedensten Religionen der Kaufleute aus fernen Ländern notwendig. Im liberalen Holland veröffentlichte Spinoza seinen *Tractatus theologico-politicus* (1670), einen Vorstoß zur vollen Duldung ketzerischer Ideen; ebenfalls in Holland verteidigte Bayle die Toleranz in seinem *Philosophischen Kommentar zu dem Christuswort «nötige sie, hineinzukommen»* (1686); und nachdem er viele Jahre in Holland gelebt hatte, gab Locke seine *Letters on Toleration* heraus (1689). Jahrzehnt um Jahrzehnt wuchs das Verlangen nach Geistesfreiheit, und gegen das Ende des siebzehnten Jahrhunderts hätte keine Kirche mehr gewagt, das zu tun, was man im Jahr 1600 Giordano Bruno und 1633 Galileo Galilei zugefügt hatte. *Eppur si muove.*

II. DIE ERZIEHUNG

Langsam breitete sich das Wissen durch Zeitungen, Zeitschriften, Flugschriften, Bücher, Bibliotheken, Schulen, Akademien und Universitäten immer mehr aus. Neuigkeiten wurden im siebzehnten Jahrhundert zu einer Handelsware, die zuerst an die Bankleute, dann an die Staatsmänner, dann überhaupt an jedermann verkauft wurde. 1711 betrug die Gesamtauflage aller täglich oder wöchentlich erscheinenden Zeitungen 44000[15].

Das 1665 gegründete *Journal des Savants* erkannte, daß es auch in der literarischen und in der gelehrten Welt Ereignisse gab, die als Neuigkeiten gelten konnten, und machte sich zum internationalen Austauschorgan für Forscher, Wissenschaftler und Literaten. Schon nach wenigen Jahren erschienen Konkurrenzunternehmungen: das *Giornale de' letterati* in Rom (1668), das *Giornale Veneto* in Venedig (1671) und die *Acta Eruditorum* in Leipzig (1682). Bayle gründete 1684 in Rotterdam die berühmte Zeitschrift *Nouvelles de la République des Lettres;* und zwei Jahre später begann Jean Le Clerc die Monatsschrift *Bibliothèque Universelle* herauszugeben; Locke und Leibniz gaben der Welt mehrere ihrer wichtigsten Überlegungen in diesen Zeitschriften bekannt.

Die Verbreitung von Büchern nahm rasch zu. 1701 gab es in Paris hundertachtundsiebzig Buchhändlermeister, und sechsunddreißig davon waren auch Drucker und Verleger[16]. Alte und neue Bibliotheken machten ihre Schätze weiteren Kreisen zugänglich. 1610 erhielt Sir Thomas Bodley vom Londoner Verlegerverband die Zusicherung, daß die von ihm 1598 in Oxford gegründete Bodleian Library von jedem in England veröffentlichten Buch ein Exemplar erhalten werde; auf diese Weise kamen bis 1930 1250000 Bände zusammen. 1617 ordnete ein Erlaß Ludwigs XIII. an, von jeder in

Frankreich erscheinenden neuen Publikation seien zwei Exemplare in der Bibliothèque Royale (heute Nationale) in Paris zu hinterlegen. 1622 umfaßte diese Sammlung sechstausend Bände, 1715, vor allem dank Colberts eifrigen Bemühungen, siebzigtausend und 1926 viereinhalb Millionen. Der Große Kurfürst von Brandenburg gründete 1661 die Staatsbibliothek in Berlin. Im selben Jahr vermachte Mazarin König Ludwig XIV. und Frankreich seine wertvolle Bibliothek von vierzigtausend Bänden, und 1700 schenkten die Nachkommen von Sir Robert Bruce Cotton dem Britischen Museum die Cottonian Library. Der erste, der dem allgemeinen Publikum eine englische Bibliothek öffnete, war Thomas Tenison in London, 1695.

Das Bildungswesen strebte die Verluste auszugleichen, die ihm in Frankreich aus den Religionskriegen, in England aus dem Bürgerkrieg und in Deutschland aus dem Dreißigjährigen Krieg entstanden waren. Erst in Lessings Zeit (1729–1781) hatten die Schulen und die Literatur Deutschlands den Stand wieder erreicht, den sie schon vor zweihundert Jahren in den Tagen Luthers, Ulrichs von Hutten und Melanchthons gehabt hatten. In der Zwischenzeit war ein mittelmäßiges Latein die Geheimsprache der wenigen literarisch Interessierten gewesen, während Deutsch, das Luther so kraftvoll gebraucht hatte, zum bloßen Verständigungsmittel für das Volk herabgesunken war; kein einziger Schriftsteller deutscher Sprache erhob sich während der langen Bußezeit für den eine ganze Generation lang dauernden Bruderkrieg zu internationalem Ansehen. Der deutsche Adel, der die lateinische Pedanterie der Universitäten verachtete, sandte seine Söhne auf Ritterakademien oder stellte für seine edlen Sprößlinge Hofmeister an zur Vorbereitung auf die Aufgaben und das Benehmen an den Fürstenhöfen. Am unteren Ende der sozialen Stufenleiter gründete der Pietist August Francke in Halle seine Stiftungen, von den Spöttern «Lumpenschulen» genannte wohltätige Anstalten, wo er während zweiunddreißig Jahren (1695–1727) die Kinder der Armen nährte, kleidete und unterrichtete. Bald danach eröffnete er eine Hauptschule (Pädagogium), die den intelligentesten Schülern Mittelschulbildung vermittelte, und für die intelligenten Mädchen eine Höhere Töchterschule. Alle diese Armenschulen widmeten die Hälfte der Zeit der Religion.

Das weltliche Geistesleben erhielt in Christian Thomasius eine Stimme. Wir werden ihm später als Philosoph wieder begegnen; hier sehen wir ihn als den größten deutschen Pädagogen seiner Zeit. Seiner Ketzereien wegen aus Leipzig vertrieben, zog er 1690 nach Halle im aufstrebenden Land Brandenburg-Preußen. Seine dortigen Vorlesungen führten zur Gründung der Universität Halle, deren berühmtester Professor er wurde, indem er sie zur ersten «modernen» Universität erhob. Er machte den Scholastizismus durch sein Gespött unmöglich, verwendete als Unterrichtssprache die deutsche anstelle der lateinischen, gab eine deutsche Zeitschrift heraus, führte naturwissenschaftliche Fächer in den Studienplan ein und wehrte sich für die Gedankenfreiheit der Dozenten und Studenten. Friedrich der Große nannte ihn den Vater der deutschen Aufklärung.

Allgemein und für beide Geschlechter obligatorisch wurde der Elementarschulbesuch in Württemberg 1565, in der Republik Holland 1618, im Herzogtum Weimar

1619, in Schottland 1696, in Frankreich 1698 und in England 1876. Die Verzögerung in England kam von der großen Verbreitung freiwilliger Bildungsstätten privater und religiöser Institutionen, entsprang aber auch der Überzeugung der herrschenden Klassen, daß in dem vorwiegend ökonomischen System die Bildung der Armen unnötig, ja augenscheinlich unerwünscht sei. Die Gesellschaft für Verbreitung christlichen Wissens begann 1699 mit der Gründung von Armenschulen für arme Kinder, wo hauptsächlich christlicher Religionsunterricht und verwandte Fächer vermittelt wurden; alle Lehrer mußten der anglikanischen Staatskirche angehören und bedurften einer Bewilligung des Bischofs. Bernard Mandeville, der 1714 mit seiner *Fable of the Bees* (Bienenfabel) Aufsehen erregte, sah in diesen Schulen nichts als Geldverschwendung; wenn Eltern zu arm sind, für die Erziehung ihrer Kinder zu zahlen, sagte er, «ist es eine Unverschämtheit von ihnen, nach Höherem zu streben»[17].

In Frankreich mußte jede Pfarrgemeinde eine Elementarschule unterhalten. Der Lehrer war meistens ein Laie, aber er wurde vom Bischof gewählt und beaufsichtigt, und der Unterricht war strikt katholisch. Die *Petites Ecoles* von Port-Royal konnten nur eine kleine Zahl ausgewählter Knaben aufnehmen. 1684 gründete Jean-Baptiste de La Salle die Frères des Ecoles Chrétiennes (Brüder der Christlichen Schule), bekannter unter dem Namen Christliche Brüder. La Salle, ein asketischer Priester, machte die Religion zum alles durchdringenden Bestandteil der Erziehung, welche diese Christlichen Brüder den Kindern der Armen kostenlos zuteil werden ließen. Vier Stunden täglich waren geistlichen Übungen gewidmet, Lesen, Schreiben und Rechnen kamen hinzu; aber das nie aus dem Auge gelassene Ziel war die Heranbildung treuer Katholiken und die Rettung von Seelen vor weltlicher Zügellosigkeit und ewiger Höllenpein. Die Prügelstrafe schien diesen Zwecken angemessen zu sein. Die Lehrer waren angewiesen, mehr durch das Beispiel als durch Vorschriften zu wirken. 1685 eröffneten die Christlichen Brüder die vermutlich erste Ausbildungsanstalt für Volksschullehrer.

Die Mittelschulbildung blieb in Frankreich in den Händen der Jesuiten und war immer noch die beste in der ganzen christlichen Welt. Das Collegium Societatis Jesu hinter der Sorbonne änderte seinen Namen in Collegium Ludovici Magni oder Collège Louis-le-Grand um, nachdem 1674 der König dort einer Schüleraufführung beigewohnt hatte. Auf Drängen von Frau von Maintenon eröffnete Ludwig XIV. 1686 in Saint-Cyr (etwa fünf Kilometer von Paris) das erste Internat für Töchter. Nonnenklöster sorgten für die Erziehung ausgewählter, zahlender Mädchen, immer mit dem Schwergewicht auf der Religion. Katholische und protestantische Fachleute stimmten in der Ansicht überein, die menschliche Natur sei von sich aus den von der Zivilisation verlangten Beschränkungen so wenig geneigt, daß sie nur durch Gottesfurcht zu sittlichem Benehmen und Ordnung angehalten werden könne. Der Versuch zur Charaktererziehung ohne Hilfe der Religion befindet sich noch heute im Experimentierstadium.

Überall, außer in der Republik Holland, befanden sich die Universitäten, die durch herrschende Sekten gereinigt, durch aufgewiegelte Studenten in Unordnung geraten und von fruchtlosen theologischen Disputen beherrscht waren, wieder im Niedergang. In Frankreich und Deutschland wurden akademische Grade für Geld verkauft. Keiner der großen Philosophen dieser Periode und wenige der führenden Naturwissenschaftler gehörten dem Lehrkörper von Universitäten an, und Hobbes, Leibniz und Bayle sprachen alle geringschätzig von den Professoren, ohne zu berücksichtigen, welchem Druck diese als öffentliche Beamte seitens der Öffentlichkeit ausgesetzt waren. Neue Universitäten wurden in diesem Zeitabschnitt in Duisburg (1655), Durham (1657), Kiel (1665), Lund (1666), Innsbruck (1673), Halle (1694) und Breslau (1702) eröffnet. Es waren meist kleine Gründungen, die selten mehr als zwanzig Professoren und vierhundert Studierende zählten. In fast allen Universitäten war der Lehrplan mit der Zeit verknöchert, und die Forderungen der Orthodoxie engten Lehrende wie Lernende gleichermaßen ein. Milton klagte: «Die englischen Universitäten bringen die jungen Leute mit Hilfe eines aus Metaphysik, Wundern, Überlieferungen und sinnwidrigen Schriften gebrauten Zaubers um den Gebrauch ihres Verstands»; er selber glaubte seine Jahre in Cambridge mit dem Versuch, «einen Eselsfraß aus sauren Disteln und Dornen» und anderem «sophistischem Plunder» zu verdauen, vertan zu haben[18]. Die Fesseln der Tradition engten Oxford und Cambridge weiter ein, bis ihnen das Beispiel der Royal Society und die Professur Newtons am Trinity College in Cambridge (1669–1702) den Mut gab, den Naturwissenschaften breiteren Raum zu geben.

Dichter, Geistliche, Journalisten und Philosophen bemühten sich um die Neubelebung des Erziehungswesens. Wir haben eine Zusammenfassung von Miltons Brief über sein Schulideal an Herrn Hartlib (1644) gebracht; seine Anleitungen wurden im Unterricht nicht verwirklicht*. In Frankreich war Fénelons *Traité de l'éducation des filles* (1687) der interessanteste Beitrag zu diesem Thema. Frau von Beauvillier hatte Fénelon um die Darlegung einiger Grundsätze für die Erziehung ihrer Töchter gebeten. Der Priester betonte natürlich die Notwendigkeit, die Moral mit Religion zu untermauern, fand aber die Nüchternheit und strenge Zurückgezogenheit in den Klosterschulen bedauerlich; Nonnenklöster, meinte er, «vermitteln keine Vorbereitung auf das Leben in der Welt, in welche die Absolventinnen der Klosterschule eintreten wie Menschen, die aus einem Keller ins volle Sonnenlicht kommen»[19]. Er war für milde Unterrichtsmethoden; Erziehung sollte der Natur, den Interessen und der Sensibilität jedes Kindes angepaßt, nicht alle Schüler den gleichen starren Regeln unterworfen sein. Wir wollen lehren, wie die Natur lehrt, nicht durch bloße Begriffe, sondern indem wir die Kinder mitten in die Dinge hineinführen; ihre Spiele und ihre natürliche Neugier sollen ihrer Belehrung zugute kommen. (Hier wurden Rousseaus Pädagogik und die «progressive Erziehung» des zwanzigsten Jahrhunderts durch einen Priester des siebzehnten schon vorweggenommen.) Fénelon wünschte, junge Mädchen sollten Klassiker lesen, wenn möglich in der Originalsprache; sie sollten ein wenig Geschichte lernen und genügend Rechtskunde, um einem Gutsbesitz vorstehen zu können; aber sie sollten sich nicht mit den Naturwissenschaften befassen, denn eine junge Frau sollte *une pudeur sur la science*, eine gewisse Schamhaftigkeit der Wissenschaft gegenüber, bewahren. Der stattliche Priester war empfänglich für weibliche Reize und wünschte sie sich nicht in Algebra eingehüllt.

* Siehe in Band 12 «Europa im Zeitalter der Könige».

Zehn Jahre nach Fénelons *Traité* kam Defoes Aufruf für die höhere Bildung der Frauen heraus. Außer in reichen Häusern hatten englische Mädchen des siebzehnten Jahrhunderts wenig Gelegenheit zu Mittelschulbildung. Sie waren auf Hauslehrer angewiesen, wie Esther Johnson mit Jonathan Swift, oder, wie Evelyns Lieblingstochter, darauf, sich Wissen durch eigene Initiative zu erstehlen. Macaulay meinte: «Selbst in den höchsten Kreisen sind die englischen Frauen dieser Generation [1685–1715] entschieden ungebildeter, als sie es jemals seit der Humanistenzeit gewesen waren»[20]. Nach Swifts Schätzung war kaum eine unter tausend Damen der höheren Stände im Lesen und Schreiben unterrichtet[21]; aber dieser düstere Dekan hatte Spaß an Übertreibungen. Auf jeden Fall hielt Defoe die Vernachlässigung der weiblichen Erziehung für eine barbarische Ungerechtigkeit. «Ich kann nicht glauben, daß der Allmächtige die Frauen so fein, so wundervoll geschaffen und mit so vielen Reizen ausgestattet hat ..., damit sie nur unsere Hausbesorgerinnen, Köchinnen und Sklavinnen seien.» Deshalb schlug er vor, in England eine Akademie für junge Mädchen nach dem Muster der Public Schools (teure Privatschulen) für Jünglinge zu gründen. Dort sollten sie nicht nur Musik und Tanz lernen, sondern «Sprachen, insbesondere Französisch und Italienisch; ich nehme das Wagnis auf mich, den Frauen mehr als eine Zunge zu geben». Sie sollten Geschichte studieren und alle Feinheiten und Höflichkeiten der Sprache erlernen. Der ritterliche Schriftsteller schloß: «Eine wohlerzogene und gebildete, über Kenntnisse und Benehmen verfügende Frau ist ein unvergleichliches Geschöpf ..., das feinste und köstlichste Stück von Gottes Schöpfung», und «der Mann, dem eine solche Frau zufällt, kann nichts anderes tun, als sich ihrer freuen und dankbar sein»[22].

Der weitaus geschätzteste und einflußreichste Beitrag zur Pädagogik im Zeitalter Ludwigs XIV. war John Lockes *Some Thoughts concerning Education* (Einige Gedanken über Erziehung; 1693)[23], eine Schrift, die der Autor nach ein paar als Erzieher im Hause des ersten Earls von Shaftesbury verbrachten Jahren verfaßte. Angeregt von Montaigne, schlug der Philosoph vor, der Lehrer sollte vor allem auf körperliche Gesundheit und Widerstandskraft seiner Schüler achten; ein gesunder Körper sei die Voraussetzung für einen gesunden Geist. Seine Zöglinge sollten einfache Kost genießen, sich an leichte Kleidung, harte Betten, kaltes Wasser, frische Luft, ausgiebige Körperübungen, regelmäßigen Schlaf gewöhnen, geistige Getränke meiden und «möglichst wenig oder gar keine Medikamente» gebrauchen. Als zweiter, aber wichtigster Punkt kommt die Charakterbildung; alle Erziehung, sowohl körperliche und geistige als auch sittliche, soll der Stärkung der Tugend dienen. So wie körperliche Gesundheit durch Entbehrungen gefördert wird, so wird der Charakter geformt durch das Einprägen von Verzicht auf alle Dinge, die der reifen Einsicht zuwiderlaufen. «Kinder müssen daran gewöhnt werden, ihre Wünsche zu unterdrücken und von der Wiege an ohne Begehrlichkeit zu leben»; die Beherrschung der Wünsche ist das Rückgrat des Charakters. Die Beherrschung soll so angenehm als möglich gemacht werden, aber es ist durchwegs auf ihr zu bestehen. Auch genügen einzelne gute Taten nicht; durch Wiederholung des richtigen Handelns muß dieses beim Zögling zur guten Gewohnheit werden; denn «Gewohnheiten wirken ausdauernder und leichter als der Verstand, der gerade dann, wenn wir ihn am nötigsten hätten, selten ehrlich befragt und noch seltener befolgt wird». Locke schwankt zwischen Aristoteles und Rousseau. Er zieht die Erziehung in individueller Freiheit einer Erziehung vor, die sich um Neigungen und Persönlichkeit des Kindes nicht kümmert; Unterrichtsstunden müssen anregend und die Disziplin human sein; aber er hält gelegentliche körperliche Züchtigung für bewußt schlechtes Betragen für wünschenswert. Überdies ist «die sanfte Gewöhnung der Kinder, ein wenig Schmerzen ohne Zucken zu ertragen, ein Weg zur Gewinnung von Geistesstärke und zur Grundlage für Mut und Entschlossenheit in ihrem späteren Leben».

Die Erziehung des Intellekts sollte zur Disziplinierung der Gedankengänge und zur Genauigkeit im Urteil führen und nicht bloß einen Auszug aus den Klassikern oder sprachliche Spielereien vermitteln. Französisch und Latein sollten den Kindern schon früh und mehr im Gespräch als durch Grammatik beigebracht werden. Griechisch, Hebräisch und Arabisch sollte den Fachgelehrten überlassen bleiben. Es wäre besser, mehr Zeit für Geographie, Mathematik, Astronomie und Anatomie, später für Moral und Rechtskunde und am Schluß für Philosophie aufzuwenden. «Das Anliegen der Erziehung ist nicht, die Jugend in irgendeinem dieser Zweige vollständig auszubilden, sondern ihren Geist so zu wecken und vorzubereiten, daß sie befähigt wird, auf irgendeinem Gebiet, dem sie sich ernstlich zuwendet, ihr Bestes zu geben.» Und wie Tugend durch Gewöhnung geübt werden muß, so ist das Denken durch wiederholte Beweisführungen zu üben:

«Nichts eignet sich besser dazu als die Mathematik, die deshalb meiner Meinung nach allen denen beigebracht werden soll, die Zeit und Gelegenheit haben, sich nicht so sehr zu Mathematikern, aber zu vernünftigen Geschöpfen zu bilden ... Wir sind dazu geboren, vernünftige Geschöpfe zu sein, sofern wir dies wollen, aber nur der Gebrauch und die Übung des Verstands machen uns dazu, und wir kommen darin in der Tat nicht weiter, als Fleiß und Eifer uns bringen ... Ich habe auf die Mathematik als eine Möglichkeit hingewiesen, dem Geist die Angewöhnung genauer und folgerichtiger Überlegung zu vermitteln ...; und daß sie, wenn sie sich das folgerichtige Denken, das dieses Studium auf natürliche Weise mit sich bringt, angeeignet haben, fähig sein werden, es auf andere Wissensgebiete zu übertragen, wenn sich die Gelegenheit dazu bietet.»[24]

Lockes Abhandlung war für eine «liberale» Erziehung gedacht, das heißt eine vorwiegend auf Künste, Literatur und Lebensart ausgerichtete; sie zielte darauf ab, einen Gentleman hervorzubringen, einen Menschen von «edler» Geburt, der sich seinen Lebensunterhalt niemals selber verdienen muß*. Sein Studiengang blieb meistens, selbst wenn ein wenig Naturwissenschaft hinzu kam, auf die «humanistischen» Fächer – auf die von den Humanisten der Renaissance bevorzugten Studien – beschränkt. Dazu gehörten auch Tanzen, Reiten, Ringen, Fechten und sogar «ein Handwerk, ja sogar zwei oder drei», aber als Hilfsmittel für Gesundheit und Charakter, nicht als Mittel zum Erwerb. Die Künste sollten der Erholung dienen und nicht beruflich ausgeübt werden; der junge Edelmann sollte diese Dinge nicht zu ernst nehmen; er kann

---

* *Gentleman* kommt vom lateinischen *gens* = Sippe oder Familiendynastie freier Männer. Die «liberale» Erziehung war ursprünglich die den Freien (*liberi*) zugedachte.

sich an Gedichten freuen, sollte aber, außer zum Zeitvertreib, selber keine schreiben; er sollte von Musik soviel verstehen, daß er sie genießen kann, aber nicht nach der Meisterschaft auf irgendeinem Instrument streben; das würde zuviel Zeit beanspruchen und ihm zudem «so sonderbaren Umgang» bringen. Lockes Abhandlung war also zugleich konservativ und liberal. Mit der Ablehnung der scholastischen Versenkung in die alten Sprachen, mit der Lockerung der Betonung von Religion und Theologie, mit dem Nachdruck auf Gesundheit und Charakter und mit dem Versuch, die adlige Jugend für das öffentliche Leben und den Staatsdienst vorzubereiten, war sie zukunftsweisend und in England und Amerika von ungeheurem Einfluß. Die physische und sittliche Erziehung in den englischen Public Schools, den höheren Privatschulen und Internaten für reiche Söhne, geht zum Teil auf Lockes Abhandlung zurück. In französischer Übersetzung (1695) erlebte diese in etwa fünfzig Jahren fünf Auflagen, und Rousseau fand manche Anregung darin. Lockes eigener Zögling, der dritte Earl von Shaftesbury, von dem noch zu reden sein wird, machte den Grundsätzen und dem Charakter seines Lehrers alle Ehre.

III. DIE GELEHRTEN

Ungeachtet ihrer offensichtlichen Voreingenommenheit für tote Sprachen und erledigte Streitfragen ließen hervorragende Gelehrte nicht ab, an der Zukunft zu formen, indem sie die Vergangenheit erhellten; manche von ihnen wurden dabei in den Kampf zwischen Christentum und freiem Denken hineingezogen.

Erweisen wir einigen kleineren Gelehrten *en passant* unsere Reverenz! Charles Dufresne, Sieur du Cange, setzte seine Zeitgenossen, die ihn als Parlamentsanwalt in Paris kannten, in Erstaunen mit der Herausgabe (1678) eines dreibändigen Wörterbuchs der mittelalterlichen und späten lateinischen Sprache von so peinlicher Genauigkeit, daß es noch heute auf diesem Gebiet mustergültig ist. Pierre-Daniel Huet entdeckte und veröffentlichte eines der Hauptwerke des Origenes, studierte Syrisch, Arabisch und Chemie, machte achthundert anatomische Präparate, schrieb Gedichte und Erzählungen und edierte mit der gelehrten Frau Dacier zusammen die für den Unterricht des Dauphins (*ad usum delphini*) bestimmte sechsbändige Klassikerausgabe. Er wurde Bischof von Avranches, und die Bibliothek, die er bei seinem Tod hinterließ, ist heute eine der Kostbarkeiten der Pariser Nationalbibliothek. Die jesuitischen Bollandisten setzten ihre weitläufige Arbeit an den *Acta Sanctorum* fort. In Paris stellte die Mauriner Benediktinerkongregation unter der Leitung von Jean Mabillon eine zwanzigbändige Geschichte der Heiligen dieses Ordens zusammen (1668–1702) und brachte dabei wertvolle Beiträge zu den Annalen und der Literatur des französischen Mittelalters ans Licht. Mabillon selber gab der lateinischen Paläographie mit seinem Werk *De Re diplomatica* (1681), das kein Leitfaden der Urkundenlehre, sondern ein Nachschlagewerk über Alter, Aussehen und Echtheit alter Verträge und Manuskripte war, ein neues Gesicht. Beim Abschluß eines seiner dickleibigen Bücher schrieb er: «Möge Gott es mir nicht als Verbrechen anrechnen, daß ich so viele Jahre beim Studium von

Urkunden über die Heiligen zugebracht und so wenig Ähnlichkeit mit ihnen erlangt habe.»[25]

Ein Gigant an klassischer Gelehrsamkeit war damals Richard Bentley, der während zweiundvierzig Jahren als gestrenger Rektor des Trinity College in Cambridge wirkte. Seine Jugend verbrachte er mit dem Verschlingen der Bodleian Library; mit neunundzwanzig Jahren gehörte er schon zu den erlauchtesten Gelehrten Europas für griechische, lateinische und hebräische Literatur und Altertumswissenschaft. Damals (1691) veröffentlichte er einen hundert Seiten langen Brief an einen früheren John Mill, *Epistola ad Millium,* der von so genauen und tiefgründigen Kenntnissen zeugte, daß er europäischen Ruf gewann. Mit dreißig wurde er ausersehen, die erste Reihe jener Vorträge zu halten, für die der fromme Chemiker Robert Boyle eine nach ihm benannte Stiftung hinterlassen hatte. Er entsprach der Aufforderung mit wohlfundierten Beweisführungen dafür, daß Newtons Erklärung der kosmischen Ordnung in seinen kurz vorher erschienenen *Prinzipien* ein Beweis für die Existenz Gottes sei. Damit verschaffte er Newton, den man des Atheismus bezichtigt hatte, eine große Erleichterung. Bentley bekam den Posten eines Kustos der königlichen Bibliothek mit Wohnung im St.-James-Palast. Dort traf er häufig mit Newton, Locke, Evelyn und Wren zusammen, und von dieser Festung aus focht er einen der berühmtesten Gelehrtenstreite Britanniens aus.

Die Auseinandersetzung begann mit der Beteiligung Englands an der Debatte, wem die größeren Verdienste zukommen, der antiken oder der modernen Literatur. Sir William Temple eröffnete das Feuer mit der Schrift *Of Ancient and Modern Learning* (1690), in welcher er für die Alten Partei ergriff. Wahrscheinlich hätte Bentley den Essay gelobt, hätte dieser nicht Phalaris als Beispiel für die Überlegenheit der Griechen in der Literatur gelobt. Phalaris war ein in Akragas (Agrigent) im griechischen Sizilien des sechsten Jahrhunderts vor Christus regierender Diktator. Die Geschichte überlieferte, er habe seine Feinde im Bauch eines ehernen Stiers geröstet, ehrte ihn aber als Literaturmäzen, und 148 angeblich von ihm stammende Briefe hatten sich über die Jahrhunderte erhalten. Charles Boyle, Student am Christ Church College in Oxford, veröffentlichte 1695 diese Briefe. William Wotton, der die zweite Auflage (1697) seiner *Reflections upon Ancient and Modern Learning* vorbereitete, in denen er Temple widersprach, bat Bentley, die Echtheit der Briefe zu prüfen. Bentley bezeichnete die Zuweisung dieser Briefe an Phalaris als Irrtum, denn sie seien aus dem zweiten Jahrhundert nach Christus. Dabei wies er auf einige Irrtümer in Charles Boyles Ausgabe hin. Boyle und seine Professoren brachten eine erboste Verteidigung der Autorenschaft Phalaris' heraus. Jonathan Swift, der Sekretär Temples, mischte sich an der Seite seines Herrn in den Aufruhr ein, indem er Bentley in *The Battle of the Books* dem Gespött preisgab. Die meisten Gelehrten unterstützten Boyle, und Bentleys Freunde beklagten den offenbaren Verlust seines Ansehens. Die Antwort, die er ihnen gab, verdient zitiert zu werden: «Es hat noch kein Mann sein Ansehen durch andere als seine eigenen Schriften verloren.»[26] 1699 veröffentlichte er eine erweiterte *Dissertation on the Epistles of Phalaris.* Er bewies seine Sache nicht nur, sondern brachte so viel Licht in die Entwicklung der griechischen Sprache, daß die gelehrte Welt ihm Beifall zollte und ihn für würdig hielt, in eine Reihe mit Scaliger, Casaubon und Salmasius gestellt zu werden. Sogar der Stil der Briefe verrate ihr Jahrhundert, sagte Bentley, und fügte bei:

«Jede lebende Sprache ist, wie die ausdünstenden Körper aller Lebewesen, in ständiger Bewegung und Veränderung; viele Worte fallen weg und veralten, andere werden aufgenommen und gelangen allmählich in den allgemeinen Gebrauch; oder das gleiche Wort wandelt Sinn und Bedeutung, was im Lauf der Zeit im Aussehen und Charakter einer Sprache die gleichen Veränderungen hervorruft wie das Alter in den Linien und Zügen eines Gesichts. Jedermann bemerkt dies an seiner eigenen Muttersprache, deren ständiger Gebrauch jeden zum Sprachkenner macht, denn welcher Engländer machte sich nicht anheischig, nur nach Wendungen und Stilmoden einen heutigen englischen Aufsatz von einem vor hundert Jahren verfaßten unterscheiden zu können? Nun, es gibt ebenso wirkliche und feststellbare Unterschiede in der griechischen Sprache der verschiedenen Jahrhunderte ..., aber Wenige sind so erfahren und geübt in dieser Sprache, daß sie je bis zu diesem feinen Unterscheidungsvermögen vordringen.»[27]

Das war ein Gelehrter, der ebensogut Englisch schreiben wie Griechisch lesen konnte.

1699 erhoben die sechs von Wilhelm III. mit der Besetzung des vakanten Rektorstuhls des Trinity College in Cambridge beauftragten Bischöfe Bentley zu dieser Würde. Er reformierte die studentische Disziplin, verbesserte den Studienplan und baute ein chemisches «Elaboratorium» und ein astronomisches Observatorium; aber er fiel wegen seines Pomps und seines anmaßenden Gebarens sowie seiner Geldgier bei der Fakultät dermaßen in Ungnade, daß er zweimal seines Postens enthoben wurde; er erkämpfte sich ihn immer wieder und hatte ihn bis zu seinem Ende inne. Nebenbei edierte er eine große Zahl griechischer und lateinischer Klassiker, regte die zweite Auflage von Newtons *Principia* an und finanzierte deren Erscheinen, vernichtete Anthony Collins mit *Remarks on a Late Discourse of Freethinking* (1713) und wagte einen tollkühnen Sprung in fremdes Gebiet, indem er *Das verlorene Paradies* mit schulmeisterlichen Verbesserungen an Miltons Grammatik und Text herausgab. Er machte sich Alexander Pope zum Feind, indem er von dessen Ilias-Übersetzung sagte: «Ein hübsches Gedicht, Herr Pope, aber nennen Sie es nicht Homer.» Der «Wunderbengel» habe ihm das nie verziehen, berichtet Bentley. In *The Dunciad* (April 1742) machte ihn Pope lächerlich als

«gewaltigen Ausleger antiker Schriftsteller, dessen unermüdliche Anstrengungen Horaz dumpf und Miltons gespannte Kraft bescheiden machten»[28].

Im Juli starb Bentley am Ärger über Pope und an Brustfellentzündung. Er war einer der größten Gelehrten und der unausstehlichste, den England je hervorbrachte.

Inzwischen trug ein anderer Engländer, Thomas Stanley, zur Erweiterung des englischen Geistes bei mit der ersten englischen *History of Philosophy* (Geschichte der Philosophie; 1655–1662) und überraschte seine Leser damit, daß er den letzten ihrer vier Bände der chaldäischen (arabischen) Philosophie widmete. Die Gelehrsamkeit wagte sich über Rom und Griechenland hinaus in den Nahen und Mittleren Osten – mit beunruhigenden Folgen. Edward Pococke entdeckte und veröffentlichte vier syrische Übersetzungen der Evangelien des Neuen Testaments (1630); für ihn schuf Oxford den ersten Lehrstuhl für Arabisch, und seine Vorlesungen öffneten den Engländern die Augen für die Kultur des Islams. In Frankreich brachte Barthélemy d'Herbelots Lebenswerk, die riesige *Bibliothèque orientale* (1697) mit dem Untertitel *Dictionnaire universel contenant en général tout ce qui concerne le Savoir ... de l'Orient,* die überraschende Entdeckung der Geschichte und des Wissens der arabischen Welt und spielte eine Rolle bei der Erweiterung des geistigen Horizonts, der in der Aufklärung des achtzehnten Jahrhunderts alle Bande sprengte. Die Forscher staunten über den Reichtum der arabischen Poesie, Geschichtsschreibung, Philosophie und Naturwissenschaften; sie erkannten, wie die Araber das Wissen und die Philosophie der Griechen gehütet hatten, während diese im finsteren Mittelalter in Westeuropa vergessen wurden; sie erkannten, daß Mohammed kein bloßer Betrüger, sondern ein gewandter Staatsmann war, und waren verblüfft, im Islam nicht mehr Verbrechen und nicht mehr Tugend zu finden als im Christentum. Die Relativität von Morallehren und Theologie wurde zum zersetzenden Ferment im christlichen Geistesleben.

Das Studium der orientalischen – auch der ägyptischen und chinesischen – Zeitrechnung untergrub die jüdische Angabe, die Welt sei 3761 vor Christus erschaffen worden, aber auch die Berechnung des anglikanischen Erzbischofs von Armagh in Irland, James Ussher (1650), daß die Schöpfung «zu Beginn der Nacht auf Montag, den 23. Oktober 4004 vor Christus» stattfand[29]. Spinoza führte (1670), wie wir noch sehen werden, die «höhere Bibelkritik» ein, das Studium der Bibel als eines an Großartigem, Edlem, Irrtümern und Absurditäten reichen Menschenwerks.

Der gelehrteste Bibelkritiker des siebzehnten Jahrhunderts, Richard Simon, zog sich mit seinem Versuch einer Antwort an Spinoza ein Donnerwetter Bossuets zu, weil er am Schluß dem Philosophen vieles zugestand, was dieser postuliert hatte. Simon, der Sohn eines Hufschmieds, hatte sich in Paris den Oratorianern angeschlossen und war zum Priester geweiht worden (1670). Im selben Jahr schrieb er eine Flugschrift zur Verteidigung der Juden von Metz, die man der Ermordung eines Christenkinds beschuldigt hatte. In jahrelangen Forschungen, auch mit mehreren Rabbinern zusammen, bereitete er 1678 seine *Histoire critique du Vieux Testament* (Kritische Geschichte des Alten Testaments) vor. Er hatte sich vorgenommen, nebenbei auch Spinozas Gründe gegen die göttliche Inspiration der Heiligen Schrift zu widerlegen. Wohl gab er zu, daß die Bücher des Alten Testaments nicht allein das Werk der Verfasser seien, denen sie zugeschrieben werden, daß Moses den Pentateuch (in welchem Moses' Tod beschrieben wird) nicht selber geschrieben haben könne und daß die ursprüngliche Form der biblischen Schriften durch die Schreiber und Herausgeber, die sie übermittelt haben, stark verändert worden sei. Simon sorgte für seine Orthodoxie und das Imprimatur mit der Behauptung, auch diese Schreiber und Herausgeber seien göttlich inspiriert gewesen, doch anerkannte er, alle bekannten Ausgaben des Alten Testaments seien so von Wiederholungen, Widersprüchen, Unverständlichkeiten und anderen Schwierigkeiten entstellt, daß sie für die dogmatische Theologie nur ein brüchiges Fundament abgeben. Er glaubte, eine Spitze gegen die Protestanten gerichtet zu haben, indem er die Ansicht verfocht, ihr Glaube an die wörtliche Inspiration der Heiligen Schrift stehe der Textkritik hilflos gegenüber, während einem gläubigen Katholiken solche gelehrten Erklärungen nichts anhaben könnten, weil er durch die Annahme der Textauslegung der römischen Kirche dagegen gefeit sei. In jedem Fall, schloß Simon, sei die göttliche Inspiration der Bibel nur auf Glaubensdinge anwendbar.

Der Obere der Oratorianer sanktionierte die Herausgabe von Simons Buch. Aber noch während es im Druck war, kamen ein paar Probebogen dem «großen» Arnauld von Port-Royal vor Augen. Er schlug Alarm, zeigte Bossuet die Bogen, der sie sogleich als «ein Gewebe des Unglaubens und ein Bollwerk der Freigeisterei» bezeichnete, das «die Autorität der kanonischen Bibel untergraben würde»[30]. Bossuet verlangte von den weltlichen Behörden, sie sollten die Veröffentlichung des Buchs verhindern. Die ganze Auflage von dreizehnhundert Exemplaren wurde beschlagnahmt und eingestampft. Simon zog sich auf eine bescheidene Hilfspfarrerstelle in der Normandie zurück, fand aber Mittel und Wege, sein Manuskript in Rotterdam drucken zu lassen (1685). Vier Jahre später erschien auch seine *Histoire critique du Nouveau Testament*. Er plante, seine Bemühungen mit einer neuen Bibelübersetzung abzuschließen; als seine Übersetzung des Neuen Testaments vollendet war, überredete der von der Freiheit, mit der Simon den heiligen Text behandelte, entsetzte Bossuet den Kanzler, das Buch zu unterdrücken (1703). Simon gab sein Unterfangen auf, verbrannte seine Papiere und starb (1712).

Sein Werk über das Alte Testament forderte vierzig Widerlegungen heraus, die nur seine Unwiderleglichkeit bewiesen. Es ist, zusammen mit Spinozas *Tractatus theologico-politicus*, einer der Marksteine im modernen Bibelstudium. Nach der Lektüre dieser frühen kritischen Schriften warnte Leibniz, ein Weiterverfolgen dieser Richtung werde das Christentum vernichten[31]. Noch ist es zu früh, zu entscheiden, ob Leibniz recht gehabt hat.

ZWEITES KAPITEL

Wissenschaftliche Forschung

[1648–1715]

I. DIE INTERNATIONALE DER WISSENSCHAFT

Ob zu Nutz oder zu Schaden – die Geisteshaltung Europas wandte sich langsam vom Supernaturalismus dem Säkularismus, von der Theologie der Wissenschaft, von Himmelshoffnung und Höllenangst dem Streben nach Erweiterung des Wissens und Verbesserung des Lebens der Menschen zu. Die oberen Stände hatten bei ihrer epikureischen Lebensführung wenig gegen einen Glauben einzuwenden, den sie für heilsam hielten für jene unglückliche Masse, welcher das Paradies der Leute mit Stammbaum verschlossen war. Aber sogar unter dieser auserlesenen Minderheit gab es einige, denen es Spaß machte, sich spielerisch mit Wissenschaft zu befassen, Gleichungen aufzustellen, ihre Nasen in Laboratorien zu stecken und sich dabei die Finger zu verbrennen oder verwirrt die Vermehrung der Sterne anzustaunen. In Paris drängten sich vornehme Damen zu den chemischen Vorlesungen Lémerys und zu den anatomischen Demonstrationen Du Verneys. Condé lud Lémery sogar in seinen exklusiven Salon ein, und Ludwig XIV. stellte Du Verney zur Mitwirkung bei der Erziehung des Thronerben an. In England hatte Karl II. sein eigenes «chemisches Laboratorium»; Adlige, Bischöfe und Rechtsanwälte heckten Experimente aus, elegante Damen fuhren in ihren Karossen vor, um die Wunder des Magnetismus zu bestaunen, Evelyn dilettierte in Physik und regte die Gründung eines Instituts für wissenschaftliche Forschung an, Pepys handhabte – zwischen Schiffen und Weibern – das Mikroskop, die Luftpumpe und das Skalpell und wurde Präsident der Royal Society.

Die Universitäten entsprachen diesem neuen Interesse des Publikums nicht, aber private Akademien kamen ihm entgegen. Als erste offenbar die Accademia Secretorum Naturae in Neapel (1560), dann die Accademia dei Lincei in Rom (1603), der auch Galileo Galilei angehörte, dann die von seinen Schülern Viviani und Torricelli in Florenz gegründete Accademia del Cimento (1657). Dieses Forschungsinstitut war, wie sein Name sagt, dem Experiment gewidmet und machte den cartesischen Zweifel zu seinem Ausgangspunkt; nichts ist von vornherein zu glauben, alles muß ohne Rücksicht auf bestehende Schulen oder Lehren überprüft werden[1]. Einige dieser Akademien waren kurzlebig; aber wenn sie eingingen, entstanden andere. Es wurden Akademien gegründet in Schweinfurt (1652), Altdorf (1672) und Uppsala (1710), und nachdem Leibniz dreißig Jahre lang dazu gedrängt hatte, nahm auch die Berliner Akademie Gestalt an; Leibniz war ebenfalls die Akademie in St. Petersburg (1724) zu verdanken.

In Frankreich entwickelte sich die Académie des Sciences aus den Zusammenkünften (1631–1638) von Mersenne, Roberval, Desargues und anderen Wissenschaftlern im Hause von Pascals Vater in Paris oder in Mersennes Mönchszelle. Ihr Programm war, «an der Vervollkommnung der Wissenschaften und Künste zu arbeiten und ganz allgemein nach allem zu suchen, was dem Menschengeschlecht nützlich und dienlich sein kann»; sie war entschlossen, «die Welt von jenen verbreiteten Irrtümern zu befreien, die lang für Wahrheit gegolten hatten», riet aber ihren Mitgliedern, Diskussionen über Religion und Politik zu meiden[2]. 1666 erhielt die Akademie ein königliches Privileg und ein Zimmer in der Königlichen Bibliothek; in Versailles ist ein großes Gemälde von Testelin zu sehen, auf dem Ludwig XIV. dieses Privileg einer von Christian Huygens und Claude Perrault geführten Delegation überreicht. Jedes der einundzwanzig Mitglieder erhielt von der Regierung ein Jahresgehalt und die Vergütung seiner Auslagen; die Akademie wurde also praktisch zu einer staatlichen Dienststelle. Ludwig war ein großer Freund der Astronomen. Er ließ Cassini aus Italien, Roemer aus Dänemark, Huygens aus Holland kommen und baute ihnen ein prächtiges Observatorium. Als Hevelius von Danzig, der sich durch seine Mondstudien ausgezeichnet hatte, bei einer Feuersbrunst seine Bibliothek verlor, sandte ihm der König ein reiches Geschenk als Ersatz für seinen Verlust[3]. Laplace schrieb der Akademie die meisten in Frankreich erzielten wissenschaftlichen Fortschritte zu; aber ihre Abhängigkeit von dem eng mit der Kirche verbundenen König erwies sich als nachteilig für das Vorwärtskommen der französischen Wissenschaft[4], und so errang die englische die Führung.

Die englischen Akademien waren vorwiegend private Gründungen, nur wenige der Regierung zu verdanken. Um 1645 machte John Wallis in London die Bekanntschaft «verschiedener angesehener, mit Naturphilosophie und anderen Gebieten des menschlichen Wissens, vor allem mit ... Experimentalphilosophie beschäftigter Persönlichkeiten»[5]. Sie beschlossen, sich allwöchentlich zu Diskussionen über Mathematik, Astronomie, Magnetismus, Navigation, Physik, Mechanik, Chemie, Blutkreislauf und andere Wissensgebiete zu versammeln. Dieses *Invisible College* (Die unsichtbare Akademie), wie es genannt wurde, bezog seine Anregungen aus dem Domus Salomonis in Bacons *Nova Atlantis*. Als Wallis als Professor der Mathematik nach Oxford übersiedelte, teilte sich die Gesellschaft in zwei Sektionen, deren eine sich in den Räumen Robert Boyles in der Universität, die andere im Gresham College in London versammelte; Wren und Evelyn gehörten zu ihren frühesten Mitgliedern. Die zwischen dem Tod Cromwells und der Restauration herrschenden politischen Unruhen unterbrachen diese Londoner Zusammenkünfte; aber nach der Thronbesteigung Karls II. wurden sie wieder aufgenommen, und am 15. Juli 1662 erteilte der König der «Königlichen Gesellschaft von London für die Hebung der naturwissenschaftlichen Kenntnisse», kurz Royal Society genannt, ein Privileg. Zu den achtundneunzig Gründungsmitgliedern dieser Royal Society gehörten nicht nur Wissenschaftler wie Boyle und Hooke, sondern auch die Dichter Dryden und Waller, der Architekt Wren, Evelyn, vierzehn Peers und mehrere Bischöfe. Von 1663 bis 1686 traten gegen dreihundert weitere Mitglieder bei. Es wurden keine Klassenunterschiede gemacht, Herzöge und Bürgerliche arbeiteten zusammen, und unbemittelten Mitgliedern wurden die Beiträge erlassen[6]. 1673 erklärte der in die Gesellschaft aufgenommene Leibniz, die Royal Society sei die angesehenste geistige Autorität Europas. Schon 1667 veröffentlichte Thomas Sprat seine ausgezeichnete *Geschichte der Royal Society;* auch er war, obwohl er Bischof von Rochester wurde, von den Ideen Bacons erfaßt, die über England wehten.

Einige Theologen klagten, diese neue Institution werde die Achtung vor den Universitäten und der Staatskirche untergraben, aber die Zurückhaltung und Vorsicht der Gesellschaft beruhigte die kirchliche Opposition bald wieder. Ihre seltsamen Experimente amüsierten den Hof und den König, der lachte, weil sie Luft wog und die Möglichkeit mechanischen Fliegens untersuchte. Swift verspottete sie in *Gullivers Reisen*[7] als «die berühmte Akademie von Lagado», deren Mitglieder im Sinn hatten, Sonnenschein aus Gurken zu ziehen und Häuser vom Dach abwärts zu bauen; und Samuel Butler, der Verfasser von *Hudibras,* erzählte von der Aufregung eines Wissenschaftlerklubs über die Entdeckung eines Elefanten im Mond, wobei sich herausstellte, daß nur eine Maus im Teleskop gesessen hatte[8]. Aber es geschah unter den Auspizien der Royal Society, daß Evelyn die englische Landwirtschaft verbesserte, daß Sir William Petty die statistische Wissenschaft gründete, daß sich in England die Naturwissenschaften und die Medizin über alle zeitgenössischen in Frankreich und Deutschland hinaufschwangen, daß Boyle die Chemie neu begründete, daß Ray die Botanik, Woodward die Geologie und Newton die Astronomie revolutionierten. Die Gesellschaft machte Tausende von chemischen und physikalischen Versuchen, sie bekam, sezierte und studierte die Körper von hingerichteten Verbrechern, sie wurde zur Sammelstelle klinischer Berichte von Ärzten aus allen Landesteilen, sie sammelte Nachrichten über technologische Fortschritte, sie pflegte die Beziehungen zur wissenschaftlichen Forschung im Ausland. Ihr Beharren auf natürlichen Vorgängen und Naturgesetzen brachte Aberglauben und Hexenwahn in Mißkredit.

1665 begann ihr Schriftführer Heinrich Oldenburg *The Philosophical Transactions of the Royal Society* zu veröffentlichen, die es noch heute gibt. Die Zeitschrift forderte zu Beiträgen aus dem Ausland auf und erhielt sie; sie gehörte zu den ersten, die Berichte über die Entdeckungen Malpighis und Leeuwenhoeks brachten. Oldenburg war 1653 nach England gekommen, um für seine Geburtsstadt Bremen einen Handelsvertrag abzuschließen. Er blieb und freundete sich mit Milton, Hobbes, Newton und Boyle an und korrespondierte eifrig mit Wissenschaftlern und Philosophen in allen Weltteilen. Die Mitglieder der Royal Society haben, so sagte er, «sich die Untersuchung des ganzen Universums zur Aufgabe gestellt»[9]; und an Spinoza schrieb er:

> «Wir glauben sicher zu sein, daß die Formen und Eigenschaften der Dinge am besten aus mechanischen Prinzipien erklärt werden können und daß alle Wirkungen der Natur durch Bewegung, Gestalt, Struktur und ihre wechselnden Verbindungen hervorgerufen werden, ohne daß es nötig ist, zu unverständlichen Formeln und unklaren Eigenschaften Zuflucht zu nehmen.»[10]

Durch diese *Philosophical Transactions,* das *Journal des Savants,* das *Giornale de' letterati* und die *Acta Eruditorum* waren die Forscher und Gelehrten Europas in die Lage versetzt, alle Grenzen zu überwinden, alle erhielten Kenntnis von der Arbeit und den

Entdeckungen aller anderen, sie bildeten eine in einem umfassenden schöpferischen Unternehmen vereinte Armee des Fortschritts. In ihren Studierstuben, Laboratorien und auf ihren Expeditionen beinahe unbeachtet von der Welt, nahmen sie vom Lärm der Politik, von marschierenden Regimentern, von verkündeten Dogmen, vom Dunst des Aberglaubens und von den Spähern weltlicher und geistlicher Zensuren keine Notiz und grübelten über Texten, Reagenzgläsern und Mikroskopen, mischten wißbegierig Chemikalien, maßen Kräfte und Größen, stellten Gleichungen und Diagramme auf, schauten die Geheimnisse der Zelle, gruben in den Gesteinsschichten der Erde, verzeichneten die Bahnen der Gestirne, bis alle Bewegungen der Materie einem Bewegungsgesetz und die ungeheure Ausdehnung des Universums den Voraussagen des erstaunlichen menschlichen Geistes zu gehorchen schienen. In dieser kurzen Zeitspanne der europäischen Geistesgeschichte, von 1648 bis 1715, arbeiteten in Frankreich Fermat, Pascal, Roberval, Mariotte, Perrault und eine ganze Dynastie von Cassini, in der Schweiz die Bernoulli, in Deutschland Guericke, Leibniz, Tschirnhaus und Fahrenheit, in Holland Huygens und Leeuwenhoek, in Italien Viviani und Torricelli, in Dänemark Steno, in Schottland James und David Gregory, in England Wallis, Lister, Boyle, Hooke, Flamsteed, Halley, Newton und noch viele andere, allein oder gemeinsam, einsam oder in Zusammenarbeit daran, Tag für Tag, Nacht für Nacht, das Gebäude aus Mathematik, Astronomie, Geologie, Geographie, Physik, Chemie, Biologie, Anatomie und Physiologie zu errichten, das eine tiefgreifende Wandlung des modernen Geisteslebens herbeiführen sollte. Oldenburg spürte diese Internationalität der Wissenschaft, ihm wäre nicht im Traum eingefallen, daß der Nationalismus einmal sogar die Wissenschaft selbst zum Parteigänger und zum verheerenden Werkzeug machen würde; er sah in diesem anregenden Zusammenwirken nur ein Omen für ein besseres Leben. «Ich hoffe», schrieb er an Huygens, «daß mit der Zeit alle Nationen, auch die weniger zivilisierten, einander als Kameraden umarmen und sowohl ihre geistigen als auch ihre materiellen Kräfte zusammenschließen werden, um die Unwissenheit zu vertreiben und dem wahren und nützlichen Wissen zum Durchbruch zu verhelfen.»[11] Das ist noch heute die Hoffnung der Welt.

II. MATHEMATIK

Als erstes verbesserte die neue Internationale ihre Hilfsmittel. Pascal, Hooke und Guericke entwickelten das Barometer; Guericke erprobte mit seiner Luftpumpe die Herstellung eines Vakuums; Gregory, Newton und andere machten bessere Teleskope, als Kepler und Galilei sie gehabt hatten; Newton erfand den Sextanten; Hooke verbesserte das Verbundmikroskop, das neue Wege zur Zellforschung öffnete; das Thermometer wurde unter Guericke und Amontons zuverlässiger und genauer, und 1714 gab ihm Fahrenheit seine englisch-amerikanische Form, indem er anstelle von Weingeist Quecksilber als dehnbaren Füllkörper verwendete und auf seiner Skala den Gefrierpunkt bei 32 Grad und den Siedepunkt bei 212 Grad ansetzte, wobei er 96 Grad als normale Körperwärme des Menschen annahm.

Weitaus das wichtigste Hilfsmittel war die Mathematik; sie gab den Experimenten ein quantitatives, meßbares Vorgehen und tausenderlei Möglichkeiten der Voraussage, ja sogar der Beherrschung der Zukunft. «Die Natur spielt den Mathematiker», sagte Boyle, und Leibniz fügte bei: «Naturwissenschaft ist nichts anderes als angewandte Mathematik.»[12] Historiker und Mathematiker loben das siebzehnte Jahrhundert als besonders fruchtbar auf ihren Gebieten, war es doch das Jahrhundert von Descartes, Napier, Cavalieri, Fermat, Pascal, Newton, Leibniz und Desargues. Vom Duft ihrer Stammbäume umwehte Damen wohnten Vorträgen über Mathematik bei; manche von ihnen, scherzte das *Journal des Savants,* machten aus der Quadratur des Kreises einen Freipaß zu ihrer Gunst[13]; das mag die beharrlichen Bemühungen Hobbes' um die Lösung dieses unlösbaren Problems erklären.

Pierre de Fermat war der Urheber der modernen Theorie der ganzen Zahlen (des Studiums ihrer Klassen, Eigenschaften und Beziehungen), er erdachte unabhängig von Descartes – vielleicht schon vor ihm – die analytische Geometrie, erfand, unabhängig von Pascal, die Wahrscheinlichkeitsrechnung und kannte die Differentialrechnung schon vor Newton und Leibniz. Er lebte jedoch ziemlich unbekannt als Parlamentsrat in Toulouse und hielt seine Beiträge zur Mathematik nur in Briefen an seine Freunde fest, die erst 1679, vierzehn Jahre nach seinem Tod, veröffentlicht wurden. Wie besessen er von der Mathematik war, erkennen wir in einem dieser Briefe: «Ich habe eine sehr große Zahl ganz wundervoller Lehrsätze gefunden.»[14] Er war entzückt von jeder neuen Eigenschaft, von jeder überraschenden Regelmäßigkeit der Zahlen. Er forderte die Mathematiker der ganzen Welt auf, «einen Würfel in zwei Würfel, eine vierte Potenz in zwei vierte Potenzen zu teilen», usw. «Ich habe einen wahrhaft wunderbaren Beweis dafür gefunden», schrieb er von dem heute als «Fermatsches Problem» bekannten Satz; aber bis jetzt ist es weder gelungen, diesen seinen Beweis wiederzufinden noch einen anderen schlüssigen Beweis dafür zu erbringen. Ein deutscher Professor stiftete 1908 hunderttausend Mark für den ersten, der den Fermatschen Satz beweisen kann; die Belohnung wurde bisher von niemandem beansprucht; vielleicht trug auch die Veränderung der Währungen Schuld daran.

Abgesehen von einem einzigen, war Christian Huygens der hervorragendste Wissenschaftler seiner Zeit – *facile secundus* nach Newton. Sein Vater, Constantin Huygens, war ein ausgezeichneter holländischer Dichter und Staatsmann. 1629 im Haag geboren, begann Christian Huygens mit zweiundzwanzig Jahren mathematische Abhandlungen zu publizieren. Mit seinen Entdeckungen auf den Gebieten der Astronomie und der Physik errang er sich bald europäisches Ansehen; er wurde 1663 zum Mitglied der Royal Society in London gewählt, und 1665 lud Colbert ihn zur Mitarbeit in der Académie des Sciences in Paris ein. Er zog in die französische Hauptstadt, erhielt ein großzügiges Jahresgehalt und blieb bis 1681, aber dann wurde es ihm unter einem zum Protestantenverfolger gewordenen König unbehaglich, und er kehrte nach Holland zurück. Sein Briefwechsel in sechs Sprachen mit Descartes, Roberval, Mersenne, Fermat, Pascal, Newton, Boyle und vielen anderen beweist die wachsende Verbrüderung der Wissenschaftler zur internationalen Einheit. «Meine Heimat ist die Welt», sagte Huygens, «und meine Religion das Voranbringen der Wissenschaft.»[15] Sein *mens sana in corpore aegro* gehörte zu den Wundern seiner Zeit – in einem unaufhörlich kränkelnden Körper blieb sein Geist bis zu seinem Tod mit sechsundsechzig Jahren immer schöpferisch tätig. Seine mathematischen Arbeiten waren der geringste Teil seiner Leistungen; dennoch profitierten Geometrie, Logarithmen und Infinitesimalrechnung von seinen Bemühungen. 1673 fand er den «Satz von der Umkehrung der Quadrate» oder das Attraktionsgesetz (daß sich die Anziehung der Körper untereinander umgekehrt proportional dem Quadrat ihrer Entfernung voneinander verhält), der für Newtons Astronomie so wichtig wurde.

Newton war jetzt unbestritten der strahlendste Stern in der glänzenden Schar britischer Wissenschaftler; er verdient ein eigenes Kapitel; aber es gab Satelliten dieses Gestirns. Sein Freund John Wallis, ein anglikanischer Geistlicher, wurde 1649 mit dreiunddreißig Jahren Professor für Geometrie am Savile-Institut in Oxford und hatte diesen Lehrstuhl während vierundfünfzig Jahren inne. Außerdem widmete er sich auch Studien über Grammatik, Logik und Theologie, trug aber nichtsdestoweniger wichtige Schriften zu Mathematik, Mechanik, Akustik, Astronomie, Gezeitenkunde, Botanik, Physiologie, Geologie und Musik bei; es fehlten ihm nur ein paar Liebschaften und Kriege, um ihn zu einem ganzen Mann zu machen. Sein Werk *De Algebra Tractatus Historicus et Practicus* (1673) steuerte nicht nur eigene Ideen zu diesem Wissensgebiet bei, sondern stellte den ersten ernsthaften Versuch in England dar, eine Geschichte der Mathematik zu schreiben. Seine Zeitgenossen ergötzten sich an seiner langdauernden Auseinandersetzung mit Hobbes über die Quadratur des Kreises; Wallis behielt recht, aber der alte Philosoph focht bis in sein einundneunzigstes Lebensjahr weiter. Wallis ist hauptsächlich durch seine *Arithmetica Infinitorum* (1655) in die Geschichte eingegangen, worin er Cavalieris Begriff der unteilbaren Elemente auf die Quadratur der Kurven übertrug und damit die Infinitesimalrechnung (Leibnizens *calculus*) vorbereitete.

Calculus hieß ursprünglich ein von den alten Römern beim Rechnen verwendeter kleiner Stein. Die heutige Bedeutung des Wortes Infinitesimalrechnung zu erklären ist nur den in diese Wissenschaft völlig Eingeweihten möglich*. Archimedes hatte eine unklare Vorstellung davon, Kepler war ihr nähergekommen, Fermat hatte sie entdeckt, aber seinen Fund nicht veröffentlicht; Cavalieri und Torricelli in Italien, Pascal und Roberval in Frankreich, John Wallis und Isaak Barrow in England, James

* Für uns Nichteingeweihte kann die Differentialrechnung als die Berechnung veränderlicher Größen, wie Gewicht, Entfernung oder Zeit, definiert werden. Zum Beispiel wird das Niveau von Wasser, das in immer gleichbleibender Menge in einen umgekehrten Kegel gegossen wird, immer langsamer steigen; die Differentialrechnung stellt fest, um wieviel das Niveau während eines bestimmten Zeitabschnitts steigt. Für einen im luftleeren Raum fallenden Körper wächst die Fallgeschwindigkeit mit der Zunahme der Fallzeit; die Differentialrechnung ermittelt die Fallstrecke für jeden beliebigen Zeitabschnitt. Kompliziertere Formen der Differentialrechnung befassen sich mit dem Verhältnis der Tangente zur Kurve, mit der Berechnung des Flächeninhalts ebener Kurven und mit einer Menge anderer einschlägiger Probleme. – Die Infinitesimalrechnung verkleinert eine veränderliche Größe durch unendliche Reduktion zu einem so kleinen Wert, daß der Differentialquotient seine Bedeutung verliert. Die Integralrechnung berechnet eine Größe aus der Kenntnis ihrer Grenzwerte. Alle diese Rechenmethoden haben sich als von unschätzbarem Wert für die Technik erwiesen.

und David Gregory in Schottland, sie alle hatten Bausteine zu diesem in staunenswerter Zusammenarbeit eines ganzen Erdteils entstehenden Gebäude geliefert. Newton und Leibniz brachten das Werk zur Vollendung.

Der Ausdruck *calculus* wurde Leibniz durch Johann Bernoulli nahegelegt. Bernoulli war ein Glied einer Familie, die durch die in ihr vererbte Genialität ebenso bemerkenswert war wie die Familien Bach, Brueghel und Couperin. Nikolaus Bernoulli (1623 bis 1708) war ein Kaufmann wie seine Vorfahren. Bei seinem Sohn Jakob Bernoulli I. (1654–1705) ging das kaufmännische Rechnen in höhere Formen der Mathematik über. Nach seinem Motto *Invito patre sidera verso* – entgegen dem Willen meines Vaters erforsche ich die Sterne – versuchte sich Jakob Bernoulli in der Astronomie, trug zur Entwicklung der analytischen Geometrie bei, entwickelte die Variationsrechnung und wurde Professor für Mathematik an der Universität Basel. Seine Studien über die Kettenlinie (die Kurve, die entsteht, wenn ein in allen Teilen gleich schwerer, vollkommen biegsamer und unelastischer Faden an zwei Punkten frei aufgehängt wird) trug späte Frucht in der Planung von Hängebrücken und Hochspannungsleitungen. Sein Bruder Johann (1667–1748) wandte sich, ebenfalls gegen den Willen des Vaters, der Medizin, dann der Mathematik zu und folgte Jakob als Professor in Basel; er leistete Beiträge zur Physik, Optik, Chemie, Astronomie, Gezeitenkunde und Segelmathematik; er fand die Exponentialfunktion, konstruierte das erste System der Integralrechnung und führte den Gebrauch des Wortes *Integral* in diesem Sinne ein. Ein anderer Bruder, Nikolaus I. (1662–1716), erwarb seinen Doktor der Philosophie mit sechzehn, der Rechte mit zwanzig Jahren, dozierte Jurisprudenz in Bern und Mathematik in St. Petersburg. Wir werden im achtzehnten Jahrhundert sechs weiteren Mathematikern aus dieser Familie begegnen, auch im neunzehnten gab es zwei; doch dann war die Bernoulli-Batterie erschöpft.

Die Entwicklung der Statistik bis fast zu einer Wissenschaft gehört ebenfalls zu den Leistungen dieses Zeitalters. Der Kurzwarenhändler John Graunt vertrieb sich die Zeit damit, die Beerdigungslisten der Londoner Pfarreien zu sammeln und zu studieren. Gewöhnlich verzeichneten diese Berichte die Todesursache, wie «auf der Straße gestorben oder verhungert», «hingerichtet oder gewaltsam umgekommen», «Skrofulose», «als Säugling gestorben» und «sich selber umgebracht»[16]. 1662 publizierte Graunt seine *Natural and Political Observations ... upon the Bills of Mortality*; das war der Beginn der modernen Statistik. Er schloß aus seinen Tabellen, daß «sechsunddreißig Prozent aller Kinder vor ihrem sechsten Lebensjahr sterben», vierundzwanzig Prozent in den nächsten zehn Jahren, fünfzehn Prozent in den folgenden zehn, usw.[17]; die Säuglingssterblichkeit scheint hier sehr übertrieben zu sein, legt aber den Gedanken nahe, die Liebe habe schwer arbeiten müssen, um mit dem Todesengel Schritt zu halten. «Unter den verschiedenen Todesursachen», sagte Graunt, «stehen einige in einem konstanten Verhältnis zur Zahl der Todesfälle; das sind die chronischen Krankheiten und diejenigen, die mit dem Leben in der Stadt zusammenhängen, zum Beispiel Schwindsucht, Wassersucht, Gelbsucht usw.»[18]; das heißt, die Verbreitung gewisser Krankheiten und sozialer Erscheinungen, die zwar für das einzelne Individuum nicht berechenbar sind, können für eine große Gemeinschaft vieler Individuen mit annähernder Genauigkeit vorausberechnet werden. Dieses hier von Graunt formulierte Prinzip wurde zur Grundlage der statistischen Voraussage. Er stellte fest, daß in manchen Jahren die Zahl der Todesfälle in London größer war als die Zahl der Taufen, und schloß daraus, London müsse besonders reich an Sterbegelegenheiten sein, wie zum Beispiel geschäftliche Aufregungen, «Rauch, Gestank und dumpfe Luft» und «Unmäßigkeit im Essen». Daß die Bevölkerung Londons trotzdem zunahm, schrieb Graunt der vermehrten Zuwanderung vom Land und aus kleineren Städten zu. Er schätzte 1662 die Bevölkerung Londons auf etwa 384000 Seelen.

Durch Graunts Freund Sir William Petty fand die Statistik auch in die Staatswissenschaft Eingang. Petty, ein neues Beispiel einer heute unmöglich gewordenen Vielseitigkeit, lehrte nach seinen Studien in Caen, Utrecht, Leiden, Amsterdam und Paris in Oxford Anatomie und am Gresham College in London Musik und erwarb sich als Arzt in der königlichen Armee in Irland ein Vermögen und den Adelsbrief*. 1676 schrieb er das zweite Hauptwerk über Statistik, *Political Arithmetic*. Staatskunde, behauptete Petty, könnte nur dann zur Wissenschaft werden, wenn ihre Beweise auf quantitativen Messungen beruhten. Er befürwortete deshalb periodische Volkszählungen, welche Geburt, Geschlecht, Zivilstand, Titel, Beruf, Religion usw. jedes Einwohners von England registrieren sollten. Auf der Basis von Sterberegistern, Häuserzahl und Geburtenüberschuß schätzte er 1682 die Bevölkerung von London auf 696000, von Paris auf 488000, Amsterdam 187000, Rom 125000. Wie Giovanni Botero 1589 und Thomas Malthus 1798 war auch Petty der Ansicht, die Bevölkerung habe die Tendenz, schneller zu wachsen als die Mittel zu ihrer Versorgung, daß dies zum Krieg führe und daß im Jahr 3682 die bewohnbare Erde mit einem Menschen pro 80 Ar überbevölkert sein werde[20].

Die Versicherungsgesellschaften bedienten sich der Statistik und verwandelten ihr Geschäft in eine kunstvolle Wissenschaft, die – außer der Inflation – alles in Rechnung stellte. Aus den Sterberegistern von Breslau stellte Edmund Halley (1693) eine Tabelle der voraussichtlichen Todesfälle für jedes Alter zwischen einem und vierundachtzig Jahren auf; daraus ersah er die Wahrscheinlichkeit des Todes einer Person eines bestimmten Alters in einem bestimmten Kalenderjahr und berechnete danach den logischen Preis einer Police. Die ersten im achtzehnten Jahrhundert in London gegründeten Lebensversicherungsgesellschaften machten sich Halleys Tabellen zunutze und schlugen Gold aus der Mathematik.

III. ASTRONOMIE

In unzähligen Ländern waren die Gestirne Gegenstand der Wissenschaft. In Italien entdeckte der jesuitische Astronom Riccioli (1650) den ersten Doppelstern, das heißt einen Stern, der vom bloßen Auge als einer wahrgenommen wird, sich im Teleskop

* In Oxford hielt er sich, sagt Aubrey, «eine eingepökelte oder in Weingeist eingelegte Leiche». Eine der ihm zur Sektion überlassenen Leichen war die einer gewissen Nan Green, die ihr uneheliches Kind ermordet hatte; Petty entdeckte, daß sie noch atmete, und holte sie ins Leben zurück[19].

jedoch als zwei offensichtlich umeinander kreisende Sterne entpuppte. In Danzig baute sich Johannes Hevelius in seinem Haus ein eigenes Observatorium, konstruierte sich selber seine Instrumente, katalogisierte 1564 Sterne, entdeckte vier Kometen, beobachtete einen Merkurtransit, bemerkte die Mondlibrationen (periodische Schwankungen der Sichtbarkeit gewisser Teile), zeichnete eine Karte der Mondoberfläche und gab mehreren ihrer Merkmale Namen, die noch heute auf den Mondkarten stehen. Als er den Sternguckern Europas mitteilte, er könne Sternpositionen durch ein Diopter (ein Beobachtungsinstrument mit nur einer Linse) genau so gut sehen wie durch einen Spiegelreflektor, bestritt Robert Hooke die Richtigkeit dieser Behauptung. Um der Sache auf den Grund zu gehen, reiste Halley von London nach Danzig, und er berichtete nachher, Hevelius habe die Wahrheit gesagt[21].

Da Ludwig XIV. die Wichtigkeit der Astronomie für die Navigation erkannte, stellte er Mittel für den Bau und die Ausrüstung einer Sternwarte in Paris (1667–1672) bereit. Von diesem Zentrum aus führte oder sandte Jean Picard Expeditionen zu Himmelsbeobachtungen an verschiedene Punkte der Erde. Er ging in die Uranienburg, um den genauen Ort zu bestimmen, von dem aus Tycho Brahe seine klassische Planetenkarte gezeichnet hatte, und mit einer Reihe von Beobachtungen auf dem Längengrad zwischen Paris und Amiens berechnete er diesen mit solcher Genauigkeit (er wich nur um wenige Meter von der heute angenommenen Zahl von 111,846 Kilometern ab), daß man vermutet, Newton habe Picards Ergebnisse bei der Bestimmung der Erddimensionen und zur Überprüfung des Gravitationsgesetzes verwendet. Mit Hilfe ähnlicher Beobachtungen schätzte Picard den Erddurchmesser am Äquator auf 12554,15 Kilometer, was von der heutigen Berechnung auf 12756,338 Kilometer nicht sehr weit abweicht[22]. Diese Entdeckungen machten es einem Schiff auf hoher See möglich, seinen Ort mit einer nie dagewesenen Genauigkeit zu bestimmen. So beschleunigten die Ausdehnung des Handels und die industrielle Entwicklung Europas die Umwälzungen in der Wissenschaft und zogen auch Nutzen daraus.

Auf Picards Vorschlag lud Ludwig XIV. den italienischen Astronomen Giovanni Domenico Cassini ein, nach Frankreich zu kommen. Dieser hatte sich schon europäischen Ruhm erworben durch die Entdeckung der Sphäroidform des Jupiter und der periodischen Rotation von Jupiter und Mars. Als er in Paris ankam (1669), empfing ihn der König wie einen Fürsten der Wissenschaft[23]. 1672 sandten er und Picard Jean Richer nach Cayenne in Südamerika, damit er den Mars in seiner maximalen Opposition zur Sonne und größten Erdennähe beobachte; Cassini machte die gleichen Beobachtungen von Paris aus. Die Vergleichung dieser gleichzeitigen Beobachtungen von zwei weit auseinanderliegenden Punkten aus ergab neue und genauere Werte der Sonnen- und Marsparallaxe und ihrer Entfernung von der Erde und enthüllte größere Dimensionen im Sonnensystem, als man bisher angenommen hatte. Aus der Tatsache, daß die Schwingungsdauer eines gleichen Pendels in Cayenne länger war als in Paris, schlossen die Astronomen, daß die Schwere am Äquator geringer sei als auf höheren Breitengraden; und dies legte nahe, die Erde könnte eine nicht vollkommene Kugel sein. Cassini dachte, sie müsse am Äquator abgeflacht sein, Newton dachte, sie sei es an den

Polen; spätere Forschungen haben Newtons Ansicht bestätigt. Mittlerweile entdeckte Cassini vier neue Saturntrabanten sowie die heute unter dem Namen Cassinische Trennung bekannte Spaltung des Saturnrings in zwei konzentrische Ringe. Nach Cassinis Tod, 1712, wurde sein Sohn Jakob sein Nachfolger an der Pariser Sternwarte; dieser setzte die vom Vater begonnene Meridianmessung fort und veröffentlichte die ersten Tafeln der Saturntrabanten.

Ehe sich Christian Huygens der kosmopolitischen Gemeinde von Wissenschaftlern in Paris anschloß, leistete er im Haag mehrere wichtige Beiträge zur Astronomie. Zusammen mit seinem Bruder Konstantin entwickelte er eine neue Methode des Linsenschleifens und -polierens; mit seinen Linsen baute er Teleskope von größerer Brennweite und Klarheit, als man sie je besessen hatte, und entdeckte damit (1655) den sechsten Saturntrabanten und den geheimnisvollen Ring dieses Planeten. Ein Jahr später gab er die erste Beschreibung der hellen Teile des großen Orionnebels (die heute seinen Namen tragen) und wies die wechselnde Helligkeit von dessen Kern nach.

Die großen Rivalen der Pariser Astronomen waren die Gelehrten, die sich in England vor allem um Halley und Newton scharten. James Gregory in Edinburg lieh ihnen aus der Ferne seine Hilfe mit dem Bau des ersten Spiegelreflektorteleskops (1663), eines Teleskops, in welchem die Lichtstrahlen eines Gegenstands in einem Hohlspiegel statt in einer Linse gesammelt werden; Newton verbesserte es 1668. 1675 richteten Johann Flamsteed und andere eine Denkschrift an Karl II. mit dem Gesuch, eine Nationalsternwarte zu finanzieren, damit der englischen Schiffahrt, die jetzt die Meere befuhr, mit besseren Längengradbestimmungen gedient werden könne. Der König finanzierte den Bau, der in dem Flecken Greenwich südöstlich von London errichtet wurde. Der Meridian durch diesen Ort wurde dann allgemein als Nullmeridian und seine Ortszeit als allgemein maßgebende Zeit angenommen. Karl setzte Flamsteed ein kleines Direktorengehalt aus, gab ihm aber nichts für die Bezahlung von Assistenten oder Instrumenten. Der gebrechliche, kränkliche Flamsteed opferte sein Leben für dieses Observatorium. Er nahm Schüler an, bezahlte Instrumente aus der eigenen Tasche, bekam andere von seinen Freunden geschenkt und machte sich geduldig an die Bestandsaufnahme der Gestirne, die er von Greenwich aus sah. Bevor er starb (1719), hatte er den umfassendsten und genauesten aller bisher bekannten Sternkataloge hergestellt, der den 1601 von Tycho Brahe auf Kepler gekommenen weit übertraf. Flamsteed, der sich mit Kleinarbeit plagen mußte, welche andere gewöhnlich ihren Assistenten überließen, ärgerte Halley und Newton mit der Langsamkeit seiner Berechnungen und der späten Bekanntgabe seiner Resultate; schließlich veröffentlichte Halley sie ohne Flamsteeds Erlaubnis – und selbst die Sterne erzitterten beim Zorn des leidenden Astronomen.

Und doch war Edmund Halley der Beste der Gruppe. Schon als Schuljunge studierte er begeistert den Himmel, mit zwanzig Jahren veröffentlichte er einen Aufsatz über Planetenbahnen, und noch im selben Jahr (1676) begab er sich auf Reisen, um den Sternenhimmel der südlichen Hemisphäre zu sehen. Auf der Insel Sankt Helena bestimmte er die Positionen von 341 Sternen; am Vorabend seines einundzwanzigsten Geburtstags machte er die erste vollständige Beobachtung eines Merkurdurchgangs.

Nach seiner Rückkehr nach England wurde er als Zweiundzwanzigjähriger Mitglied der Royal Society. Er erkannte das Genie Newtons, finanzierte die erste Auflage des teuren Drucks der *Prinzipien* und stellte ihnen ein paar schmeichelhafte Verse in glänzendem Latein voran, die mit der Zeile endeten: *Nec fas est proprius mortali attingere divos* – Es ist dem Sterblichen nicht gegeben, den Göttern nahezukommen[24]. Halley gab den griechischen Text der *Kegelschnitte* des Apollonios von Perge heraus und lernte Arabisch, um die nur in dieser Sprache überlieferten Schriften der Griechen übersetzen zu können.

Seinen Namen an den Himmel geschrieben hat er mit einer der erfolgreichsten Voraussagen der Geschichte. Borelli hatte mit der Entdeckung, daß die Bahnen der Kometen Parabeln sind (1665), den Weg bereitet. Als 1682 ein Komet erschien, fand Halley Übereinstimmungen seiner Bahn mit Kometen, die 1456, 1531 und 1607 beobachtet worden waren; er bemerkte, daß diese Erscheinungen in Abständen von etwa fünfundsiebzig Jahren wiederkehrten, und sagte das Wiedererscheinen im Jahr 1758 voraus. Es war ihm nicht vergönnt, die Erfüllung seiner Weissagung zu erleben, aber als der Komet erschien, erhielt er seinen Namen und trug zur Hebung des allgemeinen Respekts vor der Wissenschaft bei. Bis tief ins siebzehnte Jahrhundert galten Kometen als direkte Zeichen Gottes, als der Menschheit großes Unheil verkündende Mahnzeichen; die Arbeiten von Bayle und Fontenelle und die Voraussage Halleys machten diesem Aberglauben ein Ende. Halley entdeckte die Identität eines 1680 erschienenen Kometen mit einem im Todesjahr Christi beobachteten; er setzte sein Wiedererscheinen auf jedes 575. Jahr an und berechnete aus dieser Periodizität seine Bahn um die Sonne und seine Geschwindigkeit. In seinem Kommentar zu diesen Berechnungen zog Newton den Schluß, daß «die Körper der Kometen fest, zusammenhängend, gleichbleibend und dauerhaft sind wie die Körper der Planeten», sie sind keine «Dämpfe oder Ausdünstungen der Erde, der Sonne oder anderer Planeten»[25].*

1691 verweigerte man Halley die Astronomieprofessur am Savile-Institut der Universität Oxford, weil man ihn verdächtigte, Materialist zu sein[26]. 1698 segelte er im Auftrag Wilhelms III. weit in den Südatlantik, studierte die Kompaßabweichungen und nahm eine Sternkarte der Antarktis auf. (Verglichen mit dieser Expedition, sagte Voltaire, «war die Seereise der Argonauten nur eine Überfahrt von einem Flußufer ans andere»[27].) 1718 wies Halley darauf hin, daß mehrere der angeblich «fixen» Sterne seit der Zeit der Griechen ihre Position geändert hatten, und einer davon, der Sirius, sogar seit Brahes Zeit; auch wenn Fehler in der Beobachtung unterlaufen konnten, hielt er es doch für gewiß, daß sich die Stellung der Sterne zueinander im Verlauf großer Zeitperioden verändern; das Vorhandensein dieser Eigenbewegung der Fixsterne ist heute allgemein anerkannt. 1721 wurde Halley mit der Nachfolge Flamsteeds als königlicher Astronom betraut; aber Flamsteed war in solcher Armut gestorben, daß seine Gläubiger seine Instrumente wegtrugen, und Halleys Arbeit litt sowohl unter der mangelhaften Ausrüstung als auch unter dem Nachlassen seiner Kräfte; trotzdem begann

---

* Dryden hatte kurz zuvor (1681) in *Absalom und Achitophel* die Kometen so beschrieben: «Sie erheben sich aus irdischen Dämpfen, ehe sie an den Himmeln leuchten.»

er mit vierundsechzig Jahren die Beobachtung der Knoten- oder Drachenlinie des Mondes, für deren volles Durchlaufen dieser achtzehn Jahre braucht. Halley starb 1742, mit sechsundachtzig Jahren, nachdem er sich gegen die Weisungen seines Arztes ein Glas Wein zu Gemüte geführt hatte. Weder Leben noch Wein sollten im Übermaß genossen werden.

IV. DIE ERDE

In die Wissenschaften vernarrt, hatte Halley sich mit einem Essay über Passatwinde (1697) und mit einer Karte der Luftbewegungen in die Nebel der Meteorologie vorgewagt. Er schrieb diese Bewegungen den Schwankungen der Temperatur und des atmosphärischen Drucks zu; so zog die sich scheinbar westwärts bewegende Sonne Wärme mit sich, insbesondere den Äquatorzonen der Erde entlang; die durch die Wärme verdünnte Luft sog weniger dünne Luft aus östlicher Richtung an, und damit entstanden die vorherrschenden Äquatorialwinde, auf die sich Kolumbus für seine Segelfahrt von Osten nach Westen verlassen hat. Francis Bacon hatte eine ähnliche Erklärung vorgeschlagen. Georg Halley entwickelte sie 1735 weiter, indem er hinzufügte, die größere nach Osten laufende Umdrehungsgeschwindigkeit der Erde am Äquator bewirke eine westwärts laufende Gegenströmung der Luft.

Mit der Entwicklung des Barometers und des Thermometers wurde die Meteorologie zur Wissenschaft. Guerickes Barometer zeigte 1660 einen schweren Sturm im voraus richtig an. Im sechzehnten Jahrhundert waren verschiedene Hygrometer zur Messung der Luftfeuchtigkeit erfunden worden. Die Accademia del Cimento benutzte ein Gefäß mit Gradeinteilung, das die von einem mit Eis gefüllten Metallkegel herunterrinnenden Tropfen auffing. Hooke verband eine Gerstengranne – die sich mit Luftfeuchtigkeit vollsog und bog – mit einer Zeigernadel, die sich je nach der Feuchtigkeit der Granne bewegte. Er war auch der Erfinder eines Windmessers, eines Radbarometers und eines Witterungsanzeigers. Den letzten entwarf er im Auftrag der Royal Society (1678); er maß und notierte Windstärke und Windrichtung, Druck und Feuchtigkeit der Atmosphäre, Lufttemperatur und Niederschlagsmenge; um das Maß ja voll zu machen, zeigte er auch noch die Tageszeit an. Mit verbesserten Instrumenten ausgerüstet, begannen Wetterstationen in verschiedenen Städten ihre gleichzeitigen Beobachtungen zu notieren und zu vergleichen, wie zum Beispiel 1649 Paris mit Stockholm. Großherzog Ferdinand II. der Toscana, der Förderer der Accademia del Cimento, sandte Barometer, Thermometer und Hygrometer an ausgewählte Beobachter in Paris, Warschau, Innsbruck und anderen Orten, gab ihnen Anweisungen für die tägliche Aufzeichnung meteorologischer Angaben und verlangte die Übermittlung einer Abschrift dieser Notizen nach Florenz, wo sie verglichen wurden. Leibniz brachte die Wetterstationen in Hannover und Kiel dazu, von 1679 bis 1714 ihre Beobachtungen jeden Tag aufzuzeichnen.

Der erfinderische, aber seine Ideen nur selten weiterverfolgende Hooke zeigte der Forschung eine Menge vielversprechender Wege, war aber zu arm, um sie selber bis zum rühmlichen Ende zu gehen. Überall in der Geschichte der britischen Wissenschaften der zweiten Hälfte des siebzehnten Jahrhunderts stößt man auf seinen Namen. Als Sohn eines Pfarrers, der «starb, indem er sich selber aufhing»[28], zeigte er schon früh seine vielseitigen Begabungen, indem er Bilder malte, Orgel spielte und sich dreißig verschiedene Arten des Fliegens ausdachte. In Oxford widmete er sich der Chemie und arbeitete als Assistent bei Robert Boyle. 1662 wurde er als «Vorsteher der Experimente» der Royal Society angestellt, 1665 wurde er Professor für Geometrie am Gresham College, und 1666, nach der großen Feuersbrunst in London, ging er zur Architektur über und zeichnete die Pläne mehrerer großer Gebäude – Montagu House, Physikalisches Institut und Bethlehem Hospital («Bedlam»). Nachdem er lange Zeit durch sein Mikroskop geguckt hatte, veröffentlichte er 1665 sein Meisterwerk *Micrographia*, das der Biologie viele Anregungen brachte. Er entwarf eine Theorie über die Wellenbewegung des Lichts, unterstützte Newton in optischen Fragen und war ein Vorläufer sowohl des Attraktionsgesetzes als auch der Gravitationslehre. Er entdeckte den fünften Stern im Orionnebel und unternahm den ersten Versuch zur Bestimmung der Parallaxe eines Fixsterns mit dem Teleskop, schlug 1678 eine kinetische Theorie der Gase vor und beschrieb 1684 ein Telegraphiesystem. Er gehörte zu den ersten, die sich zur Regulierung der Uhr einer Spiralfeder bedienten, er legte das Prinzip des Sextanten zur Messung von Winkelabständen fest und erfand ein Dutzend weiterer wissenschaftlicher Instrumente. Wahrscheinlich war er der originellste Kopf in dem glänzenden Gestirn genialer Geister, das die Royal Society für einige Zeit zur Schrittmacherin der europäischen Wissenschaft machte; aber sein mürrisches, nervöses Wesen hielt ihm die verdiente Anerkennung fern.

Seine Erkenntnisse erstreckten sich gelegentlich sogar auf die Geologie. Er schloß aus den Fossilien auf ein mit der biblischen Genesis unvereinbares Alter der Erde und des Lebens und sah voraus, daß die Chronologie des Lebens der Erde eines Tages aus den verschiedenen in den aufeinanderfolgenden Gesteinsschichten eingelagerten Fossilien berechnet würde. Die meisten Autoren des siebzehnten Jahrhunderts hielten sich an die biblische Schöpfungsgeschichte; einige von ihnen schlugen sich damit herum, die Genesis mit den sporadischen Entdeckungen der Geologie in Übereinstimmung zu bringen. In *An Essay towards Natural History of the Earth* (Versuch einer Naturgeschichte der Erde; 1695) erneuerte John Woodward nach eingehender Beschäftigung mit seiner großen Fossiliensammlung die Erklärung Leonardo da Vincis, es handle sich um Relikte von Pflanzen und Tieren, die einst auf der Erde gelebt hatten, aber selbst er hielt das verbreitete Vorkommen von Fossilien für eine Folge von Noahs Sintflut. Der anglikanische Geistliche Thomas Burnet versuchte (1680), Genesis und Geologie durch Streckung der biblischen Schöpfungstage zu Epochen zur Übereinstimmung zu bringen; die Ausflucht schien annehmbar, aber als der mutiger werdende Thomas Burnet so weit ging, Adams Sündenfall eine Allegorie zu nennen, hatte er sich seine kirchliche Laufbahn verscherzt.

Athanasius Kircher war sowohl ein guter Jesuit als auch ein großer Gelehrter und glänzte auf vielen Forschungsgebieten. In seinem *Mundus subterraneus* (1665) verzeichnete er die Meeresströmungen. Er nahm an, die unterirdischen Flüsse seien von den Meeren genährt, und schrieb Vulkanausbrüche und heiße Quellen unterirdischen Feuern zu, was den Volksglauben, die Hölle befinde sich im Zentrum der Erde, zu bestätigen schien. Pierre Perrault verwarf (1674) die Idee des Ursprungs von Quellen und Flüssen aus unterirdischen Quellen und vertrat die heute noch gültige Ansicht, daß sie das Produkt von Regen und Schnee sind. Martin Lister erklärte die Vulkanausbrüche mit der Erhitzung und folgerichtigen Explosion des im Eisenpyrit enthaltenen Schwefels; und die Experimente zeigten, daß eine in die Erde vergrabene Mischung aus Eisenfeilspänen, Schwefel und Wasser sich erhitzte, die darüberliegende Erde sprengte und als Flamme ausbrach.

Der hervorragendste Geologe dieses Zeitalters war in Dänemark unter seinem Namen Niels Stensen, der internationalen Gelehrtenwelt aber als Nikolaus Steno bekannt. In Kopenhagen geboren, studierte er dort und in Leiden Medizin und zählte Spinoza zu seinen Freunden[29]. Er wanderte nach Italien aus, bekehrte sich zum Katholizismus und wurde Leibarzt Ferdinands II. in Florenz. 1669 gab er ein schmales Bändchen mit dem Titel *De solido intra solidum naturaliter contento* (Feste Körper, die innerhalb anderer fester Körper von Natur aus eingeschlossen sind) heraus, das ein Kenner als «die wichtigste geologische Beweisführung dieses Jahrhunderts» bezeichnete[30]. Sein Thema war die Bestätigung der neuen Ansicht über die Fossilien; aber als Einleitung formulierte Steno zum erstenmal eine Darstellung der Entwicklung der Erdkruste. Er war bei der geologischen Untersuchung der Toscana auf sechs aufeinanderfolgende Erdschichten gestoßen, analysierte deren Struktur und Gehalt, die Formation der Berge und der Täler, die Ursachen von Vulkanen und Erdbeben und wies anhand der Fossilien nach, daß der Wasserspiegel der Flüsse und des Meeres vor Zeiten höher gestanden hatte. Die Berühmtheit, die er sich mit diesem Büchlein und mit seinen anatomischen Studien erwarb, bestimmte König Christian IV. dazu, Steno den Lehrstuhl für Anatomie an der Kopenhagener Universität anzutragen. Steno nahm an, aber seine katholische Überzeugung führte zu Reibereien; er kehrte nach Florenz zurück, ging von den Naturwissenschaften zur Theologie über und starb als Titularbischof von Titiopolis und apostolischer Vikar für Nordeuropa.

Inzwischen hatte auch die Geographie an Bedeutung gewonnen, vor allem als Nebenprodukt von Missions-, Kriegs- und Handelsunternehmungen. Die Jesuiten widmeten sich den Wissenschaften fast so hingebend wie der Kirche und der Politik; viele von ihnen gehörten gelehrten Gesellschaften an, die ihre geographischen und ethnographischen Berichte zu schätzen wußten. Sie unternahmen wagemutige Missionsreisen nach Kanada, Mexiko, Brasilien, Tibet, China und in die Mongolei, sie sammelten und vermittelten viele wertvolle Kenntnisse und zeichneten die besten Karten der von ihnen bereisten Gebiete. 1651 veröffentlichte Martino Martini seinen *Atlas Sinensis,* und 1667 gab Athanasius Kircher das Prachtwerk *China illustrata* heraus. Ludwig XIV. schickte ebenfalls sechs mit den neuesten Instrumenten ausgerüstete Jesuiten zur kartographischen Aufnahme Chinas aus; sie gaben 1718 eine große Karte in 120 Blättern heraus, die China, die Mandschurei, die Mongolei und Tibet umfaßte und zweihundert Jahre lang die Grundlage aller späteren Karten dieser Gegenden blieb. Das kartographische Wunder jener Zeit war die Karte von 7,3 Metern Durchmesser, die Giovanni Cassini mit seinen Gehilfen mit Tusche auf den Fußboden der Pariser Sternwarte malte (zirka 1690) und worauf er die genaue Lage nach Längen- und Breitengraden aller wichtigen Orte der Welt verzeichnete[31].

Einige berühmte Reisende gehörten diesem Zeitabschnitt an. Wir haben uns schon der *Beschreibung der sechs Reisen in Türkei, Persien und Indien* von Tavernier (1670) und der *Reisen in Persien* von Jean Chardin (1686) bedient. «Auf meinen sechs Reisen», schrieb Tavernier, «und indem ich verschiedene Routen einschlug, hatte ich Gelegenheit, die ganze Türkei, ganz Persien und ganz Indien zu sehen ... Die drei letzten Male gelangte ich über den Ganges hinaus bis zur Insel Java, so daß ich im Laufe von vierzig Jahren über sechzigtausend Meilen zu Lande gereist bin.»[32] Ein Satz von Chardin nahm Montesquieus *Esprit des Lois* voraus: «Das Klima jeder einzelnen Rasse ist ... immer die Grundursache der Neigungen und Gebräuche der Völker»[33]. 1670/71 veröffentlichte François Bernier einen Bericht von seinen Reisen und Studien in Indien und wurde dann beschuldigt, unterwegs seinen christlichen Glauben abgelegt zu haben[34]. William Dampier filibusterte in hunderterlei Ländern und Meeren herum, schrieb *Eine neue Reise um die Welt* (1697) und lieferte Defoe das Stichwort mit seinem Bericht über die Rettung Alexander Selkirks von einer unbewohnten Insel durch das Schiff, das er auf einer seiner letzten Reisen steuerte (1709).

Auch die Geographie spielte bei der Untergrabung der christlichen Theologie eine Rolle. Da sich die Berichte aus fernen Kontinenten mehrten, konnten die gebildeten Europäer nur staunen über die Vielfalt der Religionsformen auf Erden, über die Ähnlichkeit der Göttersagen, die Zuversicht, mit der die Anhänger eines jeden Kults den ihrigen für den wahren Glauben hielten, und über das sittliche Niveau mohammedanischer und buddhistischer Völker, das in mancher Hinsicht die blutigen Kriege und die mörderische Intoleranz jener Völker beschämte, denen das Erbe des Christentums zugefallen war. Der Baron von Lahontan, der Kanada 1683 bereist hatte, erzählte von der Mühe, die er hatte, die Kritik der indianischen Eingeborenen am Christentum zu widerlegen[35]. Bayle zitierte bei seiner Kritik an den europäischen Bekenntnissen und Gebräuchen immer und immer wieder die Sitten und Vorstellungen der Chinesen und Japaner. Die Relativität der Sittenlehren wurde zu einem Axiom der Philosophie des siebzehnten Jahrhunderts; ein Witzbold beschrieb die Reisen des Jakob Seden, eines Hermaphroditen, der zu seinem Entzücken ein Land entdeckte, dessen Einwohner alle homosexuell waren und die heterosexuellen Europäer für unmoralische und widerliche Ungeheuer hielten[36].

V. PHYSIK

Physik und Chemie gerieten weniger offensichtlich in Widerspruch zum alten Glauben als Geographie und Biologie, denn sie handelten von festen Körpern, Flüssigkeiten und Gasen, die scheinbar mit der Theologie in keinem Zusammenhang standen; aber selbst in diesem Reich der Materie begannen die Naturgesetze an Bedeutung zuzunehmen und den Wunderglauben zu schwächen. Die physikalischen Forschungen beruhten nicht auf philosophischem Interesse, sondern auf den Erfordernissen von Handel und Industrie.

Die Seefahrer, die die Astronomen zur Herstellung genauer Sternkarten angeregt hatten, setzten nun Belohnungen aus für ein Instrument, das auch bei unruhiger See zur Bestimmung der geographischen Lage verwendbar ist. Man konnte auf offener See die Länge durch Vergleichen der Zeit des Sonnenaufgangs oder des Meridians mit einer Uhr bestimmen, die entweder die Ortszeit von Greenwich oder diejenige von Paris anzeigte; wenn aber die Uhr nicht ganz genau ging, konnten die falschen Berechnungsergebnisse sehr gefährlich werden. 1657 erfand Huygens eine zuverlässige Uhr, indem er ein Pendel an einem gezahnten Hemmungsrad befestigte; aber einem schlingernden und stampfenden Schiff nützte eine solche Uhr nichts*. Nach vielen Versuchen konstruierte Huygens eine Schiffsuhr, indem er das Pendel durch eine von zwei Federn getriebene Unruhe ersetzte. Dies war einer der einleuchtenden Vorschläge, die er in seinem klassischen Beitrag zur modernen Wissenschaft, *Horologium oscillatorum* (Die Pendeluhr; 1673), in Paris machte. Drei Jahre später erfand Hooke die Ankerhemmung für Uhren, versah die Unruhe der Taschenuhren mit Spiralfedern und erklärte die Wirkung der Federn nach dem Prinzip *Ut tensio sic vis* – wie die Spannung, so die Kraft; noch heute heißt dieser Satz Hookesches Gesetz. Taschenuhren konnten nun besser und billiger hergestellt werden als zuvor.

In seinem *Horologium* und einer Monographie behandelte Huygens das Gesetz der Zentrifugalkraft, wonach jede nicht in der Rotationsachse liegende Partikel eines rotierenden Körpers einer zentrifugalen Kraft unterliegt, die mit der Entfernung von der Achse und mit der Rotationsgeschwindigkeit zunimmt. Er versetzte eine Lehmkugel in sehr schnelle Drehung und sah, daß sie die Form eines an den beiden Enden der Achse abgeflachten Sphäroids annahm. Nach diesem Zentrifugalgesetz erklärte er die polare Abflachung des Jupiter und zog daraus den Analogieschluß, auch die Erde müsse an den Polen leicht abgeflacht sein.

Huygens' *Tractatus de Motu Corporum ex Percussione* (Abhandlung über die Bewegung der Körper durch den Stoß; 1703), erst acht Jahre nach seinem Tod herausgegeben, setzte die Untersuchungen von Galilei, Descartes und Wallis über den Stoß fort. Es stellten sich dabei faszinierende Rätsel, angefangen beim Billardspiel bis zum Zusammenstoß zweier Sterne. Wie geht die Energieübertragung von einem in Bewegung befindlichen Körper auf einen von ihm berührten Körper vor sich? Huygens löste zwar das Problem nicht, hielt jedoch ein paar Grundprinzipien fest:

»I. Wenn ein in Bewegung befindlicher Körper mit einem ihm gleichen ruhenden Körper zusammenstößt, wird er nach dem Zusammenstoß ruhen, während der ursprünglich ruhende Körper die Geschwindigkeit des stoßenden Körpers annimmt.

---

* Leonardo da Vinci zeichnete um 1500 ein Pendel mit einem Hemmungsmechanismus. Galileo Galilei formulierte einige Pendelgesetze und hatte 1641 die Idee zu einer Pendeluhr, aber er starb, bevor er sie verwirklichen konnte. Camerini baute 1656, nur ein paar Monate vor Huygens, eine kleine Pendeluhr.

II. Wenn zwei gleiche Körper mit ungleichen Geschwindigkeiten zusammentreffen, so geht jeder nach dem Stoß mit derjenigen Geschwindigkeit weiter, welche der andere vor dem Stoß hatte; sie vertauschen ihre Geschwindigkeiten ...

XI. Beim wechselseitigen Stoß zweier Körper ist die Summe der Produkte aus den Massen in die Quadrate ihrer Geschwindigkeiten vor wie nach dem Stoß gleich.»

Diese von Huygens 1669 aufgestellten Lehrsätze waren schon ein Teil des wichtigsten Grundsatzes der modernen Physik, des Satzes von der Erhaltung der Energie. Sie waren jedoch nur theoretisch richtig, denn sie nahmen die vollkommene Elastizität der Körper an. Da jedoch kein in der Natur vorkommender Körper vollkommen elastisch ist, wird die relative Geschwindigkeit zusammenstoßender Körper je nach ihrer Beschaffenheit abnehmen. Newton bestimmte den Grad dieser Abnahme für Holz, Kork, Stahl und Glas in der Einführung zum ersten Buch seiner *Prinzipien* (1687).

Eine andere Forschungsreihe ging von Torricellis und Pascals Experimenten am atmosphärischen Druck aus. Pascal hatte 1647 erklärt: «Jedes Gefäß, und sei es noch so groß, kann aller in der Natur vorkommenden und mit den Sinnen wahrnehmbaren Materie entleert werden.»[37] Jahrhundertelang hatten die europäischen Gelehrten erklärt, daß *natura abhorrat vacuum;* sogar damals noch teilte ein Pariser Professor Pascal mit, selbst Engel wären nicht imstande, ein Vakuum herzustellen, und Descartes bemerkte verächtlich, das einzige vorhandene Vakuum existiere in Pascals Kopf. Aber um 1650 konstruierte Otto von Guericke in Magdeburg eine Luftpumpe, mit der er ein fast vollständiges Vakuum herzustellen vermochte; er verblüffte mit seinem berühmten Versuch mit den «Magdeburger Halbkugeln» (1654) die Würdenträger seines Landes und die Leuchten der Gelehrtenwelt. Auf dem Regensburger Reichstag fügte er in Gegenwart Kaiser Ferdinands III. zwei hohle Halbkugeln luftdicht aneinander, ohne sie fest zu verbinden, pumpte dann fast alle Luft heraus und zeigte, daß nicht einmal sechzehn Pferde – auf jeder Seite zogen acht – sie auseinanderreißen konnten, daß sie sich jedoch leicht von Hand trennen ließen, nachdem man durch ein geöffnetes Ventil wieder Luft hineingelassen hatte.

Guericke hatte ein besonderes Geschick, Kaisern physikalische Tatsachen verständlich zu machen. Er pumpte einen Kupferball von Wasser und Luft leer, bewirkte damit, daß dieser mit einem erschreckend lauten Knall zusammenbrach, und demonstrierte so das Vorhandensein des atmosphärischen Drucks. Er verfertigte zwei Kugeln von gleichem Gewicht, legte sie auf eine Waage und pumpte die Luft aus der einen, worauf die andere sank; damit bewies er, daß die Luft ein Gewicht hat. Er gab zu, daß jedes Vakuum unvollständig sei, wies aber nach, daß auch im unvollständigen Vakuum eine Flamme erlosch, Tiere erstickten und der Stundenschlag einer Uhr nicht hörbar war; damit bereitete er die Entdeckung des Sauerstoffs vor und zeigte, daß die Luft den Ton überträgt. Er benutzte die Saugkraft des Vakuums dazu, Wasser zu pumpen und Gewichte zu heben, und war ein Wegbereiter für die Erfindung der Dampfmaschine. Nachdem er Bürgermeister von Magdeburg geworden war, konnte er bis 1672 nichts mehr über seine Forschungen veröffentlichen; aber er teilte seine Entdeckungen dem Jesuiten Kaspar Schott, dem Professor für Physik in Würzburg, mit, der 1657 einen

Bericht darüber drucken ließ. Diese Publikation war es, die Boyle zu den Forschungen anregte, die zur Entdeckung des Lehrsatzes vom atmosphärischen Druck führten.

Robert Boyle war eine der treibenden Kräfte der englischen Wissenschaft in der zweiten Hälfte des siebzehnten Jahrhunderts. Sein Vater, Richard Boyle, der Earl von Cork, hatte ein großes Gut in Irland erworben, und Robert erbte mit siebzehn Jahren (1644) den größten Teil davon. Bei seinen häufigen Besuchen in London machte er die Bekanntschaft von Wallis, Hooke, Wren und anderen Mitgliedern der Unsichtbaren Akademie. Beeindruckt von ihren Arbeiten und ihrem Streben, richtete er sich in Oxford ein eigenes Laboratorium ein (1654). Seine warme Begeisterungsfähigkeit und seine echte Frömmigkeit konnten von keiner Wissenschaft angegriffen werden. Als er vernahm, Spinoza verehre die «Substanz» als Gottheit, weigerte er sich, weiterhin (durch Oldenburg) mit dem Philosophen zu verkehren; aber er stellte einen großen Teil seines Vermögens in den Dienst der Wissenschaft und half vielen Freunden. Lang und schmal, zart und oft krank, hielt er mit konsequenter Diät und Lebensführung den Tod in Schach. In seinem Laboratorium fand er «jenen Trunk von Lethe, der mich über der Freude am Experimentieren alles andere vergessen läßt»[38].

Nachdem er Guerickes Mitteilungen über die Luftpumpe gelesen hatte, erfand Boyle mit Hookes Hilfe (1657) eine «Luftdruckmaschine» zum Studium der Eigenschaften der Atmosphäre. Mit dieser und weiteren Pumpen bewies er, daß die Quecksilbersäule in einem Barometer dem Druck der Atmosphäre unterliegt, und er maß auch die ungefähre Luftdichte. Er stützte sich auf ein Experiment, das Galileo Galilei in Pisa durchgeführt haben soll und mit dem er bewies, daß auch im unvollständigen Vakuum ein Büschel Federn gleich schnell zu Boden fällt wie ein Stein. Er zeigte, daß das Licht vom Vakuum nicht beeinflußt wird und deshalb nicht der Luft als Fortpflanzungsmedium bedarf wie der Schall, und er wiederholte Guerickes Demonstration, daß Luft zum Leben unentbehrlich ist. (Als eine Maus in der Vakuumkammer ohnmächtig wurde, ließ er Luft hinein und erweckte sie so wieder zum Leben.) Daran, daß Guericke durch Boyles Arbeiten angeregt wurde, seine Luftpumpe zu verbessern und seine wissenschaftlichen Untersuchungen wieder aufzunehmen, und daß Huygens, der Boyle 1661 besuchte, dadurch zur Entwicklung ähnlicher Instrumente und Versuche veranlaßt wurde, erkennt man, wie wirkungsvoll die Internationalität der Wissenschaft ist.

Dann ging Boyle über zu fruchtbaren Untersuchungen über Brechung, Kristalle, spezifisches Gewicht, Hydrostatik und Wärme. Er krönte seine Beiträge zur Physik mit der Formulierung des Lehrsatzes, der seinen Namen trägt: daß der Druck der Luft oder irgendeines Gases seinem Volumen umgekehrt proportional ist oder daß bei gleichbleibender Temperatur der Druck und das Volumen eines Gases konstant ist. Er machte die erste Mitteilung über dieses Prinzip im Jahr 1662 und schrieb seine Entdeckung großherzig seinem Schüler Richard Towneley zu. Hooke war 1660 durch unabhängige Untersuchungen zum gleichen Ergebnis gekommen, gab es aber erst 1665 bekannt. Der französische Geistliche Edmé Mariotte zog ungefähr gleichzeitig mit Boyle die gleichen Schlüsse, «daß die Luft je nach dem auf sie einwirkenden Gewicht verdichtet wird». Er publizierte dies 1676, und außerhalb Englands gilt in Europa für das Gesetz vom atmosphärischen Druck mehr sein Name als der Boyles. Wer immer der Vater dieser Entdeckung gewesen sein mag, so war er bestimmt einer der Vorväter der Dampfmaschine und der industriellen Revolution.

Boyle und Hooke schlossen sich Bacons Ansicht an, daß «Wärme eine Bewegung ist, die nicht den Körper als ganzen gleichmäßig ausdehnt, sondern die sich nur auf seine kleinsten Teilchen bezieht»[39]. Hooke beschrieb Wärme als «eine in einem Körper durch die Bewegung oder Agitation seiner Teile hervorgerufene Erscheinung» und unterschied sie dadurch vom Feuer und von der Flamme, die er der Einwirkung der Luft auf erhitzte Körper zuschrieb. «Alle Körper», sagte Hooke, «haben eine gewisse Wärme, denn die Teile aller auch noch so festen Körper befinden sich in Schwingung»[40]; Kälte ist lediglich ein umgekehrter Vorgang. Mariotte belustigt seine Freunde, indem er ihnen vorführte, daß Kälte brennen kann, wobei er eine konkave Eisscheibe als Brennglas benutzte und mit den so gesammelten Sonnenstrahlen Schießpulver zur Explosion brachte. Spinozas Freund Graf Ehrenfried Walter von Tschirnhaus schmolz Porzellan und Silbertaler, indem er die Sonnenstrahlen mit einer Lupe darauf sammelte.

Auf dem Gebiet der Physik des Schalls zeigten zwei Engländer, William Noble und Thomas Pigot, unabhängig voneinander (zirka 1673), daß nicht nur eine ganze Saite, sondern verschiedene ihrer Teile in Sympathie mit einer in ihrer Nähe angeschlagenen, gezupften oder gestrichenen verwandten Saite in verschiedenen Obertönen mitschwingen können. Descartes hatte den gleichen Gedanken Mersenne unterbreitet, und Joseph Sauveur, der ihn ebenfalls hatte, kam unabhängig zu ähnlichen Ergebnissen wie die Engländer (1700); nebenbei ist zu erwähnen, daß Sauveur, der als erster das Wort «Akustik» (Schallehre) verwendete, taubstumm geboren war[41]. 1711 erfand John Shore die Stimmgabel, Borelli, Viviani, Picard, Cassini, Huygens, Flamsteed, Boyle, Halley und Newton machten alle Versuche zur Ermittlung der Fortpflanzungsgeschwindigkeit des Schalls; Boyle, der sie auf 343,2 Sekundenmeter schätzte, kam der heute geltenden Schätzung am nächsten. William Derham wies darauf hin (1708), daß dieses Wissen durch Messung der zwischen Blitz und Donner verstreichenden Zeit zur Berechnung der Entfernung eines Gewitters dienlich ist.

Die zweite Hälfte des siebzehnten Jahrhunderts war wahrscheinlich die glanzvollste Zeit in der Geschichte der Physik des Lichts. Vor allem: Was ist Licht? Hooke, immer zum Eindringen in schwierige Probleme bereit, wagte die Behauptung, Licht «ist nichts anderes als eine eigentümliche Bewegung der Teile eines leuchtenden Körpers»[42], das heißt, Licht unterscheidet sich von Wärme nur durch die schnellere Bewegung der einen Körper bildenden Partikel*. Zweitens: Welches ist die Fortpflanzungsgeschwindigkeit des Lichts? Die Gelehrten hatten bisher angenommen, die Lichtgeschwindigkeit sei unendlich, und sogar der wagemutige Hooke hielt sie auf jeden Fall für zu groß,

* Vergleiche die heutige Auffassung vom Licht als sichtbare Strahlungsenergie. Es wird angenommen, daß alle Körper kontinuierlich Strahlungsenergie aussenden. Die Ausstrahlung von Gegenständen, die wärmer sind als der menschliche Körper, wird von der Haut als Wärme empfunden; wird jedoch die Wärme eines Gegenstands genügend gesteigert, dann beginnt er zu leuchten; das heißt, ein Teil seiner Ausstrahlung wird vom Auge als Licht wahrgenommen.

als daß sie gemessen werden könnte. 1675 bewies der von Picard nach Paris geholte dänische Astronom Olaus Roemer die Endlichkeit der Lichtgeschwindigkeit durch die Beobachtung, daß die Dauer der Verfinsterung des innersten Jupitermonds je nach der Entfernung der Erde von diesem Planeten verschieden ist. Durch Berechnungen auf Grund der zwischen zwei aufeinanderfolgenden Verfinsterungen abgelaufenen Zeit und des Durchmessers der Erdbahn ermittelte er, daß die verschiedene Verfinsterungsdauer der Zeit zuzuschreiben sei, die das Licht braucht, um die Strecke vom Jupitermond bis zur Erde zurückzulegen; und auf dieser schmalen Basis berechnete er die Lichtgeschwindigkeit auf rund 193 000 Sekundenkilometer. (Die heutige Schätzung beträgt rund 300 000 Sekundenkilometer.)

Aber wie wird das Licht ausgebreitet? Bewegt es sich in geraden Strahlen? Wenn ja, wie kommt es dann um die Ecken? Der Jesuit Francesco Grimaldi, Professor in Bologna, entdeckte und benannte das Phänomen der Diffraktion oder Beugung des Lichts; das heißt, daß durch einen engen Spalt in einen dunklen Raum gehende Strahlen auf einer gegenüberliegenden Wand in einem breiteren Band auftreffen, als der geradlinige Einfall der Lichtstrahlen zuläßt, und daß Lichtstrahlen leicht von der Geraden abweichen, wenn sie an der Kante eines undurchsichtigen Gegenstands vorbeigehen; diese und andere Entdeckungen führten Grimaldi zur Übernahme von Leonardo da Vincis Andeutung, das Licht breite sich in Wellen aus. Hooke schloß sich dieser Ansicht an, aber schließlich war es Huygens, der den bei den Physikern heute noch beliebten Satz von der Wellenbewegung aufstellte. In einem weiteren klassisch gewordenen Beitrag zur modernen Wissenschaft, seinem *Traité de la lumière* (Abhandlung über das Licht; 1690), berichtete Huygens über die Schlußfolgerungen, zu denen er im Laufe seiner zwölf Jahre zuvor begonnenen Untersuchungen gelangt war: Das Licht wird durch eine unbekannte Substanz übertragen, die er (nach dem griechischen Wort für Himmel) Äther nannte und die er sich als aus kleinsten, elastischen, festen Körpern bestehend vorstellte, die das Licht in Wellen von der Form konzentrischer Kugelschalen von der Lichtquelle ausgehend ausbreiten. Gestützt auf diese Theorie, stellte er Lehrsätze über die Spiegelung, die Brechung und die Doppelbrechung auf; er schrieb die Fähigkeit des Lichts, sich um Ecken und um undurchsichtige Gegenstände herum auszubreiten, der umhüllenden Bewegung der Lichtwellen zu; und er erklärte die Durchsichtigkeit mit der Annahme, die Partikel des Lichtäthers seien so winzig, daß sie sich zwischen den Partikeln hindurchbewegen können, aus denen durchsichtige Flüssigkeiten und feste Körper bestehen. Aber er bekannte, für die Polarisation keine Erklärung gefunden zu haben; dies war einer der Gründe, warum Newton die Wellentheorie verwarf und die Korpuskulartheorie des Lichts vorzog.

Das siebzehnte Jahrhundert machte nach den Arbeiten Gilberts und Kirchers über Magnetismus und Cabeos über die elektrische Abstoßung nur bescheidene Fortschritte in der Erforschung der Elektrizität. Halley untersuchte den Einfluß des Erdmagnetismus auf Kompaßnadeln und war der erste, der einen Zusammenhang zwischen dem Erdmagnetismus und dem Nordlicht erkannte (1692). Guericke berichtete 1672 über einige Experimente mit Reibungselektrizität. Eine Schwefelkugel, die er zwischen den

Händen gerieben hatte, zog Papier, Federn und andere leichte Gegenstände an und trug sie, in kreisende Bewegung gesetzt, mit sich fort; er brachte dies in Beziehung zu der Kraft der Erde, die die Gegenstände auf oder nahe an ihrer Oberfläche mit sich trägt. Er bestätigte die elektrische Abstoßung, indem er zeigte, daß eine zwischen die elektrisch geladene Schwefelkugel und den Boden gebrachte Feder zwischen den beiden auf und ab hüpfte. Er leistete Pionierarbeit auf dem Gebiet der elektrischen Leitung, indem er bewies, daß eine elektrische Ladung einem Leinenfaden entlanglaufen konnte und daß Körper durch Berührung mit der geladenen Kugel elektrisiert wurden. Francis Hauksbee, Mitglied der Royal Society, entwickelte (1705–1709) eine bessere Methode zur Elektrizitätserzeugung durch schnelles Rotieren einer luftleeren Glaskugel, die er dann mit der Hand berührte; bei der Berührung strahlte die Kugel etwa fünfundzwanzig Millimeter lange Funken aus, bei deren Licht man lesen konnte. Ein anderer Engländer namens Wall, der ähnliche Funken hervorgerufen hatte, verglich ihr Knistern und ihr Leuchten mit Blitz und Donner (1708). Newton machte 1716 den gleichen Vergleich; Franklin bestätigte 1749 die Verwandtschaft. So gibt die unergründliche Unendlichkeit Jahr um Jahr bald dem einen Kopf bald dem anderen etwas von ihrem verlockenden Geheimnis preis.

VI. CHEMIE

Dieses außerordentliche Jahrhundert war Zeuge, wie aus den wunderlichen Versuchen der Alchimie die wissenschaftliche Chemie hervorging. Seit langem hatte das Gewerbe beim Eisenschmelzen, Ledergerben, Farbstoffmischen und Bierbrauen chemische Kenntnisse gesammelt; aber die Erforschung der Stoffe, ihrer Zusammensetzung, ihrer Verbindungen und Verwandlungen war meistens den alchimistischen Goldmachern, den Heilmittel brauenden Arzneikundigen oder den über die Beschaffenheit der Materie nachgrübelnden Philosophen, von Demokrit bis Descartes, überlassen worden. Andreas Libavius hatte sich 1597 und Jan van Helmont 1640 der Chemie genähert, aber beide teilten noch die Hoffnung der Alchimisten, «unedles» Metall in Gold verwandeln zu können. Selbst Boyle machte Experimente zu diesem Zweck. 1689 veranlaßte er die Aufhebung einer alten englischen Verordnung gegen «die Vermehrung von Gold und Silber»[43], und bei seinem Tod (1691) hinterließ er seinen Testamentsvollstreckern ein Quantum roter Erde mit Anweisungen für einen Versuch zu ihrer Umwandlung in Gold[44]. Heute, da der Chemie die Transmutation der Metalle geläufig ist, können wir das Verdienst der Alchimie für die Wissenschaft anerkennen, wenn wir auch ihr Gieren nach Gold verurteilen und darauf nicht näher eingehen wollen.

Der schwerste Schlag für die Alchimie war die Veröffentlichung von Boyles *Sceptical Chymist* (1661) – des ersten klassischen Werks in der Geschichte der Chemie. Boyle entschuldigte sich, «geduldet zu haben», daß sein Buch «so bruchstückhaft und unvollständig» herauskomme[45], aber er hatte bei seinen vielen Krankheiten wenig Hoffnung auf ein langes Leben. Es tröstete ihn, «zu beobachten, daß in letzter Zeit gelehrte Männer, die die Chemie früher verachteten, angefangen haben, sich so ernstlich mit ihr zu beschäftigen, wie sie es verdient»[46]. Er nannte seine Chemie «ungläubig», weil er sich vorgenommen hatte, alle mystischen Erklärungen und okkulten Eigenschaften als das «Heiligtum des Nichtwissens» beiseite zu lassen, und entschlossen war, sich «mehr auf Experimente als auf Syllogismen» zu stützen[47]. Er gab die traditionelle Einteilung der Materie in die vier Elemente Luft, Feuer, Wasser und Erde auf; diese seien, behauptete er, keine Elemente, sondern Verbindungen; wirkliche Elemente seien «gewisse ursprüngliche, einfache und vollkommen unvermischte Stoffe, die, aus keinem anderen Stoff bestehend oder einer aus dem anderen gemacht», die Bestandteile aller Verbindungen sind und in welche alle Verbindungen zerlegt werden können. Er meinte nicht, die Elemente seien die kleinsten Teile der Materie; diese, die *minima naturalia*, dachte er, seien winzige, dem Auge nicht sichtbare Partikel verschiedener Form und Größe, wie die Atome des Leukippos. Aus der Verschiedenartigkeit und der Bewegung dieser Partikel und ihrer Verbindung zu «Korpuskeln» gehen alle Stoffe, ihre Beschaffenheit und Eigenschaften wie Farbe, Magnetismus, Wärme und Feuer auf rein mechanischem Wege und nach mechanischen Gesetzen hervor.

Das Feuer wirkte auf die Forscher ebenso faszinierend wie auf den stillen Träumer am Kamin. Was bringt einen Stoff zum Brennen? Wie ist dieses stets wechselnde, schöne, eigenwillige, erschreckende Züngeln der Flammen zu erklären? Ein deutscher Chemiker, Johann Joachim Becher, reduzierte alle «Elemente» auf zwei – Wasser und Erde; eine Form der letzten nannte er «ölige Erde» und glaubte, sie sei in allen brennbaren Stoffen vorhanden und sie sei das, was brenne. Indem Georg Stahl im achtzehnten Jahrhundert diesen Irrtum weiterverfolgte, leitete er mit seiner ähnlichen Phlogistontheorie die chemische Wissenschaft für Jahrzehnte auf einen falschen Weg. Boyle folgte einer anderen Vermutung. Aus der Beobachtung, daß verschiedene brennende Stoffe im luftleeren Raum zu brennen aufhörten, schloß er, «daß es in der Luft eine kleine lebenswichtige Quintessenz gibt..., die zur Erfrischung und zur Restaurierung unserer Lebensgeister dient»[48]. Sein jüngerer Zeitgenosse John Mayow, ebenfalls Mitglied der Royal Society, drang (1647) in der Richtung auf unsere heutige Theorie vom Feuer weiter vor, indem er annahm, unter den Bestandteilen der Luft befinde sich ein Stoff, der sich beim Kalzinieren (Oxydation) mit den Metallen verbinde; und er dachte sich, daß ein ähnlicher Stoff in unseren Körper eindringe und venöses in arterielles Blut verwandle. Bis Scheele und Priestley den Sauerstoff endgültig entdeckten, mußten noch hundert Jahre vergehen.

Um 1670 entdeckte ein deutscher Alchimist, Henning Brand, daß er aus menschlichem Urin einen chemischen Stoff darstellen konnte, der im Dunkeln leuchtete, ohne vorher dem Licht ausgesetzt worden zu sein. Der Dresdener Chemiker Kraft führte 1677 das neue Produkt Karl II. in London vor. Boyle vermochte dem verschwiegenen Kraft nur das Geständnis zu entreißen, es handle sich bei diesem leuchtenden Stoff um «etwas, was zum menschlichen Körper gehört»[49]. Dieser Hinweis genügte: Schon bald stellte sich Boyle einen eigenen Vorrat von Phosphor her und konstatierte in einer Reihe von Experimenten alles, was man bis heute über das Leuchten dieses Elements weiß. Eine Unze dieses neuen Produkts kostete – trotz des Überflusses an Rohmaterial – seine Käufer damals sechs Guineen.

VII. TECHNOLOGIE

Bis ins neunzehnte Jahrhundert erhielt die Wissenschaft mehr Anregungen von der Industrie als umgekehrt; und bis ins zwanzigste Jahrhundert wurden Erfindungen seltener in Laboratorien gemacht als in Werkstätten und in der Landwirtschaft. An der wichtigsten aller Erfindungen, der Dampfmaschine, werden wohl beide gemeinsam beteiligt gewesen sein.

Heron von Alexandrien baute im zweiten oder dritten Jahrhundert nach Christus mehrere Dampfmaschinen, aber soviel wir wissen, dienten sie mehr zur Vorspiegelung von Geistererscheinungen und zur Belustigung der Menge denn als mechanischer Ersatz menschlicher Arbeitskraft. Im frühen sechzehnten Jahrhundert beschrieb Leonardo da Vinci ein Geschütz, mit welchem ein eiserner Bolzen mit Dampfdruck rund elfhundert Meter weit geschossen werden konnte; aber seine wissenschaftlichen Aufzeichnungen blieben bis 1880 unveröffentlicht. Einige von Herons griechischen Schriften wurden 1575 ins Lateinische und 1589 ins Italienische übersetzt. Girolamo Cardano (1550) und Giambattista della Porta (1601) wiesen darauf hin, daß durch Kondensation von Dampf ein Vakuum erzeugt werden kann, und della Porta beschrieb einen Apparat, der den Dampfdruck zur Hebung einer Wassersäule benutzte. Ähnliche Anwendungen der Elastizität des Dampfs wurden 1615 von Salomon de Caus in Paris und 1629 von Branca in Rom vorgeschlagen, und 1630 erhielt David Ramsay von Karl I. von England ein Privileg für Apparate «zur Förderung von Wasser aus tiefen Brunnen mit Feuer ... zur Herstellung jeder Art von Mühlwerken, die mit Hilfe stehenden Wassers, ohne Hilfe von Wind, Gewichten oder Pferden, in Bewegung gehalten werden»[50]. 1663 erhielt Edward Somerset, Marquis von Worcester, vom Parlament auf neunundneunzig Jahre das Monopol auf «das erstaunlichste Werk der ganzen Welt», eine «wasserfördernde Maschine», die das Wasser bis zu einer Höhe von zwölf Metern heben konnte[51]; mit dieser Einrichtung wollte er die Wasserversorgung eines großen Teils von London sichern, aber er starb, bevor er seine Pläne verwirklichen konnte. Um 1675 erfand Samuel Morland, der Meistermechaniker Karls II., die Plungerpumpe, und 1685 veröffentlichte er die erste genaue Beschreibung der Spannung des Dampfs. 1680 baute Huygens den ersten Gasmotor mit Zylinder und Kolben, getrieben mit der Expansivkraft explodierenden Schießpulvers.

Huygens' französischer Assistent Denis Papin ging nach England, arbeitete bei Boyle und veröffentlichte 1681 einen Bericht über einen «Digestor» – einen Dampftopf – zum Auskochen von Knochen in einem festverschlossenen Gefäß. Damit dieses nicht explodierte, befestigte er oben auf dem Gefäß ein Rohr, das nach Erreichen eines bestimmten Drucks geöffnet werden konnte. Dieses erste Sicherheitsventil war von unerläßlicher Wichtigkeit in der weiteren Entwicklung der Dampfmaschine. Papin ging noch weiter, indem er zeigte, daß Dampfdruck pneumatisch von einem Ort zum anderen befördert werden kann. Er zog nach Marburg in Deutschland, wo er (1690) die erste Maschine vorführte, mit der er vermittels Kondensation von Dampf und Erzeugung eines Vakuums einen Kolben in Bewegung setzte. Er wies auf die Verwendbarkeit dieser Maschine zum Abschießen von Geschossen, zur Entwässerung von Bergwerken und zum Antrieb von Schiffen mit Schaufelrädern hin; und 1707 (genau hundert Jahre ehe Fultons *Clermont* den Hudson hinauffuhr) benutzte er diese Dampfmaschine zum Antrieb eines Schaufelradbootes auf der Fulda bei Kassel[52]. Dieses Schiff wurde ihm jedoch zerstört, und die deutschen Behörden, denen der Status quo genügte und die vielleicht die Ausbreitung der Arbeitslosigkeit befürchteten, verhinderten die Weiterentwicklung mechanischer Kraftquellen[53].

Einen ähnlichen Apparat hatte um 1700 Thomas Savery dem Marineministerium von England angeboten, aber er soll die geringschätzige Antwort erhalten haben: «Was brauchen sich unbefugte Leute, die nichts mit uns zu tun haben, mit der Erfindung von Dingen für uns zu befassen!»[54] Savery führte seine Erfindung auf der Themse vor, aber wieder lehnte die Marine ab. 1698 nahm er ein Patent auf die erste praktisch verwendete Dampfmaschine, mit welcher Wasser aus Bergwerken gepumpt wurde. 1699 erhielt er ein Patent, das ihm für vierzehn Jahre «die alleinige Nutzung einer neuen Erfindung ... zum Heben von Wasser und zum Bewegen von Arbeitsmaschinen unter Benutzung der Triebkraft des Feuers» sicherte, «die sehr nützlich sein wird für das Entwässern von Minen, für die Wasserversorgung der Städte und für den Antrieb aller Arten von Werken»[55]. Aber Saverys Maschinen erwiesen sich als teuer und gefährlich; sie besaßen Druckmesser, aber keine Sicherheitsventile, und Kesselexplosionen waren möglich. Sie wurden zwar in einigen Bergwerken zum Wasserpumpen benutzt, aber schon bald kehrten die Minenbesitzer zur Verwendung von Pferden zurück.

An diesem Punkt der Entwicklung taucht wieder Robert Hooke auf. Nach dem Bericht eines zuverlässigen Zeitgenossen korrespondierte er etwa 1702 mit Thomas Newcomen, einem Eisenhändler und Schmied in Dartmouth, über die Möglichkeit der Ausnutzung des Prinzips der Luftpumpe zur Erzeugung mechanischer Kraft. «Könnten Sie unter Ihrem zweiten Kessel sehr schnell eine Luftleere erzeugen, dann wäre Ihre Sache gewonnen.»[56] Newcomen scheint mit einer Dampfmaschine experimentiert zu haben; hier war der Fall eingetreten, wo Wissenschaft und Handwerk sich die Hand reichten. Hooke war skeptisch, ließ die Sache fallen – und verpaßte wieder eine Gelegenheit. Newcomen tat sich hierauf mit einem Spengler namens John Cawley zusammen, um (1712) eine Dampfmaschine mit Balancier, Kolben und Sicherheitsventil zu bauen, der die Leistung schwerer Arbeit ohne Explosionsgefahr und bei vollautomatischer Steuerung zuzutrauen war. Newcomen verbesserte seine Maschine immer mehr bis zu seinem Tod (1729). Mit Saverys Patent von 1699 und Newcomens Maschine von 1712 begann die industrielle Umwälzung, die in den zwei folgenden Jahrhunderten das Gesicht und den Lebensstil der Welt verändern sollte.

VIII. BIOLOGIE

Die bedeutende Gruppe von Forschern, die den Ruhm der Royal Society begründeten, dehnte ihre Forschungen auch auf das Leben selber aus. Der allgegenwärtige Hooke demonstrierte experimentell, was Sir Kenelm Digby – «dieser Erzquacksalber», wie ihn Evelyn nannte[57] – schon hervorgehoben hatte: daß Pflanzen Luft brauchen, um zu leben. Er säte Lattichsamen unter freiem Himmel in die Erde und gleichzeitig gleichen Samen in gleiche Erde in der Vakuumkammer; der erste wuchs in acht Tagen sechs Zentimeter hoch, der andere überhaupt nicht. Hooke setzte den bei der Verbrennung verbrauchten Teil der Luft demjenigen gleich, der bei der Atmung von Pflanzen und Tieren verbraucht wird, und bezeichnete diesen verbrauchten Teil als von salpeteriger Art (1665). Er zeigte, daß Tiere, die zu atmen aufgehört hatten, am Leben gehalten werden konnten, indem man mit einem Blasebalg Luft in ihre Lungen pumpte. Er entdeckte die Zellularstruktur des lebenden Gewebes und führte die Bezeichnung Zelle für organische Bestandteile ein. In seinem Mikroskop betrachteten die Mitglieder der Royal Society voll Entzücken die Zellen von Kork, von denen, so schätzte Hooke, auf einen Kubikzentimeter Kork rund dreiundsiebzig Millionen gehen. Er studierte die Histologie von Insekten und Pflanzen und veröffentlichte in seinem Buch *Micrographia* neuartige Zeichnungen davon. Hooke war stets nahe daran, den Rang eines Galileo Galilei oder Newton zu erringen.

Ein anderes Mitglied der Gesellschaft, John Ray, war einer von denen, die der wissenschaftlichen Botanik ihre moderne Gestalt gaben. Er war der Sohn eines Schmieds, studierte jedoch in Cambridge, wurde Dozent am Trinity College und erhielt die anglikanische Priesterweihe. Wie Boyle hing er sowohl der Kirche als auch der Wissenschaft mit gleichem Eifer an. Aber da er die Uniformitätsakte nicht unterzeichnen wollte (1662), mit der er Karl II. blinden Gehorsam schwören sollte, verzichtete er auf seinen Dozentenposten und begab sich mit seinem Schüler Francis Willughby auf eine Europareise, um Angaben für die systematische Beschreibung des Tier- und des Pflanzenreichs zu sammeln. Willughby übernahm den zoologischen Teil der Arbeit, starb aber schon nach der Vollendung der Abschnitte über die Vögel und die Fische. 1670 gab Ray einen *Catalogus Plantarum Angliae* heraus, der zum Gerüst der englischen Botanik wurde. Gestützt auf die verbesserte Terminologie und Klassifikation, die 1678 Joachim Jungius begründet hatte, legte Ray sein *Methodus Plantarum Nova* (1682) vor, in welchem er alle blühenden Pflanzen in Dikotyledonen und Monokotyledonen einteilte, je nachdem, ob der Samenkeimling zwei oder ein Keimblatt hat. Er vollendete seine große Arbeit mit einem der Meisterwerke der modernen Wissenschaft, den drei dicken Bänden seiner *Historia Generalis Plantarum* (1682–1704), in der 18625 Pflanzenarten beschrieben sind. Ray war der erste, der das Wort Spezies (Art) im biologischen Sinn gebrauchte und damit eine Gruppe fortpflanzungsfähiger Organismen gleicher Abstammung bezeichnete. Diese Definition und die spätere Klassifikation durch Karl Linné (1751) lieferten die Grundlage für die Streitfrage über Ursprung und Mutationsfähigkeit der Arten. Inzwischen veröffentlichte Ray Willughbys Manuskript über Ichthyologie und Ornithologie und fügte eine *Synopsis Methodica Animalium Quadrupedum* (1693) hinzu, womit er der modernen Zoologie die erste wirklich wissenschaftliche Klassifikation der Tiere gab[58]. Ordnung war Rays oberstes Gesetz.

Schon im Altertum hatten die Botaniker erkannt, daß gewisse Pflanzen als weiblich bezeichnet werden könnten, weil sie Früchte tragen, und andere als männlich, weil sie dies nicht tun, und Theophrast hatte im dritten Jahrhundert vor Christus beobachtet, daß die weibliche Dattelpalme nur Früchte trägt, wenn die männliche Dattelpalme ihren Blütenstaub auf sie fallen ließ, aber dieses Wissen geriet bald in Vergessenheit. 1682 machte Nehemia Grew von der Royal Society die Blumen mit der endgültigen Feststellung ihrer Geschlechtlichkeit noch reizvoller. Beim Mikroskopieren von Pflanzengewebe bemerkte er die Poren auf der Oberseite von Blättern und vermutete, Blätter könnten Atmungsorgane sein. Blüten beschrieb er als Fortpflanzungsorgane: die Stempel als weibliches, die Staubgefäße als männliches Organ und den Pollen als Same. Grew nahm irrtümlich an, alle Pflanzen seien Zwitter, vereinigten also männliche und weibliche Formen in einem Organismus. Rudolf Camerarius, Professor für Botanik in Tübingen, bewies 1691 die Geschlechtlichkeit der Pflanzen endgültig, indem er zeigte, daß sie nach dem Entfernen der Staubbeutel, der pollentragenden Teile der Staubgefäße, keine Früchte tragen.

Am gleichen Tag (7. Dezember 1671), da die Royal Society in London Grews erste Abhandlung, *The Anatomy of Vegetables Begun* (Beginn einer Pflanzenanatomie), erhielt, ging bei ihr auch ein Manuskript von Marcello Malpighi in Bologna ein. Sie veröffentlichte es (1675) unter dem Titel *Anatomes Plantarum Idea* (Entwurf einer Pflanzenanatomie); immer noch erleichterte die Verwendung der lateinischen Sprache die Internationalität der Wissenschaft. Malpighi teilt sich mit Grew in die Ehre der Begründung der Pflanzenhistologie, den größten Beitrag aber leistete er zur Zoologie. 1676 bewies Mariotte durch chemische Analyse der Rückstände von Pflanzen und der Erde, in welcher sie gewachsen waren, daß Pflanzen mit dem Wasser, das sie aus der Erde ziehen, Nährstoffe aufnehmen. Weder Mariotte noch Grew oder Malpighi erkannten die Fähigkeit der Pflanzen, Nährstoffe aus der Luft aufzunehmen; aber schon die Entdeckung der Ernährungs- und Fortpflanzungsprozesse bedeuteten einen großen Fortschritt gegenüber Aristoteles' unbestimmter Erklärung des Wachstums der Pflanzen aus dem Expansionstrieb der «Pflanzenseele».

Eine alte und beliebte Ansicht wurde 1668 zum erstenmal erschüttert, als Francesco Redi aus Arezzo seine *Esperienze intorno alla generazione degli insetti* veröffentlichte, Berichte über seine Versuche zur Widerlegung der Abiogenesis oder Urzeugung, das heißt der spontanen Entstehung von Lebewesen aus unorganischen Stoffen. Bis in die zweite Hälfte des siebzehnten Jahrhunderts wurde allgemein geglaubt (William Harvey bildete eine rühmliche Ausnahme), daß niedere Tiere und Pflanzen in Schlamm und Schmutz, besonders aber in verwesendem Fleisch entstehen können, wie Shakespeare davon spricht, daß «die Sonne Maden in einem toten Hunde ausbrütet»[59]. Redi bewies, daß sich in Fleisch, das vor Insekten geschützt wurde, keine Maden bildeten, daß aber in ungeschütztem Fleisch solche entstanden. Er faßte seine Folgerung in den Satz zusammen: *Omne vivum ex ovo* – alles Lebende kommt aus einem Ei oder aus einem Samen. Nach der Entdeckung der Protozoen lebte die Hypothese der Urzeugung wieder auf; Spallanzani widerlegte sie 1767 und Pasteur 1861 noch einmal.

Die Entdeckung jener einzelligen Organismen, die später Protozoen genannt wurden, war der wichtigste Beitrag dieses Zeitalters zur Zoologie. Anton van Leeuwenhoek, ein in Delft lebender Holländer, sandte während vierzig seiner einundneunzig Lebensjahre der Royal Society in London Berichte über seine wissenschaftlichen Forschungsergebnisse. Als Sprößling einer reichen Brauerfamilie konnte er es sich leisten, Stellen zu bekleiden, die ihm mehr freie Zeit als Besoldung einbrachten, und er widmete sich mit faszinierter Beharrlichkeit dem Studium der neuen, durch das Mikroskop enthüllten Welt. Er besaß 247 Mikroskope, die er fast alle selber gebaut hatte, und in seinem Laboratorium glitzerten 419 Linsen, von denen einige wohl von Spinoza geschliffen sein mochten, der im gleichen Jahr (1632) und im gleichen Land wie er geboren war. Als Peter der Große 1698 in Delft war, machte er es sich zur Ehre, durch Leeuwenhoeks Mikroskope zu gucken. Als der Gelehrte (1675) eines davon auf Regenwasser richtete, das ein paar Tage zuvor in einen Topf gefallen war, war er erstaunt, «kleine Tierchen» zu sehen, «die mir zehntausendmal kleiner scheinen als jene von Herrn Swammerdam beschriebenen und von ihm Wasserflöhe oder Wasserläuse genannten, die man mit bloßem Auge im Wasser erkennen kann»[60]; und er begann einen Organismus zu beschreiben, den wir heute als Glockentierchen (Vorticella) kennen. Dies war offensichtlich die früheste Beschreibung eines Protozoons. 1683 entdeckte Leeuwenhoek noch kleinere Organismen, nämlich Bakterien. Er fand sie zuerst auf seinen eigenen Zähnen, «obwohl meine Zähne gewöhnlich sehr sauber gehalten werden», rechtfertigte er sich; und er erschreckte seine Nachbarn, indem er ihren Speichel untersuchte und ihnen unter dem Mikroskop zeigte, daß er «eine große Menge Lebewesen» enthielt[61]. 1677 entdeckte er die Spermatozoen in der Samenflüssigkeit. Die verschwenderische Ausrüstung der Natur für die Fortpflanzung setzte ihn in Staunen; eine kleine Menge menschlichen Samens, schätzte er, enthalte tausend Spermatozoen; er rechnete aus, daß die Milch eines einzigen Dorschs 150 Billionen Spermen enthalte, mehr als das Zehnfache der Einwohner, die die ganze Welt hätte, wäre sie überall so dicht bevölkert wie die Niederlande.

Jan Swammerdam war fünf Jahre jünger als Leeuwenhoek, ging ihm aber vierunddreißig Jahre im Tod voraus; er war ein reizbarer, heftiger, kränklicher Mensch mit wechselnden Interessen; er gab seine wissenschaftliche Arbeit mit sechsunddreißig Jahren auf, und mit dreiundvierzig hatte er sich verbraucht (1680). Er war zum Priester bestimmt, wechselte aber von der Theologie zur Medizin über. Nachdem er seine medizinischen Examina abgelegt hatte, wandte er sich der Anatomie zu. Er verliebte sich in die Bienen, insbesondere in ihre Eingeweide, verbrachte seine Tage damit, sie zu sezieren, und seine Nächte, seine Beobachtungen aufzuschreiben und zu zeichnen. Als er seine klassische Abhandlung über die Bienen abgeschlossen hatte (1673), brach er körperlich zusammen; kurz darauf gab er die Wissenschaft als eine zu weltliche Beschäftigung auf und kehrte zur Theologie zurück. Fünfundsiebzig Jahre nach seinem Tod wurden seine Manuskripte zusammengestellt und veröffentlicht als *Biblia Naturae* (Bibel der Natur). Diese enthielt in bemerkenswert genauen Einzelheiten den Lebenslauf eines Dutzends typischer Insekten, unter anderen der Eintagsfliege und der Honigbiene, sowie mikroskopische Studien über den Tintenfisch, die Schnecke, die Venusmuschel und den Frosch. Hier fand sich auch die Beschreibung der Experimente, mit denen Swammerdam bewies, daß sich aus einem Tierkörper stammendes Muskelgewebe durch Reizung des damit verbundenen Nervs zusammenzog. Die Urzeugung lehnte er ab, wie Redi; er ging noch weiter, indem er zeigte, daß verwesendes Fleisch keine Mikroorganismen hervorbringt, sondern daß diese die Zersetzung organischer Stoffe hervorrufen. Swammerdam schuf in seiner kurzen Laufbahn die moderne Entomologie und hat sich als einer der genauesten Beobachter in der Geschichte der Wissenschaft erwiesen. Seine Rückkehr von der Wissenschaft zur Kirche war bezeichnend für das Schwanken des modernen Menschen zwischen der Suche nach Wahrheit, der die Hoffnung lächelt, und der Rückkehr zu Hoffnungen, die die Wahrheit scheuen.

IX. ANATOMIE UND PHYSIOLOGIE

Unter dem Mikroskop betrachtet, gab der menschliche Körper dem vordringenden Heer der Wissenschaftler immer mehr von seinen verborgensten Geheimnissen preis. 1651 verfolgte Jean Pecquet aus Paris den Verlauf des sogenannten Bruststamms der Lymphgefäße, 1653 entdeckte Olof Rudbeck aus Uppsala das von Thomas Bartholin aus Kopenhagen beschriebene Lymphgefäßsystem, und 1664 fand Swammerdam die Lymphgefäßklappen. Im selben Jahr erklärte sein Freund Regnier de Graaf Funktion und Wirkung der Bauchspeicheldrüse und der Galle. Ein anderer seiner Freunde, Nikolaus Steno, entdeckte 1661 den Ausführungsgang der Ohrspeicheldrüse (der noch heute seinen Namen trägt) und im Jahr darauf den Tränenkanal des Auges. Graaf untersuchte insbesondere auch die Anatomie der Hoden und der Eierstöcke; 1672 erstattete er zum erstenmal Bericht über jene Eibläschen, die Haller zu seinen Ehren Graafsche Follikel nannte. Bartholins Namen erhielten zwei unmittelbar neben der Vagina liegende Drüsen, und William Cowper (der Chirurg, nicht der Dichter) fand 1702 die nach ihm benannten Cowperschen Drüsen und ihre Mündung in die Harnröhre. Franciscus Sylvius, der hochverehrte Lehrer von de Graaf, Swammerdam, Steno und Willis in Leiden, gab seinen Namen einer Gehirngrube (1663). Thomas Willis, einer der Gründer der Royal Society, veröffentlichte 1664 die vollständigste aller bisherigen Beschreibungen des Nervensystems in *Cerebri Anatome;* sein Name ist immer noch gebräuchlich für den Williskreis, ein hexagonales Arteriengeflecht an der Hirnbasis.

Der bedeutendste Anatom des Zeitalters war Marcello Malpighi. 1628 bei Bologna geboren, erwarb er sich in dieser Stadt den medizinischen Doktorgrad; nach einigen als Professor in Pisa und Messina verbrachten Jahren kehrte er nach Bologna zurück und hielt an der dortigen Universität fünfundzwanzig Jahre lang medizinische Vorlesungen. Nachdem er sich mit der mikroskopischen Anatomie der Pflanzen befaßt hatte, richtete er sein Mikroskop auf den Seidenwurm und berichtete in einer klassisch gewordenen Monographie über seine Entdeckungen. Über dieser Arbeit verlor er beinahe sein Augenlicht, und dennoch schrieb er: «Bei der Ausführung dieser Untersuchungen breiteten sich vor meinen Augen so viele Wunder der Natur aus, und ich wurde dabei von einer solchen inneren Freude erfüllt, daß meine Feder zu ihrer Beschreibung nicht ausreicht.»[62] Er muß von ähnlichen Gefühlen erfüllt worden sein wie Keats bei der ersten Bekanntschaft mit Chapmans Homer-Übersetzung, als er 1661 beobachtete, wie in der Lunge eines Froschs das Blut aus den Arterien durch so feine Gefäße, daß er sie Kapillaren nannte, in die Venen floß; ein solches Geflecht von Haargefäßen entdeckte er überall dort, wo arterielles Blut zu venösem wurde, und damit war zum erstenmal das System des Blutkreislaufs erkannt worden.

Dies war nur ein Teil, jedoch der wichtigste, von Malpighis Beiträgen zur Anatomie. Er war der erste, der bewies, daß die Zungenwärzchen Geschmacksorgane sind; der erste, der die roten Körperchen im Blut erkannte (er hielt sie aber irrtümlich für Fettkügelchen); der erste, der eine genaue Beschreibung des Nerven- und Kreislaufsystems im Embryo lieferte; der erste, der die Histologie der Großhirnrinde und des Rückenmarks beschrieb; der erste, der eine brauchbare Atmungslehre ermöglichte, indem er die Bläschenstruktur der Lunge feststellte. Mit Recht ist mit den «Malpighischen Knäueln», den eigentümlichen Kapillarschlingen in den Nieren, mit den «Malpighischen Körperchen» der Milz und dem «Malpighischen Netz» in der Haut sein Name überall im Körper vorhanden. Viele seiner Enthüllungen und Deutungen wurden von seinen Zeitgenossen angezweifelt; er verteidigte sich wacker und gewann seine Schlachten, zahlte aber mit seinen Nerven dafür. Wie um diese Dinge dem höchsten Gerichtshof der Wissenschaft seines Zeitalters vorzulegen, sandte er der Royal Society in London einen Bericht über seine Arbeiten, Entdeckungen und Kontroversen; die Royal Society publizierte sie als seine Autobiographie. 1691 wurde er Leibarzt von Papst Innozenz XII., starb aber 1694 an einem Schlaganfall. Seine Entdeckung der Kapillaren ist einer der Marksteine in der Geschichte der Anatomie; sein Gesamtwerk wurde zur Grundlage der wissenschaftlichen Histologie.

Die fortschreitenden anatomischen Forschungen enthüllten so viele Ähnlichkeiten zwischen menschlichen und tierischen Organen, daß einige Gelehrte nahe an die Entwicklungstheorie herankamen. Edward Tyson (dessen Name mit den Talgdrüsen der Oberhaut verbunden ist) publizierte 1699 eine Schrift *Orang-Outang, sive Homo Sylvestris,* worin er den Orang-Utan als «Waldmenschen» beschrieb; er verglich die Anatomie des Menschen mit der des Affen und hielt den Schimpansen für das Zwischenglied zwischen den beiden. Nur die Furcht vor einem Entrüstungssturm der Theologen hielt die Biologen davon zurück, schon im siebzehnten Jahrhundert Darwin vorzugreifen.

Von Anatomie und Histologie gingen die Forscher zur Physiologie und zu den Funktionen über. Bis 1660 hatte man die Atmung als einen Kühlungsprozeß angesehen; jetzt fanden die Experimentatoren sie der Verbrennung verwandt. Hooke bewies, daß die

Atmung den Zweck hat, venöses Blut der frischen Luft in den Lungen auszusetzen. Richard Lower, ebenfalls von der Royal Society, zeigte (1669), daß venöses Blut durch Durchlüften in arterielles verwandelt werden kann und daß ununterbrochen von der Luft abgeschlossen gehaltenes arterielles Blut venös wird. Als Erklärung schlug er vor, den Hauptanteil an dieser Durchlüftungswirkung einem in der Atmosphäre vorhandenen «Salpetergeist» zuzuschreiben. In Weiterverfolgung dieser Spur beschrieb Lowers Freund John Mayow diesen Wirkungsfaktor als «salpetrigen Luftgeist». Bei der Atmung, so meinte er, entzieht das Blut der Luft diese salpetrige Luftsubstanz; deshalb ist eingeatmete Luft nach dem Ausatmen leichter und von geringerem Volumen. Die Körperwärme ist der Vereinigung salpetriger Luftteilchen mit Verbrennungsstoffen im Blut zuzuschreiben; das Steigen der Körperwärme nach Leibesübungen ist das Resultat der vermehrten Aufnahme solcher Partikel durch gesteigerte Atmung. Dieser salpetrige Luftgeist, sagte Mayow, spielt die wichtigste Rolle im Leben der Tiere und der Pflanzen.

Die Erklärung lebenswichtiger Vorgänge hatte eine der in der Geschichte der modernen Wissenschaft immer wieder aufflammenden Streitfragen im Gefolge. Je tiefer der Wissensdurst der Physiologen in die menschliche Anatomie eindrang, desto mehr schien für eine Körperfunktion nach der anderen eine mechanische, in physikalischen und chemischen Begriffen ausdrückbare Erklärung möglich. Die Atmung erschien als eine Kombination von Ausdehnung, Durchlüftung und Zusammenziehung; die Funktionen von Speichel, Galle und Pankreassaft waren offensichtlich chemischer Natur; und Gian Alfonso Borelli brachte (1679) die Erklärung der Mechanik der Muskelbewegungen klar zum Abschluß. Steno, der eifrige Katholik, machte sich zwar die mechanistische Ansicht über physiologische Prozesse zu eigen, lehnte aber so unbestimmte Begriffe wie Galens «Lebensgeist» als «leere Worte ohne Bedeutung» ab. Descartes' Auffassung vom Körper als Maschine schien nun voll gerechtfertigt.

Trotzdem fühlten die meisten Gelehrten, daß diese Körpermechanismen nichts als Instrumente irgendeines in physikalisch-chemischen Begriffen nicht erfaßbaren Lebensprinzips seien. Francis Glisson, ein Gründungsmitglied der Royal Society, schrieb aller lebendigen Substanz eine charakteristische Irritabilität – Reizbarkeit – zu, die seiner Meinung nach der toten Materie fehlte. So wie Newton, nachdem er den Kosmos auf Mechanik reduziert hatte, den ersten Anstoß der Weltmaschinerie Gott zuschrieb, so verlegte Borelli, nachdem er für die Vorgänge in den Muskeln eine mechanistische Erklärung gefunden hatte, eine Seele in den menschlichen Körper, von der alle Körperbewegungen ihren Ausgang nahmen[63]. Der Arzt und Baumeister Claude Perrault vertrat (1680) eine Theorie, wonach physiologische Funktionen, die heute mechanisch zu sein scheinen, zuerst willentlich und von einer Seele gelenkt waren, jedoch durch häufige Wiederholung mechanisch wurden, ähnlich der Entstehung von Gewohnheiten; vielleicht hat sogar das Herz einmal dem Willen gehorcht[64]. Georg Stahl behauptete (1702), die chemischen Veränderungen in lebenden Geweben seien verschieden von den im Laboratorium erkennbaren, denn in tierischen Lebewesen, meinte er, werden die chemischen Veränderungen gelenkt von der *anima sensitiva*, die alle Teile des Körpers durchdringt. Die Seele, sagte Stahl, steuert jede physiologische Funktion, auch die Verdauung und die Atmung; sie schafft jedes Organ, ja sogar den ganzen Körper als Instrument der Triebe[65]. Krankheiten, nahm er an, sind Prozesse, in denen die Seele bestrebt ist, etwas wegzuräumen, was ihre Tätigkeit behindert; und er ließ die Psychosomatik des zwanzigsten Jahrhunderts ahnen, indem er die Theorie aufstellte, daß Störungen der «Empfindungsseele» körperliche Krankheiten hervorrufen können[66].

In allerlei Formen überwogen in der Wissenschaft bis in die zweite Hälfte des neunzehnten Jahrhunderts vitalistische Auffassungen. Sie wichen eine Zeitlang vor dem wachsenden Ansehen der mechanistischen Physik zurück, wurden aber in Bergsons *Schöpferischer Entwicklung* mit literarischem Charme neu belebt. Die Debatte wird weitergehen, bis der Teil das Ganze, der Mensch das All begreift.

X. MEDIZIN

Der stärkste Antrieb für biologische Forschungen ging von den Bedürfnissen der Medizin aus. Vor Ray war die Botanik die Magd der Pharmazie. Gesundheit war das höchste aller Güter, *summum bonum*, und Männer, Frauen und Kinder suchten sie sich durch Gebete, Sterne, Könige, Kröten und Wissenschaft zu sichern. Ein Arzt «zog sich zum Gebet in seine Kammer zurück», ehe er seine Verordnungen gab, sagt Aubrey[67], so daß schließlich von dem Beten «seine Knie eine Hornhaut bekamen». Immer noch hatte die Astrologie bei der Medizin die Hand im Spiel; der Leibchirurg Ludwigs XIV. gab Anweisung, den König nur im ersten und im letzten Mondviertel zur Ader zu lassen, «weil sich zu dieser Zeit die Säfte in das Körperinnere zurückgezogen haben»[68]. Defoe meinte, das Geld, das zu Quacksalbern getragen wurde, hätte ausgereicht, die Staatsschuld zu tilgen[69]. Flamsteed, der Astronom des Königs, reiste viele Meilen weit, um seinen Rücken von dem berühmten Quacksalber Valentin Greatrakes schlagen zu lassen, der vorgab, auf diese einfache Weise Skrofeln heilen zu können. Vielleicht befand sich Flamsteed unter den Hunderttausenden, die Karl II. durch Handauflegen von den Skrofeln, dem «Königsübel», heilen sollte. Allein im Jahr 1682 berührte der gefällige Monarch achttausendfünfhundert an dieser Krankheit Leidende; 1684 war das Gedränge der Kranken, die zu ihm wollten, so groß, daß sechs von ihnen totgetrampelt wurden. Wilhelm III. weigerte sich, das Spiel fortzusetzen. «Das ist ein dummer Aberglaube», rief er aus, als eine Menge seinen Palast umlagerte. «Gebt den armen Leuten ein wenig Geld und schickt sie weg.» Als man ihn bei einer anderen Gelegenheit damit belästigte, er möge einem Kranken die Hand auflegen, tat er es zwar, sagte jedoch: «Gott gebe dir mehr Gesundheit und mehr Verstand.» Das Volk verschrie ihn als Abtrünnigen[70].

Mangelnde persönliche und öffentliche Hygiene begünstigten das immer wieder neue Aufflackern von Krankheiten. Die Syphilis wurde in Städten und Feldlagern durch die Prostitution verbreitet. Besonders Schauspieler und Schauspielerinnen litten an diesem Übel, wie man der feinen Andeutung von Frau von Sévigne entnehmen kann, die von einem Schauspieler berichtet: «Als er trotz seiner Erkrankung an einer gefährlichen Unpäßlichkeit zu heiraten entschlossen war, sagte einer seiner Kollegen zu ihm: 'Verflixt! Kannst du nicht warten, bis du geheilt bist? Du wirst uns alle zugrunde richten!'»[71] Der französische General Vendôme erschien bei Hof ohne Nase; er hatte sie den Spirochäten geopfert[72]. Krebs war im Zunehmen begriffen; Frau von Motteville beschreibt einen Fall von Brustkrebs[73]. Das Gelbfieber wurde 1694 zum erstenmal beschrieben. Die Blattern waren besonders in England sehr verbreitet; man kannte noch keine Behandlung dafür. Königin Maria starb daran, der Sohn Marlboroughs ebenfalls. Epidemien, insbesondere Malaria, überzogen ganze Länder; 1657 war fast ganz England ein einziges Spital für Malariakranke, berichtet Thomas Willis[74]. Die Pest wütete 1665 in London, forderte 1679 hunderttausend Tote in Wien und 1681 dreiundachtzigtausend in Prag[75]. Berufskrankheiten nahmen mit der Ausbreitung der Industrie zu. Bernardino Ramazzini, Professor der Medizin in Padua, veröffentlichte 1700 sein grundlegendes Buch *De morbis artificum,* über die Schäden, welche die in den Farben enthaltenen Chemikalien den Malern, das Antimon den Arbeitern bei der Herstellung farbiger Gläser, die Tuberkulose den Steinmetzen und Grubenarbeitern, das Quecksilber den Ärzten zufügten sowie über den Schwindel der Töpfer und die Augenleiden der Drucker.

Trotz der allgemeinen Unwissenheit und Armut machte die Medizin langsam Fortschritte, aber Habgier beeinträchtigte den Beruf; manche Ärzte, die erfolgreiche Kuren gefunden hatten, weigerten sich, ihre Behandlungsgeheimnisse anderen Ärzten bekanntzugeben[76]. Die der Royal Society angehörenden Ärzte jedoch überwanden die Geldgier und gaben ihren Kollegen laufend Kenntnis von ihren Entdeckungen. In Leiden, Bologna und Montpellier gab es nun gute Medizinschulen, und im allgemeinen war in ganz Westeuropa zur Eröffnung einer ärztlichen Praxis das Diplom einer anerkannten Schule erforderlich. Die Lehrer der ärztlichen Kunst blieben weiterhin in zwei Behandlungsrichtungen getrennt. Borelli verteidigte die «iatrophysikalische» Behandlung, die sich zur Aufgabe stellte, Krankheiten als Störungen im körperlichen Mechanismus zu behandeln. Sylvius entwickelte die Lehren von Paracelsus und Helmont weiter und trat für die «iatrochemische» Methode ein, die sich der Drogen bediente, um auf gestörte «Säfte» im Körper einzuwirken; die meisten dieser Störungen schrieb er der Übersäuerung zu. Fruchtbarer als diese allgemeinen Theorien waren die Entdeckungen bestimmter Krankheitsursachen. Sylvius beschrieb zum erstenmal in der Lunge gefundene Tuberkeln und brachte diese krankhaften Wucherungen mit der Schwindsucht in Zusammenhang.

Eine der wichtigsten Entdeckungen dieses Zeitalters machte der bedeutende Jesuit Athanasius Kircher von Fulda, Mathematiker, Physiker, Orientalist, Musiker und Arzt, der offenbar der erste war, der sich bei der Erforschung von Krankheiten des Mikroskops bediente[77]. Mit seiner Hilfe fand er, daß das Blut von Pestkranken unzählige, mit bloßem Auge nicht wahrnehmbare «Würmer» enthält. Ähnliche Lebewesen entdeckte er in faulenden Stoffen und schrieb die Verwesung und viele Krankheiten ihrer Wirkung zu. Er berichtete über seine Funde in *Scrutinium pestis* (Rom 1658), womit er als erster ausdrücklich bestätigte, was Fracastoro 1546 nur angedeutet hatte, nämlich die

Lehre, daß die Übertragung schädlicher Organismen von einer Person oder einem Tier auf das andere die Ursache von Epidemien ist[78].

Die ärztliche Behandlung hinkte lang hinter der medizinischen Forschung drein, denn die Forscher waren bestrebt, sich von der Klasse der praktizierenden Ärzte abzusondern, und der Kontakt zwischen ihnen war ungenügend. Noch immer wurden viele mittelalterliche Kuren verschrieben. Aubrey berichtet von einem ungewollten Erfolg: «Ein Weib ..., das seinen Ehemann vergiften wollte [er litt an Wassersucht], kochte eine Kröte in seiner Suppe – und er wurde geheilt; bei dieser Gelegenheit wurde dieses Medikament entdeckt.»[79] In der zweiten Hälfte des siebzehnten Jahrhunderts gingen ein paar neue Drogen in die Pharmakopöe ein: Brechwurz, Kaskarillrinde, Pfefferminze und anderes. Holländische Ärzte verschrieben Schwarztee als Allheilmittel[80] und dienten damit dem holländischen Handel.

Die beiden größten medizinischen Forscher der Zeit waren Holländer: Sylvius und Boerhaave, beide in Leiden. Hermann Boerhaave lehrte Chemie, Physik und Botanik gleichzeitig. Studenten aus ganz Nordeuropa strömten zu ihm, und er führte das Fach der klinischen Medizin ein, indem er seine reiferen Schüler zum täglichen Besuch der Kranken im Spital mitnahm und sie durch direkte Beobachtung und spezifische Behandlung jedes Einzelfalls unterrichtete. Seine Bücher wurden in alle wichtigen europäischen Sprachen, ja sogar ins Türkische übersetzt, sein Ruhm reichte bis nach China.

Der größte Vertreter der klinischen Medizin in England war Thomas Sydenham. Nach zwei durch Dienst in der Armee unterbrochenen Aufenthalten in Oxford ließ er sich als Allgemeinpraktiker in London nieder. Mit wenig Theorie und viel Erfahrung kam er zu seiner Ansicht, Krankheiten seien «eine Anstrengung der Natur, die mit aller Kraft bestrebt ist, die Gesundheit des Patienten durch Ausstoßen der Krankheitsstoffe wiederherzustellen»[81]. Er unterschied «essentielle» Symptome, wie die von Fremdstoffen verursachten, und «zufällige», die vom Widerstand des Körpers gegen sie herrühren; so ist Fieber nicht eine Krankheit, sondern ein Mittel zur Selbstverteidigung des Organismus. Aufgabe des Arztes ist es, diesen Verteidigungsvorgang zu unterstützen. Daher pries Sydenham Hippokrates, weil der «Vater der Medizin»

> «nicht mehr Kunst verlangte, als der Natur beizustehen, wenn sie erschlafft, und ihr Einhalt zu gebieten, wenn ihre Anstrengungen zu heftig werden ... Denn dieser scharfsinnige Beobachter erkannte, daß allein die Natur eine Verstimmung beendet und mit Unterstützung einiger weniger Medikamente, manchmal sogar ohne jegliches Medikament, die Heilung bewirkt.»[82]

Sydenhams Besonderheit war die Erkenntnis, daß jede wichtige Krankheit in vielen Abarten vorkommt; er untersuchte jeden Fall nach seinem klinischen Befund, um die spezielle Form der in Frage stehenden Krankheit zu diagnostizieren, und richtete die Behandlung nach der spezifischen Besonderheit des Leidens. So unterschied er den Scharlach von den Masern und gab jenem den heute noch gebräuchlichen Namen. Unter seinen Kollegen galt er als «der englische Hippokrates», weil er die Beobachtung über die Theorie, den Einzelfall über allgemeine Lehren und natürliche Behandlungsmethoden über Drogen stellte. Sein *Processus integri* blieb ein Jahrhundert lang das Therapiehandbuch des englischen Praktikers.

Die Chirurgie kämpfte weiterhin um ihren Ruf als anerkannte Wissenschaft. Ihre besten Vertreter sahen sich sowohl von seiten der Ärzte als auch der Bader – die immer noch kleinere Operationen und Zahnbehandlungen ausführten – angefeindet. Guy Patin, der Dekan der Medizinischen Fakultät der Pariser Universität, konnte den Chirurgen nicht verzeihen, daß sie sich die Kleidung und das Gehabe des ärztlichen Standes zugelegt hatten, und verlästerte alle Chirurgen als «eine Rasse übler, extravaganter, schnauzbärtiger und mit Rasiermessern fuchtelnder Gockel»[83]. Aber 1686 operierte der Chirurg Felix mit Erfolg eine Fistel Ludwigs XIV.; der König war so zufrieden, daß er Felix fünfzehntausend Louisdor, ein Landgut und einen Adelsbrief schenkte. Diese Auszeichnung hob das soziale Ansehen der Chirurgen in Frankreich. 1699 wurde die Chirurgie offiziell zum freien Beruf erklärt, und dessen Vertreter begannen in der französischen Gesellschaft einen hohen Rang einzunehmen. Voltaire nannte die Chirurgie «das nützlichste aller Handwerke» und «das, in welchem die Franzosen alle anderen Länder der Welt übertrafen»[84].

Die englische Chirurgie hatte immerhin in dieser Zeit zum mindesten zwei Verdienste: 1662 nahm J.D. Major die erste erfolgreiche intravenöse Injektion am Menschen vor, und 1665–1667 gelangen Richard Lower die ersten Bluttransfusionen von den Adern eines Tieres in die eines anderen; Pepys hielt dieses Ereignis in seinem Tagebuch fest[85]. Aus diesen wortreichen Tagebuchblättern erfahren wir, daß Operationen meistens unter nur schwach oder überhaupt nicht schmerzbetäubenden Mitteln vorgenommen wurden. Pepys mußte sich einen Blasenstein entfernen lassen, bekam aber weder Chloroform noch Antiseptika, sondern nur einen «Beruhigungstrank»[86].

Jede Generation machte sich auf ihre Weise über die Ärzte lustig. Die Leute ärgerten sich über ihre Honorare, ihr großtuerisches Auftreten in Mantel, Perücke und Spitzhut, ihr prahlerisches Reden und die ihnen gelegentlich unterlaufenden Kunstfehler mit tödlichem Ausgang. Boyle behauptete, viele Leute fürchteten den Arzt mehr als die Krankheit[87]. Molières Lächerlichmachen von Angehörigen dieses berühmten Standes waren größtenteils gutmütige Späße eines Mannes, der nichtsdestoweniger darauf bedacht war, mit seinem Arzt auf gutem Fuß zu stehen. Nachdem alle Pfeile gegen die Mediziner verschossen waren, blieb als Tatsache übrig, daß das siebzehnte Jahrhundert der medizinischen Wissenschaft durch Hunderte von Entdeckungen auf den Gebieten der Anatomie, Physiologie und Chemie eine löbliche Reihe von Fortschritten gebracht hatte, daß der internationale Austausch medizinischer Kenntnisse im Zunehmen war, daß sich befähigte Schüler anerkannter Professoren in alle Teile Westeuropas zerstreuten, daß die Methoden und der Stand der Chirurgen an Bedeutung gewonnen hatten, daß Spezialisten sich immer mehr Kenntnisse und Können erwarben und daß mehr für die öffentliche Gesundheitspflege getan wurde. Die Stadtbehörden erließen Sanitätsgesetze. Als 1656 die Pest in Rom wütete, machte der päpstliche Gesundheitskommissär das Reinigen der Straßen und Abläufe, die regelmäßige Überwachung der Aquädukte, die Einrichtung öffentlicher Desinfektionsstellen für Kleider und die Vorweisung eines Gesundheitszeugnisses beim Eintritt in die Stadt obligatorisch[88]. Der zunehmende Wohlstand ließ die Menschen massivere Häuser bauen, die die Ratten in respektvollem Abstand hielten und so die Verbreitung der Pest eindämmten. Bessere Wasserversorgungen – die dringendste Voraussetzung für Zivilisation – machten es jedem Willigen möglich, seinen Körper sauberzuhalten. Immer mehr Menschen wurde es möglich, sich physisch zivilisiert zu verhalten.

XI. ERGEBNISSE

Alles in allem war das siebzehnte Jahrhundert eine der glänzendsten Perioden in der Entwicklung der Wissenschaften. Man betrachte den Aufschwung von dem Punkt an, wo Bacon die Menschen zur Arbeit an der Weiterentwicklung der Gelehrsamkeit aufrief und Descartes die Algebra mit der Geometrie verband, die Verbesserung der Teleskope, Mikroskope, Barometer, Thermometer, Luftpumpen und der Mathematik, Keplers Berechnung der Planetenbahnen, Galileo Galileis Ausweitung des Firmaments, Harveys Entdeckung von Bestandteilen des Blutes, Guerickes hartnäckig haftende Halbkugeln, Boyles skeptische Chemie, Huygens' mannigfaltige Physik, Hookes vielseitige Versuche und Halleys Kometenvoraussagen bis zum Höhepunkt von Leibniz' Differentialrechnung und Newtons kosmischer Synthese – welches frühere Jahrhundert kam diesem an Leistungen gleich? Der moderne Geist, sagte Alfred North Whitehead, lebt in Wissenschaft, Literatur und Philosophie «von dem angesammelten Kapital der vom Genie des siebzehnten Jahrhunderts zusammengetragenen Ideen»[89].

Der Einfluß der Wissenschaft zog immer weitere Kreise. Sie wirkte sich durch Anwendung von Chemie und Physik in neuen technologischen Verfahren auf die Industrie aus. In der Erziehung erzwang sie das Aufgeben des Nachdrucks auf die humanistischen Fächer Literatur, Geschichte und Philosophie, denn die Entwicklung von Industrie, Handel und Schiffahrt erheischte praktisches Wissen und Denken. Selbst die Literatur unterlag dem neuen Einfluß; das Streben der Wissenschaftler nach Ordnung, Genauigkeit und Klarheit regte zu den gleichen Tugenden in Poesie und Prosa an und harmonierte gut mit dem von Molière, Boileau und Racine, Addison, Swift und Pope angestrebten klassischen Stil. Die Royal Society forderte, so berichtet ihr Historiker, von ihren Mitgliedern «eine direkte, unverhüllte, natürliche Ausdrucksweise ..., so daß alle Dinge der mathematischen Klarheit möglichst nahekommen»[90].

Die Triumphe von Mathematik und Physik, die den Kometen ihre Bahn und den Sternen ihre Gesetze gaben, beeinflußten auch die Philosophie und die Theologie. Descartes und Spinoza betrachteten die Geometrie als Vorbild für die Philosophie und die Ekthesis. Es schien überflüssig geworden zu sein, hinfort im Universum noch etwas anderes als Stoff und Bewegung zu suchen. Descartes sah die ganze Welt, mit Ausnahme des menschlichen und des göttlichen Geists, als Maschine; Hobbes stellte diese Ausnahme in Frage und formulierte einen Materialismus, in dem sogar die Religion ein Werkzeug des Staates zur Manipulation menschlicher Maschinen sein sollte. Physik, Chemie und Astronomie schienen jetzt ein nach unveränderlichen Gesetzen wirkendes Universum zu zeigen; dieser Kosmos gestattete keine Wunder, reagierte also auf keine

Gebete, brauchte also keinen Gott. Man konnte Gott vielleicht den ersten Anstoß der Weltmaschinerie zubilligen, aber dann mochte er sich damit begnügen, eine epikureisch-lukrezische Gottheit zu sein, die sich um Welt und Menschen nicht kümmert. Es wurde gesagt, Halley habe einem Freund Berkeleys versichert, «die christlichen Lehren» seien «unvorstellbar» geworden[91]. Boyle dagegen erblickte in den Enthüllungen der Wissenschaft zusätzliche Beweise für die Existenz Gottes. «Die Welt benimmt sich», schrieb er, «als ob überall im Universum ein intelligentes Wesen verbreitet sei» und fügte in einem an Pascal erinnernden Satz hinzu: «Die Seele des Menschen ist ein edleres und wertvolleres Wesen als die ganze Körperwelt.»[92] Bei seinem Tod hinterließ Boyle eine Stiftung zur Finanzierung von Vorträgen, in denen die Wahrheit des Christentums gegen «notorische Ungläubige, das heißt Atheisten, Theisten, Heiden, Juden und Mohammedaner», bewiesen werden sollte, versah sie jedoch mit der Klausel, daß in diesen Vorträgen die Kontroversen zwischen den Christen nicht berührt werden dürften[93].

Viele Gelehrte waren gleicher Meinung wie Boyle, und viele gläubige Christen stimmten in das Lob der Wissenschaft ein. «In den letzten hundert Jahren», sagte Dryden am Jahrhundertende, «wurde uns eine fast neue Natur enthüllt ..., es sind mehr Irrtümer ... festgestellt, mehr nützliche Experimente unternommen, mehr großartige Geheimnisse der Optik, Medizin, Anatomie und Astronomie entdeckt worden als in all den kindischen und leichtgläubigen Jahrhunderten zwischen Aristoteles und unserer Zeit.»[94] Das war eine überbordende, aber bezeichnende Übertreibung, zeigte sie doch die Überzeugung der «Modernen», die Autorität der «Alten» besiegt zu haben. Jedenfalls konnten die Menschen nicht übersehen, daß die Wissenschaften das menschliche Wissen mehrten, während die Konfessionen sich stritten und die Staatsmänner Kriege führten. Die Wissenschaft stieg unter den menschlichen Beschäftigungen zu neuem Ansehen empor; in der Tat pries man sie am Ende dieser Epoche als Wegbereiterin für Utopia und Retterin der Menschheit. «Die Anwendung der Wissenschaft auf die Natur», sagte Fontenelle 1702, «wird an Ausmaß und Wirkung stetig zunehmen, und wir werden ein Wunder nach dem anderen erleben. Der Tag wird kommen, da der Mensch fähig sein wird, sich mit Flügeln durch die Luft zu schwingen; diese Kunst wird sich entwickeln ..., bis wir eines Tages imstande sein werden, auf den Mond zu fliegen.»[95] Alles wurde besser, nur der Mensch nicht.

DRITTES KAPITEL

Isaak Newton

[1642–1727]

I. DER MATHEMATIKER

In einem kleinen Bauerngut in Woolsthorpe in der Grafschaft Lincoln kam Newton am 25. Dezember 1642 (nach dem alten Kalender) zur Welt – im Todesjahr Galileo Galileis. Wie auf dem wirtschaftlichen Gebiet, ging auch auf der kulturellen Ebene die Führung vom Süden an den Norden über. Bei seiner Geburt war er so winzig, daß (so erzählte ihm später seine Mutter) man ihn in einen Litertopf hätte stecken können, und so schwach, daß niemand glaubte, er werde länger als ein paar Tage leben[1]. Da sein Vater einige Monate zuvor gestorben war, wurde der Knabe von seiner Mutter und einem Onkel erzogen.

Mit zwölf Jahren kam er an die Lateinschule in Grantham, kam aber dort nicht voran; er galt als «faul und unaufmerksam», vernachlässigte vorgeschriebene Fächer zugunsten von Gegenständen, die ihm zusagten, und verwendete viel Zeit auf mechanische Geräte, wie Sonnenuhren, Wasserräder und selbstgebastelte Uhren. Nach zwei Jahren in Grantham wurde er aus der Schule genommen, damit er seiner Mutter auf dem Gut helfe; aber auch dort vernachlässigte er seine Pflichten, um Bücher zu lesen und mathematische Aufgaben zu lösen. Ein anderer Onkel erkannte seine Fähigkeiten, schickte ihn auf die Schule zurück und sorgte für seine Aufnahme ins Trinity College in Cambridge (1661), wo er sich sein Studiengeld durch verschiedene Dienstleistungen als Stipendiat verdiente. Nach vier Jahren legte er seine Prüfungen ab, und kurz darauf erfolgte seine Anstellung als Dozent an dieser Universität. Er befaßte sich hauptsächlich mit Mathematik, Optik, Astronomie und Astrologie; der Sterndeutung brachte er bis ins Alter Interesse entgegen.

1669 zog sich sein Mathematiklehrer Isaak Barrow zurück, und da ihn dieser als «unvergleichliches Genie» empfahl, wurde Newton sein Nachfolger; diesen Lehrstuhl am Trinity College hatte er vierunddreißig Jahre lang inne. Als Lehrer war er nicht erfolgreich. «Er hatte wenig Hörer», berichtet sein Schreiber, «und noch weniger solche, die ihn verstanden, so daß er manchmal zu den Wänden sprach.»[2] Oft hatte er überhaupt keine Hörer, dann kehrte er betrübt in sein Zimmer zurück. Dort richtete er sich ein Laboratorium ein – zu dieser Zeit das einzige in ganz Cambridge. Er machte viele Versuche, insbesondere alchimistische, «die Verwandlung von Metallen war sein Hauptanliegen»[3]; aber er suchte auch nach dem «Lebenselixier» und nach dem «Stein der Weisen»[4]. Alchimistische Studien betrieb er von 1661 bis 1692, sogar während er die *Principia* schrieb[5]; seine alchimistischen Schriften, etwa hunderttausend Worte umfassend, ließ er unveröffentlicht – sie waren «vollständig wertlos»[6]. Boyle und andere Mitglieder der Royal Society waren ebenfalls fieberhaft hinter der Goldmacherei her. Es ging Newton nicht um den Erwerb von Gütern; für materiellen Gewinn zeigte er nie Interesse. Wahrscheinlich suchte er nach einem Gesetz oder Prozeß, womit die Elemente als verwandelbare Variationen einer Grundsubstanz erklärt werden konnten. Wir sind nicht überzeugt, daß er damit auf falscher Fährte war.

Vor seinem Zimmer in Cambridge lag ein kleiner Garten, wo er auf und ab zu gehen und dann rasch an sein Pult zurückzueilen pflegte, um seine Einfälle zu notieren. Er setzte sich selten hin, sondern wanderte meistens in seinem Zimmer herum (sagt sein Schreiber), «daß einer hätte glauben können, er gehöre der aristotelischen Sekte der Peripatetiker an»[7]. Er aß wenig, ließ oft eine Mahlzeit aus und erinnerte sich nicht daran; die Zeit, die er mit Essen und Schlafen verlor, reute ihn. «Zu den Mahlzeiten begab er sich selten in den Speisesaal, und ging er einmal hin, dann, hätte man ihn nicht gemahnt, achtlos in heruntergetretenen Schuhen, hängenden Strümpfen ... und ungekämmtem Haar.»[8] Von seiner Geistesabwesenheit erzählte und erfand man viele Geschichten. Man versichert, daß er nach dem Aufwachen stundenlang unangekleidet, in tiefes Nachdenken versunken, auf dem Bett sitzenbleiben konnte[9]. Wenn Besucher bei ihm waren, verschwand er oft in ein Nebenzimmer, notierte dort einen Einfall und vergaß darob, in die Gesellschaft zurückzukehren[10].

In den fünfunddreißig Jahren in Cambridge führte er das Leben eines gelehrten Mönchs. Er stellte Regeln über das Philosophieren, das heißt eine wissenschaftliche Forschungsmethode, auf. Er verwarf die Regeln über die Grundeigenschaften der Materie, die Descartes in seinen *Discours* aufgestellt hatte und denen zufolge alle wichtigen Wahrheiten durch Schlußfolgerungen zu gewinnen sein sollten. Wenn Newton sagte *Non fingo hypotheses* – Ich ersinne keine Hypothesen[11] –, meinte er damit, er gehe mit seinen Theorien nicht über die Beobachtung von Phänomenen hinaus; zum Beispiel hätte er nicht gewagt, Vermutungen über das Wesen der Gravitation anzustellen, sondern begnügte sich damit, ihr Verhalten und ihre Gesetze zu beschreiben. Immerhin war das nicht so gemeint, daß er Hypothesen als Anregungen zu Experimenten verschmähte, im Gegenteil; sein Laboratorium diente der Erprobung von tausenderlei Ideen und Möglichkeiten, und seine Papiere waren übersät mit erprobten und verworfenen Hypothesen. Auch hat er die deduktive Methode nicht von sich gewiesen; er bestand lediglich darauf, daß sie von Tatsachen ausgehen und zu Grundlehren führen müsse. Seine Methode war, sich verschiedene mögliche Lösungen eines Problems auszudenken, ihre mathematischen Implikationen herauszuarbeiten und diese durch Berechnungen und Versuche zu erproben. «Alle Schwierigkeit der Physik», schrieb er, «besteht nämlich allem Anschein nach darin, aus den Erscheinungen der Bewegung die Kräfte der Natur zu erforschen und hierauf durch diese Kräfte die übrigen Erscheinungen zu erklären.»[12] In ihm verbanden sich Berechnung und Einfallsreichtum, und niemand kann ihn verstehen, der nicht beides besitzt.

Nichtsdestoweniger fahren wir fort. Seine Berühmtheit hat zwei Zentralpunkte – die Differentialrechnung und die Gravitationslehre. Sein Werk über den Kalkül begann er

1665 mit der Auffindung der Tangente und des Krümmungsradius an einem beliebigen Punkt einer Kurve – in der Mathematik bekannt als Newtonsches Näherungsverfahren. Er nannte seine Methode nicht Kalkül, sondern «Fluxionen» und gab für diese Bezeichnung eine Erklärung, die wir nicht besser geben könnten:

«Linien werden beschrieben und im Beschreiben erzeugt nicht durch Aneinandersetzen von Teilen, sondern durch stetige Bewegung von Punkten; Flächen durch Bewegung von Linien; Körper durch Bewegung von Flächen; Winkel durch Rotation von Seiten; Zeiten durch stetiges Fließen; und ebenso ist es in anderen Fällen ... Indem ich nun in Betracht zog, daß in gleichen Zeiten wachsende und wachsend erzeugte Größen je nach der größern oder kleinern Geschwindigkeit, mit der sie wachsen und erzeugt werden, größer oder kleiner ausfallen, suchte ich nach einer Methode zur Bestimmung der Größen aus der Geschwindigkeit der Bewegung oder des Wachsens, wodurch sie erzeugt werden. Diese Bewegungs- oder Wachstumsgeschwindigkeiten nannte ich *Fluxionen*, und die erzeugten Größen nannte ich *Fluenten*, und ich kam allmählich in den Jahren 1665 und 1666 auf die Fluxionsmethode, die ich hier bei der Quadratur der Kurven benutzt habe.»[13]

Newton beschrieb seine Methode 1669 in einem Brief an Barrow und wies 1672 in einem Brief an John Collins darauf hin. Wahrscheinlich benutzte er diese Methode zur Auffindung einiger Ergebnisse in seinen *Principia* (1687), aber dort erklärte er diese (wohl zur Bequemlichkeit seiner Leser) in den gewohnten geometrischen Formulierungen. Er trug 1693 eine Darlegung seiner Fluxionsrechnung zu Wallis' *Algebra* bei – ohne aber seinen Namen zu nennen. Erst 1704, in einem Anhang zu seiner *Optik*, gab er die eben erwähnte Darlegung selber heraus. Es war charakteristisch für Newton, die Veröffentlichung seiner Theorien hinauszuschieben. So wartete er bis 1676 mit der Bekanntgabe seines Binomialtheorems*, obwohl er es wahrscheinlich schon 1665 formuliert hatte.

Dieses Hinauszögern beschwor zwischen den Mathematikern Europas einen unerfreulichen Streit herauf, der eine Generation lang die Internationale der Wissenschaft entzweite. Zwischen Newtons Mitteilung über seine Fluxionen an seine Freunde im Jahr 1669 und der Publikation seiner neuen Methode im Jahr 1704 hatte nämlich Leibniz in Mainz und Paris ein gleiches System entwickelt. 1671 legte Leibniz der Académie des Sciences eine Schrift vor, die die Grundlagen der Differentialrechnung enthielt[14]. Während eines Besuchs in London von Januar bis März 1673 traf er auch Oldenburg, mit dem er, wie auch mit Boyle, schon brieflich verkehrt hatte. Newtons Parteigänger glaubten später – was heute die Historiker bezweifeln[15] –, Leibniz habe auf dieser Reise etwas von Newtons Fluxionen gehört. Im Juni. 1676 schrieb Newton auf Verlangen Oldenburgs und Collins' einen für Leibniz bestimmten Brief mit der Darstellung seiner Analysismethode. Im August antwortete Leibniz Oldenburg mit ein paar Beispielen seiner eigenen Arbeit über den Kalkül, und im Juni 1677 beschrieb er in einem weiteren Brief an Oldenburg seine Form der Differentialrechnung und sein Notationssystem, das

* womit eine beliebige Potenz eines Binoms (algebraischer Ausdruck für zwei durch ein Plus- oder Minuszeichen verbundene Zahlen) mit Hilfe einer algebraischen Formel statt durch Multiplikation gefunden werden kann. Newton hatte in Viète und Pascal schon teilweise Vorläufer für dieses Theorem.

von demjenigen Newtons abwich. In den *Acta Eruditorum* vom Oktober 1684 legte er seine Differentialrechnung erneut dar, und 1686 veröffentlichte er sein System der Integralrechnung. In der ersten Auflage der *Principia* (1687) gab Newton offensichtlich Leibniz' unabhängige Entdeckung des Kalküls zu:

«In Briefen, die ich vor etwa zehn Jahren mit dem sehr gelehrten Mathematiker G.W. Leibniz wechselte, zeigte ich demselben an, daß ich mich im Besitze einer Methode befände, nach der man Maxima und Minima bestimmen, Tangenten ziehen und ähnliche Aufgaben lösen könne ... Der berühmte Mann antwortete mir darauf, er sei auf eine Methode derselben Art verfallen, die er mir mitteilte und die von der meinigen kaum weiter abwich als in der Form der Worte und Zeichen.»[16]

Diese ritterliche Anerkennung hätte jeden Streit verhüten sollen. Aber 1699 drückte ein schweizerischer Mathematiker in einer Mitteilung an die Royal Society die Vermutung aus, Leibniz habe seinen Kalkül bei Newton geliehen. 1705 behauptete Leibniz in einer anonymen Besprechung von Newtons *Optik*, Newtons Fluxionen seien eine Bearbeitung des Leibnizschen Kalküls. 1712 beauftragte die Royal Society einen Ausschuß mit der Prüfung der betreffenden Unterlagen. Noch vor Jahresende veröffentlichte die Society einen Bericht, *Commercium Epistolicum*, der die Priorität Newtons feststellte, jedoch die Frage von Leibniz' Originalität offenließ. In einem an einen italienischen Priester in London gerichteten Brief vom 9. April 1716 verwahrte sich Leibniz dagegen, daß durch Newtons Scholion die Frage gelöst sei. Leibniz starb am 14. November 1716. Kurz darauf bestritt Newton, daß sein Scholion Leibniz «die Erfindung des *calculus differentialis* unabhängig von der meinigen zugestehe». In der dritten Auflage der *Principia* (1726) wurde das Scholion weggelassen[17]. Der Disput war dieser Denker unwürdig, um so mehr, als alle beide den Prioritätsanspruch eigentlich Fermat hätten zugestehen sollen.

II. DER PHYSIKER

So bewundernswert die Mathematik an sich auch war, so war sie doch bloß das Mittel zur Berechnung von Größen; sie gab nicht vor, die Wirklichkeit zu erfassen oder zu beschreiben. Als sich Newton vom Hilfsmittel ab- und der Erforschung grundlegender Fragen zuwandte, befaßte er sich zuerst mit den Geheimnissen des Lichts. Seine ersten Vorlesungen in Cambridge hielt er über Licht, Farbe und Sehen, aber bezeichnenderweise publizierte er seine *Optik* erst fünfunddreißig Jahre später (1704). Er war nicht aufs Druckenlassen versessen.

1666 kaufte er auf dem Jahrmarkt von Stourbridge ein Prisma und begann damit seine optischen Experimente. Von 1668 an entwarf er eine Reihe von Teleskopen. In der Hoffnung, einige Mängel des Refraktors (Brechungsteleskop) ausschalten zu können, baute er auf Grund von Lehrsätzen Mersennes (1639) und James Gregorys (1662) eigenhändig einen Reflektor (Spiegelteleskop) und führte diesen 1671 der Royal Society auf deren Verlangen vor. Am 11. Januar 1672 wurde er zum Mitglied der Society ernannt.

Schon vor der Herstellung von Teleskopen hatte er (1666) eine seiner grundlegenden Entdeckungen gemacht – daß weißes Licht oder Sonnenlicht nicht einfach oder homogen ist, sondern zusammengesetzt aus Rot, Orange, Gelb, Grün, Blau, Indigo und Violett. Er ließ einen schmalen Sonnenstrahl durch ein lichtdurchlässiges Prisma fallen und sah, daß sich das scheinbar monochrome Licht in diese Regenbogenfarben teilte, daß jede dieser Farben im Prisma in ihrem spezifischen Winkel oder Brechungsgrad gebrochen wurde und daß die Farben in einem Band angeordnet waren, welches ein fortlaufendes, an der einen Kante rotes, an der anderen violettes Spektrum bildete. Spätere Forscher zeigten, daß verschiedene Stoffe, durch Verbrennen leuchtend gemacht, verschiedene Spektren ergaben; durch Vergleichen dieser Spektren mit dem Licht eines Sterns wurde bis zu einem gewissen Grad die Analyse der chemischen Zusammensetzung dieses Sterns möglich. Noch feinere Beobachtungen eines Sternspektrums zeigten die ungefähre Geschwindigkeit seiner Annäherung an die Erde oder sein Entfernen von ihr an; und durch darauf beruhende Berechnungen konnte theoretisch auf die Distanz des Sterns geschlossen werden. Newtons Enthüllungen über die Zusammensetzung des Lichts und seiner Spektralbrechung zog gewaltige Umwälzungen in der Astronomie nach sich.

Newton sah diese Auswirkungen wohl kaum voraus, fühlte aber, wie er Oldenburg schrieb, er habe «die merkwürdigste, wenn nicht bedeutendste Entdeckung gemacht, die bisher über das Wirken der Natur gelang»[18], und er reichte der Royal Society 1672 eine Schrift mit dem Titel *Neue Licht- und Farbentheorie* ein. Sie wurde den Mitgliedern am 8. Februar vorgelesen und beschwor einen Streit herauf, der über den Kanal hinweg auf das Festland übergriff. Hooke hatte in seiner *Micrographia* (1664) ein ähnliches Experiment wie das mit Newtons Prisma beschrieben; er hatte daraus keine schlüssige Farbentheorie abgeleitet, aber er empfand es als Zurücksetzung, daß Newton seine Priorität mißachtete, und schloß sich anderen Mitgliedern der Royal Society an, die Newtons Folgerungen kritisierten. Der Disput zog sich drei Jahre lang hin. «Ich werde», schrieb der empfindliche Newton, «von den aus meiner Lichttheorie entstandenen Diskussionen so belästigt, daß ich mir Vorwürfe mache über meine Unvorsichtigkeit, ein so wertvolles Gut wie meine Ruhe aufgegeben zu haben, um einem Schatten nachzurennen.»[19] Er neigte vorübergehend dazu, «der Naturphilosophie ganz energisch auf ewig Valet zu sagen, außer dem, was ich zu meiner Befriedigung mache»[20].

Ein anderes Streitobjekt mit Hooke war das Medium der Lichtübertragung. Hooke hatte sich der Theorie von Huygens angeschlossen, wonach das Licht durch Ätherwellen fortgepflanzt wird. Newton behauptete, diese Theorie könne nicht erklären, warum Licht sich in gerader Linie fortpflanze, und er schlug statt dessen eine «Korpuskulartheorie» vor: Licht wird von einem leuchtenden Körper in unzähligen winzigen Partikeln in geraden Linien und mit einer Geschwindigkeit von rund dreihunderttausend Sekundenkilometern durch den leeren Raum ausgesendet. Er verwarf den Äther als Lichtträger, nahm ihn aber später als Vermittler der Gravitationskraft wieder an*.

* Spätere Physiker gaben Huygens' Undulationstheorie den Vorzug mit der Begründung, Newtons Korpuskulartheorie genüge nicht zur Erklärung von Diffraktion, Interferenz und Polarisation. Unsere zeitgenössischen Physiker versuchen beide Ansichten zu verbinden, um Erscheinungen zu erklären, die sowohl Wellen als auch Korpuskeln vorauszusetzen scheinen. Die Photone und Lichtquanten unserer Zeit erinnern wieder an Newtons Korpuskeln. Der Lichtäther steht heute wieder in Mißkredit.

Newton faßte seine Erörterungen über das Licht in dem Buch über *Optik* zusammen (1704). Es war bezeichnenderweise englisch geschrieben – die *Principia* erschienen lateinisch – und an «Leser mit wachem Verstand und rascher Auffassung, die mit der Optik noch nicht vertraut sind», gerichtet. Am Schluß des Buchs stellte er eine Liste von einunddreißig Fragen für weitere Untersuchungen zusammen. Frage I lautete prophetisch: «Wirken nicht die Körper schon aus einiger Entfernung auf das Licht und beugen dadurch seine Strahlen? Und ist nicht diese Einwirkung bei der kleinsten Entfernung am stärksten?» Und Frage XXX: «Warum sollten bei so vielen und wunderbaren Veränderungen der Natur nicht auch Körper in Licht und Licht in Körper sich umwandeln können?»

III. GENEALOGIE DER GRAVITATION

1666 war für Newton ein fruchtbares Jahr. Damals begann er seine Arbeiten über das Licht. Wie er sich etwas später erinnerte, «im Mai fand ich die umgekehrte Methode der Fluxionen; im gleichen Jahr begann ich nachzudenken über die Schwere und ihre Erstreckung bis zum Mond ..., und daraus erhielt ich auch die Größe der Kraft, die nötig ist, um den Mond in seiner Bahn zu erhalten, verglichen mit der Schwere der Erde». Denn in den Jahren 1665 und 1666 «stand ich in der Vollkraft meines Schaffens ..., mehr als zu irgendeiner anderen Zeit»[21].

1666 erreichte die Pest auch Cambridge, und zur Sicherheit zog sich Newton in seinen Geburtsort Woolsthorpe zurück. An diesem Punkt kommen wir zu einer hübschen Geschichte. Voltaire schrieb (1738) in *Philosophie de Newton:*

> «Eines Tages im Jahr 1666 – Newton hatte sich aufs Land zurückgezogen – sah dieser eine Frucht von einem Baum fallen und verfiel, wie mir seine Nichte, Frau Conduit, berichtete, in tiefes Nachdenken über die Ursache, welche alle Körper in einer Linie anzieht, die, würde man sie verlängern, ziemlich genau durch die Mitte der Erde verläuft.»[22]

Dies ist die älteste bekannte Erwähnung der Geschichte mit dem Apfel. Newtons frühe Biographen erwähnen sie nicht, auch er selber nicht in dem Bericht darüber, wie er auf die Idee der universellen Gravitation kam; man hält sie heute allgemein für eine Legende. Wahrscheinlicher ist eine andere Erzählung Voltaires: Als ein Fremder Newton fragte, wie er die Gravitationsgesetze entdeckt habe, antwortete ihm dieser: «Indem ich ununterbrochen darüber nachdachte.»[23] Es ist ziemlich sicher, daß Newton schon um 1666 damit rechnete, daß die Anziehungskraft, die die Planeten auf ihrer Umlaufbahn festhält, sich umgekehrt proportional dem Quadrat ihrer Entfernung von der Sonne verhält[24]. Aber er konnte seine Theorie mit seinen damaligen mathematischen Berechnungsmethoden noch nicht beweisen. Er legte sie beiseite und veröffentlichte während der nächsten achtzehn Jahre nichts darüber.

Die Idee der interstellaren Gravitation ging keineswegs von Newton aus. Ein paar Astronomen des fünfzehnten Jahrhunderts meinten, das Firmament übe auf die Erde eine ähnlich wirkende Kraft aus wie der Magnet auf das Eisen, und die Erde werde, da sie aus allen Richtungen gleichmäßig angezogen wird, von der Gesamtsumme aller dieser Kräfte in der Schwebe gehalten[25]. Gilberts *De Magnete* (Vom Erdmagnetismus; 1600) hatte viele Forscher veranlaßt, sich mit den jeden Körper umgebenden magnetischen Kraftfeldern zu befassen, und er selber hatte in einem achtundvierzig Jahre nach seinem Tod (1651) veröffentlichten Buch geschrieben:

«Die vom Mond ausgesendete Kraft erreicht die Erde, und in gleicher Weise erreicht die magnetische Kraft der Erde die Region des Mondes; beide stehen in Beziehung zueinander und üben beidseitig Einfluß aufeinander aus, so das Gleichmaß und die Gleichförmigkeit ihrer Bewegungen in Einklang bringend; aber die Wirkung der Erde ist infolge ihrer größeren Masse größer.»[26]

Ismael Bouillard (Bullialdus) hatte in seiner *Astronomia philolaica* (1645) behauptet, die gegenseitige Anziehung zwischen Planeten verändere sich umgekehrt zu den Quadraten ihrer Entfernungen voneinander[27]. Alfonso Borelli hatte in *Theoricae Mediceorum Planetarum* (1666) gesagt, «daß alle Planeten und Satelliten um einen der Haupthimmelskörper kreisen, welche die Kraftquellen sind und sie so anziehen und festhalten, daß sie durch nichts von ihnen getrennt werden können, sondern gezwungen sind, ihnen überallhin in konstanten und gleichbleibenden Umkreisungen zu folgen»; und er erklärte die Umlaufbahnen dieser Planeten und Satelliten als Ergebnis der ihrer Umdrehung entspringenden zentrifugalen Kraft («wie wir sie beim Rad oder einem in einer Schleuder geschwungenen Stein finden»), welcher die zentripetale Anziehung ihrer Sonne entgegenwirke[28]. Kepler hielt die Anziehungskraft für eine allen Himmelskörpern innewohnende Kraft und anerkannte eine Zeitlang ihre umgekehrte Proportionalität zum Quadrat ihrer Entfernung, womit er Newton klar vorausgenommen hätte; aber später verwarf er diese Formel wieder und vermutete, die Anziehung verringere sich direkt proportional zur wachsenden Entfernung[29]. Diese sich der Gravitationslehre nähernden Theorien wurden verdrängt von Descartes' Hypothese von den Wirbeln im Urstoff, die das Verhalten und die Bahn jedes Teilchens desselben bestimmen.

Viele der regsamen Forscher der Royal Society zerbrachen sich den Kopf über die Berechnung der Gravitation. In *An Attempt to prove the Annual Motion of the Earth* nahm Hooke 1674, schon elf Jahre vor Newtons Veröffentlichung, dessen Gravitationstheorie voraus:

«Ich werde ein Weltsystem vorlegen, das in vielen Einzelheiten von allen bisher bekannten abweicht und das in allen Teilen den einfachen Regeln der mechanischen Bewegung entspricht. Dieses geht von drei Annahmen aus: erstens, daß alle wie immer beschaffenen Himmelskörper eine auf ihre Mitte gerichtete Anziehungs- oder Schwerkraft haben, wodurch sie nicht nur ihre eigenen Teile anziehen und von dem Wegfliegen abhalten ..., sondern auch alle im Bereich ihrer Wirkung befindlichen anderen Himmelskörper anziehen ... Die zweite These ist folgende: Alle wie immer beschaffenen Körper setzen, einmal in direkte, einfache Bewegung gebracht, diese Bewegung in gerader Linie fort, bis sie durch eine andere Kraft abgelenkt werden. Die dritte Annahme ist, daß diese Anziehungskräfte um so stärker wirken, je näher die beeinflußten Körper bei deren Zentrum sind.»[30]

Hooke sagt in dieser Abhandlung nicht, daß die Schwere umgekehrt proportional dem Quadrat der Entfernung ist; aber wenn wir Aubrey glauben dürfen, machte er

Newton, der schon selbst darauf gekommen war, auf dieses Prinzip aufmerksam[31]. Im Januar 1684 legte Hooke die Formel von der «Umkehrung des Quadrats» Wren und Halley vor, die sie ebenfalls schon selbst angenommen hatten. Sie wiesen Hooke darauf hin, es seien nicht nur Annahmen nötig, sondern mathematische Beweise dafür, daß die Gravitationstheorie die Planetenbahnen erkläre. Wren bot Hooke und Halley eine Belohnung von damals rund vierzig Schillingen, wenn einer von ihnen ihm innerhalb von zwei Monaten einen mathematischen Beweis der Gravitation bringe. Soviel wir wissen, bekam er keinen[32].

Im August 1684 ging Halley einmal nach Cambridge und fragte Newton, welches die Umlaufbahn eines Planeten wäre, wenn die Anziehungskraft der Sonne auf ihn sich umgekehrt proportional dem Quadrat der Entfernung zwischen beiden veränderte. Newton antwortete: eine Ellipse. Kepler hatte aus seinen mathematischen Studien nach Tycho Brahes Beobachtungen geschlossen, die Umlaufbahnen der Planeten seien elliptisch; nun schien die Mathematik die Astronomie zu bestätigen und umgekehrt. Newton fügte bei, er habe die detaillierte Berechnung 1679 vorgenommen, jedoch beiseite gelegt, teils weil sie sich nicht genau mit dem damals angenommenen Erddurchmesser und der Entfernung der Erde vom Mond deckte. Wahrscheinlicher aber ist, daß er nicht sicher war, ob er die Sonne, die Planeten und den Mond bei der Messung ihrer Anziehungskraft als einfache Punkte behandeln durfte. Aber 1671 kündigte Picard seine neuen Messungen des Erdradius und eines Längengrades an, den er auf 111,202 Kilometer berechnete; und 1672 ermöglichte Picards Expedition in Cayenne die Schätzung der Distanz zwischen Sonne und Erde auf 140 Millionen Kilometer (heutige Schätzung zirka 148 Millionen Kilometer). Diese neuen Schätzungen stimmten mit Newtons Gravitationsberechnungen überein; und weitere Berechnungen überzeugten ihn 1685, daß eine Kugel auf andere Körper eine anziehende Kraft ausübt, als ob sie sie alle in ihrer Mitte vereinigen wollte. Das bestärkte sein Vertrauen in seine Hypothese.

Er verglich die Fallgeschwindigkeit eines zur Erde fallenden Steins mit der Fallgeschwindigkeit, mit welcher der Mond zur Erde fallen müßte, würde sich die von der Erde auf den Mond ausgeübte Anziehung umgekehrt proportional dem Quadrat der Entfernung zwischen ihnen verringern, und er fand, daß seine Resultate mit den letzten astronomischen Erkenntnissen übereinstimmten. Er folgerte, daß die Kraft, die den Fall des Steins bewirkt, und die Kraft, die den Mond an die Erde zieht, trotz der Fliehkraft des Mondes ein und dieselbe ist. Seine Leistung bestand darin, diese Schlußfolgerung auf alle im Raum befindlichen Körper anzuwenden und alle Himmelskörper als in einem Geflecht von Anziehungskräften gefangen zu erkennen sowie die Übereinstimmung seiner mathematischen und mechanischen Berechnungen mit den Beobachtungen der Astronomen, insbesondere mit Keplers kosmischen Gesetzen, zu zeigen*.

* Keplers Gesetze (1609, 1619): «1. Die Planeten bewegen sich in Ellipsen, in deren einem Brennpunkt die Sonne steht. 2. Die von der Verbindungslinie zwischen Sonne und Planet überstrichene Fläche ist der Zeit proportional. 3. Die Quadrate der Umlaufszeiten zweier Planeten verhalten sich wie die dritten Potenzen ihrer mittleren Entfernungen von der Sonne.» Diese letzte Formel führte weiter zu dem Gesetz von der Umkehrung der Quadrate.

Newton überarbeitete seine Berechnungen aufs neue und teilte sie im November 1684 Halley mit. Dieser erkannte ihre große Bedeutung und drängte ihn, sie der Royal Society vorzulegen. Er kam der Aufforderung nach und reichte der Society eine Abhandlung ein, *Propositiones de Motu* (Februar 1685), worin er seine Ansichten über Bewegung und Anziehungskraft zusammenfaßte. Im März 1686 begann er eine ausführlichere Darstellung, und am 28. April 1686 legte er der Royal Society das Manuskript zum Buch I (*De Motu Corporum*) seiner *Philosophiae Naturalis Principia Mathematica* (Mathematische Prinzipien der Naturlehre) vor. Hooke wies sofort darauf hin, daß er Newton 1674 zuvorgekommen war. In einem Brief an Halley wies Newton Hooke zurück, der die Idee der inversen Quadrate aus Borelli und Bouillard übernommen habe. Der Streit steigerte sich zu gegenseitiger Gereiztheit; Halley wirkte als Friedensvermittler, und Newton beruhigte Hooke, indem er in seinem Manuskript unter Proposition IV einen Zusatz anbrachte, worin er «unsere Freunde Wren, Hooke und Halley» als diejenigen nannte, die den Satz von den inversen Quadraten «schon gefunden haben». Aber der Streit ärgerte ihn derart, daß er, als er Halley mitteilte (20. Juni 1687), Buch II sei fertiggestellt, beifügte: «Das dritte will ich bleiben lassen. Die Naturlehre ist eine so unverschämt streitsüchtige Dame, daß sich ein Mann ebensogut in Rechtshändel einlassen kann, statt mit ihr zu tun zu haben.» Halley überredete ihn, weiterzumachen, und im September 1687 wurde das ganze Werk mit Zustimmung der Royal Society und ihres damaligen Präsidenten Samuel Pepys gedruckt. Da die Royal Society zu wenig Geld hatte, bezahlte Halley, obwohl er kein begüterter Mann war, den Druck ganz aus der eigenen Tasche. So erschien endlich nach zwanzig Jahren der Vorbereitung das wichtigste wissenschaftliche Buch des siebzehnten Jahrhunderts, dem an Wirkung auf die Geister des gebildeten Europa nur *Über die Kreisbewegungen der Weltkörper* (1543) von Kopernikus und *Die Entstehung der Arten* (1859) von Darwin gleichzustellen sind. Mit diesen drei grundlegenden Werken beginnt die Geschichte des modernen Europa.

IV. DIE PRINCIPIA

Das Vorwort erklärte den Titel:

«Die Alten hielten [nach Pappos' Angabe] die Mechanik für sehr wichtig bei der Erforschung der Natur, und die Neueren haben, nachdem sie die Lehre (der Scholastiker) von den substantiellen Formen und den verborgenen Eigenschaften aufgegeben, angefangen, die Erscheinungen der Natur auf mathematische Gesetze zurückzuführen. Es erschien daher zweckmäßig, im vorliegenden Werk die Mathematik so weit auszuführen, als sie sich auf die Physik bezieht ... Wir stellen daher unsere Betrachtungen als mathematische Prinzipien der Naturlehre auf ... Alle Schwierigkeit der Physik besteht nämlich dem Anschein nach darin, aus den Erscheinungen der Bewegung die Kräfte der Natur zu erforschen und hierauf durch diese Kräfte die übrigen Erscheinungen zu erklären.»

Der Blickpunkt hat ausschließlich mechanistisch zu sein:

«Möchte es gestattet sein, die übrigen Erscheinungen der Natur auf dieselbe Weise aus mathematischen Prinzipien abzuleiten! Viele Beweggründe bringen mich zu der Vermutung, daß diese Erscheinungen alle von gewissen Kräften abhängen können. Durch diese werden die Teilchen der Körper nämlich aus noch nicht bekannten Ursachen entweder gegeneinander getrieben und hängen alsdann als reguläre Körper zusammen, oder sie weichen voreinander zurück und fliehen sich gegenseitig. Bis jetzt haben die Physiker vergebens versucht, die Natur durch diese unbekannten Kräfte zu erklären; ich hoffe jedoch, daß die hier aufgestellten Prinzipien entweder über diese oder irgendeine richtigere Methode Licht verbreiten werden.»

Nach Festlegung einiger Definitionen und Axiome formulierte Newton drei Grundgesetze der Bewegung:

1. Jeder Körper verharrt in einem Zustand der Ruhe oder der gleichförmigen Bewegung in geradliniger Bahn, solange er nicht durch einwirkende Kräfte gezwungen wird, diesen Zustand zu ändern.
2. Die Änderung der Bewegung ist der einwirkenden Kraft proportional und findet in der Richtung der Geraden statt, in der die Kraft einwirkt.
3. Bei jeder Wirkung ist immer eine gleiche und entgegengesetzte Gegenwirkung vorhanden.

Mit diesen Gesetzen und mit der Lehre von der Umkehrung des Quadrats der Entfernung ausgerüstet, ging Newton zur Formulierung der Gravitationstheorie über. Ihre allgemein gebrauchte Formulierung, daß sich je zwei Stoffteilchen im geraden Verhältnis ihrer Massen und im umgekehrten Verhältnis des Quadrats ihrer Entfernung anziehen, findet sich in den *Principia* nirgends wörtlich; Newton drückte die Idee im Abschnitt von den Kometen in Buch III so aus:

«Die Schwerkraft ... wirkt ... nach Verhältnis der Menge fester Materie [der Himmelskörper], und ihre Wirkung erstreckt sich nach allen Seiten hin ..., indem sie stets im doppelten Verhältnis der Entfernungen abnimmt.»[33]

Bei der Anwendung dieses Prinzips und seiner Bewegungsgesetze auf die Umlaufbahnen der Planeten fand er, daß seine mathematischen Berechnungen mit den elliptischen Planetenbahnen Keplers übereinstimmten. Er vertrat die Ansicht, daß die Planeten von einer zur Sonne gerichteten Kraft von der geradlinigen Bewegung abgelenkt und auf ihrer Umlaufbahn festgehalten werden, die sich umgekehrt proportional dem Quadrat ihrer Entfernung vom Sonnenmittelpunkt verändert. Auf Grund ähnlicher Prinzipien erklärte er die Anziehungskraft des Jupiter auf seine Monde und der Erde auf ihren Mond. Er zeigte, daß Descartes' Theorie von den Wirbeln als Urform des Kosmos mit Keplers Gesetzen nicht in Übereinstimmung zu bringen ist. Er berechnete die Masse aller Planeten und schätzte die Dichte der Erde sechs- bis siebenmal dichter als die des Wassers. (Heute gilt die Zahl 5,5.) Er berechnete mathematisch die Abplattung der Erde an den Polen und schrieb ihre Wölbung am Äquator der Anziehungskraft der Sonne zu. Ferner arbeitete er eine mathematische Erklärung für die Gezeiten aus, die er den vereinigten Anziehungskräften von Sonne und Mond auf die Meere zuschrieb; auch das Vorrücken der Tagundnachtgleichen schrieb er solchen «lunisolaren» Wirkungen zu. Er führte die Kometendurchgänge auf regelmäßige Umlaufbahnen zurück und bestätigte dadurch Halleys Voraussagen. Indem er allen Planeten und Sternen Gravitationskräfte zuschrieb, zeigte er ein viel komplexeres mechanistisches Universum, als man vermutet hatte; nun wurde jeder Planet und jeder Stern als von jedem anderen beeinflußt betrachtet. Newton allein brachte Gesetzmäßigkeit in die komplexe

Vielzahl von Himmelskörpern: Der entfernteste Stern unterlag den gleichen mechanischen und mathematischen Gesetzen wie die kleinsten Teilchen auf der Erde. Noch nie hätte sich die menschliche Phantasie so weit und so kühn in den Raum hinaus gewagt.

Die erste Auflage der *Principia* war bald vergriffen, eine zweite erschien erst 1713. Die Exemplare wurden so rar und so schwer zugänglich, daß sich ein Gelehrter das ganze Werk von Hand abschrieb[34]. Es galt für eine Geistesarbeit höchsten Ranges, und trotzdem mischten sich kritische Stimmen in das Lob. Frankreich hielt an Descartes' Wirbeln fest und verwarf Newtons System, bis ihm Voltaire 1738 eine bewundernde Darlegung widmete. Cassini und Fontenelle wandten ein, die Anziehungskraft sei nichts anderes als eine neue okkulte Kraft oder Eigenschaft; Newton setze gewisse Beziehungen zwischen den Himmelskörpern voraus, habe aber das Wesen der Schwere nicht erklärt, und diese bleibe ebenso geheimnisvoll wie Gott. Leibniz meinte, bis Newton den Mechanismus zeigen könne, durch welchen die Gravitation durch den offensichtlich leeren Raum auf Millionen von Kilometern entfernte Körper einwirken könne, bleibe die Schwere nur ein leeres Wort[35].

Sogar in England wurde die neue Theorie nicht ohne weiteres angenommen. Voltaire meinte, vierzig Jahre nach ihrer ersten Veröffentlichung seien kaum zwanzig Gelehrte zu finden gewesen, die sie anerkannten. Während französische Kritiker bedauerten, daß die Theorie im Vergleich zu Descartes' Urwirbeln nicht mechanistisch genug sei, brachte man in England vorwiegend religiöse Einwände vor. Georg Berkeley bedauerte in *Principles of Human Knowledge* (Grundsätze der menschlichen Erkenntnis; 1710), daß Newton Raum, Zeit und Bewegung für absolut und offensichtlich ewig und unabhängig von göttlichem Beistand halte. Newtons System sei derart von Mechanik durchdrungen, daß für Gott darin kein Raum bleibe.

Als Newton, nach für ihn charakteristischen Aufschüben, sich zur Vorbereitung einer zweiten Auflage bereit fand, versuchte er seine Kritiker zu beruhigen. Er versicherte Leibniz und den Franzosen, er meine nicht eine auf große Entfernung durch den leeren Raum wirkende Kraft; er glaube an ein vermittelndes Übertragungsmedium, obwohl er es nicht zu beschreiben wage; und er bekannte offen, daß er über das Wesen der Schwere nichts wisse. Es war in diesem Zusammenhang, daß er in der zweiten Auflage die oft mißverstandenen Worte *Non fingo hypotheses*[36] – Ich ersinne keine Hypothesen – gebrauchte. «Die Schwere», fügte er bei, «muß von einem konstant bestimmten Gesetzen gehorchenden Agens ausgehen; aber ob dieses Agens stofflich oder unstofflich ist, überlasse ich dem Urteil meiner Leser.»[37]

Um weiteren religiösen Einwänden zu begegnen, fügte er der zweiten Auflage eine allgemeine Erläuterung über die Rolle Gottes in seinem System an. Er schränkte seine mechanistischen Erklärungen auf die physische Welt ein und sah auch in dieser Beweise eines göttlichen Planes; die gewaltige Maschine setzte eine Ursache ihrer Bewegung voraus, und diese mußte Gott sein; überdies gab es im Sonnensystem gewisse Unregelmäßigkeiten, die Gott bei ihrem Auftauchen periodisch korrigierte[38]. Um solche wunderbaren Eingriffe möglich zu machen, gab Newton das Gesetz von der Erhaltung der Energie preis. Er vermutete jetzt, die Weltmaschine verliere mit der Zeit Energie und würde zu funktionieren aufhören, würde Gott nicht eingreifen und ihre Kraft erneuern[39]. «Dieses bewunderungswürdige System von Sonne, Planeten und Kometen», schloß er, «konnte nur aus dem Ratschluß und der Herrschaft eines intelligenten und allmächtigen Wesens hervorgehen.»[40] Zum Schluß näherte er sich einer Philosophie, die sowohl vitalistisch als auch mechanistisch interpretiert werden konnte:

«Hier könnten wir nun etwas über die überaus feine geistige Substanz hinzufügen, welche alle festen Körper durchdringt und in ihnen verborgen ist. Durch die Kraft und die Wirkung dieser geistigen Substanz ziehen sich die Teilchen der Körper wechselseitig auf kleinste Entfernungen an und haften aneinander, wenn sie sich berühren; durch sie wirken elektrische Körper auf größere Entfernungen, indem sie benachbarte Körperchen sowohl anziehen als auch abstoßen; durch sie wird Licht ausgesendet, zurückgeworfen, gebeugt, gebrochen und erwärmt die Körper; durch sie wird jede Empfindung erregt und die Glieder des tierischen Körpers auf Befehl des Willens bewegt, das heißt durch die Schwingungen dieser geistigen Substanz, die den festen Fasern der Nerven entlang von den äußeren Sinnesorganen zum Gehirn und vom Gehirn zu den Muskeln laufen. Aber das sind Dinge, die sich nicht mit ein paar Worten erklären lassen, und wir verfügen noch nicht über eine genügende Anzahl von Versuchen, um die Gesetze, nach welchen diese elektrische und geschmeidige geistige Substanz wirkt, genau bestimmen und beweisen zu können.»[41]

Welches war wirklich sein religiöser Glaube? Seine Professur in Cambridge setzte die Zugehörigkeit zur Staatskirche voraus, und er wohnte regelmäßig den anglikanischen Gottesdiensten bei, aber, sagt sein Schreiber, «über seine persönlichen Gebete weiß ich nichts zu sagen; ich bin geneigt, anzunehmen, daß seine angestrengten Studien ihm nicht viel Zeit dazu ließen»[42]. Und doch studierte er die Bibel so fleißig wie den Kosmos. Ein Erzbischof machte ihm das Kompliment: «Sie wissen mehr über Theologie als wir alle zusammen»[43]; und Locke sagte von seinen Bibelkenntnissen: «Ich kannte nur wenige, die ihm darin gleichkamen.»[44] Newton hinterließ theologische Manuskripte, die an Umfang alle seine wissenschaftlichen Werke übertreffen.

Seine Forschungen führten ihn zu Schlußfolgerungen, die dem Arianismus verwandt und denjenigen Miltons ähnlich waren: Christus, obwohl der Sohn Gottes, ist in Zeit und Macht Gott Vater nicht gleich[45]. Im übrigen war oder wurde Newton durchaus strenggläubig. Er scheint jedes Wort der Bibel als Gottes Wort und das Buch Daniel und die Offenbarung als wörtliche Wahrheit genommen zu haben. So war denn der größte Naturwissenschaftler dieses Zeitalters zugleich ein Mystiker, der liebevoll lange Passagen aus Jakob Böhmes Schriften abschrieb und Locke bat, mit ihm über das weiße Pferd der Apokalypse zu diskutieren. Er ermunterte seinen Freund John Craig, seine *Theologiae Christianae Principia Mathematica* (1699) zu schreiben, worin dieser die Zeit der Wiederkunft Christi und das Verhältnis des höchsten erreichbaren irdischen Glücks zu der Belohnung der Gläubigen mit der Seligkeit im Paradies mathematisch beweisen wollte[46]. Newton schrieb einen Kommentar zur Apokalypse und behauptete, der darin angekündigte Antichrist sei der römische Papst. Newtons Geist war eine Mischung aus Galileo Galileis Mechanik und Keplers kosmischen Gesetzen mit Böhmes Gottesglauben. Es gab nie wieder einen solchen Mann.

V. LEBENSABEND

Er war auch in anderer Hinsicht eine ungewöhnliche Mischung, nämlich ein in mathematische und mystische Theorien vertiefter Mensch, und trotzdem im Besitz praktischer Fähigkeiten und eines nüchternen Verstandes. 1687 wurde er von der Universität Cambridge auserwählt, mit anderen zusammen bei König Jakob II. Protest einzulegen gegen dessen Versuch, einen Benediktinermönch zu den Examina zuzulassen, ohne daß dieser die üblichen, einem Katholiken unmöglichen Eide ablege. Die Deputation konnte den König nicht davon abbringen; aber man scheint Newtons Führung derselben geschätzt zu haben, wurde er doch 1689 von der Universität Cambridge in das Parlament abgeordnet. Dieses Amt hatte er bis zur Parlamentsauflösung von 1690 inne, und 1701 wurde er wiedergewählt; er spielte jedoch in der Politik nie eine besondere Rolle.

1692 unterbrach eine körperliche und seelische Erkrankung seine Laufbahn für zwei Jahre. In Briefen an Pepys und Locke beklagte er sich über Schlaflosigkeit und Schwermut, äußerte Verfolgungsängste und klagte, «seine frühere Geisteskraft» verloren zu haben[47]. Am 16. September 1693 schrieb er an Locke einen völlig verwirrten Brief:

«Sir: Von der Meinung, Sie wollten mit Frauen und anderen Mitteln verwirrend in mein Leben eingreifen, war ich so betroffen, daß ich, als jemand mir sagte, Sie wären kränklich und würden nicht lange leben, antwortete, es wäre besser, Sie wären tot. Ich möchte, daß Sie mir diese Herzlosigkeit verzeihen könnten. Heute bin ich nämlich überzeugt, daß Sie recht getan haben, und ich bitte um Verzeihung, deshalb hart von Ihnen gedacht und mir vorgestellt zu haben, daß Sie mit einem in Ihrem Buch von den Ideen dargelegten und in einem anderen Buch weiterverfolgten Grundsatz an die Wurzeln der Moral rühren und daß ich Sie für einen Anhänger von Hobbes nahm. Ich bitte auch um Verzeihung, wenn ich gesagt oder gedacht habe, es bestehe die Absicht, mir ein Amt zu verkaufen oder mich in Streit zu verwickeln. – Ich verbleibe Ihr gehorsamster und unglücklichster Diener Is. Newton.»[48]

Pepys erwähnte in einem Brief vom 26. September 1693 «eine Verwirrung des Verstands oder des Gemüts» Newtons, die in einem Schreiben, das er von ihm erhalten habe, zutage trete. Huygens hinterließ bei seinem Tod (1695) ein Manuskript, in dem sich unter dem Datum des 29. Mai 1694 die Notiz fand: «Herr Colin, ein Schotte, teilte mir mit, daß der berühmte Physiker Isaak Newton vor achtzehn Monaten von Irrsinn befallen wurde», daß er sich aber «so weit erholt habe, daß er seine *Principia* wieder verstehen kann». Am 8. Juni 1694 sandte Huygens einen Bericht an Leibniz: «Der arme Herr Newton hatte einen Anfall von Wahnsinn, der achtzehn Monate dauerte und von dem ihn seine Freunde mit Medikamenten und durch Absonderung geheilt haben sollen.»[49] Manche haben vermutet, dieser Nervenzusammenbruch habe Newton von der Wissenschaft ab und zur Apokalypse gelenkt, doch wissen wir nichts Bestimmtes darüber. Es wurde gesagt, «er arbeitete nachher nie mehr so konzentriert wie früher und vollbrachte keine neuen Leistungen mehr»[50], und doch löste er 1696 ein von Johann Bernoulli, «dem scharfsinnigsten Mathematiker der Welt», vorgelegtes Problem fast auf den ersten Blick; ein gleiches tat er 1716 mit einer von Leibniz gestellten Aufgabe[51]. Seine Antwort wurde von der Royal Society ohne Namensnennung an Bernoulli gesandt, aber dieser erkannte sogleich Newton als ihren Verfasser: *tanquam ex ungue leonem* – an der Klaue des Löwen, wie er sagte. Im Jahr 1700 entwickelte Newton die Idee zu einem Spiegelsextanten; auch diese machte er, außer durch einen Brief an Halley, nicht bekannt, und sie mußte 1730 neu entdeckt werden. Die ihm übertragenen schwierigen staatlichen Ämter scheint er erfolgreich ausgefüllt zu haben.

Locke, Pepys und andere Freunde hatten sich schon einige Zeit bemüht, Newton eine Staatsstelle zu verschaffen, die ihn aus der Abgeschlossenheit seines Cambridger Zimmers und Laboratoriums hinausführen sollte. 1695 bestimmten sie Lord Halifax, ihm den Posten des Münzwardeins (Vorsteher der Münzprägestätte) anzutragen. Dieses Amt war keine Pfründe und keine wohltätige Versorgung; die Regierung wünschte sich Newtons chemische und metallurgische Kenntnisse bei der Prägung neuer Münzen zunutze zu machen. 1695 siedelte er nach London über, wo er bei seiner Nichte Katharina Barton, der Geliebten von Halifax, wohnte[52]. Voltaire vermutete, der Zauber dieser Nichte habe den Schatzkanzler Halifax dann noch dazu bewogen, Newton 1699 zum Münzmeister zu machen[53]; aber dieser kleine Klatsch reicht nicht aus, zu erklären, weshalb Newton diesen Posten die ganzen achtundzwanzig restlichen Lebensjahre lang und zur allgemeinen Zufriedenheit innehatte.

Sein Alter hätte glücklich sein können. Er wurde als der größte der lebenden Wissenschaftler geehrt; bis in unsere Zeit hat nie mehr ein Mann der Wissenschaft sich so weitverbreiteter Anerkennung erfreut. 1703 wurde er zum Präsidenten der Royal Society gewählt, und dann jedes Jahr wieder, bis zu seinem Tod. 1705 erhielt er von Königin Anna den Ritterschlag. Wenn er in seiner Kutsche durch Londons Straßen fuhr, sahen die Leute ehrfurchtsvoll sein rotes, majestätisches und gütiges Gesicht unter einem weißen Haarschopf; aber sie konnten nicht immer sehen, daß er bei seiner bescheidenen Länge ganz unverhältnismäßig in die Breite gegangen war. Er erfreute sich eines guten Salärs von 1200 Pfund im Jahr und legte seine Ersparnisse so klug an, daß er bei seinem Tod 32000 Pfund hinterließ[54], obwohl er mit Geschenken und Wohltätigkeit großzügig gewesen war; den Zusammenbruch der Südseekompanie überstand er unbeschadet. Trotzdem war er launisch, manchmal reizbar, mißtrauisch, verschlossen und scheu, aber stolz[55]. Er liebte die Zurückgezogenheit und schloß nicht leicht Freundschaften. 1700 machte er einer reichen Witwe einen Heiratsantrag; es wurde nichts daraus, und Newton blieb ledig. Überempfindlich, ja krankhaft sensibel, ertrug er Kritik nur schwer, empfand sie bitter und wehrte sich dagegen in zäh geführten Kontroversen. Er kannte den Wert seiner Leistungen und Fähigkeiten; aber er lebte bescheiden, bis ihm sein Salär und seine Ersparnisse erlaubten, sich sechs Diener zu halten und in der Londoner Gesellschaft einen hohen Rang einzunehmen.

In seinem 79. Jahr begann die Natur ihren Tribut von ihm zu fordern. Krankheiten, die auch vor Genies nicht haltmachen, befielen ihn – Blasensteine und Urininkontinenz; mit 83 litt er an Gicht, mit 84 an Hämorrhoiden. Am 19. März 1727 bereitete ihm der Blasenstein so heftige Schmerzen, daß er das Bewußtsein verlor. Er erlangte es nicht wieder und starb am Tag darauf, in seinem 85. Jahr. Er wurde nach einer von Staatsmännern, Edelleuten und Gelehrten gehaltenen Trauerfeier auf einer von Herzögen und Earls begleiteten Bahre in der Westminster-Abtei zu Grabe getragen. Dichter beweihräucherten ihn in Elegien, und Pope verfaßte die berühmte Grabschrift:

Nature and Nature's law lay hid in night;
God said, Let Newton be! and all was light.

– Natur und Naturgesetze lagen verborgen im Dunkel; Gott sprach: Es werde Newton! und alles ward Licht.

Voltaire wurde noch im hohen Alter von Rührung übermannt, wenn er erzählte, daß er in seinem englischen Exil Zeuge davon war, wie ein Mathematiker mit königlichen Ehren begraben wurde[56].

Newtons Ruhm wuchs zu nahezu unsinnigen Höhen. Leibniz urteilte, die Beiträge seines Rivalen zur Mathematik seien ebenso wertvoll wie alle vorhergehenden Leistungen in dieser Wissenschaft zusammengenommen[57]. Hume sah in Newton «das größte und seltenste Genie, das dem Menschengeschlecht jemals zur Zier und Belehrung gereichte»[58], und Voltaire stimmte bescheiden zu[59]. Lagrange nannte die *Principia* «die größte Leistung des menschlichen Geistes», und Laplace sicherte ihnen für alle Zeiten «den Vorrang vor allen anderen Leistungen des menschlichen Intellekts» zu; Newton, fügte er bei, war der glücklichste Mensch, denn es gibt nur ein Universum und nur ein Grundprinzip dafür, und er entdeckte dieses Prinzip[60]. Solche Urteile sind gefährlich, denn sogar in der Wissenschaft welken «Wahrheiten» wie Blumen dahin.

Wenn wir die Größe eines Mannes mit dem am wenigsten subjektiven Maß messen, nämlich an der Verbreitung und der Dauer seines Einflusses, dann kann Newton nur mit den Verkündern von Weltreligionen und grundlegenden Philosophien verglichen werden. Eine Zeitlang wirkte sein Einfluß auf die englische Mathematik nachteilig, weil seine Fluxionen und ihre Notation sich als weniger brauchbar erwiesen als die auf dem Festland vorherrschende Differentialrechnung und Notation von Leibniz. Ein Jahrhundert lang scheint seine Korpuskulartheorie des Lichts die Fortschritte der Optik gehemmt zu haben, obwohl manche heutige Gelehrte Newtons Ansichten wieder brauchbar finden[61]. Auf mechanischem Gebiet hat sich seine Arbeit als unendlich fruchtbar erwiesen. «Alles, was seit ihm in der Mechanik geleistet wurde», schrieb Ernst Mach, «war eine deduktive, formale und mathematische Entwicklung ... auf der Grundlage von Newtons Gesetzen.»[62]

Die Theologen fürchteten zuerst den Einfluß der *Principia* auf die Religion; aber die von Newton angeregten Vorlesungen Bentleys im Rahmen der Boyle-Stiftung (1692) machten das neue Weltbild durch den Hinweis auf die die Weisheit, Macht und Majestät Gottes beweisende Einheit, Ordnung und Größe des Universums zu einer Stütze des Glaubens. Immerhin wurde das Newtonsche System auch von den Deisten zur Stärkung ihrer Abweichung von der christlichen Gottesauffassung durch die einfache Annahme eines Gottes, wenn nicht gar ihrer Gleichsetzung Gottes mit der Natur und ihren Gesetzen, übernommen. Wahrscheinlich wirkte Newtons Einfluß letztlich doch nachteilig auf die Religion. Die Freidenker mutmaßten trotz seines Protestes und seiner Million Worte über theologische Themen, er habe eine aus sich selbst bestehende Welt angenommen und Gott erst als beruhigende nachträgliche Erklärung hineingebracht.

Besonders in Frankreich bestärkte Newtons Kosmologie, obwohl Voltaire sie deistisch vorbrachte, den mechanistischen Atheismus vieler «Naturphilosophen».

Seit dem Verschwinden der cartesischen Kosmogonie in Frankreich (ungefähr 1740) bis zum Aufkommen der Relativitätstheorie und der Quantenmechanik im zwanzigsten Jahrhundert war Newtons Weltsystem nie ernstlich bestritten worden, schien vielmehr durch jeden Fortschritt und jede Entdeckung in Physik und Astronomie bestätigt zu werden. Soweit ein Nichtfachmann dieses Geheimwissen zu begreifen vermag, sind die wichtigsten Abweichungen der zeitgenössischen Physiker von Newtons Mechanik die folgenden:

1. Newton hielt Raum und Entfernung, Zeit und Bewegung für absolut, das heißt in ihrer Quantität nicht wechselnd, nicht abhängig von irgend etwas außerhalb ihnen selbst[63]. Einstein betrachtete sie als relativ – wechselnd je nach Stellung und Bewegung des Beobachters in Raum und Zeit.

2. Newtons erstes Bewegungsgesetz setzte offensichtlich voraus, jeder Körper könne «im Zustand der Ruhe oder in gleichförmiger Bewegung in geradliniger Bahn verharren». Aber «Ruhe» ist immer relativ; man denke an das Ruhen des Passagiers im schnellfliegenden Flugzeug. Alle Dinge sind in Bewegung, und nie geradlinig, denn jede Bewegungs- oder Wirkungsrichtung wird durch benachbarte Körper abgelenkt (Newton wußte das).

3. Newton nahm an, eine Größe sei konstant; viele heutige Physiker nehmen an, sie verändere sich mit der relativen Geschwindigkeit von Beobachter und Objekt.

4. «Kraft» gilt heute als eine zwar dienliche, aber unnötige Annahme für die Wissenschaft, die bestrebt ist, sich mit der Beschreibung von Wirkungen, Beziehungen und Ergebnissen zu begnügen. Wir wissen nicht und brauchen nicht zu wissen (so sagt man uns), was «es» ist, das beim Zusammenstoß von einem bewegten auf einen ruhenden Körper übergeht. Wir brauchen uns nur die Wirkung zu merken und (nie mit absoluter Sicherheit) anzunehmen, daß sie in Zukunft gleich sein werde, wie sie in der Vergangenheit zu sein schien. Aus dieser Sicht betrachtet, ist die Schwere keine Kraft, sondern ein System von Beziehungen zwischen Ereignissen in Raum und Zeit.

Es ist ein Trost, zu erfahren, daß diese und andere Korrekturen an Newtons Mechanik nur auf den Gebieten von Wichtigkeit sind, wo sich die Teilchen mit einer der Lichtgeschwindigkeit nahekommenden Schnelligkeit bewegen (wie bei elektromagnetischen Erscheinungen); anderswo kann die Divergenz zwischen alter und neuer Physik ohne Schaden unbeachtet bleiben. Die Gelehrten, die durch die Entwicklung von ihrer Sicherheit kuriert worden sind, mögen ruhig zeitgenössischen Ideen, auch ihren eigenen, fürderhin einen bescheidenen Skeptizismus entgegenbringen; sie werden die fließende Relativität der Relativitätsformeln erkennen, und sie werden alle Atom- und Sternforscher an Newtons eigenes abschließendes Urteil über seine epochale Leistung erinnern:

> «Ich weiß nicht, wie ich der Welt vorkomme; aber mich selber dünkt, ich habe wie ein Knabe an einem Strand gespielt und mich damit unterhalten, hin und wieder einen glatteren Kiesel oder eine hübschere Muschel zu finden als gewöhnlich, während der ganze große Ozean der Wahrheit unentdeckt vor mir lag.»[64]

VIERTES KAPITEL

Englische Philosophie

[1648–1715]

I. THOMAS HOBBES: 1588–1679

1. Bildungseinflüsse

THOMAS HOBBES kam am 5. April 1588 vorzeitig zur Welt; seine Mutter schrieb seine Frühgeburt ihrem Schreck über das Auftauchen der spanischen Armada und die drohende Masseninvasion blutrünstiger Götzendiener zu. Dieser unerwarteten Ausstoßung ins Leben gab der Philosoph die Schuld an seinem ängstlichen Wesen; dabei war er der mutigste Ketzer seiner Zeit. Vielleicht hat sein Vater, ein anglikanischer Dorfgeistlicher aus Malmesbury in Wiltshire, dem Sohn etwas von seiner Streitlust vererbt. Er hatte sich nämlich vor der Tür seiner Kirche an einer Rauferei beteiligt, war hierauf verschwunden und überließ seinem Bruder die Erziehung seiner drei Kinder.

Der Onkel war wohlhabend, und mit fünfzehn Jahren kam Thomas, zweifellos ebenso scheu wie jeder andere diese den Stammesgöttern geweihten Hallen betretende Jüngling, ins Magdalen College in Oxford. An der dort dozierten Philosophie fand er wenig Geschmack, tröstete sich mit nicht zum Lehrplan gehöriger Lektüre und lernte dabei die griechischen und römischen Klassiker aus erster Hand kennen. Er erwarb mit zwanzig Jahren die üblichen Grade und hatte das Glück, Erzieher von William Cavendish, dem späteren zweiten Earl von Devonshire, zu werden; die Protektion dieser Familie war in den Tagen seiner Ketzereien sehr wertvoll für ihn. Mit seinem Zögling bereiste er (1610) das Festland. Nach der Rückkehr diente er kurze Zeit Francis Bacon als Schreiber, und dieses anregende Erlebnis hat vielleicht zur Entstehung seiner gänzlich empirischen Philosophie beigetragen. Etwa zu dieser Zeit, so erzählt Aubrey, «war Benjamin Jonson, der Poeta laureatus, sein geliebter und vertrautester Freund»[1]. Jonson war gelehrter als er und noch nicht einseitig festgefahren. Hobbes kehrte bald in das Haus Cavendish zurück; seine Beziehungen zu dieser Familie hielt er durch drei Generationen aufrecht, und wahrscheinlich hat er von seinen großzügigen und unangreifbaren Brotherren die königstreuen und hochkirchlichen Ansichten übernommen, die ihm Nachsicht für seine materialistische Metaphysik sicherten und ihn vor dem Scheiterhaufen bewahrten.

Seine Entdeckung Euklids wurde zum Wendepunkt in seiner geistigen Entwicklung. Er war vierzig Jahre alt, als er in einer Privatbibliothek ein bei dem Lehrsatz XLVII aufgeschlagenes Exemplar des ersten Buchs der *Elemente* liegen sah und ausrief: «Bei Gott, das ist unmöglich!» Die Erklärung verwies bei der Beweisführung auf einen früheren Lehrsatz, dieser wieder auf einen früheren, und so ging es zurück bis zu den ursprünglichen Definitionen und Axiomen. Dieser logische Aufbau bezauberte ihn und entfachte seine Liebe zur Geometrie[2]. Aber, fährt Aubrey fort, «er war auch ein großer Musikliebhaber und spielte selber die Viola da gamba». Mit dem offen eingestandenen Ziel, England vor der Demokratie einen Schrecken einzujagen, veröffentlichte er 1629 eine Thukydides-Übersetzung. Im selben Jahr ging er wieder auf Reisen, diesmal als Erzieher des Sohns seines ersten Zöglings, des dritten Earls von Devonshire. Ein Besuch bei Galileo Galilei (1636) mag seine Neigung, das Universum in mechanischen Begriffen zu erklären, verstärkt haben.

1637 kehrte er nach England zurück. Dort hatte sich der Konflikt zwischen dem Parlament und Karl I. verschärft, weshalb Hobbes eine Schrift verfaßte, *The Elements of Law, Natural and Politique* (Naturrecht und allgemeines Staatsrecht in den Anfangsgründen), worin er die absolute Macht des Königs als unerläßlich für soziale Ordnung und nationale Einheit verteidigte. Diese Abhandlung zirkulierte im Manuskript und würde zu Hobbes' Verhaftung geführt haben, hätte der König das Parlament nicht aufgelöst. Da sich die Gemüter über dem Konflikt immer weiter erhitzten, hielt Hobbes es für geraten, sich aufs Festland zurückzuziehen (1640), wo er, vor allem in Paris, die nächsten elf Jahre verlebte. In Paris erwarb er sich die Freundschaft Mersennes und Gassendis und die Feindschaft Descartes'. Mersenne lud ihn zur Darlegung seiner Ansichten über Descartes' *Meditationes* ein. Er tat es, zwar höflich, aber nicht ohne Schärfe, und Descartes verzieh ihm das nie. Als in England der Bürgerkrieg ausbrach (1642), entstand in Frankreich eine Kolonie royalistischer Emigranten, und möglicherweise wurden Hobbes' royalistische Gefühle dort noch zusätzlich aufpoliert. Zwei Jahre lang (1646–1648) war er Mathematiklehrer des im Exil lebenden Prinzen von Wales, des künftigen Karls II. Der Ausbruch der Fronde in Frankreich – die ähnlich wie der Aufstand in England die Beschränkung der Königsmacht anstrebte – bestärkte ihn in der Überzeugung, daß nur die absolute Monarchie zur Erhaltung der Stabilität und der Ruhe im Innern imstande sei.

Zur endgültigen Formulierung seiner Philosophie kam er sehr langsam. «Er wanderte viel herum und meditierte», berichtet Aubrey, «hatte im Knopf seines Spazierstocks eine Feder und ein Tintenfäßchen, trug immer ein Notizbuch in der Tasche, und sobald ihm eine Idee zuflog, trug er sie in sein Buch ein, weil sie ihm sonst vielleicht wieder entfallen könnte.»[3] Er gab eine Reihe kleinerer Schriften heraus*, von denen die meisten heute unwichtig sind; aber 1651 faßte er seine Ideen in einem kühnen, gedanklich und stilistisch brillanten Meisterwerk zusammen: *The Leviathan, or The Matter, Forme and Power of a Commonwealth, Ecclesiasticall and Civil* (Leviathan oder Wesen, Form und Gewalt eines kirchlichen und bürgerlichen Gemeinwesens). Mit diesem Werk, das einer der Marksteine in der Geschichte der Philosophie ist, müssen wir uns etwas ausführlicher befassen.

---

* Insbesondere *De Cive* (*Elementorum Philosophiae Sectio Tertia*, 1642, 1647); *The Elements of Law*, die in zwei Teilen als *Human Nature* und *De Corpore Politico* herauskamen (1650); *Philosophical Rudiments* (1651); *Elementorum Philosophiae Sectio Prima: De Corpore* (1655), *Sectio Secunda: De Homine* (1658); viele Fragmente über Mathematik; Übersetzungen der *Ilias* und der *Odyssee*; *Behemoth* (1670); und eine Autobiographie in Versen (1679).

2. *Logik und Psychologie*

Hobbes' Stil ist fast so gut wie derjenige Bacons, nicht so reich an einleuchtenden Bildern, aber überall ebenso kräftig, genau, treffend und klar, und hie und da mit einem Schuß beißender Ironie. Da gibt es keine Verzierungen, kein Prunken mit Eloquenz, nur den klaren Ausdruck klaren Denkens unter stoisch sparsamer Verwendung der sprachlichen Mittel. «Kluge gebrauchen die Worte wie Rechenpfennige», sagt Hobbes, «durch die sie lernen wollen. Toren aber sehen sie als wirkliche Münze an, die sie nach dem Wert des Mannes schätzen, dessen Bild und Überschrift sie führt, sei er nun Aristoteles oder Cicero oder Thomas von Aquin.»[4] Mit diesem neuen Skalpell operierte er manchen Auswuchs hochtrabender und inhaltsleerer Sprache weg. Als er auf Thomas von Aquins Definition der *Ewigkeit* als *nunc stans* oder «immerwährendes Jetzt» stieß, wies er sie von sich: «Leicht zu sagen, aber selbst wenn ich möchte, kann ich mir das nicht vorstellen; die, die es können, sind glücklicher als ich.» Demgemäß ist Hobbes ein schlichter Nominalist: Kennwörter oder abstrakte Begriffe wie «Mensch» und «Tugend» sind nichts als Namen für Allgemeinbegriffe; sie beziehen sich nicht auf die Einzeldinge; alle Dinge sind selbständige Wesenheiten – geschlossene materielle Vorgänge, individuelle Menschen ...

Er definiert seine Ausdrücke mit Bedacht, und auf der ersten Seite seines Buches definiert er «Leviathan» als «ein Commonwealth [Gemeinwesen] oder Staat». Er fand das Wort im 41. Kapitel des Buchs Hiob, wo Gott mit diesem nicht näher beschriebenen Seeungeheuer die göttliche Macht versinnbildlicht. Hobbes schlug vor, den Staat als großen Organismus zu betrachten, der alles menschliche Tun umfaßt und lenkt. Bevor er aber zu seiner Hauptthese kam, machte er schonungslos reinen Tisch mit Logik und Psychologie.

Unter Philosophie verstand er das, was wir heute Wissenschaft nennen würden: «das Erkennen der Wirkungen oder Erscheinungen aus ihren bekannten Ursachen ... und umgekehrt der möglichen Ursachen aus den bekannten Wirkungen.»[5] Indem er von solchen Studien großen praktischen Nutzen für das Leben der Menschen erwartete, folgte er Bacon. Aber er mißachtete Bacons Ruf nach induktiver Beweisführung; er war ausschließlich für «wahre Ratiozination», das heißt Schlußfolgerung aus der Erfahrung, und bei seiner Bewunderung für die Mathematik fügte er bei, «Ratiozination [rationelle Erkenntnis] ist dasselbe wie Addieren und Subtrahieren», das heißt die Verbindung oder Trennung von Vorstellungen oder Ideen. Er meinte, was uns fehle, sei nicht die Erfahrung, sondern die richtigen Folgerungen aus den Erfahrungen. Wenn wir uns vom Miasma der inhaltslosen Worte der Metaphysik, von den durch Gewohnheit, Erziehung und Parteigeist übernommenen Vorurteilen befreien könnten, welche Last von Irrtümern würde dann wegfallen! Aber die Vernunft kann sich irren und vermag uns, außer in der Mathematik, nie Sicherheit zu geben. «Die Kenntnis der Folgen, wenn sie gleich ... Wissenschaft heißt, ist doch keine ganz zuverlässige, sondern nur eine bedingte Wissenschaft. Keiner kann durch Schlüsse beweisen, daß dieses oder jenes da sei, dagewesen oder künftig sein werde – und das gehörte doch zu einer vollkommenen Wissenschaft –, sondern man kann nur schließen: Ist dies, so folgt jenes; war dies, so war auch jenes; wird dies sein, so wird auch jenes sein; dies heißt bedingte Wissenschaft.»[6]

So wie dieser Abschnitt Humes Behauptung vorausnahm, daß wir nur Folgen kennen und nicht Ursachen, so nahm Hobbes auch die auf Erfahrung aufgebaute Psychologie Lockes voraus. «Wir können uns nichts denken, wenn es nicht zuvor ganz oder zum Teil in einem unserer Sinne erzeugt war.»[7] Das ist eine freimütig materialistische Psychologie: Es existiert weder außer noch in uns etwas anderes als Materie und Bewegung. «Alle empfindbar genannten Eigenschaften, Licht, Farbe, Form, Härte, Weichheit, Schall, Geruch, Geschmack, Wärme, Kälte, sind nichts anderes als eine Bewegung der Materie im Gegenstande, durch welche er auf die Sinneswerkzeuge mannigfaltig wirkt ... Sie erzeugt eine Vorstellung durch einen wiewohl nur sehr unmerklichen Druck. Etwas anderes aber als verschiedene Bewegungen läßt sich darin nicht auffinden, weil Bewegung nur Bewegung hervorbringt.»[8] Bewegung in Form von Veränderung ist nötig für die Empfindung; *semper idem sentire idem est ac nihil sentire* (Hobbes konnte auch lateinische Epigramme machen!) – Immer das gleiche empfinden ist gleich wie nichts empfinden[9]. (So nehmen weder Weiße noch Farbige ihren eigenen Körpergeruch wahr, weil sie ihn immer in der Nase haben.)

Von der Empfindung geht Hobbes dazu über, Vorstellung und Gedächtnis von einer eigentümlichen Anwendung dessen abzuleiten, was Newtons erstes Bewegungsgesetz werden sollte:

«Was einmal ruht, wird, wenn es nicht anderweitig in Bewegung gesetzt wird, immer in Ruhe bleiben – das leuchtet wohl einem jeden ein. Daß aber ein einmal in Bewegung gebrachter Körper sich, wenn er nicht anderweitig daran gehindert wird, ohne Aufhören fortbewegen werde (nach dem Satz: nichts vermag sich selbst zu verändern), das ist nicht so einleuchtend ...

Sobald ein Körper in Bewegung gebracht worden ist, so wird er, wenn kein anderer Körper ihn hindert, sich immerfort bewegen; und dieses Hindernis hemmt die Bewegung nicht immer auf einmal, sondern auch allmählich und gradweise. Wie auf dem Meer nicht dann gleich Ruhe wiederkehrt, sobald der Sturm sich legt, ebenso ist es auch mit der Bewegung im Menschen, wenn er sieht, träumt usw. Denn wenn auch der Gegenstand sich entfernt oder das Auge geschlossen wird, bleibt dessen Bild dennoch in uns, wiewohl etwas dunkler. Das ist, was die Römer Imagination – Einbildungskraft – nennen ... Die Einbildungskraft ist daher nichts als die aufhörende Empfindung ... Je älter ein Anblick oder die Vorstellung eines Gegenstands wird, desto schwächer wird dessen Bild in uns ... Die schwächer gewordene Empfindung in Hinsicht der Vorstellung selbst nennen wir, wie schon gesagt, Einbildung; sehen wir aber auf das Schwächerwerden, so heißt dasselbe Gedächtnis ... Wer viele Empfindungen im Gedächtnis hat, besitzt Erfahrung.»[10]

Ideen sind von der Empfindung oder vom Gedächtnis hervorgebrachte Vorstellungen. Denken ist ein Ablauf solcher Vorstellungen. Dieser Ablauf wird nicht vom freien Willen bestimmt, sondern von den die Ideenassoziation regierenden mechanischen Gesetzen.

«In der Gedankenfolge hat nicht jeder Gedanke einen anderen immer zur notwendigen Folge. Wie jede Vorstellung entweder ganz oder ihren Teilen nach zuvor von uns empfunden gewesen sein muß, so kann auch kein Übergang von einem Gedanken zu einem anderen stattfinden, der nicht zuvor, in unserer Empfindung dagewesen wäre. Der Grund dafür ist folgender: Alle Vorstellungen und Ideen sind innere Bewegungen, das, was von den Bewegungen bei der Empfindung zurückblieb. Die mit der Empfindung unmittelbar verbunden gewesenen Vorstellungen aber bleiben auch nach der Empfindung in dieser Verbindung ... Weil aber auf die Wahrnehmung desselben Gegenstands einmal dieser, einmal jener Gedanke gefolgt ist, so wird es mit der Zeit ungewiß, welche Vorstellung jetzt einen Gedanken begleiten werde; gewiß bleibt nur, daß ihr eine von den Vorstellungen folgen wird, welche mit ihr vorher verbunden gewesen sind.»[11]

Eine solche Gedankenreihe kann ungebunden sein, wie in den Träumen, oder «von einem Zweck oder Wunsch geregelt». In den Träumen werden die im Gehirn schlafenden Bilder geweckt von einer «inneren Bewegung im menschlichen Körper». Alle Teile des Körpers sind nämlich irgendwie mit dem Gehirn verbunden. «Ich glaube, es gibt eine Wechselwirkung vom Gehirn zu den vitalen Körperteilen und von diesen zurück zum Gehirn, wodurch nicht bloß die Einbildung oder Idee in diesen Teilen Bewegung erzeugt, sondern umgekehrt Bewegung in diesen Teilen eine Einbildung hervorruft, die derjenigen gleicht, durch die jene Bewegung erzeugt war.»[12] «Unsere Träume sind die Umkehrung unserer wachen Vorstellungen; im Wachen nämlich entsteht die Bewegung im Gehirn, im Schlaf hingegen in den inneren Teilen.»[13] Die zusammenhanglose Folge von Bildern im Traum kommt von der Abwesenheit jeder sie regelnden äußeren Wahrnehmung und jedes sie lenkenden Zwecks.

Der freie Wille hat in Hobbes' Psychologie keinen Platz. Der Wille selbst ist keine selbständige Fähigkeit oder Wesenheit, sondern nur die letzte Entscheidung zwischen Neigung und Abneigung im Vorgang der Überlegung. Überlegung ist ein Wechsel zwischen Verlangen und Furcht, der bis zu längerem Verweilen bei einem dieser Impulse fortdauert, um unmittelbar in Handlung überzugehen. «Das, was nach der angestellten Überlegung unmittelbar folgt, es sei Neigung oder Abneigung, heißt Wille.»[14] «Verlangen, Furcht, Hoffnung und alle übrigen Affekte werden nicht willkürlich genannt, weil sie nicht dem Willen entspringen, sondern Wille sind, und der Wille ist nicht willkürlich.»[15] «Da alle willkürlichen Handlungen des Menschen, jedes Verlangen und jede Neigung aus einer Ursache hervorgehen und diese wieder aus einer Ursache und so fort in lückenloser Kette (deren erstes Glied in der Hand Gottes liegt, dessen Wille die erste aller Ursachen ist), gehen sie aus der Notwendigkeit hervor. Für den, der den logischen Ablauf aller Ursachen sehen könnte, würde die Notwendigkeit jeder willkürlichen Handlung des Menschen deutlich hervortreten.»[16] Durch das ganze Universum zieht sich eine ununterbrochene Kette von Ursachen und Wirkungen. Nichts ist kontingent oder wunderbar oder zufällig.

Die Welt ist eine Maschine aus gesetzmäßig bewegter Materie, und der Mensch ist selber eine solche Maschine. Empfindungen entstehen in ihm durch Bewegung und erzeugen Bilder oder Ideen; jede Idee ist der Beginn einer Bewegung und wird, wenn sie von keiner anderen Idee gehemmt wird, zu Handlung[17]. Jede noch so abstrakte Idee bringt im Körper einen gewissen Grad von Bewegung hervor, wenn auch noch so unsichtbar. Das Nervensystem ist ein Mechanismus zur Umsetzung von Empfindungsbewegung in Muskelbewegung. Es gibt auch Geist, aber er ist eine feinste Form der Materie[18]. Seele und Geist sind nicht immateriell; es sind Namen für die vitalen Körpervorgänge und die Tätigkeit des Gehirns. Hobbes macht keinen Versuch, zu erklären, weshalb das

Bewußtsein sich aus dem mechanischen Prozeß Empfindung–Idee–Reaktion entwickelt haben könnte. Und durch die Reduktion aller wahrnehmbaren Eigenschaften der Dinge auf Bilder im «Geist», kommt er Berkeley nahe, der später den Materialismus ablehnte mit der Behauptung, alles uns bekannte Reale sei nur Vorstellung, Geist.

3. Ethik und Staat

Wie Descartes vor ihm und Spinoza nach ihm unternimmt Hobbes eine Untersuchung der Affekte, findet er sie doch an der Quelle alles menschlichen Tuns. Diese drei Philosophen verwenden das Wort Leidenschaft im weitesten Sinn für Urtrieb, Empfindung oder Emotion – vor allem Begierden (oder Verlangen) und Abneigung, Liebe und Haß, Genuß und Furcht. Hinter diesen allen liegen Lust und Schmerz – die Lebenskraft des Organismus steigernde oder mindernde physiologische Vorgänge. Verlangen ist der Beginn einer Bewegung in der Richtung auf etwas Genußversprechendes; Liebe ist eine solche auf eine Einzelperson gerichtete Bewegung. Alle Impulse sind (wie La Rochefoucauld vierzehn Jahre später feststellen sollte) Formen der Eigenliebe und entspringen dem Selbsterhaltungstrieb. Mitleid ist die Vorstellung von uns selber drohender Not, erregt durch den Anblick fremder Not; Barmherzigkeit ist Befriedigung des Machtstrebens durch Hilfeleistung an andere. Dankbarkeit birgt manchmal eine gewisse Feindseligkeit in sich: «Von jemandem, dem wir uns gleichgestellt meinen, Wohltaten empfangen zu haben, die zu groß sind, als daß wir sie jemals erwidern zu können hoffen dürfen, erzeugt eine heimliche Bereitschaft, Liebe zu heucheln und in Wirklichkeit zu hassen, und versetzt einen Menschen in die Lage eines Schuldners, der den Anblick seines Gläubigers flieht und ihn heimlich dahin wünscht, wo er ihm nie mehr begegnen kann. Wohltaten verpflichten, Verpflichtung aber ist Knechtschaft.»[19] Die grundlegende Abneigung ist Furcht, die grundlegende Begierde ist das Machtstreben. «Ich nehme eine allgemeine Neigung der gesamten Menschheit zu unausgesetztem, ruhelosem Streben nach immer mehr Macht an, die erst mit dem Tod endet.»[20] Wir streben nach Reichtum und Wissen als nach Mitteln zur Macht, und nach Ehren als Zeichen der Macht; und wir streben nach Macht, weil wir die Unsicherheit fürchten. Lachen ist ein Ausdruck von Überlegenheit und Macht.

> «Das Lachen ist nichts anderes als plötzliche Selbstzufriedenheit, die entsteht aus der plötzlichen Vergleichung der eigenen Vortrefflichkeit mit der Unterlegenheit der anderen oder der eigenen früheren Minderwertigkeit; Menschen lachen nämlich über ihre eigenen vergangenen Narrheiten, wenn sie sich dieser plötzlich erinnern, außer sie würden ihnen in der Gegenwart Unehre bringen ... Wer glaubt, durch Wort oder Tat sich vor anderen ausgezeichnet zu haben, neigt zum Lachen. Das Lachen tritt vor allem bei denen auf, die sich ihrer geringen Vorzüge bewußt sind und ihre Selbstachtung durch Beobachtung der Unvollkommenheiten anderer Menschen unterstützen müssen. Deshalb ist das Lachen über die Fehler der anderen oft ein Zeichen von Kleinmut. Große Geister lassen es sich nämlich angelegen sein, anderen zu helfen und sie vor Spott zu schützen und sich selbst nur mit den Größten zu vergleichen.»[21]

Gut und *Böse* sind subjektive Begriffe, deren Inhalt nicht nur von Ort zu Ort, von Zeit zu Zeit, sondern auch von Person zu Person wechselt. «Gut nennt der Mensch jedweden Gegenstand seiner Neigung; böse aber alles, was er haßt und verabscheut; es müssen also Ausdrücke nur mit Bezug auf den, der sie gebraucht, verstanden werden, denn nichts ist durch sich selbst gut oder böse, noch liegt der Bestimmungsgrund für Gut und Böse in der Natur der Objekte selbst.»[22] Heftige Leidenschaften können gut sein und zur Größe führen. «Wer keine rechte Leidenschaft für ... Macht, Reichtum, Wissen und Ansehen hat ..., kann nicht viel Phantasie oder Urteilskraft haben.» Schwache Leidenschaften zu haben, bedeutet Stumpfheit, übermäßig heftige Leidenschaften zu haben, bedeutet Wahnsinn; «gar keine Wünsche zu haben, bedeutet tot sein»[23].

«Glück besteht nicht in ungestörter Seelenruhe, denn es kann in derselben das letzte Ziel (*finis ultimus*) und das höchste Gut (*summum bonum*), von denen die älteren Sittenlehrer sprechen, nicht stattfinden ... Glück ist ein beständiger Fortgang von einem Wunsch zum anderen, wobei das Erreichte immer nur der Weg zum Nächstfolgenden ist.»[24]

Das Regieren über so geartete, derart habsüchtige und rivalisierende, von so heißen Leidenschaften und von solcher Streitsucht getriebene Menschen ist die schwierigste und mühevollste aller menschlichen Aufgaben, und denen, die sie auf sich nehmen, muß die Anwendung aller Waffen der Psychologie und der Macht gestattet sein. Obwohl der Wille des Menschen nicht frei ist, ist die Gesellschaft berechtigt, zu gewissen Handlungen zu ermutigen, indem sie sie ehrenhaft nennt und belohnt, und vor manchen Handlungen zu warnen, indem sie sie schlecht nennt und bestraft. Darin liegt kein Widerspruch zum Determinismus; diese gesellschaftliche Billigung oder Verurteilung wirkt, zum Besten der Gruppe, auf die das Verhalten beeinflussenden Beweggründe. «Die Welt wird von Meinungen regiert»[25]; Regierung, Religion und Sittenkodex sind zum größten Teil Beeinflussung der Ansichten zur Verminderung der Notwendigkeit und des Umfangs der Gewalt.

Regieren ist notwendig, nicht weil der Mensch von Natur schlecht ist – Begierden und andere Leidenschaften ... sind an sich keine Sünde[26] –, sondern weil der Mensch von Natur mehr individualistisch als sozial ist. Hobbes schloß sich der Ansicht des Aristoteles nicht an, der Mensch sei ein «homo politicus», das heißt ein von der Natur für das Zusammenleben ausgerüstetes Wesen. Im Gegenteil, er nahm einen «Naturzustand» (einen ursprünglichen Zustand des Menschen) an, wo Wettstreit und gegenseitige Aggression herrschten, die nur durch Furcht und noch nicht durch Gesetze in Schach gehalten wurden. Wir können uns von diesem hypothetischen Zustand ein anschauliches Bild machen (sagte Hobbes) durch Betrachtung der internationalen Beziehungen in unserem eigenen Zeitalter: Die Länder befinden sich größtenteils im «Naturzustand», sie gehorchen keinem übergeordneten Gesetz, keiner Macht.

«Zu allen Zeiten sind die Könige und die Inhaber der Regierungsgewalt eifersüchtig auf ihre Unabhängigkeit bedacht. Sie befinden sich im Zustand und in der Haltung von Fechtern, halten ihre Waffen bereit, verdächtigen sich gegenseitig, beobachten ihre Befestigungen und Heere an den Grenzen und senden fortwährend Spione in die Nachbarländer; dieses ist ein kriegerischer Zustand ... Darin gilt keine allgemeine Macht, kein Gesetz, keine Gerechtigkeit. Im Krieg sind Gewalt und List die Haupttugenden.»[27]

Hobbes glaubte also, daß Individuen und Familien vor dem Zusammenschluß zu Gesellschaften im Zustand des unaufhörlichen, wirklichen oder möglichen Kriegs «aller gegen alle» lebten[28]. «Krieg besteht nicht nur aus Schlachten ..., sondern ist die Zeit, in welcher der Wille, einen Streit mit Gewalt auszufechten, deutlich gezeigt wird.»[29]

Er glaubte nicht an die Theorie der römischen Rechtsgelehrten und der christlichen Philosophen, es gebe oder habe ein «natürliches Recht» gegeben in dem Sinne, daß Recht und Unrecht in Form von Gesetzen aus der Natur des Menschen als «vernunftbegabtem Tier» hervorgehe; er gab zu, daß der Mensch gelegentlich vernünftig sei, sah ihn aber eher als ein Produkt der Affekte an – vor allem des Machtstrebens –, das seine Vernunft als Werkzeug seiner Wünsche gebraucht und nur durch Furcht oder Gewalt beherrscht werden kann. Das primitive Leben, das heißt das Leben vor der Gesellschaftsbildung, war gesetzlos, gewalttätig, furchtbar, «gefährlich, roh und kurz»[30].

Aus diesem angenommenen Naturzustand war nach Hobbes' Meinung eine stillschweigende gegenseitige Übereinkunft hervorgegangen, sich einer allgemeinen Macht zu unterwerfen. Das ist die Lehre vom «Sozialvertrag», die Rousseau mit seiner Abhandlung *Contrat social* (1762) allgemein bekannt machte, die jedoch schon zu Hobbes' Zeit alt und abgenutzt war. Milton hatte soeben in seinem Traktat *On the Tenure of Kings and Magistrates* (1649) den Vertrag als eine Übereinkunft zwischen dem König und seinen Untertanen dargestellt – sie sollten ihm gehorchen, und er sollte die Pflichten seines Amts gehörig erfüllen; wenn er sie vernachlässigt, sagte Milton (wie Buchanan, Mariana und viele andere), ist das Volk berechtigt, ihn abzusetzen. Hobbes wandte gegen diese Variante der Theorie ein, es werde darin keine Autorität eingesetzt, die die Macht hätte, die Einhaltung des Vertrags zu erzwingen oder zu entscheiden, ob er gebrochen worden sei. Er zog vor, zu denken, der Sozialvertrag werde nicht zwischen Regierenden und Regierten abgeschlossen, sondern zwischen den Regierten unter sich, die vereinbaren,

> «alle ihre Kräfte und Fähigkeiten [ihr Recht, sich mit Gewalt gegeneinander zu schützen] *einem* Menschen oder *einer* Vereinigung von Menschen zu übertragen ... Auf diese Weise werden alle Einzelnen zu *einem* Individuum und heißen Staat oder COMMONWEALTH (Gemeinwesen). So entsteht der große LEVIATHAN oder, besser gesagt, der *sterbliche Gott*, dem wir, nächst dem *unsterblichen Gott*, Frieden und Schutz zu verdanken haben. Denn dank der ihm von jedem ... Menschen des Gemeinwesens übertragenen Macht und Kraft besitzt er eine solche Gewalt, daß er durch die Angst vor dieser den Willen aller lenken kann ..., so daß er ihre Kräfte und Mittel so benutzen kann, wie er es für ihren Frieden und ihren Schutz für richtig hält. Die Persönlichkeit, die sich diese Stellung erobert hat, wird Souverän genannt und besitzt angeblich die höchste Staatsgewalt; alle übrigen sind seine Untertanen.»[31]

Die unbesonnen angenommene Lehre schuf bei den obengenannten «gefährlichen und rohen» Wilden einen Grad von Ordnung, Einsicht und Bescheidung, der sie zur Abtretung ihrer Kräfte willig machte. Klugerweise räumte aber Hobbes noch andere Möglichkeiten für den Ursprung des Staates ein:

> «Die Gewinnung dieser höchsten Staatsgewalt geschieht auf zwei Arten: Einmal durch natürliche Macht, so wenn ein Mann seine Söhne und deren Kinder zum Gehorsam zwingt, weil er die Kraft hat, sie zu töten, falls sie sich weigern, oder wenn man seinen Feinden durch Besiegung

seinen Willen aufzwingt ... Die andere Art besteht darin, daß Menschen sich einigen, sich einem Einzelnen oder einer Gemeinschaft von Menschen freiwillig zu unterwerfen im Vertrauen darauf, von ihnen gegen alle anderen geschützt zu werden. Die letztere Art kann als institutioneller Staat bezeichnet werden.»[32]

Auf was immer der Souverän sich stützt, er muß, um wirklich herrschen zu können, die absolute Macht haben, weil er nämlich ohne sie weder persönliche Sicherheit noch öffentliche Ruhe gewährleisten kann. Ihm zu widerstehen, heißt den Sozialvertrag verletzen, dem jeder Einzelne in der Gemeinschaft durch Annahme des Schutzes des Oberhaupts zugestimmt hat. Der theoretische Absolutismus kann gewissen Einschränkungen unterliegen: Einem Souverän, der einem Menschen sich selbst zu töten oder zu verstümmeln oder ein Verbrechen zu begehen befiehlt oder der nicht länger fähig ist, seine Untertanen zu beschützen, kann Widerstand geleistet werden. «Die Verpflichtung der Untertanen gegen den Souverän ist so zu verstehen, daß sie nur so lange gilt und nicht länger, als er imstande ist, die Bürger zu schützen.»[33] Revolution ist immer ein Verbrechen, bis sie erfolgreich ist. Sie ist immer ungesetzlich, weil sowohl Gesetze wie Richteramt vom Souverän bestimmt sind; führt aber ein Aufstand zu einer stabilen und wirksamen Regierung, dann ist der Untertan verpflichtet, dieser neuen Macht Gehorsam zu leisten.

Der König regiert nicht von Gottes Gnaden, denn seine Macht ist ihm vom Volk übertragen; aber seine Autorität darf weder von einer Volksversammlung noch von einem Gesetz oder von der Kirche eingeschränkt werden. Sie soll sich auch auf das Eigentum erstrecken; der Souverän soll über die Eigentumsrechte bestimmen und zugunsten dessen, was er für das öffentliche Wohl hält, auch über privates Eigentum verfügen können[34]. Absolutismus ist notwendig, weil bei geteilter Macht, zum Beispiel zwischen König und Parlament, schon bald Streit, dann Bürgerkrieg, dann Unordnung und Unsicherheit für Leben und Eigentum entsteht; und weil Sicherheit und Frieden die wichtigsten Bedürfnisse einer Gesellschaft sind, sollte keine Teilung, sondern volle Einheit und Konzentration der Regierungsgewalt bestehen. Wo die Macht geteilt ist, da gibt es keinen Souverän, und wo kein Souverän ist, wird es bald keinen Staat mehr geben[35].

Deshalb ist die einzige logische Regierungsform die Monarchie. Sie soll erblich sein, denn das Recht, seinen Nachfolger zu wählen, ist ein Teil der Souveränität des Staatsoberhaupts; die Alternative heißt Anarchie[36]. Regierung durch eine Gemeinschaft kann ebenfalls zweckdienlich sein, aber unter der Bedingung, daß deren Macht absolut und nicht den wechselnden Wünschen einer uneinsichtigen Menge unterworfen ist. «Eine Demokratie ist weiter nichts als eine Aristokratie von Rednern.»[37] Die Leute sind von Demagogen so leicht zu verführen, daß die Regierung über das gesprochene und das gedruckte Wort die Aufsicht führen muß; es muß genaue Zensur über Veröffentlichung, Einfuhr und Lektüre von Büchern ausgeübt werden[38]. Es dürfen keine irrigen Meinungen über persönliche Freiheit, eigenes Urteil oder Gewissen geduldet werden; alles, was die oberste Staatsgewalt und damit den allgemeinen Frieden bedroht, muß an der Quelle verhütet werden[39]. Wie wäre es möglich, einen Staat zu regieren und sein Verhältnis zum Ausland zu festigen, wenn jeder Einzelne frei wäre, nach eigenem Gutdünken den Gesetzen zu gehorchen oder nicht zu gehorchen?

4. Religion und Staat

Der Souverän muß auch die Religiosität seines Volks unter Kontrolle halten, denn wenn man Ernst mit ihr macht, dann kann sie eine zerstörende, explosive Kraft sein. Hobbes gibt dafür die zusammenfassende Definition: «Furcht vor einer unsichtbaren Macht, die, von einem Kopf frei erdacht oder aus Berichten geschöpft, öffentlich anerkannt ist, heißt Religiosität; ist sie nicht öffentlich anerkannt, heißt sie Aberglaube.»[40] Damit wird Religion auf Furcht, Einbildung und Schein reduziert; an anderer Stelle aber schreibt Hobbes sie dem ängstlichen Forschen nach den Ursachen und den Anfängen der Dinge und Ereignisse zu[41]. Dieses Suchen nach Ursachen führt zu dem Glauben, «daß es (wie selbst die heidnischen Denker zugeben) einen ersten Quell aller Bewegungen, eine erste und ewige Ursache aller Dinge gibt, welche von allen Gott genannt wird»[42]. Die Menschen nahmen ganz natürlich an, diese erste Ursache sei gleich ihnen ein Wesen, eine Seele, ein Wille, nur viel mächtiger. Sie schrieben dieser Ursache alle Ereignisse zu, deren natürliche Erklärung sie nicht erkennen konnten, und sie hielten seltsame Ereignisse für Vorzeichen und Prophezeiungen des göttlichen Willens.

«Diese vier Umstände: Furcht vor Geistern, Unkenntnis der mittelbaren Ursachen, Verehrung für das, was die Menschen fürchten, und die aus zufälligen Dingen abgeleiteten Vorbedeutungen, machen den natürlichen Keim der Religion aus, welcher durch verschiedene Vorstellungen, Urteile, Leidenschaften verschiedener Menschen zu so verschiedenen Kulten gewachsen ist, daß oft der beim einen Menschen gebräuchliche dem Großteil der anderen lächerlich erscheint.»[43]

Hobbes war mehr Deist als Atheist. Er anerkannte ein vernünftiges höchstes Wesen[44], aber er fügte bei: «Die Menschen ... wissen von Natur aus, daß Gott ist, aber sie wissen nicht, was er ist.»[45] Wir dürfen uns Gott nicht als Gestalt vorstellen (denn jede Gestalt ist endlich), oder in Teilen, oder an diesem oder jenem Ort seiend, «denn was immer einen Platz einnimmt, ist begrenzt und endlich»; auch nicht, daß er sich bewege oder daß er ruhe, denn das würde ihm einen Ort zuschreiben; noch daß er (außer in Metaphern) teilnehme an Kummer, Reue, Zorn, Barmherzigkeit, Begierde, Hoffnung oder irgendwelchen anderen Wünschen[46]. Hobbes schloß daraus: «Gottes Wesen ist unbegreiflich.»[47] Er wollte Gott nicht als unkörperlich bezeichnen, weil wir uns nichts Unkörperliches vorstellen können; wahrscheinlich ist jeder «Geist» von feinster Körperlichkeit[48].

Nachdem er Gott und der Religion ihren Platz angewiesen hatte, schlug Hobbes vor, von ihnen als Instrumenten und Dienern des Regierens Gebrauch zu machen. Dabei berief er sich auf anerkannte Vorläufer.

«Ebendaher kam es, daß die ersten Gründer und Gesetzgeber heidnischer Völkerschaften, denen nur daran gelegen war, ihr Volk in Gehorsam und Frieden zu halten, überall dafür besorgt waren, diesem, damit es ihre Gesetze williger annahm, beizubringen, ihre Religionsvorschriften rührten nicht von ihnen, sondern von einem Gott oder Dämon her, oder sie selber wären eine höhere Art von Menschen als die gewöhnlichen Sterblichen. So schrieb Numa Pompilius die gottesdienstlichen Gebräuche, die er den Römern beibrachte, der Nymphe Egeria zu, der erste König von Peru gab sich und sein Weib als Kinder der Sonne aus, und Mohammed gab vor, der Heilige Geist erscheine ihm in Form einer Taube und erteile ihm die Weisungen für die Gründung seiner neuen Religion. Zum zweiten wußten sie dem Volk glaubhaft zu machen, die in ihren Gesetzen verbotenen Dinge mißfielen den Göttern.»[49]

Damit niemand daraus schließe, Moses habe sich ähnlicher Schliche bedient, als er das Gesetz als von Gott kommend ausgab, fügte Hobbes mit einem Seitenblick auf den Scheiterhaufen bei, «Gott selbst gründete durch übernatürliche Offenbarung die Religion» der Juden.

Gestützt auf diese historischen Beispiele, fühlt er sich berechtigt, die Religion ebenfalls als Regierungswerkzeug zu empfehlen und dementsprechend ihre Lehren und Gebräuche vom Staatsoberhaupt diktieren zu lassen. Wäre die Kirche unabhängig vom Staat, dann gäbe es zwei Oberhäupter und deshalb keines; und die Untertanen würden zwischen zwei Herren hin- und hergerissen.

«Sobald die geistliche Gewalt sich das Recht anmaßt, zu bestimmen, was Sünde ist, maßt sie sich konsequenterweise auch das Recht an, zu bestimmen, was Gesetz ist (weil Sünde nichts anderes ist als Übertretung des Gesetzes) ... Wo also zwei Gewalten [Kirche und Staat] einander entgegenwirken, da ist beständig Bürgerkrieg und Auflösung zu befürchten.»[50]

In einem solchen Konflikt hat die Kirche einen Vorteil, «weil jeder Mensch, der seine Sinne beisammen hat, demjenigen Menschen absolute Gefolgschaft leisten wird, von dem er glaubt, er könne ihn kraft seines Richterspruchs retten oder verdammen». Wenn die geistliche Macht «durch Androhung von Strafen und durch Verheißung von Belohnungen» mit übernatürlichen Dingen auf die Bürger einwirkt «und mit seltsamen und gestrengen Worten ihre Vernunft verwirrt, muß sie damit notwendigerweise das Volk aufwühlen und entweder das Gemeinwesen durch Unterdrückung darniederhalten oder es in den Bürgerkrieg treiben»[51]. Der einzige Weg zur Vermeidung solcher Unruhe ist, so denkt Hobbes, die Kirche dem Staat untertan zu machen. Da die katholische Kirche gegenteiliger Ansicht war, griff Hobbes sie im vierten Teil seines *Leviathan* als die größte und mächtigste Feindin seiner Philosophie an.

Er läßt sich auf ein wenig höhere Bibelkritik ein, indem er die Verfasserschaft Mosis am Pentateuch untersucht und die Geschichtsbücher viel später als die orthodoxe Überlieferung datiert. Er legt nahe, das Christentum sollte von seinen Anhängern nur den Glauben an Jesus Christus fordern und für alles andere der öffentlichen Meinung verschiedene Varianten innerhalb der sicheren Grenzen der öffentlichen Ordnung gestatten. Einem so geläuterten Bekenntnis sollte nicht nur die Unterstützung der Regierung, sondern die ganze Staatsmacht zu seiner Verbreitung sicher sein. Mit der Auffassung, es sollte in einem Staat nur *ein* Bekenntnis geduldet werden[52], stimmt er mit dem Papst überein. Er rät den Bürgern, sich dem Bekenntnis ihres Souveräns anzuschließen, ohne kritisches Zögern, aus Pflicht gegenüber der Moral und dem Staat. «Denn es ist mit den Mysterien unseres Glaubens wie mit den heilsamen bitteren Pillen für die Kranken, die, ganz verschluckt, Heilung bringen, zerkaut aber größtenteils wieder ausgespuckt werden und wirkungslos sind.»[53] Der kräftigste Angriff, den je ein Engländer auf das Christentum unternommen hatte, endete mit der Einsetzung des Christentums als unerläßliches Gesetz eines absoluten Staatswesens.

5. *Bärenhetze*

«Und damit», heißt es im letzten Abschnitt des *Leviathan,* «bin ich am Ende meiner Ausführungen über bürgerliche und kirchliche Regierungsformen, die veranlaßt wurden durch die Wirren unserer Zeit ..., ohne Parteinahme ... und ohne anderen Zweck, als den Menschen die wechselseitige Beziehung zwischen Schutz und Unterwerfung vor Augen zu führen.»

Die Unparteilichkeit wurde nicht überall anerkannt. Die sich in Frankreich um Karl II. scharenden Emigranten begrüßten Hobbes' Verteidigung des Königtums, verurteilten aber seinen Materialismus als unbesonnen, wenn nicht gotteslästerlich, und sie bedauerten, daß ihr unbeugsamer Philosoph so viel Papier zu Angriffen auf die katholische Kirche gerade in dem Augenblick vollgeschrieben hatte, als sie im Begriff waren, die Hilfe eines katholischen Königs in Anspruch zu nehmen. Die vor den siegreichen Puritanern geflohenen anglikanischen Theologen unter den Flüchtlingen erhoben ein solches Geschrei gegen das Buch, daß Hobbes den Befehl erhielt, «sich nie mehr bei Hof zu zeigen»[54]. Da er sich nun in Frankreich ohne Freunde und Schutz sah, beschloß Hobbes, seinen Frieden mit Cromwell zu machen und nach England zurückzukehren. Nach Bischof Burnet nahm er am Wortlaut des *Leviathan* einige Änderungen vor, «um sich die Republikaner geneigt zu machen»[55]. Das ist nicht sicher; gewiß ist aber, daß die Lehre, eine Revolution sei am Beginn ungesetzlich, werde aber durch den Erfolg geheiligt, schlecht und wie Flickwerk zur Grundlehre vom absoluten Gehorsam gegen einen absoluten Herrscher paßte. Der Überblick und die Schlußfolgerung am Ende des Buches, die wie eine nachträgliche Entschuldigung wirken, erklärten die Umstände, unter denen ein früher dem König ergebener Untertan mit der Zeit dazu neigen konnte, sich dem neuen Regiment zu unterwerfen, das den König abgesetzt hatte. Das Buch wurde 1651 in London veröffentlicht, während Hobbes noch in Paris war. Am Ende des gleichen Jahrs, mitten im grimmigen Winter, segelte er nach England und fand freundliche Aufnahme beim Earl von Devonshire, der sich schon längst dem revolutionären Parlament unterworfen hatte. Hobbes bot seine eigene Unterwerfung an; sie wurde angenommen, und der Philosoph nahm, vom Earl mit einer kleinen Pension unterstützt, Wohnsitz in London, «weil auf dem Lande die Unmöglichkeit gelehrter Gespräche ein großer Nachteil ist»[56]. Er war nun dreiundsechzig Jahre alt.

Je mehr Leser sein Buch fand, desto mehr Kritik erhob sich gegen ihn. Ein Geistlicher nach dem anderen trat zur Verteidigung des Christentums auf und fragte, wer dieses «Untier aus Malmesbury» eigentlich sei, das sich gegen Aristoteles, Oxford, Parlament und Gott erhob. Hobbes war ängstlich, aber trotzdem war er ein Kämpfer; 1655 brachte er mit *Elements of Philosophy* (Grundzüge der Philosophie) eine neue Darstellung seiner materialistischen und deterministischen Anschauungen heraus. John

Bramhall, der gelehrte Bischof von Derry, warf mit *The Catching of the Leviathan* (Der Fang des Leviathan; 1658) einen Angelhaken aus und zielte nach den Worten eines anderen Bischofs so gut, daß «der Haken immer noch in Hobbes' Nase sitzt»[57]. Die Angriffe folgten sich fast Jahr für Jahr bis zu Hobbes' Tod. Der Earl von Clarendon beschäftigte sich nach dem Verlust des Kanzleramts im Exil mit der Abfassung von *A Brief View and Survey of the Dangerous and Pernicious Errors, in Church and State, in Mr. Hobbes's Book entitled Leviathan* (Kurze Darstellung und Übersicht der gefährlichen und bösartigen Irrtümer betreffend Kirche und Staat in dem *Leviathan* betitelten Buche des Herrn Hobbes; 1676); 322 Seiten lang nahm er systematisch Hobbes' Buch vor und widerlegte in klarer, würdiger Prosa Behauptung um Behauptung. Clarendon sprach als ein in politischen Ämtern wohlerfahrener Mann und belächelte Hobbes' Philosophie als die eines Menschen, der nie auf einem verantwortungsvollen Posten stand, wo die Praxis seine Theorien korrigiert hätte; und er wünschte, «Hobbes sollte einen Sitz im Parlament haben und im Kronrat sitzen und an Verhandlungen der hohen Gerichtshöfe und anderer Tribunale teilnehmen, dann würde er wahrscheinlich einsehen, daß seine einsamen Grübeleien, wie tiefsinnig sie auch sein mögen, und sein allzu unbedingtes Festhalten an einigen philosophischen Erkenntnissen, ja sogar seine geometrischen Grundsätze, ihn bei seiner Beurteilung der Politik irregeleitet haben»[58].

Nicht alle Angriffe wurden so gelassen vorgetragen. 1666 beauftragte das Unterhaus eine seiner Kommissionen, «sich über Bücher zu informieren, die zum Atheismus, zur Blasphemie und zur Profanierung neigen oder sich gegen das Wesen und die Ehre Gottes vergehen, insbesondere über das unter dem Namen White [eines ehemaligen katholischen Priesters, der die Unsterblichkeit der Seele anzweifelte] herausgekommene Buch und über *The Leviathan* von Hobbes»[59]. «Es wurde berichtet (und sicher ist es wahr)», sagt Aubrey, «daß im Parlament ... ein paar Bischöfe den Antrag stellten, der gute alte Herr sei als Ketzer zu verbrennen.»[60] Hobbes verbrannte seine unveröffentlichten Manuskripte, die ihm Schwierigkeiten hätten bereiten können, und schrieb drei Dialoge, in denen er wissenschaftlich nachzuweisen suchte, daß kein englisches Gericht ihn der Ketzerei anklagen könne.

Der wiedereingesetzte König rettete ihn. Kurz nach seiner Ankunft in London erkannte Karl II. auf der Straße in Hobbes seinen früheren Lehrmeister und lud ihn an den Hof ein. Der schon dem religiösen Skeptizismus zuneigende Hof fand für seine Betonung des königlichen Absolutismus gegenüber dem Parlament in Hobbes' Philosophie manchen entsprechenden Grundsatz. Seine Glatze jedoch, seine weißen Haare und seine puritanisch einfache Kleidung reizten zum Spott. Karl selber nannte ihn «der Bär», und wenn er Hobbes kommen sah, sagte er: «Hier kommt der Bär, der gehetzt sein will.»[61] Nichtsdestoweniger hatte der witzige König Gefallen an Hobbes' rascher Schlagfertigkeit. Er ließ den alten Mann porträtieren und hing das Porträt in seinen Privatgemächern auf, und er setzte ihm ein Jahresgehalt von hundert Pfund aus. Obwohl dieses unregelmäßig ausbezahlt wurde, reichte es zusammen mit den jährlichen fünfzig Pfund der Familie Cavendish zur Befriedigung der bescheidenen Bedürfnisse des Philosophen aus.

Aubrey schildert ihn als kränklich in der Jugend, aber gesund und kräftig im Alter. Er spielte Tennis bis fünfundsiebzig; stand ihm kein Tennisplatz zur Verfügung, dann unternahm er täglich einen Marsch, der lang und rasch genug war, ihn «in richtigen Schweiß zu bringen, und dann gab er dem Diener ein Trinkgeld, damit er ihn abreibe». Er aß und trank mäßig und vom siebzigsten Jahr an weder Fleisch noch Wein. Er prahlte, daß er sich «in seinem Leben zu hundert Malen Exzessen hingegeben» habe; aber Aubrey rechnete aus, daß das nicht viel mehr als einmal jährlich geschah, also nicht gerade unerhört war. Er war nie verheiratet, scheint aber eine illegitime Tochter gehabt zu haben, für die er großzügig sorgte[62]. In seinen späteren Jahren las er wenig und war «geneigt, zu sagen, wenn er so viel gelesen hätte wie andere Leute, hätte er auch nicht mehr gewußt». «Bei Nacht, wenn er im Bett lag und alle Türen fest verschlossen waren, so daß niemand ihn hören konnte, sang er schallend (er besaß keine besonders gute Stimme) aus gesundheitlichen Gründen; er glaubte, das habe seine Lungen gestärkt und viel zur Verlängerung seines Lebens beigetragen.»[63] Trotzdem hatte er schon 1650 «eine Schüttellähmung in den Händen», die sich so verschlimmerte, daß seine Handschrift etwa von 1666 an beinahe unleserlich wurde.

Nichtsdestoweniger schrieb er weiter. Er kehrte von der Philosophie zur Mathematik zurück und ließ sich unvorsichtig auf eine Kontroverse mit dem sachverständigen John Wallis ein, der mit der Behauptung des alten Mannes, er habe die Quadratur des Kreises gefunden, kurzen Prozeß machte. 1670, mit zweiundachtzig Jahren, veröffentlichte er *Behemoth*, eine Geschichte des Bürgerkriegs; er schrieb verschiedene Repliken an seine Kritiker, übersetzte seinen *Leviathan* sorgfältig ins Lateinische, verfaßte 1675 seine Autobiographie in Versen und übertrug die *Ilias* und die *Odyssee* in englische Reime, «weil es für mich nichts anderes mehr zu tun gibt».

In diesem selben Jahr kehrte er, siebenundachtzigjährig, aus London aufs Land zurück und verbrachte den Rest seines Lebens auf dem Gut der Cavendishs in Derbyshire. Seine Schüttellähmung hatte noch zugenommen, und er litt an Strangurie – schmerzhaften Beschwerden beim Urinieren. Als der Earl von Chatsworth nach Hardwick Hall übersiedelte, bestand Hobbes darauf, ihn zu begleiten. Die Reise war zu anstrengend; eine Woche später war seine Lähmung so fortgeschritten, daß er nicht mehr sprechen konnte. Am 4. Dezember 1679 starb er als gläubiger Anglikaner nach dem Empfang der Sakramente, vier Monate vor Vollendung seines zweiundneunzigsten Lebensjahres.

6. *Ergebnisse*

Hobbes' Psychologie war ein Meisterwerk der Erkenntnis aus unzulänglichen Prämissen. So logisch sie auf den ersten Blick auch erscheint, so zeigen sich an ihren Nahtstellen doch viele unsichere Annahmen, die durch tieferes Eindringen vermeidbar gewesen wären. Determinismus ist folgerichtig; aber er kann von der Art unserer Logik abhängig sein, die sich mehr mit Dingen als mit Ideen befaßt. Hobbes fiel es schwer, etwas Körperloses anzuerkennen; ebenso schwer scheint es, sich das Denken oder das Bewußtsein als etwas Körperhaftes vorzustellen; das sind jedoch die einzigen uns unmittelbar bekannten Realitäten – alles andere ist Hypothese. Hobbes kam vom Gegenstand auf die Empfindung und von dort auf die Idee, ohne viel Licht zu bringen in den geheimnisvollen Prozeß, durch welchen der offensichtlich körperhafte Gegenstand den offensichtlich körperlosen Gedanken hervorbringt. In bezug auf das Bewußtsein versagt die mechanistische Psychologie.

Und doch war das von Hobbes hinterlassene Erbe vor allem für die Psychologie wichtig. Er säuberte das Feld von ein paar metaphysischen Gespenstern, wie den scholastischen *potentia* – obwohl diese leicht nicht als getrennte geistige Wesenheiten, sondern als Aspekte der Geistestätigkeit interpretiert werden konnten. Er begründete die wichtigsten Prinzipien der Gesellschaftsbildung und gab eine nützliche Beschreibung der Überlegung und des Entschlusses, unterschätzte aber die Rolle von Absicht und Aufmerksamkeit bei der Bestimmung von Wahl, Abfolge und Beharren der Gedanken. Seine Analyse und Verteidigung der Leidenschaften war eine brillante Zusammenfassung und gab an Spinoza weiter, was sie Descartes verdankte. Aus diesem psychologischen Abschnitt entwickelte Locke seinen sorgfältigeren und eingehenderen *Versuch über den menschlichen Verstand*. Lockes Abhandlung über das Regieren war mehr eine Antwort auf Hobbes als auf Filmer.

Hobbes' staatswissenschaftliche Theorie gab Machiavelli in den Begriffen der Zeit Karls I. wieder. Sie ging aus vom erfolgreichen Absolutismus Heinrichs VIII. und Elisabeths in England, Heinrichs IV. und Richelieus in Frankreich; und zweifellos wurde sie bestärkt durch den Umgang mit herzoglichen Freunden und königlichen Emigranten. Gerechtfertigt wurde sie unmittelbar durch die geglückte Restauration eines immer noch uneingeschränkte Autorität beanspruchenden Stuartkönigs und durch die Beendigung der alles gefährdenden Anarchie. Aber viele gescheite Engländer hatten das Gefühl, wenn eine Übereinkunft «gefährlicher und roher Wilder» zur Schaffung einer Regierung genügte, dann dürfte unter wahrscheinlich entwickelteren Bedingungen eine Übereinkunft zwischen Menschen genügen, um diese einzuschränken oder zu stürzen. So mußte die Theorie des Absolutismus in der «Glorreichen Revolution» von 1688 vor der Wiederkehr des Parlaments abdanken und wurde rasch vom Liberalismus Lockes ersetzt, der die Einschränkung und Trennung der Gewalten predigte. Nachdem sich im neunzehnten Jahrhundert in dem durch den Kanal abgesonderten England und dem von den Meeren geschützten Amerika ein relativ demokratisches Regiment entwickelt hatte, kehrte in den totalitären Staaten ein abgewandelter Absolutismus wieder, der seine Macht über Leben, Eigentum, Wirtschaft, Religion, Erziehung, Wissen und Denken ausdehnte. Seine Fiktionen übersprangen Berge und Wälle, Grenzen verschwanden, nationale Abgeschlossenheit und Sicherheit gingen verloren. Der absolutistische Staat ist ein Kind des Krieges, und Demokratie ist ein Luxus des Friedens.

Wir wissen nicht, ob es den von Hobbes geschilderten «Naturzustand» je gegeben hat; vielleicht ist sozialer Zusammenschluß älter als der Mensch. Die Horde ging dem Staat voraus, und Bräuche sind älter, verbreiteter und tiefer wurzelnd als Gesetze. Die Sippe ist die biologische Grundlage für einen das Ego und seine Verpflichtungen erweiternden Altruismus. Hobbes' Ethik wäre vielleicht milder ausgefallen, hätte er eine

Familie gegründet. Dem Staat die Bestimmung der Moral zu überlassen (auch das übernahm das totalitäre Regime) heißt eine jener Kräfte zerstören, die den Wert des Staates erhöhen; das moralische Bewußtsein erweitert oft den Bereich des Zusammenwirkens oder der Hingabe und erreicht dann eine entsprechende Erweiterung des gesetzlichen Schutzes. Es ist möglich, daß in ferner Zukunft einmal ein Staat wirklich christlich wird, so wie einst der Staat Aschokas buddhistisch war.

Die stärkste Wirkung hatte Hobbes' Materialismus. Aus intellektuellen Zirkeln sickerte der Hobbismus in die Klasse der Zunft- und Handelsleute ein. Der entrüstete Bentley berichtet 1693: «Schenken und Kaffeehäuser, ja sogar Westminster Hall [das Parlament] und selbst die Kirchen sind voll davon.»[64] Viele Regierungsmänner nahmen ihn für sich selber an, verbargen ihn aber öffentlich hinter einem deutlich zur Schau getragenen Respekt vor der Staatskirche als einer wohltätigen Form der Beherrschung der Gesellschaft, die zu zerstören nur kühne Narren unternähmen. In Frankreich beeinflußte die materialistische Philosophie Bayles Skeptizismus und entfaltete sich kühner in La Mettrie, Holbach und Diderot.

Bayle hielt Hobbes für «eines der größten Genies des siebzehnten Jahrhunderts»[65]. Ob verehrt oder angegriffen – er war der anerkannt größte Philosoph, den England seit Bacon hervorgebracht hatte, und der erste Engländer, der eine ausführliche Darstellung der Staatswissenschaft vorlegte. Eines verdanken wir ihm ohne Zweifel: Er formulierte seine Philosophie in logischer Ordnung und klarer Sprache. Lesen wir ihn, Bacon und Locke, oder Fontenelle, Bayle und Voltaire, dann werden wir uns wieder bewußt, was uns die Deutschen vergessen machten, daß nämlich Dunkelheit nicht das Merkmal eines Philosophen zu sein braucht und daß jede Geisteswissenschaft moralisch verpflichtet sein sollte, entweder verständlich zu sein oder zu schweigen.

II. HARRINGTONS UTOPIA

Während Hobbes sich für die kranke Monarchie einsetzte, schlug James Harrington ein demokratisches Utopia vor. In einer Zeit, da Forschungsreisen und Handel Beziehungen zu neuen fernen Weltgegenden brachten und mit jeder Schiffsladung aus Übersee phantastische Berichte nach Europa kamen, war es für einfallsreiche Schriftsteller wie Cyrano de Bergerac und Tommaso Campanella ein leichtes, auf den Mond oder auf die Sonne oder in irgendeinen glücklichen Winkel des Globus zu reisen, von dessen politischen und gesellschaftlichen Sitten die Tyrannei und das Elend der in der «Zivilisation» lebenden Menschen beschämend abstachen. Die Antikenverehrung der Renaissance wich einer Zukunftsschwärmerei für mehr oder weniger vollkommene Staaten in fernen, unverdorbenen Ländern. So bot 1656 auch Harringtons *Oceana* den Londoner Kaffeehäusern viel Gesprächsstoff.

Aus dem Landadel stammend, bevorzugte er ganz natürlich eine den kleineren Landbesitzern Englands günstige Staatslehre. Nach seinen Studien in Oxford bereiste er einen großen Teil des Festlands, bewunderte die holländische Republik und diente in der holländischen Armee, sah Venedig und war von dessen «republikanischen» Einrichtungen beeindruckt, besuchte den Papst und weigerte sich, dessen Fuß zu küssen; nach seiner Rückkehr nach England wurden ihm alle Sünden vergeben, als er Karl I. erklärte, er denke nicht daran, den Fuß eines fremden Fürsten zu küssen, nachdem er die Hand des englischen Königs geküßt habe. Nach Karls Verhaftung wurde Harrington vom Parlament dazu ausersehen, ihn zu bedienen. Er liebte den unglücklichen Gefangenen, setzte ihm aber die Vorteile einer Republik auseinander. Bei Karls Hinrichtung blieb er bis zuletzt in seiner Nähe, und man berichtet, er sei vor Kummer fast gestorben[66]. Getröstet durch die Geburt der englischen Republik, machte er sich daran, seine republikanischen Ideen in Romanform darzulegen. Doch noch während Harrington daran schrieb, machte Cromwell die Republik zum quasi-monarchischen Protektorat, und als *The Commonwealth of Oceana* gedruckt werden sollte, befahl Cromwell dessen Unterdrückung. Cromwells Lieblingstochter, Frau Claypole, machte sich zur Fürsprecherin für das Buch, Harrington widmete es ihrem Vater, und 1656 erblickte es doch das Licht der Welt.

Oceana ist England, so wie der Autor hoffte, daß Cromwell es wiederaufbauen würde. Harrington stellte ein Prinzip auf, das zweihundert Jahre später zur ökonomischen Geschichtsauffassung ausgeweitet wurde: Die Macht des Staates, sagt Harrington, ist natürlich und rechtmäßig eine Funktion der Macht der Wirtschaft; nur wenn diese beiden aufeinander abgestimmt sind, ist ein Staat im Gleichgewicht. «Die Art des Reichs, das heißt der Regierungsform, richtet sich danach, wie der Grundbesitz verteilt ist.»[67] Wenn ein Einzelner alles Land besitzt (wie in der Türkei), dann wird die Regierungsform die absolute Monarchie sein; wenn einige Wenige alles Land besitzen, dann wird die Regierung eine «gemischte» sein, das heißt eine von einer Aristokratie getragene und beschränkte Monarchie; «und wenn das ganze Volk den Boden besitzt oder der Grundbesitz auf so viele verteilt ist, daß kein Einzelner oder keine Gruppe ... alle anderen überwiegen kann, dann ist das Reich – ohne Gewaltanwendung – eine Republik»[68]. Zu Hobbes' Ansicht, jede Regierung stütze sich auf Militärmacht, bemerkte Harrington, Armeen müßten ernährt und bewaffnet werden, und deshalb falle die Macht dem zu, der das Geld aufbringe, sie zu ernähren und zu bewaffnen[69]. Eine Änderung der Form oder der Tendenz einer Regierung ist lediglich eine Anpassung an eine Änderung in der Verteilung des Eigentums. Von diesem Standpunkt aus erklärte Harrington den Sieg des Langen Parlaments als einen Sieg der Abgeordneten des kleinen Landadels über den König und die Abgeordneten des Großgrundbesitzes.

Um zu verhindern, daß die Regierung zur Oligarchie von Großgrundbesitzern werde, schlug Harrington ein ausgleichendes Agrargesetz vor, das dem Einzelnen nur so viel Boden zu besitzen gestatten sollte, daß der Jahresertrag zweitausend Pfund nicht überschritte. Wirkliche Demokratie setzt eine breite Verteilung des Grundbesitzes voraus; und die beste Demokratie wird die sein, in der jeder Grundeigentümer einmal der Regierung angehört. In der wahren englischen Republik werden die Bürger die Grundeigentümer zum Dienst in einer Volksversammlung und in einem Senat abordnen. Der Senat allein wird die Gesetze ausarbeiten, die Versammlung allein wird sie genehmigen oder verwerfen. Der Senat wird die Kandidaten für Beamtungen bezeichnen, die Bürger werden aus dieser Liste die Magistraten in geheimer Abstimmung wählen[70]. Jedes Jahr wird ein Drittel der Abgeordneten, Senatoren und Magistraten in Neuwahlen durch neue Männer ersetzt; durch diese Rotation werden schließlich alle Landbesitzer einmal der Regierung angehören. Volkswahlen werden die Allgemeinheit vor den den Privatinteressen dienenden Juristen und vor der Geistlichkeit bewahren, «diesen erklärten und eingefleischten Feinden der Volksmacht»[71]. Staatliche Schulen und Universitäten für alle und vollständige Religionsfreiheit werden verwirklicht sein.

«Diese Lehre war sehr überzeugend», berichtet Aubrey, und fand bald begeisterte Anhänger. Harrington vereinigte eine Anzahl von ihnen (darunter auch Aubrey) im Rota-Klub (1659), der sich für die Verwirklichung der turnusmäßigen Wahl der Parlamentsmitglieder der Republik einsetzte. Den gegenwärtigen Zusammenbruch des Commonwealth erklärte er damit, daß die Einziehung der großen Güter und ihre Verteilung in kleinen Stücken an das Volk unterblieben sei; durch diese Unterlassung blieb der Adel mächtig und das Volk arm und machtlos; der Regel entsprechend, daß der Besitz die Regierung bestimmt, war die Wiederentstehung einer oligarchischen Monarchie unvermeidlich, wenn das Parlament das Agrargesetz nicht verabschiedete. «Aber», sagt Aubrey, «die Mehrzahl der Parlamentarier mißbilligte den Plan, das Parlament turnusmäßig durch geheime Wahlen zu erneuern, weil sie als verdammte Tyrannen in ihre Macht verliebt waren»[72]; sie zogen es vor, Karl II. zurückzurufen. Da Harrington auch nach der Restauration noch für seinen Plan warb, ließ ihn der König unter der Anklage auf Verschwörung in den Tower werfen (1661), und als Versuche unternommen wurden, ihn auf Grund der Habeas-Corpus-Akte zu befreien, wurde er auf eine vor Plymouth liegende Insel in strengeren Gewahrsam gebracht. Dort verfiel er in Wahnsinn. Er wurde auf freien Fuß gesetzt, erlangte aber seine Gesundheit nicht wieder.

Seine Utopie war wirklichkeitsnäher als die meisten, und vieles davon wurde auch verwirklicht. Eine ihrer Schwächen lag vielleicht in der Annahme, Bodenbesitz sei die einzige Form von Wohlstand. Harrington sprach zwar auch von der Macht des Geldes in Handel und Industrie, sah aber deren Aufstieg zu politischer Macht nicht voraus; vielleicht ahnte er, daß selbst kommerzieller und industrieller Wohlstand letztlich von den Besitzern des Bodens abhängt. Die schrittweise Ausdehnung des Wahlrechts und die Einführung der geheimen Abstimmung geschahen, wie er es gehofft hatte; und obwohl Britannien wegen der Einbuße an Erfahrung die Rotation in den Ämtern ablehnte, übernahmen sie die Vereinigten Staaten in der periodischen Neuwahl eines Teils des Kongresses; und Locke, Montesquieu und Amerika stimmten Harringtons Gewaltentrennung in der Regierung zu. Träumer sollen sich nicht entmutigen lassen; die Zeit kann sie mit Erfüllungen überraschen und ihre erdichtete Welt in Wirklichkeit umsetzen.

III. DIE DEISTEN

Wie in Frankreich die Religionskämpfe dem Glauben schadeten, so förderte in England der Bürgerkrieg die Entstehung von religiösen Zweifeln. Die Erinnerung an das puritanische Regime machte Irreligiosität unter den siegreichen Royalisten populär, und Atheismus breitete sich frech und geräuschvoll am Hof der Restauration aus. Der erste Earl von Shaftesbury, der zweite Herzog von Buckingham und der zweite Earl von Rochester wurden des Atheismus verdächtigt, und desgleichen später Halifax und Bolingbroke.

Die Erweiterung des geographischen, geschichtlichen und wissenschaftlichen Wissens verstärkte den allgemeinen Zug zur Skepsis. Jeden Tag berichtete ein Reisender oder ein Chronist von großen Ländern, deren Religion und Ethik bestürzend von der christlichen abwichen, aber meistens ebenso tugendhaft und selten menschenmörderisch waren. Die vom frommen Descartes und apokalypsegläubigen Newton bestärkte mechanistische Weltanschauung schien die Vorsehung aus dem Gesichtsfeld zu rücken; die Entdeckung der Gesetzmäßigkeiten in der Natur machte Wunder unverdaulich; der allmähliche Sieg des Kopernikus und die dramatische Verfolgung des Galileo Galilei trugen zur Untergrabung des Glaubens bei. Der wackere Versuch vieler christlicher Theologen, den Glauben durch die Vernunft zu stützen, schwächte diesen nur; niemand, sagte Anthony Collins, zweifelte an der Existenz Gottes, bevor die Lektoren der Bolye-Stiftung sie zu beweisen versuchten[73].

Die Widerlegungen des Atheismus bezeugen seine Ausbreitung. Sir William Temple schrieb 1672 «von denen, die als Schlauköpfe gelten möchten ..., indem sie Dinge sagen, die, nach den Worten Davids, die Toren in ihrem Herzen sprechen»[74]. Im selben Jahr bemerkte Sir Charles Wolseley: «Praktizierte Religionslosigkeit gab es in jedem Zeitalter, aber ihre offene und öffentliche Rechtfertigung scheint dem unsrigen vorbehalten zu sein.»[75] Nach den Worten des Erzdiakons Samuel Parker (1681) sind

> «die Unwissenden und Ungebildeten unter uns die größten Verfechter von Skeptizismus und Unglauben geworden ... Atheismus und Religionslosigkeit sind schließlich so allgemein geworden wie Laster und Ausschweifung ... Plebejer und Handwerker haben sich in gottlose Prinzipien hineinphilosophiert und halten in den Gassen und auf den Landstraßen ihre Vorlesungen über Atheismus. Sie sind imstande, aus dem *Leviathan* zu beweisen, daß es keinen Gott gibt.»[76]

In den gebildeten Ständen suchte der Zweifel nach einem Kompromiß im Unitarismus, in der «Naturreligion» und im Deismus. Die Unitarier zogen die Einheit Christi mit Gottvater in Zweifel, aber gewöhnlich anerkannten sie die göttliche Autorität der Bibel. Die Befürworter der Naturreligion zogen einen von der Heiligen Schrift unabhängigen Glauben vor und beschränkten diesen auf ihrer Meinung nach universelle Wahrheiten – Gott und Unsterblichkeit. Die Deisten, die hauptsächlich in England Aufsehen erregten, forderten nur den Glauben an einen Gott, den sie manchmal unpersönlich und als Synonym für Natur sahen, manchmal als den ersten Beweger der cartesischen oder newtonschen Weltmaschine. Der Ausdruck *Deist* kam 1677 in Gebrauch durch Erzdiakon Edward Stillingfleets *Letter to a Deist,* aber die deistische Literatur hatte schon 1624 mit Lord Herbert von Cherburys *De Veritate* begonnen.

Lord Herberts Jünger Charles Blount setzte sie fort mit *Anima Mundi* (1679). Jede ausgebildete Religion, behauptete er, ist ein Machwerk von Betrügern, die politische Macht oder materiellen Gewinn suchen; Himmel und Hölle gehören zu den Erfindungen, mit denen sie die Massen beherrschen und schröpfen. Die Seele stirbt mit dem Körper. Menschen und Tiere sind sich so gleich, daß «manche Autoren der Meinung sind, der Mensch sei nichts anderes als ein gebildeter Affe». In *Great is Diana of the Ephesians, or the Origin of Idolatry* (Groß ist die Diana der Epheser, oder vom Ursprung der Abgötterei; 1680) beschrieb Blount die Priester als Werkzeuge bevorzugter Stände, die sich an der geduldigen Arbeit und der Leichtgläubigkeit des Volks mästen. Mit boshafter Subtilität übersetzte er *Das Leben des Apollonios von Tyana* von Philostratos, wies auf die Ähnlichkeit zwischen den diesem heidnischen Wundertäter und den Christus zugeschriebenen Wundern hin und ließ durchblicken, er halte alle beide für unglaubhaft. In *A Summary Account of the Deists' Religion* (1686) legte Blount eine von Kult und Ritual freie Religion dar, deren Gottesdienst lediglich in einer ethischen Lebensführung besteht. In *The Oracles of Reason* (Orakel der Vernunft; 1695) erklärte er, die christliche Religion sei ursprünglich auf der irrtümlichen Annahme des kurz bevorstehenden Weltendes aufgebaut worden. Er zog die biblische Schöpfungsgeschichte, Evas Geburt aus Adams Rippe, das Stillstehen der Sonne auf Josuas Geheiß als kindischen Unsinn ins Lächerliche und meinte dazu: «Zu glauben, unsere heutige Erde (ein blindes, taubes, sowohl an Ausdehnung als auch an Rang jedem Fixstern untergeordnetes Teilchen des Universums) sei das Herz, der edelste und wichtigste Teil eines so ungeheuer großen Gebildes, ist unvernünftig und widerspricht der Natur der Dinge.» Ein anonym erschienenes Werk, von dem nur ungewiß angenommen wird, es stamme von Blount, *Miracles no Violations of the Laws of Nature* (Wunder sind keine Verletzung der Naturgesetze; 1683), versuchte, viele Wundergeschichten als von einfachen Gemütern mißdeutete, aus natürlichen Ursachen entstandene Vorkommnisse hinzustellen. Die Bibel, liest man dort, wurde «zur Erweckung frommer Gemütsbewegungen» geschrieben, nicht zur Belehrung über Physik und sollte entsprechend ausgelegt werden. «Alles, was gegen die Natur ist, ist vernunftwidrig, und alles Vernunftwidrige ist absurd und sollte verworfen werden.»[77] Wenn wir dem Bericht glauben wollen, Blount habe sich umgebracht (1693), weil das englische Gesetz ihm nicht gestattete, die Schwester seiner verstorbenen Frau zu heiraten, dann scheint er der Vernunft nicht bis zuletzt gehuldigt zu haben.

John Toland setzte den Kampf fort. Er war in Irland geboren und römisch-katholisch erzogen worden, jedoch in jungen Jahren zum Protestantismus übergetreten. Er studierte in Glasgow, Leiden und Oxford. Mit sechsundzwanzig Jahren gab er anonym *Christianity not Mysterious* (Christentum ohne Geheimnis; 1696) heraus, von dem er sagte, es sei «eine Abhandlung, die zeigt, daß die Lehren der Evangelien nichts gegen die Vernunft, aber auch nichts Übervernünftiges enthalten». Er stützte sich auf Lockes kurz zuvor erschienenen *Versuch über den menschlichen Verstand*, der den Ursprung aller

Erkenntnis aus der Wahrnehmung bewiesen habe, und leitete daraus einen kompromißlosen Rationalismus ab:

«Wir behaupten, daß die Vernunft die einzige Grundlage aller Gewißheit ist und daß nichts Geoffenbartes ... weniger der gründlichen Untersuchung durch sie unterliegen soll als die gewöhnlichen Naturerscheinungen ..., daß der Glaube an die Göttlichkeit der Bibel oder den Sinn einiger Stellen darin ohne rationale Untersuchung und ohne klare Evidenz eine tadelnswerte Leichtgläubigkeit ... ist, die gewöhnlich auf Unwissenheit und Eigensinn beruht, aber noch häufiger verfochten wird, weil sie einen Gewinn bringt.»[78]

Das war eine Kriegserklärung, in deren weiterem Verlauf Toland aber deutlich einen Ölzweig schwenkte, indem er behauptete, die Grundwahrheiten des Christentums seien, abgesehen von der Transsubstantiation, durchaus vernunftgemäß. Seine Herausforderung blieb trotzdem nicht unbeachtet. Die Zensurkommissionen von Middlesex und Dublin reichten sich über die Irische See hinweg die Hände, um das Buch zu verdammen; es wurde vor den Toren des irischen Parlaments öffentlich verbrannt und Toland wurde zu Gefängnis verurteilt. Er entkam nach England, konnte aber dort keinen Broterwerb finden und wanderte auf das Festland aus. Eine Zeitlang fand er Aufnahme bei der Kurfürstin Sophie von Hannover und bei ihrer Tochter, Königin Sophie Charlotte von Preußen.

An diese waren seine *Briefe an Serena* (1704) gerichtet. In einem davon versuchte er Herkunft und Ausbreitung des Unsterblichkeitsglaubens festzustellen, einer der ersten Versuche zu einer Entwicklungsgeschichte der übernatürlichen Glaubensinhalte. Ein anderer Brief untersuchte die Ansicht, die Materie sei an sich träge und bewegungslos; Toland meinte dagegen, Bewegung sei eine wesentliche Eigenschaft der Materie und kein Körper befinde sich in absoluter Ruhe. Alle konkreten Erscheinungen, eingeschlossen das Tun der Tiere, sind Bewegung der Materie; auch für den Menschen dürfte dies zutreffen[79]. Hier jedoch gebot sich Toland selber Einhalt; solche Gedanken sollten nicht öffentlich ausgesprochen werden, weil nämlich die ungebildete Menge unangefochten beim rechten Glauben erhalten werden muß, der als Mittel zu ihrer sittlichen und sozialen Beherrschung nötig ist. Freies Denken sollte die Aufgabe und das ausschließliche Vorrecht einer gebildeten Minderheit bleiben. Diese sollte von keiner Zensur behelligt werden. «Laßt alle Menschen frei sagen, was sie denken, ohne sie für etwas anderes zu tadeln oder zu bestrafen als für schlechte Handlungen.»[80] Die Bezeichnungen *Freidenker* und *Pantheist* wurden offenbar von Toland geprägt[81].

In seiner Abhandlung *Nazarenus* (1718) erklärte er, Christus habe nicht beabsichtigt, seine Anhänger vom Judentum zu trennen, und die Judenchristen, die sich weiterhin an das Mosaische Gesetz hielten, erfüllten «die wahre ursprüngliche Absicht des Christentums». Eine Flugschrift, *Pantheisticon* (1720), beschrieb das Glaubensbekenntnis und das Ritual einer erfundenen Geheimgesellschaft; Toland war vielleicht Mitglied der 1717 in London gegründeten Mutter-Großloge der Freimaurer. Die von ihm beschriebene Gesellschaft verwarf jegliche übernatürliche Offenbarung, schlug eine neue, mit der Philosophie übereinstimmende Religion vor, setzte Gott mit dem All gleich und ersetzte die Heiligen des christlichen Kalenders durch Freiheits- und Gedanken kämpfer. Die Gesellschaft gestattete ihren Mitgliedern, der Konfession ihrer Umgebung anzugehören, damit sie deren Fanatismus durch geschickte Beeinflussung unschädlich machen konnten[82].

Nach einer wechselvollen Laufbahn zog sich Toland zu einem Leben in Armut in England zurück, wo ihn Lord Molesworth und der Philosoph Shaftesbury vor dem nackten Hunger bewahrten. Der Flut von Erwiderungen (vierundfünfzig in sechzig Jahren), die über seine Bücher herfielen, hielt er wacker stand. Er machte geltend, seine Philosophie verbürge ihm «vollkommene Beruhigung» und habe ihn von «der Angst vor dem Tod» befreit[83]. Als er mit zweiundfünfzig Jahren (1722) von einer unheilbaren Krankheit befallen wurde, verfaßte er in lateinischer Sprache seine eigene Grabschrift, die in deutscher Übersetzung lautet:

«Hier ruht John Toland, geboren ... bei Londonderry ... Er widmete sich verschiedenen Veröffentlichungen und konnte mehr als zehn Sprachen. Ein Eiferer für die Wahrheit, ein Kämpfer für die Freiheit, hat er nie einem Menschen gedient, nie einem Menschen geschmeichelt. Weder Drohungen noch Mißgeschick konnten ihn von der eingeschlagenen Bahn abbringen, die er bis an sein Ende verfolgte; er stellte das Streben nach dem Guten über seinen eigenen Vorteil. Seine Seele ist wiedervereinigt mit dem himmlischen Vater, von dem sie ausgegangen war. Zweifellos wird er ewig fortleben, aber es wird nie einen zweiten Toland geben ... Alles übrige steht in seinen Büchern.»[84]

Anthony Collins verfocht die Sache der Deisten geschickter und bescheidener. Er hatte den Vorteil, Geld zu besitzen, ein Haus auf dem Land, ein Haus in der Stadt; durch Aushungern konnte man ihn also nicht zum Schweigen bringen. Er war ein Mann von tadellosen Manieren und vorzüglichem Charakter. Locke, der ihn gut kannte, schrieb ihm: «Die Wahrheit um der Wahrheit willen zu lieben ist der wichtigste Teil menschlicher Vervollkommnung in dieser Welt und das Treibbeet aller anderen Tugenden; und wenn ich mich nicht irre, dann besitzen Sie mehr davon, als ich je bei einem anderen sah.»[85] Collins' *Discourse of Freethinking* (Über das Freidenken; 1713) war die beste in dieser Epoche erschienene Abhandlung über dieses Thema.

Er definierte freies Denken als «den Gebrauch des Verstands, im Bemühen, die Meinung eines Satzes ausfindig zu machen, indem man das Wesen der Evidenz, die dafür oder dagegen ist, erwägt und gemäß der scheinbaren Schwäche oder Stärke dieser Evidenz darüber urteilt»[86]. Die Verschiedenheit der Konfessionen und die widersprechenden Auslegungen von Bibelstellen nötigen uns, ein eigenes Vernunfturteil zu bilden; an welches Gericht könnten wir uns wenden, außer an das der Willkür der Macht? Wie können wir, wenn nicht durch Beweise und Schlußfolgerungen, entscheiden, welche Bücher der Bibel als authentisch anerkannt und welche als apokryph abgelehnt werden sollen? Collins beruft sich auf einen Theologen, der die Zahl der von den Gelehrten vorgeschlagenen verschiedenen Auslegungen für das Neue Testament allein auf dreißigtausend schätzt, und er weist auch auf Richard Simons Textkritik der Heiligen Schrift hin[87].

Er versucht auf die Einwände zu antworten, die von vorsichtigen Männern gegen das freie Denken erhoben wurden: daß die meisten Menschen nicht fähig sind, sowohl frei als auch ohne Schaden über grundlegende Probleme nachzudenken; daß eine solche

Freiheit zu endlosen Spaltungen der Meinungen und zur Sektenbildung und damit zur gesellschaftlichen Unordnung führen würde; daß freies Denken auf religiösem Gebiet in Atheismus, auf sittlichem Gebiet in Libertinismus ausmünden könnte. Am Beispiel der alten Griechen und der modernen Türkei zeigt er, daß gesellschaftliche Ordnung trotz Meinungsfreiheit und trotz Glaubensunterschieden bestehen kann. Er stellt in Abrede, daß Freidenkertum zum Atheismus führe, zitiert und bestätigt einen Aphorismus Bacons, wonach Halbdenken zum Atheismus geneigt macht, Weiterdenken jedoch davon abhält, und fügt ehrlich überzeugt bei: «Unwissenheit ist das Fundament des Atheismus, und freies Denken ist das Heilmittel dagegen.»[88] Er nennt eine Reihe von Freidenkern, «die tugendhaftesten Männer aller Zeitalter»: Sokrates, Platon, Aristoteles, Epikur, Plutarch, Varro, Cato Censor, Cato von Utica, Cicero, Seneca, Salomo, die Propheten, Origenes, Erasmus, Montaigne, Bacon, Hobbes, Milton, Tillotson und Locke. Hier und bei Toland finden wir das Vorbild zu Comtes positivistischem Heiligenkalender. Und (so regt Collins an) es könnte eine andere Liste aufgestellt werden von den Feinden des freien Denkens, welche unter dem Vorwand, die größere Ehre Gottes zu wollen, die Menschheit durch barbarische Grausamkeiten geschändet haben.

Es regnete Erwiderungen von Kanzeln und Kathedern herunter, und Collins hielt es für geboten, zu verreisen. Bei seinem Aufenthalt in Holland mögen Spinoza und Bayle einen gewissen Einfluß auf ihn bekommen haben. Nach England zurückgekehrt, erregte er einen neuen Sturm mit *Inquiry concerning Human Liberty* (Untersuchung über menschliche Freiheit; 1715), worin er diese Frage klar und nachdrücklich zugunsten des Determinismus entschied; Collins sah ein, daß er als Freidenker selber der Sklave eines unfreien Willens sei. Neun Jahre später setzte er die Theologen in Aufruhr mit seinem *Discourse on the Grounds and Reason of the Christian Religion* (Über die Gründe und Beweise der christlichen Religion). Er zitierte die Apostel und Pascal, die ihre Darstellung des Christentums auf alttestamentliche, von der neuen Lehre scheinbar erfüllte Prophezeiungen gründeten, und behauptete, diese Weissagungen hätten keinen Bezug auf Christentum oder Christus. Fünfunddreißig Theologen antworteten ihm mit fünfunddreißig Traktaten. Die Kontroverse war noch im Gang, als Voltaire 1726 in England ankam; er fand sein boshaftes Vergnügen daran und brachte die Schrift nach Frankreich, wo sie in der skeptischen Aufklärung ihre Rolle spielte.

In England wurde die deistische Bewegung von William Whiston, Matthew Tindal, Thomas Chubb und Conyers Middleton fortgesetzt und ging durch Bolingbroke und den Philosophen Shaftesbury auf Gibbon und Hume über. Als man in den herrschenden Schichten zu vermuten begann, sie rege zu demokratischen Ideen an, verlor sie dort an Beliebtheit; immerhin war ihrem unmittelbaren Einfluß eine vorübergehende Abnahme der religiösen Gläubigkeit zuzuschreiben. 1711 wurde in Canterbury für die Provinzialsynode der englischen Geistlichkeit ein amtlicher Bericht über dieses Thema ausgearbeitet. Er stellte große Verbreitung von Unglauben und Gottlosigkeit, Verneinung der biblischen Inspiration, Ablehnung der Wunder als Märchen, Lächerlichmachen der Dreifaltigkeit, Zweifel an der Unsterblichkeit und häufiges Schlechtmachen von Priestern als Schwindlern fest[89]. Bis zum Beginn des achtzehnten Jahrhunderts war in England «die Religion zum Deismus herabgesunken»[90]. In dieser Krisis rafften sich die edelsten Gemüter in Britannien mutig zur Verteidigung des Christentums auf.

IV. GLAUBENSSTREITER

Die meisten von ihnen fanden sich bereit dazu, ihren Gegnern auf dem Boden der Vernunft, der Gelehrsamkeit und der Geschichte entgegenzutreten; schon das verrät den Geist der Zeit.

Charles Leslie führte die Verteidigung an mit dem ursprünglich als Widerlegung Blounts verfaßten *A Short and Easy Method with the Deists* (1697). Die Beweise zugunsten der biblischen Berichte, sagte er, seien ebenso überzeugend wie die für die Laufbahnen Alexanders oder Caesars; die Wunder sind durch so viele und so glaubwürdige Zeugen bestätigt, daß ein englisches Gericht sie als bewiesen erachten würde; die Priester hätten die Völker nie von Wundern wie der Teilung des Roten Meers überzeugen können, wenn nicht viele Augenzeugen sie bekräftigt hätten. Zur Abrundung seiner Beweisführung stellte Leslie das Judentum als den durch das Kommen Christi überholten Alten Bund hin, den Islam als unbefriedigende Nachahmung des Christentums durch einen ehrgeizigen Betrüger und das Heidentum als Anhäufung für rationale Geister allzu kindischer Geschichten. Nur das Christentum hielt allen Überprüfungen durch Beweise und Vernunft stand.

Samuel Clarke, der von Mathematik und Physik genug verstand, um Newton gegen Leibniz in Schutz zu nehmen, unternahm es, den christlichen Glauben durch eine Beweisführung von geometrischer Strenge zu retten. In seinen Boyle-Vorträgen von 1704 schmiedete er eine Kette von zwölf Sätzen, die seiner Meinung nach die Existenz, Allgegenwart, Allmacht, Allwissenheit und Allgüte Gottes bewiesen. Die Kette zusammenhängender oder voneinander abhängiger Wesen und Ursachen, nahm er an, zwingt uns zur Annahme eines notwendigen und unabhängigen Wesens, das die erste Ursache aller Ursachen ist. Gott muß Vernunft haben, denn es ist Vernunft in den geschaffenen Wesen, und der Schöpfer muß vollkommener sein als das Geschöpf; Gott muß frei sein, denn andernfalls wäre seine Verstandestätigkeit ein sinnloses Bemühen. Dies ging natürlich nicht über die antike oder mittelalterliche Philosophie hinaus, aber in einer zweiten Reihe von Boyle-Vorträgen unternahm es Clarke, «die Wahrheit und Gewißheit der christlichen Offenbarung» zu beweisen. Ethische Prinzipien, dachte er, sind ebenso absolut wie die Naturgesetze; die verderbte menschliche Natur jedoch kann nur durch Einprägung eines religiösen Glaubens dazu gebracht werden, den Moralgesetzen zu gehorchen; daher war es nötig, daß Gott uns die Bibel und die Lehren von Himmel und Hölle gab. Die Geschichte leistete sich einen ihrer üblichen Scherze, indem Königin Anna ihren Hausgeistlichen Clarke entließ, weil er im Verdacht stand, an der Dreifaltigkeit zu zweifeln. Voltaire berichtet hämisch, daß er unter der nächsten Regierung nur dadurch davor bewahrt wurde, Erzbischof von Canterbury zu werden, daß ein Bischof der Prinzessin Karoline von Wales mitteilte, Clarke sei zwar der gelehrteste Mann in England, habe aber den einen Fehler, kein Christ zu sein[91].

Der noch gelehrtere Bentley hatte schon in seinen Boyle-Vorträgen von 1692/93 die «Unsinnigkeit und Unvernünftigkeit des Atheismus» nachgewiesen. Zwanzig Jahre später veranlaßte ihn Collins Buch zur Herausgabe von *Remarks on a Late Discourse of Freethinking* (Bemerkungen zu der neuesten Abhandlung über freies Denken). Die Schrift bestand hauptsächlich aus der Aufzählung von Irrtümern in Collins Wissen; ihre Beweiskraft scheint überwältigend gewesen zu sein; der Senat der Universität Cambridge richtete eine einstimmige Dankadresse an Bentley. Jonathan Swift, damals bei dem Deisten Bolingbroke in Stellung, war der Ansicht, Collins habe wegen Enthüllung eines Geheimnisses, das jeder anständige Mann für sich behält, eine zusätzliche Züchtigung verdient, und erteilte sie ihm mit einem Traktat *Mr. Collins' Discourse of Freethinking, put into Plain English ... for the Use of the Poor.* Durch witzige Übertreibungen von Collins' Beweisen machte er diese lächerlich und fügte bei, da die meisten Menschen Narren seien, wäre es unheilvoll, sie frei denken zu lassen; «der Großteil der Menschheit ist fürs Denken etwa gleich gut geschaffen wie fürs Fliegen»[92] – was heute eine hoffnungsvollere Feststellung ist, als Swift sie gemeint hat. Er war gleicher Meinung wie Hobbes, daß Diktatur, sogar *in spiritualibus,* die einzige Alternative zur Anarchie sei. Wir haben gesehen, daß die irischen Anglikaner der Ansicht waren, der düstere Dekan könnte ein ausgezeichneter Prälat sein, wenn er an Gott glaubte.

Die Cambridger Platoniker verteidigten das Christentum weniger witzig, aber aufrichtiger. Sie griffen auf Platon und Plotin zurück, um die Brücke zwischen Vernunft und Gott zu finden, und sie machten ihren Glauben nicht so sehr durch Beweisführungen als durch ihre saubere, fromme Lebensführung kund. Sie empfanden die Göttlichkeit, in die sie sich eingehüllt fühlten, so stark, daß sie ihnen das unmittelbarste Zeugnis für die Vernunft schien. Daher behauptete ihr Führer Benjamin Whichcote: «Die Vernunft ist die Stimme Gottes.»[93]

Henry More, das bedeutendste Mitglied dieser zu ihrer Zeit berühmten Gruppe, ging über die Denksysteme Europas hinaus zur beinahe hinduistischen Erkenntnis der Leere und buchstäblichen Bedeutungslosigkeit aller Sinneserkenntnisse und ihrer Unfähigkeit, die Sehnsucht der einsamen Seele nach Gemeinschaft und Bedeutung im Universum zu stillen. Der kosmische Mechanismus Descartes' vermittelte ihm keinen Trost; er fand mehr Befriedigung bei den Neuplatonikern, bei den jüdischen Mystikern und bei Jakob Böhme und fragte sich, «ob dieses Wissen von den Dingen wirklich das höchste Glück des Menschen ist oder ob es etwas Höheres, Göttlicheres gibt; und angenommen, es wäre so, ob es durch soviel Eifer und Gründlichkeit beim Studium von Büchern und durch die Betrachtung der Dinge zu erlangen sei oder durch Reinigung des Gemüts von allen Arten von Untugenden überhaupt»[94]. Er beschloß, alle Selbstsucht, alle Weltlichkeit und alle Wißbegier abzulegen. «Als sich so dieser unbändige Drang nach Wissen von den Dingen in mir gelegt hatte und ich nach nichts anderem mehr strebte als allein nach dieser Reinheit und Einfachheit des Gemüts, da erhellte mich eine täglich größer werdende Sicherheit, als ich je erwartet hätte, sogar über jene

Dinge, die ich früher so dringend zu wissen gewünscht hatte.»[95] Nach und nach, sagt er, habe er sich an Körper und Seele so gereinigt, daß sein Leib im Frühling einen süßen Duft ausströmte und sein Urin nach Veilchen duftete[96].

So geläutert, schien er das Vorhandensein von Geist in sich als das überzeugendste einem Menschen mögliche Erlebnis zu fühlen; und von dieser Überzeugung glitt er prompt in den Glauben, die Welt sei bevölkert von anderen Geistern verschiedener Stufen, vom niedrigsten bis zu Gott selbst. Jede Bewegung der Materie, dachte er, ist bewirkt durch eine Art von Geist. Anstelle von Hobbes' materialistischer Welt schlug More ein geistiges Universum vor, in welchem die Materie nur das Werkzeug und der Träger von Geist ist. Die belebende *anima,* die «Weltseele», erstreckte sich räumlich gelegentlich auch über ihren eigentlichen Sitz hinaus; wie wäre sonst der Magnetismus, die Elektrizität und die Gravitation zu erklären? More ging noch weiter bis zur Annahme des Vorhandenseins von Teufeln, Hexen und Gespenstern. Er war eine liebe, selbstlose Seele, verzichtete auf die ihm gebotenen weltlichen Vorteile und blieb selbst mit dem Materialisten Hobbes immer auf gutem Fuß. Hobbes sagte, wenn er jemals seine eigenen Anschauungen unhaltbar finden sollte, würde er «sich der Philosophie Dr. Mores in die Arme werfen»[97].

Ralph Cudworth, dieser hochgelehrte Cambridger Platoniker, unternahm es, Hobbes' Anschauungen als unhaltbar darzustellen. *The True Intellectual System of the Universe* (Das wahre Intellektualsystem des Weltalls; 1678) forderte Hobbes auf, zu erklären, weshalb es zusätzlich zu den verschiedenen Empfindungs- und Muskelbewegungen, die er auf gedankliche Vorgänge zurückgeführt hatte, in vielen Fällen auch eine Wahrnehmung dieser Bewegung gebe; wo bringt die materialistische Philosophie das Bewußtsein und dessen Sitz und Funktion unter? Wenn alles bewegte Materie ist, weshalb sollte dann das Nervensystem durch Empfindung und Reaktion, wie bei den Reflexen, nicht alles besorgen können, ohne von einem überflüssigen Bewußtsein belästigt zu werden? Wie kann man das Vorhandensein – sogar den Primat – des Bewußtseins leugnen, ohne das keine Realität je erkannt werden könnte? Erkenntnis ist nicht passives Speichern von Empfindungserinnerungen, sie ist aktive Umsetzung von Empfindungen in Gedanken[98]. Hier, bei Cudworth, finden wir lange Jahre im voraus die Erwiderung Berkeleys und Kants auf Hobbes und Hume.

Joseph Glanvill, der Hofkaplan Karls II., gehörte geographisch nicht zu den Platonikern von Cambridge, aber er stimmte ihnen ausdrücklich zu. In *The Vanity of Dogmatizing* (Der Wahn dogmatischen Wissens; 1661) klagte er Wissenschaft und Philosophie mit der Behauptung, sie hätten ein grandioses doktrinäres System auf unsicheren Grundlagen errichtet, des Dogmatismus an. So sei der Begriff Kausalität (der Glanvill für die Wissenschaft unentbehrlich scheint) eine unhaltbare Annahme; wir kennen Folgen, Beziehungen und Möglichkeiten, aber wir haben keinen Begriff davon, was in einem Ding eine bestimmte Wirkung oder eine andere hervorruft (eine weitere Vorwegnahme Humes). Man bedenke, sagt Glanvill, wie unwissend wir in grundlegenden Dingen wie Wesen und Herkunft der Seele und ihrer Beziehung zum Körper sind. «Wie könnte ein Gedanke an ... einen Lehmklumpen gebunden sein? Daß im nördlichen Klima die

Worte in der Luft gefrieren, ist ebenso undenkbar wie diese seltsame Verbindung ... Und Gewichte an die Flügel des Windes zu hängen, scheint bei weitem faßlicher.»[99] Bergson vorauseilend, beschuldigt Glanvill den Verstand, seinem Wesen nach materialistisch zu sein, so an den Umgang mit Materie gewöhnt, daß er die Fähigkeit einbüßt, an andere Wirklichkeiten zu denken, außer durch «Rückkehr zu materiellen Hirngespinsten» oder Trugbildern[100]. Wie trügerisch sind doch unsere Sinne! Sie erwecken den Anschein, die Erde ruhe im Raum, während die Gelehrten der neuen Zeit uns versichern, sie wirble in verschiedenen gleichzeitigen Bewegungen herum. Und selbst wenn wir annehmen, daß unsere Sinne uns nicht trügen – wie oft ziehen wir doch aus richtigen Prämissen falsche Schlüsse! Unsere Gefühle haben uns immer wieder fehlgeleitet; «wir glauben leicht, was wir wünschen». Und unsere geistige Umgebung beherrscht oft unsere Überlegung.

«Meinungen haben ihr Klima und sind national verschieden ... Die, welche nie über den gewohnten Glauben hinausgeblickt haben, in dem ihr bequemer Verstand zuerst unterrichtet wurde, sind fraglos überzeugt von der Wahrheit und vergleichsweisen Vortrefflichkeit des Übernommenen ... Großzügigere Seelen, die in verschiedenen Meinungsklimaten gereist sind [hier wurde eine berühmte Redensart geboren], sind vorsichtiger im Entscheiden und zurückhaltender im Befehlen.»[101]

Trotz dieser Warnungen an die Wissenschaft war Glanvill ein eifriges Mitglied der Royal Society, verteidigte sie gegen den Vorwurf der Religionslosigkeit, zollte ihren Leistungen Beifall und freute sich auf eine Wunderwelt, die die wissenschaftliche Forschung herbeiführen werde.

«Ich zweifle nicht, daß in Zukunft viele Dinge, die man heute erst ahnt, verwirklicht werden können. In einiger Zeit wird eine Reise in die unbekannten Gebiete des Südens, ja vielleicht sogar auf den Mond, nicht ungewöhnlicher sein als eine Reise nach Amerika. Für die, die nach uns kommen, wird der Kauf eines Paar Flügel für den Flug in abgelegenste Regionen ebenso selbstverständlich sein wie für uns die Anschaffung eines Paar Stiefel für eine Reise, und mit den Westindischen Inseln durch unsichtbare Verbindungsmöglichkeiten zu verkehren, wird künftigen Geschlechtern so geläufig sein wie uns das Austauschen von Briefen. Die Wiederherstellung der Jugendlichkeit grauer Haare, die Erneuerung der erschöpften Lebenskraft wird mit der Zeit ohne Wunder zu wirken möglich sein, und es ist nicht unmöglich, daß eine kommende Agrikultur die heute ziemlich öde Welt in ein Paradies verwandeln wird.»[102]

Wir müssen beifügen, daß Glanvill so gut wie Cudworth und Henry More an Hexen glaubte. Sie behaupteten, wenn es sowohl eine geistige wie auch eine materielle Welt gibt, muß es im Weltall sowohl Geister als auch Körper geben, und aus dem argen Zustand der Dinge schlossen sie, ein Teil dieser Geister sei teuflischer Natur. Wenn fromme Leute mit Gott und Heiligen und Engeln verkehren, weshalb sollten schlechte Leute nicht mit Satan und seinen Dämonen verkehren? Des Teufels neueste List, sagte Glanvill, ist, den Glauben zu verbreiten, er existiere nicht. «Jene, die nicht plump zu behaupten wagen, es gebe keinen Gott, beschränken sich (als guten Anfang und Einführung) darauf zu leugnen, daß es Geister und Hexen gebe.»[103] Der Teufel mußte Gott zuliebe gerettet werden.

V. JOHN LOCKE: 1632–1704

1. *Lebenslauf*

Der einflußreichste Denker dieses Zeitalters wurde im gleichen Jahr wie Spinoza in Wrington bei Bristol geboren. Er wuchs in einem England auf, das eine blutige Revolution machte und seinen König tötete, und er wurde zum Sprachrohr einer friedlichen Revolution, einer Zeit der Mäßigung und der Toleranz und verkörperte den englischen Mittelweg in seiner gesundesten und besten Art. Sein Vater war ein puritanischer Jurist, der mit vielen Opfern die Sache des Parlaments unterstützte und seinem Sohn die Grundsätze der Volkssouveränität und der repräsentativen Regierungsform auseinandersetzte. Locke blieb den empfangenen Lehren treu und gedachte dankbar der väterlichen Strenge, die ihn zu Nüchternheit, Einfachheit und Fleiß angehalten hatte. Lady Masham sagte von Lockes Vater:

> «Er ging in seiner [Lockes] Kindheit in einer Weise mit ihm um, von der dieser später oft mit großer Anerkennung sprach. Es war seine Art, ihn als Knaben in Ehrfurcht und Respekt zu halten, jedoch bei zunehmender Entwicklung des Sohns mit seiner Strenge nachzulassen und ihn, als er ein Mann und dazu reif geworden war, ganz wie einen Freund zu behandeln.» [104]

Seinen Lehrern bewahrte Locke keine solche Dankbarkeit. In der Westminster School wurde er mit Latein, Griechisch, Hebräisch und Arabisch vollgestopft und erhielt wahrscheinlich nicht die Erlaubnis, Zeuge der ganz in der Nähe im Garten des Whitehall-Palasts stattfindenden Hinrichtung Karls I. (1649) zu werden; immerhin ließ dieses Ereignis seine Spuren in seinem Denken zurück. Der Bürgerkrieg mit seiner Unordnung brachte es mit sich, daß er erst spät, mit zwanzig Jahren, mit seinen Studien am Christ College in Oxford beginnen konnte. Dort lernte er Aristoteles in der Aufmachung der lateinischen Scholastik kennen, lernte noch mehr Griechisch, ein wenig Geometrie und Rhetorik und studierte eifrig Logik und Ethik, wovon er jedoch das meiste später als dem Stoff nach veraltet und der Form nach unverdaulich wieder ausspie. Nachdem er den Mastertitel erworben hatte (1658), blieb er als Studienleiter, Tutor und Lektor in Oxford. Vorübergehend hatte er eine Liebesaffäre, «die mich des Gebrauchs meines Verstands beraubte» [105]; er fand seinen Verstand wieder und verlor die Dame. Wie fast alle Philosophen dieser Zeit – Malebranche, Bayle, Fontenelle, Hobbes, Spinoza, Leibniz – heiratete er nie. Man riet ihm, Geistlicher zu werden, er lehnte es jedoch ab, «in eine Stellung erhöht zu werden, aus welcher es ohne Stolpern keinen Abstieg gibt» [106].

Sein Vater starb 1661 an Tuberkulose und vererbte ihm ein kleines Vermögen und schwache Lungen. Er studierte Medizin, ohne sich jedoch bis 1674 einen akademischen Grad dieser Fakultät zu erwerben. Daneben las er Descartes und war von dessen verständlich vorgetragener Philosophie begeistert. Er half Robert Boyle bei seinen Laboratoriumsversuchen und begeisterte sich für die wissenschaftliche Forschungsmethode. 1667 erhielt er eine Einladung von Anthony Ashley Cooper, der schon bald erster

Earl von Shaftesbury und Mitglied des Cabal-Ministeriums unter Karl II. werden sollte, als sein Leibarzt bei ihm im Exeter House zu wirken und zu wohnen. Von dieser Zeit an sah sich Locke, obwohl er sich bis 1683 der Universität Oxford zugehörig betrachtete, hineingerissen in die Strömungen der englischen Politik, deren Ereignisse und Persönlichkeiten stark auf die Formung seiner Anschauungen einwirkten.

Als Arzt rettete er durch die geschickte Operation einer Geschwulst das Leben Shaftesburys (1668). Er half die Heirat des Sohns des Earls vermitteln, pflegte die Schwiegertochter im Wochenbett und leitete die Erziehung des Enkels, seines philosophischen Nachfolgers. «Herr Locke», erinnerte sich dieser dritte Earl von Shaftesbury,

«wuchs so sehr im Ansehen meines Großvaters, daß dieser, obwohl er aus Erfahrung wußte, welch großer Arzt er war, dies nur als den kleinsten Teil seiner Vorzüge betrachtete. Er munterte ihn auf, sich auch mit anderem zu beschäftigen, und duldete nicht, daß er anderswo als in der Familie oder als Freundesdienst für Nahestehende als Arzt praktizierte. Er regte ihn zur Beschäftigung mit den kirchlichen und staatsbürgerlichen Angelegenheiten des Landes an, mit allem, was seine eigene Arbeit als Kanzler betraf; Locke tat das mit so viel Erfolg, daß mein Großvater ihn als seinen Freund anzusehen begann und alle seine Angelegenheiten mit ihm besprach.»[107]

Zwei Jahre lang (1673–1675) diente Locke als Sekretär im Ministerium für Handel und Kolonien, dessen Vorsteher Shaftesbury war. Er half diesem bei der Redigierung einer Verfassung für die Kolonie Carolina, deren Mitgründer und Hauptbesitzer der Earl war; diese «Grundgesetze» wurden zwar in der Kolonie nie voll verwirklicht, aber die darin vorgesehene Gewissensfreiheit kam in der neuen Gründung weitgehend zur Anwendung[108].

Als Shaftesbury 1675 sein Amt verlor, reiste und studierte Locke in Frankreich. Dort traf er François Bernier, der ihn mit der Philosophie Gassendis bekanntmachte; in dieser fand er die begründete Ablehnung der «angeborenen Ideen», den Vergleich des Gemüts eines ungeborenen Kindes mit einer *tabula rasa,* einer unbeschriebenen Schiefertafel, und das Schlüsselwort, das später die Länder beiderseits des Ärmelkanals verbinden sollte: *Nihil est in intellectu nisi quod prius fuerit in sensu* – Nichts ist im Verstand, was nicht zuerst in der Sinneswahrnehmung war.

1679 kehrte er nach London und zu Shaftesbury zurück; aber da sich der Earl immer mehr der Revolution verschrieb, zog sich Locke nach Oxford zurück (1680) und nahm wieder das Leben eines Gelehrten auf. Shaftesburys Verhaftung, Entweichen und Flucht nach Holland brachte seine Freunde beim König in Verdacht. Es wurden Spione nach Oxford gesandt, die Locke bei Äußerungen ertappen sollten, die als Grundlage für ein Gerichtsverfahren gegen ihn dienen konnten[109]. Locke fühlte sich bedroht, sah die Thronbesteigung seines Feindes, Jakob II., nahen und suchte ebenfalls in Holland Zuflucht (1683). Der mißglückte Aufstand des Herzogs von Monmouth (1685) veranlaßte König Jakob, von der holländischen Regierung die Auslieferung von fünfundachtzig Engländern wegen Beteiligung an der Verschwörung zum Sturz des neuen Königs zu verlangen; Lockes Name war auch dabei. Er verbarg sich und lebte unter falschem Namen. Ein Jahr später erklärte sich Jakob bereit, ihm Verzeihung zu gewähren; aber Locke zog es vor, in Holland zu bleiben. Er lebte in Utrecht, Amsterdam und Rotterdam und erfreute sich nicht nur der Freundschaft der englischen Flüchtlinge, sondern auch holländischer Gelehrter wie Jean Le Clerc und Philipp von Limborch, zweier führender Theologen der liberalen arminianischen Richtung. In dieser Umgebung fand er viel Verständnis für seine Ideen von Volksregierung und Religionsfreiheit. Er schrieb dort seinen *Versuch über den menschlichen Verstand* und machte die ersten Entwürfe zu seinen Schriften über Erziehung und über Toleranz.

1687 schloß er sich der Verschwörung an, die Wilhelm III. statt Jakobs II. auf den englischen Thron bringen wollte[110]. Als das Unternehmen des Statthalters geglückt war, segelte Locke auf dem gleichen Schiff wie die künftige Königin Maria nach England (1689)[111]. Bevor er Holland verließ, schrieb er an Limborch einen Brief in lateinischer Sprache, dessen Gefühlswärme die Meinung widerlegen möge, Lockes gewohnte Zurückhaltung entstamme einem kalten Wesen:

«Ich empfinde meine Abreise wie einen Weggang aus meinem eigenen Land und von meinen eigenen Landsleuten, denn ich habe hier alles gefunden, was zum Verwandtsein gehört: Entgegenkommen, Liebe, Freundlichkeit; alles, was Menschen enger verbindet als das Blut, habe ich hier in reichem Maße gefunden. Ich lasse Freunde zurück, die ich nie vergessen kann, und ich werde nie aufhören, eine Gelegenheit herbeizuwünschen, zurückzukommen und mich wiederum der echten Kameradschaft der Männer zu erfreuen, die mir so gute Freunde waren, daß ich, fern von meinen Bekannten und in jeder anderen Beziehung unglücklich, nie unter Einsamkeit gelitten habe. Was Sie betrifft, bester, liebster, wertvollster aller Menschen, wenn ich Ihre Gelehrtheit, Ihre Weisheit, Ihre Güte, Ihre Vorurteilslosigkeit und Ihren Edelmut bedenke, so scheine ich in Ihrer Freundschaft allein soviel gefunden zu haben, daß ich allezeit froh darüber sein werde, gezwungen gewesen zu sein, so viele Jahre in Ihrer Nähe zu verbringen.»[112]

England wurde nun von seinen Freunden regiert, und Locke durchlief eine Reihe von Staatsstellen. 1690 wurde er Richter am Appellationsgerichtshof, 1696 bis 1700 war er Bevollmächtigter des Ministeriums für Handel und Kolonien. Er war eng befreundet mit dem Staatsanwalt John Somers, mit Charles Montagu, dem ersten Earl von Halifax, und Isaak Newton, dem er bei der Münzreform half. Nach 1691 weilte er die meiste Zeit in Oates Manor in Essex bei Sir Francis Masham und dessen Gemahlin, Lady Damaris Masham, einer Tochter Ralph Cudworths. Schreibend und seine Werke überarbeitend, lebte er bis zu seinem Tod in diesem stillen Hafen.

2. *Regierung und Eigentum*

Locke war schon sechsundfünfzig Jahre alt, als er aus dem Exil zurückkehrte. Bisher hatte er nur einige kleinere Artikel und einen Auszug in französischer Sprache aus seinem *Versuch* in Le Clercs *Bibliothèque Universelle* (1688) veröffentlicht. Als Philosoph war er, außer bei einigen wenigen Freunden, noch unbekannt. Dann gab er, in einem einzigen *annus mirabilis,* drei Werke in den Druck, die ihn in den Mittelpunkt des europäischen Geisteslebens rückten. Im März 1689 erschien in Holland seine *Epistola de Tolerantia* (Brief über Toleranz), die im Herbst des gleichen Jahrs ins Englische übersetzt wurde; und 1690 folgte *Second Letter concerning Toleration*. Im Februar 1690 gab er seine *Two Treatises on Government* (Zwei Abhandlungen über das Regieren) heraus, den Eckstein der modernen Lehre von der Demokratie in England und Amerika, und einen Monat später den *Essay concerning Human Understanding* (Versuch über den menschlichen Verstand), das einflußreichste Werk der modernen Psychologie. Obwohl es schon vor seinem Weggang aus Holland fertig vorlag, ließ er zuerst die *Abhandlungen über das Regieren* drucken, weil er es eilig hatte, der «Glorreichen Revolution» von 1688/89 eine philosophische Grundlage zu geben. Diese Absicht gestand er im Vorwort der ersten Abhandlung freimütig ein: «... den Thron unseres größten Retters, unseres gegenwärtigen Königs Wilhelm III., zu befestigen; seinem Anspruch den Beifall des Volks zu sichern ... und vor der Welt das englische Volk zu rechtfertigen, dessen Liebe zu seinen rechtmäßigen und natürlichen Rechten, verbunden mit der Entschlossenheit, sie zu bewahren, die Nation gerettet hat, als sie sich hart am Rande von Sklaverei und Ruin befand.»[113]

Die erste und kürzere Abhandlung unternahm es, auf *Patriarcha, or The Natural Power of Kings asserted* zu antworten, das Sir Robert Filmer um 1642 geschrieben hatte, um das Gottesgnadentum Karls I. zu vertreten, das aber erst kürzlich (1680), in der Hochblüte des triumphierenden Absolutismus Karls II., gedruckt erschienen war. Es war nicht die beste von Sir Roberts Schriften. 1648 hatte er anonym *The Anarchy of a Limited Mixed Monarchy* publiziert, eine Vorbereitung auf die Ansichten Hobbes'. Obwohl er für sein Eintreten für eine verlorene Sache eine Gefängnisstrafe erdulden mußte, verteidigte er sie wieder in *Observations upon Aristole's Politiques*, die ein Jahr vor des Verfassers Tod, 1652, anonym erschienen sind.

Filmer betrachtete die Regierung als eine Erweiterung der Familie. Gott übertrug die Souveränität über die erste menschliche Familie dem Adam, von dem sie auf die Patriarchen überging. Die, welche (wie Filmers Gegner) an die göttliche Offenbarung der Bibel glauben, müssen zugeben, daß die patriarchalische Familie und die Macht des Patriarchen gottgewollt waren. Von den Patriarchen ging diese Macht auf die Könige über; die frühen Könige waren Patriarchen, ihre Autorität war eine Form der elterlichen Gewalt und aus dieser hervorgegangen. Die Monarchie geht also auf Adam zurück, also auf Gott; ihre Regierung ist, es sei denn, sie befehle eine offensichtliche Verletzung von Gottes Gebot, göttlich und absolut; Auflehnung gegen sie ist sowohl eine Sünde als auch ein Verbrechen[114].

Gegen die Lehre, der Mensch sei frei geboren, wendet Filmer ein, daß der Mensch von Geburt an den Gebräuchen und Gesetzen seiner Gruppe und den natürlichen und gesetzlichen Rechten der Eltern über ihre Kinder untertan ist; «natürliche Freiheit» ist ein romantischer Mythos. Es ist ebenfalls ein Mythos, daß am Anfang die Regierung mit der Zustimmung und Billigung des Volkes eingesetzt worden sei. «Repräsentative Regierung» ist wieder ein anderer Mythos; in Wirklichkeit wird der Repräsentant von einer kleinen und aktiven Minderheit jeder Wählerschaft gewählt[115]. Jedwede Regierung wird von einer Minderheit über eine Mehrheit ausgeübt. Es liegt in der Natur des Regierens, über den Gesetzen zu stehen, weil die gesetzgebende Behörde die Macht hat, Gesetze nach eigenem Befinden zu erlassen und aufzuheben. «Wir geben uns unbegründeten Hoffnungen hin, wenn wir glauben, jemals eine Regierung ohne

Willkür zu haben.»[116] Wenn eine Regierung vom Willen der Regierten abhängt, dann ist sie überhaupt keine Regierung, denn jeder Einzelne oder jede Menge würde sich unter Berufung auf das eigene «Gewissen» das Recht nehmen, gegen sie zu rebellieren. Das wäre dann Anarchie oder Pöbelherrschaft; und es gibt «keine Tyrannei, die mit der Tyrannei der Masse zu vergleichen ist»[117].

Locke dachte, als Verteidiger der «Glorreichen Revolution» sei es seine erste Aufgabe, die Behauptungen Filmers zu entkräften. Er war der Ansicht, es sei «noch nie so viel glatter Unsinn in so wohltönendem Englisch zusammengetragen» worden wie in Sir Robert Filmers Abhandlung[118]. «Von einem längst nicht mehr zu einer Antwort fähigen Mann würde ich nicht so unmißverständlich reden, hätte nicht die Kanzel seine Ansichten öffentlich übernommen und zur herrschenden Theologie dieser Zeit gemacht», das heißt, hätte nicht der anglikanische Klerus das Gottesgnadentum der Könige selbst unter dem katholischen Jakob II. vertreten. Locke machte sich mit launigem, manchmal unfeinem Sarkasmus daran, Filmers Ableitung der Königsmacht von der vorausgesetzten Souveränität Adams und der Patriarchen zu untersuchen; seine lange biblische Widerlegung brauchen wir nicht weiter zu verfolgen; wir begründen heutzutage unsere politischen Vorurteile mit anderen als biblischen Ansichten. Es bleibt von Filmer nach der rauhen Behandlung durch Locke dennoch etwas übrig, nämlich der zwar in seinen Einzelheiten mißlungene Versuch, das Wesen des Regierens durch das Forschen nach seiner geschichtlichen, ja selbst seiner biologischen Herkunft zu beleuchten. Wahrscheinlich haben beide, Filmer und Locke, die Rolle von Eroberung und Gewalt bei der Errichtung von Staaten unterschätzt.

In der zweiten Abhandlung über die Staatslenkung stellte sich Locke die Aufgabe, für die Herrschaft Wilhelms III. in England eine stichhaltigere Grundlage zu finden als ein göttliches Recht, das leider geeignet gewesen wäre, Jakobs II. Gewaltherrschaft wieder aufleben zu lassen. Indem er Wilhelms Rechtstitel aus der Zustimmung der Regierten ableitete, setzte er mehr voraus, als er geschichtlich beweisen konnte: Das Volk hatte der Eroberung Englands durch Wilhelm nie zugestimmt, und die Aristokraten, die sie hintenherum zustande brachten, hatten nicht daran gedacht, sich das Einverständnis des Volks zu sichern, sondern nur daran, den offenen Widerstand zu vermeiden. Nichtsdestoweniger erbrachte Locke mit der philosophischen Untermauerung von Wilhelms Macht eine eindrucksvolle Rechtfertigung der Volkssouveränität; einen Monarchen verteidigend, entwickelte er die Lehre von der repräsentativen Regierung; und indem er den Whigs und den Verteidigern des Eigentums Vernunftgründe lieferte, formulierte er das Evangelium der politischen Freiheit. Damit verdrängte er Hobbes aus seiner beherrschenden Stellung in der englischen Staatslehre.

In der Annahme eines primitiven «Naturzustands» vor der Errichtung von Staaten folgte er Hobbes; wie dieser und Filmer machte auch er die Geschichte seinem Zweck entsprechend zurecht; aber anders als Hobbes nahm er an, die Individuen seien im Naturzustand frei und gleich gewesen; diese Worte gebrauchte er im gleichen Sinn wie nach ihm Jefferson, daß nämlich kein Mensch von Natur aus mehr Rechte habe als jeder andere; und er billigt dem Menschen unter «natürlichen Bedingungen» gewisse soziale Instinkte als psychologische Vorbereitung auf die Gesellschaftsbildung zu. Gelegentlich entwirft er einige freundliche Wunschbilder, wie zum Beispiel dieses: «Da jeder Mensch von Natur frei ist ... und nichts imstande ist, ihn ohne seine Zustimmung einer irdischen Gewalt zu unterwerfen ...»[119] In Lockes Theorie war der Naturzustand nicht Hobbes' Krieg aller gegen alle, denn das «Naturgesetz» wahrte die Rechte der als vernünftige Lebewesen handelnden Menschen. Durch Vernunft (meinte Locke) kamen die Menschen überein – sie schlossen unter sich einen «Sozialvertrag» –, ihr individuelles Recht zum Verurteilen und Bestrafen nicht einem König, sondern der Gemeinschaft abzutreten. Daher ist die Gemeinschaft der eigentliche Souverän. Durch Mehrheitsbeschluß wählt sie einen obersten Vollstrecker ihres Willens[120]. Er mag den Namen König tragen, ist aber wie jeder andere Bürger gehalten, den von der Gemeinschaft aufgestellten Gesetzen zu gehorchen. Sucht er sie (wie Jakob II.) zu mißachten oder zu umgehen, dann hat die Gemeinschaft das Recht, ihm die Gewalt, die sie ihm übertrug, wieder zu entziehen.

In Wirklichkeit verteidigte Locke nicht Wilhelm gegen Jakob, sondern das (nun siegreiche) Parlament gegen jeglichen König. Die höchste Staatsgewalt soll der gesetzgebenden Behörde zustehen. Diese soll durch unbeeinflußte Wahlen vom Volk eingesetzt werden, und die Gesetze sollen strenge Strafen androhen für jeden Versuch, die Stimme eines Bürgers oder Gesetzgebers zu kaufen; Locke konnte nicht voraussehen, daß sein bewunderter Wilhelm III. zum Kauf der Stimmen von Parlamentsmitgliedern gezwungen sein werde und daß mächtige Familien noch an die hundertvierzig Jahre lang fortfahren würden, die Stimmen der *rotten boroughs* [Wahlkreise, deren Bevölkerung nur aus Anhängern und Abhängigen eines einzigen Grundbesitzes bestand] zu kontrollieren und über sie zu verfügen. Die Funktionen der gesetzgebenden Behörde sind von denen der ausführenden streng zu trennen, und jeder dieser beiden Regierungszweige führt die Aufsicht über den anderen.

«Die Regierung», sagt Locke, «hat keinen anderen Endzweck als die Wahrung des Eigentums.»[121] Es gab in früherer Zeit, als die Ernährung ohne Ackerbau gesichert war und die Menschen ohne Arbeit leben konnten, eine Art von primitivem Kommunismus; als jedoch die Arbeit begann, hörte dieser Kommunismus auf, denn jeder Mensch beanspruchte selbstverständlich, was er durch seine Arbeit geschaffen hatte, als sein persönliches Eigentum. Arbeit allein ist die Quelle von «neunundneunzig Hundertsteln» des Werts aller Erzeugnisse[122]. (Hier lieferte Locke, ohne es zu wollen, dem modernen Sozialismus einen seiner Grundsätze.) Die Zivilisation nimmt durch Arbeit zu: also durch den Privatbesitz als dem Produkt der Arbeit. Theoretisch sollte kein Mensch über mehr Eigentum verfügen, als er gebrauchen kann[123]; aber die Erfindung des Geldes setzte ihn in den Stand, den Überschuß seines Arbeitsertrags, den er nicht selber verbrauchen konnte, zu verkaufen; und auf diese Weise entstand die große Ungleichheit der Verteilung des Eigentums unter den Menschen. An diesem Punkt würde man nun eine gewisse Kritik an der Anhäufung von Besitz erwarten; statt dessen betrachtet Locke das Eigentum, wie ungleich es auch verteilt sein mag, als naturgegeben und unverletzlich; der Weiterbestand der sozialen Ordnung und der Zivilisation verlangt, daß der Schutz des Eigentums der vorherrschende Zweck des Staates ist. «Die höchste Gewalt kann keinem Menschen ohne seine Zustimmung einen Teil seines Eigentums wegnehmen.»[124]

Auf dieser Grundlage konnte Locke keine Revolution zum Zweck der Enteignung von Besitz billigen. Aber als «Prophet und Stimme der Glorreichen Revolution»[125] konnte er das Recht,. eine Regierung zu stürzen, nicht verneinen. «Das Volk ist von der Gehorsamspflicht gegen eine Regierung entbunden, die unrechtmäßig über seine Freiheiten und sein Eigentum verfügt», weil «der Zweck des Regierens das Wohl der Menschheit ist. Was ist nun am besten für die Menschheit? Daß das Volk beständig dem schrankenlosen Willen der Tyrannei preisgegeben ist oder daß die Herrscher zuweilen dem Widerstand ausgesetzt sind, wenn sie im Gebrauch ihrer Gewalt die Grenzen überschreiten und sie zum Verderben, nicht aber zur Erhaltung des Eigentums ihres Volkes anwenden?»[126] Während viele hugenottische und jesuitische Philosophen die Revolution zur Verteidigung der einen, wahren Religion guthießen, billigt Locke sie einzig zum Schutz des Eigentums. Die Säkularisation änderte Stellung und Begriff der Heiligkeit. Lockes Einfluß auf das politische Denken blieb von überragender Wirksamkeit bis zu Karl Marx. Seine Staatsphilosophie paßte so gut zum Aufstieg der Whigs und zum englischen Charakter, daß ihre Mängel ein Jahrhundert lang als unbedeutender Makel an einer großartigen Magna Charta des Bürgertums übersehen wurden. Sie verschaffte nicht nur dem Jahr 1689 einen Glorienschein, sondern in merkwürdiger Vorausnahme auch den Jahren 1776 und 1789, das heißt den drei Etappen der Revolte des Geschäftes gegen die Geburt, des Geldes gegen den Grundbesitz. Heute belächeln Kritiker Lockes Ableitung der Regierungsgewalt aus der Zustimmung freier, in einem Naturzustand lebender Menschen, geradeso wie Locke über Filmers Ableitung derselben von den Patriarchen, Adam und Gott gelächelt hatte. «Naturrechte» sind verdächtig und hypothetisch; in einer gesetzlosen Gesellschaft ist einzig überlegene Stärke natürliches Recht, wie das jetzt noch zwischen den Staaten der Fall ist; und in der Zivilisation ist ein Recht eine vom Einzelnen gewünschte, der Allgemeinheit nicht schadende Freiheit. Herrschaft der Mehrheit ist möglich in kleinen Gemeinschaften in lebensunwichtigen Angelegenheiten; gewöhnlich aber liegt die Herrschaft in der Hand einer organisierten Minderheit. Regierungen kennen heute höhere Pflichten als nur den Schutz des Eigentums.

Die Leistung dieser zweiten Abhandlung bleibt trotzdem unermeßlich groß. Sie weitete den Sieg des Parlaments und der Whigs über die Monarchie und die Tories in die Lehre von der repräsentativen und verantwortlichen Regierung aus, die ein Volk nach dem anderen zum Erringen der Freiheit anfeuerte. England lehnte Lockes Gewaltentrennung ab und unterstellte die ganze Regierungsgewalt der gesetzgebenden Körperschaft; seine Lehre zielte darauf, die Exekutive einzuschränken, und dieses Ziel wurde vollständig erreicht. Viel von seinem Glauben an menschliche Vernunft und menschlichen Anstand und von seiner Mäßigung in der Anwendung der Theorie auf die Praxis gingen so allgemein in die englische Politik ein, daß Umwälzungen unmerklich und für das Bewußtsein kaum wahrnehmbar vor sich gehen.

Von England kamen Lockes Ideen 1729 mit Voltaire nach Frankreich; sie wurden von Montesquieu aufgenommen, als er 1729 bis 1731 England besuchte; sie fanden Ausdruck in Rousseau und anderen vor und während der Französischen Revolution und erschienen in voller Entfaltung in der Erklärung der Menschenrechte durch die konstituierende Versammlung von 1789. Als sich die amerikanischen Kolonisten gegen die Wiederaufrichtung der Monarchie Georgs III. auflehnten, übernahmen sie Lockes Ideen und Formeln fast wörtlich in ihre Unabhängigkeitserklärung. Die von Locke postulierten Rechte gingen in den zehn ersten Zusätzen zum Staatsgrundgesetz in die Verfassung der Vereinigten Staaten von Amerika ein. Seine Trennung der Regierungsgewalten wurde in der Form, wie Montesquieu sie noch auf die Justiz ausgedehnt hatte, zu einem lebendigen Faktor in der amerikanischen Regierungsform; seine Fürsprache für das Eigentum wurde von der amerikanischen Gesetzgebung übernommen; seine Abhandlungen über Toleranz veranlaßten die Gründerväter Amerikas, Kirche und Staat zu trennen und sich für Religionsfreiheit zu entscheiden. Selten hat in der Geschichte der Staatsphilosophie ein Einzelner einen so nachhaltigen Einfluß ausgeübt.

3. *Geist und Materie*

Ebenso weitreichend und tiefgreifend wie auf dem Gebiet der Regierungstheorie war Lockes Einfluß auf dem der Psychologie. Seit 1670 schrieb er an seinem *Versuch über den menschlichen Verstand;* bezeichnenderweise gab er ihn erst nach zwanzigjähriger Überarbeitung in den Druck; und dann bekam er für dieses Meisterwerk der psychologischen Darstellung dreißig Pfund. Er selber schrieb den ersten Anstoß zum *Versuch* einem 1670 in London geführten Gespräch zu:

«Fünf oder sechs Freunde pflegten sich in meinem Zimmer einzufinden, und bei der Besprechung ganz anderer Dinge als der hier behandelten sahen sie sich bald vor Schwierigkeiten gestellt, die sich von allen Seiten erhoben. Nachdem wir uns viel bemüht und doch der Lösung der Zweifel, die uns bedrängten, nicht nähergekommen waren, fiel mir ein, daß wir wohl einen falschen Weg eingeschlagen hätten und daß vor Beginn solcher Untersuchungen wir unsere eigenen Fähigkeiten überprüfen und sehen müßten, mit welchen Fragen von Bedeutung sich zu befassen der Verstand geeignet ist und für welche nicht. Ich sagte dies der Gesellschaft, und alle stimmten sogleich zu; hierauf beschlossen wir, dies als erstes in Untersuchung zu nehmen. Einige flüchtige und noch unverarbeitete Gedanken, die ich bei der nächsten Zusammenkunft vorbrachte, gaben den ersten Anstoß zu der vorliegenden Untersuchung.»[127]

Offensichtlich ging die Anregung zu dem *Versuch* von der von den Platonikern Cambridges – die darin den scholastischen Philosophen folgten – vertretenen Behauptung aus, unsere Vorstellungen von Gott und Ethik stammten nicht aus der Erfahrung, sondern aus unserem Inneren, diese Vorstellungen seien uns angeboren und ein Teil unseres geistigen Rüstzeugs, dessen wir uns bei der Geburt noch nicht bewußt sind. Diese Ansicht führte Locke – wahrscheinlich eher als Descartes' beiläufige Erwähnung von «angeborenen Ideen» – zu der Frage, ob es irgendwelche Vorstellungen gebe, die nicht die Folge äußerer Eindrücke sind[128]. Locke kam zum Schluß, daß alles Wissen – auch unsere Vorstellungen von Gott und von Gut und Böse – aus der Erfahrung stammt und nicht ein Teil der angeborenen Struktur des Geistes ist. Er wußte, daß er mit einer solchen empirischen Position viele seiner Zeitgenossen vor den Kopf stoßen würde, die der Meinung waren, die Ethik bedürfe der Hilfe Gottes und Ethik wie Religion würden geschwächt, wenn ihre Grundlehren einen weniger edlen Ursprung hätten als Gott selbst. Er bat seine Leser, mit ihm Geduld zu haben, und ging seinerseits mit maßvoller Unvoreingenommenheit an die gefährliche Untersuchung heran. «Ich will nicht belehren, sondern erforschen.» [129] Seine Sprache war ruhig, bescheiden und überlegt. Und er gestand, «zu träge und zu beschäftigt gewesen zu sein, um sich kürzer zu fassen» [130].

Immerhin wollte er wenigstens seine Begriffe klarstellen. Er lehnte die «affektierte Dunkelheit» mancher Philosophen ab [131]. «Genau zu wissen, was unsere Worte besagen wollen, macht ... in vielen Fällen ... dem Streit ein schnelles Ende.» [132] Es muß jedoch gesagt werden, daß Lockes Belehrung über diese Sache besser ist als seine eigene Befolgung derselben. Er definiert «Verstand» als «die Kraft der Auffassung», aber «Auffassung» braucht er für «1) die Auffassung der Vorstellungen in der Seele, 2) die Auffassung der Bedeutung der Zeichen (Worte), 3) die Auffassung des Zusammenstimmens oder Nichtübereinstimmens zwischen Vorstellungen» [133]. Aber was sind Vorstellungen? Locke braucht das Wort für 1) den Eindruck äußerer Dinge auf unsere Sinne (wir würden Empfindung sagen), 2) die innere Wahrnehmung dieses Eindrucks (wir würden Wahrnehmung sagen), 3) das Bild oder die Erinnerung, die mit der Vorstellung verbunden ist (wir würden Vorstellung sagen), 4) die «begrifflichen Vorstellungen», die viele individuelle Bilder zusammenfaßt zu einem allgemeinen oder abstrakten oder universalen Begriff von Klassen ähnlicher Gegenstände. Locke macht nicht immer deutlich, in welchem Sinn er diesen verwirrenden Begriff verwendet*.

Er beginnt mit der Verwerfung von «angeborenen Grundsätzen». «Für viele Menschen ist es eine ausgemachte Sache, daß im Verstand angeborene Grundsätze bestehen oder gewisse Urbegriffe ..., gleichsam der menschlichen Seele eingeprägte Zeichen, welche sie bei ihrem ersten Entstehen erhält und mit auf die Welt bringt»; er will «die Unrichtigkeit dieser Annahme» aufzeigen [135]. Er verwirft nicht die angeborenen Neigungen – was man später Reizbewegungen, Reflexe oder Instinkte nannte. Hobbes folgend, beschreibt er solche Vorgänge: «Sie scheinen sämtlich nur Bewegungsreihen der Lebensgeister zu sein, die, wenn sie einmal einen Weg genommen, diesen beibehalten; durch das häufige Betreten wird er zu einem glatten Pfade, und die Bewegung vollzieht sich so leicht, wie wenn sie eine natürliche» oder angeborene wäre [136]. Er ist geneigt, Ideenassoziationen solchen physiologischen Pfaden zuzuschreiben. Descartes hatte angenommen, die Gottesvorstellung sei uns angeboren; Locke verneint es. Man hat Völkerstämme entdeckt, bei denen es sie nicht gibt, und diejenigen, die sie haben,

* Bei der Besprechung der Subjektivität von Allgemein- oder Klassenbegriffen weist Locke darauf hin, daß der Begriff «Spezies», wenn er auf Organismen angewendet wird, eine Denkkonstruktion und ein Hilfsmittel ist; daß die körperliche Welt keine getrennten Arten aufweist, wohl aber getrennte Individuen, daß der Übergang «... nur in kleinen Stufen geschieht und in einer fortlaufenden Reihe der Dinge, von denen die nächsten sich wenig unterscheiden ... Dies gilt bis zu den untersten unorganischen Stoffen ... Die Abgrenzung in Arten, nach denen der Mensch sie unterscheidet, ist vom Menschen gezogen.» [134]

haben von der Gottheit so verschiedene Auffassungen und Bilder, daß es klüger ist, den Begriff des Angeborenen zu verwerfen und unseren Glauben an Gott auf «die sichtbaren Zeichen einer außerordentlichen Weisheit und Macht ... in allen Werken der Schöpfung»[137] zu gründen, das heißt auf die Erfahrung. Gleicherweise gibt es auch keine «angeborenen praktischen Grundsätze», keine angeborenen Begriffe von Gut und Böse; die Geschichte zeigt eine so große und oft widersprechende Vielfalt ethischer Beurteilungen, daß diese nicht zum natürlichen Erbgut des Menschen zu rechnen sind; sie sind das Erbe einer Gesellschaft und sind verschieden von Ort zu Ort, von Zeit zu Zeit[138].

Nach der Ablehnung angeborener Ideen beginnt Locke mit der Untersuchung des Entstehens von Ideen. «Wir wollen also annehmen, die Seele sei [bei der Geburt], wie man sagt, ein weißes, unbeschriebenes Blatt Papier, ohne irgendwelche Vorstellungen; wie wird sie nun mit solchen versorgt? ... Um es mit einem Wort zu sagen: von der Erfahrung. All unser Wissen ist auf diese gegründet, und von ihr leitet es sich im letzten Grunde ab.»[139] Alle Vorstellungen sind entweder von Sinneswahrnehmungen oder innern Selbstwahrnehmungen abgeleitet. Die Sinneswahrnehmungen sind körperlich; ihr geistiges Ergebnis ist die Wahrnehmung, welche «das erste Vermögen der Seele»[140] ist.

Locke sah keinen Grund, zu zweifeln, daß wir richtige und gültige Erkenntnisse der äußeren Welt besitzen, doch übernahm er die altgewohnte Unterscheidung zwischen primären und sekundären Qualitäten der wahrgenommenen Dinge. Primäre Qualitäten sind die, «die ganz untrennbar von dem Ding sind, in welchem Zustand es sich auch befinden mag»: Dichte, Ausdehnung, Gestalt, Zahl und Bewegung oder Ruhe. Sekundäre Qualitäten sind «nicht in den Dingen an sich, sondern ihr Vermögen, in uns durch ihre primären Qualitäten Sinneswahrnehmungen hervorzurufen»: So sind Farben, Töne, Geschmack und Geruch sekundäre Qualitäten, in uns entstanden durch Ausdehnung, Gestalt, Struktur und Bewegung von Dingen; die Dinge an sich haben weder Farbe noch Gewicht, Geschmack, Geruch, Ton oder Wärme. Diese schon bei Albertus Magnus und Thomas von Aquin vorkommende Unterscheidung war von Descartes, Galileo Galilei, Hobbes, Boyle und Newton übernommen worden; ihre Darstellung und ihre Betonung durch Locke verschaffte ihr neues und verbreiteteres Ansehen; die Wissenschaft stellte sich nun die äußere Welt theoretisch als farblosen, lautlosen und neutralen Zustand vor, in dem Blumen und Früchte allen Duft und alles Aroma verloren haben. Die Poesie mag durch diese Auffassung zu den langweiligen Versdichtungen des Augusteischen Zeitalters, des frühen achtzehnten Jahrhunderts in England, hinabgesunken sein; aber am Ende erkannte sie, daß empfundene Qualitäten gleich wirklich sind wie die Dinge an sich; und die Romantik rächte sich am Klassizismus, indem sie die Gefühle zur höchsten Wirklichkeit machte.

Die Zerlegung von Dingen in Qualitäten führte zur Frage nach der Substanz, welcher die primären Qualitäten innezuwohnen scheinen. Locke bekannte, von diesem geheimnisvollen Träger nichts zu kennen als seine Eigenschaften; nimmt man diese weg, so wird die Substanz, das darunter Stehende oder Tragende, seinen Sinn und offenbar seine Existenz verloren haben[141]. Hier hakte Berkeley ein. Wenn wir nur die Eigenschaften der Dinge und diese nur als Vorstellungen kennen, dann ist alle Wirklichkeit Wahrnehmung; und Locke, der große Kämpfer für den Empirismus, der Verteidiger der Erfahrung als Quelle allen Wissens, wird zum Idealisten, indem er Materie auf die Idee von ihr reduziert. Außerdem ist die Seele ebenso hypothetisch wie Substanz, Körper oder Materie. In einem bemerkenswerten Abschnitt überspringt Locke Berkeley und nimmt Hume voraus:

«Dasselbe zeigt sich bei den Tätigkeiten der Seele, wie Denken, Begründen, Fürchten usw.; man hält sie nicht für selbständig und kann auch nicht annehmen, daß sie dem Körper zukommen und von ihm hervorgebracht werden; deshalb bezieht man sie auf eine andere Substanz, die man *Geist* nennt. Da man indes vom Stoffe nur die Vorstellung eines Etwas hat, in welchem die verschiedenen sinnlichen und wahrnehmbaren Eigenschaften bestehen, so hat man in der Annahme einer Substanz, in der das Denken, Wissen, Zweifeln, eine Kraft zu bewegen usw. besteht, eine ebenso klare Vorstellung von der Substanz des Geistes wie von der des Körpers; die eine gilt (ohne daß man weiß, was sie ist) als die Unterlage der einfachen von außen empfangenen Vorstellungen; die andere (von der man auch nicht weiß, was sie ist) als Unterlage der in uns selbst wahrgenommenen [erfahrenen] Tätigkeiten.»[142]

Locke gibt also zu, «daß unsere Vorstellung von der Substanz in beiden Fällen gleich unklar oder gar keine ist», «sie ist bloß etwas, ich weiß nicht was, das nur angenommen wird, um die Vorstellungen, die man Akzidenzien nennt, zu tragen». In beiden Fällen, so schließt Locke daraus, sind wir berechtigt, an eine Substanz zu glauben, an einen Sinneswahrnehmungen tragenden und ausstrahlenden Stoff und an eine Vorstellungen tragende und bewahrende Seele, ein geistiges Wesen, das die verschiedenen Tätigkeiten der Wahrnehmung, des Denkens, Empfindens und Wollens verrichtet[143].

Was immer die Seele sein mag, ihre Tätigkeiten sind alle der gleichen Art, nämlich ein Spiel mit Vorstellungen. Locke verwirft den scholastischen Begriff der «Kräfte» der Seele, wie Denken, Gefühl und Willen. Denken ist eine Kombination von Vorstellungen; Gefühl ist der physiologische Reflex einer Vorstellung; Wille ist eine in Handlung übergehende Vorstellung, weil alle Vorstellungen in Handlung überzugehen streben, wenn sie nicht durch eine andere Vorstellung aufgehalten werden*. Aber wie kann eine Vorstellung zur Handlung werden, wie kann ein geistiger Vorgang zur physiologischen und körperlichen Bewegung werden? Widerstrebend nimmt Locke den Dualismus von körperlichem Leib und unkörperlicher Seele an; aber in einem unbedachten Augenblick meint er, «Seele» könnte eine Form von «Materie» sein. Das ist ein *locus classicus* bei Locke:

«Wir werden wohl nie wissen können, ob jedes stoffliche Ding denkt oder nicht, da durch die Beobachtung unserer eigenen Denkobjekte ohne Offenbarung nicht ermittelt werden kann, ob die Allmacht einem passend eingerichteten bloßen Stoffe nicht das Vermögen, aufzufassen und zu denken, verliehen habe oder sonst mit dem so eingerichteten Stoffe eine denkende stofflose Substanz verbunden habe; denn nach unseren Begriffen kann man sich ebensogut vorstellen, daß Gott den Stoff selbst mit einem *Denkvermögen* ausgestattet, wie daß er ihn mit einer *Substanz, welche denken kann,* verbunden habe ... Wer bemerkt, wie schwer das Wissen mit dem ausge-

* In der ersten Auflage des *Versuchs* anerkannte Locke keinen freien Willen, außer als Freiheit von äußerem Zwang. In späteren Auflagen änderte er diesen Determinismus dahin, die Seele könne die Ausführung und Befriedigung ihrer eigenen Wünsche hemmen[144].

dehnten Stoff oder das Dasein mit Etwas, das gar nicht besteht, sich vereinigen läßt, wird einsehen, wie wenig sicher er weiß, was seine Seele ist ... Wer unbefangen die dunklen und verwirrenden Punkte ... erwägt, wird sich kaum mit Grund für oder gegen die Stofflichkeit der Seele entscheiden können.»[145]

Obwohl schon Hobbes sich für die materialistische Alternative des Dilemmas entschieden hatte, wirkte die Andeutung ihrer möglichen Richtigkeit innerhalb des Gedankenguts von Lockes Zeit so verletzend auf die Strenggläubigen, daß an die hundert Glaubensverteidiger ihn beschuldigten, den Atheisten in die Hände zu arbeiten. Sie gingen nicht ein auf seine flüchtige Verbeugung vor der Offenbarung und seine frühere Feststellung: «Ich gebe es als wahrscheinlich zu, daß dieses Bewußtsein mit einer einzelnen stofflosen Substanz verknüpft und eine Erregung derselben ist.»[146] Vielleicht sahen sie voraus, daß La Mettrie, von Holbach, Diderot und andere Materialisten in Lockes Vermutung eine heimliche Neigung zu ihrer Ansicht sehen würden. Der Bischof Stillingfleet beschuldigte ihn geradewegs einer solchen Tendenz und warnte ihn, sie gefährde die ganze christliche Theologie. Locke ließ seine übliche Vorsicht außer acht und vertrat in einer bis 1697 dauernden Kontroverse mit Stillingfleet und anderen nachdrücklich die *Möglichkeit* der materialistischen Hypothese.

Seinen Kritikern, seinen gelegentlichen Widerlegungen, seinen Unklarheiten und anderen Mängeln zum Trotz gewann der *Versuch* mit jedem Jahr mehr Ansehen und Einfluß. Vier Auflagen wurden in den vierzehn Jahren zwischen seiner Veröffentlichung und Lockes Tod nötig. Das Buch wurde zum Diskussionsthema in den englischen Salons; Tristram Shandy versicherte seinen Zuhörern, mit einer Bezugnahme auf den *Versuch* schneide «im Kreis von Metaphysikern keiner schlecht ab»[147]. Der Einfluß des *Versuchs* auf Berkeley und Hume war so groß, daß man den Beginn der Wendung der englischen Philosophie von der Metaphysik zur Erkenntnistheorie von diesem Werk an datiert. Vielleicht hatte Pope an Locke gedacht, als er schrieb: «Das eigentliche Studienobjekt der Menschheit ist der Mensch.»

Im Jahr 1700 erschien eine französische Ausgabe, die mit begeisterter Überschwenglichkeit aufgenommen wurde. «Nachdem so viele spekulative Männer über die Seele Phantastereien vorgebracht haben», schrieb Voltaire, «erschien ein wahrhaft weiser Mann, der uns in denkbar bescheidenster Weise ihre wirkliche Geschichte vorlegt. Locke hat den Menschen die Zerlegung der Seele genau so vordemonstriert, wie ein hochgelehrter Anatom es mit dem Leib täte.»[148] Und an anderer Stelle: «Locke allein hat den menschlichen Verstand in einem Buch dargelegt, das nichts als Wahrheiten enthält, ein Buch, dessen Vollkommenheit es ist, diese Wahrheiten klar gestaltet zu haben.»[149] Der *Versuch* wurde zur psychologischen Bibel der französischen Aufklärung. Condillac übernahm und erweiterte Lockes Sensualismus und meinte, von Aristoteles bis Locke sei auf dem Gebiet der Psychologie nichts getan worden[150] – eine offensichtliche Ungerechtigkeit gegenüber den Scholastikern und Hobbes. D'Alembert schrieb in seiner Vorrede zur *Enzyklopädie* Locke die Ehre zu, die wissenschaftliche Philosophie begründet zu haben, wie Newton (seiner Meinung nach) die wissenschaftliche Physik. Trotz seiner Versicherung der Rechtgläubigkeit war der *Versuch* auf dem Weg zum rationalistischen Empirismus, der bald einmal die Seele als nutzlose Hypothese fallenließ und dazu überging, die gleichen Gedankengänge auch auf Gott anzuwenden.

4. Glaube und Toleranz

Locke selbst hatte nicht die Neigung zu solchen Extremen. Bei allen persönlichen Zweifeln fühlte er als englischer Gentleman, daß Anstand und Moral der Unterstützung der christlichen Kirche bedurften. Würde die Philosophie den Leuten ihren Glauben an eine hinter den offenkundigen Ungerechtigkeiten und Leiden des Lebens stehende göttliche Gerechtigkeit nehmen, was konnte sie dann den Menschen als Stütze der Hoffnung und des Mutes bieten? Eine langsame Entwicklung auf einen demokratischen Idealstaat zu? Aber würden in diesem Idealstaat natürliche Habsucht und Ungleichheit der Menschen nicht neue Mittel schmieden, die die Schlauen und die Starken zum Gebrauch und Mißbrauch der Einfältigen und Schwachen benutzen würden?

Sein höchstes Anliegen war, «Verhältnis und Grenze zwischen Glauben und Vernunft festzustellen»; und diesen Zweck verfolgte er mit dem 18. Kapitel des vierten Buches seines *Versuchs:* «Ich finde, daß jede Konfession von der Vernunft eifrig Gebrauch macht, soweit sie ihr dienen kann; wo das nicht mehr gehen will, da erhebt sie den Ruf: Hier liegt eine Frage des Glaubens vor, die über die Vernunft geht.»[151] «Alles, was Gott offenbart hat, ist sicherlich wahr»[152], aber nur die Vernunft kann entscheiden, ob eine Schrift das Wort Gottes ist, und «kein Satz kann als göttliche Offenbarung gelten ..., wenn er der klaren Anschauungserkenntnis widerspricht»[153]. Wenn eine Frage durch direkte Beobachtung entschieden werden kann, ist unsere Erkenntnis jeder überlieferten Offenbarung überlegen, denn sie ist klarer als die Gewißheit, daß diese Offenbarung wirklich göttlich ist. Jedoch: «Es gibt Dinge, für die man ganz unzulängliche oder überhaupt keine Begriffe hat, und andere, von deren vergangenem, gegenwärtigem oder zukünftigem Dasein wir vermittels unserer natürlichen Fähigkeiten überhaupt nichts wissen können, weil sie ... *über die Vernunft gehen;* deshalb sind diese, sofern sie offenbart wurden, *der eigentliche Gegenstand des Glaubens.*»[154] Locke schließt daraus: «Nichts, was sich mit den klaren und selbstverständlichen Geboten der Vernunft nicht verträgt oder ihnen widerspricht, kann als Glaubenssatz geltend gemacht werden, bei welchem die Vernunft nichts zu sagen habe und dem man zustimmen müsse.»[155] «Ein unfehlbares Zeichen für die Liebe zur Wahrheit dürfte sein, daß man keinen Satz mit größerer Sicherheit festhält, als die Gründe, auf die er sich stützt, es rechtfertigen.»[156] «Die Vernunft muß zuletzt in allen Dingen unser Richter und Führer sein.»[157]

So veröffentlichte Locke denn 1695 *The Reasonableness of Christianity as delivered in the Scriptures* (Die Vernünftigkeit des in den Evangelien überlieferten Christentums). Er las das Neue Testament wieder, wie man ein neues Buch liest, indem er (meinte er) alle Dogmen und alle Kommentare beiseite schob. Er war überwältigt von der gewinnenden Erhabenheit Christi und der Schönheit fast aller seiner Lehren als der besten und leuchtendsten Hoffnung des Menschengeschlechts. Wenn irgend etwas eine göttliche Offenbarung sein konnte, dann schien diese Geschichte und Lehre göttlich zu sein. Locke wollte sie als göttlich annehmen, aber auch beweisen, daß sie in allen wichtigen Punkten mit der Vernunft zutiefst übereinstimme.

Aber es schien ihm, diese wichtigsten Punkte seien viel bescheidener und einfacher als die komplexe Theologie der Neununddreißig Artikel, des Bekenntnisses von Westminster oder des Athanasianischen Glaubens. Er zitierte Abschnitt für Abschnitt des Neuen Testaments, die vom Christen nur den Glauben an Gott und an Christus als den Gottgesandten oder Messias verlangen. Hier, sagte Locke, haben wir eine klare, verständliche Religion, für jeden Menschen geeignet und unabhängig von Gelehrsamkeit und Theologie. In bezug auf die Existenz Gottes war er der Meinung: «die Werke der Natur beweisen in allen ihren Teilen genügend einen Gott»[158]; aus seinem eigenen Dasein schloß er auf eine erste Ursache; und da er in sich selbst Wahrnehmung und Erkenntnis vorfand, schloß er, diese Eigenschaften müßten auch Gott zukommen; Gott ist «ewiger Verstand»[159]. Als Lockes Gegner bedauerten, daß er so vitale Lehren wie die Unsterblichkeit der Seele oder die ewige Strafe oder Belohnung übergangen habe, antwortete er, indem er Christus annehme, nehme er auch seine Lehren an, in denen diese Doktrinen enthalten sind. So kam also Locke durch die gleiche Türe wieder heraus, durch die er eingetreten war.

Immerhin bestand er darauf, alle Formen des Christentums, mit Ausnahme des Katholizismus, sollten sich in England voller Freiheit erfreuen. Schon 1666 hatte er eine Abhandlung über Toleranz geschrieben. Als er nach Holland kam (1683), fand er dort viel mehr Religionsfreiheit als in England; und während er dort lebte, muß er Bayles eindrückliche Verteidigung der Toleranz kennengelernt haben. Erschüttert von der Verfolgung und Auswanderung der Hugenotten (1685), schrieb er seinem Freund Limborch einen Brief, und dieser drängte zu dessen Veröffentlichung; der Brief wurde 1689 in lateinischer Sprache als *Epistola de Tolerantia* gedruckt und erschien noch vor Ablauf des Jahres auch in englischer Übersetzung. Ein Oxforder Universitätslehrer griff ihn an, und Locke, der jetzt wieder in England lebte, verteidigte sich in einem zweiten und dritten *Brief über Toleranz* (1690, 1692). Die Toleranzakte von 1689 traf nicht weit neben seine Vorschläge; sie schloß Katholiken, Unitarier, Juden und Heiden aus und hielt die Dissenters von öffentlichen Ämtern fern. Auch Locke machte Ausnahmen: Er wollte die Atheisten nicht dulden, denn er dachte, ihrem Wort sei nicht zu trauen, weil sie Gott nicht fürchten, ferner Religionen, die körperliche Leiden bringen, zum Beispiel durch Menschenopfer, oder irgendeine Religion, die die Unterwerfung unter eine ausländische Macht verlangt; als Beispiel gab er den Islam an, aber jedermann merkte, daß er auch den Katholizismus meinte[160]. Er warb ausdrücklich für die Duldung von Presbyterianern, Unabhängigen, Anabaptisten, Arminianern und Quäkern. Die Unitarier wagte er nicht einzuschließen, obwohl der erste Earl von Shaftesbury bei seinem Tod in Amsterdam (1683) sagte, er habe den Arianismus und Socianismus (Unitarismus) von seinem Sekretär Locke aufgenommen[161].

Das Gesetz, sagte Locke, sollte sich mit der Aufrechterhaltung der öffentlichen Ordnung begnügen; es hat das Recht, Meinungen, die dem Staat schädlich sind, zu unterdrücken, aber Vollmacht über die Seele des Menschen steht ihm nicht zu. Keine Kirche sollte die Macht haben, die Zugehörigkeit zu ihr zu erzwingen. Wie lächerlich ist es doch, in Dänemark Leute zu strafen, weil sie nicht Lutheraner, in Genf, weil sie nicht Calvinisten, in Wien, weil sie nicht Katholiken sind! Welches Individuum oder welche Gemeinschaft kann schließlich die ganze Wahrheit über das Leben und die Bestimmung des Menschen besitzen? Locke bemerkte, daß die meisten Bekenntnisse für Toleranz sind, solange sie sich schwach, aber dagegen, sobald sie sich stark fühlen. Verfolgung entspringt dem Machtstreben und der als Glaubenseifer maskierten Eifersucht. Verfolgung schafft Heuchler, Toleranz fördert Erkenntnis und Wahrheit. Und wie kann ein zur Barmherzigkeit verpflichteter Christ ein Verfolger sein?

Locke setzte seinen Kampf für Toleranz bis zur Gefahr für sein eigenes Leben fort. Er war mit der Abfassung eines vierten Briefs über diesen Vorwurf beschäftigt, als seine Zeit abgelaufen war. Der Tod erreichte ihn (1704), während er still dasitzend zuhörte, wie Lady Masham ihm aus den Psalmen vorlas.

Schon vor seinem Tod genoß er auf dem Gebiet der Philosophie ein Ansehen, das nur von dem Newtons auf dem Gebiet der Naturwissenschaften übertroffen wurde; man sprach von ihm als «der Philosoph». Während er sein Leben in beinahe strenggläubiger Frömmigkeit beschloß, gingen seine Bücher – unverändert von der Zeit – in vielen Auflagen und Übersetzungen in das Denken des gebildeten Europa ein. «Die Aufklärung des Abendlandes ist englischen Ursprungs ... Von Locke geht der gesamte Rationalismus des Festlands aus»[162], sagte Spengler. Natürlich nicht der gesamte; aber von wem sonst würde man heute noch eine solche Übertreibung zu äußern wagen?

VI. SHAFTESBURY: 1671–1713

Lockes Zögling, Anthony Ashley Cooper, der dritte Earl von Shaftesbury, machte seinem Erzieher Ehre. Nicht daß Locke für Shaftesburys Stil verantwortlich gewesen wäre; der forschende Psychologe schrieb eine alltägliche Prosa, einfach und gewöhnlich klar (stets dem Tod auf dem Scheiterhaufen ausweichend), aber selten bewundernswert; Shaftesbury, ein vermögender, frei über seine Zeit verfügender Mann, schrieb mit selbstsicherer Gewandtheit, gutmütigem Humor und beinahe gallischer Grazie – ein englischer Grandseigneur, der sich dazu herabließ, Philosoph zu sein. Wir müssen uns eine Weile bei ihm aufhalten; er brachte nämlich eine gewisse Ästhetik in die moderne Philosophie, und indem er Gefühl und Sympathie aus den kühlen Händen von Hobbes und Locke befreite, leistete er dem Strom von Empfindsamkeit Vorschub, der dann in Rousseau seine höchsten Wogen warf.

Unter Lockes Aufsicht und nach Lockes Methode, eine Sprache durch Konversation zu lehren, brachte die in Latein und Griechisch gut bewanderte Elisabeth Birch dem jungen Anthony bei, im Alter von elf Jahren Bücher in diesen beiden Sprachen zu lesen. Dann kam er auf die Winchester School, darauf folgten drei Jahre Reisen, auf denen er Französisch und französische Sitten lernte und sich mehr Kunstsinn aneignete, als für einen englischen Lord passend scheinen mochte. Ein Jahr lang saß er im

Parlament – lang genug, um «die Ungerechtigkeit und Verderbnis beider Parteien»[163] zu erkennen. Aber der Londoner Rauch verschlimmerte sein Asthma derart, daß er sich nach Holland begab, wo er die Luft fand, die in den intellektuellen Kreisen von Spinoza und Bayle vibrierte. Nachdem er Earl geworden war (1699), verbrachte er den Rest seines Lebens auf seinem Landgut. Vier Jahre vor seinem Tod heiratete er und wunderte sich, daß er sich gleich glücklich fühlte wie vorher[164]. 1711 veröffentlichte er seine gesammelten Aufsätze unter dem Sammeltitel *Characteristics of Men, Manners, Opinions and Times* (Charakteristiken von Menschen, Sitten, Meinungen und Zeiten). 1713 starb er, nur zweiundvierzig Jahre alt.

Es war nicht anzunehmen, daß ein Mann, der ein solches Vermögen auf Erden geerbt hatte, sich viel um den Himmel kümmern werde. Er mißbilligte den «Enthusiasmus» – wie man damals den Fanatismus der Schwärmer nannte – jener Engländer, die sich für Verkünder von Offenbarungen ausgaben. Jede Form heftiger Gemütsbewegung oder Sprache war nach seinem Urteil ein Zeichen schlechter Erziehung. Aber er hielt es für klüger, über solche Leute zu lächeln, statt sie zu verfolgen; in der Tat erschienen ihm Witz und Humor, die er zum Gegenstand einer anregenden Abhandlung machte, als die beste Einstellung allen Dingen, sogar der Theologie gegenüber. Er teilte Bayles Ansicht, daß Atheisten anständige Bürger sein können und daß sie dem Glauben und der Moral weniger Schaden zufügten als die Brutalität der ihre Macht ausnutzenden Kirchen[165]. Er verwahrte sich gegen «die Verehrung und Liebe für einen Gott, dessen Art es ist, kritisch und höchst empfindlich zu sein, der grollt und zürnt und wütet und haßt ..., der zu Betrug und Verrat zwischen Menschen ermuntert, nur wenigen wohlgesinnt ..., den übrigen gegenüber grausam ist»[166]. Welchen Einfluß, fragte er sich, hatte ein solcher Gottesbegriff auf Charakter und Verhalten der Menschen? Er fand es verwerflich und erbärmlich, wegen der Hoffnung auf den Himmel oder der Angst vor der Hölle tugendhaft zu leben; Tugend ist nur echt, wenn sie um ihrer selbst willen geübt wird. Da aber der Mensch so ist, wie er ist, muß ihm notwendigerweise der Glaube an derartige künftige Strafen oder Belohnungen eingeschärft werden[167]. «Es ist wahrhaft human und gütig, die nackte Wahrheit vor empfindsamen Augen zu verhüllen ... Es kann für weise Männer nötig sein ..., in Gleichnissen zu reden.»[168] Deshalb trat Shaftesbury für eine Staatskirche ein und versuchte das Böse mit dem Gottesglauben durch eine optimistische Philosophie auszusöhnen, die jenes zu einer menschlichen Schwäche machte[169]. Trotzdem sagte Alexander Pope, die *Characteristics* hätten der Offenbarungsreligion in England mehr geschadet als alle Schriften der erklärten Ungläubigen[170].

Shaftesbury stimmte mit Aristoteles und Locke darin überein, Glück sei der berechtigte Zweck menschlichen Handelns; er definierte Philosophie als «das Studium des Glücks»[171]. Aber er wandte sich dagegen, alle menschlichen Beweggründe in der Eigenliebe und im Eigennutz zu finden. Gemäß der Begriffsbestimmung, wie sie Hobbes und La Rochefoucauld eben dargelegt hatten, ist

«Gefälligkeit, Gastlichkeit, Menschlichkeit gegenüber Fremden oder Notleidenden nur abgefeimtere Selbstsucht. Ein redliches Wesen ist nur desto verschlagener; und Ehrlichkeit und

Freundlichkeit ist ... besser angewandte Eigenliebe. Liebe zur Familie, zu Kindern und Nachkommenschaft ist reine Liebe zu sich selber und zum eigenen Blut ... Großherzigkeit und Mut sind ohne Zweifel Abwandlungen dieser umfassenden Eigenliebe!»[172]

Dieser Auffassung hielt Shaftesbury die Ausstattung der menschlichen Natur einerseits mit dem Instinkt für persönliche Geltung und andererseits mit dem Instinkt für das Leben in Gruppen entgegen. Er meinte, die Gesellschaft und der Staat entsprang nicht einem Sozialvertrag, sondern dem «Herdentrieb und der Neigung zur Vergesellschaftung ..., die in den meisten Menschen so natürlich und so stark sind»[173]. Es gibt «natürliche Zuneigungen ..., gegründet auf Liebe, Behagen, Wohlwollen und Sympathie für Gleichartigkeit ... Diese natürlichen und guten Sympathien in vollem Umfang zu besitzen, heißt die wichtigsten Mittel zur Zufriedenheit besitzen; sie zu entbehren, bedeutet sicheres Elend und Unglück.»[174] Gut sein heißt seine Neigungen beständig auf das Beste der Gruppe zu richten; je größer die Gruppe, der diese Gefühle entgegengebracht werden, desto besser ist der Mensch. Das Bewußtsein einer solchen freundlichen Einstellung zur Gesellschaft ist sittliches Bewußtsein. Es ist angeboren, nicht mit bestimmten Geboten (die von Gruppe zu Gruppe wechseln), sondern seiner instinktiven Grundlage nach, «denn der Sinn für Gut und Böse ... ist uns so natürlich wie die natürliche Zuneigung selber und ist einer der wichtigsten Grundsätze unserer Naturanlage»[175].

Von der Ethik kam Shaftesbury auf die Ästhetik, indem er sie dieser gleichsetzte. Das Gute und das Schöne sind eins: Sittlichkeit ist «Geschmack am Schönen und Genuß am Schicklichen»; so nennen wir manche unsoziale Handlungen schmutzig, weil wir sie als Verletzung der Harmonie zwischen dem Teil und dem Ganzen empfinden, das beides ist, sowohl das Gute als auch das Schöne. Ein Mensch kann sein Leben zu einem Kunstwerk der Einheit und Harmonie machen, indem er seinen ästhetischen Sinn entwickelt, in welchem das Sittliche ein Element ist. Ein «wirklich gut erzogener Mensch» (meinte unser Aristokrat) tut dies und wird durch Übung «unfähig zu groben oder rohen Handlungen»[176], sein ausgebildeter guter Geschmack leitet ihn in seinem Verhalten wie in der Kunst. Wahrheit ist ebenfalls eine Art von Schönheit, eine Harmonie der Teilerkenntnisse mit dem Ganzen. Daher ergriff Shaftesbury eifrig Partei für den Klassizismus in der Kunst: Form, Einheit und Harmonie waren für ihn das Wesentliche in Dichtung, Baukunst und Bildhauerei; und in der Malerei ist Farbe weniger wichtig und edel als Linie. Er war der erste Moderne, der die Schönheit zu einem Grundproblem der Philosophie machte; er begann die Auseinandersetzung, die am Ende des achtzehnten Jahrhunderts in Lord Kames und Burke ihren Höhepunkt erreichte.

Dies war die eine Richtung von Shaftesburys Einfluß; es gab noch viele andere. Seine Betonung des Gefühls beeinflußte die romantische Bewegung, besonders in Deutschland durch Lessing, Schiller, Goethe und Herder, welch letzterer ihn «der liebenswürdige Platon Europens»[177] nannte, in Frankreich zeigt sich sein Einfluß bei Diderot so gut wie bei Rousseau; seine Auffassung der Religion als etwas wissenschaftlich Schwaches, aber sittlich Unentbehrliches traf sich mit Kants praktischer Denkweise;

der Nachdruck, mit dem er auf der Sympathie als der Grundlage der Sittlichkeit beharrte, trat bei Hume und Adam Smith wieder in Erscheinung, und seine Kunstauffassung war an Winckelmanns Begeisterung für die Klassik formgebend beteiligt. Begonnen hatte er als Schüler des intellektuellen und nicht besonders ästhetischen Locke und sich (vielleicht aus dem natürlichen Widerstand jeder Generation gegen ihre Erzeuger heraus) zum Philosophen des Gefühls, der Empfindung und der Schönheit entwickelt. Seine Liebe zur klassischen Kunstrichtung wurde auf dem Festland eine Quelle der aufkommenden Romantik, während in England Dichtung und Baukunst seiner klassischen Neigung folgten. Besonders ausgezeichnet hat er sich dadurch, daß er mit seinem eleganten, an Platon erinnernden Stil der Philosophie einen neuen Glanz verlieh, in welcher Hinsicht ihm damals nur Berkeley den Rang streitig machte.

VII. GEORGE BERKELEY: 1685–1753

Berkeley wurde in Dysert Castle in der irischen Grafschaft Kilkenny geboren. Mit fünfzehn Jahren kam er an das Trinity College in Dublin. Mit zwanzig gründete er einen Verein zum Studium der «neuen Philosophie», womit Locke gemeint war; mit einundzwanzig trug er in sein Notizbuch die Idee ein, von der er hoffte, sie würde den Materialismus für immer zerschmettern: daß nichts vorhanden ist, wenn es nicht wahrgenommen wird, daß deshalb Geist das einzige Wirkliche und Materie ein Mythos ist.

«Da ... die Lehre von der Materie oder körperlichen Substanz der Hauptpfeiler und die Säule des Skeptizismus war, wurden auf der gleichen Annahme auch alle die ruchlosen Systeme des Atheismus und der Religionslosigkeit aufgebaut ... Wie wertvoll die materielle Substanz den Atheisten aller Zeiten war, bedarf keiner Erwähnung. Alle ihre monströsen Systeme hängen so sichtbar und notwendig damit zusammen, daß, entfernt man diesen Eckpfeiler, das ganze Gebäude einstürzen muß; es lohnt sich deshalb nicht, sich länger bei der eingehenden Betrachtung der Absurditäten einer jeden dieser elenden Atheistensekten aufzuhalten.»[178]

In den folgenden sieben Jahren, noch vor seinem neunundzwanzigsten Geburtstag, veröffentlichte Berkeley seine wichtigsten Werke: *An Essay towards a New Theory of Vision* (Versuch über eine neue Theorie der Gesichtswahrnehmung; 1709), *A Treatise concerning the Principles of Human Knowledge* (Abhandlung über die Prinzipien der menschlichen Erkenntnis; 1710) und *Three Dialogues between Hylas and Philonous, in Opposition to Sceptics and Atheists* (Drei Dialoge zwischen Hylas und Philonous, zur Bekämpfung von Skeptikern und Atheisten; 1713). Das erste war ein glänzender Beitrag zur Psychologie und zur Optik, die beiden anderen brachten die Gewässer der modernen Philosophie gründlich in Wallung.

Die Schrift über das Sehen stützte sich auf einen Passus bei Locke[179], wo dieser berichtet, in welcher Weise ihm sein Freund William Molyneux (ein Lektor des Trinity College in Dublin) das Problem gestellt hatte: Würde ein Blindgeborener, der plötzlich sehen könnte, durch das Sehen allein eine Kugel von einem Würfel unterscheiden können, wenn beide aus dem gleichen Stoff und von gleicher Größe sind? Molyneux und Locke gaben beide eine negative Antwort; Berkeley stimmte mit ihnen überein, gab aber eine eigene Erklärung. Das Sehen vermittelt uns keine Wahrnehmung von Entfernung, Größe, Stellung oder Bewegung von Körpern, ohne daß sie durch den Tastsinn berichtigt wird; durch wiederholte Erfahrung tritt die Korrektur fast augenblicklich ein, und dann vermittelt uns das Sehen ein Urteil über Form, Entfernung, Ort und Bewegung von gesehenen Körpern, als ob wir sie betastet hätten.

«Ein Blindgeborener, durch eine Operation sehend gemacht, würde zunächst durch Sehen allein keinen Begriff der Entfernung erlangen. Die Sonne, die Sterne und die entferntesten wie die naheliegenden Dinge würden ihm alle als in seinem Auge oder besser noch als in seinem Geiste befindlich erscheinen. Die ihm durch die Gesichtswahrnehmung übermittelten Gegenstände würden ihm nur als eine neue Art von Gedanken und Gefühlen erscheinen (was sie ja in Wirklichkeit sind), deren jeder ihm ebenso nahegeht wie die Wahrnehmung von Schmerz oder Freude oder der meisten inneren seelischen Erregungen. Denn unsere Vermutung, Gegenstände, die durch das Gesicht wahrgenommen werden, befänden sich in einer Entfernung, also außerhalb des Geistes, ist ausschließlich das Resultat eines Erfahrungsvorgangs.»[180]

Der Raum ist also eine geistige Konstruktion; er ist ein aus Erfahrung aufgebautes System von Relationen zur Koordination von Gesichts- und Tasteindrücken. Berichte der Royal Society über Operationen (1709, 1728) bestätigten diese Ansicht: Als eine blindgeborene Person durch einen chirurgischen Eingriff sehend geworden war, war sie zunächst «weit entfernt davon, sich ein Urteil über Entfernung bilden zu können, so daß sie von allen Gegenständen meinte, sie berührten ihre Augen ... Sie kannte die Gestalt keines Dings, konnte kein Ding vom anderen unterscheiden, selbst wenn sie von verschiedener Gestalt und Größe waren.»[181]

Die *Prinzipien der menschlichen Erkenntnis* waren eine bemerkenswerte Leistung für einen Fünfundzwanzigjährigen. Auch hier nahm Berkeley seinen Ausgangspunkt in Lockes *Versuch*. Wenn alle Erkenntnis aus unseren Sinnen kommt, dann hat nichts Wirklichkeit, ehe wir es wahrnehmen oder wahrgenommen haben; *esse est percipi* – Sein ist Wahrgenommenwerden. Locke hatte angenommen, Wahrnehmungen würden durch Einwirkung äußerer Dinge auf die Sinnesorgane verursacht. Wie weiß man, fragte Berkeley, daß solche Dinge existieren? Haben wir in unseren Träumen nicht ebenso lebendige Vorstellungen wie im Wachen? Locke versuchte die unabhängige Wirklichkeit der Dinge durch die Unterscheidung zwischen ihren primären und sekundären Qualitäten zu retten: die letzeren waren subjektiv, «im Geist», die anderen – Ausdehnung, Dichte, Form, Zahl, Bewegung, Ruhe – waren objektiv; sie bestanden aus einem geheimnisvollen Substrat, von dem Locke nicht wußte, was es ist, das er und alle Welt jedoch mit Materie bezeichneten. Nun verkündete Berkeley, die primären Qualitäten seien ebenso subjektiv wie die sekundären, denn wir kennen Ausdehnung, Dichte, Form, Zahl, Bewegung und Ruhe von Dingen nur durch Wahrnehmung; deshalb sind diese primären Qualitäten ebenfalls subjektiv, sind also Ideen. Die Welt ist für uns nichts als ein Ideengebilde. «Es ist der Geist, der alle die Mannigfaltigkeit der Körper gestaltet, welche die sichtbare Welt ausmachen und von welchen jeder beliebige nicht länger existiert, als er wahrgenommen wird.»[182] Nimmt man sowohl die primären als auch die sekundären Qualitäten von der «Materie» weg, so wird sie zum bedeutungslosen Nichts. Den Materialisten verbleibt nur das wichtigtuerische Reden über nichts[183].

Berkeley war sich bewußt, daß außer den Materialisten noch andere gegen seinen Taschenspielertrick der Verflüchtigung der äußeren Welt Einspruch erheben würden. Er kam nicht in Verlegenheit, als man ihn fragte, ob denn die Stühle in unseren Zimmern nur so lange existieren, als jemand da ist, der sie wahrnimmt[184]. Er bestritt nicht die Realität einer äußeren Welt, einer äußeren Quelle der Wahrnehmungen[185], er verneinte nur die Stofflichkeit dieser Welt. Körperliche Substanzen mögen weiterexistieren, wenn wir sie nicht wahrnehmen, aber das ist nur so, weil sie als Apperzeption im Geiste Gottes existieren[186]. Und in Wahrheit (fuhr er fort) werden unsere Empfindungen nicht von außer uns liegender Substanz, sondern von der auf unsere Sinne wirkenden göttlichen Einwirkung hervorgerufen. Nur Geist kann auf Geist wirken; Gott ist die einzige Quelle unserer Empfindungen und Ideen[187]*.

Viele von Berkeleys Zeitgenossen hielten das alles für einen irischen Jux. Lord Chesterfield schrieb seinem Sohn:

«Doktor Berkeley, ein angesehener, scharfsinniger und gelehrter Mann, hat ein Buch geschrieben, um zu beweisen, daß es ein Ding wie Materie nicht gibt und daß nichts existiere als Ideen ... Seine Beweise sind, genau genommen, unwiderleglich, aber sie überzeugen mich so wenig, daß ich entschlossen bin, mit Essen und Trinken, Spazieren und Reiten fortzufahren, um die «Materie», von der ich bisher irrtümlich annahm, sie bilde meinen Körper, im bestmöglichen Zustand zu erhalten.»[188]

Und alle Welt weiß, wie sehr sich Dr. Johnson angestrengt hat, Dr. Berkeley zu widerlegen:

«Als wir aus der Kirche kamen [berichtet Boswell], standen wir eine Weile beisammen und sprachen über Bischof Berkeleys witzige Sophisterei, die Nichtexistenz der Materie zu beweisen und daß alles im ganzen Weltall nur in der Idee existent sei. Obwohl wir froh sind, daß seine Lehre nicht zutreffend ist, bemerkte ich, daß es unmöglich sei, sie zu widerlegen. Ich werde nie die Promptheit vergessen, mit der Johnson antwortete, indem er mit aller Kraft seinen Fuß gegen einen großen Stein stieß, so daß er davon zurückprallte: Das ist meine Widerlegung!»[189]

Berkeley würde dem großen Mann natürlich entgegengehalten haben, alles, was er von dem Stein und von seiner schmerzenden Zehe wisse, sei subjektiv: ein Gebilde von Wahrnehmungen, Stein geheißen, habe in einem Gebilde von Gehörswahrnehmungen, Boswell geheißen, und einem Gebilde gelehrter Vorstellungen, Philosophie geheißen, eine Reaktion hervorgerufen, die ein neues Gebilde von Empfindungen geformt habe. Hume war mit Boswell und Chesterfield einig: Berkeleys Beweise «lassen keinen Widerspruch zu und bewirken keine Überzeugung»[190].

Hume fand Berkeleys unlösbares Rätsel faszinierend, zog aber einen verheerenden Schluß daraus. Er gab zu, daß die «Materie» verschwinde, wenn sie aller ihr von unseren Wahrnehmungen zugeschriebenen Qualitäten entkleidet wird, aber er legte nahe, das gleiche könne auch vom «Geist» gesagt werden. Wir haben gesehen, daß Locke diesen Punkt voraussah; aber auch Berkeley sah ihn voraus. Im dritten seiner *Gespräche* läßt er Hylas den Philonous herausfordern:

---

* Nach der jüngsten Auffassung der Physik werden unsere Empfindungen nicht durch irgendeine unbekannte «Materie», sondern durch feinste Energien hervorgerufen, deren stofflicher Träger unbekannt und hypothetisch ist.

«Du gibst zu, eigentlich keine Vorstellung von deiner eigenen Seele zu haben ... Du nimmst trotzdem das Dasein einer Seelensubstanz an, obwohl du keine Vorstellung von ihr hast, während du verneinst, es könne etwas wie materielle Substanz geben, weil du keine Vorstellung davon hast. Ist das redlich? ... Mir scheint, aus deiner Denkweise und als Konsequenz deiner eigenen Grundsätze sollte sich ergeben, daß du selber nur ein System fließender Vorstellungen ohne irgendeine sie tragende Substanz bist. Worte dürfen nicht ohne Bedeutung gebraucht werden, aber weder geistige Substanz noch materielle Substanz bedeuten etwas; die eine muß ebenso verworfen werden wie die andere.» [191]

Philonous (Geistesfreund) antwortet dem Hylas (Herr Materie):

«Wie oft muß ich wiederholen, daß ich Kenntnis oder Bewußtsein von meiner Existenz habe und daß ich selbst und nicht meine Vorstellungen, sondern etwas anderes, ein denkendes, tätiges Prinzip, wahrnimmt, erkennt, will und mit Vorstellungen operiert. Ich weiß, daß ich, ein und dasselbe Selbst, Farben wie Töne wahrnehme, daß eine Farbe keinen Ton und auch kein Ton eine Farbe wahrnehmen kann und daß ich folglich ein individuelles, von Farbe oder Ton verschiedenes Prinzip bin.» [192]

Diese Antwort überzeugte Hume nicht. Er schloß, Berkeley habe wohl oder übel nicht nur die Materie, sondern auch die Seele aufgelöst, «und die Schriften des glänzenden Bischofs, der den Glauben verteidigen wollte, geben von allen alten und modernen Philosophen, Bayle nicht ausgenommen, die beste Anleitung zum Skeptizismus» [193].

Nach der Veröffentlichung seiner drei Abhandlungen lebte Berkeley noch vierzig Jahre. 1724 wurde er als Dekan von Derry eingesetzt. 1728 segelte er mit der Zusicherung der Regierung, ihn mit den nötigen Mitteln zu versehen, zur Gründung eines Erziehungsinstituts nach den Bermuda-Inseln, um dort «die Sitten der Engländer in unseren westlichen Plantagen zu heben und die Verbreitung des Evangeliums unter den amerikanischen Wilden zu fördern» [194]. Als er Newport auf Rhode Island erreicht hatte, wartete er auf die versprochenen zwanzigtausend Pfund, aber er wartete vergeblich. Während dieses Aufenthalts schrieb er *Alciphron, or The Minute Philosopher* (Alkiphron oder Der gründliche Denker; 1732), mit dem er allen Glaubenszweifeln ein Ende machen wollte. Er beeinflußte das Denken von Jonathan Edwards und schrieb die berühmte Zeile: «Die Reiche folgen dem Zug nach dem Westen.» Nach drei Jahren vergeblichen Wartens kehrte er nach England zurück. 1734 wurde er Bischof von Cloyne. Wir haben schon gesehen, daß Swifts Vanessa ihn als einen ihrer Testamentsvollstrecker einsetzte und ihm die Hälfte ihres Vermögens vermachte. 1744 gab er eine sonderbare Abhandlung heraus, *Siris, ... the Virtues of Tar-Water* (Siris ... die Tugenden des Teerwassers). Er hatte dieses bei den oben genannten amerikanischen Wilden kennengelernt und empfahl es nun als Heilmittel gegen Blattern. Er starb 1753, achtundsechzig Jahre alt, in Oxford.

Niemand hat ihn im Nachweisen der Unwirklichkeit der Wirklichkeit je übertroffen. Im Bestreben, den kirchlichen Glauben zu stärken und den England vergiftenden Materialismus Hobbes' zu bannen, stellte er die ganze Philosophie auf den Kopf und bewirkte, daß «alle himmlischen Chöre und die ganze Fülle der irdischen Dinge ... alle diese Dinge, die das großartige Weltgebäude ausmachen» [195], für den Menschen nur als Vorstellungen in seinem Geist bestehen. Es war ein gewagtes Unternehmen, und Berkeley hätte sich schaudernd abgewendet, hätte er gesehen, wie Hume und Kant aus seinen frommen Prinzipien eine Kritik der Vernunft ableiteten, die alle grundlegenden Dogmen des alten und geliebten Gebäudes des christlichen Glaubens untergrub. Wir bewundern die Feinheit seines Gewebes und geben zu, daß seit Platon niemand Unsinn mit soviel Grazie vortrug. Wir werden seinen Einfluß im achtzehnten Jahrhundert überall in England und Deutschland vorfinden, weniger in Frankreich, aber wieder zunehmend im erkenntnistheoretischen Abrakadabra der Kantianer des neunzehnten Jahrhunderts. Bis heute hat sich die europäische Philosophie nicht entschieden, ob die körperliche Welt existiert. Solange sie deren Wahrscheinlichkeit nicht zugibt und sich nicht den Fragen von Leben und Tod zuwendet, so lange wird die Welt an ihr vorübergehen.

Alles in allem war dieses Zeitalter die beste Epoche der Geschichte der englischen Philosophie. Die Glocke, mit der Francis Bacon die Gelehrten zur Vereinigung ihres Wissens zusammengerufen hatte, war nach dem Abklingen des rasenden Bürgerkriegs gehört worden. Hobbes war die Brücke über diesen geistigen Abgrund; Newton war der Hebel, der die theologische Maschinerie in Bewegung brachte; Locke war der Gipfel, von dem aus die Probleme der modernen Philosophie klar zu überschauen waren. Von diesem englischen Viergespann, dem der klug-unkluge Hume bald seinen Vorspann lieh, ging ein mächtiger Einfluß auf Frankreich und Deutschland aus. Die französischen Denker dieser Zeit waren nicht so profund und neuartig wie die englischen, aber sie waren glänzender, teils weil sie Gallier waren, teils weil eine schärfere Zensur sie zwang, viel Können auf die Form zu verwenden und ihre Weisheit mit Klugheit zu paaren. Dann kam 1726 Voltaire nach England. Bei seiner Rückkehr nach Frankreich führte er Newton, Locke, Bacon, Hobbes und andere Schmuggelware in seinem Gepäck mit, und von da an verwendete Frankreich ein halbes Jahrhundert lang die englische Wissenschaft und Philosophie als Waffen, mit denen es Aberglauben, Obskurantismus und Unwissenheit zertreten wollte – *Ecrasez l'infâme!* Eine englische Hebamme lieh der Geburt der französischen Aufklärung ihren Beistand.

FÜNFTES KAPITEL

Glaube und Vernunft in Frankreich

[1648–1715]

I. DAS AUF UND AB DES CARTESIANISMUS

Das Wörterbuch der Französischen Akademie definierte den Philosophen 1694 folgendermaßen:

Philosoph ist «einer, der sich der Forschungsarbeit auf verschiedenen wissenschaftlichen Gebieten widmet und der aus den Erscheinungen auf ihre Ursachen und treibenden Kräfte zu schließen sucht. Ein Name, der ebenfalls auf einen angewendet wird, der fern vom Trubel und den Sorgen der Welt ein ruhiges, zurückgezogenes Leben führt. Gelegentlich auch verwendet zur Bezeichnung eines zuchtlosen Menschen, der sich über jede Verantwortung und Bürgerpflicht hinwegsetzt.»[1]

Aus dem ersten Teil dieser Definition geht klar hervor, daß Philosophie und Wissenschaft nicht auseinandergehalten wurden; die Naturwissenschaften blieben als «Naturphilosophie» bis ins neunzehnte Jahrhundert ein Zweig der Philosophie. Aus dem letzten Teil der Definition erfahren wir, daß die Vierzig Unsterblichen unter Ludwig XIV. in der philosophischen Atmosphäre ein revolutionäres Gerüchlein witterten, als hätten schon damals die Vorboten der Aufklärung ihren Prolog gesprochen.

Den drei Alternativen dieser Definition entsprechend, pendelte das geistige Erbe René Descartes' zwischen Ruhm und Ablehnung. Das Erbe hatte selber drei Aspekte: Der eine blies die Trompete des Zweifelns als Vorspiel alles Philosophierens; der zweite verkündete den universalen Mechanismus der äußeren Welt; der dritte sang die Lobpreisung des überlieferten Glaubens und entzog Gott, den freien Willen und die Unsterblichkeit dem Sog der Welt. Descartes begann mit dem Zweifel und endete im frommen Gottesglauben, und seine Erben konnten das eine wie das andere von ihm übernehmen. Die Damen der ersten Salons – die 1672 von Molière verspotteten *femmes savantes* – fanden im Gewirr der neuen Kosmologie eine erregende Unterbrechung des Rosenkranzbetens. Frau von Sévigné erwähnt die cartesische Philosophie als eines der Nachtischgesprächsthemen in ihrem Cercle; sie und die Damen Grignan, Sablé und La Fayette waren alle *cartésiennes*. Angenehm duftende Damen wohnten den Vorlesungen der Descartes-Jünger in Paris bei[2]. Der Hochadel schloß sich dieser philosophischen Mode an; im Schloß des Herzogs von Luynes, im Pariser Palais des Prinzen Condé und «in den prunkvollen Palästen der Hauptstadt»[3] hörte man allwöchentlich Vorträge über cartesische Philosophie. Religiöse Orden – die Oratorianer, Benediktiner und Augustiner – lehrten die neue Philosophie an ihren Schulen. Es wurde große Mode, das Lob der Vernunft in der Wissenschaft und in weltlichen Angelegenheiten zu singen, sie jedoch in religiösen Dingen behutsam der durch die katholische Kirche vermittelten göttlichen Offenbarung unterzuordnen. Die Jansenisten und Port-Royal bejahten den Cartesianismus als vollendet elegante Harmonie von Glauben und Philosophie.

Aber ihr hervorragendster Konvertit, Blaise Pascal, klagte den Cartesianismus an, ein Vorhof des Atheismus zu sein. «Ich kann Descartes nicht verzeihen», sagte er, «er wäre sehr froh gewesen, hätte er Gott aus seiner ganzen Philosophie weglassen können; aber er konnte nicht umhin, ihm den Schubs zuzugestehen, mit dem er die Welt in Bewegung setzte; nachher hatte er keine Verwendung mehr für ihn.»[4] In diesem Punkt stimmten die Jesuiten mit Pascal überein; sie verwarfen nach 1650 den Cartesianismus als eine subtile, wenn auch unbeabsichtigte Untergrabung des Glaubens. Die Sorbonne wollte Descartes verbieten; Boileau nahm ihn in Schutz, Ninon de Lenclos und andere forderten Molière zu einer Satire über die Sorbonne auf; hierauf vertagte die Sorbonne ihr Verbot[5]. Der hochgelehrte Huet lehnte den Cartesianismus, dem er lange Zeit zugestimmt hatte, schließlich ab, weil er sich abwechselnd für und gegen das Christentum einsetze. Die Schwierigkeit, die Transsubstantiation mit Descartes' Ansicht, Materie sei reine Ausdehnung, in Einklang zu bringen, beunruhigte die Theologen mehr und mehr. 1665 verbot Ludwig XIV., diese zweideutige Philosophie am Collège Royal zu dozieren, und 1671 dehnte er das Verbot auf die Pariser Universität aus. 1687 ging auch Bossuet zum Angriff über.

Diese Verdammungen erweckten neues Interesse für den Cartesianismus und lenkten die Aufmerksamkeit namentlich auf sein zweiflerisches Vorspiel, den *Discours de la méthode*. Der Zweifel, von dem diese Abhandlung ihren Ausgang nimmt, breitete sich im geheimen aus, ihr kirchentreues Beiwerk welkte dahin; im achtzehnten Jahrhundert blieb von dem einst sieghaften System nicht viel mehr übrig als der Versuch, die Körperwelt auf einen den Gesetzen der Physik und der Chemie gehorchenden Mechanismus zu reduzieren. Jede neue wissenschaftliche Entdeckung schien diesen cartesischen Mechanismus in den Vordergrund zu rücken und die cartesische Theologie zu diskreditieren. Der Gott Abrahams, Isaaks und Jakobs fand keinen Raum in Descartes' Weltbild; auch Christus war nicht darin; was übrigblieb war ein *dieu fainéant* – ein müßiger Gott –, der der Welt den Ur-Anstoß gegeben und sich dann – außer als Garant für Descartes' unmittelbare Erkenntnisse – von der Bühne zurückgezogen hatte. Das war weder der majestätische, furchterregende Gott des Alten Testaments noch der barmherzige Vater des Neuen, es war der unpersönliche, untätige, bedeutungslose, unveränderlichen Gesetzen untertane Gott des Deismus. Wem käme es in den Sinn, zu dieser epikureischen Nichtigkeit zu beten? Schon 1669 und 1678 lehrten die Bücher von Guillaume Lamy, Professor an der Medizinischen Fakultät der Pariser Universität, eine vollständig mechanistische Psychologie, die Condillacs *Traité des sensations* (1754), und eine materialistische Philosophie, die La Mettries *L'Homme machine* (1748) vorwegnahm. Und mitten in diesem Spektakel unternahm Cyrano de Bergerac seine Ärgernis erregenden Reisen auf den Mond und die Sonne.

II. CYRANO DE BERGERAC: 1619–1655

Für die meisten von uns ist Cyrano de Bergerac der von Rostand travestierte Liebhaber, der jedes Rennen nach der Gunst der Venus um «Nasenlänge» verliert. Der wirkliche Cyrano de Bergerac war nicht ganz so erfolglos; er spielte munter mit dem Leben und mit der Liebe und vertrödelte seine Zeit nach Herzenslust. Die übliche Bildung eines Jungen aus gutem Haus ergänzte er (wie Molière) durch mit begieriger Aufmerksamkeit besuchte Vorlesungen Pierre Gassendis, jenes liebenswürdigen, dem Materialisten Epikur und dem Atheisten Lukrez huldigenden Priesters. Cyrano entwickelte sich zu einem ganz besonders starken *esprit fort*, einem *libertin* in doppelter Hinsicht, als Freidenker und als lockerer Vogel. Er schloß sich in Paris einer Schar gotteslästerlicher Zechkumpane an, erwarb sich Ruhm als Duellant, diente in der Armee, war eine Zeitlang seiner Wunden wegen untauglich und zog sich vom Venusdienst auf die Philosophie zurück. Er schrieb das erste philosophische Theaterstück in französischer Sprache, und indem er sich mit seinen Reisen in unbekannte Gegenden des Kosmos über die Menschheit lustig machte, bereitete er den Weg für Swift. Er zog den ehrwürdigen heiligen Augustinus ins Lächerliche, «diese große Persönlichkeit, die uns versichert – obwohl er vom Heiligen Geist erleuchtet war –, daß zu seiner Zeit die Erde so flach wie ein Backofen war und wie eine halbe Orange auf dem Wasser schwamm»[6].

Cyrano de Bergerac versuchte seine Feder in fast allen literarischen Formen, selten ernsthaft, aber immer ins Schwarze treffend. Seine Komödie, *Le Pédant joué*, fand Molière gut genug, um ein paar Szenen daraus zu stibitzen. Seine Tragödie, *La Mort d'Agrippine*, wurde 1640 einmal aufgeführt, aber von den Behörden sogleich verboten und mußte bis 1660 warten, bis sie wieder über die Bretter ging. 1654 wurde sie aber doch gedruckt, und schon bald grölte die zügellose Pariser Jugend die atheistischen Verse Séjans durch die Gassen:

> *Que sont-ils donc ces dieux? Des enfants de l'effroi;*
> *Des beaux riens qu'on adore et sans savoir pourquoi ...:*
> *Des dieux que l'homme fait, et qui n'ont pas fait l'homme.* *

Und über die Unsterblichkeit:

> *Une heure après la mort notre âme évanouie*
> *Sera ce qu'elle était une heure avant la vie***.

Kurz nachdem dieses Stück gedruckt war, traf ein herabstürzender Balken Cyrano am Kopf. Er starb, sechsunddreißig Jahre alt, und hinterließ ein Manuskript, das in zwei Teilen veröffentlicht worden ist: *Histoire comique des Etats et Empires de la Lune*

---

* «Was sind denn diese Götter? Kinder des Schreckens; schöne Nichtse, die man anbetet, ohne zu wissen warum ...: Götter, die der Mensch macht und die nicht den Menschen gemacht haben.»

** «Eine Stunde nach dem Tod vergeht unsere Seele und wird das sein, was sie eine Stunde vor dem Leben war.»

(1657) und *Histoire comique des Etats et Empires du Soleil* (1662), eine Art burlesker Zukunftsromane, die sich auf die cartesische Kosmologie stützten und die Entstehung der Planeten aus den Wirbeln erklärten, die entstanden, als der Urstoff in revolutionäre Erregung geriet. Cyrano behauptete, die Planeten hätten einst geglüht wie die Sonne, aber sie

«erlitten im Laufe der Zeit einen so großen Verlust an Licht und Wärme durch die ständige Ausstoßung der diese Phänomene hervorrufenden Korpuskeln, daß sie zu kalten, finsteren, ohnmächtigen Massen erstarrten. Man findet sogar, daß die Sonnenflecken ... von Tag zu Tag größer werden. Wer kann wissen, ob dies nicht Krusten sind, die sich auf der Sonnenoberfläche bilden in dem Maße, als diese sich abkühlt und Licht verliert, und ob die Sonne nicht ... zu einer glanzlosen Kugel wird gleich der Erde?»[7]

Mit Raketenantrieb verläßt Cyrano die Erde und erreicht flugs den Mond. Er spürt, daß ihn während drei Vierteln des Weges die Erde zurückzieht; im letzten Viertel jedoch beginnt er die Anziehung des Mondes zu merken. «Dies kommt daher, sagte ich mir, daß die Masse des Mondes kleiner ist als die der Erde; sein Aktionsbereich im Raum war also entsprechend kleiner.»[8] Von der Landung betäubt, erwacht er in einem Garten Eden. Hier gerät er mit Elias in einen Disput über die Erbsünde und wird aus dem Garten in die unbebauten Einöden des Satelliten verbannt. Dort trifft er eine Herde von zwölf Ellen langen Tieren, die wie Menschen gebaut sind, aber auf allen vieren gehen. Eines davon, das in Athen bei Sokrates als Dämon gedient hatte, spricht ein philosophisches Griechisch. Es belehrt Cyrano, daß auf allen vieren zu gehen natürlich und gesund ist, daß diese Mondmenschen nicht nur über fünf oder sechs, sondern über hundert Sinne verfügen und zahllose der Menschheit verborgene Wirklichkeiten wahrnehmen können. (Fontenelle, Voltaire und Diderot spielten später mit dieser Spekulation.) Cyranos Phantasie schießt üppig ins Kraut: Die Mondmenschen ernähren sich nur von Dämpfen, die sie aus den Nahrungsmitteln pressen, nicht von diesen selber, sind daher befreit von allen Nachteilen und Geräuschen der Verdauung und von den lästigen, immer zur Unzeit nötig werdenden Entleerungen. Die Mondgesetze werden von den Jungen gemacht, die von den Alten verehrt werden; Ehelosigkeit und Keuschheit sind verpönt, Selbstmord, Kremation und große Nasen werden gepriesen. Der erwähnte Dämon des Sokrates erklärt, die Welt sei nicht erschaffen, sondern ewig; die Schöpfung aus dem Nichts (die von den Scholastikern gelehrt wurde) sei undenkbar, die Ewigkeit des Universums sei nicht schwieriger zu glauben als die Ewigkeit Gottes; in der Tat sei die Annahme eines Gottes völlig unnötig, da doch die Welt eine sich von selbst drehende, sich selbst ewig in Gang haltende Maschine sei. Cyrano wendet ein, es müsse einen Gott geben, weil er mit eigenen Augen wunderbare Heilungen gesehen habe; der Dämon schiebt sie lächelnd als auf Suggestion oder Einbildung beruhend beiseite. Die Rechtgläubigkeit nimmt ihre Rache durch einen mächtigen Äthiopier, der Cyrano auf den einen, den Dämon auf den anderen Arm nimmt, diesen in die Hölle trägt, unterwegs aber Cyrano in Italien niedersetzt, wo er von allen Hunden der Gegend angeheult wird, weil er nach Mond riecht. Eine Geschichte, von der Jonathan Swift gefesselt wurde.

III. MALEBRANCHE: 1638–1715

Gegen die ungläubigen Jünger Gassendis und Descartes' fand der Glaube kraftvolle Verteidiger nicht nur in Pascal, Bossuet und Fénelon, sondern auch in einem der tiefsinnigsten Metaphysiker der Neuzeit.

Nicolas de Malebranche war haargenau Zeitgenosse Ludwigs XIV.: einen Monat vor diesem geboren und einen Monat nach ihm gestorben. Weiter ging die Ähnlichkeit nicht. Malebranche war sanftmütig und führte ein reines Leben. Da sein Vater Sekretär König Ludwigs XIII. und sein Onkel Vizekönig von Kanada war, genoß er alle Vorteile seiner Geburt und Bildung, doch fehlte ihm die Gesundheit; sein Körper war schwach und mißgestaltet, und nur das einfache Leben im Gleichmaß und Frieden des Klosters macht es erklärlich, daß er siebenundsiebzig Jahre alt wurde. Er trat mit zweiundzwanzig Jahren in die Kongregation der Oratorianer, einen der Betrachtung und dem Gebet geweihten Orden, ein, und mit sechsundzwanzig wurde er zum Priester geweiht.

Im gleichen Jahr entdeckte er Descartes' *Traité de l'homme*. Er war hingerissen sowohl vom Inhalt als auch vom Stil, wurde Cartesianer mit einem lauteren Glauben an die Vernunft und beschloß auf der Stelle, den katholischen Glauben, in dem sein Leben und seine Hoffnungen wurzelten, mit Hilfe der Vernunft zu beweisen. Das war eine mutige Abwendung von Pascal und zurück zu Thomas von Aquin; sie zeugte vom großartigen Selbstvertrauen seiner Jugend, aber sie setzte die Festung des Glaubens den Attacken der Vernunft aus. Nach zehn mit Studien und Entwürfen verbrachten Jahren gab Malebranche (1674) eines der klassisch gewordenen Werke der französischen Philosophie in vier Bänden heraus, *De la recherche de la Vérité* (Über die Erforschung der Wahrheit). Darin wurde der bei allen französischen Philosophen gültigen Forderung nach Verständlichkeit Genüge getan, und Philosophie wurde zu Literatur.

Descartes hatte seine gelehrten Untersuchungen nicht nur beim Ich begonnen, sondern zwischen dem physischen, mechanischen Körper und der geistigen, freien Seele einen solchen Abgrund aufgerissen, daß keine gegenseitige Einwirkung denkbar war. Und dennoch schien diese gegenseitige Einwirkung unbestreitbar: Eine Vorstellung vermochte einen Arm oder eine Armee in Bewegung zu setzen, eine Droge konnte einen Geist verwirren. Die Hälfte des Kopfzerbrechens von Descartes' Nachfolgern war der Überbrückung der Kluft zwischen dem Fleisch und dem Denken gewidmet.

Ein flämischer Philosoph, Arnold Geulincx, bereitete Malebranche – und auch Spinoza und Leibniz – vor, indem er die gegenseitige Einwirkung verneinte. Der materielle Körper wirkt nicht auf die immaterielle Seele, und umgekehrt; wenn der eine Teil auf den anderen einzuwirken scheint, dann nur, weil Gott in Wirklichkeit zwei getrennt strömende Abläufe von Vorgängen geschaffen hat, einen körperlichen und einen geistigen; ihre Übereinstimmung ist derjenigen zweier Uhren vergleichbar, die auf die Sekunde genau gleich gehen und gleichzeitig die Stunde schlagen, aber unabhängig voneinander gehen, obwohl sie beide die gleiche Quelle haben, nämlich den Verstand, der sie gebaut und zum Gehen gebracht hat. So ist Gott die einzige Quelle sowohl der körperlichen als auch der geistigen Reihen von Ursachen und Wirkungen; der geistige Vorgang ist der Anlaß, nicht die Ursache der resultierenden körperlichen Bewegung, und die körperliche Bewegung – Vorgang oder Empfindung – ist nichts als der Anlaß des geistigen Vorgangs, die sie zu verursachen scheint; in jedem Fall ist Gott allein die Ursache*. An diesem Punkt durchbrach Geulincx aus Scheu vor dem Determinismus sein System, indem er einräumte, bei bewußten Handlungen könne der mit Gott zusammenwirkende menschliche Wille die reale Ursache physikalischer Wirkungen sein.

Malebranche dachte diesen zaghaften «Okkasionalismus» zu Ende. Gott ist immer die Ursache sowohl des Handelns als auch des Denkens; die Wechselbeziehung derselben ist eine Illusion, denn nie wirkt das eine auf das andere ein**. «Gott allein treibt die Luft heraus, die er selbst mich einatmen ließ ... Nicht ich bin es, der atmet; ich atme, ohne es zu wollen. Nich ich bin es, der zu anderen spricht; ich wünsche nur, zu anderen zu sprechen.»[9] Gott (das Kausalprinzip des Universums) ist die einzige Ursache. Was immer sich bewegt oder denkt, tut es, weil die göttliche Einwirkung durch körperliche und geistige Vorgänge wirkt. Bewegung ist eine Handlung Gottes in materieller Form; Denken ist Gott, der in uns denkt.

Es gibt in dieser scheinbar deterministischen Philosophie zahllose Schwierigkeiten, die Malebranche in späteren Abhandlungen zu lösen versuchte. Er kämpfte darum, einen gewissen Grad menschlichen freien Willens mit dem göttlichen Kausalprinzip in Übereinstimmung zu bringen und das Böse, das Leiden und die vielerlei Greuel mit der allgegenwärtigen Kausalität der allmächtigen, allwissenden Güte Gottes zu vereinen; wir wollen ihm nicht in dieses Labyrinth folgen. Immerhin wickelte er auf seiner Wanderung einen rettenden psychologischen Faden ab. Wahrnehmungen, dachte er, sind körperlich, nicht geistig; der Geist hat Vorstellungen, er kennt die Dinge nur als kombinierte Vorstellungen von ihrer Struktur, Größe, Farbe, Geruch, Dichte, Ton, Temperatur und Geschmack. Diese Ideenkomplexe stammen nicht aus dem Objekt allein, denn die meisten der genannten Eigenschaften sind nicht im Objekt, und viele unserer Urteile über ein Ding – daß es groß, klein, leuchtend, matt, schwer, leicht, heiß, kalt, in schneller oder in langsamer Bewegung sei – beschreiben eher die Lage, Verfassung und Haltung des Betrachters als Eigenschaften des betrachteten Dings. Wir kennen keine Dinge, wir kennen nur unsere früher aufgefaßten und verwandelten Wahrnehmungen und Vorstellungen. (Und all das eine Generation vor Locke und Berkeley!)

Trotz seiner spiritualistischen Herkunft gab Malebranche – wie Descartes und Hobbes

---

* Spinozas Berichtigung dieses «psychophysikalischen Parallelismus» kann zum Verständnis von Geulincx beitragen. Gott oder die Natur wirkt in zwei übereinstimmenden Aspekten und Richtungen: in den physikalischen Vorgängen der Körperwelt, auch unseres Körpers, und in den geistigen Vorgängen der subjektiven Welt, auch unserer Gefühle, Gedanken und unseres Wollens. Keiner der beiden Abläufe ist je die Ursache des anderen, denn beide sind nur zwei Seiten – die Innen- und die Außenseite – eines einzigen Prozesses, eines einzigen Doppelablaufs von Ereignissen.

** Man vergleiche diese theologische Feststellung mit der deterministischen Lehre, daß jede Bewegung in der Materie und jeder Geisteszustand von der Summe des Vergangenen verursacht ist und daß es die unmittelbaren physikalischen Einwirkungen sowie das Selbst und der «freie Wille» dieser Summe der Kräfte oder kosmischen Energien sind, die durch Materie und Geist wirken.

– physiologische Erklärungen für Gewohnheit, Erinnerung und Ideenverbindungen. Gewohnheit ist eine Bereitschaft, mit der die «Lebensgeister» als Folge ähnlicher Erfahrungen oder oft wiederholter Handlungen in bestimmten Gräben oder Kanälen des Körpers verlaufen. Erinnerung ist die Reaktivierung der in Erfahrungen erworbenen Assoziationen. Vorstellungen haben die Tendenz, sich mit früheren oder benachbarten Ideenreihen zu assoziieren. Charakterstärke, Willenskraft ist die Kraft der sich den Gehirnfasern entlang bewegenden, diese Assoziationsgräben und die Lebhaftigkeit der Vorstellung vertiefenden Lebensgeister.

So fromm Malebranche war, so gab es in seinem Denken doch manches Element, das Bénigne Bossuet, den eifrigen Wächter über die Rechtgläubigkeit, störte. Die leidenschaftliche Feder Antoine Arnaulds mit einem geschickten Schachzug von der jansenistischen Logik auf den Schutz des wahren Glaubens lenkend, legte er jenem nahe, Malebranche auf verborgene Ketzereien durchzukämmen. Der Philosoph verteidigte in einer Reihe weiterer Abhandlungen seine Behauptungen ebenso eloquent und unglaubhaft wie in der ersten, und die Kontroverse wurde von 1683 bis 1697 fortgesetzt. Bossuet ließ auch das leichte Geschütz Fénelons zum Angriff auffahren. Als Frau von Sévigné zusehen mußte, wie ihre Äcker von Mäusen und ihre Bäume von Raupen kahlgefressen wurden, bedauerte sie, so wenig Trost zu finden in Malebranches Auffassung, das Böse sei ein notwendiges Element in der besten aller Welten[10].

Bei diesen Angriffen auf seine Gegner hatte Malebranche viele überzeugte Freunde. Jungen Männern und alten Frauen bereitete seine Lehre von Gott als der einzigen Ursache aller Handlungen eine mystische Freude in der Hingabe und dem Einssein mit Gott. Franzosen und Ausländer pilgerten zu seiner Zelle; ein Engländer sagte, er komme nach Frankreich, um nur zwei Berühmtheiten zu sehen: Ludwig XIV. und Malebranche[11]. Voll Ehrerbietung erschien auch Berkeley und verwickelte den alten Mönch in ein langes Gespräch. Bald darauf begann der Siebenundsiebzigjährige zu kränkeln; er wurde von Tag zu Tag magerer, bis seine Seele kaum noch einen Körper hatte, der ihr als Anlaß für ihr Denken dienen konnte. Am 13. Oktober 1715 schlief er hinüber.

Sein Ruhm verblaßte rasch nach seinem Tod, weil seine Religionsphilosophie nicht mit dem Skeptizismus und der lärmenden Régence übereinstimmte und noch weniger mit der stärker werdenden Tendenz der «Philosophen», die göttliche Vorsehung durch eine Weltmaschinerie zu ersetzen. Aber sein Einfluß ist spürbar in Leibnizens Versuch, die gegenwärtige als die beste aller Welten hinzustellen, in Berkeleys Ansicht, daß die Dinge nur in unserer oder in Gottes Wahrnehmung existieren, in Humes zersetzender Darlegung der Ursache als einer unerklärlichen Qualität, in Kants Beharren auf den subjektiven Elementen bei der Erkenntnisbildung, ja sogar im Determinismus der Aufklärung. Zu sagen: Gott ist die einzige Ursache aller Bewegungen, allen Wollens und aller Ideen, ist nämlich nicht weit davon entfernt zu sagen: Jede Veränderung in Materie oder Geist ist das unvermeidliche Ergebnis der in diesem Augenblick im Universum wirksamen Summe der Energien. Malebranche hatte sich in seiner Schwärmerei – obwohl er es bestritt – einem Determinismus genähert, der den Menschen zum Automaten machte.

Das okkasionalistische System diente vor allem als Rasthaus auf dem halben Weg zwischen Descartes und Spinoza. Descartes sah Mechanismus im Stofflichen, aber Freiheit im Geistigen; Malebranche sah Gott als einzige Ursache jeder Wirkung in jedem Geist; Spinoza, der ebenso «gotttrunken» war wie der Mönch, stimmte mit diesem überein, daß die geistigen und physikalischen Reihen parallele Produkte einer einzigen Schöpferkraft seien. Ahnungslos hatte der überall Gott sehende Oratorianer den Gläubigen einen Pantheismus gepredigt, der nur des Satzes *Deus sive natura* – Gott *oder* Natur – bedurfte, um zur Philosophie Spinozas und der Aufklärung zu werden.

IV. PIERRE BAYLE: 1647–1706

Der «Vater der Aufklärung» war der Sohn eines hugenottischen Pfarrers, der in der Ortschaft Carlat in der Grafschaft Foix am Fuß der Pyrenäen seinen Dienst versah. Pierre verbrachte seine ersten zweiundzwanzig Jahre dort und sog sich mit Griechisch, Latein und Calvinismus voll. Er war ein feinnerviger, beeinflußbarer Jüngling. Als er 1669 nach Toulouse ins Jesuitenkollegium gesteckt wurde, damit ihm die beste im Bereich der Stellung und der Mittel seiner Familie gelegene Bildung zuteil werde, begeisterte er sich so für seine Lehrer, daß er nach kurzer Zeit konvertierte und so glühend vom Katholizismus überzeugt war, daß er auch seinen Vater und seinen Bruder zum Übertritt bewegen wollte. Verständnisvoll ließen sie ihn reden, und siebzehn Monate später kehrte er zum Glauben seiner Väter zurück, war aber nun als rückfälliger Ketzer den Verfolgungen der katholischen Kirche ausgesetzt. Um ihn vor ihr zu schützen, schickte ihn sein Vater an die calvinistische Universität in Genf (1670), in der Hoffnung, Pierre werde in den protestantischen Kirchendienst eintreten. Aber Bayle entdeckte dort die Werke Descartes' und begann an sämtlichen Spielarten des Christentums zu zweifeln.

Nach dem Abschluß seiner Studien lebte er als Erzieher in Genf, Rouen und Paris und erhielt den Posten eines Professors der Philosophie an dem Hugenottenseminar von Sedan (1675). 1681 wurde dieses Seminar im Verlauf von Ludwigs XIV. Zermürbungskampf gegen das Edikt von Nantes auf dessen Befehl geschlossen. Bayle fand Zuflucht in Rotterdam und eine Anstellung als Lehrer für Geschichte und Philosophie an der Ecole Illustre, der städtischen Akademie. Er war einer der ersten der vielen intellektuellen Emigranten, die zu jener Zeit die holländische Republik zu einer Zitadelle unabhängigen Denkens machten.

Sein Gehalt war bescheiden, aber er gab sich mit einem einfachen Leben zufrieden, wenn er nur Bücher bekam. Er heiratete nie, weil er eine Bibliothek einer Frau vorzog, war aber nicht unempfindlich für weibliche Reize und wäre dankbar gewesen für die zärtliche Fürsorge einer guten Frau; er litt sein Leben lang an Kopfschmerzen und damit verbundener «Migräne», das heißt Schwermut, und zweifellos zögerte er deswegen, einen anderen Menschen an seine Leiden zu fesseln. Er konnte auch zynisch sein; als ein französischer Jesuit, Pater Maimbourg, in seiner *Geschichte des Calvinismus* behauptete, katholische Priester hätten sich zur Annahme des Protestantismus entschlossen, um heiraten zu können, fragte ihn Bayle, wie das möglich wäre: «Es gibt doch kein schwereres Kreuz als die Ehe.»[12]

Er besprach Maimbourgs Werk in Briefen, die 1682 als Buch herauskamen. Er fragte sich, ob ein ernsthaft einem besonderen Bekenntnis verpflichteter Mann ein unparteiisches, wahrheitsgetreues Geschichtsbuch schreiben könne. Ist einem Historiker zu trauen, der, wie Maimbourg, Ludwigs XIV. Behandlung der Hugenotten (vor 1682) «gerecht, gütig und barmherzig» nennt? Ludwig selber aufs Korn nehmend, fragte der in dem vor nicht langer Zeit von Frankreich schändlich überfallenen Holland schreibende Bayle, woher ein König das Recht nehme, seinen Untertanen seine eigene Religion aufzuzwingen? Gäbe es ein solches Recht, dann wären die Christenverfolgungen der römischen Kaiser gerechtfertigt gewesen. Das Gewissen, meinte Bayle, sollte der einzige Herr über den Glauben eines Menschen sein. Die abschließende Antwort Maimbourgs bestand darin, von Ludwig XIV. den Befehl zu erwirken, jedes in Frankreich auftauchende Exemplar von Bayles Buch sei vom Henker öffentlich zu verbrennen.

Im selben Jahr 1682 gab Bayle sein erstes größeres Werk heraus, die *Pensées diverses sur la comète* (Verschiedene Gedanken über den Kometen). Ganz Europa war 1680 in Schrecken geraten beim Anblick dieses Sterns, dessen feuriger Schweif den Weltuntergang anzukünden schien. Nur wenn wir uns in die Ängste jener Zeiten zurückversetzen, als Katholiken wie Protestanten solche Erscheinungen als göttliche Warnungen auffaßten und glaubten, Gott werde im nächsten Augenblick seine Zornesblitze auf die sündige Erde schleudern, können wir den Schrecken verstehen, den dieses Flammenzeichen auslöste, und den Mut und die Überlegenheit von Bayles Deutungen ermessen. Sogar der gelehrte Milton hatte kurz vorher noch erklärt: «Der Komet schüttelt Pestilenz und Krieg aus seinem gräßlichen Schweif.»[13] Bayle stützte seine Erklärungen auf die neusten Untersuchungen der Astronomen (aber der Halleysche Komet von 1682 war noch nicht erschienen) und versicherte seinen Lesern, daß Kometen sich nach starren Gesetzen am Firmament bewegen und nichts zu tun haben mit Elend oder Glück der Menschheit. Er beklagte die Unausrottbarkeit des Aberglaubens. «Wer alle Quellen der landläufigen Irrtümer aufdecken wollte, würde nie fertig damit.»[14] Er verwarf alle Wunder, ist es doch genauso schwierig, einen Menschen nach den Gesetzen der Fort-Buch in Holland nicht gedruckt werden können). «Bei gesundem Urteil ist Natur nichts anderes als Gott selbst, der nach Gesetzen, die er aus seinem eigenen freien Willen aufgestellt hat, wirkt. So daß die Werke der Natur nicht weniger Auswirkungen der Macht Gottes sind als die Wunder, und eine ebensogroße Macht voraussetzen wie Wunder, ist es doch genau so schwierig, einen Menschen nach den Gesetzen der Fortpflanzung zu erzeugen, wie ihn vom Tod zu erwecken.»[15]

Kühn griff Bayle eines der schwierigsten Probleme der Geschichte auf: Ist eine natürliche Ethik möglich – kann ein Moralgesetz ohne Glauben an das Übernatürliche aufrechterhalten werden? Führt der Atheismus zum Sittenzerfall? Wäre es so, sagte Bayle, müßte man aus den in Europa weitverbreiteten Verbrechen, aus Korruption und Sittenlosigkeit schließen, daß die meisten Christen insgeheim Atheisten sind. Juden, Mohammedaner, Christen und Ungläubige unterscheiden sich voneinander im Glauben, nicht aber in ihren Handlungen. Das religiöse Bekenntnis – und Ideen ganz allgemein – haben wenig Einfluß auf das Verhalten; dieses entspringt Wünschen und Leidenschaften, die in der Regel stärker sind als Bekenntnisse. Welchen Einfluß hatten Christi Gebote auf die europäische Auffassung von Mut oder Ehre, derzufolge derjenige zu loben ist, der sich unverzüglich und gewaltsam für Beleidigungen und Unrecht rächt, der sich im Krieg auszeichnet, der immer mehr Maschinen erfindet, mit denen Belagerungen immer mörderischer und fürchterlicher gemacht werden können? «Von uns lernen es die Ungläubigen, sich besserer Waffen zu bedienen.»[16] Bayle schloß daraus, daß eine atheistische Gesellschaft keine schlechteren Sitten haben würde als eine christliche. Was die meisten von uns in Zucht hält, ist nicht die Angst vor der in weiter Ferne und ganz ungewiß drohenden Hölle, sondern die Angst vor dem Polizisten und dem Gericht, vor gesellschaftlicher Ächtung oder Mißbilligung, vor dem Henker. Schafft diese weltlichen Abschreckungsmittel ab, dann habt ihr das Chaos; behaltet ihr sie bei, dann ist eine atheistische Gesellschaft durchaus denkbar, ja es könnte auch in ihr höchst ehrenwerte Männer und keusche Frauen geben[17]. Wir wissen, daß es so vorbildliche Atheisten gab wie in der Antike Epikur und die beiden Plinius und in der neueren Zeit Michel de l'Hôpital und Spinoza. (Ob die Sitten des Durchschnittsmenschen schlechter wären, als sie schon sind, wenn die Gesetze nicht durch die Religion ergänzt würden, ist eine Frage, die Bayle unberührt läßt.)

Der Traktat über den Kometen wurde anonym veröffentlicht. Die gleiche Vorsicht übte Bayle bei der Gründung einer der wichtigsten Zeitschriften jener Zeit, der *Nouvelles de la République des Lettres*. Ihre 104 Seiten starke erste Nummer erschien im März 1684 in Amsterdam. Die Zeitschrift setzte sich das Ziel, ihre Leser über alle bedeutenden Entwicklungen in Literatur, Naturwissenschaften, Philosophie, Gelehrsamkeit, Forschung und Geschichtsschreibung zu informieren. Soviel man weiß, schrieb Bayle drei Jahre lang Monat für Monat den ganzen Inhalt allein. Man kann sich denken, wieviel Fleiß er darauf verwendete. Seine Buchbesprechungen wurden bald zu einer Autorität in der literarischen Welt. 1685 faßte er den Mut, sich zur Autorenschaft zu bekennen. Zwei Jahre später ließ ihn seine Gesundheit im Stich, und er legte die Herausgeberarbeit in andere Hände.

Inzwischen hatte die Hugenottenverfolgung in Frankreich vier Opfer aus Bayles Familie gefordert. An den direkten und indirekten Folgen der Dragonaden starben 1681 seine Mutter, 1685 sein Vater; im selben Jahr wurde sein Bruder ins Gefängnis geworfen und starb dort an den an ihm verübten Grausamkeiten. Sechs Tage darauf (18. Oktober) wurde das Edikt von Nantes widerrufen. Bayle war von dieser Entwicklung erschüttert. Wie Voltaire besaß er nur seine Feder als Waffe; 1686 forderte er die Verfolger mit einer der wichtigsten Schriften der Literatur über Toleranz heraus. Er nannte sie *Commentaire philosophique sur ces paroles de Jésus-Christ: Contrains-les d'entrer* (Philosophischer Kommentar zu dem Christuswort: Nötige sie, hereinzukommen). Die Verfolger hatten eine göttliche Rechtfertigung ihres Vorgehens in der Parabel zu finden gemeint, wo Christus von dem Manne erzählt, der, als die Geladenen nicht zum

Gastmahl erschienen, zu seinem Knecht sagte: Gehe schnell hinaus auf die Straßen und Gassen der Stadt und führe die Armen und Krüppel und Lahmen und Blinden herein ... und nötige sie, hereinzukommen, auf daß mein Haus voll werde[18]. Es fiel Bayle nicht schwer, zu beweisen, daß diese Worte nichts mit Einheit des Bekenntnisses zu tun hatten. Im Gegenteil, die Versuche, die Glaubenseinheit zu erzwingen, haben halb Europa mit Blut getränkt, und die Verschiedenheit der Bekenntnisse eines Landes hindert ein jedes derselben, stark genug zu werden, um die anderen zu verfolgen. Wer von uns kann übrigens so gewiß sein, die Wahrheit zu besitzen, daß er berechtigt wäre, Andersdenkenden Schaden zuzufügen? Bayle verurteilte jede Verfolgung der Protestanten, der Katholiken und auch der Nichtchristen durch irgendwelche Christen. Anders als Locke wollte er Religionsfreiheit und Freiheit zur Bekenntnislosigkeit auch auf Juden, Mohammedaner und Freidenker ausgedehnt wissen. Er vergaß seine Behauptung, Atheisten könnten ebenso anständige Bürger sein wie Christen, und warnte vor der Duldung von Sekten, die nicht an die Vorsehung und an einen strafenden Gott glauben; da diese Gott nicht fürchten, würden sie ungehemmt Meineide schwören und damit die Anwendung der Gesetze erschweren[19]. Im übrigen sollte einzig die Unduldsamkeit von der Duldung ausgenommen sein. Soll ein protestantischer Staat das Aufkommen des Katholizismus dulden, der auf Grund seiner Überzeugung, allein den wahren Glauben zu besitzen, die Intoleranz vertritt? Bayle fand, in solchen Fällen müssen die Katholiken «daran gehindert werden, Unheil anzurichten ... Und doch wäre ich niemals dafür, sie persönlichen Beleidigungen auszusetzen, sie im Genuß ihres Eigentums oder in der Ausübung ihrer Religion zu stören oder ihre ungerechte Behandlung vor Gericht zu billigen.»[20]

An dieser Darstellung der Toleranz fanden die Protestanten so wenig Gefallen wie die Katholiken. Pierre Jurieu, der in Sedan Bayles Freund und Kollege gewesen war und jetzt als Pfarrer einer calvinistischen Gemeinde in Rotterdam wirkte, richtete in einem Traktat über *Les droits des deux souverains en matière de religion, la conscience et le prince* (1687) einen Angriff gegen Bayle. Jurieu hatte vor, «die Lehre von der Unwichtigkeit des Bekenntnisses und von der universalen Toleranz in dem Buch mit dem Titel *Commentaire philosophique* zu vernichten». Er schloß sich der Auffassung der Päpste an, der Herrscher sei vollkommen berechtigt, ein falsches Bekenntnis auszurotten, und besonders entrüstet war er über die Zumutung, Juden, Mohammedaner, Socinianer und Heiden zu dulden. 1691 forderte Jurieu die Stadtväter Rotterdams auf, Bayle aus dem Lehramt zu entlassen. Sie lehnten es ab. Aber durch Neuwahlen kamen 1693 andere Leute ins Amt; Jurieu erneuerte seinen Vorstoß, beschuldigte dabei Bayle des Atheismus, und Bayle wurde entlassen. «Gott behüte uns vor der protestantischen Inquisition», sagte der Philosoph; «in fünf bis sechs Jahren wird sie so fürchterlich sein, daß sich die Leute die römische zurückwünschen werden.»[21]

Bald gewann Bayle seine Zuversicht und seinen Humor wieder und schickte sich in die neue Lage. Es genügte ihm als Trost, daß er jetzt seine ganze Arbeitszeit auf den epochemachenden *Dictionnaire* verwenden konnte, den er schon angefangen hatte. Er lebte bescheiden von seinen Ersparnissen und ein paar Honoraren seiner Verleger. Der französische Gesandte in Holland und drei englische Earls boten ihm ihre Unterstützung an; er lehnte höflich ab, sogar ein Geschenk von zweihundert Guineen, das ihm der Earl von Shrewsbury bot, wenn er ihm den *Dictionnaire* widme. Er hatte Freunde, aber nicht viel Zerstreuung. «Öffentliche Unterhaltungen, Spiele, Landpartien ... und andere Lustbarkeiten ... waren nicht meine Sache. Ich verschwende meine Zeit nicht damit, auch nicht mit Hausgeschäften, ich suche keine Bevorzugung ..., finde Behagen und Ruhe bei den Studien, denen ich mich hingebe und die meine Freude sind ... *canem mihi et musis:* ich will für mich selber und die Musen singen.»[22]

So blieb er denn geruhsam in seinem Zimmer, arbeitete täglich vierzehn Stunden und schrieb jenes seltsame Werk, das zum Urquell der Aufklärung werden sollte. Die zwei dicken Folianten von zusammen 2600 Seiten erschienen 1697 in Rotterdam. Bayle gab ihnen den Titel *Dictionnaire historique et critique,* doch es war nicht ein Wörterbuch, sondern eine kritische Betrachtung von Personen, Orten und Ideen aus Geschichte, Geographie, Mythologie, Theologie, Sittenlehre, Literatur und Philosophie. «*Iacta est alea!*» rief er aus, als er dem Drucker die letzten Korrekturbogen sandte – Der Würfel ist gefallen! Er spielte den hohen Einsatz seines Lebens und seiner Freiheit, denn das Buch enthielt mehr Ketzereien als irgendein anderes jenes Jahrhunderts, mehr als sein Abkömmling, die *Enzyklopädie* Diderots und d'Alemberts (1751).

Anfänglich hatte sich Bayle nur die Berichtigung der Irrtümer und die Auffüllung der Lücken vorgenommen, die er im *Grand Dictionnaire historique* fand, den Louis Moréri 1674 vom streng katholischen Standpunkt aus veröffentlicht hatte, aber sein Zweck erweiterte sich während der Arbeit. Er trachtete nicht nach enzyklopädischer Vollständigkeit; wo er nichts zu sagen hatte, sagte er nichts; so gab es zum Beispiel keine Artikel über Cicero, Bacon, Montaigne, Galilei, Horaz, Nero, Thomas Morus. Naturwissenschaften und Kunst wurden weitgehend weggelassen, dagegen fanden sich Artikel über so wenig bekannte Größen wie Joseph ben Akiba, Uriel Acosta und Isaak Abrabanel. Die Länge der Artikel richtete sich nicht nach der historischen Bedeutung, sondern nach Bayles Interesse; so erhielt der von Moréri mit einer Seite bedachte Erasmus bei Bayle deren fünfzehn und Abälard sogar achtzehn zugeteilt. Die Anordnung war alphabetisch, aber halb talmudisch; das heißt, die Hauptsache wurde im Text dargestellt, aber in vielen Fällen hängte Bayle einen Zusatz in kleinem Druck an, wo er sich in «vielerlei Beweisen und Erörterungen ..., manchmal sogar in einer Reihe philosophischer Betrachtungen» erging. Mit diesem feinen Druck verschleierte er seine Ketzereien vor den Blicken der Menge. In Marginalien gab er die Quellen an, die einen Umfang von Lektüre und Gelehrsamkeit verraten, der einem einzigen Menschenleben kaum erreichbar scheint. Ein paar Anmerkungen enthielten «gewagte» Anekdoten; Bayle versprach sich von ihnen eine Förderung des Absatzes, doch bereiteten sie ihm zweifellos in seiner Junggeselleneinsamkeit auch an und für sich Vergnügen. Den Lesern gefiel seine markante, abschweifende, gewürzte Schreibweise, die verschmitzte Aufdeckung schwacher Punkte der bekannten Glaubensbekenntnisse und die ironische Bekundung seiner calvinistischen Rechtgläubigkeit. Die erste Auflage von tausend Exemplaren war in Monatsfrist vergriffen.

Bayles Methode bestand darin, verschiedene anerkannte Autoritäten miteinander zu vergleichen, die Tatsachen aufzudecken, rivalisierende und kontradiktorische Ansichten zu erläutern, einer Begründung bis zu ihrer logischen Schlußfolgerung nachzugehen und diese dann, wenn sie gegen die Rechtgläubigkeit verstieß, fromm zugunsten der Bibel und des Glaubens abzulehnen. «Kann ein so nebenbei zugunsten der Bibel gegen die Vernunft geäußertes Wort einen Menschen veranlassen, die von Bayle selber als unwiderlegbar bezeichneten Einwände nicht zu beachten?»[23] fragte Jurieu zornig. Im übrigen zeigt der *Dictionnaire* wenig Ordnung. Einige seiner wichtigsten Erörterungen segeln unter trivialen Themen oder irreführenden Titeln. «Ich kann nicht mit viel Stetigkeit über einen Gegenstand nachdenken, dazu liebe ich die Abwechslung zu sehr. Oft schweife ich von meinem Thema ab und springe zu Stellen über, von denen es schwer ist, wieder wegzukommen.»[24] In der Regel war seine Erörterung verbindlich, gemäßigt, undogmatisch und gutmütig. Da und dort jedoch wurde Bayles Zunge spitzer, und der Artikel über den heiligen Augustinus behandelte diesen großen Calvinisten mit seinem späten Entschluß zur Keuschheit, seiner finsteren Theologie und religiösen Intoleranz keineswegs schonend. Bayle versicherte, die Bibel als Wort Gottes anzuerkennen, wies aber schlau darauf hin, daß man manche ihrer Wundergeschichten nicht glaubhaft fände, hätten sie nicht einen so berühmten Urheber. Er setzte heidnische Legenden neben ähnliche Berichte der Bibel, zum Beispiel Herakles, der wie Jonas von einem Wal verschluckt wird, und überließ dem Leser die Lösung des Rätsels, weshalb das eine unglaubhaft sein solle und das andere angenommen werden müsse. Im berühmtesten seiner Artikel berichtet er von den Massakern, Verrätereien und Ehebrüchen König Davids und überließ es dem Leser, sich zu fragen, weshalb dieser gekrönte Schurke von den Christen als Stammvater Christi verehrt werden müsse.

Er fand es leichter, Jonas samt dem Wal zu schlucken als den Sündenfall Adams und Evas. Wie konnte eine allmächtige Gottheit sie schaffen, wenn sie doch voraussah, daß sie das ganze Menschengeschlecht mit «Erbsünde» beflecken und mit dem Fluch millionenfachen Elends beladen würden?

> «Wenn der Mensch das Werk eines einzigen allgütigen, allerheiligsten, allmächtigen Urwesens ist, wie kann er dann Krankheiten, Hitze und Kälte, Hunger und Durst, Schmerz und Kummer ausgesetzt sein? Wie kann er so viele schlechte Neigungen haben? Wie kann er so viele Verbrechen begehen? Kann allerhöchste Heiligkeit ein so verbrecherisches Geschöpf schaffen? Kann allerhöchste Güte ein so unglückliches Geschöpf schaffen? Würde eine von unendlicher Güte erfüllte Allmacht ihr eigenes Werk nicht reichlich mit Güte ausstatten und alles von ihm fernhalten, was ihm schaden oder was es kränken kann?»[25]

Der Gott der Schöpfungsgeschichte war entweder eine grausame Gottheit oder eine mit beschränkter Macht. So legte Bayle lebhaft zustimmend und eindringlich die manichäische Auffassung von zwei Göttern dar, eines guten und eines teuflischen, die sich die Herrschaft über Welt und Menschheit gegenseitig streitig machen. Da «Papisten und Protestanten sich darüber einig sind, daß nur eine sehr kleine Zahl von Menschen der Verdammnis entgeht», hat es den Anschein, daß der Teufel im Kampf gegen Christus Sieger ist; und seine Siege wiederholen sich immer wieder, denn, wie uns die

Theologen versichern, aus der Hölle gibt es kein Entrinnen. Weil also in der Hölle mehr Seelen sind oder sein werden als im Himmel und die in der Hölle «den Namen Gottes ewig verfluchen, wird es mehr Geschöpfe geben, die Gott hassen, als solche, die ihn lieben». Und maliziös schließt Bayle: «Man soll sich mit den Manichäern nicht beschäftigen, bevor man die Lehrmeinung, der Glaube erhöhe und die Vernunft erniedrige, festgehalten hat.»[26]

Der Artikel über Pyrrhon äußert Zweifel an der Dreieinigkeit, weil «Dinge, die von einem Dritten nicht verschieden sind, auch untereinander nicht verschieden sind»[27]. Und was die Transsubstantiation anbelangt: «Die Erscheinungsform eines Stoffes» – also auch von Brot und Wein – «kann nicht die gleiche sein wie die des Stoffes, der sie verwandelt.»[28] Und was die auf alle Menschen vererbte Schuld Adams und Evas betrifft: «Eine Kreatur, die gar nicht existiert, kann an einer begangenen bösen Tat nicht mitschuldig sein.»[29]

Aber Bayle legte alle diese Zweifel anderen in den Mund, und dann mißbilligte er sie im Namen des Glaubens. Als «von ungläubigen Menschen ganz falsch behauptet», zitiert er: «Religion ist nichts als eine menschliche Erfindung, von den Herrschern eingeführt, um mit ihr ihre Untertanen in den Schranken des Gehorsams zu halten.»[30] Im Artikel über Spinoza strengte er sich besonders an, den jüdischen Pantheisten als Atheisten zu brandmarken, muß indessen doch von ihm sehr tief beeindruckt gewesen sein, denn er widmete ihm den längsten Artikel des ganzen Wörterbuches. Bayle suchte die Theologen zu beruhigen, indem er ihnen versicherte, daß die in seinem Buch ausgesprochenen Zweifel der Religion niemals schaden könnten, weil diese Dinge ja das Verständnis der Leute übersteigen[31].

Faguet war der Ansicht, Bayle sei «ohne Frage ein Atheist»[32], aber es wäre wohl richtiger, ihn einen Skeptiker zu nennen und dabei nicht zu vergessen, daß er auch dem Skeptizismus gegenüber skeptisch war. Da sekundäre Empfindungsqualitäten größtenteils subjektiv sind, ist die objektive Welt ganz anders, als sie uns erscheint. «Die wahre Natur der Dinge ist uns unbekannt; wir kennen nur einige ihrer Beziehungen untereinander.»[33] Mitten in den zweitausendsechshundert Seiten auf der Vernunft aufgebauter Auseinandersetzungen gibt Bayle zu, daß auch die Vernunft anfällig sei: Auch sie kann uns täuschen wie die Sinne, von denen sie abhängig ist; da sie oft von Leidenschaften vernebelt wird, wird unser Verhalten mehr von Wünschen und Leidenschaften bestimmt als von der Vernunft. Vernunft kann uns lehren, zu zweifeln; aber sie bewegt uns selten zum Handeln.

> «Die Gründe für das Zweifeln sind selber zweifelhaft; man muß deshalb zweifeln, ob man zweifeln soll. Welche Verwirrung! Welche Qual für den Verstand! ... Unsere Vernunft weist uns einen irreführenden Weg, wenn sie ihre ganze Heimtücke entfaltet, stürzt sie uns in einen Abgrund ... Die menschliche Vernunft ... ist eine zum Zerstören und nicht zum Aufbauen treibende Kraft; sie ist nur dazu angetan, Zweifel zu erregen ... und indem sie sich auf jede Weise dreht und wendet, einen Streit zu verewigen.»[34]

Als Folgerung daraus riet Bayle den Philosophen, keinen zu großen Wert auf die Philosophie zu legen, und warnte die Reformer, nicht zu viel von Reformen zu erwarten. Da sich die menschliche Natur offensichtlich seit Jahrhunderten gleich blieb, wird sie auch in Zukunft durch Begehrlichkeit, Streitsucht und erotische Gelüste die Probleme schaffen, die zu sozialer Unordnung führen und jede Erwartung eines Idealstaates schon im Keim ersticken. Die Menschen lernen nichts aus der Geschichte; jede Generation zeigt wieder die gleichen Leidenschaften, Irrtümer und Verbrechen. Deshalb ist Demokratie ein um so größerer Irrtum, je «reiner» sie ist: Der nur auf Geschäftemachen bedachten, schlecht informierten und triebhaften Masse die Wahl der Regierenden und die Entscheidung über Politik zu überlassen, kommt einem Selbstmord des Staates gleich. Irgendeine Art von Monarchie, selbst in demokratischer Gestalt, ist nötig[35]. Fortschritt ist ebenfalls eine Täuschung; wir halten Bewegung für Vorwärtsschreiten, aber wahrscheinlich ist sie lediglich ein Pendeln[36]. Das Beste, was zu erhoffen ist, ist eine Regierung, die trotz ihrer Zusammensetzung aus fehlbaren, unvollkommenen Menschen für genügend Recht und Ordnung sorgt, damit wir in Frieden unseren Garten bestellen und unseren Studien und Liebhabereien obliegen können.

Ein solcher Friede war Bayle in den neun Jahren, die er noch lebte, nicht beschieden. Nachdem die Leser vom Groß- zum Kleingedruckten gekommen waren, erhob sich eine Welle der Empörung. Das Konsistorium der Wallonischen Kirche in Rotterdam beschied Bayle, der dieser Gemeinde angehörte, vor sich, damit er Stellung nehme zu der gegen ihn erhobenen Klage, sein Wörterbuch enthalte «unanständige Ausdrücke und Fragen und eine große Zahl obszöner Zitate», anstößige Bemerkungen über den Atheismus und Epikur, und besonders anfechtbare Artikel über David, Pyrrhon und die Manichäer. Bayle versprach, er werde «sich noch näher mit der Lehre der Manichäer befassen», und wenn er «Gegenargumente finden oder wenn ihm die Geistlichen des Konsistoriums solche liefern würden», dann «wäre er gerne bereit, sie in die bestmögliche Form zu bringen»[37]. Für die zweite Auflage des Wörterbuchs schrieb er den Artikel über David in abgeschwächter Form neu. Jurieu, den er damit nicht versöhnen konnte, erneuerte seinen Angriff und holte 1706 mit seinem *Le Philosophe de Rotterdam accusé, attaqué et condamné* zum Schlag aus.

Nach der zweiten Auflage nahm Bayles Gesundheit rasch ab. Er litt, wie Spinoza, an Tuberkulose, hustete in den letzten Jahren ständig, war wiederholten Fieberanfällen unterworfen und litt verzweifelt unter zunehmenden Kopfschmerzen. Er war sich über die Unheilbarkeit seiner Krankheit klar, wußte, daß er bald sterben werde, und zog sich mehr und mehr in die Abgeschiedenheit seines Zimmers zurück, wo er Tag und Nacht an der Antwort an seine Gegner arbeitete. Am 27. Dezember 1706 sandte er dem Drucker die letzten Seiten, und am nächsten Morgen fanden ihn seine Freunde tot in seinem Bett.

Das ganze achtzehnte Jahrhundert stand unter seinem Einfluß. Sein mehrfach neu aufgelegter *Dictionnaire* war die heimliche Wonne ungezählter rebellischer Geister. Bis 1750 waren neun französische, eine deutsche und drei englische Auflagen erschienen. In Rotterdam wollten seine Bewunderer ihm eine Statue an der Seite von Erasmus errichten[38], und sie vermochten die Verleger dazu zu bewegen, wiederum den Originalartikel über David abzudrucken. Schon ein Jahrzehnt nach seinem Tod warteten ganze

Reihen von Studenten in Mazarins Bibliothek darauf, daß die Reihe an sie käme, den *Dictionnaire* zu lesen[39]. Eine Erhebung über die Privatbibliotheken in Frankreich ergab, daß er sich in diesen häufiger fand als irgendein anderes Werk[40]. Fast jeder bedeutende Denker unterlag seinem Einfluß. Der größte Teil von Leibnizens *Theodizee* war ausdrücklich der Versuch einer Widerlegung Bayles. Lessings geistige Emanzipation und sein Eintreten für Toleranz gingen auf Bayle zurück. Wahrscheinlich bezog Friedrich der Große seinen Skeptizismus ursprünglich mehr von Bayle als von Voltaire; er nannte das Wörterbuch «das Brevier des gesunden Menschenverstandes»[41], besaß in seiner Bibliothek vier Exemplare davon und beaufsichtigte die Herausgabe einer billigeren, gekürzten Ausgabe in zwei Bänden, die einen größern Leserkreis erreichen sollte[42]. Shaftesbury und Locke waren ebenfalls von Bayle beeinflußt; beide verkehrten in Holland mit ihm, und Lockes *Epistola de Tolerantia* (1689) bewegte sich in den Fußstapfen von Bayles *Kommentar* (1686).

Am größten war natürlich Bayles Einfluß auf die «Philosophen» der Aufklärung; diese sogen den *Dictionnaire* mit der Muttermilch ein. Montesquieu und Voltaire übernahmen es wahrscheinlich von Bayle, fernöstliche Vergleiche und Kritiken auf europäische Institutionen anzuwenden. Die *Enzyklopädie* von 1751 war nicht «nur eine durchgesehene, korrigierte und etwas erweiterte Neuauflage von Bayles *Wörterbuch*», wie Faguet meinte[43]; aber viele ihrer Stellungnahmen und manche ihrer Leitideen stammten aus diesen beiden Bänden, und ihr Artikel über Toleranz verwies den Leser vielleicht allzu großzügig auf Bayles *Kommentar*, «der diesen Gegenstand erschöpfend behandelt». Diderot bekannte mit der ihm eigenen Aufrichtigkeit, wieviel er Bayle verdanke, und pries ihn als «den gefürchtetsten Vertreter des Skeptizismus in alter und neuer Zeit»[44]. Voltaire war eine Wiedergeburt Bayles mit besseren Lungen, mehr Kräften, Jahren, Geld und Witz. Mit Recht hat man seinen *Dictionnaire philosophique* ein Echo desjenigen von Bayle genannt[45]. Der köstliche Nachäffer in Ferney wich jedoch öfters von Bayle ab; Voltaire dachte zum Beispiel, die Religion habe zur Hebung der Sittlichkeit beigetragen, und wenn Bayle über fünf- bis sechshundert Bauern zu gebieten gehabt hätte, würde er nicht gezögert haben, ihnen einen strafenden und belohnenden Gott vorzuhalten[46]; aber er anerkannte Bayle als den «größten Dialektiker, der je geschrieben hat»[47]. Alles in allem war die französische Philosophie des achtzehnten Jahrhunderts Bayle in explosionsartiger Ausbreitung. Mit Hobbes, Spinoza, Bayle und Fontenelle eröffnete das siebzehnte Jahrhundert den langen, erbitterten Krieg zwischen Christentum und Philosophie, der im Sturm auf die Bastille und in der Feier der Göttin der Vernunft gipfelte.

V. FONTENELLE: 1657–1757

In den ersten vierzig seiner hundert Lebensjahre führte auch Bernard Le Bovier de Fontenelle, unabhängig von Bayle und manchmal schon vor ihm, den philosophischen Krieg und setzte diesen Krieg *un poco adagio* noch ein halbes Jahrhundert über Bayles Tod hinaus fort. Er war einer jener Langlebigen, die die Kluft zwischen Bossuet und

Diderot überbrückten und den sanfteren und vorsichtigeren Skeptizismus des siebzehnten Jahrhunderts in den geistigen Aufruhr des achtzehnten hinübertrugen.

Er wurde am 11. Februar 1657 als so schwächliches Kind geboren, daß man ihn in der Besorgnis, er könnte noch vor dem Abend sterben, unverzüglich taufte. Er blieb sein ganzes Leben lang zart, hatte kranke Lungen und spuckte schon Blut, wenn er sich nur beim Billardspiel ein wenig anstrengte; aber durch vorsichtiges Maßhalten, Ehelosigkeit, Unterdrückung seiner Leidenschaften und ausgiebigen Schlaf überlebte er alle seine Altersgenossen und erinnerte sich Molières, während er sich mit Voltaire unterhielt.

Als Neffe Corneilles hatte er eine gewisse Neigung zur Literatur. Auch er träumte von Dramen; aber den Stücken und Opern, die er schrieb, seinen Idyllen, Liebes- und Schäfergedichten, fehlte das Feuer, sie ließen kalt. Die französische Literatur wurde weniger kunstvoll, gewann jedoch an Inhalt, und Fontenelle fand erst zu sich selber, als er entdeckte, daß die Wissenschaft eine ebenso überwältigende Offenbarung sein kann wie die Apokalypse und daß die Philosophie in einem alle Kriege übertreffenden unbarmherzigen Kampf begriffen war. Nicht daß er ein Kämpfer gewesen wäre; er war zu überlegen, um zu streiten, zu sehr Weltmann, um in der Diskussion heftig zu werden, und sich der Relativität der Wahrheit zu bewußt, um sein Denken an etwas Absolutes zu ketten. Und doch «säte er Drachenzähne»[48]. Wo immer er sich in erfundenen Gesprächen mit seiner imaginären Marquise erging, da tauchte die Aufklärung mit Voltaires ungestümer leichter Reiterei, mit von Holbachs schwerer Infanterie, mit den Sappeuren der *Enzyklopädie* und mit der Artillerie Diderots auf.

Sein erster philosophischer Versuch war eine Schrift von fünfzehn Seiten, *L'Origine des fables* (Vom Ursprung der Sagen), eigentlich eine soziologische Untersuchung über die Entstehung von Göttern. Es fällt uns nicht leicht, seinem Biographen zu glauben, daß er sie mit dreiundzwanzig Jahren geschrieben, aber vorsichtig als Manuskript liegengelassen habe, bis 1724 die Zensur gelockert wurde. Sie ist beinahe «modern», schreibt er doch die Mythen nicht der Erfindung von Priestern, sondern primitiven Vorstellungen zu, vor allem der Bereitschaft einfacher Gemüter zur Personifizierung von Geschehnissen. Ein Bach floß zum Beispiel deshalb, weil ein Gott sein Wasser ließ; alle natürlichen Vorgänge wurden zu Handlungen von Gottheiten.

> «Die Menschen sahen viele ihre eigenen Fähigkeiten übersteigende Wunder: Blitze schleudern, Winde und Wellen bewegen ... Die Menschen stellten sich Wesen vor, die, mächtiger als sie, solcher Vollbringungen fähig waren. Diese überlegenen Wesen mußten menschliche Form haben, denn welche andere Form wäre vorstellbar gewesen? ... So waren die Götter menschlich, aber mit höheren Kräften ausgestattet ... Primitive Menschen konnten sich keine bessere Eigenschaft vorstellen als große Körperkraft; sie hatten noch keinen Begriff von Weisheit und Gerechtigkeit, noch keine Wörter dafür.»[49]

Ein halbes Jahrhundert vor Rousseau verwarf Fontenelle Rousseaus Idealisierung der Wilden; primitive Menschen waren dumm und roh. Aber, fügte er bei: «Alle Menschen sind sich so ähnlich, daß es keine Rasse gibt, vor deren Torheiten wir nicht zittern müßten.»[50] Er war vorsichtig genug, beizufügen, seine naturalistische Interpretation der Götter sei nicht anwendbar auf die Gottheit der Christen und Juden.

Fontenelle legte diese kleine Arbeit beiseite, nahm ein neues Blatt, schrieb als Titel eine Stelle aus Lukianos darüber und publizierte im Januar 1683 ein kleines Buch, *Dialogues des morts* (Totengespräche). Diese imaginären Gespräche zwischen toten Berühmtheiten erwiesen sich als so beliebt, daß im März eine zweite und schon bald darauf eine dritte Auflage notwendig waren. Bayle lobte sie begeistert in seinen *Nouvelles*. Noch vor Ablauf des Jahres waren sie ins Italienische und Englische übersetzt, und Fontenelle war mit sechsundzwanzig Jahren in ganz Europa berühmt. Die Dialogform war in einer von Zensoren unsicher gemachten Welt sehr bequem: Fast jede Meinung konnte einem Sprecher in den Mund gelegt werden, der von einem anderen «zurückgewiesen» oder vom Autor abgelehnt wurde. Fontenelle war jedoch eher zu Schabernack als zu Ketzereien aufgelegt; die diskutierten Ideen blieben maßvoll, und es blieben keine zerknüllten Mitren liegen. So brüstet sich der Vegetarianer Milon, ein Athlet aus Kroton, er habe einen Ochsen auf seinen Schultern zu den Olympischen Spielen getragen; Smindiriades aus dem benachbarten Sybaris neckt ihn, er entwickle seine Muskeln auf Kosten seines Geistes, aber der Sybarit gibt zu, daß auch das epikureische Leben eitel ist, denn der Genuß wird durch seine Häufigkeit herabgesetzt, und er erhöht die Möglichkeiten und Grade der Schmerzempfindlichkeit. Homer rühmt den durch Fabeln belehrenden Äsop, warnt ihn aber, Wahrheit sei das letzte, was die Menschheit wünsche. «Des Menschen Geist ist äußerst geneigt zur Lüge ... Die Wahrheit muß sich das Aussehen der Lüge geben, damit sie vom menschlichen Gemüt als angenehm empfunden wird.»[51] «Hätte ich alle Wahrheit in meiner Hand», sagt Fontenelle, «so würde ich mich hüten, sie zu öffnen»[52]; aber wahrscheinlich wäre das nicht nur aus Sympathie für die Menschheit geschehen, sondern auch aus leichtsinnigem Vergnügen an der zu erwartenden Hetzjagd.

Im köstlichsten dieser Gespräche diskutiert Montaigne mit Sokrates, den er – zweifellos in der Hölle – antrifft, über die Idee des Fortschritts:

«MONTAIGNE: So seid Ihr es, göttlicher Sokrates? Wie erfreut bin ich, Euch zu sehen! Ich bin erst neulich in dies Land gekommen, und sobald ich anlangte, fing ich an, Euch zu suchen. Endlich glückt es mir, nachdem ich mein Buch mit Eurem Namen und Ruhme angefüllt, mich mit Euch persönlich zu unterreden.

SOKRATES: Es ist mir sehr lieb, einen Toten anzutreffen, der ein Philosoph gewesen zu sein scheint. Aber weil du erst vor so kurzem von dort oben kamst ..., so nimm mir's nicht übel, daß ich nach Neuigkeiten frage. Wie steht's in der Welt? Ist sie nicht ziemlich verändert?

MONTAIGNE: Wirklich sehr. Ihr würdet sie nicht wiedererkennen.

SOKRATES: Das vernehme ich gern. Ich habe allezeit vermutet, daß sie besser und klüger werden würde als zu meiner Zeit.

MONTAIGNE: Was sagt Ihr da? Sie ist närrischer und verderbter, als sie jemals gewesen. Das ist eben die Veränderung, über die ich mit Euch sprechen wollte; und ich erwartete von Euch die Schilderung Eurer Zeit zu hören, in der so viel Aufrichtigkeit und Gerechtigkeit herrschte.

SOKRATES: Und ich hoffte im Gegenteil von dir die Wunder der Zeiten zu hören, in welchen du gelebt hast. Wie? Haben denn die Menschen die Torheiten des Altertums noch nicht abgelegt? ... Ich glaubte, es würde mit der Zeit alles vernünftiger werden, und daß die Menschen aus der Erfahrung so vieler Jahre Nutzen ziehen würden.

MONTAIGNE: Daß Menschen aus der Erfahrung lernen? Sie sind wie Vögel, die sich allezeit in den gleichen Netzen fangen lassen, mit denen man schon aber Tausende ihrer Gattung gefangen hat. Ein jeder kommt ganz neu in die Welt, die Fehler der Eltern werden von den Kindern nicht beachtet ... Die Menschen aller Jahrhunderte haben die gleichen Neigungen, über die der Verstand keine Gewalt hat. Allenthalben also, wo es Menschen gibt, gibt es Torheiten, und zwar immer dieselben Torheiten ...

SOKRATES: Man ist für das Altertum meistens so eingenommen, weil man sich über seine eigene Zeit ärgert ... Als wir lebten, schätzten wir unsere Vorfahren höher, als sie es verdienten, und jetzt lobt unsere Nachkommenschaft uns weit über unsere Verdienste. Allein, unsere Vorfahren, wir selbst und unsere Nachkommen sind ganz gleich ...

MONTAIGNE: Warum sollte es denn nicht auch tugendhaftere und gottlosere Zeiten geben?

SOKRATES: Nicht unbedingt. Die Kleider wechseln, aber das bedeutet nicht, daß die Gestalt des Leibes sich verändert habe. Höflichkeit und Grobheit, Erkenntnis und Unwissenheit ... sind nur die Außenseite des Menschen, und diese ist veränderlich; aber das Herz ändert sich nicht. Unter die große Zahl törichter Menschen, die in einem Jahrhundert geboren werden, hat die Natur vielleicht zwei oder drei Dutzend vernünftige Leute verteilt.»[53]

Einige Jahre nach dieser pessimistischen Folgerung zeigte Fontenelle etwas optimistischere Ansichten in *Digression sur les Anciens et les Modernes* (Januar 1688). Darin machte er eine nützliche Unterscheidung: In Poesie und Kunst hatte es keinen ersichtlichen Fortschritt gegeben, denn diese hängen vom Gefühl und der Phantasie ab, die sich von Generation zu Generation kaum ändern; aber von der Wissenschaft und der Gelehrsamkeit, die auf dem allmählichen Ansammeln von Wissen beruhen, können wir erwarten, daß sie die Antike übertreffen. Jede Nation, so legte Fontenelle nahe, durchläuft wie das Individuum verschiedene Stadien: In der Kindheit widmet sie sich der Befriedigung physischer Wünsche, in der Jugend kommen Phantasie, Poesie und Kunst hinzu, und in der Reife kann sie zu Wissenschaft und Philosophie gelangen[54]. Fontenelle glaubte zu erkennen, wie Wahrheiten durch schrittweises Ablegen irriger Ansichten wachsen. «Wir sind den Alten zu Dank verpflichtet dafür, daß sie fast alle falschen Theorien, die denkbar waren, überwunden haben» – wobei er vergaß, daß auf jede Wahrheit eine unbestimmte Anzahl von Irrtümern kommt. Er nahm an, Descartes habe eine neue und bessere Denkmethode gefunden, die mathematische; nun, so hoffte er, würde das Wissen in großen Sprüngen vorwärtseilen.

«Betrachten wir den Fortschritt, den die Wissenschaften trotz Vorurteilen, Hindernissen und der kleinen Zahl von Wissenschaftlern in den letzten hundert Jahren gemacht haben, könnten wir versucht sein, unsere Zukunftshoffnungen zu hoch zu schrauben. Wir werden neue Wissenschaften aus dem Nichts entspringen sehen, während die unsrigen noch in der Wiege liegen.»[55]

Fontenelle formulierte so eine Theorie des Fortschritts, *le progrès des choses*. Wie ein Jahrhundert nach ihm Condorcet, sah er in der Zukunft keine ersichtlichen Grenzen für ihn; hier haben wir schon die «unendliche Perfektibilität der Menschheit». Der Fortschrittsglaube kam in volle Fahrt und segelte weiter ins achtzehnte Jahrhundert, um zu einem der vielversprechendsten Träger des modernen Denkens zu werden.

Mittlerweile war Fontenelle, dessen geistreiche Phantasie sich nie von der Vorsicht zügeln ließ, in bedenkliche Nähe der Bastille geraten. Um 1685 veröffentlichte er einen kurzen *Bericht von der Insel Borneo*, eine so realistische, die Wahrscheinlichkeit Defoes und Swifts vorwegnehmende Schilderung einer Phantasiereise, daß Bayle sie in seinen *Nouvelles* als wirkliche Begebenheit abdruckte. Aber der darin beschriebene Streit zwischen Eénegu und Mréo war eine offensichtliche Verspottung des Streits zwischen Genf und Rom. Als die französischen Behörden die Verschlüsselung durchschauten, schien Fontenelles Verhaftung unvermeidlich, denn die Spottschrift war dem Widerruf des Edikts von Nantes auf den Fersen gefolgt. Schleunigst veröffentlichte Fontenelle ein Preisgedicht auf den «Sieg der Kirche unter Ludwig dem Großen». Seine Abbitte wurde erhört, und von nun an sorgte er dafür, daß seine Philosophie für die Regierenden unverständlich blieb.

Er wandte sich wieder den Naturwissenschaften zu und machte es sich zur Aufgabe, sie der französischen Gesellschaft nahezubringen. Er war zu bequem, sich direkt an Experimenten und Forschungen zu beteiligen, verstand aber viel davon und präsentierte sie einem stets wachsenden Auditorium in kleinen, in künstlerische Prosa gefaßten Dosen. Um die kopernikanische Astronomie allgemeinverständlich zu machen, schrieb er die *Entretiens sur la pluralité des mondes* (Gespräche über eine Vielheit von Welten; 1686). Obwohl seit dem Erscheinen von Kopernikus' *De revolutionibus orbium coelestium* hundertdreiundvierzig Jahre vergangen waren, hatten in Frankreich selbst unter den akademisch Gebildeten nur wenige die heliozentrische Theorie übernommen. Galileo Galilei war von der Kirche verurteilt worden (1633), weil er diese Theorie für den Tatsachen entsprechend ansah, und Descartes hatte seine Abhandlung *Die Welt,* in welcher die kopernikanische Ansicht als gesichert angenommen wurde, nicht zu veröffentlichen gewagt.

Fontenelle behandelte den Gegenstand mit entwaffnender Artigkeit. Er stellte sich vor, er diskutiere darüber mit einer hübschen Marquise; ihre Erscheinung – unsichtbar, aber fühlbar – bewegte sich reizvoll durch das Gespräch, denn vor Schönheit, die einen Titel führt, verblassen selbst Sterne. Die sechs Gespräche waren in *Abende* eingeteilt und fanden im Garten des Schlosses der Marquise in der Nähe von Rouen statt. Ihr Zweck war, dem französischen Volk – oder wenigstens den Damen in den Salons – das Verständnis für die Umdrehung und die Umlaufbahn der Erde sowie für die cartesische Theorie der Sternenwirbel beizubringen. Als zusätzliches Lockmittel warf Fontenelle die Frage auf, ob Mond und Planeten bewohnt seien. Er neigte dazu, dies anzunehmen, befürchtete aber, gewisse Leser könnten Anstoß daran nehmen, daß es im Weltall Männer und Frauen geben sollte, die nicht von Adam und Eva abstammen, und erklärte, diese Mond- oder Planetenbewohner seien keine richtigen Menschen, legte jedoch immerhin nahe, sie könnten andere, vielleicht feinere Sinne haben als wir. Wäre dies so, dann sähen sie die Dinge anders als wir. Wäre dann Wahrheit relativ? Das würde, mehr noch als Kopernikus, alles umstürzen. Fontenelle rettete die Lage mit dem Hinweis auf die Schönheit und die Ordnung des Kosmos, verglich ihn mit einem Uhrwerk und schloß aus dem kosmischen Mechanismus auf einen göttlichen Urheber von höchster Intelligenz.

Da der Wunsch, andere zu belehren, zu unseren stärksten Antrieben gehört, brachte sich Fontenelle im Dezember 1688 mit der anonymen Veröffentlichung einer seiner kühnsten kleinen Abhandlungen, *Geschichte der Orakel,* wieder beinahe in die Bastille. Er bekannte, seine Unterlagen dem Werk *De Oraculis* eines holländischen Gelehrten,

Van Dael, entnommen zu haben, aber er übersetzte sie in die Klarheit und Heiterkeit seines Stils. «Il nous enjôle à la vérité – Er schmeichelt uns die Wahrheit auf», sagte ein Leser. So verglich er die Mathematiker mit Liebhabern: «Gesteht man einem Mathematiker den geringsten Grundsatz zu, so wird er daraus eine Folgerung ableiten, die ihm wieder zugestanden werden muß, und daraus wieder eine ...»[56] Die Theologen hatten die Glaubwürdigkeit mancher heidnischen Orakel zugegeben, ihr gelegentliches Zutreffen jedoch satanischen Einflüsterungen zugeschrieben und es für einen Beweis für den göttlichen Ursprung der Kirche angesehen, daß diese Orakel nach dem Erscheinen Christi zu wirken aufgehört hatten. Aber Fontenelle zeigte, daß sie noch bis ins fünfte Jahrhundert nach Christus hinein weiterwirkten. Er befreite Satan von der Anschuldigung, ihr *deus ex machina* gewesen zu sein; die Orakel gehörten zu den Kniffen der Heidenpriester, die in ihren Tempeln scheinbare Wunder bewerkstelligten und sich die von den Gläubigen den Göttern geopferten Speisen aneigneten. Er gab vor, nur von heidnischen Orakeln zu sprechen, und nahm christliche Orakel und Priester ausdrücklich von dieser Darstellung aus. Diese Schrift und *Vom Ursprung der Sagen* waren nicht nur geschickt geführte Degenstöße zugunsten der Aufklärung, sie waren Beispiele einer neuen Art, sich geschichtlich mit theologischen Fragen zu befassen, nämlich die menschlichen Quellen der übernatürlichen Glaubensanschauungen aufzudecken und dadurch Übernatürliches natürlich zu machen.

Die Geschichte der Orakel war Fontenelles letzte Minierarbeit. 1691 wurde er, den Protesten Racines und Boileaus zum Trotz, in die Französische Akademie gewählt. 1697 wurde er – und blieb es zweiundvierzig Jahre lang – «ständiger Sekretär» der Akademie der Wissenschaften. Er schrieb ihre Geschichte und verfaßte elegante, rühmende *Elogen* über ihre verstorbenen Mitglieder; diese vermitteln eine klare Übersicht und Darlegung der französischen wissenschaftlichen Forschung während fast eines halben Jahrhunderts. Nach den Sitzungen der Akademie begab sich Fontenelle mit gleichem Vergnügen in die Salons, zuerst zu Frau von Lambert, dann zu Frau von Tencin und später zu Frau Geoffrin. Er war überall willkommen, nicht nur seines Ruhmes als Schriftsteller, sondern auch seiner nie versagenden Höflichkeit wegen. Er äußerte Wahrheiten zurückhaltend, wich erbitterten Debatten aus, und sein Witz war nie verletzend. «Kein anderer seiner Zeit war von so offenem Geist und so vorurteilslos.»[57] Frau von Tencin, ein ehemals von Leidenschaften umgetriebenes Irrlicht, warf ihm albern vor, ein zweites Gehirn zu haben, dort, wo sein Herz sitzen sollte[58]. Und die jungen Gottesleugner, die rund um ihn aufwuchsen, hatten für sein Maßhalten nicht mehr Verständnis als er für ihren Dogmatismus und ihre Heftigkeit: «Ich erschrecke vor der um mich herum herrschenden Überzeugtheit.»[59] Als er im Alter schwerhörig wurde, sah er dies nicht ausschließlich als ein Übel an.

Mit etwa fünfzig Jahren scheint er offenbar beschlossen zu haben, den Damen nur noch platonisch zu dienen, aber seine Galanterie welkte nie. Als er als Neunzigjähriger einer hübschen jungen Frau vorgestellt wurde, bemerkte er: «Ach, wäre ich doch erst achtzig!»[60] Mit fast neunzig Jahren eröffnete er einen Neujahrsball, indem er mit dem eineinhalbjährigen Töchterchen von Helvétius tanzte[61], und als Frau Grimaud, die beinahe ebenso alt war wie er, staunend sagte: «Nun ja, da sind wir also beide noch am Leben», legte er den Finger auf die Lippen und flüsterte: «Pst, Madame, der Tod hat uns vergessen!»[62]

Er fand ihn schließlich doch und nahm ihn am 9. Januar 1757 nach nur eintägiger Krankheit sanft hinweg. Fontenelle erklärte seinen Freunden: «Je souffre d'être – Ich leide am Sein»; vielleicht dachte er, die Langlebigkeit übertrieben zu haben, wurde er doch nur dreiunddreißig Tage weniger als hundert Jahre alt. Er war vor Ludwigs XIV. Regierungsantritt geboren, unter Bossuets Erfolgen, den Dragonaden und dem Widerruf des Edikts aufgewachsen, hatte die *Enzyklopädie* erlebt und noch gehört, wie Voltaire die Philosophen zum Kampf gegen *l'infâme* aufrief.

SECHSTES KAPITEL

Spinoza

[1632–1677]

I. DER JUNGE KETZER

SPINOZA, dieser seltsame, liebenswerte Charakter, der den mutigsten Versuch der Neuzeit unternahm, eine Philosophie zu finden, die an die Stelle des verlorenen Glaubens treten könnte, wurde am 24. November 1632 in Amsterdam geboren. Seine Vorfahren lassen sich bis in die Stadt Espinoza bei Burgos in der spanischen Provinz León zurückverfolgen. Sie waren eine zum Christentum bekehrte Judenfamilie, *conversos,* aus welcher Gelehrte, Priester und der Kardinal Diego d'Espinoza, der sogar Großinquisitor war[1], hervorgegangen sind. Ein Teil der Familie wanderte, wahrscheinlich um der spanischen Inquisition zu entrinnen, nach Portugal aus und lebte dort einige Zeit in Vidigueira bei Beja; dann zogen Großvater und Vater des Philosophen nach Nantes in Frankreich und 1593 von dort nach Amsterdam. Sie gehörten zu den ersten Juden, die sich in dieser Stadt niederließen, um sich der in der Union von Utrecht 1579 garantierten Religionsfreiheit zu erfreuen. 1628 galt der Großvater als das Haupt der sephardischen Gemeinde Amsterdams; der Vater war mehrmals Vorsteher der dortigen Judenschule und Präsident der Wohltätigkeitsorganisationen der portugiesischen Synagoge. Die Mutter, Hannah Deborah d'Espinoza, kam aus Lissabon nach Amsterdam. Sie starb, als Baruch sechs Jahre alt war, und hinterließ ihm als Erbe die Tuberkulose. Er wurde vom Vater und dessen dritter Frau erzogen. Da der Name Baruch auf hebräisch «gesegnet» bedeutet, wurde der Knabe später in offiziellen, lateinischen Dokumenten Benedictus genannt.

In der Synagogenschule erhielt Baruch eine vorwiegend religiöse, auf dem Alten Testament und dem Talmud aufgebaute Erziehung; es wurden auch einige jüdische Philosophen, insbesondere Abraham Ibn Esra, Moses ben Maimon und Hasdai Crescas, behandelt und vielleicht auch einige Proben aus der Kabbala durchgenommen. Unter seinen Lehrern befanden sich zwei in der Gemeinde hochangesehene, tüchtige Männer, Saul Morteira und Manasse ben Israel. Neben der Schule erhielt Baruch in spanischer Sprache eine gute Ausbildung in weltlichen Dingen, da sein Vater ihn für die kaufmännische Laufbahn bestimmte.

Es war natürlich, daß der außergewöhnlich aufgeweckte Jüngling zu den ihm in der Synagogenschule vermittelten Lehren einige Fragen stellte. Vielleicht hatte er dort sogar von jüdischen Irrlehren gehört. Ibn Esra hatte schon längst auf die sich aus der Zuschreibung der letzten Teile des Pentateuch an Moses ergebenden Schwierigkeiten hingewiesen. Maimonides hatte allegorische Auslegungen für einige sonst schwer verdauliche Bibelstellen vorgeschlagen[2] und gewisse Zweifel an der persönlichen Unsterblichkeit[3] sowie an der Schöpfung geäußert, weil sie der Ewigkeit der Welt widerspreche[4]. Crescas hatte Gott Ausdehnung zugeschrieben und alle Versuche verworfen, die Willensfreiheit, das Weiterleben der Seele, ja selbst die Existenz Gottes mit der Vernunft zu beweisen. Neben diesen vorwiegend orthodoxen Juden muß Spinoza auch Levi ben Gerson gelesen haben, der die biblischen Wunder auf natürliche Ursachen zurückgeführt und den Glauben der Vernunft unterworfen hatte, indem er sagte: «Die Thora kann uns nicht daran hindern, das für wahr zu halten, was uns unser Verstand zu glauben zwingt.»[5] Und erst vor kurzem hatte Uriel Acosta in dieser Amsterdamer Gemeinde den Unsterblichkeitsglauben angefochten und sich, durch die Exkommunikation tief gedemütigt, erschossen (1647). Die trübe Erinnerung an diese Tragödie muß den Aufruhr in Spinozas Seele noch vertieft haben, als ihm klar wurde, daß er den Glauben, der der feste Halt seines Volkes und seiner Familie war, verloren habe.

1654 starb sein Vater. Eine Tochter erhob Anspruch auf das ganze Vermögen; Spinoza bestritt ihr Recht vor Gericht, gewann den Prozeß und händigte ihr dann, mit Ausnahme eines Bettes, den gesamten Nachlaß aus. Da er nun ganz auf sich selbst gestellt war, verdiente er seinen Unterhalt mit Schleifen und Polieren optischer Linsen für Brillen, Mikroskope und Teleskope. Er erteilte einigen Schülern Privatunterricht und wurde Lateinlehrer an der Lateinschule des Franz Van den Ende, eines Exjesuiten, Freidenkers, Dramatikers und Revolutionärs*. Dort verbesserte Spinoza sein Latein, und vielleicht hat Van den Ende ihn dazu angeregt, Descartes, Bacon und Hobbes zu lesen; auch mag er dort in Thomas von Aquins *Summa Theologiae* geblättert haben. Er scheint sich in die Tochter des Schulvorstehers verliebt zu haben; sie zog indes einen reicheren Bewerber vor, und von da an dachte Spinoza, soviel wir wissen, nie mehr an Heirat.

Mittlerweile hatte sein Glaube zu wanken begonnen. Wahrscheinlich waren ihm schon vor seinem zwanzigsten Jahr Bedenken gekommen und hatten ihn in die Qualen und Nöte gestürzt, von denen empfindsame Gemüter bei einem solchen Gesinnungswandel erschüttert werden, nämlich so erregende Gedanken, wie daß die Substanz Gottes Körper sein könnte, die Engel nur Phantome, daß die Bibel nichts von Unsterblichkeit sage, daß Seele und Leben identisch sein könnten[7]. Solange sein Vater lebte, hatte er diese kühnen Ketzereien für sich behalten; und selbst nach seines Vaters Tod würde er geschwiegen haben, hätten ihn nicht Freunde mit Fragen versucht. Nach langem Zögern gestand er ihnen seinen wankenden Glauben; sie meldeten es der Synagoge.

Es wurde oft darauf hingewiesen, aber es muß immer von neuem daran erinnert werden, daß sich die Vorsteher der jüdischen Gemeinde Amsterdams gegenüber Ketzereien, die an die Fundamente nicht nur des jüdischen, sondern auch des christlichen Glaubens rührten, in einer heiklen Lage befanden. Die Juden erfreuten sich in der Republik Holland einer religiösen Duldung wie sonst nirgendwo in christlichen Landen; diese konnte ihnen aber entzogen werden, wenn sie unter sich Ideen duldeten, die

* Van den Ende diente später den Holländern als Geheimagent in Paris, wurde von der französischen Regierung gefangen gesetzt und 1676 gehängt[6].

die religiöse Grundlage der Sittlichkeit und der Gesellschaftsordnung gefährdeten. Nach der in Spinozas Todesjahr von dem französischen Flüchtling Jean Maximilien Lucas in Holland verfaßten Biographie Spinozas haben die Studenten, die von Baruchs Zweifeln Meldung machten, fälschlicherweise hinzugefügt, er habe sich verächtlich über das jüdische Volk geäußert, das sich für von Gott auserwählt halte und meine, Gott sei der Urheber des Mosaischen Gesetzes[8]. Wir wissen nicht, wieweit diesem Bericht Glauben zu schenken ist. Jedenfalls mußten sich die jüdischen Führer über jeden Einbruch in den Glauben ärgern, der während Jahrhunderten bitterer Leiden der starke Turm und die Quelle des Trostes der Juden gewesen war.

Die Rabbiner ließen Spinoza kommen und tadelten ihn, weil er die glänzenden Hoffnungen, die seine Lehrer in seine Laufbahn in der Gemeinde gesetzt hatten, so enttäuschte. Einer dieser Lehrer, Manasse ben Israel, befand sich gerade in London. Ein anderer, Saul Morteira, drang in den Jüngling, von seinen Ketzereien abzulassen. Um den Rabbinern Gerechtigkeit widerfahren zu lassen, muß auch gesagt werden, daß Lucas, obwohl er stark auf Spinozas Seite neigte, berichtet, daß Morteira, als er daran erinnerte, wieviel liebevolle Förderung sein Lieblingsschüler Baruch von ihm erfahren habe, von diesem die Antwort erhielt, «als Entgelt für Morteiras Bemühungen, ihm die hebräische Sprache beizubringen, wolle er seinen Lehrer gerne lehren, wer zu exkommunizieren sei»[9]. Dies scheint mit allem, was wir sonst von Spinoza erfahren, gar nicht zusammenzupassen, aber wir dürfen die Zeugnisse nicht nach unserem Gefühl wählen; und (um Ciceros Bemerkung zu variieren) es gibt kaum etwas so Törichtes, daß es nicht im Leben der Philosophen zu finden wäre.

Man berichtet, die Synagogenführer hätten Spinoza eine Jahresrente von tausend Gulden geboten, wenn er verspreche, alle für das Judentum gefährlichen Schritte zu unterlassen und sich von Zeit zu Zeit in der Synagoge zu zeigen[10]. Die Rabbiner scheinen zuerst nur den «kleinen Bann» über ihn verhängt zu haben, der ihm nur für dreißig Tage den Verkehr mit den übrigen Gemeindemitgliedern verbot[11]. Man sagt, er habe dieses Urteil leichten Herzens angenommen und gesagt: «Gut, man zwingt mich zu nichts, was ich nicht von mir aus getan hätte»[12]; wahrscheinlich lebte er schon damals außerhalb des Judenviertels der Stadt. Ein Fanatiker wollte ihn ermorden, aber die Waffe durchbohrte nur seinen Rock. Am 27. Juli 1656 verkündeten die kirchlichen und weltlichen Behörden der jüdischen Gemeinde feierlich von der Kanzel der portugiesischen Synagoge herab die volle Exkommunikation «Baruchs von Espinosa» mit allen üblichen Verfluchungen und Verboten; niemand durfte mit ihm sprechen oder ihm schreiben, ihm einen Dienst leisten, seine Schriften lesen oder sich ihm auf weniger als vier Ellen nähern[13]. Morteira begab sich zu den Amsterdamer Behörden und benachrichtigte sie von den gegen Spinoza erhobenen Anklagen und dem über ihn verhängten Bannfluch und forderte Spinozas Ausweisung aus der Stadt. Sie verurteilten ihn «zu einer Verbannung von einigen Monaten»[14]. Spinoza ging in das nahegelegene Dorf Ouderkerk, kehrte aber schon bald nach Amsterdam zurück.

Seine Hebräischkenntnisse gewannen ihm einige Freunde in einem kleinen, unter der Führung von Ludwig Meyer und Simon de Vries stehenden Gelehrtenkreis. Meyer hatte akademische Grade in Philosophie und Medizin erworben. 1666 veröffentlichte er *Philosophiae Sacrae Scripturae interpres*, worin er die Bibel der Vernunft unterstellte; möglicherweise hat das Buch Spinozas Ansichten widergespiegelt – oder beeinflußt. De Vries, ein wohlhabender Kaufmann, war Spinoza so wohlgesinnt, daß er ihm zweitausend Gulden schenken wollte, aber Spinoza schlug sie aus. Als de Vries zum Sterben kam (1667), beabsichtigte er, da er unverheiratet war, Spinoza zum Erben einzusetzen; dieser überredete ihn, das ganze Vermögen einem Bruder zu hinterlassen; der begünstigte Bruder bot Spinoza eine Jahresrente von fünfhundert Gulden; Spinoza nahm dreihundert[15]. An einen anderen Amsterdamer Freund, Johann Bouwmeester, schrieb Spinoza: «Haben Sie mich lieb, wie ich Sie von Herzen lieb habe.»[16] Neben der Philosophie waren die Freundschaften der wichtigste Halt in Spinozas Leben. In einem seiner Briefe schrieb er:

«Unter allen Dingen, die nicht in meiner Macht stehen, schätze ich nichts höher als die Ehre, mit Leuten, die aufrichtig die Wahrheit lieben, in ein freundschaftliches Verhältnis zu treten. Ich glaube nämlich, daß wir auf der Welt nichts, das außerhalb unserer Macht steht, ruhiger lieben können als solche Menschen.»[17]

Er lebte weder als Einsiedler noch als Asket. Er schätzte «gutes Essen und Trinken, hatte Freude am Schönen und an grünenden Pflanzen, am Hören von Musik und an Theaterbesuchen»[18]; bei einem solchen Theaterbesuch war der Mordanschlag auf ihn erfolgt. Er mußte immer noch vor Anschlägen auf der Hut sein; in seinen Siegelring war das Wort *caute* – vorsichtig – eingegraben[19]. Aber weit mehr als Vergnügungen und Freundschaft liebte er das Alleinsein, die Sammlung und den Frieden eines einfachen Lebens. Nach Bayle verließ Spinoza 1660 Amsterdam, «weil die Besuche seiner Freunde seine Betrachtungen zu oft unterbrachen»[20], und zog sich in das stille Rhijnsburg, sechs Meilen von Leiden entfernt, zurück. Die Kollegianten, eine den Quäkern ähnliche Mennonitensekte, hatten dort ihr Hauptquartier aufgeschlagen, und Spinoza fand bei einer dieser Familien Unterkunft.

In dieser bescheidenen Behausung, die heute als «Spinozahuis» gezeigt wird, schrieb der Philosoph mehrere kleinere Schriften und das erste Buch der *Ethik*. 1662 verfaßte er einen kurzen *Traktat über Gott und den Menschen und dessen Glückseligkeit*, der aber weitgehend Descartes widerspiegelte. Interessanter ist das Fragment *De Intellectus Emendatione* (Über die Verbesserung des Verstandes), das er im selben Jahr unvollendet weglegte. Auf vierzig Seiten finden wir hier eine Vorschau auf Spinozas Philosophie. Aus den ersten Sätzen spricht die Einsamkeit des Ausgestoßenen:

«Nachdem die Erfahrung mich gelehrt hat, daß alles, was im gewöhnlichen Leben sich häufig uns bietet, eitel und leer ist, da ich sah, daß alles, was und vor welchem ich mich fürchtete, nur insofern Gutes oder Schlimmes in sich enthielt, als die Seele davon bewegt wurde, so beschloß ich endlich nachzuforschen, ob es irgend etwas gebe, das ein wahres Gut sei, dessen man teilhaftig werden könne und von dem allein, mit Ausschluß alles übrigen, die Seele ergriffen werde ...»

Er sah, daß weder Reichtum noch Ehre (*honor*) noch Sinnenlust (*libido*) dies vermitteln konnten; zu oft sind Erregung und Reue mit diesen Freuden verbunden. «Nur die Liebe zu einem ewigen und unendlichen Ding nährt die Seele mit reiner Freude, frei von aller Unlust.»[21] Das könnte auch Thomas von Kempen oder Jakob Böhme geschrieben haben; und in der Tat blieb Spinoza allezeit eine kleine mystische Neigung eigen, die ihm aus der Beschäftigung mit der Kabbala geblieben sein mag und nun in seiner Einsamkeit neue Nahrung fand. Das «ewige und unendliche Ding», das er meinte, konnte Gott genannt werden, aber erst im Sinne von Spinozas späterer Definition Gottes als eins mit der schöpferischen Kraft und den Gesetzen der Natur. «Das höchste Gut», sagt er in der *Emendatio*, «... ist die Erkenntnis der Einheit, die den Geist mit der gesamten Natur verbindet ... Je besser der Geist die Ordnung der Natur erkennt ..., desto leichter kann er sich vor unnützen Dingen hüten»[22]. Hier formuliert Spinoza zum erstenmal die «intellektuelle Liebe zu Gott» – die Gemeinschaft des Individuums mit der Natur der Dinge und den Gesetzen des Universums.

Diese aufschlußreiche kleine Abhandlung hält auch das Ziel von Spinozas Denken, seine Auffassung von Wissenschaft und Philosophie fest. «Ich will alle Wissenschaften auf einen Zweck und auf ein Ziel hinleiten, nämlich darauf, die höchste menschliche Vollkommenheit zu erreichen; und so werden wir alles in den Wissenschaften, das uns unserem Ziel nicht näherbringt, als unnütz verwerfen müssen.»[23] Hier zeigt sich ein von Francis Bacon ganz verschiedener Zug; der Fortschritt der Wissenschaften ist eine Täuschung, wenn er bloß die Macht des Menschen über die Dinge vermehrt, ohne auch seinen Charakter und sein Streben zu vervollkommnen. Das ist der Grund, weshalb das Meisterwerk der modernen Philosophie trotz seiner langen metaphysischen Einführung den Titel *Ethik* bekam und weshalb ein so großer Teil davon der Knechtung des Menschen durch seine Wünsche und seiner Befreiung durch die Vernunft gewidmet war.

II. THEOLOGIE UND STAAT

Der Kreis vornehmer Gelehrter, den Spinoza in Amsterdam zurückgelassen hatte, vernahm, er habe in Rhijnsburg für einen Schüler eine geometrische Darstellung von Descartes' *Principia philosophiae* begonnen. Sie bestürmten ihn, sie zu Ende zu führen und sie ihnen zu senden. Er tat es, und sie finanzierten (1663) die Veröffentlichung als *Renati Des Cartes Principia Philosophiae more geometrico demonstrata* (Descartes' Prinzipien der Philosophie auf geometrische Weise begründet). Wir brauchen von diesem Buch nur drei Dinge festzuhalten: Es stellte die Ansicht Descartes' dar, nicht diejenige Spinozas (zum Beispiel über den freien Willen); es war das einzige Buch, das zu seinen Lebzeiten unter Spinozas Namen erschien; in einem Anhang, *Cogita metaphysica* (Metaphysische Gedanken), regte er an, Zeit sei «keine Bestimmung der Dinge, sondern nur eine Art, sie zu denken»[24], eines der verschiedenen kantischen Elemente in Spinozas Philosophie.

In Rhijnsburg erwarb er sich einige neue Freunde. Der große Anatom Steno lernte ihn dort kennen. Henry Oldenburg von der Royal Society machte, als er 1661 nach Leiden reiste, einen Umweg, um Spinoza zu besuchen, und war tief beeindruckt; nach London zurückgekehrt, begann er einen langdauernden Briefwechsel mit dem noch ungedruckten, aber schon berühmten Philosophen. Ein anderer Rhijnsburger Freund, Adriaan Koerbagh, wurde vor ein Amsterdamer Gericht zitiert (1668) und der «unmäßigen» Opposition gegen die vorherrschende Konfession beschuldigt; einer der Magistraten wollte die Quelle von Koerbaghs Ketzereien in Spinoza sehen; Koerbagh bestritt es, und Spinoza wurde verschont, aber der junge Ketzer wurde zu zehn Jahren Gefängnis verurteilt, wo er schon nach fünfzehn Monaten starb[25]. Man versteht, warum Spinoza es nicht eilig hatte, gedruckt zu werden.

Im Juni 1663 zog er nach Voorburg bei Den Haag. Sechs Jahre lang lebte er im Haus eines Kunsthandwerkers, schliff Linsen und schrieb an seiner *Ethik*. Der entschlossene Widerstand der Vereinigten Provinzen gegen Ludwig XIV. zwang ihre Regierung zur strengeren Überwachung aller Meinungsäußerungen. Nichtsdestoweniger publizierte Spinoza 1670 seinen *Tractatus theologico-politicus*, der zu einem Markstein der Bibelkritik wurde. Auf dem Titelblatt dieses *Theologisch-politischen Traktats* wurde dessen Absicht angegeben, «zu zeigen, daß die Freiheit zu philosophieren nicht nur ohne Schaden für die Frömmigkeit und den Frieden im Staate zugestanden werden kann, sondern daß sie nur zugleich mit dem Frieden im Staate und mit der Frömmigkeit selbst aufgehoben werden kann». Spinoza lehnte den Atheismus ab, unterstützte die Grundlagen des religiösen Glaubens, unternahm es aber, die menschlichen Schwächen der Schriften zu zeigen, auf die sich die Lehre und die Intoleranz des calvinistischen Klerus stützte. Die Geistlichkeit Hollands benutzte ihren Einfluß und ihre Bibeltexte zum Kampf gegen die von de Witt geführte Partei, die für Gedankenfreiheit und Friedensverhandlungen eintrat; Spinoza war ein treuer Anhänger dieser Partei und Jan de Witts.

> «... da ich bemerkte, daß die Streitigkeiten der Philosophen in Kirche und Staat mit aller Leidenschaftlichkeit geführt werden, daß wütender Haß und Zwist ... die Folge davon ist, so habe ich mir fest vorgenommen, die Schrift von neuem sorgfältig mit unbefangenem und freiem Geiste zu prüfen und nichts von ihr anzunehmen oder als ihre Lehre gelten zu lassen, was ich nicht mit voller Klarheit ihr selbst entnehmen könnte. Mit solcher Vorsicht habe ich mir eine Methode zurechtgelegt, die heiligen Bücher auszulegen ...»[26]

Er erkannte und bewies die Schwierigkeit, das Hebräische des Alten Testaments zu verstehen; die Vokalisierung und Akzentuierung des Massora-Texts beruhte teilweise auf Vermutungen und konnte schwerlich als unanfechtbare Urfassung gelten. In den Anfangskapiteln seiner Abhandlung machte er sich weitgehend den *Führer der Verirrten* des Maimonides zunutze. Wie Abraham Ibn Esra und andere zweifelte er, daß Moses der Verfasser des Pentateuch sei. Er bestritt, daß Josua das Buch Josua aufgezeichnet habe, und er schrieb die geschichtlichen Bücher des Alten Testaments dem Schriftgelehrten Esra aus dem fünften Jahrhundert vor Christus zu. Das Buch Hiob, meinte er, sei ein ins Hebräische übersetztes heidnisches Werk. Nicht alle diese Behauptungen wurden von der späteren Forschung angenommen, aber sie waren ein mutiger erster Schritt zur Entstehungsgeschichte der Bibel, und sie kamen acht Jahre vor der gelehrteren *Critique du Vieux Testament* (1678) von Richard Simon heraus. Spinoza wies darauf hin, daß in mehreren Fällen der gleiche Passus an verschiedenen Stellen der Bibel, manchmal mit den gleichen Worten, manchmal in abweichenden Fassungen, wiederholt wird, wobei einerseits angenommen werden muß, daß alle aus einer früheren Handschrift schöpften, und sich andererseits die Frage stellt, welche Stelle nun das Wort Gottes sei[27]. Dann waren da auch chronologische Unmöglichkeiten und Widersprüche. Ferner lehrt Paulus in seinem Brief an die Römer (3, 20–28), der Mensch könne nur durch den Glauben, nicht durch die Werke gerettet werden; der Jakobusbrief (2, 24) lehrt genau das Gegenteil. Welches ist nun Gottes Meinung und Gottes Wort? Solche Textverschiedenheiten, hob Spinoza hervor, haben statt zu dem Wohlverhalten, das eine Religion einflößen sollte, zu erbitterten, ja mörderischen Kämpfen zwischen den Theologen geführt.

Waren die Propheten des Alten Testaments Gottes Stimme? Offensichtlich war ihr Wissen dem der Gebildeten ihrer Zeit nicht voraus; Josua war zum Beispiel, als er der Sonne stille zu stehen gebot, überzeugt, daß sich diese um die Erde drehe[28]. Die Propheten zeichneten sich nicht durch Gelehrsamkeit aus, sondern durch ihre lebhafte Vorstellungsgabe, ihre Begeisterung und ihr Gefühl; sie waren große Dichter und Redner. Es ist möglich, daß sie göttlich inspiriert waren; aber wenn sie es waren, dann war das ein Vorgang, von dem Spinoza bekannte, daß er unfähig sei, ihn zu verstehen[29]. Vielleicht träumten sie, Gott zu schauen, und glaubten an die Wirklichkeit ihrer Träume. So lesen wir von Abimelech, «Gott ... sprach zu ihm im Traum» (1. Moses 20, 2). Das göttliche Element der Propheten waren nicht ihre Weissagungen, sondern ihr tugendhaftes Leben, und das Thema ihrer Predigten war, daß Religion im richtigen Verhalten, nicht in der eifrigen Einhaltung von Ritualen liegt.

Waren die Wunder, von denen die Bibel berichtete, wirkliche Eingriffe in die normalen Naturvorgänge? Konnten die Menschen durch ihre Sünden Feuer und Wasserfluten auf sich ziehen? Konnten Gebete der Erde Fruchtbarkeit verleihen? Spinoza ging davon aus, daß die Verfasser der Bibel sich solcher Geschichten bedient hätten, um sich dem Verständnis einfacher Menschen anzupassen und sie zu Tugend und Frömmigkeit anzuhalten; sie seien nicht wörtlich zu nehmen.

«Wenn die Schrift also berichtet, die Erde sei wegen der Sünden der Menschen unfruchtbar oder Blinde würden um ihres Glaubens willen geheilt, so dürfen wir dem nicht mehr Gewicht beilegen, als wenn sie berichtet, Gott zürne wegen der Sünden der Menschen, er sei traurig, er bereue verheißene oder erwiesene Wohltaten oder er erinnere sich beim Anblick eines Zeichens einer gegebenen Verheißung und noch vieles andere, was entweder dichterisch ausgedrückt oder nach den Anschauungen und Vorurteilen des Schreibers wiedergegeben ist.

Wir können also daraus unbedingt den Schluß ziehen, daß sich alle wirklichen Geschehnisse, von denen die Schrift berichtet, notwendigerweise, wie überhaupt alles, nach den Naturgesetzen zugetragen haben. Findet sich irgend etwas, von dem man unumstößlich beweisen kann, daß es den Naturgesetzen widerstreitet oder sich nicht aus ihnen herleiten läßt, so muß man ohne weiteres annehmen, daß es von Frevlerhänden in die Heiligen Schriften eingefügt worden ist. Denn was gegen die Natur ist, ist auch gegen die Vernunft, und was gegen die Vernunft ist, ist widersinnig und darum auch zu verwerfen.»[30]

Dies war sicherlich die offenste Proklamierung der Unabhängigkeit der Vernunft, die bisher von einem modernen Philosophen abgegeben worden war. Wo sie Eingang fand, leitete sie eine Umwälzung von größerer Wichtigkeit und Auswirkung ein als alle die Kriege und politischen Streitigkeiten der Zeit.

In welchem Sinn ist also die Bibel Gottes Wort? Nur in diesem: Sie enthält ein Sittengesetz, das den Menschen tugendhaft machen kann. Sie enthält auch vieles, was zu menschlichen Teufeleien führte oder dazu mißbraucht wurde. Den meisten Menschen (die mit ihren Alltagssorgen zu beschäftigt sind, als daß sie die Muße oder die Fähigkeit zu geistiger Entwicklung hätten) können die biblischen Geschichten eine wirksame Hilfe zu ihrer Sittlichkeit bieten. Aber der Nachdruck des religiösen Unterrichts sollte immer auf dem Verhalten, nicht auf dem Glauben liegen. Es genügt, «an die Existenz Gottes zu glauben, an ein höchstes Wesen, das Gerechtigkeit und Nächstenliebe liebt» und dessen Verehrung bloß «in der Gerechtigkeit und in der Nächstenliebe besteht». Jede andere Lehre ist überflüssig[31].

Abgesehen von dieser Doktrin, sollte das Denken frei sein. Die Bibel ist nicht als Lehrbuch der Naturwissenschaften und der Philosophie gedacht; diese werden uns in der Natur geoffenbart, und diese natürliche Offenbarung ist die wahrste und universellste Stimme Gottes.

«Es bleibt mir noch zu zeigen, daß zwischen dem Glauben oder der Theologie einerseits und der Philosophie andererseits keinerlei Gemeinschaft oder Verwandtschaft besteht ... Das Ziel der Philosophie ist nur die Wahrheit, das Ziel des Glaubens aber ist ... einzig und allein der Gehorsam und die Frömmigkeit ... Der Glaube läßt daher jedem die volle Freiheit zum Philosophieren, so daß man über alles denken kann, wie man will, ohne daß es einem als Verbrechen angerechnet wird, und er verdammt nur die als Ketzer und Schismatiker, die Meinungen lehren, welche zu Widersetzlichkeit, Haß, Streit und Zorn reizen.»[32]

So erneuerte Spinoza in einer eigenen optimistischen Variante Pomponazzis Unterscheidung zwischen zwei Wahrheiten, der theologischen und der philosophischen, die ein und demselben Menschen im einen Fall als einem Gläubigen, im anderen Fall als einem Philosophen zuzubilligen sind, auch wenn sie sich widersprechen. Spinoza hielt die Inhaber der weltlichen Regierungsgewalt für berechtigt, die Einhaltung der Gesetze zu erzwingen; der Staat hat, wie das Individuum, das Recht auf Selbsterhaltung. Aber er fügt bei:

«Ganz anders liegt die Sache bei der Religion. Denn da sie nicht so sehr in äußeren Handlungen als in der Einfalt und Wahrhaftigkeit des Gemüts besteht, so fällt sie nicht unter ein Recht oder eine öffentliche Autorität. Denn Einfalt und Wahrhaftigkeit des Gemüts wird den Menschen nicht durch die Herrschaft der Gesetze noch durch eine öffentliche Autorität eingeflößt, wie denn schlechterdings niemand durch Gewalt oder durch Gesetze gezwungen werden kann, selig zu werden; dazu ist vielmehr eine fromme und brüderliche Ermahnung, gute Erziehung und vor allem ein eigenes freies Urteil erforderlich ... Da also ... das unumschränkte Recht und die höchste Autorität, über die Religion frei zu urteilen und folglich sie sich zu erklären und auszulegen ..., einem jeden zustehen.»[33]

Die öffentliche Religionsausübung soll der staatlichen Überwachung unterstellt sein, denn obwohl die Kirche eine wesentliche Kraft zur Herbeiführung der Sittlichkeit sein kann, muß der Staat die oberste Gewalt über alle die öffentlichen Sitten betreffenden Dinge haben. Spinoza war ein ebenso guter Erastianer wie Hobbes und folgte ihm in der Unterordnung der Kirche unter den Staat, aber er warnte seine Leser: «Ich spreche ausdrücklich nur von der Ausübung der Frömmigkeit und vom äußeren religiösen Kult, nicht von ... dem innerlichen Gottesdienst ...»[34] Und er hatte wohl Ludwig XIV. im Auge, als er entrüstet vom Mißbrauch der Religion schrieb, den der Staat mit ihr treibt, wenn er ihren Grundlagen – Gerechtigkeit und Nächstenliebe – widersprechende Zwecke damit verbindet.

«Mag es auch das letzte Geheimnis einer monarchischen Regierung bleiben und völlig in ihrem Interesse liegen, die Menschen in der Täuschung zu erhalten und die Furcht, durch die sie im Zaume gehalten werden sollen, unter dem schönen Namen Religion zu verbergen, damit sie für ihre Knechtschaft kämpfen, als sei es für ihr Heil, und damit sie es nicht für eine Schande, sondern für die höchste Ehre halten, für die Prahlerei eines Despoten Blut und Leben hinzuopfern, so kann doch in einem freien Staatswesen nichts Unglücklicheres ersonnen oder versucht werden als dieses; denn es widerstreitet der allgemeinen Freiheit ganz und gar ..., daß man über spekulative Dinge Gesetze erläßt und daß man Meinungen gleich Verbrechen für strafbar hält und verfolgt und ihren Verteidigern und Anhängern nicht öffentlich Schutz gewährt, sondern sie dem Haß und der Wut ihrer Gegner preisgibt. Würden nach Staatsgesetz nur Taten gerichtet, Worte aber straffrei gelassen, so könnten ... Unruhen durch keinen Schein des Rechtes beschönigt werden, und Meinungsgegensätze könnten nicht in Empörung ausarten.»[35]

Beim Studium der Heiligen Schriften sah sich Spinoza der grundlegenden Streitfrage zwischen Juden und Christen gegenüber: Hat das Christentum durch die Verwerfung des Mosaischen Gesetzes an Christus treulos gehandelt? Spinoza war der Meinung, dieses Gesetz sei den Juden für ihren eigenen Staat gegeben worden und nicht für andere Völker, nicht einmal für die in der Fremde lebenden Juden; nur die Sittengesetze im Mosaischen Gesetz (zum Beispiel die Zehn Gebote) haben ewige und universelle Gültigkeit[36]. Einige Stellen in Spinozas Äußerungen über das Judentum verraten einen tiefen Groll über seinen Ausschluß und ein starkes Verlangen, seine Verwerfung der in der Synagoge verkündeten Lehre zu rechtfertigen. Immerhin schloß er sich der Hoffnung der Juden auf die Wiederherstellung eines autonomen Staates Israel an. «Ich möchte so weit gehen, zu glauben ..., daß sie ihren Staat neu aufbauen werden und daß Gott sie ein zweitesmal erwählen wird.»[37]

Über das Christentum stellte er verschiedene Betrachtungen an. Offensichtlich las er das Neue Testament mit wachsender Bewunderung für Christus. Er verwarf die Meinung, Christus sei physisch von den Toten auferstanden[38], empfand aber soviel Zuneigung zu dem predigenden Jesus, daß er ihm zubilligte, von Gott eine besondere Offenbarung erhalten zu haben.

«Könnte aber ein Mensch bloß mit dem Geiste irgendwie etwas begreifen, das in den tiefsten Grundlagen unserer Erkenntnis nicht enthalten ist und nicht aus ihnen abgeleitet werden kann, so müßte sein Geist notwendig weit vorzüglicher sein und den menschlichen Geist weit überragen. Ich glaube daher nicht, daß irgend jemand eine solche Vollkommenheit vor den anderen erreicht hat, ausgenommen Christus, dem der Heilsplan Gottes ohne Worte und Gesichte, ganz unmittelbar offenbart worden ist, so daß Gott sich durch Christi Geist den Aposteln offenbart hat, so wie einst dem Moses durch die Stimme aus der Wolke. Darum kann die Stimme Christi geradeso wie die Stimme, die Moses hörte, Gottes Stimme heißen. Und in diesem Sinne können wir auch sagen, die Weisheit Gottes, das heißt eine Weisheit, die über aller menschlichen ist*, habe in Christus menschliche Natur angenommen und Christus sei der Weg des Heils gewesen.

---

* Anspielung auf die *Sophia* im Buch der Weisheit und den *Logos* im vierten Evangelium.

In diesem Zusammenhang muß ich erklären, daß ich diese Lehren, die gewisse Kirchen über Christus verbreiten, weder bejahe noch verneine, denn ich gestehe offen, daß ich sie nicht verstehe ... Christus hat mit Gott von Geist zu Geist verkehrt.

Ich behaupte also, daß nie jemand außer Christus ohne Mitwirkung seiner Phantasie eine Offenbarung Gottes empfangen hat, weder in Worten noch in Gesichten.»[39]

Dieser den christlichen Oberen dargebotene Ölzweig konnte ihnen nicht verbergen, daß der *Tractatus theologico-politicus* eine der wagemutigsten Äußerungen war, die bisher im Streit zwischen Religion und Philosophie getan worden waren. Kaum war das Buch erschienen, erhob der Amsterdamer Kirchenrat beim Großpensionär von Holland Protest dagegen (30. Juni 1670), daß ein so ketzerisches Druckwerk in einem christlichen Staat unter die Leute gebracht werden dürfe. Eine Synode im Haag stellte das Begehren, «ein so seelenverderbendes Buch» sei zu verbieten und einzuziehen[40]. Auch Laien schlossen sich den Angriffen auf Spinoza an; einer nannte ihn den fleischgewordenen Satan[41], Jean Le Clerc stellte ihn als den «bekanntesten Atheisten unserer Zeit»[42] hin, Lambert van Velthuysen beschuldigte ihn, «listig in den Atheismus einzuführen ..., jeder Gottesverehrung und Religion die Grundlagen zu entziehen»[43]. Glücklicherweise war der Großpensionär, Jan de Witt, einer von Spinozas Bewunderern und hatte ihm schon eine kleine Rente verschafft. Solange de Witt lebte und regierte, konnte sich Spinoza auf seinen Schutz verlassen. Das dauerte aber nur noch zwei Jahre.

III. DER PHILOSOPH

Im Mai 1670, kurz nach der Veröffentlichung des *Traktats,* zog Spinoza nach dem Haag, wahrscheinlich um näher bei de Witt und anderen einflußreichen Freunden zu wohnen. Ein Jahr lang lebte er bei der Witwe Van Velen, dann zog er um zu Hendrik van der Spyck in die Pavilioensgracht; dieses Haus wurde 1927 von einem internationalen Komitee angekauft und trägt jetzt den Namen «Domus Spinozana». Hier blieb er bis an sein Lebensende. Er bewohnte ein Zimmer im Dachgeschoß und schlief in einem Bett, das tagsüber an die Wand hochgeklappt werden konnte[44]. «Manchmal ließ er ein Vierteljahr vorbeigehen, ohne einen Fuß aus dem Hause zu setzen», erzählt Bayle; vielleicht scheuten seine schwindsüchtigen Lungen die winterliche Feuchtigkeit. Aber er wurde von vielen Besuchern aufgesucht, und (wieder nach Bayle) gelegentlich «besuchte er Personen von Bedeutung ..., um über Staatsangelegenheiten zu diskutieren ..., in denen er sich gut auskannte»[45]. Er schliff fortwährend Linsen; Christian Huygens rühmte ihre Vorzüglichkeit[46]. Über seine Ausgaben führte er Buch; wir erfahren daraus, daß er sein Leben mit viereinhalb Sous im Tag fristete. Seine Freunde bestanden darauf, ihm zu helfen, weil sie sahen, daß das Leben im geschlossenen Raum und der beim Polieren der Linsen entstehende Staub sein Lungenleiden verschlimmerten.

Die Protektion, die ihm Jan de Witt gewährte, erlosch, als der Pöbel die beiden Brüder de Witt in den Straßen Den Haags ermordete (20. August 1672). Spinoza wollte, als er von dem Mord hörte, hinauslaufen und den Leuten ins Gesicht schreien, sie seien *ultimi barbarorum,* die niedrigsten Rohlinge, aber sein Hauswirt verschloß die Tür und hinderte ihn daran, das Haus zu verlassen[47]. Jan de Witt hinterließ Spinoza testamentarisch ein Jahrgeld von zweihundert Francs.[48]* Nach de Witts Tod ging die Staatsgewalt an Prinz Wilhelm Heinrich über, der der Unterstützung des calvinistischen Klerus bedurfte. Als 1674 eine zweite Auflage des *Theologisch-politischen Traktats* erschien, erließen der Prinz und die Staaten von Holland ein Dekret, das den Verkauf des Buches verbot, und 1675 veröffentlichte das calvinistische Konsistorium im Haag einen Aufruf, jeden Versuch, irgendeine Schrift Spinozas zu drucken, sogleich anzuzeigen[49]. Von 1656 bis 1680 haben kirchliche Behörden an die fünfzig Erlasse gegen das Lesen und den Verkauf der Werke des Philosophen herausgegeben[50].

Diese Verbote trugen möglicherweise dazu bei, seinen Ruhm in Deutschland, England und Frankreich zu verbreiten. Am 16. Februar 1673 schrieb Johann Ludwig Fabritius, Professor an der Universität Heidelberg, dem «sehr scharfsinnigen, berühmten Philosophen Benedictus de Spinoza» im Auftrag des liberalen pfälzischen Kurfürsten Karl Ludwig:

«Seine Durchlaucht der Kurfürst ... hat mich beauftragt, Ihnen ... zu schreiben und die Frage an Sie zu richten, ob Sie an seiner berühmten Universität eine ordentliche Professur der Philosophie zu übernehmen willens wären. Sie würden die gegenwärtige Jahresbesoldung der ordentlichen Professoren erhalten. Sie dürften nirgends einen Fürsten finden, der hervorragenden Talenten, unter die er Sie rechnet, günstiger gesinnt wäre. Sie werden die vollste Freiheit haben zu philosophieren, indem er vertraut, daß Sie diese nicht zur Störung der öffentlich anerkannten Religion mißbrauchen werden ...»

Spinoza antwortete am 30. März:

«Hochansehnlicher, wohledler Herr! Wenn ich je den Wunsch gehabt hätte, ein akademisches Lehramt zu übernehmen, so hätte ich mir kein anderes wünschen können als das, welches mir von Seiner Durchlaucht dem Kurfürsten von der Pfalz durch Sie angeboten wird ... Da es jedoch nie meine Absicht gewesen ist, öffentlich zu lehren, so kann ich mich auch nicht dazu entschließen, diese ausgezeichnete Gelegenheit zu ergreifen ... Mein erstes Bedenken ist, daß ich wohl auf die Weiterentwicklung meiner Philosophie verzichten müßte, wenn ich mich dem Unterricht der Jugend widmen wollte. Zweitens weiß ich nicht, in welche Grenzen die Freiheit zu philosophieren einzuschränken ist, damit ich nicht den Anschein erwecke, als wolle ich die öffentlich anerkannte Religion stören. Denn Entzweiungen entstehen weniger aus feurigem Religionseifer als aus der Verschiedenheit menschlicher Affekte oder aus der Sucht, zu widersprechen ... Ich habe dies schon in meinem privaten und einsamen Leben erfahren; noch weit mehr hätte ich es zu befürchten, nachdem ich zu dieser Würde emporgestiegen wäre. Sie sehen also, hochansehnlicher Herr, daß nicht die Hoffnung auf eine bessere Chance, sondern meine Friedensliebe mich ablehnen läßt ...»[51]

Spinoza hatte Glück mit der Ablehnung: Ein Jahr danach wurde die Pfalz von Turenne verwüstet und die Universität geschlossen.

Im Mai 1673, mitten in der Besetzung der Vereinigten Provinzen der Niederlande durch eine französische Armee, erhielt Spinoza von einem Obersten dieser Armee die Einladung, den Großen Condé in Utrecht aufzusuchen. Spinoza beriet sich mit den

* Einige Forscher stellen die Freundschaft Spinozas mit de Witt in Frage. Siehe Clark, *The seventeenth Century.*

holländischen Behörden, die in der Einladung eine Gelegenheit zur Eröffnung von Verhandlungen über einen verzweifelt benötigten Waffenstillstand erblickt haben mögen. Beide Seiten gewährten ihm freies Geleit, und der Philosoph machte sich auf den Weg nach Utrecht. Mittlerweile war Condé von Ludwig XIV. an einen anderen Ort dirigiert worden; er hinterließ (nach Lucas[52]) Spinoza die Nachricht, er möge auf ihn warten; aber nach mehreren Wochen erklärte eine neue Nachricht, das Zusammentreffen müsse auf unbestimmte Zeit verschoben werden. In dieser Zeit war es wohl, daß der Marschall von Luxemburg Spinoza aufforderte, sein nächstes Buch Ludwig XIV. zu widmen, und ihn der großzügigen Erkenntlichkeit des Königs versicherte[53]. Spinoza ging auf den Vorschlag nicht ein. Er kehrte nach dem Haag zurück und merkte, daß ihn viele Einwohner des Verrats verdächtigten. Eine feindselige Menge rottete sich vor seinem Haus zusammen, brüllte Schmährufe und warf Steine. «Macht Euch keine Sorgen», sagte er zu seinem Hauswirt. «Ich bin unschuldig, und es gibt viele unter den Großen, die genau wissen, weshalb ich nach Utrecht ging. Sobald Ihr Lärm an Eurer Türe hört, werde ich zu den Leuten hinausgehen, selbst wenn sie mit mir ähnlich verfahren sollten wie mit dem guten Herrn de Witt. Ich bin ein aufrichtiger Republikaner und habe nur das Wohl der Republik im Auge.»[54] Der Hauswirt ließ ihn jedoch nicht hinausgehen, und die Menge zerstreute sich wieder.

Spinoza war jetzt einundvierzig Jahre alt. Ein Porträt in der «Domus Spinozana» im Haag zeigt ihn als den feinen Typus des sephardischen Juden, mit langem dunklem Haar, schweren Augenlidern, schwarzen, glänzenden, etwas düsteren Augen, einer langen, geraden Nase – alles in allem ein schönes Gesicht, besonders verglichen mit dem Bildnis Descartes' von Frans Hals. «Er war von gepflegtem Äußerem», berichtete Lucas, «und verließ sein Haus nie anders als in einer Kleidung, durch die er sich als vornehmer Mann von einem Kleinbürger unterschied.»[55] Seine Umgangsformen waren gemessen, aber liebenswürdig. Oldenburg stellte sein «gediegenes Wissen, verbunden mit Menschlichkeit und Kultiviertheit», fest[56]. Und Bayle schrieb: «Diejenigen, welche ... Umgang mit ihm gehabt haben ..., bezeugen einhellig, daß er ein sehr umgänglicher, freundlicher, ehrlicher, dienstfertiger und in seinen Sitten sehr ordentlicher Mann gewesen sei.»[57] Seinen Nachbarn gegenüber äußerte er keine Ketzereien; im Gegenteil, er munterte sie auf, der Kirche treu zu bleiben, und begleitete sie manchmal zum Anhören einer Predigt[58]. Mehr als jeden anderen modernen Philosophen erfüllte ihn eine aus der Selbstbeherrschung geborene Ruhe. Auf Kritik antwortete er selten; er befaßte sich mehr mit Ideen als mit Personen. Trotz seines Determinismus, seiner Ausstoßung aus seinem Volk, seiner Krankheit war er weit davon entfernt, ein Pessimist zu sein. «Tue recht», sagte er, «und freue dich.»[59] Das Schlimmste wissen und das Beste glauben, könnte als Motto seines Denkens gelten.

Viele Freunde und Bewunderer suchten ihn auf. Walter von Tschirnhaus brachte ihn dazu, ihn in das Manuskript der *Ethik* Einblick nehmen zu lassen. «Ich bitte Sie», schrieb ihm dieser Mathematiker und Physiker, «Sie möchten mir mit Ihrer gewohnten Freundlichkeit zu Hilfe kommen, falls ich Ihre Meinung nicht richtig verstanden habe.»[60] Wahrscheinlich erhielt Leibniz durch diesen eifrigen Gelehrten Zugang zu

Spinoza (1676) und zu dessen noch unveröffentlichtem Hauptwerk. Die noch lebenden Mitglieder des Gelehrtenzirkels Dr. Meyers in Amsterdam besuchten Spinoza oder korrespondierten mit ihm. Sein Briefwechsel mit den Gelehrten Europas wirft ein unvermutetes Licht auf das geistige Klima der Zeit. Hugo Boxel drängte ihn mehrmals, das Vorhandensein von Geistern zuzugeben. Der Anatom Steno richtete 1671 aus Florenz einen ergreifenden Appell an Spinoza, er möge zum Katholizismus übertreten:

«Wenn Sie es wünschen, will ich gern die Aufgabe auf mich nehmen, Ihnen zu zeigen ..., worin Ihre Lehren hinter den unseren zurückstehen, wenngleich ich wünschte ..., Sie würden vor Gott Ihre Irrtümer widerrufen ..., so daß die tausend Seelen, die durch Ihre früheren Schriften von der wahren Gotteserkenntnis abgelenkt wurden, durch den Widerruf derselben, und bestärkt durch Ihr eigenes Beispiel, mit Ihnen wie mit einem neuen Augustinus zusammen dazu zurückkehren. Ich bete von ganzem Herzen, daß Ihnen diese Gnade zuteil werde. Leben Sie wohl.[61]»

Die Faszination des Katholizismus ergriff auch Albert Burgh, den Sohn von Spinozas Freund Konrad Burgh, Schatzmeister der Vereinigten Provinzen. Er war, wie Steno, auf seinen Italienreisen konvertiert und schrieb im September 1675 mehr herausfordernd als bittend an Spinoza, er solle den römischen Glauben annehmen:

«Woher wissen Sie, daß Ihre Philosophie die beste von allen ist, die je in der Welt gelehrt worden sind, jetzt noch gelehrt werden oder jemals in der Folgezeit werden gelehrt werden? ... Haben Sie alle Philosophien, alte wie neue, die hier und in Indien und allenthalben auf der Erde gelehrt werden, geprüft? Und wenn Sie sie auch gründlich geprüft haben, wie können Sie wissen, daß Sie die beste gewählt haben? ...

Wenn Sie aber nicht an Christus glauben, dann sind Sie unsäglich elend. Aber das Heilmittel ist einfach. Lassen Sie ab von Ihren Sünden und sehen Sie die verderbliche Anmaßung Ihres elenden und wahnwitzigen Räsonnements ein ... Wollen Sie, Sie elendes Menschlein, armseliger Erdenwurm ..., sich in unaussprechlicher Blasphemie vermessen, sich der fleischgewordenen unendlichen Weisheit überzuordnen?

Mit Ihren Grundsätzen werden Sie nichts restlos erklären können, was bei der Behexung vor sich geht ..., und ebensowenig die erstaunlichen Erscheinungen bei den von Dämonen Besessenen, von dem allem ich selbst verschiedene Fälle beobachtete und ganz sichere Zeugenaussagen hörte.»[62]

Spinoza antwortete unter anderem darauf (Dezember 1675):

«Was ich kaum habe glauben können, als es mir von anderen berichtet wurde, habe ich nun aus Ihrem Briefe selbst erfahren, und zwar, daß Sie nicht nur ein Glied der römischen Kirche geworden sind, sondern auch einer ihrer heftigsten Vorkämpfer, und daß Sie bereits zu verfluchen und gegen Ihre Gegner unbändig zu toben gelernt haben. Ich hatte mir vorgenommen, auf Ihren Brief keine Antwort zu geben ..., aber einige Freunde, die mit mir auf Ihre hervorragenden Anlagen große Hoffnungen gesetzt hatten, baten mich dringend, mich der Freundespflicht nicht zu entziehen und eher daran zu denken, was Sie noch vor kurzem waren, als was Sie jetzt sind ... Dadurch habe ich mich schließlich bewegen lassen, Ihnen dieses wenige zu schreiben, indem ich Sie inständig bitte, es mit ruhigem Gemüte lesen zu wollen.

Ich will hier nicht, wie die Gegner der römischen Kirche es tun, von den Lastern der Priester und Päpste erzählen, um Sie von ihnen abwendig zu machen. Das pflegt man nämlich oft beizubringen aus gewöhnlicher Leidenschaft und mehr, um zu kränken als um zu belehren. Ich gebe Ihnen sogar zu, daß sich in der römischen Kirche mehr Männer von ausgezeichneter Bildung und rechtschaffenem Lebenswandel finden als in irgendeiner anderen christlichen Kirche; denn da diese Kirche ja mehr Mitglieder zählt, finden sich eben auch mehr Männer von jeder Art in ihr vor ... Es gibt in jeder Kirche viele sehr ehrenwerte Männer, die Gott mit Gerechtigkeit und Liebe verehren ... Gerechtigkeit und Liebe ist das einzige und gewisseste Zeichen des wahren katholischen Glaubens ..., und wo diese sich finden, da ist Christus in der Tat, und wo sie fehlen, da fehlt Christus. Denn bloß durch den Geist Christi können wir zur Liebe der Gerechtigkeit und Nächstenliebe geführt werden. Wenn Sie das recht bei sich hätten erwägen wollen, dann hätten Sie nicht sich selbst verloren und hätten Ihren Eltern nicht so bitteren Kummer angetan ...

Sie fragen mich, wieso ich es wisse, daß meine Philosophie die beste sei unter allen denen, die jemals in der Welt gelehrt worden, noch gelehrt werden oder jemals in Zukunft gelehrt werden. Eine Frage, die ich mit viel größerem Recht an Sie richten könnte. Denn ich erhebe nicht den Anspruch, die beste Philosophie gefunden zu haben, sondern ich weiß, daß ich die wahre erkenne ... Sie aber, der Sie endlich die beste Religion oder vielmehr die besten Männer gefunden zu haben beanspruchen, denen Sie sich in Ihrer Leichtgläubigkeit verschrieben haben, wie wissen Sie, daß sie die besten unter allen sind, die jemals Religionen gelehrt haben, noch lehren oder in Zukunft lehren werden? Haben Sie alle Religionen, sowohl die alten als auch die neuen, die hier und die in Indien und überall im ganzen Erdkreis gelehrt werden, geprüft? Und wenn Sie sie auch richtig geprüft haben, wie wissen Sie, daß Sie die beste erwählt haben? ...

Halten Sie es für Anmaßung und Hochmut, daß ich von der Vernunft Gebrauch mache und mich bei diesem wahren Wort Gottes beruhige, das im Geiste ist und niemals entstellt und verdorben werden kann? Tun Sie diesen verwerflichen Aberglauben von sich und erkennen Sie die Vernunft an, die Gott Ihnen gegeben hat, und pflegen Sie sie, wenn Sie nicht unter die vernunftlosen Wesen gerechnet werden wollen ... Wenn Sie ... die Kirchengeschichte prüfen (von der Sie, wie ich sehe, nicht die geringste Kenntnis haben), werden Sie sehen, wie falsch die Priester das meiste überliefern und ... durch welche Künste der römische Priester schließlich den Prinzipat der Kirche erlangt hat, dann zweifle ich nicht, daß Sie endlich zur Vernunft kommen. Daß dies geschehe, wünsche ich Ihnen von Herzen. Leben Sie wohl.»[63]

Burgh trat in den Franziskanerorden ein und starb in einem Kloster in Rom.

Am meisten ist von dem Briefwechsel Spinozas mit Oldenburg erhalten geblieben. Man ist überrascht, daß darin viel von den Naturwissenschaften die Rede ist, daß Spinoza physikalische und chemische Experimente anstellte und daß seine Briefe viele Zeichnungen dazu enthalten. Diese Korrespondenz brach 1665 ab. Oldenburg wurde 1667 verhaftet und unter dem Verdacht, mit einer fremden Macht zu verhandeln, im Tower in London gefangengehalten. Als er wieder auf freiem Fuß war, wandte er sich der Religion zu, und als er die Korrespondenz mit Spinoza wieder aufnahm (1675), bemühte er sich seinerseits, ihn für eines der orthodoxen christlichen Bekenntnisse zu gewinnen. Er bat ihn, den Bericht von Christi Auferstehung nicht allegorisch, sondern wörtlich aufzufassen. «Auf diesem Satz von der Auferstehung beruht die ganze christliche Religion und ihre Wahrheit; nimmt man ihn weg, so fällt die Sendung Jesu Christi und seine himmlische Lehre in sich zusammen.»[64] Schließlich gab er Spinoza als eine verlorene Seele auf und stellte den Briefwechsel ein (1677).

Die ganzen Jahre seit 1662 hatte Spinoza an der *Ethik* gearbeitet. Schon im April 1662 schrieb er an Oldenburg, er denke daran, sie zu veröffentlichen, aber «ich fürchte natürlich, daß sich die Theologen unserer Zeit verletzt fühlen und mich, der ich die Zänkereien aufs äußerste scheue, mit ihrem gewohnten Hasse verfolgen»[65]. Oldenburg drängte ihn zur Publikation, «was auch das Theologenpack schreien mag»[66], aber Spinoza zögerte immer noch. Er gab einigen Freunden Teile des Manuskripts zu lesen, und vermutlich machte er sich ihre Bemerkungen zunutze, denn er überarbeitete die Abhandlung mehrmals. Das Geschrei, das sich nach der Veröffentlichung des *Theologisch-politischen Traktats* erhoben hatte, rechtfertigte seine Vorsicht. Die Ermordung der Brüder de Witt und die gegen ihn gerichteten Verdächtigungen nach dem Besuch im französischen Lager beunruhigten ihn ebenfalls, und so dauerte es bis 1675, bis er einen neuen Anlauf nahm, die *Ethik* drucken zu lassen. Über das Ergebnis berichtete er Oldenburg:

«Gerade zu der Zeit, als ich Ihren Brief vom 22. Juli erhielt, bin ich nach Amsterdam gereist in der Absicht, das Buch, von dem ich Ihnen geschrieben hatte, dem Druck zu übergeben. Während ich damit beschäftigt war, wurde überall das Gerücht ausgesprengt, es sei ein Buch von mir über Gott unter der Presse, in dem ich zu beweisen suche, daß es keinen Gott gebe, ein Gerücht, das bei vielen Leuten Glauben fand. Deshalb ergriffen einige Theologen die Gelegenheit ..., mich beim Prinzen und bei den Behörden zu verklagen ... Als ich das ... erfahren hatte ..., entschloß ich mich, die geplante Herausgabe einstweilen zu verschieben.»[67]

Er legte das Manuskript beiseite und begann eine Abhandlung über den Staat zu schreiben, den *Tractatus politicus*, aber der Tod ereilte ihn vor dessen Beendigung.

Am 6. Februar 1677 schrieb Georg Hermann Schuller, ein junger Arzt, an Leibniz: «Ich fürchte, Herr Benedictus Spinoza wird uns bald verlassen; seine Auszehrung ... scheint von Tag zu Tag schlimmer zu werden.»[68] Zwei Wochen später hatte der Philosoph ausgelitten. Die übrigen Mitglieder des Haushalts waren ausgegangen, nur Schuller allein (nicht Meyer, wie man früher meinte) war bei seinem Tod zugegen. Spinoza hinterließ Anweisungen über die Bezahlung seiner Schulden mit dem Erlös aus seiner bescheidenen Habe, ferner daß die Manuskripte, die er nicht verbrannt hatte, anonym veröffentlicht werden sollten. Er starb am 20. Februar 1677 ohne jeglichen kirchlichen Beistand[69]. Man bestattete ihn in einem Friedhof der Neuen Kirche im Haag, nahe beim Grab Jan de Witts. Die Manuskripte – hauptsächlich die *Ethik*, die *Abhandlung vom Staate* und die *Abhandlung über die Verbesserung des Verstandes* – wurden von Meyer, Schuller und anderen für den Druck vorbereitet und gegen Ende 1677 in Amsterdam gedruckt.

Und so kommen wir endlich zu dem Buch, in welches Spinoza sein Leben und seine einsame Seele hineingelegt hat.

IV. GOTT

Er nannte sein Buch *Ethica ordine geometrico demonstrata* (Ethik nach geometrischer Methode dargestellt), erstens weil er alles Philosophieren für eine Vorbereitung auf richtiges Verhalten und weise Lebensführung hielt und zweitens weil er sich, wie Descartes, von der intellektuellen Askese und dem logischen Aufbau der Geometrie angezogen fühlte. Er hoffte, nach dem Vorbild Euklids ein Schema der Beweisführung zu errichten, in welchem sich jeder Schritt logisch aus den vorangehenden unwiderlegbar aus den aus allgemein anerkannten Axiomen abgeleiteten Beweisen ergibt. Er wußte, daß dies ein Ideal war, und wird es kaum für gegen jeden Irrtum gesichert gehalten haben, hatte er doch nach der gleichen Methode die cartesische Philosophie dargestellt, der er nicht beistimmte. Aber das geometrische Schema würde wenigstens zur Klarheit beitragen, es würde die Verwirrung des Verstandes durch Affekte und die Überdeckung von Sophistereien durch Eloquenz verhindern. Er beabsichtigte, das Verhalten des Menschen, ja sogar die Natur Gottes so gelassen und sachlich zu untersuchen, als würde es sich um Kreise, Dreiecke und Quadrate handeln. Sein Vorgehen war nicht fehlerfrei, half ihm aber, ein Gedankengebäude von imponierender architektonischer Erhabenheit und Geschlossenheit zu errichten. Seine Methode war deduktiv und hätte das Stirnrunzeln Bacons erregt, aber sie erhob den Anspruch, sich mit aller Erfahrung in Übereinstimmung zu befinden.

Spinoza begann mit zumeist der mittelalterlichen Philosophie entnommenen Definitionen. Die von ihm verwendeten Wörter haben seit seinen Tagen ihre Bedeutung gewandelt, und manche davon machen heute sein Denken schwer verständlich. Seine dritte Definition ist grundlegend: «Unter Substanz verstehe ich das, was in sich ist und durch sich begriffen wird, das heißt das, dessen Begriff, um gebildet werden zu können, des Begriffs eines anderen Dinges nicht bedarf.» Er versteht darunter nicht Substanz im modernen Sinn, nämlich stoffliche Bestandteile; unsere Verwendung des Wortes Substanz zur Bezeichnung von «Wesen» oder «das Seiende» kommt seiner Absicht näher. Nehmen wir seine lateinische Bezeichnung *substantia* wörtlich, so bezeichnet sie das, was unter etwas steht oder liegt, das, was etwas trägt. In seinen Briefen spricht er von «Substanz oder das Seiende»[70]; das heißt, er identifiziert Substanz mit Sein oder Realität. Daher kann er sagen: «Existenz gehört zur Natur der Substanz», in der Substanz sind Sein und Wesen eins[71]. Wir dürfen daraus schließen, daß bei Spinoza Substanz die allen Dingen zugrunde liegende essentielle Realität bedeutet.

Diese Realität wird in zwei Formen wahrgenommen: als Ausdehnung oder Materie und als Denken oder Geist. Dies sind die beiden «Attribute» der Substanz, nicht als ihr innewohnende Eigenschaften, sondern als die gleiche von außen mit den Sinnen als Materie, von innen mit dem Bewußtsein als Denken wahrgenommene Realität. Spinoza ist ganz und gar Monist: Diese beiden Aspekte der Realität – Materie und Denken – sind nicht verschiedene, getrennte Wesenheiten, sondern zwei Seiten, die Außen- und die Innenseite einer einzigen Realität; dasselbe gilt für Körper und Geist, für die körperliche Handlung und den entsprechenden geistigen Zustand. Genau genommen ist Spinoza so weit davon entfernt, Materialist zu sein, daß er ein Idealist ist: Er definiert ein Attribut als «das, was der Verstand an der Substanz als deren Wesenheit ausmachend wahrnimmt»[72]; er gibt zu (lange bevor Berkeley geboren war), daß wir die Realität, sowohl die Materie als auch das Denken, nur durch Wahrnehmung oder Idee kennen. Er glaubt, die Realität drücke sich in endlosen Aspekten durch eine «unendliche Zahl von Attributen» aus, von denen wir unvollkommene Organismen nur zwei wahrnehmen. Soweit also ist Substanz oder Realität das, was uns als Materie oder Geist erscheint. Substanz und ihre Attribute sind eins: Realität ist die Vereinigung von Materie und Geist, und diese sind nur verschieden nach unserer Art, Substanz wahrzunehmen. Nicht ganz spinozistisch ausgedrückt, ist Materie äußerlich wahrgenommene Realität, Geist innerlich wahrgenommene Realität. Könnten wir alle Dinge in der gleichen doppelten Weise – von außen und von innen – wahrnehmen wie uns selbst, würden wir finden, glaubt Spinoza, daß «alle Dinge ..., wenn auch in verschiedenen Graden, beseelt sind» (*omnia quodammodo animata*)[73]; es gibt in jedem Ding eine Form oder einen Grad von Seele oder Leben. Substanz ist immer aktiv: Materie ist immer in Bewegung; die Seele nimmt immerzu wahr, sie fühlt, denkt, wünscht, stellt vor oder erinnert sich, sei es im Wachen oder im Schlaf. Die Welt ist in allen ihren Teilen belebt.

Gott ist bei Spinoza identisch mit Substanz; er ist die der Materie und dem Geist zugrunde liegende und sie einigende Realität. Gott ist nicht identisch mit Materie (deshalb ist Spinoza kein Materialist), sondern Materie ist eines der unendlichen Attribute oder ein Aspekt Gottes (hier taucht eine von Spinozas Jugendketzereien wieder auf). Gott ist nicht identisch mit Geist (deshalb ist Spinoza kein Spiritualist), aber Geist ist eines der unendlichen Attribute oder ein Aspekt Gottes. Gott und Substanz sind identisch mit Natur (*Deus sive substantia sive natura*) und der Gesamtheit alles Seienden (deshalb ist Spinoza ein Pantheist).

Die Natur hat zwei Aspekte: als Bewegungsvermögen in Körpern und als Triebkraft eines Wachstums und Fühlens in Organismen, sie ist *natura naturans* – die zeugende oder gebärende Natur. Als Summe aller Einzeldinge, aller Körper, Pflanzen, Tiere und Menschen ist sie *natura naturata* – erzeugte oder geborene Natur. Die einzelnen Wesenheiten in der erzeugten Natur werden von Spinoza *modi* genannt, veränderliche Modifikationen und Verkörperungen von Substanz, Wesenheit, Materie/Geist, Gott. Sie sind eine Seite der Substanz, aber in unserer Wahrnehmung unterscheiden wir sie als veränderliche, fließende Formen eines ewigen Ganzen. Dieser Stein, dieser Baum, dieser Mensch, dieser Planet, dieser Stern – dieses ganze wundervolle Kaleidoskop erscheinender und sich auflösender besonderer Formen – bilden die «zeitliche Ordnung», die Spinoza in der *Abhandlung über die Verbesserung des Verstandes* der «ewigen Ordnung» gegenüberstellt, die streng genommen die zugrunde liegende Wesenheit, Gott, ist:

> «Es ist aber zu beachten, daß ich unter der Reihenfolge der Ursachen und der realen Wesen nicht die Reihenfolge der veränderlichen Einzeldinge verstehe, sondern nur die Reihenfolge der festen und ewigen Dinge. Denn die Reihenfolge der veränderlichen Einzeldinge vollständig zu verfolgen, dürfte für die menschliche Schwachheit unmöglich sein, sowohl wegen ihrer jede Zahl übersteigenden Menge [jeder Stein, jede Blume, jeder Mensch] ... Ihre Existenz steht in keinem Zusammenhang mit ihrem Wesen [sie *können* existieren, aber sie *müssen* nicht] ..., sie ist keine ewige Wahrheit ... Es [das Wesen] ist vielmehr nur aus den festen und ewigen Dingen herzuleiten und zugleich aus den Gesetzen, die in jenen Dingen als in ihren wahren Gesetzbüchern eingeschrieben sind und nach welchen alles Einzelne sowohl geschieht als geordnet wird. Ja, diese veränderlichen Einzeldinge hängen so innig und wesentlich (um mich so auszudrücken) von jenen festen ab, daß sie ohne dieselben weder sein noch begriffen werden können.»[74]

So ist ein einfaches, besonderes Dreieck ein Modus; es kann, aber es muß nicht existieren; existiert es aber, dann wird es den allgemeinen Dreiecksgesetzen gehorchen und die Eigenschaften des Dreiecks haben. Ein besonderer Mensch ist ein Modus; er kann, aber er muß nicht existieren; tut er es aber, wird er teilhaben am Wesen und den Eigenschaften von Materie/Geist und wird den Gesetzen gehorchen müssen, die das Verhalten von Körper und Denken bestimmen. Diese Gesetze und Eigenschaften machen die Ordnung der Natur als *natura naturans* aus; sie machen, theologisch ausgedrückt, den Willen Gottes aus. Die Modi der Materie sind in ihrer Totalität der Körper Gottes; die Modi des Geistes sind in ihrer Totalität der Geist Gottes; Substanz oder Realität ist in allen ihren Modi und Attributen Gott; «alles, was ist, ist in Gott»[75].

Spinoza stimmt mit den Scholastikern darin überein, daß in Gott Wesen und Existenz eins sind – seine Existenz ist in unserer Vorstellung von seinem Wesen enthalten –, denn er begreift Gott als die ganze Existenz selbst. Er teilt die Auffassung der Scholastiker, daß Gott die *causa sui*, die Ursache seiner selbst, ist, denn es gibt nichts außer ihm. Ferner stimmt er den Scholastikern bei, daß wir zwar Gottes Existenz erkennen können, nicht aber seine wahre Natur mit allen ihren Attributen. Er schließt sich der Ansicht des Thomas von Aquin an, es sei absurd, aber bequem, für Gott das männliche Fürwort[76] zu verwenden*, und er gibt Maimonides recht, daß die meisten der Gott zugeschriebenen Eigenschaften aus schwachen Analogien zu menschlichen Eigenschaften bestehen.

«... daß Gott nur nach der Auffassung des Volkes und nach dessen mangelhaftem Denkvermögen als Gesetzgeber oder Herrscher geschildert und gerecht, barmherzig usw. genannt wird[77] ... Gott ist frei von Leidenschaften und wird von keinem Affekt der Freude oder Trauer berührt[78] ... So legt auch, wer die göttliche Natur mit der menschlichen durcheinanderbringt, Gott gar leicht menschliche Affekte bei, besonders solange ihm unbekannt ist, auf welche Weise die Affekte in der Seele hervorgebracht werden.»[79]

Gott ist keine Person, denn sonst wäre er ein besonderer und endlicher Geist, aber Gott ist die Summe aller Geistigkeit (Beseelung, Empfindung, Denken) und aller Materie – alles Seienden[80]. «Ich nehme den menschlichen Geist als einen Teil eines unendlichen Verstandes an»[81] (wie in der aristotelisch-alexandrinischen Tradition). Aber «wenn ... Verstand und Wille zu Gottes ewiger Wesenheit gehören, so ist unter diesen beiden Attributen offenbar etwas ganz anderes zu verstehen, als was die Menschen gewöhnlich damit meinen»[82]. «Der wirkliche Verstand ... als wie auch der Wille, die Begierde, die Liebe müssen zur *natura naturata* und nicht zur *natura naturans* gerechnet werden»[83]; das heißt, besondere Seelen mit ihren Begierden, ihren Erregungen und ihrem Wollen sind Modi oder Modifikationen, die in Gott als der Totalität aller Dinge enthalten sind, aber nicht seine Natur als Gesetz und Leben der Welt ausmachen. In Gott ist Wille, aber nur im Sinne der in allem wirkenden Gesetze. Das Gesetz ist sein Wille.

Gott ist nicht ein auf einer Wolke sitzender bärtiger Patriarch, der das Universum regiert; er ist «die inbleibende, aber nicht die übergehende Ursache aller Dinge»[84]. Es gibt keine Schöpfung, außer in dem Sinne, daß das unendliche Sein – Materie/Geist – immer neue besondere Formen oder Modi annimmt. «Gott ist seinem Wesen nach nicht an einem Orte, sondern allenthalben.»[85] Tatsächlich ist das Wort «Ursache» hier nicht am Platz; Gott ist die universelle Ursache nicht in dem Sinne einer von ihren Wirkun-

---

* Die Sprachen machen die Natur meistens weiblich und Gott männlich; indem Spinoza sie als identisch bezeichnet, wird er dem weiblichen oder produktiven Prinzip der Realität gerechter. Vielleicht gehörte die Vermännlichung Gottes zur patriarchalischen Unterwerfung des Weibes, das aber schließlich der Hauptstrom der realen Existenz des Menschen ist.

gen gefolgten Ursache, sondern nur in dem Sinne, daß sich das Verhalten von etwas notwendig aus seiner Natur ergibt. Gott ist die Ursache aller Vorgänge in der gleichen Weise, wie die Natur eines Dreiecks die Ursache seiner Eigenschaften und seines Verhaltens ist. Gott ist nur in dem Sinne «frei», daß er keiner äußeren Ursache oder Kraft unterworfen und nur durch seine eigene Wesenheit oder Natur bestimmt ist; aber er «handelt nicht aus Freiheit des Willens»[86]; alle seine Handlungen sind von seiner Wesenheit bestimmt – was dasselbe bedeutet, wie zu sagen, daß alle Vorgänge von der innewohnenden Natur und den Eigenschaften der Dinge bestimmt sind. Es gibt in der Natur keine Absicht in dem Sinne, daß Gott einen Zweck erreichen will; er hat keine Wünsche und keine Ziele, außer in dem Sinne, daß die Totalität alle Wünsche und alle Ziele aller Modi und deshalb aller Lebewesen umfaßt. Es gibt keine Wunder, denn der Wille Gottes und die «feststehende, unveränderliche Ordnung der Natur» sind eins[87]; jede Unterbrechung in der «Verkettung der Naturdinge» wäre ein Widerspruch in sich selbst.

Der Mensch ist nur ein Teilchen des Universums. Die Natur verhält sich in bezug auf den Menschen und andere Erscheinungsformen neutral. Wir dürfen für die Natur oder für Gott keine Wörter wie *gut* und *böse, schön* und *häßlich* verwenden; dies sind subjektive Bezeichnungen wie *heiß* und *kalt* und sind abgeleitet aus dem Anteil der äußeren Welt an unserem Wohlgefühl oder Mißbehagen.

«Die Vollkommenheit der Dinge ist allein nach ihrer Natur und Kraft abzuschätzen, und darum sind die Dinge deswegen nicht mehr oder minder vollkommen, weil sie die Sinne der Menschen ergötzen oder beleidigen oder weil sie der menschlichen Natur zusagen oder ihr widerstreiten[88] ... Wenn uns daher etwas in der Natur als lächerlich, widersinnig oder schlecht erscheint, so kommt es nur daher, weil unsere Kenntnis von den Dingen Stückwerk ist, weil uns die Ordnung und der Zusammenhang der ganzen Natur zum größten Teil unbekannt bleibt und weil wir alles nach der Gewohnheit unserer Vernunft geleitet sehen wollen. In Wahrheit ist aber, was die Vernunft für schlecht erklärt, nicht schlecht im Hinblick auf die Ordnung und die Gesetze der gesamten Natur, sondern nur im Hinblick allein auf die Gesetze unserer Vernunft.»[89]

Ebenso gibt es in der Natur weder Schönheit noch Häßlichkeit:

«Schönheit ... ist weniger eine Eigenschaft des angeschauten Objekts als vielmehr eine Wirkung in dem Anschauenden. Wären unsere Augen weitsichtiger oder kurzsichtiger oder hätten wir eine andere Veranlagung, dann würde uns häßlich erscheinen, was uns jetzt schön erscheint, und schön, was jetzt häßlich. Die schönste Hand, durchs Mikroskop gesehen, erscheint schrecklich[90]. Ich schreibe der Natur weder Schönheit noch Häßlichkeit, weder Ordnung noch Verwirrung zu. Etwas kann nur in bezug auf unser Vorstellungsvermögen schön oder häßlich, wohlgeformt und verwirrt sein.»[91]

Wirkliche Ordnung gibt es nur in dem Sinne, daß alle Dinge einem einzigen System von Gesetzen angehören; aber in dieser Ordnung ist ein Wirbelsturm ebenso natürlich wie die Pracht eines Sonnenuntergangs oder die Erhabenheit des Meeres.

Sind wir auf Grund dieser «Theologie» berechtigt, Spinoza einen Atheisten zu nennen? Wir haben gesehen, daß er kein Materialist war, denn er setzte Gott nicht mit Materie gleich; er sagt ganz klar: «Wenn es aber Leute gibt, die meinen, der *Theologisch-politische Traktat* gehe davon aus, daß Gott und die Natur (worunter sie eine Masse oder eine körperliche Materie verstehen) eines und dasselbe seien, so sind sie ganz und gar im Irrtum.»[92] Er verstand Gott sowohl als Geist als auch als Materie, und er verwandelte Geist nicht in Materie; er ging davon aus, daß Geist die einzige direkt erkennbare Wesenheit ist, und dachte, etwas dem Geist Verwandten sei aller Materie beigemischt; in dieser Beziehung war er ein Panpsychist. Pantheist war er, weil er Gott in allen Dingen sah und alle Dinge in Gott. Bayle, Hume und andere[93] betrachteten ihn als Atheisten, und diese Bezeichnung mag durch Spinozas Ablehnung, Gott Gefühle, Wünsche oder Absichten zuzuerkennen, berechtigt sein[94]. Er selbst jedoch wandte sich gegen «die Meinung, die das Volk von mir hat, das mich unaufhörlich des Atheismus beschuldigt»[95]. Er dachte anscheinend, wenn er Gott Geist und Intelligenz zuschreibe, rette ihn dies vor der Beschuldigung des Atheismus. Und es ist zuzugeben, daß er wiederholt in Worten religiöser Verehrung von Gott sprach und sich oft in Gottesbegriffen ausdrückte, die gleich lauteten wie bei Maimonides oder bei Thomas von Aquin. Novalis sagte von Spinoza, er sei *«ein gotttrunkener Mensch»*[95a].

Er war in der Tat berauscht von der ganzen Ordnung der Natur, deren ewiger Bestand und deren Bewegung ihm bewundernswürdig und erhaben erschienen, und mit dem ersten Buch seiner *Ethik* errichtete er ein System nicht nur der Theologie, sondern auch in der Metaphysik der Naturwissenschaften. Er erkannte in der Welt der Gesetze eine göttliche Offenbarung, die jedes noch so edle und schöne Buch übertrifft. Der Wissenschaftler, der diese Gesetze untersucht, entziffert selbst in den geringfügigsten und nüchternsten Einzelheiten diese Offenbarung, denn «je mehr wir die Einzeldinge erkennen, um so mehr erkennen wir Gott»[96]. (Diesen Satz hielt Goethe für einen der tiefgründigsten der ganzen Literatur.) Spinoza hatte die seit Kopernikus gestellte Aufgabe, die Gottheit in Worten zu beschreiben, die des sich immer mehr enthüllenden Universums würdig wären, ehrlich übernommen und ausgeführt. Bei ihm liegen Wissenschaft und Religion nicht mehr im Widerstreit; sie sind eins.

V. DIE SEELE

Nächst der Frage nach der Natur und dem Wirken des Kosmos stellen Natur und Wirkung des Geistes der Philosophie und der Naturwissenschaft das größte Rätsel. Scheint es schon schwierig, eine allmächtige Güte mit der Fühllosigkeit der Natur und dem Verhängnis des Leidens in Übereinstimmung zu bringen, so fällt es ebenso schwer, zu verstehen, wie ein scheinbar äußeres, materielles Objekt im Raum eine anscheinend immaterielle, ausdehnungslose Idee hervorbringen, wie eine Idee im Geist zu einer Bewegung des Körpers werden, wie das Denken durch das Geheimnis des Bewußtseins geprägt werden kann.

Spinoza versucht einige der sich stellenden Probleme zu umgehen, indem er Descartes' Annahme verwirft, Körper und Seele seien ein und dieselbe unter verschiedenen Aspekten oder Attributen wahrgenommene Wesenheit, so wie Ausdehnung und Denken eins seien in Gott. Das Problem, wie der Körper auf die Seele wirkt und umgekehrt, stellt sich also gar nicht, jede Handlung ist die gleichzeitige und einheitliche Wirkung von Körper und Seele zusammen. Spinoza definiert Seele als «die Idee des Körpers»[97], sie ist das psychologische (nicht notwendigerweise bewußte) Korrelat oder die Begleiterscheinung eines physiologischen Vorgangs. Die Seele ist der von innen her empfundene Körper; der Körper ist die von außen her gesehene Seele. Ein Geisteszustand ist die Innenseite oder der innere Aspekt einer körperlichen Handlung. Eine Handlung des «Willens» ist die geistige Begleiterscheinung eines körperlichen, sich in physischen Ausdruck umsetzenden Begehrens. Es gibt keine Wirkung des «Willens» auf den Körper, es gibt nur eine einzige Wirkung des psychophysischen (körperlich-seelischen) Organismus; der «Wille» ist nicht die Ursache, er ist das Bewußtsein der Wirkung. «... der Beschluß der Seele sowie ihr Trieb und die Bestimmung des Körpers sind ... eine und dieselbe Sache, die wir Beschluß, *decretum*, nennen, wenn sie unter dem Attribut des Denkens betrachtet wird ..., und die wir Bestimmung nennen, wenn sie unter dem Attribut der Ausdehnung betrachtet und aus den Gesetzen der Ruhe und Bewegung hergeleitet wird» (vollzogene Handlung)[98]. Daher ist «die Ordnung der Handlungen und Leidenschaften des Körpers der Natur nach identisch mit der Ordnung der Handlungen und Leidenschaften der Seele»[99]. Überall, wo eine Wechselwirkung zwischen Körper und Seele angenommen wird, ist der wirkliche Vorgang nicht ein Widerspiel zweier verschiedener Wesenheiten, Substanzen oder Kräfte, sondern die einzige Wirkung einer einzigen Substanz, die von außen gesehen Körper, von innen gesehen Seele genannt wird: «Es wird im Körper nichts geschehen können, was die Seele nicht zugleich wahrnähme.»[100] Dieses geistige Korrelat braucht aber kein Gedanke zu sein, es kann ein Gefühl sein. Es braucht nicht bewußt zu sein; ein Schlafwandler führt, ohne sich dessen «bewußt» zu sein, eine Unzahl von Handlungen aus[101]. Diese Theorie wurde «psychophysischer Parallelismus» genannt; sie nimmt jedoch parallele Vorgänge nicht in zwei verschiedenen Wesenheiten, sondern in einer von zwei Seiten gesehenen einzigen psychophysischen Einheit an.

Auf Grund dieser Voraussetzungen geht Spinoza zur mechanistischen Beschreibung des Erkenntnisprozesses über. Wahrscheinlich folgt er Hobbes, wenn er Empfindung, Erinnerung und Vorstellung in physikalischen Ausdrücken definiert[102]. Er hält es für evident, daß die meisten Erkenntnisse aus den von äußeren Dingen in uns bewirkten Eindrücken stammen, stimmt aber den Idealisten bei, indem er sagt: «Die menschliche Seele nimmt einen äußeren Körper als wirklich existierend nur wahr vermöge der Ideen von den Affektionen ihres Körpers.»[103] Wahrnehmung und Verstand, zwei Formen des Erkennens, sind abgeleitet aus der Empfindung, aber, denkt Spinoza, eine dritte und höhere Form, das «intuitive Erkennen», ist nicht aus Empfindung abgeleitet, sondern aus der klaren, deutlichen, unmittelbaren und verständlichen Wahrnehmung einer Idee oder eines Vorgangs als eines Teils einer universellen Ordnung von Gesetzen.

Schon vor Locke und Hume verwirft Spinoza die Ansicht, die Seele sei ein Agens oder eine Wesenheit, die Ideen besitze. «Seele» ist eine allgemeine und abstrakte Bezeichnung für die Reihenfolge von Wahrnehmungen, Erinnerungen, Vorstellungen, Gefühlen und anderen geistigen Zuständen. «Die Idee der Seele ist – in jedem Augenblick –

mit der Seele auf dieselbe Weise vereinigt, wie die Seele selbst mit dem Körper vereinigt ist.»[104] Es gibt da keine besonderen Fähigkeiten wie Verstand oder Wille; auch diese sind abstrakte Begriffe für die Summe von Erkennen und Wollen; «Verstand und Wille verhalten sich zu dieser und jener Idee oder zu diesem oder jenem Wollen so wie das Gestein zu diesem und jenem Stein oder wie der Mensch zu Peter und Paul»[105]. Auch unterscheiden sich Idee und Wollen nicht; ein Wollen oder ein «Willens»-Akt ist eine Idee, die «sich bejaht»[106] (das heißt, die lange genug dauert, um in Handlung überzugehen, was Ideen, wenn sie nicht behindert werden, automatisch tun). «Der Beschluß der Seele ... ist nichts anderes als jene Bejahung, die die Idee, sofern sie Idee ist, notwendig in sich schließt[107] ... Wille und Verstand sind ein und dasselbe.»[108]

Von einem anderen Standpunkt aus ist das, was wir Wille nennen, die Summe und das Spiel der Begierden. «Ich verstehe also unter dem Wort 'Begierde' jedes Streben, jeden Drang, jeden Trieb, jedes Wollen, die ... nicht selten einander dergestalt entgegengesetzt sind, daß der Mensch nach verschiedenen Richtungen hingezogen wird und nicht weiß, wohin er sich wenden soll.»[109] Überlegung ist die wechselnde Beherrschung von Körper und Denken durch widerstreitende Begierden; sie endet, wenn eine Begierde sich als stark genug erweist, den mit ihr übereinstimmenden Geisteszustand lang genug zu halten, damit sie in Handlung übergehen kann. Offensichtlich (sagt Spinoza) gibt es keinen «freien Willen»; Wille ist in jedem Augenblick nur die stärkste Begierde. Frei sind wir insofern, als es uns möglich ist, unserer Natur und unseren Begierden Ausdruck zu geben; wir *sind* unsere Begierden. «Es gibt in der Seele keinen unbedingten oder freien Willen, sondern die Seele wird bestimmt, dies oder jenes zu wollen, von einer Ursache, die ebenfalls von einer anderen bestimmt ist und diese wiederum von einer anderen, und so weiter ins Unendliche.»[110] «Die Menschen meinen frei zu sein, da sie sich ihres Wollens und ihrer Triebe bewußt sind und an die Ursachen, von denen sie veranlaßt werden, etwas zu erstreben und zu wollen ..., nicht denken»[111]; es ist, als ob ein durch den Raum geschleuderter Stein dächte, er bewege sich und falle, weil er es so wolle[112].

Möglicherweise war der in der Umgebung Descartes' und Spinozas in Holland vorherrschende calvinistische Fatalismus, zusammen mit der galileischen Mechanik (Newtons *Principia* waren noch nicht erschienen), an der Ausbildung der mechanistischen Theorie Descartes' und der deterministischen Psychologie Spinozas beteiligt. Determinismus ist Prädestinationslehre ohne Religion; er setzt den Urwirbel oder Urnebel an die Stelle von Gott. Spinoza folgte der mechanistischen Logik bis an ihr bitteres Ende; er beschränkte sie nicht auf Körper und Tiere, wie Descartes es tat, er wandte sie auch auf Seelen an, was er tun mußte, da für ihn Seele und Körper eins waren. Er schloß, der Körper sei ein Mechanismus[113], aber er bestritt, daß der Determinismus Ethik unnütz oder unehrlich mache. Die Ermahnungen der Moralisten, die Ideale der Philosophen, das Stigma der öffentlichen Verurteilung und die gerichtlichen Strafen sind immer noch wertvoll und notwendig; sie gehören zum Erbe und zur Erfahrung des heranwachsenden Individuums und deshalb zu den Dingen, die seine Begierden formen und seinen Willen bestimmen.

VI. DER MENSCH

Dieser scheinbar statischen Philosophie fügt Spinoza zwei dynamische Elemente ein. Erstens und allgemein: daß Materie und Seele überall vereint sind, daß alle Dinge beseelt sind, daß sie etwas in sich haben, das dem verwandt ist, was wir bei uns selbst Seele oder Wille nennen. Zweitens und im besonderen: daß dieses vitale Element in allem einen *conatus sese praeservandi* – ein Selbstbehauptungsstreben – einschließt. «Jedes Ding strebt, soviel an ihm ist, in seinem Sein zu beharren», und «die Kraft oder das Streben eines jeden Dings, womit es in seinem Sein zu beharren strebt, ist darum weiter nichts als ... die Wesenheit des Dings selbst»[114]. Wie die Scholastiker, welche sagten: *esse est agere* – Sein ist Handeln – und: Gott ist *actus purus* – reine Wirkung –, wie Schopenhauer, der im Willen das Wesen aller Dinge sah, und wie die modernen Physiker, die die Materie als Energie auffassen, so definiert Spinoza das Wesen jedes Seins durch seine Wirkungskräfte. «Gottes Macht ist seine Wesenheit selbst.»[115] So gesehen, ist Gott Energie (und Energie könnte neben Materie und Geist als drittes Attribut genannt werden, das wir als die Wesenheit der Substanz oder Realität wahrnehmen). Spinoza folgt Hobbes, wenn er die Wesenheiten nach ihrer Fähigkeit zu handeln und zu wirken einreiht. «Denn die Vollkommenheit der Dinge ist allein nach ihrer Natur und Kraft einzuschätzen»[116] – aber bei Spinoza kommt Vollkommenheit von *perfectum* = vollendet, vollkommen.

Deshalb definiert er Tugend als eine Kraft des Handelns oder Tuns. «Unter Tugend und Kraft (*potentia*) verstehe ich das gleiche»[117], aber wir werden sehen, daß mit dieser Kraft vielleicht mehr die Macht über uns selber als die Macht über andere gemeint ist[118]. «Je mehr einer danach strebt und je mehr er dazu imstande ist, seinen Nutzen zu suchen, das heißt, sein Sein zu erhalten, desto mehr ist er mit Tugend begabt ... Das Streben nach Selbsterhaltung ist die erste und einzige Grundlage der Tugend.»[119] Bei Spinoza ist Tugend biologisch, beinahe darwinistisch; sie ist jede auf das Überleben gerichtete Eigenschaft. In diesem Sinne wenigstens ist Tugend ihr eigener Lohn, «... daß die Tugend um ihrer selbst willen zu erstreben ist und daß es nichts Wertvolleres gibt und nichts, was nützlicher für uns ist, um dessentwillen sie erstrebt werden müßte»[120].

Das Bemühen um Selbsterhaltung (der «Existenzkampf») ist das wirkende Sein aller Dinge; alle Antriebe kommen aus ihm und sind letzten Endes selbstsüchtig. «Da die Vernunft nichts wider die Natur fordert, so fordert sie demnach, daß jeder sich selber liebe, seinen Nutzen suche, soweit es wahrhaft sein Nutzen ist, und alles das erstrebe, was den Menschen wahrhaft zu größerer Vollkommenheit führt; und überhaupt, daß jeder sein Sein, soviel an ihm liegt, zu erhalten strebt.»[121] Diese Begierden brauchen nicht bewußt zu sein, es können unbewußte, im Fleisch wohnende Triebe sein. Alle zusammen bilden die Wesenheit des Menschen[122]. Wir beurteilen alles nach unseren Begierden. «... daß wir nach nichts streben, nichts wollen, nichts suchen oder begehren, weil wir es als gut beurteilen, vielmehr umgekehrt, daß wir etwas darum als gut beurteilen, weil wir danach streben ...»[123] «Unter gut (*bonum*) verstehe ich das, wovon wir gewiß wissen, daß es uns nützlich ist.»[124] (Hier finden wir Benthams Utilitarismus in einem Satz.)

Alle Begierden richten sich auf Lust oder auf Vermeidung von Schmerz. «Freude ist der Übergang des Menschen von geringerer zu größerer Vollkommenheit [= Vollständigkeit, Erfüllung].»[125] Freude begleitet jede Erfahrung, jeden Affekt, die die körperlich-geistigen Vorgänge des Handelns und der Vervollkommnung erhöhen[126]. «Freude besteht darin, daß die eigene Wirkungskraft erhöht wird.»[127]* Jeder Affekt, der unsere Lebenskraft beeinträchtigt, ist eher eine Schwäche als eine Tugend. Der gesunde Mensch wird bald die Affekte der Trauer, Reue, Demut und des Mitleids ablegen[129]; er wird indessen bereiter sein zu Hilfeleistung als der Schwache, weil Edelmut dem Übermaß an Vertrauen in die eigene Stärke entspringt. Jede Freude ist berechtigt, solange sie keiner größeren und dauernderen Freude im Wege ist. Spinoza empfiehlt, wie Epikur, die geistigen Freuden als die besten, legt aber ein gutes Wort für reichliche Abwechslung in diesen Freuden ein:

> «Die Heiterkeit kann kein Übermaß haben ... Nur ein finsterer ... Aberglaube verbietet, sich zu ergötzen ... Aus Dingen Vorteil ziehen und an ihnen nach Möglichkeit sich ergötzen (freilich nicht bis zum Überdruß, denn das wäre kein Ergötzen), ziemt daher dem weisen Manne ... Es ziemt ihm, sich mit Maß an wohlschmeckenden Speisen und Getränken zu laben, auch an Wohlgerüchen ... Pflanzen, Schmuck, Musik, Sport und Theater.»[130]

Die Schwierigkeit bei dieser Auffassung von der Freude als Verwirklichung der Begierden ist die, daß sich die Begierden widerstreiten können; nur im weisen Manne fügen sie sich zu einer harmonischen Rangordnung. Eine Begierde ist gewöhnlich das bewußte Korrelat eines im Körper wurzelnden Gelüstes; von diesem Gelüste kann so viel unbewußt bleiben, daß wir nur «verwirrte und unzulängliche Ideen» von seinen Ursachen und Wirkungen haben. Solche wirre Wünsche nennt Spinoza *affectus*, was wir mit «Gemütserregung» wiedergeben können. Er definiert sie als «Modifikationen des Körpers, durch die die Wirkungskraft im Körper vermehrt oder vermindert, gefördert oder gehemmt wird ..., und zugleich als die Ideen dieser Modifikationen»[131], eine Definition, die unbestimmt den Anteil der inneren (endokrinen) Sekretion an den Gemütsbewegungen ahnen läßt und bemerkenswert früh der Theorie von C. G. Lange und William James vorauseilt, daß der körperliche Ausdruck einer Gemütsbewegung das unmittelbare und instinktive Ergebnis der Ursache und der bewußte Affekt eine Begleiterscheinung oder eine Folge, nicht eine Ursache, des körperlichen Ausdrucks oder Reaktion ist. Spinoza unternahm es, die Affekte – Liebe, Haß, Furcht usw. – und die Macht der Seele über sie «in derselben Weise zu untersuchen ..., als wenn die Untersuchung es mit Linien, Flächen und Körpern zu tun hätte»[132], nicht um sie aufzuwerten oder herabzusetzen, sondern lediglich um sie zu verstehen; denn «ein Affekt ist also um so mehr in unserer Gewalt, und die Seele leidet um so weniger unter ihm, je bekannter er uns ist»[133]. Die folgende Analyse der Affekte übernahm etwas von Descartes, vielleicht noch mehr von Hobbes, verbesserte diese aber so sehr, daß Johannes

* In diesen Definitionen klingt Nietzsche an: «Was ist gut? Alles, was das Gefühl der Macht ... erhöht ... Was ist Glück? Das Gefühl davon, daß die Macht wächst.»[128]

Müller, als er in seiner epochemachenden *Physiologie des Menschen* (1840) die Affekte behandelte, schrieb: «Hinsichtlich der statischen Verhältnisse der Leidenschaften unter sich ist es nicht möglich, etwas Besseres zu liefern, als was Spinoza mit unübertrefflicher Meisterschaft gelehrt»[134], und anschließend ausgiebig aus Spinozas *Ethik* zitierte.

Ein Affekt wird zur Leidenschaft, wenn seine äußere Ursache infolge verworrener, unzulänglicher Ideen über seinen Ursprung und seine Bedeutung unser Gefühl und unsere Reaktion bestimmt, wie bei Haß, Zorn und Furcht. «Die Seele ist den Leidenschaften um so mehr unterworfen, je mehr inadäquate Ideen sie hat.»[135] Ein Mensch mit schwach entwickelter Wahrnehmungs- und Denkfähigkeit ist den Leidenschaften ganz besonders unterworfen. Ein solches Verhalten beschreibt Spinoza in dem großartigen vierten Buch seiner *Ethik:* Von der menschlichen Knechtschaft. Wie heftig die Handlungen eines solchen Menschen auch sein mögen, so ist er in Wirklichkeit doch passiv, mitgerissen von äußern Reizen, statt daß er seiner Hand Einhalt gebietet und überlegt. «Wir werden von äußern Ursachen auf viele Weisen bewegt und schwanken hierhin und dorthin wie die von entgegengesetzten Winden bewegten Wellen ..., unkundig des Ausgangs und unseres Schicksals.»[136]

VII. DIE VERNUNFT

Können wir uns von dieser Bindung freimachen und in einem gewissen Umfang die Herrschaft über unser Leben gewinnen? Das wird niemals ganz möglich sein, denn wir bleiben ein Teil der Natur und (wie Napoleon zu sagen pflegte) der «Natur der Dinge» unterworfen. Und weil unsere Affekte die uns bewegende Kraft sind und weil die Vernunft nur ein Licht, aber kein Feuer sein kann, «wird ein Affekt nur gehemmt oder aufgehoben werden durch einen entgegengesetzten und stärkeren Affekt»[137]. Die Gesellschaft sucht also mit Recht, durch den Appell an unsere Vorliebe für Lob und Belohnung, an unsere Angst vor Tadel und Strafe, die Leidenschaften einzudämmen[138], und mit Recht ist sie bemüht, als weiteren Damm gegen die Leidenschaften in uns das Gefühl für Recht und Unrecht zu entwickeln. Das Gewissen ist also sozialen Ursprungs und keine angeborene Gabe, kein Gottesgeschenk[139].

Sich jedoch imaginärer Belohnungen und Strafen in einem Leben nach dem Tode als Anreiz zu moralischem Verhalten zu bedienen, fördert den Aberglauben und ist einer reifen Gesellschaft durchaus unwürdig. Tugend sollte sein – und ist – ihr eigener Lohn, wenn wir sie mannhaft als Fähigkeit, Verstand und Kraft und nicht feige als Gehorsam, Demut und Angst ansehen. Spinoza nahm dem Christentum übel, das Leben als Jammertal und den Tod als Tor zu Himmel oder Hölle zu betrachten; er empfand dies als eine düster über allen menschlichen Angelegenheiten schwebende Wolke, die mit dem Begriff der Sündhaftigkeit einen Schatten auf die rechtmäßigen Ansprüche und Freuden der Menschen wirft. Täglich an den Tod zu denken ist eine Beleidigung des Lebens. «Der freie Mensch denkt an nichts weniger als an den Tod, und seine Weisheit ist ein Nachsinnen nicht über den Tod, sondern über das Leben.»[140]

Trotzdem scheint Spinoza zuweilen mit dem Unsterblichkeitsgedanken zu spielen. Seine Lehre, daß Seele und Körper zwei Aspekte der gleichen Wesenheit sind, führte ihn logisch dazu, daß beide gleichzeitig sterben. Er bestätigt dies ganz deutlich: «Die gegenwärtige Existenz der Seele und ihr Vorstellungsvermögen verschwinden, sobald die Seele die gegenwärtige Existenz des Körpers nicht mehr bestätigt»[141], und wieder: «Die Seele kann nur, solange der Körper dauert, sich etwas vorstellen und sich der vergangenen Dinge erinnern.»[142] Im fünften Buch wird von einigen unklaren Unterscheidungen gesprochen: «Wenn wir die gemeine Meinung der Menschen ins Auge fassen, so sehen wir, daß sie sich der Ewigkeit ihrer Seele zwar bewußt sind, daß sie sie aber mit der Dauer verwechseln und sie dem Vorstellungsvermögen oder der Erinnerung beilegen, von denen sie glauben, sie blieben nach dem Tode bestehen.»[143] Insofern als die Seele eine Reihe mit einem Körper verbundener zeitlicher Ideen, Erinnerungen und Vorstellungen ist, hört sie zu existieren auf, wenn der Körper stirbt; dies ist die sterbliche «Dauer» der Seele. Insofern die menschliche Seele jedoch die Dinge in ihren ewigen Beziehungen als Teil eines universellen, unveränderlichen Systems von Naturgesetzen erkennt, sieht sie die Dinge als in Gott: Sie wird insofern zu einem Teil des ewigen göttlichen Geistes und ist ewig.

«Die Dinge werden von uns auf zweierlei Weisen als wirklich begriffen: entweder sofern wir sie als mit Beziehung auf eine gewisse Zeit und einen gewissen Ort existierend begreifen oder sofern wir sie als in Gott [in den ewigen Naturgesetzen] enthalten und aus der Notwendigkeit der göttlichen Natur [diesen Gesetzen] folgend begreifen. Die Dinge nun, die auf diese letztere Weise als wahr oder real begriffen werden, die begreifen wir unter einer Art der Ewigkeit [*sub quadam specie aeternitatis* – unter ihrem Ewigkeitsaspekt], und deren Ideen schließen die ewige und unendliche Wesenheit Gottes in sich.»[144]

Sehen wir die Dinge in dieser zeitlosen Weise, so sehen wir sie, wie Gott sie sieht; unsere Seele wird in diesem Grad zu einem Teil des Geistes Gottes und ewig gleich ihm.

«Wir legen der menschlichen Seele keine Dauer bei, die durch die Zeit definiert werden kann. Da aber nichtsdestoweniger das, was nach einer gewissen ewigen Notwendigkeit durch Gottes Wesenheit selbst begriffen wird, etwas ist, so wird notwendig dieses Etwas, das zur Wesenheit der Seele gehört, ewig sein[145] ... Wir sind gewiß, daß die Seele ewig ist, sofern sie die Dinge unter einer Art der Ewigkeit begreift.»[146]

Wir nehmen an, Spinoza habe bei der Betrachtung der großartigen Folge von scheinbaren Ursachen und Wirkungen aus scheinbar immerwährenden Gesetzen gedacht, er sei, wie der sündenlose Buddha, durch «göttliches Philosophieren» der Zeitgebundenheit entronnen und der Einsicht und der Ruhe eines ewigen Geistes teilhaftig geworden.

Trotz dieses scheinbaren Griffs nach den Sternen widmete Spinoza den größten Teil seines abschließenden fünften Buches, «Von der menschlichen Freiheit», der Formulierung einer natürlichen Ethik, einer Quelle und eines Systems für eine vom Leben nach dem Tode unabhängige Moral, obwohl er sich dabei mit Vorliebe religiöser Ausdrücke bediente. Ein Ausspruch verrät seinen Ausgangspunkt: «Ein Affekt, der eine Leidenschaft ist, hört auf, eine Leidenschaft zu sein, sobald wir uns von ihm eine klare und deutliche Idee bilden»[147] – das heißt, ein von äußeren Ereignissen in uns erweckter Affekt kann aus einer Leidenschaft zu einem beherrschten Gefühl werden, indem unsere

Erkenntnis sich so lange damit beschäftigt, bis seine Ursache und Natur klar wird und das Ergebnis seiner Umsetzung in die Tat durch erinnerte Erfahrung voraussehbar ist. Eine Art, eine Gemütsverfassung zu klären, besteht darin, die Umstände zu erkennen, die sie, als Teile einer Kette natürlicher Ursachen und unvermeidlicher Folgen, herbeigeführt haben. «Sofern die Seele alle Dinge als notwendig erkennt, insofern hat sie eine größere Macht über die Affekte oder leidet sie weniger unter ihnen»[148] – ist sie den Leidenschaften weniger ausgeliefert. Niemand wird in Leidenschaft verfallen wegen Dingen, die er als natürlich und notwendig erachtet. Zorn über eine Beleidigung kann gelindert werden, indem der Beleidiger als das Produkt von Umständen betrachtet wird, die außerhalb seiner Macht liegen. Kummer über das Hinscheiden betagter Eltern kann gemildert werden durch die Einsicht in die Natürlichkeit des Todes. «Das Streben nach Einsicht ist die erste und einzige Grundlage der Tugend»[149] (Tugend in Spinozas Wortsinn), denn es macht uns den äußeren Umständen weniger untertan und vermehrt unser Vermögen, uns zu beherrschen und zu hüten. Einsicht ist macht, aber die beste und nützlichste Form dieser Macht ist die Macht über sich selbst.

So geht Spinoza seinen euklidischen Weg zu einem Leben in der Vernunft. Entsprechend den drei Formen der Erkenntnis beschreibt er die sensorische Erkenntnis als die der Beherrschung durch äußere Einflüsse sehr offen stehende, rationale Erkenntnis (durch vernünftiges Denken erworben) als die, die uns stufenweise durch Einsicht in die unpersönlichen, feststehenden Ursachen von Vorgängen aus der Knechtschaft der Leidenschaften erlöst, und die intuitive Erkenntnis – unmittelbare Wahrnehmung der kosmischen Ordnung – als die, die uns uns selber als Teil dieser Ordnung, als «eins mit Gott» erkennen läßt. «Wir sollen beide Gesichter des Schicksals mit Gleichmut betrachten und ertragen, weil ja alles nach dem ewigen Beschluß Gottes mit derselben Notwendigkeit erfolgt, wie aus der Wesenheit des Dreiecks folgt, daß seine drei Winkel gleich zwei rechten sind.»[150] Sich so den unbesonnenen Affekten zu entziehen, ist allein die wahre Freiheit[151]; und der, der dies vermag, kann, wie die Stoiker zu sagen pflegten, unter allen Bedingungen und in jedem Staate frei sein. Die höchste Gabe, die uns die Erkenntnis vermittelt, ist, uns selber so zu sehen, wie die Vernunft uns sieht.

Auf dieser naturalistischen Grundlage gelangt Spinoza zu einigen ethischen Forderungen, die denen Christi auffallend ähnlich sind:

«Wer richtig erkannt hat, daß alles aus der Notwendigkeit der göttlichen Natur folgt und nach den ewigen Gesetzen und Regeln der Natur geschieht, der wird nichts finden, was des Hasses, des Gelächters oder der Geringschätzung wert wäre, auch wird er einen nicht nur bedauern, sondern, soweit es ihm menschenmöglich ist, versuchen ihm zu helfen ... und das mit Freuden[152] ... Wer an den Menschen herumnörgelt und es vorzieht, sie ihrer Laster wegen zu schelten statt sie Tugenden zu lehren ..., schadet sich und den anderen[153]. Ein rechter Mensch haßt niemanden, zürnt niemandem, beneidet niemanden, ist über niemanden entrüstet, unterschätzt niemanden und ist in keiner Weise hochmütig[154] ... Wer den Geboten der Vernunft gemäß lebt, der ist soviel als möglich bestrebt, des anderen Haß, Zorn, Geringschätzungen usw. mit Liebe oder Edelmut zu erwidern ... Wer Beleidigungen mit Haß begegnet und sich zu rächen sucht, der führt ein elendes Leben ... Haß wird durch Gegenhaß vermehrt, durch Liebe dagegen kann er aufgehoben werden[155] ... Menschen, die sich von der Vernunft lenken lassen ..., wünschen für sich nichts, was sie nicht auch den anderen Menschen wünschen.»[156]

Widerspricht, wie einige meinen, diese Beherrschung der Affekte Spinozas Annahme, nur ein Affekt vermöge einen Affekt zu überwältigen?[157] Dies wäre so, wenn nicht die Befolgung der Vernunft ganz von selbst zu warmer Herzlichkeit führen würde. «Die wahre Erkenntnis des Guten und Schlechten kann, sofern sie wahr ist, einen Affekt nicht hemmen, sondern allein, sofern sie als Affekt angesehen wird.»[158] Diese Notwendigkeit und vielleicht der Wunsch, die Vernunft mit Worten, geheiligt durch Religion und Tradition, zu entflammen, leiteten Spinoza zum Schluß- und Gipfelgedanken seines Werkes, daß das Leben von der Vernunft inspiriert und geadelt sein müsse durch die «geistige Liebe zu Gott». Da für Spinoza Gott die grundlegende Wesenheit und das unwandelbare Gesetz des Kosmos selbst ist, ist dieser *amor intellectualis Dei* nicht unterwürfiges Günstigstimmen eines nebulösen Sultans, sondern die weise, willentliche Anpassung unserer Ideen und unseres Verhaltens an die Natur der Dinge und die Ordnung der Welt. Ehrfurcht vor dem Willen Gottes und einsichtsvolle Hinnahme der Naturgesetze sind ein und dasselbe. So wie der Mathematiker in Ehrfurcht und Entzücken gerät bei der Erkenntnis, daß die Welt einer mathematischen Ordnung unterworfen ist, so kann der Philosoph tiefste Freude empfinden beim Betrachten der Großartigkeit eines sich unbeirrt im Rhythmus universeller Gesetze bewegenden Kosmos. Da «Liebe Freude, begleitet von der Idee einer äußeren Ursache»[159], ist, erhebt sich die Freude, die wir aus der Anschauung der kosmischen Ordnung – und unserer Anpassung an sie – gewinnen, zum Affekt der Liebe zu Gott, der die Ordnung und das Leben des Ganzen ist. Dann wird «Liebe zu einem ewigen und unendlichen Ding die Seele mit reiner Freude erfüllen»[160]. Diese Betrachtung der Welt als notwendiges Ergebnis ihrer eigenen Wesenheit – der Wesenheit Gottes – ist die höchste Quelle der seelischen Zufriedenheit des Weisen; sie bringt ihm den Frieden des Verstehens, der erkannten Begrenzungen, der angenommenen und geliebten Wahrheit. «Das höchste Gut (*summum bonum*) der Seele ist die Gotteserkenntnis, und die höchste Tugend der Seele, Gott zu erkennen.»[161]

Auf diese Weise vermählte Spinoza den Mathematiker und den Mystiker in seinem Herzen. Er lehnte es dauernd ab, in Gott einen Geist zu sehen, der fähig wäre, die Liebe des Menschen zu erwidern oder seine Litaneien mit Wundern zu belohnen; aber er wandte auf seine Gottheit die zärtlichen Bezeichnungen an, die seit Jahrtausenden die einfachsten Andächtigen und die tiefsinnigsten Mystiker im Buddhismus, Judentum, Christentum und Islam beseelt hatten. Frierend in der Einsamkeit seines Philosophenhimmels, sich sehnend nach etwas im Universum, was seine Anbetung und sein Vertrauen entgegennähme, endete der milde Ketzer, der den Kosmos als geometrische Figur geschaut hatte, damit, daß er alle Dinge in Gott sah und in Gott aufgehen ließ, damit, daß er, zur Bestürzung der Nachwelt, der «gotttrunkene Atheist» wurde. Der Zwang, einen Sinn im Universum zu entdecken, führte den außerhalb aller Bekenntnisse Stehenden dazu, sein Suchen mit der Vision einer allgegenwärtigen Gottheit und dem erhebenden Gefühl zu beschließen, das Ewige – wenn auch nur für einen Augenblick – berührt zu haben.

VIII. DER STAAT

Vielleicht empfand Spinoza, als er die *Ethik* beendet hatte, wie die meisten christlichen Heiligen, daß er eher eine Lehre zum Nutzen und zur Rettung des Individuums als zur Lenkung von Staatsbürgern aufgestellt hatte. So machte er sich denn gegen 1675 daran, den Menschen als «politisches Wesen» zu betrachten und die Vernunft auf die Probleme der Gesellschaft anzuwenden. Er begann den Fragment gebliebenen *Tractatus politicus* wie seine Analyse der Affekte mit dem gleichen Entschluß –, so sachlich vorzugehen wie ein Geometer oder ein Physiker:

«Um das Gebiet dieser Wissenschaft mit ebensolcher Unbefangenheit zu durchforschen wie das der Mathematik, habe ich mich sorglich bemüht, die menschlichen Handlungen nicht zu verlachen, nicht zu beklagen, auch nicht zu verabscheuen, sondern zu verstehen. Ich habe deshalb die menschlichen Affekte, als da sind Liebe, Haß, Zorn, Neid, Ruhmsucht, Mitleid und die übrigen Gemütsbewegungen, nicht als Fehler der menschlichen Natur betrachtet, sondern als ihre Eigenschaften, die ihr geradeso zu eigen sind wie der Natur der Luft die Hitze, die Kälte, der Sturm, der Donner.»[162]

Da die menschliche Natur das Material der Staatskunst ist, hielt es Spinoza für gegeben, daß eine Studie über den Staat mit der Betrachtung der grundlegenden Beschaffenheit des Menschen beginnen müsse. Diese wäre besser zu verstehen, könnte man sich den Menschen vorstellen, wie er war, bevor gesellschaftlicher Zusammenschluß sein Verhalten durch Gewalt, Moral und Gesetze verändert hatte, und würden wir nicht außer acht lassen, daß hinter dieser allgemeinen und widerwilligen Unterwerfung unter diese vergesellschaftenden Einflüsse den Menschen immer noch die gesetzlosen Impulse treiben, die im Naturzustand nur durch Angst und feindliche Macht eingedämmt wurden. Spinoza folgt Hobbes und vielen anderen, wenn er vermutet, der Mensch habe einst in einem solchen Zustand gelebt, und sein Bild dieses hypothetischen Wilden ist fast so düster wie im *Leviathan*. In diesem «Land des Grauens» war die Stärke des Individuums das alleinige Recht; nichts war ein Verbrechen, denn es gab kein Gesetz, nichts war recht oder unrecht, gerecht oder ungerecht, denn es gab keine Sittenlehre. Folglich «verbietet Recht und Gesetz der Natur nichts ... und verwirft nicht Streit, Haß, Zorn, Verrat, überhaupt nichts, wozu ein Trieb uns drängt»[163]. Unter dem Naturrecht, das heißt unter dem Wirken der Natur im Unterschied zu Regeln und Gesetzen der Gesellschaft, ist jeder Mensch berechtigt zu allem, was zu bekommen und zu behalten er stark genug ist; und das gilt immer noch zwischen Gattungen und Staaten[164]; daher hat der Mensch ein natürliches Recht, die Tiere zu Arbeitsleistungen und zu seiner Ernährung zu benutzen[165].

Spinoza mildert dieses barbarische Bild durch die Annahme, der Mensch könnte vielleicht schon beim ersten Erscheinen auf der Erde in sozialen Gruppen gelebt haben. «Da aber die Furcht vor der Einsamkeit allen Menschen innewohnt – denn keiner ist als Einzelwesen stark genug, sich zu schützen und sich das Notwendige zur Lebenserhaltung zu verschaffen –, so streben sie nach sozialem Zusammenschluß.»[166] Die Menschen haben also soziale Triebe so gut als individualistische, und Gesellschaft und

Staat wurzeln ebenfalls in der menschlichen Natur. Wie und wann es auch geschah, die Menschen und Familien verbanden sich zu Gruppen, und das Naturrecht oder die Macht des Einzelnen wurde eingeschränkt durch das Recht oder die Macht der Gemeinschaft. Ohne Zweifel unterzogen sich die Menschen solchen Einschränkungen nur widerwillig, nahmen sie aber an, als sie die Erfahrung machten, daß der soziale Zusammenschluß ihre stärkste Waffe für das Überleben und die Entwicklung des Einzelnen war. Also ist die Definition der Tugend als jeder zum Überleben beitragenden Eigenschaft – als «Streben nach Selbsterhaltung»[167] – zu erweitern durch den Einschluß jeder Eigenschaft, die zum Überleben der Gruppe beiträgt. Gesellschaftlicher Zusammenschluß, der Staat trotz seiner Einschränkungen, die Zivilisation trotz ihrer Künstlichkeiten – dies sind die größten Erfindungen, die der Mensch für seine Erhaltung und seine Entwicklung machte.

Deshalb nimmt Spinoza Voltaires Widerlegung Rousseaus vorweg:

«Mögen also die Satiriker die menschlichen Dinge verlachen soviel sie wollen, mögen die Theologen sie verwünschen und mögen die Trübsinnigen das unkultivierte und ländliche Leben loben soviel sie können, mögen sie die Menschen geringschätzen und die unvernünftigen Tiere bewundern, sie werden doch die Erfahrung machen, daß die Menschen durch wechselseitige Hilfeleistung ihren Bedarf sich viel leichter verschaffen ... Der von der Vernunft geleitete Mensch ist freier im Staat, wo er nach dem gemeinsamen Beschlusse lebt, als in der Einsamkeit, wo er nur sich selbst gehorcht.»[168]

Und Spinoza verwirft auch den entgegengesetzten Traum von der Gesetzlosigkeit, das Utopia der philosophischen Anarchisten:

«Die Vernunft vermag viel in der Einschränkung und Mäßigung der Affekte; aber wir haben gesehen, daß der Weg, den die Vernunft weist, überaus steil ist. Wer meint, die Masse ... könnte dahin gebracht werden, allein nach der Vorschrift der Vernunft zu leben, der träumt vom Goldenen Zeitalter der Poeten oder von einem Märchen.»[169]

Zweck und Funktion des Staats sollte es sein, seinen Bürgern zu ermöglichen, ein Leben nach der Vernunft zu leben.

«Der letzte Zweck des Staates ist nicht, über die Menschen zu herrschen oder sie in Furcht zu halten ..., vielmehr den Einzelnen von der Furcht zu befreien, damit er so sicher als möglich leben und sein natürliches Recht, zu sein und zu wirken, ohne Schaden für sich und andere vollkommen ausnutzen kann. Es ist nicht der Zweck des Staates, die Menschen aus vernünftigen Wesen zu Tieren und Automaten zu machen [wie im Krieg], sondern vielmehr zu bewirken, daß ihr Geist und ihr Körper ungefährdet ihre Kräfte entfalten können, daß sie selbst frei ihre Vernunft gebrauchen ... Der Zweck des Staates ist in Wahrheit die Freiheit.»[170]

Deshalb tritt Spinoza erneut ein für die Redefreiheit oder mindestens für Gedankenfreiheit. Aber wie Hobbes auf der Hut vor dem Fanatismus und der Streitsucht der Theologen, schlägt er nicht nur vor, die Kirche der staatlichen Aufsicht zu unterstellen, sondern der Staat habe auch zu bestimmen, welche religiösen Lehrsätze man das Volk lehren soll. *Quandoque dormitat Homerus* – zuweilen schläft auch Homer.

Dann geht er zur Besprechung der hergebrachten Regierungsformen über. Wie es sich für einen holländischen Patrioten gehörte, der unter dem Überfall Ludwigs XIV. auf Holland litt, hatte er keine Bewunderung für die Monarchie, und scharf wandte er sich gegen Hobbes' Absolutismus:

«Die Erfahrung scheint zu lehren, daß es im Interesse des Friedens und der Eintracht gelegen sei, alle Gewalt einem Einzigen zu übertragen. Denn kein Reich hat so lange ohne alle merkliche Veränderung bestanden wie das türkische, und keines war so kurzlebig, ja so geplagt mit Aufständen wie Volksstaaten oder Demokratien ... Wenn aber Frieden Sklaverei, Barbarei und Elend bedeutet, dann ist Frieden das Schlimmste, was einen Staat befallen kann ... Die Sklaverei, nicht der Frieden fordert also, *einem* Mann alle Gewalt zu übertragen, denn der Frieden besteht nicht in dem Verschontsein von Krieg, sondern in der Einigung und Eintracht der Individuen.»[171]

Eine aristokratische Regierung, als «Regierung der Besten», wäre ausgezeichnet, wenn diese Besten nicht von Klassengeist, leidenschaftlichem Cliquenwesen und Habgier im eigenen und im Interesse ihrer Familien besessen sind. «Wären die Patrizier ... frei von jeder Leidenschaft und allein vom Eifer für das Gemeinwohl geleitet ..., dann könnte keine Regierungsform sich mit der aristokratischen vergleichen. Aber die Erfahrung hat übergenug bewiesen, daß sich die Dinge in ganz entgegengesetzter Weise abspielen.»[172]

Und so begann Spinoza in seinen letzten Tagen seine Hoffnungen auf die Demokratie in Umrissen darzulegen. Er, der Freund des vom Pöbel ermordeten de Witt, hatte in bezug auf die Masse keine Illusionen. «Man möchte beinahe ... verzweifeln, wenn man den so schwankenden Sinn der Menge kennengelernt hat ..., zu allem ist sie gleich bereit, sehr leicht wird sie durch Habsucht oder durch Üppigkeit verdorben.»[173] Doch scheint mir «die Demokratie von allen Regierungsformen die natürlichste zu sein und der Freiheit des Individuums am besten zu entsprechen. Denn bei ihr überträgt niemand sein Recht so bedingungslos auf einen anderen, daß er selber nichts mehr zu den öffentlichen Angelegenheiten zu sagen hat; er überläßt sie einzig und allein der Mehrheit.»[174] Spinoza schlug vor, das Stimmrecht allen männlichen Bürgern mit Ausnahme von Minderjährigen, Kriminellen und Sklaven zu gewähren. Die Frauen schloß er davon aus, denn er hielt sie ihrer Natur nach und ihrer Belastungen wegen für weniger zur Bedachtsamkeit und zum Regieren befähigt als die Männer[175]. Um die regierenden Beamten zu nützlichem Verhalten und friedlichem Politisieren anzuhalten, hielt er es für richtig, «daß die Miliz bloß aus Bürgern bestehen und keiner davon ausgenommen sein soll, denn ein bewaffneter Mann ist unabhängiger als ein waffenloser»[176]. Die Sorge für die Armen soll, seiner Meinung nach, der gesamten Gesellschaft obliegen[177]. Und es soll nur eine einzige Steuer geben:

«Grund und Boden und, wenn es sich so machen läßt, auch die Häuser sollten öffentlicher Besitz sein, das heißt im Besitz dessen, der sie im Namen der Gesamtheit verwaltet, und von diesem werden sie gegen einen jährlichen Zins an die Bürger vermietet ... Mit Ausnahme dieser Abgabe soll in Friedenszeiten keine Steuer irgendwelcher Art erhoben werden.»[178]

Dann nahm ihm, gerade als er den wertvollsten Teil seiner Abhandlung begonnen hatte, der Tod die Feder aus der Hand.

IX. DIE KETTE DER EINFLÜSSE

In der langen Kette der Ideen, die als edle Versuche des beschränkten menschlichen Denkens die Geschichte der Philosophie füllen, können wir die Entstehung von Spinozas System durch die zwanzig Jahrhunderte vor ihm verfolgen und seinen Anteil an der Gestaltung der modernen Welt ermessen. In erster Linie war er Jude. War er auch ausgestoßen, so konnte er doch dieses mächtige Erbe nicht ablegen, die Jahre seiner Versenkung in das Alte Testament, den Talmud und die jüdischen Philosophen nicht vergessen. Man erinnere sich der Ketzereien, die ihn bei Ibn Esra, Maimonides, Hasdai Crescas, Levi ben Gerson und Uriel Acosta beschäftigt haben müssen. Sein Talmud-Studium muß dazu beigetragen haben, in ihm jenen logischen Sinn zu schärfen, der aus der *Ethik* einen klassischen Tempel der Vernunft machte. «Manche beginnen» ihre Philosophie «bei den geschaffenen Dingen», sagte er, «und manche bei der menschlichen Seele. Ich beginne bei Gott.»[179] Das war der jüdische Weg.

Von den traditionsgemäß am meisten bewunderten Philosophen übernahm er wenig, obwohl in seiner Unterscheidung zwischen der Welt der vergänglichen Dinge und der göttlichen Welt der ewigen Gesetze eine andere Form von Platons Trennung in individuelle Wesenheiten und ihre Archetypen im Geist Gottes gesehen werden kann. Spinozas Untersuchung der Tugenden war in der *Nikomachischen Ethik* des Aristoteles vorgezeichnet[180]. Aber einem Freund teilte Spinoza mit: «Die Autorität von Platon, Aristoteles und Sokrates gilt bei mir wenig.»[181] Wie Bacon und Hobbes zog er Demokrit, Epikur und Lucrez vor. Sein ethisches Ideal mag an die Stoiker anklingen, wir vernehmen darin ein paar Töne von Marc Aurel, mit Epikur jedoch stimmte sie voll überein.

Den Scholastikern schuldete er mehr, als er selber wußte, denn er übernahm sie durch die Vermittlung Descartes'. Auch sie hatten, wie Thomas von Aquin in der berühmten *Summa*, versucht, Philosophie geometrisch darzustellen. Von ihnen übernahm er die Ausdrücke *substantia, natura naturans, attributum, essentia, summum bonum* und viele andere. Ihre Identifikation von Existenz und Wesenheit in Gott wurde bei ihm zur Identifikation von Existenz und Wesenheit in der Substanz. Ihre Verschmelzung von Verstand und Wille in Gott dehnte er auf den Menschen aus.

Vielleicht hatte Spinoza (wie Bayle annahm) Giordano Bruno gelesen. Er übernahm Brunos Unterscheidung zwischen *natura naturans* und *natura naturata;* sowohl den Ausdruck wie auch die Idee kann er Brunos *conato de conservarsi* entnommen haben[182]. Bei diesem Italiener mag er die Einheit von Körper und Seele, von Materie und Geist, von Welt und Gott und die Konzeption der höchsten Erkenntnis als derjenigen, die alle Dinge in Gott sieht, geliehen haben – wenn auch die deutschen Mystiker diese Ansichten selbst im handeltreibenden Amsterdam verbreitet haben müssen.

Unmittelbarer befeuerte ihn Descartes mit philosophischen Idealen, aber dessen theologische Plattheiten stießen ihn ab. Er war begeistert von Descartes' Ehrgeiz, Philosophie in euklidischer Form und Klarheit vorzutragen. Wahrscheinlich folgte er Descartes, als er Regeln für seine Lebensführung und für seine Arbeit aufstellte. Allzu bereitwillig übernahm er Descartes' Behauptung, eine Idee müsse wahr sein, wenn sie «klar und deutlich» ist. Er übernahm und verallgemeinerte die cartesische Ansicht von der Welt als eines von einem Ur-Anstoß bis zur Zirbeldrüse reichenden Mechanismus von Ursache und Wirkung. Daß er Descartes' Untersuchung der Leidenschaften verpflichtet war, gab er selber zu[183].

Hobbes' ins Lateinische übertragener *Leviathan* stieß bei Spinoza offensichtlich auf lebhafte Zustimmung. Hier war die mechanistische Auffassung furchtlos und schonungslos durchgeführt. Die Seele, die bei Descartes vom Körper unterschieden und mit Freiheit und Unsterblichkeit begabt war, wurde von Hobbes und Spinoza den Gesetzen des Universums unterstellt und war nur der unpersönlichen oder gar keiner Unsterblichkeit fähig. Im *Leviathan* fand Spinoza eine annehmbare Analysis von Empfindung, Wahrnehmung, Erinnerung und Idee und eine sachliche Darstellung der Natur des Menschen. Vom gemeinsamen Ausgangspunkt des Naturzustands und des Sozialvertrags aus kamen die beiden Denker zu verschiedenen Folgerungen: Der royalistischen Kreisen angehörende Hobbes kam zur Monarchie, der holländische Patriot Spinoza kam zur Demokratie. Vielleicht war es Hobbes, der den gütigen Juden auf Machiavelli brachte; er erwähnt ihn als «jenen überaus scharfsinnigen Florentiner» und noch einmal als «diesen höchst genialen ..., weitblickenden Mann»[184]. Aber er vermied die Vermengung von Recht und Macht, in der Erkenntnis, daß sie nur zwischen im Naturzustand lebenden Individuen oder zwischen Staaten vor der Einführung international wirksamer Gesetze zulässig ist.

Spinoza milderte und formte alle diese Einflüsse zu einem durch seine scheinbare Logik, Harmonie und Einheitlichkeit ehrfurchtgebietenden Gedankengebäude. Aber Freunde und Feinde wiesen auf Risse in diesem Tempel hin: Oldenburg kritisierte geschickt die der *Ethik* zugrunde gelegten Axiome und Lehrsätze[185], und Überweg unterzog sie einer mit deutscher Gründlichkeit durchgeführten Untersuchung[186]. Die Logik war geschliffen, aber gefährlich deduktiv; obwohl auf persönlicher Erfahrung beruhend, war sie eher eine auf innerer Konsequenz als auf objektiven Tatsachen aufgebaute Denkkonstruktion. Spinozas Glaube an seine Beweise war seine einzige Unbescheidenheit – doch konnte er sich nach etwas anderem richten? Er glaubte zuversichtlich, der Mensch könne Gott oder die essentielle Wesenheit und das universale Gesetz begreifen; wiederholt betonte er seine Überzeugung, seine Lehrsätze über jede Frage und jede Unklarheit hinaus bewiesen zu haben, und manchmal sprach er mit einer Sicherheit, die etwas großsprecherisch klingt. Wie, wenn alle Logik nichts als eine bequeme intellektuelle Einrichtung, ein heuristisches Werkzeug des suchenden Geists und nicht die Struktur des Weltgebäudes wäre? So reduziert die unausweichliche Logik des Determinismus das Bewußtsein (wie Huxley zugab) zu einem Epiphänomen – zu einer offensichtlich überflüssigen Zugabe zu psychophysischen Vorgängen, die durch die Mechanik von Ursache und Wirkung auch ohne es geradesogut ablaufen würden; und dabei scheint nichts wirklicher, nichts eindrücklicher zu sein als das Bewußtsein. Nachdem die Logik ihr Wort gesprochen hat, bleibt doch das Geheimnis bestehen – *tam grande secretum*.

Diese Schwierigkeiten mögen zur Unbeliebtheit von Spinozas Philosophie im ersten Jahrhundert nach seinem Tode beigetragen haben; aber viel heftiger verübelte man ihm seine Kritik an der Bibel, an Prophezeiungen und Wundern und seine Auffassung von Gott, der zwar liebenswert, aber unpersönlich und taub sei. Die Juden betrachteten diesen Sohn als Verräter an seinem Volk, die Christen verfluchten ihn als leibhaftigen Satan unter den Philosophen, als den Antichrist, der die Welt allen Sinns, aller Barmherzigkeit und aller Hoffnung zu berauben suche. Sogar die Ketzer verdammten ihn. Bayle stieß sich an Spinozas Ansicht, daß alle Dinge und alle Menschen Modi ein und derselben Substanz, Ursache oder Gottes sein sollten. Also wäre Gott, sagte Bayle, die wahre Triebkraft aller Handlungen, die wahre Ursache allen Übels, aller Verbrechen, aller Kriege; und wenn ein Türke einen Ungarn erschlägt, so ist es Gott, der sich selbst erschlägt; das ist (wobei Bayle die Subjektivität des Bösen übersah) eine «höchst absurde und monströse Hypothese»[187]. Leibniz stand während eines Jahrzehnts (1676–1686) stark unter Spinozas Einfluß. Seine Monaden als Zentren psychischer Kräfte mögen zu einem gewissen Teil auf Spinozas *omnia quodammodo animata* zurückgehen. Einmal erklärte Leibniz, nur ein Zug in Spinozas Philosophie mißfalle ihm – die Ablehnung der Endursache, des Vorsehungsplans im kosmischen Ablauf[188]. Als das Gezeter gegen Spinozas «Atheismus» allgemein geworden war, schloß sich ihm in Wahrung seines eigenen *conatus sese praeservandi* auch Leibniz an.

Spinoza hat einen bescheidenen, beinahe verborgenen Anteil an der Herbeiführung der französischen Aufklärung. Die Schürer dieser Flamme machten sich Spinozas Bibelkritik als Waffe in ihrem Krieg gegen die Kirche zunutze, sie bewunderten seinen Determinismus, seine natürliche Ethik, seine Ablehnung eines Zwecks in der Natur. Aber sie stutzten vor der religiösen Terminologie und dem scheinbaren Mystizismus seiner *Ethik*. Man stelle sich vor, wie Voltaire und Diderot, Helvétius und Holbach auf Feststellungen wie «die geistige Liebe der Seele zu Gott ist Gottes Liebe selbst, womit Gott sich selbst liebt»[189] reagieren mußten!

Der deutsche Geist war empfänglicher für diese Seite von Spinozas Denken. Friedrich Jacobi berichtet, Lessing habe (1780) in einem Gespräch nicht nur gestanden, in seinen ganzen reiferen Jahren Spinoza-Anhänger gewesen zu sein, sondern sogar bestätigt: «Es gibt keine andere Philosophie als die Spinozas.»[190] Es war gerade die pantheistische Identifikation von Natur und Gott, die das von der romantischen Bewegung erfaßte Deutschland packte, nachdem unter Friedrich dem Großen die Aufklärung ihre Zeit gehabt hatte. Jacobi, der Vorkämpfer der neuen Gefühlsphilosophie, gehörte zu den ersten Verfechtern Spinozas (1785), und ein anderer deutscher Dichter, Novalis, nannte Spinoza den «gotttrunkenen Menschen». Herder glaubte in der *Ethik* die Versöhnung von Religion und Philosophie gefunden zu haben, der liberale Theologe Schleiermacher schrieb vom «heiligen, exkommunizierten Spinoza»[191]. Der junge Goethe wurde nach seinen eigenen Worten beim ersten Lesen der *Ethik* «bekehrt», und hinfort waren seine (unerotischen) Dichtungen durchdrungen von Spinozismus. Zum Teil war es das Atmen der ruhigen Atmosphäre der *Ethik,* was ihn über die wilde Romantik des *Götz von Berlichingen* und der *Leiden des jungen Werther* hinaus zur Ausgeglichenheit des Olympiers seiner späteren Jahre trug. Kant unterbrach diesen Einflußstrom für eine Weile, aber Hegel erklärte, «um Philosoph zu werden, muß man zuerst Spinozist sein», und er prägte für Spinozas Gott den Ausdruck «absolute Vernunft». Etwas von Spinozas *conatus sese praeservandi* scheint in Schopenhauers «Lebenswillen» und Nietzsches «Machtwillen» übergegangen zu sein.

England kannte Spinoza ein Jahrhundert lang nur vom Hörensagen und verleumdete ihn als abwegiges, schreckliches Ungeheuer. Stillingfleet (1677) erwähnte ihn oberflächlich als «ein neuerer Autor, der, wie ich höre, mächtig in Mode ist bei vielen, die alles rühmen, was von atheistischer Seite kommt». Ein schottischer Professor, George Sinclair, schrieb 1685 von dem «scheußlichen, den Lehren Hobbes' und Spinozas anhängenden Pöbel, der die Religion geringschätzt und die Heilige Schrift verachtet». Sir John Evelyn nannte (1690?) den *Theologisch-politischen Traktat* «jenes berüchtigte Buch», das «ein elendes Hindernis für die Sucher der heiligen Wahrheit» ist. Berkeley, der 1732 Spinoza unter die «schwachen und gottlosen Schriftsteller» zählte, hielt ihn für «den großen Führer unserer modernen Ungläubigen»[192]. Und noch 1739 schauderte es den Agnostiker Hume ob der «schrecklichen Hypothese» dieses «berühmten Atheisten», dieses «in der ganzen Welt berüchtigten Spinoza»[193]. Erst mit der romantischen Bewegung des Übergangs vom achtzehnten zum neunzehnten Jahrhundert erreichte Spinoza das englische Denken wirklich. Dann entzündete sich die jugendliche Metaphysik von Wordsworth, Coleridge, Shelley und Byron mehr an ihm als an irgendeinem anderen Philosophen. Shelley zitierte den *Theologisch-politischen Traktat* in den ursprünglichen Anmerkungen zu *Queen Mab* und begann eine Übersetzung, zu der Byron ein Vorwort versprach; ein Fragment dieser Übertragung geriet in die Hände eines englischen Kritikers, der es für eine Arbeit von Shelley selbst hielt und es «eine schülerhafte Spekulation ..., zu unfertig zur Publikation» nannte. George Eliot übersetzte mannhaft entschlossen die *Ethik,* und James Froude[194] und Matthew Arnold[195] anerkannten den Einfluß Spinozas auf ihre geistige Entwicklung. Von allen geistigen Erzeugnissen des Menschen scheinen Religion und Philosophie am längsten fortzudauern. Perikles ist berühmt, weil er zugleich mit Sokrates gelebt hat.

Wir lieben unter den Philosophen Spinoza ganz besonders, weil er auch ein Heiliger war, weil er seine Philosophie nicht nur schrieb, sondern auch lebte. Die von den großen Religionen gepriesenen Tugenden waren umfassend verkörpert in dem Ausgestoßenen, der in keiner Religion eine Stätte hatte, weil keine von ihnen ihn Gott in Worte fassen lassen wollte, die von der Wissenschaft angenommen wurden. Zurückblickend auf dieses Leben der Hingabe und des gesammelten Denkens, fühlen wir darin ein edles Element, das uns ermutigt, von der Menschheit gut zu denken. Wenn wir die Hälfte des entsetzlichen Bildes zugeben, daß Swift von der Menschheit entwarf, wenn wir anerkennen, daß in allen Generationen der Menschheitsgeschichte und überall Aberglaube, Heuchelei, Korruption, Grausamkeit, Verbrechen und Krieg zu finden sind, so legen wir doch auf die andere Waagschale die lange Liste von Dichtern, Komponisten, Künstlern, Wissenschaftlern, Philosophen und Heiligen. Das gleiche Geschöpf, an dem sich Swift für seine körperlichen Leiden rächte, schrieb auch die Stücke Shakespeares, die Musik Bachs und Händels, die Oden Keats', die *Republik* Platons, die *Prinzipien* Newtons und die *Ethik* Spinozas; es baute den Parthenon und malte die Decke der Sixtinischen Kapelle; es erkannte und liebte – auch wenn es ihn kreuzigte – Christus. Das alles tat der Mensch; möge er nie die Hoffnung fahrenlassen!

SIEBENTES KAPITEL

Leibniz

[1646–1716]

I. RECHTSPHILOSOPHIE

IHREM Wesen und ihrem Denken nach liegt zwischen Spinoza und Leibniz eine tiefe Kluft. Hier der einsame, vom Judentum verstoßene, nicht zum Christentum übergetretene Jude, der arm in einer Dachkammer hauste, nur zwei Bücher vollendete, bedächtig eine gewagt neuartige, alle Konfessionen gegen ihn aufbringende Philosophie entwickelte und mit vierundvierzig Jahren an Schwindsucht starb; dort der in regem Verkehr mit Staatsmännern und Fürstenhöfen stehende deutsche Weltmann, der fast ganz Westeuropa bereiste, seine Fühler nach Rußland und China ausstreckte, dem Protestantismus und dem Katholizismus gleich geneigt, dem ein ganzes Dutzend von Denksystemen recht und dienlich waren, der ein halbes Hundert Abhandlungen verfaßte, Gott und die Welt mit verwegenem Optimismus liebte, siebzig Jahre vollendete und seinem Vorgänger nur in der Verlassenheit seines Begräbnisses ähnlich war – dies sind, in der gleichen Generation, zwei Antipoden der modernen Philosophie.

Bevor wir uns jedoch dem vielschichtigen Bild dieses Menschen zuwenden, nehmen wir Kenntnis von einigen weniger berühmten deutschen Denkern. Samuel von Pufendorfs Leben begann, wie das Spinozas und Lockes, im Jahr 1632. Nach Studien in Leipzig und Jena wirkte er als Präzeptor in der Familie eines schwedischen Diplomaten in Kopenhagen, wurde, als Schweden Dänemark den Krieg erklärte, zusammen mit diesem verhaftet und vertrieb sich in der Haft die Langeweile mit dem Aufbau eines Völkerrechtssystems. Nach seiner Freilassung zog er nach Leiden, wo er das Resultat seines Denkens als *Elementa Jurisprudentiae universalis* (1661) veröffentlichte. Kurfürst Karl Ludwig von der Pfalz (der gleiche, der später Spinoza einlud) fand solches Gefallen daran, daß er Pufendorf nach Heidelberg berief und für ihn einen Lehrstuhl für Natur- und Völkerrecht errichtete, den ersten dieser Art. Dort verfaßte Pufendorf eine Studie über das Deutsche Reich, *De Statu Imperii Germanici, Liber Unus* (1667); die darin enthaltene Kritik am Heiligen Römischen Reich und seinen Kaisern erregte den Unwillen Leopolds I. Pufendorf wanderte nach Schweden aus, an die Universität von Lund (1670), wo er sein Meisterwerk *De Iure Naturae et Gentium* (1672) veröffentlichte. Einen Ausgleich zwischen Hobbes und Grotius suchend, erklärte Pufendorf das «Naturrecht» nicht als «Kampf aller gegen alle», sondern als die Herrschaft der «wahren Vernunft». Er dehnte die «natürlichen Rechte» (die allen vernünftigen Wesen zustehenden Rechte) auf Juden und Türken aus und bestand darauf, das Völkerrecht sollte nicht nur zwischen christlichen Staaten, sondern auch in ihren Beziehungen zu den Ungläubigen Geltung haben. Fast ein Jahrhundert vor Jean-Jacques Rousseau erklärte er schon, der Wille des Staates sei, oder sollte sein, die Summe des Willens aller ihn bildenden Individuen; aber Sklaverei hielt er für ein wünschbares Mittel, die Zahl der Bettler, Landstreicher und Diebe herabzusetzen[1].

Einige schwedische Pastoren fanden, diese staatsphilosophischen Theorien stellten Gott und die Bibel zu wenig in Rechnung, und verlangten, Pufendorf sei nach Deutschland zurückzuschicken; aber Karl XI. berief ihn nach Stockholm und machte ihn zum königlichen Historiographen. Der Gelehrte zeigte sich erkenntlich mit einer Biographie des Königs und einer Geschichte Schwedens. Vielleicht mit dem heimlichen Wunsch nach Ortsveränderung widmete er 1687 dem Großen Kurfürsten von Brandenburg eine Abhandlung über das Verhältnis der christlichen Religion zum staatsbürgerlichen Leben, *De Habitu christianae Religionis ad Vitam civilem,* worin er sich für Toleranz einsetzte. Bald darauf nahm er eine Berufung nach Berlin an, wurde Hofgeschichtsschreiber Friedrich Wilhelms, wurde baronisiert und starb 1694. Seine Schriften blieben im protestantischen Teil Europas ein halbes Jahrhundert lang die wichtigsten über Staats- und Völkerrecht, und ihre realistische Darstellung der Gesellschaft trug zusammen mit den Zeitereignissen zur Abwertung der Lehre vom Gottesgnadentum der Könige bei.

Der Niedergang der nur theologischen Auslegung menschlicher Einstellungen wurde durch das Wirken von Balthasar Bekker und Christian Thomasius beschleunigt. Bekker war ein holländischer Seelsorger einer kleinen Gemeinde. Nachdem sein Glaube durch Descartes ins Wanken gebracht worden war, nahm er sich vor, die Vernunft auf die Bibel anzuwenden. Die biblischen Teufel hielt er für volkstümliche Wahngebilde oder Metaphern; er untersuchte die vorchristliche Geschichte der Vorstellung von Satan, hielt sie für eine Interpolation in das Christentum, schloß, der Teufel sei ein Mythos, und bestritt sein Vorhandensein in einem holländisch geschriebenen Werk *De betooverte Wereld* (Die bezauberte Welt; 1691). Im Bewußtsein, daß alle Weisheit mit der Angst vor dem Teufel beginnt, sprach die Kirche strengste Strafen gegen Bekker aus. Der Teufel verlor ein wenig an Ansehen, aber er verlor keine Gläubigen.

Thomasius führte den Kampf fort. Er behielt die Heilige Schrift als Führerin zur Religion und zum Heil bei, war aber bestrebt, die Regeln der Vernunft zu befolgen, nur das Beweisbare zu glauben und die religiöse Toleranz zu fördern. Als Professor des Naturrechts in Leipzig (1684–1690) beleidigte er mit seinen eigenwilligen Ansichten und Methoden und seiner Sprache die Fakultät und die Pastoren. Dem Aberglauben seiner Zeit trat er mit herzhaftem deutschem Gelächter entgegen; er stimmte Bekker zu, der Teufel sei aus der Religion auszutreiben, bezeichnete den Hexenglauben als beschämende Dummheit und die Verfolgung sogenannter Hexen als verbrecherische Roheit; unter seinem Einfluß hörten die Verurteilungen wegen Zauberei in Deutschland auf. Um die Dinge noch ärger zu machen, hielt er seine Vorlesungen deutsch statt lateinisch und beraubte damit die Pädagogik ihrer halben Würde. 1688 begann er eine Zeitschrift über Bücher und Ideen herauszugeben, die man als erste wirkliche deutsche Zeitung bezeichnen könnte; aber sie ging mit ihrer Gelehrsamkeit leichtherzig um, gab ihrem Wissen einen humoristischen Anstrich und nannte sich *Scherz- und ernsthafte, vernünftige und einfältige Gedanken über allerhand lustige und nützliche Bücher und Fragen.* Thomasius verteidigte die Pietisten gegen den lutherischen Klerus, trat für Mischehen zwischen Lutheranern und Calvinisten ein und alarmierte damit die Behörden derart, daß sie ihm das Schreiben und Dozieren verboten und schließlich einen Haftbefehl gegen ihn erließen (1690). Er entkam nach Berlin, Kurfürst Friedrich III. gab ihm eine Professur in Halle, wo er am Aufbau der dortigen Universität mitwirkte und sie bald zum lebendigen geistigen Mittelpunkt Deutschlands machte. 1709 lud ihn Leipzig ein, zurückzukehren; aber er lehnte ab und blieb vierunddreißig Jahre lang in Halle, bis ans Ende seines Lebens. Mit ihm begann die deutsche Aufklärung, aus der Lessing und Friedrich der Große hervorgingen.

Einige Enthusiasten trieben ihren Abfall bis zum äußersten Atheismus. Matthias Knutzen von Holstein lehnte jeglichen Glauben an Übernatürliches ab; *insuper Deum negamus* – Vor allem leugnen wir Gott[2]. Er schlug vor, das Christentum, seine Kirchen und Priester durch eine positivistische, Auguste Comte in vollem Umfang vorwegnehmende «Menschheitsreligion» zu ersetzen und die Moral allein auf die naturgläubige Erziehung des Gewissens zu gründen (1674). Er behauptete, siebenhundert Anhänger zu haben, was wahrscheinlich übertrieben war; aber wir stellen fest, daß von 1662 bis 1713 in Deutschland mindestens zweiundzwanzig Bücher veröffentlicht wurden, die den Zweck hatten, den Atheismus auszubreiten oder ihn zu widerlegen[3].

Leibniz bedauerte «den offenbaren Sieg der Freidenker». «In unseren Tagen», schrieb er um 1700, «haben viele Leute einen geringen Respekt vor Offenbarungen ... oder Wundern.»[4] Und 1715 fügte er hinzu: «Wie es scheint, verliert selbst die natürliche Religion ... an Kraft. Viele sehen die Seelen, andere selbst Gott als körperhaft an. Herr Locke und seine Anhänger fragen sich, ob die Seelen nicht materiell und von Natur vergänglich sind.»[5] Leibniz war selber seines Glaubens nicht ganz sicher, aber als Hof- und Weltmann fragte er sich, wohin der zunehmende Materialismus führen und wie er sich auf Kirchen, Moral und Throne auswirken werde. Konnten die Rationalisten mit ihren eigenen Worten widerlegt und der Glaube der Väter zum Heil der Kinder wiedererweckt werden?

II. WANDERJAHRE

Gottfried Wilhelm Leibniz war zwei Jahre alt, als der Dreißigjährige Krieg zu Ende ging; er wuchs in einer der geistesärmsten, unglücklichsten Zeiten der deutschen Geschichte auf, genoß aber jede damals erreichbare Bildungsmöglichkeit, denn sein Vater war Professor der Moralphilosophie an der Leipziger Universität gewesen. Gottfried war ein Wunderkind, wißbegierig und ein Bücherwurm. Die väterliche Bibliothek stand ihm offen mit der Einladung *tolle, lege* – nimm und lies! Mit acht Jahren begann er Latein, mit zwölf Jahren Griechisch zu lernen; er verschlang Geschichtswerke und wurde ein in vielen Fächern bewanderter Polyhistor. Mit fünfzehn Jahren kam er auf die Universität, wo der anregende Thomasius zu seinen Lehrern zählte. Mit zwanzig bewarb er sich um die juristische Doktorwürde, aber Leipzig wies ihn seiner Jugend wegen ab. Kurz darauf erhielt er sie von der Nürnberger Universität in Altdorf. Seine Doktordissertation machte dort solches Aufsehen, daß man ihm sogleich eine Professur anbot, er lehnte jedoch ab und sagte, er habe «verschiedene Dinge in Aussicht». Sehr wenige der bedeutenderen Philosophen hatten einen Universitätslehrstuhl inne.

Wirtschaftlich und geistig unabhängig, befaßte er sich nun mit allen das neuerstehende Deutschland erregenden Bewegungen und Lehren. Er hatte in Leipzig die Philosophie der Scholastiker studiert und behielt ihre Terminologie und manche ihrer Ideen, zum Beispiel den ontologischen Gottesbeweis, bei. Er nahm die ganze cartesische Überlieferung auf, würzte sie aber mit Gassendis Einwänden und seiner Atomenlehre. Dann ging er zu Hobbes über, pries ihn als *subtilissimus* und liebäugelte mit dem Materialismus[6]. Während der Zeit, da er in Nürnberg lebte (1666/67), machte er einen Versuch mit dem Mystizismus der Rosenkreuzer (Fraternitas Rosae Crucis), einer 1654 von Alchimisten, Ärzten und Geistlichen gegründeten Brüderschaft, wurde deren Sekretär und vertiefte sich, ähnlich wie sein künftiger Rivale Newton es in Cambridge tat, in die Alchimie. Keine Idee ließ er unbeachtet und unerprobt. Ehe er zweiundzwanzig Jahre alt war, hatte er mehrere kurze, aber von wachsendem Selbstvertrauen zeugende Abhandlungen geschrieben.

Eine davon, *Nova Methodus docendae discendaeque Iuris,* erweckte die Aufmerksamkeit eines sich damals in Nürnberg aufhaltenden Staatsmanns, Johann von Boineburg, der dem jungen Autor empfahl, sie dem Erzbischof und Kurfürsten von Mainz zu widmen; er vermittelte auch deren persönliche Überreichung. Der Zweck wurde erreicht, 1667 trat Leibniz in den Dienst des Kurfürsten. Zuerst wirkte er an der Neuordnung des Rechts mit, später wurde er Justizrat am kurmainzischen Oberrevisionsgericht. Er blieb fünf Jahre in Mainz, wurde mit katholischen Geistlichen, der katholischen Lehre und Liturgie bekannt und begann von der Wiedervereinigung der getrennten christlichen Bekenntnisse zu träumen. Die Aufmerksamkeit des Kurfürsten jedoch galt mehr Ludwig XIV. als Luther, denn der unersättliche König überzog die Niederlande und Lothringen in Deutschlands nächster Nähe mit seinen Armeen und war augenscheinlich darauf aus, den Rhein zu schlucken. Wie konnte man ihn aufhalten?

Leibniz hatte einen Plan, eigentlich zwei, die die brillanten Gaben des Vierundzwanzigjährigen zeigen. Der erste war, die westdeutschen Staaten zu einer Verteidigungsgemeinschaft, dem *Rheinbund,* zusammenzuschließen (1670). Der zweite war, Ludwig XIV. von Deutschland abzulenken, indem man ihn davon überzeugte, er müsse den Türken Ägypten entreißen. Die Beziehungen zwischen Frankreich und der Türkei waren zu dieser Zeit gespannt; würde Ludwig (128 Jahre vor Napoleon) eine Expedition zur Eroberung Ägyptens aussenden, dann brächte er die Kontrolle über den durch Ägypten gehenden europäischen Handel mit dem Orient – eingeschlossen den holländischen – an sich, er würde den Krieg von Frankreichs Boden fernhalten, er würde die ottomanische Bedrohung des Christentums beenden und wäre als Retter geehrt, statt als Geißel Europas gefürchtet. Boineburg schrieb in diesem Sinne an Ludwig und legte eine Erläuterung des Plans aus Leibniz' Feder bei*. Simon Arnaud de Pomponne, der französische Außenminister, lud Leibniz ein (Februar 1672), nach Paris zu kommen und dem König seinen Plan vorzulegen. Im März machte sich der sechsundzwanzigjährige Staatsmann auf den Weg dorthin.

Die Generäle kamen ihm zuvor und schadeten ihm und sich selber. Als Leibniz in Paris ankam, hatte Ludwig seinen Streit mit der Türkei beigelegt und den Angriff auf Holland beschlossen; am 6. April erklärte er den Krieg. Pomponne belehrte Leibniz, Kreuzzüge seien nicht mehr Mode, und verweigerte ihm eine Unterredung mit dem König. Der Philosoph verlor nicht alle Hoffnung und verfaßte ein Memorandum zuhanden der französischen Regierung, von dem er eine Zusammenfassung – *Consilium Aegyptiacum* – an Boineburg sandte. Wäre der Vorschlag befolgt und erfolgreich ausgeführt worden, dann würde wohl Frankreich und nicht England Indien und die Seeherrschaft an sich gebracht haben. Ludwigs Entscheidung, sagte Admiral Mahan, «die Colbert vernichtete und Frankreichs Prosperität zerstörte, wirkte sich noch über Generationen aus»[8].

Boineburg starb, bevor das *Consilium* ihn erreicht hatte, und Leibniz beklagte den Tod eines selbstlosen Freunds. Teils deshalb kehrte er nicht nach Mainz zurück. Überdies hatten ihn die geistigen Strömungen von Paris gepackt, und er fand sie noch anregender als die in der Umgebung des liberalen, aufgeklärten Kurfürsten. Nun machte er die Bekanntschaft von Anton Arnauld von Port-Royal, Malebranche, Christian Huygens und Bossuet. Huygens führte ihn in die höhere Mathematik ein, und Leibniz begann sich mit dem Unendlichkeitsbegriff zu beschäftigen, was ihn zur Differentialrechnung führen sollte.

Im Januar 1673 fuhr er in einer Mission des Mainzer Kurfürsten für Karl II. über den Kanal nach England. In London lernte er Oldenburg und Boyle kennen und wurde von der erwachenden Wissenschaft angezogen. Nach seiner Rückkehr nach Paris im März widmete er seine Zeit mehr und mehr der Mathematik. Er erfand eine Rechenmaschine, die gegenüber derjenigen Pascals den Vorzug hatte, daß mit ihr Multiplikationen, Divisionen, Additionen und Subtraktionen ausgeführt werden konnten. Im April wurde er, in Abwesenheit, zum Mitglied der Royal Society ernannt. 1675 entdeckte er die Differentialrechnung, 1676 die Infinitesimalrechnung, und er formulierte sein erfolgreiches Notationssystem. Heute wirft niemand mehr Leibniz vor, mit seinem Kalkül ein Plagiat an Newton begangen zu haben[9]. Newton hatte seine Entdeckung offensichtlich schon 1666 gemacht, sie aber bis 1692 nicht publiziert; Leibniz publizierte seine Differentialrechnung 1684, seine Integralrechnung 1686[10]. Es besteht kein Zweifel, daß Newton die Entdeckung zuerst machte, daß aber Leibniz selbständig zu seiner Entdeckung kam, daß er sie früher als Newton publizierte und daß sein Notationssystem demjenigen Newtons überlegen war[11].

---

* «Leibniz stellte schon damals fest», sagte Spengler, «was Napoleon seit Wagram immer deutlicher begriff, daß Erwerbungen am Rhein und in Belgien die Position Frankreichs nicht dauernd verbessern könnten und daß die Landenge von Suez eines Tages der Schlüssel zur Weltherrschaft sein werde.»[7]

Der Fürstbischof von Mainz starb im März 1673, und damit verlor auch Leibniz seine Staatsstelle. Schon bald danach unterzeichnete er einen Vertrag, wonach er als Kurator der herzoglichen Bibliothek in Hannover in die Dienste Herzog Johann Friedrichs von Braunschweig-Lüneburg trat. Immer noch von Paris bezaubert, blieb er bis 1676 dort; dann reiste er gemächlich über London, Amsterdam und Den Haag nach Hannover. In Amsterdam sprach er mit Anhängern Spinozas, im Haag mit dem Philosophen selbst. Spinoza zögerte, ihm Vertrauen zu schenken, denn Leibniz wollte Katholiken und Protestanten miteinander aussöhnen, die, einmal vereinigt, gemeinsam die Denkfreiheit unterdrücken würden[12]. Leibniz überwand schließlich das Mißtrauen Spinozas, und dieser gestattete ihm, das Manuskript der *Ethik* zu lesen, ja sogar Stellen daraus abzuschreiben[13]. Die beiden Männer führten mehrere lange Gespräche. Nach Spinozas Tod verheimlichte Leibniz nur mit Mühe, wie tief er von dem geistesstarken Juden beeindruckt gewesen war.

Gegen Ende 1676 erreichte er Hannover und blieb die restlichen vierzig Jahre seines Lebens im Dienst mehrerer Herzöge von Braunschweig. Er hatte gehofft, als Staatsrat angestellt zu werden; aber die Herzöge bestimmten ihn dazu, ihre Bibliotheken zu pflegen und die Geschichte ihres Hauses zu schreiben. Er erfüllte diese Aufgaben unterschiedlich. Sein umfangreiches Geschichtswerk *Annales Brunsvicenses* war gewichtig und reichlich mit beharrlich zusammengetragenen Originaldokumenten belegt; seine genealogischen Nachforschungen in Italien stellten die gemeinsame Abstammung der Dynastien Este und Braunschweig fest; und wenn auch der Gegenstand dieses Buchs für einen so ehrgeizigen Geist unerfreulich einengend war, erlebte er es doch, daß die Braunschweiger den englischen Thron erbten. Er bemühte sich sehr, ein guter deutscher Patriot zu sein, drängte die Deutschen, sich im Rechtsleben der deutschen Muttersprache zu bedienen, schrieb aber selber seine Abhandlungen lateinisch oder französisch und gab das leuchtende Beispiel eines guten Europäers kosmopolitischer Gesinnung. Er warnte die deutschen Fürsten davor, mit ihren entzweienden Eifersüchteleien und ihrer vorsätzlichen Schwächung der Reichsmacht Deutschland dazu zu verurteilen, das Opfer besser zentralisierter Staaten und das Schlachtfeld wiederholter Kriege zwischen Frankreich, England und Spanien zu werden[14].

Seine geheime Hoffnung war, dem Kaiser und dem Reich zu dienen statt den Regenten einzelner deutscher Staaten. Er hatte hunderterlei Pläne für politische, ökonomische, kirchliche und erzieherische Reformen und war der gleichen Ansicht wie Voltaire, ein Staat sei leichter zu erneuern durch Bekehrung des Herrschers als durch die schrittweise Erziehung der Massen, die von ihren Sorgen um Tisch und Bett viel zu sehr in Anspruch genommen sind, als daß sie Zeit zum Denken fänden[15]. Als 1680 der Bibliothekar des Kaisers starb, bewarb sich Leibniz um den Posten, fügte jedoch bei, er begehre ihn nur, wenn damit die Zugehörigkeit zum Reichsrat des Kaisers verbunden wäre. Seine Bewerbung wurde abgelehnt. Nach Hannover zurückgekehrt, fand er ein wenig Trost im freundschaftlichen Verkehr mit der Kurfürstin Sophie und später mit ihrer Tochter Königin Sophie Charlotte, die ihn am preußischen Hof einführte, ihn bei der Gründung der Berliner Akademie (1700) unterstützte und ihn zur Abfassung seiner

Theodizee anregte. Im übrigen gab er seiner bescheidenen Stellung einen höheren Glanz durch seinen Briefwechsel mit den führenden Denkern Europas, durch seine wichtigen Beiträge zur Philosophie und durch seinen mutigen Plan zur Wiedervereinigung der getrennten Christenheit.

III. LEIBNIZ UND DAS CHRISTENTUM

War er Christ? Äußerlich ja, selbstverständlich; ein Mann, der so brennend wünschte, vom Philosophen zum Staatsmann aufzusteigen, hatte sich der Theologie seiner Zeit und seiner Umgebung anzupassen. «Ich habe mich in allen Teilen bemüht», sagt er im Vorwort der *Theodizee*, «das Bedürfnis nach Erbauung zu berücksichtigen.»[16] Die Schriften, die er zu Lebzeiten veröffentlichte, zeigten einen unerschütterlichen Glauben; er hielt darin an der Dreieinigkeit, an den Wundern, der Gnadenwahl, der Willensfreiheit und der Unsterblichkeit fest und griff die Freidenker der Zeit wegen Untergrabung der sittlichen Grundlagen der sozialen Ordnung an. Und doch «ging er selten zur Kirche ... und viele Jahre nicht zum Abendmahl»[17]; das Volk von Hannover gab ihm den Spottnamen Lövenix (Glaubenichts)[18]. Einige Forscher haben ihm zwei Weltanschauungen zugeschrieben: eine für den öffentlichen Gebrauch und die Tröstung von Fürstinnen, die andere «eine deutliche Bejahung aller Lehren des Spinozismus»[19]. «Leibniz verfiel immer dort in den Spinozismus, wo er sich gestattete, logisch zu sein; in seinen Veröffentlichungen achtete er infolgedessen darauf, unlogisch zu sein.»[20]

Seine Bemühungen um die Versöhnung zwischen Katholizismus und Protestantismus setzten ihn dem Vorwurf der religiösen Gleichgültigkeit aus[21]. Sein Drang nach Einheit und Zugeständnissen überwog seine Kirchlichkeit; er mied den Umgang mit Predigern, war aber bestrebt, sie zusammenzubringen. Weil er tiefer sah, nahm er die äußerlichen Unterschiede nicht wichtig; wenn das Christentum zum Regierungssystem gehörte, dann schien ihm die Verschiedenheit der Bekenntnisse nicht geeignet, fromme Anhänglichkeit und guten Willen zu erhalten, sondern eher ein Hindernis für Ordnung und Frieden zu sein.

1677 sandte Kaiser Leopold I. den Titularbischof von Tina in Kroatien, Christoph Rojas de Spinola, an den Hof von Hannover, damit er den zum Katholizismus übergetretenen Herzog Johann Friedrich dazu bewege, sich einer Kampagne für die Wiedervereinigung der Protestanten mit Rom anzuschließen. Der Plan hatte wahrscheinlich einen politischen Nebenzweck: Der Kurfürst wünschte damals die Unterstützung des Kaisers, und Leopold hoffte auf eine Festigung der deutschen Einheit und Haltung gegen die Türken. Spinola reiste längere Zeit zwischen Wien und Hannover hin und her, und die Angelegenheit machte Fortschritte. Als Bossuet (1682) die Gallikanischen Freiheiten formulierte, mit denen der französische Klerus sich vom Papst lossagte, mag Leibniz gehofft haben, Frankreich und Deutschland könnten sich in einem vom Papsttum hinreichend unabhängigen Katholizismus zusammenfinden und die protestantische Feindseligkeit gegen den alten Glauben würde sich mildern. 1683, als die Türken zur

Belagerung von Wien anrückten, berief Spinola einen Konvent protestantischer und katholischer Theologen nach Hannover ein und unterbreitete ihnen seine *Regulae circa christianorum omnium ecclesiasticam reunionem* (Richtschnur für die Einigung aller christlichen Kirchen).

Das sonderbarste der vielen in seinem Nachlaß gefundenen Dokumente war wohl die von Leibniz anonym verfaßte Schrift, die wahrscheinlich für diese Versammlung bestimmt war[22]. Sie hieß *Systema Theologicum* und enthielt eine solche Darstellung der katholischen Doktrin, daß ein gutwilliger Protestant sie annehmen konnte. 1819 hat ein katholischer Verleger sie als Beweis für Leibnizens heimlichen Glaubenswechsel veröffentlicht; glaubhafter ist, daß sie ein diplomatischer Versuch zur Überbrückung der theologischen Entzweiung über das Abendmahl war, aber der Verleger hatte nicht unrecht, wenn er das Dokument für überwiegend katholisch ansah. Es begann mit einer kurzen Versicherung der Unparteilichkeit:

«Nach einem langen, inständigen Gebet um Gottes Beistand, und nachdem ich, soweit dies menschenmöglich ist, alle Parteilichkeit abzulegen und die Religionsstreitigkeiten so zu betrachten versucht hatte, als wäre ich ein von einem anderen Planeten kommender, demütiger Neuling, ohne alles Wissen um verschiedene Arten des Abendmahls, bin ich nach reiflicher Überlegung zu den im Nachstehenden auseinandergesetzten Schlüssen gekommen. Ich hielt es für meine Pflicht, sie zu ziehen, weil mir schien, die Übereinstimmung von Heiliger Schrift, uralten Glaubensüberlieferungen uud Vernunftsgründen und das sichere Zeugnis der Tatsachen müsse den Geist jedes unvoreingenommenen menschlichen Wesens überzeugen.»[23]

Darauf folgte ein Bekenntnis des Glaubens an Gott, Schöpfung, Erbsünde, Fegefeuer, Transsubstantiation, Mönchsgelübde, Anrufung der Heiligen, Gebrauch von Weihrauch, religiösen Bildern, kirchlichen Gewändern und der Unterordnung des Staates unter die Kirche[24]. Diese Großmut gegenüber dem Katholizismus könnte Zweifel an der Echtheit der Schrift erwecken, aber sie gilt heute allgemein als ein authentisches Werk von Leibniz[25]. Vielleicht hoffte er, sich durch eine solche Unterstützung des katholischen Standpunkts für einen angenehmen Posten am Hof der Katholischen Majestät in Wien zu empfehlen. Und zudem liebte Leibniz, wie alle wahren Skeptiker, den Anblick, den Klang und den Duft der katholischen Liturgie.

«Die musikalischen Klänge, die süße Harmonie der Stimmen, die Poesie der Gesänge, die Schönheit der Liturgie, der Lichterglanz, die zarten Düfte, die kostbaren Gewänder, die mit Edelsteinen besetzten heiligen Geräte, die köstlichen Gaben, die heilige Gedanken erweckenden Statuen und Bilder, diese wunderbaren Erzeugnisse künstlerischen Schaffens ..., die erhabene Pracht öffentlicher Prozessionen, die reichgeschmückten Straßen, das Glockengeläute, mit einem Wort alle Gaben und Ehrenbezeugungen, die das fromme Gefühl des Volkes in reichem Maße spendet, erwecken, glaube ich, in Gottes Sinn nicht Verachtung, wie es uns manche unserer Zeitgenossen in ihrer starren Nüchternheit glauben machen wollen. Das jedenfalls wird uns sowohl von der Vernunft als auch von der Erfahrung bestätigt.»[26]

Alle diese Argumente vermochten die Protestanten nicht zu rühren, und Ludwigs XIV. gab mit dem Widerruf des Edikts von Nantes die Wahrung des Dekorums auf und bekämpfte die französischen Protestanten in brutalster Weise. Leibniz stellte sein Versöhnungswerk für günstigere Zeiten zur Seite.

1687 begab er sich für Studien zu seinen *Annalen des Hauses Braunschweig* auf eine Reise in verschiedene Archive in Deutschland, Österreich und Italien. In der Annahme, er werde konvertieren, boten ihm die Behörden in Rom die Ernennung zum Kurator der Vatikanischen Bibliothek an. Er lehnte ab und unternahm einen mutigen Vorstoß für die Aufhebung der gegen Kopernikus und Galileo Galilei gerichteten kirchlichen Erlasse[27]. Nach seiner Rückkehr nach Hannover begann er (1691) einen drei Jahre dauernden Briefwechsel mit Bossuet, in der Hoffnung, die Aktion für die Unifikation der Christenheit neu zu beleben. Könnte nicht die römische Kirche ein wirklich ökumenisches Konzil einberufen, an dem sowohl protestantische als auch katholische Persönlichkeiten die scharfe Verurteilung der Protestanten als Häretiker durch das Tridentiner Konzil wiedererwägen und widerrufen würden? Bossuet, der Bischof von Meaux, der diese «Ketzer» gerade mit dem schweren Geschütz seiner *Variations des Eglises protestantes* (1688) bombardiert hatte, antwortete unnachgiebig: Wenn die Protestanten in den Schoß der Kirche zurückzukehren wünschen, sollen sie sich bekehren und damit den Streit beilegen. Leibniz bat ihn, die Frage noch einmal zu erwägen. Bossuet ließ ein wenig Hoffnung: «Ich nehme Ihren Plan auf ... Sie werden bald hören, was ich denke.»[28] 1691 schrieb Leibniz optimistisch wie gewohnt an Frau Brinon:

«Der Kaiser ist günstig gestimmt; Papst Innozenz XI. und eine große Zahl von Kardinälen, Ordensgenerälen ... und viele ernste Theologen haben die Sache sorgfältig erwogen und sich in sehr ermutigenden Ausdrücken geäußert ... Es ist nicht übertrieben, zu sagen, daß, wenn der König von Frankreich und die Prälaten ..., auf die er in dieser Sache hört, sich ihnen anschlössen, dann wäre die Unifikation nicht nur durchführbar, sondern so gut wie vollzogen.»[29]

Die von Bossuet eintreffende Antwort war niederschmetternd: Die Beschlüsse des Tridentiner Konzils sind unwiderruflich, es hat die Protestanten zu Recht zu Ketzern erklärt, die Kirche ist unfehlbar, eine Zusammenkunft zwischen katholischen und protestantischen Persönlichkeiten kann kein positives Resultat ergeben, wenn die Protestanten nicht von vornherein die Entscheidungen der Kirche in den in Frage stehenden Punkten annehmen[30]. Leibniz antwortete, die Kirche habe oftmals ihre Ansichten und ihre Lehre geändert, sie habe sich selbst widersprochen und Leute ohne zureichenden Grund verurteilt und exkommuniziert. Er erklärte, seine Hände in Unschuld zu waschen «für alle Schuld an jeglichem Übel, das der christlichen Kirche aus dieser Spaltung noch erwachsen wird»[31]. Und nun wandte er sich der scheinbar hoffnungsvolleren Aufgabe der Aussöhnung der Lutheraner mit den Calvinisten zu, traf aber hier auf eine Unnachgiebigkeit, die derjenigen Bossuets an Härte und Hochmut nicht nachstand. Schließlich wünschte er in seinem Herzen den streitenden Konfessionen die Pest und verkündete, es gebe nur zwei Arten von Büchern, die etwas taugen: solche, die über wissenschaftliche Experimente und Beweise berichten, und solche, die die Geschichte der Nationen oder geographische Beschreibungen enthalten[32]. Äußerlich und recht lässig blieb er bis an sein Lebensende Lutheraner.

IV. KRITIK AN LOCKE

Die Hälfte von Leibniz' Werk ist als *argumentum ad hominem* und mehr oder weniger zufällig in der Diskussion über die Ideen anderer Schriftsteller zustande gekommen. Sein umfangreichstes Buch, das auf 590 Seiten anwuchs, begann 1696 als siebenseitige Besprechung von Lockes *Versuch über den menschlichen Verstand* (1690), von dem Leibniz damals nur den in Le Clercs *Bibliothèque universelle* erschienenen Auszug kannte. Als der *Versuch* in französischer Übersetzung erschien (1700), besprach ihn Leibniz erneut in einer deutschen Zeitschrift. Er hatte die Bedeutung von Lockes Darstellung sogleich erkannt und lobte insbesondere seinen Stil. 1703 machte er sich daran, Kapitel um Kapitel dieses Buchs zu kommentieren. Diese Kommentare bilden seine *Nouveaux Essais sur l'entendement humain* (Neue Abhandlungen über den menschlichen Verstand). Als er vom Tod Lockes erfuhr (1704), ließ er die Arbeit unfertig liegen. Das Buch wurde erst 1765 veröffentlicht, zu spät, um den alles durchdringenden Einfluß Lockes auf Voltaire und andere Leuchten der französischen Aufklärung aufzuhalten, doch früh genug, um teilzuhaben an der Entstehung von Kants epochemachender *Kritik der reinen Vernunft*. Es gehört zu den wichtigsten Werken in der Geschichte der Psychologie.

Das Werk hat die Form eines Gesprächs zwischen dem Locke darstellenden *Philalethes* (Freund der Wahrheit) und dem für Leibniz sprechenden *Theophilus* (Freund Gottes). Das Gespräch ist durchgehend interessant und noch heute eine angenehme Lektüre für scharfsinnige Geister mit sehr viel Zeit. Im Vorwort zeigt sich Leibniz von seiner liebenswürdigsten Seite und beteuert bescheiden, Leser für sich gewinnen zu wollen, indem er seinen Ausführungen «den *Versuch über den menschlichen Verstand* eines berühmten Engländers, eines der schönsten und geschätztesten Werke unserer Zeit», zugrunde lege. Mit lobenswerter Klarheit wird die zu untersuchende Frage gestellt: «Zu wissen, ob die Seele an sich ganz leer ist wie eine noch unbeschriebene Schreibtafel (*tabula rasa*), wie Aristoteles und der Verfasser des *Versuchs* sagen, und ob alles, was darauf verzeichnet wird, allein von den Sinnen und der Erfahrung herrührt, oder ob die Seele von Anfang an die Prinzipien mancher Begriffe und Lehrsätze enthält, die von den äußeren Dingen nur bei Gelegenheit geweckt werden, wie ich in Übereinstimmung mit Platon glaube.»[33]* Die Seele ist nach Leibniz nicht das passive Gefäß der Erfahrung, sie ist ein komplexes Organ, das vermittels seiner Struktur und seiner Funktionen die Sinneseindrücke verarbeitet, genau wie der Verdauungskanal nicht ein leerer Sack, sondern ein System von Organen für die Verdauung von Nahrung und ihre Umwandlung für die Bedürfnisse des Körpers und aller seiner Organe ist. In einem berühmten Epigramm faßte Leibniz, Locke berichtigend, zusammen: *Nihil est in intellectu quod non fuerit in sensu, nisi ipse intellectus* – Nichts ist in der Seele, was nicht zuerst in der

* Locke schrieb, die Seele sei bei der Geburt wie ein «weißes, unbeschriebenes Blatt Papier»[34], gebrauchte aber nicht den Ausdruck *tabula rasa* (unbeschriebene Tafel), die aus Thomas von Aquins Übersetzung von Aristoteles' *De anima* stammt[35].

Sinneswahrnehmung war, außer der Seele selbst[36]. Locke hatte erkannt, so stellte Leibniz fest, daß Vorstellungen aus innerer Reflexion ebensogut wie aus äußerer Wahrnehmung entstehen können, hatte aber die Herkunft aller der Reflexion unterliegenden Elemente den äußeren Sinneseindrücken zugeschrieben. Leibniz behauptete im Gegenteil, die Seele liefere gewisse Prinzipien oder Kategorien des Denkens wie «das Sein, die Substanz, das Eine, das Selbige, die Ursache, die Wahrnehmung, das Denken und viele andere Begriffe, die die Sinne nicht vermitteln können»[37]; und diese Werkzeuge der Erkenntnis, diese Verdauungsorgane des Geistes sind angeboren, nicht in dem Sinne, daß wir uns ihrer bei der Geburt oder jedesmal, wenn wir uns ihrer bedienen, bewußt wären, aber in dem Sinne, daß sie ein Teil der angeborenen Struktur oder der «natürlichen Fähigkeiten» der Seele sind. Locke nahm an, diese angeblich angeborenen Grundsätze würden schrittweise entwickelt durch das gedankliche Zusammenspiel ursprünglich von den Sinnen erworbener Vorstellungen. Leibniz jedoch behauptete, ohne solche Grundsätze gäbe es keine Vorstellungen, nur eine ungeordnete Folge von Empfindungen; genau wie ohne Magenbewegung und Magensäfte unsere Speisen uns nicht ernähren würden und also keine Nahrung wären. Insoweit, fügte er kühn hinzu, sind alle Vorstellungen angeboren, das heißt das Ergebnis der Verarbeitung von Empfindungen durch die Seele. Er gab jedoch zu, die angeborenen Grundsätze seien bei der Geburt verworren und ungenau und würden nur durch Erfahrung und Gebrauch klar.

Die angeborenen Grundsätze umfassen nach Leibniz' Ansicht alle «notwendigen Wahrheiten, die in der reinen Arithmetik zu finden sind»[38], denn es ist die Seele, nicht die Empfindung, die das Prinzip der Notwendigkeit beiträgt; alle Empfindung ist individuell und zufällig und vermittelt bestenfalls wiederholte Folgen, aber keine notwendigen Folgen oder Ursachen[39]. (Das gab Locke zu[40].) Leibniz hielt alle unsere Instinkte, unsere Bevorzugung der Lust und nicht der Unlust und alle Regeln der Vernunft für angeboren[41] – indessen werden sie erst durch Erfahrung klar. Zwei der angeborenen Vernunftregeln sind besonders wichtig: das Prinzip des Widerspruchs, das heißt, daß sich widersprechende Feststellungen nicht gleichzeitig wahr sein können («wenn *A* ein Kreis ist, ist es kein Viereck»), und das Prinzip des zureichenden Grundes, «daß nichts ohne einen zureichenden Grund ist, weshalb es eher so als anders ist»[42]. Der menschliche Verstand, dachte Leibniz, unterscheidet sich von der Erkenntnis der Tiere durch die Ableitung allgemeiner Vorstellungen aus einzelnen Erfahrungen unter Anwendung angeborener Grundsätze der Vernunft; «unvernünftige Tiere sind reine Empiriker, die sich nur nach Beispielen richten; soviel wir darüber urteilen können, gelangen sie nie dahin, Kausalzusammenhänge zu sehen»[43].

Das Prinzip des zureichenden Grundes genügt als «Beweis für die Existenz eines Gottes und aller übrigen Metaphysik oder Naturreligion»[44]. In diesem Sinn ist unsere Gottesvorstellung angeboren, wenn auch diese Vorstellung in manchen Seelen oder Völkerstämmen unbewußt oder verworren sein mag; und dasselbe kann von der Unsterblichkeitsidee gesagt werden[45]. Sittliches Empfinden ist angeboren, nicht mit allen Inhalten und Urteilen, die nach Zeit und Ort verschieden sein können, aber als Wissen um einen Unterschied zwischen Gut und Böse; dieses Wissen ist universell[46].

In Leibniz' Psychologie spielt die Seele nicht nur wegen der ihrer Struktur und ihrer Funktion nach gegebenen Beteiligung am Entstehen jeder Vorstellung eine Rolle, sondern auch wegen der unaufhörlichen Dauer ihrer Tätigkeit. Indem er das Wort *Denken* in Descartes' weitem Sinn als alle seelischen Vorgänge umfassend verwendete, stimmte Leibniz mit den Cartesianern darin überein, daß die Seele immer denke, ob wach, unbewußt oder schlafend. «Ein Zustand ohne Denken in der Seele und eine unbedingte Ruhe im Körper scheint mir gleich naturwidrig und beispiellos in der Welt.»[47] Manche seelischen Vorgänge sind unterbewußt; «es ist ein großer Irrtum, zu glauben, es gebe keine anderen Wahrnehmungen der Seele als die, deren sie sich bewußt ist»[48]. Mit solchen Sätzen aus Leibniz begann die moderne Psychologie ihre Bemühungen zur Erforschung dessen, was einige Forscher die unbewußte Seele nannten und was die *esprits forts* lediglich als zerebrale oder körperliche Vorgänge ansahen, die nicht in das Bewußtsein dringen.

Leibniz hat viel über die Beziehung zwischen Leib und Seele zu sagen; aber hier verläßt er die Psychologie, sein Gedankenflug erhebt sich zur Metaphysik, und er will, daß wir die ganze Welt als psychophysische Monaden sehen, auch uns selber.

V. MONADEN

Als Leibniz 1714 in Wien war, traf er Prinz Eugen von Savoyen, der zusammen mit Marlborough Europa vor der Unterwerfung durch Ludwig XIV. bewahrt hatte. Der Prinz wünschte von dem Philosophen eine kurze Darstellung seiner Philosophie in einer einem General verständlichen Form. Leibniz entsprach ihm durch Abfassung einer gedrängten Abhandlung von neunzig Paragraphen, die sich nach seinem Tod in seinen Papieren fand. Eine deutsche Übersetzung wurde 1720 veröffentlicht; der französische Originaltext wurde erst 1839 gedruckt, und der Verleger taufte die Abhandlung *Monadologie*. Leibniz dürfte den Ausdruck *Monade* bei Giordano Bruno[49] gefunden haben, oder bei Franz van Helmont[50] (dem Sohn des Chemikers J.B. van Helmont), der das Wort zur Bezeichnung der winzigen «Samen» verwendete, die allein unmittelbar von Gott geschaffen worden waren und sich zu allen Formen von Materie und Leben entwickelt hatten. Ein englischer Arzt, Francis Glisson, hatte allen Substanzen nicht nur Kraft, sondern auch Trieb und Absicht zugeschrieben (1672). Eine ähnliche Theorie keimte schon seit 1686 in Leibniz' suchendem, offenem Geist. Vielleicht war er von den neuesten Arbeiten der Mikroskopisten beeinflußt worden, die in den kleinsten Zellen so viel pulsendes Leben entdeckt hatten. Leibniz schloß, «daß es eine Welt von geschaffenem Sein gibt, lebende Dinge, tierische Lebewesen ..., Seelen ... im kleinsten Teilchen der Materie»[51]. Jedes Teilchen der Materie kann als ein Teich voller Fische angesehen werden, jeder Blutstropfen in einem dieser mikroskopisch kleinen Fische ist wieder ein Teich voller Fische, und so weiter *ad infinitum*. Er war erschüttert von der unendlichen Teilbarkeit jedes räumlichen Dings – Pascal war entsetzt gewesen. Leibniz hielt diese unendliche Teilbarkeit für etwas Rätselhaftes, sich ergebend aus unserer Annahme der Realität als Materie, demzufolge als etwas Ausgedehntes und deshalb Teilbares *ad nauseam*. Betrachten wir die Realität als Kraft und die Welt als ein Aggregat von Kraftzentren, dann verschwindet das Geheimnis der Teilbarkeit, weil weder Kraft noch Denken eine Ausdehnung voraussetzt. Er verwarf also die Atome Demokrits als letzte Komponenten des Universums und nahm an ihrer Stelle Monaden an, ausdehnungslose Krafteinheiten; Substanz definierte er nicht als Materie, sondern als «wirksame Kraft». (Bis hier befindet sich Leibniz' Auffassung in voller Übereinstimmung mit der Physik des frühen 20. Jahrhunderts.) «Materie» ist überall Trieb mit Bewegung, Wirken und Leben. Jede Monade empfindet oder nimmt wahr, sie hat eine unfertige oder in Entstehung begriffene Seele, so zu begreifen, daß sie für äußere Veränderungen empfänglich ist und auf sie reagiert.

Wir werden die Monaden besser verstehen, wenn wir sie uns «ähnlich denken wie den Begriff, den wir von Seelen haben»[52]. Da jede Seele «eine einzelne, gesonderte Individualität»[53] ist, ein getrenntes Ego, *solus contra mundum*, das sich seinen Weg durch seinen eigenen inneren Willen gegen alles außerhalb ihm Existierende erkämpft, so ist jede Monade essentiell ein einzelnes, getrenntes, unabhängiges Kraftzentrum gegen alle anderen Kraftzentren; die Realität ist ein Universum von individuellen Kräften, geeint und in Harmonie gebracht nur durch die Gesetze des Ganzen oder durch Gott. Wie jede Seele anders ist als alle anderen, so ist jede Monade einmalig; es gibt im ganzen Kosmos nicht zwei vollkommen gleiche Wesen, denn ihre Unterschiede bilden ihre Individualität; zwei Dinge mit genau denselben Eigenschaften wären nicht unterscheidbar, wären identisch, eins (*principium identitatis indiscernibilium*)[54]. Wie jede Seele die sie umgebende Realität, auch die entferntere, jedoch mit zunehmender Entfernung unklarer, aber alle Realität in einem gewissen Grade empfindet oder wahrnimmt, so empfindet jede Monade, wenn auch verworren und unbewußt, das ganze Universum; sie ist in dieser Weise ein mehr oder weniger klar reflektierender Spiegel der Welt. Und wie keine individuelle Seele in eine andere Seele hineinsehen kann, so kann keine einzelne Monade in eine andere Monade hineinsehen; sie hat kein Fenster und keine andere Öffnung für eine solche direkte Wechselbeziehung und kann deshalb in keiner anderen Monade irgendeine Veränderung bewirken.

Die Monaden verändern sich, denn Veränderung gehört zum Wesen ihres Seins; aber die Entwicklung kommt aus ihrem eigenen Inneren[55]. Denn wie jedes Ich Wunsch und Wille ist, so ist jede Monade ein inneres Streben und ein Wille, eine Anstrengung zur Entwicklung. Dies ist die Entelechie, von der Aristoteles als vom Kern allen Lebens sprach, in diesem Sinn sind (wie sich Schopenhauer ausdrückt) Kraft und Wille zwei Formen oder Grade der gleichen fundamentalen Realität[56]. In der Natur liegt eine immanente Teleologie: In allem ist ein Suchen, ein Verlangen, ein führendes, bestimmendes Streben, selbst wenn dieses Streben, dieser Wille, in den Grenzen und mit den Mitteln mechanischer Gesetze wirkt. So wie in uns selber die Körperbewegung der sichtbare und mechanische Ausdruck eines inneren Willens oder Wunsches ist, so ist die mechanische Wirkung der Monaden, die wir von außen sehen, nur die äußere Form und Hülle einer inneren Kraft: «Das, was in der Natur mechanisch oder durch Ausdehnung geschieht, ist in der Entelechie (im inneren Streben) dynamisch und monadisch konzentriert.»[57] Mit unserer unklaren Wahrnehmung setzen wir die äußeren Dinge mit «Materie» gleich, weil wir nur ihren äußeren Mechanismus sehen; wir erkennen nicht, wie bei der Introspektion, das innere, gestaltende Lebensprinzip. In dieser Philosophie werden die passiven und unselbständigen Atome der Materialisten von den Monaden oder Einheiten abgelöst, die lebende Individualitäts- und Kraftzentren sind; die Welt hört auf, eine tote Maschine zu sein, sie wird zum Schauplatz vielfältigen, pulsierenden Lebens.

Der wichtigste Beitrag zu dieser Vielfalt ist der Grad der Bewußtheit, welchen die «Seele» der Monade besitzt. Alle Monaden haben Seele im Sinne von Empfindungs- und Reaktionsfähigkeit; aber nicht jede Seele ist im Besitz von Bewußtsein. Sogar wir wunderbaren menschlichen Wesen durchlaufen manchen geistigen Prozeß unbewußt, wie im Traum; oder unsere Aufmerksamkeit ist so gespannt auf gewisse Aspekte einer Situation gerichtet, daß wir uns nicht bewußt sind, gleichzeitig noch viele andere Elemente eines Ereignisses wahrzunehmen – Elemente, die trotzdem in der Erinnerung aufbewahrt werden, in unseren Träumen wiederkehren oder aus verborgenen Seelenwinkeln erst später ins Bewußtsein treten; oder wenn wir, das Brausen und Zischen der Brandung aufnehmend, nicht realisieren, daß jede Welle, jedes Teilchen jeder Welle an unser Ohr schlägt und diese tausend Eindrücke sich zu dem einen Eindruck, das Meer zu hören, zusammenschließen. Die niedrigsten Monaden empfinden und nehmen alles über sich selber wahr, aber so unklar, daß sie sich ihrer Vorstellungen nicht bewußt werden. Bei den Pflanzen werden die Vorstellungen klarer und bestimmter und führen zu ausgeprägteren Reaktionen. Bei der Monade, die die Seele eines Tiers ist, werden die klareren Vorstellungen zu Erinnerungen, deren Zusammenspiel das Bewußtsein erzeugt. Der Mensch ist eine Kolonie von Monaden [Zellen?], die jede ihren eigenen Hunger, Bedürfnisse und Zwecke hat; aber diese Teile werden zur geeinten Gemeinschaft lebender Organismen, geregelt von einer durchgehenden Ordnung, die die Entelechie und die Seele eines Lebewesens ausmacht[58]. «Erhebt sich diese Seele auf die Stufe der Vernunft, dann wird sie ... sich als Geist erkennen»[59] und steigt im Rang in dem Maß ihrer Wahrnehmung notwendiger Beziehungen und ewiger Wahrheiten; erkennt sie die ewige Ordnung und die Weltseele, dann wird sie zum Spiegel Gottes. Gott, die Urmonade, ist reiner und voll bewußter Geist, von Mechanismen und Körper gänzlich losgelöst[60].

Die schwierigste Seite dieser Philosophie ist Leibniz' Lehre von der «prästabilierten Harmonie». Welches ist die Beziehung zwischen dem inneren Leben einer Monade und ihrer äußeren Manifestation oder materiellen Erscheinung? Und wie ist die scheinbare Wechselwirkung zwischen dem physischen Körper und der geistigen Seele im Menschen zu erklären? Descartes hatte dieses Rätsel ziemlich ratlos der Zirbeldrüse zugeschoben. Spinoza löste es durch die Verneinung jeder Trennung oder Wechselwirkung zwischen Materie und Geist, da diese seiner Ansicht nach lediglich der äußere und der innere Aspekt ein und desselben Vorgangs, einer einzigen Realität sind. Indem sich Leibniz die beiden Aspekte als getrennt und verschieden dachte, warf er das Problem von neuem auf. Er verneinte ihre Wechselwirkung, schrieb aber die Gleichzeitigkeit körperlicher und geistiger Vorgänge einer von Gott im voraus hergestellten (prästabilierten) Harmonie zu:

«Die Seele folgt ihren eigenen Gesetzen und der Körper ebenfalls den seinen; beide treffen indes miteinander kraft der prästabilierten Harmonie unter allen Substanzen zusammen, da sie ja alle Vorstellungen eines und desselben Universums sind[61] ... Diesem System gemäß handeln die Körper, als ob es – *per impossibile,* vermöge einer unmöglichen Fiktion – keine Seelen gäbe, und die Seelen, als ob es keine Körper gäbe, und alle beide, als ob eins das andre beeinflußte[62] ... Man wird mich auch fragen, weshalb Gott sich nicht damit begnügt, die Gedanken und Zustände in der Seele zu bewirken, ohne diese unnützen Körper zu schaffen, welche die Seele, wie man sagt, weder bewegen noch wahrnehmen kann? Die Antwort ist leicht. Gott hat gewollt, daß es eher mehr als weniger Substanzen gebe, und er hat für gut befunden, daß diese Zustände in der Seele einem Gegenstande außerhalb ihrer entsprechen.»[63]

Leibniz hatte den Verdacht, diese unbefangene Ausnutzung Gottes als Ersatz für das Denken könnte nicht den Beifall aller Welt finden, und so putzte er sie mit dem Okkasionalismus und den Uhren des Belgiers Geulincx auf: Körper und Seele, die unabhängig voneinander und doch in rätselhafter Übereinstimmung wirken, sind wie zwei so genau gleich gearbeitete, aufgezogene und gerichtete Uhren, daß sie vollkommen gleichzeitig die Sekunden ticken und die Stunden schlagen, ohne daß jedoch eine Wechselwirkung oder gegenseitige Beeinflussung stattfindet; so stimmen physische und psychische Vorgänge, obwohl ganz unabhängig und ohne gegenseitige Beeinflussung, in einer «von einem vorausgehenden göttlichen Kunststück prästabilierten Harmonie»[64] überein.

Nehmen wir an, was Leibniz im Auge hatte, aber nicht direkt zu äußern wagte, war, daß die scheinbar getrennten gleichzeitigen Vorgänge der Mechanik und des Lebens, der Bewegung und des Denkens, ein und derselbe Prozeß sind, einmal von außen als Materie, einmal von innen als Geist wahrgenommen. Dies auszusprechen hätte jedoch bedeutet, Spinoza zu wiederholen und sein Schicksal zu teilen.

VI. IST GOTT GERECHT?

Das Bedürfnis, philosophische Blößen mit theologischen Hüllen zu bedecken, führte Leibniz zur Abfassung eines Buches, das den Zorn und den Spott Voltaires herausforderte, der diesen wirklich profunden Denker mit seiner Karikatur des die beste aller Welten verteidigenden Professors Pangloß beinahe vernichtet hätte. Die einzige abgeschlossene philosophische Arbeit, die Leibniz zu Lebzeiten veröffentlichte, trug den Titel *Essais de Théodicée sur la bonté de Dieu, la liberté de l'homme et l'origine du mal* (Theodizee, Abhandlung über die Güte Gottes, die Freiheit des Menschen und den Ursprung des Übels; 1710) – eine ebenso beruhigende Ankündigung wie Descartes' *Betrachtungen über die Grundlagen der Philosophie, in der die Existenz Gottes und die Unsterblichkeit der Seele bewiesen werden* (1641). Theodizee hieß hier natürlich Gerechtigkeit oder Rechtfertigung Gottes.

Dieses Buch entsprang wie die übrigen einem besonderen Anlaß. In dem Artikel des *Dictionnaire historique et critique* über Hieronymus Rorarius bezweifelte Bayle bei aller für Leibniz gezeigten Bewunderung dessen Ansicht, daß der Glaube mit der Vernunft, die Freiheit des Menschen mit Gottes Allmacht und irdisches Übel mit Gottes Güte und Gnade in Einklang zu bringen seien. Wir würden besser darauf verzichten, religiöse Glaubenssätze beweisen zu wollen, sagte Bayle; das rückt ihre Schwächen nur noch mehr ins Licht. Leibniz erwiderte (1698) mit einem Essay in Jacques Basnages Journal *Histoire des ouvrages des savants*. In der zweiten Auflage des *Dictionnaire* fügte Bayle dem Artikel über Rorarius einen umfangreichen Anhang bei, in welchem er Leibniz wiederum als «den großen Philosophen» begrüßte, aber auf weitere Unklarheiten insbesondere in der Theorie von der prästabilierten Harmonie hinwies. Seine neuerliche Erwiderung sandte Leibniz (1702) direkt an Bayle, ohne sie zu veröffentlichen. Noch im gleichen Jahr schrieb er wieder an den Gelehrten in Rotterdam und lobte seine «treffenden Anmerkungen» und «frappante Belesenheit»[65]. Nur wenige Episoden in der Geschichte der Philosophie sind so erfreulich wie dieser Ideenaustausch mit seiner gegenseitigen Höflichkeit. Sophie Charlotte, die Königin von Preußen, wünschte Leibniz' Erwiderungen auf Bayles Zweifel zu erfahren. Er war damit bschäftigt, einen Bericht darüber zusammenzustellen, als er erfuhr, Bayle sei gestorben. Hierauf revidierte und erweiterte er seine Antworten und veröffentlichte sie als *Theodizee*. Leibniz war damals vierundsechzig Jahre alt; er stellte sich die Frage nach dem «großen Fragezeichen», und vielleicht verlangte ihn danach, an eine göttliche Gerechtigkeit für den Menschen zu glauben. Wie konnte es so weit kommen, daß eine von einem allmächtigen und gütigen Gott erschaffene Welt von Kriegsgreueln, politischer Bestechlichkeit, menschlicher Grausamkeit, Leiden, Erdbeben, Hungersnot, Armut und Krankheiten besudelt wurde?

In der einführenden «Abhandlung über die Übereinstimmung des Glaubens mit der Vernunft» sagte er: Sowohl die Vernunft als auch die Bibel sind göttliche Offenbarungen und können sich daher nicht widersprechen. Bayle hatte sich gefragt, wie ein gütiger Gott, der angeblich voraussah, «was dabei herauskommt», die Versuchung der Eva zulassen konnte; Leibniz antwortete, damit der Mensch der Moralität fähig werde, habe ihm Gott den freien Willen gegeben und daher auch die Freiheit zu sündigen. In Wahrheit scheint der freie Wille sowohl mit der Naturwissenschaft als auch mit der Theologie unvereinbar zu sein: Die Wissenschaft sieht überall die Herrschaft unveränderlicher Gesetze, und die menschliche Freiheit scheint verloren angesichts von Gottes Vorauswissen und Vorausbestimmen allen Geschehens. Und doch, sagt Leibniz, bleiben wir uns hartnäckig und unmittelbar unserer Freiheit bewußt. Obwohl wir diese Freiheit nicht beweisen können, müssen wir sie annehmen als Voraussetzung für den Sinn für moralische Verantwortung und als einzige Alternative zu der Ansicht, der Mensch sei nur ein lächerlicher, hilfloser physiologischer Apparat.

Was die Existenz Gottes anbelangt, begnügt sich Leibniz mit den traditionellen scholastischen Argumenten. Wir stellen uns ein vollkommenes Wesen vor, und weil Vorhandensein eine notwendige Voraussetzung für Vollkommenheit ist, muß ein vollkommenes Wesen existieren. Es muß hinter allen unmittelbaren Ursachen und zufälligen Ereignissen notwendig ein ursachloses Wesen geben. Es ist undenkbar, daß die Größe und die Ordnung der Natur eine andere Quelle haben sollte als eine höchste Intelligenz. Kräfte, Erkenntnis und Wille, die in den Geschöpfen zu finden sind, müssen in einem unendlichen Maße im Schöpfer selbst vorhanden sein. Ein göttlicher Plan und der kosmische Mechanismus widersprechen sich nicht: Die Vorsehung bedient sich der Mechanismen zur Vollbringung von Wundern, und Gott kann dann und wann den Lauf der Weltmaschinerie unterbrechen, um ein paar Wunder zu wirken[66].

Die Seele ist selbstverständlich unsterblich, Tod und Geburt sind nichts anderes als eine Veränderung in der Form der Agglomeration der Monaden; die inhärente Seele und Energie bleiben erhalten. Seele ist, außer in Gott, immer an einen Körper gebunden und Körper immer an Seele; es werden jedoch sowohl Körper als auch Seele auferstehen[67]. [Hier ist Leibniz ein guter Katholik.] Unterhalb des Menschen ist die Seele unpersönlich [lediglich eine Neuverteilung der Kräfte?]; nur die vernünftige Seele des Menschen wird sich einer bewußten Unsterblichkeit erfreuen.

Gut und Böse sind menschliche Begriffe, die je nach Lust und Unlust definiert werden; sie sind nicht anwendbar auf das Universum, ohne daß beim Menschen eine nur Gott mögliche Allwissenheit angenommen wird. «Unvollkommenheit eines Teils kann notwendig sein zur höheren Vollkommenheit des Ganzen.»[68] So ist Sünde ein Übel, aber sie ist eine Folge des freien Willens, der ein Gut ist; sogar die Sünde Adams und Evas war in einem gewissen Sinn eine *felix culpa,* eine glückliche Schuld, weil sie zum Erscheinen Christi geführt hat[69]. «Es gibt im Universum ... kein Chaos, keine Verwirrung, außer dem Scheine nach.»[70] Die Leiden der Menschen «tragen zur Vermehrung des Guten in denen bei, die leiden»[71]. Ferner:

«Wir halten fest an der außer Zweifel stehenden Lehre, die Zahl der ewig Verdammten sei unvergleichlich viel größer als die der Geretteten, und müssen trotzdem sagen, daß das Übel, verglichen mit dem Guten, fast wie ein Nichts erscheint, wenn man auf die wahre Größe des Reichs Gottes achtet ... So verliert sich der bekannte Teil des Universums, verglichen mit dem unbekannten ..., beinahe in Nichts ...; muß man da nicht sagen, daß alle Übel, verglichen mit den Gütern dieser Welt, auch nur ein Beinahe-Nichts sind?[72] ... Man braucht nicht einmal anzunehmen, es gebe mehr Übles als Gutes im Menschengeschlecht. Denn es ist möglich, ja sogar wahrscheinlich, daß die Glorie und Vollkommenheit der Seligen unvergleichlich viel größer sein dürfte als das Elend und die Unvollkommenheit der Verdammten.»[73]

So unvollkommen sie uns von unserem egoistischen Standpunkt aus auch erscheinen will, so ist diese Welt doch die beste, die Gott schaffen konnte, wenn er den Menschen menschlich und frei lassen wollte. Wäre eine bessere Welt möglich gewesen, so hätte Gott sie erschaffen.

«Aus der höchsten Vollkommenheit Gottes folgt, daß er bei der Hervorbringung des Universums den bestmöglichen Plan gewählt hat, gemäß dem sich die größte Mannigfaltigkeit mit der größten Ordnung vereinigt, bei dem der Platz, der Ort und die Zeit in der besten Weise verwendet sind und die größte Wirkung auf die einfachste Weise hervorgebracht wird, kurz, bei dem den Geschöpfen die größte Macht, die größte Erkenntnis, das größte Glück und die größte Güte gegeben ist, die das Universum zuläßt. Denn da im Verstande Gottes alle Möglichkeiten nach dem Maße ihrer Vollkommenheit zur Existenz streben, so muß die wirkliche Welt als das Ergebnis all dieser Ansprüche die vollkommenste sein, die überhaupt möglich ist.»[74]

Wir können heute die Lektüre von Leibniz' *Theodizee* nur noch denen empfehlen, die das bittere Gelächter des *Candide* voll zu verstehen gewillt sind.

VII. PARALIPOMENA

Nichtsdestoweniger wurde die *Theodizee* Leibnizens meistgelesenes Werk, und vielen folgenden Generationen war er als der Mann der besten aller Welten bekannt. Wir müssen den erbaulichen Unsinn dieser Darstellung bedauern, aber unsere Achtung vor dem Autor belebt sich neu bei der Betrachtung der großartigen Vielfalt seiner geistigen Interessen. Obwohl die Naturwissenschaften nur einen Teil seines Denkens beschäftigten, war er doch fasziniert von ihnen; hätte er noch ein zweites Leben zu leben, dann würde er Biologe, teilte er Bayle mit[75]. In einem an Mathematikern reichen Zeitalter war er einer der gelehrtesten Mathematiker. Er verbesserte Descartes' Formel für die Messung von Kraft*. Seine Auffassung der Materie als Energie, die seiner Zeit als ein Bravourstück der Metaphysik erschien, gehört heute zu den Alltäglichkeiten der Physik. Er beschrieb Materie als unsere unklare Wahrnehmung der Wirkung von Kraft. Wie unsere zeitgenössischen Theoretiker verwarf er die von Newton angenommene «absolute Bewegung»; Bewegung, sagte Leibniz, «ist nur ein Wechsel in der Stellung von Körpern zueinander und deshalb nichts Absolutes, sondern beruht auf einer Beziehung»[76]. Kant vorwegnehmend, sah er Raum und Zeit nicht als objektive Realitäten, sondern als ewige Relationen: Raum als wahrgenommene Koexistenz, Zeit als wahrgenommene Reihe – Ansichten, die in die heutige Relativitätstheorie übergegangen sind. In seinem letzten Lebensjahr (1715) begann Leibniz einen regen Briefwechsel über die Gravitation mit Samuel Clarke; auch diese erschien ihm als eine geheimnisvolle, auf enorme Distanzen durch eine scheinbare Leere wirkende Qualität; sie werde, meinte er, ein fortwährendes Wunder bleiben. Clarke antwortete: kein größeres als die «prästabilierte Harmonie»[77]. Leibniz fürchtete, Newtons Lehre vom kosmischen Mechanismus werde viele zu Atheisten machen; im Gegenteil, sagte Clarke, die von Newton enthüllte majestätische Ordnung werde den Glauben an Gott stärken[78]. Die Nachwelt gab Leibniz recht.

Auf dem Gebiet der Biologie ahnte Leibniz unklar etwas von Evolution. Wie viele Denker vor und nach ihm sah er ein die ganze organische Welt durchziehendes Kontinuitätsprinzip, aber er dehnte die Annahme auch auf die angeblich anorganische Welt aus. Alles ist ein Punkt oder Zustand in einer ununterbrochenen Reihe und mit allem andern durch eine unendliche Zahl von Zwischenstufen verbunden[79]; es gibt sozusagen einen die Wirklichkeit durchziehenden Infinitesimalkalkül.

---

* Descartes' Formel lautete mv minus Energie ist Masse mal Geschwindigkeit. Leibniz ging auf Galilei zurück und änderte diese in mv^2. Die heutige Formel lautet: $mv^2/2$.

«Nichts geschieht auf einen Schlag, und es ist einer meiner wichtigsten ... Grundsätze, daß die Natur niemals Sprünge macht ... Das Kontinuitätsgesetz ... erklärt, daß man stets durch einen mittleren Zustand hindurch vom Kleinen zum Großen und umgekehrt fortschreitet, sowohl den Graden wie den Teilen nach.»[80] [Das wird neuerdings von vielen Physikern bezweifelt.] ... «Die Menschen stehen also mit den Tieren, die Tiere mit den Pflanzen und diese wiederum mit den Fossilien in nahem Zusammenhang, während diese letzteren ihrerseits wieder mit den Körpern zusammenhängen, die unseren Sinnen und unserer Vorstellungskraft als vollständig leblos und anorganisch erscheinen.»[81]

In dieser großartigen Kontinuität lösen sich alle Gegensätze in eine große Kette von Seinsformen und kaum wahrnehmbaren Unterschieden auf, von der einfachsten bis zur komplexesten Substanz, vom niedersten Lebewesen bis zu den größten Herrschern, Genies und Heiligen.

Leibniz' Geist schien die ganze von ihm beschriebene Kontinuität zu umfassen. Er war auf jedem Wissensgebiet beschlagen, kannte die Geschichte der Völker und der Philosophie, interessierte sich für die Zeitprobleme eines Dutzends von Staaten und war mit Atomen ebenso vertraut wie mit Gott. 1693 veröffentlichte er eine Schrift über den Anfang der Welt und überging dabei ruhig die Genesis. Seine Ansichten über Geologie entwickelte er in der Abhandlung *Protogaea,* die erst nach seinem Tod herausgegeben wurde (1749). Unser Planet, dachte er, war einst eine weißglühende Kugel, die sich nach und nach abkühlte, zusammenzog und eine Kruste bildete. Bei der Abkühlung verdichtete sich der sie umgebende Dampf zu Wasser und Ozeanen, die von den aufgelösten Mineralien der Kruste salzig wurden. Eine Reihe von geologischen Veränderungen waren entweder der Einwirkung von die Oberfläche überflutenden, Sedimentbildungen zurücklassenden Gewässern oder dem Ausbruch unterirdischer, Eruptivgestein herausbefördernder Gase zuzuschreiben. Die gleiche Abhandlung brachte eine vorzügliche, sich der Evolutionstheorie nähernde Erklärung der Fossilien[82]. Leibniz hielt es für «glaubwürdig, daß im Verlauf gewaltiger Veränderungen» der Erdkruste «sogar die Arten der Tiere viele Male umgeformt wurden»[83]. Er nahm als möglich an, daß die frühesten Tiere Meerestiere waren und daß Amphibien und Landtiere von diesen abstammten[84]. Wie viele Optimisten des neunzehnten Jahrhunderts sah er in diesem Evolutionsvorgang eine der Grundlagen des Glaubens an «einen fortwährenden, uneingeschränkten Fortschritt des Universums ... Der Fortschritt wird nie zu einem Ende kommen.»[85]

Von der Biologie machte Leibniz einen Sprung zum römischen Recht, von diesem zur chinesischen Philosophie. Sein *Novissima Sinaica* (Neueste Nachrichten aus China; 1697) nahm begierig die Berichte der Missionare und Kaufleute aus dem Reich der Mitte auf. Er hielt es für wahrscheinlich, daß die Chinesen auf den Gebieten der Philosophie, Mathematik und Medizin Entdeckungen gemacht hatten, die der westlichen Zivilisation sehr nützlich sein könnten, und er befürwortete kulturelle Beziehungen mit Rußland, von denen er sich unter anderem eine kulturelle Verbindung zum Fernen Osten versprach. Er korrespondierte mit Gelehrten, Forschern und Staatsmännern in zweiundzwanzig Ländern und drei Sprachen und schrieb jährlich an die dreihundert Briefe, von denen fünfzehntausend erhalten sind[86]. Voltaires Briefwechsel war ebenso ausgedehnt, blieb aber an Vielfalt der Themen hinter Leibniz zurück. Auch die Gründung einer internationalen Kulturbörse oder Austauschstelle, wo Gelehrte ihre Entwürfe und Ideen vergleichen könnten, regte er an[87]. Er entwarf eine Universalsprache – *characteristica universalis* –, in welcher jeder philosophische oder naturwissenschaftliche Begriff sein Symbol oder Sigel haben sollte, so daß die Denker mit Hilfe dieser *ars combinatoria* ihre Ansichten ähnlich bezeichnen könnten, wie es die Mathematiker mit ihren Zeichen für Quantitäten tun; er war nicht mehr weit davon entfernt, eine mathematische oder logische Symbolsprache zu entwickeln[88]. In einer Art großzügiger Zwecklosigkeit verteilte er sich auf so viele Gebiete, daß er kaum etwas anderes als Fragmente hinterließ.

Der wißbegierige Universalgelehrte fand zum Heiraten keine Zeit. Mit fünfzig machte er schließlich doch einen Antrag, aber, so berichtet Fontenelle, «die Dame verlangte Bedenkzeit, und da Leibniz infolgedessen die Sache noch einmal in Muße überlegen konnte, heiratete er nie»[89]. Nach seinen Reisen und seinen Abstechern in die Diplomatie schätzte er die Ungestörtheit seines Arbeitszimmers, und er, der seine geistigen Fühler über die halbe Welt ausgestreckt hatte, hielt sich nun seine Freunde vom Leib, weil sie die Feinde seiner Arbeit seien. Er versenkte sich in Lesen und Schreiben, manchmal die Nacht hindurch, und nahm selten Notiz von Sonn- und Feiertagen. Er hatte keinen Bedienten, ließ sein Essen von auswärts kommen und verzehrte es allein auf seinem Zimmer[90]. Ging er einmal aus, dann war es, um Nachforschungen zu machen oder seine Pläne für die Förderung des Wissens, der Bildung und der Zusammenarbeit voranzubringen.

Er träumte von der Gründung von Akademien in den großen Hauptstädten, und mit einer hatte er Erfolg. Die Berliner Akademie wurde (1700) auf seine Initiative hin gegründet und wählte ihn zu ihrem ersten Vorsitzenden. Er begegnete Peter dem Großen in Torgau (1712) und noch einmal in Karlsbad und Pyrmont, schlug eine ähnliche Akademie für St. Petersburg vor, der Zar überhäufte ihn mit Geschenken und nahm seine Anregung, Rußland durch «Verwaltungskollegien» zu regieren, an; aber Leibniz erlebte es nicht mehr, daß die St.-Petersburger Akademie 1724 Gestalt annahm. 1712 finden wir ihn, auf eine kaiserliche Anstellung aus und trächtig mit einer weiteren Akademie, in Wien; er unterbreitete Karl VI. den Plan zu einer Institution, die nicht nur die Wissenschaften, sondern auch Erziehung, Landwirtschaft und Industrie fördern sollte, und bot seine Dienste zu deren Leitung an. Der Kaiser erhob ihn in den Adelsstand und machte ihn zum Reichshofrat (1712).

Seine langen Abwesenheiten von Hannover verdrossen den jungen Kurfürsten Georg; die Zahlung seines Salärs wurde für einige Zeit eingestellt, und er wurde daran erinnert, daß es nach einem Vierteljahrhundert Unterbrechung nun endlich an der Zeit wäre, die Geschichte des Hauses Braunschweig zu Ende zu schreiben. Als Königin Anna starb, machte sich Georg zur Übernahme des englischen Throns auf. Drei Tage nach seiner Abreise traf Leibniz aus Wien in Hannover ein (1714). Er hatte gehofft, nach London mitgenommen zu werden und sich dort eines stolzeren Postens und besserer Einkünfte zu erfreuen. Nun sandte er dem neuen König Versöhnungsbriefe, aber Georg I. antwortete, bis zum Abschluß der *Annalen* möge er in Hannover bleiben[91]. Nebenbei gesagt: England hatte ihm nicht verziehen, daß er Newton die Vaterschaft am Kalkül streitig gemacht hatte.

Enttäuscht und einsam kämpfte er noch zwei weitere Jahre für seinen Glauben an die gute Ordnung des Universums. Der Mann, der in der Erinnerung des achtzehnten Jahrhunderts als Verkünder des Optimismus weiterlebte, starb schmerzhaft an Gicht und einem Steinleiden in Hannover am 14. November 1716. Sein Tod wurde weder von der Berliner Akademie noch von den deutschen Höflingen in London zur Kenntnis genommen, auch nicht von seinen Freunden in der Heimat, denen er durch seine Abwesenheiten und seine Absonderung entfremdet war. Kein Geistlicher erteilte dem Philosophen, der die Religion gegen die Philosophie verteidigt hatte, den letzten Segen. Ein einziger Mann, sein ehemaliger Schreiber, wohnte dem Begräbnis bei. Ein sich damals in Hannover aufhaltender Schotte schrieb: Leibniz «wurde eher wie ein Räuber begraben statt als das, was er wirklich war: eine Zierde seines Landes»[92].

Wir brauchen über die Mängel dieser Unmenge vielgestaltiger Ideen keine langen Worte zu machen; die Zeit hat diese unerfreulichen Obsequien längst vollzogen. Die Kritiker haben Leibniz vorgeworfen, überall geborgt zu haben; sie fanden seine Psychologie bei Platon, seine Theodizee bei den Scholastikern, seine Monaden bei Giordano Bruno, seine Metaphysik, Ethik und Körper-Seele-Beziehung bei Spinoza. Aber wer könnte über diese Themen etwas sagen, was nicht schon hundertmal gesagt worden wäre? Es ist leichter, originell und töricht als originell und weise zu sein; für jede Wahrheit gibt es tausend Irrtümer, und die Menschheit hat allen Anstrengungen zum Trotz die Möglichkeiten noch nicht alle ausgeschöpft. Es steht viel Unsinn bei Leibniz, aber die Unterscheidung, was wirklich barer Unsinn und was schützende Tarnung ist, fällt nicht leicht. So sagt er zum Beispiel: Als Gott die Welt erschuf, sah er blitzartig alles, was sich in der Geschichte ereignen würde, in den kleinsten Einzelheiten voraus[93]. «Ich beginne immer als Philosoph und ende immer als Theolog»[94], sagte er; das heißt, er fühlte, daß die Philosophie ihren Zweck verfehlt, wenn sie nicht zu Tugend und Frömmigkeit hinleitet.

Seine lange und geistreiche Auseinandersetzung mit Locke entsprach seinem Anspruch auf genaueste Gedankenarbeit. Er mag das Angeborensein der «angeborenen Vorstellungen» übertrieben haben, räumte aber ein, sie seien eher Fähigkeiten, Instinkte oder Anlagen als Vorstellungen, und er demonstrierte erfolgreich, daß Lockes Sensationismus den Erkenntnisvorgang allzusehr vereinfacht hatte und daß die Seele von Natur – wenngleich bei der Geburt noch unfertig – ein Organ für die Aufnahme, Verarbeitung und Verwandlung von Empfindungen ist. Hier und mit seiner Ansicht von Raum und Zeit genießt Leibniz hohes Ansehen als Vorläufer Kants. Die Monadenlehre steckt voller Schwächen (wie kann eine Anzahl Monaden Ausdehnung annehmen, wenn eine Monade keine Ausdehnung hat? Wie können sie gegen äußere Einflüsse immun sein, wenn sie «perzipieren»?), aber sie war ein einleuchtender Versuch, die Kluft zwischen Geist und Materie zu überbrücken, indem sie eher die Materie zu Geist als Geist zu Materie machte. Freilich ist Leibniz die Versöhnung von Mechanismus und

Zweckmäßigkeit in der Natur oder körperlichem Mechanismus und Willensfreiheit mißlungen, und seine erneute Trennung von Leib und Seele, nachdem Spinoza sie zu einem einzigen zweiseitigen Prozeß vereinigt hatte, war ein Rückschritt in der Philosophie. Sein Ausgangspunkt, diese Welt sei die beste aller Welten, war der ritterliche und hoffnungsvolle Versuch eines Hofmanns zur Tröstung einer Königin. Dieser gelehrteste aller Philosophen («eine ganze Akademie für sich allein», nannte ihn Friedrich der Große) schrieb über Theologie, als ob in der Geschichte des Denkens seit dem heiligen Augustinus nichts geschehen wäre. Trotz aller Unzulänglichkeiten waren jedoch seine naturwissenschaftlichen und philosophischen Leistungen gewaltig. Als Patriot und doch guter Europäer gab er Deutschland wieder einen hohen Rang in der Entwicklung der westlichen Kultur. «Von allen, die Deutschland berühmt gemacht haben», schrieb Friedrich II., «haben Thomasius und Leibniz dem Menschengeist den größten Dienst erwiesen.»[95]

Sein Einfluß nahm ab, als seine Theologie vor dem moralischen Bewußtsein der Menschheit nicht standhielt. In der Generation nach seinem Tod erhielt seine Philosophie eine systematische Neuformulierung durch Christian von Wolff, und in dieser abgeänderten Form wurde sie zur vorherrschenden Mode im Denken der deutschen Universitäten. Außerhalb Deutschlands war sein Einfluß gering. Obwohl er die meisten seiner Schriften französisch abgefaßt hatte, waren sie zu fragmentarisch, um einen nachdrücklichen, geschlossenen Eindruck zu machen; erst 1768 erschien eine Gesamtausgabe, und auch dann wurden einige wichtige, aber heterodoxe Themen weggelassen und mußten bis 1901 auf ihr Erscheinen im Druck warten. Seine Kalkülnotation setzte sich siegreich durch, aber noch ein halbes Jahrhundert lang genossen Newton und Locke in allen Teilen den Vorrang und wurden zu Idolen der französischen Aufklärung. Und doch gab Buffon inmitten dieser Hochblüte der Vernunft Leibniz den Rang des größten Genies seiner Zeit[96]. Oswald Spengler, der hervorragende Denker des zwanzigsten Jahrhunderts, hielt Leibniz für «zweifellos den größten Geist der Philosophie des Westens»[97].

Zur Vervollständigung der Superlative können wir noch beifügen, daß das siebzehnte Jahrhundert überhaupt das fruchtbarste in der Geschichte des modernen Denkens war. Bacon, Descartes, Hobbes, Spinoza, Locke, Bayle, Leibniz – das war eine großartige Reihe vom Wein der Vernunft trunkener Männer; die meisten von ihnen freudig gewiß, das Universum verstehen, ja sich «klare und deutliche Vorstellungen» von Gott machen zu können, und die – alle außer dem letzten – zu jener berauschenden Aufklärung führten, die in der Französischen Revolution sowohl die Religion als auch die Regierung erschüttern sollte. Leibniz sah dieses Ende kommen; und während er sich bis an sein Ende für freie Meinungsäußerung einsetzte[98], beschwor er die Freidenker, die Wirkung ihres gesprochenen und geschriebenen Worts auf Moral und Sitten des Volkes zu bedenken. Um das Jahr 1700 erhob er in den *Nouveaux Essais* warnend seine Stimme:

«Wenn die Billigkeit verlangt, die Personen [Freidenker] zu schonen, so macht es die Frömmigkeit zur Pflicht, die schlimme Wirkung ihrer Dogmen, sofern sie schädlich sind, am gehörigen Orte darzutun, wie dies zum Beispiel für diejenigen Dogmen gilt, die sich gegen die Vorsehung eines vollkommen weisen, guten und gerechten Gottes und gegen die Unsterblichkeit der

Seele richten, vermöge deren sie für die Wirkungen seiner Gerechtigkeit empfänglich wird, ohne von anderen für die Moral und Politik gefährlichen Meinungen zu reden. Ich weiß, daß vortreffliche und wohlgesinnte Männer behaupten, diese theoretischen Meinungen hätten in der Praxis weniger Einfluß, als man denkt, und ich weiß auch, daß es Leute von trefflichem Naturell gibt, die durch ihre Meinungen niemals dahin kommen werden, etwas ihrer Unwürdiges zu tun ... So kann man in der Tat sagen, daß zum Beispiel Epikur und Spinoza ein völlig mustergültiges Leben geführt haben. Aber diese Gründe hören bei ihren Schülern oder Nachahmern meistens auf, die nun, da sie sich von der unbequemen Furcht vor einer wachsamen Vorsehung und einer drohenden Zukunft befreit glauben, ihren tierischen Leidenschaften die Zügel schießen lassen und ihren Geist darauf richten, andere zu verführen und zu verderben. Sind sie außerdem ehrgeizig und von etwas gewalttätigem Naturell, so sind sie imstande, für ihr Vergnügen oder ihren Vorteil die Welt an allen vier Ecken anzuzünden, wie ich Leute dieses Schlages, die der Tod nunmehr hinweggerafft hat, gekannt habe. Ich finde sogar, daß Meinungen dieser Art, indem sie sich nach und nach in das Gemüt der Männer der vornehmen Welt einschleichen, welche den Ton für die anderen angeben und von denen die Geschäfte abhängen, und indem sie in die gangbaren Schriften übergehen, alles zu der allgemeinen Revolution vorbereiten, von der Europa bedroht ist ...»[99]

In diesen Zeilen ist der Geist ernster Sorge spürbar, und die in ihnen enthaltene Mahnung zur Vorsicht verdient unsere Achtung. Und doch konnte einer der größten Historiker – sogar nachdem die Aufklärung alle Konfessionen unterhöhlt, die Französische Revolution Feuer an alle vier Ecken der Welt gelegt, die Septembermassaker den Durst der Götter vorübergehend gestillt hatten – in der Rückschau auf dieses Zeitalter der modernen Wissenschaft und Philosophie die, die sie herbeigeführt hatten, nicht als Zerstörer der Kultur, sondern als Befreier der Menschheit sehen. So sagte Lecky:

«In dieser Weise haben die großen Lehrer des siebzehnten Jahrhunderts ... den menschlichen Geist diszipliniert für unparteiische Forschung und, nachdem der Bann gebrochen war, der sie so lange gefesselt gehalten hatte, eine leidenschaftliche Wahrheitsliebe entwickelt, die in allen Wissenszweigen revolutionierend wirkte. Der damals anhebende Impuls führte die große kritische Bewegung herbei, die zur Erneuerung der ganzen Geschichtsforschung, aller Wissenschaften und Theologien führte, in die finstersten Schlupfwinkel drang, alte Vorurteile zerstörte, Blendwerk verjagte ..., unser Wissen neu ordnete und den ganzen Bereich und die Art unserer Neigungen veränderte. Dieses alles wäre ohne die allgemeine Verbreitung der rationalistischen Denkungsart unmöglich gewesen.»[100]

So legte also das siebzehnte Jahrhundert – ob gut oder schlecht – die Fundamente zum modernen Denken. Die Renaissance war an die klassische Antike und an das katholische Ritual und die katholische Kunst, die Reformation an das Frühchristentum und den Glauben des Mittelalters gebunden. Nun wandte dieses reiche, schicksalsschwere Zeitalter von Galileo Galilei bis Newton, von Descartes bis Bayle, von Bacon bis Locke, sein Antlitz einer unerforschten Zukunft zu, die alle Gefahren der Freiheit barg. Es hätte den Namen «Zeitalter der Vernunft» vielleicht besser verdient als das achtzehnte Jahrhundert; obwohl seine Denker noch die Stimme einer kleinen Minderheit waren, zeigten sie eine weisere Mäßigung, ein tieferes Ausloten der Grenzen und Gefahren von Vernunft und Freiheit als die nirgends verankerten Hauptfiguren der französischen Aufklärung. Auf jeden Fall hatte das größte Drama der Neuzeit seinen zweiten Akt zu Ende gespielt und ging seiner Vollendung entgegen.

Zweites Buch

FRANKREICH GEGEN EUROPA

[1683–1715]

ERSTES KAPITEL

Sonnenuntergang

I. FRAU VON MAINTENON

NACH dem Tode Maria Theresias (30. Juli 1683) war ungekrönte Königin von Frankreich die «Witwe Scarron», Marquise de Maintenon, Erzieherin der Bastarde des Königs und bald schon (Januar 1684?) seine morganatische Gattin, und hinfort die einflußreichste Persönlichkeit in der Regierung.

Es ist heute schwierig, ihren wahren Charakter zu erkennen; die Historiker streiten sich immer noch darüber. Sie hatte Feinde, die ihr Aufstieg und Macht neideten; einige von ihnen hinterließen historische Schriften und überlieferten uns ihr Bild als das einer egoistischen, schurkischen Intrigantin. Und doch, als sie Gelegenheit gehabt hätte, anstelle von Frau von Montespan die Mätresse des Königs zu werden – und den damit verbundenen Einfluß zu gewinnen –, lehnte sie ab und überredete statt dessen den König, in das Bett der Königin zurückzukehren (August 1680). Die Königin war damals zweiundvierzig, drei Jahre jünger als die Maintenon, und nichts deutete auf ihren frühen Tod hin; damals neigte die Marquise offensichtlich mehr zur Tugend als zur Macht. Als der Tod die Königin hinwegnahm, weigerte sich die Erzieherin immer noch, Königsmätresse zu werden; ihre gegenwärtige Stellung riskierend, spielte sie um einen höheren Gewinn. War ihre Tugendhaftigkeit Berechnung, so war das kein schlimmerer Makel, als es etwa die Zurückhaltung eines klugen Mädchens ist, das nichts als seine Reize anzubieten hat und das sich denkt, eine Liebesnacht biete weniger Sicherheit als ein Ehering. Als Ludwig Frau von Maintenon heiratete, war sie achtundvierzig Jahre alt; Mignard malte sie als freundliche Matrone, die das Alter physischer Anziehungskraft längst hinter sich hatte. Von ihrer besten Seite betrachtet, war sie aufrichtig fromm; von der schlechtesten gesehen, spielte sie ein kühnes Spiel und gewann es.

Sie wohnte in einem Appartement in der Nähe des Königs und lebte im Versailler Palast in beinahe bürgerlicher Einfachheit. «Das Hofleben war ihr lästig, und am Gepränge hatte sie kein Vergnügen.»[1] Reichtümer sammelte sie nicht; selbst auf dem Gipfel ihrer Macht besaß sie nicht viel mehr als das Schloß von Maintenon, das sie unmöbliert und unbenutzt ließ. In ihren späteren Jahren soll Ludwig einmal zu ihr gesagt haben: «Aber, Madame, Sie haben nichts, und wenn ich sterbe, werden Sie mittellos sein. Sagen Sie mir, was ich für Sie tun kann.»[2] Sie bat um ein paar bescheidene Vorteile für ihre Verwandten und um beträchtliche Summen für ihr Lieblingsunternehmen, das Institut, das sie 1686 in Saint-Cyr für Töchter aus guten, aber unvermögenden Familien gegründet hatte. Es war nicht ihre Eitelkeit, sondern die des Königs, die die Unsummen an Geld und Arbeitskraft für den nie vollendeten Kanal erzwang, der ihren Namen tragen sollte.

In mancher Beziehung war sie eine gute Gattin. Ihre Tage waren damit ausgefüllt, als Puffer zwischen dem König und der Welt zu wirken, inmitten der Ambitionen und Intrigen der Höflinge den Frieden zu wahren, Schwärme von Stellenanwärtern liebenswürdig abzufertigen, den Kindern ihres Gemahls eine gütige Tante zu sein, für seine männlichen Bedürfnisse zu sorgen, ihn bei Mißerfolgen und Niederlagen zu trösten, «den am schwierigsten zu unterhaltenden Mann im ganzen Königreich»[3] zu unterhalten und ein wenig häusliche Ruhe in ein Leben zu bringen, das fast zu jeder Stunde Entschlüsse notwendig machte, die eine Million von Menschenleben betrafen. Unter den nach ihrem Tod vorgefundenen Papieren befand sich das folgende, augenscheinlich kurz nach ihrer Vermählung von ihr niedergeschriebene Gebet:

«Herr, Gott, Du hast mich an den Platz gestellt, wo ich stehe, und ich unterwerfe mich rückhaltlos Deiner Vorsehung. Verleih mir die Gnade, daß ich als wahre Christin die Sorgen meiner Stellung trage, ihre Freuden heilige, bei allem Deinen Ruhm suche ... und zum Seelenheil des Königs beitrage. Bewahre mich davor, den Versuchungen eines unruhigen Geistes zu erliegen ... Dein Wille, o Gott, nicht der meine, soll geschehen; denn das einzige Glück in dieser und in jener Welt ist rückhaltlose Unterwerfung. Durchdringe mich mit dieser Weisheit und mit allen andern geistigen Gaben, deren ich für die hohe Stellung, auf die Du mich berufen hast, bedarf; laß die Talente, die Du mir gütigst geschenkt hast, Früchte tragen. Der Du die Herzen der Könige in Deinen Händen hältst, öffne das Herz des Königs, damit ich das Gute, das Du willst, hineinpflanze; mache mich fähig, ihm zu gefallen, ihn zu trösten, ihn aufzumuntern und sogar, wenn Dein Ruhm es erfordert, ihn zu betrüben. Laß mich keines der Dinge vor ihm verbergen, die er durch mich erfahren muß, weil anderen der Mut fehlt, sie ihm zu sagen. Laß mich, zugleich mit ihm, mich selber retten, ihn in Dir und um Deinetwillen lieben, und laß ihn mich in derselben Weise lieben. Gib, daß wir gemeinsam und ohne Tadel auf Deinen Wegen wandeln bis zum Tage Deiner Wiederkunft.»[4]

Das ist schön, so schön wie irgendein Brief Heloises an Abälard, und, hoffen wir, auch echter; auch ohne daß es Erhörung findet, kann ein solches Gebet Kraft verleihen. Vielleicht liegt in dem Wunsch, andere zu ändern und zu lenken, ein heimliches Machtstreben; aber die Frau von Maintenon noch verbliebenen Jahre bewiesen nicht nur die Aufrichtigkeit, sondern auch die Enge ihrer Frömmigkeit. «Sie fand einen König», sagte Saint-Simon, «der sich selber für einen Apostel hielt, weil er sein Leben lang den Jansenismus verfolgt hatte ... Das gab ihr den Hinweis, mit welchem Samen sie das Feld am vorteilhaftesten bestellen konnte.»[5]

Gab sie den Anstoß zu den Hugenottenverfolgungen? Saint-Simon glaubte es[6]; aber die spätere Forschung neigt dazu, sie von dieser Unmenschlichkeit reinzuwaschen, deren Haupttreiber ihr ewiger Feind Louvois war. Lord Acton, ein katholischer, aber nur selten prokatholischer Historiker, urteilte über sie:

«... die kultivierteste, taktvollste und aufmerksamste der Frauen. Sie war Protestantin gewesen und bewahrte während langer Zeit den Eifer der Konvertitin. Zu den Jansenisten stand sie in offenem Gegensatz, und sie genoß das höchste Vertrauen der besten Kleriker. Man glaubte allgemein, sie habe die Verfolgung unterstützt und den König zum Widerruf des Edikts von

Nantes gedrängt, und ihre Briefe sollen als Beweise dafür gelten. Aber ihre Briefe sind von einem Verleger gedruckt worden, der ein Fälscher und Verdreher war.»[7]*

Wie Fénelon, Frau von Sévigné und fast alle Katholiken ihrer Zeit billigte sie den Widerruf, setzte jedoch ihren Einfluß ein – oft erfolgreich, sagt der Protestant Michelet –, um die grausamen Auswüchse der Verfolgung zu zügeln[8].

Für den Fall, daß eine romantische Tendenz zur Idealisierung der Frau dieses Bild mit zu vielen Rosen schmückte, wollen wir die Marquise auch durch die Brille anderer Vorurteile betrachten. Saint-Simons herzoglicher Stolz kam nie darüber hinweg, daß die niedrig geborene Bürgerliche zur Herrin über Frankreich aufgestiegen war:

«Das Elend und die Armut, in denen sie so lange gelebt, hatten ihren Geist eingeengt und ihr Herz und ihre Gefühle erniedrigt. Ihr Fühlen und Denken blieb so beschränkt, daß sie in Wahrheit noch beschränkter war, als sie es als Madame Scarron gewesen war ... Nichts war abstoßender als diese mit einer so glänzenden Stellung verbundene Niedrigkeit.»[9]

Aber selbst dieser Herzog fand noch einige Tugenden neben ihren Mängeln:

«Frau von Maintenon besaß viel Geist, der in der guten Gesellschaft, in der sie zuerst nur geduldet worden war, in der sie sich jedoch bald hervortat, gebildet, mit Weltkenntnis ausgestattet und von der feinen Lebensart vollends geschliffen wurde. Ihre verschiedenen Lebenslagen hatten sie einschmeichelnd, einnehmend und stets auf Gefallen bedacht gemacht. Das Bedürfnis nach Intrigen, solcher sehr verschiedener Art, die sie gesehen, und der vielen, die sie für sich selber oder anderen zu Diensten angezettelt hatte, hatte ihren Geschmack daran geweckt, sie daran gewöhnt und ihre Geschicklichkeit darin gesteigert. Ein unvergleichlicher Anstand, das gewandte und doch zurückhaltende und respektvolle Benehmen, das ihr durch ihre lange Niedrigkeit zur Natur geworden war, unterstützte ihre Talente wunderbar; ihre Sprache war freundlich, gewählt, genau, von natürlicher Beredsamkeit und kurzgefaßt. Ihre beste Zeit – sie war drei oder vier Jahre älter als der König – waren die Tage der zierlichen Konversation gewesen, der überfeinerten Galanterie ... Später gab sie sich den Anstrich von Wichtigkeit; aber dies wich nach und nach einer Frömmigkeit, die sie bewunderungswürdig kleidete. Sie war ihrer Anlage nach nicht durchaus falsch, aber die Not hatte sie dazu gemacht, und ihre natürliche Anpassungsfähigkeit ließ sie noch einmal so falsch erscheinen, als sie war.»[10]

Macaulay zeichnete aus größerem, milderndem Abstand ein etwas loyaleres Bild; vielleicht war er geneigt, einer Frau, die sich beredt und doch knapp auszudrücken verstand, viel nachzusehen:

«Als sie die Aufmerksamkeit des Herrschers auf sich zog, verfügte sie nicht mehr über Jugend oder Schönheit, aber sie besaß in einem hohen Maß jene dauerhafteren Reize, die gescheite Männer ... an einer weiblichen Gefährtin am höchsten schätzen ... Wirkliches Verständnis; unerschöpflich, aber nie weitschweifig fließende, vernünftige, liebenswürdige, lebhafte Konversation; ein Gemüt, das keinen Augenblick aus der Ruhe kam; ein Taktgefühl, das das Taktgefühl ihres Geschlechts um so viel übertraf, als das Taktgefühl ihres Geschlechts das unsrige übertrifft – dies waren die Vorzüge, die aus der Witwe eines Possenreißers zuerst die Vertraute, dann die Gemahlin des stolzesten und mächtigsten Königs Europas machte.»[11]

Zum Schluß sehen wir sie durch die Augen des viel zu wenig bekannten französischen Historikers Henri Martin:

---

* Vgl. Jacques Boulenger, *The Seventeenth Century*, New York 1920, S. 243: «Es ist ganz klar, daß sie mit dem Widerruf des Edikts von Nantes nichts zu tun hatte.» Und die *Encyclopaedia Britannica*, XIV, 693a: «Der Widerruf und die Dragonaden sind ihr zu Unrecht zur Last gelegt worden.» Voltaire war schon lange vorher zum gleichen Schluß gekommen[7a].

«Es bestand zwischen ihnen – der Marquise und dem König – eine Harmonie des Gemüts und des Wesens, die sich mit zunehmendem Alter noch vertiefte; und ihre klassische, noble und ernste, durch eine seltene natürliche Würde unterstrichene Schönheit war ganz besonders dazu angetan, Ludwig zu gefallen. Sie liebte das Umsorgen, er liebte den Glanz; sie war reserviert und umsichtig wie er, doch sehr anziehend und graziös; sie hatte dieselbe Gabe der liebenswürdigen Konversation wie er, aber sie bewahrte sich diesen Reiz dank ihrer reicheren Phantasie und ihrer vielseitigeren Erfahrung länger. Wie er, hatte sie die Art, sich kräftig und selbstsüchtig durchzusetzen; aber sie war einer bleibenden und starken, wenn auch nicht gerade feurigen Zuneigung fähig. Sie war weniger leidenschaftlich, aber treuer als der König, der sowohl in der Freundschaft als auch in der Liebe nur ihr allein wirklich treu geblieben ist. Aber sie hat nie erfahren, was es heißt, ihre Interessen oder ihre Ruhe ihren Gefühlen zu opfern; im Gegensatz zu Ludwig XIV. war sie hingebend im Kleinen, aber im Großen fehlte ihr die Weitherzigkeit ... Ihr ruhiges, nachdenkliches, vernünftiges, keiner Impulse oder Illusionen fähiges Wesen half ihr, ihre oft bedrängte Tugend zu wahren.»[12]

Es müssen jedenfalls viele bewundernswerte Vorzüge in einer Frau gelegen haben, die von einem so herrischen König zu seiner Gemahlin gewählt werden konnte und die er zur Mitwisserin der geheimsten Staatsangelegenheiten machte. Gewöhnlich empfing er seine Minister in ihrem Salon, in ihrer Gegenwart und Hörweite; und obwohl sie sich diskret schweigend und mit einer Näharbeit beschäftigt im Hintergrund hielt, «wandte sich Ludwig manchmal ihr zu und bat um ihr Urteil»[13], das er so hoch schätzte, daß er sie *Votre Solidité* nannte. Die Skeptiker nannten sie *Madame de Maintenant* – Frau von Jetzt –, in der Annahme, daß sie in Kürze von Rivalinnen eingeholt und verdrängt würde; aber ganz wider Erwarten blieb der König bis zu seinem Tod ihr liebender Gatte.

Ihr Einfluß wuchs von Jahr zu Jahr und wirkte sich wohltätig aus, wo es ihre Frömmigkeit zuließ. Sie versuchte die Heftigkeit des Königs zu mäßigen und ihn vom Krieg abzubringen; daher die Feindschaft Louvois'. Sie verschaffte ihren wohltätigen Werken – Spitälern, Klöstern, Hilfe an bankrotte Adlige, Aussteuern für adlige Fräuleins – die Unterstützung des Königs[14]. Aber nur gute Katholiken konnten ihre Empfehlung für einen Posten gewinnen. Sie ließ die allzu lebensechten Nuditäten der Versailles schmückenden Kunstwerke mit Weinlaub und Draperien bedecken[15], sie verwandelte das Internat von Saint-Cyr in ein Kloster (1693), dessen Tore fürderhin vor der Welt verschlossen blieben, sie lebte wie eine Nonne in einem Palast; «bei ihrem zurückgezogenen, viele Stunden lang einsam verbrachten Leben schien sie mit einem Fuße im Kloster zu stehen»[16].

Zuerst lachte der König sie ihrer Frömmigkeit wegen aus; aber er endete damit, ihr darin nachzufolgen, wenn auch ohne echte Demut. Die Geistlichen seiner Umgebung bemerkten erfreut die Regelmäßigkeit seiner Teilnahme an den Gottesdiensten, aber sie kannte ihn besser; der König, sagten sie, «läßt nie eine Station des Kreuzwegs oder eine Bußübung aus, aber er vermag die Notwendigkeit nicht einzusehen, sich wahrhaft zu demütigen und den wahren Geist der Reue zu erlangen»[17]. Papst Alexander VIII. indessen war zufrieden und beglückwünschte Madame zur Bekehrung des einst antipäpstlichen Gallikaners. Vielleicht förderten die Abnahme der Kräfte nach 1684 und die schmerzhafte Analfistel die Frömmigkeit des Königs, indem sie ihn an seine Sterblichkeit gemahnten. Am 18. November 1686 unterzog er sich einer schmerzhaften Operation, die er mit standesbewußter Tapferkeit ertrug. Vorübergehend erfreute das Gerücht, er liege im Sterben, die franzosenfeindliche Koalition[18]; aber er lebte, und als er am 30. Januar 1687 Gott seinen Dank für die Heilung in Notre-Dame darbrachte, jubelte das ganze katholische Frankreich über seine Genesung.

«Von da an», sagte Voltaire, «ging der König nicht mehr ins Theater.»[19] Die heitere Würde der ersten Hälfte seiner Regierungszeit machte einem Ernst Platz, der manchmal an Nüchternheit grenzte, aber gelegentlich doch noch Exzesse der Tafel und des Bettes zuließ[20]. Seine rasche Ermüdbarkeit und der Zuspruch Frau von Maintenons veranlaßten ihn, die Empfänge und das Hofzeremoniell einzuschränken; er führte ein mehr privates Leben, zufrieden mit der Häuslichkeit, an die seine Gattin ihn gewöhnte. Immer noch frönte er seinen extravaganten Ausgaben für Paläste und Parks, immer noch war er stolz wie sein Zepter und genießerisch wie seine Backen. Im März 1686 gestattete er einem unterwürfigen Schmeichler, François d'Aubusson, dem späteren Herzog von La Feuillade, ihm, «dem unsterblichen Menschen», auf der Place des Victoires eine Statue zu errichten; wir müssen jedoch beifügen, daß der König, als Aubusson vor der Statue ein Tag und Nacht brennendes Ewiges Licht anbringen wollte, diese vorzeitige Anmaßung der Göttlichkeit verbot.

Ein engerer Kreis frommer Aristokraten, geführt vom Herzog und der Herzogin von Chevreuse, den Herzoginnen von Beauvillier und Mortemart und den drei Töchtern Colberts, bildete um den König und seine Gemahlin einen Sanitätskordon aus Frommen, wovon einige ehrlich religiös, andere dem mystischen Quietismus der Frau Guyon ergeben waren. Das weltbekannte Kirchenlied *Adeste Fideles* wurde zu jener Zeit von einem unbekannten Franzosen komponiert. Was vom Hof übrigblieb, schloß sich, wenigstens äußerlich, der neuen Laune des Königs an. Man legte den Leichtsinn ab, ging häufiger zur Messe und Kommunion, immer seltener in die Oper und ins Theater, die nun rasch von ihren unter Lully und Molière erlebten Höhepunkten hinuntersanken. Immer noch gab es Jagden, kostspielige Gelage und Bälle, auch das Kartenspiel um hohe Einsätze ging weiter, aber alles in gemäßigter, von der Erinnerung an Vergangenes gedrückter Stimmung. Die Pariser Lebemänner und Freidenker verhüllten ihr Haupt und warteten auf Rache unter der ungeduldig ersehnten *Régence*. Aber das französische Volk war erbaut von seinem frommen Herrscher und trug schweigend die immer anschwellenden Abgaben an Geld und Menschenleben für den Krieg.

II. DIE GROSSE KOALITION: 1689–1697

In dem Maße, wie der allgemeine Wohlstand zurückging, gingen die Steuern hinauf. Colberts gewaltiges System der staatlichen Lenkung von Handel und Industrie begann schon vor seinem Tod (1683) zusammenzubrechen. Teilweise ging es daran zugrunde, daß Armeen und Schlachtfelder den Bauerngütern und Fabriken die Männer entzogen, hauptsächlich aber erwürgte es sich selber; staatliche Vorschriften unterbanden das

Wachstum, das sich bei weniger Beaufsichtigung und Hemmung und etwas mehr Bewegungsfreiheit für Versuche und Irrtümer besser entwickelt hätte. Die Unternehmungslust sah sich beengt durch ein Labyrinth von Erlassen und Bußen; der komplizierte, einerseits vom Hunger und der Mühsal der Vielen, andererseits von den erfindungsreichen Habgier der Wenigen in Gang gehaltene Apparat des Wirtschaftslebens stöhnte und stockte unter einem Berg von Vorschriften und drohte stehenzubleiben. Den Ruf nach *laisser faire* vernehmen wir schon 1685, fünfundsechzig Jahre vor Quesnay und Turgot, einundneunzig vor Adam Smith. «Das ganze Geheimnis liegt darin», sagte einer von Ludwigs XIV. Intendanten, «vollständige Handelsfreiheit zu gewähren. Nie sind Handel und Gewerbe in diesem Königreich so zurückgegangen, wie seitdem wir uns in den Kopf gesetzt haben, sie mit staatlichen Erlassen zu fördern.»[21] Auch andere Faktoren trugen zum Niedergang bei. Die vor der Verfolgung flüchtenden Hugenotten nahmen ihre wirtschaftlichen Fähigkeiten und oft auch ihr Vermögen mit. Das Geschäftsleben litt unter der Vorliebe des Königs für Eroberungen statt für Handel. Die Ausfuhr wurde von den im Ausland auf französischen Waren erhobenen Importzöllen gehemmt. Engländer und Holländer erwiesen sich als bessere Seeleute und Kolonisatoren als die stolzen, ungeduldigen Gallier; die *Compagnie des Indes* brach zusammen. Steuern entmutigten die Landwirtschaft, und unredliche Münzprägungen verwirrten und lähmten die Finanzwelt.

Die nach dem Tod Colberts dem König dienenden Minister reichten nicht an diejenigen heran, die Ludwig von Richelieu und Mazarin geerbt hatte. Colberts Sohn Johann Baptist, der Marquis von Seignelay, wurde mit den Ministerien für Handel und Marine betraut, Claude Le Peletier übernahm die Finanzen, wurde jedoch schon bald durch Ludwig Phélypeaux, Seigneur von Pontchartrain, abgelöst; Louvois blieb Kriegsminister. Die neuen Männer waren von dem Ruhm und der Autorität, die sich Ludwig XIV. erworben hatte, eingeschüchtert. Sie scheuten sich, Entscheidungen zu fällen; die Staatsmaschinerie lastete schwer auf dem müden Geist des Königs. Nur Louvois bekundete einen eigenen Willen, und der galt einzig dem Krieg, Krieg gegen die Hugenotten, gegen die Niederlande, gegen jeden Fürsten und jedes Volk, das der Ausdehnung Frankreichs im Weg stand. Denn Louvois hatte die beste Armee Europas aufgebaut, sie zu Gehorsam und Tapferkeit gedrillt, mit den neuesten Waffen ausgerüstet und ihr die Handhabung des Bajonetts* beigebracht. Wie sollte eine solche Streitmacht ernährt und bei Laune gehalten werden, wenn nicht mit Kampf und Sieg?

Frankreich blickte voll Stolz auf diese Armee; das ganze übrige Europa empfand sie als Ärgernis und Bedrohung. Als Ludwig im Mai 1685 einen Teil des kurpfälzischen Gebiets als Erbe der Schwester des verstorbenen Kurfürsten, Charlotte Elisabeth, nun Herzogin von Orléans, herausverlangte, fragten sich die Fürsten des Reichs, welches die nächsten Forderungen des angriffslustigen Königs sein würden. Die Spannung wuchs, als Ludwig Köln, Hildesheim und Münster dadurch an Frankreich band, daß er sich die Ernennung ihm genehmer Männer zu Fürstbischöfen dieser Diözesen sicherte (1686).

* Das Bajonett wurde schon 1500 in Bayonne hergestellt, scheint jedoch in großem Umfang zum erstenmal 1647 bei Ypern Verwendung gefunden zu haben[22].

Am 6. Juli schlossen sich der katholische Kaiser Leopold I. und der katholische Kurfürst Maximilian II. Emanuel von Bayern mit dem protestantischen Großen Kurfürsten von Brandenburg, dem protestantischen König Karl XI. von Schweden und dem protestantischen Statthalter der Vereinigten Provinzen, Wilhelm III., zur Verteidigung gegen jeden Angriff auf ihre Territorien in der Augsburger Liga zusammen. Der Kaiser war immer noch mit den sich zurückziehenden Türken beschäftigt, aber deren Niederlagen in der zweiten Schlacht von Mohács (1687) und bei Belgrad (1688) machten die kaiserlichen Truppen bald für den Einsatz an der Westgrenze des Reichs frei.

Nun beging der König von Frankreich den ausschlaggebenden Fehler seiner militärischen Laufbahn. Der Statthalter hatte erwartet, der König werde den Angriff auf Holland erneuern; statt dessen entschloß sich Ludwig, in Deutschland einzufallen, ehe sich die kaiserlichen Truppen an dieser Grenze versammeln konnten. Am 22. September 1688 setzte er mit einer charakteristischen, an den siebenundzwanzigjährigen Kronprinzen gerichteten Rede seine Hauptmacht rheinwärts in Marsch: «Mein Sohn, indem ich Ihnen das Kommando meiner Armeen übertrage, gebe ich Ihnen Gelegenheit, Ihre Meriten an den Tag zu legen; zeigen Sie sie ganz Europa, so daß, wenn ich einmal sterbe, niemand merken wird, daß der König tot ist.»[23] Am 25. September marschierte die französische Armee in Deutschland ein. Nach einem Monat hatte sie Kaiserslautern, Neustadt, Worms, Bingen, Mainz und Heidelberg genommen, am 29. Oktober fiel die strategisch wichtige Festung Philippsburg, am 4. November ging der siegreiche Dauphin zum Angriff auf Mannheim über.

Vielleicht waren diese Siege der Beginn von Ludwigs Sturz, denn sie verwickelten ihn in einen langen Krieg mit einer immer größer werdenden Zahl von Feinden; sie befreiten Holland von der Angst vor einer bevorstehenden Invasion; sie bestimmten die Generalstaaten der Vereinigten Provinzen, der Eroberung Englands durch Wilhelm III. beizustimmen und ihn zu unterstützen. Sobald Wilhelm seine Macht gesichert hatte, löste er England aus der Abhängigkeit von Frankreich, machte es zu dessen Feind und drängte seine neuen Untertanen, sich an der Verteidigung der politischen und religiösen Freiheit Europas zu beteiligen. Das Parlament zögerte. Es hegte den Verdacht, Wilhelms Hauptinteresse sei die Rettung Hollands, und Holland war Englands schärfster Handelskonkurrent. Aber wiederum gaben Frankreichs Siege dem Drängen Wilhelms mehr Gewicht.

Louvois hatte den König bestürmt, ihn die Pfalz verwüsten zu lassen, um den heranrückenden Feind aller örtlichen Verpflegungsmöglichkeiten zu berauben. Ludwig willigte widerstrebend ein, und im März 1689 plünderten und verbrannten die französischen Truppen Heidelberg und Mannheim, dann Speyer, Worms, Oppenheim, Teile des Erzbistums Trier und der Markgrafschaft Baden; fast das ganze deutsche Rheinland wurde zerstört. Voltaire beschrieb die Greueltaten aus dem Gewissen des guten Europäers heraus:

«Es war tiefer Winter. Den französischen Generälen blieb nichts anderes übrig, als zu gehorchen. Sie kündigten also den Bürgern dieser blühenden und wohlgeordneten Städte, den Einwohnern der Dörfer, den Herren von mehr als fünfzig Schlössern an, daß sie ihre Wohnstätten, die mit Feuer und Schwert zerstört würden, zu verlassen hätten. Männer, Weiber, alte Leute und Kinder flohen ohne Säumen. Manche wanderten im offenen Land umher, andere suchten Zuflucht in benachbarten Gebieten, während das Kriegsvolk ... plündernd und brennend das Land durchzog. Sie begannen mit Mannheim und Heidelberg, den kurfürstlichen Residenzen. Ihre Schlösser und auch die Häuser der gemeinen Bürger wurden in Trümmer gelegt ... Zum zweitenmal wurde dieses schöne Land von Ludwig XIV. verwüstet; aber die Flammen der zwei Städte und zwanzig Dörfer, die Turenne verbrannt hatte [während der Verwüstung von 1674], waren nur Funken im Vergleich zu diesen Feuersbrünsten.»[24]

In ganz Deutschland, den Niederlanden und England erhob sich ein Rachegeschrei gegen den König von Frankreich. Deutsche Flugschriften bezeichneten die französischen Soldaten als jeden menschlichen Gefühls unfähige Hunnen und Ludwig als Ungeheuer, Gotteslästerer und barbarischer als jeder Türke. Deutsche Historiker warfen dem französischen Volk höhnisch vor, seine Kultur von den Franken (das heißt Germanen) und seine Universitäten von den römischen Kaisern (das heißt Germanen) bekommen zu haben[25]. Pierre Jurieu, der nach Holland geflüchtete Hugenotte, hatte dort schon eine ausfallende Schmähschrift veröffentlicht, *Les Soupirs de la France esclave* (Seufzer des versklavten Frankreich), worin er Ludwig als bigotten Tyrannen gebrandmarkt und das französische Volk zu seiner Absetzung und zur Errichtung einer konstitutionellen Monarchie aufgerufen hatte. Die französische Presse antwortete mit Aufrufen an die Bürger Frankreichs, dem Feind diese Beleidigungen ins Gesicht zurückzuschleudern und zur Rettung ihres tapferen, angegriffenen und vielgeliebten Königs anzutreten. Am 12. Mai 1689 schlossen sich England, das Reich, Spanien, die Vereinigten Provinzen, Dänemark und Savoyen in der ersten Großen Koalition zusammen, die sich zur Verteidigung jedes ihrer Mitglieder gegen jeden Angriff von außen verschwor. Nun führte ganz Europa gegen Frankreich Krieg.

Ludwig reagierte darauf mit der Erhöhung seiner Armeebestände auf 450 000 Mann und seiner Marine auf 100 000 Mann Besatzung; Europa hatte nie zuvor solche Mengen Bewaffneter gesehen. Der König ließ sein Silberzeug als Beitrag an die Unterhaltskosten für diese Unzahl einschmelzen, er befahl allen Privatleuten und vielen Kirchen, seinem Beispiel zu folgen, und gestattete Pontchartrain die Prägung neuer Münzen, deren Wert um zehn Prozent herabgesetzt war. Der Minister schuf neue Ämter, setzte alte, längst eingegangene wieder ein und verkaufte sie an titelsüchtige Postenjäger. «Jedesmal, wenn Eure Majestät ein Amt schafft», sagte er zu Ludwig, «schafft Gott einen Narren, der es haben will.»[26]

Seignelay riet dem König, die Flotte müsse Irland von England abschneiden. Das wäre möglich gewesen, denn am 30. Juni 1690 schlug Admiral von Tourville mit fünfundsiebzig Schiffen bei Beachy Head vor der Küste von Ost-Sussex eine vereinigte holländisch-englische Flotte. Aber Ludwig sandte nur zweitausend Mann zur Unterstützung Jakobs II. nach Irland; eine größere Streitmacht hätte die Schlacht an der Boyne (1. Juli 1690) gewinnen und England und seinen holländischen König in Irland zu sehr beschäftigen können, als daß sie auf dem Festland mitzukämpfen vermocht hätten. Wilhelm III. war nach diesem Sieg frei, nach Holland zu gehen (1691) und die englischen und holländischen Truppen gegen Frankreich zu führen. 1692 unternahm Ludwig eine

Invasion Englands. Eine Flotte aus Toulon erhielt Befehl, nach Norden zu segeln und sich in Brest mit einer zweiten unter Tourville zu vereinigen; gemeinsam sollten sie jeden englischen Widerstand brechen und dreißigtausend Mann über den Ärmelkanal bringen. Das Geschwader aus Toulon wurde bei Gibraltar von einem Sturm aufgehalten und erreichte Tourville nicht, der ohne Beistand gegen die vereinigten holländischen und englischen Flotten kämpfen mußte. Er wurde in einer entscheidenden Schlacht vor La Hogue bei Cherbourg geschlagen (19. Mai 1692), und die Invasion war abgewendet. Nach diesem Sieg blieb England Herrin über die Meere und frei, Frankreich eine seiner Kolonien nach der anderen zu entreißen. Der Kanal schützt England bis auf unsere Tage.

Zu Lande gingen die französischen Siege weiter, wenn auch unter enormen Opfern an Menschen und Material. Im April 1691 belagerten und eroberten die siegestrunkenen französischen Truppen unter den Augen ihres Königs das strategisch wichtige Mons. Louvois starb am 7. Juli, aber Ludwig war nicht sonderlich unglücklich darüber, seinen aufsässigen Kriegsminister los zu sein; er beabsichtigte, von nun an die ganze Militärpolitik selber in die Hand zu nehmen. Er hielt sich an einen alten französischen Brauch, indem er den Posten Louvois' auf dessen Sohn, den liebenswürdigen und lenksamen vierundzwanzigjährigen Marquis von Barbezieux, übertrug. Im Juni 1692 führte Ludwig seine Truppen persönlich zur Eroberung von Namur, dann überließ er das Kommando dem Herzog von Luxemburg und kehrte nach Versailles zurück, um seinen Ruhm auszukosten. Im Juli überraschte Wilhelm III. den Herzog in Steenkerke; anfänglich wandten sich die Franzosen zur Flucht; aber dann kehrte dank der Führung und dem Beispiel ihres kranken, aber unbesiegbaren Generals Ordnung und Tapferkeit in ihre Reihen zurück, und wiederum fiel der Sieg den Franzosen zu; aber er war teuer erkauft. Hier wurde Philipp II. von Orléans, der erst fünfzehnjährige künftige Regent Frankreichs, während des Kampfs in der Vorhut verwundet, kehrte aber wieder ins Gefecht zurück. Hier entfalteten der junge Herzog Ludwig von Bourbon-Condé (der Enkel des Großen Condé), der schon drei Belagerungen mitgemacht hatte, Franz Ludwig von Bourbon, Prinz von Conti, und Ludwig Joseph, Herzog von Vendôme (Urenkel Heinrichs IV.), und mancher andere Angehörige des französischen Adels ihre ritterliche Tapferkeit, die sie, ungeachtet ihrer eitlen Extravaganzen in Friedenszeiten, in Kriegszeiten zum Idol ihrer Leute und selbst dem Feind zum Vorbild werden ließ. «Welch eine Nation Ihr seid!» rief Graf Salm, einer ihrer Gefangenen, aus. «Kein Feind ist fürchterlicher in der Schlacht, kein Freund ist großherziger im Sieg.»[27]

Ein Jahr später schlug die französische Armee unter dem gleichen General Wilhelm in Neerwinden bei Brüssel; auch hier waren die Verluste enorm – zwanzigtausend Alliierte, achttausend Franzosen. Wie oft aber Wilhelm auch geschlagen wurde, immer wieder erschien er nach kurzem mit einer neuen Armee und frischen Mitteln. Im August 1694 eroberte er Namur zurück, und Frankreich mußte nach fünfjährigem Blutvergießen einsehen, daß ihm nicht einmal die Niederwerfung der Spanischen Niederlande gelungen war. Andere französische Armeen kämpften in Italien und Spanien, konnten aber ihre Eroberungen nur mühsam gegen Feinde halten, die von allen Seiten Unterstützung erhielten. Im Juli 1694 segelte eine englische Flotte zum Angriff auf

Brest aus; einige Franzosenfreunde in England (unter ihnen, wurde gesagt, auch Marlborough[28]) hatten Jakob II. den Plan verraten; die gewarnten Franzosen stellten längs der Küste bei Brest Geschütze in Bereitschaft, und die Engländer wurden mit schweren Verlusten zurückgeschlagen.

Im Januar 1695 starb der Marschall von Luxemburg, und Ludwig verblieben nur noch zweitrangige Generäle. Obschon französischer Boden von den Verbündeten kaum je betreten worden war, bekam Frankreich die Last einer neuen Art von Krieg zu fühlen, in welchem nicht gedungene Söldner Schlachten schlugen, sondern in dem ganze Nationen zum gegenseitigen Massaker gezwungen wurden. Bejubelte es auch seine Generäle, Helden und Siege, so war das von nie zuvor erlebten Abgaben erschöpfte französische Volk doch körperlich und seelisch dem Zusammenbruch nahe. 1694 vergrößerte eine Hungersnot das allgemeine Elend; man zählte in einer einzigen Diözese vierhundertfünfzig Verhungerte[29]. Die Wirtschaft des Landes stand vor dem Ruin. Das Transportwesen war in Unordnung, denn der Unterhalt von Brücken und Straßen hatte während des Kriegs sozusagen aufgehört. Hunderterlei Wegzölle auf Flüssen und Straßen hemmten den Binnenhandel. Feindliche Flotten und Freibeuter legten den durch Import- und Exportzölle ohnehin schon genug beeinträchtigten Außenhandel fast völlig lahm. Wer von der Küstenfischerei oder vom Küstenhandel gelebt hatte, war ruiniert. Einquartierte Truppen fraßen Hunderte von Städten leer. Armut, Hunger, Krankheiten und Krieg ließen die Einwohnerzahl Frankreichs von dreiundzwanzig Millionen im Jahr 1670 auf neunzehn Millionen im Jahr 1700 zusammenschrumpfen[30]. Die Provinz Touraine verlor ein Viertel ihrer Bevölkerung; ihre Hauptstadt Tours zählte nur noch dreiunddreißigtausend von den achtzigtausend Einwohnern, die sie unter Colbert gehabt hatte. Intendantenberichte aus verschiedenen Teilen Frankreichs rapportierten am Ende des siebzehnten Jahrhunderts:

«Diese ehemals reiche, blühende Stadt ist heute ohne jedes Gewerbe ... Es gab früher in dieser Provinz Manufakturen, aber heute sind sie verlassen ... Die Bewohner zogen früher viel mehr aus dem Boden als heute; der Ackerbau war vor zwanzig Jahren unendlich ertragreicher ... Einwohnerzahl und Produktion sind in diesen letzten dreißig Jahren um ein Fünftel zurückgegangen ...»[31]

1694 richtete Fénelon, der bald darauf Erzbischof von Cambrai wurde, an Ludwig XIV. einen anonymen Brief, der eines der Wahrzeichen der damaligen französischen Geistesverfassung ist:

«Sire! Nicht weltliche Interessen sind es, die den bewegen, der diesen Brief an Sie zu richten sich die Freiheit nimmt. Er schreibt weder aus Enttäuschung noch aus Ehrgeiz, noch hat er den Wunsch, sich in die großen Ereignisse einzumischen. Er liebt Sie, ohne daß Sie ihn kennen; er erblickt Gott in Ihrer Person ... Es gibt kein Übel, das er nicht freudig erdulden würde, könnte er Ihnen dadurch die Erkenntnis der zu Ihrer Rettung unerläßlichen Wahrheiten vermitteln. Führt er Ihnen gegenüber eine starke Sprache, dann soll Sie dies nicht überraschen; es geschieht nur, weil die Wahrheit frei und stark ist. Sie sind es nicht gewöhnt, sie zu hören. Mit Schmeicheleien verwöhnte Leute halten leicht für Groll, Bitterkeit oder Übertreibung, was nichts als die reine Wahrheit ist. Es wäre Verrat an der Wahrheit, sie Ihnen nicht zu zeigen ... Gott ist mein Zeuge, daß der, der hier zu Ihnen spricht, es aus einem Herzen voller Eifer, Treue und Ergebenheit für alles, was Ihren wahren Interessen dient, tut ...

Seit etwa dreißig Jahren haben Ihre hohen Minister alle alten Staatsmaximen über den Haufen geworfen, um Ihre Macht, die eigentlich in ihren Händen lag, auf das höchste zu steigern. Keiner von ihnen sprach mehr vom Staat und seinen Gesetzen; sie sprachen nur vom König und seinem Wohlgefallen. Sie haben Ihre Einkünfte und Ihre Ausgaben grenzenlos ausgeweitet. Sie haben Sie in alle Himmel erhoben, um, so sagten sie, die Größe aller Ihrer Vorgänger zusammengenommen in den Schatten zu stellen, aber in Wirklichkeit haben sie ganz Frankreich arm gemacht, damit bei Hof ein monströser, nicht wiedergutzumachender Luxus getrieben werden kann. Durch Ruinierung aller Stände des Landes wünschten sie Sie zu erhöhen – als ob Sie groß sein könnten, während alle Untertanen, auf denen Ihre Größe sich aufbaut, zugrunde gerichtet werden. Es ist wahr, Sie wahrten eifersüchtig Ihre Autorität ..., trotzdem war in Wirklichkeit jeder Minister innerhalb seines Verwaltungsbereichs Herr und Meister ... Diese Herren waren hart, hochmütig, ungerecht, gewalttätig und unredlich. Sie kannten in der Verwaltung und in der Außenpolitik keine anderen Regeln als die, alles, was sich ihnen entgegenstellte, zu bedrohen, zu unterdrücken oder zu zerschmettern ... Sie haben Sie daran gewöhnt, unaufhörlich übertriebene Lobsprüche zu hören, die oft an Götzendienerei grenzen und die Sie um Ihrer eigenen Ehre willen mit Abscheu hätten von sich weisen müssen. Jene machten bei allen Nachbarvölkern Ihren Namen verhaßt und die ganze französische Nation unbeliebt. Keinen unserer alten Verbündeten haben sie behalten, denn sie wollten nur Sklaven haben. Sie waren zwanzig Jahre hindurch die Antreiber zu blutigen Kriegen, zu denen Ruhmsucht oder Rachsucht der einzige Anlaß war ... Alle durch Krieg erlangten Gebietserweiterungen sind zu Unrecht erfolgt. Immer wollten Sie den Frieden diktieren, Bedingungen stellen, statt maßvoll zu verhandeln; deshalb war der Friede nie von Dauer. Ihre schmählich erniedrigten Feinde warteten nur darauf, sich wieder zu erheben und gegen Sie zusammenzuschließen. Überrascht einen das? Sie haben sich nicht einmal an die von Ihnen so stolz diktierten Friedensbedingungen gehalten. Selbst im Frieden haben Sie Krieg geführt und gewaltige Eroberungen gemacht ... Ein solches Verhalten hat ganz Europa gegen Sie aufgebracht und geeinigt ...

Inzwischen verhungert das Volk, das Sie als Ihre Kinder lieben sollten und das Ihnen bisher treu ergeben war. Die Bestellung der Äcker hat fast aufgehört, die Städte und das Land entvölkern sich, das ganze Gewerbe liegt darnieder und vermag die Arbeiter nicht mehr zu ernähren. Der ganze Handel ist ruiniert. Die Hälfte des Wohlstands und der inneren Lebenskraft der Nation haben Sie verbraucht, um außer Landes unnötige Eroberungen zu machen und zu behaupten ... Ganz Frankreich ist heute ein großes, aller Vorräte beraubtes Armenhaus. Die Behörden sind machtlos und verachtet ... Volksaufläufe, die man lange nicht mehr kannte, nehmen auffallend zu. Selbst Paris, so nah bei Ihnen, macht keine Ausnahme; seine Beamten müssen sich Unverschämtheiten von Rebellen gefallen lassen und sie mit Geld beschwichtigen ... Es bleibt Ihnen als trauriges, unwürdiges Letztes nur: entweder den Aufruhr ungestraft und damit immer häufiger werden zu lassen, oder erbarmungslos Leute hinzuschlachten, die Sie zur Verzweiflung getrieben haben, indem sie ihnen mit der Erhebung von Steuern zur Finanzierung Ihrer Kriege das der Erde im Schweiße ihres Angesichts abgerungene Brot wegschnappen ...

Seit langer Zeit hat Gott seinen Arm gegen Sie erhoben; aber er zögert, zuzuschlagen, weil er sich eines Fürsten erbarmt, der sein Leben lang von Schmeichlern umgeben war, und weil Ihre Feinde auch die seinen sind ... Sie lieben Gott nicht, Sie fürchten ihn nur, und zwar in sklavischer Furcht ... Ihre Religion besteht nur aus Aberglauben und nichtssagenden, oberflächlichen Äußerlichkeiten ... Sie lieben nichts als Ihren Ruhm und Ihren Vorteil. Sie beziehen alles auf sich, als ob Sie der Gott dieser Erde wären und alles übrige dazu geschaffen, Ihnen geopfert zu werden. Gott hat Sie aber im Gegenteil einzig und allein für Ihr Volk in diese Welt gestellt ...

Man hatte gehofft, Sire, Ihr Staatsrat würde Sie vom falschen Weg abbringen; aber er hat weder den Mut noch die Kraft. Wenigstens Frau von M[aintenon] und der Herzog von B[eauvillier] hätten von dem Vertrauen Gebrauch machen sollen, das Sie in sie setzen, um Ihnen die Augen zu öffnen; ihre Schwäche und Scheu sind in den Augen der Welt eine Schande und ein

Skandal ... Sie fragen vielleicht, Sire, was sie denn tun sollten. Dies: sie sollten Ihnen zeigen, daß Sie sich demütig unter die Hand Gottes fügen müssen, wenn Sie nicht wollen, daß er Sie demütige; daß Sie um Frieden bitten und durch diese Selbsterniedrigung auf den ganzen Ruhm verzichten müssen, den Sie zu Ihrem Götzen erhoben haben, daß Sie zur Rettung des Landes Ihren Feinden so bald als möglich alles zurückgeben sollen, worauf Sie kein Anrecht haben.

Dem, der Ihnen diese Wahrheiten mitteilt, Sire, liegt es fern, sich Ihren Interessen entgegenzustellen; er würde sein Leben dafür hingeben, Sie so zu sehen, wie Gott Sie sehen möchte, und er wird nicht aufhören, für Sie zu beten.»*

Fénelon wagte nicht, den Brief dem König direkt zuzustellen. Er ließ ihn Frau von Maintenon überbringen, vielleicht in der Hoffnung, wenn sie ihn Ludwig nicht zeigen würde, könnte sie doch wenigstens von der sich darin widerspiegelnden Stimmung im Volk dazu bewogen werden, ihren Einfluß zugunsten des Friedens einzusetzen. Sie gab den Brief dem Erzbischof von Noailles mit den Worten: «Er ist gut geschrieben, aber solche Wahrheiten können den König nur ärgern und entmutigen ... Wir müssen ihn zartfühlender auf den Weg führen, den er gehen sollte.»[33] 1692 hatte sie geschrieben: «Der König kennt die Leiden seines Volkes und sucht überall nach Mitteln, sie zu lindern.»[34] Zweifellos kannte sie die Antwort, die er Fénelon geben würde: daß christliche Grundsätze im Umgang mit Ländern nicht anwendbar sind; daß eine Generation Franzosen wohl geopfert werden durfte, wenn dadurch die Zukunft Frankreichs durch natürliche, leichter zu schützende Grenzen gesichert wäre, und daß der Versuch, mit den verbündeten, rachedurstigen Feinden einen Frieden zu schließen, Frankreich der Invasion und der Zerstückelung preisgeben würde. Von dem Zwiespalt zwischen der Religion der Brüderlichkeit und der Raison des kriegführenden Staates in die Enge getrieben, begab sich Frau von Maintenon immer häufiger nach Saint-Cyr und suchte im Kreis der jungen Klosterfrauen das Glück, das ihr die Macht nicht zu geben vermochte[35].

Gegen Ende des Krieges brachte Pierre Le Pesant, Sieur von Boisguillebert und Generalleutnant der Region Rouen, dem Minister Pontchartrain einen Plan zur Linderung des wirtschaftlichen Niedergangs und der allgemeinen Not. «Hören Sie mir geduldig zu», beschwor er den Minister. «Sie werden mich zuerst für einen Narren halten, dann werden Sie einsehen, daß ich Ihre Aufmerksamkeit verdiene, und zum Schluß werden Sie meine Gedanken billigen.» Pontchartrain lachte ihn aus und schickte ihn fort. Der erzürnte Magistrat veröffentlichte sein abgelehntes Manuskript als *Le Détail de la France* (1697). Darin beklagte er die Unzahl von Steuern und Abgaben, von denen die Armen schwer, die Reichen nur wenig betroffen wurden, beschuldigte die Kirche, zu viel Land und Reichtümer zu verschlingen, und prangerte schonungslos die Finanzleute an, an deren Fingern zuviel von den im Namen des Königs eingetriebenen Steuergeldern kleben bleibe[36]. Seine Beweisführung büßte an Gewicht ein durch Übertreibungen, ungenaue statistische Angaben und irrtümliche Darstellung der Wirtschaftslage Frankreichs vor Colbert, machte jedoch mit aller Schärfe deutlich, daß einer Regierung, die alles zu reglementieren gewohnt war, die nötigen Voraussetzungen dazu fehlten. Bois-

* Der Brief wurde zum erstenmal 1787 von d'Alembert veröffentlicht. Seine Echtheit blieb jedoch zweifelhaft, bis man 1825 ein Exemplar davon in Fénelons eigener Handschrift fand[32].

guillebert gehörte zu den ersten, die den merkantilistischen Irrtum, der Besitz von Edelmetallen bedeute an sich Wohlstand und der Zweck des Handels sei die Anhäufung von Gold, verwarfen. Wohlstand, behauptete er, ist Überfluß an Gütern und an Produktionsmöglichkeiten. Grund und Boden ist der beste Besitz; der Bauer ist die Grundlage des Wirtschaftslebens, sein Ruin reißt alles andere mit sich; letzten Endes sind alle Stände zu einer Interessengemeinschaft verflochten. Jeder Produzent ist auch Konsument, und jeder Vorteil, den er sich als Produzent sichert, wirkt sich früher oder später für ihn als Konsument nachteilig aus. Colberts Reglementierungssystem war ein Fehler; es behinderte die Produktion und setzte Kalk an in den Arterien des Handels. Es ist am klügsten, die Menschen innerhalb der Landesgrenzen frei produzieren, kaufen und verkaufen zu lassen. Man lasse die natürliche Strebsamkeit und Erwerbslust der Menschen wirken; möglichst wenig von gesetzlichen Einschränkungen behindert und von solchen befreit, werden sie neue Methoden, Unternehmungen, Verfahren und Werkzeuge erfinden, werden sie die Fruchtbarkeit des Bodens und die industrielle Produktion vervielfältigen sowie Umfang und Lebhaftigkeit des Handels steigern. Und die sich daraus ergebende Zunahme des Wohlstands wird dem Staat neue Einkünfte verschaffen. Es werden sich Ungerechtigkeiten einstellen, aber diese werden durch den Wirtschaftsprozeß von selber ausgeglichen. Auch hier wieder ertönt das *laissez faire!*, zweihundert Jahre vor dem Höhepunkt des kapitalistischen freien Unternehmertums des Westens.

Es ist dem König und seinen Ministern nicht zu verargen, daß sie mitten im Krieg gegen halb Europa den Zeitpunkt nicht für gekommen hielten, eine so weitreichende wirtschaftliche Umwälzung durchzuführen. Statt zur Wirtschaftsreform, entschlossen sie sich erneut zu Steuererhöhungen. 1695 wurde eine jeden männlichen Erwachsenen Frankreichs treffende Kopfsteuer dekretiert; man entschuldigte ihre Einführung als vorübergehend, aber sie blieb bis 1789 in Kraft. Theoretisch waren auch Adlige, Geistliche und Magistraten davon betroffen, praktisch erkaufte sich der Klerus mit einer kleinen Abfindung eine Ausnahme, während die Angehörigen des Adels und der Finanz sich durch Gesetzeslücken drücken konnten. Jede Schliche, dem Volk Geld abzupressen, war recht. Man organisierte Lotterien, verkaufte Ämter, entwertete die Münzen, und begüterte Leute wurden mit Schmeichelei und mit Druck zu Darlehen gedrängt. Der König lockte persönlich durch geschicktes Hinhalten, seinen Charme und das Hofleben aus dem Bankier Samuel Bernard Millionen heraus. Trotz aller alten und neuen Steuern und Finanzkünste betrugen 1697 die gesamten Staatseinkünfte 81 Millionen und die Ausgaben 219 Millionen Livres.

Endlich gestand sich Ludwig ein, daß sein Land an seinen Siegen verblutete und befahl seinen Unterhändlern die Aufnahme von Friedensverhandlungen. Ihre Geschicklichkeit vermochte noch ein weniges für ihn zu retten. 1696 brachten sie den Herzog von Savoyen zum Abschluß eines Separatfriedens. Ludwig ließ gerüchtweise verlauten, er würde die Unterstützung der Stuarts fallenlassen und Wilhelm III. als König von England anerkennen. Wilhelm erfuhr jedoch, daß Geld schwerer erhältlich war als Blut. «Meine Armut ist unglaublich», klagte er, aber das Parlament wurde immer zurückhaltender mit der Ausschüttung von Pfunden für den Unterhalt seiner Truppen. Er verlangte als Vorbedingung die Ausweisung Jakobs II. aus Frankreich. Ludwig lehnte ab, bot jedoch die Rückgabe fast aller von seinen Armeen eroberten Städte und Gebiete an. Am 20. September 1697 beendete der Friede von Rijswijk (bei Den Haag) den Pfälzischen Krieg gegen England, Holland und Spanien. Frankreich behielt Straßburg und die Freigrafschaft und bekam Pondicherry in Indien und Neuschottland in Amerika wieder, aber die französischen Einfuhrzölle auf holländische Waren mußten gesenkt werden. Am 30. Oktober wurde zusätzlich der Friede mit dem Reich unterzeichnet. Sowohl der Kaiser als auch der König von Frankreich erwarteten den baldigen Tod Karls II. von Spanien, und die Kanzleien ganz Europas wußten wohl, daß man nur einen Waffenstillstand als Vorbereitung auf einen noch größeren Krieg, dessen Beute das reichste Königreich der Welt sein würde, unterzeichnet hatte.

III. DIE SPANISCHE FRAGE: 1698–1700

Der kinderlose Karl II. war dem Tod nahe; wer würde seine von den Philippinen über Italien, Sizilien und Nord- und Südamerika reichenden Besitztümer erben? Ludwig forderte sie nicht nur als Sohn der ältesten Tochter Philipps III. von Spanien, sondern auch als Anspruch seiner verstorbenen Gemahlin Maria Theresia, der ältesten Tochter Philipps IV. Es stimmte, daß Maria Theresia bei ihrer Vermählung auf alle Ansprüche auf den spanischen Thron verzichtet hatte; aber der Verzicht war unter der Bedingung erfolgt, daß die spanische Regierung fünfhunderttausend Goldkronen als ihre Mitgift an Frankreich zahle. Diese Summe wurde nie ausbezahlt, denn Spanien war bankrott.

Kaiser Leopold I. stellte Gegenforderungen. Er war der Sohn Maria Annas, der jüngern Tochter Philipps III., 1666 hatte er sich mit Margaretha Theresia, der jüngeren Tochter Philipps IV., vermählt, und keine dieser Damen hatte auf das Recht einer möglichen Thronfolge in Spanien verzichtet. Der fortwährend von den Türken bedrängte Kaiser schloß um den Preis des Friedens mit Frankreich einen Kompromiß, indem er mit Ludwig XIV. einen Geheimvertrag über die eventuelle Teilung des spanischen Weltreichs abschloß (19. Januar 1668). Durch diesen Vertrag, sagt ein englischer Historiker, «anerkannte er praktisch Ludwigs These, daß der Verzicht der französischen Königin auf ihre Ansprüche nichtig sei»[37]. Als Leopold in zweiter Ehe einen zweiten Sohn bekam, erneuerte er seine Ansprüche, bot aber an, sie an den neugeborenen Erzherzog Karl abzutreten.

England, die Vereinigten Provinzen und die deutschen Fürstentümer sahen mit Schrecken der Möglichkeit entgegen, daß das ungeheure spanische Weltreich entweder Frankreich oder Österreich zufallen und in beiden Fällen das Mächtegleichgewicht aufgehoben sein würde. Gewann Ludwig, würde er Europa beherrschen und den Protestantismus ernstlich bedrohen; gewann aber Kaiser Leopold, so hielt er die Spanischen Niederlande in den Händen und würde die Republik Holland bedrohen und bald auch die Autonomie der deutschen Fürstentümer zerschlagen. Es standen sowohl Handels-

als auch dynastische Interessen auf dem Spiel: Englische und holländische Exporteure belieferten den größten Teil des Handels mit Industriegütern in Spanien und seinen Kolonien und heimsten dafür beträchtliche Gold- und Silbermengen ein; sie waren nicht willens, diesen Handel zu einem Monopol Frankreichs werden zu lassen. «Die Erhaltung des Handels zwischen dem britischen Königreich und Spanien», stellte die britische Regierung 1716 fest, «war einer der Hauptgründe, die unsere beiden königlichen Vorgänger zum Eintritt in diesen letzten, langen und kostspieligen Krieg bewogen haben.»[38]

Wilhelm III. war darauf bedacht, die Handelsleute sowohl seines ursprünglichen als auch seines neuen Vaterlandes zufriedenzustellen und das Gleichgewicht der Mächte auf dem Festland zu erhalten. Er schlug deshalb Ludwig vor, Frankreich möge seine Ansprüche aufgeben und gemeinsam mit England zulassen, daß Spanien, Westindien, Sardinien und die Spanischen Niederlande an Joseph Ferdinand, den Kurfürsten von Bayern und Enkel Leopolds, übergingen, daß der Dauphin von Frankreich die Häfen der Toscana und das Königreich beider Sizilien (Italien südlich des Kirchenstaates) erhalte, während Erzherzog Karl mit dem Herzogtum Mailand zufriedengestellt würde. Ludwig ging auf den Vorschlag ein und unterzeichnete (11. Oktober 1698) mit Wilhelm den ersten Vertrag über die Teilung Spaniens. Leopold lehnte den Plan erbost ab. In der Hoffnung, das spanische Reich vor einer solchen Zersplitterung zu bewahren, setzte Karl II. in seinem Testament (14. November 1698) den Kurfürsten von Bayern als Universalerben ein; aber der Kurfürst starb am 5. Februar, und die Lage wurde noch verworrener.

Nun schlug Ludwig Wilhelm eine neue Teilung vor: Der Dauphin sollte die Häfen der Toscana, die beiden Sizilien und das Herzogtum Lothringen bekommen, wobei der Herzog von Lothringen mit Mailand abzufinden wäre. Der ganze Rest des spanischen Reichs, mitsamt Amerika und den Spanischen Niederlanden, sollte an Erzherzog Karl gehen. Am 11. Juni 1699 unterzeichneten Wilhelm und Ludwig einen entsprechenden zweiten Teilungsvertrag. Die Vereinigten Provinzen erklärten sich einverstanden; aber Karl II. protestierte gegen jede Zerstückelung seiner Besitzungen, und der Kaiser, der für seinen Sohn zu ernten hoffte, unterstützte die Haltung Spaniens und verweigerte seine Zustimmung zur Teilung. Karl war als Habsburger geneigt, alles dem Erzherzog zu hinterlassen, als Spanier aber haßte er die Österreicher, und als Lateiner bevorzugte er die Franzosen. Als eifriger Katholik bat er den Papst um seinen Rat; Innozenz XII. antwortete (27. September 1700), die beste Lösung wäre, das spanische Reich einem Bourbonenprinzen zu vermachen, der auf seine Rechte auf den Thron Frankreichs verzichten würde; auf diese Weise würde Spanien unangetastet bleiben. Offensichtlich waren die französischen den österreichischen Diplomaten sowohl in Madrid als auch in Rom überlegen. Die durch das arrogante Wesen seiner deutschen Königin gereizte öffentliche Meinung Spaniens billigte den Vorschlag des Papstes. «Die Stimmung ist allgemein ganz und gar franzosenfreundlich», berichtete der englische Gesandte aus Madrid[39]. Am 1. Oktober unterschrieb Karl das schicksalsschwere Testament, das ganz Spanien und alle seine Territorien dem siebzehnjährigen Philipp, Herzog von Anjou, dem zweiten Sohn des Dauphins, übertrug mit der Bedingung, daß die Kronen Frankreichs und Spaniens nie auf ein und demselben Haupte vereinigt würden. Am 1. November starb Karl.

Als der Inhalt des Testaments in Paris bekannt wurde, war Ludwig erfreut, aber er zögerte dennoch. Er wußte, daß der Übergang Spaniens von den Habsburgern an die Bourbonen beim Kaiser auf heftigen Widerstand stoßen und daß sich England und Holland diesem Widerstand anschließen würden. Ein deutscher Historiker glaubt an friedliche Absichten Ludwigs an diesem Wendepunkt:

«Es wäre unrecht, zu behaupten, es sei von Anfang an Ludwigs XIV. Absicht gewesen, den Teilungsvertrag zu brechen, sobald er ein seinem Hause vorteilhaftes Testament in Händen hielte. Sogar als er noch zu Lebzeiten König Karls schon von diesem Testament wußte, wies er seinen Gesandten in Holland an, dem Ratspensionär zu versichern, daß er sich an seine Verpflichtungen zu halten gedenke, ohne auf Angebote einzugehen, die ihm gemacht werden könnten. Hinzu kam, daß er seine Bemühungen um den Beitritt des Wiener Hofes zum Teilungsvertrag immer noch fortsetzte.»[40]

Am 6. Oktober richtete Ludwig einen dringenden Appell an den Kaiser, den zweiten Teilungsvertrag anzunehmen[41]. Leopold lehnte ab, und von nun an betrachtete Ludwig den Vertrag als hinfällig.

Sofort nach Karls Tod sandte die spanische Junta oder Regentschaft einen Kurier nach Paris, der Ludwig anzeigen sollte, daß sein Enkel als König von Spanien betrachtet würde, sobald er komme und den Eid ablege, die Gesetze des Königreichs zu achten. Der spanische Gesandte in Paris hatte Auftrag, im Falle einer französischen Ablehnung den Kurier eiligst nach Wien zu dirigieren und dort dem Erzherzog das gleiche Angebot zu machen[42]; auf keinen Fall durfte das spanische Weltreich geteilt werden. Am 9. November berief Ludwig den Dauphin, den Kanzler Pontchartrain, den Herzog von Beauvillier und den Außenminister Marquis von Torcy zur Beratung in das Appartement von Frau von Maintenon und wollte ihre Ansicht hören. Beauvillier war für Ablehnung des spanischen Angebots, das unweigerlich zum Krieg mit dem Reich, England und den Vereinigten Provinzen führen müsse, und er erinnerte den König daran, daß Frankreich nicht in der Lage sei, einer solchen Koalition entgegenzutreten. Torcy war für Annahme; der Krieg sei in jedem Fall unvermeidlich, denn Leopold werde sowohl gegen den Teilungsvertrag als auch gegen das Testament kämpfen, und wenn der König das Angebot ablehnen sollte, würde der Kaiser mit Freuden zugreifen, und Frankreich wäre wiederum von den gleichen Mächten umklammert – Spanien, Norditalien, Österreich und die Spanischen Niederlande –, die Frankreich in den letzten zweihundert Jahren soviel Blutvergießen verursacht hatten. Lieber für eine gerechte Sache – das Erbe – in den Krieg ziehen als für den Versuch, die Teilung Spaniens gegen den Wunsch seiner Regierung und seiner Bevölkerung durchzusetzen[43].

Nach dreitägiger Beratung eröffnete Ludwig der spanischen Delegation die Annahme des Erbes, und am 16. November 1700 stellte er dem in Versailles versammelten Hof den Herzog von Anjou vor: «Meine Herren», sagte er, «Sie sehen hier den König von Spanien. Seine Abstammung brachte ihm diese Krone; es ist dies der Letzte Wille des verstorbenen Königs, und das ganze Land Spanien wünscht es und bittet dringend um meine Zustimmung. Es ist der Wille des Himmels; ich erfülle ihn mit Freuden.» Und zum jungen Monarchen gewendet, fügte er bei: «Seien Sie ein guter Spanier, das ist nun Ihre erste Pflicht; aber vergessen Sie nicht, daß Sie als Franzose geboren sind, und erhalten Sie die Einigkeit zwischen den beiden Ländern; das ist der Weg, Sie glücklich zu machen und Europa den Frieden zu erhalten.»[44] Die spanische Regentschaft proklamierte Philipp in Madrid zum König, und alle Teile Spaniens und seiner Besitzungen erklärten unverzüglich ihr Einverständnis. Eine Regierung nach der anderen anerkannte den neuen König: Savoyen, Dänemark, Portugal, die Vereinigten Provinzen, England, verschiedene italienische und deutsche Fürstentümer; unter den ersten anerkennenden Fürsten befand sich sogar der Kurfürst von Bayern – der glaubte, sein Sohn sei vom Kaiser vergiftet worden. Die Krise schien überwunden, die hundertjährige Feindschaft zwischen Spanien und Frankreich friedlich beigelegt zu sein. Der spanische Gesandte in Versailles kniete huldigend vor seinem neuen Herrscher und sprach die berühmten, von Voltaire irrtümlich Ludwig XIV. zugeschriebenen Worte: «Il n'y a plus de Pyrénées» – Es gibt keine Pyrenäen mehr[45].

IV. DIE ZWEITE GROSSE KOALITION: 1701/02

Philipp V., der erste spanische Bourbone, wurde «in Spanien ruhig und fröhlich empfangen», schrieb Lord Chesterfield, «und von den meisten jener Mächte, die sich später zu seiner Entthronung zusammenschlossen, als König anerkannt»[46]. Aber Kaiser Leopold empfand, daß diese tatsächliche Vereinigung Frankreichs und Spaniens, würde man sie auf die Dauer zulassen, eine Katastrophe wäre für das Haus Habsburg, das so lange schon gewohnt war, sowohl das Heilige Römische als auch das spanische Reich zu regieren. Sein Groll spiegelte sich in den die öffentliche Meinung Österreichs aufwiegelnden Schriften der Pamphletisten, die darauf hinwiesen, Karl II. sei nicht bei Sinnen gewesen, als er Spanien seinem Erbfeind vermachte; in der Tat behaupteten sie, die Obduktion habe gezeigt, daß das Gehirn und das Herz des Königs von Krankheiten schwer angegriffen waren; deshalb sei das Testament null und nichtig, und gestützt auf die nie aufgegebenen Ansprüche seiner Mutter und seiner Gemahlin gehörten die spanischen Besitzungen dem Kaiser. Leopold drängte seine früheren Verbündeten – Holland und England –, sich ihm durch Nichtanerkennung oder Widerruf der Anerkennung Philipps V. anzuschließen, selbst wenn dies Krieg bedeuten sollte.

Die führende Persönlichkeit der Vereinigten Provinzen war damals Antonius Heinsius, der nach Wilhelms Weggang nach England zum Großpensionär gewählt worden war. Er war früher einmal als holländischer Gesandter in Frankreich von Louvois in Mißachtung der diplomatischen Immunität mit der Verhaftung bedroht worden und hatte diese Beleidigung nie vergessen. Als Neunundfünfzigjähriger lebte er nun in einem einfachen Haus im Haag, liebte die Bücher, ging immer zu Fuß in sein Amt, arbeitete zehn Stunden täglich, und seine bürgerliche Einfachheit und republikanische Regierungsweise war eine lebende Herausforderung an die im Luxus schwelgenden Aristokraten und absoluten Könige. Im November 1700 sandte er auf Geheiß der Generalstaaten ein Memorial an Ludwig XIV. mit der dringenden Bitte, das Erbe Karls II. als den Kaiser empfindlich verletzend auszuschlagen und den Plan einer Teilung wiederaufzugreifen. Ludwig antwortete (4. Dezember 1700), die Annahme des Erbes sei nötig geworden durch die wiederholte Ablehnung eines Teilungsplans durch den Kaiser und die Gewißheit, daß, würde Frankreich das Angebot ablehnen, der Kaiser es annähme.

Ludwigs Handlungen erhöhten die Angst Europas vor Frankreichs Macht. Am 1. Februar 1701 veranlaßte er das Pariser Parlament zur Registrierung eines königlichen Dekrets, durch welches die eventuellen Rechte Philipps und seiner Nachkommen auf die Krone Frankreichs gesichert wurden. Das mußte nicht unbedingt bedeuten, daß Ludwig die Vereinigung Frankreichs und Spaniens unter einem König wollte. Wahrscheinlich beabsichtigte er damit eine geordnete Thronfolge in Frankreich für den Fall, daß alle vorangehenden Erbberechtigten vorher wegsterben würden. Sollte dieser Fall eintreten, könnte Philipp die spanische Krone zugunsten der französischen ablegen und so in seinem Vaterland die Linie der Bourbonen ununterbrochen fortsetzen. Eine weitere Maßnahme des Königs zog ihm eine berechtigt feindselige Auslegung zu. Ein Abkommen mit Spanien hatte den Holländern das Recht bestätigt, sich mit bewaffneten Garnisonen in einigen Grenzstädten der Spanischen Niederlande gegen einen Einmarsch in Holland zu schützen. Am 5. Februar drangen auf Grund einer zwischen Ludwig und dem damals über die Spanischen Niederlande regierenden Kurfürsten von Bayern getroffenen Abmachung französische Truppen in diese Städte ein und befahlen den holländischen Garnisonen, abzuziehen. Der spanische Gesandte im Haag teilte den Generalstaaten mit, dies sei auf Wunsch der spanischen Regierung geschehen. Die Generalstaaten fügten sich unter Protest, aber Heinsius einigte sich mit Wilhelm III. zur Erneuerung der Großen Koalition gegen Frankreich.

Wilhelm pochte darauf, der zweite Teilungsvertrag sei eine zwischen ihm und Ludwig geschlossene Übereinkunft, die gültig sei, ob Leopold sie unterschrieben habe oder nicht, und die französische Annahme des spanischen Erbes komme dem Bruch eines feierlichen Paktes gleich. Das Parlament dagegen war nicht willens, sich auf einen kostspieligen Krieg mit Frankreich einzulassen. Als die Notifizierung der Übernahme des spanischen Throns durch Philipp V. in England eintraf, sah sich Wilhelm gezwungen, seinen «vielgeliebten Bruder, den König von Spanien», zu seiner «glücklichen Thronbesteigung» zu beglückwünschen[47] – und damit in aller Form die Regierung des Bourbonen anzuerkennen (17. April 1701)[48]. Als aber die ungeheure Tragweite der französisch-spanischen Union klarer zutage trat, als die Besetzung Flanderns durch französische Truppen Ludwig näher an Holland heranbrachte und der Besitz Antwerpens ihm die Macht über den diesen Hafen benutzenden englischen Handel verschaffte, begannen die Engländer zu begreifen, daß es sich nicht nur um einen Kampf zwischen Bourbonen und Habsburgern, zwischen dem wiedererstarkenden Katholizismus und dem sich wehrenden Protestantismus handelte, sondern um die Herrschaft Englands oder Frankreichs über die Weltmeere, über Europas Kolonien und den Welthandel. Ohne den Krieg zu erklären, verpflichtete sich das Parlament im Juni 1701, Wilhelm bei allen Bündnissen zu unterstützen, die er zum Zweck der Eindämmung von Frankreichs überbordender Macht eingehen würde. Seine Bereitschaft zu diesem Vorhaben bekräftigte es durch seine Zustimmung zur Rekrutierung von dreißigtausend Seeleuten und Bewilligung von 2,7 Millionen Pfund. Auf einen Hilferuf der Generalstaaten hin kommandierte Wilhelm zwanzig Schiffe mit zehntausend Mann nach Holland, und im Juli segelte er selber nach dem Haag.

Der Kaiser, der das gesamte spanische Reich für sich forderte, befand sich schon im Krieg. Im Mai 1701 sandte er eine Armee von sechstausend Berittenen und sechzehntausend Fußsoldaten zur Eroberung der spanischen Besitzungen in Norditalien aus. Als Kommandanten setzte er einen jungen Prinzen ein, der als General sogar Marlborough den Rang streitig machen sollte, Eugen von Savoyen. Eugens Großvater war Karl Emanuel, Herzog von Savoyen, sein Vater, Prinz Eugen Moritz, hatte sich als Graf von Soissons in Frankreich niedergelassen, seine Mutter war Olympia Mancini, eine der verführerischen Nichten Mazarins. Prinz Eugen selber bat 1683 als Zwanzigjähriger Ludwig XIV. um das Kommando eines Regiments. Da er als zu jung abgewiesen wurde, verließ er Frankreich und trat in den Dienst des Kaisers. Er teilte sich mit Sobieski in die Befreiung Wiens und die Verfolgung der Türken, wurde bei der Erstürmung von Buda und noch einmal bei der Belagerung Belgrads verwundet und führte die kaiserliche Armee zu ihrem entscheidenden Sieg über die Türken bei Zenta (1697). Er besaß alle Vorzüge außer dem einer angenehmen Erscheinung. Ein mißgünstiger Franzose beschrieb ihn als «diesen häßlichen kleinen Menschen mit einer Stülpnase und einer Oberlippe, zu kurz, um seine Zähne zu bedecken»[49]; aber Voltaire erkannte in ihm «die Eigenschaften eines Helden im Krieg und eines großen Mannes im Frieden, durchdrungen von hohem Gerechtigkeitsgefühl und Stolz und von unerschütterlicher Tapferkeit als Heerführer»[50]. Als Achtunddreißigjähriger führte er nun seine Streitkräfte über die Alpen, zersprengte dort die französischen Detachements und gewann in mehreren Siegen über Catinat und Villeroi fast das ganze Herzogtum Mantua für den Kaiser (September 1701), lange bevor der Spanische Erbfolgekrieg erklärt war.

Inzwischen hatten die Diplomaten ein Jahrzehnt des Blutvergießens vorbereitet. Im August gewährte Spanien Frankreich das einträgliche *asiento* – das «Recht», die spanischen Kolonisten in Amerika mit Sklaven zu beliefern; offensichtlich beabsichtigte Frankreich, seinen überwältigenden Einfluß in Spanien dazu auszunutzen, den Handel von dessen Besitzungen in drei Kontinenten an sich zu bringen. Am 7. September unterzeichneten die Vertreter Englands, der Vereinigten Provinzen und des Reichs im Haag einen Vertrag zur Bildung einer zweiten Großen Koalition. Artikel zwei erklärte es für unerläßlich für den europäischen Frieden, daß die Ansprüche des Kaisers auf die spanische Thronfolge befriedigt und daß England und den Vereinigten Provinzen für ihre Kolonien, ihre Schiffahrt und ihren Handel Sicherheit verschafft werde. Im Vertrag wurden dem Kaiser die spanischen Besitzungen in Italien und den Niederlanden versprochen; aber die Frage, ob Philipp V. als König von Spanien anzuerkennen sei, blieb offen. Die Vertragsparteien verpflichteten sich, weder separate Verhandlungen zu führen noch einen Separatfrieden zu schließen, sich der Vereinigung der französischen mit der spanischen Krone zu widersetzen, den französischen Handel von den spanischen Kolonien fernzuhalten und alle eventuellen Eroberungen Englands und der Niederlande in Spanisch-Westindien zu schützen[51]. Frankreich wurden zwei Monate Frist zur Annahme dieser Bedingungen eingeräumt; sollte es sich weigern, würden die Verbündeten den Krieg erklären.

Hochmütig wie immer nahm Ludwig die Herausforderung entgegen. Er erklärte sich der Ehre halber verpflichtet, das Erbe Karls II. und die Entschlossenheit des spanischen Volkes, sein Reich nicht zerstückeln zu lassen, in Schutz zu nehmen. Seiner Macht und seiner guten Sache allzu sicher, erschien er am Sterbebett Jakobs II. und tröstete ihn mit dem Versprechen, Jakob III. als König von England anzuerkennen und zu unterstützen. Ludwig hielt dieses Versprechen nach dem Tod des Vaters; wir wissen nicht, ob dies «eine großherzige Tat» war, wie ein großherziger englischer Geschichtsschreiber sie nannte[52], ob Ludwig den tränenreichen Bitten der Witwe erlag[53] oder ob es sich um einen taktischen Schachzug handelte, der den Zweck hatte, England in Anhänger Wilhelms und Anhänger Jakobs, also einer zweiten Stuart-Restauration, zu spalten. Der Spanische Erbfolgekrieg war auf jeden Fall auch ein Krieg um die englische Thronfolge, sogar im Gefühl der Engländer, denn eine erneute Restauration des Hauses Stuart barg möglicherweise den Versuch in sich, England katholisch zu machen. Wenn Frankreich das Vorgehen der Koalition als Mißachtung der Anerkennung betrachtete, deren fast alle Verbündeten Philipp V. als König von Spanien versichert hatten, so war man in England vorwiegend der Meinung, Ludwig habe den Frieden von Rijswijk gebrochen, in welchem er Wilhelm III. als König von England anerkannt hatte, und die Anerkennung Jakobs III. wurde ihm als anmaßende Einmischung in Englands innere Angelegenheiten verübelt. Dem Koalitionsvertrag wurde eine Klausel angehängt, wodurch sich die Unterzeichner verpflichteten, mit Frankreich nicht eher Frieden zu schließen, als bis Wilhelm Genugtuung für die ihm von Ludwig zugefügte Beleidigung erhalten hätte. Im Januar 1702 entrechtete das Parlament Jakob III., indem es ihn des Hochverrats schuldig und in Acht erklärte. Gleichzeitig verabschiedete es mit allen gegen eine Stimme eine Abschwörungsakte, die von allen Engländern die Verstoßung des «Prätendenten» und den Treuschwur auf Wilhelm III. und seine Erben forderte. Am 8. März 1702 starb Wilhelm, zweiundfünfzig Jahre alt – zu früh, um zu erfahren, daß er eine Allianz zusammengeschweißt hatte, die ein halbes Jahrhundert lang das Aussehen Europas bestimmen sollte. Am 15. Mai erklärten der Kaiser, die Generalstaaten der Vereinigten Provinzen und das Parlament von England gleichzeitig Frankreich den Krieg.

V. DER SPANISCHE ERBFOLGEKRIEG: 1702–1713

Ganz Europa westlich Polens und des Ottomanenreichs war in diesen Krieg verwickelt. Dänemark, Preußen, Hannover, das Bistum Münster, Kurmainz und Kurpfalz und einige kleinere deutsche Fürstentümer schlossen sich der Koalition an, und 1703 traten ihr auch Savoyen und Portugal bei. Sie stellten insgesamt 250000 Mann und besaßen eine gemeinsame Flotte, die der französischen an Zahl, Ausrüstung und Führung weit überlegen war. Frankreich hatte nun zweihunderttausend Mann unter den Waffen; aber diese lagen zerstreut an vielen Fronten, am Rhein, in Italien, in Spanien. Seine einzigen Verbündeten waren Spanien, Bayern, Köln und ein Jahr lang Savoyen. Spanien bildete jedoch für Frankreich eine Belastung, denn es bedurfte französischer Streitkräfte zu seiner Verteidigung; und die spanischen Kolonien waren den Flotten Englands und Hollands preisgegeben.

Wir dürfen uns nicht verlieren in dem nun anhebenden königlichen Schachspiel, dessen Figuren lebende Menschen und dessen Schlachten blutiger waren als jemals zuvor. Jetzt kamen die meisterlich, aber verlustreich geführten Schlachten Marlboroughs und Prinz Eugens von Savoyen. Es hatte vielleicht seit Caesar keinen Feldherrn gegeben, in dem sich Kriegsgenie so gut mit diplomatischem Können verband wie in Marlborough: Er beherrschte die Strategie des Planens von Operationen und des Einsatzes der Armeen und die Taktik, die Kräfte von Infanterie, Kavallerie und Artillerie mit raschem Überblick und Entschlossenheit so zu verwenden, wie es die wechselnde Lage einer Schlacht verlangte; und dabei war er geduldig und taktvoll in den Verhandlungen mit den hinter ihm stehenden Regierungen, den ihn umgebenden Persönlichkeiten, sogar mit den Feinden, die in ihm einen der Wirklichkeit ins Auge blickenden, achtunggebietenden Staatsmann sahen. Er konnte manchmal hart und skrupellos sein, er vergoß das Blut seiner Soldaten in jeder Quantität, die ihm zum Erfolg nötig schien, und er unterhielt Beziehungen zu Jakob II. und Jakob III., um sich für den Fall zu sichern, daß die Stuarts an die Macht zurückkehrten. Kurz, er war der Organisator des Sieges.

Ludwig XIV. erkannte, daß der ganze Glanz seiner Regierung auf dem Spiel stand und daß der Streit um Spanien zum Kampf um Kontinente geworden war, und er rief Frankreich auf, ihm seine Söhne und sein Gold zu überlassen. 1704 hatte er 450000 Mann unter den Waffen, gleich viel wie alle seine Feinde zusammen[54]. In der Hoffnung, den kostspieligen Krieg zu einem schnellen Ende zu bringen, befahl er seiner Hauptmacht, durch das befreundete Bayern zu marschieren und die innerste Festung des Feindes, Wien selbst, anzugreifen, das sogar die türkischen Horden nicht zu erobern vermocht hatten. Die kaiserlichen Streitkräfte waren im Osten mit einem Aufstand der Ungarn beschäftigt, und die Hauptstadt war fast unverteidigt. Während eine unter Villeroi kämpfende französische Armee Marlborough in den Niederlanden festhalten sollte, vereinigten sich französische Truppen unter Marsin und Tallard mit denen des Kurfürsten von Bayern und rückten immer tiefer in Österreich vor. Der Kaiser floh, wie 1683, aus Wien, da er wohl wußte, daß seine Gefangennahme für die Sache der Koalition eine Katastrophe wäre.

In dieser heiklen Lage entschloß sich Marlborough, gegen die Bitten der Generalstaaten, aber mit dem heimlichen Einverständnis von Heinsius, den Einmarsch Villerois in Holland zu riskieren und Tag und Nacht von der Nordsee bis an die Donau zu marschieren (Mai bis Juni 1704), um Wien zu retten. Indem er tat, als suche er einen günstigen Ort zur Überquerung der Mosel, lockte er Villeroi, ihm am anderen Ufer zu folgen. Dann wandte er sich bei Koblenz plötzlich ostwärts, überquerte den Rhein auf einer Schiffsbrücke, marschierte nach Mainz, setzte über den Main, gelangte nach Heidelberg, setzte über den Neckar und kam nach Rastatt. Nun vollzog er die ausschlaggebende Vereinigung mit Verstärkungen aus Holland, mit einer kaiserlichen Armee unter Eugen von Savoyen und einer weiteren unter Markgraf Ludwig Wilhelm I. von Baden-Baden. Franzosen und Bayern staunten, Marlborough so weit entfernt von den Stellungen zu finden, wo ihn Villeroi hätte festhalten sollen. Marsin, Tallard und der Kurfürst von Bayern sammelten fünfunddreißigtausend Mann Infanterie und achtzehntausend Kavalleristen zwischen Lutzingen und Blindheim (Blenheim) am linken Donauufer. Dort begegneten ihnen am 13. August 1704 Marlborough und Prinz Eugen mit dreiunddreißigtausend Infanteristen und neunundzwanzigtausend Berittenen in der Schlacht von Höchstädt, die Frankreich vergessen möchte und die England als den Sieg von Blenheim feiert. Marlboroughs überlegene Kavallerie überwältigte die französische Hauptmacht und trieb Tallards regellos fliehende Armee nach Blenheim hinein, wo sich die überlebenden zwölftausend Mann ergaben und Tallard selbst gefangengenommen wurde. Dann ritten Marlboroughs Reiter dem auf dem rechten Flügel hart bedrängten Eugen zu Hilfe, und gemeinsam zwangen sie Marsin zum geordneten Rückzug. Die Menschenverluste waren hoch: zwölftausend Tote im verbündeten, vierzehntausend im französisch-bayerischen Heer. Daß sich siebenundzwanzig Infanteriebataillone und zwölf Schwadronen Berittener ergeben hatten, vernichtete den Ruhm der französischen Waffen. Der Kurfürst von Bayern floh nach Brüssel, Bayern wurde von einer kaiserlichen Armee besetzt, an die siebenhundertfünfzig Quadratkilometer Land wurden von französischen Truppen gesäubert, und Leopold kehrte sicher in seine Hauptstadt zurück.

Der 4. August wurde von einer englisch-holländischen Flotte durch die Eroberung des kahlen Felsens von Gibraltar ebenfalls zu einem historischen Datum gemacht. Die Engländer verwandelten ihn in eine Festung, die sie während zweier Jahrhunderte zu Herren über das Mittelmeer machte. Ungeachtet dessen, daß der Krieg durch diese beiden Siege schon entschieden war, wurde er noch neun weitere Jahre geführt. Eine englische Flotte nahm Barcelona (9. Oktober 1705), eine Koalitionsarmee deckte einen Aufstand Kataloniens gegen Philipp V. und setzte Erzherzog Karl in Madrid als Karl III. ein (25. Juni 1706). Aber der Anblick von Österreichern und Engländern, die ihr Land regierten, rüttelte die Spanier endlich aus ihrer Teilnahmslosigkeit auf; sogar die Geistlichkeit rief zum Widerstand auf. Die Bauern bewaffneten sich, so gut es ging, und unterbrachen die Verbindungslinie zwischen Barcelona und Madrid; der englische Herzog von Berwick, James Fitzjames, ein natürlicher Sohn Jakobs II., führte eine französisch-spanische Streitmacht von Westen heran, eroberte Madrid für Philipp V. zurück (22. September) und trieb den Erzherzog und seine englischen «Ketzer» nach Katalonien zurück.

Marlborough, der inzwischen politische Hindernisse in London und im Haag aus dem Weg geräumt hatte, versammelte eine Armee von sechzigtausend Engländern, Holländern und Dänen und marschierte in die Spanischen Niederlande ein. Am 23. Mai 1706 schlug er sich mit der Hauptmacht der französischen Armee, achtundfünfzigtausend Mann unter Villeroi, in Ramillies bei Namur. In toller Schlachtbegeisterung und nicht bedenkend, daß Generäle im Bett zu sterben haben, stürmte er in die vorderste Linie und wurde vom Pferd gestoßen. Seinem Adjutanten, der ihm auf ein anderes Pferd half, wurde dabei von einer Kanonenkugel der Kopf abgeschossen. Marlborough faßte sich, ordnete seine Truppen und führte sie zu einem neuen blutigen Sieg; seine Armee zählte fünftausend Tote, die französische fünfzehntausend. Er drang durch schwachen Widerstand hindurch weiter vor und eroberte Antwerpen, Brügge und Ostende; von dort hatte er direkte Verbindung mit England und war nur noch zweiunddreißig Kilometer von Frankreich entfernt. Der zweiundsechzigjährige Marschall Villeroi zog sich niedergeschlagen auf sein Gut zurück; aber der König machte ihm keine Vorwürfe, sondern sagte traurig zu ihm: «In unserem Alter hat man kein Glück mehr.»[55]

Überall außer in Spanien befanden sich jetzt die Franzosen in Gefahr oder auf dem Rückzug. In Wien folgte Joseph I. mit siebenundzwanzig Jahren (1705) seinem Vater als Kaiser nach und lieh seinen Generälen kräftige Unterstützung. Eugen von Savoyen jagte die Franzosen aus Turin (1706), dann aus ganz Italien hinaus (1707). Die Herzogtümer Mailand und Mantua wurden durch die Konvention von Mailand zu Österreich geschlagen, und damit hatte die 1328 begonnene Herrschaft der Gonzaga von Mantua ein Ende. Das seit langer Zeit von einem spanischen Vizekönig regierte Königreich Neapel fiel ebenfalls an Österreich, obwohl es formell auch weiterhin ein päpstliches Lehen blieb. Der Kirchenstaat blieb mit Einwilligung des Kaisers, dessen Truppen gegen den Willen des machtlosen Papsts durch dieses Gebiet marschiert waren, dem Papst überlassen[56].

Ludwig XIV. war ein anderer Mensch geworden. Sein Machtstolz war fast ganz verschwunden, aber er bewahrte die gelassene Würde seines Standes. 1706 bot er der Koalition Friedensbedingungen, die sie fünf Jahre früher wahrscheinlich gern angenommen hätte: Spanien sollte dem Erzherzog Karl überlassen, Philipp mit Mailand, Neapel und Sizilien befriedigt werden, die Grenzstädte und Festungen in den Spanischen Niederlanden wären wieder mit holländischen Garnisonen zu besetzen. Die Holländer waren zu Verhandlungen bereit, die Engländer und der Kaiser lehnten ab. Ludwig machte sich betrübt an die Rekrutierung neuer Armeen und die Erhebung neuer Steuern; sogar Taufen und Heiraten kosteten nun eine Taxe, um legal zu sein. Die in verzweifelter Armut lebende französische Bevölkerung taufte ihre Kinder selber und heiratete ohne priesterlichen Segen, obwohl die Sprößlinge aus solchen Verbindungen öffentlich als illegitim gebrandmarkt wurden[57].

Es brachen Revolten aus in Cahors, Quercy, Périgord; Bauernhorden besetzten städtische Ämter und Feudalschlösser. Hungernde Menschen schrien als lebende Skelette an den Gittern von Versailles nach Brot; die Schweizergarde jagte sie weg. Auf den Mauern von Paris erschienen Inschriften mit der Warnung an Ludwig, es gebe immer noch Ravaillacs in Frankreich, das heißt Männer, die einen König zu töten vermöchten[58]. Die neuen Steuern wurden widerrufen.

Zu Beginn des Jahrs 1707 veröffentlichte der Marquis von Vauban, dessen Festungsbauten einen wichtigen Anteil an den französischen Siegen der vorigen Generation gehabt hatten, in seinem vierundsiebzigsten Lebensjahr einen Vorschlag für eine gerechtere Steuerpolitik, *Projet d'une dîme royale.* In dem Buch schilderte er das in Frankreich herrschende Elend: «Fast ein Zehntel der Bevölkerung ist zu Bettlern erniedrigt, und von den übrigen neun Zehnteln ist die Mehrzahl in einem Zustand, daß sie eher barmherzige Gaben bekommen sollten, als daß sie welche geben könnten ... Sicherlich hat man das Unheil auf die Spitze getrieben, und wenn nicht Abhilfe geschaffen wird, wird das Volk in ein solches Elend gestoßen, daß es sich nie davon erholen kann.» Er erinnerte den König, daß «die unteren Klassen des Volkes es sind, die durch ihre Arbeit und ihren Fleiß und ihre Beiträge zum Staatsschatz des Königs den Souverän und sein Reich bereichern»; aber «heute lebt diese Klasse wegen der Kriegsanforderungen und der Besteuerung ihrer Ersparnisse in Lumpen und zerfallenden Hütten, während ihr Land brachliegt», weil die Söhne zum Heer eingezogen sind[59]. Um den produktivsten Volksschichten Erleichterung zu verschaffen, schlug Vauban unter Übernahme einiger Ideen Boisguilleberts vor, alle bestehenden Steuern und Abgaben aufzuheben und durch eine gestufte Einkommenssteuer, von der keine Klasse ausgenommen sein sollte, zu ersetzen; Landbesitzer sollten fünf bis zehn Prozent, Arbeiter nicht mehr als dreieinhalb Prozent zahlen. Der Staat sollte das Salzmonopol behalten, aber Zölle sollten nur an den Landesgrenzen erhoben werden[60].

Saint-Simon beschreibt dieses Buch und seine Wirkung:

«Es war voll von Tatsachen und Zahlen, alles mit größter Klarheit, Einfachheit und Genauigkeit dargelegt. Aber es hatte einen großen Fehler: Es beschrieb ein Vorgehen, das eine Armee von Finanzleuten, Schreibern, Beamten aller Art brotlos gemacht hätte; sie hätten auf eigene Kosten statt auf Kosten des Volkes leben müssen, und die Fundamente jener immensen Vermögen die man in kürzester Zeit entstehen sah, wären untergraben worden. Das genügte, um es zu Fall zu bringen. Alle Betroffenen erhoben ein großes Geschrei gegen das Buch ... Kein Wunder also, daß der von eben diesen Leuten umgebene König auf ihre Gründe hörte und Marschall Vauban sehr ungnädig empfing, als er ihm sein Buch überreichen wollte.»[61]

Ludwig warf ihm vor, ein Träumer zu sein, dessen Plan die Finanzen des Königreichs auf dem Höhepunkt des Krieges in Unordnung stürzen würde. Ein Dekret des Staatsrates ordnete an (14. Februar 1707), das Buch einzuziehen und anzuprangern. Sechs Wochen danach starb der von der Ungnade tief getroffene alte Marschall. Der König äußerte ein paar verspätete Worte des Bedauerns: «Ich verliere einen mir selbst und dem Lande treu ergebenen Mann.»[62]

Steuern und Krieg dauerten fort. Im August 1707 vereinigte sich Viktor Amadeus II., Herzog von Savoyen, der den Krieg als Verbündeter Frankreichs begonnen hatte, mit Prinz Eugen von Savoyen und einer englischen Flotte zur Belagerung Toulons zu Land und zur See. Wenn dieses fiele, wollten sie Marseille angreifen, und fiele auch dieses, wäre Frankreich vom Mittelmeer abgeschnitten. Eine neu aufgestellte französische Armee wurde den Eindringlingen entgegengeworfen; es gelang ihr, sie zurückzuschlagen, aber dieser Feldzug verwüstete einen großen Teil der Provence. 1708 rekrutierte der

König wieder achtzigtausend Mann, unterstellte sie dem Marschall Vendôme und dem populären Sohn des Kronprinzen, dem Herzog von Burgund, und beauftragte sie, den Vormarsch der Koalition in Flandern aufzuhalten. Bei Oudenaarde an der Schelde (11. Juli 1708) kam es zum Zusammenstoß mit Marlborough und Prinz Eugen und ebenfalls achtzigtausend Mann. Die Franzosen wurden geschlagen und verloren zwanzigtausend Tote und siebentausend Gefangene. Marlborough wollte gegen Paris vorstoßen, aber Eugen von Savoyen überzeugte ihn, zuerst müsse Lille belagert werden, damit dessen Garnison die Verbindungs- und Versorgungslinien der Koalition nicht unterbrechen könne. Lille wurde erstürmt, aber erst nach einer zweimonatigen Belagerung und unter Aufopferung von fünfzehntausend Menschenleben.

Ludwig erkannte, daß Frankreich nicht weiterkämpfen konnte. Das Elend im Volk wurde noch verschlimmert durch den strengsten Winter (1708/09), dessen man sich erinnerte. Zwei Monate lang waren alle Flüsse zugefroren; sogar das Meer gefror der Küste entlang, so daß schwer beladene Lastwagen gefahrlos über das Eis fahren konnten[63]. Fast die ganze Vegetation ging ein, selbst die kräftigsten Obstbäume und die ganzen Wintersaaten erfroren. Fast alle in dieser schrecklichen Zeit geborenen Säuglinge starben[64]; eine Ausnahme war der Urenkel des Königs, der künftige Ludwig XV., der am 15. Februar 1709 dem Herzog von Burgund geboren wurde. Im Frühjahr und Sommer wütete Hungersnot. Die Inhaber der Getreidemonopole kauften alles Brotgetreide auf und trieben die Preise in die Höhe. Saint-Simon, wie immer dem König feindlich gesinnt, berichtet, Ludwig selber sei beschuldigt worden, an den Gewinnen der Aufkäufer beteiligt gewesen zu sein[65]; aber, sagt Henri Martin: «Die Geschichte ist doch besonnen genug, die düstere Phantasie Saint-Simons nicht unbesehen zu übernehmen.»[66] Die Lage wurde durch die Einfuhr von zwölftausend Tonnen Korn gemildert, und sobald der Boden aufgetaut war, begann man Gerste zu säen[67].

Von den Niederlagen seiner Armeen und den Nöten seines Volkes gedemütigt, sandte Ludwig den Marquis von Torcy nach dem Haag (22. Mai 1709), damit er um Frieden bitte. Torcy hatte die Weisung, die Aushändigung des ganzen spanischen Weltreichs an die Koalition, die Abtretung Neufundlands an England, die Rückgabe der Grenzstädte an die Holländer und die Beendigung der Unterstützung der Jakobiten durch Frankreich anzubieten. Er versuchte, Marlborough zu bestechen, aber es gelang ihm nicht[68]. Am 28. Mai legten die Verbündeten Torcy ein Ultimatum vor, das nicht nur die Abtretung Spaniens und aller seiner Besitzungen an den Erzherzog verlangte, sondern außerdem, daß sich die französische Armee, falls Philipp Spanien nicht innerhalb von zwei Monaten verlassen haben sollte, mit der Koalitionsarmee zusammen an seiner Vertreibung beteiligen müsse, denn sonst, so behaupteten sie, hätte Frankreich freie Hand, seine Streitmacht zu erneuern, während die Verbündeten auf der Iberischen Halbinsel gebunden wären. Ludwig antwortete, daß er seinen eigenen Enkel mit Gewalt aus Spanien hinauswerfen solle, sei zuviel verlangt, um so mehr als Spanien sich ja gerade zum Zweck der Unterstützung Philipps zusammengeschlossen hatte. «Zwingt man mich zum Kampf», sagte er, «dann werde ich lieber gegen meine Feinde als gegen meine Nachkommen antreten.»[69]

Die Bedingungen der Koalition erweckten Entrüstung in Frankreich. Die neuen Rekruten kamen williger unter die Fahnen, und wenn es auch nur war, um dort Brot zu finden; der Adel lieferte seine Silbersachen der Münzstätte ab; französische Schiffe, die den britischen und holländischen entkommen waren, brachten für dreißig Millionen Francs ungemünztes Gold aus Amerika. Eine neunzigtausend Mann starke frische Armee wurde aufgestellt und ihr Kommando Marschall Villars übertragen, der bisher noch nie von der Koalition geschlagen worden war. Gleichzeitig sammelte Marlborough hundertzehntausend Mann. Die beiden Heere trafen sich bei Malplaquet, an der französisch-belgischen Grenze, zur blutigsten Schlacht des achtzehnten Jahrhunderts. Marlborough verlor bei diesem entscheidenden Sieg zweiundzwanzigtausend Mann, die Franzosen zwölftausend; der tapferere, sechsundfünfzigjährige Villars, der an der Spitze seiner Truppen gekämpft hatte, mußte mit einem von einer Kanonenkugel zerschmetterten Knie vom Schlachtfeld getragen werden. Die Franzosen zogen sich geordnet zurück, aber die Verbündeten besetzten nun auch noch Mons. «Der allmächtige Gott sei gepriesen», schrieb Marlborough an Sarah, «jetzt steht es in unserer Macht, den Frieden zu diktieren, den wir wollen.»[70]

Es sah wirklich so aus, denn Frankreich hatte offenbar seine letzten Kräfte hergegeben. Wie hätte es noch eine Armee aus den erschöpften Familien holen und sie aus den verlassenen Feldern ernähren sollen! Landwirtschaft, Industrie, Transportwesen, Handel, Finanz – alles lag darnieder, alles war von der sich ausbreitenden Zersetzung ergriffen, welche die vorrückenden Feinde geradezu einladen mußte, das Land zu besetzen und sich Teile davon anzueignen. Der König, einst das «von Gott gegebene» Idol seines Volkes, verlor dessen Liebe, sogar dessen Achtung. Er hatte in Erinnerung an die Fronde Paris immer gemieden, und die Stadt hatte ihm seinen Groll übelgenommen und mit witzigen und beleidigenden Pamphleten und Inschriften gegen seinen absolutistischen Ehrgeiz gestachelt[71]. Die Menschen wunderten sich, daß mitten in der allgemeinen Not Frankreichs die Säle von Versailles immer noch von müßigen, kostspieligen, verschwenderischen Höflingen wimmelten; obwohl der König und seine Gemahlin jetzt fromm und milde waren, «blieben die Ausgaben und die Zahl der Bedienten für den Hof bis zuletzt unvermindert hoch»[72]. Brothungrige Pariser sangen eine neue Fassung des Vaterunsers, worin weder Ludwig noch sein Weib noch sein neuer Kriegs- und Finanzminister geschont wurden:

> «Vater unser, der Du in Versailles bist, Dein Name wird nicht mehr gepriesen, Dein Königreich ist nicht mehr so groß, Dein Wille geschieht nicht mehr, weder auf Erden noch auf dem Meer. Gib uns unser Brot, das uns überall fehlt. Vergib unseren Feinden, uns geschlagen zu haben, und nicht Deinen Generälen, die zuließen, daß sie uns schlugen. Erliege nicht allen Versuchungen der Maintenon, sondern erlöse uns von Chamillard.»[73]

«Man wirft dem König alle seine Ausgaben vor», klagte Madame, «man möchte, daß er auf seine Pferde, seine Hunde, seine Dienerschaft verzichte. Sie möchten mich steinigen, weil sie sich einbilden, ich sage ihm nie etwas Unangenehmes aus Angst, ihn zu verdrießen.»[74]

Die Adligen waren dem König, der sie erhielt und schützte, immer noch ergeben, aber ihr Patriotismus verlor an Elan, als er als letzten Ausweg ein Zehntel ihrer Einkünfte von ihnen forderte (1710). Die allgemeine *dîme*, der Zehnte, den Vauban vor drei Jahren anstelle aller übrigen Abgaben einführen wollte, kam nun zu allen alten noch hinzu, und die Armen hatten die Genugtuung zu sehen, wie die verhaßten Steuereinzieher in die Häuser der Reichen gingen und ihre Rechnungsbücher untersuchten. Dem König widerstrebte es, in die «goldenen Privatsphären» einzudringen; aber sein Beichtvater, Pater Le Tellier, versicherte ihm, nach der Meinung der Doktoren der Sorbonne «gehöre der gesamte Reichtum seiner Untertanen ihm, und wenn er ihn wegnehme, nehme er nur, was ihm gehöre»[75]. Im gehobenen Mittelstand kühlte sich die Kriegsbegeisterung ebenfalls ab, als die Zinszahlungen auf den Anleihen der Regierung ausblieben. Die Neuprägung und Entwertung der Münzen «brachte dem König einen gewissen Gewinn», berichtet Saint-Simon, «aber sie ruinierte viele Privatleute, und die daraus entstehende Unordnung richtete noch den Rest des Handels zugrunde»[76]. Große Bankiers wie Samuel Bernard erklärten sich bankrott und rissen fast das ganze Geschäftsleben Lyons mit. «Schritt für Schritt ging alles zugrunde; das Königreich war gänzlich erschöpft, die Truppen erhielten ihren Sold nicht mehr, obwohl niemand sich vorstellen konnte, was mit den Millionen geschah, die in den Staatsschatz eingingen.»[77]

Im März 1710 bat Ludwig die Koalition erneut um Frieden. Er bot an, den Erzherzog als König von Spanien anzuerkennen, Philipp nicht zu unterstützen, sogar Mittel zu seiner Entthronung beizusteuern. Er würde Straßburg, Breisach, das Elsaß, Lille, Tournai, Ypern, Meenen, Furnes und Maubeuge den Verbündeten ausliefern. Sie gewährten ihm keinen Frieden, aber einen zweimonatigen Waffenstillstand. In dieser Frist sollte Ludwig mit französischen Streitkräften, ohne Unterstützung der Verbündeten, Philipp aus Spanien vertreiben; sollte ihm das in dieser Zeit nicht gelingen, würde der Krieg wiederaufgenommen[78]. Ludwig teilte seinem Volk diese Bedingungen mit, und es erklärte sich mit ihm einig, daß sie unannehmbar seien.

Irgendwie gelang es Frankreich, neue Truppen aufzustellen. Als der Erzherzog erneut mit österreichischen und englischen Soldaten in Spanien einfiel und im Begriff war, Philipp wiederum aus Madrid zu vertreiben, sandte Ludwig seinem Enkel fünfundzwanzigtausend Mann unter dem Herzog von Vendôme zu Hilfe. Unterstützt von spanischen Freiwilligen, schlug der Herzog die Eindringlinge bei Brihuega und Villaviciosa (Dezember 1710) und setzte Philipp wieder auf den Thron, diesmal endgültig; bis 1931 blieb Spanien den Bourbonenkönigen.

Inzwischen hatte sich in England der politische Wind gedreht. 1706 hatte Königin Anna geschrieben: «Ich habe keinen anderen Ehrgeiz ..., als einen ehrenvollen Frieden zu erleben, damit ich, wenn es Gott gefällt, daß ich sterbe, die Genugtuung haben kann, mein armes Land und alle meine Freunde in Frieden und Ruhe zurückzulassen.»[79] Anna war von der heißblütigen Gattin Marlboroughs bei der Kriegspolitik gehalten worden; nun erlosch deren Einfluß, 1710 entließ die Königin Herzogin Sarah und stellte sich offen auf die Seite der Tories. Die Handelsherren, Fabrikanten und Finanzleute hatten vom Krieg profitiert[80] und die kriegstreibenden Whigs unterstützt. Die Grundbesitzer hatten Verluste erlitten durch die für den Krieg erhöhten Steuern und die Verschlechterung der Münzen; sie sekundierten den Friedenswunsch der Königin. Am 8. August entließ diese Godolphin, die rechte Hand Marlboroughs, Harley trat an die Spitze eines Tory-Ministeriums, England näherte sich dem Frieden.

Im Januar 1711 sandte die englische Regierung den französischen Abbé Gaulthier, der lange Zeit in London gelebt hatte, in geheimer Mission nach Paris. Gaulthier begab sich nach Versailles zu Torcy. «Wollen Sie den Frieden?» fragte er. «Ich komme, um Ihnen die Möglichkeit zu zeigen, ihn unabhängig von Holland zu schließen.»[81] Die Verhandlungen gediehen nur langsam. Plötzlich starb, überraschend früh mit zweiunddreißig Jahren, Joseph I. (17. April 1711); der Erzherzog bestieg als Karl VI. den Kaiserthron, und England und Holland, die ihm ganz Spanien versprochen hatten, wurden gewahr, daß ihre kostspieligen Siege sie einem neuen Habsburgerreich gegenüberstellten, das ebenso groß wie das Karls V. und ebenso gefährlich für die protestantischen Länder und Freiheiten wie dieses. Nun bot die englische Regierung Ludwig die Anerkennung Philipps V. als König von Spanien und der spanischen Besitzungen in Amerika zu relativ mäßigen Bedingungen an: Sicherheit gegen die Vereinigung Frankreichs und Spaniens unter einer Krone, Grenzbefestigungen zum Schutz der Vereinigten Provinzen und Deutschlands gegen künftige französische Überfälle, Herausgabe französischer Eroberungen, Anerkennung der protestantischen Thronfolge in England und Ausweisung Jakobs III. aus Frankreich, Schleifung Dünkirchens, Bestätigung von Gibraltar, Neufundland und der Hudson Bay als englische Besitzungen und Übertragung des Rechts zur Lieferung von Sklaven an Lateinamerika von Frankreich auf England. Ludwig stimmte nach geringfügigen Änderungen zu. England informierte Den Haag, daß es geneigt sei, zu diesen Bedingungen den Frieden zu unterzeichnen, die Holländer stimmten den Bedingungen als Verhandlungsgrundlage zu, und man bereitete einen Friedenskongreß in Utrecht vor. Marlborough, der sich am Krieg bereichert hatte, wurde entlassen (31. Dezember 1711) und ersetzt durch James Butler, den zweiten Herzog von Ormonde, der die Weisung erhielt, keine englischen Truppen aufs Spiel zu setzen, bis er neue Order bekomme.

Während sich der Kongreß in Utrecht versammelte (1. Januar 1712), setzte Eugen von Savoyen, dem die englischen Friedensbedingungen als Verrat an der Sache des Reichs erschienen, den Krieg fort. Tag für Tag drang er auf die von Villars geschickt aufgebaute Verteidigungslinie ein. Am 16. Juli erhielt Ormonde Nachricht aus London, daß England und Frankreich einen Waffenstillstand unterzeichneten und er infolgedessen die englischen Regimenter auf Dünkirchen zurückzuziehen habe. Er gehorchte, aber die meisten unter Ormonde stehenden, aus Festlandsoldaten bestehenden Kontingente beschimpften die Engländer als Deserteure und stellten sich unter das Kommando Prinz Eugens. Der Prinz hatte nun an die hundertdreißigtausend Mann, Villars hatte neunzigtausend. Aber am 24. Juli überfiel der gewandte Marschall eine Abteilung von zwölftausend Holländern in Denain bei Lille und rieb sie auf, bevor Eugen ihr zu Hilfe eilen konnte. Der Prinz zog sich zur Neuordnung seiner schwerfälligen Armee über die Schelde zurück; Villars rückte vor und nahm Douai, Le Quesnoy und Bouchain. Ludwig und ganz Frankreich faßten wieder Mut. Es waren dies die einzigen französischen Siege in diesem Krieg an der Nordfront, aber zusammen mit den Erfolgen Vendômes in Spanien stärkten sie die französischen Unterhändler in Utrecht.

Nach fünfzehnmonatigem Austausch höflicher Spitzfindigkeiten und Einwände unterschrieben alle Kriegsparteien außer dem Kaiser den Frieden von Utrecht (11. April 1713). Frankreich übergab England alles, was in den Vorverhandlungen versprochen worden war, einschließlich des kostbaren *asiento* oder Sklavenhandelmonopols, das als Schandfleck auf diesem Zeitalter liegt. Die ehemaligen Feinde machten sich gegenseitig Konzessionen in bezug auf die Importzölle, die Holländer gaben Frankreich Lille, Aire und Béthune zurück, behielten sich aber die Kontrolle über die gesamten Niederlande vor, bis der Friede mit dem Reich geschlossen werde; bis dahin sollte der Kurfürst von Bayern Charleroi, Luxemburg und Namur behalten. Nizza wurde dem Herzog von Savoyen zurückgegeben. Philipp V. behielt Spanien und Lateinamerika; zuerst weigerte er sich, dann erklärte er sich doch bereit (13. Juli), Gibraltar und Menorca an England abzutreten. Prinz Eugen von Savoyen war über England erbittert, weil es einen Separatfrieden geschlossen hatte, und wollte weiter Krieg führen; aber die Reichskasse war leer, die kaiserliche Armee auf vierzigtausend Mann zusammengeschrumpft, und Villars stand ihm mit hundertzwanzigtausend Mann gegenüber. Endlich leistete er der Aufforderung Ludwigs XIV. Folge, mit Villars zusammenzukommen und Friedensbedingungen auszuhandeln. Im Frieden von Rastatt (6. März 1714) behielt Frankreich das Elsaß und Straßburg, aber es gab dem Reich alle französischen Eroberungen am rechten Rheinufer zurück und anerkannte die Ablösung der spanischen durch die österreichische Herrschaft in Italien und Belgien.

So erreichte man mit den Friedensschlüssen von Utrecht und Rastatt nicht viel mehr, als was die Diplomaten schon 1701 auf friedlichem Wege zu erreichen vermocht hätten. Nach dreizehn Jahren des Mordens, der Verarmung und Verwüstung legten diese Verträge die Landkarte Europas für sechsundzwanzig Jahre fest, wie die westfälischen Friedensverträge sie für die Generation nach dem Dreißigjährigen Krieg festgelegt hatten. In beiden Fällen war es ihre Aufgabe, das Mächtegleichgewicht zwischen Habsburg und Bourbon herzustellen, was auch erreicht wurde. Zwischen den Interessen Frankreichs und Englands in Amerika wurde ein Gleichgewicht hergestellt, das bis zum Siebenjährigen Krieg (1756–1763) bestehen sollte.

Hauptverlierer in dieser blutigen Auseinandersetzung um die spanische Thronfolge waren Holland und Frankreich. Die Republik Holland hatte Land gewonnen, aber ihre Seemacht verloren; sie konnte sich in Schiffahrt, Seetüchtigkeit, Einkünften und Kriegsstärke nicht länger mit England messen; ihr Sieg war aufreibend gewesen und leitete den Niedergang ein. Auch Frankreich war fast zu Tode erschöpft. Es hatte seinen Günstling auf dem spanischen Thron gehalten, hatte aber nicht vermocht, seinen Machtbereich ungeschmälert zu bewahren, und es bezahlte seinen glanzlosen Sieg mit einer Million von Menschenleben, mit dem Verlust seiner Seemacht und dem zeitweiligen Zusammenbruch seiner Wirtschaft. Erst unter Napoleon sollte sich Frankreich von Ludwig XIV. erholen, und nur, um die Tragödie von vorn zu beginnen.

Die Sieger waren Österreich auf dem Festland und England überall. Österreich besaß nun Mailand, Neapel, Sizilien und Belgien; es sollte bis zur Thronbesteigung Friedrichs des Großen (1740) die stärkste Macht Europas bleiben. England war mehr an der Ausdehnung seiner Macht zur See als an Gebietsausdehnung gelegen; es erwarb Neufundland und Neuschottland, maß aber der Beherrschung der Transportwege höheren Wert bei. Es zwang Frankreich zur Herabsetzung seiner Zölle und zur Schleifung der Festung und des Hafens von Dünkirchen, die eine ständige Bedrohung der englischen Schiffahrt gewesen waren. Mit Gibraltar in Spanien und Port Mahón in Menorca hielt England das Mittelmeer gleichsam in Lehen. Diese Gewinne schienen 1713 nicht besonders glänzend zu sein; ihre Tragweite zeigte sich erst in der Geschichte des achtzehnten Jahrhunderts. Unterdessen hatten sich in England die protestantische Konfession und Thronfolge nach allen Seiten gesichert, nur nicht gegen die Geburtenziffer.

Eines der Hauptergebnisse dieses Krieges war die Vertiefung des Nationalismus und des Hasses zwischen den Nationen. Jedes Land vergaß seine Gewinne und erinnerte sich nur seiner Wunden. Deutschland wollte die zwiefache Verwüstung der Pfalz nicht vergeben, Frankreich die menschenmörderischen Siege Marlboroughs nicht so leicht vergessen; Spanien empfand täglich die Schmach, daß Gibraltar in fremder Hand war. Jedes Land wartete auf den Tag der Vergeltung.

Ein paar fromme Seelen, die Europa für einen eigentlich christlichen Kontinent hielten, träumten von einem Ersatz für den Krieg. Der Abbé Charles Castel von Saint-Pierre hatte die französische Delegation nach Utrecht begleitet. Nach seiner Rückkehr veröffentlichte er sein *Projet ... pour rendre la paix perpétuelle* (1713), einen Plan zur Verewigung des neugegründeten Friedens. Die Länder Europas sollten sich zu einem Völkerbund zusammenschließen, mit einem ständigen Kongreß von Vertretern, einem Senat für die schiedsrichterliche Schlichtung von Zwisten, einem internationalen Gesetzeskodex, einer gemeinsamen Militärmacht zum Einsatz gegen rebellische Staaten, ferner Herabsetzung jeder nationalen Armee auf sechstausend Mann und Einführung gleicher Maße, Gewichte und Münzen in ganz Europa[82]. Saint-Pierre legte seinen Plan Leibniz vor, der, nicht mehr so sicher, daß dies die beste aller Welten sei, den Abbé betrübt daran erinnerte, «daß ein unheilvolles Schicksal sich immer zwischen den Menschen und die Erreichung seines Glücks stellt»[83]. Der Mensch ist ein auf Wettbewerb eingestelltes Lebewesen, und sein Charakter ist sein Schicksal.

VI. GÖTTERDÄMMERUNG: 1713–1715

Nach den Maßstäben seiner Zeit beurteilt, war Ludwig XIV. nicht das Ungeheuer, das feindselige Geschichtsschreiber aus ihm gemacht haben; er hat nur, und eine Zeitlang mit neiderregendem Erfolg, die gleichen Methoden der absoluten Herrschaft, der territorialen Expansion und kriegerischen Eroberung in größerem Stil angewendet, die auch das Verhalten und das Streben seiner Feinde kennzeichneten. Die Verwüstungen seiner Armeen in der Pfalz hatten ihren Präzedenzfall in der Zerstörung Magdeburgs

(1631) und ihr Nachspiel in den Metzeleien Marlboroughs. Ludwig war dazu ausersehen, lange genug zu leben, daß die Furien die Sünden seines Stolzes und seiner Macht an ihm selber rächen konnten statt erst an seinen Kindern.

Die Geschichte hat ihm eine gewisse Bewunderung für seine Tapferkeit und Würde in der Niederlage nicht versagt und auch Mitleid gezeigt für die Schicksalsschläge, die ihn gleichzeitig seiner Armee, seiner Flotte und seiner Nachkommen beraubten. 1711 starb sein einziger legitimer Sohn, *Le Grand Dauphin*, Ludwig, und hinterließ dem König zwei Enkel, Ludwig, Herzog von Burgund, und Karl, Herzog von Berry. Der junge Ludwig entwickelte unter Fénelons Obhut gute Eigenschaften und wurde zum Trost der alten Tage des Königs. 1697 vermählte er sich mit Maria Adelaide von Savoyen, deren Schönheit, Verstand und Zauber den König an Madame Henriette und seine glückliche Jugend erinnerten. Aber am 12. Februar 1712 erlag dieses fröhliche Geschöpf mit sechsundzwanzig Jahren dem Fleckfieber. Der ihr treu ergebene Gatte hatte an ihrem Krankenlager ausgeharrt, sich dabei angesteckt und starb am 18. Februar ebenfalls, nur neunundzwanzig Jahre alt, und nur ein Jahr nach dem Tod seines Vaters. Ihre beiden Söhne waren gleichfalls angesteckt worden; der eine starb am 8. März als Achtjähriger, der jüngere überstand die Krankheit, blieb aber so schwächlich, daß niemand im Traum daran dachte, daß er als Ludwig XV. Frankreich bis 1774 regieren werde. Wäre dieser zarte Knabe ebenfalls dahingegangen, dann wäre Karl, der Herzog von Berry, Thronerbe geworden; aber auch er starb schon 1714.

Es gab einen weiteren möglichen Thronerben, nämlich Philipp V. von Spanien, den jüngeren Sohn des Grand Dauphin; aber halb Europa hatte sich gegen die Vereinigung zweier Kronen auf seinem Haupt verschworen. Der nächste in der Linie war Herzog Philipp von Orléans, ein Enkel Ludwigs XIII. und Neffe und Schwiegersohn des Königs. Aber dieser Philipp besaß ein Laboratorium, unternahm chemische Experimente und war deshalb in den Verdacht geraten, den Herzog und die Herzogin von Burgund und ihren ältesten Sohn vergiftet zu haben. Die Ärzte, die die Leichen untersuchten, waren über die Frage, ob Gift im Spiel gewesen sei oder nicht, geteilter Meinung. Wütend über derartige Verdächtigungen, verlangte Philipp vom König eine öffentliche Gerichtsverhandlung; Ludwig hielt ihn für unschuldig und weigerte sich, ihm die Last und die Schande einer Untersuchung aufzubürden.

Sollten diese möglichen Thronfolger wegfallen, blieb ein letzter Ausweg übrig. Der König hatte seine illegitimen Söhne, den Herzog von Maine und den Grafen von Toulouse, anerkannt. Nun erließ er (Juli 1714) ein Edikt – das vom Pariser Parlament widerspruchslos registriert wurde –, wonach beim Fehlen eines Prinzen von königlichem Geblüt diese einstigen Bastarde den Thron erben sollten. Und ein Jahr später dekretierte er zum Entsetzen Saint-Simons und anderer Adliger, daß sie vor dem Gesetz den legitimen Prinzen gleichgestellt seien[84]. Ihre Mutter, Frau von Montespan, war tot; aber ihre Stiefmutter, die Gemahlin des Königs, liebte sie, als wären sie ihre eigenen Kinder, und setzte ihren ganzen Einfluß ein, sie zu Ehren und Macht zu bringen.

Mitten in diesen Problemen und Trauerfällen sah sich Ludwig den letzten Entscheidungen des Krieges gegenübergestellt. Als er sich von Villars, der Prinz Eugen an der belgischen Front aufhalten sollte, verabschiedete, brach der nun vierundsiebzigjährige König für einen Augenblick zusammen. «Sie sehen, Marschall, meine Verfassung», sagte er. «Es gibt nicht viele Beispiele für das, was mir geschehen ist – im gleichen Monat meinen Enkel, meine Enkelin und ihren Sohn, alle vielversprechend, alle zärtlich geliebt, zu verlieren. Gott straft mich. Ich habe es verdient; ich werde um so weniger leiden im Jenseits.» Dann faßte er sich und fuhr fort: «Lassen wir das Unglück meines Hauses beiseite, und sehen wir, wie wir das Unglück des Landes abwenden können. Ich vertraue Ihnen die Streitkräfte und die Rettung der Nation an. Mag sein, daß das Glück gegen Sie ist. Wenn der von Ihnen befehligten Armee dieses Unglück zustoßen sollte, wie, denken Sie, sollte ich mich dann verhalten?» Villars antwortete nicht. «Ich bin nicht überrascht, daß Sie nicht sogleich antworten», sagte der König. «Während ich darauf warte, daß Sie mir Ihre Ansicht mitteilen, will ich Ihnen die meine sagen. Ich kenne die Meinung meiner Höflinge; fast alle wünschen, daß ich mich, wenn meine Armee geschlagen würde, nach Blois zurückziehe. Ich für meinen Teil weiß, daß Armeen von einer solchen Größe niemals so vollständig geschlagen werden können, daß nicht ihr größerer Teil sich an die Somme, einen sehr schwer zu überquerenden Fluß, absetzen könnte. Ich würde nach Péronne oder Saint-Quentin gehen, dort alle erreichbaren Truppen zusammenziehen, einen letzten Vorstoß mit ihnen unternehmen, und wir würden zusammen untergehen oder das Land retten.»[85]

Villars Sieg bei Denain brachte den König um diesen heroischen Tod. Er überlebte die Schlacht um drei und den Friedensschluß um zwei Jahre. Abgesehen von der längst geheilten Analfistel, hatte sich seine Gesundheit vierundsiebzig Jahre lang recht gut gehalten. Er aß unmäßig, wurde aber nicht fett davon, trank mäßig, verbrachte nicht viele Tage ohne Bewegung in frischer Luft, auch im strengen Winter von 1708/09 nicht. Es ist schwer zu sagen, ob er mit weniger Ärzten länger gelebt hätte und ob das Purgieren, die Aderlässe und Schwitzkuren, mit denen sie ihn behandelten, nicht eine größere Plage waren als die Übel, von denen sie ihn zu kurieren meinten. Einer der Ärzte gab ihm 1688 ein so starkes Abführmittel, daß es innerhalb acht Stunden elfmal wirkte; der König fühlte sich, berichtet man, nachher etwas müde[86]. Als Rigaud 1701 das Porträt malte, das im Louvre einen so hervorragenden Platz einnimmt, stellte er Ludwig immer noch strotzend von Macht, Siegen und Staatsroben, die weißen Haare unter einer dunklen Perücke verborgen, die vollen Backen seinen Appetit verratend, dar. Sieben Jahre später zeigte ihn Coysevox in der großartigen Statue in Notre-Dame kniend im Gebet, aber immer noch mehr seines Königtums als seiner Sterblichkeit bewußt. Die Künstler kleideten ihn vielleicht in ein stolzeres Selbstgefühl, als er es selber empfand, hatte er doch in diesen Jahren des Verfalls und der sich häufenden Prüfungen gelernt, einen Tadel demütig hinzunehmen, wenigstens von Frau von Maintenon[87]. Er wurde in den Händen des fanatischen Jesuiten Le Tellier, der 1709 die Nachfolge von Pater La Chaise als Beichtvater des Königs angetreten hatte, fügsam wie ein Kind. «Der Erbe Karls des Großen bat einen Bauernsohn um Vergebung seiner Sünden.»[88] Die tiefgehende Einprägung des katholischen Glaubens und der katholischen Frömmigkeit durch seine Mutter stieg wieder an die Oberfläche, als die Leidenschaften verebbten und der Ruhm seine Glut verlor. Ein Gerücht wollte wissen, der König habe sich in einer Aufwallung von Frömmigkeit 1705 den Jesuiten angeschlossen; und während seiner letzten Krankheit soll er noch das Vierte Gelübde als volles Mitglied der Gesellschaft Jesu abgelegt haben[89].

Im Januar 1715 verlor er seinen berühmten guten Appetit und kränkelte so sichtbar, daß in Holland und England Wetten geschlossen wurden, er werde das Jahr nicht überleben[90]. Als er in den neuesten Depeschen davon las, lachte er darüber und setzte seine gewohnten Besprechungen, Ambassadorenempfänge, Truppenschauen, Jagden fort und verbrachte den Abend bei seiner neunundsiebzigjährigen, treuen, müden Frau von Maintenon. Am 2. August verfaßte er ein Testament, in welchem er den Herzog von Maine zum Vormund Ludwigs XV. bestellte und ihn zum Mitglied eines Regentschaftsrats ernannte, der Frankreich bis zur Volljährigkeit des Knaben regieren sollte. Am 12. August bekam er offene Stellen am Bein, sie wurden brandig und übelriechend, er begann zu fiebern und legte sich zu Bett. Am 25. August schrieb er einen Nachtrag zu seinem Testament, mit dem er Philipp von Orléans zum Haupt des Regentschaftsrats ernannte, dem im Streitfall die entscheidende Stimme gehören sollte. Den zwei Magistraten, die dieses Dokument in Empfang nahmen, sagte er: «Ich habe ein Testament gemacht; sie» – wahrscheinlich Frau von Maintenon, der Herzog und die Herzogin von Maine und ihre Anhänger – «haben darauf bestanden, daß ich es tue; ich habe mir damit meine Ruhe erkauft; aber sobald ich tot bin, wird es wertlos sein. Ich weiß zu gut, was aus dem Testament meines Vaters wurde.»[91] Dieses unklare Testament sollte ein neues Kapitel der französischen Geschichte einleiten.

Ludwig starb wie ein König. Nach dem Empfang der Sterbesakramente legte er den sein Bett umstehenden Geistlichen eine zusätzliche und unwillkommene Beichte ab:

«Ich bedaure, die Angelegenheiten der Kirche in ihrem jetzigen Zustand zurückzulassen. Wie Sie wissen, bin ich in diesen Dingen ganz und gar unwissend, und ich fordere Sie auf, zu bezeugen, daß ich hierin nur Ihren Wünschen gefolgt bin und daß ich alle Ihre Wünsche erfüllt habe. Die Verantwortung vor Gott für alles, was getan wurde, haben Sie zu tragen. Ich lege es vor seinem Angesicht Ihnen zur Last; mein Gewissen ist rein. Ich bin nur ein Unwissender, der sich Ihrer Führung anvertraut hatte.»[92]

Zu seinen Höflingen gewandt, sagte er:

«Meine Herren, ich bitte Sie um Verzeihung für das schlechte Beispiel, das ich Ihnen gab. Ich habe mich aufrichtig bei Ihnen zu bedanken für die Art, wie Sie mir dienten, und für die Treue, die Sie mir allezeit bewiesen haben. Ich bitte Sie, den gleichen Eifer und die gleiche Ergebenheit, die Sie mir entgegenbrachten, auch meinem Enkel zu beweisen. Er ist noch ein Kind und wird vielleicht viel zu leiden haben. Ich hoffe, Sie werden sich alle der Eintracht befleißen, und daß Sie, sollte jemand dies nicht tun, ihn zu seiner Pflicht zurückrufen werden. Ich merke, daß ich mich von meinen Gefühlen überwältigen lasse und die Ursache bin, daß es Ihnen ebenso geht. Ich bitte, mir all das zu vergeben. Leben Sie wohl, meine Herren; ich vertraue darauf, daß Sie sich manchmal meiner erinnern werden.»[93]

Dann bat er die Herzogin von Ventadour, seinen Urenkel hereinzubringen, der jetzt fünf Jahre zählte. Zu ihm sagte er (nach der Herzogin):

«Mein Kind, du wirst ein großer König sein. Ahme mich nicht nach in meiner Vorliebe für das Bauen und für den Krieg; versuche im Gegenteil, mit deinen Nachbarn Frieden zu halten.

Gib Gott, was Gottes ist; erinnere dich, daß du alles von ihm hast; sorge dafür, daß deine Untertanen ihn verehren. Versuche deinem Volk die Erleichterung zu verschaffen, die ich ihm unglücklicherweise nicht brachte ... Mein liebes Kind, ich segne dich von ganzem Herzen.»[94]

Zu den beiden Lakaien, die er weinen sah, sagte er: «Warum weint Ihr? Meintet Ihr, ich wäre unsterblich?»[95] Und tröstend wandte er sich an Frau von Maintenon: «Ich dachte mir das Sterben viel schwerer. Ich versichere Ihnen, es ist gar kein so schreckliches Geschäft; es fällt mir überhaupt nicht schwer.»[96] Dann bat er sie, ihn zu verlassen, als ob er gewußt hätte, daß sie nach seinem Tod an diesem standesbewußten Hof eine arme, verlassene Seele sein würde. Sie zog sich in ihr Appartement zurück, verteilte dessen Ausstattung unter ihre Dienerschaft und fuhr nach Saint-Cyr, das sie bis zu ihrem Tod (1719) nie mehr verließ.

Der König hatte zu vertrauensvoll gesprochen; er mußte eine lange Nacht lang in der Agonie liegen, ehe er am 1. September 1715 sterben konnte. Zweiundsiebzig von seinen siebenundsiebzig Lebensjahren hatte er auf dem Thron gesessen – das war die längste Regierungszeit in der Geschichte Europas. Schon bevor er die Augen schloß, hatten die um ihre Posten besorgten Höflinge ihn verlassen, um Philipp von Orléans und den Herzog von Maine ihrer Ergebenheit zu versichern. Ein paar Jesuiten versammelten sich um den Leichnam und vollzogen die Zeremonien, die üblich sind, wenn ein Angehöriger ihres Ordens gestorben ist[97]. Das Volk nahm die Nachricht vom Tod des Königs als gnädige Erlösung von einem Regime auf, das zu lange gedauert hatte und dessen Ruhm durch Not und Niederlagen befleckt war. Es wurde nicht viel Pomp auf die Bestattungsfeierlichkeit verschwendet, mit der der Leib von Frankreichs berühmtestem König am 9. September nach Saint-Denis übergeführt wurde. «Seinen Weg dorthin entlang», sagte Voltaire, «sah ich kleine Zelte, wo das Volk trank, sang und lachte.»[98] Duclos, damals elfjährig, erinnerte sich später: «Viele Leute waren gemein genug, dem vorüberziehenden Leichenzug Beleidigungen nachzurufen.»[99]

In diesem Augenblick erinnerten sich die Pariser der Fehler Ludwigs XIV. mit verblendeter Klarheit. Sie fühlten, daß sein Hang zu Macht und Ruhm Frankreich an den Rand des Zusammenbruchs geführt hatte. Grollend erinnerten sie sich, daß sein Stolz jede lokale Selbstverwaltung aufgehoben und die ganze Regierung einem einzigen, unanfechtbaren Willen untergeordnet hatte. Sie trauerten über die Millionen von Francs und die Tausende von Menschenleben, die der Verschönerung von Versailles geopfert worden waren, und sie schimpften über die Geringschätzung, mit der er seine unruhige Hauptstadt behandelt hatte. Eine kleine Minderheit freute sich, daß die Verfolgung der Jansenisten jetzt aufhören würde; die große Mehrheit stimmte immer noch freudig der Vertreibung der Hugenotten zu. Rückblickend erkannten nun alle, daß der Einmarsch in Holland 1672, in Deutschland 1688 und die übereilte Einnahme der Grenzstädte 1701 schwere Fehler gewesen waren, die Frankreich ringsum Feinde zugezogen hatten. Aber wie viele Franzosen hatten damals diese Einmärsche verurteilt oder sich ein Gewissen aus der zwiefachen Verwüstung der Pfalz gemacht? Die Nation war genau so schuldig wie ihr König; sie hielt ihm nicht seine Verbrechen, nur seine Niederlagen vor. Mit Ausnahme einiger Priester hatte niemand seine Ehebrüche verurteilt oder

Freude gezeigt über seine Besserung, seine Frömmigkeit und die seiner morganatischen Gattin gehaltene Treue. Die Nation vergaß jetzt, daß er seine Macht viele Jahre lang in Freundlichkeit und Menschlichkeit gehüllt hatte[100], daß er, bevor er vom Kriegsdämon besessen war, Colberts Bestrebungen für die industrielle und kommerzielle Entwicklung Frankreichs gefördert, daß er Molière gegen die Frömmler und Racine gegen die Cliquen verteidigt und daß seine übermäßigen Ausgaben nicht nur seinem eigenen Luxus gedient, sondern Frankreich ein reiches Kunstgewerbe eingebracht hatten.

Was das Volk am schmerzlichsten und mit dem größten Recht empfand, war der hohe Preis, den es mit Blut und Besitz für einen Ruhm bezahlt hatte, der nun mit dem Tod des Königs und der Entvölkerung Frankreichs endete. Es gab kaum eine Familie im Land, die nicht einen Sohn in diesen Kriegen verloren hatte. Die Bevölkerung war so zurückgegangen, daß die Regierung jetzt den Eltern von zehn Kindern eine Belohnung zukommen ließ. Die Steuern hatten jede wirtschaftliche Unternehmungslust gelähmt, der Krieg hatte die Handelswege blockiert und die fremden Märkte für französische Waren geschlossen. Der Staat war nicht nur bankrott, er hatte drei Billionen Francs Schulden[101]. Der Adel war unnütz geworden, als er sich der Verwaltung seiner Güter entzog, um nur noch am Hofe herumzustolzieren; einzig durch kostspielige Kleidung und kriegerische Tapferkeit zeichnete er sich noch aus. Eine neue Nobilität war durch die massenweise Versteigerung von Adelstiteln an Bürgerliche entstanden; in einem einzigen Jahr hatte der König allein fünfhundert Personen für je sechstausend Livres geadelt; auf diese Weise wurden viele alte Familien zu Vasallen von Söhnen Leibeigener. Als der Krieg nicht mehr ein weitentfernter Kampf zwischen Söldnern und Gladiatoren, sondern zur umfassenden und erschöpfenden Belastungsprobe der staatlichen Hilfsmittel und Reserven geworden war, überwog der Mittelstand an Zahl und Macht die Wichtigkeit von Adel und Geistlichkeit, und die Finanzleute kamen inmitten des allgemeinen Niedergangs empor. Denn im modernen Staatswesen dirigieren die Männer, die mit Menschen umzugehen wissen, diejenigen, die nur mit Sachen umzugehen wissen, und die Männer, die das Geld in ihrer Gewalt haben, haben alles in ihrer Gewalt.

Bei der Beurteilung Ludwigs XIV. sollten wir uns an Goethes menschliches Wort erinnern, daß die Laster eines Mannes im allgemeinen seiner Zeit entstammen, die Tugenden aber ihm selbst, oder, wie es die Römer in charakteristischer Kürze zu sagen verstanden: *Vitium est temporis potius quam hominis* – Das Laster ist mehr der Zeit als dem einzelnen Menschen zuzuschreiben[102]. Der Absolutismus, die bigotte Verfolgung Andersgläubiger, die Gier nach Ruhm, die Kriegslust hatte er in sich als Kind seiner Zeit und seiner Kirche; seine Freigebigkeit, seine Großmut und seine Höflichkeit, sein Genuß an Literatur und Kunst und ihre Förderung, seine Fähigkeit, die Last einer zentralisierten, weitreichenden Regierung zu tragen, waren seine persönlichen Vorzüge und machten ihn zu einem König vom Scheitel bis zur Sohle. In Ludwig XIV., schrieb Goethe, brachte die Natur ein vollkommenes Beispiel des monarchischen Typus hervor, und dabei erschöpfte sie sich und sprengte die Form.[103] «Ludwig XIV.», sagte Napoleon, «war ein großer König. Er war es, der Frankreich in die erste Reihe der

Nationen erhob. Welcher französische König seit Karl dem Großen wäre ihm in allen seinen Aspekten zu vergleichen?»[104] Nach Lord Actons Urteil war er «der weitaus fähigste Mann, der in der neueren Zeit auf den Stufen eines Throns zur Welt kam»[105]. Er unternahm verheerende Kriege, befriedigte seinen Stolz ausgiebig mit Bauten und Luxus, unterdrückte die Philosophie und sog sein Volk bis zur Verelendung aus; aber er gab Frankreich eine geordnete Regierung, die nationale Einheit und eine glanzvolle Kultur, die ihm die unbestrittene Führung in der westlichen Welt sicherte. Er war das Haupt und das Symbol der besten Zeit seines Landes, und Frankreich, das vom Ruhme lebt, hat ihm verziehen, daß er es beinahe zugrunde richtete, um es groß zu machen.

Drittes Buch

FRANKREICH NACH LUDWIG XIV.

ERSTES KAPITEL

Die Regentschaft

[1715–1723]

I. DER JUNGE VOLTAIRE: 1694–1715

Er war zuerst noch gar nicht Voltaire. Bis zu seiner Freilassung aus der Bastille im Jahre 1718 hieß er François-Marie Arouet. Er kam am 21. November 1694 in Paris auf die Welt und war und blieb die Verkörperung der Pariser Geistesart bis 1778. Sein mutmaßlicher Vater, François Arouet, ein wohlhabender Anwalt, war persönlich mit dem Dichter Boileau und der Kurtisane Ninon de Lenclos bekannt – er hatte ihr Testament aufgesetzt –, wie auch mit dem Dramatiker Pierre Corneille, den er als den «langweiligsten aller Sterblichen» bezeichnete, dem er je begegnet sei[1]. Seine Mutter, Marie-Marguerite Daumard, die auf adlige Abstammung hinweisen konnte, war die Tochter eines Parlamentsbeamten und die Schwester des Generalkontrolleurs der Königlichen Garde, was ihr Zutritt zum Hof Ludwigs XIV. verschaffte. Ihre Lebhaftigkeit und ihr beweglicher Geist machten ihr Heim zu einem der kleineren «Salons». Voltaire war der Ansicht, sie vereinige den ganzen Verstand der Familie in sich, sein Vater hingegen das ganze geschäftliche Talent; der Sohn bekam beides mit. Im Alter von vierzig Jahren, als er sieben Jahre alt war, starb sie. Armand, der Älteste ihrer fünf Kinder, hing sowohl am Jansenismus als auch am väterlichen Besitz. François-Marie, der Jüngste, war während seines ersten Lebensjahres so kränklich, daß niemand an sein Überleben glaubte. Er fuhr auch bis zu seinem vierundachtzigsten Lebensjahr fort, seinen frühen Tod zu erwarten und anzukündigen.

Zu den Freunden der Familie gehörten verschiedene Abbés. Dieser Titel, der «Vater» bedeutet, wurde den Weltgeistlichen mit und ohne Priesterweihe verliehen. Viele Abbés trugen zwar weiter ihr Kirchengewand, waren aber zu Männern von Welt geworden, die in der Gesellschaft glänzten und sich sogar in ehrfurchtslosen Kreisen wohlfühlten; und einige verdienten ihren Titel nicht nur im übertragenen Sinn, sondern wortwörtlich – wenn auch im geheimen. Der Abbé de Châteauneuf war der letzte Liebhaber von Ninon de Lenclos und der erste Lehrer Voltaires. Er war ein äußerst kultivierter und großzügiger Mensch. Seinem Schüler flößte er die heidnischen Ideen Ninons und den Skeptizismus Montaignes ein. Nach einer unbelegten Anekdote soll er dem Knaben ein Spottepos, *La Moïsade,* mitgebracht haben, das heimlich von Hand zu Hand ging; darin wurde die Religion, abgesehen von dem Glauben an ein höheres Wesen, nur als ein Mittel für Herrscher behandelt, mit dem sie ihre Untertanen unterwürfig und fügsam machen[2].

Zur weiteren Belehrung nahm ihn sein Abbé zu einem Besuch bei Ninon mit. Die berühmte Hetäre war damals (1704) vierundachtzig Jahre alt. François fand sie «vertrocknet wie eine Mumie», aber doch noch erfüllt von der Milch weiblicher Liebenswürdigkeit. «Es gefiel ihr», erzählte er später, «mich in ihrem Testament zu erwähnen; sie hinterließ mir zweitausend Franken zum Kauf von Büchern.»[3] Bald darauf starb sie.

Zum Ausgleich für diese Diät wurde der Zehnjährige in das Internat des Jesuitengymnasiums Louis-le-Grand am linken Seine-Ufer von Paris gesteckt, das als die beste Schule in ganz Frankreich galt. Zu den zweitausend Schülern zählten auch Söhne des Adels, die einen Unterricht ertragen konnten; hier freundete sich Voltaire mit einer ganzen Reihe von Aristokraten an, mit denen er sein Leben lang ungezwungene Beziehungen aufrechterhielt. Er bekam eine gute klassische und literarische Erziehung, wobei besonders das Drama gepflegt wurde; er spielte bei Aufführungen mit, und mit zwölf Jahren schrieb er selber ein Stück. Als guter Schüler erhielt er viele Auszeichnungen und begeisterte und beunruhigte seine Lehrer. Er verhehlte nicht, daß er nicht an die Hölle glaubte, und bezeichnete den Himmel als «den großen Schlafsaal der Welt»[4]. Einer seiner Lehrer sagte mit Bedauern voraus, daß dieser junge Geist einmal der Bannerträger des französischen Deismus sein werde, also einer Religion, die fast jegliche Theologie, außer dem Glauben an Gott, ablehnte. Die Jesuiten ertrugen ihn mit ihrer üblichen Geduld, und er seinerseits bewahrte ihnen bei all seinen Ketzereien eine warme Achtung und Dankbarkeit für die Schulung in Klarheit und Disziplin, die sie seinem Geist angedeihen ließen. Mit zweiundfünfzig Jahren schrieb er:

«Sieben Jahre lang wurde ich von Männern erzogen, die unermüdlich die undankbare Aufgabe erfüllten, Geist und Sitten der Jugend zu bilden ... Sie erweckten in mir den Geschmack für Literatur und für Gefühle, die mir ein Trost bis an mein Lebensende sein werden. Nichts kann die Erinnerung an Pater Porée verwischen, den alle gleich verehrten, die bei ihm lernten. Niemand hat je Studium und Pflichten so angenehm gestaltet ... Ich hatte Glück, denn zu meinen Lehrern gehörten verschiedene Jesuiten vom Charakter Pater Porées. Was bekam ich während meiner sieben Jahre bei den Jesuiten zu sehen? Ein äußerst fleißiges, frugales und wohlgeordnetes Leben. All ihre Zeit wurde zwischen der Sorge um uns und ihrem strengen Beruf geteilt. Ich rufe die Tausende, die wie ich von ihnen erzogen wurden, zu Zeugen auf; nicht einer von ihnen würde mich Lügen strafen.»[5]

Nach bestandenem Examen wollte François die Literatur zum Beruf wählen, aber sein Vater stellte ihm die Schriftstellerei als den besten Weg zur Armut dar und bestand darauf, daß er Rechtswissenschaft studiere. Drei Jahre lang studierte François, wie er sich ausdrückte, «die Gesetze von Theodosius und Justinian, um in Paris praktizieren zu können». Er ärgerte sich über «die Unmenge nutzloser Dinge, mit denen man mein Gehirn belasten wollte. Meine Devise ist: *Ohne Umschweife*»[6]. Anstatt sich in die Pandekten und Präzedenzfälle zu vertiefen, pflegte er den Umgang mit einigen skeptischen Epikureern, die sich im Temple, den Überresten eines alten Klosters des Templerordens in Paris, trafen. Ihr Haupt war Philippe de Vendôme, Großprior von Frankreich, der über ein enormes Einkommen aus Kirchensteuern, aber nur geringen Glauben verfügte. Um ihn scharten sich die Abbés Servien, de Bussy und de Chaulieu, der Marquis von La Fare, der Prinz von Conti und andere bekannte Figuren mit mühelosem Einkommen und Vergnügungslust. Der Abbé de Chaulieu war der Meinung, Wein und Weib seien die angenehmsten Gaben, die eine weise und wohltätige Natur dem Manne schenke[7]. Voltaire paßte sich dieser Lebensart ohne weiteres an und entsetzte seinen Vater, wenn er nach Gelagen mit solchen Bummlern nachts um zehn Uhr – für damalige Begriffe eine unvorstellbar späte Stunde – nach Hause kam.

Vermutlich auf Verwendung seines Vaters wurde Voltaire (1713) zum Pagen des französischen Gesandten im Haag ernannt. Allbekannt ist die Liebesgeschichte des leichtentflammbaren jungen Mannes mit Olympe Dunoyer, die er mit Gedichten und Versprechen ewiger Liebe verfolgte. «Niemand hat je so geliebt wie ich», schrieb er ihr, «denn niemand war je der Liebe so würdig wie Du.»[8] Der Gesandte teilte Arouet senior mit, François sei für den diplomatischen Dienst nicht geschaffen. Der Vater ließ ihn nach Hause kommen, enterbte ihn und drohte, ihn per Schiff nach Westindien zu senden. François schrieb «Pimpette» aus Paris, wenn sie nicht zu ihm komme, bringe er sich um. Da sie um zwei Jahre älter und außerdem als Frau vernünftiger war als er, riet sie ihm, lieber Frieden mit seinem Vater zu machen und ein guter Anwalt zu werden. Sein Vater verzieh ihm unter der Bedingung, in ein Anwaltsbüro einzutreten und bei dem Anwalt zu wohnen. Er war einverstanden. Pimpette heiratete einen Grafen. Und das war offenbar die letzte Leidenschaft Voltaires. Er war überspannt wie alle Poeten, er war zartbesaitet und empfindsam, aber reine Erotik bedeutete ihm wenig; er hatte später ein berühmtes Verhältnis, doch handelte es sich dabei viel weniger um körperliche Anziehung als um die Verschmelzung der Seelen. All seine Energie ergoß sich in seine Feder. Schon mit fünfundzwanzig Jahren schrieb er an die Marquise de Mimeure: «Freundschaft ist tausendmal mehr wert als Liebe. Es scheint mir, daß ich in keiner Weise für Leidenschaft geboren bin. Ich finde, Liebe hat etwas Lächerliches an sich ... Ich habe beschlossen, mich ein für allemal davon frei zu machen.»[9]

Am 1. September 1715 starb Ludwig XIV. zur großen Erleichterung des protestantischen Europa und des katholischen Frankreich. Damit verschwand nicht nur eine Regierung, sondern eine Epoche: eine 72jährige Herrschaft und ein Zeitalter, *le grand siècle,* das mit dem Ruhm siegreicher Feldzüge, dem Glanz literarischer Meisterwerke und dem Zauber der Barockkunst begonnen hatte und mit dem Niedergang von Kunst und Wissenschaft, der Erschöpfung und Verarmung des Volkes und der Niederlage und Demütigung Frankreichs endete. Aller Augen richteten sich voller Hoffnung und Zweifel auf die Regierung, die dem großartigen und unbeweinten König nachfolgte.

II. DER KAMPF UM DIE REGENTSCHAFT: 1715

Es gab zwar einen neuen König, Ludwig XV., einen Urenkel Ludwigs XIV., aber er war erst fünf Jahre alt. Er hatte seinen Großvater, seinen Vater, seine Mutter, seine Brüder, seine Schwestern und zum Schluß seinen Urgroßvater verloren. Wer würde die Regentschaft für ihn übernehmen? Zwei Kronprinzen waren vor dem Sonnenkönig gestorben – sein Sohn Ludwig, im Jahre 1711, und sein Enkel, der Herzog von Burgund, im Jahre 1712. Ein anderer Enkel hatte als Philipp V. den spanischen Thron bestiegen, vorher aber seinen sämtlichen Rechten auf den französischen Thron entsagen müssen. Zwei illegitime Söhne des alten Königs überlebten ihn; er hatte sie anerkannt und in einem Erlaß festgelegt, daß sie seine Krone erben sollten, wenn kein Prinz von königlichem Geblüt vorhanden sei. Der ältere von den beiden, der fünfundvierzigjährige Louis-Auguste Herzog von Maine, war ein liebenswürdiger Schwächling mit einem Klumpfuß, was seine Schüchternheit und Zurückhaltung noch verstärkte. Er hätte sich wohl mit dem Luxus und dem sorglosen Leben auf seinen Besitzungen in Sceaux (in nächster Nähe von Paris) begnügt, die 900000 Livres wert waren, wenn seine ehrgeizige Frau ihn nicht zum Wettbewerb um die Regentschaft aufgestachelt hätte. Die Herzogin von Maine konnte nicht vergessen, daß sie die Enkelin des Großen Condé war; sie hielt einen fast königlichen Hof in Sceaux, wo sie Künstler und Poeten (darunter Voltaire) protegierte und eine fröhliche und ergebene Gesellschaft als Vorspiel und Sprungbrett zur Herrschaft um sich versammelte. Es fehlte ihr nicht an Reiz. Ihr Körper und ihre Eleganz waren fehlerlos, und sie war so klein und schlank, daß man sie für ein junges Mädchen halten konnte; sie war klug und witzig, besaß eine gute humanistische Erziehung, war schlagfertig und von unermüdlicher und ermüdender Lebhaftigkeit. Sie war überzeugt, daß ihr Gatte unter ihrer Fuchtel einen höchst angenehmen Regenten abgeben würde. Ihrem Einfluß auf die Umgebung des sterbenden Königs war es zu danken, daß er in einem Testament vom 12. August 1715 dem Herzog von Maine die Aufsicht über Erziehung und Person des jungen Ludwig und über den königlichen Haushalt sowie einen Platz im Regentschaftsrat anvertraute. In einem Kodizill zu diesem Testament vom 25. August wurde jedoch Philipp II., der Herzog von Orléans, zum Präsidenten dieses Rates bestimmt.

Philipp war der Sohn Philipps I. («Monsieur»), eines bisexuellen Bruders des alten Königs und dessen zweiter Frau, der robusten und realistischen Liselotte von der Pfalz. Die Erziehung des Knaben war einem Abbé aufgetragen worden, den sowohl Saint-Simon in seinen Memoiren als auch Duclos in seinen *Geheimmemoiren der Regentschaft* als eine *cloaca maxima* von Lastern beschreiben. Guillaume Dubois, der Sohn eines Provinzapothekers, studierte mit Eifer, verdiente sein Brot als Hauslehrer, heiratete und verließ später seine Frau mit ihrer Einwilligung, um in das Collège Saint-Michel in Paris einzutreten, wo er sein Studium mit der Erfüllung niedrigster Arbeit bezahlte. Nach den Prüfungen nahm er einen Posten als Gehilfe Saint-Laurents, eines Beamten im Haushalt von «Monsieur», an. Er empfing die Tonsur und niedere Weihen und schien seine Frau vergessen zu haben. Nach dem Tod Saint-Laurents wurde Dubois zum Hofmeister des künftigen Regenten ernannt. Nach den Worten des selten unparteiischen Duclos' «fühlte der Abbé, daß sein Schüler ihn bald verachten würde, wenn er ihn nicht korrumpierte; er setzte alles daran, um dieses Ziel zu erreichen, und leider war er nur zu erfolgreich»[10]. Saint-Simon, der jedes Talent ohne Adelstitel haßte, ergötzte sich an der Beschreibung Dubois':

«Ein kleiner, jämmerlicher Wurm, ein verschrumpeltes Männchen mit einer flachsgelben Perücke und einem Gesicht wie ein Wiesel, von einigem Verstand erhellt. Um es unverblümt zu sagen – ein wahrer Taugenichts. Sämtliche Laster kämpften in ihm um die Oberhand, so daß sein Geist in ständigem Aufruhr war. Geiz, Ausschweifung und Ehrgeiz waren seine Götter, Tücke, Schmeichelei und Kriecherei seine Waffen, völliger Unglaube seine Religion; zum Grundprinzip hatte er die Meinung erhoben, Anständigkeit und Ehrenhaftigkeit seien Schimären, mit denen man sich schmücke, die es aber in Wirklichkeit nicht gebe ... Er hatte Verstand, Bildung und Weltkenntnis und den einen großen Wunsch, zu gefallen und sich einzuschmeicheln; aber alles wurde verdorben durch den Geruch von Falschheit, der ihm trotz allem aus sämtlichen Poren strömte ... Bösartig ..., verräterisch und undankbar, ein Meister finsterer Untaten, dazu von größter Unverschämtheit, wenn er ertappt wurde. Auf alles war er begierig, auf alles neidisch und wollte alles an sich reißen.»[11]

Saint-Simon stand Philipps Familie nahe und muß daher ernst genommen werden; doch darf man nicht vergessen, daß der Abbé ein gelehrter und fähiger Mann war, ein geschickter und erfolgreicher Diplomat, und daß Philipp, der den Mann gut kannte, bis zuletzt zu ihm stand.

Der Schüler, der vielleicht schon von väterlicher Seite erblich belastet war, nahm die Lehren seines Meisters willig auf und übertraf ihn noch an raffinierter Lasterhaftigkeit. Der Lehrer bewunderte sein unfehlbares Gedächtnis, seinen Scharfsinn, seinen klaren Verstand und seinen Geschmack in Kunst und Literatur. Dubois trug die naturwissenschaftliche Unterweisung des Jünglings Fontenelle auf, Chemie brachte ihm Homberg bei; in späteren Jahren besaß Philipp, wie Karl II. von England und Voltaire in Cirey, sein eigenes Laboratorium, wo er sich bei chemischen Elementen von seinen Ehebrüchen erholte. Er malte nicht schlecht, spielte Lyra, machte Gravüren zum Buchschmuck und sammelte Kunstwerke mit dem sicheren Urteil eines Kenners. Aber all dieses beschäftigte ihn nur oberflächlich, denn er hatte zu viele Interessen, und seine Zeit wurde von Vergnügungen in Anspruch genommen. Eine religiöse Überzeugung hatte er überhaupt nicht; sogar öffentlich «trug er einen skandalösen Unglauben zur Schau»[12]. Er war die Verkörperung seines Landes und seines Jahrhunderts, tonangebend für Gottlosigkeit und Ausschweifungen.

Wie bei den meisten Menschen war sein Charakter voller Widersprüche. Er log mit Leichtigkeit und heimlichem Vergnügen, sei es aus Notwendigkeit oder nur zum Spaß; Millionen von Franken, die dem verarmten Volk abgepreßt wurden, verschwendete er auf seine Launen und Unternehmungen; andererseits war er freigebig und wohlwollend, leutselig und nachsichtig, «von echter Güte, menschenfreundlich und mitleidig» (sagte Saint-Simon[13]) und eher seinen Freunden als seinen Geliebten treu. Regelmäßig betrank er sich jeden Abend, bevor er zu Bett ging[14]. Als seine Mutter ihm Vorwürfe machte, antwortete er: «Von morgens sechs Uhr bis spät am Abend muß ich mich anhaltender und ermüdender Arbeit unterwerfen; wenn ich mich danach nicht zerstreute, könnte ich es nicht aushalten; ich würde vor Trübsinn umkommen.»[15]

Vielleicht waren seine Ausschweifungen auf seine mißglückte erste Liebe zurückzuführen. Er verliebte sich leidenschaftlich in Fräulein von Séry, ein Ehrenfräulein seiner Mutter von edlem Geblüt. Für sie verfaßte er Gedichte, sang seine Lieder, besuchte sie zweimal täglich und wollte sie heiraten. Ludwig XIV. gab seinem Mißfallen Ausdruck und empfahl nachdrücklich seine illegitime Tochter, die Herzogin von Blois. Philipp gehorchte (1692), widmete sich aber weiterhin so sehr Fräulein von Séry, daß sie ihm einen Sohn gebar. Der verärgerte Monarch verbannte sie aus Paris; Philipp schickte ihr viel Geld, versuchte jedoch – mit kurzem Erfolg – seiner Frau treu zu sein. Sie schenkte ihm eine Tochter, die spätere Herzogin von Berry, sein größtes Glück und sein bitterster Schmerz.

Nach dem Tod seines Vaters (1701) erbte Philipp den Herzogtitel und das riesige Vermögen mit keiner anderen Verpflichtung, als sein Leben im Frieden zu genießen und im Krieg zu wagen. Er hatte sich schon tapfer im Pfälzischen Erbfolgekrieg (1692–1697) geschlagen, wo er mehrmals verwundet wurde; nun zeichnete er sich im Spanischen Erbfolgekrieg (1702–1713) aufs neue durch seine tollkühne Tapferkeit aus. Nachdem er mit dem Leben davongekommen war, belohnte er sich mit Gelagen in Gesellschaft von Dirnen. Bei all seinen Sünden und all seiner Gottlosigkeit bewahrte er die ausgesuchtesten Manieren und eine Verfeinerung und Höflichkeit im Ausdruck – ganz wie der Sonnenkönig in seiner idyllischen Jugend.

Erst als infolge von Todesfällen oder Verträgen kein direkter Anwärter auf den Thron mehr vorhanden war, kam Philipp auf den Gedanken, die Regentschaft für sich zu beanspruchen. Er wurde verdächtigt, die Prinzen von Geblüt vergiftet zu haben, um sich den Weg zur Herrschaft zu bahnen, aber die Nachwelt hat Ludwig XIV. recht gegeben, der dieses Gerede als reine Verleumdung zurückwies. Verschiedene Gruppen betrachteten ihn nach und nach als das kleinere Übel gegenüber dem Herzog und der Herzogin von Maine. Französische Protestanten, die sich unter Druck zum Katholizismus bekehrt hatten, beteten für seinen Aufstieg zur Regentschaft, weil er für seine toleranten Ansichten bekannt war; ebenso ging es den Jansenisten, die unter königlichen Verfolgungen und päpstlichen Bullen zu leiden hatten; und die *esprits forts,* die Freidenker, waren von der Idee, einen Freidenker zum Herrscher Frankreichs zu bekommen, ebenso begeistert wie die Pariser Bevölkerung, die von der verspäteten Nüchternheit des verstorbenen Königs genug hatte; sogar Georg I. von England bot ihm finanzielle Unterstützung an, die Philipp jedoch zurückwies. Vor allem aber hoffte die «Aristokratie des Schwertes», die alten adligen Familien, die von Richelieu und Ludwig XIV. ihrer Macht beraubt und zu reinen Höflingen erniedrigt worden waren, sich über Philipp an den königlichen Bastarden in der Regierung und den Kaufherren in der Verwaltung für die Schmach ihrer Hintansetzung zu rächen. Saint-Simon, der selbst zum Hochadel gehörte, drängte Philipp, Müßiggang und Ausschweifungen aufzugeben und um sein Recht auf die Regentschaft zu kämpfen.

Philipp war es mehr um Vergnügen als um Macht zu tun, und er hätte wahrscheinlich lieber seine Ruhe gehabt. Auf Drängen seiner Freunde raffte er sich nun doch zu fieberhafter Tätigkeit auf. Vor der Nase des Herzogs von Maine wurde die Unterstützung der königlichen Schloßtruppen von ihm oder seinen Freunden gekauft, politischen oder militärischen Persönlichkeiten wurden Ämter versprochen, dem Parlament Hoffnung auf die Erneuerung früherer Privilegien gemacht. Am 2. September 1715, einen Tag nach dem Tode Ludwigs XIV., berief Philipp das Pariser Parlament, die Führer des Adels und die höchsten Staatsbeamten in den Justizpalast (Palais de

Justice). Der Herzog von Maine kam in der Hoffnung, die Regentschaft zu übernehmen, aber er wurde von der Kühnheit, Verlogenheit und Beredsamkeit des Herzogs von Orléans an die Wand gedrückt. «Ich werde nie ein anderes Ziel haben», versprach Philipp, «als die Lage des Volkes zu erleichtern, die Finanzen wieder in Ordnung zu bringen, Frieden im In- und Ausland aufrechtzuerhalten und die Einheit und Ruhe der Kirche wiederherzustellen. Dabei werden mir die weisen Vertreter dieser erlauchten Versammlung zur Seite stehen, und ich fordere hiermit für Sie im voraus das Recht auf Einspruch»[16]; das heißt, er erbot sich, dem Parlament dieses Einspruchsrecht (gegen königliche Erlasse) zurückzuerstatten, das der verstorbene König verweigert und nicht beachtet hatte. Dieser geschickte Zug gab den Ausschlag; das Parlament erklärte fast einstimmig Philipp zum Regenten und überließ ihm die völlige Herrschaft über den Rat. Der Herzog von Maine wies empört darauf hin, daß diese Anordnungen gegen den Letzten Willen des toten Königs verstießen, daß er unter solchen Bedingungen nicht mehr für die Person des kleinen Königs einstehen könne und gezwungen sei, von seinem Amt zurückzutreten. Philipp und das Parlament nahmen ihn beim Wort, und der wütende, aber hilflose Maine zog sich nach Sceaux und zu den Vorwürfen seiner Gemahlin zurück. Der zweiundvierzigjährige Philipp von Orléans war für acht Jahre Regent von Frankreich.

III. AUFSCHWUNG UND ZUSAMMENBRUCH: 1716–1720

Seine erste Aufgabe bestand in der Wiederherstellung der finanziellen Ordnung und der Festigung des Staates. Er erbte eine bankrotte Regierung mit einer Schuld von 2,4 Milliarden Livres; dazu kam eine schwebende Schuld von 590 Millionen Livres in Form von *billets d'Etat* – königlichen Schuldscheinen, die im Umlauf waren und inzwischen nur noch ein Drittel ihres ursprünglichen Wertes hatten. Die reinen Einnahmen der Regierung für das Jahr 1715 betrugen 69 Millionen Livres, ihre Ausgaben 147 Millionen. Die meisten Einnahmen, die für das Jahr 1716 erwartet wurden, waren im voraus ausgegeben worden[17].

Saint-Simon riet zu einer unverhüllten Bankrotterklärung. Herzog Adrien Maurice von Noailles war dagegen. Der Regent versuchte es mit einem Kompromiß und halben Spar- und Reformmaßnahmen. Das Heer wurde auf fünfundzwanzigtausend Mann herabgesetzt; entlassene Soldaten waren auf sechs Jahre steuerfrei; hatten sie acht Kinder, wurden sie für immer von Steuern befreit. Kopf- und Salzsteuer sowie andere Abgaben wurden gemildert, Mißbräuche bei ihrem Einzug angezeigt und manche Steuern abgeschafft. Hunderte von überflüssigen Regierungsbeamten wurden entlassen – in Paris allein zweitausendvierhundert. Eine Justizkammer (Chambre de Justice) wurde eingerichtet (März 1716), vor der sämtliche Finanz- und Kaufleute, Lieferanten von Kriegsmaterial und alle, die unter dem Verdacht standen, die Regierung geprellt zu haben, erscheinen mußten. Unter Noailles, der an militärische Maßnahmen gewohnt war, herrschte dort ein wahrer Terror; den Betrügern, die einen anderen anzeigten, wurde Nachsicht versprochen; Spitzeln wurde ein Fünftel aller Einkünfte versprochen, die mit ihrer Hilfe eingetrieben wurden. Auflehnung gegen einen Denunzianten hatte die Todesstrafe zur Folge. Beschlagnahme ihres Eigentums und lebenslängliche Verurteilung zur Galeere erwartete diejenigen, die falsche Aussagen über ihre Finanzen machten. Einige Verurteilte wurden gehängt, andere zur Freude des Pöbels an den Pranger gestellt; ein paar Geschäftsleute, die sich zu belastet fühlten, nahmen sich das Leben. Der Erfolg stand in keinem Verhältnis zu diesen Methoden. Die meisten Schuldigen kauften sich frei von Untersuchung oder Verurteilung, entweder durch Bestechung von Beamten der Kammer oder von Freunden des Regenten oder seiner Mätressen. Es kam so weit, daß die Schuldigen nicht mehr die Bestechung anboten, sondern die Höflinge sie ihnen abforderten. Einem Finanzmann, der mit einer Strafe von 1,2 Millionen Livres belegt worden war, versprach ein Höfling die Erlassung dieser Schuld, falls er ihm 300000 Livres bezahle. «Mein lieber Graf», sagte der Finanzmann, «Sie kommen zu spät; ich habe gerade eine ähnliche Vereinbarung für die Hälfte dieser Summe mit Ihrer Frau getroffen.»[18] Der Erlaß, der die Chambre de Justice (März 1717) auflöste, erklärte mit einer bei Regierungen seltenen Offenheit, die Bestechlichkeit habe «solche Ausmaße angenommen, daß fast alle Klassen davon angesteckt waren, so daß eine so große Anzahl von Schuldigen nicht bestraft werden konnte, ohne Handel, öffentliche Ordnung und Staat aus dem Gleichgewicht zu bringen». Als die Inquisition zu Ende war, betrug der Reingewinn für die Regierung an die 70 Millionen Francs[19].

Der enttäuschte Regent lieh einem außergewöhnlichen Schotten ein williges Ohr, der ihm ein neues Finanzsystem anbot. John Law, 1671 als Sohn eines Bankiers in Edinburgh geboren, hatte das Bankgeschäft in London studiert, die Gründung der Bank von England im Jahre 1694 erlebt, sich in einem Duell wegen einer Liebesgeschichte geschlagen, seinen Rivalen umgebracht und war vor dem über ihn verhängten Todesurteil nach dem Kontinent geflohen. Er sah gut aus, war liebenswürdig und ein scharfer Denker; mit Erfolg spekulierte er in Devisen, und seine Begabung für Zahlen und sein Gedächtnis für Kartenkombinationen verschaffte ihm einen Nebenverdienst in verschiedenen Ländern. Er beobachtete den Bankbetrieb in Amsterdam, Hamburg, Venedig und Genua. Besonders in Amsterdam schlug ihn der Zauber des Kreditsystems in Bann, bei dem die Bank mehrmals den Wert ihrer Goldreserven in Papiergeld herausgab, mit zehn Gulden arbeitete, die durch einen gesichert waren, und auf diese Art die Tätigkeit von Industrie und Handel anregte und erleichterte; und dort beobachtete er, wie man mit einer Bank, die das Vertrauen der Geschäftswelt genoß, Transaktionen durch einfache Überweisung von Bankguthaben unternehmen konnte, ohne das unbequeme Herumtragen von Gold oder Silber. Er fragte sich, warum solch eine Nationalbank und solch ein Kreditsystem nich auch in Frankreich gegründet werden könnten. Und dann arbeitete er sein *Système* aus, wie es später genannt wurde.

Bei seiner Idee drehte sich alles um eine Steigerung der Beschäftigung von Arbeitskräften und des Einsatzes von Gütern durch die Herausgabe von Papiergeld auf Staatskredit in der Höhe des doppelten Wertes der Landesreserven an Silber, Gold und Boden einerseits und durch Herabsetzung des Zinsfußes andererseits, um den Geschäftsmann zu ermutigen, Darlehen für neue Unternehmen und Methoden in Handel und Industrie aufzunehmen. So sollte Geld neue Betriebe gründen, diese sollten die Beschäftigungsziffer und die Produktion und damit das nationale Einkommen und die Reserven erhöhen; dann könnte noch mehr Geld herausgegeben werden und die wohltätige Spirale weiter wachsen. Wenn das Publikum durch die Zahlung von Zinsen dazu gebracht werden konnte, Edelmetalle einer Nationalbank anzuvertrauen, anstatt sie zu sparen, dann würden diese Ersparnisse zu den Reserven hinzukommen, und zusätzliches Geld könnte herausgegeben werden; unproduktives Geld würde arbeiten und der Wohlstand des Landes dadurch gehoben.

Im Jahre 1708 trug Law seine Idee der französischen Regierung vor; Ludwig XIV. verwarf sie. Als Philipp von Orléans Regent wurde, schlug Law vor, die bankrotten französischen Finanzen mit Hilfe seines Systems zu retten. Er wollte wissen, warum unter allen führenden Ländern Europas nur Frankreich, Spanien und Portugal noch keine Nationalbank hätten und warum Frankreich mit seinem fruchtbaren Boden und einer so gescheiten Bevölkerung in wirtschaftlicher Stagnation dahinsieche. Philipp gab sein Einverständnis zur Gründung einer Banque Générale (1716), aber als Privatunternehmen. Sie eröffnete Depositenkonten, zahlte Zinsen, legte Anleihen auf und gab Banknoten zu zehn, hundert und tausend Franken heraus, die dank ihrem beständigen Wert, der einem festgelegten Gewicht in Silber entsprach, bald zum bevorzugten Zahlungsmittel wurden. Diese Banknoten stellten das erste regelrechte Papiergeld dar, und Laws Bank mit ihren Zweigniederlassungen in der Provinz begründete das erste organisierte Kreditsystem in Frankreich. Im April 1717 wurden die Banknoten auch zur Bezahlung von Steuern zugelassen.

Im September ging Law zur Verwirklichung seiner gewagteren Ideen über. Er ließ sich vom Regenten die Konzession zu einer neuen Compagnie d'Occident zur Ausbeutung des gesamten Mississippi-Beckens, damals unter französischer Herrschaft, verschreiben. Er verkaufte der Öffentlichkeit 200000 Anteile an dieser Kompanie des Westens zu 500 Livres die Aktie; das war ein hoher Preis, aber drei Viertel der Bezahlung konnte in *billets d'Etat* – Staatsnoten – zu ihrem nominalen Wert, also einem Drittel ihres tatsächlichen Wertes, getätigt werden. Das Publikum war hocherfreut über diese Gelegenheit, entwertetes Papiergeld gegen Aktien eines vielversprechenden Unternehmens auszutauschen, und kaufte in kurzer Zeit sämtliche Anteile auf. Mit wachsendem Optimismus wies Law seine Bank an, das Königliche Tabakmonopol und sämtliche französischen Gesellschaften, die sich mit Außenhandel befaßten, zu kaufen; diese vereinigte er mit der Compagnie d'Occident zu einer Compagnie des Indes, die das Monopol für den gesamten Außenhandel innehaben sollte. Eine Art Sozialismus im Außenhandel schien einigen Unternehmern auf Sozialismus in Produktion und Verteilung im Inneren hinzudeuten; hier begann der Widerstand gegen Law.

Am 4. Dezember 1718 wurde Laws Bank in die Banque Royale verwandelt. Ihre Banknoten wurden als gesetzliches Zahlungsmittel anerkannt, und sie beherrschte fast alle Finanzen der Nation. Er gab neue Anteile an der Compagnie des Indes zu 550 Livres die Aktie heraus, die bald gezeichnet waren. In Erwartung großer Gewinne wuchs der Wert der Aktien, die in einem Klima der Spekulation zu immer höheren Preisen gehandelt wurden, schließlich bis zu 5000 Livres, neun- oder zehnmal so hoch wie ihr nominaler Wert. Lady Mary Wortley Montagu, die im Jahre 1718 durch Paris fuhr, lächelte über den Anblick Frankreichs, das sein Wirtschaftsleben einem Briten anvertraute. Law selbst ließ sich von seiner Einbildungskraft hinreißen. Die neue Banque Royale übernahm nicht nur die Münze und die gesamte Steuereinziehung; sie übernahm auch die Schulden des Landes, indem sie einen Anteil an der Compagnie des Indes gegen Staatsobligationen in der Höhe von 5000 Livres Nominalwert austauschte; Law hoffte, dadurch werde passives Kapital in seinen verschiedenen Unternehmen aktiv. Außerdem gefährdete er die Zahlungsfähigkeit der Bank mit einem Geschenk von 24000 Aktien für den Regenten. Trotz dieser Wagnisse war das Vertrauen der Öffentlichkeit noch unerschüttert, die allgemeine Begeisterung für die Compagnie steigerte sich. Käufer boten immer höhere Preise für seine Aktien. Fälscher, die gefälschte Aktien auf den Markt brachten, trugen noch zur Verwirrung bei. Zwei Jahre lang war die enge, schmutzige Rue Quincampoix, wo das «System» seine Büros hatte, die Wall Street von Paris. Käufer und Verkäufer aller Klassen, Herzoginnen und Huren, Pariser, Leute vom Lande und Ausländer kamen dort haufenweise zusammen, und täglich wuchs die Aufregung. Manche wurden im Gedränge erdrückt oder von den Kutschen des Adels überfahren. Der alte Marschall von Villars, der dort vorbeifuhr, hielt an, um der Menge wegen ihrer fanatischen Habsucht Vorwürfe zu machen. Winzige Buden in der kleinen Straße brachten monatlich mehr Miete ein als Häuser in zwanzig Jahren. Die Anwohner beklagten sich über den unerträglichen Lärm. Aber das Geschrei der Käufer mit ihren verschiedenen Angeboten ging weiter; die Aktien stiegen fast täglich, manchmal stündlich; gegen Ende 1719 wurden einige mit 12000 Livres das Stück gehandelt; mit der Zeit war der Marktwert sämtlicher ausstehender Aktien achtzigmal höher als der Wert des gesamten bekannten Gold- und Silberbesitzes Frankreichs[20]. Da nur zehn Prozent des Nominalwertes für die Aktie bezahlt werden mußte, wechselten sie sehr rasch den Besitzer, und Vermögen wurden an einem Tag gemacht. Ein Bankier verdiente 100 Millionen Livres, der Kellner eines Hotels dreißig Millionen[21]. Zum erstenmal hörte man damals das Wort *millionnaire*[22].

Law war der Mann der Stunde. 1720 wurde er zum Generalinspektor der Finanzen ernannt. In seinem Wartezimmer drängte sich die vornehme Welt, die ihn um Rat in Geldangelegenheiten oder um Unterstützung bei Hofintrigen bat. «Ich selbst», erinnerte sich Voltaire, «sah ihn durch die Galerien des Palais-Royal gehen, gefolgt von Herzögen und Edelleuten, Marschällen Frankreichs und Bischöfen.»[23] Eine Herzogin küßte ihm demütig die Hand.

Der offensichtliche Triumph seiner Ideen schien ihn allem Anschein nach nicht verdorben zu haben, auch nicht das Bewußtsein seiner persönlichen Macht; er war eher beunruhigt über den übertriebenen Wert, den die allgemeine Habsucht den Aktien seiner Gesellschaft verliehen hatte[24]. Er nutzte seine Stellung nicht zur eigenen Bereicherung aus. Saint-Simon, der gegen das System war, erklärte:

«Er neigte weder zu Habgier noch zu Schwindel. Er war ein milder, gütiger, anständiger Mensch, weder durch übermäßigen Kredit noch Vermögen verdorben, an dessen Benehmen, dessen Wagen, Tafel und Möbeln sich niemand stoßen konnte. Er ertrug mit außergewöhnlicher Geduld und Festigkeit alle Ärgernisse, die mit seinen Geschäften verbunden waren, und wurde nur zuletzt ... ungeduldig und aufbrausend.»

Gewisse Mitglieder des Adels blickten verächtlich auf diesen Ausländer und Protestanten und bemerkten, daß er und seine englische Frau, wenn sie auch sehr aneinander zu hängen schienen, doch nicht verheiratet waren. Um gesetzlich diese Feindseligkeit zu entwaffnen, nahm Law die französische Staatsbürgerschaft und den römisch-katholischen Glauben an. Seine Macht benutzte er, um den Wohlstand seines neuen Vaterlandes zu fördern. Er verminderte die Steuern und machte den schwerfälligen und unredlichen Einzugsmethoden in den Händen privater Gesellschaften ein Ende. Er brachte den Massen eine bei Finanzleuten ungewöhnliche Sympathie entgegen. Große Kirchen- oder Standesbesitztümer teilte er zum Anbau unter Bauern auf. Er ging noch weiter: Bald nach seiner Ernennung zum Generalinspektor der Finanzen schlug er vor, die Kirche sollte gezwungen werden, ihren ganzen Besitz, den sie seit 1600 erworben hatte, das heißt die Hälfte ihrer französischen Besitzungen, zu verkaufen[25]. Er griff Turgot vor, indem er den Zoll auf Nahrungs- und Gütertransport innerhalb Frankreichs abschaffte. Er unternahm den Bau oder die Instandsetzung von Straßen, Brücken und Kanälen. Er ließ geübte Handwerker aus dem Ausland kommen, um neue Industrien zu schaffen; er ermutigte die Ausdehnung der Industrie durch die Herabsetzung des Zinsfußes auf Darlehen; französische Unternehmen wuchsen um sechzig Prozent in den zwei Jahren (1719 und 1720), in denen er die Oberhand hatte. Er belebte und vergrößerte die Handelsflotte durch die Ausdehnung des Handels mit Asien, Afrika und Amerika; im März 1719 trieben sechzehn französische Schiffe Handel mit dem Ausland, im Juni 1720 dreihundert; der französische Außenhandel erreichte unter Law wieder die gleichen Ausmaße, die er unter Colbert besessen hatte. Er überredete französische Adlige, die Produktion von Kaffee und Tabak in Louisiana zu finanzieren, und finanzierte selbst die Entwicklung des Arkansas-Flußbeckens. 1718 wurde New Orleans gegründet und nach dem Stammhaus des Regenten benannt.

Trotz der verschiedensten Bemühungen Laws und Philipps kam das amerikanische Unternehmen nicht von der Stelle. Ein großer Teil des Mississippi-Tales war immer noch ungezähmte Wildnis. Keine Anstrengung wurde gescheut, um französische Kolonisten in der Gegend anzusiedeln. Auswanderern stellte Law die nötige Ausrüstung und 450 Morgen Land zur Verfügung. Als die Auswanderung sich als weniger anziehend erwies als die Spekulation, wurden Gefangene, Landstreicher und Dirnen nach Louisiana verschickt und junge Männer und Frauen (wie Manon Lescaut im Roman von Prévost) mit List oder Gewalt zu dem Wagnis gepreßt. Diese Opfer wurden so schlecht ernährt, daß viele noch unterwegs starben. Ein Erlaß vom Mai 1720 machte dieser barbarischen Zwangswerbung ein Ende. Der wirtschaftliche Aufschwung der Kolonie wurde durch unzulängliche Ausrüstung, schlechte Verwaltung und Aufruhr gehemmt, so daß die Mississippi-Kompanie – wie sie im Volk genannt wurde – viel weniger Gewinn abwarf, als es die Spekulation vorausgesehen hatte. Die Hoffnung auf Gold und Edelsteine, die man in den Minen der Kolonie zu finden hoffte, erwies sich als trügerisch, obwohl Law selbst diesen Traum genährt hatte.

Nachrichten über diese Zustände müssen nach Frankreich gelangt sein. Die gewiegtesten Spekulanten waren der Ansicht, die Aktien der Gesellschaft könnten nicht weiter steigen und es sei an der Zeit, sie zu verkaufen. Was sie auch alsbald taten, wodurch sie große Gewinne erzielten. Tausende anderer, die über die Lage weniger Bescheid wußten oder sie nicht beurteilen konnten, wurden durch verspäteten Verkauf ruiniert. Ab Dezember 1719 nahmen die Verkäufe ständig zu und übertrafen die Käufe. Im Laufe eines Monats stieß der Herzog von Bourbon seine Aktien für zwanzig Millionen Livres ab; Prinz Conti verkaufte für vierzehn Millionen; man brauchte drei Wagen, um das Gold wegzufahren, das Law dem Prinzen gegen seine Banknoten und Aktien nicht zu verweigern wagte[26]. Ein preußischer Spekulant lud seinen Anteil ab und fuhr mit dreißig Millionen in Gold davon. Viele kassierten ihre Aktien ein, um Land, Häuser, Juwelen und ähnliche Artikel zu kaufen, die auf der soliden Grundlage menschlicher Bedürfnisse oder Eitelkeit ruhten. Geschäftsleute, die von der Justizkammer bestraft worden waren, rächten sich nun durch den Eintausch ihrer Banknoten gegen Gold, das sie ins Ausland schickten. Law versuchte den Abfluß von Gold aus dem Staatsschatz aufzuhalten und veranlaßte den Regenten zu einem Gesetz, wonach es der Öffentlichkeit verboten war, Edelmetalle zu besitzen, damit zu handeln oder sie auszuführen, und das sie zur Ablieferung jeder Gold- und Silbermenge an die Banque Royale zwang, die den Wert von 500 Franken überstieg. Agenten der Bank wurden bevollmächtigt, Haussuchungen vorzunehmen und das kostbare Metall aufzuspüren; nicht einmal Ludwig XIV. hatte sich solchen Hausfriedensbruch erlaubt. «Viele Leute», berichtet Saint-Simon, «fanden die ausgefallensten Verstecke für ihr Gold, und wenn sie vor ihrem Tod niemanden ins Vertrauen ziehen konnten, blieb ihr kleiner Schatz vergraben und ging ihren Erben verloren.»[27] Law versuchte den immer weiter sinkenden Preis der Aktien durch das Angebot von 9000 Livres (in Papiergeld) für die Aktie zu stützen; aber die damit verbundene Vermehrung von Banknoten verminderte ihren Wert, und die Warenpreise stiegen. Im Mai 1720 waren im Vergleich mit 1716 die Preise um hundert Prozent gestiegen, die Löhne um fünfundsiebzig Prozent; im Juli brachten ein Paar Seidenstrümpfe vierzig Livres ein. Darauf setzte eine Inflationspanik ein; jeder wollte Papiergeld und Aktien gegen Waren austauschen; so häufte Herzog de La Force Kerzen an, Marschall von Estrées Kaffee- und Schokoladenvorräte. Um diese Flucht vom Geld zur Ware aufzuhalten, gab Law (Mai 1721) eine fünfzigprozentige Abwertung des offiziellen Wertes der Banknoten und Gesellschaftsanteile bekannt. Das war ein großer Irrtum, der vielleicht auf den Druck des erschrockenen Regenten zurückging, der seinerseits unter dem Einfluß der Feinde Laws in Adel und Geistlichkeit stand[28]. Philipp gab all seine Aktien an die Bank zurück, womit er hoffte, die Krise einzuschränken[29].

Trotzdem stürzte sich alles weiter auf den Verkauf. Im Juli war die Bank gezwungen, jegliche Zahlung auf Banknoten über zehn Francs einzustellen. Banknotenbesitzer belagerten die Bank und verlangten lärmend die Einlösung ihres Papiergelds in Silber oder Gold. In Paris war das Gedränge so groß, daß zehn Frauen in der Verwirrung totgetreten wurden; später wurden drei dieser Leichen von einer empörten Menge an den Fenstern des Regenten vorbeigetragen. Dieselben Leute, deren verrückte Spekulationen den Zusammenbruch des Systems verursacht hatten, machten Law für alle ihre Schwierigkeiten verantwortlich. Man versuchte sich seiner zu bemächtigen, um ihn umzubringen; als das mißlang, wurde sein Wagen im Hof des Palais-Royal in Stücke geschlagen. Verschiedene Revolten gaben dem Gefühl des Volkes Ausdruck, das durch finanzielle Kniffe getäuscht worden war und auf dessen Kosten sich die oberen Schichten bereichert hatten. Auch das Parlament beteiligte sich an den Angriffen gegen Law. Philipp verbannte es nach Pontoise (Juli 1720), aber es wurde vom Volk verteidigt.

Im August fielen die Aktien der Mississippi-Kompanie, die bis auf 12000 Livres geklettert waren, auf 2000 Livres und die Banknoten auf ein Zehntel ihres ursprünglichen Wertes. Im Oktober ging das Gerücht um – und verbreitete sich wie ein Wirbelwind –, der Regent habe während der Blütezeit der Banque Royale Banknoten zum Nominalwert von drei Billionen Franken von ihr bezogen, die zum größten Teil für Geschenke an Freunde und Kurtisanen vergeudet worden seien. Ungefähr zur gleichen Zeit flüchtete ein Kassierer der Bank mit einer riesigen Menge Gold nach Preußen. Die Aktien der Mississippi-Kompanie fielen auf 200 Livres. Im Dezember löste der Regent die Bank auf, entließ Law und berief das Parlament. Am 14. Dezember verließ Law Frankreich mit seinem Sohn. Er hatte sein eigenes Vermögen in der Compagnie des Indes angelegt und teilte das Schicksal der meisten Aktionäre; er hatte kein Kapital im Ausland in Sicherheit gebracht; jetzt nahm er nur zweitausend Livres und ein paar mittelmäßige Edelsteine mit. In Brüssel erreichte ihn eine Einladung Peters des Großen, der ihm die Verwaltung der russischen Finanzen anbot; er lehnte ab. Er zog sich nach Venedig zurück, wohin ihm seine Frau und Tochter folgten, lebte zurückgezogen und in Armut und starb dort im Jahre 1729.

Die Prinzipien, auf denen er seine Bank gegründet hatte, waren theoretisch gesund. Sie hätten Frankreich zahlungsfähig und wohlhabend gemacht, wenn die unglaubliche Habgier der Spekulanten und die Verschwendungssucht des Regenten nicht alles vereitelt hätten. Laws eigene Konten wurden nach Überprüfung als einwandfrei befunden. Zeitweilig war die französische Wirtschaft zweifellos ruiniert: Aktionäre und Banknotenbesitzer forderten unausführbare Bezahlung, der Geldumlauf war fast gelähmt, die Industrie zögerte, der Außenhandel stockte, und die Preise überstiegen die Zahlungsfähigkeit des Volkes. Der Regent ließ die Brüder Paris kommen, um das Chaos zu bannen. Sie zogen sämtliche Banknoten ein und lösten sie gegen Pfandrechte auf nationale Einkünfte mit einem Verlust von sechzehn bis fünfundneunzig Prozent für die Besitzer ein. Dies war praktisch der Bankrott, aber die Öffentlichkeit hatte sich ausgetobt und nahm geduldig alles auf sich.

Etwas blieb aber doch nach dem Zusammenbruch übrig: Die Landwirtschaft zog Nutzen aus dem steigenden Wert ihrer Produkte und der Entwertung der Währung. Die Industrie, angespornt durch niederen Zinsfuß und hohe Preise, erholte sich schnell, und überall tauchten neue Unternehmen auf. Dem Innenhandel kam die Herabsetzung der Binnenzölle zugute, und als die Ordnung nach und nach wiederhergestellt war, lebte auch der Außenhandel wieder auf. Der Mittelstand, dessen Aufgabe die Suche nach Verdienst war, ging unversehrt und gestärkt aus dem Chaos hervor. Unternehmen wuchsen an Zahl und Bedeutung. Der Adel zog Gewinn aus der Abtragung seiner Schulden in billigerer Währung, hatte jedoch an Ansehen verloren, denn er hatte sich mit der gleichen Gier den fieberhaften Spekulationen hingegeben wie jede andere Schicht. Die Regentschaft war ein für allemal bloßgestellt, weil sie ihren finanziellen Verpflichtungen nicht nachgekommen war und inmitten der Katastrophe weiter in Luxus schwelgte. Ein anonymer Kritiker klagte, daß es «Jahrhunderte dauern werde, um das von Law heraufbeschworene Übel wieder auszumerzen, denn er habe dem Volk Bequemlichkeit und Luxus beigebracht und es unzufrieden mit seinen Lebensbedingungen gemacht, die Lebensmittelpreise und die Arbeitslöhne erhöht und alle Arten von Handelsleuten an übertriebene Gewinne gewöhnt»[30]. Doch eben dieser Handelsgeist gab Wirtschaft und Geistesleben in Frankreich neuen Auftrieb, wenn sich auch das moralische Verhalten der französischen Gesellschaft dadurch verschlechterte. Um 1722 hatte sich die französische Wirtschaft so weit erholt, daß der Regent – mit einem für einen Herrscher reinen Gewissen – seine milde Art, zu regieren, und seine häufigen ehelichen Seitensprünge wieder aufnehmen konnte.

IV. DER REGENT

Seine deutsche Mutter hatte ihm empfohlen, seine Liebenswürdigkeit im Zaum zu halten. «Es ist besser, freundlich als harsch zu sein», meinte sie, «aber Gerechtigkeit besteht sowohl aus Bestrafung als aus Belohnung; und wer den Franzosen keine Furcht einflößt, wird ganz bestimmt bald Furcht vor ihnen haben, denn sie verachten den, der sie nicht einschüchtert.»[31] Philipp, der sich an Montaigne gebildet hatte, bewunderte die englische Freiheit und träumte von Untertanen, die ihm nicht blindlings gehorchen würden, sondern so gescheit wären, daß er ihnen die Gründe für seine Gesetze erklären könnte. Sein Verlassen Versailles' und die Übersiedlung in das Palais-Royal im Herzen von Paris und seinem Getriebe war symbolisch gemeint. Ihm widerstrebten die Zeremonien und die Öffentlichkeit des Hoflebens, und so vermied er sie. Wegen größerer Bequemlichkeit und Zurückgezogenheit ordnete er an, der junge König solle nicht in Versailles leben, sondern im Schloß zu Vincennes, einem Vorort von Paris. Philipp dachte gar nicht daran, den Knaben zu vergiften, wie es ein Gerücht behauptete, sondern bewies ihm nur Freundlichkeit und die ihm gebührende Ergebenheit, so daß Ludwig XV. sich sein Leben lang dankbar der Fürsorge erinnerte, die ihm der Regent hatte angedeihen lassen[32].

Zwei Tage nach der Beerdigung Ludwigs XIV. befahl Philipp die Befreiung sämtlicher Gefangener in der Bastille mit Ausnahme jener, die schwere Verbrechen gegen die Gesellschaft begangen hatten. Hunderte hatte der verstorbene König auf Grund von geheimen Verhaftungsbefehlen (*lettres de cachet*) ins Gefängnis geworfen. Meistens handelte es sich um Jansenisten, denen nichts weiter als religiöse Abweichung vorgeworfen wurde. Andere waren seit so langer Zeit eingekerkert, daß niemand mehr wußte, warum – nicht einmal sie selbst. Ein Mann befand sich seit fünfunddreißig Jahren in Gefangenschaft, war nie vor Gericht gekommen und hatte nie den Grund seiner Verhaftung erfahren. Als er in hohem Alter befreit wurde, war er völlig verloren. Er kannte keinen Menschen in Paris und hatte keinen Sou. Er bat, bis zu seinem Lebensende in der Bastille bleiben zu dürfen, was ihm gewährt wurde.

Der Beichtvater des verstorbenen Königs, Michel Le Tellier, der die Jansenisten gehetzt hatte, wurde aus Paris verbannt. Der Regent forderte die gegnerischen Parteien in der Kirche auf, von ihren Streitigkeiten abzusehen. Heimlichen Protestanten gegenüber erwies er sich nachsichtig und berief verschiedene auf Verwaltungsposten. Er beabsichtigte, das liberale Edikt von Nantes zu erneuern; aber Jesuiten und Jansenisten widersetzten sich gemeinsam solcher Duldsamkeit, und Dubois, der nach einem Kardinalshut strebte, riet ihm ab[33]. «Die Gerechtigkeit, die beide Strömungen der Kirche den Protestanten verweigerten, wurde ihnen nur von der Philosophie gewährt.»[34] Der Regent war ein Voltairianer vor Voltaire. Er hing an keinem sichtbaren Glauben; unter dem frommen Ludwig XIV. hatte er Rabelais in der Kirche gelesen[35]; jetzt gestattete er Voltaire, Fontenelle und Montesquieu, Bücher zu veröffentlichen, die ein paar Jahre vorher in Frankreich verboten worden wären, weil sie den christlichen Glauben erschütterten.

Politisch war Philipp – selbst wenn er Voltaire in die Bastille schickte – ein liberaler und aufgeklärter Herrscher. Seine Verfügungen erklärte er dem Volk in so gemäßigten und aufrichtigen Worten, daß Michelet in ihm den Vorboten der gesetzgebenden Versammlung von 1789 sah[36]. Fähige Männer füllten die Ämter, ungeachtet ihrer Feindseligkeit gegenüber dem Regenten; einer, der ihn mit Mord bedroht hatte, wurde zum Vorsitzenden des Finanzrates ernannt[37]. Philipp, von Natur aus ein Epikureer, blieb stoisch bis nachmittags um fünf; so lange, sagt Saint-Simon, «widmete er sich ausschließlich öffentlichen Angelegenheiten, dem Empfang von Ministern, Räten usw. und nahm den ganzen Tag keine Mahlzeit ein, außer einer Tasse Schokolade zwischen zwei und drei Uhr, wobei jeder bei ihm eintreten durfte ... Seine Leutseligkeit und Zugänglichkeit gefiel außerordentlich, wurde aber oft mißbraucht.»[38] «Aus der Rasse Heinrichs IV.» (das heißt unter allen Bourbonen), sagte Voltaire, «ähnelte Philipp von Orléans diesem Monarchen am meisten in bezug auf Mut, Güte, Offenheit, Frohsinn, Liebenswürdigkeit und Zugänglichkeit, dazu mit ausgeprägterem Verständnis.»[39] Er verwirrte Gesandte und Ratgeber durch seine ausgedehnten Kenntnisse, seinen durchdringenden Geist, die Weisheit seines Urteils[40]. Aber er teilte auch die Schwäche der Philosophen, einen Gegenstand von allen Seiten betrachten zu wollen, so daß man viel Zeit mit Diskussionen verschwendete, statt Entscheidungen zu treffen.

Bei allem Liberalismus ließ er jedoch keine Beschneidung der traditionellen königlichen Autorität zu. Als das Parlament, auf sein Einspruchsvorrecht pochend, das er ihm versprochen hatte, eine seiner Verordnungen nicht zum Gesetz erheben wollte, berief er es am 25. August 1718 zu dem sogenannten *lit de justice* ein, einer Sitzung, bei der der König auf einem «Bett» des Gerichts thront und sein unantastbares Recht auf die Gesetzlichkeit eines königlichen Erlasses demonstriert. In roten Gewändern kamen die 153 Mitglieder der Magistratur feierlich zu Fuß zu den Tuilerien. Der junge König befahl ihnen – auf Anordnung Philipps –, den Erlaß des Regenten als rechtskräftig zu erklären, was sie auch taten. Da sich der Herzog und die Herzogin von Maine ihm im Regentschaftsrat und durch Intrigen weiterhin widersetzt hatten, benutzte Philipp die Gelegenheit und entzog der unehelichen königlichen Nachkommenschaft ihren Rang als Prinzen von Geblüt. Den legitimen Herzögen wurden Vorrang und Rechte zurückgegeben, zur größten Befriedigung des Herzogs Saint-Simon, der darin die höchste Errungenschaft der Regentschaft sah und den erhabensten Augenblick in seinen Memoiren.

Die Herzogin von Maine gab sich mit dieser Niederlage nicht zufrieden. Sie bezahlte einige Verfasser, die dem Regenten mit ihren Schmähschriften Nadelstiche versetzten. Er ertrug diese Sticheleien mit der Geduld eines Heiligen, abgesehen von den *Philippiques* und den *J'ai vu* («Ich habe gesehen»), die Voltaire zugeschrieben wurden. Im Dezember 1718 zettelte die Herzogin zusammen mit Cellamare, dem spanischen Gesandten, Alberoni, dem spanischen Ministerpräsidenten, und Kardinal Melchior von Polignac eine Verschwörung an, die den Regenten stürzen und Philipp V. von Spanien zum König von Frankreich machen sollte und den Herzog von Maine zu seinem obersten Minister. Das Komplott wurde aufgedeckt, der Gesandte ausgewiesen, und den Herzog und die Herzogin sperrte man in zwei verschiedene Gefängnisse, aus denen sie 1721 entlassen wurden. Der Herzog behauptete, von dem Komplott nichts gewußt zu haben; die Herzogin nahm ihren Hof und ihre Intrigen in Sceaux wieder auf.

Bei all dieser Unruhe und innerhalb der Grenzen, die ihm durch Tradition und Charakter gesteckt waren, unternahm Philipp einige gemäßigte Reformen. Während seiner kurzen Regierung wurden mehr Straßen gebaut als in dem halben Jahrhundert unter Ludwig XIV. Durch die Aufgabe von Marly und Versailles und seine bescheidene Hofhaltung sparte er Millionen von Francs. Von den Neuerungen Laws behielt er den gesünderen und barmherzigeren Steuereinzug und die Entlassung von korrupten und verschwenderischen Steuereinnehmern bei. Philipp hatte eine gestufte Einkommenssteuer im Sinn und probierte sie in der Normandie, in Paris und in La Rochelle aus; sein verfrühter Tod machte diesem Versuch ein Ende. Er tat alles, um Frankreich den Frieden zu bewahren; Tausende von Soldaten wurden entlassen und auf unbebautem Land angesiedelt; die übrigen Soldaten wurden in Kasernen und nicht mehr bei der Bevölkerung einquartiert. Mit großzügigem Fernblick öffnete er allen befähigten Studenten gratis die Tore der Pariser Universität und der Bibliothèque Royale; der Staat bezahlte ihr Studium[41]. Mit öffentlichen Mitteln unterstützte er die Académie Royale des Sciences, die Académie Royale des Inscriptions et Belles-Lettres und die Académie Royale de l'Architecture; er finanzierte die Veröffentlichung gelehrter Werke und begründete im Louvre eine Académie des Arts Mécaniques zur Förderung von Erfindungen und gewerblichen Künsten[42]. Künstlern, Gelehrten und Wissenschaftlern gab er Pensionen, sorgte für ihre Unterkunft in den königlichen Palästen und unterhielt sich gern mit ihnen über ihre verschiedenen Spezialitäten. Seine Maßnahmen und Reformen kamen jedoch nie zu voller Blüte, teils wegen der ständigen, drückenden Schulden und des Zusammenbruchs der Lawschen Wirtschaftsrevolution, teils wegen der physischen und moralischen Mängel des Regenten.

Es ist eine der großen Tragödien in der Geschichte Frankreichs, daß sich dieser an Geist und Herz hervorragende Mann von den Ausschweifungen seiner Kaste und seiner Zeit schwächen und besudeln ließ. Als Sohn eines perversen Vaters und Schüler eines geistlichen Wüstlings wuchs er fast ohne jede Zurückhaltung gegenüber geschlechtlichen Gelüsten auf. «Er hätte Tugenden gehabt», sagte Duclos, «wenn man sie ohne Prinzipien haben könnte.»[43] Nachdem man ihn dazu gezwungen hatte, die illegitime Tochter Ludwigs XIV. zu heiraten, bei der er weder Liebe noch Trost fand, ergab er sich häufigen Säufereien und einer solchen Unzahl von Liebschaften wie kein anderer Herrscher außerhalb der islamischen Serails. Seine männlichen Freunde wählte er unter Radaubrüdern, die er *roués* nannte, die Vermögen für die Jagd ausgaben und ihr Heim mit kostbaren Kunstwerken und geschlechtlichen Reizmitteln schmückten[44]. Philipp kam mit seinen Freunden im Palais-Royal oder in seiner Villa in Saint-Cloud zusammen; meistens waren es junge Adlige, aber auch einige gebildete Engländer wie Lord Stair und Lord Stanhope, bei *petits soupers,* wo sich kultivierte Frauen wie Frau von Deffand unter Schauspielerinnen, Divas und Kurtisanen mischten, um den männlichen Geist zu beflügeln. Saint-Simon sagt – wahrscheinlich mit einer gewissen Scheinheiligkeit:

«Bei diesen Veranstaltungen wurde jeder kritisiert, Minister und Favoriten wie alle anderen, und dies mit einer Hemmungslosigkeit, die in Wirklichkeit als Zügellosigkeit zu bezeichnen ist. Vergangene und gegenwärtige Liebesabenteuer bei Hofe und in der Stadt, sämtliche alten Geschichten, Streitigkeiten, Witze und Abgeschmacktheiten wurden durchgehechelt; niemand wurde verschont; auch seine Gnaden der Herzog von Orléans standen nicht zurück; aber nur höchst selten machten diese Auslassungen auch nur den geringsten Eindruck auf ihn. Alle tranken, soviel sie konnten, erhitzten sich, gebrauchten unflätige Ausdrücke ohne jede Zurückhaltung und überboten einander mit Flüchen. Und wenn sie recht viel Lärm gemacht hatten und ganz betrunken waren, gingen sie zu Bett, um am nächsten Tag von vorne anzufangen.»[45]

Philipps unruhiger, wankelmütiger Geist kam auch im ständigen Wechsel seiner Konkubinen zum Ausdruck. Ihre Herrschaft dauerte selten mehr als einen Monat, aber die Ausgestochenen faßten sich in Geduld, bis die Reihe wieder an sie kam. Seine Kammerdiener, ja sogar seine Freunde führten immer neue Anwärterinnen bei ihm ein. Damen von hohem Rang, wie die Gräfin von Parabère, Abenteuerinnen wie Frau von Tencin, Sängerinnen und Tänzerinnen von der Oper, Vertreterinnen vollkommener Schönheit wie Frau von Sabran (deren «Adel in der Haltung» und «schönste Figur in der Welt» sogar den tugendhaften Saint-Simon erregten) – sie alle gaben sich dem Regenten hin, sei es für einen kurzen Traum von Königtum, für Pensionen, Unterstützungen oder Schmuck; und er verschwendete Geschenke an sie, die er entweder aus der eigenen Tasche oder aus dem kränklichen Staatsschatz bezahlte. Bei all seiner Sorglosigkeit ließ er sich jedoch nie dazu hinreißen, diesen Frauen Staatsgeheimnisse anzuvertrauen oder Staatsgeschäfte mit ihnen zu besprechen. Als es Frau von Sabran damit versuchte, stellte er sie vor einen Spiegel und fragte: «Kann man mit solch einem hübschen Gesicht über Geschäfte sprechen? Das würde mir gar nicht gefallen.»[46] Kurz darauf war es mit ihrer Herrschaft zu Ende.

Dieser Wüstling liebte seine Mutter, besuchte sie zweimal täglich und ließ, ohne aufzumucken, ihre besorgten Vorwürfe über sich ergehen. Seine Frau liebte er nicht, aber war aufmerksam und höflich ihr gegenüber und widmete ihr genügend Zeit, um fünf Kinder mit ihr zu haben. Er hing an ihnen, war betrübt, als seine jüngste Tochter ins Kloster ging, und ließ keinen Tag vergehen, ohne seine älteste Tochter im Palais Luxembourg zu besuchen, die ein fast ebenso traurig-schandbares Leben führte wie er selbst.

Ihre Ehe mit Karl, Herzog von Berry, schwankte ständig zwischen Krieg und Waffenstillstand. Wenn sie ihn in den Armen einer anderen fand, war sie bereit, darüber hinwegzugehen, falls er ihre eigene Untreue in Kauf nahm; ein zeitgenössisches Zeugnis fügt hinzu, daß sie «alles taten, sich gegenseitig zu decken»[47]. Sie war die Enkelin von «Monsieur le Sodomite» und Sproß einer mit Geisteskrankheit belasteten bayrischen Familie, und geistige oder sittliche Standfestigkeit ging über ihre Kraft; das Bewußtsein ihrer Fehltritte verstärkte noch ihre hochmütigen Launen zur Beunruhigung aller, die mit ihr zu tun hatten. Sie nutzte ihren hohen Stand voll aus, fuhr wie eine Königin durch Paris und führte im Luxembourg ein verschwenderisches Leben, manchmal mit einer achthundertköpfigen Dienerschaft[48]. Nach dem Tod ihres Gatten (1714) hielt sie sich einen Liebhaber nach dem anderen. Sie erregte allgemeinen Unwillen mit ihrer Trunksucht und ihren Ausschweifungen, ihrer ungebührlichen Sprache und ihrem verachtungsvollen Stolz; und ihre Anfälle von Frömmigkeit wechselten mit skeptischen Ausfällen gegen die Religion ab.

Sie scheint niemanden so sehr wie ihren Vater geliebt zu haben und er niemanden so wie sie. Sie besaß dieselbe Intelligenz und Feinfühligkeit wie er, seinen Geist und seine Moralität und war in ihrer Jugend so schön wie seine ausgewähltesten Geliebten. Der herzlose Klatsch von Paris, der vor nichts zurückscheute, beschuldigte die beiden der Blutschande; der Einfachheit halber behauptete man auch gleich, daß er diese mit allen seinen drei Töchtern betrieben habe[49]. Vermutlich stammte ein Teil dieser Gerüchte aus dem Kreis um die Herzogin von Maine[50]. Saint-Simon, der Philipps Familie am nächsten stand, verwarf dieses Gerede als niedrig und grausam; Philipp machte sich nie die Mühe, es zu bestreiten. Die Tatsache, daß er völlig frei von jeder Eifersucht auf die Geliebten seiner Tochter[51] und sie völlig gleichgültig gegenüber seinen Mätressen war[52], verträgt sich jedenfalls nicht mit der Ausschließlichkeit dieser Liebe[53].

Nur ein Mann konnte sie von ihrem Vater loslösen – Hauptmann Rion aus ihrer Palastgarde, der sie durch seine Männlichkeit so entzückte, daß sie seine Sklavin wurde. Im Jahre 1719 schloß sie sich mit einer kleinen Dienerschaft im Luxembourg ein und gebar dem Hauptmann eine Tochter. Bald danach heiratete sie ihn heimlich. Sie bat ihren Vater um die Erlaubnis, ihre Heirat bekanntzugeben, was er verweigerte; da verwandelte sich ihre Liebe zu ihm in wahnsinnigen Haß. Sie erkrankte, vernachlässigte sich, verfiel in ein beängstigendes Fieber und starb am 21. Juli 1719 im Alter von vierundzwanzig Jahren an einem Abführmittel, das der Arzt ihr verschrieben hatte. Bei der Autopsie wurde eine Mißbildung des Gehirns festgestellt. Kein Bischof ließ sich herbei, bei ihrem Begräbnis zu amtieren, und Philipp mußte noch dankbar sein, daß die Mönche von Saint-Denis die Beisetzung ihrer Überreste in der königlichen Gruft ihrer Abteikirche gestatteten. Ihre Mutter war froh, als sie starb; ihr Vater vergrub sich in die Leere der Macht.

V. DIE GESELLSCHAFT UNTER DER REGENTSCHAFT

Der wachsende Wohlstand in Frankreich zwischen dem Edikt von Nantes (1598) und seiner Widerrufung (1685), der Einfluß des städtischen Lebens und der Niedergang des religiösen Glaubens nach den Religionskriegen und dem Disput mit den Jansenisten bewirkten ein Nachlassen der Moral im Adelsstand, wie es an Ludwig XIV. in den Anfangsjahren seiner Regierung deutlich geworden war. Die Heirat des Königs mit Frau von Maintenon (1685), seine Bekehrung zu Monogamie und strenger Moral und die ernüchternde Wirkung militärischer Niederlagen hatten seinen Hof zu einer wenigstens äußerlichen Wandlung gezwungen; und die innere Reform der Geistlichkeit hatte die Kirche im Laufe einer Generation vor weiterer Schwächung bewahrt. Die Freidenker hatten eine Zensur über ihre eigenen Veröffentlichungen ausgeübt und die Epikureer ihre Gelage fern von der Öffentlichkeit abgehalten. Als aber auf den strengen und reuigen König der skeptische, zuchtlose und tolerante Regent folgte, war es aus mit jeder Zurückhaltung, und die unterdrückten Instinkte brachen sich in einer Flut von Unglauben und Zügellosigkeit Bahn, die an die sinnliche Auflehnung der englischen Gesellschaft nach der Wiederherstellung des Königtums und nach einer Generation puritanischer Beherrschung (1642–1660) erinnerte. Sittenlosigkeit war jetzt ein Abzeichen für Befreiung und Bildung. «Ausschweifung wurde zu einer Art Etikette.»[54]

Mit dem Christentum ging es längst vor den Angriffen der *Encyclopédie* bergab, sogar noch bevor Voltaire es zur Zielscheibe seiner Feder machte. Dupuy beklagte sich (1717) über die große Anzahl von Materialisten in Paris[55]. «Heutzutage», sagte Massillon im Jahre 1718, «verleiht Gottlosigkeit fast eine Aura von Vornehmheit und Ruhm; es ist ein Verdienst, das Zugang zu den Großen verschafft ..., das dem unbedeutenden Mann den Vorzug näherer Bekanntschaft mit dem Prinzen des Volkes ermöglicht.»[56] Die Mutter dieses Prinzen schrieb kurz vor ihrem Tode (1722): «Ich glaube nicht, daß es in Paris unter den Geistlichen oder den Männern von Welt hundert Menschen gibt, die einen wahrhaft christlichen Glauben besitzen oder wirklich an unseren Heiland glauben; und ich zittere davor.»[57] Von der jüngeren Generation traten nur wenige vom Katholizismus zum Protestantismus über; sie kamen direkt zum Atheismus, was viel sicherer war. Treffpunkte der ungläubigen Geister waren der Temple und die Cafés Procope und Gradot.

Wenn Gottlosigkeit zur Lockerung der Sitten in der oberen Klasse beitrug, so bewirkte Armut, verbunden mit der natürlichen Gesetzlosigkeit im Menschen, die moralische Verwirrung der niederen Schichten in Paris. Der gelehrte Lacroix schätzte, daß «gefährliche Typen, Bettler, Landstreicher, Diebe und Betrüger jeder Art vielleicht ein Sechstel der Bevölkerung ausmachten»[58]; und wir dürfen annehmen, daß die städtischen Armen ebenso wie die Reichen durch Ehebruch ihr Leben verschönerten. Verbrechen jeder Art waren gang und gäbe, vom Taschendiebstahl in Paris bis zu Raubüberfällen auf den Landstraßen. Paris hatte zwar eine Polizeiorganisation, aber sie kam gegen das Verbrechertum nicht auf und begnügte sich manchmal mit einem Anteil an der Beute[59]. Im Jahre 1721 gelang es dem Kriegsministerium zu guter Letzt, «Cartouche» zu verhaften, den französischen Jack Sheppard, und mit ihm fünfhundert Mitglieder seiner Bande, die die Verkehrswege sogar für Könige unsicher gemacht hatten. Nur das Bauerntum und der Mittelstand hielten an Sittenstrenge fest.

Aber der Pariser Adel und die in die Stadt verschlagenen Edelleute, die Anhänger von Literatur und Kunst, die Finanzleute und *abbés commendataires* schienen die sittlichen Vorschriften völlig vergessen zu haben, und an das Christentum erinnerte man sich nur sonntags zur Unterhaltung. Die doppelte Moral, die zum Schutz der Vererbung von Besitz in der Untreue der Frau eine größere Schuld sah als in der des Mannes, wurde hinfällig, wenn die Frau nach Paris oder Versailles kam; dort galt eine Frau, die ihrem Ehemann treu blieb, als altmodisch; dort taten es die Frauen den Männern gleich und knüpften und lösten ständig neue Bande. Heirat war dazu da, um die Familie zu bewahren, ihren Besitz und ihren Namen; aber darüber hinaus verlangten die Sitten der Zeit und der Klasse keine Treue, weder vom Ehemann noch von seiner Frau[60]. Im Mittelalter hatte man sich darauf verlassen, daß Heirat zur Liebe führte; jetzt führte Heirat ebenso selten zur Liebe wie Liebe zur Heirat; sogar der Ehebruch hatte wenig mit Liebe zu tun. Wie ein Fels in der Flut dieser ständig wechselnden Beziehungen tauchte ab und zu ein treues Ehepaar auf: der Herzog und die Herzogin von Saint-Simon, der Graf und die Gräfin von Toulouse, Herr und Frau von Luynes, Herr und Frau von Pontchartrain, Herr und Frau von Belle-Isle. Manche zügellose Frau verwandelte sich in eine unterwürfige und vorbildliche Großmutter. Andere, die bei dem Betrieb ihre Reize verloren hatten, zogen sich in ein bequemes Kloster zurück und spendeten Almosen und Lebensweisheiten.

Eine der unternehmungslustigsten Frauen unter der Regentschaft war Claudine Alexandrine de Tencin. Sie stürzte sich mit zweiunddreißig Jahren aus einem Kloster mitten in einen schwindelerregenden Wirbel von Liebschaften. Sie konnte mildernde Umstände geltend machen: Ihr Vater war sowohl ein erfolgreicher Schürzenjäger als auch Präsident des Parlaments von Grenoble; ihre Mutter war eine flatterhafte Kokette; und Claudine war sich einer Schönheit bewußt, die nur darauf wartete, verkauft zu werden. Ihre ältere Schwester, Frau von Grolée, war fast ebenso zügellos; auf ihrem Totenbett beichtete die Siebenundachtzigjährige: «Ich war jung, ich war hübsch; Männer versicherten es mir, und ich glaubte ihnen; der Rest läßt sich erraten.»[61] Claudines älterer Bruder empfing die Priesterweihen und bahnte sich seinen Weg über viele Frauen zum Kardinalshut und dem erzbischöflichen Palast in Lyon. Um die Mitgift zu sparen, steckte der Vater Claudine in ein Kloster in Montfleury. Dort verbrachte sie sechzehn ungeduldige Jahre in widerspenstiger Frömmigkeit, entfloh 1713 im Alter von zweiunddreißig Jahren und versteckte sich im Zimmer des Chevalier Destouches, eines Artillerieoffiziers, mit dessen Hilfe sie die Mutter des Philosophen d'Alembert wurde (1717). Da sie in diesem Säugling die *Encyclopédie* nicht voraussah, setzte sie ihn auf den Stufen der Kirche Saint-Jean-le-Rond in Paris aus. Sie ging zu Matthew Prior, Lord Bolingbroke und Marc René de Voyer d'Argenson über und warf sich, nachdem sie angeblich für eine Statue Akt gestanden hatte[62], dem Regenten selber an den Hals. Dort war ihr Aufenthalt nur von kurzer Dauer, da sie ihre Zärtlichkeiten in Vorteile für ihren vielgeliebten Bruder umzuwandeln suchte; aber Philipp antwortete ihr, daß er Frauenzimmer, die im Bett von Geschäften redeten, nicht ausstehen könne[63], und verweigerte ihr den Zutritt. Sie raffte sich auf und machte die Eroberung Dubois'. Wir werden ihr wieder begegnen.

Inmitten dieser moralischen Verwahrlosung bemühten sich einige Pariser Damen, weiterhin eine echt französische Sitte zu pflegen und in ihren Salons Rang, Geist und Schönheit zu versammeln. Eine besonders glänzende Gesellschaft kam in den wunderbaren Räumen des Hôtel de Sully zusammen; hier trafen sich Staatsmänner, Finanzleute und Dichter – der stille Fontenelle, der die Sechzig überschritten hatte, und der überschäumende Voltaire, der in der Mitte der Zwanziger stand. Eine etwas leichtfertigere Gruppe vereinigte sich im Hôtel de Bouillon, das Lesage in einer Anwandlung von Zorn verewigte: Er war aufgefordert worden, sein Theaterstück *Turcaret* vorzulesen, kam aber zu spät und wurde hochmütig von der Herzogin gerügt: «Ihretwegen haben wir eine Stunde verloren.» «Sie sollen doppelt soviel gewinnen», antwortete er und verließ das Haus[64]. Den Salon der Herzogin von Maine in Sceaux haben wir bereits erwähnt. Marguerite Jeanne Cordier de Launay, die künftige Baronin de Staal, war Hofdame bei der Herzogin und schrieb lebendige *Mémoires* (1755 erschienen), worin sie die Komödien, Einfälle, *fêtes de nuit* und Maskeraden schilderte, die in Sceaux mit all seinen *divertissements* kaum Raum für Unterhaltung ließen.

Gespräche beherrschten hingegen den Salon, den Anne-Thérèse de Courcelles, die Marquise von Lambert, im Hôtel de Nevers (der jetzigen Bibliothèque Nationale) hielt. Sie war bei allem Reichtum von großer Einfachheit und hielt auch in der ausschweifenden Zeit der Regentschaft die gesetzten, würdevollen Sitten aus den letzten Jahren Ludwigs XIV. aufrecht. Karten, Schach, ja sogar Musik wurden bei ihr nicht gespielt; sie war ganz auf Geistesleben eingestellt. Wie die Marquise du Châtelet war sie an Wissenschaft und Philosophie interessiert, und es geschah (behauptet Voltaire), daß sie von Dingen sprach, die ihren Verstand überstiegen. Aber ihr Verstand gehörte zu einem so hübschen und adligen Köpfchen, daß jegliche Metaphysik wie Sekt schäumte. Jeden Dienstag empfing sie Naturwissenschafter und Aristokraten; jeden Mittwoch Schriftsteller, Künstler und Humanisten, darunter Fontenelle, Montesquieu und Marivaux. Bei diesen Zusammenkünften hielten Gelehrte Vorträge, Autoren lasen aus unveröffentlichten Werken, und hier wurde literarischer Ruhm begründet. Von diesem *bureau d'esprit* oder Ministerium des Geistes aus unternahm die großzügige und ehrgeizige Gastgeberin eine Handvoll erfolgreicher Feldzüge, um ihre Schützlinge in die

Académie Française zu bringen. Sie gehörte zu der großen Zahl anmutiger, gebildeter und wahrhaft kultivierter Frauen, die die Geschichte Frankreichs zur spannendsten Geschichte der Welt machen.

VI. WATTEAU UND DIE KUNST

Eine künstlerische Revolution spiegelte den politischen und moralischen Wandel wider. Nach dem Zusammenbruch der Eroberungspolitik Ludwigs XIV. im Spanischen Erbfolgekrieg (1702–1713) wandte sich der französische Geist von kriegerischen Heldentaten ab und beschäftigte sich mit den Annehmlichkeiten des Friedens. Der Zeitgeist drückte sich nicht in neuen Kirchen aus, sondern eher in Stadtpalästen wie dem Hôtel Matignon und dem Palais Bourbon (1721/22). Abgesehen von dieser gewichtigen Architektur waren Wohnungen und Räume jetzt von kleineren Ausmaßen, während die Ausschmückung zarter und verfeinerter wurde. Das Barock begann seinen Übergang ins Rokoko*; das heißt, ein Stil unregelmäßiger Formen mit üppigen Ornamenten schlug den Weg zu einer fast zerbrechlichen Eleganz ein, die sich in verspielter und unberechenbarer Phantasie gefiel. Die Freude an vollkommener Ausführung, an leuchtenden Farben und überraschenden Wendungen im Entwurf wurden zum Merkmal des Style Régence. Die klassische Anordnung verschwand unter ausgelassenen, zierlichen Kurven, Ecken wurden verborgen und Gesimse reich geschnitzt. Die Bildhauerkunst nahm Abschied von der olympischen Größe Versailles' und erzeugte kleinere, gefühlsbetontere Formen mit anmutigen Bewegungen. Auch bei den Möbeln, die mehr auf Bequemlichkeit als auf Würde abzielten, waren rechte Winkel und gerade Linien verpönt. Jetzt kam der *siège à deux* auf, ein zweisitziger Lehnstuhl, für Freunde und Liebende bestimmt, denen die Kälte der Entfernung widerstrebte. Charles Cressent, der bevorzugte Kunsttischler des Regenten, begründete den Régence-Stil mit seinen Tischen, Stühlen, Schreibtischen, Lese- und Schreibpulten mit eingelegter Perlmutterarbeit, die das Auge entzückten.

Philipp selbst war in Manieren und Geschmack ein Symbol für diesen Übergang zum Rokoko. Als er die Regierung von Versailles nach Paris verlegte, stieg auch die Kunst von ihrem Piedestal klassischer Nüchternheit, die Ludwig XIV. gepflegt hatte, herab und paßte sich dem leichtfertigeren Geist der Hauptstadt an, wo die wohlhabende Bourgeoisie zur Beschützerin der Künste wurde. Philipp war ein Mäzen *ex officio* und *par excellence*. Er verfügte über ein großes Vermögen und zahlte gute Preise. Er fühlte sich nicht zum Großartigen, Imposanten hingezogen, auch nicht zu den herkömmlichen religiösen, sagenhaften oder geschichtlichen Themen der Malerei, sondern eher zu den intimeren Meisterwerken in vollkommener Ausführung, die Finger und Auge verführten: juwelenbesetzte Kästchen, silberne Gefäße und goldene Schalen, wunderliche

* Wahrscheinlich von *rocaille*, ein Ausdruck, der im siebzehnten Jahrhundert in Frankreich beim Bau oder bei der Verzierung von künstlichen Grotten mit Felsen und Muscheln verwendet wurde.

Chinoiserien und Gemälde üppiger Frauen, wie die Natur sie bekleidet hatte oder aber in den schwingenden Prachtgewändern Veroneses. Seine Kunstsammlung im Palais-Royal stand jedem vertrauenswürdigen Besucher offen; sie hätte mit jeder beliebigen Sammlung wetteifern können, wenn er die Ansprüche seiner Mätressen nicht befriedigt hätte. Künstler kamen zu Philipp, um zu studieren und zu kopieren, und er besuchte ihre Ateliers, um zu beobachten und zu lernen. An Charles-Antoine Coypel, seinen *premier peintre,* wandte er sich mit charakteristischer Höflichkeit und Bescheidenheit: «Ich bin glücklich und stolz, Monsieur, von Ihnen beraten zu werden und bei Ihnen Stunden nehmen zu können.»[65] Er wäre ein höchst kultivierter Mensch gewesen, wenn er nicht an Durst und einer unbezwinglichen Neigung zur Schönheit gelitten hätte.

Die Eigenarten des Zeitalters kamen in der Malerei äußerst klar zum Ausdruck. Der freie Geist, den der Regent und die neuen Gönner walten ließen, kam Malern wie Watteau, Pater, Lancret und Lemoyne zugute, die den von Lebrun in der Académie Royale des Beaux-Arts niedergelegten Regeln den Rücken kehrten. Sie kamen den Wünschen des Regenten mit Bildern entgegen, die seinen Heißhunger auf Schönheit und Vergnügen widerspiegelten, die lebendige Anmut der Frauen dieser Zeit, die warmen Farben der Régence-Möbel und -Vorhänge, die fröhlichen Ausflüge in den Bois de Boulogne, die Spiele und Maskeraden am Hof von Sceaux und die nicht sehr tugendhaften Schauspieler und Schauspielerinnen, Primadonnen und Tänzerinnen. Die heidnische Mythologie trat an die Stelle der Schreckgeschichten finsterer Heiliger; seltsame Figuren aus China, der Türkei, Persien oder Indien regten den gelösten Geist zu exotischen Träumen an; idyllische Hirtenszenen verdrängten die heroischen «Historien» und Porträts von Auftraggebern die Heldentaten der Könige.

Einige beliebte Maler der Regentschaft waren schon unter Ludwig XIV. berühmt. Antoine Coypel, der Versailles ganz im Stil des alten Hofes ausgemalt hatte, schmückte das Palais-Royal mit Damen in verführerischem Négligé. Nicolas de Largillière, der schon neunundfünfzig Jahre alt war, als der Sonnenkönig starb, arbeitete noch weitere dreißig Jahre; er hängt stolz mitsamt Perücke, Weib und Tochter im unerschöpflichen Louvre. Alexandre François Desportes, der 1743 im Alter von zweiundachtzig Jahren starb, malte nunmehr weite Landschaften, zum Beispiel *Paysage d'Ile de France* im Museum von Compiègne. François Lemoyne, der 1737 mit neunundvierzig Jahren Selbstmord beging, malte fromm die Kirche Saint-Sulpice aus, um dann den Salon d'Hercule in Versailles mit üppigen Formen zu wärmen, die später von Boucher übernommen wurden. Und Claude Gillot, der Bühnenbilder und Theaterkostüme entwarf, bekannt für seine Stiche von Landschaften und Theaterszenen, führte jenen Stil der *fêtes champêtres* ein, den wir im allgemeinen mit seinem Schüler Antoine Watteau verbinden.

Watteau war ein Flame, als Sohn eines Dachdeckers 1684 in Valenciennes geboren. Zuerst stand er unter dem flämischen Einfluß der Bilder von Rubens, Ostade, Teniers und der Lehren eines örtlichen Malers, Jacques Gérin. Als Gérin 1702 starb, zog Watteau ohne einen Pfennig in der Tasche nach Paris. Er verdiente sein Brot als Gehilfe eines Bühnenmalers, dann als Arbeiter in einer Werkstatt, die kleine Bildnisse und Heiligenbilder en gros fabrizierte. Sein Lohn belief sich auf drei Francs die Woche und gerade soviel zu essen, um ihn am Leben zu erhalten und ihn schwindsüchtig zu machen. Aber noch ein anderes Fieber brannte in ihm – der Hunger nach Größe und Ruhm. Seine Freizeit verwendete er auf das Zeichnen von Personen und Orten nach der Natur. Eine dieser Skizzen fiel Gillot auf, der gerade an Aufträgen für die Comédie Italienne arbeitete; er lud Watteau ein, sich ihm anzuschließen. Dieser kam auch und verliebte sich sofort in die Welt der Schauspieler; er malte Ereignisse aus ihrem hektischen Leben, ihre rücksichtslosen, ständig neuen Liebesgeschichten, ihre Belustigungen, ihren Imbiß im Freien und ihr übersprudelndes Entsetzen, als Frau von Maintenon, gekränkt durch ihre Satiren, sie auf Pantomime beschränkte. Watteau fing ihre pathetische Unbeständigkeit ein, den komischen Ausdruck eines Gesichts, den Faltenwurf ihrer ungewöhnlichen Kostüme. Und diesen Bildern gab er etwas Strahlendes, das die Eifersucht Gillots erregt haben mag. Auf jeden Fall kam es zwischen Lehrer und Schüler zu Streit und Trennung; Antoine zog in die Werkstatt Claude Audrans im Luxembourg ein. Dort studierte er ehrfürchtig die von Rubens gemalte Apotheose der Maria de' Medici; und in den Gärten fand er immer neue Ausblicke auf Bäume und Wolken, die seinen Bleistift oder seinen Pinsel reizten.

Das waren die bitteren Jahre, als die französische Jugend im Laufe des endlosen Spanischen Erbfolgekrieges von einem Schlachtfeld aufs andere verschickt wurde. Ihre Aufopferung wurde mit den obligaten patriotischen Paraden und pathetischen Abschiedsszenen eingeleitet. Watteau beschrieb sie in dem *Aufbruch der Truppe* mit solch einer Technik und soviel Zartgefühl, daß auch Audran Angst bekam, er könnte überflügelt werden. In der Hoffnung auf den Prix de Rome nahm Watteau 1709 am Wettbewerb der Académie Royale de Peinture teil; er gewann nur den zweiten Preis, aber die Akademie nahm ihn 1712 als Mitglied auf. Auf viele kleinere Werke folgte 1717 *Die Einschiffung nach Kythera,* ein Meisterwerk, das heute zu den schönsten im Louvre gehört. Ganz Paris spendete ihm Beifall. Der begeisterte Regent ernannte ihn zum königlichen Hofmaler, und die Herzogin von Berry beauftragte ihn mit der Ausgestaltung ihres Schlosses La Muette. Er arbeitete fieberhaft, als ob er gewußt hätte, daß er nur noch vier Jahre zu leben hatte. Antoine Crozat, der sich als Kunstliebhaber mit Philipp messen konnte, bot ihm Unterkunft in seinem bequemen *hôtel* an. Dort konnte Watteau die schönste Sammlung studieren, die bisher von einem Privatmann zusammengestellt worden war. Für Crozat malte er vier dekorative Bilder, *Die Jahreszeiten.* Luxus konnte ihn jedoch nicht befriedigen, und bald zog er wieder von Ort zu Ort, sogar nach London (1719). Kohlenstaub und Nebel trieben ihn nach Paris zurück, wo er eine Zeitlang mit dem Kunsthändler Gersaint zusammenlebte. Für ihn malte Watteau im Laufe von acht Vormittagen die beiden Seiten eines Ladenschildes mit der Darstellung eleganter Pariser, die Bilder in einem Laden betrachteten. Der zarte Faltenwurf eines Frauenkleides warf über den lässigen Realismus der Szene jenes für Watteau so charakteristische schimmernde Licht. Mit jedem Tag verschlimmerte sich sein schwindsüchtiger Husten. Er hoffte, Landluft werde ihm gut tun, und mietete ein Haus in Nogent bei Vincennes. Siebenunddreißigjährig verschied er dort am 18. Juli 1721, versehen mit der Letzten Ölung, in Gersaints Armen. Die langen Jahre der Krankheit hatten seinen Charakter und seine Kunst bestimmt; er war mager und anfällig, nervös und mißtrauisch, ermüdete rasch, lächelte selten, war kaum einmal wirklich lustig, aber aus seiner Kunst hielt er jedes Leid fern und malte das Leben, wie er es sich wünschte – ein Panorama lebensprühender Schauspieler und geschmeidiger Frauen, eine Ode an die Freude, von Sehnsucht durchtränkt. Für sinnliche Genüsse war er zu zart und bewahrte inmitten der Zügellosigkeit der Regentschaft einen moralischen Anstand, der seinen Abglanz in seinem Werk fand. Er malte einige Aktbilder, aber sie besaßen keinen fleischlichen Reiz; im übrigen trugen seine Frauen leuchtende Kostüme und betraten den Vorhof der Liebe auf Zehenspitzen. Sein Pinsel eilte zwischen den Mißgeschicken von Schauspielern, den verschiedenen Stufen der Werbung und dem Schauspiel eines ständig wechselnden Himmels hin und her. Er kleidete *L'Indifférent*[66] in die kostbarsten spitzengeschmückten Gewänder, die er sich vorstellen konnte. Er stellte *Die französischen Komödianten*[67] in einer dramatischen Szene dar und fing den italienischen Schauspieler Giuseppe Baletti als den Clown *Gilles*[68] ein, in träumerischer Haltung und weißen Hosen. Er überraschte einen *Gitarrenspieler*[69] in verliebt-melancholischer Stimmung und sah eine *Musikgesellschaft*[70] ganz gefangen von einer Laute. Er stellte seine Figuren vor eine Traumlandschaft mit verspielten Brunnen, windbewegten Bäumen und wandernden Wolken, wo hier und dort eine heidnische Statue im Geschmack Poussins auftauchte wie in *La Fête d'Amour*[71] oder *Les Champs-Elysées*[72]. Er liebte Frauen aus schüchterner Entfernung mit der ganzen Sehnsucht jener, die zu schwach sind, um zu werben; ihn berührten nicht so sehr die zarten Rundungen der Frauen als ein Schimmer auf ihrem Haar oder die schmiegsame Linie eines Gewandes. Auf ihre Kleider verschwendete er seine schönsten Farben, als ob er mit dieser Pracht das Mysterium des Weibes aussprechen wollte, das nicht nur die Menschheit gebiert, sondern auch die Hälfte allen Geistes, aller Poesie, aller Verehrung in der Welt.

Er ergoß seine Seele in sein berühmtestes Bild, *Die Einschiffung nach Kythera,* auf dem sich anmutige Frauen unter dem Zauber männlicher Verführung mit ihren Freiern nach der Insel einschiffen, wo Venus, der Legende nach, einen Tempel besaß und wo sie von Schönheit umgossen aus dem Meer getaucht war. Hier übertreffen die Männer fast noch die Frauen an Reichtum der Kleidung; was aber die Akademie bezauberte, waren die großartige Umrahmung der Bäume und die schneeigen Gipfel der fernen Insel, umspielt von Sonne und Wolken. Dieses Thema sprach Watteau so an, daß er es in drei verschiedenen Fassungen malte. Und die begeisterten Pariser erwählten Watteau zum Fahnenträger der Regentschaft, der die Lebensfreude eines Regimes feierte, das mit seiner entschwundenen Jugend dem Tode geweiht war. Er wurde öffentlich zum *peintre des fêtes galantes* ernannt, zum Maler städtischer Liebespaare, die in die ländliche Stille flüchteten, eine Mischung von Eros und Pan, die einzigen Götter dieser Zeit. Ein Hauch von Traurigkeit durchweht diese scheinbar so sorglosen Szenen. Diese zierlichen Sylphiden könnten nicht so zärtlich sein, hätten sie kein Leid gekannt, hätten sie nicht eine Ahnung von der Vergänglichkeit jeder Verehrung. Hierin liegt die Stärke Watteaus – in der zartfühlenden Wiedergabe vollkommener Augenblicke, die vergehen müssen.

Er starb zu früh, um seinen Ruhm ganz auszukosten. Erst nach seinem Tod entdeckten die Kenner seine Zeichnungen, die manche noch höher schätzten als seine Bilder, denn hier hatte er es mit Kreide oder Bleistift zu solcher Vollkommenheit in den Einzelheiten einer Hand oder Haarsträhne gebracht, zu solcher Verfeinerung in der Schattierung von Auge und Haltung oder der koketten Bewegung eines Fächers, wie sie seine Ölbilder nie ganz enthüllt hatten[73]. Besonders den Pariser Frauen schmeichelte das Licht, in dem sie das sehnsuchtsvolle Auge des toten Künstlers gesehen hatte. Die elegante Welt kleidete sich à la Watteau und richtete ihre Boudoirs und Salons in Formen und Farben ein, die seiner Vision entsprachen. Ein *style Watteau* hielt seinen Einzug in die Entwürfe von Möbeln, in die ländlichen Motive von Dekorationen und die luftigen Rokokoarabesken. Künstler wie Lancret und Pater übernahmen Watteaus Spezialität und stellten *fêtes champêtres, conversations galantes,* Konzerte im Park, Tänze im Grünen und Erklärungen ewiger Liebe dar. Während der nächsten hundert Jahre lebte in der Hälfte der französischen Malerei die Erinnerung an Watteau fort. Sein Einfluß ging auf Boucher und Fragonard und bis auf Delacroix und Renoir über, und die Impressionisten entdeckten in seiner Technik frühe Anzeichen ihrer Theorien von Licht und Schatten und Stimmung. Er war, wie sich die bezauberten Goncourts ausdrückten, «der große Poet des achtzehnten Jahrhunderts»[74].

VII. DIE SCHRIFTSTELLER

Die moralische Freiheit und Toleranz der Regentschaft begünstigte die Literatur, und die Ketzerei schlug Wurzeln, die nie ganz verkümmerten. Theater und Oper erholten sich von der Strenge, die der König und Frau von Maintenon hatten walten lassen; Philipp oder sonst ein Mitglied seines Hofes wohnten fast jeden Abend einer Vorstellung in der Oper, der Komischen Oper, dem Théâtre-Français oder dem Théâtre des Italiens bei. Das Théâtre Français spielte zwar weiter Corneille, Racine und Molière, stellte seine Bühne aber auch neuen Stücken, wie Voltaires *Œdipe,* zur Verfügung, in dem die Stimme einer neuen, rebellischen Zeit hörbar wurde.

Von Voltaire abgesehen, waren die großen Schriftsteller dieser Periode konservativ, eine Einstellung, die sich noch unter dem Sonnenkönig herausgebildet hatte. Alain-René Lesage, geboren 1668, gehörte in Geist und Stil dem siebzehnten Jahrhundert an, wenn er auch bis 1747 lebte. Seine Erziehung genoß er bei den Jesuiten in Vannes und kam dann nach Paris, wo seine Mätresse die Gebühren für seine juristischen Studien bezahlte[75]. Kurze Zeit im Dienst eines Steuereinnehmers genügte ihm, um Geldleute ein für allemal zu hassen. Er machte sich daran, zum Unterhalt von Weib und Kind Bücher zu schreiben, und hätte verhungern können, wenn ein gutmütiger Abbé ihm nicht eine Jahresrente von 600 Livres ausgesetzt hätte. Er übersetzte einige Stücke aus dem Spanischen und die Fortsetzung des *Don Quijote* von Avellaneda. In Anlehnung an Vélez de Guevaras *El diablo cojuelo* (Der lahme Teufel) schrieb er seinen erfolgreichen *Diable boiteux* (1707), worin er einen Kobold Asmodeus schilderte, der auf einer Zinne über Paris hockte und mit seinem Zauberstab nach Wunsch die Dächer hochhob und seinem Freund das Privatleben und die unerlaubten Liebschaften der arglosen Bewohner enthüllte. Das Ergebnis war eine übermütige Bloßstellung aller menschlichen Niedrigkeit, Heuchelei, Laster und Listen. Eine Dame, die von ihrem Ehemann mit dessen Diener im Bett überrascht wurde, löste gleichzeitig ein Dutzend Probleme, indem sie ausrief, sie werde vergewaltigt. Der Ehemann bringt den Diener um, die Dame rettet Tugend und Leben, und ein Toter kann bekanntlich nichts erzählen. Alle Welt beeilte sich, das Buch zu kaufen oder zu borgen, denn jeder freute sich über die Entlarvung *anderer* Leute. «Zwei Höflinge», berichtet das *Journal de Verdun* vom Dezember 1707, «kämpften mit gezogenem Degen in Barbins Buchhandlung um das letzte Exemplar der zweiten Auflage.»[76] Sainte-Beuve wollte in einem Ausspruch des Asmodeus über einen anderen Kobold, mit dem er sich gezankt hatte, fast eine Devise dieses Zeitalters sehen: «Wir umarmten uns, und seitdem sind wir Todfeinde.»[77]

Zwei Jahre später reichte Lesage mit einer Satire auf die Finanzwelt fast an Molière heran. Einige Geschäftsleute hatten von diesem Theaterstück, namens *Turcaret,* Wind bekommen und wollten seine Aufführung verhindern; eine wahrscheinlich erfundene Geschichte behauptete, sie hätten dem Autor 100000 Francs angeboten, damit er das Stück zurückziehe[78]; der Dauphin, der Sohn Ludwigs XIV., befahl seine Aufführung. Turcaret ist alles in einem, Unternehmer, Händler und Geldverleiher, der mitten im Elend des Krieges ein Luxusleben führt. Großzügig ist er nur mit seiner Mätresse, die ihn ebenso schröpft wie er das Volk. «Ich staune über den Verlauf des Menschenlebens», sagt der Diener Frontin. «Wir rupfen eine Kokotte, die Kokotte frißt einen Geschäftsmann auf; der Geschäftsmann plündert wieder andere, und das alles ergibt die ergötzlichste Kette von Schurkenstreichen, die man sich vorstellen kann.»[79]

Vielleicht ist hier die Satire etwas übertrieben, weil sich ein persönlicher Groll darin Luft macht. In seinen berühmtesten Romanen gelang es Lesage, kompliziertere Charaktere mit größerer Objektivität zu beschreiben. Wieder nach spanischen Vorbildern bewegen sich *Die Abenteuer des Gil Blas von Santillana* nach Art der Schelmenromane in einer Welt von Raubüberfällen, Saufereien, Entführungen, Verführungen und Politik, wo es nur auf Gerissenheit ankommt und der Erfolg alles heiligt. Im Anfang ist Gil ein unschuldiger Junge, voller Ideale und Liebe zur Menschheit, aber leichtgläubig, geschwätzig und eitel. Er wird von Räubern überfallen, schließt sich ihnen an, lernt alle ihre Schliche und schlägt sich bis zum spanischen Hof durch, wo er Herzog Lerma als Gehilfe und Kuppler dient. «Bevor ich an den Hof kam, war ich von mitfühlender und barmherziger Wesensart; aber ein weiches Herz ist hier eine altmodische Schwäche, und so wurde meines härter als ein Stein. Das war eine wunderbare Schule, um die romantische Gefühlsduselei von Freundschaft zu überwinden.»[80] Seinen Eltern kehrt er den Rücken und weigert sich, ihnen zu helfen. Dann verläßt ihn das Glück, er kommt ins Gefängnis und beschließt, sich zu bessern; nach seiner Freilassung zieht er aufs Land, heiratet und versucht, ein guter Bürger zu sein. Dabei langweilt er sich zu Tode und kehrt an den Hof und zur Hofmoral zurück. Er wird geadelt, verheiratet sich zum zweitenmal, ist erstaunt über die Tugendhaftigkeit seiner Frau und darüber, wie glücklich er mit ihren Kindern ist, deren «Vater zu sein ich ehrlich glaube»[81].

Gil Blas war der Lieblingsroman der französischen Leser bis zum Erscheinen von *Les Misérables* (1862) von Victor Hugo. Lesage selbst war so von seinem Buch gefangengenommen, daß er die Arbeit daran über zwanzig Jahre seines Lebens ausdehnte. Die ersten beiden Bände erschienen 1715, der dritte 1724, der vierte 1735; und wie bei Cervantes' *Don Quijote* war der letzte so gut wie der erste. Einen behaglichen Lebensabend sicherte er sich durch kleine Lustspiele, die er für das volkstümliche Théâtre de la Foire (Jahrmarktstheater) verfaßte. 1738 gab er einen weiteren Roman heraus, *Le Bachelier de Salamanque,* ein Buch, das er mit kleinen uneingestandenen Plagiaten ausfüllte, wie es damals üblich war. Mit vierzig war er fast taub, konnte aber mit einem Hörrohr hören; der Glückliche konnte seine Ohren auf Wunsch schließen wie wir unsere Augen. In den letzten Jahren war er nicht mehr ganz bei sich, «abgesehen von den Mittagsstunden», so daß sein Geist, wie seine Freunde behaupteten, «mit der Sonne auf- und unterzugehen schien»[82]. Er starb 1747 in seinem achtzigsten Lebensjahr.

Heutzutage wird *Gil Blas* weniger gelesen als die *Mémoires* von Louis de Rouvroy, Herzog von Saint-Simon. Man kann nur wenig Sympathie für den Herzog aufbringen, denn ihm fehlte die Fähigkeit maßvoller Menschen, seine Überheblichkeit zu verbergen. Er vergaß nie, daß er einer der *ducs et pairs* Frankreichs war, die an Rang nur von der königlichen Familie übertroffen wurden; niemals vergab er Ludwig XIV., daß dieser in Verwaltung und Regierung fähigen Bürgern den Vorzug gegenüber adliger Mittelmäßigkeit gegeben hatte und daß er die uneheliche königliche Nachkommenschaft bei Hofzeremoniell und Thronfolge vor die «Herzöge und Pairs» stellte.

> «Als ich am 1. September 1715 aufwachte», schreibt er, «erfuhr ich vom Tod des Königs. Ich machte mich unverzüglich auf, um mich vor dem neuen Monarchen zu verneigen. Von dort ging ich zum Herzog von Orléans und erinnerte ihn an sein Versprechen, daß er den Herzögen erlauben würde, den Hut bei Abstimmungen aufzubehalten.»[83]

Er hatte eine aufrichtige Zuneigung für den Regenten, dem er im Staatsrat diente, riet ihm zur Mäßigung mit seinen Mätressen und sprach ihm Trost zu bei Todesfällen und Niederlagen. Fünfzig Jahre lang stand er den Ereignissen nahe, mit deren Aufzeichnung – vom Standpunkt seiner Klasse aus – er 1694 begann. Sie reichen von seinem Geburtsjahr 1675 bis zum Tode des Regenten 1723. Er selbst starb 1755 in außergewöhnlich hohem Alter. Die Gräfin von Créqui schilderte ihn als «eine alte Krähe, von Neid und Eitelkeit verzehrt»[84]. Aber sie schrieb ebenfalls ihre Memoiren und konnte sein zähes Überleben nicht verdauen.

Der redselige Herzog war immer voreingenommen, oft ungerecht in seinem Urteil, ging ab und zu nachlässig mit Daten um[85], und manchmal war seine Berichterstattung bewußt ungenau[86]. Für ihn gab es nichts außer Politik, und von Zeit zu Zeit verlor er sich in leerem Geschwätz über die Aristokratie. Dennoch stellen seine zwanzig Bände die eingehenden und wertvollen Aufzeichnungen eines scharfen, durchdringenden Beobachters mit einem flüssigen Stil dar. Sie gewähren uns einen ebenso lebendigen

Einblick in das Leben Frau von Maintenons, Fénelons, Philipps von Orléans und Saint-Simons wie Bourrienne in das Leben Napoleons. Um seinen Vorurteilen freien Lauf zu lassen, hielt er seine Memoiren geheim und verbot ihre Veröffentlichung auf hundert Jahre nach seinem Tod. Bis 1781 wurden sie auch tatsächlich nicht veröffentlicht, ein Teil erschien erst 1830. All die Memoiren, die die Geschichte Frankreichs beleuchten, werden von den seinen in den Schatten gestellt.

VIII. DER UNGLAUBLICHE KARDINAL

Wenn wir Saint-Simon glauben dürfen, so widerspricht die Laufbahn Guillaume Dubois' sämtlichen gutgemeinten Lehrsprüchen unserer Kindheit. Er hatte sämtliche Laster und jeden Erfolg, außer dem, geachtet zu sein. Hören wir Saint-Simon über seinen Kollegen im Rat:

> «Sein Verstand war nicht gerade überragend, sein Wissen durchschnittlich, seine Fähigkeit null. Äußerlich glich er einem Wiesel, einem Pedanten; seine Unterhaltung war unangenehm, abgerissen, immer unsicher, die Falschheit stand ihm auf der Stirn ... Nichts war ihm heilig ... Er trug eine offene Verachtung für Treue, Worthalten, Ehre, Anstand und Wahrheit zur Schau; bei jeder Gelegenheit belächelte er diese Dinge, war ebenso wollüstig wie ehrgeizig. Dazu war er ein Weichling, ein Kriecher, ein Schmeichler, ein geschmeidiger und unaufrichtiger Bewunderer, paßte sich allem und jedem mit größter Leichtigkeit an ... Ein unfreiwillig schiefer Gesichtswinkel ... bestimmte sein Urteil ... Bei solchen Schwächen kann man sich nur wundern, daß der einzige Mann, den er für sich einnehmen konnte, Monsieur le Duc d'Orléans war, ein so intelligenter Mensch mit einem so ausgewogenen Geist und einer so klaren Menschenkenntnis»[87]

– was den Verfasser mit seiner bösen Zunge hätte veranlassen sollen, an der klaren Einsicht seines eigenen eifersüchtigen Gemütes zu zweifeln. Wir müssen jedoch zugeben, daß Duclos mit Saint-Simon übereinstimmt[88].

Dubois war nahe an sechzig, als die Regentschaft ihm Macht verlieh. Er war schon etwas verfallen, denn er hatte verschiedene Geschlechtskrankheiten[89] überstanden, doch war er imstande, Frau von Tencin zu unterhalten, als Philipp sie fallenließ. Jedenfalls mußte er über einen gewissen Scharfsinn verfügen, denn bei der Leitung der Außenpolitik erwies er sich als nicht ungeschickt. Er nahm eine fette Bestechungssumme von England an, um das auszuführen, was er für das Wohl Frankreichs im Auge hatte. Die englischen Whigs und der österreichische Kaiser Karl VI. planten, den Vertrag von Utrecht zu widerrufen und den Krieg mit Frankreich wiederaufzunehmen. Philipp V., dem der spanische Thron nicht genügte, juckte es, König von Frankreich zu werden, und er glaubte, ein Bündnis mit England werde ihm die Wege ebnen. Schlossen England, Spanien, Österreich und die österreichischen Niederlande («Belgien») sich zu einer neuen großen Allianz zusammen, drohte die alte Einkreisung Frankreichs aufs neue, und die ganze Politik und all die Siege Richelieus und Ludwigs XIV. wären vergeblich gewesen. Um solch einem Bündnis zuvorzukommen, unterzeichneten Dubois und Philipp am 4. Januar 1717 einen Vertrag mit England und den

Vereinigten Provinzen («Holland»). Das gereichte Frankreich, dem europäischen Gleichgewicht der Kräfte und England zum Vorteil. Denn wären Frankreich und Spanien unter einer Krone vereinigt worden, hätten ihre vereinigten Flotten Englands Vormachtstellung zur See in Frage gestellt. Der Vertrag lag auch im Interesse des noch nicht gesicherten hannoveranischen Königshauses in England; denn Frankreich war nun verpflichtet, von jeder weiteren Unterstützung der Anwärter auf den englischen Thron aus dem Hause Stuart abzusehen.

Die spanische Regierung war überlistet worden, was ihr gar nicht gefiel. Der regierende Minister Alberoni nahm an dem Komplott Cellamares und der Herzogin von Maine teil, das den Regenten stürzen und Philipp V. auf den französischen Thron bringen sollte. Dubois bekam Wind von der Verschwörung und überzeugte den widerstrebenden Philipp, dem Vorbild Englands zu folgen und Spanien den Krieg zu erklären (1718). Der Haager Vertrag beendete diesen Konflikt. Um den Frieden zu befestigen, vereinbarte Dubois die Heirat zwischen der Tochter Philipps V. und Ludwig XV. und zwischen den Töchtern des Regenten und den Söhnen Philipps V. Die Eheschließungen wurden auf der Grenzinsel Bidassoa begangen (9. Januar 1722) und wurden mit einem Autodafé gefeiert[90]. Da die Infantin María Ana Victoria nur drei Jahre alt war, konnte man sich auf eine Reihe von Jahren gefaßt machen, bis Ludwig XV. von ihr einen Erben erwarten durfte. Sollte der junge König in der Zwischenzeit sterben, würde der Regent zum König erhoben und Dubois zu seinem ständigen Minister ernannt.

Gewandt erklomm dieser eine Stufe nach der anderen. 1720 wurde er zum Erzbischof von Cambrai ernannt. Der Humor der Geschichte wollte, daß der protestantische König Georg I. den skeptischen Regenten aufforderte, den Papst dazu zu überreden, diesen berühmten, vor kurzem noch durch den noblen Fénelon eingenommenen Bischofssitz einem Dubois zu verleihen. Und die Bischöfe Frankreichs, der fromme Massillon inbegriffen, nahmen an der Zeremonie teil, die einen Mann zu erzbischöflicher Würde erhob, den manch ein Franzose als den Inbegriff von Sünde ansah. Dubois fand, seine Verdienste um Frankreich würden nicht genügend anerkannt. Er benutzte französisches Geld, um einen Kandidaten zum Papst zu befördern, der ihm einen roten Hut versprochen hatte. Betrübten Herzens hielt Innozenz XIII. Wort, und der Erzbischof wurde Kardinal Dubois (16. Juli 1721). Ein Jahr später wurde er zum obersten Reichsminister ernannt mit einem Gehalt von 100000 Livres. Da seine erzbischöfliche Würde ihm 120000 Livres, sieben Abteien 204000 Livres, sein Posten als Postdirektor 100000 Livres und die englische Pension nach Schätzungen Saint-Simons 960000 Livres einbrachten, hatte er ein jährliches Einkommen von ungefähr 1500000 Livres[91]. Seine einzige Sorge war, daß seine Frau, die immer noch lebte, seine Bestechung zurückweisen und ihr Vorhandensein enthüllen könnte, wodurch es mit seinen kirchlichen Würden vorbei gewesen wäre[92].

Schließlich zermahlte die Mühle der Zeit auch ihn. Am 5. Februar 1723 war Ludwig XV. mündig, und damit endete die Regentschaft. Der erst dreizehnjährige König, der sein Leben in Versailles genoß, bat Philipp, das Königreich weiter zu regieren, und

Dubois blieb der rechte Arm des Regenten. Aber am 1. August platzte die Blase des Kardinals, und plötzlich war er mit all seinen angehäuften Livres tot. Philipp übernahm die Verwaltung, aber auch seine Zeit war abgelaufen. Er war übersättigt mit Frauen und Wein, verlor nach und nach sein Augenlicht und sogar seine guten Manieren und übte weiter halb unbewußt sein schmähliches Regiment aus, das sich ursprünglich fast allgemeiner Sympathie erfreut hatte und nun in öffentlicher Entwürdigung und allgemeiner Verachtung endete. Die Ärzte warnten ihn vor den Folgen seiner Lebensführung, aber er kümmerte sich nicht darum. Er hatte den Wein des Lebens zu gierig getrunken und war am Ende angelangt. An einem Herzschlag starb er am 2. Dezember 1723 in den Armen seiner damaligen Geliebten. Er war neunundvierzig Jahre alt.

Bei all seinen Sünden macht Philipp von Orléans nicht den Eindruck eines schlechten Menschen. Seine Verderbnis war eher fleischlicher als seelischer Natur. Er war ein Verschwender, ein Trunkenbold und ein Wüstling, aber er war weder eigennützig noch grausam oder gemein. Er war ein barmherziger Mensch, tapfer und freundlich. Im Spiel gewann er ein Königreich und verspielte es leichten Herzens und mit offener Hand. Jede Möglichkeit stand seinem Reichtum offen, keinerlei Disziplin engte seine Macht ein. Was für ein Jammer, daß ein Mann mit seinem glänzenden Geist und seinen liberalen Ansichten, der danach strebte, den Schaden, den die Frömmelei des Sonnenkönigs in Frankreich angerichtet hatte, wiedergutzumachen, seine edlen Ziele in einem sinnlosen Rausch ertränkte und den Begriff von Liebe im Wirbel der Ausschweifungen verlor!

Vom moralischen Standpunkt aus war die Regentschaft die schändlichste Periode der französischen Geschichte. Bewahrte auch die Religion ihr Ansehen in den Dörfern, so verlor sie es völlig in der Gestalt ihrer obersten Würdenträger, die Männer wie Dubois und Tencin mit hohen Ehren überschütteten und damit die Achtung der unabhängigen Elite verloren. Der französische Geist erfreute sich verhältnismäßiger Freiheit, aber er nützte sie nicht so sehr dazu, eine Botschaft der Menschlichkeit und Toleranz zu verbreiten, als vielmehr dazu, die menschlichen Triebe aus den gesellschaftlichen Banden, wie sie für jede Zivilisation erforderlich sind, zu lösen; der Skeptizismus vergaß Epikur und wurde zum Epikureer. Die Regierung war verderbt, aber sie hielt den Frieden wenigstens so lange aufrecht, daß sich das ausgeblutete Frankreich von der Prunksucht und den Kriegen der vorherigen Regierung erholen konnte. Laws «System» endete im Bankrott, doch gab es der französischen Wirtschaft einen mächtigen Auftrieb. In diesen acht Jahren setzte sich der kostenlose Schulunterricht durch, Kunst und Literatur befreiten sich von der königlichen Bevormundung und Beherrschung. In diesen Jahren wurden *Die Einschiffung nach Kythera*, *Gil Blas*, *Œdipe* und die *Lettres persanes* (Persische Briefe) von Montesquieu geschaffen. Die Regentschaft schickte Voltaire in die Bastille, aber sie brachte trotzdem mehr Freiheit und Duldsamkeit für ihn auf, als er sie je in Frankreich erleben sollte, selbst in der Stunde seines Triumphes und seines Todes.

IX. VOLTAIRE UND DIE BASTILLE: 1715–1726

Saint-Simon beschreibt an einer für ihn typischen Stelle einen jungen Emporkömmling, der während der Regentschaft viel von sich reden machte:

«Arouet – der Sohn eines Notars, der bei meinem Vater und mir selbst bis zu seinem Tode angestellt war – wurde zu dieser Zeit (1716) ... nach Tulle verbannt, weil er einige äußerst satirische und unverschämte Verse verfaßt hatte. Ich würde solch ein unbedeutendes Ereignis gar nicht festhalten, wenn derselbe Arouet, der unter dem Namen Voltaire ein großer Dichter und Akademiker wurde, nicht auch noch ... zu einer Art Persönlichkeit im Reiche der Literatur geworden wäre und bei bestimmten Leuten sogar eine gewisse Bedeutung erlangt hätte.»[93]

Dieser junge Emporkömmling, damals einundzwanzig Jahre alt, beschrieb sich selbst als «dünn, langaufgeschossen und mager, ohne Hinterteil»[94]. Vielleicht war diese Unzulänglichkeit daran schuld, daß er unaufhörlich seine Gastgeber oder Gastgeberinnen wechselte, stets willkommen, auch in höheren Kreisen, wegen seiner funkelnden Verse und geistreichen Aussprüche, während er sich und andere mit seinen ketzerischen Ideen berauschte, aber auch den galanten jungen Mann spielte. Er glänzte besonders in Sceaux, wo er das Gefallen der Herzogin von Maine durch seine Satiren auf den Regenten erregte. Als Philipp die Anzahl der Pferde im königlichen Marstall auf die Hälfte herabsetzte, witzelte Arouet, er wäre besser beraten gewesen, wenn er die Hälfte der Esel entlassen hätte, die sich am Hof seiner Hoheit drängten. Viel schlimmer aber war, daß er offenbar einige Zeilen über die Sitten der Herzogin von Berry in Umlauf brachte. Voltaire bestritt seine Urheberschaft, aber diese Zeilen wurden später in seine Werke aufgenommen. Diese entschuldbare Taktik des Leugnens behielt er fast bis zum Ende seines Lebens zum Schutz vor drohender Zensur bei. Schmähschriften, die gegen ihn gerichtet waren, konnte der Regent verzeihen, denn oft waren sie unverdient. Angriffe auf seine Tochter verletzten ihn hingegen zutiefst, denn sie entsprachen meistens der Wahrheit. Am 5. Mai 1716 gab er einen Befehl heraus, wonach «der Sieur Arouet, Sohn, nach Tulle zu senden» sei, einer Stadt fünfhundert Kilometer südlich von Paris, bekannt wegen der Ausdünstungen seiner Gerbereien, noch nicht wegen der zarten Gewebe, die später nach der Stadt benannt wurden. Vater Arouet bewegte den Regenten dazu, den Ort des Exils von Tulle nach Sully-sur-Loire zu verlegen, hundert Meilen von der Hauptstadt. Arouet begab sich dorthin und wurde vom damaligen Herzog von Sully, einem Nachkommen des großen Ministers Heinrichs IV., als Gast in seinem Hause aufgenommen.

Alles genoß er dort – außer Freiheit. Es dauerte nicht lange, bis er eine «Epître à Monsieur le Duc d'Orléans» in Versen adressierte, worin er seine Unschuld beteuerte und um seine Freilassung bat. Sie wurde ihm gewährt, und Ende des Jahres war er wieder in Paris, flatterte hierhin und dorthin und schmiedete manchmal unanständige, manchmal oberflächliche, aber immer gescheite Verse. Infolgedessen wurde ihm jede gewandte Satire, die anonym in den Gaststätten von Mund zu Mund ging, zugeschrieben. Zu Beginn des Jahres 1717 erschien eine besonders heftige Schmähschrift, in der jeder Satz mit *J'ai vu* – «Ich habe es gesehen» – begann. Zum Beispiel:

Ich habe es gesehen – die Bastille und tausend andere Gefängnisse voll mit braven Bürgern, treuen Untertanen.
Ich habe es gesehen – das Volk elend, unter dem schweren Druck.
Ich habe es gesehen – das Soldatenvolk, das vor Hunger und Durst ... und Zorn vergeht.
Ich habe es gesehen – einen Teufel in Gestalt einer Frau, die das Königreich regiert.
Ich habe es gesehen – Port-Royal zerstört.
Ich habe es gesehen – und das will alles besagen – einen verehrten Jesuiten.
Ich habe es gesehen – all diese Übel, und ich bin noch keine zwanzig Jahre alt.[95]

Ganz offensichtlich spielten diese Verse auf Ludwig XIV. und Frau von Maintenon an, und sie mußten viel eher von einem jansenistischen Feind der Jesuiten stammen als von einem gottlosen Skeptiker, der aber doch noch ein warmes Plätzchen für die Gesellschaft Jesu in seinem Herzen hatte. Der wahre Verfasser war A.-L. Le Brun, der später Voltaire um Verzeihung bat, weil er ihn allein die Schuld tragen ließ[96]. Der öffentliche Klatsch lobte Arouet für das Gedicht. Literarische Zusammenschlüsse belästigten ihn mit der Bitte, es vorzutragen, und niemand (außer dem Verfasser) glaubte seinen Beteuerungen. Berichte an den Regenten beschuldigten ihn nicht nur der *J'ai vu*, sondern auch – und offensichtlich zu Recht – einer Widmung in lateinischer Sprache, *Puero regnante ...*: «Ein Knabe [Ludwig XV.] herrscht; ein Mann, berüchtigt als Giftmischer und Blutschänder, regiert ...; das öffentliche Vertrauen verraten [Mißerfolg von Laws Bank]; – der Hoffnung auf eine Krone wird ein Land geopfert; ein Erbe schmählich vorweggenommen; Frankreich steht vor dem Verderben.»[97] Am 16. Mai 1717 verfügte eine *lettre de cachet* «die Verhaftung des Sieur Arouet und seine Einlieferung in die Bastille». Der Dichter wurde in seiner Wohnung überrascht und durfte nichts mitnehmen als die Kleider, die er auf sich trug. Er hatte keine Zeit, sich von seiner damaligen Mätresse Suzanne de Livry zu verabschieden; sein Freund Lefèvre de Senonville nahm seinen Platz an ihrem Busen ein. Arouet bemerkte philosophisch: «Mit solchen Kleinigkeiten müssen wir uns abfinden.»[98] Lefèvre starb einige Jahre darauf, und Voltaire schrieb Verse zur Erinnerung an ihn, die das poetische Talent des jungen Aufrührers beweisen und das Zartgefühl, das bei ihm immer alle Zweifel überwog:

Il te souvient du temps, et l'aimable Egérie,
Dans les beaux jours de notre vie,
Nous nous aimions tous trois. La raison, la folie,
L'amour, l'enchantement des plus tendres erreurs,
Tout réunissait nos trois cœurs.
Que nous étions heureux! même cette indigence,
Triste compagne des beaux jours,
Ne put de notre joie empoisonner le cours.
Jeunes, gais, satisfaits, sans soins, sans prévoyance,
Aux douceurs du présent bornant tous nos désirs,
Quel besoin avions-nous d'une vaine abondance?
Nous possédions bien mieux, nous avions les plaisirs.[99]*

* Erinnerst du dich an jene Zeit und an die liebliche Egerie, an jene schönen Tage in unserem Leben, als wir uns alle drei liebten? Verstand, Überschwang, Liebe, Bezauberung der zartesten Irrtümer – alles verband unsere Herzen. Wie glücklich wir waren; selbst die Armut, die traurige Gefährtin der

Suzanne heiratete den reichen Marquis Gouvernet und weigerte sich, Voltaire zu empfangen, als er bei ihr Besuch machen wollte. Er tröstete sich mit dem Gedanken: «... alle Diamanten und Perlen, die sie jetzt trägt, sind nicht einen ihrer Küsse aus der alten Zeit wert.»[100] Er sah sie nicht mehr, bis er einundfünfzig Jahre später nach Paris zurückkam, um dort zu sterben. Da ließ es sich der Dreiundachtzigjährige angelegen sein, die damals vierundachtzig Jahre alte verwitwete Marquise aufzusuchen. Voltaire war ein Teufel, aber auch der warmherzigste Mensch der Welt.

Die Bastille fand er nicht unerträglich. Er hatte die Erlaubnis, gegen Bezahlung Bücher, Möbel, Wäsche, eine Nachtmütze und Parfum kommen zu lassen. Oftmals speiste er mit dem Gefängnisdirektor und spielte Billard und Kegel mit Gefangenen und Wächtern; und er schrieb *La Henriade*. Die *Ilias* gehörte zu den Büchern, die er bestellt hatte – warum sollte er es nicht Homer gleichtun? Und warum sollte sich ein Epos auf Sagen beschränken, wenn die lebendige Geschichte mit Heinrich IV. aufwartete, einem fröhlichen, kühnen Helden, einem großzügigen, toleranten Wüstling? Warum sollte sich das abenteuerliche und tragische Leben dieses Königs nicht für ein Epos eignen? Schreibpapier war dem Gefangenen nicht erlaubt, denn das konnte in seinen Händen zur tödlichen Waffe werden; so schrieb er die erste Hälfte seines Epos zwischen die Zeilen gedruckter Bücher.

Am 11. April 1718 wurde er freigelassen, durfte aber nicht in Paris bleiben. Von Châtenay bei Sceaux schrieb er Briefe an den Regenten, worin er um Verzeihung bat; wieder ließ sich der Regent erweichen und gab am 12. Oktober die Erlaubnis, daß «Sieur Arouet de Voltaire nach Paris kommen kann, wann er will»[101].

Aber wann und wie war er zu diesem neuen Namen gekommen? Anscheinend zur Zeit seiner Gefangenschaft in der Bastille. Zum erstenmal erscheint er in dem soeben zitierten Erlaß. Manche[102] hielten es für ein Anagramm von AROUET L(e) J(eune), worin *V* für *U* und *I* für *J* steht. Die Marquise von Créqui[103] schrieb den Namen Veautaire zu, einem kleinen Landbesitz in der Nähe von Paris, den Voltaire von einem Vetter geerbt hatte. Aristokratische Rechte waren damit nicht verbunden, aber Arouet eignete sich, wie Balzac, das adlige *de* als ein Vorrecht des Genies an. Er zeichnete, wie in der Widmung seines ersten Theaterstücks, «Arouet de Voltaire». Bald genügte ihm *ein* Name, um sich überall in Europa kenntlich zu machen.

Dieses Theaterstück, *Œdipe*, war ein Ereignis in der Literaturgeschichte Frankreichs. Es war die größte Unverschämtheit eines vierundzwanzigjährigen Burschen, nicht nur Corneille herauszufordern, dessen *Œdipe* 1659 aufgeführt worden war, sondern auch Sophokles, dessen *König Oidipus* 430 vor Christus entstanden war. Außerdem handelte es von Blutschande und konnte als eine Anspielung auf die Beziehungen zwischen dem Regenten und seiner Tochter angesehen werden, die Ursache der früheren Verhaftung Voltaires. Die Herzogin von Maine, an deren Hof das Stück verfaßt worden war, legte es so aus und war begeistert. Mit seiner üblichen Kühnheit bat Voltaire den Regenten,

---

schönen Tage, konnte unsere Freude nicht dämpfen. Jung, froh, zufrieden, unbesorgt, auf morgen nicht bedacht, denn alle unsere Wünsche kreisten um die Süße der Gegenwart. – Was scherte uns unnötiger Überfluß? Wir besaßen viel mehr, denn wir waren vergnügt.

ihm das Stück widmen zu dürfen. Dagegen hatte der Regent Bedenken, erlaubte aber die Widmung an seine Mutter. Die Premiere wurde auf den 18. November 1718 festgesetzt. Zwei Parteien bildeten sich – die eine unterstützte den Regenten, die andere die Herzogin von Maine. Man machte sich darauf gefaßt, daß das Gezisch der einen und der Beifall der anderen aus der Aufführung eine Posse machen werde, aber der gewandte Autor hatte Zeilen eingefügt, die jeweils der einen oder anderen Partei gefielen. Diejenige des Regenten genoß die Stelle, wo König Laios (wie Philipp) die kostspielige Palastwache entläßt. Die Jesuiten bemerkten mit Genugtuung, wie wohl sich ihr Schüler die Lehren der Dramen angeeignet hatte, die im Collège Louis-le-Grand aufgeführt worden waren; die Freidenker hingegen brachen bei zwei Versen in der ersten Szene des IV. Aktes – die zum Leitmotiv im Leben Voltaires werden sollten – in rauschenden Beifall aus.

Nos prêtres ne sont pas ce qu'un vain peuple pense;
*Notre crédulité fait toute leur science.**

Beide Parteien spendeten abwechselnd Beifall, und schließlich fand das Drama einmütige Zustimmung. Wie es von jeher so üblich ist, kam Voltaires Vater, dem Lebensende nahe, voll Entrüstung über seinen nichtsnutzigen Sohn, der ihm nur Schande machte, zur Erstaufführung und weinte dann vor Stolz über die Schönheit der Dichtung und den Triumph des Stückes.

Œdipe hatte den noch nie dagewesenen Erfolg von fünfundvierzig Aufführungen. Sogar Corneilles Neffe, der alternde Fontenelle, lobte das Stück, wenn er auch Voltaire darauf hinwies, daß einige Verse «zu weit gingen und zu feurig» waren. Der dreiste junge Mann antwortete wenig taktvoll: «Zu meiner Besserung werde ich Ihre *Pastorales* lesen.»[104] Paris ließ sich nicht davon abbringen, im blutschänderischen Oidipus den Regenten, in Iokaste seine Tochter zu sehen. Die Herzogin von Berry bot diesem Klatsch mutig die Stirn und wohnte mehreren Aufführungen bei. Der Regent ließ das Stück in seinem Schloßtheater aufführen und empfing den Autor an seinem Hof.

Einige Monate später gab ein Dichter, der auf Sensation aus war, anonym *Les Philippiques* heraus, Schmähschriften, in denen Philipp beschuldigt wurde, die Vergiftung des jungen Königs zu planen, um selbst den Thron einzunehmen. Voltaire wurde allgemein als der Urheber verdächtigt; er versicherte seine Unschuld, aber er hatte unter ähnlichen Umständen so offensichtlich gelogen, daß ihm nur der wahre Verfasser glaubte. Philipp ließ Milde walten und riet ihm, sich für eine Weile von den Pariser Vergnügungen zurückzuziehen. So kehrte er nach dem Château de Sully zurück (Mai 1719). Ein Jahr später durfte er wieder in die Hauptstadt zurückkehren, wo er eine Zeitlang der verhätschelte Liebling der Aristokratie war. Überzeugt, daß Geld der Stein der Weisen sei, machte er sich mit seinem scharfen Verstand an die Probleme und Kniffe der Finanz. Er pflegte den Verkehr mit Bankiers und wurde von den Brüdern Paris, denen er zu Verträgen für Lieferungen für die Armee verhalf, reich belohnt[105].

---

* «Unsere Priester sind nicht das, wofür sie das oberflächliche Volk hält; unsere Leichtgläubigkeit macht ihre ganze Kunst aus.»

Unser Held war ein Kriegsgewinnler. Laws System vermied er, legte sein Geld gut an und lieh gegen Zinsen. 1722 starb sein Vater, und nach einigen energisch geführten Prozessen erbte Voltaire eine jährliche Rente von 4250 Francs. Im selben Jahr setzte ihm der Regent eine Pension von 2000 Livres aus. Vom reichen Mann brachte er es bald zum Millionär. Außer in Religionsfragen war er kein Revolutionär.

Zum Glück für seine Erziehung war sein zweites Stück, *Artémire,* ein Mißerfolg (15. Februar 1720). Er rannte auf die Bühne und versuchte, dem Publikum die Vorzüge des Dramas zu erklären. Das Publikum klatschte seiner Rede Beifall, aber im übrigen war nichts zu machen. Nach acht Aufführungen mußte er das Stück zurückziehen. Einige Monate später las er in Gesellschaft Auszüge aus seiner *Henriade* vor; einige kritische Bemerkungen wurden laut. Mit einer Vergil würdigen Geste warf er das Manuskript ins Feuer. Hénault rettete die Blätter aus den Flammen und verglich sich mit Augustus, der die *Aeneis* in Sicherheit gebracht hatte; Voltaire, sagte er, sei ihm nun ein Epos und «ein Paar hübsche Handkrausen»[106] schuldig. Der verletzte Stolz des Poeten erholte sich zusehends, als der Regent selbst einer Vorlesung aus dem Werk zuhörte. Überall, wo er eingeladen war, las er Teile daraus vor. 1723 besuchte er Lord Bolingbroke und seine Frau, eine Französin, in ihrer Villa «La Source» bei Orléans; sie versicherten ihm, sein Epos übertreffe alles, «was an poetischen Werken in Frankreich erschienen war»[107]. Er tat so, als ob er daran zweifle.

Vorläufig philosophierte er mit dem skeptischen Lord und erfuhr von den Deisten, die dem Christentum in England ein Dorn im Fleische waren. Er kam auf den Gedanken, daß England auf dem Gebiete von Wissenschaft und Philosophie Frankreich voraus sein könnte. Er selbst war zu Bolingbrokes Ketzereien ohne Kenntnis der englischen Deisten gekommen. 1722 nahm er eine Einladung der Gräfin Marie von Rupelmonde an und begleitete sie nach den Niederlanden. Sie war Witwe, achtunddreißig Jahre alt, voll geistiger Interessen und sehr schön. Er war achtundzwanzig Jahre alt. In Brüssel traf er einen Rivalen, den Dichter Jean-Baptiste Rousseau, der *Œdipe* pries, ihm aber wegen seiner Gottlosigkeit Vorwürfe machte. Voltaire, der nur schwer eine Kritik ertragen konnte, bemerkte zu Rousseaus «Ode an die Nachwelt»: «Wissen Sie, Meister, daß ich nicht sicher bin, ob diese Ode je an ihre Adresse gelangt?»[108] Bis zum Tode Rousseaus fuhren sie fort, bissige Bemerkungen übereinander zu machen. Auf der Weiterreise nach Holland enthüllte ihm die Gräfin ihre religiösen Zweifel und fragte ihn nach seinen Ansichten. In übersprudelnden Versen antwortete er ihr mit der berühmten *Epître à Uranie,* die bis zum Jahre 1732 unveröffentlicht blieb und die Voltaire erst vierzig Jahre später anerkannte. Jeder nachdenkliche junge Christ kann darin ein Stadium seiner eigenen Entwicklung wiedererkennen.

Tu veux donc, belle Uranie,
Qu'érigé par ton ordre en Lucrèce nouveau,
Devant toi, d'une main hardie,
Aux superstitions j'arrache le bandeau;
Que j'expose à tes yeux le dangereux tableau
Des mensonges sacrés dont la terre est remplie,
Et que ma philosophie

T'apprenne à mépriser les horreurs du tombeau,
*Et les terreurs de l'autre vie.**

Mit «ehrfürchtigem Schritt» geht der Dichter weiter. «Ich möchte Gott lieben, ich suche in ihm einen Vater.» Aber was für einen Gott bietet die christliche Theologie? «Einen hassenswerten Tyrannen; er schuf die Menschen 'nach seinem Abbild', nur um sie niederträchtig zu machen; er gab uns sündige Herzen, um das Recht zu haben, uns zu bestrafen; er ließ uns Vergnügen lieben, nur um uns mit fürchterlichen Qualen ... ewig verfolgen zu können.» Kaum hatte er uns geboren, so dachte er schon an unsere Vernichtung. Er befahl den Wassern, die Erde zu verschlingen. Er sandte seinen Sohn, um für unsere Sünden zu büßen. Jesus starb, aber offenbar umsonst, denn man sagt uns, daß wir immer noch mit dem Verbrechen Adams und Evas besudelt sind. Und der Gottessohn, so gerühmt für seine Barmherzigkeit, wird so dargestellt, als ob er nur rachsüchtig darauf warte, die meisten unter uns in die Hölle zu stürzen, all die zahllosen Völker inbegriffen, die nie von ihm gehört haben. «In diesem Zerrbild erkenne ich nicht den Gott, den ich verehren muß; ich würde ihn mit solch beleidigender Huldigung entehren.» Und trotzdem fühlt er den Adel und die lebendige Inspiration in der christlichen Auffassung vom Erlöser:

«Sieh diesen Christus, mächtig und ruhmreich ..., der den Tod triumphierend unter die Füße tritt und siegreich aus den Toren der Hölle schreitet. Sein Vorbild ist heilig, seine Sittenreinheit göttlich. Heimlich tröstet er die Herzen, die er erleuchtet; im größten Elend stützt er sie; und wenn er seine Lehre auf eine Illusion aufbaut, so ist es doch ein Segen, von Ihm getäuscht zu werden.»

Zum Schluß fordert der Dichter Urania auf, sich selbst ein Bild über Religion zu machen, im Vertrauen auf Gott, «der dir eine natürliche Religion ins Herz gelegt hat und über eine einfache und aufrichtige Seele nicht erzürnt sein wird. Glaube daran, daß vor seinem Thron überall und in allen Zeiten die Seele des Gerechten besteht. Glaube nur, daß der bescheidene buddhistische Mönch, der gütige mohammedanische Derwisch vor seinen Augen mehr Gnade findet als ein erbarmungsloser [an Vorbestimmung glaubender] Jansenist oder ein ehrgeiziger Papst.»

Bei seiner Rückkehr nach Paris zog er in das Hôtel de Bernières an der Rue de Beaune und dem gegenwärtigen Quai Voltaire (1723). Im November begab er sich zu einer erlesenen Gesellschaft im Château de Maisons (fünfzehn Kilometer von Paris entfernt), wo die größte Schauspielerin jener Zeit, Adrienne Lecouvreur, Auszüge aus seinem neuen Stück *Marianne* vortragen sollte. Doch ehe es dazu kam, erkrankte er an

---

* Du willst also, schöne Urania [ein Name Aphrodites],
Daß ich – auf deinen Befehl in einen neuen Lucretius verwandelt –
Vor dir mit kühner Hand
Dem Aberglauben seinen Schleier entreiße,
Daß ich vor deinen Augen das gefährliche Schauspiel enthülle
Von heiligen Lügen, die die Erde erfüllen,
Und daß meine Philosophie
Dich lehre, die Schrecken des Grabes zu verachten
Und die Furcht vor dem Jenseits.

Pocken, woran damals ein guter Teil seiner Gastgeber starb. Er machte sein Testament, beichtete und erwartete den Tod. Die übrigen Gäste flohen, der Marquis de Maisons jedoch ließ den Dr. Gervais aus Paris kommen. «Anstatt der Stärkungsmittel, die man gewöhnlich bei dieser Krankheit einnimmt, verordnete er mir zweihundert Schoppen Limonade.»[109] Die zweihundert Schoppen – vielleicht auch weniger – «retteten mir das Leben». Es dauerte Monate, bis er sich wieder ganz erholt hatte; von dieser Zeit an benahm er sich denn auch wie ein Invalide, um seinen schwächlichen Körper, der ein verzehrendes Feuer beherbergte, am Leben zu erhalten.

Von 1724 an ging *La Henriade* in literarischen Kreisen heimlich von Hand zu Hand. Es war politische Propaganda in epischem Ausmaß. Sie ging von der Pariser Bluthochzeit, der Bartholomäusnacht, aus und verfolgte religöse Verbrechen im Laufe der Jahrhunderte: Mütter, die ihre Kinder darboten, damit sie auf den Altären des Molochs verbrannt wurden; Agamemnon, der sich daranmachte, seine Tochter den Göttern für einen günstigen Wind zu opfern; Christen, die von Römern, Ketzer, die von Christen verfolgt wurden, von den Fanatikern, die «den Herrn anrufen, während sie ihre Brüder schlachten»; und schließlich die Frommen, die bereit waren, französische Könige umzubringen. Die Dichtung pries Elisabeth, weil sie Heinrich von Navarra unterstützt hatte, beschrieb die Schlacht bei Ivry, die Nachsicht Heinrichs, seine Beziehung zu Gabrielle d'Estrées und die Belagerung von Paris; sie stimmte Heinrichs Übertritt zum Katholizismus zu, kritisierte aber das Papsttum als eine Macht, «unbeugsam gegenüber den Besiegten, nachsichtig gegenüber den Eroberern, immer bereit, je nach seinem Vorteil die Absolution zu erteilen oder zu verdammen».

Voltaire hatte gehofft, die *Henriade* werde zum nationalen Epos von Frankreich erhoben, aber der Katholizismus war seinen Landsleuten zu teuer, als daß sie diese Dichtung zum Epos ihrer Seele gemacht hätten. Und dem Auge der Gelehrten entgingen seine Schwächen nicht. Die offensichtliche Nachahmung von Homer und Vergil – die Kampfszenen, der Besuch des Helden in der Hölle, die Einführung personifizierter Abstraktionen nach Art Homerischer Götter in die Handlung – zerstörte die Reize der Erfindung und Ursprünglichkeit. Sein Stil konnte als gute Prosa betrachtet werden, aber es waren keine guten Verse, denn es fehlte ihnen an beschwingter Phantasie. Der von Druckerschwärze trunkene Autor ahnte nichts davon. Er schrieb Thieriot: «Epische Dichtung ist meine Stärke, ich müßte mich denn sehr täuschen.»[110] Er täuschte sich sehr.

Trotzdem schien der Beifall ihm recht zu geben. Ein französischer Kritiker zog das Epos der *Aeneis* vor, und Friedrich der Große meinte, daß «ein unvoreingenommener Mensch *La Henriade* der Dichtung Homers vorziehen wird»[111]. Die erste Auflage war bald vergriffen. In Holland kam ein unerlaubter Nachdruck heraus, der nach Frankreich eingeführt wurde; die Polizei untersagte das Buch, aber jeder kaufte es. Es wurde in sieben Sprachen übersetzt; besonders in England erregte es Aufsehen. Es trug dazu bei, die Volkstümlichkeit Heinrichs IV. wiederzuerwecken. Frankreich wurde sich der Schande seiner Religionskriege bewußt und begann an der theologischen Lehre Kritik zu üben, die Menschen zu solchen Gewalttaten hingerissen hatte.

Jetzt genoß Voltaire eine Zeitlang ungetrübt Ruhm und Wohlstand. Er wurde als der größte lebende Dichter Frankreichs anerkannt. Er wurde am Hof Ludwigs XV. empfangen; die Königin weinte bei seinen Stücken und gab ihm 1500 Livres aus ihrer eigenen Schatulle (1725). In einem Dutzend Briefe machte er sich mit seinem Leben bei Hofe wichtig. Er stand auf vertrautem Fuße mit großen Herren – edlen sowohl als niederträchtigen. Zweifellos redete er zuviel, nichts ist leichter als das. Eines Abends in der Oper hörte ihn der Chevalier de Rohan-Chabot im Vestibül dozieren und fragte sehr von oben herab: «*Monsieur de Voltaire, Monsieur Arouet – comment vous appelez-vous?* [Wie heißen Sie eigentlich?]» Die Antwort des Dichters ist unbekannt. Zwei Tage später trafen sie wieder in der Comédie Française zusammen; Rohan stellte die gleiche Frage. Voltaires Erwiderung wird verschieden überliefert. Entweder: «[Ich bin] einer, der sich nicht hinter einem großen Namen herschleppt, sondern den, den er trägt, ehrt.»[112] Oder: «Mein Name beginnt mit mir, der Ihrige endet mit Ihnen.»[113] Der noble Herr holte mit seinem Stock zu einem Schlag aus; der Dichter machte eine Bewegung, um seinen Degen zu ziehen. Adrienne Lecouvreur, die dabei war, hatte die Geistesgegenwart, in Ohnmacht zu fallen, worauf ein Waffenstillstand folgte.

Am 4. Februar speiste Voltaire im Hause des Herzogs von Sully, als man ihm mitteilte, jemand wünsche ihn am Schloßtor zu sehen. Er begab sich dorthin und wurde von sechs Lümmeln überfallen, die – nicht allzu heftig – auf ihn einschlugen. Rohan, der die Angelegenheit von seinem Wagen aus lenkte, hielt sie zur Vorsicht an: «Schlagt ihn nicht auf den Kopf, daraus könnte noch etwas Gutes kommen.»[114] Voltaire rannte zum Haus zurück und verlangte Sullys Unterstützung, um rechtlich gegen Rohan vorzugehen; Sully weigerte sich. Der Dichter zog sich in einen Vorort zurück, wo er sich im Fechten übte. Dann erschien er in Versailles, entschlossen, von dem Chevalier «Satisfaktion» zu erhalten. Vor dem Gesetz war ein Duell ein Hochverbrechen. Auf königliche Verordnung wurde er von der Polizei überwacht. Rohan verweigerte ein Zusammentreffen. In derselben Nacht wurde Voltaire zur Erleichterung sämtlicher Beteiligten von der Polizei verhaftet und befand sich wieder einmal in der Bastille. «Die Familie des Gefangenen», berichtete der Generalleutnant der Pariser Polizei, «stimmte einmütig dieser weisen Verordnung zu, die den jungen Mann davor bewahrte, eine neue Torheit zu begehen.»[115] Voltaire schrieb an die Obrigkeit, um sein Verhalten zu erklären, und erbot sich, im Falle seiner Entlassung freiwillig ins Exil nach England zu gehen. Er wurde, wie zuvor, entgegenkommend und rücksichtsvoll behandelt.

Sein Vorschlag wurde angenommen. Vierzehn Tage später wurde er befreit und unter Bewachung nach Calais gebracht. Mitglieder der Regierung gaben ihm Empfehlungsbriefe an hervorragende Engländer mit, und die Königin zahlte ihm weiter seine Pension. Während er in Calais auf das nächste Schiff wartete, nahmen ihn Freunde bei sich auf. Am 10. Mai schiffte er sich ein, bewaffnet mit Büchern zum Studium der englischen Sprache und gespannt auf ein Land, wo Mensch und Geist, wie er gehört hatte, frei waren. Warten wir ab.

Viertes Buch

ENGLAND

[1714–1756]

ERSTES KAPITEL

Das Volk

[1714–1756]

Als Voltaire nach England kam, fand er ein Volk, das ein Vierteljahrhundert relativen Friedens genoß, nach einer Generation kostspieliger Siege über Frankreich. Es hatte die Herrschaft zur See in Händen, damit den Handel und damit Geld; es hielt das Gleichgewicht der Kräfte zwischen den Regierungen des Kontinents aufrecht; es war stolz über seinen Triumph, den es über die Dynastie der Stuarts davongetragen hatte, die es zum Katholizismus hatte zwingen wollen, und über die Hannoveraner Könige, die sich dem gefüllten Säckel des Parlaments beugen mußten. So sah England aus, das soeben durch Newton Weltberühmtheit in der Wissenschaft erlangt hatte, das soeben den unabsichtlich revolutionären Locke hervorgebracht hatte, das das Christentum durch den Deismus erschütterte, bald aber mit Unbehagen die verheerenden Unternehmen David Humes beobachten mußte. Diesem England, das er in seinen Stücken verherrlichte, gehörte Hogarths Liebe, hier fand Händel ein Heim und ein Publikum und stach als der *maestro dei maestri* dieser Zeit sämtliche Bachs aus. Und hier, in dieser «Festung, die sich die Natur gegen Verderben gebaut hatte ..., in diesem gesegneten Fleck Erde ..., diesem England»[1], begann die industrielle Revolution alles zu verwandeln, außer dem Menschen.

I. VORSPIEL ZUR INDUSTRIELLEN REVOLUTION

1. Die Stützen

Defoe, der England im Jahre 1722 bereiste, malte ein patriotisches Bild von «dem blühendsten und reichsten Lande der Welt» mit seinen grünen Feldern und üppigen Ernten, mit seinen prächtigen Weiden, wo sich die Herden tummelten und sich das saftige Gras in fette Kühe verwandelte, mit seinen gesunden Bauern, die sich in ländlichen Spielen miteinander maßen – einem Lande, wo das Leben der Bauern vom Gutsbesitzer geregelt wurde, das Leben des Gutsbesitzers vom Adel, wo Herrschaftssitze den Dörfern Gesetz und Ordnung sicherten und ab und zu einem Poeten oder Philosophen eine Zuflucht verschafften[2]. Schriftsteller haben immer eine Neigung, das Landleben zu idealisieren, solange sie mit seinen Plagen, seiner Langeweile, seinen Mücken und seiner harten Arbeit nichts zu tun haben.

Seit tausend Jahren hatte sich das Landleben in England kaum verändert. Jedes Dorf, fast jeder Hof, war eine auf sich gestellte ökonomische Einheit, wo man seine eigene Nahrung erzeugte, seine Kleider selbst anfertigte und das Bau- und Brennholz in den umliegenden Wäldern schlug. Jede Familie backte ihr Brot, ging auf die Jagd, pökelte ihr Fleisch ein, machte ihre Butter, ihren Käse und kochte ihre Früchte ein. Sie spann und webte und nähte; sie gerbte das Leder und verfertigte die Schuhe, und fast alle Werkzeuge und Gebrauchsgegenstände stellte sie selbst her. So fanden Vater, Mutter und Kinder nicht nur Arbeit im Sommer auf den Feldern, sondern auch Beschäftigung an den langen Winterabenden. Das Heim war sowohl ein Mittelpunkt der Industrie als auch der Landwirtschaft. Die Frau war die angesehene Herrin, geschickt in vielen Künsten, von der Pflege des Ehemannes und der Erziehung von einem Dutzend Kinder bis zum Kleidernähen und Bierbrauen. Die Hausapotheke war ihre Verantwortung; sie nahm sich des Gartens, der Schweine und des Geflügels an. Die Ehe war eine Einrichtung zur gegenseitigen Hilfe; die Familie war sowohl ein wirtschaftlicher als auch ein sozialer Organismus und hatte daher eine solide Ursache und Grundlage für ihre Einheit, für ihre Vermehrung und ihre Fortdauer.

Die Bauern hätten sich mit ihren vielfachen Aufgaben zufriedengegeben, hätte man ihnen ihre alten Rechte auf dem Feld bewahrt. Sie erinnerten sich an die Zeit, als sie oder ihre Vorfahren die Erlaubnis des Gutsherrn hatten, ihr Vieh auf den Gemeinschaftsfeldern des Herrensitzes weiden zu lassen, ungestört in den Flüssen zu fischen und Holz in den Wäldern zu schlagen. Jetzt machte sich eine Entwicklung fühlbar, die schon im sechzehnten Jahrhundert eingesetzt hatte. Fast alle Felder der «Gemeinschaft» waren von ihren Besitzern eingezäunt worden, und die Bauern konnten nur schwer ihr Auskommen finden. Die Leibeigenschaft war abgeschafft, auch die direkten Abgaben. Aber unternehmende Gutsherren und städtische Kaufleute, die ihr Geld in Grund und Boden angelegt hatten, konnten Landwirtschaft auf größerem Fuße betreiben, mit mehr Kapital, besseren Gerätschaften und Kenntnissen und weiteren Absatzmärkten, als sie dem Freisassen zur Verfügung standen, der seine begrenzten Felder bebaute. 1688 schätzte Gregory King diese Freisassen in England auf 180000. Voltaire behauptete 1730, daß «viele Bauern in England mit einem Besitztum im Werte von 200000 Francs es nicht unter ihrer Würde halten, den Boden, der sie bereichert hat und wo sie frei leben, weiter zu bebauen». Aber das war vielleicht Propaganda, die als Anregung für Frankreich gedacht war. Auf jeden Fall war die Anzahl von Freisassen im Jahre 1750 zurückgegangen[3]. Die reicheren Gutsbesitzer kauften die ärmeren Landstriche auf; der kleine Hof, der für den Unterhalt einer Familie oder den örtlichen Markt bestimmt war, mußte den großen Gütern weichen, die verbesserte Methoden und Maschinen anwenden konnten; der Bauer wurde zum Pächter oder Taglöhner. Außerdem war es 1715 in England üblich, das Ackerland eines Dorfes zum Bebauen in verschiedene Gebiete einzuteilen, je nach Fruchtbarkeit und Zugänglichkeit. Jeder Bauer bekam einen oder mehrere Streifen in den getrennten Gebieten; dabei wurde Zusammenarbeit notwendig, das Einzelunternehmen wurde behindert, und seine Produktion hinkte hinterher. Die «Einzäuner» behaupteten, daß großzügiger Anbau unter einem einzigen Besitzer die landwirtschaftliche Produktion erhöhe, das Weiden der Schafe erleichtere und günstigere Erzeugung von Wolle ermögliche; und sie hatten zweifellos recht. Der wirtschaftliche Fortschritt verschloß zumindest ein Auge vor dem menschlichen Leid, das Übergang und Verdrängung der Bauern heraufbeschworen.

Der technische Fortschritt machte sich hauptsächlich auf den größeren Gütern bemerkbar. Die Aussicht auf höheren Gewinn führte zur Bestellung von Brachland, zur Einführung ergiebigerer Arbeitsmethoden, begünstigte die Erfindung und Anwendung neuer Werkzeuge; Zuchtversuche wurden unternommen, Sümpfe trockengelegt, die Erosion des Bodens bekämpft und Wälder gerodet. Zwischen 1696 und 1795 vergrößerte sich das Ackerland von England und Wales um zwei Millionen Morgen. Im Jahre 1730 führte Charles Townshend die Fruchtwechselwirtschaft ein, anstelle des unvorteilhaften Systems, bei dem jedes Jahr ein Drittel der Felder brach liegenblieb; er pflanzte Weizen oder Hafer im ersten Jahr, Gerste oder Hafer im zweiten Jahr, Klee, Roggen, Platterbsen, Kohlrüben und Winterkohl im dritten Jahr und Runkelrüben im vierten; dann wurden Schafe auf die Felder getrieben, um die Runkelrüben zu fressen oder in den Boden zu stampfen, während ihr Mist gleichzeitig den Boden düngte. So war der Boden für eine reiche Weizenernte im nächsten Jahr bereit. Seine Nachbarn machten sich über ihn lustig und nannten ihn Runkelrüben-Townshend, bis sie bemerkten, daß seine Ernte sich um dreißig Prozent erhöht hatte, worauf sie ihn nachahmten. Da Townshend Viscount war, versuchten es auch andere Aristokraten mit seiner Methode und verbesserten ihr Land; auf einmal war es Mode bei den englischen Lords, sich persönlich für die Landwirtschaft zu interessieren, und die Gespräche in den Schlössern drehten sich weniger um Jagd und Hunde als um Rüben und Dung[4].

Jethro Tull war Rechtsanwalt. Da er von schwächlicher Gesundheit war, kehrte er auf die Farm seines Vaters zurück; sein beweglicher Geist war von dem Wunder des Wachstums und Ertrags gefesselt, aber die verschwenderischen Anbaumethoden waren ihm unbegreiflich; Farmer säten neun oder zehn Pfund Saatkorn auf den Morgen so nachlässig aus, «daß zwei Drittel des Bodens unbepflanzt blieben und auf dem Rest die Saat so dick aufging, daß sie sich nicht entwickeln konnte»[5]. Er bereiste Frankreich und Italien und studierte Ackerbaumethoden. Nach seiner Rückkehr kaufte er eine Farm und verblüffte seine Nachbarn mit Erfindungen, die den Ertrag verdoppelten. Er begann (um 1730) mit der Konstruktion eines Pfluges mit vier Pflugeisen, der das Unkraut wirklich aus dem Boden hob und nicht nur beiseite schob. Aber seine bedeutendste Erfindung war (um 1733) eine Sämaschine, die von einem Pferd gezogen wurde, das Saatkorn durch zwei Trichter mit Kerben in regelmäßigem Abstand und gleicher Tiefe in zwei parallelen Furchen verteilte und dann die Aussaat mittels einer Egge zudeckte, die hinten an die Sämaschine angehängt war. Die Maschine ersparte Saatgut und Arbeit und erlaubte Bearbeitung, Auflockerung, Bewässerung und Jäten des Unkrauts zwischen den besäten Furchen. Dieser scheinbar so unbedeutende Wechsel bei der Aussaat und die Verbesserung des Pfluges trugen zu der landwirtschaftlichen Revolution – wie sie später genannt wurde – bei, deren Auswirkung an den Landpreisen ermessen werden kann, die dort, wo die neuen Methoden eingeführt waren (selbst wenn man eine Inflation einbezieht), im achtzehnten Jahrhundert ums Zehnfache anstiegen. Der vermehrte Ertrag des Bodens ermöglichte es der Landwirtschaft, eine größere Anzahl Arbeiter in den Städten zu ernähren, eine Vorbedingung für das Heranwachsen der städtischen Bevölkerung, ohne die es zu keiner industriellen Revolution gekommen wäre.

Weder die Bauern noch die städtischen Arbeiter hatten am wachsenden Wohlstand teil. Der Kleinbauer wurde von den Großgrundbesitzern an die Wand gedrückt, Landarbeitern wurden Elendslöhne bezahlt, mit denen sie sich aus Furcht vor Arbeitslosigkeit begnügen mußten. Hierzu sagte der gelehrte und hochwohlgeborene Trevelyan:

«Der soziale Preis für ökonomischen Gewinn war der Rückgang der unabhängigen Bauern und ein Zuwachs der landlosen Taglöhner. Zum großen Teil war dies ein notwendiges Übel, das nicht viel Schaden angerichtet hätte, wenn die erhöhte Dividende in der Welt des Ackerbaus gerecht verteilt worden wäre. Aber während die Miete der Hausbesitzer, der Zehnten des Pastors, die Gewinne der Gutsbesitzer und Zwischenhändler alle gleichermaßen stiegen, erhielt der Landarbeiter, der seiner kleinen Rechte auf [Gemeinde-] Land verlustig gegangen war und auch nicht mehr auf seine Familie zählen konnte, die einen Nebenverdienst in der Industrie suchte, keine angemessene Entlöhnung und sank in den südlichen Grafschaften allzu oft auf die Stufe völliger Abhängigkeit und Verarmung herab.»[6]

Die natürliche Konzentration des Reichtums wurde durch Steuern und organisierte Wohltätigkeit wenigstens etwas aufgehalten. Die reichen Engländer bezahlten im Unterschied zur französischen Aristokratie den größeren Teil der Steuern, die die Regierung benötigte. Die Armengesetze, die von 1536 an erlassen wurden, machten es jeder Gemeinde zur Pflicht, Personen, die am Verhungern waren, zu Hilfe zu kommen. Körperlich befähigte Arbeitslose wurden ins Arbeitshaus geschickt, Behinderte wurden ins Armenhaus eingewiesen; Kinder wurden zu Leuten in die Lehre gegeben, die bereit waren, für ihre Unterkunft und Nahrung, natürlich gegen ihre Dienstleistungen, aufzukommen. Für die damit verbundenen Ausgaben wurde jedem Haushalt der Gemeinde eine Steuer auferlegt. Nach dem Bericht einer parlamentarischen Kommission waren im Jahre 1766 von all den Kindern, die in den Jahren 1763 bis 1765 in den Arbeitshäusern geboren oder im Kindesalter eingeliefert wurden, nur noch sieben Prozent am Leben[7]. Es war ein hartes Jahrhundert.

2. *Die Industrie*

Die unabhängige Heimstätte auf dem Lande verzögerte wohl oder übel die Spezialisierung der Arbeit und die industrielle Revolution. Warum sollte der neu auftauchende Kapitalist Ausgaben für eine Fabrik machen, wenn er hundert Familien haben konnte, die für ihn unter ihrem eigenen Dach spannen und woben und durch die Konkurrenz automatisch einer Arbeitsdisziplin unterworfen wurden? Im West-Riding-Distrikt von Yorkshire produzierten diese Heimarbeiter 100000 Stück Tuch für den Markt im Jahre 1740 und 140000 Stück im Jahre 1750. Noch im Jahre 1856 kam nur die Hälfte der Wollproduktion in Yorkshire aus den Fabriken, die andere Hälfte von den Heimarbeitern[8]. Trotzdem waren diese vielbeschäftigten Haushaltungen die Keimzellen von Fabriken. Das Haupt der Familie forderte Bedienstete und Außenstehende auf, bei der Arbeit mitzumachen. Zusätzliche Räume wurden mit Spinnrädern und Webstühlen ausgestattet. Mit der zunehmenden Bedeutung dieser Heimarbeit, der neue Absatzmärkte durch die Verbesserung des Straßennetzes und der Herrschaft zur See zur Verfügung standen, entstand eine Nachfrage nach besseren Werkzeugen. Die ersten Erfindungen waren eher Geräte als Maschinen; sie konnten zu Hause verwendet werden, wie zum Beispiel Kays fliegendes Weberschiffchen; erst als die Erfinder Maschinen mit mechanischem Kraftantrieb bauten, trat das Fabriksystem an die Stelle der Heimindustrie.

Der Übergang kam allmählich; er erstreckte sich über fast hundert Jahre, und vielleicht ist «Revolution» ein zu starker Ausdruck für eine so langsame Umwandlung. Der Bruch mit der Vergangenheit war nicht so plötzlich, wie es historische Romane durchblicken ließen. Die Industrie war so alt wie die Zivilisation. Die Anzahl der Erfindungen hatte seit dem dreizehnten Jahrhundert zugenommen; zur Zeit Dantes waren die Fabriken in Florenz ebenso zahlreich wie die Dichter, und zur Zeit Rembrandts gab es in Holland ebensoviel Kapitalisten wie Künstler. Aber wenn man einen Vergleich zwischen der industriellen Umwälzung der letzten beiden Jahrhunderte (1760–1960) – Dampf, Elektrizität, Erdöl, Elektronik und Atomenergie – mit dem Tempo der wirtschaftlichen Veränderungen in Europa vor Kolumbus anstellt, dann kann man von einer wirklichen Revolution sprechen, die von Grund auf nicht nur Ackerbau, Transport, Übermittlung und Industrie veränderte, sondern auch Politik, Lebensart, Moral, Religion, Philosophie und Kunst.

Verschiedenste Faktoren bewirkten die industrielle Umwandlung. Die Kriege, die auf den Fall von Walpoles Ministerium (1742) folgten, verstärkten das Bedürfnis nach beschleunigter Produktion und Verteilung. Der Zuwachs der Bevölkerung – das Ergebnis einer größeren Menge von Nahrungsmitteln – eröffnete sowohl der Landwirtschaft als auch der Industrie einen ständig wachsenden inneren Markt und gab den Anstoß zur Verbesserung von Maschinen und Verkehrswegen. Die Maschinen verlangten eine Ausbildung, die zur Spezialisierung und Arbeitsteilung führte und größere Produktivität zur Folge hatte. Hugenotten und andere Einwanderer führten ihre geretteten Ersparnisse und ihr Handwerk in England ein. Der Abkömmling einer Hugenottenfamilie erfand die erste Spinnmaschine (1738). Mit der Annahme der Schutztarife durch das Parlament (zum Beispiel der *Calico Act*, 1721, die die Einführung bedruckter Kalikostoffe untersagte) wurde die ausländische Konkurrenz unterbunden und der englischen Textilindustrie die völlige Kontrolle des einheimischen Marktes überlassen; außerdem begünstigte der wachsende Einfluß der Kaufherren auf die Gesetzgebung die Ausdehnung der britischen Wirtschaft. Der Mittelstand und die unteren Klassen waren von den puritanischen und später auch methodistischen Tugenden durchdrungen: Fleiß, Unternehmungsgeist und Sparsamkeit. So wurde Kapital aufgehäuft, Wohlstand war angesehen, und das Bürgertum schien sich der besonderen Gnade Gottes zu erfreuen.

Die verbesserte Kohlenförderung stellte der Industrie eine größere Menge Brennstoff zur Verfügung. Bisher hatte man in Privathäusern und Läden hauptsächlich Holz verbrannt, aber der Raubbau vernichtete ganze Wälder. Von den 69 großen englischen Wäldern, die im Mittelalter bekannt waren, waren gegen Ende des achtzehnten Jahrhunderts 65 verschwunden[9]. Holz mußte von Skandinavien oder Amerika eingeführt werden; da es immer kostspieliger wurde, wuchs die Nachfrage nach einem billigeren Brennstoff. Die Ausbeutung der Kohlenbergwerke ging noch auf recht primitive Art vor sich; die Schächte waren nicht sehr tief, die Entlüftung unzulänglich. Die Bergleute erstickten an Methan und Kohlensäuregas, und wie man das Wasser aus dem Bergwerk herauspumpen sollte, blieb ein ungelöstes Problem bis zu den Dampfmaschinen Saverys und Newcomens. Tatsächlich gab dieses Problem den Hauptanstoß zur Entwicklung solcher Maschinen. Trotz all dieser Schwierigkeiten dehnte sich die Kohlenindustrie allmählich aus, so daß um 1750 die in Häusern und Fabriken verbrannte Kohle bereits den Himmel von London schwärzte[10].

Die Bedeutung der Kohle für die industrielle Revolution lag besonders in ihrer Verwendung zum Umschmelzen von Roheisen in reineres, zäheres und schmiedbareres Eisen, wobei das Metall von anderen Mineralien gereinigt wurde. Zum Schmelzen benötigte man hohe Temperaturen, die seit dem vierzehnten Jahrhundert durch das Verbrennen von Holzkohle in Hochöfen mit starkem Luftdurchzug erzeugt worden waren; inzwischen hatte sich die Holzkohle aber ständig verteuert auf Grund der verminderten Belieferung mit Holz. 1612 empfahl Simon Sturtevant Kohle als Brennstoff zum Schmelzen; «Dud» Dudley behauptete 1619, daß er damit die Schmelzkosten auf die Hälfte herabgesetzt habe. Aber die Konkurrenz, die noch Holzkohle benutzte, verdrängte ihn aus der Industrie. Schließlich ließ sich Abraham Darby I um 1709 in Coalbrookdale nieder, wo Kohle reichlich vorhanden war, und schmolz Eisenerz erfolgreich und billig mit Hilfe von Koks, das heißt mit gasfreier Kohle. Koks war schon seit 1590 bekannt. Abraham Darby II benutzte weiter Kohle oder Koks zum Schmelzen in einem verbesserten Hochofen, bei dem das Gebläse von einem Wasserrad betrieben wurde. Bald verkaufte er mehr als alle anderen Eisenhüttenbesitzer in England. 1728 wurde das erste Walzwerk gegründet, wo Eisen von verschiedenen Walzen zusammengepreßt wurde, bis es die gewünschte Form hatte. 1740 erfand Benjamin Huntsman den Tiegelguß, wobei hochwertiger Stahl durch Erhitzung und Reinigung des Metalls in Tontiegeln erzeugt wurde. Diese Verbindung von Kohle und Eisen war die Vorbedingung für die Maschinen der industriellen Revolution.

3. *Erfindungen*

In der ersten Hälfte des achtzehnten Jahrhunderts waren die Erfindungen nicht viel zahlreicher als in den beiden vorhergehenden Jahrhunderten. Ein ganzes Buch könnte mit den Erfindungen gefüllt werden, die das achtzehnte Jahrhundert von seinen Vorgängern übernahm. Nehmen wir zum Beispiel die für Wissenschaft, Industrie und Seefahrt so unerläßliche Uhr, die schon im siebzehnten Jahrhundert fast ganz vollendet war. Um 1758 hatte die Genauigkeit der Uhr schon solche Fortschritte gemacht (eine Abweichung von einer Minute in sechshundert Tagen), daß sie bis zum Jahre 1877 nicht verbessert werden konnte[11]. Wenn die Arbeiter auch oft an Erfindungen beteiligt waren, so waren sie doch nicht sehr darauf aus, weil sie Arbeitslosigkeit, bedingt durch technische Neuerungen, fürchteten. So wurde die erste englische Sägemühle (1663) wegen der Feindseligkeit der Arbeiter wieder fallengelassen; erst im Jahre 1767 konnte der Versuch mit Erfolg erneuert werden. Auch das schlechte Straßensystem hatte eine Verzögerung der Erfindungen zur Folge. Was nützte eine Steigerung der Produktion, wenn eine Erweiterung des Marktes durch Transportschwierigkeiten verhindert wurde! Mit dem Transport zur See hingegen ging es merklich vorwärts. Die fast gänzlich auf Landwirtschaft eingestellten Kolonien waren eifrige Käufer von Fertigwaren; hier war der Anstoß für Erfindungen gegeben. Auch die Aussicht auf Gewinn war ein Anreiz. Das Parlament gewährte Patentrechte auf vierzehn Jahre. Ausländische Konkurrenz im Außenhandel bildete ebenfalls eine Anregung. Die indischen Textilien, die von gelernten, aber schlecht bezahlten Arbeitskräften hergestellt wurden, veranlaßten die englischen Fabrikanten, ihre eigene Produktion durch verbesserte mechanische Ausrüstung zu verbilligen. So kam es, daß die große Umwälzung mit der Erfindung von Textilmaschinen einsetzte.

Die erste bemerkenswerte Erfindung in der Textilindustrie war John Kays Erfindung des «fliegenden Weberschiffchens» (1733); hierhin könnte man das Anfangsdatum der industriellen Revolution verlegen. Vorher war die zu webende Tuchbreite bis auf wenige Ausnahmen auf die ausgestreckten Arme des Webers beschränkt gewesen, denn er mußte das Schiffchen (das Instrument, das den Schußfaden durch die Kettfäden führte) mit einer Hand von einer Seite des Webstuhles zur anderen treiben, wo er es mit der anderen Hand auffing. Kay konstruierte einen Mechanismus aus Rädern, Hämmern und Stangen; auf einen kurzen Schlag mit der Hand flog das Schiffchen (oder der Schütze) von einer Seite auf die andere und hielt automatisch bei der gewünschten Breite an, was mit einer bedeutenden Zeitersparnis verbunden war. Als Kay versuchte, diese Erfindung in einer Weberei in Colchester einzubauen, behaupteten die empörten Weber, er wolle ihnen ihr tägliches Brot nehmen. Er floh (1738) nach Leeds und bot sein Patent den Tuchfabrikanten gegen eine bestimmte Vergütung an. Sie bemächtigten sich seiner Erfindung, die Gebühren zahlten sie jedoch nicht; er verklagte sie und ruinierte sich. Er kehrte in seine Heimatstadt Bury zurück, wo sich die Bevölkerung (1753) gegen ihn zusammenrottete, sein Haus kurz und klein schlug und ihn mit dem Tode bedrohte. Nur eine Frau begrüßte seine Maschine und rief aus: «Bravo, bravo! Die Werke des Herrn mögen wunderbar sein, aber mit diesem Kniff hat der Mensch ihn endlich überboten!»[12] Kay fand mehr Verständnis in Frankreich, wo die Regierung seine Erfindung übernahm und ihm eine Pension aussetzte. Erst im Jahre 1760 war der Widerstand gegen das «fliegende Weberschiffchen» überall überwunden, und es ging in den allgemeinen Gebrauch über.

Die Textilindustrie war durch die einfache Tatsache gehemmt, daß die Weber das Garn schneller verwoben, als die Spinner es spinnen und liefern konnten. Bis zum Jahre 1738 wurde von Hand auf Spinnrädern gesponnen (die heute noch gern aufgestellt werden, weil sie so dekorativ wirken). Dann erfand Lewis Paul, der Sohn eines hugenottischen Einwanderers, eine Spinnmaschine, die wahrscheinlich nach Ideen John Wyatts gebaut war: Ein System von Rollen zog die gebündelten Baumwoll- oder Wollfasern zu einem mehr oder weniger feinen Faden aus, der auf Spindeln mühelos gesponnen wurde. Edward Cave, ein Freund Dr. Johnsons, kaufte Paul und Wyatt ihr Patent ab und stellte 1742 fünf solcher Maschinen in einer Fabrik in Northampton auf, die erste von all den vielen Spinnereien in England und Neuengland.

Die Behandlung von Eisen zur Herstellung widerstandsfähiger Maschinen bot keine Schwierigkeiten mehr, die Wirtschaftsbedingungen waren reif für eine Produktion im großen Maßstab, aber ungelöst war das Problem einer mechanischen Kraft, die männliche Muskeln und weibliche Geduld billig ersetzen konnte. Die frühesten Lösungen beruhten auf Wasserkraft. Seit undenklichen Zeiten hatte das große Wasserrad in Hunderten von Ländern im gelassenen Rhythmus der Ströme Pumpen, Blasebälge, Walzen, Hämmer und, nach 1500, sogar schwere eiserne Maschinen angetrieben. Wasser war auch weiterhin die Hauptquelle mechanischer Energie im achtzehnten Jahrhundert und überlebte bis ins zwanzigste Jahrhundert; und die hydraulischen Installationen unserer Zeit sind Wasserkraft, verwandelt in übertragbare Elektrizität. Die Bewegungskraft des Windes war nicht so zuverlässig; sie wurde verhältnismäßig wenig in den windarmen Ländern des Südens angewandt; in nördlichen Breiten drehten die Luftströmungen Windmühlen, deren Flügel durch handbetriebene Winden je nach dem Wind ausgerichtet werden konnten. Diese schwerfällige Einrichtung erreichte ihre Hochblüte im achtzehnten Jahrhundert in den Vereinigten Provinzen, verlor dann immer mehr an Bedeutung, nicht aber an malerischer Schönheit.

Inzwischen bemühten sich die Erfinder, der Dampfmaschine Wirksamkeit und Wirtschaftlichkeit zu verleihen. Sie hatte schon eine lange Geschichte hinter sich, von Herons durch Dampfdruck bewegten Torflügeln und Spielzeugen im ersten Jahrhundert über Girolamo Cardano (1550), Giambattista della Porta (1601), Salomon de Caus (1615), Giovanni Branca (1629), den Marquis von Worcester (1663), Samuel Morland (1675), Christian Huygens (1680), Denis Papin (1681) und Thomas Savery (1698) bis zu Thomas Newcomens Dampfmaschine aus dem Jahre 1712. Ihre Geschichte ist genügend bekannt. Das Jahr 1712 könnte man ebenfalls als ein Geburtsdatum der industriellen Revolution ins Auge fassen. Denn Newcomens «Feuermaschine» war mit Kolben, Kolbenstange und Sicherheitsventil ausgerüstet und wurde mit Erfolg zum Wasserpumpen in Bergwerken aufgestellt. Die verschiedenen Dampfpumpen der nächsten fünfundsiebzig Jahre gingen alle auf dieses Vorbild zurück.

4. *Kapital und Arbeit*

Als die Maschinen immer größer und kostspieliger wurden und mechanische Kraft zum Antrieb benötigten, schien es Männern mit Weitblick bei weitem vorteilhafter, die Heimindustrie durch Fabriken zu ersetzen und Mensch und Maschine in Gebäuden zu konzentrieren, die vorzugsweise an Wasserarmen gelegen waren, die sowohl Energie als Transportmöglichkeiten liefern konnten. Fabriken an sich waren keine Neuigkeit. Hunderte bestanden bereits im elisabethanischen England und zur Zeit Colberts in Frankreich. Das «Fabrik*system*» – als eine industrielle Form definiert, in der die Produktion *hauptsächlich* in Fabriken betrieben wird – existierte kaum irgendwo vor dem neunzehnten Jahrhundert. Nach den Erfindungen Kays und Pauls wurden Spinnerei und Weberei, die die Heimarbeit ausmachten, mehr und mehr in die Textilfabriken verlegt. Im Jahre 1717 gründete Thomas Lombe in Derby eine zweihundert Meter lange Textilfabrik mit dreihundert Arbeitern, die 26 000 Räder bedienten. Bald wuchsen ähnliche Riesenbauten in Stockport, Leek, Birmingham, Leominster und Northampton aus der Erde …

Für den Ankauf und die Aufstellung von Maschinen, für das Rohmaterial, für die Arbeitskräfte und die Verwaltung, für den Transport und den Verkauf der Ware brauchte man Kapital. Der Kapitalist, der über das Kapital verfügte oder es verwaltete, war auch keine neue Erscheinung. Aber mit der zunehmenden Nachfrage nach Kapital wuchsen die ökonomische Bedeutung und der politische Einfluß jener, die das Wagnis auf sich nahmen, Kapitalien zur Verfügung zu stellen. Die Zünfte, die theoretisch noch den größten Teil der europäischen Industrie beherrschten, wehrten sich gegen die kapitalistische Neuordnung von Produktion und Verteilung. Das Zunftsystem war jedoch eher dem Handwerk angepaßt als der Maschine. Es konnte örtliche Bedürfnisse erfüllen, weniger aber nationalen und schon gar nicht internationalen Märkten genügen. Es versagte vor der wachsenden Nachfrage im Heer, in den Städten, in den Kolonien. Seine Anhänglichkeit an überkommene Methoden und Normen behinderte es; zudem entartete es zu einem Verein von Meistern, die Lehrlinge und fahrende Gesellen ausbeuteten. Der Kapitalist war besser für Massenproduktion und ihre Verteilung in ferne Länder ausgerüstet; er beherrschte die Kunst, aus Geld neues Geld zu erzeugen; und er wurde von einem Parlament begünstigt, dem es auf industrielle Kapazität ankam, um weitreichende Handels- und Kriegsunternehmen beliefern zu können.

Das Aufschießen von Fabriken und Kapitalismus bedingte eine neue Einstellung des Arbeiters zu seiner Arbeit. Er war nicht länger Besitzer seiner Werkzeuge und konnte weder die Dauer der Arbeit noch ihre Bedingungen festlegen. Er hatte nur einen ganz kleinen Anteil bei der Bestimmung seines Arbeitsverdienstes oder der Qualität der Ware. Seine Werkstatt war nicht mehr ein Teil seines Heims, seine Arbeit gehörte nicht mehr zum Familienleben. Er konnte auch nicht länger stolz auf eine Ware sein, die er von Anfang bis zu Ende hergestellt hatte. Durch die Arbeitsteilung, die Adam Smith so sehr beeindruckte, bestand seine Tätigkeit nur noch aus der unpersönlichen, eintönigen Wiederholung derselben Handgriffe, während das Endprodukt nichts mehr mit seiner persönlichen Kunstfertigkeit zu tun hatte. Er war kein Handwerker mehr, er wurde zum Handlanger. Der Hunger von Männern, die sich mit Frauen und Kindern um eine Anstellung stritten, bestimmte die Löhne. Ein Bergarbeiter bekam im Durchschnitt anderthalb Shilling am Tag, ein Bauarbeiter zwei Shilling, ein Spengler drei Shilling. Diese Beträge änderten sich kaum zwischen 1700 und 1770[13]. Ein Weber verdiente um 1750 sechs Shilling die Woche, eine Weberin fünfeinhalb Shilling, ein Kind zweieinhalb Shilling. Spinnerinnen erhielten zwischen zwei und fünf Shilling in der Woche; sechs- bis zwölfjährige Mädchen verdienten einen Shilling bis anderthalb Shilling[14]. Preise waren allerdings niedrig und erhielten sich unverändert bis zum Jahre 1760[15]. Manchmal kam eine zusätzliche Summe für Brot und Bier bei der Arbeit hinzu, und die meisten Bergarbeiter bekamen ihre Kohle frei.

Die Arbeitgeber behaupteten, daß ihren Arbeitern auch nicht mehr zustehe, denn sie seien alle faul, trunksüchtig, unzuverlässig und gottlos. Wenn man nüchterne und fleißige Arbeiter haben wolle, behauptete ein Arbeitgeber (1739), so müsse man «sie zwingen, die ganze Zeit, die ihnen nach Erholung und Schlaf übrigblieb, zu arbeiten, um sich den notwendigen Lebensunterhalt zu verdienen»[16]. «Die Armen», sagte ein Schriftsteller im Jahre 1714, «werden zur Arbeit nur durch Not getrieben, es ist Klugheit, diese zu erleichtern, aber Wahnsinn, ihr abzuhelfen.»[17] Der normale Arbeitstag betrug elf bis dreizehn Stunden, sechs Tage in der Woche. Diese lange Arbeitszeit wurde anderthalb Stunden für die Mahlzeiten unterbrochen; wer sich aber zu lange beim Essen herumdrückte, verlor ein Viertel seines Tagelohnes[18]. Arbeitgeber beklagten sich, daß die Arbeiter anläßlich von Jahrmärkten, Ringkämpfen, Totenwachen, oder wenn jemand an den Galgen geknüpft wurde, der Arbeit fernblieben. Zum Schutz gegen diese und andere Unregelmäßigkeiten war es den Arbeitgebern lieb, wenn es in der Nähe immer einen Vorrat an Arbeitslosen gab, der ihnen im Notfall oder bei erhöhter Nachfrage zur Verfügung stand[19]. Verschlechterte sich die Lage, so konnten die Arbeiter entlassen werden, deren einzige Rettung dann der Krämer an der Ecke war, bei dem sie anschreiben ließen.

Allmählich bildete sich ein abhängiges Proletariat in den Städten. Ein altes Gesetz von Eduard VI. verbot Verbände der arbeitenden Klasse, und dieses Verbot wurde 1720 vom Parlament erneuert. Aber die Gesellen, das heißt Tagelöhner, schlossen sich nach wie vor zusammen und wandten sich ans Parlament mit der Bitte um bessere Löhne; diese Gesellenverbände und nicht die Zünfte wurden zu Vorläufern der Gewerkschaftsbewegung, die sich in England am Ende des achtzehnten Jahrhunderts herausbildete. Auf eine Beschwerde der Textilarbeiter von Gloucestershire befahl das Unterhaus 1756 den Friedensrichtern, den gesetzlichen Mindestlohn aufrechtzuerhalten und Lohnunterbietung in der Industrie zu verhüten. Ein Jahr später wurde die Verordnung widerrufen, und das Parlament begnügte sich mit der Festsetzung der Löhne durch das Spiel von Angebot und Nachfrage auf dem Arbeitsmarkt[20]. Das Zeitalter der freien Wirtschaft und des *laisser-faire* hatte eingesetzt.

5. *Transport und Handel*

Die wirtschaftliche Entwicklung hing von Verbesserungen im Verkehrsnetz und im Transport ab. England hatte die Vorteile einer Meeresküste und der Flußwege. Die halbe Bevölkerung wohnte in nicht allzu großer Entfernung von der See und konnte sie zur Verfrachtung von Waren ausnutzen; Flüsse führten weit ins Innere und stellten natürliche Wasserwege dar. Hingegen war der Zustand der englischen Straßen ein ständiges Ärgernis für jeden Engländer. Der Boden war weich, die tief ausgefahrenen Radspuren verhärteten sich im Winter, und bei Frühlings- oder Sommerregen verwandelten sich die Straßen in Ströme oder in Tümpel aus zähem Schlamm, aus dem die Wagen nur mit einem zusätzlichen Gespann von Pferden oder Ochsen herausgezogen werden konnten; Fußgängern blieb nur der Umweg über die Felder oder durch den Wald. Erst als es dem *Bonnie Prince Charlie* gelungen war, mit seinen rebellischen Schotten 1745 bis nach Derby im Süden vorzustoßen, weil der Zustand der Landstraßen ein Vorrücken der königlichen Truppen, die gegen ihn ausgesandt waren, unmöglich machte, unternahm die Regierung für militärische Zwecke den Bau eines Straßensystems, «das zu jeder Jahreszeit für den Durchzug von Truppen, Pferden und Wagen geeignet war»[21] (1751). Räuber machten die Straßen jedoch auch weiterhin unsicher, und die Transportkosten waren hoch.

Wer es sich leisten konnte, reiste zu Pferd oder im eigenen Wagen. Auf langen Reisen konnte man die Pferde unterwegs wechseln. Solche Wechselposten waren über ganz Westeuropa verteilt. Von diesen «Posten» wurde später das Wort «Post» abgeleitet, denn hier konnten die Boten Briefe abliefern oder abholen und ihr Pferd wechseln, was es ihnen ermöglichte, bis zu einhundertundneunzig Kilometer im Tag zurückzulegen. Trotzdem beklagte sich Chesterfield (1749), daß «unsere Briefe ganz unregelmäßig und oft überhaupt nicht abgeliefert werden»[22]. Er hielt es für einen Beweis «außergewöhnlichen Eifers», daß ihn ein Brief aus Verona nach acht Tagen in London erreichte. Gewöhnlich nahm man die Postkutsche mit einem Gespann von zwei oder vier Pferden. Kutscher und bewaffnete Wache außen auf dem Bock, innen sechs durchgerüttelte Reisende. Nach einem regelmäßigen Fahrplan fuhr die Postkutsche drei- oder viermal pro Woche morgens von London nach den größeren Städten in Südeng-

Das Gemälde «Das Experiment mit dem Vogel in der Luftpumpe» (Ausschnitt) malte der Engländer Joseph Wright (1734–1797) im Jahre 1768. Es charakterisiert den Beginn des technischen Zeitalters und konfrontiert die romantische Empfindsamkeit jener Zeit mit einer Technik, die keine Gefühle kennt (Tate Gallery, London).

Gelehrte mit dem Himmelsglobus. Titelblatt von J. Falck zu dem 1673 veröffentlichten Werk «Machina Coelestis» des Astronomen Johannes Hevelius (1611–1687).

fig. 1.

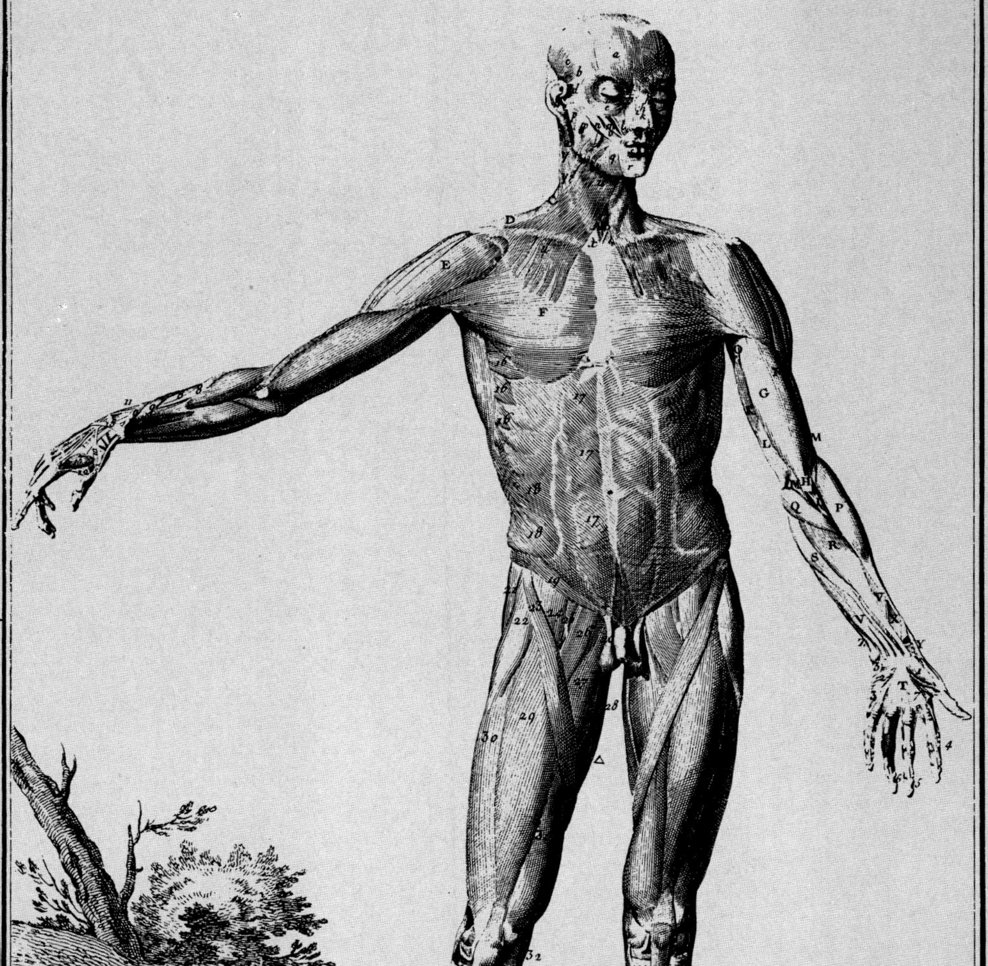

Schlacht von Malplaquet: Der Herzog von Marlborough erteilt Befehle an einen Ordonnanzoffizier (Gobelinausschnitt, Schloß Blenheim). Österreicher, Preußen und Engländer schlagen im Spanischen Erbfolgekrieg (11. September 1709) unter Marlborough die Franzosen unter Villars.

Vorige Seite: Diesen «Muskelmann» (Kupferstich nach Albinus) entnehmen wir der berühmten «Enzyklopädie» von Diderot und d'Alembert aus dem Jahre 1762.

Vergnügungen der Armen mit Tanz und Umtrunk auf den Straßen in Paris an Feiertagen im 17. Jahrhundert (Ausschnitt aus einem Genrebild).

Nächste Seiten: Zeitgenössischer französischer Kupferstich vom königlichen Festbankett anläßlich der Krönung Ludwigs XV. im Jahre 1722.

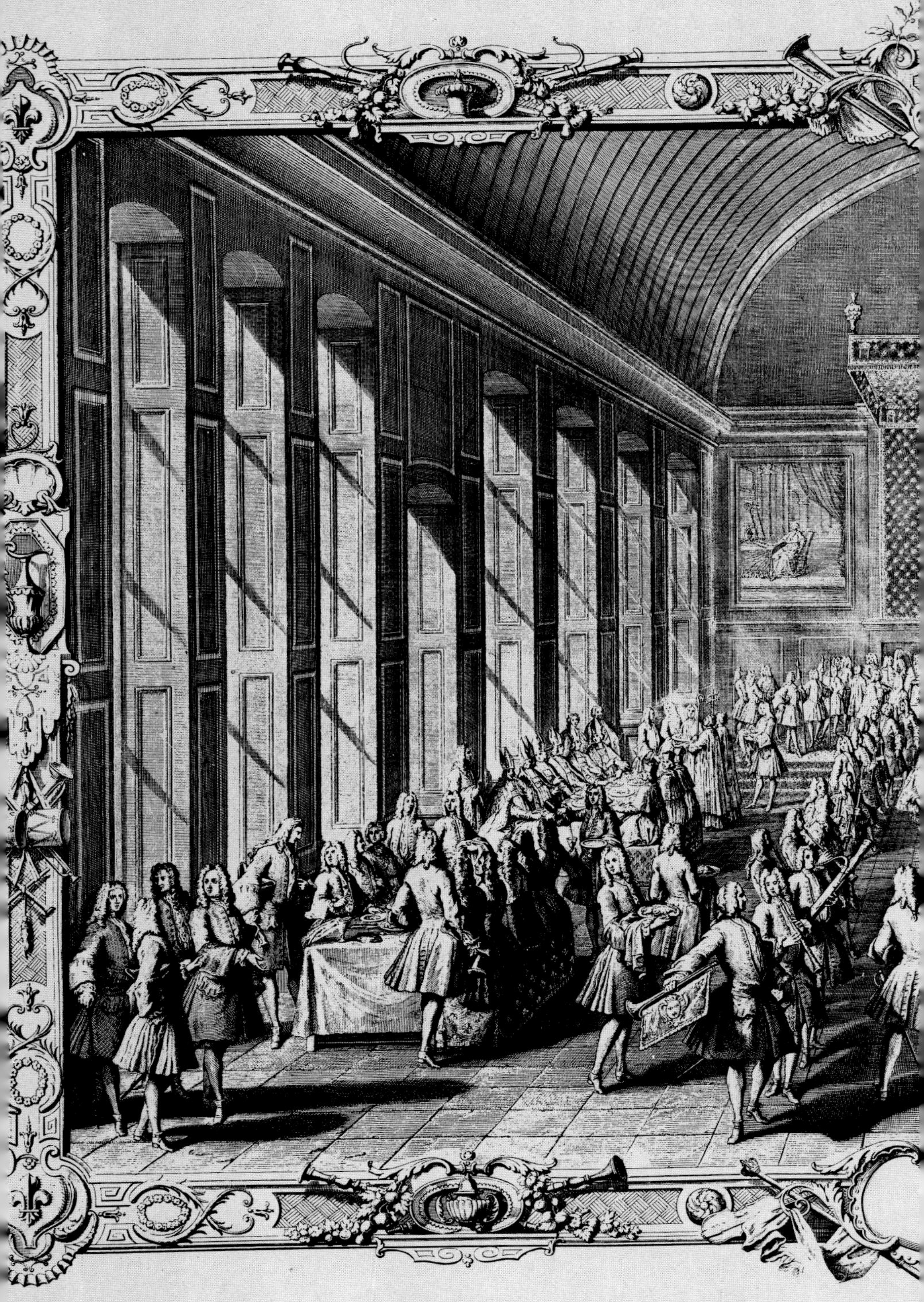

Dame de Zualité en Deshabillée, französische Modegraphik aus dem 18. Jahrhundert.

Antoine Watteaus (1684–1721) malerisches Genie erfaßte mit scharfem Blick und eigenwilligem Ausdruck in alltäglichen Vorgängen die tiefsten Geheimnisse des Lebens; sein empfindliches Farbgefühl machte ihn zu einem der größten Maler, wie dieser Ausschnitt aus «Die Schäfer» zeigt (Schlösser und Gärten, Berlin).

Zeichnung einer frühen Dampfmaschine aus dem Jahre 1727, aufgebaut in Dannemora in Schweden. Die Maschine pumpte Wasser aus einer Kohlemine, war noch leistungsschwach, hatte aber immerhin bereits eine Kapazität von 400 Litern pro Minute.

Lohn des gemeinen Sprüchworts/

Alles versoffen vor seinem End Macht ein richtigs Testament.

Junges Blütgen spär dein Gut/
Weil das Armuth wehe thut/
Wenn verhurt / verbrast das Haab/
Ist dein Lohn der Bettel-Stab/
Denn wird dein Thun Lügen/ Trügen
Must vor iederman dich schmügen/
Und dich lassen offt zur Stund/
Heissen einen Bettel-Hund/
Drum so dencke immerfort/
Daß dich treffen kan das Wort:
Jtzt ist fort des Vatern Guth/
Biß auff einen Filtzhut.

An das Armuth.

Mancher wol gar kühne spricht/
Armuth doch auch lähmet nicht
Wenn er offt gleich hat verlohren
Arm und Bein auch beyde Ohren/
Muß daher ziehn wie die Schnecke/
Da er vor war kühn und kecke/
Nach der Hütte mit dem Hund
Weil ihm kein Haus wird vergunt/
Drum mißbrauche nicht der Zeit
Wenn du hast Gut/Geld und Freud.

Gedruckt im Jahr/
Da kein Geld bey Bettlern war.

Beispiel eines typischen Flugblatts aus dem 18. Jahrhundert, das den Lohn des Sprichworts «Alles versoffen vor seinem End, macht ein richtiges Testament» illustriert.

Stephendale Ludwigs XIV. um 1715; signiert von Rabby à Paris, einem Meister, der bis Mitte des 18. Jahrhunderts seine Tätigkeit als Pendulier ausübte. Die Uhr hat ein Achttagegehwerk mit Stunden- und Halbstundenschlagwerk auf Glocke.

Der Venusbrunnen aus den prächtigen Gartenanlagen zu dem «italienischen Versailles» in Caserta, wo um 1752 unter Karl III. von Neapel L. Vanvitelli sein berühmtes Lustschloß erbaute.

Nächste Seite: Französische Zeichnung des großen Philosophen Baruch (Benedictus, frz. Benoit) Spinoza (1632–1677), dessen Einfluß besonders auf die spätere deutsche Philosophie (Leibniz, Lessing, Mendelssohn, Jacobi, Fichte, Herder, Schleiermacher, Schelling) sehr stark war.

Vᵉ metha.
Deshay del.

Ausschnitt aus dem Gemälde «Eton College» von Antonio Canal, genannt Canaletto (1697–1768), das der Künstler zwischen 1746 und 1754 für John Smith, den englischen Konsul in Venedig, malte (National Gallery, London).

William Hogarths (1697–1764) berühmte Bildfolge «Das Leben eines Wüstlings» – im Bild hier ein Ausschnitt aus der Darstellung eines zeitgenössischen nächtlichen Zechgelages – nahm 1951 der Komponist Igor Strawinsky als Vorwurf für seine Oper «The Rake's Progress».

land ab. Sie legte durchschnittlich elf Kilometer in der Stunde zurück und brauchte sechs Tage von London nach Newcastle.

Der Innenhandel blieb vorläufig dank den schlechten Straßen malerisch primitiv. Der Großhändler begleitete gewöhnlich seine Lasttiere, die seine Waren von Stadt zu Stadt trugen; Hausierer boten ihre Waren von Haus zu Haus feil, Läden unterschieden sich von Wohnungen hauptsächlich durch ihre bunten Aushängeschilder. Die Ware wurde innen aufbewahrt, Schaufenster gab es fast nie. Jeder Laden war eine Art Kramladen; ein Kurzwarenhändler verkaufte Kleider, Medizin und Eisenwaren, der Kolonialwarenhändler Henry Coward alles, von Zucker bis zu Nadeln. Jede Stadt hatte ihren Markttag, wo die Händler bei günstigem Wetter ihre Waren ausstellten. Aber Mittelpunkt des Innenhandels waren die jährlichen Messen, die in London, Lynn, Boston, Gainsborough, Beverley und vor allem in Stourbridge abgehalten wurden. Jedes Jahr wuchs dort im August und September eine wahre Stadt aus dem Boden, mit eigener Verwaltung, Polizei und Gerichtshöfen; fast sämtliche Erzeugnisse der englischen Industrie waren dort anzutreffen, und Fabrikanten von der ganzen Insel kamen zusammen, um Preise, Produkte und Probleme miteinander zu vergleichen.

Der Außenhandel nahm zu, denn England beherrschte die See. In der ersten Hälfte des Jahrhunderts verdoppelte sich die Ausfuhr an Wert und Menge. Die Tonnage der Schiffe, die aus englischen Häfen ausfuhren, wuchs von 317000 im Jahre 1700 auf 661000 im Jahre 1751 und auf 1405000 im Jahre 1787[23]. Liverpool verdoppelte sich und seine Hafenanlagen alle zwanzig Jahre. Aus Hunderten von Ländern wurden Waren eingeführt, sei es um den Magen der Reichen zu kitzeln, sei es um den Toilettentisch der vornehmen Damen mit Schönheitsmitteln zu bereichern. Die Ostindische Kompanie (*East India Company*) machte solche Geschäfte durch billigen Einkauf in Indien und teuren Verkauf in Europa, daß sie fünfzehn Herzöge, zwölf Gräfinnen, zweiundachtzig Ritter und sechsundzwanzig Geistliche und Ärzte zu ihren Aktionären zählte[24]. In England rümpfte die Aristokratie nicht die Nase über den Handel, wie dies in Frankreich der Fall war, sondern half bei seiner Finanzierung und nahm teil an seinen Gewinnen. Voltaire, der aus dem Mittelstand stammte, war begeistert, als er entdeckte, daß der englische Adel ein tätiges Interesse am Handel bewies. «Nur weil die Engländer sich mit Handel befassen», erzählt er 1734 in Frankreich, «hat London sowohl an Größe als an Einwohnerzahl Paris überflügelt, und deswegen kann sich England zweihundert Kriegsschiffe und die Unterstützung verbündeter Könige leisten.»[25]

Die großen Kaufherren konnten es nun dem alten Landadel an Reichtum und Macht gleichtun, entschieden über die Beziehungen zum Ausland und zettelten Kriege um Märkte, Rohstoffe und Handelswege an – die sie finanzierten. Die Kaufleute, die den englischen Zucker-, Tabak- und Sklavenhandel lenkten, hatten das Leben in Bristol unter sich; die Schiffer regierten Liverpool, die Kohlengrubenbesitzer beherrschten Newcastle. An Vermögen konnte sich Sir Josuah Child, der Aktien der *East India Company* im Werte von 50000 Pfund besaß, mit manchem Lord messen; seine Gärten in Wanstead gehörten zu den schönsten in ganz England. «In den meisten Ländern Europas», schrieb Hume 1748, «ist die Hauptquelle für Vornehmheit die Familie, das heißt ererbter Wohlstand, verbunden mit Titeln und Ehrenzeichen. In England ist der gegenwärtige Reichtum angesehener.»[26] Eine nicht zu unterschätzende Osmose fand zwischen der oberen Klasse und dem Mittelstand statt: Die Töchter reicher Kaufherren heirateten Söhne aus dem Landadel, die Söhne von Kaufleuten kauften verarmten Aristokraten ihren Landsitz ab, und der Adel fing an, sich mit Handel, Rechtswissenschaft und Verwaltung zu befassen. Die Aristokratie war dabei, sich in eine Plutokratie zu verwandeln. Geld ersetzte die Geburt als ein Vorrecht auf Macht.

6. *Das Geld*

Europäische Bankiers waren jetzt imstande, sämtlichen finanziellen Gegebenheiten zu begegnen. Sie nahmen Bankguthaben entgegen, beschützten sie vor Feuer und Diebstahl, führten Zahlungen zwischen ihren Kunden durch einfache Überweisung von dem Guthaben des einen auf das eines anderen aus und gaben Banknoten heraus, die auf Wunsch gegen Gold und Silber eingelöst werden konnten. Da es nicht vorauszusehen war, daß sämtliche Banknotenbesitzer gleichzeitig solche Einlösung forderten, konnten die Banken Banknoten bis zum fünf- oder zehnfachen Wert ihrer gemeinsamen Reserven herausgeben. Der auf diese Weise vervielfachte Geldumlauf bedeutete ein zusätzliches Kapital für geschäftliche Unternehmen, was zum Wachstum der europäischen Wirtschaft beitrug. Die Bankwelt gab der Industrie weiteren Auftrieb durch Geldanleihen, die durch Landbesitz, Häuser, Waren oder auch nur die Glaubwürdigkeit einer Person gesichert waren. Der Handel wurde durch Wechsel- oder Kreditbriefe vereinfacht, so daß eine einfache Überweisung von Bankpapieren genügte, um Kapitalien – sogar über feindliche Grenzen hinweg – ein- und auszuführen.

Ebenso wie in Holland, Italien und Frankreich wurden auch in England Gesellschaften gegründet. Die Gründer organisierten industrielle oder kommerzielle Vereinigungen, gaben Aktien heraus und versprachen Dividenden. Wertpapiere oder Effekten konnten von einer Person auf eine andere übertragen werden; und zu diesem Zweck war in London 1698 eine Effektenbörse gegründet worden. Im frühen achtzehnten Jahrhundert entwickelte sich die Spekulation in Anteilscheinen, wobei die Börsenschieber das Steigen und Fallen von Marktwerten manipulierten. Defoe beschrieb 1719 solch einen Manipulator:

«Wenn Sir Josuah Child im Sinne hatte zu kaufen, so empfahl er als erstes seinen Maklern, ein saures Gesicht zu machen, den Kopf zu schütteln und schlechte Nachrichten von Indien anzudeuten; ... und vielleicht würden sie sogar für zehn-, vielleicht zwanzigtausend Pfund verkaufen. Sofort füllte sich die Börse ... mit Verkäufern; niemand kaufte auch nur für einen Shilling, bis die Effekten um sechs, sieben, acht, zehn Prozent, manchmal mehr, gefallen waren. Dann setzte der gewiegte Schieber andere seiner Leute ... zum Kauf ein, aber mit Vorsicht, ohne jedes Aufsehen zu erregen, bis er durch den Verkauf von zehntausend Pfund mit einem Verlust von vier oder fünf Prozent Aktien für hunderttausend Pfund, zehn oder zwölf Prozent unter ihrem Wert, eingehandelt hatte; und ein paar Wochen später stürzte er sie alle durch die umgekehrte Methode in den Kauf und verkaufte ihnen wieder ihre eigenen Aktien mit einem Gewinn von zehn oder zwölf Prozent.»[27]

Fast gleich nach der Eröffnung der Börse bewirkte das Publikum in seiner Gier nach unverdientem Gewinn eine Welle von Spekulation und Deflation. Die Inflation und der Zusammenbruch des «Südsee-Schwindels» in England folgte mit bemerkenswerter Harmonie auf den Aufstieg und Sturz von John Laws «Mississippi-Schwindel» in Frankreich. Nachdem Bolingbroke, Swift und andere öffentlich beklagt hatten, daß die Staatsschuld – 52 000 000 Pfund im Jahre 1714 – dem Staat jährlich eine untragbare Last von 3 500 000 Pfund an Zinsen auferlegte, arbeitete die Regierung einen Plan aus, um 31 000 000 Pfund von dieser Schuld auf die Südsee-Kompanie zu übertragen. Diese Kompanie war 1711, mit der Verleihung eines Monopols für den englischen Handel mit den spanischen Kolonien in Amerika und den Südsee-Inseln, gegründet worden. Die Besitzer von Staatspapieren waren aufgefordert worden, diese gegen Aktien in der Kompanie einzutauschen. König Georg I. war ihr Präsident, und man scheute keine Anstrengungen, um den Glauben zu erwecken, daß dank der Verleihung des Monopols große Gewinne zu erwarten waren. Der anscheinende Erfolg des Lawschen «Systems» im zeitgenössischen Frankreich steckte England mit einem ähnlichen Spekulationsfieber an. Innerhalb von sechs Tagen nach dem Angebot der Kompanie, Staatspapiere gegen Aktien in Zahlung zu nehmen, hatten zwei Drittel der Besitzer dieser Papiere den Vorschlag angenommen. Auch viele andere kauften Aktien, die in einem Monat von 77 Pfund auf 123.5 Pfund stiegen (1719). Um sich die ununterbrochene Mitarbeit der Regierung zu sichern, beschlossen die Direktoren der Kompanie die großzügige Überreichung von Aktien an Mitglieder des Ministeriums und die beiden Mätressen des Königs[28]. Robert Walpole, damals noch nicht Minister, warnte das Unterhaus vor diesen Absichten als «verderbliche Börsenschiebung»; man beabsichtige – so sagte er –, «den Wert der Aktien künstlich in die Höhe zu treiben, sowohl durch die Erzeugung und Aufrechterhaltung einer allgemeinen Begeisterung als auch durch das Versprechen von Dividenden aus Mitteln, die für diesen Zweck nicht ausreichend wären». Er sagte mit erstaunlicher Genauigkeit voraus, daß das Unternehmen mißlingen werde und daß, wenn man gestatte, das große Publikum in diesen Mißerfolg mit hineinzuziehen, dies zu allgemeiner und gefährlicher Unzufriedenheit führen werde[29]. Er wollte, daß dem Ansteigen der Aktien der Kompanie wenigstens eine Begrenzung gesetzt werde, aber das Unterhaus war taub für seine Warnungen. Am 7. April 1720 stimmten beide Kammern des Parlaments den Vorschlägen der Kompanie zu.

Am 12. April gab die Kompanie neue Anteile zu 300 Pfund die Aktie heraus; sie wurden sofort gezeichnet. Am 21. April, flottgemacht durch die Zinsen, die der Staat auf die Staatspapiere, jetzt im Besitz der Kompanie, zahlte, kündigte sie eine Sommerdividende von zehn Prozent an. Die allgemeine Begeisterung, die darauf folgte, nützte sie aus, um eine weitere Ausgabe von Aktien zu 400 Pfund das Stück in Umlauf zu setzen (23. April), die in wenigen Stunden vergriffen waren. Die Überstürzung, mit der man sich zum Kauf der Aktien drängte, trieb ihren Preis in die Höhe: auf 550 Pfund am 28. Mai und auf 890 Pfund am 2. Juni; im Juli kam es zu einer neuen Ausgabe zu 1000 Pfund die Aktie. Die ganze gute Gesellschaft zeichnete – Herzöge, Geistliche, Politiker, Musiker und Dichter. Die Exchange Alley wurde zum Schauplatz eines solch aufgeregten Käuferwettbewerbs, wie man ihn nur zur gleichen Zeit in Paris auf der Rue Quincampoix erleben konnte. Hier zeigte sich die Natur des Menschen – über Landesgrenzen hinweg. Aktien wurden in Wirtshäusern, Cafés und Hutgeschäften verhandelt; jeden Abend berechneten Männer und Frauen, wie reich sie geworden waren und um wieviel reicher sie geworden wären, wenn sie früher und mehr gekauft hätten.

Öffentliches Geld war so auf Spekulation versessen, daß sechsundachtzig kleinere Ausgaben in Umlauf gesetzt wurden. Gesellschaften zur Verwandlung von Metall in Silber, zur Errichtung von Hospizen für uneheliche Kinder, zur Gewinnung von Öl aus Rettichen, zur Schaffung eines Perpetuum mobile und zur Einfuhr von Eseln aus Spanien verkauften Aktien. Ein Geschäftemacher kündigte «eine Gesellschaft zur Ausführung eines vorteilhaften Unternehmens, von dem aber bis auf weiteres nichts bekanntgegeben werden darf», an. Bis zum Mittagessen hatten tausend Leute je 2 Pfund gezeichnet, und am Nachmittag war der Herr verschwunden[30].

Das Übermaß dieser kleinen Schwindel löste auch eine Reaktion gegen das Südsee-Unternehmen aus. Walpole und andere wiederholten ihre Warnung und verkauften ihre Aktien. Am 11. Juli erklärte der König jede Ausgabe von Aktien für ungesetzlich, die nicht vom Parlament bewilligt war. Die meisten kleinen Gesellschaften brachen bald zusammen, und diese Mißerfolge kühlten das Spekulationsfieber ab. Man munkelte, daß die spanische Regierung dem Handel der Kompanie in den amerikanischen Niederlassungen strenge Beschränkungen auferlegte.

Im Juli kam die Nachricht aus Paris, daß Laws «Mississippi-Schwindel» geplatzt war. Sir John Blount und andere Direktoren der Südsee-Kompanie verkauften im geheimen mit großem Gewinn ihre Aktien. Den ganzen Monat August hindurch fielen die Aktien, bis sie am 2. September bei 700 Pfund angelangt waren.

Jetzt wurden die überstürzten Verkäufe zur Panik. Die Zugänge zur Exchange Alley waren so verstopft, daß den Leuten Erstickung drohte. Die Aktien fielen auf 570 Pfund, auf 400 Pfund, auf 150 Pfund, bis auf 135 Pfund (29. September). Hunderte von englischen Familien verloren ihre Ersparnisse in dem Krach. Geschichten über völligen Ruin und Selbstmord gingen von Mund zu Mund[31]. Banken, die Geld auf Aktien der Südsee-Kompanie geliehen hatten, erklärten Bankrott. Öffentliche Versammlungen in ganz England verlangten die Bestrafung der Direktoren, aber übersahen den Egoismus und die Habgier der Öffentlichkeit. Der König kehrte in Eile aus Hannover zurück und berief das Parlament ein. Der Finanzdirektor der Kompanie floh nach Frankreich und nahm einen großen Teil der Akten mit, die die Direktoren belastet hätten. Im Januar 1721 entdeckte ein Parlamentsausschuß, der mit der Prüfung der Bücher der Kompanie beauftragt war, «das Bild einer frevelhaften Korruption»[32], die sogar für dieses Jahrhundert erschreckend war, in dem Bestechlichkeit parlamentarischer Gesetzgeber so gang und gäbe war, daß sie zur Verfassung Englands zu gehören schien. Allem Anschein nach hatten die Direktoren 574000 Pfund zur Bestechung hoher Regierungsmitglieder ausgegeben.

Einige Parlamentsmitglieder forderten drastische Strafen; jemand schlug vor, man solle die schuldigen Direktoren in Säcke einnähen und lebendig in die Themse werfen[33]. Die Debatte wurde so heftig, daß sich verschiedene Parlamentarier gegenseitig zum Duell herausforderten; und ein Mitglied erlitt einen Herzschlag und starb am Tag darauf. Direktoren und Regierungsministern machte das Parlament einen Prozeß. John Aislabie, der Schatzkanzler, wurde zu Gefangenschaft im Tower verurteilt; der Besitz der Direktoren – darunter Edward Gibbon, der Großvater des Historikers – wurde beschlagnahmt, so daß ihnen ungefähr zehn Prozent ihres Vermögens übrigblieb. Es wurde hervorgehoben, daß Sir John Blount, eine der Hauptfiguren in der Kompanie, der als einer der ersten seine Aktien verkauft hatte, ein Mann «von äußerst frommem Verhalten» war, der «sich beständig gegen die Diebereien und die Verderbnis der Zeit» und die Habgier der Reichen «aufgelehnt hatte»[34].

Robert Walpole, dessen Voraussagungen sich bestätigt hatten, riet zur Mäßigung in der Vergeltung und brachte die Bank von England und die Ostindische Kompanie dazu, ungefähr 18 000 000 der bedrohten Aktien zu übernehmen, um einen allzu dramatischen Zusammenbruch der Südsee-Kompanie zu vermeiden. Ihre Reserven waren ausreichend, um den Aktienbesitzern bald darauf 33 Prozent zu vergüten. Die Kompanie hatte zwar ihre Privilegien und ihren Glanz verloren, verdiente aber noch Geld mit Sklavenhandel und fristete ihr Dasein bis zum Jahre 1853.

II. EIN BLICK AUF LONDON

Unternehmungslustige Statistiker schätzen die Bevölkerung Europas auf ungefähr hundert Millionen im Jahre 1650 und auf ungefähr einhundertundvierzig Millionen im Jahre 1750. Nach Voltaire belief sich im Jahre 1750 die Bevölkerung Frankreichs auf zwanzig Millionen, in Deutschland und Österreich auf zweiundzwanzig Millionen, in Großbritannien und Irland auf zehn Millionen, im europäischen Rußland auf zehn Millionen, in Spanien und Portugal auf acht Millionen, in Polen auf sechs Millionen, und der europäischen Türkei, Schweden, Dänemark (und Norwegen) und den Vereinigten Provinzen schrieb er je drei Millionen zu[35]. Ein deutscher Jurist nahm an, der Zuwachs in Nordeuropa sei zum größten Teil auf die Tatsache zurückzuführen, daß Mönche und Nonnen durch die Reformation aus dem Zölibat entlassen und für die Ehe freigeworden waren, und forderte «die Errichtung eines Denkmals für Luther, als den Erhalter der Spezies»[36]; wir dürfen jedoch die Enthaltsamkeit der mittelalterlichen Mönche nicht überbewerten. Der Bevölkerungszuwachs war wahrscheinlich auf Verbesserungen in der Landwirtschaft und im Transportsystem zurückzuführen, was eine reichlichere Belieferung und Verteilung von Nahrungsmitteln zur Folge hatte, aber auch auf Fortschritte in Hygiene und ärztlicher Behandlung, wodurch die Sterblichkeit von Kindern und Erwachsenen herabgesetzt wurde. England und Wales, mit einer Bevölkerung von kaum mehr als drei Millionen im Jahre 1500, scheinen es im Jahre 1600 auf vier Millionen gebracht zu haben, auf sechs Millionen im Jahre 1700 und auf neun Millionen im Jahre 1800[37]. Fast der ganze Zuwachs fiel auf die Städte, wo er Industrie und Handel ernährte. Um 1740 rühmte sich London seiner annähernd 725000 Einwohner; es war zur größten Stadt der Welt aufgestiegen. Defoe verwarf 1722 dieses «übermäßige» Wachstum[38]. Die zweitgrößte Stadt war Paris mit 675000 Einwohnern im Jahre 1750; dann Amsterdam, Wien, Neapel, Palermo und Rom. London war zehnmal so groß wie Bristol, die zweitgrößte Stadt Englands, und achtzehnmal so groß wie Norwich, die drittgrößte Stadt. Großstädte rissen die Kontrolle über das Wirtschaftsleben des Landes an sich und verwandelten die Arbeit und die Erzeugnisse der Felder, Bergwerke und Werkstätten in Verdienste für die Finanz.

London hatte alle Voraussetzungen, um sich zusammen mit dem englischen Handel und den Kolonien zu entwickeln. Überseeschiffe konnten in die Themse einfahren, und wenn die Hafenanlagen sie auch (bis 1794) nicht beherbergen konnten, so stand doch ein Heer von Hafenarbeitern zur Verfügung, die mit einem Schwarm von dreihundert Lastkähnen die Fracht von Schiff zu Schiff umluden oder an Land brachten; dadurch wurde London zu einem belebten Umschlagshafen für die Wiederausfuhr überseeischer Importe nach dem Kontinent. Die Ufer sahen nicht so sauber aus wie heute, es wimmelte von übermütigen Hafenarbeitern, liebeshungrigen Seeleuten und losen, völlig verkommenen Frauenzimmern, die in jeder Beziehung verlottert waren und in elenden Hütten oder Kneipen hausten und sich mit den Seeleuten an Trunksucht und Gewalttätigkeit messen konnten[39]. Der Fluß selbst war malerisch mit all seinen vielen Fahrzeugen, vom kleinen Fischerboot bis zum mächtigen Kriegsschiff, zwischen denen kleine Fähren hin und her flitzten. Der König, der Oberbürgermeister und einige große Herren unterhielten elegante Vergnügungsboote, auf denen sie flußaufwärts bis nach Windsor und anderen Schlössern segelten. Zu Fuß konnte man den Fluß nur über die London Bridge überqueren, wenn man von der Nordseite der Stadt nach der Südseite gelangen wollte, bis 1750 die Westminster Bridge fertiggebaut wurde; sieben Jahre später wurden die Häuser und Läden auf der London Bridge abgerissen. Antonio Canaletto, der Maler aus Venedig, der London 1746 und 1751 besuchte, war sehr beeindruckt von dem lebhaften Betrieb auf dem Wasser und hinterließ einige berühmte Bilder, so daß wir uns die Themse vorstellen können, wie Pope und Johnson sie kannten und liebten.

Noch größeres Gefallen fand Johnson vermutlich an den Londoner Straßen, wenn sie damals auch noch schlecht beleuchtet und schlecht gepflastert waren und hauptsächlich vom Regen gewaschen wurden. Im Jahre 1684 wurde die Straßenbeleuchtung eingeführt; vor jedem zehnten Haus wurde eine Laterne mit einer Kerze aufgestellt, aber sie wurden nur in mondlosen Nächten angezündet und zu Mitternacht wieder ausgelöscht, und auch dies nur zwischen Michaelis (29. September) und Mariä Verkündigung (25. März). Im Jahre 1736 beschloß die Stadtverwaltung, fünfzehntausend Öllampen in ganz London zu verteilen und sie von Sonnenuntergang bis Sonnenaufgang brennen zu lassen. Das war ein ganz großes Ereignis im Leben der Hauptstadt, das die Sicherheit in den nächtlichen Straßen erhöhte. Seit dem großen Brand von 1666 bestand das Pflaster fast überall aus kleinen runden Kopfsteinen und blieb so bis ins neunzehnte Jahrhundert hinein. Jede Straße hatte in der Mitte eine Gosse für den Abfluß des Regens, in die verschiedenste Abfälle geworfen wurden. Bürgersteige gab es nicht, aber eine Reihe von Pfosten trennte einen etwa 180 Zentimeter breiten Streifen für Fußgänger ab. Die Straßen waren voll vom Lärm der Karren, Lasttiere, Mietskutschen und Privatwagen und all der Hufeisen, die über das Pflaster klapperten. Dazu kamen die Hausierer, darunter viele Frauen, die hunderterlei verschiedene Eßwaren und Kleidungsstücke feilhielten. Handwerker boten ihre Dienste an, Kutscher schrien sich an, Hunde bellten, Bettler baten um Almosen, Bänkelsänger krähten ihre Moritaten, während die Weisen der Drehorgeln von den Häusermauern zurückgeworfen wurden. Wenn die Leute sich auch über den Lärm beklagten, so war er ihnen doch ans Herz gewachsen, denn er gehörte zu ihrem Leben. Nur Taschendiebe und Huren arbeiteten in der Stille.

Hausnummern kamen 1708 auf. Um 1750 gab es in den meisten Häusern fließendes Wasser. Die hygienischen Zustände besserten sich. Jeder Haushalt war gesetzlich verpflichtet, die Straße vor seiner Türe rein zu halten, und jedes Stadtviertel hatte seine Straßenkehrer, die die Abfälle abholten. Das Klosett war gewöhnlich ein Abort im Garten oder im Hof. Manche Orte hatten Abzugskanäle, aber London besaß bis zum Jahre 1865 kein allgemeines Abwassersystem. Jugendliche Kaminfeger, die Ellbogen und Knie gegen die Innenwand aus Ziegel oder Stein preßten, fegten die Kamine; dieser erbarmungslose Mißbrauch von Kindern erhielt sich bis zum Jahre 1817.

Ein bedeutender Teil der Bevölkerung war in schmutzigen Elendsvierteln voll von Abfall und Kehricht zusammengepfercht, ein Nährboden für Hunderte von Krankheiten[40]. In den Londoner Stadtteilen Wapping und Limehouse lebte ungefähr jeder zweite Bewohner von der Hand in den Mund; Wohltätigkeit, Diebstahl oder Prostitution sorgten für Miete und Essen. Kinder liefen barfuß, ungewaschen, ungekämmt und in Lumpen in den Straßen herum, und ihre einzige Schule war das Verbrechen. In diesen Armenvierteln kümmerten sich Männer und Frauen nur selten um Heirat. Geschlechtsbeziehungen waren eine vorübergehende Angelegenheit, eine Ware, die man auch ohne Feierlichkeit oder Gesetz zu Markt bringen konnte. Kirchen waren da kaum zu finden, aber von Bierausschänken und Kneipen wimmelte es. Es war der Unterschlupf für Diebe, Taschendiebe, Räuber und gedungene Mörder. Viele Verbrecher gehörten zu einer Bande. Nachtwächtern, die sich in ihre Angelegenheit mischten, wurde die Nase aufgeschlitzt. Eine Gruppe, die Mohocks, trieb sich gewöhnlich angetrunken in den Straßen herum, versetzte den Vorübergehenden Schwertstiche, zwang Frauen, sich auf den Kopf zu stellen, und drückte Opfern, die sich zu wehren versuchten, die Augen aus. Nicht ganz so tierische Banditen begnügten sich damit, Fenster in Läden und Häusern einzuschlagen. «Diebe und Räuber», berichtete Smollett 1730, «waren verwilderter und verworfener als je zuvor seit dem Bestehen menschlicher Zivilisation.»[41]

1744 wandten sich der Londoner Oberbürgermeister und seine Ratsherren mit einem Bericht an den König, in dem sie feststellten, daß «verschiedene Vereinigungen mit einer großen Anzahl böswilliger Personen, ausgerüstet mit Knüppeln, Pistolen, Säbeln und anderen gefährlichen Waffen, nicht nur kleine Hintersträßchen und Gassen unsicher machen, sondern auch öffentliche Durchfahrtsstraßen und Plätze, und die gefährlichsten Mißhandlungen von Untertanen Eurer Majestät begehen»[42]. Horace Walpole sagte im Jahre 1752: «Man muß sogar am hellen Tag so reisen, als ob man in den Krieg ziehen wollte.»[43]

Die große Metropole war natürlich nicht nur dieses Gewimmel von Elend und Verbrechen, sie beherbergte auch das Parlament, königliche Schlösser, Tausende von Anwälten, Kaufleuten, Journalisten, Dichtern, Schriftstellern, Malern, Musikern, Lehrern und Höflingen. Das Bild der Stadt wurde im achtzehnten Jahrhundert auch von den herrschaftlichen Häusern, von Sitte und Moral der gebildeten Schichten geprägt, von den Kirchgängern, von Skeptikern, Wissenschaftlern und Philosophen, von den geistreichen Damen und Herren der guten Gesellschaft, nicht zu vergessen die Vergnügungsorte Vauxhall und Ranelagh, die Spaziergänger in den Parkanlagen und in der Mall, die Regatten und Feste und die Boote auf der Themse, die Unterhaltungen in Cafés und Clubs, die Läden der Handwerker, der Kleiderhändler, der Juweliere, das angenehme Leben zu Hause und die sportlichen Vergnügungen im Freien, die Zuschauermenge bei Hahnen- und Ringkämpfen, bei Puppenspielen, in der Oper und im Theater. Erst wenn wir all dies in Betracht ziehen, bekommen wir ein einigermaßen getreues Bild der Zeit, ein Gefühl für die geschichtlichen Vorgänge, wie sie während zweier Generationen Körper und Seele von 700000 Menschen bewegten.

III. SCHULEN

In England wie überall in jener Epoche begann das Leben mit einer hohen Kindersterblichkeit. Neunundfünfzig Prozent aller Kinder, die in London geboren wurden, starben vor dem fünften Lebensjahr, vierundsechzig Prozent vor dem zehnten Lebensjahr[44]. Viele Kinder wurden nach der Geburt ausgesetzt. Die Überlebenden wurden auf öffentliche Kosten einer Amme übergeben und später in Arbeitshäuser eingeliefert. Die Unachtsamkeit von Hebammen und Müttern führte zu einer großen Anzahl von körperlichen Mißbildungen.

Waren die Eltern arm, so ging das Kind meistens überhaupt nicht zur Schule. Es gab zwar sogenannte Wohltätigkeitsschulen für Knaben und Mädchen, die sie kostenlos einige Jahre besuchen konnten. Aber die gesamte Schülerzahl betrug im Jahre 1759 28000. Wer nicht zur Staatskirche gehörte, war von der Schule ausgeschlossen. Bauernkinder wurden kaum erfaßt und die Kinder der Armen in den Städten schon gar nicht. «Die große Mehrzahl der Engländer», sagt eine englische Autorität, «kam ungeschult ins Grab.»[45] Bei den Handwerkern hielt man die Lehre für die beste Erziehung. Für die Kinder des Mittelstandes gab es Privatschulen, die gewöhnlich unter der Leitung von Männern standen, die «es zu nichts gebracht oder Bankrott erklärt oder sonst eine Stelle verloren hatten»[46]. Und dann gab es noch die *dames' schools*, Elementarschulen, wo Knaben und Mädchen, deren Eltern bezahlen konnten, bei einer demütigen Lehrerin die Grundbegriffe von Schreiben, Lesen und Rechnen und viel Religion lernen konnten. In allen Schulen wurde den Schülern mit Nachdruck beigebracht, mit ihrer sozialen Stellung zufrieden zu sein und den oberen Schichten gebührende Unterwürfigkeit zu beweisen.

Eine kleine Minderheit brachte es zur *Grammar School,* wo Lehrer mit einem bescheidenen Gehalt – ihrem bescheidenen Platz in der Gesellschaft entsprechend – den Knaben noch etwas Latein und Griechisch beibrachten. Die Disziplin war streng, die Schulstunden zahlreich: morgens von sechs bis halb zwölf und nachmittags von eins bis halb sechs Uhr. Sehr viel besser waren die *Public Schools* (Internatsschulen), vor allem Eton, Westminster, Winchester, Shrewsbury, Harrow und Rugby, wo ausgewählte junge Leute sich für sechsundzwanzig Pfund im Jahr auf die Universität vorbereiten konnten, wobei sie einen Vorrat klassischer Aussprüche für den späteren Gebrauch sammelten. Da diese Schulen aber nur Kinder von Anglikanern aufnahmen, gründeten Andersgläubige, die den Baptisten, Presbyterianern, der Unabhängigen Kirche, der Vereinigten Kirche, den Quäkern, den Kongregationalisten und den Methodisten angehörten, eigene höhere Schulen für ihre Jugend. Dort wurde – wie es sich für eine Kundschaft aus dem Mittelstand gehörte – weniger Wert auf die alten Klassiker gelegt als auf neuere Sprachen, Mathematik, Geschichte, Geographie und Schiffahrtskunde.

Nichtanglikaner konnten keine Universität besuchen. Die meisten Studenten entstammten reichen Familien. Einige ärmere Burschen konnten ein Stipendium von wohltätigen Personen oder Organisationen erhalten und sich, wie Newton, der ein Stipendiat war, durch die klassenbewußten Hallen als «Servitor» hinaufarbeiten. Sowohl Oxford als Cambridge blieben damals in ihren konservativen Lehrplänen, Methoden und Ideen stecken. Cambridge war zwar geneigter, wissenschaftliche Studien auf Kosten der Klassiker und der Theologie zu erweitern, jedoch beschrieb Chesterfield Cambridge als «in völligem Obskurantismus versunken». Oxford klammerte sich an die alte Theologie und die gestürzte Dynastie der Stuarts und erlaubte nicht einmal den Besuch der groben hannoveranischen Könige. Adam Smith, der 1745 als Student in Oxford war, sagte, er habe dort sehr wenig gelernt. Edward Gibbon, der im Jahre 1752 dort studierte, bezeichnete die Akademiker als unwissende Trunkenbolde und bedauerte die Jahre, die er auf der Universität vergeudet habe. Viele Familien zogen es vor, Privatlehrer zu engagieren[47].

Mädchen erhielten nur eben die Anfangsgründe eines Unterrichts in Dorf- und Wohltätigkeitsschulen: Lesen, Schreiben, Nähen, Stricken, Spinnen, ganz wenig Rechnen und viel Religion. Manche Mädchen hatten Hauslehrer, und ganz wenige, wie Lady Mary Wortley Montagu, studierten heimlich die humanistischen Sprachen und Literatur. «Meinem Geschlecht», sagte Lady Mary, «sind Studien dieser Art im allgemeinen untersagt, und Narrheit wird so ausschließlich für unsere Sphäre gehalten, daß man uns eher eine Übertreibung in dieser Hinsicht verzeiht als den geringsten Anspruch auf Lektüre oder Verstand ... Es gibt wohl kaum ein Geschöpf auf der Welt, das mehr dem allgemeinen Spott ausgesetzt ist als eine gelehrte Frau.» Sie neigte zu dem Verdacht, daß Männer die Frauen in Unwissenheit hielten, um sie ohne großen Aufwand verführen zu können[48]. Wenn wir aus dem Einkommen der Mätressen des Königs Schlüsse ziehen dürfen, so kamen die Frauen ganz gut ohne Klassiker aus und brauchten keinen Ovid, um in das Liebesspiel eingeführt zu werden.

IV. DIE MORAL

Sexuelle Beziehungen vor der Heirat waren bei den Frauen damals wahrscheinlich seltener als heute, aber die Prostitution nahm Ausmaße an wie erst wieder in der heutigen Zeit. Ein ausländischer Beobachter schätzte die Zahl der Huren in London auf fünfzigtausend. Man konnte sie in städtischen Kneipen, ländlichen Gasthäusern, städtischen Anlagen, bei öffentlichen Tänzen, Konzerten und im Theater treffen; in Exeter Street und am Strand saßen sie am Fenster, um zögernde Freier zu ermuntern. Im Drury-Lane-Theater sang Gay in seinen *Trivia:*

'Tis she who nightly strolls with saunt'ring pace;
No stubborn stays her yielding shape embrace;
Beneath the lamp her tawdry ribbons glare,
The new scour'd manteau, and the slattern air ...
With flatt'ring sounds she soothes the cred'lous ear:
«My noble captain! charmer! love! my dear!»[49]*

Das Gesetz war erbarmungslos. Wenn Prostituierte dabei erwischt wurden, wie sie jemanden auf der Straße anhielten, wurden sie ins Gefängnis gebracht, ausgepeitscht und an den Pranger gestellt. Die Zeitung *Grub Street Journal* vom 6. Mai 1731 beschrieb das Schicksal solch einer «Madame»:

«Gestern wurde die bekannte Mutter Needham in Park Place bei St. James's Street an den Pranger gestellt und vom Pöbel schwer mißhandelt. Sie war so schlecht daran, daß sie sich nicht mehr aufrecht halten konnte, ungeachtet dessen weiter auf sie geworfen wurde, und es wird angenommen, daß sie in ein bis zwei Tagen sterben wird.»[50]

Aber nur die ärmsten Dirnen kamen an den Pranger. Gewöhnlich umgingen sie das Gesetz mit Bestechungen, oder ihr Hauswirt zahlte die Bürgschaft für sie; und weil sie ihn früher vielleicht einmal empfangen hatten, empfand mancher Wächter des Gesetzes ein gewisses Mitleid für Frauen, die das Gesetz für das Lotterleben der Männer bestrafte. Von hundert Londonern kamen wahrscheinlich keine zehn unerfahren ins Hochzeitsbett. Das Laster wurde öffentlich angeprangert, die Tugend wurde im geheimen verletzt. John Clelands *Memoiren eines Freudenmädchens* (1749), später bekannt als *Fanny Hill*, eine Reihe von eingehend beschriebenen Verführungen, war (und ist) eines der schamlosesten und beliebtesten Bücher des Jahrhunderts.

Manche Männer taten sich zur gegenseitigen Befriedigung zusammen. Die Zeitung *London Journal* vom 23. und 30. April 1725 meldete die Verhaftung von sieben Homosexuellen; am 14. Mai berichtete sie über den Tod am Galgen von drei anderen wegen Sodomie und fügte hinzu: «Wir erfahren, daß sie [die Polizei] zwanzig Häuser oder Klubs entdeckt haben, wo Sodomiten zusammenkommen; außerdem überwachen sie

---

* «Allnächtlich schlendert sie gemächlichen Schrittes umher. Kein hinderliches Korsett zwängt ihre hingebungsvollen Formen ein; die Laterne bescheint ihre billigen Bänder, das schäbige Mäntelchen und ihre Verkommenheit ... Mit schmeichelnden Worten raunt sie in leichtgläubige Ohren: 'Mein edler Kapitän! Betörer! Geliebter! Mein Teurer!'»

nächtliche Zusammenkünfte, wo sich diese Ungeheuer in großer Anzahl treffen.» Am 7. Juli erschien im *Journal* die Verurteilung von «Robert Whale und York Horner, die in Westminster Häuser unterhielten, wo sie Liebhaber dieses abscheulichen Lasters empfingen». Am 23. Juli stand im selben Blatt zu lesen, daß «Marguerite Clapp, deren Haus Sodomiten als Stelldichein diente, zum Pranger ..., zu einer Strafe von neunzig Mark und zu zwei Jahren Gefängnis verurteilt worden ist»[51].

Ernsthafte Quellen berichten, daß «ein sehr großer Teil des Volkes (von London) in wilder Ehe, also unverheiratet, zusammenlebte»[52]. Liebesehen nahmen zu, wenigstens in den Romanen von Richardson und Fielding; aber die meisten Ehen wurden immer noch von den Eltern bestimmt, nachdem sie die Mitgift der Braut und das tatsächliche oder zukünftige Einkommen des Bräutigams sorgfältig abgewogen hatten. Ein Erlaß aus dem Jahre 1753 verbot Personen unter einundzwanzig Jahren die Eheschließung ohne die Zustimmung der Eltern oder des Vormunds. Da dieses Gesetz aber nur in England Gültigkeit hatte, entliefen viele Engländer nach Schottland, wo die Pfarrer in dem Dorf Gretna Green sich an weniger strenge Regeln hielten. Weitere Erleichterungen für eilige Liebespärchen boten geldgierige Geistliche, die geheime Ehen in Wirtshäusern, Bordellen, Dachstuben oder sonstwo in oder nahe bei der Fleet-Straße (wo auch das Schuldgefängnis stand) schlossen. Fast jedes Wirtshaus in dieser Gegend verfügte über einen solchen Geistlichen, der für eine bestimmte Summe, ohne weitere Fragen und ohne Heiratsbewilligung, die Heirat vollzog. Ein solcher Pfarrer soll sechstausend Paare im Jahr verheiratet haben! Ehen, die im Sommer geschlossen wurden, wurden im Frühling schon wieder gebrochen; Tausende von Frauen wurden verlassen; Matrosen, die für einen Tag an Land kamen, heirateten, liebten und verschwanden. Um dem Übel abzuhelfen, erließ das Parlament (1754) ein Gesetz, wonach keine Heirat in England, außer zwischen Quäkern oder Juden, gültig war, wenn sie nicht von einem anglikanischen Priester in einer Gemeindekirche, nach dem Anschlag einer Bekanntmachung in dieser Kirche an drei aufeinanderfolgenden Sonntagen, vollzogen worden war; wer gegen diese Verordnung verstieß, unterlag der Verbannung nach den Kolonien.

Scheidung gab es in England (vor 1857) ohne eine besondere Bewilligung des Parlaments nicht[53], und die Kosten dieser Prozedur waren so hoch, daß sich nur reiche Leute diesen Luxus erlauben konnten. Ehebruch blühte überall, außer im Mittelstand, und Georg I. sowie Georg II. gaben das königliche Beispiel. «Jeder in dieser Gesellschaft», hatte Congreve im Jahre 1700 geschrieben, «kam mit Ansätzen von Hörnern auf die Welt.»[54] Und das hatte sich nur wenig geändert, als Gay in *The Beggar's Opera* Frau Peachum, die mit ihrem Mann über ihre Tochter redet, die Worte in den Mund legte: «Und warum soll sich ausgerechnet unsere Polly von anderen Frauen unterscheiden und nur ihren Mann lieben? ... In der Liebe sind alle Männer Diebe und haben eine Frau noch lieber, wenn sie einem anderen gehört.»[55] Alles in allem waren die Frauen in England aber sittsamer als in Frankreich; und im Mittelstand, wo die puritanische Tradition noch nicht verlorengegangen war, grenzte die Sittenreinheit an Prüderie; dort waren die Ehefrauen, wie sie sich ein Mann träumen konnte, geduldig, fleißig und treu. Die doppelte Moral war üblich und anerkannt. Feine Damen hörten manch unflätiges

Wort, lasen Fielding und Smollett, aber man erwartete von ihnen, daß sie mit niedergeschlagenen Augen erröteten und ohne weiteres in Ohnmacht fielen.

In allen Klassen betrachtete man die Frau als ein dem Mann von Natur aus und unwiderruflich unterlegenes Wesen. Sogar die stolze, unbeugsame Lady Mary gab dies zu, wenn auch vielleicht mit einer gewissen Ironie.

«Ich verlange hier keine Gleichheit der Geschlechter. Ich zweifle nicht daran, daß Gott und die Natur uns auf einen tieferen Rang verwiesen haben; wir gehören zu einer niedrigeren Stufe der Schöpfung, wir schulden dem höheren Geschlecht Gehorsam und Unterwerfung, und jede Frau, die sich in ihrer Eitelkeit und Narrheit dagegen wehrt, lehnt sich gegen das Gesetz des Schöpfers und die unbestreitbare Ordnung der Natur auf.»[56]

Das puritanische Zwischenspiel hatte der Frau die Stellung geraubt, die sie unter Elisabeth genoß. Ein Autor urteilte, um 1750 seien «die Frauen in England wieder auf einer so tiefen Stufe gestanden, daß sich ihr Los kaum von dem der Frau im zwölften Jahrhundert unterschied»[57].

Soziale, ökonomische und politische Moral hatten ihren Tiefstand erreicht; Glücksspiele, die unter Königin Anna verpönt waren, fanden wieder königliche Gnade unter Georg I. und Georg II. Ein spezieller Beamter, der *groom porter*, überwachte die Glücksspiele bei Hof. Kartenspiele waren besonders beliebt bei reich und arm, selten ohne Einsatz und oft mit Schwindel verbunden. Nicht selten gewannen oder verloren junge Verschwender zweihundert Guineas an einem Abend; der Herzog von Devonshire verspielte bei einem Spiel einen Landsitz. Und zwischen Vorträgen an seinen Sohn spielte Lord Chesterfield ohne jede Zurückhaltung. Unter Georg I. wurden Glücksspiele zu einer öffentlichen Leidenschaft, wie man sie wahrscheinlich nie mehr mitgemacht hat. Ein Kasino nach dem anderen wurde in White's Club, Charing Cross, Leicester Fields, Golden Square und in Bath eröffnet. Ein Stich in Hogarths Bilderfolge *Rake's Progress* (Das Leben eines Liederlichen) zeigt Männer und Frauen beim Spiel in White's, die sich nicht darum kümmern, als man ihnen zuruft, daß das Haus in Brand steht; erst mußte das Spiel entschieden werden*.

Georg II. untersagte organisierte Glücksspiele, erlaubte aber die staatliche Lotterie, die 1569 eingeführt worden war und sich bis 1826 erhielt. Lotterielose wurden der Öffentlichkeit auf alle Arten angepriesen; die Aufregung wurde künstlich so gesteigert, daß Diener ihre Herren und Schreiber ihre Vorgesetzten bestahlen, um ein Los nehmen zu können[58].

Trunksucht war noch weiter verbreitet als Glücksspiele. Bier oder Ale war das nationale Getränk. Der Londoner nahm ungefähr 455 Liter im Jahr oder fünfviertel Liter im Tag zu sich, denn er hielt es für ungefährlicher und auch schmackhafter als Wasser. Das feuchte Klima begünstigte die Nachfrage nach Rum, Punsch, Gin, Branntwein, herzstärkenden Likören und Whisky; Wein war eine beliebte Medizin. Wirtshäuser und Branntweinstuben gab es überall. Von 7066 Häusern in der Gemeinde Holborn verkauften 1350 Spirituosen. Grundbesitzer – und daher auch das Parlament – waren

---

* Der berühmte Klub brannte 1733 nieder, wurde aber bald wieder aufgebaut.

dem Whisky-Handel gewogen, denn er eröffnete einen zusätzlichen Markt für ihre Gerste und ihren Weizen[59]. Fast ein Drittel der Anbaufläche in England wurde mit Gerste bepflanzt. In den oberen Klassen begann der Whisky den Wein zu verdrängen, denn wiederholte Kriege mit Frankreich unterbanden den Handel mit Bordeaux und Oporto, und die Holländer und die Deutschen brachten ihre Vorliebe für Branntwein mit. Wie bei den Glücksspielen gab auch hier die Regierung das schlechte Beispiel: Harley, der Ministerpräsident unter Anna, soll betrunken vor der Königin erschienen sein; Bolingbroke trank manchmal die ganze Nacht hindurch; und Robert Walpole hatte das Trinken von einem Vater gelernt, der sich vorgenommen hatte, seinem nüchternen Sohn nicht betrunken vor Augen zu kommen[60].

Als die Sucht nach Gin sich mehr und mehr im Volk verbreitete, fing die Regierung an, sich zu beunruhigen. Die Destillation von Spirituosen stieg in England von 527000 Gallonen (24000 Hektoliter) im Jahre 1648 auf 5394000 Gallonen (245181 Hektoliter) im Jahre 1735 ohne entsprechenden Bevölkerungszuwachs; im Gegenteil, die Ärzte wiesen die Regierung darauf hin, daß das Trinken von Gin die Sterblichkeit in London beträchtlich erhöht hatte. Und ein Schöffengericht in Middlesex schrieb einen großen Teil des Elends und der Verbrechen in der Hauptstadt diesem Getränk zu. Gin-Verkäufer hingen Schilder mit dem Versprechen aus, ihre Kunden für einen Penny betrunken zu machen, und boten ihnen gratis Strohlager im Keller an.

Die beunruhigte Regierung versuchte es mit einem Alkoholverbot durch Auferlegung von Steuern. Ein Erlaß des Parlaments aus dem Jahre 1736 belegte die Gallone (4,54 Liter) mit zwanzig Shilling und forderte fünfzig Pfund im Jahr für die Ausschankerlaubnis von Gin. Die durstigen Armen rotteten sich zusammen, und es kam zu heftigen Aufständen. Wie Walpole es vorausgesehen hatte, führte das Alkoholverbot zu Schmuggel, heimlicher Brennerei und Schleichhandel. Die Anzahl der Gin-Läden wuchs auf siebzehntausend, über sieben Millionen Gallonen (318000 Hektoliter) wurden gebrannt, und die Verbrechen nahmen zu. Der Versuch wurde aufgegeben, die Ausschankerlaubnis wurde auf zwanzig Pfund herabgesetzt, die Gallone (4,54 Liter) mit einem Penny Steuer belegt; das Volk jauchzte und trank. Eine leichte Besserung wurde im Jahre 1751 mit einigen gemäßigten und geschickten Maßnahmen erzielt (so konnten zum Beispiel kleine Schulden bei Branntweinverkäufern gesetzlich nicht eingezogen werden)[61]. Der Philosoph Berkeley setzte die Lage ins rechte Licht, denn er klagte das schlechte Beispiel an, das die oberen Schichten den Massen gaben, und warnte sie: «... eine Nation, die an beiden Enden brennt, muß sich bald verzehren»[62].

Der moralische Tiefstand machte sich auch im Handel bemerkbar. Große Vermögen wurden mit Schmuggel, Seeräuberei und dem Einfangen und Verkauf von Sklaven zusammengerafft. Klagen wurden laut, daß das Wasser der Themse mit Abfällen aller Art verunreinigt wurde, daß Wein mit Most und Branntwein verfälscht wurde, daß Brot mit Alaun und Kreide vermischt wurde, daß zu altes Fleisch mit Chemikalien, die Gesundheit und Leben bedrohten, aufgefrischt wurde. Als man versuchte, solchen Verfahren Einhalt zu gebieten, pochten diese Geschäftspatrioten auf ihre Freiheit und das Recht «jedes Menschen ..., auf seine Art, ohne Einschränkung, zu leben»[63].

Die Regierung beschränkte die Freiheit, aber vor allem, wenn es darum ging, Männer zum Heeresdienst zu pressen. Nachdem, selbst mit Hilfe finanzieller Anreize nicht genügend Freiwillige für die Marine gefunden werden konnten, benutzte der Staat (von 1744 an) Aushebungsmannschaften (*press gangs*), die mit Gewalt, durch Betäubung, mit Alkohol oder sonstwie Männer dazu brachten, auf den Schiffen Seiner Majestät Dienst zu tun. Am leichtesten ging es mit Alkohol, denn in diesem Zustande konnte man einen Mann dazu bringen, das Papier zu unterzeichnen, das ein Jahr oder mehr seines Lebens bedeutete. Einmal an Bord, sagte Admiral Vernon (1746), waren diese Leute «in Wirklichkeit zum Tode verurteilt, denn sie dürfen nie mehr einen Fuß an Land setzen, sondern werden von Schiff zu Schiff überführt ..., ohne Rücksicht auf alles, was sie schon hinter sich haben»[64]. «Kein Mann», sagte Samuel Johnson, «wird Matrose, wenn er genug Grips hat, um ins Gefängnis zu kommen ... Im Gefängnis hat ein Mann mehr Platz, mehr zu essen und gewöhnlich bessere Gesellschaft.»[65] Matrosen, die zum Dienst gepreßt wurden, waren meistens Schwächlinge an Körper und Geist, aber die harte Disziplin und die unbarmherzige Auswahl nach all den Peitschenhieben und Feuerproben (wie Smollett es in seinem *Roderick Random* wahrscheinlich mit einiger Übertreibung beschrieb) machte die Überlebenden zu den zähesten und stolzesten Kriegern zur See.

Seeräuberei wurde immer noch als eine Form von Handel und mit Nachsicht betrachtet; doch ging es langsam damit bergab, als die Flotten widerstandsfähiger wurden. Der Sklavenhandel blühte. Englische, französische, holländische und portugiesische Schiffe kämpften um das Vorrecht, afrikanische Neger an amerikanische Christen zu verkaufen. Im Vertrag von Utrecht (1713) hatte Spanien den *Asiento*, den Kontrakt, wonach die spanischen Kolonien jährlich mit 4800 Sklaven beliefert werden mußten, von Frankreich auf England übertragen. Von 74000 Sklaven, die allein in dem Jahr 1790 nach Amerika eingeführt wurden, verfrachteten die Franzosen 20000, die Holländer 4000, die Dänen 2000, die Portugiesen 10000 und die Engländer 38000 – mehr als die Hälfte[66]. «Nach einer bescheidenen Schätzung», sagt eine englische Autorität, «haben die Engländer in der Periode zwischen 1680 und 1786 ganz allein über zwei Millionen Neger nach Amerika verfrachtet.»[67] Einige Negersklaven wurden in englischen Häusern gehalten. Die Zeitungen veröffentlichten Anzeigen, in denen Belohnungen für das Aufgreifen entflohener Sklaven versprochen wurden. Eine andere Anzeige bot «einen Negerjungen, ungefähr zwölf Jahre alt ..., zum Verkauf»[68] an. Sklaven wurden in Paris bis zum Jahre 1762 verkauft, und sogar die Päpste hatten türkische Galeerensklaven vom sechzehnten bis zum achtzehnten Jahrhundert[69]. 1727 riefen die Quäker eine Bewegung zur Beendigung jeder britischen Beteiligung am Sklavenhandel ins Leben; sie wurden von Steele und Pope unterstützt; auch die Methodisten förderten die Sache; doch vor 1772 machte der Feldzug für die Abschaffung des Sklavenhandels keine bedeutenden Fortschritte.

Die politische Moral spiegelte den Triumph eines unerbittlichen Geschäftsgeistes wider. Ohne Bestechung konnte fast nichts erreicht werden, und fast jeder Beamte hatte seinen Preis. Ämter wurden verkauft, und Stimmen im Parlament wurden gekauft wie Ware. Mitglieder des Parlaments verkauften gewisse Privilegien. Edle Lords verkauften Stellungen in ihrem Haushalt[70] und «verhinderten Versuche, den Verkauf von Ernennungen ins Parlament oder ins Unterhaus zu unterbinden»[71]. *Rotten boroughs* (Wahlkreise mit verfallenen oder verlassenen Orten) sandten ebenso viele Abgeordnete ins Parlament wie dichtbevölkerte und industrialisierte Grafschaften. «Old Sarum», wo überhaupt niemand seinen Wohnsitz hatte, schickte zwei Abgeordnete; und mit solchen Nestern konnten Aristokraten mit Namen und Geld tun und lassen, was sie wollten. Geschäftsleute, die einen politischen Einfluß suchten, der ihrer wirtschaftlichen Macht entsprach, kauften ihre eigene Ernennung ins Parlament oder die eines Schützlings für ungefähr 1500 Pfund pro Person[72]. Alles in allem war dieses Jahrhundert das bestechlichste und unbarmherzigste in der englischen Geschichte. Und der Historiker kann sich nur schwer erklären, wie England es nach der Käuflichkeit dieser Zeit zu einem so guten Ruf gebracht hat, was die Unbestechlichkeit seiner Geschäftsleute und seiner Regierung betrifft.

Bei all dieser Zerrüttung von Moral und Politik flammten doch hier und da Anzeichen einer gewissen Menschlichkeit auf. Es gab Heime, wenn auch schlecht geführte, für alte Leute, für Invalide, für die Armen. Es gab Zünfte, in denen die Meister sich wie gütige Väter gegenüber ihren Lehrlingen benahmen; es gab Familien, in denen man Waisen aufnahm und erzog; es gab Vereinigungen (*box clubs*, Sparbüchsenklubs) zur gegenseitigen Hilfe in schlechten Zeiten. Das erste eindrucksvolle Beispiel für internationale Wohltätigkeit in der modernen Geschichte lieferte England, als es seinem Wirtschaftspartner Portugal zur Linderung der Not nach dem Erdbeben von Lissabon im Jahre 1755 100000 Pfund Sterling stiftete[73]. Zwischen 1700 und 1825 wurden hundertvierundfünfzig neue Krankenhäuser und Armenapotheken in England errichtet, vier Hospitäler in London während einer Generation (1700–1745). Die meisten dieser Einrichtungen wurden aus privaten Sammlungen finanziert. Am besten von allen, die in der ersten Hälfte des achtzehnten Jahrhunderts gebaut wurden, war das Findelhaus, das Kapitän Thomas Coram organisierte. Hogarth malte 1740 sein Porträt als ein Geschenk an dieses Haus: ein rundlicher, weißhaariger Mann mit gütigem Ausdruck, den königlichen Freibrief in der Rechten, ihm zu Füßen die Erdkugel; denn Coram hatte sein Vermögen als Kapitän der Handelsmarine verdient. Nachdem er sich zurückgezogen hatte, beobachtete er mit Entsetzen die große Kindersterblichkeit in London und die Anzahl von Kindern, die von ihren Müttern ausgesetzt oder verlassen wurden, weil sie nicht für sie sorgen konnten oder weil kein Vater vorhanden war, der dem Kind seinen Namen gegeben hätte. Coram überzeugte Damen der Gesellschaft, daß sie eine Bittschrift für die Gründung eines Findelhauses unterzeichneten; Georg II. verlieh ihm einen Freibrief und zweitausend Pfund; seine Bitten um Hilfsmittel stießen auf unerwartete Freigebigkeit; der große Händel schenkte eine Orgel sowie die inzwischen kostbare Partitur seines *Messias* und dirigierte Konzerte, die zehntausend Pfund einbrachten. 1739 beauftragten die Verwalter Theodor Jacobsen mit dem Entwurf einer geräumigen Gebäudegruppe mit Anlagen, auf die London nach ihrer Vollendung mit Stolz blicken konnte.

V. VERBRECHEN UND STRAFVOLLZUG

Das englische Volk des achtzehnten Jahrhunderts war zäh, an schweres Leben und Gewalttätigkeit gewohnt und konnte alles überstehen – außer den Tod. Zwei Korporäle schlugen aufeinander mit nackten Fäusten ein, bis beide tot waren. Zwei Sergeanten fochten ein Duell aus, bis beide tödlich verwundet waren. Ein Soldat, der um Erlaubnis bat, eine Soldatenhure heiraten zu dürfen, wurde mit hundert Peitschenhieben bestraft. Am nächsten Tag erschien er vor demselben Offizier, die Haut am ganzen Rükken aufgeplatzt, und wiederholte seine Bitte; diesmal wurde sie gewährt. Ein Trommler prahlte mit seinen 26 000 Peitschenhieben, die er in seinen vierzehn Dienstjahren bei der Armee bekommen hatte; in einem einzigen Jahr (1727) bekam er noch viertausend dazu; er erholte sich aufs beste, und im Bericht stand, er sei «gesund und guter Dinge und keineswegs bekümmert»[74].

Grausame Strafen, öffentlich vollzogen, förderten die allgemeine Brutalität. Ein Gesetz, das 1790 abgeschafft wurde, bestimmte, daß eine Frau, die für Verrat oder die Ermordung ihres Mannes verurteilt wurde, bei lebendigem Leibe verbrannt werden sollte, doch wurde ihr gewöhnlich erlaubt, vor dem Verbrennen erwürgt zu werden[75]. Männer, die des Verrats schuldig waren, wurden noch lebend vom Galgen abgeschnitten; ihre Eingeweide wurden herausgerissen und vor ihren Augen verbrannt; dann wurden sie geköpft und gevierteilt. Galgen wurden in jedem Bezirk von London errichtet, und an vielen ließ man die Leichen den Vögeln zum Fraß hängen. Manchmal hing ein Mann eine halbe Stunde am Galgen, bevor er starb. Es war jedoch üblich, die Sinne der Verurteilten mit Branntwein abzustumpfen. Und wenn der Henker gut gelaunt war, zog er an den baumelnden Beinen, um den Tod zu beschleunigen.

Die Unempfindlichkeit von Zuschauern und Verbrechern verlieh der Zeremonie des Hängens festlichen Charakter. Die Leute stellten sich der Straße entlang auf, um die Verurteilten in Karren nach Tyburn fahren zu sehen. Buden oder Hausierer verkauften Gin und Lebkuchen, Äpfel und Nüsse an die Menge. Straßensänger trugen ihre Balladen vor, wenn auch nicht ganz so schön wie Kapitän Macheath in *The Beggar's Opera*. Die Menge – nie begeistert von Gericht oder Polizei – machte Helden aus Verbrechern, die nach begangener Tat davonkamen oder, wenn sie erwischt wurden, Urteil und Tod mit Verachtung oder Lächeln hinnahmen. Jack Sheppard, «Rob Roy» (Robert Macgregor), Dick Turpin, Jonathan Wild – sie stammten alle aus dieser Zeit. Jack wurde nach fast täglichen Raubüberfällen in oder bei London von Jonathan Wild an die Polizei verraten; er entfloh, wurde aufs neue verhaftet, entfloh noch einmal, wurde wieder gefaßt, als er betrunken war, und wurde mit zweiundzwanzig Jahren vor einer tausendköpfigen Menge gehängt, die darauf wartete, daß er sogar mit der Schlinge um den Hals entwischen werde. Defoe und Ainsworth hatten großen Erfolg mit der Beschreibung seines Lebens, und Sir James Thornhill malte sein Porträt. Turpin verteilte Geld an Trauerbereite, damit sie seinem Karren in feierlichem Zuge bis zum Galgen folgten. Am besten wurde er aber durch die erfundene Geschichte bekannt, in der Ainsworth Dicks halsbrecherischen Ritt von London nach York beschrieb. Ebenso hat Fieldings *Life of Mr. Jonathan Wild the Great* (Das Leben von Herrn J. W. dem Großen) diesen Schurken auf Jahrhunderte unsterblich gemacht. Fast alles in dieser kräftigen Satire ist erfunden, aber darum nicht spannender als die wirkliche Geschichte. Jonathan hatte einen Januskopf. Er organisierte, leitete und beutete Diebe aus, kaufte ihre gestohlene Ware zu seinen eigenen Preisen und verriet sie an die Obrigkeit, wenn jemand in seiner Bande aufbegehrte. Gleichzeitig eröffnete er ein feines Büro, wo er Leute empfing, die bestohlen worden waren; für eine ansehnliche Summe versprach er ihnen, dafür zu sorgen, daß sie ihr Gut oder Geld zurückerstattet bekämen. Aus den Einkünften unterhielt er verschiedene Liebschaften und lebte fast fünfzehn Jahre in Saus und Braus. Aber mit wachsendem Wohlstand wurde er unvorsichtig. Er wurde wegen seines Handels mit gestohlener Ware verhaftet und zur Freude einer riesigen Menge gehängt (1725). Zum Teil mag er Mr. Peachum in *The Beggar's Opera* Modell gestanden haben.

Die ganze soziale Leiter hinauf ließen sich Rechtsbrüche verfolgen, vom kleinen Taschendieb zum Großkaufmann, der Schmuggel betrieb, bis zu den Aristokraten mit ihren Duellen. Hunderte von Duellen wurden ausgefochten, manche auf offener Straße, manche in Hyde Park oder Kensington Gardens, aber meistens auf dem *Field of the Forty Footsteps* («Feld der vierzig Schritte») hinter Montagu House (heute das British Museum). Sie endeten selten mit dem Tod, denn die Pistolen waren schwerfällig, und nur wenige konnten mit ihnen auf dreißig Schritt genau zielen; wahrscheinlich waren die meisten so vorsichtig, über den Kopf des Gegners wegzufeuern. Auf jeden Fall ging man gewöhnlich nach den ersten Blutstropfen zur Versöhnung über. Duelle waren ungesetzlich, wurden aber mit der Begründung geduldet, daß sie eine vorsichtige Höflichkeit im Gespräch begünstigten. Verhaftungen kamen nur bei tödlichem Ausgang vor, und wenn der Überlebende beweisen konnte, daß er sich an die Spielregeln gehalten hatte, wurde er nach kurzer Haft entlassen.

1751 veröffentlichte Fielding, damals Beamter, *An Enquiry into the Causes of the Late Increase of Robbers, etc., with some Proposals for Remedying the Growing Evil* (Eine Untersuchung über die Ursachen für die Zunahme, in jüngster Zeit, von Räubern usw. mit einigen Vorschlägen, wie diesem wachsenden Übel abzuhelfen ist). Er schrieb die Zunahme nicht so sehr der Armut als dem Wunsch nach «Luxus» in den unteren Schichten zu; das einfache Volk hatte jetzt genug Geld, um Wirtshäuser, Vergnügungsparks, Theater, Maskenbälle und Opern zu besuchen; und dort kam es mit Leuten zusammen, die mit Laster und Verbrechen vertraut waren. Eine weitere Ursache lag nach Meinung des großen Erzählers bei den größeren Mengen von Gin, die getrunken wurden.

«Mehr als hunderttausend Menschen in dieser Metropole erhalten sich (wenn ich so sagen darf) hauptsächlich mit Gin. Viele dieser Elenden verschlucken dieses Gift schoppenweise im Laufe von vierundzwanzig Stunden, und was das für furchtbare Wirkungen ausübt, habe ich leider jeden Tag Gelegenheit mitanzusehen und zu riechen.»[76]

Die dritte Ursache waren Glücksspiele. Die vierte die Unzulänglichkeit der Gesetze, die die Verhaftung von Verbrechern Wächtern überließen, «ausgewählt unter armen, alten, hinfälligen Leuten, die, nur mit einem Knüppel bewaffnet, den sie oft kaum heben können, die Person und das Heim von Untertanen Seiner Majestät gegen die Angriffe von Banden schützen sollen, die aus jungen, kühnen, kräftigen und verwegenen, dazu schwerbewaffneten Schurken bestehen.»[77]

Und wenn der Wächter vor der Gewalttätigkeit der Räuber keine Angst hatte, so konnte er bestochen werden; ebenso der Polizist, dem er Bericht erstattete, oder der Beamte, dem der Polizist den Verbrecher vorführte. Die Überwachung von London war 1000 Polizisten, 474 Bütteln und 747 Wächtern anvertraut. Zwischen Verhaftung und Verurteilung standen 2214 Anwälte in London, manche mit juristischer Ausbildung und recht ehrenhaft, andere hingegen ganz das Gegenteil. Dr. Johnson bemerkte, als ein Herr gerade das Zimmer verlassen hatte: «Ich spreche nicht gern von jemand hinter seinem Rücken, aber ich habe den Eindruck, daß dieser Herr ein Anwalt war.»[78]

Fielding war nicht einverstanden mit Coke, daß «alle Weisen dieser Welt, wenn sie alle zu gleicher Zeit an einem Ort zusammengekommen wären, mit all ihrer Weisheit nichts hervorgebracht hätten, was an die Vortrefflichkeit der englischen Verfassung heranreicht». Er hätte sicherlich zugegeben, daß die Verfassung – worauf auch Voltaire und Montesquieu erst kürzlich hingewiesen hatten – das Individuum und seinen Besitz aufs beste vor der Tyrannei eines Königs schützte; er hätte bestimmt die Habeas-Corpus-Akte, das Schwurgericht und die großen Rechtsschulen Londons gepriesen. Es war bestimmt nicht zu verachten, daß ein Engländer ohne Haftbefehl nicht der Freiheit beraubt werden konnte, daß er ohne Gerichtsurteil nicht gefangengehalten werden durfte, daß es keine Bestrafung ohne die Verurteilung durch Geschworene seines Ranges gab, daß er sich mit seinesgleichen versammeln durfte, solange er keine Unordnung anrichtete, und daß er sagen konnte, was er wollte, solange es sich nicht um Aufruhr, Verleumdung, Unanständigkeit oder Gotteslästerung handelte. Aber die Gesetzgeber in England waren so darauf bedacht gewesen, das Individuum vor dem Staat zu schützen, daß sie es unterlassen hatten, die Gesellschaft vor dem Individuum zu schützen. Die gesetzliche Maschine war machtlos gegenüber der Ausbreitung und der Organisation des Verbrechens. Das Gewohnheitsrecht wurde von einem Friedensrichter gehandhabt, gegen dessen Entscheidungen man bei den Richtern, die in Westminster tagten oder sechs Monate im Jahr in Provinzstädten Gerichtssitzungen abhielten, Berufung einlegen konnte. Diese Richter (nicht der Friedensrichter) waren auf Lebenszeit ernannt und erwiesen sich im allgemeinen als rechtschaffene Beamte. Es gab auch noch einige kirchliche Gerichtshöfe, doch blieben sie auf zivilrechtliche Fälle, die ausschließlich die Geistlichkeit betrafen, auf die Gültigkeit von Heiraten oder auf Testamentsvollstreckungen beschränkt. Das Admiralitätsgericht erledigte nur Fälle, die mit Seerecht zu tun hatten. Diese Gerichtshöfe unterstanden dem Obersten Kanzleigericht unter dem Vorsitz des Großkanzlers. Das höchste Gericht des Landes war das Parlament selbst, wobei das Unterhaus Bürgerliche, das Oberhaus Adlige aburteilte. Die Gleichheit vor dem Gesetz war noch nicht ganz erreicht, denn ein Lord entging meistens der Bestrafung. Der vierte Graf von Ferrers wurde 1760 für die Ermordung seines Verwalters hingerichtet; aber als die Herzogin von Kingston 1766 vor dem Oberhaus erschien und der Bigamie überführt wurde, kam sie mit der Bezahlung von Strafen davon. Latein blieb die Sprache der Gerichtshöfe bis zum Jahre 1730, dann wurde es zum großen Kummer Blackstones durch Englisch ersetzt.

Bei Prozessen um Kapitalverbrechen (und die meisten Verbrechen waren kapital) durfte sich der Angeklagte einen Verteidiger nehmen, wenn er es sich erlauben konnte; der Verteidiger konnte Zeugen der Anklage ins Kreuzverhör nehmen, durfte sich aber nicht an den Gerichtshof wenden; das blieb dem Angeklagten überlassen, der aber meistens zu schwach an Körper oder Geist war, um eine zusammenhängende Verteidigung von sich zu geben. Wurde er freigesprochen, so blieb er noch so lange im Gefängnis, bis er sämtliche Kosten, die die Gefängniswärter für ihre Dienste beanspruchten, bezahlt hatte. Vor der Abschaffung dieser Verordnung, im Jahre 1774, kamen verschiedene Fälle vor, wo Freigesprochene im Gefängnis starben. Wurde der Angeklagte verurteilt, so bekam er es mit Gesetzen zu tun, die zu den härtesten in der ganzen Geschichte des Strafrechts gehörten.

Das Strafrecht hatte insofern Fortschritte gegenüber der Vergangenheit und auch gegenüber den auf dem Kontinent üblichen Verfahren gemacht, als es Foltern, Rädern, Nasenaufschlitzen und Ohrenabschneiden nicht mehr erlaubte. Im übrigen wies es jedoch all die barbarischen Grausamkeiten auf, wie sie robusten Engländern damals notwendig erschienen, um die natürliche Gesetzlosigkeit der Menschheit im Zaum zu halten. Lautete die Strafe auf Auspeitschen am Hintergestell eines Wagens, der durch die Straßen gezogen wurde, so bekam der Scharfrichter von den Zuschauern manchmal eine Extrasumme, um die Peitsche besonders kräftig zu schwingen[79]. Ein Gefangener, der sich weigerte, bei einem Schwerverbrechen auszusagen, wurde nach dem Gesetz in einem dunklen Raum auf den Rücken gelegt, wo ihm so lange Stein- oder Eisengewichte auf die Brust gelegt wurden, bis er daran erstickte[80]; dieses Gesetz wurde jedoch nach 1721 nicht mehr angewendet und im Jahre 1772 abgeschafft.

Im achtzehnten Jahrhundert belegte das Parlament eine immer größere Anzahl von Verbrechen mit der Todesstrafe. Im Jahre 1689 gab es fünfzig, im Jahre 1820 hundertsechzig solcher Verbrechen. Mord, Verrat, Falschmünzerei, Brandstifung, Vergewaltigung, Homosexualität, Seeräuberei, bewaffneter Schmuggel, Fälschung, Vernichtung oder In-Brand-Stecken von Schiffen, betrügerischer Bankerott, Raubüberfälle, Einbruch, Diebstahl von über vierzig Shilling, Ladendiebstahl von über fünf Shilling, Verstümmelung und Diebstahl von Vieh, Anschlag auf einen Steuereinnehmer, Baumfällen in einer Allee oder einem Park, Niederbrennen eines Kornfeldes, Ausschicken von Drohbriefen, Verheimlichung des Todes eines Ehemannes oder eines Kindes, Beteiligung bei einem Aufruhr, Kaninchenjagd, Zerstörung eines Schlagbaums, Flucht aus dem Gefängnis, Kirchenraub – alle diese Verbrechen und hundert mehr unterlagen während der Regierungszeit von Georg I., Georg II. und Georg III. der Todesstrafe. Alle diese Gesetze beweisen die Entschlossenheit des Parlaments, das Privateigentum zu schützen. Wahrscheinlich waren sie zum Teil das Ergebnis – aber auch die Ursache – der allgemeinen Gesetzlosigkeit und Brutalität, und vielleicht trugen sie auch dazu bei, dem britischen Volk seine heute unbestreitbare Achtung vor dem Gesetz einzuflößen. Die Härte des Gesetzes wurde häufig dadurch gemildert, daß Richter oder Geschworene sich weigerten, eine Verurteilung auszusprechen, oder aber eine formelle Anklage aus angeblich technischen Gründen umgingen und auch den Wert eines gestohlenen Gegenstandes absichtlich niedrig ansetzten, so daß dieser Diebstahl nicht mehr unter die Kategorie von Schwerverbrechen fiel. In Kriegszeiten wurden Missetäter manchmal begnadigt, unter der Bedingung, sich dem Heer oder der Marine zu stellen.

Leichtere Verbrechen wurden mit Gefängnis, dem Pranger, Auspeitschen, Zwangsarbeit in Besserungsanstalten oder Verschickung in die Kolonien bestraft. Nach einem Gesetz aus dem Jahre 1718 wurden Verurteilte an einen Unternehmer verkauft, der sie auf eigene Kosten meistens nach Maryland oder Virginia einschiffte und sie dort, gewöhnlich auf einer Auktion, an Tabakpflanzer für die Dauer ihrer Straffrist weiterverkaufte. Die Bedingungen bei der Überfahrt hatten für Gefangene eine große Sterblichkeit zur Folge, und die Überlebenden waren so geschwächt, daß sie eine Zeitlang nicht zu arbeiten vermochten. Ein Unternehmer berechnete, daß er durchschnittlich ein Siebentel seiner menschlichen Fracht bei der Überfahrt verlor[81]. Diesem Handel wurde erst durch den amerikanischen Unabhängigkeitskrieg ein Ende gesetzt.

Diese Verschickung wurde oft der Gefangenschaft vorgezogen, denn Gefängnisse waren berüchtigt für Unmenschlichkeit und Schmutz. Bei der Einlieferung wurde der Neuling in mehr oder weniger schwere Eisen gelegt, je nachdem, was er dem Wächter bezahlt hatte. Sein Bett war Stroh. Seine Nahrung bestand aus einem Pfund Brot am Tag, wenn ihm nicht jemand von draußen etwas zu essen brachte. Außer im Newgate-Gefängnis kümmerte man sich kaum um Sauberkeit im Gefängnis. Schmutz und Bazillen verbreiteten ein «Kittchenfieber» (*jail fever*), das fast jeden Häftling befiel – oft Typhus oder Pocken. Johnson nahm an, daß fünfundzwanzig Prozent der auf längere Zeit verurteilten Gefangenen an «Faulfieber» starben. Wenn ein Gefangener vor Gericht gebracht wurde, war der Gestank von Verwesung und Krankheit so durchdringend, daß Richter, Geschworene, Zeugen und Zuschauer häufig an Kampfer, Essig oder aromatischen Kräutern rochen, um es überhaupt aushalten zu können. Im Mai 1750 wurden hundert Gefangene aus dem Newgate-Gefängnis zur Gerichtsverhandlung in den «Old Bailey», das oberste Kriminalgericht Londons, gebracht. Sie verbreiteten ein so ansteckendes Fieber, daß von den sechs Richtern, die den Fall behandelten, vier starben; von den Geschworenen und unteren Beamten starben vierzig. Nach diesem Anschauungsunterricht verordnete der Gerichtshof, daß sämtliche Gefangene, die vor Gericht gestellt wurden, mit Essig zu waschen und wohlriechende Kräuter in der Anklagebank zu verteilen seien[82].

Ein Mann, der wegen Schulden angeklagt und verurteilt wurde und nicht bezahlen konnte oder wollte, wurde so lange in solch einem Gefängnis festgehalten, bis er bezahlte oder sein Gläubiger die Klage zurückzog. Das Gesetz verpflichtete den Gläubiger, vier Pence am Tag für den Unterhalt seines Gefangenen zu zahlen; tat er das nicht, so blieb dem Schuldner nur ein Ausweg – ihn zu verklagen, was aber wiederum Geld kostete. Konnte sich der Gefangene jedoch Geld von draußen verschaffen, so konnte er die Wächter bestechen und bekam ein besseres Bett, besseres Essen, allerlei Erleichterungen, Besuche von seiner Frau und sogar ab und zu einen freien Tag in der Stadt. Ein verarmter Schuldner, der kein Essen bezahlen konnte, verhungerte allmählich bei der offiziellen Brotration. Samuel Johnson berechnete, daß im Laufe eines Jahres von zwanzigtausend Gefangenen, die Bankerott gemacht hatten, fünftausend an Unterernährung starben[83].

England hatte kein milderes Mittel gefunden, um seine aufstrebende Geschäftswelt vor verantwortungslosen Schuldnern oder betrügerischem Bankerott zu schützen. Manchmal wurden Stimmen gegen die Härte des Strafgesetzbuches laut. Johnson, der keineswegs sentimental war, wies 1751 auf die Gefahr hin, so viele Verbrechen mit dem Todesurteil zu belegen: «Diebstahl mit Mord gleichzustellen ... treibt dazu, schwerere Verbrechen zu begehen, um die Entdeckung eines geringeren zu vermeiden.»[84] Die stärkste Kritik an der Gefängnisverwaltung übten Fielding und Smollett in ihren Romanen und Hogarth in seinen Zeichnungen. Eine bescheidene Verbesserung war James Oglethorpe zu danken, dessen bewegte Laufbahn John Bull von seiner edleren Seite zeigt. 1714 verließ er im Alter von achtzehn Jahren die Hochschule, um sich der Armee des Prinzen Eugen von Savoyen anzuschließen, und nahm mit dieser an verschiedenen Angriffen gegen die Türken teil. Nach seiner Rückkehr nach England wurde er ins Parlament gewählt. Nachdem ein Freund von ihm wegen Schulden verhaftet und im Gefängnis an Pocken gestorben war, überredete Oglethorpe das Unterhaus, einen Ausschuß zu ernennen, der ihm unterstellt wurde und der die Bedingungen in den Londoner Gefängnissen zu untersuchen hatte. Der Schmutz, die Seuchen, die Bestechlichkeit und Ungerechtigkeiten, die diese Untersuchung an den Tag brachte, weckten – aber nicht auf lange – das Gewissen Englands. Einige Wächter, die sich besonders schuldig gemacht hatten, wurden entlassen, einige neue Verordnungen milderten alte Mißbräuche. Aber die größten Übel blieben unangetastet, und eine wirkliche Gefängnisreform fand erst im letzten Viertel des achtzehnten Jahrhunderts unter John Howard statt. Oglethorpe glaubte in der Auswanderung ein Mittel zur Erleichterung der Armut in England zu sehen. 1733 gründete er die Kolonie Georgia, wo er eine Zeitlang Gouverneur war.

Er untersagte die Einfuhr von Sklaven und begrüßte die Herrnhuter, John Wesley und protestantische Flüchtlinge aus Österreich. Bei seiner Rückkehr nach England und ins Parlament brachte er einen Erlaß durch, der die englischen Herrnhuter von der Ablegung des Eides und vom Heeresdienst befreite. Er freundete sich mit Johnson, Goldsmith und Burke an und erreichte ein Alter von neunundachtzig Jahren. Pope feierte ihn mit den Versen:

One driven by strong benevolence of soul
Shall fly like Oglethorpe from pole to pole.[85]*

---

* Wer sich von einer gütigen Seele leiten läßt,
Der wird wie Oglethorpe im Flug von Pol zu Pol getragen.

VI. DIE SITTEN

Die Männerwelt, die in den Anlagen oder auf der «Mall» spazierenging, war immer noch – wie zur Zeit Elisabeths oder nach der Wiederherstellung des Königtums – viel großartiger gekleidet als das schwache Geschlecht. Abgesehen von Heim und Arbeit trugen Herren den Dreispitz, oft mit Fransen, Bändern oder Kokarden verziert. Ihren Zopf trugen sie mit einem hübschen Schleifchen im Nacken, wenn sie nicht die gepuderte Perücke aufhatten. Der kleidsame Leibrock, der bis zu ihren Knien reichte, besaß Knöpfe, die mehr auffallend als nützlich waren; und die reichen Brokatärmel deuteten auf Einkommen und Stand. Die Weste, auf der die goldene Uhrkette baumelte, zog mit ihren leuchtenden Farben das Auge auf sich – Gelb, Orange, Rot, Rosa oder Blau. Die feinen Leinenhemden endeten in Rüschen und verbargen die Unterwäsche aus Flanell. Um den Hals wurde eine elegante Batistschleife getragen. Die Kniehosen wurden mit Schnallen unter dem Knie befestigt und hatten drei Knöpfe an der Taille und drei versteckte am Hosenschlitz. Die Strümpfe waren gewöhnlich rot, aber bei feierlichen Anlässen aus weißer Seide. Schuhspitzen und Absätze mußten um 1730 rot sein. Doch bei all diesem Aufputz kam sich ein Mann von Welt ohne seinen Degen unbekleidet vor. Der aufsteigende Mittelstand bevorzugte fein geschnitzte Stöcke mit kostbarer Metallspitze; da die Straßen aber immer noch unsicher waren, enthielt der Stock häufig einen Degen. Schirme kamen im späten siebzehnten Jahrhundert auf und wurden erst gegen Ende des achtzehnten Jahrhunderts allgemein. Zum Reiten gehörte natürlich ein besonderer Anzug, je nachdem, ob es sich um einen Spazierritt oder um Jagd handelte. Stutzer (*Macaronis*) zogen die Aufmerksamkeit durch Übertreibungen in Schnitt und Farbe auf sich. Eine andere Gruppe (*Slovens*, Liederjane) tat sich durch nachlässige Manieren und Kleidung hervor; sie brachten ihr Haar sorgfältig in aufrührerische Unordnung, schnallten ihre Kniehosen nicht fest und trugen den Schmutz an ihren Schuhen als ein Wahrzeichen von Unabhängigkeit und origineller Denkart herum.

Die Mode umhüllte die Damen (wie noch vor fünfzig Jahren) mit einem atemberaubenden Geheimnis, das die weiblichen Formen nur ahnen ließ. Ihre weiten Röcke wurden noch mit Reifen aufgeplustert, die bei jedem Schritt hin und her wippten und dem entzückten Blick ein Stückchen Fußgelenk und ein stolzes Füßchen enthüllten. Die Reifen, manchmal neun Meter im Umfang, waren wahre Wälle und die Korsette ein Schild, so daß man bei Liebesabenteuern über das ganze Feuer eines Ritters verfügen mußte, um diese Rüstung zu durchbohren, diese Wälle zu erklimmen – was die Poesie nur erhöhte. Der Glanz und die Fülle weiblichen Haares gingen zum Teil bei den unnatürlich hohen Frisuren verloren, die so weit emporstrebten, daß man sich in acht nehmen mußte, um sie nicht an den Kronleuchtern anzuzünden. Das weibliche Gesicht verschwand unter Gesichtswasser, Pomade, aufgeklebten Leberfleckchen, Puder und künstlichen Augenbrauen. Alle Edelsteine des Orients mußten herhalten, um Haar und Ohren, Hals und Arme, Kleid und Schuhe zu zieren. Vom Turmbau auf dem Kopf mit den parfümierten Locken bis zum seidenen, juwelenbestickten Schuhwerk waren die eleganten Frauen darauf aus, bei jedem Mann, der vor ihnen auftauchte, auch das geringste Zögern im Keim zu ersticken. Im Jahre 1770 hatten künstliche Verschönerungsmittel solche Ausmaße angenommen, daß das Parlament in einem Anfall guter Laune ein Gesetz erließ, das Männer vor ihrer eigenen Voreiligkeit schützen sollte:

«Daß sämtliche Frauen, ohne Rücksicht auf ihr Alter, ihren Rang, ihren Beruf oder Titel, ob junge Mädchen, Jungfern oder Witwen, die durch die Anwendung von Parfums, Schminke, Schönheitsmitteln, künstlichen Zähnen, falschem Haar, Polstern, eisernen Korsetts, Reifen, Absatzschuhen usw. einen männlichen Untertan Seiner Majestät zur Heirat verlocken, verführen oder zwingen, unter diesem Gesetz und von seiner Veröffentlichung an, den gleichen Strafen unterliegen, wie sie das Gesetz über Hexerei und ähnliche Missetaten vorsieht, und daß die Heirat, nach solch einer Verurteilung, null und nichtig ist.»[86]

Gesetze versuchten, den übertriebenen Aufwand in der Kleidung einzudämmen, aber die Sitte wollte es, daß sich für den Geburtstag von Königin Caroline jeder echte Brite einen neuen Anzug erstand; diese selbst hatte an ihrem Krönungstag eine Robe und – größtenteils geborgten – Schmuck im Werte von 2400000 Pfund getragen. Im eigenen Heim durfte man all diese Trachten, die man sonst zur Schau stellte, ablegen und herumgehen, wie man wollte. Fenster waren nicht neugierig, und ihre Zahl wurde gesetzlich auf fünf beschränkt – was darüber war, wurde als Luxus besteuert. Innen waren die Wohnungen dunkel und muffig, höchst ungeeignet zum Atmen. Kerzen sorgten für Beleuchtung, meistens nicht mehr als eine auf einmal für die ganze Familie; nur die Reichen erlaubten sich mit Kronleuchtern und Fackeln in ihren Räumen eine festliche Beleuchtung. In vornehmen Häusern waren die Wände mit Eiche getäfelt, die Treppen samt ihren massiven Geländern bestanden aus Hartholz, die majestätischen Kamine aus Marmor, die Sessel waren mit Roßhaar gepolstert und mit Leder überzogen. Die mit verschnörkelten Schnitzereien und goldenem Zierat versehenen Möbel des «georgianischen» Zeitalters wirkten schwerfällig. Um 1720 wurde Mahagoni aus Westindien eingeführt, das für die vorhandenen Werkzeuge zu hart war; daraufhin wurden schärfere Werkzeuge hergestellt, und bald lieferte das neue Holz die schönsten Möbelstücke für das englische Heim.

Zur Heizung der Häuser wurde Kohle in Öfen oder offenen Rosten verbrannt, aber auch Holz in geräumigen Kaminen. Ganze Wolken von Rauch verfinsterten den Himmel über London. Nur mit Mühe war die von Ruß und Staub ständig bedrohte häusliche Sauberkeit aufrechtzuerhalten. Die Franzosen reihten – was die Reinhaltung der Häuser anlangte – ihre englischen Feinde gleich hinter den Holländern an zweiter Stelle ein. So schrieb Nicolas de Saussure 1726:

«Ein wohlgeführtes Haus wird zweimal in der Woche von oben bis unten gewaschen. Und sogar jeden Morgen werden Küche, Treppe und Eingänge geschrubbt. Die ganzen Möbel, vor allem aber sämtliche Küchengeräte, werden aufs reinlichste gehalten. Sogar die großen Klopfer und Riegel an den Türen werden glänzend gerieben.»[87]

Dabei war Seife teuer und Wasser nur beschränkt zu haben. Badezimmer waren ein Luxus für ganz wenige. Die meisten Leute stellten sich in einen Kübel und begossen sich mit Wasser.

Zu Hause verbrachte das einfache Volk die meiste Zeit in der Küche um den großen Ofen herum. Dort wurde gegessen, geschwatzt, manchmal auch geschlafen, denn die Küchen waren riesig. Eßzimmer gebrauchte man nur bei seltenen Gelegenheiten. Alle Stände nahmen die Hauptmahlzeit nach zwölf Uhr ein; der Mittelstand um zwei oder drei Uhr, die Reichen gegen fünf oder sechs Uhr. Je reicher man war, desto länger mußte man auf sein Mittagessen warten – ungefähr wie heute. In der guten Gesellschaft zogen sich die Damen nach der Mahlzeit zurück, denn dann begannen die Herren zu trinken, zu rauchen, hielten Reden und erzählten Witze. Das Mittagessen war umfangreich, denn es war das erste Mahl, das der britische Städter nach dem Frühstück und einem leichten Imbiß um elf Uhr vormittags zu sich nahm. Die Franzosen staunten über die Portionen, die ein Engländer auf einmal verzehren konnte. Bei der oberen Schicht und im Mittelstand war Fleisch das Hauptnahrungsmittel. Gemüse waren nur unbedeutende Zugaben. Als Nachspeise waren schwerverdauliche Puddings besonders beliebt. Tee wurde überall getrunken, obwohl das Pfund zehn Shilling kostete. Mit dem Nachtessen um neun Uhr wurde der Tag beschlossen.

Nachts blieben die meisten Engländer im sicheren Heim und vergnügten sich mit Unterhaltungen, Trinken, Disputen, Lektüre, Musik, Tanz, Billard sowie Schach-, Dame- und Kartenspielen. «Ich bitte Sie», sagte die Herzogin von Marlborough, «reden Sie mir nicht von Büchern. Die einzigen Bücher, die ich kenne, sind Männer und Karten.»[88]

Bischöfe und Pfarrer, die strengen Dissenters und sogar Philosophen spielten Karten; Hume ging selten zu Bett ohne eine kleine Partie Whist. 1742 stellte Edmond Hoyle die Whist-Regeln in einer «Kurzen Abhandlung» zusammen, und von da an mußte Whist bis zum Jahre 1864 «nach Hoyle» gespielt werden. – Tiere wurden in jedem Haus gehalten, nicht nur Katzen und Hunde, sondern ab und zu auch ein oder zwei Affen[89]. Fast jede Frau pflegte ihre Blumen, und fast jedes Haus hatte einen Garten. Die Engländer, mit Regen reichlich gesegnet, machten aus der Anlage ihrer Gärten eine nationale Leidenschaft. Unter Karl II. waren französische Gärten – vor allem à la Versailles – in England Mode, und man legte steife, geradlinige Gärten mit geometrischen viereckigen oder kreisrunden Mustern an, mit «malerischen Ausblicken» und «Perspektiven» (diese Ausdrücke wurden im siebzehnten Jahrhundert geprägt), wo nicht nur der Schnitt von Bäumen, Sträuchern und Hecken, sondern auch die Aufstellung der klassischen Statuen streng symmetrisch war. Die Vergnügungsparks in Vauxhall und in Ranelagh waren beide so angelegt; heute bietet Hampton Court noch ein Beispiel für diesen Stil. Wenn sich das alles auch gut mit der neoklassischen Literatur des englischen «Augusteischen» (klassischen) Zeitalters vertrug, so lehnten sich Addison und Pope, die typischsten literarischen Vertreter dieser Epoche, doch gegen den symmetrischen Garten auf und baten höflichst um einen «natürlichen Garten», wo der Überschwang der Natur wenigstens zum Teil unbeschnitten und ungezähmt bleiben und die Natur in ihrer Unberechenbarkeit noch reizende Überraschungen bieten sollte. Auch chinesische Einflüsse spielten bei der Gartengestaltung eine Rolle; in manchen Gärten wurden die Statuen durch Pagoden ersetzt; der Herzog von Kent baute in seinen Gärten in Kew ein Haus für Konfuzius. Der natürliche Garten war eher ein Abbild der gefühlvollen Dichter Thomson und Collins als des keuschen Addison oder des peinlich genauen, ordentlichen und säuberlichen Pope. Er bildete, im Verein mit den Schöpfungen der «Dichter der Empfindsamkeit», gleichsam den romantischen Diskant zu den Baßtönen der Neoklassik. Pope und Thomson stimmten beide in das Lob auf die Gärten ein, die Richard Temple, Viscount Cobham, auf seinem Besitztum in Stowe entwerfen ließ. Der ursprüngliche geometrische Entwurf von Charles Bridgeman wurde von William Kent und Lancelot Brown (dem «fähigen» Brown) in natürlichem Stil abgewandelt. Die Gärtner in ganz England und Frankreich sprachen darüber, und Jean-Jacques Rousseau war begeistert davon.

Jenseits der Gärten zogen sich die Flüsse dahin, mit Ruderbooten und müßigen Anglern, die von einem Fang träumten; dann kamen die Wälder, wo man Fasane, Birk- und Rebhühner und anderes Wild jagen konnte und wo die Jäger in roten Jacken mit ihren Hunden dem Fuchs oder Hasen nachhetzten. Weniger vermögende Engländer vergnügten sich mit Kricket, Federball, Handball, Kegeln, Pferderennen, Hahnenkämpfen, Bären- und Stierhatzen und Boxkämpfen, die sowohl zwischen Männern als zwischen Frauen ausgefochten wurden. Preisboxer wie Figs und Piper waren der Abgott aller Stände und zogen riesige Zuschauermengen an. Bis 1743 kämpften Boxer mit nackten Fäusten, dann wurden Boxhandschuhe eingeführt; aber viele Jahre vergingen, bis sich das Publikum daran gewöhnte und sie nicht mehr als unmännlich und eines Engländers unwürdig betrachtete. Zu den Unterhaltungen, die 1729/30 in London angepriesen wurden, gehörte «ein wilder Stier, der, mit Feuerwerk behängt, losgelassen wird» (in einer Ringbahn), «ein Hund mit Feuerwerk und ein Bär, der gleichzeitig losgelassen wird, und eine Katze, die an den Schwanz des Stieres gebunden wird»[90]. Bei einem Spiel, das «Hahnenwurf» genannt wurde, war der Hahn an einer Stange festgebunden, und aus einer gewissen Entfernung wurden Stöcke so lange auf ihn geworfen, bis er tot war. Die größte Volksbelustigung waren Hahnenkämpfe, wo bis zu sechzehn Hähne auf jeder Seite einander gegenübergestellt wurden und so lange miteinander kämpften, bis sämtliche Tiere auf einer Seite tot waren. Dann wurden die Sieger in zwei feindliche Parteien aufgeteilt und diese aufeinander losgelassen, und immer so weiter, bis nur noch ein Hahn übrigblieb. Grafschaften, Städte und Dörfer hatten ihre Hähne, die sie mit großem Patriotismus gegeneinander in den Kampf stellten, und ein liebenswürdiger Schriftsteller begrüßte diesen Sport als Ventil für kriegerische Gelüste[91]. Fast bei jedem Sport wurde gewettet.

Wer diese Vorführungen unverdaulich fand, konnte sich in den schattigen Anlagen von Vauxhall und Ranelagh für einen Shilling milderen Vergnügungen hingeben und das friedliche Menschengewimmel genießen, wobei er aber vor Taschendieben auf der Hut sein mußte; dort konnte man mit und ohne Maske tanzen, unter den Lampions in den Zweigen Tee trinken und den eleganten Damen mit ihren Verehrern und berühmten Komödianten zusehen. Man konnte Feuerwerk und Akrobaten bewundern, sich an leichter Musik freuen, ein feierliches Mahl zu sich nehmen oder in den so angenehm dunklen Alleen auf Liebesabenteuer ausgehen. Unter der großen Rotunde in Ranelagh konnte man sich auch in Gesellschaft eines besseren Publikums ernsthafterer Musik widmen. «Jeden Abend», schrieb Horace Walpole 1744, «gehe ich nach Ranelagh, das Vauxhall völlig aus dem Feld geschlagen hat. Niemand geht noch woanders hin; alles kommt dorthin.»[92] Vauxhall und Ranelagh waren im Winter geschlossen; dann aber froren viele Flüsse zu, und der Wintersport kam an die Reihe. Einmal, Weihnachten 1739, gefror sogar die Themse, und die vergnügungslustigen Londoner tanzten und speisten auf dem Eis. Ein paar Sensationslustige fuhren sogar mit einem Wagen über den Fluß von Lambeth bis zur London Bridge[93]. Und dann gab es noch die großen Jahrmärkte, wo sich das gemeine Volk an den verschiedensten Vorführungen belustigte, vom Guckkasten bis zum fliegenden Menschen.

Von der Sprache einiger weniger feiner Leute abgesehen, war der Umgangston roh, und mit Flüchen wurde nicht gespart. Hogarth fing zwar das Leben des Alltags ein, aber nicht seine Sprache. Dirnen und Wüstlinge, Fuhrleute und Ruderer, Soldaten und Seeleute waren Meister im Zotenreißen und Lästern, und die Fischhändler am Billingsgate machten ihren Markt unsterblich mit ihren unvergleichlichen Flüchen. In Gast- und Wirtshäusern war die Sprache etwas gedämpfter, aber immer noch reichlich saftig. Sogar zu Hause hielten die Männer mit ihren zweifelhaften Geschichten, Verwünschungen und Trinksprüchen nicht zurück, zum Entsetzen der Damen, die aber selbst vor einem herzhaften Fluch oder einem unanständigen Witz nicht zurückschreckten.

In Klubhäusern und Cafés gewann die Sprache an Feinheit. Steele, Swift, Fielding, Cowper und Johnson schrieben über das Gespräch als eine erlesene Kunst. Man kann sie sich bei ihren ausschließlich von Männern besuchten Zusammenkünften vorstellen, bei Kaffee, Bier, aber vor allem Alkohol, wie sie Pfeifen rauchten und über das Parlament, über den Stimmenkauf Robert Walpoles und die verwünschte Politik der «französischen Hunde» jenseits des Ärmelkanals diskutierten. Gelacht wurde laut und von Herzen, wenn auch Prediger der Moral wie Shaftesbury und der Amoral wie Chesterfield der Ansicht waren, Gelächter solle dem niederen Volk überlassen werden und nur ein Lächeln sei standesgemäß[94]. Das Schnupfen von Tabak – zum erstenmal im Jahre 1589 erwähnt – wurde von beiden Geschlechtern gepflegt und wurde wie Kaffee als medizinisch wertvoll betrachtet: Das Niesen, das das Tabakpulver hervorrief, sollte angeblich die Nasengänge befreien, Kopfweh, Erkältungen, Taubheit und Schläfrigkeit heilen, die Nerven beruhigen und das Gehirn klären. Wer mit der Mode ging – sei es Herr oder Dame –, durfte nicht ohne Schnupftabakdose ausgehen; und auf diesen kleinen Büchsen vollbrachten Goldschmiede, Juweliere und Emailleure wahre Meisterwerke.

In den dreitausend Kaffeehäusern Londons kam man ebensogern zur Unterhaltung wie zur Lektüre zusammen. Dort gab es Zeitungen und andere Schriften, die dem Publikum zur Verfügung standen. Feder, Papier und Tinte waren auch vorhanden, und Kaffeehäuser dienten nicht nur als Briefadresse, sondern besorgten auch das Absenden von Post. Einige Kaffeehäuser und Konfiserien entwickelten sich damals zu exklusiven Klubs, wo man sicher war, nur seinesgleichen anzutreffen, und wo man sich im geschlossenen Kreis dem Spiel hingeben konnte. Gegen Ende des achtzehnten Jahrhunderts gab es ebenso viele Klubs wie vorher Kaffeehäuser. Auch die Freimaurer scheinen ihre englische Geschichte als Klub – die «Große Loge» («Grand Lodge»), die 1717 in London eingerichtet wurde – begonnen zu haben. Die Klubs begünstigten Trinken, Glücksspiele und politische Intrigen, aber sie lehrten Männer wenigstens die halbe Kunst der Unterhaltung. Die andere Hälfte fehlte, weil sich hier nur Männer trafen; die Verfeinerung von Geist und Sitte, wozu die Gegenwart von Frauen unerläßlich ist, fand hier keine Anregung. England war ein Land für Männer. Frauen nahmen am kulturellen Leben nur wenig Anteil; Salons gab es nicht; und als Lady Mary Montagu einen eröffnen wollte, wurde sie als eine verschrobene Person betrachtet, die anscheinend nicht wußte, wo sie hingehörte[95].

In den oberen Ständen konnten Frauen ihre Kunst bei Hofe oder im Heim, bei Empfängen, Tänzen und musikalischen Aufführungen beweisen. Das Wochenende in Landhäusern wäre eine besonders angenehme Zugabe zum Leben gewesen, hätte die Dienerschaft dabei nicht so hohe Trinkgelder erwartet. Wenn der Gast sich verabschiedet hatte, mußte er noch die Doppelreihe von Dienern, Hausmeistern, Lakaien, Verwaltern, Pförtnern, Stubenmädchen, Köchen und anderen Bediensteten passieren, während Kutscher und Reitknecht unerschütterlich draußen warteten. Von der berühmten Anhänglichkeit britischer Diener an ihren Herrn war in der ersten Hälfte des achtzehnten Jahrhunderts nicht viel zu merken. Sie waren oft unaufmerksam, unverschämt und aufsässig und wechselten gegen besseren Lohn das Haus ohne weiteres. Wenn sie konnten, bestahlen sie nicht selten ihren Herrn, ihre Herrin und die Gäste; sie tranken im stillen den Wein ihres Herrn und putzten sich mit den Kleidern ihrer Herrin.

Der Höhepunkt der Eleganz, nach dem Empfang bei Hof, war der Aufenthalt in einem Kurort, wo man Mineralwasser trank und in Gesellschaft ausgewählter Personen – und nicht mit Krethi und Plethi zusammen wie im Meer – badete. Turnbridge war wegen seiner Quelle berühmt, aber das Publikum war nicht erlesen. Epsom Wells (Epsomquelle) bot Musik, Volkstänze, abgerichtete Hunde und Wasser für die Verdauung, das noch nicht zu Epsom Salts (Epsomsalz) kristallisiert worden war. Das Baden in der See war noch nicht Mode, wenn auch Chesterfield einige Leute in Scarborough dabei bemerkte; aber nachdem Dr. Richard Russell 1753 sein Buch *Of Glandular Consumption, and the Use of Sea-Water in Diseases of the Glands* (Über Drüsenschwindsucht und die Verwendung von Meerwasser bei Drüsenerkrankungen) veröffentlicht hatte, stürzte sich alles an den Strand, und bescheidene Fischerdörfer wie Brighton entwickelten sich plötzlich zu Badeorten.

Der Adel zog Bath vor. Dort netzten die vornehmsten britischen Patienten Gurgel und Glieder mit dem übelriechenden Wasser, das angeblich die Gebrechen der allzu wohl Genährten heilen sollte. Der kleine Kurort hatte seine erste Trinkhalle 1704 eröffnet, sein erstes Theater 1707 und ein Jahr später den ersten jener «Festsäle», die bei Fielding und Smollett vorkommen. 1755 wurde das große römische Bad entdeckt. John Wood und sein Sohn versahen die Stadt – wie wir später sehen werden – mit klassischen Bauten. Im Jahre 1705 beherrschte «Beau» Nash, ein Anwalt und Spieler, das gesellschaftliche Leben des Ortes. Er untersagte das Tragen des Degens an öffentlichen Vergnügungsstätten und setzte sogar durch, daß Duelle in Bath als unschicklich aus der Mode kamen. Er erreichte auch, daß Männer Schuhe und nicht mehr hohe Stiefel trugen. Er selbst stolzierte in einem riesigen weißen Hut und einem reichbestickten Mantel einher; sein Sechsspänner wurde nur von grauen Pferden gezogen; fröhliche Hornklänge zeigten seine Ankunft an. Er ließ Straßen und Häuser ausbauen, legte schöne Gärten an, sorgte für Musik und bezauberte fast jeden mit seiner Freundlichkeit und seinem Geist. Der englische Adel kam herbeigeströmt, denn außer Bädern fand er hier auch eine reiche Tafel mit großer Auswahl an Wild. Als Gesetze gegen Hasardspiele erlassen wurden, erfand Nash neue Glücksspiele, die nicht verboten waren. Schließlich erschienen auch König Georg II., Königin Caroline und Prinz Friedrich Ludwig, und Bath verwandelte sich auf kurze Zeit in einen zweiten Hof. Die Beschreibung, die der Graf von Chesterfield vom Leben an den Höfen gab, hätte sich zweifellos auch auf Bath – das er sehr liebte – anwenden lassen. Die Höfe waren nach ihm Orte, «wo man Freundschaft ohne Zuneigung, Feindschaft ohne Haß, Ehre ohne Tugend findet, wo der Schein gewahrt, aber das, worauf es ankommt, geopfert wird, wo gute Manieren mit Unmoral Hand in Hand gehen und wo alle Laster und alle Tugenden so versteckt sind, daß man sie – sofern man sie nur aus der Theorie kennt – unmöglich voneinander unterscheiden kann, wenn man mit ihnen zum erstenmal bei Hofe zu tun bekommt»[96].

VII. CHESTERFIELD

Verweilen wir einen Augenblick bei diesem scharfsinnigen Edelmann. Er war – abgesehen davon, daß er ein gutes Buch verfaßte – ein typischer Vertreter des englischen Adels seiner Zeit. Seine *Briefe an seinen Sohn*, die meistens mit Nichtachtung behandelt wurden, sind, in gediegener Prosa, eine Fundgrube von Weisheit, eine Zusammenfassung der Sitten und Ideale seines Standes und beweisen einen vielseitigen, beweglichen Verstand.

Bei seiner Taufe (1694) erhielt er den Namen Philip Dormer Stanhope, Sohn des Philip Stanhope, des dritten Grafen von Chesterfield, und der Lady Elizabeth Savile, Tochter des Georg Savile, des Marquis von Halifax – eines geschickten Opportunisten unter früheren Regierungen. Seine Mutter starb, als er noch klein war, sein Vater vernachlässigte ihn; erzogen wurde er von der Marquise von Halifax. Ein Hauslehrer brachte ihm die alten Sprachen und Französisch so gut bei, daß er sich in der Blütezeit der römischen und französischen Kultur völlig zu Hause fühlte. Er studierte ein Jahr in Cambridge und machte sich 1714 auf eine große Reise. Im Haag spielte er um hohe Einsätze; in Paris traf er mit sicherem Geschmack unter den dortigen Frauen seine Wahl. Von Paris schrieb er (am 7. Dezember 1714):

«Meine Meinung über die Franzosen werde ich nicht äußern, denn ich werde sehr oft für einen der ihren gehalten. Und einige haben mir das größte Kompliment gemacht, dessen sie fähig sind, nämlich: 'Verehrter Herr, Sie sind genau wie wir.' Ich kann Ihnen nur mitteilen, daß ich dreist bin, sehr viel rede, mich laut und herrisch benehme und singend und tanzend herumspaziere; und vor allem verschwende ich mein Geld an Puder, Frisuren, Federn und weiße Handschuhe.»[97]

Bei seiner Rückkehr nach England wurde er zum Kammerherrn des damaligen Prinzen von Wales, des späteren Georg II., ernannt. Der Lieblingsminister Georgs I., James Stanhope, war ein Verwandter Philips. Man fand ihm einen Bezirk, den er elf Jahre lang als Whig-Abgeordneter im Unterhaus vertrat. Nach dem Tode seines Vaters (1726) wurde er vierter Graf von Chesterfield und saß von nun an im Oberhaus (*House of Lords*), das er später als das «Haus der Unheilbaren» (*House of Incurables*) bezeichnete. 1728 wurde er als Gesandter nach dem Haag geschickt, wo er sich seiner Aufgabe so gut entledigte, daß er mit dem Hosenbandorden und der Ernennung zum Großhofmeister ausgezeichnet wurde. Im Jahre 1732 schenkte ihm seine Mätresse, ein Fräulein du Bouchet, einen Sohn, Philip Stanhope, den späteren Empfänger der *Briefe*. Ein Jahr später heiratete er die Gräfin von Walsingham, eine natürliche Tochter Georgs I. und der Herzogin von Kendal. Vielleicht hatte er auf eine königliche Mitgift gehofft; jedenfalls erhielt sie keine, und die Ehe verlief in vornehmem Elend.

Er wäre zweifellos zu höheren Ehren gekommen, hätte er sich nicht Walpoles Gesetz für eine Verbrauchssteuer auf Tabak und Wein widersetzt. Er half bei der Durchkreuzung dieser Maßnahme mit und wurde bald darauf (1733) aus der Regierung entlassen. Er agitierte gegen Walpole, verlor dabei seine Gesundheit, zog sich auf den Kontinent zurück (1741), besuchte Voltaire in Brüssel und verkehrte mit Fontenelle und Montesquieu in Paris. Als er nach England zurückkam, schloß er sich weiter der Opposition an. An den Artikeln, die er unter dem Namen Jeffrey Broadbottom in einer neuen Zeitung *Old England* veröffentlichte, fand Sarah, die Herzogin von Marlborough, soviel Gefallen, daß sie ihm zwanzigtausend Pfund vermachte. 1744 gewann seine «Broad Bottom»-Partei. Er trat in das Ministerium Pelhams ein und wurde nach dem Haag geschickt, um die Holländer dazu zu bringen, an der Seite Englands in den Österreichischen Erbfolgekrieg einzutreten, was ihm dank seinem Takt und seiner Gewandtheit auch gelang; daraufhin rückte er zum Vertreter des Königs (*Lord-Lieutenant*) in Irland auf (1745). Seinem einjährigen Aufenthalt in Irland war größter Erfolg beschieden. Er gründete Schulen und Industrien, säuberte die Regierung von Bestechung und Amtsmißbrauch und erledigte die Geschäfte unparteiisch und mit großem Geschick. Er setzte der Verfolgung von Katholiken ein Ende, ernannte verschiedene von ihnen zu Beamten und erwarb sich die Achtung der katholischen Bevölkerung in solchem Maße, daß der Einfall des jungen schottischen Thronprätendenten in England nicht die erwartete gleichzeitige Revolte in Irland nach sich zog, weil die Irländer eine Erhebung gegen Chesterfield verweigerten.

1746 wurde er als Minister nach London zurückberufen. Und da beging dieser Meister an Takt und Feingefühl einen unverzeihlichen Fehler. Er machte mehr der Mätresse des Königs als der Königin selbst den Hof, und Caroline gelang es, ihn zu Fall zu bringen. 1748 zog er sich aus dem öffentlichen Leben zu «meinem Pferd, meinen Büchern und meinen Freunden» zurück[98]. Georg II. bot ihm ein Herzogtum an, was er ablehnte. 1751 machte er sich zum Wortführer der Bewegung zugunsten der Einführung des Gregorianischen Kalenders, zog sich dabei aber den Unwillen der Öffentlichkeit zu, die an dem «papistischen Diebstahl», der das englische Volk um elf Tage betrüge, Anstoß nahm. 1755 wurde er von Johnson in der Widmung zum *Dictionary* aufs Korn genommen; auf diese Angelegenheit werden wir später noch zurückkommen.

Inzwischen hatte er seit 1737 ununterbrochen Briefe an seinen Sohn geschrieben. Seine Liebe für dieses Nebenprodukt seiner ersten Gesandtschaft in Holland verrät die Zärtlichkeit, die er fast sein Leben lang vor der Öffentlichkeit verbarg. «Seit Du am Leben bist», schrieb er dem Knaben, «war es meine größte und liebste Sorge, Dich so vollkommen zu machen, wie es die unvollkommene menschliche Natur zuläßt.»[99] Seine Erziehung sollte aus Philip keinen vorbildlichen Christen machen, sondern ihn auf eine Laufbahn als Staatsmann und Diplomat vorbereiten. Als das Kind fünf Jahre alt war, begann er mit Briefen über Sagen und Geschichte des Altertums. Zwei Jahre später ließ er schon das Thema anklingen, das später immer wieder in seiner Korrespondenz auftauchte:

«In meinem letzten Brief schrieb ich über die Höflichkeit der Leute von Welt, die an das Hofleben gewöhnt sind und den vornehmen Teil der Menschheit bilden. Ihre Höflichkeit ist ungezwungen und natürlich, und Du mußt sie von der Zuvorkommenheit des niederen Volkes und der Bauern unterscheiden, die immer gezwungen oder künstlich ist ... Ein wohlerzogener Mann zeigt sich immer gefällig, ohne aber aufdringlich zu werden. Nur wenige Engländer sind wirklich höflich; entweder sind sie scheu oder aber dreist, während die meisten Franzosen ungezwungene und höfliche Manieren haben. Und da Du zur besseren Hälfte ein kleiner Franzose bist, so hoffe ich, daß Du wenigstens *halb* höflich sein wirst. Um so mehr wirst Du Dich in einem Land auszeichnen, wo Höflichkeit nicht sehr verbreitet ist.»[100]

So sandte der Vater den vierzehnjährigen Philip nach Paris, um seine Erziehung in guten Manieren zu beenden, obwohl er sich darüber klar war, daß Paris auch der Sittlichkeit seines Sohnes ein Ende machen werde. Der junge Mann mußte die Welt kennen, sollte er seiner Regierung von Nutzen sein. Und das geeignetste Studienobjekt für einen Staatsmann ist der Mensch. Nachdem der Graf seinen Sohn durch Privatlehrer und Briefe mit Klassik und Literatur bekannt gemacht hatte, steuerte er ihn von den Büchern zurück zu den Menschen.

«Mein lieber Freund: Nur sehr selten taten sich berühmte Unterhändler durch ihre Bildung hervor ... Der verstorbene Herzog von Marlborough, der ebenso gewandt bei Verhandlungen war wie als General, kannte fast keine Bücher, verfügte aber über große Menschenkenntnis, während der gelehrte Grotius sich sowohl in Schweden als in Frankreich als höchst ungeschickter Gesandter erwies.»[101]

Wenn Philip vorhabe, in die Regierung einzutreten, so solle er vor allem die regierenden Klassen studieren, ihr Milieu, ihre Moral, ihre Sitten, Ziele und Mittel. Er solle nur die besten Bücher lesen, um sich einen guten Stil anzueignen, denn auch das gehöre zur Kunst des Regierens. Auch möge er sich mit Musik und Kunst bekannt machen – aber um Gottes willen nicht danach streben, Schriftsteller oder Musiker zu werden[102]. Er solle sorgsam die moderne Geschichte der europäischen Staaten studieren, ihre Könige und Minister, ihre Gesetze und Verfassungen, ihre Finanzen und ihre Diplomatie. Er solle bei La Rochefoucauld und La Bruyère über die Natur des Menschen lesen; zwar seien sie Zyniker; doch könne man, wenigstens in der Politik, nicht fehlgehen, wenn man bei jedem Menschen voraussetze, daß er seine eigenen Interessen verfolge, so wie er sie verstehe; und jeder Politiker, der das nicht zugebe, sei verdächtig. Philip möge nicht erwarten, daß die Menschen sich vernünftig benehmen; man müsse auch ihre Vorurteile in Betracht ziehen. «Unsere Vorurteile sind unsere Geliebten; der Verstand ist im besten Falle unsere Frau – man hört sie allerdings oft, hört aber nur selten auf sie.»[103] Auch das Schmeicheln solle er lernen, denn nur die größten Weisen und Heiligen seien unempfänglich für Schmeichelei; aber je höher er steige, desto feiner und verschleierter müsse er seine Schmeichelei anbringen. Er solle die Abkunft der wichtigsten Familien studieren, denn Menschen sind stolzer auf ihren Stammbaum als auf ihre Tugenden[104]. Er solle den Frauen den Hof machen, vor allem um sich ihrer Hilfe zu versichern, denn sogar mächtige Staatsmänner ließen sich von schwachen Frauen beeinflussen, besonders, wenn es nicht ihre eigenen sind.

Chesterfields Ratschläge an seinen Sohn über die Beziehungen zwischen den Geschlechtern amüsierten die Franzosen und entsetzten die Engländer. Er war der Ansicht, daß ein paar Verhältnisse eine ausgezeichnete Vorbereitung auf Heirat und Reife seien. Er bestand nur darauf, daß Philip sich Geliebte mit guten Manieren aussuchte, die ihn beim Sündigen gleichzeitig verfeinern konnten. Er empfahl ihm Frau von Pin wegen ihrer «guten Erziehung und ihres Takts»[105]. .Er unterwies seinen Sohn auch in der Taktik des Verführens. Keine Weigerung sollte untätig zur Kenntnis genommen werden, denn

«auch die tugendhafteste Frau ist weit entfernt davon, sich über eine Liebeserklärung zu kränken, im Gegenteil, es schmeichelt ihr, wenn sie auf höfliche und angenehme Art vorgebracht wird ... Wenn sie zuhört und Dir gestattet, Deine Erklärung zu wiederholen, so kannst Du sicher sein, daß sie sich über Dich lustig macht, falls Du nicht alles übrige wagst ... Wenn sie das erste Mal nicht zuhört, versuch es ein zweites, ein drittes, ein viertes Mal. Wenn die Festung auch noch nicht erobert ist, so darfst Du doch sicher sein, daß sie sich einnehmen läßt.»[106]

Der Graf, der in der Heirat weder Glück noch Annehmlichkeit gefunden hatte, vermittelte seinem Sohn keine sehr hohe Meinung von den Frauen.

«Über dieses Thema will ich Dir einige Enthüllungen machen, die Dir sehr nützlich sein werden, die Du aber ganz für Dich behalten mußt. Frauen sind nämlich nur große Kinder. Sie können ganz unterhaltsam sein und haben sogar manchmal Geist. Was aber logisches Denken, gesunden Menschenverstand anbelangt, so habe ich in meinem ganzen Leben nie eine gekannt, die vierundzwanzig Stunden hintereinander folgerichtig überlegt oder gehandelt hätte ... Ein vernünftiger Mann amüsiert sich mit ihnen, spielt mit ihnen, erfüllt ihre Launen und schmeichelt ihnen ..., aber bei ernsten Angelegenheiten fragt er sie weder um Rat, noch vertraut er ihnen, wenn er auch manchmal vorgibt, beides zu tun, und auf nichts in der Welt sind sie so stolz; denn sie mischen sich schrecklich gern in Geschäfte ein (die sie, nebenbei bemerkt, immer verpfuschen) ... Keine Schmeichelei erscheint ihnen je zu übertrieben oder zu geringfügig; die übertriebenen verschlingen sie geradezu, und die geringfügigen werden noch dankbar entgegengenommen. So kannst Du ohne Bedenken einer Frau jede Art von Kompliment machen, sei es über ihr Verständnis, sei es über ihren so äußerst geschmackvollen Fächer. Frauen, die ganz offensichtlich schön oder offensichtlich häßlich sind, macht man am besten Komplimente über ihren Verstand.»[107]

In Frankreich, sagte der Graf, muß man sich mit sehr viel Takt um die Gunst der Frauen bemühen, denn einerseits hängt von ihnen die Laufbahn eines Mannes bei Hofe ab, andererseits lehren sie ihn die Grazie des Lebens. Frauen gewinnen mehr durch die Anmut ihrer Bewegungen, ihrer Manieren und ihres Ausdrucks als durch ihre Schönheit; Schönheit ohne Anmut sieht man nicht, aber Anmut ohne Schönheit kann immer noch bezaubern. «Frauen sind die einzigen, die das Verdienst eines Mannes veredeln können; Gewicht können sie ihm nicht verleihen, aber Glanz.»[108] Der Graf riet seinem Sohn, niemals abfällig über Frauen zu sprechen; das wäre gemein, gewöhnlich, dumm und ungerecht, denn Frauen haben viel weniger Schaden in der Welt angerichtet als Männer. Außerdem ist es immer unrichtig, zu verallgemeinern, ganze Klassen oder Gruppen anzugreifen; «einzelne Menschen vergeben – manchmal, aber die Allgemeinheit und die Gesellschaft nie»[109].

Chesterfield empfahl immer wieder gute Manieren.

«Gute Manieren sind Vermittler im Gesellschaftsleben wie Geld im Geschäftsleben. Von beiden wird Gewinn erwartet. Ein Bär kann ebensowenig auf Zuvorkommenheit rechnen wie ein Mann, der Bankerott gemacht hat, auf Geld.»[110]

Hier spielt ein guter Tanzmeister eine Rolle; er bringt uns wenigstens bei, wie man ohne Aufwand an Aufmerksamkeit und Energie sitzen, gehen und stehen soll. Da der Graf ein Aristokrat war, nannte er gute Manieren «angeborene Lebensart»; unbewußt und vielleicht mit Recht erkannte er die Schwierigkeit, sich gute Manieren anzueignen, wenn man nicht in einer Familie erzogen wird und sich nicht in einem Kreis bewegt, wo sie selbstverständlich sind. «Charakteristisch für den wohlerzogenen Mann ist es, daß er sich an Untergebene ohne Unverschämtheit wendet, an Höherstehende mit Achtung und Ungezwungenheit.»[111] Man darf den Zufall einer höheren Geburt nicht ausbeuten.

«Du darfst Dich nicht – und ich bin sicher, Du tust es nicht – Deinem Diener, der Dein Zimmer sauber macht, oder Deinem Schuhputzer gegenüber von Natur aus überlegen fühlen, aber Du darfst Dich zu Recht über den Unterschied freuen, den das Schicksal zu Deinen Gunsten gemacht hat. Genieße diese Vorteile, aber ohne jene zu kränken, die schon genug darunter leiden, daß sie ihnen versagt sind, und ohne sie unnötigerweise an das zu erinnern, was ihnen versagt ist. Ich persönlich passe mehr auf, wie ich mich meinen Dienern und anderem sogenannt geringerem Volk gegenüber benehme als gegenüber meinesgleichen, aus Angst, daß man mich eines so niedrigen und engherzigen Wunsches verdächtigen könnte, andere fühlen zu lassen, welchen Unterschied das Schicksal – und vielleicht allzu unverdient – zwischen uns gemacht hat.»[112]

Gute Manieren beziehen sich sowohl auf den Geist als auf den Körper, und beide stehen unter dem Einfluß der Gesellschaft, die wir uns aussuchen.

«Es gibt zwei Arten guter Gesellschaft. Die eine, *le beau monde,* setzt sich aus Leuten zusammen, die bei Hof und allen fröhlichen Anlässen im Leben führend sind; die andere besteht aus Menschen, die sich durch ein besonderes Verdienst ausgezeichnet oder in Kunst und Wissenschaft hervorgetan haben. Was mich anbelangt, so habe ich die Gesellschaft von Herrn Addison oder Herrn Pope als ebenso hochstehend empfunden wie die Gesellschaft sämtlicher Fürsten Europas.»[113]

In guter Gesellschaft, beider Art, ist es ratsam, Zurückhaltung zu bewahren, nicht zu viel und nicht zu offen zu sprechen: Man sei «geschickt genug, eine Wahrheit zu verheimlichen, ohne sich einer Lüge schuldig zu machen», und man erwecke bei aller Zurückhaltung doch den Eindruck der Offenheit.

«Selbst wenn Du sicher bist, tue so, als ob Du zweifelst ...; und wenn Du andere überzeugen willst, erwecke den Eindruck, daß Du Dich überzeugen lassen willst ... Trage Deine Kenntnisse wie Deine Uhr in einer Tasche und hole sie nicht unnötig heraus ..., nur um damit zu prahlen[114]. ... Vor allen Dingen, vermeide, wenn möglich, von Dir selbst zu sprechen.»[115]

«Sprich nicht über Religion; preist Du sie, werden die Intellektuellen lächeln, verurteilst Du sie, werden reife Menschen es bedauern. Es wird Dir gut tun, Voltaires Geschichten zu lesen, aber nimm Dich in acht vor den *philosophes,* die die Religion angreifen. Auf keinen Fall darfst Du jenen freidenkerischen Begriffen beipflichten oder Beifall spenden, die jede Religion angreifen, ein jämmerliches abgenutztes Thema für Geistesarme und minderwertige Philosophen. Sogar die Einfältigen, die über ihre Späße lachen, haben noch genug im Kopf, um ihrem Charakter zu mißtrauen und sich davor zu hüten. Denn wenn man die moralischen Tugenden ganz oben ansetzt und die Religion ganz unten, so muß die Religion doch als eine Sicherung der Tugend beibehalten werden, und jeder vorsichtige Mann verläßt sich eher auf eine doppelte Sicherung als auf eine einfache. Wenn Du daher zufällig in die Gesellschaft solch gedankenloser Freigeister, dieser angeblichen *esprits forts,* kommst, die über jede Religion lachen, um ihren Geist zu beweisen ..., so zeige weder in Wort noch Ausdruck die geringste Zustimmung; im Gegenteil, zeige Deine Abneigung durch schweigenden Ernst; aber gehe auf das Thema nicht ein und lehne solche wertlosen und unziemlichen Diskussionen ab.»[116]

Im Angriff auf die Religion erkannte Chesterfield im Jahre 1752 die Vorstufe zu einer sozialen Revolution. «Ich sehe voraus, daß die Geschäfte von Königen und Priestern noch vor dem Ende dieses Jahrhunderts nicht halb so gut gehen werden wie zuvor.»[117] Und im Jahre 1753, zwei Jahre nach dem Erscheinen der antiklerikalen *Encyclopédie,* schrieb er an seinen Sohn:

«Die Geschehnisse in Frankreich entwickeln sich auf bedrohliche Weise, und dies, meiner Meinung nach, mit jedem Tage mehr. Der König wird verachtet. Die Franzosen diskutieren frei – was vorher nie der Fall war – über Dinge, die Religion und Regierung betreffen, und zeigen sich langsam als *spregiudicati* (ohne Vorurteil); sogar die Offiziere. Kurz gesagt, all dies sind Symptome, die ich jedesmal in der Geschichte angetroffen habe, wenn sich große Umwandlungen und Umwälzungen in der Regierung vorbereiteten, und sie verstärken sich mit jedem Tag in Frankreich.»[118]

Eine Studie der achthundert Seiten starken *Briefe* Chesterfields hat uns davon überzeugt, daß es sich bei ihm um einen geistig, wenn auch nicht moralisch hochstehenden Menschen handelt. Seine englischen Zeitgenossen, die seine Briefe nicht gelesen hatten, waren zu rasch bereit, ihn eher als einen Schöngeist denn als einen Philosophen zu bezeichnen. Sie hatten ihren Spaß an seiner Bemerkung im Oberhaus: «Wir, meine Lords, können dem Himmel danken, daß wir etwas Besseres als unser Gehirn haben, worauf wir uns verlassen können.»[119] Sie beobachteten, daß er sich wie irgendein beliebiger Liederjan und Dummkopf dem Spiel hingab, und wußten (was er seinem Sohn gestand), daß er kein Vorbild an Keuschheit gewesen war. Der erzürnte Johnson nannte die *Briefe* eine Anleitung zu «der Moralität einer Hure und den Manieren eines Tanzmeisters»[120]. Aber wie viele andere Aussprüche des großen Mannes war auch dieser etwas einseitig. Chesterfield brachte dem Jüngling die Moral seiner Zeit und seiner Klasse und die geschliffenen Manieren der politischen Welt bei; man darf nicht vergessen, daß er seinen Sohn auf eine diplomatische Laufbahn vorbereitete, und kein Diplomat darf es wagen, seine christlichen Grundsätze über die Grenzen hinüber zu betätigen.

Trotzdem war ein großer Teil der moralischen Doktrin, die Philip geboten wurde, ausgezeichnet. «Ich habe Dir oft in früheren Briefen gesagt (und darüber besteht kein Zweifel), daß Du Dir die Achtung und Schätzung der Menschen nur durch strengste und peinlichste Ehrenhaftigkeit und Tugend verdienen kannst.»[121] Die Empfehlungen in bezug auf Liebeleien waren wahrscheinlich ein Versuch, den jungen Mann vor Leichtsinn zu bewahren; deswegen die Warnung: «Frauen nachzulaufen kann nur zum Verlust der Nase, zu zerrütteter Gesundheit und nicht selten zum Ruin führen.»[122] Sogar Johnson meinte in einem nachsichtigeren Augenblick, daß Lord Chesterfields *Briefe an seinen Sohn* ein sehr hübsches Buch abgeben könnten; nach Entfernung der unmoralischen Stellen sollte man es jedem jungen Gentleman in die Hand geben[123]. Vielleicht lehrten die *Briefe* nur unzulänglich die Bedeutung von Ehre, Anstand, Mut und Treue; aber es ist nicht wahr, daß Chesterfield Reichtum oder Rang mit Tugend oder Weisheit verwechselte. Er pries Milton, Newton und Locke weit mehr als die Politiker seiner Zeit. Wie wir sehen, pflegte er Freundschaft mit den besten Schriftstellern der Epoche. Er hatte großes Interesse für gute Literatur. Keine zeitgenössische Prosa kam an die seine heran – einfach, kraftvoll, klar und doch leicht genug, um die Bürde seiner Gedanken tragbar zu machen. Obwohl er moderne und alte Sprachen beherrschte, zog er die knappe, urwüchsige englische Ausdrucksweise vor. Voltaire hielt die *Briefe* für «das beste Buch über Erziehung, das je geschrieben wurde»[124], und Sainte-Beuve nannte es «ein reiches Buch, von dem man keine Seite lesen kann, ohne daß sich einem eine geglückte Beobachtung ins Gedächtnis gräbt»[125].

Wenn wir ein Werk nach den Früchten beurteilen, die es unverzüglich trägt, so waren die *Briefe* ein Mißerfolg. Der junge Philip überwand nie die Trägheit seines Geistes, seine nachlässigen Angewohnheiten, seine Ungeschicklichkeit, seine zögernde Ausdrucksweise. Nach all diesen Beschwörungen, berichtete Fanny Burney, hatte er «weniger Lebensart als irgendein Mann, den ich kennenlernte»[126]. Eine Laune der Natur oder zufällige Umstände machten eine fünf Pfund schwere Sammlung von Richtlinien zunichte. Philip litt daran, daß er im Besitz eines reichen Vaters und einer gesicherten, angenehmen Zukunft war; für ihn gab es weder Angst vor Hunger noch Aufsässigkeit gegen eine untergeordnete Stellung, was vielleicht seinen Ehrgeiz oder seine Unternehmungslust angespornt hätte. Wie sein enttäuschter Vater sagte, fehlte es ihm an «jener *vivida vis animi*», an jener lebendigen Kraft der Seele, «die junge Menschen dazu anspornt und anregt zu gefallen, zu glänzen, sich hervorzutun»[127]. Es ist rührend, wenn man den alten Grafen so viele weise Ratschläge und väterliche Zuneigung mit so geringem Ergebnis verschwenden sieht. «Sei überzeugt», schrieb er dem Vierzehnjährigen, «daß ich Dich sehr liebhaben werde, solange Du es verdienst, aber nicht einen Augenblick länger.»[128] Und trotzdem ist sein letzter Brief an seinen Sohn, zweiundzwanzig Jahre später[129], warm und besorgt. Einen Monat darauf starb Philip in Paris (1768) im Alter von sechsunddreißig Jahren und hinterließ eine Witwe und zwei Söhne. Er hatte ohne Wissen seines Vaters geheiratet, aber Chesterfield hatte ihm verziehen. Und nun schrieb der Graf an die vereinsamte Frau Briefe, die in ihrer Höflichkeit und Aufmerksamkeit vorbildlich sind[130].

In dieser Zeit fuhr er häufig nach Bath, da er an Gicht und Taubheit litt. «Ich krieche in diesem Ort auf drei Beinen herum, aber ich bin wenigstens nicht der einzige, dem es so geht. Bald werde ich auch bei dem letzten Teil des Rätsels der Sphinx angelangt sein und werde so enden, wie ich begann, auf allen vieren.»[131] Jetzt interessierte er sich für die Erziehung seiner Enkel, denn auch der alternde Mensch hofft immer noch. Wenn er auf seinen Besitz in Blackheath zurückkehrte, folgte er dem Rat Voltaires und beschäftigte sich in seinem Garten, stolz auf seine Melonen und seine Äpfel; er war es zufrieden, sagte er, «in ihrer Gesellschaft zu vegetieren»[132]. Voltaire schrieb ihm tröstliche Briefe und erinnerte ihn daran, daß eine gute Verdauung (deren sich der Graf erfreute) eine wichtigere Voraussetzung für Vergnügen ist als ein gutes Gehör. Er bewahrte bis zuletzt seinen unerschütterlichen Humor. Von sich und seinem Freund Lord Tyrawley, der ebenfalls alt und krank war, sagte er (vielleicht in Erinnerung an Fontenelle): «Tyrawley und ich sind schon seit zwei Jahren tot, aber wir wollen nicht, daß es bekannt wird.»[133] Er starb im Alter von neunundsiebzig Jahren am 24. März 1773, ohne zu wissen, daß seine Briefe, deren Veröffentlichung er untersagt hatte, von seinem Sohn gesammelt und testamentarisch weitervermacht worden waren und ihn, als sie ein Jahr später gedruckt wurden, sofort in eine Reihe mit den Meistern weltlicher Weisheit und englischer Prosa stellten.

ZWEITES KAPITEL

Die Herrscher

I. GEORG I.: 1714–1727

Die Engländer waren, wovon sich Voltaire und Montesquieu bald überzeugen konnten, viel gescheiter als die Franzosen, wenn es um die Regierung ging. Nachdem sie einen Herrscher geköpft und einem anderen so zugesetzt hatten, daß er vor Angst über den Ärmelkanal entfloh, holten sie sich einen König, der mit Leib und Seele an Deutschland hing, lange Ferien nahm, die er in seiner Heimatstadt Hannover verbrachte, und der sich ohne weiteres von einem Parlament regieren ließ, dessen Eigenart und Sprache er nie verstehen konnte.

Das Haus Hannover entstammte dem mittelalterlichen Deutschland und führte seine fürstliche Abstammung über die Herzöge von Braunschweig-Lüneburg bis auf Heinrich den Löwen (1129–1195) und darüber hinaus auf seine Vorfahren, die Welfen, zurück. Hannover selbst wurde 1692 zum Kurfürstentum erhoben. Der erste Kurfürst, Herzog Ernst August, heiratete Sophie, die Enkelin Jakobs I. von England. Nach dem Tode des Herzogs wurde seine Witwe durch einen Erlaß des englischen Parlaments (*Act of Settlement;* 1701) zur Erbin des englischen Thrones erklärt.

Ihr Sohn Georg Ludwig, der zweite Kurfürst von Hannover, konnte dieses glückliche Erbe nicht voll genießen, denn er war eine unglückliche Ehe eingegangen. Seine Frau Sophie Dorothea, empört über seine Untreue, beabsichtigte, mit dem Grafen Philipp von Königsmarck, einem gutaussehenden Gardeoberst, zu entlaufen. Georg entdeckte den Plan; der Graf verschwand spurlos und wurde wahrscheinlich hingerichtet (1694). Sophie Dorothea wurde verhaftet und verurteilt, ihre Heirat für ungültig erklärt, und für die restlichen zweiunddreißig Jahre ihres Lebens wurde sie im Schloß Ahlden eingesperrt. Sie hatte ihrem Gatten eine Tochter geschenkt, die zukünftige Mutter Friedrichs des Großen, und einen Sohn, der als Georg II. den englischen Thron bestieg. Sophie, die verwitwete Kurfürstin von Hannover, starb 1714, zwei Monate vor dem Tode der Königin Anna; deswegen kam sie um die Krone, während ihr Sohn sofort als Georg I. zum König von Großbritannien und Irland ausgerufen wurde. Am 18. September kam er in England an, und damit begann eine neue Epoche in der englischen Geschichte. Er brachte seinen Sohn und seine Schwiegertochter mit, eine Reihe deutscher Höflinge und zwei Mätressen: Charlotte von Kielmannsegge, die er zur Komtesse von Darlington erhob, und Komteß Melusina von der Schulenburg, die er zur Herzogin von Kendal und möglicherweise zu seiner Frau machte. England hätte sich mit dieser Anordnung vielleicht zufriedengegeben – denn sie entsprach der Moral der Zeit –, aber beide Damen waren in britischen Augen häßlich und für britische Börsen kostspielig. Melusina verkaufte ihren Einfluß für solche Unsummen, daß sich sogar Walpole, selbst kein unbeschriebenes Blatt, beschwerte, woraufhin Georg wissen wollte, ob Walpole nicht selbst Geld für Empfehlungen bei der Besetzung von Ämtern angenommen habe.[1]

Im Jahre 1714 war Georg I. vierundfünfzig Jahre alt, eine hochgewachsene Soldatenfigur, ein «schlichter, derber Mensch», der sich nicht einen Pfifferling um Bücher kümmerte, aber seinen Mut auf mehr als einem Schlachtfelde bewiesen hatte. Lady Mary Montagu nannte ihn «einen ehrenhaften Dickschädel»[2], aber er war nicht so schwer von Begriff, wie es den Anschein hatte, und sie gab zu, daß «er auf seine Art gutherzig war und den Wunsch hatte, jedermann in Ruhe sein Leben genießen zu sehen, vorausgesetzt, daß man ihm dies auch erlaubte»[3]. Man konnte von ihm nicht erwarten, daß er sich in einer so ungewohnten Umgebung und mit einer so unsicheren Krone wohlfühlte. Die britische Oligarchie hatte ihn angeworben, um einer Wiedereinsetzung der Stuarts vorzubeugen; er hatte kein «göttliches» oder persönliches Recht auf den Thron. Er begriff, daß diese gewandten Engländer, die das Parlament regierten, darauf aus waren, auch ihn zu regieren; und er konnte ihnen nur mit knapper Not vergeben, daß sie Englisch sprachen. Überhaupt waren sie seiner Meinung nach seinen Hannoveranern unterlegen. Er zog sich in die Abgeschiedenheit des Sankt-James-Palastes zurück, entfloh fast jährlich nach Hannover und tat alles, was in seiner Macht stand, um englische Gelder und Politik zum Schutz seines geliebten Kurfürstentums auszunutzen.

Dazu kam, daß sein eigener Sohn ihn haßte, weil er in ihm einen Mörder sah. Georg August, jetzt Prinz von Wales, protestierte gegen die lebenslängliche Gefangenschaft seiner Mutter, lehnte sich gegen die Einmischung und das Gehaben der königlichen Mätressen auf, zankte sich mit den Ministern des Königs und äußerte seine Ansichten so unzweideutig, daß sein Vater ihn aus dem Palast verwies. Der Prinz und seine Gemahlin Caroline, die auf königlichen Befehl von ihren Kindern getrennt wurden, zogen sich (1717) nach Leicester House zurück, wo sie ihren eigenen Hof hielten. Dorthin kamen Newton, Chesterfield, Hervey, Swift, Pope und die lebenslustigeren Damen vom Jahrmarkt der Eitelkeit; nur fanden sie einen Prinzen, der noch langweiliger und freudloser war als der König.

Diese Entzweiung der herrschenden Familie entsprach mehr oder weniger der Aufteilung der regierenden Minderheit und des Parlaments in Tories und Whigs. Voltaire schätzte, daß ungefähr achthundert Personen die Herrschaft über die städtische Regierung, die Wahlen zum Parlament, die nationale Gesetzgebung, die Verwaltung und die Justizgewalt in Händen hatten[4]. Es gab kein störendes Gerede über Demokratie mehr wie zur Zeit von Cromwells Independenten und der Levellers. An Parlamentswahlen konnten nur Grundbesitzer teilnehmen – damals ungefähr 160000[5] –, und gewöhnlich einigten sie sich auf den Kandidaten, den der örtliche Landedelmann oder Lord vorschlug[6]. Politiker waren entweder Tories oder Whigs, je nachdem ob sie den hohen Adel oder den Landadel (kleinere Grundbesitzer) und Handelsinteressen vertraten. Anglikanische Kirchenpolitiker (*Church of England men*) folgten Tory-Direktiven. Die Dissenters unterstützten die Whigs. Die Tories waren gegen die Unterwerfung des Monarchen unter das Parlament; sie hingen wie die Staatskirche an der Theorie vom Gottesgnadentum der Könige. Während der letzten Tage der Königin Anna hatten sie mit dem Gedanken gespielt, die verbannten Stuarts wieder einzusetzen. Seit die Dynastie der Hannoveraner den Thron besetzt hatte, waren sie selbstverständlich von den Stuart-Gegnern, den Whigs, verdrängt worden. Während die früheren Ministerien gewöhnlich Vertreter beider Parteien umfaßten, berief Georg I. nur Whigs in hohe Ämter und begründete damit die Herrschaft einer Partei im Kabinett. Und da er kein Englisch verstand, hatte er auch kein Interesse am Vorsitz der Kabinettssitzungen, so daß die stärkste Persönlichkeit unter den Ministern den Vorsitz übernahm und zum Ministerpräsidenten wurde, der mit der Zeit einen großen Teil der Vorrechte des Königs übernahm. Sieben Jahre lang war James Stanhope der Leiter des Ministeriums. Einer seiner ersten und volkstümlichsten Akte war die Wiedereinsetzung von John Churchill, dem Herzog von Marlborough – der von den Tories abgesetzt worden war –, in all seine früheren Ämter, besonders dasjenige des Oberbefehlshabers der Armee (*Captain General*). Nach seiner Rückkehr aus dem Exil zog sich der Herzog in den Blenheim-Palast zurück, wo er nach langer Krankheit am 16. Juni 1722 starb. Die Nation vergaß, was er sich angeeignet hatte, gedachte nur seiner ununterbrochenen Siege und war daher mit Bolingbrokes Urteil einverstanden: «Er war ein so großer Mann, daß ich vergessen habe, ob er Fehler hatte oder nicht.»[7] Seine Witwe Sarah Churchill, die ein Jahrzehnt lang die Königin beherrscht hatte, verbrachte noch zweiundzwanzig Jahre in Verehrung und Verteidigung seines Andenkens. Als der Herzog von Somerset sie um ihre Hand bat, antwortete sie: «Selbst wenn ich so jung und schön wäre wie früher und nicht alt und verblüht wie jetzt und selbst wenn Sie mir ein Weltreich zu Füßen legen könnten, so würde ich Ihnen doch nicht das Herz und die Hand reichen, die einst John Churchill gehörten.»[8] Im Jahre 1743, also ein Jahr, bevor sie im Alter von vierundachtzig Jahren starb, wollte sie die Liebesbriefe ihrer jungen Jahre verbrennen, aber nachdem sie sie noch einmal gelesen hatte, fühlte sie: «Ich kann es nicht tun», und so blieben sie erhalten[9]. Es muß etwas Außerordentliches an einer Frau gewesen sein, die solcher Treue fähig war, aber auch an einem Mann, der eine so schwierige Frau zu solcher Zuneigung bewegen konnte.

Anstelle von Marlborough ging Bolingbroke ins Exil. Georg I. entließ ihn aus der Regierung, ein Prozeß wegen heimlicher Verhandlungen mit der gestürzten Dynastie drohte ihm, Whigs und Dissidenten haßten seine geistreichen Ausfälle gegen sie, die Kirche mied ihn als einen Verächter christlicher Theologie, und so floh er nach Frankreich (März 1715), schloß sich Jakob III. an, wurde Staatssekretär des Staatenlosen, unterstützte den Aufstand der Jakobiten in England und plante einen Einfall in England von Frankreich aus. Das Parlament verurteilte ihn als Verräter zum Tod und zog seine Güter ein.

Fast wäre der Bewegung zur Wiedereinsetzung der Stuarts der Sturz Georgs I. gelungen. Die Tories haßten die ungeschliffenen Hannoveraner als Usurpatoren; die

Volksmassen hingen noch immer an dem verbannten Herrscherhaus; hoch und nieder in Schottland war stolz darauf, daß ein schottischer König den englischen Thron bestiegen hatte, die Vereinigung unter der *Act of Union* (1707), die dem schottischen Parlament ein Ende gemacht hatte, widerstrebte ihnen – alle diese Gruppen waren bereit, den Einfall des jungen Mannes zu unterstützen, den Ludwig XIV. als den einzigen legitimen König von England anerkannt hatte.

Jakob Franz Eduard Stuart war damals (1715) siebenundzwanzig Jahre alt, wenn er auch als der «Alte Thronprätendent» (*Old Pretender*) in die Geschichte einging. Er war in Frankreich aufgewachsen, und die Erziehung seiner Klosterlehrer und die Leiden seines Vaters Jakob II. hatten ihn in seinem Katholizismus so bestärkt, daß er Bolingbrokes Bitte zurückwies, der ihm vorschlug, die jakobitischen Gefühle in England mit dem Versprechen auf seinen Übertritt zum Protestantismus zu stärken. Wie konnte er auf die Unterstützung der Presbyterianer in Schottland und der englischen Tories zählen, wenn er die Religion auf ihren Thron brachte, für deren Beseitigung sie ein Jahrhundert lang bitter gekämpft hatten? Aber Jakob war unbeugsam. Er erklärte, er wolle lieber ein Katholik ohne Thron als ein protestantischer König sein. Bolingbroke, unbeschwert von Glauben und Prinzipien, hielt ihn mehr für einen Mönch als für einen König[10]. Inzwischen hatte das Parlament (August 1714) 100000 Pfund für die Gefangennahme Jakobs III. ausgesetzt, falls er auf britischem Boden landen sollte.

Ein persönlicher Faktor schien die Ereignisse günstig für den Prätendenten gestalten zu wollen. John Erskine, Earl of Mar, war in den letzten Regierungsjahren der Königin Anna Minister für Schottland gewesen. Nachdem Georg I. ihn entlassen hatte, schmiedete er Pläne für einen Jakobitenaufstand in England, schiffte sich nach Schottland ein und rief die Schotten zum Aufstand auf (6. September 1715). Verschiedene Adlige schlossen sich ihm an, so daß er über eine Truppe von sechstausend Fußsoldaten und sechshundert Reitern verfügte; aber Edinburgh, Glasgow und die südlichen Provinzen blieben Anhänger des Hannoveraners. Die Regierung setzte Todesstrafe auf Verrat und bedrohte jeden Aufständischen mit dem Einzug seiner Güter. Sie mobilisierte dreizehntausend Mann, außerdem sechstausend Mann für die Flotte. Der Herzog von Argyll, der die Garnisonen von Edinburgh und Sterling befehligte, wurde mit der Unterdrükkung des Aufstandes betraut. Er traf mit Mars Truppen bei Sheriffmuir zusammen (13. November 1715), aber nach dem Gefecht konnte keine Seite den Sieg für sich in Anspruch nehmen. Anstatt sich mit Mar zu vereinigen, rückte eine unabhängige schottische Truppe von zweitausend Mann tollkühn bis auf fünfzig Kilometer von Liverpool vor, in der unsinnigen Hoffnung, jakobitische Aufstände in englischen Städten zu wecken und zu decken. Bei Preston wurde sie von einer Regierungsarmee umzingelt und zu bedingungsloser Kapitulation gezwungen (14. November).

Jakob III. mußten diese Ereignisse bekannt sein, als er sich am 27. Dezember in Dünkirchen einschiffte. Bolingbroke hatte ihm vorausgesagt, daß es zu keiner jakobitischen Revolte in England kommen werde. Der Prätendent ließ sich vom Glauben an sein Recht von Gottes Gnaden hinreißen, aber auch vom Vertrauen auf die 130000

Kronen, die Frankreich und der Vatikan beigesteuert hatten. Nach seiner Landung in Schottland schloß er sich Mars Armee bei Perth an und plante eine feierliche Krönung in Scone. Aber sein verschlossenes und trübseliges Gesicht und seine Beschwerden, daß man ihn über das Ausmaß des Aufstandes getäuscht habe, beflügelten keineswegs die Begeisterung der Schotten; sie beschwerten sich ihrerseits, daß sie ihn nie lachen und nur selten sprechen hörten[11]. Außerdem litt er an Fieber und konnte den nördlichen Winter nicht vertragen. Mar war der Ansicht, daß seine Truppen nicht kriegstüchtig waren, befahl, daß sie sich nach Montrose zurückziehen und dabei sämtliche Städte, Dörfer und Getreidefelder niederbrennen sollten, um die Verfolgung durch Argyll aufzuhalten. Jakob beklagte die Zerstörung und hinterließ Geld als eine teilweise Entschädigung für alle, deren Besitz gelitten hatte. Als sich Argylls weit überlegene Armee Montrose näherte, flohen Jakob, Mar und andere Anführer des Aufstandes Hals über Kopf zur Küste und schifften sich nach Frankreich ein (4. Februar 1716). Die aufständischen Truppen ergaben sich oder wurden zerstreut.

Die meisten Gefangenen wurden zur Zwangsarbeit in die Kolonien verschickt, siebenundfünfzig wurden hingerichtet, und ein Dutzend schottischer Adliger, die als Flüchtlinge in Frankreich lebten, erwartete die Todesstrafe, falls sie je zurückkehrten. Jakob hatte gehofft, daß Philipp von Orléans ihm zu seiner Unterstützung Truppen nach Schottland senden werde; aber Frankreich war dabei, ein Bündnis mit England abzuschließen, und forderte Jakob auf, den französischen Boden zu verlassen. Er ließ sich eine Zeitlang im päpstlichen Avignon nieder, später in Rom.

Bolingbroke blieb bis 1723 in Frankreich, und da er gut Französisch sprach, war er in den Salons und unter den Philosophen wie zu Hause. Begabt für alles, außer Politik, kaufte er Aktien in Laws System, die er mit großem Gewinn vor dem Krach verkaufte. Da seine Frau in England zurückgeblieben war, schloß er einen fast ehrenhaften Liebesbund mit Marie Deschamps de Marcilly, der verwitweten Marquise de Villette. Sie war vierzig, er achtunddreißig Jahre alt. Wie so viele Französinnen hatte sie ihren Reiz bewahrt, wenn sie auch etwas von ihrer Schönheit verloren hatte. Vielleicht war es ihre Anmut, ihre Lebhaftigkeit und ihr Geist, die ihn anzogen. Er lebte mit ihr zusammen, und nach dem Tode von Lady Bolingbroke heiratete er die Marquise und zog mit ihr nach La Source. Dort besuchte ihn, wie wir wissen, Voltaire (1721). «Bei diesem jungen Engländer», berichtete der junge Philosoph, «habe ich die ganze Bildung seiner Nation und die ganze Höflichkeit der unseren gefunden.»[12]

Die Unterdrückung des Aufstandes hatte die Köpfung einiger Adliger zur Folge gehabt, aber die jakobitischen Gefühle waren damit nicht abgekühlt worden. Nach den Gesetzen (*Triennial Acts*) aus den Jahren 1641 und 1694 durfte kein Parlament länger als drei Jahre dauern. Infolgedessen stand das erste Parlament Georgs I. vor einer Wahl, die zu einer Mehrheit von Tories und Jakobiten führen konnte. Um sich dagegen zu schützen, stimmte das Parlament 1716 einem Septennatsgesetz (*Septennial Act*) zu, wodurch es auf vier Jahre verlängert wurde, und bestimmte, daß von nun an jedes Parlament eine Dauer von sieben Jahren habe. «Das war», sagte Marlboroughs glänzendster Nachkomme, «die kühnste und vollkommenste Behauptung parlamentarischer

Oberhoheit, die England je gesehen hatte.»[13] Georg I., der ebenfalls einen Sieg der Tories fürchtete, war mit dem neuen Gesetz einverstanden; die Hannoveraner mußten verzichten, um zu herrschen.

Zum Schutz des neuen Herrscherhauses schloß Stanhope mit Frankreich und Holland (1717) ein Dreierbündnis ab, das der französischen Unterstützung jakobitischer Ansprüche ein Ende machte, aber auch der englischen Unterstützung Spaniens gegen Frankreich. 1720 wurde Spanien zum Friedensschluß gezwungen, und Georg I. konnte während der sieben Jahre, die ihm blieben, seinen fremdländischen Thron mit mehr Ruhe genießen. 1726 sandte ihm seine Frau, die immer noch gefangengehalten wurde, einen bitteren Brief, in dem sie ihn aufforderte, noch im selben Jahr mit ihr vor Gottes Thron zum Urteil zu erscheinen. Bald danach starb sie an einer Gehirnhautentzündung. Ein Wahrsager soll Georg I. vorausgesagt haben, er werde im selben Jahr wie seine Frau sterben. 1727 begann der König zu kränkeln. Im Juni verließ er England, um sein geliebtes Hannover zu besuchen. In der Nähe von Osnabrück wurde ein Zettel in die Karosse des Königs geworfen, eine Verwünschung vom Totenbett seiner Frau. Der König las den Zettel, bekam einen Anfall und starb am 11. Juni[14].

II. GEORG II. UND KÖNIGIN CAROLINE

Sein ihm feindlich gesinnter Sohn betrachtete das Ganze als einen verspäteten Akt der Gerechtigkeit von seiten der göttlichen Vorsehung. Als der Erzbischof von Canterbury ihm das Testament des verstorbenen Königs überreichte, steckte er es in die Tasche und ließ es nie veröffentlichen. Man behauptete, daß er es verheimlicht habe, weil darin eine Trennung der Throne von England und Hannover vorgeschlagen oder die Herzogin von Kendal dem Enkel des verstorbenen Königs, Friedrich Ludwig, zur Mätresse oder Frau angetragen wurde; man munkelte auch, daß Georg I. seiner Tochter, der Königin von Preußen, beträchtliche Summen vererbt und damit die königliche Schatulle geschmälert habe[15]. Aber die Geschichte weiß nichts darüber.

Georg II. war wie sein Vater ein guter Soldat. Im Alter von fünfundzwanzig Jahren hatte er tapfer unter Prinz Eugen und Marlborough bei Audenaarde (1708) gekämpft; mit sechzig Jahren sollte er seine eigenen Truppen bei Dettingen (1743) zum Sieg führen. Oftmals betrug er sich auch bei Hof wie im Feldlager, schimpfte drauflos und belegte seine Minister mit Namen wie «Schuft», «widerwärtiger Dummkopf» und «Hanswurst»![16] Seinen königlichen Verpflichtungen widmete er sich mit viel Eifer, sprach ein gutes Englisch, wenn auch mit einem starken westfälischen Akzent[17], hielt sich ungern, aber genau an die Grenzen, die seiner Macht und seinen Einnahmen durch das Parlament gesetzt waren, und unterstützte dreizehn Jahre lang Robert Walpole unerschütterlich bei der Aufgabe, England seine Zahlungsfähigkeit und seinen Frieden zu erhalten. Wie sein Vater zog er sich, zur Freude aller Beteiligten, häufig nach Hannover zurück, wie sein Vater stritt er sich mit dem Prinzen von Wales, denn «es lag in der Familie», wie Horace Walpole sich ausdrückte, «den ältesten Sohn zu hassen»[18].

Wie sein Vater nahm er Mätressen, sei es auch nur, um der Mode zu folgen; aber im Gegensatz zu seinem Vater liebte er seine Frau zärtlich.

Caroline, die Tochter des Markgrafen Johann Friedrich von Brandenburg-Ansbach, war in Charlottenburg am Hofe von Sophie Charlotte, der Schwester Georgs I. und ersten preußischen Königin, erzogen worden. Dort hatte sie Leibniz getroffen, hatte sich an den Debatten der Philosophen, Jesuiten und protestantischen Theologen beteiligt und dabei Toleranz und religiösen Liberalismus in geradezu skandalösem Ausmaß entwickelt. Karl VI., der Kaiser des «Heiligen Römischen» Reiches, hatte ihr Hand und Glauben angeboten; sie verweigerte beides und heiratete (1705) den «kleinen rotwangigen»[19] Kurfürsten von Hannover. Ihm blieb sie, trotz stürmischen Temperaments auf beiden Seiten, trotz aller Rückschläge und Mätressen, bis zuletzt treu ergeben. Georg ging nicht zart mit ihr um und schrieb ihr lange Briefe über seine Liebschaften; aber er hatte genügend Achtung vor ihrem Verstand und ihrem Charakter, um sie während seiner langdauernden Abwesenheiten (mit Walpoles Hilfe) über England herrschen und sich, wenn er zurückkehrte, von ihr in politischen Angelegenheiten beraten zu lassen.

Von ihren Jugendreizen blieben ihr nichts anderes mehr als ihre sehr schönen Hände, und es fehlte ihr an eleganten Manieren und Redewendungen, um ihren Mann zu fesseln. Er fand jedoch ihre Büste wohlgestaltet und befahl ihr, sie gebührend zur Schau zu stellen[20]. Nach jeder Schwangerschaft nahm sie zu, ihr Gesicht war pockennarbig, ihre Stimme laut und rauh, und sie liebte Intrigen und Macht. Mit der Zeit gewannen die Engländer ihren herzhaften Humor lieb; nach und nach wurde es ihnen klar, wieviel Gesundheit und Glück sie opferte, um eine gute Frau und Königin zu sein; und die englische Geisteswelt bemerkte zu ihrer Überraschung, daß diese derbe Brandenburgerin einen empfänglichen Geist und ein feines Ohr für Literatur, Wissenschaft, Philosophie und Musik ihrer Zeit hatte.

Ihr Hof wurde beinah zu einem Salon. Dort hieß sie Newton, Clarke, Berkeley, Butler, Pope, Chesterfield, Gay und Lady Mary Montagu willkommen. Sie unterstützte Lady Marys Feldzug für die Impfung. Eine Tochter Miltons bewahrte sie vor Armut; sie stand treu zu Händel, der unter dem Wankelmut von Publikum und König zu leiden hatte. Sie machte Stiftungen aus ihrer Privatschatulle, um junges, bedürftiges Talent zu ermutigen[21]. Den ketzerischen Whiston rettete sie durch eine Pension und sicherte den schottischen Jakobiten Religionsfreiheit. Sie veranlaßte die Ernennung anglikanischer Bischöfe mehr auf Grund von Wissen als von Strenggläubigkeit. Sie selbst war Deistin mit einem zögernden Glauben an Unsterblichkeit[22]. Doch war sie der Ansicht, die Staatskirche, die zur öffentlichen Ordnung und Sittlichkeit beitrug, solle von der Regierung finanziert werden[23]. «Diese Fürstin», sagte Voltaire, «ist zur Ermutigung der Künste und zum Wohl der Menschheit geboren ... Sie ist ein liebenswürdiger Philosoph auf einem Thron.»[24]

Sie hatte genug von einer Philosophin, um auch in ihrer letzten Stunde den Humor in der Tragödie des Lebens zu sehen. Als sie im Sterben lag – sie litt an einem Bruch, den sie lange Zeit allen, außer dem König, verheimlicht hatte –, riet sie dem damals fünfzigjährigen König, sich nach ihrem Tode wieder zu verheiraten. Er antwortete in aufrichtigem Schmerz, aber ganz im Geiste der Zeit: *«Non, j'aurai des maîtresses.»* («Nein, ich werde mir Mätressen halten.») *«Ah, mon Dieu»*, rief sie aus, *«cela n'empêche pas!»*[25] («Mein Gott, das eine schließt das andere nicht aus.») Er trauerte ihr mit ungewöhnlich tiefem Gefühl nach: «Ich habe noch keine Frau gesehen, die wert wäre, ihr die Schuhriemen aufzulösen.»[26] Nach seinem Letzten Willen wurde dreiundzwanzig Jahre später ihr Sarg in Westminster Abbey geöffnet, damit er an ihrer Seite ruhen konnte.

III. ROBERT WALPOLE

Es war ihrer tapferen Haltung gegenüber einem Rudel amtslüsterner, kriegslustiger Feinde zu danken, daß Walpole England zwanzig Jahre lang Wohlstand und Frieden erhalten konnte. Er war kein Heiliger; er war vielleicht der bestechlichste Minister, den England je hatte, aber er war auch einer der besten. In diesem Zeitalter der Korruption konnte Weisheit nur durch Bestechung herrschen.

Als jüngster Sohn einer alten Familie aus Norfolk war Robert für die Kirche bestimmt gewesen, und in Eton, wo er sich zur gleichen Zeit wie sein späterer Feind Bolingbroke aufhielt, studierte er Theologie. Durch den Tod seiner älteren Brüder wurde er jedoch zum Erben des Familienbesitzes, wozu auch die Herrschaft über drei Wahlkreise gehörte, so daß ihm der Wechsel von der Theologie zur Politik äußerlich keine Schwierigkeiten bereitete. Im Alter von fünfundzwanzig Jahren trat er als Whig ins Unterhaus ein (1701). Seine Beziehungen, Geld, ein rascher Verstand und die Beherrschung der Verwaltungstechnik verschafften ihm die Ernennung zum Kriegsminister (1708). Nach dem Sieg der Tories (1712) verlor er sein Amt, wurde der Bestechung angeklagt und in den Tower geschickt. Aber der beständige, allgegenwärtige Geruch von Geld hatte allgemein zur Abstumpfung des Geruchsinns geführt, und so wurde er bald wieder befreit, bald wieder gewählt (1715) und kurz darauf zum Finanzminister ernannt. Politische Schwierigkeiten veranlaßten ihn, 1717 zurückzutreten. Der Krach der Südsee-Kompanie im Jahre 1720, vor dem er gewarnt hatte, überzeugte sogar seine Feinde, daß er der Mann war, der die englischen Finanzen wieder in Ordnung bringen konnte. 1721 war er aufs neue Finanzminister und garantierte die Verpflichtungen der Kompanie mit der Bank von England, wodurch er eine Panik vermied. Nach und nach wurde die ganze Schuld von sieben Millionen Pfund an die Öffentlichkeit zurückgezahlt[27]. Die dankbaren Spekulanten belohnten Walpole mit zweiundzwanzig Jahren der Herrschaft.

Die Thronbesteigung Georgs II. unterbrach auf kurze Zeit Walpoles Aufstieg. Der neue König hatte allen, die seinem Vater gedient hatten, unerbittliche Feindschaft geschworen. Er entließ Walpole und forderte Sir Spencer Compton auf, ein neues Kabinett zu bilden. Doch Compton bewies sehr bald seine unzulänglichen Fähigkeiten, und Caroline riet ihrem Gatten, Walpole erneut zu berufen; dieser versprach dem König und der Königin eine Erhöhung ihrer Apanage, was der Sache den Ausschlag gab.

Compton nahm dankbar die Grafenwürde entgegen, und Walpole war wieder an der Macht. Er trug als erster den Titel *Prime Minister* (Ministerpräsident), ursprünglich (wie *Christ, Puritaner* und *Methodist*) ein abfälliger Ausdruck. Und er war auch der erste, der Downing Street Nr. 10 zu seinem offiziellen Wohnsitz machte.

Sein Charakter erleuchtet in gewissem Maße die dunkle Kunst politischer Erfolge. Er studierte nur ein Jahr an der Universität, und für einen britischen Ministerpräsidenten war er unkultiviert. Seine Manieren und seine Ausdrucksweise waren kaum elegant zu nennen. «Wenn er nicht von Politik sprach», sagte Macaulay, «konnte er über nichts anderes als Frauen reden, und er ließ sich über sein Lieblingsthema mit einer Unverblümtheit aus, die sogar für seine freimütige Generation zu weit ging.»[28] Sein Sohn Horace warf ihm nicht vor, daß er nur wenig gelesen hatte. «Er kannte die Menschheit, nicht ihre Schriften; er kümmerte sich um ihre Interessen, nicht um ihre Systeme.»[29] Er beherrschte genug Latein, um sich in dieser Sprache mit Georg I. verständigen zu können, denn dieser König sprach kein Englisch und Walpole weder Deutsch noch Französisch. Er hatte sämtliche Eigenschaften des wahren Engländers, außer der Streitsucht. Er war wacker, derb, aufrichtig, gutmütig und praktisch. Er genoß Speise und Trank, war aber – wenn es darauf ankam – ein Schwerarbeiter; und wie John Bull, rasselte er lieber mit dem Geldbeutel als mit dem Säbel.

Moralische Prinzipien gab es bei ihm sozusagen überhaupt nicht. Er beging jahrelang ganz offen Ehebruch und kümmerte sich dabei nicht um die übliche elegante Bemäntelung der aristokratischen Laster. Gemeinsam mit Königin Caroline amüsierte er sich über die Mätressen ihres Gatten; nach ihrem Tod riet er ihren Töchtern, diese Ehrenjungfern einzuladen, um den betrübten König zu zerstreuen. Über Religion machte er sich lustig. Als Caroline im Sterben lag, sandte er nach dem Bischof von Canterbury. «Führen wir diese Posse auf», schlug er vor, «der Erzbischof wird das sehr schön machen. Man braucht ihm nur zu sagen, wie kurz er sich fassen soll. Der Königin kann es nicht schaden, und wenn es ihr auch nichts nützt, so werden damit doch alle die weisen und wohlmeinenden Narren zufriedengestellt, die uns Atheisten nennen, wenn wir nicht vorgeben, ebensolche Narren wie sie zu sein.»[30] Er hielt nicht viel von edlen Beweggründen und Erklärungen der Selbstlosigkeit. Wie Marlborough nutzte er sein Amt dazu aus, sich ein Vermögen zusammenzuraffen. Seinem Sohn Horace und anderen Verwandten verschaffte er alle möglichen Vorteile. Er baute sich für 200000 Pfund ein prachtvolles Herrenhaus auf seinem Besitz in Houghton, das er mit Bildern schmückte, die von Horace auf 40000 Pfund geschätzt wurden; dort empfing er die ganze Grafschaft von Norfolk[31]. Er war so großzügig wie John Bull selbst, weil er (wenn wir seinen Feinden glauben wollen) keinen Unterschied zwischen den Mitteln John Bulls und seinen eigenen machte.

Er verwendete Geld, um Parlamentsmitglieder zu kaufen, wie Richelieu es gebraucht hatte, um Heere auf seine Seite zu ziehen, und Henri Quatre, um Feinde unschädlich zu machen. Aber er benutzte Geld nur im äußersten Fall, wenn alle anderen Mittel versagt hatten. Die Bestechlichkeit des Parlaments, die unter Karl II. eingerissen war, war bei einem Punkt angelangt, an dem das Unterhaus im Guten und Bösen nur noch gehandhabt werden konnte, wenn es ausgiebig geschmiert worden war. In einem besonderen Raum lagerte Walpole eine Geheimsumme zum Kauf von Sitzen, Stimmen und Zeitungsverlegern; angeblich gab er jährlich 50000 Pfund für die Unterstützung von Zeitschriften aus, die auf seine Ideen eingingen[32]. 1725 veranlaßte er Georg I., den *Most Honorable Order of the Bath* (den Bath-Orden) zu gründen, dem der Herrscher, ein Großmeister und sechsunddreißig Ritter angehörten. Ebenso wie Napoleon war auch Walpole der Ansicht, daß es billiger war, Männer mit Bändern zu regieren als mit klingender Münze.

Diese korrupten Methoden waren für ihn nur ein Mittel, um Wohlstand und Ruhe in England aufrechtzuerhalten. Seine Zwecke heiligten zwar nicht seine Mittel, enthüllten aber die besseren Seiten seines Charakters. Er war voll guten Willens, fest entschlossen, sein Land durch all die Klippen von Parteipolitik, Standesinteressen und chauvinistischem Kriegsgeschrei sicher hindurchzusteuern. Sein Motto war, wie er sagte, *quieta* (oder *tranquilla*) *non movere* (an Schlummerndes soll man nicht rühren), und wenn sich seine Regierungszeit auch nicht durch Eroberungen oder Reformen auszeichnete, so gewann er doch die Anerkennung aller Einsichtsvollen. Seine Feinde mußten zugeben, daß er weder rachsüchtig noch nachtragend war und in der Freundschaft vertrauenswürdiger, ja sogar vertrauensseliger, als man es von einem so sehr an menschliche Niedrigkeit gewöhnten Menschen erwarten konnte[33]. Er schmiedete keine großartigen Zukunftspläne, sondern befaßte sich mit jeder Frage, wenn sie auftauchte, jedoch mit soviel Scharfsinn, Großzügigkeit und Takt, daß England ihm schließlich alle seine Fehler – außer seiner Friedensliebe – verzieh.

Seine Gesetzgebung auf wirtschaftlichem Gebiet suchte nach einem Kompromiß zwischen Landadel und Geschäftswelt. Er trat für die Verminderung der Grundsteuer und für schärfste Bestrafung der Eigentumsdelikte ein. Gleichzeitig begrüßte er das Aufkommen des Kapitalismus. Er begünstigte Kaufleute und Fabrikanten durch Exporterleichterungen und Einfuhrzölle und schien ungerührt von der Armut der landlosen Taglöhner in den Dörfern und des wachsenden Proletariats in den Städten. Anscheinend hatte er das Gefühl, die ungleiche Verteilung von Wohlstand entspreche der von Natur aus ungleichen Verteilung von Fähigkeiten. Längst vor den französischen Physiokraten und Adam Smith trat er für die Politik des Freihandels ein; in einem einzigen Jahr setzte er die Zölle auf einhundertundsechs Ausfuhrartikeln und achtunddreißig Einfuhrartikeln herab und befreite den Handel mit den amerikanischen Kolonien von verschiedenen Einschränkungen; er war der Ansicht, ein Minimum staatlicher Einmischung sei für die englische Wirtschaft am besten. Die Entwicklung rechtfertigte ihn. Das nationale Einkommen wuchs beständig, wenn es auch schlecht verteilt war. Die Einnahmen der Regierung stiegen, und weil er damit sparsam und tüchtig umging, gewann er allgemeine Anerkennung als «der beste Wirtschaftsminister, den das Land je hervorbrachte»[34].

Seine schwerste Niederlage erlitt er mit seiner Gesetzesvorlage für Verbrauchssteuern (1733). Die Tabak- und Weinschmuggler betrogen die Staatskasse um Zölle, während der Besitz dieser Waren unverhältnismäßig hoch besteuert wurde. Deshalb schlug Walpole eine Verbrauchssteuer vor, die auf diese Artikel erhoben werden sollte, wo immer sie in England gelagert und verkauft wurden. Steuerbeamte wurden ermächtigt, überall und zu jeder Zeit Haussuchungen vorzunehmen, und Personen, die zollpflichtige Güter versteckten, mußten Strafe zahlen oder wurden verhaftet. Alle, die mit der Einfuhr, dem Schmuggel, dem Verkauf oder dem Genuß von Tabak oder Wein zu tun hatten, erhoben sich wie ein Mann. Walpoles Gegner im Unterhaus bezeichneten die Steuer und die Art ihrer Einziehung als den Willkürakt eines Tyrannen und eine ungeheuerliche Verletzung britischer Freiheit. «Die Parlamentsmitglieder», äußerte sich Friedrich der Große dazu, «bedeuteten Walpole, daß er sie für gewöhnlichen Unfug kaufen konnte, daß dieser Vorschlag aber über die Grenzen ihrer Bestechlichkeit ging.»[35] Vielleicht hofften sie auch, ihn bei der Kontrolle der öffentlichen Mittel ersetzen zu können. Schmähschriften, die zu Tausenden verteilt wurden, pöbelten den Minister in schmutzigster Art an. Die Menge rottete sich um Westminster Hall zusammen, verbrannte sein Bild auf Dutzenden von Scheiterhaufen und versuchte, ihn zu lynchen, als er aus der Sankt-Stephen-Kirche kam; die empörte Bevölkerung stand am Rande einer Revolution. Königin Caroline fürchtete für die Ergebenheit der Armee und zitterte um die Sicherheit der neuen Dynastie. Walpole zog die Maßnahme zurück und gestand damit seine Niederlage ein. Von diesem Augenblick an ging es mit ihm bergab. Seine Feinde holten zum Gnadenstoß aus.

IV. BOLINGBROKE

Sie waren zahlreich und äußerst verschieden. Eine Gruppe von ihnen, immer noch Anhänger der Stuarts, war zuerst in Verschwörungen mit dem Alten Prätendenten verstrickt und zählte dann voll romantischer Hoffnungen auf *Bonnie Prince Charlie*. Andere tanzten um Friedrich Ludwig, den Prinzen von Wales, herum – den Feind und Erben des Königs. Gegner des Ministers waren die größten Schriftsteller der Zeit – Swift, Pope, Fielding, Arbuthnot, Thomson, Akenside und Gay. Sie machten sich über seine Manieren lustig, prangerten seine Sitten an, bekämpften seine Politik und warfen ihm vor, er unterstütze die Schriftsteller nicht weiterhin so großzügig, wie dies besonders unter der Regierung von Wilhelm III. und Königin Anna der Fall gewesen war. Die Tories, die nach den Fleischtöpfen der Regierung strebten, setzten alles in Bewegung, vom Poeten bis zum Parlamentsmitglied, um das Blut dieses Falstaffs im Kabinett zu trinken. Ihre Wortführer waren William Pulteney, Chesterfield und der aufstrebende Pitt, während Bolingbroke der Sache unermüdlich mit seiner scharfen Feder diente.

Bolingbroke war 1723 vom König begnadigt worden, so daß er nach England und auf seine Güter zurückkehren konnte. Von Amt und Parlament war er jedoch auf Walpoles Betreiben als Verräter und Mann von zweifelhafter Treue ausgeschlossen. Trotzdem bewahrte er sich großen Einfluß. Sein Haus in London war ein Treffpunkt für die englische Intelligenz, die von seiner schönen Erscheinung, seinem beweglichen Geist und dem Namen, den er sich gemacht hatte, gefesselt war. Hier und in seinem Landhaus maß er sich mit Swift, wetteiferte an Ketzereien mit Pope und schwärmte von Balladen mit Gay. Hier schweißte er hungrige Tories und ungenügend geschmierte Whigs zu einer vereinten Opposition gegen Walpole zusammen; hier organisierte er den Stab und das Programm einer Zeitschrift, die zuerst (1726) *The Country Gentleman* (Der Landedelmann) und dann *The Craftsman* (Der Handwerker) hieß und zehn Jahre lang, Woche für Woche, alles, was Walpole tat oder vorschlug, schlechtmachte. Bolingbroke selbst schrieb die vernichtendsten Artikel und die glänzendste politische Prosa der Zeit nach Swift. Eine Reihe von neunzehn Briefen (1733–1734), *A Dissertation upon Parties* (Eine Abhandlung über Parteien), wurde zum Spott Walpole gewidmet. «Bevor ich [sie] las», schrieb Chesterfield an seinen Sohn, «hatte ich keine Ahnung von all der Größe und Macht der englischen Sprache.»[36]

Bolingbrokes Charakter trug die Schuld am Scheitern seiner Politik. Seine feinen Manieren (worin seine ganze Moral bestand) verließen ihn, wenn seine Absichten durchkreuzt wurden. Im Juni 1735 stritt er sich mit Pulteney, dem Namen nach Führer der Opposition, und kehrte verärgert nach Frankreich zurück. Dort ließ er sich mit seiner Marquise bei Fontainebleau nieder und heilte seine Wunden mit Philosophie. Seine *Letters on the Study and the Use of History* (Briefe über das Studium und die Anwendung der Geschichte) aus dem Jahre 1735 beschrieben die Geschichte als ein weitläufiges Laboratorium, in dem die Ereignisse zahllose Versuche mit Menschen, Wirtschaftssystemen und Staaten gemacht haben; Geschichte ist daher der beste Führer zur Natur des Menschen und damit zur Erklärung der Gegenwart und zur Aussicht in die Zukunft. «Geschichte ist philosophischer Anschauungsunterricht ... In der Geschichte sehen wir, wessen die Menschheit fähig ist.»[37] Wir sollten «uns ihr in philosophischem Geiste widmen», nicht nur um Ursachen und Wirkungen sowie allgemeine Ergebnisse zu erkennen, sondern auch um unser Verhalten in der Art zu regeln, wie sie sich als die bisher günstigste für die menschliche Entwicklung und Glückseligkeit erwiesen hat[38]. Die Schwierigkeit bei diesem Studium liegt darin, daß «es kaum Geschichte ohne Lügen und keine ohne Fehler gibt ... Der betrügerische Geist ist von den Kirchengeschichtlern auf die übrigen Historiker übergegangen.»[39] Aber der entschlossene Forscher kann sich durch den Vergleich zwischen verschiedenen Lügnern doch noch zur Wahrheit durchschlagen. 1736 kehrte Bolingbroke in die politische Arena zurück, nachdem er die *Letters on the Spirit of Patriotism* (Briefe über den Geist des Patriotismus) verfaßt hatte, in denen die Korruption der Walpoleschen Verwaltung angeprangert und ein neuer Geist selbstloser Hingabe in der englischen Politik gefordert wurde.

> «Weder Montaigne, als er seine *Essais* schrieb, noch Descartes, als er neue Welten baute, noch ... Newton, als er die wahren Gesetze der Natur durch seine Experimente und seine überragende Rechenkunst entdeckte und aufstellte, empfanden größere geistige Freude als der wahre Patriot, der mit der ganzen Kraft seines Verstandes, mit all seinen Gedanken und Handlungen nur einem Ziel zustrebt, dem Wohl seines Vaterlandes.»[40]

Bolingbrokes ganze Hoffnung war die jüngere Generation. Als er 1738 England besuchte, pflegte er die Freundschaft mit Friedrich Ludwig, dem Prinzen von Wales, der inzwischen die Opposition gegen Walpole leitete. An den Privatsekretär des Prinzen richtete er jetzt seine berühmteste Schrift: *The Idea of a Patriotic King* (Die Idee eines patriotischen Königs). Friedrich starb 1751, aber sein Sohn, der künftige Georg III., übernahm aus dieser Schrift einige Punkte seines politischen Glaubens[41]. Die Abhandlung trat vor allem für eine wohlwollende Monarchie ein, von der auch Voltaire und die *philosophes* der nächsten Generation träumten. England – so ließ sich Bolingbroke aus – war jetzt so heruntergekommen, daß niemand es retten konnte, außer einem König, der sich über die Gruppen und Parteien, sogar über das Parlament, erheben und die Macht in die eigenen Hände nehmen sollte, um sowohl zu herrschen und zu regieren als auch um Bestechung zurückzuweisen und zu bestrafen. Aber der patriotische König würde seine Macht nicht als Gottesgnadentum, sondern als ein ihm von der Öffentlichkeit anvertrautes Gut ansehen, als eine Macht, die nicht absolut ist, sondern im Naturrecht, in den Freiheitsrechten seiner Untertanen, in der Freiheit der Presse und in den überkommenen Sitten des Königreichs ihre Grenzen findet. Bei der Beurteilung sämtlicher Fragen ließe sich der König nur von den Auswirkungen leiten, die diese auf den Wohlstand und das Glück des Volkes haben könnten[42]. Er würde den Handel als eine Hauptquelle für den Reichtum der Nation fördern und die britische Flotte, die Hüterin der nationalen Unabhängigkeit und des Gleichgewichts der Kräfte auf dem Kontinent, stärken.

The Idea of a Patriotic King war der Versuch, kaltgestellte Tories und unzufriedene Whigs auf dem Boden von Whig-Prinzipien zu einer neuen Tory-Partei zu vereinigen, die auf ihre Anhänglichkeit an die Stuarts verzichten und danach streben sollte, den Bodenbesitz mit dem Handel, das Reich mit der Freiheit und den Dienst an der Öffentlichkeit mit dem privaten Reichtum in Übereinstimmung zu bringen*. Nach ihrer Veröffentlichung (1749) wurde die Abhandlung zur Losung einer begeisterten Jugend, die sich «Freunde des Königs» nannte und von der Monarchie eine Säuberung der englischen Regierung erwartete. Diese Schrift formte die politische Philosophie Samuel Johnsons und des Älteren und des Jüngeren Pitt. Sie nährte den liberalen Konservatismus Benjamin Disraelis, der Bolingbroke in seiner Schrift *Vindication of the English Constitution* (Rechtfertigung der englischen Verfassung) aus dem Jahre 1835 als den Vater der Tory-Demokratie feierte, als den Mann, der durch die «völlige Umwälzung der öffentlichen Anschauungen die Grundlagen zur späteren Machtergreifung der Tory-Partei legte»[44].

Der Einfluß Bolingbrokes und später Disraelis verwandelte die besiegten Tories in die fortschrittlichen «Konservativen» des heutigen England.

V. WIE MAN IN EINEN KRIEG VERWICKELT WIRD

Inzwischen gelang es Bolingbrokes Propaganda im Verein mit Hetzern im Parlament, die Kriegsgewinne witterten, Walpoles langjähriger Laufbahn ein Ende zu machen.

* Vergleiche Lord Birkenheads Zusammenfassung: «Die Whigs gingen baden, und Bolingbroke stahl ihre Kleider.»[43]

Der vorsichtige Minister, der sein Amt vor allem in der Bewahrung von Ruhe und Ordnung sah, hütete sich vor ausländischen Verwicklungen und bemühte sich, im Einverständnis mit Kardinal Fleury, der sich bei der Regierung Frankreichs von ähnlichen Überlegungen leiten ließ, den Frieden von Utrecht so lange wie möglich aufrechtzuerhalten. Im übrigen vertraute er die Behandlung der ausländischen Angelegenheiten seinem begabten Bruder Horatio an. Aber die englische Besetzung Gibraltars und die Rivalität zwischen England und Spanien um die Vorherrschaft in Amerika und zur See führten im Laufe der Jahre zu immer größeren Spannungen. Sowohl Georg I. als sein Minister Stanhope hatten Philipp V. von Spanien im Januar und im Juni 1721 versichert, daß England Gibraltar wieder aufgeben werde, sobald die englischen Finanzen und die Stimmung im Parlament es zuließen; aber die britische öffentliche Meinung war dagegen[45]. Wir werden nun anhand englischer Berichte verfolgen, wie England in den Krieg hineinrutschte; sie beleuchten einerseits den Hurrapatriotismus der Bevölkerung und legen andererseits Zeugnis ab von der Lauterkeit der englischen Historiker[46].

Die Südsee-Kompanie – so wird uns mitgeteilt – «mißbrauchte gröblich» das den Engländern von Spanien eingeräumte Vorrecht, ein Handelsschiff im Jahr nach den spanischen Besitzungen in der Neuen Welt zu schicken, denn «ein ausgedehnter Schleichhandel hatte sich herausgebildet», der zum Teil von der Kompanie getrieben, zum Teil von ihr gedeckt wurde. Dafür wurden englische Schiffe, die des Schmuggels verdächtig waren, von Spanien aufgebracht. Robert Jenkins verlor angeblich bei solch einem Anlaß (1731) ein Ohr; er bewahrte es auf, legte es später in England als Beweisstück vor und forderte Rache. Die Spanier bemächtigten sich einiger englischer Schiffe, die legalen Handel trieben, und legten englische Gefangene in Eisen. Englische Kaperschiffe nahmen Spanier gefangen und verkauften sie als Sklaven an die britischen Kolonien. Der Schmuggel dauerte fort; die spanische Regierung protestierte; Walpole widerstrebte es, die Einkünfte der bedrohten Südsee-Kompanie zu vermindern. So zog er die Sache in die Länge, wenn er auch gegen die Schmuggelei an der englischen Küste strenge Maßnahmen ergriff. Der englische Großhandel war für den Krieg, denn er vertraute auf die Überlegenheit der Flotte, um England vor Einfällen zu sichern, und hoffte auf neue Absatzmärkte. Das Volk wurde mit tatsächlichen und erfundenen Erzählungen über spanische Grausamkeiten aufgehetzt. Nur wer zu Taten aufrief, war ein echter Patriot; wer aber zur Mäßigung riet, wurde als jämmerlicher Feigling beschimpft. Jenkins führte dem Parlament in einer Flasche sein Ohr vor (März 1738), woraufhin Pulteney, Pitt und andere Mitglieder der Opposition gegen Walpole hitzige Reden über die Ehre Englands hielten*. Die Kriegshetzer in Spanien bezeichneten die Engländer als ketzerische Hunde und glaubten aufs Wort, ein englischer Kapitän habe einen vornehmen Spanier dazu gezwungen, seine eigene Nase abzuschneiden und aufzuessen.

---

* Wie Horace Walpole berichtet, fand man nach Jenkins' Tode heraus, daß er zwei völlig normale Ohren hatte. Burke erwähnte die «Fabel von Jenkins' Ohr»[47]. Nach einer anderen Darstellung war es ein Seeräuber, der Jenkins das Ohr abhieb und von der spanischen Regierung später dafür bestraft wurde[48].

Beide Regierungen benahmen sich vernünftig. La Quadra, der oberste Minister Spaniens, schrieb zur Beruhigung der öffentlichen Meinung einen empörten Brief an Walpole, ließ ihn aber privat wissen, daß Spanien eine Regelung über den Verhandlungsweg begrüße. Ohne sich um das Volksgeschrei zu kümmern, unterzeichnete die britische Regierung mit Spanien den Pardo-Vertrag (14. Januar 1739), wonach beide Seiten Zugeständnisse machten und eine Kommission zur Regelung der anstehenden Streitfragen bestimmt wurde. Die Hälfte der spanischen Öffentlichkeit war mit dem Vertrag einverstanden; fast ganz England empörte sich dagegen. Die Südsee-Kompanie beschwerte sich, der Vertrag stelle ihre Einkünfte und ihre Dividenden in Frage; und der englische Gesandte in Madrid unterstützte sie dabei. Außerdem lief das *Asiento,* worin Spanien England erlaubt hatte, Spanisch-Amerika mit Negersklaven zu versorgen, am 6. Mai 1739 ab, und Philipp V. weigerte sich, das Abkommen zu erneuern[49]. Walpole verharrte trotzdem bei seiner Friedenspolitik und zog die britische Flotte aus dem Mittelmeer zurück; irrtümlicherweise verdächtigte er aber dann Spanien, einen Geheimbund mit Frankreich abschließen zu wollen, widerrief seinen Befehl und forderte die Flotte auf, Gibraltar zu beschützen. La Quadra protestierte. Unter dem Druck des kriegerisch gestimmten Parlaments und der Volksmassen brach Walpole die Verhandlungen ab. Am 19. Oktober 1739 erklärte England Spanien den Krieg. Die Öffentlichkeit, die Walpole immer noch als Feigling bezeichnete, jauchzte, und in ganz England läuteten die Glocken. Damals verfaßte James Thomson seine erhebende Ballade *Rule Britannia!* (Herrsche, England!), worin er verbürgte, *Britons never will be slaves* (Briten werden nie Sklaven sein).

Nichts stärkt eine Regierung im allgemeinen so wie eine Kriegserklärung, denn dann hält eine redliche Opposition mit ihren Angriffen zurück. Aber Walpoles Kabinett bildete eine Ausnahme. Seine Feinde spürten zu Recht, daß er im Grunde seines Herzens den Aufmarsch der Armeen und der feuerspeienden Geschwader nicht billigte. Alle militärischen Mißerfolge wurden ihm angekreidet, während ein erfolgreicher Seesieg bei Portobello an der Landenge von Panama einzig dem Genie Admiral Vernons, eines Mitglieds der Opposition, zugeschrieben wurde. Im Februar 1741 schlug Samuel Sandys dem Parlament vor, dem König die Entlassung seines Ministerpräsidenten anzuraten. Der Antrag wurde abgelehnt, aber nur mit den Stimmen der Stuart-Anhänger. Walpole hielt sich noch ein Jahr lang. Aber er war sich klar darüber, daß seine Zeit abgelaufen war und daß das Land eine Veränderung wollte.

Außerdem war er erschöpft. «Er, der in früheren Jahren sofort einschlief, sobald er im Bett war», schrieb sein Sohn, «schläft jetzt nie mehr als eine Stunde, ohne aufzuwachen; er, der bei Tisch immer vergaß, daß er Minister war und fröhlicher und unbeschwerter war als die ganze Tafelrunde, sitzt jetzt manchmal eine Stunde lang wortlos da und starrt auf einen Punkt.»[50] Die Neuwahlen führten zu einer überwiegend feindlichen Zusammensetzung des Parlaments; in einer unbedeutenden Angelegenheit erlitt er eine Niederlage und trat am 13. Februar 1742 zurück. Es gelang ihm ohne weiteres, Georg II. davon zu überzeugen, daß er für den Betrieb im Unterhaus zu alt war; mit dem Titel eines Grafen von Oxford setzte er sich im Oberhaus zur Ruhe. Sein Nest war in Voraussicht einer Schicksalswende gut gepolstert.

Am 18. März 1745 starb er nach einer langen schmerzhaften Krankheit, die er stoisch ertrug, im Alter von achtundsechzig Jahren. England sagte dem Frieden Lebewohl und machte sich unter der Führung der beiden Pitt an die Eroberung der Welt.

VI. IRLAND: 1714–1756

Selten in der Geschichte ist eine Nation so unterdrückt worden wie die irische. Die Siege der englischen Armeen über die verschiedenen Aufstände mündeten in einer Gesetzgebung, die die Iren mit Leib und Seele versklavte. Der Landbesitz wurde konfisziert, bis nur noch eine Handvoll katholischer Grundbesitzer übrigblieb, während sich der ganze übrige Boden in den Händen von Protestanten befand, die ihre Landarbeiter wie Sklaven behandelten. «Die armen Leute in Irland», sagte Chesterfield, «werden von ihren Herren mehr ausgebeutet als Neger.»[51] «In Irland», sagte Lecky, «waren regelrechte Gefängnisse am Haus von Großgrundbesitzern keine Seltenheit, wo die Untergebenen ohne weiteres bestraft wurden.»[52] Viele Grundbesitzer lebten in England und verbrauchten dort (nach einer Annahme Swifts) ein Drittel der Pacht, die die irischen Pächter zahlten[53]. Die Pächter – ruiniert durch die Pachtzinse, die sie dem Grundbesitzer abzuliefern hatten, durch die Abgaben an die verhaßte Staatskirche und die Gebühren, die sie ihren eigenen Priestern zahlten – lebten zerlumpt und halbverhungert in verrotteten Lehmhütten; Swift war der Ansicht, daß «die irischen Pächter schlechter daran sind als englische Bettler»[54]. Die Grundbesitzer, die in Irland blieben, und die Vertreter der Abwesenden suchten die barbarischen Zustände und die Feindseligkeit ihrer Umgebung bei Trink- und Freßgelagen, ständigen Einladungen, Zwistigkeiten und Duellen und Glücksspielen mit hohen Einsätzen zu vergessen.

Das britische Parlament, dem Irland völlig ausgeliefert war, unterdrückte jede irische Industrie, die der englischen hätte Konkurrenz machen können. Wie bereits erwähnt, wurde die junge Wollindustrie durch das Gesetz von 1699 völlig vernichtet, da dieses jegliche Ausfuhr irischer Wollfabrikate untersagte. Ebenso wurde der übrige irische Außenhandel, der sich noch inmitten der politischen Wirren und militärischen Verwüstung erhalten hatte, von englischen Gesetzen erbarmungslos gedrosselt. Der irischen Ausfuhr wurden solche Ausfuhrzölle auferlegt, daß sie von fast allen Märkten außer England abgeschnitten wurde[55]. Viele Irländer hatten von der Viehzucht und dem Viehhandel mit England gelebt; die Gesetze von 1665 und 1680 verboten jegliche Ausfuhr von irischem Vieh, Schafen oder Schweinen, von irischem Ochsen- und Hammelfleisch, von Speck oder Schweinefleisch, sogar von irischer Butter oder irischem Käse nach England. Irland hatte seine Waren nach den englischen Kolonien ausgeführt; ein Gesetz von 1663 bestimmte, daß, mit ganz wenigen Ausnahmen, kein europäischer Artikel in die englischen Kolonien eingeführt werden konnte, der nicht aus England stammte und auf englischen Schiffen mit englischer Mannschaft transportiert wurde.

Die irische Handelsflotte ging zugrunde. «All die Häfen und Landestellen, mit denen die Natur dieses Königreich so reich beschenkte», sagte Swift, «nützen ihm soviel wie eine schöne Aussicht einem Mann, der in einem Kerker schmachtet.»[56]

Protestanten wie Katholiken wurden von der englischen Gesetzgebung für die irischen Untertanen behindert, und bei einem berühmt gewordenen Anlaß vereinigten sie sich gegen die britische Regierung. Die Geldausfuhr, in Form von Pachtzahlungen an abwesende Landbesitzer, hatte 1722 einen Mangel an Metallgeld in Irland hervorgerufen. Walpole wollte das Problem mit der Prägung von Kupfergeld lösen. Der Plan war vernünftig, aber mit der üblichen Korruption behaftet. Der Herzogin von Kendal wurde das Patent zugesprochen, das die Prägung neuen Geldes erlaubte. Sie verkaufte es an den Hüttenbesitzer William Wood für 10000 Pfund. Um diese Summe herauszuschlagen und dazu einen Gewinn zu machen, schlug Wood vor, für 100800 Pfund Münzen von halben Pennies oder Farthings zu schlagen. Da aber das ganze Metallgeld, das damals in Irland in Umlauf war, sich auf die Summe von nur 400000 Pfund belief, protestierten die Irländer gegen diesen Plan mit der Begründung, daß die Kupfermünzen sowohl für größere Zahlungen wie auch als Wechselgeld dienen müßten, daß Zahlungen ins Ausland, darunter auch die Pachtzinse für die abwesenden Landbesitzer, mit Silber oder Banknoten zu begleichen seien, daß schließlich alle größeren Münzen in Verstecken oder im Ausland verschwinden würden und somit in Irland als einziges Zahlungsmittel die unpraktische Kupfermünze übrigbliebe. Um diesen Klagen entgegenzukommen, erklärte sich die britische Regierung einverstanden, die Ausgabe der neuen Münzen auf 40000 Pfund zu beschränken; außerdem legte sie einen Bericht Isaac Newtons, des Münzaufsehers, vor, wonach der Metallgehalt der halben Pennies von Wood den Patentanforderungen entsprach und höher war als bei Münzen früherer Regierungen.

So weit waren die Dinge gediehen, als Jonathan Swift, der anglikanische Dekan der Sankt-Patrick-Kathedrale von Dublin, in den Streit eingriff und unter dem Decknamen M. B. Drapier eine Reihe von Briefen veröffentlichte. Mit dem ganzen Ungestüm seines Geistes und seinem reichen Schatz an Beschimpfungen griff er die neue Geldsorte an, die er als einen Versuch, das irische Volk zu betrügen, bezeichnete. Er behauptete, daß die Münzen, die man Newton zur Prüfung vorgelegt habe, nur zu diesem Zweck geprägt worden seien und daß der größte Teil der halben Pennies von Wood weit weniger wert seien als ihr Nennwert. Seine Behauptung wurde tatsächlich von verschiedenen Finanzwirtschaftlern bestätigt; diese berechneten, daß Irland einen Verlust von 60 mal 480 Pfund erlitten hätte, wären die Münzen nach dem ersten Vorschlag geprägt worden[57]. In seinem vierten Brief ging Swift zu einer tiefempfundenen Anklage gegen die ganze englische Herrschaft in Irland über und sprach den Grundsatz aus, daß «jede Regierung ohne die Zustimmung der Regierten die wahre Definition von Sklaverei darstellt»[58]. Die Iren, inbegriffen die Mehrheit der Protestanten, reagierten begeistert auf diese kühne Schrift. Auf den Straßen wurden Balladen gesungen, die zum Widerstand gegen England aufriefen. Die englische Regierung, die jahrhundertelang ein ganzes Volk geknechtet hatte, mußte jetzt vor einer einzigen Feder den Rückzug antreten. Sie setzte eine Belohnung von dreihundert Pfund für die Verhaftung des Autors aus, aber obwohl Hunderte wußten, um wen es sich handelte, dachte niemand daran, den finsteren Dekan zu verraten. Und kein Irländer wagte es, die neuen Münzen anzunehmen, um nicht den Zorn des Volkes auf sich zu lenken. Walpole mußte eine Niederlage einstecken, das Geld zurückziehen und Wood 24000 Pfund Entschädigung für seine unnützen Ausgaben und als Gewinnausfall bezahlen.

Die Art, wie in Irland Politik betrieben wurde, verunmöglichte jeden Widerstand gegen die englische Herrschaft, es sei denn in Form von Zusammenrottungen des Volkes oder Einzelanschlägen. Da niemand ein Amt bekleiden konnte, der nicht Mitglied der anglikanischen Kirche war, bestand das irische Parlament seit 1692 ausschließlich aus Protestanten[59], die natürlich nur das Wohl Englands im Auge hatten. 1719 bekräftigte das englische Parlament aufs neue sein unantastbares Recht, Irlands Gesetze zu erlassen. Gesetze, die in England parlamentarische oder persönliche Freiheiten schützten, wie die Habeas-Corpus-Akte und die Bill of Rights, wurden nicht auf Irland ausgedehnt. Die verhältnismäßig weitgehende Pressefreiheit Englands galt in Irland nicht. Die beiden Parlamente glichen sich nur in der Korruption ihrer Wähler und ihrer Mitglieder. Sie unterschieden sich dadurch, daß die anglikanischen Bischöfe im irischen Oberhaus einen beherrschenden Einfluß ausübten.

Der irischen (anglikanischen) Staatskirche gehörte nur ungefähr ein Siebentel der Bevölkerung an, unterhalten wurde sie aber durch die von der fast durchwegs katholischen Bauernschaft zu leistenden Abgaben. Eine kleine Minderheit hing dem presbyterianischen oder anderen dissidenten Glaubensbekenntnissen an und wurde bis zu einem gewissen Grad geduldet, war aber von allen Ämtern ausgeschlossen. Den Katholiken war der Zugang nicht nur zu Beamtenstellungen, sondern auch zu allen akademischen Berufen, außer dem des Arztes, versperrt; und es war ihnen auch fast jede Möglichkeit genommen, eine höhere Bildung zu genießen oder zu Wohlstand und Einfluß zu gelangen[60]. Sie durften weder Land erwerben noch ihr Kapital in Hypotheken auf Grundbesitz anlegen und auch nicht langdauernde oder vorteilhafte Pachtverträge abschließen. Das Amt eines Geschworenen konnten sie nur dann ausüben, wenn kein Protestant zur Verfügung stand. In Schulen durften sie nicht unterrichten, und bei städtischen oder Landeswahlen hatten sie keine Stimme; ihre Heirat mit Protestanten war ungültig[61]. Die Zelebrierung der Messe war nur einem Priester gestattet, der amtlich registriert war und sich durch eine eidesstattliche Erklärung von jeder Zugehörigkeit zur Linie der Stuarts losgesagt hatte; das Gesetz drohte ungehorsamen Priestern mit Gefängnis, doch trat es nach 1725 nur noch selten in Kraft. Ein Ausschuß des irischen Parlaments stellte 1732 fest, daß es in Irland 1445 Priester, 229 katholische Kirchen und 549 katholische Schulen gab. Nach 1753 lockerten die Engländer die Zügel, und die Lage der Katholiken in Irland verbesserte sich.

Die ungeregelten religiösen Verhältnisse, die allgemeine Armut, die Aussicht, nie im Leben vorwärts zu kommen – dies alles bewirkte eine Entmutigung der irischen Bevölkerung. Die tüchtigsten und mutigsten Katholiken, die zur Hebung der Leistungsfähigkeit, Moral und Intelligenz hätten beitragen können, wanderten nach Frankreich,

Spanien oder Amerika aus. Viele Irländer wurden zu Bettlern oder Verbrechern, um dem Hungertod zu entgehen. Räuberbanden versteckten sich auf dem Lande, Schmuggler und Stranddiebe schlichen an den Küsten herum, und manche Grundbesitzer hielten sich bis zu achtzig Halunken, die ihnen blindlings gehorchten, ohne sich um Gesetze zu kümmern. Tausende von Rindern und Schafen wurden von herumziehenden Banden abgeschlachtet, scheinbar als eine katholische Rache an protestantischen Grundbesitzern. Es war schwierig für das Volk, Gesetze zu achten, die ein irisches Parlament erlassen hatte, das oft von den Katholiken – drei Viertel der Bevölkerung – als dem «öffentlichen Feind» sprach.

Es gab aber auch weniger düstere Seiten im irischen Leben. Das Volk bewahrte sich bei allem Leid seine Heiterkeit, seine Gutmütigkeit, seine Freude an Späßen; Aberglauben und Legenden flochten Zauber und Poesie in sein Dasein, ohne es zu solchen Gewalttätigkeiten zu treiben wie die Hexenverfolgungen in Schottland und Deutschland. Die anglikanische Geistlichkeit in Irland brachte einige große Gelehrte hervor (zum Beispiel Bischof Ussher von Armagh), einen hervorragenden Philosophen (George Berkeley, Bischof von Cloyne) und den größten Schriftsteller in englischer Sprache im ersten Viertel des achtzehnten Jahrhunderts, Jonathan Swift, Dekan der Sankt-Patrick-Kathedrale von Dublin. Die 1731 gegründete Dublin Society bemühte sich um technische Verbesserungen in Landwirtschaft und Industrie und setzte Prämien für Erfinder und Stipendien für Künstler aus. In vielen Fällen halfen einzelne Protestanten bedürftigen Katholiken, und die drakonischen Gesetze wurden von manchem Richter mit Milde ausgelegt.

Im großen und ganzen jedoch gehört das, was in Irland geschah, zu den schändlichsten Ereignissen in der Geschichte der Menschheit. Entwürdigende Armut, gesetzloses Durcheinander, Scharen von Obdachlosen, 34000 Bettler, unzählige Diebe, eine Oberschicht, die sich inmitten eines hungernden Volkes zügellosem Wohlleben hingab, durch Mißernten verursachte Hungersnöte, Alte und Kranke, die, mit Swifts Worten, «vor Kälte, Hunger, Schmutz und Ungeziefer sterben und verderben»[62] – wir dürfen vor diesen Bildern, so furchtbar sie sind, die Augen nicht verschließen. Auf den langen, bitteren Frost von 1739 folgte die Hungersnot von 1740/41, in der – nach einer Schätzung – ein Fünftel der Bevölkerung umkam und die viele Dörfer menschenleer hinterließ. In der Grafschaft Kerry fiel die Anzahl der Steuerzahler von 14346 im Jahre 1733 auf 9372 im Jahre 1744. Berkeley berechnete, daß «die Nation diesen Verlust wahrscheinlich im Laufe eines Jahrhunderts nicht einholen kann»[63]. Er irrte sich. Geduldig brachten die Frauen Kinder zur Welt, um die Toten zu ersetzen. Bei den Protestanten verminderte sich der religiöse Eifer mit zunehmender Bildung. Bei den Katholiken vermehrte er sich, denn sie identifizierten ihre Religion mit dem Freiheitskampf ihrer Nation. Die hohe Geburtenziffer, die die katholische Kirche als eine geheime Waffe gegen jeden Widerstand begünstigte, füllte die Lücken, die Hungersnot, Pest und Krieg gerissen hatten, wieder aus. Von zwei Millionen im Jahre 1700 war die Bevölkerung Irlands um 1750 auf 2,4 Millionen gestiegen. Auf die Dauer gewannen Glaube und Fruchtbarkeit der Unterdrückten die Oberhand über Waffen und Habgier der Eroberer.

VII. SCHOTTLAND: 1714–1756

Warum war der Unterschied zwischen den Schicksalen Schottlands und Irlands so groß?

Vor allem war Schottland nie erobert worden; im Gegenteil, es hatte den Engländern einen schottischen König geschenkt. Die noch ungebeugten Heerführer aus dem Hochland gehörten einer Kriegerkaste an, die immer wieder die Schotten bei ihren Einfällen nach England angeführt hatte. Die Bewohner des Tieflandes (*Lowland*) waren angelsächsischer Abkunft, also von gleicher Abstammung wie die Engländer. Der Boden blieb in den Händen der Einwohner. Die Religion war wie die anglikanische ein Ergebnis der Reformation, nicht ein Erbe der mittelalterlichen Kirche, und so verband sie Schotten und Engländer, anstatt sie zu trennen. Nach der Unionsakte von 1707 ordnete Schottland eine seiner Bevölkerungszahl entsprechende Zahl von Abgeordneten ins britische – das heißt englisch-walisisch-schottische – Parlament ab. Es fügte sich der Regierung in London, aber erst nachdem ihm bedeutende wirtschaftliche Zugeständnisse gemacht worden waren, die dem schottischen Volk zu Wohlstand verhalfen. Jede Gemeinde in Schottland bemühte sich um eine Schule für ihre Kinder, und vier Universitäten boten die beste Hochschulerziehung auf den Britischen Inseln. Im Laufe des achtzehnten Jahrhunderts trug diese erzieherische Arbeit ihre Früchte als «Schottische Aufklärung» mit Hume, Hutcheson, Reid, Robertson und Adam Smith, die den englischen Geist beflügelte.

Um diese schöne Ernte mußte aber gerungen werden. Fünfzig Jahre vergingen, bevor die Union Früchte trug. 1714 war Schottland noch ein Lehensstaat; jeder Landbezirk wurde von einem Adligen und seinen Lehnsherren regiert und der Boden von ergebenen und rechtlosen Pächtern bebaut. Die politische Vereinigung mit England untergrub aber sehr rasch diesen Aufbau. Die Adligen hatten das schottische Parlament beherrscht. Nach dessen Auflösung fanden sich die schottischen Abgeordneten im britischen Parlament in einer Umgebung, wo der Einfluß von Handel und Industrie dem der Gutsbesitzer ebenbürtig war; daher übernahmen sie englische Ideen und englische Technik. Um 1750 forderten die schottischen Fabrikanten und Kaufherren von den Argylls, Atholls, Hamiltons und Mars ihren Anteil an der Führung des Landes. Das jakobitische Abenteuer von 1745 war ein letztes Aufflackern der schottischen Feudalmacht. Als es mißlang, verschmolz die schottische Wirtschaft mit der englischen, und die Herrschaft des Mittelstandes begann. Die Union eröffnete dem schottischen Handel die englischen Kolonien. 1718 wurde in Glasgow das erste schottische Überseeschiff vom Stapel gelassen; bald wimmelte es überall von schottischen Kaufleuten. Der Fortschritt in der Agrartechnik und die Verbesserung der sanitären Verhältnisse in den Städten ließen die Sterblichkeit abnehmen; die Bevölkerung wuchs von einer Million im Jahre 1700 auf 1,6 Millionen gegen Ende des Jahrhunderts. 1751 war Edinburgh mit seinen fünfzigtausend Einwohnern nach London und Bristol die drittgrößte Stadt Großbritanniens.

Die presbyterianische Kirche (Kirk) bewahrte der calvinistischen Lehre eine fanatische Treue. Jeden Sonntag ging das Volk – manchmal drei bis fünf Kilometer weit – in die stets schmucklosen Kirchen und hörte stundenlang Predigten und Gebeten zu, die sich um die unerbittliche Vorbestimmung und die Schrecken der Hölle drehten. Die Bibel diente der täglichen Erbauung jeder schottischen Familie. Noch im Jahre 1763 schätzte Hume – mit gewollter Übertreibung –, daß auf jeden Schotten, Mann, Weib oder Kind, je zwei Bibeln kamen[64]. Die Prediger waren zwar wenig gebildet, aber von aufrichtiger, rührender Frömmigkeit. Sie lebten in nüchterner Einfachheit, und ihr Beispiel und ihre Lehren trugen zur Bildung des standfesten, lauteren Charakters der Schotten bei. Die Vorsteher und Kirchenältesten wachten streng über das Betragen und die Redeweise ihrer Gemeinde und verhängten Strafen, etwa für Flüche, Verleumdungen, Streitigkeiten, Zauberei, Ausschweifung, Ehebruch, jeden Bruch des Sabbats und jede Abschweifung von ihrem furchtbaren Glauben. Die Pfarrer verurteilten Tänze, Hochzeitsfeste und den Besuch von Theatern. Noch immer ließen sie Hexen vor Gericht stellen, wenn auch Hinrichtungen selten wurden. 1727 wurden eine Mutter und ihre Tochter wegen Hexerei verurteilt; die Tochter entfloh, aber die Mutter wurde in einem Pechfaß verbrannt[65]. Als das britische Parlament 1736 das Gesetz abschaffte, das Hexerei mit dem Tode bestrafte, wehrte sich die schottische presbyterianische Kirche dagegen, weil damit ein ausdrücklicher Befehl der Bibel verletzt werde[66].

Gleichzeitig bereiteten die Gemeindeschulen, die von der Kirche unterhalten wurden, und die städtischen Schulen ihre Schüler auf die Universität vor. Eifrige junge Leute aus allen Schichten strömten nach Edinburgh, Aberdeen, St. Andrews und Glasgow, von Bauernhöfen und Werkstätten wie von den Herrensitzen und Schlössern der Barone. Sie waren von Wissensdurst erfüllt und nahmen, um ihn zu stillen, jede Schwierigkeit auf sich. Viele wohnten in kalten Dachstuben und ernährten sich hauptsächlich von Hafermehl, das ihnen regelmäßig vom väterlichen Bauernhof gebracht wurde. Auch die Professoren lebten spartanisch – sie erhielten selten mehr als sechzig Pfund im Jahr. Der Kern des Unterrichts auf der Universität war wie in der Gemeindeschule die Theologie, aber auch die Klassiker wurden gelehrt und die Naturwissenschaft berührt. Der schottische Geist kam in Berührung mit dem weltlichen Gedankengut Europas. Francis Hutcheson, der den Lehrstuhl für Moralphilosophie in Glasgow innehatte (1729–1746), ließ dogmatische Streitfragen beiseite und gründete seine Ethik auf natürliche Gesetze. Die arianische Ketzerei – wonach Christus zwar göttlich, aber nicht wesensgleich mit Gott oder ewig wie Gott war – färbte auf Studenten und Professoren ab. Ein schottischer Autor erwähnt 1714 Hobbes und Spinoza als «die große Mode bei unserem jungen Landadel und den Studenten»[67]. Kleine Gruppen junger Leute, die von der Unabhängigkeit träumten, bildeten Klubs – die «Sulphurgesellschaft», das «Höllenfeuer», die «Demirip Dragoons» –, worin sie sich stolz zum Atheismus bekannten[68] und zum Teil wahrscheinlich mit unzufriedenen Stuart-Anhängern durchsetzt waren. Denn Schottland war – abgesehen von den Kaufleuten, die mit der englischen Wirtschaft verbunden waren – immer noch dem Andenken an die Stuarts zugetan und träumte von dem Tag, wo sich Jakob III. oder sein Sohn an die Spitze der Schotten stellen würde, um sie über die Grenze zu führen und das schottische Königtum auf dem englischen Thron zu erneuern.

VIII. BONNIE PRINCE CHARLIE: 1745

Jakob III. hatte sich in fruchtlosen Versuchen, eine Expedition nach England oder Schottland zu unternehmen, erschöpft. 1719 heiratete er Maria Clementina Sobieska, die Enkelin des berühmtesten polnischen Königs. Es war eine unglückliche Ehe, aber ihr entsprang ein Sohn, dessen schöne Züge und lebhaftes Gemüt möglicherweise auf die schottische Königin Maria Stuart zurückgingen und der der Stolz und die Sorge seiner Eltern war. England nannte ihn Charles Edward Stuart, den «jungen Prätendenten»; Schottland gab ihm den Namen *Bonnie Prince Charlie*. Charles, der in einer uneinigen Ehe aufwuchs und widersprechenden Religionsunterricht von seinen katholischen und protestantischen Hauslehrern erhielt, verfügte nur über eine unzulängliche Bildung, besaß aber den ganzen Zauber einer kraftvollen Jungmännlichkeit und den unbezwinglichen Drang eines Prinzen, den es nach der Krone verlangt. Der Herzog von Liria war ergriffen von der «großen Schönheit» des jungen Mannes. Charles hatte fröhliche braune Augen, hellbraunes Haar, eine Größe von sechs Fuß und einen abgehärteten Körper, der wie für den Krieg geschaffen schien; er war ein verwegener Reiter, ein guter Schütze, ein «vorzüglicher Golfspieler», ein ausgezeichneter Musiker und ein anmutiger Tänzer. «Von allen, die ich je gesehen habe», sagte der Herzog, «kommt er bestimmt dem Ideal eines Prinzen am nächsten.»[69] Charles war sich seiner Vorzüge bewußt und deshalb nicht immer leicht zu lenken. Im Jahre 1734 erhielt er im Alter von kaum vierzehn Jahren die Erlaubnis, in der spanischen Armee vor Gaeta mit dem Kriege Bekanntschaft zu schließen. Diese Feuertaufe erregte ihn so, daß er kaum die Gelegenheit abwarten konnte, sich nach England einzuschiffen.

Sie schien gekommen, als das britische Parlament gegen den Willen Walpoles die Feindseligkeiten gegen Spanien eröffnete (1739). Der Angriff Friedrichs des Großen auf Schlesien wuchs sich zum Österreichischen Erbfolgekrieg aus. England schickte den Kern seiner Armee auf den Kontinent. Konnte es einen besseren Augenblick geben, um noch einmal den Griff nach dem englischen Thron zu wagen? In Schottland formten die Stuart-Anhänger (1739) die *Association* (Vereinigung), die sich diesem Unternehmen weihte. Sie schickte Vertrauensleute nach England, um dort eine Stuart-Revolution zu entfachen. Frankreich wurde mit Bitten um Geld, Waffen und Truppen bestürmt. Ludwig XV. gab den Befehl, sieben Kriegsschiffe und einundzwanzig Truppentransporter in Brest zu versammeln und zehntausend Mann unter dem Marschall von Sachsen für die Einschiffung nach England in Dünkirchen bereit zu halten. In Italien wartete Prinz Charles gespannt auf eine Einladung aus Paris, sich der Expedition anzuschließen. Diese Einladung bekam er zwar nicht, aber er verließ dennoch Rom am 10. Januar 1744, ritt Tag und Nacht über Frascati und Lerici nach Genua, fuhr zu

Schiff nach Antibes und setzte von dort seinen ungestümen Ritt nach Paris fort. Sein alternder Vater blieb in Rom, und die beiden sahen sich nie wieder. Der Empfang beim König war freundlich, die Summe, die er Charles zur Verfügung stellte, bescheiden. Charles fuhr weiter nach Gravelines und wartete voller Ungeduld auf den Befehl, sich mit dem Marschall von Sachsen einzuschiffen, der selbst ungeduldig auf die französische Flotte wartete.

Wind und Wellen erklärten sich wie üblich zugunsten Englands. Nach ihrer Ausfahrt aus Brest hatte die französische Flotte gegen eine *mer affreuse,* eine furchtbare See, und *toujours un vent,* ständige Gegenwinde, zu kämpfen. Schiffe stießen zusammen, Masten brachen; die größte Verwirrung herrschte, als die Nachricht durchgegeben wurde, daß sich ein englisches Geschwader von zweiundfünfzig Schiffen nähere. Die Franzosen flohen zurück nach Brest, wobei sie verschiedene Schiffe verloren, während der Rest vom Sturm stark mitgenommen wurde. Zugleich mit dieser niederschmetternden Nachricht erfuhren die Franzosen, daß die englischen Jakobiten desorganisiert und entmutigt waren und daß von ihnen im Falle einer französischen Landung keine Hilfe zu erwarten war. Ludwig XV. teilte dem Marschall von Sachsen mit, der Invasionsplan werde fallengelassen. England hatte Frankreich noch nicht offiziell den Krieg erklärt und beschwerte sich über die Gegenwart des Prinzen Charles auf französischem Boden, die eine Verletzung der Verträge bedeute. Der verkleidete Prinz versteckte sich in Paris und schwor, er werde in England einfallen, und wenn er sich allein in einem offenen Boot dorthin begeben müsse. Sein Vater warnte ihn vor überstürzten Handlungen, «die nur zu deinem und zum Ruin all derer führen könnten, die sich dir anschließen»[70]. Charles' Anhänger intrigierten gegenseitig um Einfluß und Einkünfte und verklagten einander bei ihm, bis er verzweifelt schrieb: «Sie machen mir das Leben zur Hölle» (16. November 1744)[71].

Schließlich entschied er sich, ungeachtet aller Warnungen und ohne den französischen Hof zu befragen, «sein Glück zu versuchen» und «zu siegen oder zu sterben». Er schickte Agenten nach Schottland, um die Sippen (*Clans*) zur Erhebung aufzufordern; diese waren aber so wenig darauf vorbereitet, daß ihr erster Gedanke war, dem Prinzen die Überfahrt zu verbieten. Die englischen Stuart-Anhänger suchten unter Führung Bolingbrokes eine Versöhnung mit Georg II. Trotzdem lieh sich Charles 180000 Livres, nahm ein Angebot von zwei bewaffneten Fahrzeugen an und segelte (15. Juli 1745) nach Schottland. In der Nähe von Land's End trat ein britisches Kriegsschiff der kleinen Gruppe entgegen. Eines von Charles' Schiffen wurde so beschädigt, daß es nach Brest umkehren mußte. Auf dem anderen fuhr er weiter nach Norden zur Westküste Englands und betrat am 3. August schottischen Boden bei Eriska auf den Äußeren Hebriden. Ein Sippenführer riet ihm, nach Hause zu gehen. «Ich bin nach Hause gekommen», antwortete der Prinz. Man warnte ihn, die britische Regierung habe am 1. August eine Belohnung von 30000 Pfund auf ihn, tot oder lebendig, ausgesetzt. Daraufhin entließ Charles das Schiff, auf dem er gekommen war, und brach damit alle Brücken hinter sich ab. Am 19. August entrollte er seine Fahne in Glenfinnan in den Hochlanden und rief alle Stuart-Anhänger zur Hilfeleistung auf.

Die meisten Sippenältesten hielten sich fern; verschiedene angebliche Anhänger planten Verrat; einige Adlige bekannten sich zu ihm; von seinen zweitausend Mann waren zwölfhundert von der Sippe der Macdonalds und der Camerons. Unter Umgehung der Regierungsstreitkräfte führte Charles seine kleine Truppe südwärts. Am 17. September zog sie in Edinburgh ein, überwältigte die Wache und besetzte die Stadttore; ihr Führer nahm im ehemals königlichen Palast Holyroot Quartier, wo Maria Stuart sich mit John Knox unterhalten und wo Jakob VI. und I. seine Mutter vergessen hatte. Der fünfundzwanzigjährige Prinz sah in seinem Hochländerkostüm mit roten Samthosen, grüner Samtmütze und weißer Kokarde sehr malerisch aus. Manch ein Schotte glaubte an die Auferstehung vergangenen Ruhmes beim Anblick dieses anziehenden Prinzen, kniete nieder und küßte ihm die Hand, und alle Damen beteten für ihn und schwärmten ihn an. Er hatte kaum Zeit, diesen Empfang zu genießen, als er erfuhr, daß Cope sich Edinburgh mit einer Truppe von zweitausend Mann nähere. Am 21. September zog Charles ihm mit seiner inzwischen auf dreitausend Mann angewachsenen Schar entgegen, stellte ihn bei Prestonpans, machte zahlreiche Gefangene, die er sehr menschlich behandelte, und kehrte als Sieger nach Holyroot zurück. Schottland schien gewonnen.

Einen Monat ging alles gut. Charles beschlagnahmte Nahrung und Kleidung für seine Soldaten und begrüßte neue Sippen, die sich ihm anschlossen. Ludwig XV. schickte ihm Geld und Waffen. Am 8. November betrat der glückliche Prinz mit viereinhalbtausend Mann englischen Boden. Er belagerte Carlisle und nahm es ein. Manchester hieß ihn willkommen. Er eilte Derby zu, denn er hoffte, England durch seinen stürmischen Vormarsch dazu aufzurütteln, ihn als seinen gesetzmäßigen König zu empfangen. In einer Proklamation versprach er, Anglikaner und Presbyterianer hätten von ihm, einem Katholiken, nicht mehr zu fürchten als von Georg I., einem Lutheraner[72]. England glaubte ihm nicht und war nicht geneigt, den langwierigen Kampf zwischen jungem und altem Glauben wiederaufzunehmen. Wenn sich in England auch kaum jemand gegen Charles erhob, so stellte sich doch nur eine Handvoll Rekruten auf seine Seite. Die englischen Jakobiten wollten sich keiner Gefahr aussetzen.

Georg II. kam in aller Eile von Hannover zurück, um seinen bedrohten Thron zu schützen, und befahl die Konzentration von drei englischen Armeen bei Derby. Charles wollte dem keine Beachtung schenken und mit seinen sechstausend Mann weiter nach London vorstoßen. Aber die schottischen Sippenältesten weigerten sich, ihm zu folgen. Sie wiesen darauf hin, daß jede der Regierungsarmeen zehntausend Mann stark war, daß er durch sie abgeschnitten und ohne weiteres überwältigt werden konnte und daß von dem versprochenen Aufstand der Stuart-Anhänger nichts zu sehen war. Sie bestanden auf dem Rückmarsch nach Schottland, wo sie neue Sippenmitglieder aufbieten und Verstärkungen von Frankreich erhoffen konnten. Charles gab nach und führte den traurigen Rückzug von Derby nach Glasgow an. Bei dem nahegelegenen Falkirk schlug er mit neuntausend Mann eine zehntausend Mann starke Streitkraft unter dem Befehl von Hawley (17. Januar 1746). Doch war es ein Pyrrhussieg. Verluste und Überläufer schwächten das schottische Heer; seine Vorräte gingen zu Ende; die Soldaten wurden mit Hafermehl bezahlt; ihre Anführer lagen wie die verschiedenen Sippen ewig im Streit. Wieder rieten sie zum Rückzug. Der Prinz beschwor sie, sich dem Feind zu stellen, denn ein weiterer Rückzug konnte nur zu weiterer Auflösung führen. Und warum sollten sie vor einem Heer weglaufen, das nicht stärker war als jenes, das sie geschlagen hatten? Doch dann gab er wieder nach. Aber jetzt wußte er, daß er geschlagen war. Die schottische Armee kehrte in die Hochlande zurück. Die mutlose Stimmung der Anführer griff auf die Soldaten über; sie desertierten zu Tausenden. Der Rest glich eher einem ungeordneten, verzagten Haufen als einer Truppe.

Inzwischen war der Hauptteil der englischen Streitkräfte unter dem Herzog von Cumberland in Schottland eingedrungen, besetzte die Ostküste und erhielt bei Leith eine Verstärkung von fünfhundert Hessen, die Georg II. aus Österreich herübergebracht hatte. Mit 8800 Mann marschierte Cumberland nach Norden in die Grafschaft Inverness. Dort stellte sich ihm Charles am 16. April 1746 auf dem Culloden Moor mit siebentausend schlechtbewaffneten, schlechternährten und schlechtgeführten Soldaten. Sie schlugen sich mit schottischer Tapferkeit; aber sie wurden von der überlegenen Artillerie Cumberlands zerstreut, die mit Kartätschen auf sie feuerte. «Ein Kugelregen, der sie zu Dutzenden niedermachte», sagte ein schottischer Dichter, «wie das Gras vor dem Mäher.»[73] Charles stürzte sich zu Pferd nach allen Seiten, versuchte den Rückzug aufzuhalten, aber jeder dachte nur noch an seine eigene Haut. Schließlich wurde Charles gezwungen, das Schlachtfeld zu verlassen, weil seine Adjutanten sein Pferd beim Zügel ergriffen. Völlig entmutigt begab er sich mit ein paar Freunden auf die Flucht, von einem Versteck zum anderen, vom Ruhm verlassen, wie einst Karl II., bis er (am 20. September) ein Schiff fand, das ihn nach Frankreich brachte.

Cumberland ging schonungslos gegen den Feind vor. Jeder schottische Rebell wurde ohne Warnung erschossen. Überall fanden Haussuchungen statt. Wurden Waffen bei einem Schotten gefunden, so wurde er ohne Gerichtsverhandlung erschossen. Sippen, die Georg II. treu geblieben waren, wurden auf Sippen losgelassen, die sich dem Aufstand angeschlossen hatten. Hunderte von Häusern wurden niedergebrannt[74]. «Gemäßigte Maßnahmen nützen nichts», sagte der Herzog. «Unsere Nachsicht war wie ein kleiner Aderlaß, der den Wahnsinn schwächte, aber nicht heilte.»[75]

Und tatsächlich versuchten die rebellischen Sippen, sich immer wieder zu erheben. Noch zehn Jahre lang sangen und träumten die schottischen Stuart-Anhänger von vergangenen Niederlagen und künftigen Siegen, bis die Entartung ihres einst so herrlichen Prinzen in Rom ihren Glauben erschütterte.

Der Vertrag von Aachen (1748) zwischen England und Frankreich verlangte Charles' Ausweisung aus Frankreich. Er weigerte sich und mußte gewaltsam von französischen Truppen über die Grenze gebracht werden. Verkleidet kehrte er nach Paris und, im Jahre 1750, selbst nach London zurück, um der Sache der Stuarts neues Leben einzuflößen. Doch brachte ihm auch sein Versprechen, dem katholischen Glauben abzuschwören[76] keinen Erfolg. Schließlich mußte er seine Niederlage eingestehen und gab sich in solchem Ausmaße Trunk und Ausschweifungen hin, daß ihn sämtliche bedeutenden katholischen Mächte ignorierten. 1788 starb er, achtundsechzig Jahre alt, in Rom.

Schon dreißig Jahre vorher hatte Voltaire die wahre Grabschrift der zweiten jakobitischen Revolte verfaßt:

«So endete [mit der Rückkehr Charles' nach Frankreich, 1746] ein Abenteuer, das zur Zeit der fahrenden Ritter vielleicht von Erfolg gekrönt worden wäre, von dem aber man kein Gelingen erwarten konnte zu einer Zeit, wo militärische Disziplin, Artillerie und vor allem Geld letzten Endes alles bestimmen.»[77]

IX. DER AUFSTIEG WILLIAM PITTS: 1708–1756

Nach dem Fall Walpoles war England einer Reihe unbedeutender Minister ausgeliefert, die sich in politische Wirren und sieglose Kriege verstrickten. Der Wirtschaftsminister Lord Wilmington regierte zu Hause (1742/43), während Georg II. sich etwas theatralisch, aber mit echtem Heldenmut bei Dettingen schlug (27. Juni 1743). «Während der ganzen Schlacht», schrieb Friedrich der Große, «ritt der König von England an der Spitze seines hannoveranischen Bataillons, das linke Bein rückwärts gestreckt, den Degen im ausgestreckten Arm, ganz einem Fechtmeister ähnlich.»[78] Trotzdem befeuerte seine Tapferkeit seine Truppe, während er bescheiden die Befehle seiner Generäle hinnahm. Das Kabinett Henry Pelhams (1743–1754) brachte England wieder den Frieden; aber auch es regierte mit Hilfe von gekauften Stimmen in Wahlkreisen und im Parlament. Pelhams Bruder, der Herzog von Newcastle, führte eine Preisliste der englischen Politiker, worin er zur Vereinfachung des Staatshaushalts den laufenden Marktpreis für die Seele jedes einzelnen aufführte[79]. Die beiden Kabinette zeichneten sich vor allem dadurch aus, daß ihnen der Mann angehörte, der das britische Weltreich aufbauen sollte und der sich in jener bewegten Zeit als eine der mächtigsten Gestalten der Weltgeschichte hervortat.

William Pitt wurde 1708 in angenehmen Verhältnissen geboren, weil sein Großvater Thomas Pitt in Indien ein Vermögen erworben hatte. Thomas Pitt war ein schwergewichtiger Mann. Er schiffte sich als Matrose auf einem Handelsschiff ein, ließ sich in Bengalen nieder und betrieb «unerlaubten» Handel im Wettbewerb mit der Ostindischen Kompanie, der das Parlament ein Monopol verliehen hatte. Er wurde mit 1000 Pfund bestraft, machte der Kompanie weiter Konkurrenz, bis sie sich mit ihm einigte, trat in die Kompanie ein und war zwölf Jahre lang Gouverneur von Madras. 1701 war er ein gemachter Mann, so reich, daß er den berühmten «Pitt-Diamanten» für 20000 Pfund kaufen konnte, und so geschäftstüchtig, daß er ihn für 135000 Pfund an Philipp von Orléans, den französischen Regenten, weiterverkaufte. Heute wird der Edelstein auf 480000 Pfund geschätzt und im Louvre unter den Staatsjuwelen aufbewahrt – ein anschauliches Beispiel für die Entwertung des Geldes. Thomas legte seine Gewinne in englischem Grundbesitz an, kaufte einen Sitz im Parlament und vertrat dort von 1710 bis 1715 das elende Nest (*rotten borough*) Old Sarum. Sein Vermögen hinterließ er seinem ältesten Sohn Robert Pitt, der Harriet Villiers heiratete, die ihm sieben Kinder schenkte, von denen William der Zweitälteste war.

In Eton lehnte sich William gegen die Disziplin auf; er war der Ansicht, die Schinderei sei dem Geist der Studenten abträglich, doch trug er selbst keinen Schaden davon. In Oxford zeichnete er sich dadurch aus, daß er mit achtzehn Jahren an Gicht litt. Er hoffte, das Leiden in einem wärmeren Klima loszuwerden, verließ die Universität, ohne abzuschließen, bereiste Frankreich und Italien; aber Gicht blieb sein Kreuz in allen Siegen. Trotzdem trat er in die Armee ein, diente vier Jahre lang, ohne an einer Schlacht teilzunehmen, und trug die Überzeugung davon, daß Krieg der Schiedsrichter der Geschichte und der Geschicke der Staaten sei. 1735 kaufte ihm seine Familie, die ihn im übrigen als jüngeren Sohn ziemlich knapp hielt, die Stimmen von Old Sarum, und damit begann seine Laufbahn im Parlament. Er machte dort bald von sich reden, denn er war der wirksamste Redner, der je auf dieser forensischen Bühne aufgetreten ist. In seine Reden legte er die ganze Kraft seines leidenschaftlichen Wesens, seine ganze Entschlossenheit, an die Macht zu kommen, Walpole zu Fall zu bringen, das Parlament und den König zu beherrschen und schließlich Europa nach Herzenslust umzumodeln. Zu diesem Zweck war ihm alles recht: Logik, Dramatik, Einbildung, Enthusiasmus, Poesie, Schwulst, Beschimpfung, Ironie, Satire, Berufung auf den Patriotismus, auf persönliches Interesse, auf das Wohl des Landes und seinen Ruhm. Mit den Jahren entwickelte er sein Rednertalent, bis er alle Künste eines Demosthenes oder eines Cicero beherrschte. Er konnte seine Stimme bis zu einem Geflüster senken oder sie zu zornigem Gebrüll erheben; er konnte einen Gegner mit einem einzigen Satz erledigen. Er machte sich die Regel des Demosthenes zu eigen und belebte die Rede durch Handlung; jeder Satz hatte seine Geste, jedes Gefühl spiegelte sich auf seinem Raubvogelgesicht und glühte in seinen tiefliegenden Augen, bis sein ganzer Körper in Bewegung geriet, als ob das Wort Fleisch geworden wäre. Er war der größte Schauspieler außerhalb der Bühne.

Er war kein Heiliger. Ehrgeiz war die Triebfeder seines Charakters, der Wind in seinen Segeln. Aber dieser Ehrgeiz rechtfertigte sich dadurch, daß er das Wohl des ganzen Landes im Auge hatte und sich bei der titanischen Aufgabe verzehrte, England – wenn auch wider Willen – über die sieben Meere zur Weltherrschaft zu lotsen. Er fühlte sich als Sprachrohr des Staates, erhaben über alle hannoveranischen Kehllaute. Walpoles Bestechungspraktiken lagen ihm fern, daneben aber eignete er sich die Ethik der Herrscher an, wonach alles gut ist, was dem Staate nützt. Wenn er sich des Betrugs, der Verleumdung, der Einschüchterung, der Intrige, der Undankbarkeit, des Meineids und des Verrats schuldig machte, so waren das Hilfsmittel, die zum Beruf des Staatsmannes gehörten und nicht von Predigern, sondern nur von Königen beurteilt werden konnten. Fast auf jeder Stufe seines Aufstiegs verleugnete er eine Haltung, die er eben noch mit all der Leidenschaft, deren er fähig war, verteidigt hatte[80]. Nur selten ließ er sich zu Erklärungen oder Entschuldigungen herbei. Sein ganzes Streben war nur auf sein Ziel gerichtet, und sein Erfolg, der Englands Erfolg war, sprach ihn von Sünden frei und umgab sein Haupt mit einem Heiligenschein. Sein Stolz hatte etwas Großartiges. Nie erkaufte er Beförderung mit Liebedienerei. Er war unbestechlich inmitten aller Bestechlichkeit, und er erreichte seine Absichten durch die Gewalt einer unbeugsamen Persönlichkeit, die sich durch nichts beirren ließ.

Er verfolgte Walpole, weil er in ihm einen friedenstiftenden Handelsmann sah, zu feige, um einen Krieg mit Spanien zu wagen, und viel zu unterwürfig gegenüber einem König, der – wie Pitt sich ausdrückte – «eine absurde, undankbare und tückische Vorliebe für Hannover» hatte und «England nur als eine Provinz eines jämmerlichen Kurfürstentums betrachtete»[81]. Der glühende Redner verfolgte seine Kriegspolitik so unermüdlich, daß die Herzogin von Marlborough, die im Jahre 1744 starb, Pitt ein Legat von zehntausend Pfund hinterließ, denn Sarah hatte die Leidenschaft für den Krieg von ihrem toten Herzog geerbt. Als Pelham sein Amt übernahm, schlug er dem König vor, Pitt zum Kriegsminister zu ernennen. Georg II. hatte die Angriffe Pitts noch nicht vergessen und weigerte sich. Pelham drang in ihn. Er beschrieb Pitt als «den fähigsten und geeignetsten Mann, den wir unter uns haben, wirklich ehrenhaft und von größter Redlichkeit»[82]. Der König gab nach, und 1746 trat Pitt in das Kabinett ein, zuerst als Vertreter des Finanzministers in Irland, dann als Zahlmeister der Streitkräfte. Dieses Amt war nach und nach zu einer Goldgrube für persönliche Bereicherung geworden. Der Zahlmeister nahm sich ein halbes Prozent sämtlicher Unterstützungen an ausländische Fürsten, die das Parlament bewilligt hatte. Die riesige, unbestimmte Summe, über die der Zahlmeister zur Besoldung der Truppen verfügte, legte er zinstragend an, behielt aber die Zinsen für sich. Pitt weigerte sich, mehr als sein ihm zustehendes Gehalt zu nehmen. Als der König von Sardinien ihm ein Geschenk machen wollte, das dem üblichen Abzug an seinen Subsidien entsprach, weigerte sich Pitt, es anzunehmen. England, das solche Nebeneinnahmen seit langem als eine natürliche Schwäche des Menschen betrachtete, spendete Pitts außerordentlicher Lauterkeit Beifall und lauschte aufmerksam seinen Reden von einem Großbritannien, dem die Welt zu Füßen lag.

Ohne eine Kriegserklärung brachen im Juni 1755 in Amerika Feindseligkeiten zwischen England und Frankreich aus. Im Januar 1756 unterzeichnete England einen Vertrag mit Preußen. Im Mai schloß Frankreich ein Schutzbündnis mit Österreich ab. Im November wurde Pitt, der inzwischen Außenminister geworden war, zu Stimme und Arm Englands im Siebenjährigen Krieg, der die Karte Europas bis zur Französischen Revolution festlegte.

DRITTES KAPITEL

Religion und Philosophie

I. DIE RELIGIÖSE LAGE

Die Geschichte des achtzehnten Jahrhunderts in Westeuropa hatte zwei Themen: das Einstürzen der alten Feudalordnung und den drohenden Zusammenbruch der christlichen Religion, der geistlichen und sozialen Stütze dieser Ordnung. Staat und Glaube waren zu gegenseitigem Schutz verbunden, und der Fall des einen schien auch den des anderen zu bedeuten.

In dieser doppelten Tragödie des großen Umsturzes spielte England den ersten Akt. Der englische Bürgerkrieg von 1642 bis 1649, der den Feudaladel seine Rechte und einen König seinen Kopf kostete, ging der Französischen Revolution um 147 Jahre voraus. Im Bereich der Religion fand die deistische Kritik am Christentum ein halbes Jahrhundert vor dem Feldzug Voltaires in Frankreich statt; der Materialismus Hobbes' war um hundert Jahre älter als der Materialismus La Mettries, und Humes *Treatise of Human Nature* (Abhandlung über die menschliche Natur) aus dem Jahre 1739 und sein Essay *Of Miracles* (Über Wunder) aus dem Jahre 1748 gingen den Angriffen der französischen *philosophes* auf das Christentum in der *Encyclopédie* (1751) voraus. Voltaire hatte sich seinen Skeptizismus schon in Frankreich angeeignet, zum Teil bei dem englischen Flüchtling Bolingbroke, bevor er nach England kam. Aber erst sein dreijähriger Aufenthalt in England (1726–1728) führte ihm den Verfall des alten Glaubens vor Augen, die Demütigung des Katholizismus und die Aufsplitterung des Protestantismus in schwächliche Sekten, während die Deisten das ganze Christentum außer dem Glauben an Gott anzweifelten – eine Einstellung, die Voltaire nach Frankreich brachte. «In Frankreich», sagte Voltaire, «findet man, daß ich zu wenig Religion besitze, in England – zu viel.»[1] Montesquieu, der England 1731 besuchte, berichtete: «In England gibt es keine Religion.»[2] Das waren natürlich ausgesprochene Übertreibungen, denn zur gleichen Zeit begründeten John und Charles Wesley die Methodistenbewegung in Oxford. Aber Montesquieu, ein Aristokrat, bewegte sich hauptsächlich unter den Herren und Damen der höchsten Gesellschaft oder unter den Aristokraten der Feder. Und in dieser Umgebung – erzählt er – «lacht alles, wenn man von Religion spricht»[3]. Auch das scheint übertrieben. Aber hören wir, was Lord Hervey zu sagen hat:

> «Diese Fabel vom Christentum ... war nun (1728) in England so unglaubwürdig geworden, daß ein Mann von Welt oder Rang sich fast ebenso geschämt hätte, sich als Christ zu bekennen, wie vorher, nicht als Christ zu gelten. Sogar Frauen, die sich etwas auf ihr Verständnis zugute taten, machten klar, daß sie nichts so verachteten wie christliche Vorurteile.»[4]

Für diese erhabenen Kreise oder Geister bedeutete Religion entweder die Schläfrigkeit der anglikanischen Gemeinde oder die «Begeisterung» der dissidenten Sekten. Und diese Begeisterung sollte von Dr. Johnson bald einmal als «ein unbegründeter Glaube an private Offenbarungen» – wörtlich als ein «inwendiger Gott» – definiert werden. Die Staatskirche hatte an Ansehen verloren, weil sie die Stuarts gegen die Hannoveraner und die siegreichen Whigs unterstützt hatte; jetzt mußte sie sich dem Staat unterwerfen, und ihre Geistlichkeit wurde zum demütigen Diener der herrschenden Klasse. Der Dorfpfarrer war eine beliebte Zielscheibe für literarische Satiren oder gewöhnliche Witze. Doch gab es auch Ausnahmen, denen Fielding in der Figur des Pfarrers Adams ein ehrenvolles Denkmal setzte. Klassenunterschiede wurden auch in die Kirchen hineingetragen. Die Reichen besaßen besondere Kirchenstühle in der Nähe der Kanzel, hinter ihnen durften sich die Kaufleute setzen, und das einfache Volk saß oder stand im Hintergrund; war der Gottesdienst vorüber, wartete das einfache Volk auf seinem Platz, bis die besseren Leute die Kirche würdevoll verlassen hatten[5]. Wenn in London zu viele Arme den Gottesdienst besuchten, konnte es vorkommen, daß die Herrschaften mit Perücke in Eile ihr Gestühl verschlossen[6] und aus der Kirche flohen, um frische Luft zu schöpfen.

Einige anglikanische Bischöfe, wie Butler, Berkeley und Warburton, waren hochgebildet; meistens aber beteiligte die hohe Geistlichkeit sich an den politischen Intrigen der Skeptiker und Mätressen des Hofes und verpraßte die Einnahmen manch einer Gemeinde. Bischof Chandler scheint neuntausend Pfund für seine Beförderung von Lichfield nach Durham bezahlt zu haben. Der Bischof Willis von Winchester, der Erzbischof Potter von Canterbury und die Bischöfe Gibson und Sherlock von London starben «so reich, daß es eine Schande war»; manche hinterließen hunderttausend Pfund[7]. Thackeray konnte sie nicht ausstehen:

> «Ich habe gelesen, daß Lady Yarmouth [eine Mätresse Georgs II.] einem Geistlichen ein Bistum für fünftausend Pfund verkauft hat ... War er der einzige Prälat seiner Zeit, der von solchen Händen zur Weihe geführt wurde? Wenn ich einen Blick in den Sankt-James-Palast Georgs II. wage, sehe ich geistliche Gewänder in Massen die Hintertreppe zu den Hofdamen hinaufeilen, würdige Priester, die eine Börse in die Tasche gleiten lassen, und den alten gottlosen König, wie er unter seinem Baldachin in der königlichen Kapelle während der Predigt gähnt oder auf deutsch daherschnattert ..., und das so laut, daß der Geistliche ... auf der Kanzel in Tränen ausbricht, weil der Verteidiger des Glaubens und der Spender von Bistümern ihm nicht zuhören will.»[8]

Es war ein Zeichen der Zeit, daß die Staatskirche alle möglichen Auslegungen und Riten unter ihren Mitgliedern duldete. Für Pitt war das Ganze «ein calvinistischer Glaube, eine päpstliche Liturgie und eine arminianische Geistlichkeit»[9], womit er meinte, daß die offizielle Lehre sich an die Vorbestimmung hielt, während der Gottesdienst zur Hälfte römisch-katholisch war; jedoch gestattete der Freigeist den anglikanischen Geistlichen, die calvinische Prädestination abzulehnen und des holländischen Ketzers Arminius Lehre von der freien Entscheidung zu verbreiten. Die Duldsamkeit nahm zu, weil der Glaube abnahm. Ketzereien nach Art Humes hätten das England des siebzehnten Jahrhunderts entsetzt, während sich jetzt kaum jemand darüber aufhielt.

Hume selbst beschrieb England als «das Land auf der Welt, das die größte Gleichgültigkeit religiösen Angelegenheiten gegenüber an den Tag legt»[10].

Dem Buchstaben des Gesetzes nach war jeder Engländer verpflichtet, dem anglikanischen Gottesdienst beizuwohnen. Jedermann, der sich am Sonntag vom Gottesdienst fernhielt, mußte jedes Mal einen Shilling Strafe zahlen. Und wer mit einem solchen Sünder zusammenlebte, hatte eine Strafe von zwanzig Pfund im Monat zu zahlen[11]; doch wurden diese Gesetze nur selten angewendet. Auch katholische Messen waren mehr dem Buchstaben nach als in Wirklichkeit ungesetzlich. Ein katholischer Geistlicher, der eine priesterliche Handlung vollzog, konnte zu lebenslänglichem Gefängnis verurteilt werden. Die gleiche Strafe hielt Katholiken davon ab, eine Schule zu eröffnen. Und wer sein Kind ins Ausland schickte, um ihm dort eine katholische Erziehung geben zu lassen, wurde mit hundert Pfund bestraft. Nur jene Bürger, die den Treu- und Suprematseid ablegten (womit sie den König von England als Haupt der Kirche anerkannten) und sich gegen die Transsubstantiation erklärten, hatten das Recht, Boden zu kaufen oder zu erben. Jeder Katholik, der sich weigerte, diese Eide abzulegen, konnte weder ein ziviles noch militärisches Amt bekleiden, war von der juristischen Laufbahn ausgeschlossen, durfte keinen Prozeß anstrengen und sich nicht im Umkreis von zehn Meilen von London niederlassen. Außerdem konnte solch ein Katholik jederzeit aus England verbannt und, falls er zurückkehrte, zum Tode verurteilt werden. Unter Georg I. und Georg II. ging jedoch in Wirklichkeit Besitz und Glaube der Katholiken auf ihre Kinder über; in ihren Kapellen und Heimen konnten sie ungehindert der Messe beiwohnen, und viele legten den obligatorischen Eid mit inneren Vorbehalten ab[12].

Fast alle eifrigen englischen Protestanten traten nun Sekten bei, die sich von der Staatskirche abgespaltet hatten. Voltaire ergötzte sich an dem Schauspiel, das die Vielfalt von Independenten (Puritanern), Presbyterianern, Baptisten, Kongregationalisten, Quäkern und Unitariern bot. Die Presbyterianer, die ihre politische Macht verloren hatten, wurden toleranter. Sie nahmen es mit der Vorausbestimmung nicht sehr ernst, und eine große Anzahl gab sich mit einem humanen Christus zufrieden[13]. 1719 stimmte eine Versammlung von presbyterianischen Geistlichen mit 73 Stimmen gegen 69 für den Vorschlag, Anwärter auf ein Kirchenamt von der schriftlichen Annahme der Dreifaltigkeitslehre zu befreien[14]. Die Quäker nahmen zwar nicht an Zahl, aber an Wohlstand zu. Und mit ihrem Aufstieg in der Gesellschaft wurden sie gegenüber dem Benehmen und den Sünden der Menschen nachsichtiger. Fast alle Dissidenten waren mit einer Neigung zum Düsteren und Freudlosen behaftet, selbst im Wohlstand. Während die höheren Kreise den Sonntag für ihre Vergnügungen bevorzugten, blieb der Mittelstand, der am meisten Dissidenten zählte, dem puritanischen «blauen Sonntag» treu. In diesen Kreisen begab man sich nach dem häuslichen Morgengebet zum Gottesdienst, der zwei Stunden dauerte, dann wieder nach Hause, wo der Vater Weib und Kindern, die meistens auf Kissen auf dem bloßen Boden saßen, aus der Bibel oder frommen Büchern vorlas. Meistens ging man auch noch nachmittags und abends ins Gebethaus, wo alle zusammen beteten, noch einer Predigt zuhörten und mit Inbrunst schallende Hymnen sangen. Kein weltliches Lied war am Sonntag gestattet, kein Kartenspiel und ganz allgemein kein Vergnügen irgendwelcher Art. Reisen waren möglichst zu vermeiden, so daß auch die Wegelagerer ihren Ruhetag hatten.

Bei der Betrachtung der religiösen Verhältnisse Englands fand Voltaire, daß Frankreich noch manches von der englischen Duldsamkeit lernen konnte:

«Man braucht nur die Börse in London zu betrachten ... Dort machen Juden, Mohammedaner und Christen Geschäfte miteinander, als ob sie alle der gleichen Religion angehörten, und wenn sie von Ungläubigen reden, meinen sie jemand, der Bankerott gemacht hat; dort vertraut der Presbyterianer dem Anabaptisten, und der Anglikaner verläßt sich auf das Wort des Quäkers. Nach Beendigung dieser freien Versammlung gehen die einen in die Synagoge, die anderen trinken ein Glas zusammen. Dieser Mann läßt sich in einem großen Becken im Namen des Vaters, des Sohnes und des Heiligen Geistes taufen, während jener die Vorhaut seines Sohnes abschneiden und gewisse hebräische Worte – von denen er selbst kein einziges versteht – über das Kind murmeln läßt; wieder andere [Quäker] ziehen sich in ihre Kirche zurück und warten dort, mit dem Hut auf dem Kopf, auf die göttliche Eingebung; und alle sind zufrieden.

Wenn in England nur eine Religion gestattet wäre, würde die Regierung wahrscheinlich in Despotismus ausarten; gäbe es nur zwei, so würden sie sich gegenseitig die Kehle abschneiden; da es aber so viele Bekenntnisse gibt, leben sie alle glücklich und in Frieden miteinander.»[15]

II. DIE HERAUSFORDERUNG DER DEISTEN

Eine ganze Reihe von Faktoren kamen zusammen, um den christlichen Glauben in England zu untergraben: die Verbindung der Kirche mit dem Aufstieg und Fall politischer Parteien, der zunehmende Wohlstand und das Bedürfnis nach Zerstreuung bei den oberen Klassen, die mit dem Handel und Reisen verbundene, internationale Verbreitung von Ideen, die zunehmende Kenntnis nichtchristlicher Religionen und Völker, die Vermehrung und gegenseitige Bekrittelung der Sekten, die Entwicklung der Wissenschaft, der wachsende Glaube an natürliche Ursachen und unerschütterliche Gesetze, das historische und kritische Studium der Bibel, die Einfuhr oder Übersetzung von solch epochemachenden Büchern wie Bayles *Dictionnaire* und Spinozas *Tractatus theologico-politicus,* die Aufhebung der staatlichen Pressezensur (1694), die wachsende Achtung vor der Vernunft, die neuen Versuche der Philosophen Bacon, Hobbes und Locke, natürliche Erklärungen für die Welt und den Menschen zu finden, und, als Ergebnis vieler dieser Faktoren, der Feldzug der Deisten gegen das Christentum, von dem sie nur den Glauben an Gott und Unsterblichkeit übriglassen wollten.

Diese Bewegung hatte mit der Abhandlung *De Veritate* von Lord Herbert von Cherbury im Jahre 1624 begonnen; sie war im siebzehnten und frühen achtzehnten Jahrhundert dank dem Wirken von Charles Blount, John Toland und Anthony Collins gewachsen und kam mit Whiston, Woolston, Tindal, Middleton, Chubb, Annet und Bolingbroke zu vollster Blüte. William Whiston, der nach Newton den Lehrstuhl für Mathematik an der Universität von Cambridge eingenommen hatte, wurde 1710 entlassen, weil er Zweifeln an der Dreifaltigkeit Ausdruck gegeben hatte; er verteidigte seinen Arianismus in *Primitive Christianity Revived* (Wiederbelebung des Urchristentums; 1712) und bemühte sich um den Beweis, daß alttestamentliche Prophezeiungen nichts mit Christus zu tun hätten. Als die Verteidiger des Christentums die Beweisführung auf Grund der Prophezeiung aufgaben und die göttliche Natur Jesu mit den im Neuen Testament aufgeführten Wundern begründeten, ließ Thomas Woolston zwischen 1727 und 1730 seine unehrerbietigen *Six Discourses on the Miracles of Our Savior* (Sechs Reden über die Wundertaten unseres Heilands) von Stapel. «Nie zuvor», sagte Voltaire, «hatte ein Christ das Christentum so stürmisch angegriffen.»[16] Woolston behauptete, daß einige dieser Wunder unglaubhaft, andere widersinnig seien. Besonders unglaublich schien ihm, daß Jesus einen Feigenbaum verfluchte, weil er an Ostern noch keine Feigen hervorgebracht hatte. Er wollte gerne wissen, was die englischen Wollzüchter Jesus angetan hätten, wenn er eine Schafherde in den Tod geschickt hätte, wie er es mit den Schweinen von Gadara tat; «sie hätten ihn dafür baumeln lassen», denn nach englischem Gesetz stand auf solch einem Verbrechen die Todesstrafe[17]. Woolston war überzeugt, daß die Erzählung von der Auferstehung Christi eine Erfindung der Apostel war, um ihre Zuhörer zu täuschen. Trotzdem behauptete er, nach wie vor «felsenfest» an Christus zu glauben. Er widmete jedoch jede seiner Reden einem anderen Bischof, zugleich mit einer so eindeutigen Verurteilung ihrer Hoffart und ihres Geizes, daß sie ihn wegen Verleumdung und Gotteslästerung verklagten (1729). Das Gericht verurteilte ihn zu einer Strafe von hundert Pfund und der Hinterlegung einer Bürgschaft, die sein gutes Benehmen für die Zukunft sichern sollte. Da er das nötige Geld nicht aufbringen konnte, kam er ins Gefängnis. Voltaire bot ein Drittel an, die übrige Summe wurde durch Sammlung eingebracht, und Woolston wurde freigelassen. Der Prozeß trug zweifellos zur Bekanntmachung der «Reden» bei; im Laufe einiger Jahre wurden sechzigtausend Exemplare verkauft[18]. In *Das Leben Woolstons* (1733) berichtet ein unbekannter Verfasser, wie Woolston bei einem Spaziergang in St. George's Fields

> «eine hübsche, junge Frau traf, die ihn mit diesen Worten ansprach: 'Du alter Lump, bist du noch nicht gehängt worden?' Worauf Woolston antwortete: 'Meine Gute, ich kenne Sie nicht; womit habe ich Sie denn verletzt?' Und die Frau: 'Du hast Sachen gegen meinen Heiland geschrieben. Was würde aus meiner armen sündigen Seele werden ohne meinen Heiland? Mein Heiland, der für solche üblen Sünder wie ich gestorben ist ...'»[19]

Die deistische Propaganda erreichte ihren Höhepunkt mit Matthew Tindal, einem Mitglied der Fakultät des All Souls' College in Oxford. Nach einem ruhigen, angesehenen Leben, das sich nur durch den Übertritt zum und vom Katholizismus auszeichnete, veröffentlichte er 1730, im Alter von dreiundsiebzig Jahren, den ersten Band von *Christianity as old as the Creation* (Ein Christentum, so alt wie die Schöpfung). Drei Jahre später starb er und hinterließ das Manuskript des zweiten Bandes, das aber einem Bischof in die Hände fiel, der es vernichtete. Die Wirkung des ersten Bandes kann an den einhundertundfünfzig Antworten ermessen werden, die ihn zu entkräften suchten, darunter die *Analogie der Religion* von Bischof Butler und *Alciphron* von Bischof Berkeley.

Unbarmherzig prüfte Tindal sämtliche theologischen Phantasien. Warum hatte sich Gott nur einem kleinen Volk, den Juden, offenbart, und warum ließ er sie viertausend Jahre lang im ausschließlichen Besitz dieser Offenbarung? Und warum hatte er ihnen seinen Sohn mit einer neuen Offenbarung gesandt, die nach siebzehnhundert Jahren immer noch auf eine Minderheit der menschlichen Rasse beschränkt war? Was für ein Gott benutzte solch schwerfällige Methoden, um zu solch verspäteten und unangemessenen Resultaten zu kommen? Was für ein Ungeheuer von einem Gott strafte Adam und Eva, nur weil sie nach Erkenntnis gestrebt hatten, und dann ihre ganze Nachkommenschaft, nur weil sie geboren wurde? Die Ungereimtheiten in der Bibel sollen angeblich daher stammen, daß Gott seine Worte der Sprache und den Ideen seiner Zuhörer anpaßte. Unsinn! Warum konnte er ihnen die einfache Wahrheit nicht klar und deutlich sagen? Warum wandte er sich an die Priester als Vermittler und nicht direkt an die Seele jedes Einzelnen? Warum erlaubte er, daß seine eigens offenbarte Religion zu einem Werkzeug der Verfolgung, des Schreckens und des Haders wurde, und warum war der Mensch Hunderte von Jahren später immer noch nicht moralisch höherstehend als vorher, im Gegenteil, noch härter und grausamer als zur Zeit der heidnischen Kulte? Und ist die Moral eines Konfuzius oder Cicero vor der Weltgeschichte nicht mehr wert als das Christentum? Die wahre Offenbarung ist in der Natur selbst und in der gottgegebenen Vernunft des Menschen, der wahre Gott ist der Gott, den Newton enthüllte, der Schöpfer einer wunderbaren Welt, die von unwandelbaren Gesetzen majestätisch geleitet wird. Ein wirklich moralisches Leben stellt eine harmonische Vereinigung von Vernunft und Natur dar. «Wer seine natürlichen Regungen so zu lenken versteht, daß sie gleichzeitig der Anwendung seiner Vernunft, der Gesundheit seines Körpers und dem Vergnügen seiner Sinne zugute kommen (denn das ist es, was ihn glücklich macht), der darf sicher sein, daß er seinen Schöpfer nie beleidigt, der alle Dinge ihrer Natur entsprechend regiert und daher auch von seiner vernunftbegabten Kreatur nichts anderes erwarten kann, als daß sie entsprechend ihrer Natur handelt.»[20] Das ist die wahre Moral, das wahre Christentum – «so alt wie die Schöpfung».

Conyers Middleton führte den Angriff vom historischen Gesichtspunkt aus weiter. Nachdem er das Trinity College in Cambridge absolviert hatte, wurde er Geistlicher und fuhr fort, sich äußerlich seiner religiösen Pflichten als Christ zu entledigen, während er gleichzeitig der offiziellen Kirche einen Schlag nach dem anderen versetzte. Er gehörte zu den besten Prosaschriftstellern seiner Zeit, und sein *Leben des Cicero* (1741) bleibt bis auf den heutigen Tag eine bewundernswerte Biographie – wenn er sich auch nicht scheute, Anleihen bei seinen Vorgängern zu machen. Als er (1729) seine *Briefe von Rom* nach England schickte, waren seine Amtsbrüder hocherfreut, denn darin beschrieb er die heidnischen Überreste im katholischen Ritual – Weihrauch, Weihwasser, Reliquien, Wunder, Votivbilder, Lichter vor dem Heiligenschrein und den Pontifex Maximus der Antike, der zum römischen Papst geworden war. Das protestantische England spendete ihm Beifall, mußte sich aber bald davon überzeugen, daß Middletons Neigung zur Geschichte sowohl die katholische als auch die protestantische Theologie aufs Korn nahm. Als Daniel Waterland die buchstabengetreue Wahrheit und Eingebung der Bibel gegen Tindal verteidigte, warnte Middleton die protestantischen Theologen in einem *Brief an Dr. Waterland* (1731) vor einer allzu wörtlichen Auslegung der biblischen Legenden im Sinne geschichtlicher Tatsachen; dies sei selbstmörderisch, da der wissenschaftliche Fortschritt früher oder später solche Fabeln bloßstellen und die christlichen Apologeten zu einem beschämenden Rückzug zwingen werde. Und dann nahm Middleton eine Begründung zu Hilfe, die die Wirkung seiner historischen Studien auf seinen Glauben verriet: Selbst wenn die christliche Theologie unglaubhaft ist, so wird ein guter Bürger doch das Christentum und die christliche Kirche als eine Stütze sozialer Ordnung und ein Bollwerk gegen die niedrigen Instinkte der Menschheit unterstützen[21].

Schließlich gab Middleton (1748) sein Hauptwerk heraus: *A Free Inquiry into the Miraculous Powers which are supposed to have existed in the Christian Church through Successive Ages* (Eine freie Untersuchung der wundertätigen Kräfte, die angeblich im Laufe der Zeiten in der christlichen Kirche gewirkt haben), ein Buch, das Hume höher schätzte als seine eigene Schrift *Über Wunder*, ebenfalls aus dem Jahre 1748. Middleton knüpfte an die Anerkennung der Wunder an, die Christus oder seinen Aposteln im kanonischen Neuen Testament zugeschrieben werden. Er wollte ausschließlich zeigen, daß die Wunder, die den Kirchenvätern, Heiligen und Märtyrern der Kirche nach dem ersten christlichen Jahrhundert zugeschrieben werden, unglaubwürdig sind. Man braucht diese Geschichten nur einander gegenüberzustellen, und ihre ganze Sinnwidrigkeit tritt zutage. Manche Kirchenväter hatten diesen Berichten ihren Segen gegeben, obwohl sie wußten, daß sie falsch waren, und Middleton zitierte Mosheim, den gelehrten Kirchenhistoriker, der seiner Befürchtung Ausdruck gab, daß «jene, die aufmerksam die Schriften der größten und frömmsten Doktoren des vierten Jahrhunderts durchforschen, in ihnen, ohne Ausnahme, eine Neigung zur Täuschung und Lüge entdecken werden, sobald das Interesse der Religion im Spiel war»[22].

Middletons Buch hatte viele Mängel. Er vergaß, daß er selbst zur Unterstützung des Christentums vorbehaltlos die Anwendung von Täuschungsmanövern empfohlen hatte, und er übersah, daß manche merkwürdige Erfahrungen, wie die Austreibung des Teufels oder das Erlebnis des heiligen Anton, der den Teufel an seiner Tür hörte, auf der Macht der Suggestion oder der Vorstellungskraft beruhen konnten und denen, die darüber berichteten, tatsächlich als Wunder erscheinen mußten. Jedenfalls bewirkte die *Freie Untersuchung* eine ebenso kritische Betrachtung der Wunder im Alten und dann auch im Neuen Testament, wie er sie auf die Periode der Kirchenväter angewandt hatte, und seine katholischen Gegner waren im Recht, wenn sie behaupteten, seine Argumente untergrüben die ganze übernatürliche Basis des christlichen Glaubens. Vielleicht war das Middletons Absicht. Immerhin bekleidete er bis zuletzt seine Kirchenämter.

Die Bekehrung Bolingbrokes zum Deismus war innerhalb der Aristokratie ein öffentliches Geheimnis und wirkte ansteckend. In seinen Schriften, die er vorsichtigerweise zu Lebzeiten nicht veröffentlichte, beschimpfte er fast alle Philosophen, außer Bacon und Locke. Er nannte Platon den Vater theologischer Verlogenheit, Paulus einen fanatischen Schwärmer, Leibniz einen «phantastischen Schaumschläger»[23]. Die Metaphysiker bezeichnete er als «gelehrte Narren» und hielt alle, die sich Seele und Körper abgesondert voneinander vorstellten für «pneumatische [windige] Irre»[24]. Er machte sich über das Alte Testament als ein Gemisch von Unsinn und Lügen lustig[25]. Er bekannte sich zum Glauben an Gott, aber verwarf das übrige Christentum. Jede Erkenntnis ist relativ und unsicher. «Wir sollten immer ungläubig sein ... Allem, was in Religion, Politik und Philosophie festgelegt ist, sollten wir mißtrauen.»[26] Er kehrte sich sogar vom einzigen Trost des Skeptikers ab – dem Glauben an Fortschritt; sämtliche Gesellschaften durchlaufen Zyklen, «von der Neubildung zur Entartung und von der Entartung zur Neubildung»[27].

1744 verließ Bolingbroke Frankreich, da er den Familiensitz in Battersea geerbt hatte; dort verbrachte er seine letzten Jahre im Kampf mit Krankheit und Verzweiflung. Seine früheren Freunde verließen ihn, als er an politischem Einfluß verlor und sein Charakter immer schwieriger wurde. Mit dem Tod seiner zweiten Frau (1750) endete sein Interesse an menschlichen Angelegenheiten. «Mit jedem Jahr werde ich einsamer in dieser Welt»[28] – die Nemesis der Selbstsucht. 1751 erkrankte er an einem Gesichtskrebs, der sich immer weiter ausbreitete. Er diktierte ein frommes Testament, weigerte sich aber, einen Geistlichen zu sehen[29]. Ein halbes Jahr lang litt er die furchtbarsten Qualen und starb am 12. Dezember, ohne Hoffnung für sich oder die Menschheit. Der Niedergang des religiösen Glaubens erzeugte bereits jenen Pessimismus, der das heimliche Leiden der modernen Seele werden sollte.

III. DER GEGENSCHLAG DER RELIGION

Die Verteidiger des Christentums nahmen die Angriffe der Deisten keineswegs ergeben hin; im Gegenteil, sie schlugen sich mit ebensoviel Wucht, ebenso großer Gelehrtheit und bissigem Stil wie Tindal, Middleton oder Bolingbroke. Die schwächeren Apologeten, wie Bischof Chandler von Lichfield und Bischof Newton von London, stützten sich auf abgegriffene Argumente – daß die Juden mit Ungeduld auf den Messias warteten, als Christus erschien, und daß sich in ihm viele jüdische Prophezeiungen erfüllt hatten; oder sie wiesen, wie Bischof Sherlock von London und Bischof Pearce von Rochester, auf die zahlreichen Zeugenberichte von der Auferstehung Jesu hin. Sherlock und andere behaupteten, daß die Beweise für die christlichen Wunder überwältigend seien und dazu ausreichten, die Göttlichkeit Christi und des christlichen Glaubens zu stützen. Ein wohlbezeugtes Ereignis nur deswegen zu verwerfen, weil es unserer Erfahrung widerspricht, ist ein sehr gewagtes Verfahren, sagte Sherlock; mit derselben Begründung weigerten sich die Bewohner der Tropen, an das Vorhandensein von Eis zu glauben. Wenn wir annehmen, daß die Dinge nicht anders sein können als in unserer Erfahrung, dann «eilen wir den Wahrnehmungen unserer Sinne voraus, und unsere Schlüsse beruhen auf Vorurteil und nicht auf Verstand»[30]. Trotz unserer ausgedehnten, aber tatsächlich spärlichen Erfahrung können wir nicht sicher sein, daß ein Mensch nicht von den Toten auferstehen kann. Man bedenke, wie viele erstaunliche Dinge, die jetzt zu unserem täglichen Leben gehören, einst als unvorstellbar galten!

George Berkeley, der sich zwischen 1709 und 1713 als Philosoph hervorgetan hatte, sandte von Rhode Island seinen Beitrag zur Debatte unter dem Titel *Alciphron, or The Minute Philosopher* (Alkiphron oder der kleine Philosoph; 1733), einen Dialog, funkelnd von kühnem Gedankenflug und lebendigem Stil. Alkiphron nennt sich einen Freidenker, der von der Duldsamkeit zum Deismus und dann zum Atheismus gelangt ist; jetzt verwirft er jede Religion als eine Täuschung des Volkes durch Priester und Regierung; er weigert sich, an irgend etwas anderes als Sinne, Leidenschaften und Triebe zu glauben. Euphranor, die Stimme Berkeleys, warnt die Deisten vor ihrer Lehre, die zum Atheismus und damit zum Zusammenbruch der Moral führt. Es mag wohl einige gute Atheisten geben, aber wird ihre Lehre, falls sie von der Masse aufgenommen wird, nicht Ausschweifung und Gesetzlosigkeit hervorrufen? Diese religiösen Skeptiker müßten auch der Wissenschaft zweifelnd gegenüberstehen, denn viele Beweisführungen der Wissenschaft – zum Beispiel in der höheren Mathematik – sind unseren Sinnen oder unserem Verständnis unzugänglich. Sicherlich ist die Lehre von der Dreifaltigkeit nicht unverständlicher als die Quadratwurzel von minus eins.

William Warburton gehörte nicht zu jenen, die ihren Glauben oder das Einkommen aus ihren Kirchenämtern einer so gebrechlichen Stütze wie Berkeleys irrationalen Größen anvertrauten. Nach einer Ausbildung zum Rechtsanwalt wurde er anglikanischer Priester und schlug sich mit der ganzen Gewandtheit eines juristischen Geistes durch das theologische Gestrüpp. Vielleicht hätte er besser den bunten Rock getragen als die Richterrobe oder das geistliche Gewand. Er stürzte sich mit Begeisterung in den Kampf und konnte kaum den Schlaf finden, wenn er am Tage nicht irgendeinen Gegner zu Boden geschmettert hatte. Er beschrieb sein Leben als «einen Feldzug auf Erden, und zwar gegen Frömmler und Freidenker, denen ich wie Hannibal Rom ewigen Krieg am Altar geschworen habe»[31]. Er teilte seine Hiebe nach allen Seiten aus, und wenn er gerade keinen Feind vor sich hatte, trafen sie auch Freunde. Seine Zeitgenossen tat er mit kurzen, bündigen Beschreibungen ab: Johnson, ein bösartiger, unverschämter Raufbold; wenn man bei Garrick «auf etwas wie Sinn stößt, so sieht es eher wie Unsinn aus». Smollett, ein «herumziehender Schotte», der «tausendfachen Quatsch verzapft»; Voltaire, ein «Schurke», der knietief im «Schmutz der Freidenkerei» watet[32].

Sein umfangreiches Meisterwerk erschien in zwei Bänden zwischen 1737 und 1741 unter dem Titel *The Divine Legation of Moses demonstrated on the Principles of a Religious Deist* (Die göttliche Gesetzgebung Mosis, dargestellt auf Grund der Prinzipien eines religiösen Deisten). Seine originelle Beweisführung war einzigartig: Der Glaube an eine zukünftige Belohnung oder Bestrafung ist für die soziale Ordnung unerläßlich (wie viele Deisten zugaben); Moses jedoch gelang es, das jüdische Leben, ohne diesen Glauben, in Wohlstand und Sittenstrenge aufzubauen; dieses Wunder kann nur durch die göttliche Führung Mosis und der Juden erklärt werden; deswegen waren Sendung und Gesetze Mosis göttlich, und die Bibel ist das Wort Gottes. Warburton war der Ansicht, daß diese Beweisführung «mathematischer Genauigkeit sehr nahe» kam[33]. Seine theologischen Amtsbrüder waren nicht so eingenommen von seiner Auffassung, daß Gott die Juden durch 613 Gesetze und viertausend Jahre geleitet hatte, ohne sie wissen zu lassen, daß ihre Seelen unsterblich waren. Aber der kampflustige Autor hatte seine Seiten mit so vielen gelehrten Abhandlungen gefüllt – über die Natur der Moral, über den unerläßlichen Bund zwischen Kirche und Staat, über die Mysterien und Riten in den Religionen der Antike, über den Ursprung der Schrift, über die Bedeutung der Hieroglyphen, über ägyptische Zeitrechnung, über das Ursprungsdatum des Buches Hiob und über die Irrtümer von Freidenkern, Altertumsforschern, Gelehrten, Historikern, Unitariern, Türken und Juden –, daß ganz England über die Reichweite seiner Bildung staunte. Warburton rückte von Gefecht zu Gefecht vor – gegen Crousaz, Theobald, Bolingbroke, Middleton, Wesley, Hume –, bis er es zu dem ertragreichen und behaglichen Bistum von Gloucester gebracht hatte.

Joseph Butler hingegen war weniger ein Draufgänger; er war ein verfeinerter Mensch, sanft, bescheiden und wohlmeinend, der schwer unter der Erkenntnis litt, daß die Religion, die dazu beigetragen hatte, die europäische Kultur dem Barbarentum zu entreißen, einem Kampf auf Leben und Tod ausgesetzt war. Er war empört über die gute Aufnahme, die der Materialismus eines Hobbes in den höheren Kreisen fand. Als ihm (1747) das Erzepiskopat von Canterbury, das heißt der englische Kirchenprimat, angeboten wurde, verweigerte er es mit der Begründung, daß «für ihn der Versuch, den Niedergang der Kirche aufzuhalten, zu spät komme»[34]. 1751 gab er seinem Befremden über «den allgemeinen Verfall der Religion in diesem Lande» Ausdruck ... «Ihr Einfluß auf die Seele der Menschen nimmt ständig ab ... Die Anzahl derer, die sich als Ungläubige bezeichnen, wächst ständig, und mit ihrer Anzahl auch ihr Eifer.»[35] Er befürchtete anscheinend eine geistige Verflachung des Volkes infolge der Aufgabe von Religion und moralischem Erbe und überraschte seinen Freund, den Dekan Tucker, mit der Frage, ob eine Nation nicht ebenso wie ein Einzelwesen verrückt werden könne.

Trotzdem widmete er sein Leben der geistigen Rechtfertigung des christlichen Glaubens. Schon als junger, vierunddreißigjähriger Priester veröffentlichte er *Fifteen Sermons* (Fünfzehn Predigten; 1726), worin er Hobbes' pessimistische Analyse der menschlichen Natur mit der Behauptung einschränkte, daß der Mensch, wenn er auch in vieler Hinsicht zum Laster neige, doch auch von Natur aus ein soziales und moralisches Wesen mit einem angeborenen Sinn für Gut und Böse sei. Butler vertrat die Meinung, die edleren Elemente im Menschen hätten ihren Ursprung in Gott, den sie verkündeten. Auf dieser Grundlage baute er eine allgemeine Theorie über den göttlichen Plan auf, der die Welt durchdringt. Königin Caroline fand Gefallen an dieser Beweisführung, und 1736 wurde Butler zu ihrem Kabinettssekretär ernannt.

Im gleichen Jahre gab er das Werk heraus, das ein Jahrhundert lang das Bollwerk christlicher Argumentation gegen den Unglauben darstellte – *The Analogy of Religion, Natural and Revealed, to the Constitution and Course of Nature* (Die Analogie zwischen natürlicher und offenbarter Religion einerseits und Beschaffenheit und Entwicklung der Natur andererseits). Der Geist der Zeit sprach aus dem Vorwort:

> «Ich weiß nicht, wie es dazu gekommen ist, aber eine große Anzahl von Personen gehen davon aus, daß das Christentum nicht so sehr ein Gegenstand der Forschung sei, sondern daß nunmehr

feststehe, es handle sich dabei um eine Erfindung. Und sie beschäftigen sich deswegen damit, als ob sich heutzutage alle gebildeten Leute darüber einig wären und als ob nichts anderes übrigbliebe, als es zum Lieblingsgegenstand von Spott und Belustigung zu machen, wie wenn man es ihm heimzahlen wolle, daß es so lange den Vergnügungen der Welt im Wege stand.»[36]

Die *Analogie* war als eine Antwort an die Deisten gedacht und nahm das Vorhandensein von Gott an. Die «natürliche Religion» der Deisten bekannte sich zu einem «Gott der Natur», dem großen Entwerfer und Urheber der Welt, aber verwarf den anscheinend ungerechten Gott der Bibel als völlig unvereinbar mit dieser erhabenen Auffassung. Butler wollte beweisen, daß in der Natur ebenso viele Anzeichen von Ungerechtigkeit und Grausamkeit vorkommen wie bei dem Jehova des Alten Testaments; daß es keinen Widerspruch zwischen dem Gott der Natur und dem Gott der Offenbarung gibt; und daß jene, die die eine Gottheit annehmen, logischerweise auch die andere annehmen müssen. Der brave Kabinettssekretär scheint nie auf den Gedanken gekommen zu sein, daß eingefleischte Skeptiker aus diesem Beweis schließen konnten (wie James Mill es tat), daß keiner dieser beiden Götter die Verehrung kultivierter Menschen verdiente.

Den Beweis dafür, daß beide Gottheiten vorhanden und eins waren, leitete Butler von der Wahrscheinlichkeit her. Unser Verstand ist unvollkommen und allen möglichen Irrtümern unterworfen; wir können nie sicher sein, ob es sich um Gott oder Natur handelt. Aber die Wahrscheinlichkeit genügt; und die Wahrscheinlichkeit stützt den Glauben an Gott und die Unsterblichkeit. Die Seele ist offensichtlich dem Körper überlegen, denn die körperlichen Organe sind Werkzeuge und Diener der Seele. Die Seele, das eigentlich Wesentliche des Menschen, muß nicht mit dem Körper zugrunde gehen; beim Tode sucht sie wahrscheinlich andere Ausdrucksmittel auf höherer Ebene. Entspricht es nicht der Natur, daß ein Organismus von einer niederen in eine höhere Form verwandelt wird, wie kriechende Dinge zu beflügelten werden, wenn die Raupe zum Schmetterling wird? Eine weitere Analogie macht es wahrscheinlich, daß es im Leben der Seele, nach dem Tode des Körpers, Belohnung und Strafe geben wird – falls man das Vorhandensein von Gott annimmt. Denn ebenso wie wir Verbrecher für ihre Verstöße gegen die Gesellschaft bestrafen, ebenso bestraft die Natur in den meisten Fällen die Menschen für ihre bösen Taten; aber da das Laster häufig in diesem Leben keine sichtliche Strafe und die Tugend keine sichtbare Belohnung erhält, ist es unglaubhaft, daß Gott in einem anderen Leben keine gerechtere Beziehung zwischen Verhalten und Schicksal wiederherstellen sollte. Unser Gewissen und unseren Sinn für Moral konnte uns nur ein gerechter Gott eingeben.

Heute sind Butlers Argumente hauptsächlich deswegen von Interesse, weil sie eine Stufe in der Entwicklung des modernen Denkens beleuchten. Den Deisten gegenüber waren sie zutreffend, weil derjenige, der an einen göttlichen Plan in der Natur glaubte, keine Ursache hatte, die Bibel wegen des grausamen Gottes, wie er im Alten Testament enthüllt wird, zu verwerfen – denn der Gott der Natur ist genauso grausam. Diese Verteidigung des Christentums war äußerst originell; anscheinend vermutete Butler nie, daß sein Beweis nicht zum Christentum, sondern zu etwas Verzweifelterem als

Atheismus führen könnte, nämlich zu dem Schluß Thomas Henry Huxleys, daß die ursprünglichen Kräfte in oder hinter dem Universum unmoralisch sind und in krassem Gegensatz zu jenem Sinn für Gut und Böse stehen, auf dem Butler wie Kant einen so bedeutenden Teil ihrer Theologie aufbauten. Auf jeden Fall bedeutete die *Analogie* einen Fortschritt, wenn auch nur in ihrer Gutartigkeit; hier gab es kein *odium theologicum*, keine salbungsvollen Beschimpfungen, sondern die ernsthafte Bemühung, auch denen gegenüber höflich zu bleiben, die die teuerste Hoffnung der Menschheit zu vernichten schienen. Königin Caroline begrüßte das Buch als die beste bisher erschienene Verteidigung des christlichen Glaubens. Als sie im Sterben lag, empfahl sie Butler zu kirchlicher Beförderung; Georg II. machte ihn zum Bischof von Bristol, später zum Vorsteher der Sankt-Pauls-Kirche, schließlich zum Bischof von Durham. Sein dortiges Leben war ein Muster an Einfachheit, und einen großen Teil seines Einkommens gab er den Armen.

Seine *Analogie* ließ den Ungläubigen so viele Schlupflöcher, daß die Kirche eine Beendigung der Debatte befürwortete und es vorzog, ihren Glauben auf religiöse Bedürfnisse und Gefühle zu stützen, jenseits aller vernunftmäßigen Erwägungen. So wies Henry Dodwells *Christianity not founded on Argument* (Ein Christentum, nicht auf Beweise gegründet) aus dem Jahre 1742 die verstandesmäßige Behandlung seelischer Probleme zurück, denn der Verstand ist kein Führer zur Wahrheit, noch weniger zum Glück, sondern ein ermüdendes Wechselspiel von Für und Wider. Niemand gründet seinen Glauben auf eine so unsichere Grundlage. Mit ihren Argumenten, sagte Dodwell, hatten Clarke und Warburton, Butler und andere Verfechter des Christentums den religiösen Glauben mehr ins Wanken gebracht als befestigt; es hätte vielleicht keinen Atheismus gegeben, wenn Boyle-Prediger sich nicht jedes Jahr dagegen erhoben hätten. Christus diskutierte nicht, er lehrte im Bewußtsein seiner Stärke. In jedem wirklich gläubigen Menschen findet sich eine innere Überzeugung, nicht eine verstandesmäßige Schlußfolgerung. Die einfältige Seele muß den Glauben als allgemein anerkannte Überlieferung annehmen; für den reifen Geist muß er sich als das unmittelbare Gefühl einer übernatürlichen Wirklichkeit darstellen.

William Law, der zuerst an der Diskussion mit den Deisten teilgenommen hatte, war von der Lektüre Jakob Böhmes so ergriffen, daß er zum Mystiker wurde. Und in diesem halben Jahrhundert, in dem Materialismus und Zynismus triumphierten, schrieb er von der inneren Gegenwart und der erlösenden Liebe Christi mit einem so glühenden Vertrauen, als ob in ihm Thomas von Kempen unverändert wiedergeboren worden wäre. Er weigerte sich, den Eid abzulegen, der Georg I. als das Haupt der englischen Kirche anerkannte, und opferte damit seine Karriere; sein Lehrstuhl in Cambridge und seine Titel wurden ihm entzogen. Er wurde Privatlehrer beim Vater Edward Gibbons und blieb so lange in der Familie, daß sich der Historiker an ihn erinnerte. «In unserer Familie», sagte er, «hinterließ er den Ruf eines würdigen und frommen Menschen, der das glaubte, was er lehrte, und es auf sein Leben anwendete.»[37] Johnson sprach sich lobend über Laws *Serious Call to a Devout and Holy Life* (Eine ernsthafte Aufforderung zu einem gottergebenen und frommen Leben; 1729) aus, das er als «das beste Schriftstück einer ermahnenden Theologie in allen Sprachen»[38] bezeichnete. Der darin enthaltene Mystizismus war sicherlich gesünder als derjenige, der sich in übernatürlichen Visionen, himmlischer oder teuflischer Natur verlor. «Nichts in dem System unserer Erlösung ist übernatürlich», schrieb Law. «Jede Einzelheit liegt im Wesen und der Macht der Natur begründet, und unsere ganze Erlösung ist nur berichtigte Natur.» Die Hölle ist kein Ort, sondern ein Zustand der verstörten Seele; der Himmel ist kein Ort, er ist «kein fremder, abgesonderter oder aufgezwungener Zustand», sondern die Seligkeit einer ausgewogenen Seele, die den Frieden gefunden hat[39]. Und wenn Law auch ein ergebenes Mitglied der anglikanischen Kirche war, so träumte er doch von der Entstehung eines protestantischen Klosterlebens:

> «Wenn sich daher Personen beiderlei Geschlechts ..., die sich nach Vollkommenheit sehnen, zu kleinen Vereinigungen zusammentun und sich freiwillig zu Armut, Keuschheit, Zurückgezogenheit und Gebet bekennen sollten, auf daß ihre guten Werke einigen Erleichterung bringen und ihre Gebete und ihr Beispiel allen zum Segen werden möchten ..., so könnten solche Personen, denen man keineswegs Aberglauben oder blinde Verehrung vorwerfen dürfte ..., der Kirche wieder zu jener Frömmigkeit verhelfen, die ihr Stolz und ihr Ruhm waren, als die größten Heiligen lebten.»[40]

Laws Ideale und seine gewählte Prosa machten einen so tiefen Eindruck auf Hester Gibbon, eine Tante Gibbons, daß sie sich zusammen mit einer reichen Witwe in Laws Heimatstadt Kingscliffe (Northamptonshire) in seiner Nähe niederließ, wo sie unter seiner Aufsicht den größten Teil ihres Einkommens wohltätigen Zwecken stiftete. Der einstige Gelehrte, der sich im Kreise von kultivierten, gebildeten Leuten wohlgefühlt hatte, war jetzt glücklich, wenn er den Armen, den Kranken und den Bekümmerten Nahrung, Kleider und das Wort Gottes bringen durfte. Er ging so weit in der Entsagung, daß er fast alle weltlichen Vergnügungen verurteilte; er erneuerte den puritanischen Feldzug gegen das Theater, dieses «Haus des Teufels», oder zumindest «Tor zur Hölle»[41]. Der englische Charakter und der Geist der Zeit waren kein guter Nährboden für den Mystizismus Laws, und sein Leben neigte sich, scheinbar unbeachtet, dem Ende zu, als John Wesley sich zu ihm bekannte.

IV. JOHN WESLEY: 1703–1791

Wenn wir die Brüder John und Charles Wesley, die 1729 in Oxford die Methodistenbewegung gründeten, richtig einschätzen wollen, so dürfen wir nicht vergessen, daß damals die Religion auf dem tiefsten Punkt in der ganzen englischen Geschichte angelangt war. Nicht mehr als fünf oder sechs Mitglieder des Unterhauses gingen zur Kirche[42]. Die anglikanische Geistlichkeit hatte sich so weit auf den Rationalismus eingelassen, daß sie fast alle ihre Schriften mit verstandesmäßigen Beweisen begründete. Himmel und Hölle wurden nur selten erwähnt, und man sprach mehr von sozialen Tugenden als vom Jenseits. Eine englische Predigt war – wie sie Voltaire beschrieb – «eine wohlaufgebaute, aber manchmal trockene Vorlesung, die ein Mann dem Volk ohne eine Handbewegung und mit unbewegter Stimme vorträgt»[43]. Tätiger, starker

Glaube war nur den dissidenten Sekten des Mittelstandes eigen. Die städtischen Arbeiter wurden von der anglikanischen Geistlichkeit fast völlig übersehen: «Die große Masse, die zur niedrigsten Klasse gehörte, stand außerhalb jeder Erziehung und Religion, und niemand hatte sie ihr beigebracht»[44]. Diese Masse wurde ihrer Armut und ihrer dumpfen religiösen Hoffnung überlassen. So stand es um England, als John Wesley und George Whitefield eine Erneuerung des puritanischen Glaubens und seiner Ethik bewirkten und die methodistische Kirche gründeten.

Zu den Vorfahren Wesleys gehörten Theologen und Rebellen. Sein Urgroßvater Bartholomew Westley mußte sein Pfarrhaus in Dorset verlassen, weil er weiter den dissidenten Gottesdienst abhielt, nachdem die anglikanische Kirche zur alleinigen englischen Kirche erklärt worden war. Johns Großvater John Westley wurde Pfarrer in Dorset, kam ins Gefängnis, weil er sich weigerte, das anerkannte Gebetsbuch (*Book of Common Prayer*) zu benützen, wurde aus seinem Pfarrhaus vertrieben und ließ sich als dissidenter Pfarrer in Poole nieder. Johns Vater, Samuel Wesley, ließ das *t* in seinem Namen fallen, arbeitete sich durchs Oxford-Studium durch, gab den dissidenten Glauben auf, erhielt die anglikanische Priesterweihe, heiratete Susanna Annesley (eine Pfarrerstochter) und wurde zum Pfarrer von Epworth (Lincolnshire) ernannt. Von seinen neunzehn Kindern starben acht im Kindesalter – ein typisches Beispiel für die Entbindung der Frauen, das unbesonnene Eheleben der Geistlichen und den Stand der Medizin im achtzehnten Jahrhundert in England. Der Vater ließ sowohl zu Hause als auf der Kanzel größte Strenge walten. Er erzog seine Kinder in der Furcht vor einem rachsüchtigen Gott, verurteilte eine Frau seiner Gemeinde wegen Ehebruchs dazu, in einem Büßerhemd durch die Straßen zu gehen[45]. Seine Frau wetteiferte mit ihm an Strenge und Frömmigkeit. Als ihr berühmtester Sohn neunundzwanzig Jahre alt war, erklärte sie ihm ihre Erziehungsmoral:

> «Ich bestehe darauf, den Willen der Kinder frühzeitig zu unterwerfen, denn das ist die einzige starke und vernünftige Grundlage für eine religiöse Erziehung; andernfalls bleiben Lehre wie Beispiel wirkungslos. Aber wenn das einmal gründlich durchgeführt worden ist, dann kann das Kind vom Verstand und der Frömmigkeit seiner Eltern geleitet werden, bis sein eigenes Verständnis heranreift ... Wenn sie [ihre Kinder] ein Jahr alt waren, wurde ihnen Furcht vor Prügel und Tränen beigebracht; dank diesem Mittel entgingen sie den häufigen Schlägen, die sie sonst bekommen hätten.»[46]

Der älteste ihrer Söhne, Samuel Wesley II., wurde Dichter, Gelehrter und anglikanischer Pfarrer, der für den Methodismus seiner Brüder nichts übrig hatte. Das achtzehnte Kind war Charles Wesley, der die Predigten Johns mit 6500 Hymnen mächtig unterstützte. John war der fünfzehnte und wurde 1703 in Epworth geboren. Als er sechs Jahre alt war, brannte das Pfarrhaus ab; man hielt ihn in den Flammen für verloren, aber er tauchte an einem Fenster im zweiten Stock auf und wurde von einem Nachbarn, der auf die Schultern eines andern kletterte, gerettet; danach nannte er sich einen «Kienspan von der brennenden Fackel» und wurde die Furcht vor der Hölle nie los. Jedes unerklärte Geräusch im Hause seines Vaters wurde als eine übernatürliche – dämonische oder göttliche – Gegenwart gedeutet. Mit elf Jahren wurde John in eine Privatschule in Charterhouse geschickt und mit siebzehn auf die Hochschule

Christ Church in Oxford. Er härtete sich durch lange Spaziergänge, Reiten und Schwimmen ab und wurde so achtundachtzig Jahre alt. Er las unaufhörlich und machte sorgfältige Anmerkungen und Auszüge aus seiner Lektüre. Seine Lieblingsbücher waren *Holy Living and Holy Dying* (Frommes Leben und frommer Tod) von Jeremy Taylor und die *Nachfolge Christi* des Thomas von Kempen. Schon in seinen Studentenjahren begann er sein *Journal* (Tagebuch) – zum Teil in Geheimschrift und Abkürzungen –, ein klassisches Vorbild englischer Literatur und protestantischer Frömmigkeit. 1726 wurde er an das Lincoln College gewählt und 1728 zum anglikanischen Pfarrer geweiht. Als erster bildete sein Bruder Charles in Oxford eine kleine Gruppe von Studenten und Lehrern, die entschlossen waren, das Christentum mit methodischer Gründlichkeit auszuüben. Ihre Feinde gaben ihnen zum Spott den Namen «Frommer Klub» und «Methodisten». Sie lasen gemeinsam das griechische Testament und die Klassiker; sie fasteten jeden Mittwoch und Freitag; sie empfingen einmal in der Woche das Abendmahl; sie besuchten Gefangene und Krüppel, um ihnen Trost und fromme Hoffnung zu bringen; sie begleiteten Verurteilte zum Schafott. John Wesley übernahm die Leitung dieser Gruppe, weil er von noch größerer Begeisterung und Frömmigkeit erfüllt war. Er stand jeden Tag um vier Uhr morgens auf – eine Gewohnheit, die er bis ins hohe Alter beibehielt. Jeden Morgen plante er methodisch sämtliche Aufgaben, die ihn zu jeder Tagesstunde erwarteten. Er lebte von achtundzwanzig Pfund im Jahr und verteilte seine übrigen Einkünfte an wohltätige Einrichtungen. Er fastete so oft, daß seine Gesundheit vorübergehend unwiderruflich zerrüttet schien. Er pilgerte zu Fuß zu William Law, um ihn um Rat zu fragen. *Die ernsthafte Aufforderung zu einem gottergebenen und frommen Leben* von Law wurde zu seinem geistigen Führer. In sein *Tagebuch* schrieb er, dieses Buch erfülle seine Seele mit solcher Helligkeit, daß ihm alles in einem neuen Licht erscheine[47].

1735 wurden er und Charles aufgefordert, den General Oglethorpe als Missionare nach Georgia zu begleiten. Da ihr Vater gestorben war, berieten sie sich mit ihrer Mutter. «Und wenn ich zwanzig Söhne hätte», sprach sie zu ihnen, «die alle solche Verwendung fänden, würde mein Herz jauchzen, selbst wenn ich sie nie wiedersehen sollte.»[48] Der fromme Klub wurde *sine die* aufgelöst, und am 14. Oktober schifften sich John und Charles zusammen mit zwei anderen «Methodisten» auf der *Simmonds* nach Savannah ein. Auf dem Schiff wurden sie stark beeindruckt von der herzhaften Frömmigkeit einiger Herrnhuter, die Deutschland verlassen hatten, um sich in Amerika anzusiedeln. Als das kleine Schiff in einen schweren Sturm geriet, zeigten die Herrnhuter keine Angst und schmetterten ihre handfesten Hymnen in das Gebraus; da spürten die Wesleys, daß dieser Glaube stärker war als ihr eigener.

Nach ihrer Ankunft in Georgia (5. Februar 1736) nahmen die Brüder verschiedene Stellen an: Charles als Sekretär beim Gouverneur Oglethorpe, John als Pastor der neuen Gemeinde, womit auch einige Missionsarbeit unter den Indianern der Nachbarschaft verbunden war. Zuerst lobte er den Eifer, den sie dem Evangelium entgegenbrachten; aber zwei Jahre später beschrieb er sie als «Vielfraße, Diebe, Betrüger, Lügner, Vatermörder, Muttermörder und Mörder ihrer eigenen Kinder»; es scheint, daß er sich «mit den Indianern nicht verstand»[49]. Die weiße Bevölkerung, zu der Hunderte deportierter Verbrecher gehörten, konnte seine gebildete Aussprache (*Oxford accent*) und sein herrisches Wesen nicht ausstehen und noch weniger, daß er auf der Einhaltung der kirchlichen und sittlichen Vorschriften streng beharrte. Bei der Taufe forderte er vollständiges und dreifaches Eintauchen, und wenn ein Angehöriger sich dagegen sträubte, untersagte er die Taufe des Kindes. Damals war er noch ein «engherziger Mann der anglikanischen Hochkirche»[50] und verweigerte einem hochanständigen Mann das Abendmahl, weil dieser sich als Dissident bekannt hatte; ebenso war er nicht dazu bereit, den Trauergottesdienst für einen Kolonisten abzuhalten, der sich nicht von seiner dissidenten Sekte losgesagt hatte; den Damen in seiner Gemeinde untersagte er reiche Kleidung und goldenen Schmuck und überredete den Gouverneur, Jagen und Fischen am Sonntag zu verbieten – dem einzigen Tag, an dem seine Gemeindemitglieder Zeit dazu hatten. Er verliebte sich in Sophia Hopkey, die achtzehnjährige Nichte des höchsten Beamten von Savannah, aber seine Herrnhuterfreunde waren gegen die Heirat. Als sie von seinem Zögern genug hatte, heiratete sie einen Herrn Wilkinson. Als sie zum Abendmahl kam, verweigerte er es ihr mit der Begründung, daß sie in den letzten drei Monaten nur dreimal kommuniziert und außerdem unterlassen habe, bei ihrem Pastor den Anschlag des Heiratsaufgebotes zu veranlassen. Ihr Mann verklagte ihn wegen Verleumdung. Das Gericht verurteilte Wesleys Benehmen als Verehrer und seine Strenge als Geistlicher; er erklärte das Gericht als unzuständig, ihn abzuurteilen, und seine allgemeine Unbeliebtheit wuchs. Er floh nach Charleston und schiffte sich nach England ein (22. Dezember 1737).

In London führte er aufs neue ein asketisches Leben und hoffte, damit sein Selbstvertrauen wiederzufinden. Aber Peter Böhler, ein Herrnhuter Prediger auf dem Weg nach Amerika, überzeugte ihn von der Unzulänglichkeit seines Glaubens; trotz seiner einwandfreien Moral und seines frommen Eifers werde er so lange der Verdammnis angehören, bis ein göttlicher Funke, der mit dem Verstand nichts zu tun habe, ihm die Erleuchtung zuteil werden lasse, daß Jesus für *ihn* gestorben sei und *seine* Sünden gebüßt habe; nur nach solch einer Bekehrung sei ein Mensch vor Sünden gefeit und der Erlösung sicher. Wesley hielt in seinem *Tagebuch* diese «Magna Dies», diesen Großen Tag, den 24. Mai 1738, fest, als ihm die endgültige Bekehrung zuteil wurde:

> «Am Abend begab ich mich nur widerwillig zu einer Gesellschaft in Aldersgate Street, wo das Vorwort Luthers zu dem Römerbrief vorgelesen wurde. Ungefähr um Viertel vor neun, als er beschrieb, wie Gott das Herz des gläubigen Christen verwandelt, spürte ich eine merkwürdige Wärme im eigenen Herzen. Ich fühlte, daß ich meine Rettung Christus anvertraute, Christus allein, und die Sicherheit, daß er *meine*, sogar *meine* Sünden auf sich genommen und mich vom Gesetz der Sünde und des Todes erlöst hatte. Ich begann mit aller Macht für all die zu beten, die mich besonders schlecht behandelt und verfolgt hatten. Dann bekannte ich mich offen vor allen Anwesenden zu dem Gefühl, das jetzt zum ersten Mal mein Herz erfüllte.»[51]

In einer begrenzten Zeitspanne hatte er die ganze Entwicklung des Christentums durchgemacht, von der Erlösung durch Glauben und Werke zur Erlösung durch den Glauben allein (Luther) und bis zur Erlösung durch eine persönliche und göttliche Erleuchtung (die Quäker). Aus Dankbarkeit für Böhler fuhr Wesley im Sommer 1738 nach Deutschland und verbrachte mehrere Wochen in Herrnhut, der sächsischen Stadt, wo Graf Zinzendorf eine Brüdergemeinde aus Mähren angesiedelt hatte.

Inzwischen war Charles Wesley nach England zurückgekehrt und hatte eine ähnliche Bekehrung erfahren; er war von sanfterem Gemüt und hielt zuerst Predigten an die Gefangenen in Newgate und dann von jeder Kanzel, die ihm zur Verfügung gestellt wurde. Noch wesentlicher für die Methodistenbewegung wurde George Whitefield, dessen machtvolle Persönlichkeit sich mit John Wesley messen konnte. Er wurde 1714 als Sohn eines Gastwirtes geboren und zapfte über ein Jahr lang das Bier für die Kunden seines Vaters. Er schlug sich durch das Pembroke College in Oxford und war eines der ersten Mitglieder des «Frommen Klubs». 1738 folgte er Wesley nach Georgia, kehrte aber im Herbst des gleichen Jahres nach England zurück, um sich zum anglikanischen Priester weihen zu lassen. Die Möglichkeiten, die ihm die Kanzel bot, befriedigten ihn jedoch nicht, und in seinem Wunsch, den Glauben an die Volksmassen heranzutragen, begann er im Februar 1739 in der Nähe von Bristol auf offenem Feld den Bergarbeitern zu predigen, die sich nur selten in eine Kirche gewagt oder bemüht hatten. Mit seiner Stentorstimme konnte er zwanzigtausend Zuhörer erreichen, und seine flammenden Reden rührten diese verhärteten, müden Männer so sehr, daß er (wie er berichtet) «die weißen Rinnen, die die strömenden Tränen auf ihren schwarzen Wangen zeichneten»[52], sehen konnte. Der Ruf des neuen Predigers und seiner Predigten im Freien verbreitete sich in England. Überall, wo er auftauchte, sammelte sich eine riesige Menge, um ihn zu hören.

Seine Predigten waren unvergeßlich. Er machte keinen Anspruch auf Gelehrsamkeit, aber behauptete, mit Gott im Gespräch zu sein[53]. Seine Sprache, sagte Wesley, war «eher saftig und gefühlvoll», und er neigte zu erstaunlichen Bildern; so sprach er von Jesus, der «gewissermaßen im Zorn des Gottvaters gebraten und deshalb zu Recht als das Lamm Gottes bezeichnet wurde»[54]. Wie Pitt im Parlament vereinte Whitefield auf dem Feld die Kunst des Schauspielers mit der des Redners. Er konnte ohne weiteres und scheinbar ganz aufrichtig in Tränen ausbrechen, und er erweckte in den einfachen Menschen, die ihm zuhörten, ein unmittelbares Gefühl für Sünde, für die Schrecken der Hölle und die Liebe zu Christus. Redner wie Bolingbroke und Chesterfield, Skeptiker wie Franklin und Hume und Schauspieler wie Garrick mußten seine Stärke anerkennen. Überall war er willkommen, predigte in England, Wales, Schottland, Irland und Amerika. Dreizehnmal überquerte er den Atlantischen Ozean, zwölfmal zog er durch Schottland. Häufig predigte er bis zu vierzig Stunden in der Woche. Mit fünfzig Jahren war er völlig verbraucht. Die Einschränkung seines Programms auf das «streng Erlaubte» – das heißt nur eine Predigt an Wochentagen und nur drei an Sonntagen – kam zu spät. 1769 suchte er die Kolonien zum siebentenmal auf und starb ein Jahr darauf in Newburyport (Massachusetts).

Als John Wesley aus Herrnhut zurückkehrte, konnte er sich nicht ganz mit Whitefields ermahnendem Stil einverstanden erklären und zögerte, wie dieser unter freiem Himmel zu predigen. «Nachdem ich mich mein ganzes Leben (bis vor kurzem) so sehr an Schicklichkeit und Ordnung gehalten habe ..., hielt ich es fast für eine Sünde, Seelen außerhalb einer Kirche retten zu wollen.»[55] Dennoch bezwang er seine Abneigung und verkündete auf Feldern und Straßen seine Botschaft. «Ich mußte mich in die gewöhnliche Art der öffentlichen Plätze fügen» (April 1739). Seine Reden waren weniger leidenschaftlich als die Whitefields, er drückte sich in der Sprache der Gelehrten und Gebildeten aus, aber auch er erschütterte seine Zuhörer. Er stellte das alltägliche Leben als einen Teil eines großen und edlen Dramas hin, in dem Satan und Christus um die Seele der einfachen Leute kämpften, und versetzte seine Zuhörer damit in eine Welt der Zeichen und Wunder; und sie vernahmen in ihm, was zu sein er für sich in Anspruch nahm, die Stimme Gottes. Während Whitefield predigte und dann weiterzog, gründete er mit seinen Anhängern in einer Stadt nach der anderen «Kleine Gesellschaften», die unter seiner Führung fortbestanden. Ihre Versammlungen erinnerten an die Zusammenkünfte der ersten Christen – Feste religiöser Erhebung und Nächstenliebe. Die Mitglieder beichteten einander ihre Sünden, prüften gegenseitig ihre Sittsamkeit und vereinten sich zu Gebet und frommen Gesängen. John hatte bereits einige rührende Hymnen verfaßt oder übersetzt, und Charles hatte mit seiner umfangreichen Produktion von Kirchenliedern begonnen. 1740 schrieb John die berühmteste seiner vielen schönen Hymnen: *Jesus, Lover of my Soul* (Jesus, Geliebter meiner Seele).

Aus jeder Gruppe wählte John Wesley einen geeigneten Mann, den er zum Laienpriester ausbildete und der die neue Botschaft in Abwesenheit der Führer weiter verkündete. Ohne Weihe, ohne bestimmte Gemeinden, mit oder ohne Kanzel trugen diese «Helfer» Furcht und Hoffnung des protestantischen Glaubens durch ganz England, Schottland und Wales zur Arbeiterklasse und bereiteten sie auf die Erweckungspredigten Wesleys und Whitefields vor. Wesley bereiste persönlich zu Pferd, zu Wagen oder zu Fuß die entferntesten Winkel Englands; legte oft sechzig Meilen im Tag und im Durchschnitt viertausend Meilen im Jahr – vierzig Jahre lang – zurück. Er nahm jede Gelegenheit zur Predigt wahr: Im Gefängnis wandte er sich an die Gefangenen, in der Postkutsche an die Mitreisenden, in Wirtshäusern an die Gäste und auf den Schiffen, die nach Irland oder von Hafen zu Hafen fuhren, an seine Reisegefährten. In Epworth, wo ihm die Kanzel, die sein Vater innegehabt hatte, verweigert wurde, stellte er sich auf das Grab seines Vaters und predigte im Friedhof.

Was predigte er? Vor allem den puritanischen Glauben, der seit der moralischen Umwälzung, die auf die Wiedereinsetzung der Stuarts gefolgt war, dem Tode geweiht schien. Er verwarf die Gnadenwahl (Whitefield nahm sie an). Wie der arminianische Flügel der anglikanischen Staatskirche bestand er darauf, daß der Mensch genug Willensfreiheit besitze, um den Weg der göttlichen Gnade zu wählen oder abzulehnen. Er wandte sich gegen jede Berufung auf den Verstand. Er fühlte, daß Religion über eine von Menschen geschaffene Logik hinausging und von göttlicher Erleuchtung und innerer Überzeugung abhing. Doch sagte er sich von jeder Mystik mit der Begründung los, daß diese alles Gott überlasse und den Menschen nicht zu tätiger Güte ansporne. Er teilte fast all den Aberglauben seines Standes und seiner Zeit: Er glaubte an Gespenster, an den teuflischen Ursprung merkwürdiger Geräusche und an Hexerei. Wer den Glauben an Hexerei aufgibt, behauptete er, gibt den Glauben an die Bibel auf. An

Wundern zweifelte er nicht und vermeinte sie täglich unter seinen Anhängern zu erleben. Kopfweh, eine schmerzhafte Geschwulst, ein heftiger Ausschlag oder ein gebrochenes Bein wurden durch seine eigenen Gebete oder die der Methodistengesellschaften geheilt. Und er erzählte die Geschichte eines katholischen Mädchens, das jedesmal das Augenlicht verlor, wenn es das katholische Meßbuch las, und immer geheilt wurde, wenn es das Neue Testament las. Er glaubte an die Erzählungen von Frauen, die angeblich Engel, Jesus, den Himmel oder die Hölle gesehen hatten; und er hielt in seinem *Tagebuch* eine ganze Reihe von Fällen fest, wo Gegner des Methodismus eine wundersame Bestrafung erlitten hatten[56].

Seine Predigten waren so lebendig, daß viele seiner Zuhörer hysterische Anfälle und Krämpfe bekamen. Das *Tagebuch* beschreibt Sünder, die, nachdem sie ihn gehört hatten, von furchtbaren körperlichen Schmerzen erfaßt wurden und sich wie im Todeskampf auf dem Boden rollten, während andere Gläubige neben ihnen niederknieten und für ihre Erlösung von teuflischer Besessenheit beteten[57]. So schrieb er über eine Zusammenkunft an der Baldwin Street in London im Jahre 1739:

> «Meine Stimme konnte ich kaum über das Stöhnen der einen und die Schreie der anderen erheben.. Ein Quäker, der dabeistand, war nicht wenig entsetzt ..., als er plötzlich selbst wie vom Donner gerührt hinfiel. Die Qualen, die er erlitt, waren schrecklich anzusehen. Wir flehten Gott an, ihm seine Narrheit nicht zur Last zu legen, und bald darauf hob er den Kopf und rief laut: 'Jetzt weiß ich, daß du ein Prophet des Herrn bist.'»[58]

Ein Augenzeuge, den Wesley anführt, beschreibt eine Methodistenversammlung in Everton im Jahre 1759:

> «Einige kreischten, andere brüllten ... Die meisten atmeten schwer wie halberstickte Menschen, die nach Atem ringen; und fast all diese Schreie erinnerten an Lebewesen, die in bitterer Not zugrunde gehen. Viele weinten lautlos, manche stürzten wie tot zu Boden ... Ich stand auf einem Kirchenstuhl, wie auch ein junger Mann mir gegenüber, ein kräftiger, frischer, gesunder Landmann, und plötzlich, ohne daß er es sich versah, tat er einen krachenden Fall ... Ich hörte seine Füße gegen den Holzboden schlagen, als wollten sie ihn durchstoßen, während er sich in Krämpfen wand ... Fast alle, auf die Gott seinen Finger legte, wurden entweder glühend rot oder fast schwarz ... Ein gutgekleideter Fremder in meiner Nähe fiel nach hinten an die Wand, dann nach vorne auf die Knie, rang die Hände und brüllte wie ein Stier ... Dann stand er auf und schlug mit dem Kopf gegen die Wand, bis Herr Keeling und ein anderer ihn festhielten. Er schrie laut auf: 'Oh, was soll ich tun? Oh, nur einen Tropfen vom Blute Christi!' Bei diesen Worten ließ Gott seine Seele frei; er wußte, daß seine Sünden ausgelöscht waren, und die Verzückung, die ihn überkam, schien fast unerträglich für die menschliche Natur.»[59]

Wahrscheinlich hatte sich eine gewisse Erregung als Vorbedingung für diese hysterischen Ausbrüche schon vor der Methodistenversammlung in den Opfern aufgespeichert und wurde dann durch die Predigt vom Höllenfeuer nur noch ausgelöst. Wesley deutete solche Fälle als Teufelsbesessenheit, auf die die göttliche Heilung folgte. Manchmal – so meinte er – hatten sie keinen nachhaltigen Einfluß auf Benehmen und Charakter der Betroffenen, oft aber reinigten sie die Seele von allen Sünden und waren der Beginn eines neuen Lebens.

Den größten Erfolg hatte der Methodismus unter den Armen. Die Prediger waren ebenfalls Menschen mit wenig Bildung, einfach in Gefühl und Ausdruck. Zwischen ihnen und ihren Zuhörern gab es keine Klassen- oder Bildungsschranke. Sie brachten den Bauern, Bergarbeitern und Verbrechern ihre Botschaft von Sünde und Reue, und wenn der Glaube, den sie predigten, auch mehr auf Furcht als auf Liebe beruhte, so gaben sie den ungeschulten Massen doch einen moralischen Halt, der zum Wiedererwachen einer englischen Ethik in der zweiten Hälfte des achtzehnten Jahrhunderts beitrug, und zwar jener puritanischen Ethik, gegen die sich unsere Zeit mit soviel Heftigkeit auflehnt. Fast jedem Vergnügen stand Wesley feindlich gegenüber. Kartenspiele erlaubte er, hielt es aber für eine Sünde, Schmuck oder schöne Kleider zu tragen oder auf dem Jahrmarkt ins Theater oder zum Tanz zu gehen. In der Schule, die er in Kingswood gründete, gab es keine Zeit zum Spielen, denn «wer als Kind spielt, wird auch als Mann spielen»[60]. Diese puritanische Ethik stand jedoch im Einklang mit dem englischen Charakter; starke Männer und geduldige Frauen konnten sie ertragen, und der Arbeiterklasse in England verlieh sie ein Gefühl von Auserwähltheit und Bestimmung, das sie in aller Armut aufrecht erhielt und ihr jede Revolution, die das Christentum in Frage stellte, verhaßt machte. Später brachten die Konservativen Wesley ihre Dankbarkeit entgegen, weil er die britischen Armen vor Deismus und Freidenkerei bewahrt und ihre Bestrebungen von der allgemeinen sozialen Revolte zur persönlichen Errettung gelenkt hatte, von einem irdischen hinweg zu einem Paradies nach dem Tode[61].

In politischer Hinsicht war Wesley eher konservativ, war aber seinem Stand voraus, wenn er für überfällige Reformen eintrat; er sprach sich gegen das System der «verfaulten Nester» (*rotten boroughs*) aus, gegen Ungleichheit in der parlamentarischen Vertretung, gegen die Bestechlichkeit im politischen Leben Englands, gegen die Unmenschlichkeit der Sklaverei und den Greuel der britischen Gefängnisse. Hingegen fand er die Aufteilung der Gesellschaft in verschiedene Klassen naturgegeben und gerecht, er widersetzte sich jeder Milderung der Gesetze gegen die Katholiken, und während des Aufstands der amerikanischen Kolonien waren alle seine Sympathien auf seiten Georgs III.

Dem Glauben nach blieb er weiter Anglikaner, verwarf jedoch die anglikanische Auffassung, wonach nur ein Bischof der apostolischen Nachfolge das Recht hatte, einen Priester zu weihen; er selbst verlieh Priestern, die für Schottland und Amerika bestimmt waren, die Weihe. Wenn er sagte, «die Welt ist meine Gemeinde»[62], so meinte er damit seine Absicht, dort zu predigen, wo er wollte, ohne bischöfliche Erlaubnis oder Zuteilung; so weit trennte er sich von der Staatskirche. Aber er ermahnte seine Anhänger, die anglikanische Kirche zu besuchen, sich von dissidenten Versammlungen und Sekten fernzuhalten und sich nicht gegen die anglikanische Geistlichkeit aufzulehnen. Im Anfang standen den Methodistenpfarrern einige anglikanische Kanzeln zur Verfügung; als jedoch Wesleys Laienpriester dazu übergingen, auch das Abendmahl zu erteilen, und als die methodistische Lehre immer mehr auf den mittelalterlichen Glauben an die Hölle zurückging und den puritanischen Begriff von Sünde in den Vordergrund stellte, zog sich die anglikanische Geistlichkeit zurück, wie Erasmus seinerzeit von Luther; sie war für eine wohlgeordnete Entfaltung und untersagte den Methodisten die anglikanischen Kanzeln.

Die Verfolgung der neuen Sekte ging weniger von der Staatskirche als vom Bürgertum aus, das die neue Art, alte Ideen zu predigen, nicht ertragen konnte. In einer Stadt nach der anderen wurden die Freiluftprediger – wie später ihr Gegenstück, die Prediger eines neuen sozialen Evangeliums – vom Pöbel überfallen, der die Gelegenheit wahrnahm, seiner Grausamkeit ungestraft freien Lauf zu lassen. In Monmouth wurde einem Laienpriester ein Stein an den Kopf geworfen, und er starb daran. In Wednesbury wurden die Wohnungen der Methodisten zerstört, ihre Frauen mißbraucht, die Männer verprügelt. Als Wesley erschien, forderte die Menge sein Blut und spendete denen, die auf ihn einschlugen, Beifall. Er begann laut zu beten, und man ließ ihn laufen. In Bolton drang eine wütende Menge in das Haus, wo er predigte; er beendigte seine Predigt unter einem Hagel von Steinen, Dachziegeln und Eiern. In Devizes wurde die Wohnung von Charles Wesley unter Wasser gesetzt, und auf seine Anhänger wurden Bulldoggen losgelassen. In Exeter wurde Whitefield fast gesteinigt. In Hexton wurde ein Ochse auf eine Methodistenversammlung gehetzt; in Tensford wurde ein Stier, den man vorher gehörig aufgestachelt hatte, gegen den Tisch getrieben, hinter dem John Wesley predigte. Der Mut der Prediger fand einen Widerhall im englischen Volkscharakter, und damit gewannen sie sich Duldung und Unterstützung.

Wesley war ein kleines, dürres Männchen. Im hohen Alter war sein schlohweißes Haar beeindruckend, aber schon in mittleren Jahren erregten seine asketischen Züge und sein herrischer Blick Aufmerksamkeit. Er zweifelte nie, daß er zum Führer geboren war, und seine Energie und sein durchdringender Geist stellten ihn ganz von selbst an die Spitze; sein unerschütterliches Selbstvertrauen führte zu einer Anmaßung, die ein methodistischer Bischof als geradezu «arrogant»[63] bezeichnete. Man konnte nur schwer mit ihm auskommen, denn meistens konnte seine Umgebung mit dem Tempo seiner Ideen und Beschlüsse nicht Schritt halten. Er heiratete im Jahre 1751, denn er hatte sich, wie jeder gewöhnliche Sterbliche, in die Krankenschwester verliebt, die ihn während seiner Krankheit gepflegt hatte. Zwei Jahre lang begleitete seine Frau ihn auf seinen endlosen Reisen. Dann brachen ihre Nerven und ihre Gesundheit zusammen, und sie verließ ihn – dieses feurige Roß war nicht zu zügeln. Er schrieb seine Zähigkeit und Gesundheit seinen ständigen Reisen zu Pferd und zu Fuß zu; vielleicht sollte man noch hinzufügen, daß die Rednerkunst für erhöhte Luftzufuhr zur Lunge sorgt. 1735 wurde er Vegetarier; ein Jahr später beschloß er zusammen mit einem Freund, nur noch von Brot zu leben, denn sie wollten «ausprobieren, ob man nicht ebensogut von einem einzigen Nahrungsmittel wie von verschiedenen leben könnte. Wir ... fühlten uns nie kräftiger und gesünder als damals, als wir nichts anderes zu uns nahmen»[64]; bald kamen sie aber doch wieder auf eine abwechslungsreichere Kost zurück.

Was war das Ergebnis der methodistischen Predigten? Im Laufe einer Generation wurde die Religion, die an anglikanischer Ehrbarkeit und deistischen Zweifeln dahinsiechte, zu einem wesentlichen Element des englischen Lebens, gleich nach Politik und Krieg. Zur Zeit von Wesleys Tod (1791) belief sich die Zahl seiner Anhänger in England auf 79000, in Nordamerika auf 40000; 1957 gab es 2,2 Millionen Methodisten in Großbritannien, 12 Millionen in den Vereinigten Staaten und 40 Millionen auf der

Welt[65]. Über seine Anhänger hinaus beeinflußte der Methodismus andere religiöse Bewegungen. So fanden sich methodistische Bestrebungen, die von der anglikanischen Kirche abgelehnt wurden, in der Evangelistenbewegung des späten achtzehnten Jahrhunderts und vielleicht auch in der Oxford-Bewegung des neunzehnten Jahrhunderts wieder. Politisch ergab sich eine resignierte pro-konservative Einstellung der arbeitenden Schichten bis zum Jahre 1848. Vom moralischen Standpunkt aus verbesserte der Methodismus das persönliche Verhalten und das Familienleben der Armen, trug zur Verminderung von Wahlbetrug und öffentlicher Bestechlichkeit bei, veranlaßte einen Teil der herrschenden Klasse, sich von Vergnügungen und Laster loszusagen, und bereitete den englischen Abscheu vor dem Sklavenhandel vor. Kulturell betrachtet, war die Bewegung negativ; sie gab dem Volk fromme Lieder, verewigte aber die puritanische Feindseligkeit gegenüber der Kunst. Rein geistig gesehen, war sie ein Rückschritt; sie gründete ihren Glauben auf Furcht, ihren Kult auf Gefühlsbewegungen und verurteilte den Verstand als eine Verstrickung. In dem großen Konflikt zwischen Glaube und Verstand setzte sie alles auf den Glauben; sie hatte kein Zutrauen zum Fortschritt von Wissen und Wissenschaft, und die Aufklärung, die in Frankreich um sich griff, wurde übersehen oder verachtet. Für sie war der einzige Zweck, der einzige Sinn im Leben, der ewigen Verdammnis zu entgehen, und dazu war nur eines vonnöten – der Glaube an den Erlösertod Christi.

Im Januar 1790, im Alter von sechsundachtzig Jahren, schrieb Wesley in sein *Tagebuch:* «Ich bin jetzt ein alter Mann, verfallen von Kopf bis Fuß. Meine Augen sind trübe, meine rechte Hand zittert sehr, jeden Morgen ist mein Mund heiß und trocken, fast den ganzen Tag bin ich fiebrig ... Trotzdem, gelobt sei Gott, vernachlässige ich meine Arbeit nicht. Ich kann noch predigen und schreiben.»[66] Zwei Monate später begab er sich auf eine Vortragsreise durch England und Schottland und starb ein Jahr darauf (2. März 1791). Wenn die Größe eines Menschen an seinem Einfluß gemessen werden darf, so war er neben Pitt der größte Engländer seiner Zeit.

V. ÜBER BIENEN UND MENSCHEN

Auf dem Weg zu David Hume treffen wir auf zwei Persönlichkeiten von weniger großer Bedeutung.

Bernard Mandeville war ein Londoner Arzt französischer Abstammung und Holländer von Geburt, der 1705 ein billiges Pamphlet von zehn Seiten in ausgelassenen Versen veröffentlichte: *The Grumbling Hive* (Der brummige Bienenstock). Er stellte darin die paradoxe Behauptung auf, der Wohlstand des Bienenstocks sei den Lastern der einzelnen Bienen zuzuschreiben – ihrer selbstsüchtigen Gier, ihrer Fortpflanzungslust und ihrer allgemeinen Streitbarkeit. Auf den menschlichen Bienenkorb angewandt, ergab sich dem humorvollen Doktor zufolge daraus, daß Wohlstand und Macht des Staates nicht von den Bürgertugenden abhängen, sondern von den Lastern, die die brummigen Moralisten in ihrer Einfalt verdammen. Stellen wir uns einmal vor, was passieren würde, wenn es plötzlich keine Gewinnsucht, keine Eitelkeit, keinen Schwindel und keine Streitsucht mehr gäbe, wenn jeder nur noch so viel essen würde, wie er zum Leben braucht, die Kleidung nur dazu da wäre, um sich vor Kälte und Hitze zu schützen, wenn niemand mehr betrogen oder geschädigt würde, wenn es keinen Streit gäbe, jeder seine Schulden bezahlte, den Luxus verachtete und seinem Lebensgefährten treu bliebe: Die ganze Gesellschaft würde mit einem Schlag zum Stillstand kommen – die Anwälte würden verhungern, die Richter würden um ihre Fälle und ihre Bestechungsgelder kommen, die Ärzte würden bei dem Mangel an Patienten vor Langeweile umkommen, die Weinbauern wären ruiniert, mit den Wirtshäusern wäre es, dank dem Verschwinden der Trunkenbolde, ganz aus, Millionen von Handwerkern, die mit der Herstellung von Genußmitteln, Schmuck, Gewändern und Gemächern beschäftigt sind, würden arbeitslos, und niemand würde sich zum Heer melden. Bald würde die Gesellschaft erobert und versklavt werden.

Da *Der brummige Bienenstock* in Knüttelversen geschrieben war, erlangte er keine große Bedeutung. Der beleidigte, eitle, gewinnsüchtige und kampflustige Doktor gab die Schrift 1714 und dann wieder 1723 unter dem Titel *The Fable of the Bees* (Die Bienenfabel) neu heraus und fügte verschiedene Vorworte, Anmerkungen und Erläuterungen hinzu, so daß aus den zehn Seiten zwei Bände wurden. Diesmal horchten England und Frankreich auf, denn dieser Anhang stellte eine der beißendsten Analysen der menschlichen Natur dar, die je geschrieben wurden.

Mandeville behandelte darin den dritten Grafen von Shaftesbury als *pièce de résistance,* denn der Graf hatte die menschliche Natur mit optimistischer Beredsamkeit gedeutet und im Menschen einen angeborenen «Sinn für Recht und Unrecht» angenommen ... «ebenso natürlich wie natürliche Zuneigung und ein Grundprinzip unseres Wesens»[67]. Ein schöner Unsinn, antwortete Mandeville. Die menschliche Natur, bevor sie erzogen und an Moral gewöhnt ist, macht keinen Unterschied zwischen Tugend und Laster und läßt sich ausschließlich von ihrem eigenen Vorteil lenken. Er war mit den Theologen einverstanden, daß der Mensch von Natur aus «schlecht» (gesetzlos) ist; aber anstatt den Menschen mit der Hölle zu drohen, gratulierte er ihnen zu der geschickten Anpassung individueller Laster an das soziale Wohl. So ist die private Prostitution ein Schutz für öffentliche Keuschheit[68]; die Gier nach Gütern und Bequemlichkeit regt die Erfindung an und unterstützt Industrie und Handel; große Vermögen sind die Vorbedingung für Wohltätigkeit und Kunstentfaltung. Während die Theologen Einfachheit predigten, verteidigte Mandeville den Luxus und behauptete, daß der Wunsch nach Luxusgegenständen (das heißt alles, was über das zum Leben Notwendige hinausgeht) der Ausgangspunkt für Industrie und Zivilisation ist. Ohne den Luxus wären wir wieder den Wilden gleich. Während man von den Moralisten erwarte, daß sie den Krieg verdammten, überlebe eine Nation doch nur dank ihrer Fähigkeit, Krieg zu führen, sagte Mandeville, denn die meisten Staaten seien Raubtiere.

In der Natur bemerkte er nichts von Moral. Gut und Böse sind Worte, die sich auf soziale oder antisoziale Handlungen des Menschen beziehen; aber die Natur selbst kümmert sich nicht um unsere Worte oder Predigten; für sie ist Tugend jede Eigenschaft, die die Selbsterhaltung möglich macht; unseren voreingenommenen Begriffen nach ist die Welt der Natur ein Schauplatz für Gefräßigkeit, Begierde, Grausamkeit, Gemetzel und sinnlose Vergeudung. Aber gerade in diesem furchtbaren Kampf, meinte Mandeville, habe der Mensch seine Sprache, seinen sozialen Aufbau und seine Moralbegriffe entwickelt, als Werkzeuge sozialen Zusammenhalts und kollektiven Überlebens. Lob und Tadel seien in der Natur nicht gerechtfertigt, sondern nur in der menschlichen Gesellschaft, wo sie sich an die Eitelkeit, die Furcht oder den Stolz im Menschen wendeten, um ihn zu Handlungsweisen zu bewegen, die für uns oder die Gruppe von Nutzen seien.

Fast alle, die von Mandeville hörten, verurteilten ihn als einen zynischen Materialisten. Voltaire jedoch teilte seine Meinung über den wohltätigen Einfluß von Luxusbedürfnissen, und die französischen Physiokraten des *laisser-faire* begrüßten seine Ansicht, daß die menschliche Gier, wenn sie nicht gehemmt wird, die industrielle Entwicklung beschleunige. Der schrullige Doktor hätte wahrscheinlich zugegeben, daß sein Paradox «Private Laster sind öffentliche Wohltaten» vor allem ein Wortspiel mit nicht genau umschriebener Bedeutung war. «Laster» wie Gewinnsucht, Geschlechtstrieb, Kampflust und Stolz waren einst «Tugenden» im primitiven Kampf ums Dasein; sie wurden erst zu Lastern, als sie in der Gesellschaft über das soziale Wohl hinausgingen, und wurden zu öffentlichen Wohltaten, als sie von der Erziehung, der öffentlichen Meinung, der Religion und dem Gesetz geregelt wurden.

Ganz verschieden von diesem anstößigen Doktor war Francis Hutcheson. Er wurde in Irland als Sohn eines presbyterianischen Pfarrers geboren, folgte aber nicht den väterlichen Spuren, sondern eröffnete in Dublin eine private Akademie. Die schwere Verantwortung, aus jungen Wilden gute Bürger zu machen, veranlaßte ihn zu der Schrift *Inquiry concerning Moral Good and Evil* (Eine Untersuchung über Gut und Böse in der Moral; 1725), worin der gute Bürger als ein Mensch definiert wurde, der zum allgemeinen Wohl beitrug; und er nahm wörtlich die Formulierung Benthams in der Nützlichkeitslehre (Utilitarismus) vorweg, wenn er das allgemeine Wohl als «das größte Glück der größten Zahl»[69] beschrieb. Er wurde zum Professor der Moralphilosophie an der Universität Glasgow ernannt und beunruhigte die Kirchenältesten, weil er das Recht auf persönliches Urteil verteidigte, das Vergnügen rechtfertigte, «die geistvollen Künste – Musik, Bildhauerei, Malerei – und sogar die männlichen Zerstreuungen»[70]. Mandevilles pessimistische Auffassung von der menschlichen Natur teilte er nicht. Er gab die Schwächen und Sünden der Menschen zu, ihre unbändigen Leidenschaften und gewalttätigen Verbrechen; «aber den größten Teil ihres Lebens bringen sie in natürlicher Zuneigung, Freundschaft, unschuldiger Selbstsucht oder Vaterlandsliebe zu». Und er fügte eine gesunde Warnung für Historiker hinzu:

> «Menschen neigen dazu, sich in all die Raubüberfälle, Seeräubereien, Morde, Meineide, Betrügereien, Gemetzel und Totschläge zu vertiefen, von denen sie gehört oder in Geschichtsbüchern gelesen haben, woraus sie den Schluß ziehen, daß die ganze Menschheit schlecht ist, als ob ein Gerichtshof der geeignete Ort wäre, um sich ein Bild von den Sitten der Menschheit zu machen, oder ein Krankenhaus, um über ein gesundes Klima zu urteilen. Sollten sie nicht lieber

in Betracht ziehen, daß die Anzahl der ehrenhaften Bürger und Bauern überall bei weitem die Anzahl aller Arten von Verbrechern überwiegt ... und daß es gerade die Seltenheit von Verbrechen im Vergleich zu unschuldigen und guten Taten ist, die unsere Aufmerksamkeit darauf lenkt und sie in die Geschichte eingehen läßt? Darüber werden unvergleichlich mehr ehrenhafte, großzügige Handlungen übersehen, nur weil sie so alltäglich sind, so wie die Geschichte einer einzigen großen Gefahr oder einer einmonatigen Krankheit immer wieder im Laufe eines langen, gesunden und behüteten Lebens erzählt wird.»[71]

Ein wahrhaft gesunder Geist!

VI. DAVID HUME: 1711–1776

1. *Der junge Philosoph*

Hutcheson war nur ein bescheidener Teil der «Schottischen Aufklärung»; ihr glänzendster Geist war Hume. In seiner einfachen achtseitigen Lebensbeschreibung erzählt er, daß er am 26. April 1711 in Edinburgh als Sohn «einer guten Familie, sowohl väterlicher- als mütterlicherseits», zur Welt kam. «Die Familie meines Vaters stammt vom Grafen Home oder Hume* ab ... Meine Mutter war die Tochter von Sir David Falconer, dem Vorsitzenden der Justizkammer.» Sein Vater starb 1712 und hinterließ seine Besitzungen Davids älterem Bruder John und David ein Einkommen von achtzig Pfund im Jahr – gerade genug, um bei karger Kost zu überleben. Seine rein presbyterianische Familie gab dem Jungen einen guten Schuß an calvinistischem Glaubensgut mit, das später als Determinismus in Davids Philosophie auftauchte. Jeden Sonntagmorgen mußte er einem dreistündigen Gottesdienst beiwohnen, wovon zwei Stunden auf die Predigt kamen. Jeden Sonntagnachmittag ging er nochmal auf eine Stunde in die Kirche, wozu noch Morgengebete zu Hause kamen[72]. Wenn David auch nur einen Funken von Charakter hatte, mußte er mit Ketzerei reagieren.

Mit zwölf Jahren kam er auf die Universität Edinburgh, die er nach drei Jahren ohne Titel verließ, fest entschlossen, sich ausschließlich der Literatur und Philosophie zu widmen. In einem Brief an einen Freund machte sich der Sechzehnjährige Vorwürfe:

«Mein innerer Frieden ist noch nicht genügend durch Philosophie gefestigt, um den Schicksalsschlägen zu widerstehen. Diese Größe und Erhebung der Seele kann nur im Studium, durch betrachtendes Nachdenken, gefunden werden ... Du mußt mir erlauben, mich wie ein Philosoph auszudrücken; das ist ein Thema, über das ich viel nachdenke und wovon ich den ganzen Tag sprechen könnte.»[73]

Bald hatte er sich von jedem religiösen Glauben befreit:

«Nach und nach wuchs in mir eine gewisse Kühnheit, die sich in bezug auf diese Themen [Philosophie und Literatur] keiner Autorität beugen wollte ... Als ich ungefähr achtzehn Jahre alt war, öffnete sich vor mir eine neue Welt des Denkens, die mich über alle Maßen begeisterte, so daß ich mit der Glut, die jungen Menschen eigen ist, auf jede andere Vergnügen, auf jede andere Beschäftigung verzichtete, um mich ganz ihr zu widmen.»[74]

---

* Ein Nachkomme dieses Grafen war 1964 englischer Ministerpräsident. «Home» wurde und wird «Hume» ausgesprochen.

Später sagte er, daß er jeden religiösen Glauben aufgegeben habe, seit er angefangen habe, Locke und Clarke zu lesen[75]. Mit siebzehn Jahren hatte er bereits den Plan zu einer Abhandlung über die Philosophie im Kopf.

Seine Verwandten versuchten ihm klarzumachen, daß er mit Philosophie und achtzig Pfund im Jahr nicht weit kommen werde; er müsse sich damit abfinden, Geld zu verdienen. Könnte er nicht die Rechte studieren? Er quälte sich drei mühselige Jahre (1726–1729) damit ab. Nicht nur seine Gesundheit, auch sein Geist litt darunter; eine Zeitlang verlor er jedes Interesse an Ideen. «Von der Rechtswissenschaft wurde mir übel.»[76] Er gab es auf und kehrte zur Philosophie zurück, wenn auch auf einem kleinen Umweg. Ende Februar 1734 fuhr er von Edinburgh nach London, um «wenigstens einen schwachen Versuch zu machen, an einem aktiveren Leben teilzunehmen»[77]. Am 5. März erschien Agnes Galbraith vor dem Pfarrer George Home, Davids Onkel, und gestand, daß sie ein Kind erwarte. Vor der Ältestenversammlung erklärte sie, «daß Herr David Home ... der Vater» ist. Die Kirchenältesten hatten ihre Zweifel und übergaben sie der nächsten Versammlung der Kreissynode; dort wiederholte sie am 25. Juni ihre Beschuldigung. Nach den Aufzeichnungen der Kreissynode von Chirnside

«beschwor sie der Vorsitzende, aufrichtig zu sein und zu gestehen, falls sich ein anderer Mann an ihr vergangen hätte ... Nachdem die Synode darüber verhandelt und erfahren hatte, daß David Home das Königreich verlassen hatte, wies sie Agnes an die Ältestenversammlung zurück, damit über sie nach den Kirchenregeln beschlossen werde.»[78]

Demgemäß mußte sie in Sackleinen vor der Kirche erscheinen und wurde drei Sonntage hintereinander an den Pranger gestellt. 1739 wurde Agnes aufs neue wegen Unzucht verurteilt.

Nach einem kurzen Aufenthalt in London begab sich Hume nach Bristol und nahm eine Stelle im Kontor eines Kaufmanns an. «Nach ein paar Monaten stellte ich fest, daß diese Umgebung völlig ungeeignet für mich war.» Er schiffte sich nach Frankreich ein, wo das Leben billiger war als in England. Eine Weile blieb er in Reims, dann zog er nach La Flèche, 250 Kilometer südwestlich von Paris, weil das dortige Jesuitengymnasium eine reiche Bibliothek besaß. Der gewandte Schotte nahm freundschaftliche Beziehungen zu den Patres auf und erhielt die Erlaubnis, ihre Bücher zu benutzen. Einer der Patres beschrieb ihn später als «zu sehr von sich eingenommen; ein lebendiger Geist, aber nicht sehr tiefschürfend, von sprühender Vorstellungskraft, aber nicht sehr ernsthaft, ein Herz, das zu sehr an greifbaren Dingen und Selbstbespiegelung hängt, um in das verborgene Heiligtum göttlicher Wahrheit eindringen zu können»[79].

Im Schatten der Jesuiten verfaßte Hume die ersten beiden Bände seines skeptischen Meisterwerks *A Treatise of Human Nature* (Abhandlung über die menschliche Natur). Im September 1737 kehrte er mit Manuskripten beladen nach England zurück. Er hatte Schwierigkeiten mit den Verlegern, denn im Dezember schrieb er an Henry Home: «Ich bin dabei, meine Arbeit zu kastrieren, nämlich ihre edelsten Teile herauszuschneiden, damit sie so wenig Anstoß wie möglich erregt.»[80] Die Hauptschnitte betrafen «Argumente mit Bezug auf übernatürliche Ereignisse»; sie wurden für den Gebrauch in einem günstigeren Augenblick aufgehoben. Das übrige, das für altmodische Leser garantiert unverständlich war, wurde im Januar 1739 anonym in zwei Bänden von John Noon in London herausgegeben. Hume überließ ihm die Verlagsrechte gegen eine Summe von fünfzig Pfund und zwölf Freiexemplare – kein so schlechtes Geschäft für ein Buch über Logik und Erkenntnistheorie von einem unbekannten jungen Mann von siebenundzwanzig Jahren. Und dabei stellte es einen Höhepunkt der modernen Philosophie dar.

2. *Verstand muß sich bescheiden*

Humes einführende Worte verrieten das Vertrauen auf seine Stärke. Er gab seine Absicht kund, die menschliche Natur im Hinblick auf Verstand und Leidenschaften zu studieren, während ein dritter, in Vorbereitung befindlicher Band sich mit ihrem Verhalten in bezug auf Moral und Politik befassen sollte. Dann machte er sich an die Analyse der Empfindungen, Sinneswahrnehmungen, des Gedächtnisses, der Vorstellungskraft, des Denkens, des Verstandes und des Glaubens. Diese Untersuchung über das Wie unseres Erkennens ist grundlegend, denn der Wert von Wissenschaft, Philosophie, Religion und Geschichte hängt von der Natur, dem Ursprung und der Zuverlässigkeit der Erkenntnis ab. Es ist ein schwieriges Gebiet, denn hier handelt es sich mehr um abstrakte Ideen als um konkrete Dinge; und das Denken ist der letzte Gegenstand, den das Denken zu verstehen sucht.

Hume nimmt zum Ausgangspunkt Lockes Empirismus – daß nämlich alle Begriffe sich letzten Endes von der Erfahrung, und zwar durch Eindrücke, herleiten. Diese sind äußerliche Empfindungen wie Licht, Schall, Wärme, Druck, Geruch, Geschmack oder innerliche Empfindungen wie Bestürzung, Hunger, Vergnügen, Schmerz. Eine Wahrnehmung ist eine gedeutete Empfindung; «Lärm» ist eine Empfindung, aber ein «Klopfen an der Tür» ist eine Wahrnehmung. (Hume gebraucht diese Ausdrücke aber nicht immer mit Genauigkeit und Folgerichtigkeit.) Ein Mensch, der von Geburt blind oder taub ist, hat keinen Begriff von Licht oder Schall, weil ihm die Empfindung dafür fehlt. Die Begriffe von Raum und Zeit sind von der Erfahrung hergeleitet: Der erste ist «der Begriff von sichtbaren oder greifbaren Punkten, die in einer bestimmten Ordnung verteilt sind»; die zweite ist die Wahrnehmung einer Folge in unseren Eindrücken[81]. Begriffe unterscheiden sich von Eindrücken nur durch die geringere «Stärke und Lebendigkeit, mit der sie sich uns einprägen»[82]. Glauben «ist nichts als eine lebendigere und intensivere Aufnahme irgendeines Begriffs ..., etwas, was der Geist, der zwischen den Begriffen der Beurteilung und den Annahmen der Vorstellung unterscheidet, *fühlt*»[83].

Bei diesen Definitionen scheint Hume den Geist als eine reale Wesenheit oder als eine wirkende Kraft anzusehen, die Eindrücke oder Begriffe aufnimmt, in der Erinnerung bewahrt und beurteilt. In seinen weiteren Ausführungen verneint er jedoch das Vorhandensein eines zusätzlichen Geistes außerhalb der geistigen Zustände, also außerhalb des Eindrucks, der Wahrnehmung, des Begriffs, des Gefühls oder des Begehrens, die zu einem gewissen Zeitpunkt das Bewußtsein erfüllen.

«Was wir Geist nennen, ist nichts anderes als eine Anhäufung oder Sammlung von verschiedenen Wahrnehmungen, die durch verschiedene Beziehungen miteinander vereint sind, und von ihm wird – zu Unrecht – angenommen, daß er mit einer vollkommenen Einfachheit und Gleichartigkeit ausgestattet ist ... Wenn ich meinerseits zutiefst in das, was ich mein *Ich* nenne, eindringe, so stoße ich immer auf die eine oder andere besondere Wahrnehmung von Wärme oder Kälte, Licht oder Schatten, Liebe oder Haß, Schmerz oder Vergnügen. Ich kann mein *Ich* zu keiner Zeit ohne eine Wahrnehmung ertappen und kann nie etwas anderes als eine Wahrnehmung beobachten. Wenn meine Wahrnehmungen während einer gewissen Zeit – so etwa im tiefen Schlaf – aufgehoben sind, so kann ich mein Ich in dieser Zeit nicht empfinden und darf tatsächlich als nicht vorhanden bezeichnet werden. Und sollten alle meine Wahrnehmungen durch den Tod aufgehoben werden, so daß ich nach der Auflösung meines Körpers weder denken noch fühlen, noch sehen, noch lieben, noch hassen könnte, dann wäre ich völlig vernichtet; auch kann ich nicht begreifen, was außerdem noch dazugehören könnte, um mein völliges Nichtsein zu bewirken ... Im Unterschied zu einigen Metaphysikern ... darf ich wohl die Behauptung wagen, daß die ganze Menschheit nichts weiter ist als ein Bündel oder eine Sammlung verschiedener Wahrnehmungen, die mit unvorstellbarer Geschwindigkeit aufeinanderfolgen und in ständigem Fluß sind ... Die aufeinanderfolgenden Wahrnehmungen ... stellen den Geist dar.»[84]

So fällte Hume mit der Unbefangenheit der Jugend auf einen Streich drei philosophische Systeme: den Materialismus – denn wir nehmen (wie Berkeley gezeigt hatte) niemals Materie wahr und kennen nichts als unsere geistige Welt der Begriffe und Gefühle; den Spiritualismus, denn wir nehmen niemals einen zusätzlich zu unseren besonderen und vorübergehenden Gefühlen und Begriffen existierenden Geist wahr; und die Unsterblichkeit, denn es gibt keinen Geist, der die vorübergehenden geistigen Zustände überleben könnte. Berkeley hatte den Materialismus vernichtet, indem er die Materie auf den Geist zurückführte; Hume vollendete die Vernichtung, indem er den Geist auf Begriffe zurückführte. Eine Existenz haben weder Materie noch Geist.

Willensfreiheit ist bei dieser zersetzenden Betrachtung unmöglich; es ist kein Geist vorhanden, der zwischen Begriffen und Reaktionen wählen könnte; der Ablauf der geistigen Zustände wird von der Einordnung der Eindrücke, der Verbindung von Begriffen und dem Wechsel der Bedürfnisse bestimmt; «Wille» ist nur ein Begriff, der in Handlung übergeht. Persönliche Identität ist das Gefühl der Kontinuität, wenn ein geistiger Zustand an vorhergehende geistige Zustände erinnert und sie durch den Begriff der Ursache miteinander verbindet.

Aber Ursache ist auch nur ein Begriff. Wir können nicht beweisen, daß es sich dabei um eine objektive Wirklichkeit handelt. Wenn wir bemerken, daß auf *A* (zum Beispiel eine Flamme) regelmäßig *B* (Wärme) folgt, schließen wir, daß *A* die Ursache von *B* ist; aber alles, was wir beobachtet haben, ist eine Folge von Ereignissen, nicht ein kausaler Vorgang; wir können nicht wissen, ob *B* immer auf *A* folgt. «Alle unsere Ansichten in bezug auf Ursache und Wirkung beruhen auf nichts anderem als Gewohnheit.»[85] Die «Naturgesetze», von denen wir sprechen, sind nur gewohnte Folgen in unserer Erfahrung; sie sind nicht unveränderliche und notwendige Verbindungen von Ereignissen; wir können nicht dafür bürgen, daß sie morgen noch stimmen. Deswegen ist Wissenschaft eine Anhäufung von Wahrscheinlichkeiten und jederzeit dem Wandel unterworfen. Metaphysik, die sich als ein wahrheitsgetreues System über letzte Wirklichkeiten ausgibt, ist unmöglich, denn wir kennen weder die «Ursachen», die hinter den Folgen, noch die «Materie», die hinter den Empfindungen, noch den «Geist», der angeblich hinter den Begriffen steht. Und insofern wir unseren Glauben an Gott auf einer Verkettung von Ursachen und Wirkungen aufbauen, die angeblich auf eine «unbewegliche Urkraft» zurückgehen, müssen wir diese aristotelische Sophisterei aufgeben. Alle Dinge sind im Fluß, und Gewißheit ist ein Traum.

Nachdem er mit dem unbesiegbaren Schwert seines Verstandes diese Verheerung angerichtet hatte, hielt er einen Augenblick bescheiden inne. «Wenn ich über die natürliche Unzulänglichkeit meines Urteils nachdenke, habe ich weniger Vertrauen zu meinen Ansichten, als wenn ich mich mit den Objekten befasse, die ich zu ergründen suche.»[86] Er weiß ebenso gut wie wir, daß Sicherheit zum Leben nicht notwendig ist, auch nicht in der Religion und nicht einmal in der Wissenschaft, sondern daß ein hoher Grad an Wahrscheinlichkeit ausreicht, um eine Straße zu überqueren, eine Kathedrale zu bauen oder unsere Seelen zu retten. In einem Anhang gibt er zwar zu, daß vielleicht doch ein Selbst hinter den Begriffen, eine Wirklichkeit hinter den Empfindungen, eine Ursache hinter den beharrlich sich einstellenden Folgen steht. Theoretisch aber behauptet er seine Stellung: «Leider konnte ich noch keine bedeutsamen Fehler in der Beweisführung der vorliegenden Bände entdecken.»[87] Doch räumt er ohne weiteres ein, daß er im praktischen Leben seinen Skeptizismus aufgebe, sobald er die Feder beiseite gelegt habe.

> «Sollte man mich fragen, ob ich aufrichtig zu den Argumenten stehe, die ich mit so viel Mühe auseinandergesetzt habe, und ob ich wirklich einer jener Skeptiker bin, die alles für unsicher halten ..., so würde ich antworten, daß weder ich noch sonst irgend jemand je aufrichtig und unaufhörlich dieser Ansicht war ...[88] Ich esse, ich spiele Puff, ich unterhalte und vergnüge mich mit meinen Freunden; und wenn ich nach drei oder vier vergnüglichen Stunden zu diesen Betrachtungen zurückkehre, scheinen sie so kalt, gezwungen und lächerlich, daß ich mich nur schwer dazu bringen kann, mich weiter in sie zu vertiefen ...[89] So fährt der Skeptiker fort, zu argumentieren und zu glauben, obwohl er zugibt, daß er seine Vernunft nicht vernünftig begründen kann; und nach der gleichen Regel muß er das Prinzip einer Existenz der Körper zugeben, wenn er auch die Wahrhaftigkeit dieser Behauptung nicht mit philosophischen Argumenten belegen kann.»[90]

Schließlich nimmt Hume davon Abstand, die Theorie als den Leitstern für das Leben anzusehen, und vertraut auf den instinktiven Glauben, auf die aus der Gewohnheit hervorgehende Überzeugung, die Wirklichkeit sei vernünftig und von Kausalität durchdrungen. Und mit der Versicherung, daß «der Glaube eher einen Akt der Empfindung als einen Akt des erkennenden Teils unserer Natur darstellt»[91], reicht der siebenundzwanzigjährige Hume dem sechsundzwanzigjährigen Jean-Jacques Rousseau die Hand, mit dem ihn seine Jugend und seine Theorien wie später eine gegenseitige Freundschaft und ein tragisches Geschick verbanden. Der gescheiteste Theoretiker im Zeitalter der Vernunft stellte nicht nur das Kausalitätsprinzip der Vernunft in Frage, er bereitete auch der romantischen Reaktion den Weg, die die Vernunft entthronte und das Gefühl zu ihrem Gott machte.

Das zweite Buch des *Traktats* führt die Entthronung der Vernunft fort. Hume verwirft die Versuche der Philosophen, eine Ethik auf Grund der Beherrschung der Leidenschaften durch die Vernunft aufzubauen. Unter Leidenschaft versteht Hume gefühlsbetonte Wünsche. «Um die Unhaltbarkeit dieser ganzen Philosophie aufzudecken, werde ich den Beweis versuchen, daß erstens Vernunft allein nie ein Motiv für den Willensakt sein kann; und zweitens, daß sie sich niemals der Leidenschaft entgegen dem Willen widersetzen kann.»[92] «Nichts kann einem Impuls der Leidenschaft entgegentreten oder ihn aufhalten, es sei denn ein entgegengesetzter Impuls» (ein Echo Spinozas?). Um das *épater le bourgeois* noch weiter zu treiben, fügte Hume hinzu: «Vernunft ist und soll der Sklave der Leidenschaften sein (ein Klarheit schaffendes und ordnendes Instrument der Wünsche) und kann nie auf etwas anderes Anspruch erheben, als ihnen zu dienen und zu gehorchen.»[93]

Dann geht er zu einer subtilen Analyse der Leidenschaften über – und zwar hauptsächlich der Liebe, des Hasses, des Mitleids, des Zorns, des Ehrgeizes, des Neides und des Stolzes. «Meist steht die Leidenschaft des Stolzes in Beziehung zum Besitz.»[94] Sämtliche Leidenschaften beruhen auf Lust und Unlust, und letzten Endes entspringen unsere sittlichen Unterscheidungen derselben geheimen Quelle. «Wir neigen dazu, jede Eigenschaft bei anderen mit dem Namen der Tugend zu belegen, die uns Vergnügen macht, weil sie uns Vorteile verschafft, und jede menschliche Eigenschaft mit dem Namen des Lasters zu belegen, weil sie uns Schmerz verursacht.»[95] Sogar die Begriffe von Schönheit und Häßlichkeit gehen auf Lust und Unlust zurück.

> «Wenn wir sämtliche Hypothesen in Betracht ziehen, die aufgestellt wurden ..., um den Unterschied zwischen Schönheit und Häßlichkeit zu erklären, so finden wir, daß sie alle darauf hinauslaufen, daß Schönheit einer Anordnung und Zusammenstellung von Teilen entspricht, die geeignet ist ..., unserer Seele Vergnügen und Genugtuung zu verschaffen ... Lust und Schmerz gehören nicht nur notwendigerweise zu Schönheit und Häßlichkeit, sondern machen geradezu ihr Wesen aus ... Schönheit ist nichts als eine Form, die Vergnügen hervorruft, wie Häßlichkeit eine Anordnung der Teile darstellt, die Unlust hervorruft.»[96]

Die Liebe zwischen den Geschlechtern setzt sich zusammen aus diesem Sinn für Schönheit plus «dem körperlichen Begehren nach Zeugung plus einer großen Dosis von Güte und Wohlwollen»[97].

Im März 1739 kehrte Hume nach Edinburgh zurück. In allen Zeitungen suchte er eifrig nach Kritiken seiner beiden Bücher und mußte die Folgen tragen. «Nie war ein literarischer Versuch mehr vom Pech verfolgt als mein *Traktat über die menschliche Natur*. Er war totgeboren, als er aus der Presse kam, und brachte es nicht einmal fertig, die Eiferer auch nur zu einem Gemurmel zu reizen.»[98] Aber als er dies im hohen Alter schrieb, hatte er vergessen – wie dies mit Unangenehmem oft geschieht –, daß im Jahr nach der Veröffentlichung seines Buches verschiedene Kritiken erschienen waren. Diese beklagten sich fast alle darüber, daß es schwerverständlich sei und daß die häufigen Hinweise des Autors auf seine eigene Person und auf die epochemachende Neuheit seiner Ideen seine Jugend verrieten. «Am unangenehmsten», sagte ein typischer Zensor, «ist das Selbstvertrauen, mit dem er seine Paradoxe von sich gibt. Nie hat es einen dogmatischeren Jünger Pyrrhons gegeben ... Locke, Clarke und ihresgleichen sind in seinen Augen oft nichts weiter als unzulängliche, oberflächliche Wortemacher im Vergleich zu ihm selbst.»[99]

Betrübt, aber entschlossen machte Hume den dritten Band seiner *Abhandlung* druckfertig, der das III. Buch «Über die Moral» enthält. Er erschien am 5. November 1740. Seine Analyse der Moral mißfiel den Rationalisten ebensosehr wie den Theologen. Die moralischen Grundsätze sind nicht übernatürliche Enthüllungen, aber auch nicht Schlußfolgerungen der Vernunft, denn «die Vernunft», wiederholt Hume, «hat keinen Einfluß auf unsere Leidenschaften oder Handlungen»[100]. Unser Sinn für Moral stammt nicht vom Himmel, sondern vom Gemeinschaftsgefühl, dem Gefühl der Zugehörigkeit zu unserem Nächsten; und dieses Gefühl ist ein Teil des sozialen Instinkts, der uns aus Furcht vor Vereinsamung zum Zusammenschluß mit anderen treibt. «Der erste Zustand und Umstand des Menschen darf zu Recht als sozial angenommen werden.» Ein «Naturzustand», in dem Menschen ohne soziale Ordnung lebten, «muß als reine Erfindung angesehen werden»[101]. Die Gesellschaft ist so alt wie die Menschheit. Als Mitglied einer Gruppe lernte der Mensch bald, Handlungen zum Vorteil der Gemeinschaft zu empfehlen und solche, die für sie nachteilig waren, zu verurteilen. Außerdem machte ihn das Prinzip des Gemeinschaftsgefühls geneigt, Ansichten, die er in seiner Umgebung hörte, anzunehmen oder nachzuahmen; auf diese Weise eigneten sich die Menschen ihre Richtlinien und Normen für Lob und Tadel an und legten diese Maßstäbe, bewußt oder unbewußt, auch auf ihr eigenes Verhalten an; das – und nicht die Stimme Gottes (wie Rousseau und Kant annahmen) – ist der Ursprung des Gewissens. Dieses Gesetz der Übereinstimmung, der Anziehungskraft der Gemeinschaft ist, nach Hume, ebenso universal und aufschlußreich für die Welt der Moral wie das Schwerkraftgesetz für die Welt der Materie. «Alles in allem hoffe ich», so schloß er, «daß es diesem System der Ethik zur genauen Beweisführung an nichts mangelt.»[102]

Der dritte Band erregte noch weniger Aufsehen als Band I und II. Noch im Jahre 1756 türmten sich die Überreste der ersten Auflage von elfhundert Exemplaren seines *Traktats* auf den Regalen seines Verlegers. Zu Humes Lebzeiten kam es zu keiner zweiten Auflage.

3. *Moral und Wunder*

Offensichtlich konnte er von seiner Feder nicht leben. Im Jahre 1744 versuchte er erfolglos, einen Lehrstuhl an der Universität Edinburgh zu erhalten. Zweifellos war es eine Demütigung für ihn, als er (April 1745) eine Stelle als Hauslehrer bei dem jungen Marquis von Annandale mit einem Gehalt von dreihundert Pfund im Jahr annehmen mußte. Der Marquis war geisteskrank; Hume fand heraus, daß man von ihm die Überwachung eines Irrsinnigen erwartete; es kam zu Streitigkeiten, er wurde entlassen (April 1746) und mußte wegen seines Gehalts einen Prozeß anstrengen. Ein Jahr lang (1746/47) war er bei General James St. Clair als Sekretär angestellt; das Gehalt war gut, die Ernährung ebenfalls, und im Juli 1947 kehrte Hume im Besitz von einigen zusätzlichen Pfunden – sowohl an Körpergewicht als an Geld – nach Edinburgh zurück. 1748 engagierte ihn der General aufs neue als Sekretär und Flügeladjutant für eine Mission in Turin; diesmal stolzierte Hume in einer flammendroten Uniform herum. James Caulfield, der spätere Graf von Charlemont, der damals in Turin studierte, war beeindruckt von Humes Geist und Charakter, aber befremdet über sein Aussehen.

«Jeder Physiognomiker wäre vor den unbedeutenden Zügen seines Gesichts, das nicht die leiseste Spur seiner geistigen Fähigkeiten verriet, in Verwirrung geraten. Es war breit und fett, und der große Mund drückte nichts als Verblödung aus ... Sein schwerfälliger Körper paßte viel besser zu der Vorstellung von einem beleibten Ratsherrn als von einem verfeinerten Philosophen.»[103]

Der gleiche Caulfield behauptet, er habe Hume, damals siebenunddreißig Jahre alt, auf den Knien vor einer vierundzwanzigjährigen verheirateten Gräfin angetroffen, im Begriff, ihr eine Liebeserklärung zu machen, und allem Anschein nach die Qualen einer unerwiderten Leidenschaft erduldend. Die Dame tat seine Leidenschaft als «einen natürlichen Vorgang in Ihrem Organismus» ab. Nach dem gleichen Berichterstatter sei Hume an einem Fieber erkrankt und habe versucht, Selbstmord zu begehen, woran ihn die Dienerschaft hinderte. Ein anderer Schotte erzählt, Hume habe während seiner Krankheit von einem katholischen Priester die Letzte Ölung empfangen. Hume entschuldigte sowohl das galante Abenteuer als die Ölung damit, daß «mein Gehirn gelitten hatte und ich so verrückt wie ein Insasse eines Irrenhauses war»[104]. Im Dezember 1748 kehrte er nach London und zur Philosophie zurück, nachdem er es zu einem Vermögen von tausend Pfund gebracht hatte.

Um den in seiner *Abhandlung* geäußerten Ideen endlich Gehör zu verschaffen, veröffentlichte er 1748 die beiden Schriften *An Enquiry concerning the Human Understanding* (Eine Untersuchung über den menschlichen Verstand) und 1751 *An Enquiry concerning the Principles of Morals* (Eine Untersuchung über die Prinzipien der Moral). In einer «Bekanntmachung», die später der postumen Ausgabe dieser *Untersuchungen* vorangestellt wurde, wehrte er sich gegen den Vorwurf, daß sein «Traktat» ein Jugendwerk sei, und bat, «die folgenden Ausführungen als alleingültig» für seine «philosophischen Überzeugungen und Prinzipien anzusehen»[105]. Wissenschaftler, die sich mit Humes Lehren befaßten, haben im allgemeinen seine früheren Werke ergiebiger als seine späteren gefunden; diese nehmen die gleichen Themen in weniger aggressivem und scharfem Stil auf, kommen aber zu den gleichen Schlußfolgerungen.

Nachdem er seine skeptische Analyse der Vernunft wiederholt hatte, fügte Hume der ersten *Untersuchung* als Teil X das Kapitel «Über Wunder» bei, das der Verleger seiner *Abhandlung* zu veröffentlichen sich geweigert hatte. Hume begann mit seiner gewohnten Selbstsicherheit: «Ich schmeichle mir, eine Beweisführung entdeckt zu haben, die – wenn sie von Weisen und Gelehrten als richtig befunden wird – jede Art abergläubischer Täuschung verhindern und infolgedessen bis zum Ende der Welt von Nutzen sein wird.» Und dann ging er zu seiner berühmtesten Beweisführung über:

«Keine Zeugenaussage ist ausreichend, um ein Wunder zu beweisen, es sei denn, man hätte es mit einer solchen Zeugenaussage zu tun, daß ihre Falschheit das Wunder, das sie zu beweisen strebt, noch überträfe ... Wenn jemand mir erzählt, er habe gesehen, wie ein Toter zum Leben erweckt wurde, so frage ich mich sofort, ob es wahrscheinlicher ist, daß diese Person betrügt oder betrogen wurde oder ob das Ereignis, vom dem sie berichtet, sich wirklich zugetragen hat. Ich wäge ein Wunder gegen das andere ab, und je nach dem Vorrang, den ich entdecke ..., lehne ich das größere Wunder ab. In der ganzen Geschichte stößt man auf kein einziges Wunder, das von einer genügend großen Anzahl vernünftiger, gebildeter und gelehrter Menschen bezeugt wurde, um jeden Irrtum ihrerseits auszuschließen – Zeugen von solch unantastbarer Lauterkeit, daß sie über jeden Verdacht erhaben wären, die Täuschung anderer beabsichtigt zu haben, von solcher Glaubwürdigkeit und so gutem Ruf in den Augen der Welt, daß sie viel zu verlieren gehabt hätten, falls sie als Betrüger entlarvt worden wären, und die gleichzeitig die Tatsachen dermaßen öffentlich und in einem so allbekannten Teil der Welt bezeugt hätten, daß eine Entlarvung unvermeidlich gewesen wäre: welche alle Umstände unerläßlich sind, um Zeugenaussagen von Menschen mit völliger Sicherheit entgegennehmen zu können ... Im allgemeinen richten wir uns bei unseren Überlegungen nach der Maxime, daß die Objekte, die unserer Erfahrung fremd sind, denen ähneln, die ihr bekannt sind; daß das, was uns am üblichsten vorkommt, immer am wahrscheinlichsten ist und daß wir überall, wo verschiedene Argumente aufeinanderstoßen, denen den Vorzug geben sollten, die auf der größten Anzahl früherer Beobachtungen beruhen ... Man muß sich schon deshalb vor der Annahme von übernatürlichen und wundertätigen Vorkommnissen hüten, weil man beobachten kann, daß sie sich hauptsächlich bei unwissenden und barbarischen Völkern ereignen ... Es ist merkwürdig ..., daß solche wundersamen Ereignisse nie in unserer Zeit stattfinden ... Aber es ist ganz und gar nicht merkwürdig ..., daß Menschen zu allen Zeiten gelogen haben.»[106]

Dann führt Hume weitere Hindernisse an, die dem christlichen Glauben im Weg stehen: die unbekümmerte Gleichgültigkeit der Natur gegenüber dem Menschen und seinen Rivalen auf Erden; all die verschiedenen Formen des Bösen im Leben und in der Geschichte; die offensichtliche Verantwortlichkeit Gottes für Adams Sünde und für alle Sünden in einer Welt, wo, der christlichen Annahme zufolge, nichts ohne die Zustimmung Gottes geschehen kann. Um eine Anklage wegen Atheismus zu vermeiden, legte Hume «einem Freund, der gerne skeptische Paradoxe von sich gibt» und mit dessen Prinzipien «ich mich auf keinen Fall einverstanden erklären kann», eine Verteidigung der Hirngespinste Epikurs in den Mund, wonach die Götter existieren, sich aber nicht um die Menschheit kümmern. Der Freund stellt sich die Frage, warum nicht eine Vereinbarung zwischen Religion und Philosophie, sich gegenseitig nicht zu belästigen, erzielt werden könne, wie er sie für die hellenistische Kultur annimmt.

«Nachdem sich der erste Aufruhr, den die neuen Paradoxe und Prinzipien der Philosophen hervorriefen, gelegt hatte, scheinen diese Lehrer nachher während der ganzen Antike in großer Harmonie mit dem offiziellen Aberglauben gelebt zu haben, mit dem sie sich aufs beste in die Menschheit teilten – indem die einen alle Gelehrten und Weisen für sich beanspruchten, der andere alle Gewöhnlichen und Ungebildeten um sich sammelte.»[107]

Ein eigenartiger Weg zum Waffenstillstand!

1749 kehrte Hume nach Schottland zurück, um mit seinen Geschwistern auf ihrem Landsitz in Ninewells zu leben. Zwei Jahre später heiratete John Home, und David zog nach Edinburgh. Jetzt übergab er der Presse die *Untersuchung über die Prinzipien der Moral*, von der er erhoffte, daß sie den dritten Band des *Traktats* ersetzen werde. Er versicherte aufs neue, daß sich der Sinn für Moral vom Gemeinschafts- oder Sozialgefühl herleitet, verwarf die Gleichstellung des Sokrates von Tugend mit Intelligenz und lehnte ausdrücklich die Auffassung La Rochefoucaulds ab, wonach «altruistische» Handlungen egoistisch motiviert sind und in der Hoffnung auf das Vergnügen ausgeführt werden, das die allgemeine Achtung, die man sich damit verdient, bereitet. Das Vergnügen, das uns solche Handlungen bereiten, sagt Hume, ist nicht die Ursache dieser Handlungen, sondern ihre Begleiterscheinung und ihr Resultat; die Handlungen selbst werden durch unseren sozialen Instinkt hervorgerufen[108].

Die bedeutendste Errungenschaft dieser zweiten *Untersuchung* ist jedoch die Ausarbeitung einer utilitaristischen Ethik. Dreiundzwanzig Jahre nach Hutcheson und achtunddreißig Jahre vor Bentham definierte Hume die Tugend als «jede Eigenschaft des Geistes, die der Person selbst oder anderen von Nutzen oder angenehm ist»[109]. Auf dieser Grundlage rechtfertigte er die gesunden Vergnügungen im Leben als nützlich für den Einzelnen und die doppelte Moral als nützlich für die Gesellschaft.

> «Der langdauernde hilflose Zustand des Menschen im Kindesalter verlangt nach der Vereinigung der Eltern für den Unterhalt der Jungen; und diese Vereinigung erfordert die Tugend der Keuschheit oder der Treue zum Ehebett ... Eine Untreue dieser Art ist viel verderblicher bei Frauen als bei Männern, weswegen die Gesetze der Keuschheit für das eine Geschlecht viel strenger als für das andere sind.»[110]

Der Autor, dem sehr viel an dieser *Untersuchung über die Prinzipien der Moral* lag, schrieb darüber: «Meiner Meinung nach (obwohl ich darüber nicht urteilen sollte) ist sie von allen meinen Schriften ... bei weitem die beste.» Und er fügte hinzu: «Sie kam unbemerkt und unbeachtet auf die Welt.»[111]

4. Darwinismus und Christentum

1751 verfaßte er die *Dialogues concerning Natural Religion* (Dialoge über natürliche Religion). Von allen Werken, die sein mephistophelisches Gemüt hervorgebracht hat, ist dies das vernichtendste und ehrfurchtsloseste. Drei Personen unterhalten sich: Demea, der den hergebrachten Glauben verteidigt, Cleanthes, der Deist, und Philo, der offensichtlich im Namen Humes spricht. Demea ist der Ansicht, daß die Welt, wenn man nicht eine höchste Vernunft hinter den Erscheinungen annimmt, unverständlich und somit unerträglich wird; jedoch gibt er zu, daß sein Gott für den menschlichen Verstand unbegreiflich ist[112]. Cleanthes wirft Demea vor, ein Unverständliches mit einem anderen erklären zu wollen; er zieht es vor, das Vorhandensein Gottes durch die Anzeichen eines Planes in der Natur zu beweisen. Philo macht sich über beider Argumente lustig. Der Verstand, so behauptet er, kann niemals die Welt erklären oder Gott beweisen. «Worin besteht der Vorzug dieser kleinen Gehirnbewegungen, die wir Gedanken nennen, daß wir daraus ein Modell für das ganze Universum machen sollten?»[113] Was einen Plan anbelangt, so muß die Anpassung von Organen an bestimmte Zwecke nicht das Ergebnis göttlicher Fügung sein, sondern kann auf langsame, stümperhafte Experimente der Natur über Tausende von Jahren zurückgehen[114]. (Hier haben wir die «natürliche Zuchtwahl», 1800 Jahre nach Lucrez und 108 Jahre vor Darwin.) Und selbst wenn wir einen übernatürlichen Plan zugeben, so enthüllt die Unvollkommenheit der Anpassungen und die Unzahl von Leiden in der Welt der Menschen und Tiere im besten Falle einen Gott mit begrenzter Gewalt und Intelligenz oder von vollkommener Gleichgültigkeit gegenüber der Menschheit. «Letzten Endes hat das Leben eines Menschen keine größere Bedeutung für das Universum als das Leben einer Auster.»[115]

«Man könnte meinen, daß der Schöpfer noch nicht die letzte Hand an dieses große Werk gelegt hat, so unvollendet ist jeder Einzelteil und so grob scheint die Ausführung. So sind die Winde ... Helfer des Menschen bei der Schiffahrt; aber wie oft wachsen sie sich zu verderbenbringenden Wirbelwinden und Stürmen aus! Regenfälle sind für die Ernährung sämtlicher Pflanzen und Tiere auf der Erde notwendig, aber wie oft sind sie unzulänglich, wie oft übermäßig! ... Nichts in der Welt ist so nutzbringend, daß es nicht durch seinen Überfluß oder seinen Mangel häufig verderblich würde. Auch hat die Natur nicht mit der nötigen Genauigkeit eine Schranke gegen jede Unordnung oder Verwirrung aufgerichtet.»[116]

Darüber hinaus existiert nicht nur Unordnung in der Ordnung (wenn man die Welt als geplant ansieht), sondern inmitten des sprießenden Lebens ein ständiger zweckloser Kampf mit dem Tod.

«Zwischen allen Lebewesen herrscht beständiger Krieg. Notwendigkeit, Hunger und Mangel sind Ansporn für die Starken und Mutigen; Furcht, Angst und Schrecken regieren die Schwachen und Gebrechlichen. Der erste Eintritt ins Leben verursacht dem Neugeborenen und seiner gepeinigten Erzeugerin Qualen; Schwäche, Hilflosigkeit und Elend begleiten jeden Abschnitt dieses Lebens, das schließlich in Todeskampf und Grauen endet ... Zu beachten ... sind auch die merkwürdigen Kniffe der Natur, das Dasein jedes Lebewesens zu verbittern ... Man betrachte die zahllosen Insekten, die entweder auf dem Körper der einzelnen Tiere ausgebrütet werden oder herumfliegen und sie stechen ... Jedes Tier ist von Feinden umgeben, die unaufhörlich nach seiner Peinigung und seiner Vernichtung streben ... Der Mensch ist der größte Feind des Menschen. Unterdrückung, Ungerechtigkeit, Verachtung, Schmach, Gewalttätigkeit, Meuterei, Krieg, Verleumdung, Verrat, Betrug – damit quälen sie sich gegenseitig[117] ...

Seht euch in dieser Welt um. Welch unendlicher Überfluß an belebten und organisierten, verständigen und tätigen Wesen! Man muß diese unglaubliche Vielfalt und Fruchtbarkeit bewundern. Wenn man aber diese Lebewesen etwas näher betrachtet ... welche Feindschaft, welcher Vernichtungsdrang herrscht unter ihnen! ... Das Ganze stellt nichts als die Idee einer blinden Natur dar, die von einem großen lebenspendenden Prinzip durchdrungen ist und ohne Einsicht oder mütterliche Besorgnis ihre verstümmelten und verkümmerten Kinder gebärt.»[118]

Auf Grund der widersprechenden Anzeichen von Gut und Böse in der Welt kommt Philo auf den Gedanken von einer Dualität oder Vielfalt von Göttern, die miteinander im Wettstreit liegen, einige «gut», andere «böse» und insgesamt möglicherweise von verschiedenem Geschlecht. Er kommt zu der boshaften Annahme, daß die Welt

«nur ein erster ungeschlachter Versuch eines Gottes im Kindesalter war, der sie dann sich selbst überließ, weil er sich seines ungeschickten Werkes schämte ...; oder aber sie ist das Werk eines altersschwachen, ausgedienten Gottes, das, nachdem er gestorben ist, aufs Geratewohl weiterläuft, im Schwung des ersten Anstoßes und der bewegenden Kraft, die er ihm versetzt hatte»[119].

Warum sollte die Welt – wie die Brahmanen versicherten – «nicht von einer unendlich großen Spinne herstammen, die diese ganze komplizierte Masse aus ihren Eingeweiden spann ... Warum sollte ein geordnetes System nicht ebensogut vom Bauche wie vom Gehirn gesponnen werden?»[120] So wäre die Schöpfung eine Zeugung. Oder möglicherweise ist «die Welt ein Tier, und die Gottheit ist die Seele der Welt, die sie in Gang setzt und von der sie in Gang gesetzt wird»[121].

Nach all diesem Geplauder kommt Philo auf den Schöpfungsplan zurück und gibt zu, daß «die Ursache oder die Ursachen einer Ordnung im Universum wahrscheinlich eine gewisse Ähnlichkeit mit der menschlichen Intelligenz haben»[122]. Und er entschuldigt sich für seine skandalöse Kosmologie:

«Ich muß gestehen, daß ich in meinen Äußerungen zum Thema einer natürlichen Religion weniger vorsichtig bin als sonst ... Besonders du, Cleanthes, dem ich so nahestehe, wirst verstehen, daß, ungeachtet meiner losen Worte und meiner Neigung zu ausgefallenen Argumenten, niemand ein frommeres Gemüt hat oder das höchste Wesen aufrichtiger verehrt als ich, jenen Gott, der sich in dem unerklärlichen und kunstvollen Werk der Natur offenbart. Ein Zweck, eine Absicht oder ein Plan muß überall auch dem nachlässigsten und noch so begrenzten Denker auffallen; und niemand kann so in absurden Systemen erstarrt sein, um dies ein für allemal zu verneinen.»[123]

Trotz dieses Friedensangebotes baten ihn seine Freunde, die *Dialoge* nicht zu veröffentlichen. Er gab nach und verschloß das Manuskript in seiner Schublade. Erst 1779 erschien es im Druck, drei Jahre nach seinem Tod. Die religiöse Frage nahm ihn aber so gefangen, daß er auf das Thema zurückkam und (1757) *Four Dissertations* (Vier Abhandlungen) veröffentlichte, darunter den Versuch einer *Naturgeschichte der Religion*. Auf Drängen seines Verlegers zog er zwei weitere Essays zurück, die erst gedruckt wurden, als er jenseits von Furcht und Tadel war; der eine behandelte die Unsterblichkeit, der andere rechtfertigte den Selbstmord, wenn der Betreffende zu einer Bürde für seine Mitmenschen geworden war.

Die *Naturgeschichte* verbindet Humes altes Interesse an Religion mit seinem neuen Interesse an Geschichte. Von dem Angriff auf alte Glaubensvorstellungen war er zur Frage übergegangen, wie die Menschheit dazu gekommen sei, sich diese Vorstellungen zu eigen zu machen. Er fühlte sich jedoch nicht zu geduldiger Forschungsarbeit hingezogen, nicht einmal unter dem spärlichen Material, das damals über die Ursprünge der gesellschaftlichen Entwicklung vorhanden war; er zog es vor, das Problem mit Hilfe von psychologischer Analyse und deduktivem Denken aufzurollen. Der Verstand des primitiven Menschen deutete jede Kausalität als Analogie zu seinem eigenen Wollen und Handeln: Hinter den Werken und Formen der Natur – den Flüssen, Meeren, Bergen, Stürmen, Seuchen, Wundern usw. – stellte er sich den Willensakt eines verborgenen Wesens mit übernatürlichen Kräften vor; deswegen war der Polytheismus die erste Form religiösen Glaubens. Da viele Gewalten und Ereignisse den Menschen bedrohten, hatte die Furcht einen großen Anteil an seinen Mythen und Riten. Er personifizierte diese bösen Kräfte oder Dämonen und suchte sie zu besänftigen. Vielleicht war Calvins Gott – so gab der verschmitzte Hume zu bedenken – ein grausamer, böswilliger, willkürlicher Dämon, der sich nur schwer beschwichtigen ließ[124]. Da man sich die guten Götter, abgesehen von ihrer Macht und ewigen Fortdauer, wie menschliche Wesen vorstellte, nahm man an, daß sie Hilfe und Trost zum Tausch für Gaben und Schmeicheleien spendeten; daher stammen die Opfer und die flehenden Gebete. Als der Bau der Gesellschaft an Größe und Reichweite zunahm und die örtlichen Herrscher sich mächtigeren Königen unterwarfen, erfuhr auch die Welt der Gottheiten eine ähnliche Wandlung. Eine Hierarchie und Stufenleiter des Gehorsams wurde auch mit der Vorstellung von den Göttern verknüpft. Aus dem Polytheismus erwuchs der Monotheismus, und während die Masse immer noch vor örtlichen Gottheiten oder Heiligen niederkniete, verehrten gebildete Menschen Zeus, Jupiter, Gott.

Leider wurde die Religion mit wachsender Vereinheitlichung immer unduldsamer. Der Polytheismus hatte viele Arten religiösen Glaubens zugelassen; der Monotheismus verlangte Einheitlichkeit. Verfolgungen breiteten sich aus, und das Pochen auf Rechtgläubigkeit wurde zur «wütendsten und unbarmherzigsten aller menschlichen Leidenschaften»[125]. Die Philosophie, die als Religion der Elite in der Antike verhältnismäßig große Freiheit genossen hatte, sah sich gezwungen, den Diener und Verfechter der Religion der Massen zu spielen. Bei den monotheistischen Bekenntnissen – Judaismus, Christentum und Islam – hatten Verdienst und «Erlösung» immer weniger mit Tugend zu tun und hingen mehr und mehr von der Beobachtung der Riten und blindem Glauben ab. Daraufhin wurden gebildete Menschen entweder zu Märtyrern oder zu Heuchlern; und da sie nur selten das Märtyrertum wählten, wurde das Leben der Menschen von Heuchelei und Unaufrichtigkeit befleckt.

In weniger angriffslustiger Stimmung ließ Hume ein gewisses Maß von Heuchelei durchgehen. Als man ihn befragte, ob ein junger Geistlicher, der seinen Glauben verloren hatte, weiter der Kirche angehören und sein Amt ausfüllen sollte, antwortete er mit: Bleiben.

«Bürgerliche Ämter für Akademiker sind kaum zu haben ... Man tut der Plebs und ihrem Aberglauben zuviel Ehre an, wenn man sich ihnen gegenüber der Aufrichtigkeit befleißigt. Hat man es sich je zur Pflicht gemacht, Kindern oder Irren die Wahrheit zu sagen? ... Die geistliche Laufbahn erfordert nur noch etwas mehr unschuldige Verheimlichung oder vielmehr Verstellung, ohne die man ohnehin nicht durchs Leben kommt.»[126]

5. *Kommunismus und Demokratie*

Mit der Zeit wurde Hume es müde, über Fragen zu diskutieren, die seiner Ansicht nach eher vom Gefühl als vom Verstand zu lösen waren, und so wandte er sich in späteren Jahren mehr und mehr der Politik und der Geschichte zu. Im Jahre 1752 veröffentlichte er *Political Discourses* (Politische Gespräche). Er war erstaunt über die günstige Aufnahme, die sie fanden. England war froh, daß es die Zerstörungswut seiner Theologie über dem Konservatismus seiner politischen Auffassungen vergessen konnte.

Er fühlte zwar eine gewisse Sympathie mit den Bestrebungen nach kommunistischer Gleichheit:

«Man muß zugeben, daß die Natur so freigebig gegenüber der Menschheit ist, daß jeder Einzelne alles zum Leben Notwendige und sogar die meisten Bequemlichkeiten genießen könnte, wenn alle ihre Gaben gleichmäßig unter die Spezies verteilt und durch Handwerk und Industrie verbessert würden ... Außerdem muß zugegeben werden, daß wir – wo immer wir von dieser Gleichheit abweichen – dem Armen mehr Befriedigung rauben, als wir dem Reichen schenken, und daß die sinnlose Erfüllung der frivolen Laune eines Einzelnen häufig mehr als das Brot vieler Familien und sogar ganzer Provinzen kostet.»

Er spürte jedoch, daß die menschliche Natur den Traum von der Gleichheit unmöglich machte.

«Historiker und sogar der einfache Menschenverstand belehren uns, daß diese Ideen von *vollkommener* Gleichheit – so schön sie auch aussehen – tatsächlich *unausführbar* sind. Und wäre dem nicht so, wären sie ein Verhängnis für die menschliche Gesellschaft. Wenn auch jeder Besitz gleichmäßig verteilt würde, so würde diese Gleichheit doch sofort wieder aufgehoben werden wegen der Verschiedenheit an Geschicklichkeit, Sorgfalt und Fleiß beim Menschen. Wenn man aber diese Tugenden im Zaum halten will, so ist die strengste Überwachung nötig, um jede Ungleichheit bei ihrem ersten Auftauchen aufzuspüren, und die härteste Gesetzgebung, um sie zu bestrafen und auszumerzen ... So ausgedehnte Machtbefugnisse müssen aber bald in Tyrannei ausarten.»[127]

Die Demokratie verabschiedete Hume ebenso wie den Kommunismus mit Bedauern. Es ist – meinte er – «ein an sich edles Prinzip ..., daß das Volk der Ursprung jeder gerechten Regierung sei, doch wird es von jeder Erfahrung Lügen gestraft»[128]. Die Theorie – die bald von Rousseau wieder aufgenommen wurde –, wonach die Regierung ihren Ursprung in einem «Gesellschaftsvertrag» zwischen den Menschen oder zwischen Volk und Herrscher habe, wurde von Hume als kindisch abgelehnt:

«Fast sämtliche Regierungen, die augenblicklich vorhanden sind oder von denen die Geschichte spricht, sind ursprünglich mit Hilfe von Usurpation oder Eroberung oder beidem gegründet worden, und dies ohne den geringsten Anspruch auf rechtmäßige Zustimmung oder freiwillige Unterwerfung des Volkes ... Es ist wahrscheinlich, daß die erste Beherrschung der Massen durch einen Einzelnen mit einem Kriegszustand verbunden war ... Die lange Fortdauer dieses Zustandes, wie es häufig bei wilden Stämmen vorkommt, gewöhnte das Volk an Unterwerfung.»[129]

Auf diese Art wurde die Monarchie zu der fast universalen, ausdauerndsten und deshalb vermutlich praktischsten Form der Regierung. «Ein erblicher Fürst, ein Adel ohne Vasallen, ein Volk, das durch seine Vertreter seinen Willen kundtut, bilden die beste Monarchie, Aristokratie und Demokratie.»[130]

Abgesehen davon, daß Hume im voraus Rousseau entkräftete, benutzte er seinen glänzenden Stil, der sich mit dem eines Addison messen konnte, um im voraus die Theorie Montesquieus abzulehnen, wonach das Klima bestimmend für den Volkscharakter sei. In den *Moralischen und Politischen Essays*, deren zweite Auflage fast gleichzeitig (1748) mit dem *Geist der Gesetze* erschien, schrieb Hume: «Was physikalische Ursachen anbelangt, so muß ich diesbezüglich an ihrer Wirkung zweifeln; auch glaube ich nicht, daß Menschen ihre Veranlagung oder ihre Begabung auch nur im geringsten der Luft, der Ernährung oder dem Klima verdanken.»[131]

Der Nationalcharakter folgt viel eher den Landesgrenzen als klimatischen Zonen; er wird hauptsächlich durch die Gesetze, die Regierung, die soziale Struktur, die Art der Beschäftigung und die Nachahmung von Nachbarn oder oberen sozialen Schichten bestimmt. Bei aller örtlichen Verschiedenheit bleibt sich die menschliche Natur grundsätzlich zu allen Zeiten und bei jedem Klima gleich. Dieselben Beweggründe und Instinkte, die zur Lebenserhaltung notwendig sind, bewirken zu jedem Zeitalter und an allen Orten im wesentlichen dieselben Handlungen und Ergebnisse.

«Ehrgeiz, Geiz, Selbstsucht, Eitelkeit, Freundschaft, Großzügigkeit, Gemeinschaftsgeist – alle diese Leidenschaften, die in verschiedenem Ausmaß in der Gesellschaft verteilt sind, waren von Anbeginn der Welt und bis auf den heutigen Tag die Quelle, der alle Handlungen und Unternehmungen, die unter den Menschen beobachtet worden sind, entspringen. Wer die Gefühle, die Neigungen und den Verlauf des Lebens von Griechen und Römern kennen möchte, braucht sich nur in das Studium von Charakter und Handlungsweise bei Franzosen und Engländern zu vertiefen; man dürfte sich nur wenig irren, wenn man auf jene die *meisten* Erfahrungen überträgt, die man mit diesen gemacht hat. Die Menschheit bleibt sich immer und überall so sehr gleich, daß die Geschichte uns in dieser Hinsicht kaum etwas Neues oder Merkwürdiges zu bieten hat. Ihre größte Nutzanwendung besteht darin, daß sie die dauernden und universellen Prinzipien der menschlichen Natur aufdeckt, denn sie zeigt uns den Menschen in den verschiedensten Umständen und Lebenslagen und versorgt uns mit dem Material, aus dem wir uns unsere Meinung bilden können und das uns mit den üblichen Beweggründen menschlicher Handlungen und menschlichen Benehmens bekannt macht. Diese Aufzeichnungen von Kriegen, Ränkespielen, Parteiungen und Revolutionen sind gewissermaßen eine Sammlung von Experimenten, auf denen die Moral- oder Sozialphilosophen ihre wissenschaftlichen Prinzipien aufbauen.»[132]

In den *Politischen Gesprächen* und den *Essays und Traktaten über verschiedene Themen* (1753) beschäftigte sich Hume auch mit ökonomischen Problemen. Er lehnte die Ansicht der französischen Physiokraten, wonach alle Steuern im Endresultat auf den Boden erhoben werden, ab; seiner Meinung nach werden sie letzten Endes auf die Arbeit erhoben, denn – wie auch Locke sagte – «alles in der Welt wird mit Arbeit erkauft»[133]. Noch bevor die industrielle Revolution eingesetzt hatte, sah Hume voraus, daß die Arbeiter ihre Löhne verbessern würden. Er verurteilte die Finanzierung von Staatsausgaben und -unternehmungen vermittels hoher Steuern und häufiger Staatsanleihen und gab der Befürchtung Ausdruck, daß solche Maßnahmen die «freien Regierungen in die gleiche Abhängigkeit bringen würden wie die umliegenden Länder»[134]. Geld ist nicht Wohlstand; wenn man mehr Geld in Umlauf bringt, als man braucht, erhöht man die Preise und behindert den Außenhandel. Die falsche Theorie des Handels, die immer noch die europäischen Staaten dazu veranlaßte, die Ausfuhr zu steigern, die Einfuhr zu verhindern und Gold anzuhäufen, könne Europa nur der internationalen Vorteile berauben, die sich von der Fähigkeit jeder einzelnen Nation herleiten, je nach Bodenbeschaffenheit, Klima und spezifischer handwerklicher Geschicklichkeit entsprechende Waren mit geringsten Kosten und in bester Qualität herzustellen. Er betete

«nicht nur als Mensch, sondern als britischer Untertan ... für den blühenden Handel Deutschlands, Spaniens, Italiens und sogar Frankreichs. Ich bin sicher, daß Großbritannien und all diese Länder ihre Lage verbessern würden, wenn sich ihre Herrscher und Minister zu solch einer großzügigen und wohlmeinenden gegenseitigen Haltung bequemen würden ... Das Anwachsen des Wohlstands und des Handelsverkehrs in einem Land ist keine Beeinträchtigung, sondern im Gegenteil üblicherweise von Vorteil für den Wohlstand und den Handelsverkehr aller seiner Nachbarn.»[135]

Diese Ansichten, die dem Einfluß der *laisser-faire*-Physiokraten zuzuschreiben sein mochten, beeinflußten ihrerseits Humes Freund Adam Smith, spielten eine Rolle bei der Entwicklung der britischen Freihandelspolitik und werden heute in Westeuropa verwirklicht.

6. Geschichte

Nachdem die Anglikaner gegen diesen unverschämten Heiden ins Feld gezogen waren, fand Hume 1752 eine Anstellung als Bibliothekar an der Schule für Rechtsanwälte in Edinburgh. Trotz des bescheidenen Gehalts von vierzig Pfund im Jahr bedeutete dieses Amt viel für ihn, denn es machte ihn zum Herrn über dreißigtausend Bände. Der Zugang zu dieser Bibliothek ermöglichte es ihm, seine *History of England* (Geschichte Englands) zu schreiben. 1748 hatte er einem Freund anvertraut: «Seit langem trug ich mich mit dem Gedanken, in meinen reiferen Jahren eine Geschichte zu verfassen.»[136] Er nannte die Geschichte «die große Lehrerin der Weisheit»[137] und hoffte in ihr die Ursachen für Aufstieg und Fall der Nationen zu entdecken, aber auch

> «die ganze menschliche Rasse an sich vorüberziehen zu lassen, in ihrer wahren Gestalt, ohne jene Verstellung, die das Urteil der Zeitgenossen so schwierig gestaltet. Welches Schauspiel könnte großartiger, vielfältiger, fesselnder sein? Welches Vergnügen der Sinne oder der Phantasie könnte sich damit messen?»[138]

Es gehört zum Ruhm des achtzehnten Jahrhunderts, im Laufe einer Generation drei der größten Historiker der Welt hervorgebracht zu haben – Voltaire, Hume und Gibbon, die alle drei von der Philosophie ausgingen und sich darum bemühten, die Geschichte in nichttheologischen Begriffen und unter dem weitesten Blickwinkel, den ihnen die Kenntnisse ihrer Zeit ermöglichten, zu deuten. Gibbon wurde es nie müde, Hume zu preisen und seinen Einfluß anzuerkennen; und für ihn bedeutete Humes Lob des ersten Bandes von *Niedergang und Fall des Römischen Reiches* (1776) mehr als jede andere Anerkennung. Wieviel hatte Hume seinerseits Voltaire zu verdanken? Bei der Formulierung seiner eigenen Philosophie hatte er eher an die englischen Deisten als an die französischen Skeptiker angeknüpft. Der *Traktat über die menschliche Natur* war älter als sämtliche Hauptwerke Voltaires, Diderots und Montesquieus. Bei der *Geschichte Englands* (1754–1762) verdankte Hume vielleicht einiges dem *Zeitalter Ludwigs XIV.* (1751) von Voltaire und sogar dem *Essai sur les mœurs*, von welchem 1745 und 1755 Teile gedruckt wurden. Diese drei Historiker waren sich einig in der Entlarvung des Aberglaubens, der Ablehnung übernatürlicher Argumente und der Erklärung des Fortschrittes als durch die Entwicklung von Wissen, Sitten und Künsten bedingt.

Hume schrieb seine *Geschichte* in umgekehrter Reihenfolge. Sein erster Band (1754) umfaßte die Regierung Jakobs I. und Karls I., also die Jahre 1603–1649; die im zweiten Band (1756) behandelten Ereignisse spielten sich zwischen 1649 und 1688 ab, die des dritten und vierten (1759) zwischen 1485 und 1603, der fünfte (1761) begann mit der Eroberung Englands durch Julius Caesar, und der sechste endete mit der Thronbesteigung Heinrichs VII. im Jahre 1485.

Die wütende Kritik, die seinen ersten Band traf, überraschte ihn. Er war der Ansicht, die Herrschaft der Whigs über England seit der Berufung Wilhelms III. im Jahre 1688 und die Angst vor den Jakobitenaufständen der Jahre 1715 und 1745 hätten die englische Geschichtsschreibung mit einer stuartfeindlichen Leidenschaft durchsetzt; er selber fühlte sich frei von widerstreitenden Neigungen. «Ich hielt mich für den einzigen Historiker, der sowohl die gegenwärtigen Mächte, Interessen und Autoritäten als auch das Geschrei der allgemeinen Vorurteile außer acht ließ.»[139] Er vergaß, daß er Schotte war, daß Schottland im geheimen immer noch um *Bonnie Prince Charlie* trauerte und daß die Schotten – Hume wahrscheinlich inbegriffen – England niemals verziehen hatten, daß es den Halbschotten Karl I. hingerichtet und zuerst einen Holländer und dann einen Deutschen geholt hatte, um England, Schottland und Wales zu regieren. Und während Hume zugab, daß Karl I. seine königlichen Rechte überschritten und die Absetzung verdient hatte, unterstrich er gleichzeitig, auch das Parlament habe mit seinen Privilegien Mißbrauch getrieben und trage ebensoviel Schuld am Bürgerkrieg. Er erkannte der Nation das Recht zu, einen schlechten König abzusetzen, aber er hätte gewünscht, daß dieses Recht nie auf die Spitze getrieben worden wäre; er fürchtete die «Raserei und Ungerechtigkeit des Volkes» und war der Ansicht, daß die Hinrichtung des «milden und harmlosen» Karl I. die im Volk verankerte Achtung vor der Regierung gefährlich erschüttert habe. Er tat die Puritaner als «fromme Heuchler» ab, die ihre Sprache mit «geheimnisvollen Floskeln besudelten» und «ihren Verfehlungen ein Mäntelchen aus Gebeten umhängten»[140]. Das Commonwealth (Cromwell) war für ihn eine Zeit mörderischer Frömmigkeit, militärischer Tyrannei und sozialer Unordnung, die nur durch die Wiedereinsetzung der Stuarts ein Ende nahm. Voltaire, der die *Geschichte* besprach, fand Hume ganz unparteiisch:

«Herr Hume ... ist weder Parlamentsanhänger noch Royalist, noch Anglikaner oder Presbyterianer; er ist einfach kritisch ... Die Leidenschaften der Parteien haben England seit langem sowohl einen guten Historiker als auch eine gute Regierung vorenthalten. Was ein Tory schrieb, wurde von den Whigs beanstandet, die ihrerseits von den Tories Lügen gestraft wurden ... Dieser neue Historiker steht jedoch geistig hoch über seinem Material; er spricht von Schwächen, Fehlern, Grausamkeiten wie ein Arzt von epidemischen Krankheiten.»[141]

Die britischen Kritiker waren nicht mit Voltaire einverstanden. Sie warfen Hume nicht vor, daß er nur selten mit Originalquellen gearbeitet hatte, aber er wurde (wie er sich erinnerte)

«überschüttet mit Vorwürfen, Mißbilligung und sogar Abscheu. Engländer, Schotten und Iren, Whigs und Tories, Anhänger der Kirche und Sektierer, Freidenker und Religiöse, Patrioten und Höflinge vereinigten sich in gemeinsamer Empörung gegen den Mann, der es gewagt hatte, dem Schicksal Karls I. und des Grafen von Strafford eine Träne nachzuweinen; und nachdem der erste Zornesausbruch vorüber war, schien das Buch, was noch viel schwerer zu ertragen war, in völlige Vergessenheit zu geraten. Mr. Millar sagte mir, daß er in zwölf Monaten nur fünfundvierzig Exemplare davon verkauft habe.»[142]

Hume war so entmutigt, daß er eine Zeitlang mit dem Gedanken spielte, wie in seinen Jugendjahren in eine Provinzstadt in Frankreich zu ziehen, wo er unter einem Decknamen leben könnte. Aber zwischen England und Frankreich herrschte Krieg, und der zweite Band war fast vollendet; so beschloß er, durchzuhalten. Der allgemeine Widerstand bestärkte sein Vorurteil; bei einer Überarbeitung des ersten Bandes brachte er «über hundert Veränderungen» an, aber – wie er uns mit der Bosheit eines Kobolds mitteilt – «alle ohne Ausnahme zugunsten der Tories»[143]. Trotzdem verkauften sich die späteren Bände gut; die Tories begrüßten Hume jetzt als einen tapferen

Verteidiger, und einige Whigs gaben zu, daß sie der einfache, klare, schnörkellose und direkte Stil fesselte, der manchmal schon die kritische Würde Gibbons vorwegnahm. Der Bericht von dem dramatischen Konflikt zwischen Heinrich II. und Thomas Becket steht Gibbons Beschreibung der Eroberung Konstantinopels durch die Türken nicht nach. Der Gesamteindruck, den die sechs Bände hervorriefen, machte ihn zum wahrhaft berühmten Mann. Boswell hielt ihn im Jahre 1762 für «den größten Schriftsteller in Britannien»[144] – aber Boswell war ein Schotte. Voltaire bezeichnete das Werk im Jahre 1764 bescheiden als «vielleicht die beste Geschichte, die je in irgendeiner Sprache geschrieben wurde»[145]. Gibbon und Macaulay stellten sie in den Schatten, und Macaulay korrigierte ihre Vorurteile. Heute wird Humes *Geschichte Englands* nicht mehr empfohlen; das Tatsachenmaterial wurde inzwischen längst verbessert. (Der Verfasser, der sie zuerst nur aus Pflichtgefühl las, empfand sie sowohl als eine erbauliche als auch als vergnügliche Lektüre.)

7. Der alte Philosoph

1755 setzte die schottische Geistlichkeit eine Bewegung in Gang, um Hume vor der Generalsynode der Kirche wegen heidnischer Ansichten anzuklagen. Inzwischen hatte jedoch die «Schottische Aufklärung» zu einer liberalen Einstellung bei den jungen Geistlichen geführt, und sie konnten eine öffentliche Verurteilung des Philosophen und Historikers verhindern; aber die Angriffe der Kirche gingen weiter, und wieder dachte er an Flucht. Die ersehnte Gelegenheit bot sich ihm, als der Graf von Hertford ihn 1763 als Hilfssekretär auf eine Mission nach Frankreich mitnahm und ihm eine lebenslängliche Pension von zweihundert Pfund im Jahr verschaffte.

Er hatte schon immer den französischen Geist bewundert, war von den ersten Schriftstellern der französischen *Illumination* beeinflußt worden und hatte mit Montesquieu und Voltaire korrespondiert. Seine Werke hatten viel mehr Erfolg in Frankreich als in England. Die Gräfin von Boufflers verliebte sich in ihn auf seine Bücher hin, schrieb ihm schmeichelnde Briefe und kam nach London, um ihn zu besuchen; er flüchtete vor ihr. Als er aber in Paris ankam, nahm sie ihn ins Schlepptau, machte ihn zum Löwen ihres Salons und gab sich alle Mühe, in seiner Brust eine männliche Leidenschaft zu entfachen; sie mußte aber feststellen, daß er Liebeleien standhaft aus dem Wege ging. Er wurde in einer Gesellschaft nach der anderen gefeiert. «Kein Fest ist vollständig ohne ihn», sagte Frau von Epinay. Der Adel empfing ihn mit offenen Armen; große Damen – sogar die kränkelnde Pompadour – umschwärmten ihn. «Ich bin überzeugt», schrieb er, «daß Ludwig XIV. nie in seinem Leben drei Wochen hintereinander so viele Schmeicheleien über sich ergehen lassen mußte.» Er traf Turgot, d'Alembert, Holbach und Diderot; und Voltaire, abseits auf seinem Thron in Ferney, nannte ihn seinen «heiligen David». Der Graf von Hertford war höchst erstaunt, als er herausfand, daß man sich viel mehr um seinen Sekretär als um ihn selbst riß. All dies mißfiel Horace Walpole, und einige der *philosophes*, die anfingen neidisch zu werden, machten sich über Humes Korpulenz lustig. Als Hume auf einer Einladung erschien, zitierte d'Alembert aus dem Johannesevangelium: *Et verbum caro factum est* (Und das Wort wurde Fleisch), worauf eine seiner Bewunderinnen mit unglaublicher Geistesgegenwart erwidert haben soll: *Et verbum carum factum est* (Und das Wort wurde liebenswert[146]). Kein Wunder, daß Hume, der in Edinburgh gepeinigt wurde und in London unbeliebt war, schrieb: «Das Leben in Paris verschafft wahre Befriedigung, weil es in dieser Stadt von verständigen, gebildeten Menschen mit angenehmem Umgang wimmelt.»[147]

Im November 1765 kam ein neuer Gesandter nach Paris, und mit Humes Amt war es aus. Er kehrte nach Edinburgh zurück, nahm aber 1767 den Posten eines Unterstaatssekretärs im Auswärtigen Amt in London an. Während dieser Periode brachte er Rousseau nach England, der ihm alle möglichen Unannehmlichkeiten verursachte; darüber später. Im August 1769 zog er sich im Alter von 58 Jahren endgültig nach Edinburgh zurück, in «gesicherten Umständen (ich besaß ein Einkommen von tausend Pfund im Jahr), gesund, wenn sich auch das Alter schon etwas bemerkbar machte, mit der Aussicht, meinen Ruhestand noch viele Jahre zu genießen und mein Ansehen wachsen zu sehen»[148].

Sein Heim in der St. David Street wurde ein Salon, wo sich Adam Smith, William Robertson und andere schottische Berühmtheiten um ihn als ihr anerkanntes Haupt scharten. Sie kamen nicht nur, weil er ein geistvoller Mann war; sie erkannten, daß er trotz seiner revolutionären Ansichten liebenswürdig und fröhlich in der Unterhaltung und zurückhaltend bei Diskussionen war, gegensätzliche Ansichten aufkommen ließ und daß die Verschiedenheit der Standpunkte nie seiner Freundschaft im Wege stand. Es scheint, daß er (wie Montaigne und Voltaire) Freundschaft höher schätzte als Liebe. «Freundschaft ist die größte Freude im menschlichen Leben.»[149] Trotzdem war er bei Frauen beliebt, vielleicht weil er unverheiratet war. Bei vielen Familien war er der Lieblingsgast; wenn er mit seinem Gewicht auch die Stühle in Gefahr brachte[150], so machte sein Geist das wieder wett. Er schlug eine Steuer auf Fettleibigkeit vor, nahm aber an, daß «ein Teil der Geistlichkeit vorgeben werde, die Kirche sei in Gefahr». Er schätzte das Andenken Julius Caesars, weil dieser fette Männer bevorzugte. «Alles in allem», sagte Adam Smith, «habe ich ihn immer als einen Mann betrachtet, der der Idee von einem wirklich weisen und tugendhaften Menschen so nahe kam, wie es der menschlichen Gebrechlichkeit überhaupt möglich ist.»[151]

Wenn wir in einem so liebenswerten Charakter nach Fehlern, in einem so funkelnden Geist nach dem blinden Fleck suchen, so scheinen seine Anspielungen auf die «scheußliche Hypothese» des «Atheisten» Spinoza[152] am unverzeihlichsten und müssen als eine Art Abwehr gewertet werden. In der Psychologie ging Hume weiter als alle seine Zeitgenossen, aber das Gefühl persönlicher Identität konnte er nicht genau umschreiben; ein geistiger Zustand erinnert sich nicht nur an einen anderen, er kann sich daran als an *seinen* eigenen erinnern. Die Ersetzung von «Ursache» durch «gesetzmäßige Folgerichtigkeit» benötigte nur eine Änderung im Ausdruck; «gesetzmäßige Folgerichtigkeit» ist ausreichend für Wissenschaft und Philosophie; die *Geschichte Englands* sucht aber die Ereignisse mit Ursachen zu erklären[153]. Ein Skeptizismus, der zugegebenermaßen im praktischen Leben aufgegeben wird, muß theoretisch fehlerhaft sein, denn die Anwendung ist die endgültige Probe der Theorie. Und es ist merkwürdig, daß Hume, der die Ursache der Gewohnheit und die Moral der Neigung unterordnete, in seiner Auslegung der Religion so wenig auf Gewohnheit und Neigung einging und sich so wenig um die Rolle der Religion in der Geschichte aller Zeiten kümmerte. Er hatte kein Gefühl für die Tröstungen des Glaubens, für die Erleichterung, die er den im unendlich Geheimnisvollen fröstelnden Seelen brachte, den Einsamen und Beladenen und vom Schicksal Geschlagenen. Der Erfolg Wesleys war die Antwort der Geschichte auf Hume.

Trotz dieser Mängel muß der scharfe, befruchtende Geist Humes anerkannt werden. Er verkörperte in sich die Aufklärung für ganz England und vereinte in sich alles – abgesehen von der politischen Vision –, was ein Dutzend *philosophes* in Frankreich darstellten. Während er sich dem französischen Einfluß verpflichtet fühlte, kam er doch zu seinen Ideen von der Aufklärung und teilte einige seiner härtesten Schläge aus, längst bevor die *philosophes* und sogar Voltaire zum Sprung auf *l'infâme* bereit waren. Sie verdankten ihm ebensoviel wie er ihnen. «Ich begrüße Sie», schrieb Diderot, «ich schätze Sie, ich verehre Sie.»[154] Dem Deismus in England machte er ein Ende durch seine Herausforderung, mit dem Verstand auch nur die einfachsten Grundlagen religiösen Glaubens zu verteidigen. Er trug den Kampf nicht nur bis unter die Mauern, sondern bis in die Zitadelle des alten Glaubens. Gibbon war ein Abkömmling Humes in Philosophie und sein Schüler in Geschichte, der den Meister übertraf. In Deutschland weckte die *Untersuchung über den menschlichen Verstand* Kant aus seinem «dogmatischen Schlummer», weil sie jede Wissenschaft, Metaphysik und Theologie durch die Fragestellung nach der Objektivität der Ursache zu untergraben schien. Nachdem Kant das Manuskript der *Dialoge über natürliche Religion* in der Übersetzung von Hamann gelesen hatte, nahm er Humes Kritiken am zweckbedingten Argument in die endgültige Fassung seiner *Kritik der reinen Vernunft* auf und erklärte sie als unwiderlegbar[155].

«Möge es um meinet- und aller meiner Freunde willen mein Schicksal sein», schrieb Hume, «an der Schwelle des Alters stehenzubleiben und nicht zu weit in diese elende Gegend vorzudringen.»[156] Das Schicksal nahm ihn beim Wort. In seiner Autobiographie sagt er:

«Im Frühjahr 1775 erkrankte ich an einem Darmleiden, dem ich zuerst keine große Bedeutung beimaß, das sich aber inzwischen, wie ich befürchte, als tödlich und unheilbar erwiesen hat. Ich rechne jetzt mit einer raschen Auflösung. Dieses Leiden hat mir nur wenig Schmerzen verursacht, und, was noch merkwürdiger ist, trotz des großen körperlichen Verfalls war ich keinen Augenblick niedergeschlagen; und wenn man mich fragen würde, welche Zeit ich noch einmal erleben möchte, wäre ich fast geneigt, auf diese letzte Periode hinzuweisen. Ich bin von meinen Studien ebenso gefesselt wie sonst und so vergnügt wie immer in Gesellschaft. Außerdem bin ich der Ansicht, daß ein Mensch, der mit fünfundsechzig Jahren stirbt, sich einige Jahre mit Leiden aller Art erspart.»[157]

Infolge Durchfalls – einer Krankheit, mit der sich die Götter häufig an den Großen dieser Welt rächen – und innerer Blutungen magerte er in einem Jahr (1775) um siebzig Pfund ab. An die Gräfin von Boufflers schrieb er: «Ich sehe das allmähliche Nahen des Todes ohne Angst oder Bedauern. Zum letztenmal grüße ich Sie mit großer Zuneigung und Achtung.»[158] Er fuhr zu einer Badekur nach Bath, aber sie erwies sich als nutzlos gegen chronische Darmentzündung mit Geschwüren. Sein Geist blieb ruhig und klar. Am 4. Juli 1776 war er wieder in Edinburgh, bereit zu sterben, «so schnell, wie es meine Feinde – wenn ich welche besitze – nur wünschen könnten, und so leicht und froh, wie es meine besten Freunde hoffen könnten»[159].

Als er in Lukians *Totengesprächen* die Ausflüchte las, mit denen die Sterbenden sich an Charon wandten, um sein Boot nicht gleich besteigen zu müssen und über die Styx in die Ewigkeit überzusetzen, konnte er keine Entschuldigung entdecken, die auf seinen Fall paßte, es sei denn die Bitte: «Hab' ein wenig Geduld, guter Charon ... Ich habe mich darum bemüht, den Menschen die Augen zu öffnen. Wenn ich noch ein paar Jahre länger leben könnte, hätte ich vielleicht die Befriedigung, den Sturz einiger der vorherrschenden Systeme des Aberglaubens mitanzusehen.» Aber Charon antwortete: «Du verbummelter Nichtsnutz, das wird sich nicht in den nächsten Jahrhunderten ereignen. Glaubst du, daß ich dir eine so lange Frist geben werde? Los, ins Boot, und zwar sofort!»[160]

Der unverschämte und aufdringliche Boswell bestand darauf, den sterbenden Mann auszufragen: Glaubte er nicht jetzt an ein Leben im Jenseits? Hume antwortete: «Es ist ein höchst unvernünftiger Wahn, daß wir für immer bestehen sollten.» Aber Boswell ließ nicht locker und meinte, daß der Gedanke an einen künftigen Zustand doch sicher angenehm wäre. «Ganz und gar nicht», antwortete Hume, «das ist ein sehr düsterer Gedanke.» Verschiedene Frauen kamen und baten ihn, gläubig zu sein; er fertigte sie mit Späßen ab[161]. Er starb friedlich, «ohne große Schmerzen» (sagte sein Arzt), am 25. August 1776. Trotz strömenden Regens nahm eine große Menge an seinem Begräbnis teil. Eine Stimme wurde laut: «Er war ein Atheist», und eine andere gab zur Antwort: «Das macht nichts, er war ein anständiger Mensch.»[162]

VIERTES KAPITEL

Literatur und Theater

[1714–1756]

I. IM REICH DER TINTE

Über England ergoß sich ein Schauer von Druckerzeugnissen, wenn auch nicht immer von Literatur. Nicht nur hatte die Bevölkerung zugenommen, vor allem in den Städten und besonders in London, sondern auch die Schulbildung, eine Vorbedingung für Handel und Industrie und das Leben in den Großstädten. Das aufstrebende Bürgertum suchte in der Lektüre Bildung und Entspannung; Frauen griffen zum Buch – ein Publikum und eine Ermutigung für Richardson und den Roman. Weitere Leserkreise wurden von Leihbüchereien erfaßt; die erste wurde 1740 gegründet, und bald gab es in London allein zweiundzwanzig. Der Mittelstand als Ganzes ersetzte nach und nach den einzelnen Aristokraten als Beschützer der Literatur; so konnte Johnson einen Chesterfield verspotten. Die besten Federn waren nicht mehr auf staatliche Unterstützung und die Aussicht auf einträgliche Stellen angewiesen, wie dies noch zur Zeit von Addison, Swift und Defoe der Fall war.

Die bitteren Kämpfe zwischen Whigs und Tories, Hannoveranern und Jakobiten und das Eingreifen Englands in kontinentale und koloniale Angelegenheiten riefen ein wachsendes Interesse an frischen Nachrichten hervor und machten die Zeitungen zu einer Macht in der britischen Geschichte. Im Jahre 1714 erschienen in London regelmäßig elf Zeitungen, die meisten davon Wochenzeitungen; 1733 gab es siebzehn, 1776 bereits dreiundfünfzig. Viele wurden von politischen Splitterparteien unterstützt, denn als das Volk seine Stimme erhob, kauften begüterte Gruppen Zeitungen, um ihm seine Gedanken zu diktieren. Fast alle Zeitungen enthielten Reklamen. *The Daily Advertiser* (Der tägliche Anzeiger), der 1730 gegründet wurde, veröffentlichte zuerst nur Anzeigen und Reklame, fügte aber nach und nach einen füllenden Text hinzu, um die Auflage und den Preis für die Anzeigen zu erhöhen. Verschiedene historische Zeitschriften entstanden in diesen Jahren: *The Craftsman* (1726), die Plattform Bolingbrokes gegen Walpole; *The Grub Street Journal* (1730–1737), das Sprachrohr des bissigen Pope; *The Gentleman's Magazine* (1731), das Johnson zu Wort kommen ließ, und *The Edinburgh Review* (1755), die 1756 nur vorübergehend verschwand. Viele englische Zeitungen und Zeitschriften erscheinen seit zweihundert Jahren.

Alle diese Publikationen – Tages-, Wochen- oder Monatszeitungen – verliehen der Presse eine Macht und dem britischen Leben zusätzliche Würze und Lebendigkeit. Robert Walpole untersagte zwar die Veröffentlichung von Parlamentsdebatten, erlaubte hingegen der Presse, ihn mit der ganzen Schärfe, die der Literatur im achtzehnten Jahrhundert eigen war, anzugreifen. Montesquieu, der aus dem zensurierten Frankreich kam, staunte über die Freiheit, mit der Grub Street ihre vergifteten Pfeile auf Downing Street abschoß[1]. Ein Parlamentsmitglied beklagte sich 1738 im Unterhaus, daß

«das britische Volk von einer Macht regiert wird, die soviel Autorität für sich beansprucht wie es überhaupt noch nie dagewesen ist. Diese Macht, meine Herren, besteht nicht in der absoluten Gewalt des Herrschers, im Willen des Parlaments, in der Stärke der Armee, im Einfluß der Geistlichkeit; sie ist die Herrschaft der Presse. Das Zeug, mit dem unsere Wochenblätter angefüllt sind, findet größere Achtung als die Gesetze des Parlaments. Und die Ansichten dieser Schreiberlinge haben bei der Menge mehr Gewicht als die Meinung der besten Politiker im Königreich.»[2]

Die Drucker arbeiteten fieberhaft, um all den neuen Aufträgen nachzukommen. In London gab es einhundertfünfzig, in ganz England dreihundert. Zwei Drucker aus dieser Zeit, William Caslon und John Baskerville, prägten mit ihrem Namen die von ihnen geschaffenen Druckschriften. Druck, Verlag und Buchverkauf waren in den meisten Fällen noch in den Händen derselben Firma. Die heute noch bestehende Firma Longman entstand im Jahre 1724. Mit dem Wort *publisher* (Herausgeber) wurde gewöhnlich der Verfasser bezeichnet; der Mann, der das Buch herausbrachte, war der Buchhändler. Manche Buchhändler, wie Johnsons Vater, brachten ihre Ware auf den Jahrmarkt oder hausierten damit von Stadt zu Stadt und schlugen an Markttagen eine Bude auf. Das Parlament hatte im Jahre 1710 ein Copyright-Gesetz (Gesetz zum Schutz der Urheberrechte) erlassen, das dem Verfasser oder seinen Rechtsnachfolgern die Besitzrechte auf sein Buch auf vierzehn Jahre sicherte und diese auf achtundzwanzig Jahre ausdehnte, wenn der Autor die erste Frist überlebte. Dieses Gesetz schützte ihn jedoch nur im Königreich Großbritannien. Drucker in Irland und Holland konnten unerlaubte Auflagen herausgeben und (bis 1739) in England verkaufen und somit dem Buchhändler Konkurrenz machen, der das Manuskript bezahlt hatte.

Unter diesen riskanten Bedingungen feilschten die Buchhändler mit den Verfassern um jeden Pfennig. Meistens verkaufte der Schriftsteller seine Rechte für eine einmalige Abfindung. Ging das Buch unerwartet gut, so kam es vor, daß der Buchhändler dem Verfasser freiwillig ein zusätzliches Honorar bezahlte. Ein bekannter Schriftsteller durfte für ein neues Buch mit einhundert bis zweihundert Pfund rechnen. Hume bekam für jeden Band seiner *Geschichte Englands* die außergewöhnlich hohe Summe von fünfhundert Pfund. Ein Autor konnte auch eine Subskription für sein Werk eröffnen – eine Methode, die Pope für seine Übersetzung der *Ilias* wählte. In diesem Fall bezahlten die Subskribenten den halben Kaufpreis im voraus und die andere Hälfte bei der Lieferung des Buches, während der Autor den Drucker bezahlte.

Die große Mehrzahl der Schriftsteller fristete ein ärmliches Dasein. Simon Ockley, der ein Leben lang an seiner *Geschichte der Sarazenen* (1708–1757) gearbeitet hatte, mußte das Buch im Schuldturm beenden; Richard Savage trieb sich nachts auf den

Straßen herum, weil er keine Unterkunft hatte. Johnson kämpfte dreißig Jahre lang mit der Armut, bevor er zum Fürsten der englischen Literatur wurde. Grub Street (heute Milton Street) war die klassische Heimat von «Poesie und Armut» (ein Ausdruck Johnsons), wo alle möglichen Schreiberlinge – Journalisten, Übersetzer, Kompilatoren, Korrektoren, Artikelschreiber, Verleger – manchmal zu dritt in einem Bett schliefen und sich, weil es ihnen an Kleidern fehlte, in Decken hüllten. Diese Armut war nicht so sehr dem Geiz der Buchhändler oder der Gleichgültigkeit Walpoles zuzuschreiben als der unerhörten Überflutung des literarischen Marktes mit mittelmäßigen Talenten, die einer den anderen unterboten. Mißerfolge überwogen bei weitem die erfolgreichen Werke auf dem Büchermarkt und trugen zusammen mit dem Niedergang des aristokratischen Mäzenatentums zum sozialen Tiefstand des Schriftstellers bei. Während in Frankreich Dichter, Philosophen und Historiker damals in den höchsten Kreisen und bei den verführerischsten Frauen willkommen waren, war ihnen in England – mit zwei oder drei Ausnahmen – die «gute Gesellschaft» verschlossen, denn sie galten als ungewaschene Bohémiens. Vielleicht bat Congreve deswegen Voltaire, ihn nicht als Schriftsteller zu bezeichnen. Alexander Pope setzte sich über die Vorurteile seiner Zeit hinweg und beanspruchte den Titel «Poet und Gentleman», womit er «wohlgeboren», aber keineswegs aristokratische Zurückhaltung meinte – ganz im Gegenteil!

II. ALEXANDER POPE: 1688–1744

Johnson, der Biographien nicht ausstehen konnte, die mit dem Stammbaum beginnen und mit dem Begräbnis enden, fing seine ausgezeichnete Lebensbeschreibung Popes mit den Worten an: «Alexander Pope kam am 22. Mai 1688 in London zur Welt; Rang und Stand seiner Eltern wurden nie mit Sicherheit festgestellt.»[3] Sein Vater war ein Leinwandhändler, der ein bescheidenes Vermögen erwarb und sich dann nach Binfield bei Windsor Forest zurückzog. Beide Eltern waren katholisch, und das Geburtsjahr Popes war auch das Jahr, in dem Jakob II. abgesetzt wurde und damit die Hoffnungen der Katholiken auf eine Milderung der katholikenfeindlichen Gesetze zunichte gemacht wurden. Seine Mutter war besonders nachsichtig gegenüber dem Knaben, denn er war ihr einziges Kind. Von seiner Mutter erbte Pope eine Anfälligkeit für Kopfschmerzen und von seinem Vater eine Verkrümmung des Rückgrates, die zur Folge hatte, daß seine Körpergröße hundertvierzig Zentimeter nicht überstieg.

Seine erste Erziehung wurde katholischen Priestern anvertraut, die ihm fließend Latein und etwas weniger Griechisch beibrachten; bei anderen Lehrern lernte er Französisch und Italienisch. Da seine Religion ihm die Universitäten und akademischen Berufe verschloß, setzte er seine Studien zu Hause fort. Seine Eltern waren sich klar darüber, daß für ihn mit seiner Körperbeschaffenheit und zarten Gesundheit ein aktiver Beruf nicht in Frage kam, und stellten seinen poetischen Neigungen nichts in den Weg. Er erzählt, daß

As yet a child, nor yet a fool to fame
I lisp'd in numbers, for the numbers came.[4]*

Mit zwölf Jahren hatte er Gelegenheit, Dryden zuzuhören, der in einem Kaffeehaus Reden hielt; dieser Anblick erweckte in ihm einen unbezwinglichen Wunsch nach literarischem Ruhm. Mit sechzehn Jahren verfaßte er einige *Pastorales*, die im Manuskript von Hand zu Hand gingen und überschwenglich gelobt wurden; 1709 wurden sie veröffentlicht. Und dann überraschte er im Jahre 1711, dreiundzwanzig Jahre jung, die literarische Welt Londons mit einem *Essay über Kritik*, in dem er nicht nur eine Warnung an die Dichter aussprach:

A little learning is a dangerous thing:
Drink deep, or taste not the Pierian Spring[5]**,

sondern auch mit souveräner Entschiedenheit die Regeln der Dichtkunst niederlegte. Darin vereinten sich die *Ars Poetica* des Horaz mit Boileaus *Art poétique* zu 744 Versen in verständlichen, knappen Worten –

What oft was thought, but ne'er so well expressed.[6]***

Der junge Mann hatte eine natürliche Begabung für Epigramme, für die Zusammenfassung einer ganzen Weisheit in einer einzigen Zeile und die Wiedergabe einer Idee in ausgewogenen Versen. Seine Versart übernahm er von Dryden, seine Theorie jedoch von Boileau. Er nahm sich Zeit, seine Verse zu feilen, und gehorchte dem klassischen Rat, die Form so zu vervollkommnen, daß der Becher noch wertvoller wurde als der Wein, den er enthielt. Wenn er sich auch noch zum Katholizismus bekannte, so machte er sich doch Boileaus Doktrin zu eigen, wonach Literatur Vernunft in passendem Gewand sein soll. Natur – gewiß; aber eine vom Menschen gezähmte Natur; Gefühle – freilich; aber vom Verstand veredelt. Und welcher Weg konnte besser zu dieser beherrschten, feingemeißelten Kunst führen als die Lektüre der Dichter und Redner der Antike, die sich von der Vernunft hatten leiten lassen und darauf bedacht gewesen waren, jede Einzelheit als ein geordnetes Element dem harmonischen Ganzen einzufügen? Diese klassische Tradition, die ihren Weg durch Italien und Frankreich, über Petrarca und Corneille, genommen hatte, fand nun durch Alexander Pope ebenso Eingang in England, wie die klassische Architektur mit ihren nüchternen Giebeln und ruhevollen Säulengängen durch das Wirken Palladios und Serlios, Perraults und Wrens die gotische Phantastik und Verzückung überwunden hatte. So bildete sich die Auffassung des jungen Dichters über den klassischen Geist heraus, der dem idealen Kritiker eigen ist:

But where's the man, who counsel can bestow,
Still pleased to teach, and yet not proud to know?
Unbias'd or by favor or by spite;
Not dully prepossessed, nor blindly right;

---

* Noch als Kind, noch nicht von der Sucht nach Ruhm erfaßt, lispelte ich in Rhythmen, denn die Rhythmen kamen von selbst.

** Halbbildung ist ein gefährlich Ding: Nehmt einen tiefen Trunk oder hütet euch vor dem Brunnen der Musen.

*** Was oft gedacht, doch nie so gut ausgedrückt wurde.

Though learn'd, well-bred, and though well-bred, sincere;
Modestly bold and humanly severe;
Who to a friend his faults can freely show,
And gladly praise the merits of a foe?
Blest with a taste exact yet unconfined,
A knowledge both of books and human kind;
Gen'rous converse; a soul exempt from pride;
And love to praise, with reason on his side?[7] *

Nur wenige Kritiker waren bereit, einem Jüngling von dreiundzwanzig Jahren zu solchen Versen und Lehren Beifall zu spenden. Addison bezog die Beschreibung auf sich und sprach dem Poeten in Nummer 253 des *Spectator* seine – hochwillkommene – Anerkennung aus, die aber bald in Wortgefechten unterging. Ein anderer Dichter, John Dennis, der Verfasser eines Stücks *Appius und Virginia*, fühlte sich von einigen unvorsichtigen Zeilen Popes getroffen:

But Appius reddens at each word you speak,
And stares, tremendous, with a threatening eye,
Like some fierce tyrant in old tapestry,[8] **

und entgegnete mit seiner Streitschrift *Kritische und satirische Betrachtungen* (1711). Er pickte – tatsächlich vorhandene – Schwächen in Popes Gedankengang und Stil heraus und richtete sie mit einer gepfefferten Soße an. Er beschrieb Pope als einen widerwärtigen Heuchler, dessen Gestalt dem Bogen Cupidos oder einer buckligen Kröte gleiche, und beglückwünschte ihn, weil er nicht im klassischen Griechenland geboren sei, wo man ihn als Krüppel gleich bei der Geburt ausgesetzt hätte[9]. Pope leckte seine Wunden und wartete ab.

Nach seinem ersten Erfolg veröffentlichte er *The Rape of the Lock* (Der Lockenraub; 1712). Es war eine unverhüllte Nachahmung von Boileaus *Le Lutrin* (1674), aber jeder war der Ansicht, daß sie das Original übertraf. Lord Robert Petre hatte Mrs. Arabella Fermor seine Verehrung damit bewiesen, daß er ihr eine Locke abschnitt und damit fortrannte, woraufhin sich die Beziehungen zwischen dem Räuber und der Beraubten stark abkühlten. Ein gewisser Herr Caryll gab Pope den Gedanken ein, Arabella würde sich vielleicht besänftigen lassen, wenn der Dichter die Geschichte in humoristischen

---

* Doch wo ist der Mann, der raten kann,
Zu lehren geneigt, doch nicht zu stolz auf sein Wissen?
Der sich weder von Gunst noch Groll verblenden läßt;
Weder voreingenommen noch rechthaberisch;
Obwohl gelehrt – zuvorkommend, und obwohl zuvorkommend – aufrichtig;
Kühn mit Maßen und von nachsichtiger Strenge;
Der einem Freund offen seine Fehler zeigen kann
Und mit Freuden die Verdienste eines Feindes anerkennt?
Der über wahren Geschmack verfügt und doch für alles empfänglich ist,
Nicht nur Bücher-, sondern auch Menschenkenntnis besitzt;
Großzügig im Umgang, eine Seele frei von Stolz;
Zum Lob geneigt, wenn die Vernunft es gebietet?

** Aber Appius errötet bei jedem Wort, das du aussprichst,
Und starrt, fürchterlich, mit drohendem Auge
Wie ein grimmiger Tyrann auf einem alten Wandteppich.

Versen erzähle und ihr die Dichtung widme. So geschah es, und die gewünschte Wirkung stellte sich ein: Mrs. Fermor verzieh dem Lord und gestattete die Veröffentlichung der Dichtung. Jetzt weitete Pope jedoch – gegen den Rat Addisons – den ursprünglichen Entwurf durch die Beteiligung von allen möglichen Sylphiden, Feuergeistern, Nymphen und Kobolden aus. Diese «leichte Truppe von Luftgeistern» entsprach dem Geschmack der Zeit, und der umgearbeitete *Lockenraub* hatte großen Erfolg – nur nicht bei Dennis. George Berkeley hielt in seinem Feldzug gegen die Materie inne, um dem Verfasser zu der Vielseitigkeit seiner Muse zu gratulieren. Wie die Juwelen in «Belindas» Haar funkelt die Dichtung im Schimmer der Wortspiele, Bilder und geglückten Verse. Pope beschreibt mit geradezu weiblicher Kenntnis die Schönheitsmittel, mit denen eine Fee die Heldin zum Liebeskampf bewaffnet, und zählt ironisch all die Unglücksfälle auf, die sie im Laufe eines Tages zu befallen drohen:

Whether the nymph [Belinda-Arabella]
shall break Diana's law [of virginity],
Or some frail china-jar receive a flaw;
Or stain her honor, or her new brocade;
Forget her prayers, or miss a masquerade;
Or lose her heart, or necklace, at a ball ... [10]*

Belinda nimmt an dem Klatsch und den Spielen der adligen Gesellschaft in Hampton Court teil, wo

bei jedem Wort ein guter Ruf vernichtet wird [11],

und sogar die Beschreibung eines Kartenspiels ist ein Teil dieses Kunstwerks. Dann beugt sich Belinda über ihr Glas, der verliebte Baron schneidet ihr eine Locke ab und stiehlt sich von dannen. Voller Empörung verfolgt sie ihn, ertappt ihn und schleudert ihm Schnupftabak ins Gesicht.

Sudden with starting tears each eye o'erflows
And the high dome re-echoes to his nose. [12]**

Inzwischen rauben Kobolde, Sylphiden oder Feuergeister die Locke, mit der sie glorreich himmelwärts ziehen, wo sie zu einem Kometen, noch glänzender als Berenikes Haar, wird.

All dies entzückte die feine Gesellschaft in den Klubs und Kaffeehäusern Londons; man feierte Pope als den gewandtesten Poeten ganz Englands, und alle anderen Dichter wurden seine Feinde. Als er 1713 den Wald von Windsor jedoch in langweiligen Versen beschrieb, erwarb er sich keine neuen Lorbeeren; und die Whigs, die 1714 den Sieg davontrugen, vergaßen ihm nicht, daß er in diesem Gedicht seine Sympathien für den Katholizismus und die gestürzte Dynastie enthüllt hatte [13]. Doch gewann er die

---

* Ob die Nymphe [Belinda-Arabella] Dianas Gesetz [der Jungfräulichkeit] brechen wird,
Ob ein zartes Porzellangefäß einen Sprung bekommen wird,
Ob ihre Ehre oder ihr neues Brokatkleid befleckt wird,
Ob sie ihre Gebete vergessen oder einen Maskenball verfehlen wird,
Ob sie ihr Herz oder ihr Halsband auf einem Ball verlieren wird ...

** Plötzlich fangen seine Augen an zu tränen
Und die Deckenwölbung erdröhnt von seinem Nießen.

Gunst des Publikums im Jahre 1717 wieder, als er die berühmten Briefe von Abälard und Heloise in Verse umformte. Heloisa, begraben in ihrem Kloster, fleht den entmannten Abälard an, sich über die Gesetze von Kirche und Staat hinwegzusetzen und in ihre Arme zu eilen:

Come, if thou dar'st, all charming as thou art!
Oppose thyself to Heaven, dispute my heart;
Come, with one glance of those deluding eyes
Blot out each bright idea of the skies; ...
Snatch me, just mounting, from the bless'd abode;
Assist the friends, and tear me from my God! *

Dann wieder in einer anderen Gemütsverfassung, sagt sie ihm:

No, fly me, far as pole from pole;
Rise Alps between us! and whole oceans roll!
Ah, come not, write not, think not once of me,
Nor share one pang of all I felt for thee. [14] **

Und doch vertraut sie darauf, daß er in ihrer letzten Stunde zu ihr kommen wird, nicht als Geliebter, sondern als Priester:

In sacred vestments may'st thou stand,
The hallow'd taper trembling in thy hand,
Present the cross before my lifted eye,
Teach me at once, and learn of me, to die. [15] ***

Schon mit zwölf Jahren hatte Pope davon geträumt, ein Epos zu schreiben. Als er später Homer studierte, kam er auf den Gedanken, die *Ilias* in das heroische Versmaß zu übertragen, das ihm so natürlich aus der Feder floß. Er sprach darüber mit Freunden, die ihm zustimmten. Einer von ihnen, Jonathan Swift, machte ihn mit Harley, Bolingbroke und anderen hohen Regierungsbeamten bekannt, in der Hoffnung, Pope etwas Unterstützung zu verschaffen. Als das mißlang, bemühte er sich, für Popes Werk eine Subskription in Gang zu bringen. Swift, der in der strategisch wichtigen Mitte zwischen Amtsanwärtern und Ministerien stand, verkündete: «Der beste Dichter in England ist Herr Pope, ein Papist, der mit der Übertragung Homers in englische Verse begonnen hat, wofür er die Subskription jedes Einzelnen benötigt; denn der Verfasser kann mit dem Druck nicht beginnen, bis ich tausend Guineen für ihn habe!» [16]

---

* Komm, wenn du es wagst, mit all deiner Verführung!
Trotze dem Himmel, kämpfe um mein Herz;
Komm und lösche mit einem Blick deiner bezaubernden Augen
All die leuchtenden Gedanken an den Himmel aus; ...
Entführe mich auf deinem Pferd aus diesem geweihten Haus,
Stehe den Freunden bei und entreiße mich meinem Gott!

** Nein, fliehe vor mir wie ein Pol vor dem anderen;
Türme Alpen zwischen uns auf! Laß Meere zwischen uns stürmen!
Ach, komme nicht, schreibe nicht, denk nicht an mich,
Und mögest du unversehrt von dem Weh bleiben, das ich für dich erleide.

*** Im heiligen Gewand sollst du dastehen,
Mit der geweihten Kerze, die in deiner Hand zittert,
Und wie ich die Augen erhebe, zeigst du mir das Kreuz
Und lehrst mich – und lernst zugleich bei mir –, wie man sterben soll.

Pope hatte vor, die *Ilias* zu sechs Quartbänden zusammenzufassen und dafür sechs Guineen zu verlangen. Trotz dieses hohen Preises war die Anzahl der Subskribenten und die Begeisterung so groß, daß der Buchhändler Bernard Lintot sich einverstanden erklärte, Pope zweihundert Pfund für jeden Band zu zahlen und ihm gratis die Exemplare für die Subskribenten zu liefern. Da die 575 Subskribenten 654 Gesamtausgaben übernahmen, verdiente Pope 4120 Pfund an der *Ilias*. Kein englischer Schriftsteller hatte je eine solche Summe erhalten. Der erste Band mit vier Gesängen erschien 1715. Er stieß auf unerwartete Konkurrenz, denn am selben Tag wurde der erste Gesang in einer Übersetzung von Thomas Tickell veröffentlicht. Addison lobte die Übertragung Tickells, von der Pope annahm, daß sie in Wirklichkeit von Addison stamme; er betrachtete die gleichzeitige Veröffentlichung als einen unfreundlichen Akt und zählte Addison von nun an zu seinen Feinden.

Wenn es nur auf Gelehrsamkeit angekommen wäre, hätte Popes Übertragung nicht viel Lob verdient. Seine Griechischkenntnisse waren bescheiden; so mußte er sich auf gelehrte Unterstützung verlassen; er entledigte sich seiner Aufgabe durch die Zusammenstellung früherer Übersetzungen, um sie dann in iambische zehnsilbige Verse umzudichten, die seine Stärke waren. Bentley, der hervorragendste Hellenist der Zeit, äußerte sich wohlwollend: «Ein schönes Gedicht, Herr Pope; aber sie sollten es nicht Homer nennen.»[17] Die Einteilung und der Trommelschlag der Reime, die ausgewogenen Sätze, Einschiebungen und Antithesen schwächten den beschwingten Stil der griechischen Hexameter ab. Trotzdem fehlte es diesen wunderschönen Versen nicht an mitreißender Größe, und der Reichtum der Sprache machte diese *Ilias* – ungeachtet der Proteste Bentleys – zur Lieblingsübersetzung des achtzehnten und zum Teil auch noch des neunzehnten Jahrhunderts. «Die edelste dichterische Wiedergabe, die die Welt gesehen hat», sagte Johnson[18], und Gray war der Ansicht, daß diese Übersetzung unmöglich übertroffen werden könne[19]. Das war Englands Urteil, bis Keats sich die Übersetzung Homers von Chapman ansah und bis Wordsworth den ganzen pompösen, gekünstelten Stil, der dem Augusteischen Zeitalter in England so gefallen hatte, zum Teufel wünschte.

Popes *Ilias* wurde zwischen 1715 und 1720 veröffentlicht. Nach diesem Erfolg drängten sich die Buchhändler vor seiner Tür. Einer bat ihn, Shakespeares Stücke herauszugeben. Unklugerweise gab er sein Einverständnis, völlig blind für die Kluft, die ihn von Shakespeares Geist und Kunst trennte. Er mühte sich ohne wirkliche Geduld mit dieser Aufgabe ab, der er nicht gewachsen war; die Ausgabe erschien im Jahre 1725 und wurde alsbald von Lewis Theobald, dem besten Shakespeare-Kenner der Zeit, als inkompetent angeprangert. Pope rächte sich an ihm in *The Dunciad* (Satire über einen Dummkopf).

Um die gleiche Zeit ließ er sich von Lintot überreden, auch die *Odyssee* zu übersetzen, denn der Buchhändler bot ihm hundert Pfund für jeden der fünf Bände an; außerdem übernahmen Subskribenten 819 Gesamtausgaben. Pope fehlte aber inzwischen der Ansporn von Jugend und Armut, die Lust am Verseschmieden war ihm vergangen, und er überließ die Hälfte der Arbeit zwei Gelehrten aus Cambridge, die seinen Stil geschickt nachahmten. Er hatte die Subskribenten darauf aufmerksam gemacht, daß er die Arbeit nicht allein machen werde, aber als er seine *Odyssee* veröffentlichte (1725/26), die weit hinter seiner *Ilias* zurückstand, schrieb er fünf von den vierundzwanzig Bänden diesen Gehilfen zu; in Wirklichkeit hatten sie zwölf übersetzt[20]. Er zahlte ihnen 770 Pfund, während er selbst 3500 Pfund verdiente, denn er war mit Recht der Ansicht, sein Name habe dem Buch zum Absatz verholfen. Diese beiden Übersetzungen befreiten ihn von jeder finanziellen Abhängigkeit. «Dank Homer», sagte er, «kann ich tun und lassen, was ich will, ohne mich um irgendeinen Fürsten oder Herrn auf der Welt zu kümmern.»[21]

1718 kaufte er eine Villa in Twickenham mit fünf Morgen Land, die zur Themse hinunterführten. Er legte seinen Park im «natürlichen» Stil an und vermied die klassische Regelmäßigkeit, die seinen Versen eigen war. «Ein Baum», sagte er, «ist ein edleres Objekt als ein Fürst in seinem Krönungsmantel.»[22] Von seinem Haus aus ließ er einen Tunnel unter einer dazwischenliegenden Landstraße hindurchtreiben, der zum Park führte. Diese Grotte schmückte er mit Muscheln, Kristallen, Korallen, Versteinerungen, Spiegeln und kleinen Obelisken aus. In der Kühle dieses zurückgezogenen Ortes empfing er viele berühmte Freunde – Swift, Gay, Congreve, Bolingbroke, Arbuthnot, Lady Mary Wortley Montagu, die Kronprinzessin Caroline und Voltaire. Lady Mary war seine Nachbarin, Bolingbroke lebte in der Nähe, in Dawley; London war nur achtzehn Kilometer entfernt, eine angenehme Fahrt auf der Themse; und die königlichen Schlösser Richmond, Hampton Court und Kew lagen noch näher.

Dr. John Arbuthnot, der Verfasser der *History of John Bull* aus dem Jahre 1712, der damit einen Namen für England geprägt hatte, schloß sich Swift, Congreve, Gay und Pope in dem berühmten *Scriblerus Club* (1713–1715) an, der es sich zur Aufgabe machte, jede Art von Quacksalberei und Unfähigkeit bloßzustellen. Alle ihre Opfer verlängerten die bereits beträchtliche Liste von Popes Feinden. Zwischen ihm und Lady Mary spielte sich eine halb wirkliche, halb literarische Romanze ab, die in bitterer Feindschaft endete. Swift wohnte manchmal bei ihm, so zur Zeit der Veröffentlichung von *Gulliver* (1726). Die beiden wechselten einige Briefe miteinander, die ihre Empfindsamkeit unter einem Panzer von Menschenfeindlichkeit enthüllten[23]. Popes Bekanntschaft mit Bolingbroke ging auf das Jahr 1713 zurück und entwickelte sich zu einem philosophischen Meinungsaustausch. Jeder war voll Lobes für den anderen. «Ich glaube wirklich», sagte Pope, «daß etwas in diesem großen Menschen aus einer höheren Sphäre stammt, das nur irrtümlicherweise hierher versetzt worden ist.» Und als Pope starb, sagte Bolingbroke: «Ich habe ihn dreißig Jahre lang gekannt, und ich schätze die Zuneigung dieses Menschen mehr ...», woraufhin ihm die Stimme versagt haben soll[24].

Es muß doch etwas Liebenswertes an diesem Poeten gewesen sein, den die Überlieferung – und oft seine eigene Feder – als streitsüchtig, trügerisch, gemein und eitel darstellt. Man darf wohl einen Teil seiner Bitterkeit mit der täglich erneuten Demütigung durch seine physische Behinderung entschuldigen. Als junger Mensch hatte er schöne Gesichtszüge und war angenehm im Umgang; und sein Gesicht blieb immer anziehend, schon durch seinen lebhaften Blick. Mit den Jahren verstärkte sich seine

Rückgratsverkrümmung immer mehr. Er beschrieb sich selbst als «ein kleines bewegliches Wesen mit langen Armen und Beinen, das stark an eine Spinne erinnert; von weitem wurde es für eine kleine Windmühle gehalten»[25]. (Man wird an den armen Scarron erinnert.) Bei Tisch mußte er wie ein Kind auf einem erhöhten Stuhl sitzen, um wie alle anderen am Mahl teilzunehmen. Er brauchte fast ständige Hilfe. Er konnte nicht allein zu Bett gehen oder aufstehen, sich nicht selbständig an- oder ausziehen und hielt sich nur mit Mühe sauber. Morgens konnte er sich kaum aufrecht halten, bis sein Diener ihn in ein steifes Leinwandmieder geschnürt hatte. Seine Beine waren so dünn, daß er drei Paar Strümpfe übereinander trug, damit sie dicker aussahen und um sie warm zu halten. Er war so empfindlich gegen Kälte, daß er «eine Art Pelzweste» unter seinem warmen Hemd trug: Wirklich gesund war er fast nie. Lord Bathurst erzählte, daß er vier Tage in der Woche an Kopfschmerzen litt und die anderen drei Tage krank war. Es ist erstaunlich, daß Jonathan Richardson solch ein ansehnliches Bildnis malen konnte[26], voller Lebhaftigkeit und Empfindsamkeit; die Büste von Roubillac[27] verrät hingegen den vom gequälten Körper gequälten Geist.

Es wäre grausam, von solch einem Menschen Ausgeglichenheit, Nachsicht, Frohsinn oder Freundlichkeit zu erwarten! Wie jeder Krüppel wurde er reizbar, anspruchsvoll und düster. Zu mehr als einem Lächeln kam es bei ihm nur ganz selten. Da ihm jede körperliche Anziehung versagt war, brüstete er sich mit seiner Stellung in der Welt und seinen geistigen Gaben. Wie ein schwaches oder verwundetes Tier und dazu als Angehöriger einer unterdrückten Minderheit nahm er Schlauheit, Ausflüchte und List zu Hilfe; er gewöhnte sich ans Lügen und war sogar seinen Freunden gegenüber unaufrichtig. Dem Adel schmeichelte er, wenn er auch Widmungen aus Berechnung unterließ. Er hatte den Mut, eine Rente zu verweigern, weil sie ihm von einer Regierung angeboten wurde, die er verachtete.

Im Privatleben zeigte er sich manchmal von der besten Seite. Swift nannte ihn «den pflichtgetreusten Sohn, der mir je vorgekommen oder zu Ohren gekommen ist»[28]. Die Liebe zu seiner Mutter war das reinste und dauerhafteste Gefühl, dessen dieser unruhige Geist fähig war; als sie neunzig Jahre alt war, schrieb er ihr, ihre tägliche Gesellschaft ersetze ihm das Fehlen jeder anderen intimen Beziehung. Sein Benehmen in geschlechtlicher Beziehung war tatsächlich besser als seine Auslassungen darüber. Seine Verkrüppelung hinderte ihn daran, Geschlechtsverkehr auszuüben, aber seine Zunge und seine Feder konnten sich Ausschweifungen *ad nauseam* hingeben[29]. Sogar an die beiden Frauen, in die er – wie er sich einbildete – verliebt war, schrieb er in solch zügellosen Ausdrücken, daß heute höchstens eine Hure sie dulden würde. Und dennoch entwickelte eine von ihnen, Martha Blount, für den verkrüppelten Poeten eine Zuneigung, die zu Unrecht als Liebschaft beklatscht wurde. 1730 beschrieb er sie als «eine Freundin ..., mit der ich seit fünfzehn Jahren täglich drei bis vier Stunden verbringe»[30]. Er alterte früh und war nun ganz abhängig von ihrer Zuneigung. Er vermachte ihr fast seinen ganzen, beträchtlichen Besitz.

Er konnte seine körperlichen Mängel nie vergessen und war daher doppelt empfindlich für eine Kritik an seinem Charakter oder an seiner Poesie. Seine Zeit tat sich ganz besonders durch die Unerbittlichkeit literarischer Fehden hervor; und Pope antwortete auf Pöbeleien oft mit solchen Pöbeleien, daß sie nicht zu drucken waren. 1728 trieb er all seine Feinde und Kritiker in sein Versgehege und zielte auf sie mit allen Pfeilen seines Zorns – sein stärkstes und unangenehmstes Werk. Es war anonym, aber das ganze literarische London erkannte ihn an seinem Stil. In der Art von Drydens *MacFlecknoe* (1682) grüßte Pope in seiner *Dunciad* die Schreiber von Grub Street als die führenden Dummköpfe am Hof des Stumpfsinns, wo Theobald König ist. Er beklagte den Tod von Wren und Gay und den Winterschlaf des abwesenden Swift, der dahinsiechte «wie eine vergiftete Ratte in einem Loch» – womit die Kathedrale von Dublin gemeint war. Im übrigen sah er nichts in seiner Umgebung als käufliche, geschmacklose Mittelmäßigkeit. Theobald, Dennis, Blackmore, Osborne, Curll, Cibber, Oldmixon, Smedley, Arnall – alle erhielten der Reihe nach ihre Portion Hiebe, Sticheleien und Schmutz, denn der Dichter war, vielleicht infolge seiner Impotenz, in Unflätigkeiten besonders bewandert[31].

In einer späteren Ausgabe ließ Pope einen Poeten namens Savage (der Wilde) sprechen, der mit Genugtuung erzählte, wie am Tage der ersten Veröffentlichung eine Schriftstellermenge den Buchhändler belagerte und ihm mit Vergeltung drohte, wenn er es wage, das Gedicht zu veröffentlichen; wie das Publikum sich danach die Exemplare aus den Händen riß und eine Auflage nach der anderen gefordert und verschlungen wurde; wie die Opfer Vereinigungen gründeten, um sich gemeinsam an Pope zu rächen und ihn *in effigie* vernichteten. Dennis' Sohn erschien mit einem Knüppel, um Pope zu verprügeln, wurde aber von Lord Bathurst abgefangen. Daraufhin ging Pope eine Weile nur mit zwei Pistolen bewaffnet und in Begleitung seiner dänischen Dogge aus. Verschiedene Opfer wehrten sich mit Pamphleten; Pope und seine Freunde gründeten (1730) *The Grub Street Journal*, in dem sie den Kampf fortsetzten. 1742 gab er den vierten Band der *Dunciad* heraus, in dem er, auf der Suche nach neuen Feinden, Pädagogen und Freidenker angriff, die sich brüsten:

We nobly take the high Priori Road,
And reason downward till we doubt of God;
Make Nature still encroach upon His plan,
And shove Him off as far as e'er we can; ...
Or, at one bound o'erleaping all His laws,
Make God man's image, man the final cause,
Find virtue local, all relation scorn,
See all in self, and but for self be born;
Of nought so certain as our reason still,
Of nought so doubtful as of soul and will.[32]*

* Wir gehen auf der Apriori-Höhenstraße und argumentieren so lange niederwärts, bis wir an keinen Gott mehr glauben; schreiben der Natur immer mehr von seinem Plan zu, und schieben ihn zur Seite, so weit wir können ... oder hüpfen mit einem Sprunge über alle seine Gesetze hin, machen Gott zum Ebenbilde des Menschen, und den Menschen zur Endursache; finden die Tugend an den Ort gebunden; verachten jede Beziehung; sehen alles in dem Selbst, und nur für das Selbst geboren; und sind keiner Sache so gewiß, wie unserer Vernunft, und zweifeln an nichts so sehr, wie an der Seele und dem Willen.

Offenbar hatte sich Pope mit Philosophie befaßt, und zwar nicht nur mit jener von Bolingbroke. Humes zersetzender *Traktat über die menschliche Natur* war 1739 erschienen, drei Jahre vor dem vierten Band der *Dunciad*. Gewisse Anzeichen weisen darauf hin, daß Bolingbroke dem Dichter den Deismus von Shaftesbury, verschärft mit weltlicher Weisheit, bereits übermittelt hatte[33]. Genug mit Satiren und all dieser Kleinlichkeit, sagte Bolingbroke, wende deine Muse der göttlichen Philosophie zu. «Lord Bathurst», berichtete Joseph Warton, «versicherte mir mehrmals, daß er den ganzen Entwurf für den *Essay [on Man]* (Über den Menschen) in der Handschrift Bolingbrokes gelesen, der eine Reihe von Vorschlägen notiert habe, die Pope in Versen gestalten und ausmalen sollte.»[34] Pope scheint das tatsächlich getan zu haben, gebrauchte sogar einzelne Wendungen des skeptischen Lords[35], fügte aber einige Überreste seines christlichen Glaubens hinzu. So gab er also seinen *Essay on Man* heraus: Epistel I im Februar 1733; Epistel II und III etwas später im gleichen Jahr; Epistel IV im Jahre 1734. Er wurde auch bald ins Französische übersetzt, und ein Dutzend Gallier begrüßten den *Essay* als eine der glänzendsten Verbindungen von Poesie und Philosophie, die je geschrieben worden sei. Heute wird die Erinnerung daran hauptsächlich durch Verse wachgehalten, die jeder Angelsachse kennt. Pope beginnt mit einer Rede an Bolingbroke:

Awake, my St. John! leave all meaner things
To low ambition and the pride of kings.
Let us (since life can little more supply
Than just to look about us and to die)
Expatiate free o'er all this scene of man;
A mighty maze! but not without a plan; ...
Together let us beat this ample field, ...
Laugh where we must, be candid where we can,
But vindicate the ways of God to man.[36]*

Hier handelt es sich natürlich um Anklänge an die *Theodizee* von Leibniz und *Das verlorene Paradies* von Milton[37]. Weiter warnt Pope die Philosophen, daß jede Hoffnung auf vermeintliches Verständnis umsonst ist: «Kann ein Teil das Ganze enthalten?» Seien wir dankbar, daß unser Verstand begrenzt ist und unsere Zukunft unbekannt:

The lamb thy riot dooms to bleed today,
Had he thy reason, would he skip and play?
Pleased to the last, he crops the flowery food,
And licks the hand just raised to shed his blood.[38]**

* Auf, Mylord, laß uns uns ermuntern und unsern Geist zusammenfassen!
Laß uns geringe Gegenwürf' und Dinge, die an sich nur klein,
Hinfort allein
Dem niedern Ehrgeiz und dem Stolz der Könige nur überlassen!
Laß uns (dieweil doch unser Leben sich hier viel weiter nicht erstrecket,
Als daß man, was uns auf der Welt umgiebet, eben nur entdecket,
Und denn verstirbt) aufs minste frey, des Menschen Auftritt übersehn!
Verwunderliches Labyrinth! worin doch viele Richtigkeiten! ...
Zu lachen, wo und wenn man soll, aufrichtig seyn, so oft man kann,
Vor allen aber, Gottes Wege rechtfertigen für jedermann!

** Dein lecker Maul verdammet heut' ein Lamm zum Tode: Würd es springen,
Und auf der bunten Wiese spielen, wenn es den denkenden Verstand,

Hier wird ein geheimer Pessimismus fühlbar, nur Unwissenheit kann die Hoffnung erhalten:

Hope humbly, then; with trembling pinions soar;
Wait the great teacher, Death, and God adore.
What future bliss He gives not thee to know,
But gives that hope to be thy blessing now.
Hope springs eternal in the human breast,
Man never Is, but always To be, blest.[39]*

Wir können den Grund für die offensichtlichen Ungerechtigkeiten im Leben nicht erkennen; wir müssen zugeben, daß die Natur nicht für den Menschen gemacht ist, daß Gott alle Dinge für alle Dinge ordnet, nicht für den Menschen allein. Pope beschreibt die «weitreichende Verkettung des Seins», von den niedrigsten Kreaturen über Mensch und Engel zu Gott, und er bewahrt seinen Glauben an eine göttliche Ordnung, wie sehr sie auch unserem Blicke verborgen sein mag:

All Nature is but art, unknown to thee;
All chance, direction which thou canst not see;
All discord, harmony not understood;
All partial evil, universal good;
And, spite of pride, in erring reason's spite,
One truth is clear, Whatever is, is right.[40]**

Die erste Lehre besteht in geistiger Demut; dann herrliche Anklänge an Pascal:

Know then thyself, presume not God to scan;
The proper study of mankind is man.
Placed on this isthmus of a middle state,
A being darkly wise, and rudely great, ...
Sole judge of truth, in endless error hurl'd:
The glory, jest, and riddle of the world![41]***

Den du besitzest, auch besäße? Bis auf den letzten Augenblick,
Genießet es der süßen Kräuter; zufrieden, leckt es selbst die Hand,
Die schon erhöht ist, mit dem Stahl, ihm durch den zarten Hals zu dringen.

* Sey denn, o Mensch, doch Demuth voll, in deinem Hoffen! suche nicht,
Dich zu erheben, als mit Furcht, erwarte deinen großen Lehrer,
Den Tod, und bethe Gott nur an, sey Seiner Majestät Verehrer!
Er gibt dir hier nicht zu erkennen, von künft'ger Seeligkeit, das Licht;
Er schenkt dir aber doch die Hoffnung, dein gegenwärtig Gut zu seyn.
Es strahlt, von unserm ew'gen Hoffen, in unser aller Herz ein Schein,
Wir sind auf Erden nimmer glücklich, doch sollen wir es ewig werden.

** Das ganze Wesen der Natur ist eine Kunst, die wir nicht kennen.
Das Ungefähre ist eine Ordnung, die wir nur nicht beachten können,
Was uns hier übel lautend scheint, ist eine wahre Harmonie;
Die du nur nicht begreifen kannst, der Unform, eine Symmetrie,
Was hier ein einzeln Übel ist, für einen Menschen bloß allein,
Das ist ein Gut, das allgemein.
Trotz unserm Geist, der öfters irrt, trotz unserm Stolz und Übermuth,
So ist die Wahrheit offenbar: daß alles das, was ist, ist gut.

*** So lerne dich denn selbst erkennen, und bilde dir so keck nicht ein:
Es werde gar die Gottheit selbst von deinem Geist entwickelt seyn.
Der Menschen Untersuchungs-Vorwurf ist eigentlich der Mensch allein.
Auf einem schmal umflossnen Landstrich, von einem steten Mittelwesen,

Wir müssen zugeben, daß innerhalb dieser menschlichen Grenzen «Selbstsucht, die Sprungfeder der Handlung, die Seele bewegt», aber daß auch die Vernunft daran teilhaben muß, um unsere Leidenschaften zu ordnen und auszugleichen und uns vor Laster zu bewahren. Denn

Vice is a monster of so frightful mien,
As, to be hated, needs but to be seen;
Yet seen too oft, familiar with her face,
We first endure, then pity, then embrace.[42]*

Wenn diese Leidenschaften auch alle Formen der Selbstsucht sind, gehören sie doch zum göttlichen Plan und können zu einem guten Ende führen, sind wir auch blind dafür. So wird die Rasse durch fleischliche Begierde erhalten und aus dem gegenseitigen Interesse ist die Gesellschaft entstanden. Soziale Organisation und religiöser Glaube sind offensichtlich von Nutzen, wenn Könige und Kirchen auch die Geschichte mit Blut befleckt haben.

For forms of government let fools contest;
Whate'er is best administered is best.
For modes of faith let graceless zealots fight;
His can't be wrong whose life is in the right.[43]**

Die vierte Epistel des *Essay* untersucht das Glück und versucht, es der Tugend gleichzustellen. Wenn die Guten zu leiden haben und die Bösen manchmal gedeihen, so nur, weil

the Universal Cause
Acts not by partial but by general laws;[44]***

Gott ordnet das Ganze, überläßt aber die Teile den Naturgesetzen und dem freien Willen des Menschen. Manche beklagen die Ungleichheit des Besitzes als eine Quelle von Unglück; Klassenunterschiede sind aber nötig für eine Regierung;

Order is Heaven's first law; and this confessed,
Some are, and must be, greater than the rest.[45]****

Das alles ist zwar nicht klar wie ein Frühlingstag, aber was konnte sonst einem (oder von einem?) Bolingbroke gesagt werden? Und trotz der Ungleichheit der natürlichen und erworbenen Gaben ist das Glück gleichmäßig verteilt; der Arme ist ebenso glück-

---

Läßt es, als wär er hingesetzt, ja gleichsam selbst dazu erlesen.
Ein Wesen, welches dunkel-klug, auf grobe Weise groß von Geist ...
Allein ein Richter von der Wahrheit, stürzt er sich in des Irrthums Schlingen,
Die Ehr, ein Kinderspiel, ein Rätsel der Welt!

* Das Laster ist ein Wunder-Tier, so scheußlich, daß, um es zu hassen,
Es uns sich nur darf sehen lassen.
Inzwischen, sieht man es zu oft; so macht sichs mit uns so gemein,
Zuerst wird es geduldet, dann beklagt, zuletzt umarmet seyn.

** Laßt über die Regierungsformen, und wo die best' ist, Narren streiten,
Die best geführte ist die beste. Laßt Eiferer, voll Heftigkeiten,
Sich um die Glaubensarten fechten. Es kann der, so unsträflich lebt,
Nicht irren. Alles das ist falsch, was dieser Absicht widerstrebt.

*** Es wirkt der Herrscher der Natur,
Durch einzelne Gesetze nicht, nein, bloß durch allgemeine nur.

**** Des Himmels größtes Gesetz ist Ordnung. Dieses festgestellt,
So muß notwendig einer stärker, als andre seyn, in dieser Welt.

lich wie der König. Und der Böse im Wohlstand ist nicht wirklich glücklich; er klammert sich an seine Güter, aber spürt die Verachtung der Welt, während der Gerechte, auch wenn er Ungerechtigkeit auf sich nehmen muß, im Seelenfrieden lebt.

Was bei dem *Essay* zuerst ins Auge fällt, ist eine unvergleichliche Geballtheit des Stils. «Ich wählte den Vers», sagte Pope, «weil ich bemerkt habe, daß ich auf diese Art Ideen kürzer ausdrücken konnte als in Prosa.»[46] Niemand, nicht einmal Shakespeare, reichte an Pope heran, wenn es darum ging, auf kleinstem Raum unendliche Reichtümer, zumindest stärkste Bedeutung, zusammenzufassen. Diese 652 Reimpaare enthalten mehr denkwürdige Zeilen als irgendein gleichartiges Literaturwerk, abgesehen vom Neuen Testament. Pope kannte seine Grenzen; er behauptete nicht, der Schöpfer seiner Ideen zu sein; er nahm sich nur vor, eine deistische und optimistische Philosophie in Dichtung zu verwandeln, und das gelang ihm. Hier ließ er seinen katholischen Glauben – wenigstens zeitweilig – beiseite. Hier erschien Gott als erster Urheber, nicht als «besondere Vorsehung», um den tugendhaften Menschen vor den Listen des Bösen zu bewahren. In diesem System gibt es keine Wunder, keine gottgegebenen heiligen Schriften, keinen Sündenfall Adams, keinen erlösenden Christus; eine unbestimmte Hoffnung auf den Himmel, aber kein Wort von der Hölle.

Viele Kritiker griffen das Gedicht als Humanismus in Versen an. «Das eigentliche Studium der Menschheit ist der Mensch» umschrieb einen Bestandteil des Humanismus, und die darin zum Ausdruck kommende Haltung schien sich von aller Theologie zu entfernen. Als der *Essay* in französischer Sprache erschien, wurde er von einem schweizerischen Pfarrer namens Crousaz angegriffen, weil Pope dessen Meinung nach in einem Gedicht, das angeblich die Wege Gottes vor dem Menschen rechtfertigen sollte, Gott als Nebensache behandelte. Kein anderer als der mächtige William Warburton selbst kam Pope bei diesem ausländischen Angriff zu Hilfe; das Gedicht – so verbürgte der künftige Bischof – war ein Werk unantastbarer christlicher Frömmigkeit. Zur Besänftigung der Geistlichkeit veröffentlichte Pope 1738 eine schöne Hymne, *The Universal Prayer* (Das allgemeine Gebet). Die orthodoxen Kirchenanhänger waren nicht ganz einverstanden, aber der Sturm legte sich. Auf dem Kontinent wurde der *Essay* mit Begeisterung empfangen. Voltaire rühmte ihn als «die feinste, nützlichste, hervorragendste didaktische Dichtung, die je in irgendeiner Sprache geschrieben wurde»[47].

1735 schrieb Pope ein Vorwort zu einem Band Satiren in Form einer *Epistel an Dr. Arbuthnot,* worin er sein Leben und seine Werke verteidigte und noch ein paar Feinde abtat. Es enthielt das berühmte Bild von Addison als «Atticus» und die vernichtende Bloßstellung des bisexuellen Lord Hervey, der den Fehler begangen hatte, von Pope als «hart wie dein Herz und obskur wie deine Abstammung» zu sprechen[48]. Pope ließ ihn als einen gewissen «Sporus» auftreten und zeigte sich in diesen Versen von seiner besten und schlechtesten Seite:

What? that thing of silk,
Sporus, that mere white curd of ass's milk?
Satire or sense, alas! can Sporus feel,
Who breaks a butterfly upon a wheel?

Yet let me flap this bug with gilded wings,
This painted child of dirt, that stinks and stings ...
Whether in florid impotence he speaks,
And as the prompter breathes, the puppet squeaks;
Or, at the ear of Eve, familiar toad,
Half froth, half venom, spits himself abroad,
In puns, or politics, or tales, or lies,
Or spite, or smut, or rhymes, or blasphemies,
His wit all seesaw, between that and this,
Now high, now low, now master up, now miss,
And he himself one vile antithesis.
Amphibious thing! that acting either part,
The trifling head, or the corrupted heart,
Fop at the toilet, flatterer at the board,
Now trips a lady, and now struts a lord.[49]*

Pope war stolz auf die Leichtigkeit, mit der er solche Ermordungen ausführte –

Yes, I am proud; I must be proud to see
Men, not afraid of God, afraid of me.[50]**

Seine Verbitterung entschuldigte er mit der Begründung, daß das Zeitalter vom Triumph der Dummheit bedroht sei und einen Skorpion brauche, dessen Stiche es zur Vernunft brächten. Im Jahre 1743 kam er jedoch zu dem Schluß, daß er die Schlacht verloren hatte; in seiner letzten Überarbeitung der *Dunciad* malte er ein eindrucksvolles Bild – Donnes Voraussage im Tone Miltons – von Religion, Moral, Ordnung und Kunst, ein düsteres Bild des allgemeinen Niedergangs. Die Göttin des Stumpfsinns thront gähnend über einer sterbenden Welt:

She comes! she comes! The sable throne behold
Of night primeval and of Chaos old!
Before her, fancy's gilded clouds decay,
And all its varying rainbows die away ...
As one by one, at dread Medea's strain,
The sick'ning stars fade off th'ethereal plain; ...
Thus at her felt approach, and secret might,
Art after art goes out, and all is night.
See skulking Truth to her old cavern fled,
Mountains of casuistry heaped o'er her head!

---

* Wie? Dieses Ding von Seide? Sporus, der Weichling? Weiß Sporus auch, was Satire oder was Vernunft ist? Hat er Gefühl? Wer wird einen Schmetterling rädern? Dennoch muß ich ihn peitschen, diesen Käfer mit vergoldeten Flügeln, dieses bunte Kind des Kotes, welches stinkt und sticht ... Bald redet er mit blumenreichem Unvermögen, und die Puppe quäkt, was ihr der Atem des Souffleurs einbläst; bald speit er, als eine vertrauliche Kröte am Ohr der Eva, seine eigenen Gedanken, halb Schaum, halb Gift, in Wortspielen oder Staatssachen, oder Märchen oder Lügen oder Hohn oder Zoten oder Reimen oder Lästerungen aus. Sein Witz ist ein beständiges Schaukelspiel von dem zu diesem, bald hoch, bald niedrig, und er selbst ein elender Widerspruch. Welch ein Amphibion! Bald spielt er die Rolle des leeren Kopfes, bald die des verderbten Herzens; vor dem Spiegel ein Stutzer, im Gericht ein Schmeichler; bald so zierlich wie eine Dame, und bald so stolz wie ein Lord.

** Ja ich bin stolz; ich muß stolz sein, wenn ich sehe, daß sich Menschen, die sich vor Gott nicht fürchten, vor mir fürchten.

Philosophy, that leaned on Heaven before,
Shrinks to her second cause, and is no more.
Physic [science] of metaphysic begs defense [against Hume?],
And metaphysic calls for aid on Sense [Locke?]!
See mystery to mathematics [Newton?] fly!
In vain! they gaze, turn giddy, rave, and die.
Religion blushing veils her sacred fires,
And unawares morality expires ...
Lo, thy dread empire, Chaos! is restored;
Light dies before thy uncreating word;
Thy hand, great Anarch, lets the curtain fall;
And universal darkness buries all.[51]*

Vielleicht verwechselte er seinen eigenen Verfall mit dem Zusammenbruch des Weltalls. Mit fünfundfünfzig Jahren siechte er bereits dahin wie ein Greis. Wassersucht erschwerte ihm das Gehen, Asthma das Atmen. Am 6. Mai 1744 verfiel er in ein Delirium, aus dem er von Zeit zu Zeit aufwachte. In einem seiner klaren Augenblicke gab er seiner Zuversicht auf ein Leben nach dem Tode Ausdruck. Ein katholischer Freund fragte, ob er einen Priester holen solle. Pope antwortete: «Ich glaube nicht, daß das wesentlich ist; aber es ist sicher richtig, und ich danke dir, daß du mich daran erinnert hast.»[52]

Er starb am 30. Mai, «so friedlich» – wenn wir Johnson glauben dürfen –, «daß die Anwesenden die genaue Zeit seines Todes nicht feststellten». Als Katholik konnte er nicht in Westminster Abbey begraben werden; er wurde neben seinem Vater und seiner Mutter in Twickenham beigesetzt.

War er ein «Gentleman»? Nein; seine haßerfüllten Angriffe trugen zur Vergiftung der literarischen Atmosphäre Englands in der ersten Hälfte des achtzehnten Jahrhunderts bei. Seine körperlichen Leiden erzeugten ätzende Schärfe und beraubten ihn der Kraft, die sich sonst in Barmherzigkeit umwandeln kann. War er ein Genie? Sicherlich; wenn nicht in Gedanken – er lieh sie von anderen –, so doch in der Form, der er eine vollendete Gestalt gab. Thackeray nannte ihn «den größten literarischen Künstler der Welt»[53]. Keiner seiner Zeitgenossen konnte es ihm gleichtun in der glücklichen Wahl des Ausdrucks, der gedrängten Sprache, dem Reichtum der Bilder. Sogar die Franzosen

---

* Sie kommt, sie kommt! Da steht der schwarze Thron der ursprünglichen Nacht und des alten Chaos! Vor ihnen verschwinden die vergoldeten Wolken der Phantasie, und alle ihre wechselnden Regenbogen verlöschen ... Wie bei dem Zauberliede der schrecklichen Medea die ermattenden Sterne, einer nach dem anderen, am Himmelsgewölbe verschwanden ..., so erlöscht – wird ihre Ankunft fühlbar – eine Kunst nach der anderen, und alles wird Nacht. Siehe, die Wahrheit versteckt sich und flüchtet in ihre alte Höhle; Berge von Kasuistik werden auf ihren Kopf gehäuft! Die Philosophie, die sich sonst an den Himmel lehnte, schrumpft zusammen und ist nicht mehr. Die Physik bittet die Metaphysik um Schutz, und die Metaphysik ruft den Verstand zu Hilfe! Siehe, das Geheimnis flüchtet zur Mathematik! Umsonst! Sie schauen, werden schwindlig, rasen und sterben. Die Religion errötet und verhüllt ihr heiliges Feuer, und die Moral stirbt unvermutet ... Siehe, Chaos! dein schreckliches Reich ist wiedererstanden; das Licht stirbt vor deinem unfruchtbaren Worte: Deine Hand, großer Anarch! läßt den Vorhang fallen; und allgemeine Finsternis begräbt die Welt.

sahen in ihm den größten Dichter seiner Generation; Voltaire blickte bewundernd zu ihm auf und ahmte ihn nach, wie im *Discours sur l'homme*. Dreißig Jahre lang – länger als jeder andere Dichter – war er der unumschränkte Herrscher auf dem Gebiet des englischen Gedichts, und weitere dreißig Jahre diente er den englischen Poeten zum Vorbild, bis mit Wordsworth ein neues Zeitalter anbrach.

Für den heutigen Menschen, der bei all seiner Muße immer gehetzt ist, haben die allzu gleichmäßigen Reime Popes, die «wie eine Schaukel»[54] auf- und abschwingen, etwas Einschläferndes, und nur ab und zu erregt ein Epigramm unsere Aufmerksamkeit. Sogar der glänzende *Essay on Man* ist nur im Versfuß und in den Reimen Poesie; der Schliff ist zu auffallend; der Künstler hat den Rat des Horaz vergessen, daß die Kunst versteckt bleiben muß. Er vergaß auch Horaz' Warnung, ein Dichter müsse erst selbst erfühlen, was er anderen übermitteln könne; was Pope fühlte, waren vor allem höhnische Verachtung und Verunglimpfung. Er hatte keinen Sinn für die Schönheit einer edlen Handlung oder weiblicher Anmut. Seine Einbildungskraft erschöpfte sich auf der Suche nach genauen, scharfen, gedrängten Worten für alte Vorstellungen. Sie schwang sich nicht empor, um die ideale Gestalt zu erhaschen, die große Dichter und Philosophen inspiriert. Nur der Haß verlieh ihm Flügel.

Er bleibt das poetische Symbol des «Augusteischen Zeitalters» in England, das ungefähr mit seiner Lebensdauer zusammenfällt (1688–1744). Die wachsende Bekanntschaft der britischen Geister mit den griechischen und römischen Klassikern und mit dem französischen Drama des *Grand Siècle;* der Einfluß des Adels – die Herrschaft der Klasse über die Masse –, der in der Redeweise, dem Benehmen, den Höflichkeitsformeln und der Eleganz des Umgangs zum Ausdruck kam; Vernunft und Realismus als eine Reaktion auf den elisabethanischen Überschwang und die puritanische Zwiesprache mit Gott; die Übertragung französischer Richtlinien auf England nach der Wiederaufrichtung des Thrones; die neue Achtung vor Wissenschaft und Philosophie – all dies trug dazu bei, die Hauptformen der englischen Poesie den klassischen Regeln von Horaz und Boileau anzupassen. Ein Zeitalter der Kritik folgte auf ein Zeitalter der Ideen. Während unter Elisabeth I. die englische Poesie auf die Prosa übergriff und ihr Farbe verlieh, entfärbte und entstellte die Prosa im Augusteischen England die Poesie. Das Gepräge, das diese «neoklassische» Literatur der englischen Sprache gab, war gleichzeitig gut und schlecht; sie erhielt eine neue Schärfe, Klarheit und Eleganz; sie verlor die sprudelnde Lebhaftigkeit, Kraft und Wärme des elisabethanischen Ausdrucks. Der überschäumende Individualismus von Charakter und Sprache räumte einer aufgezwungenen Ordnung das Feld, die das Leben und die literarische Form zur Einförmigkeit verurteilte. Ein reiferes Alter trat an die Stelle der Jugend.

Dieser neoklassische Stil entsprach aber nur einem Teil des englischen Lebens. Hier war kein Raum für Aufruhr, Gefühl oder ideale Liebe. Sogar zur Zeit des allesbeherrschenden Pope bäumten sich britische Poeten gegen das Übermaß an Gekünsteltem, an Logik und Vernunft auf, wendeten sich der Natur zu und fanden eine Stimme für Gefühl, Verwunderung, Phantasie, für Schwermut und sehnendes Hoffen. Auf dem Höhepunkt des klassischen Zeitalters setzte die romantische Bewegung ein.

III. DIE STIMMEN DES GEFÜHLS

Die neoklassische Dichtung befaßte sich fast ausschließlich mit der gedruckten Welt. Sie sah Homer und Horaz, Addison und Pope lebendiger vor sich als Männer und Frauen auf der Straße, als das Wetter und die Landschaft, die zur alltäglichen Stimmung des Menschen gehören. Aber jetzt entdeckte die Literatur aufs neue, was die Philosophen schon längst behauptet hatten: daß *der Mensch* ein allgemeiner und abstrakter Begriff ist und daß nur *die Menschen* existieren, mit ihrer besonderen Eigenart, die sie eifersüchtig bewahren. Die Dichter erweiterten ihren Horizont, sie kamen mit der Erde in Berührung, sie entdeckten ihre Gefühle für Felder und Hügel, Himmel und Meer und suchten hinter der bloßen Idee nach geheimen Gefühlen, die die Sprache mehr verdeckte als enthüllte. Sie wollten keine Reden halten, sie wollten singen. Die Lyrik erschien wieder, während das Epos verschwand. Die Sehnsucht nach einem übernatürlichen Trost, nach einem mystischen Wunder als einer Steigerung des Lebens, dieses Sehnen war stärker als die Angriffe der Deisten auf das Wunderbare und suchte immer mehr durch die Flucht in mittelalterliche Legenden, orientalische Romanzen und gotische Formen der harten Wirklichkeit dieser Welt zu entgehen.

Die Stimme des Gefühls war nie ganz verstummt. Steeles *Christian Hero* (Der Christliche Held) aus dem Jahre 1701 hatte den alten Glauben und die menschliche Güte hervorgehoben. In Shaftesburys *Characteristics* (1711) standen «Leidenschaft» und «Zuneigung» im Mittelpunkt des menschlichen Lebens. Und schließlich leiteten Hume, der Skeptiker, und Smith, der Nationalökonom, jede Moral von dem Gefühl für den Mitmenschen, von der Sympathie ab. Trotzdem war es James Thomson, der den ersten offenen Kampf im Namen der «Empfindsamkeit» austrug.

Er war der Sohn eines armen Pastors im schottischen Hochland. Er ging nach Edinburgh, um Geistlicher zu werden, wurde aber davon abgehalten, weil seine Lehrer seine Ausdrucksweise als zu weltlich-poetisch verurteilten. Er machte sich auf den Weg nach London, wurde unterwegs überfallen, war dem Verhungern nahe und verkaufte sein Gedicht *Winter* (1726), um ein Paar Schuhe zu kaufen[55]. Da das Gedicht aber Sir Spencer Compton gewidmet war, brachte es ihm außerdem noch zwanzig Guineen für seine Liebenswürdigkeit ein; die englischen Aristokraten waren nicht so taub oder geizig, wie Johnson meinte. Thomson sprach vom Knirschen der Stiefel im Schnee und

Heard the winds roar and the deep torrent burst,
Or seen the deep-fermenting tempest brewed
*In the grim evening sky;**

als er am Ufer stand und zusah, wie der Wind das Meer aufwühlte, bis «auf die farblosen Tiefen des Grundes», Schiffe vom Anker riß, die hoch auf dem Wellenkamm tanzten, bis sie von der nächsten Welle überflutet wurden, die sie gegen «den kantigen Felsen oder die tückische Untiefe» schleuderte, bis sie zersplitterten und «nur noch

* Hörte das Brüllen des Windes und den Aufprall der Brandung
Und den dräuenden Sturm, der am grimmigen Abendhimmel heraufzog;

Bruchstücke ... auf dem Wasser trieben». Er beschrieb den Bauern, der in einen Schneesturm geriet, blind umhertastete, bis seine erfrorenen Füße im tiefen Schnee versanken, und der sich immer noch vorwärtskämpfte, bis er die Füße nicht mehr heben konnte und erschöpft dem eisigen Tod in die Arme fiel.

Ah, little think the gay, licentious proud ...
How many feel, this very moment, death
And all the sad variety of pain; ...
How many pine in want, and dungeon glooms,
Shut from the common air and common use
Of their own limbs; how many drink the cup
Of baleful grief, or eat the bitter bread
Of misery, sore pierced by wintry winds;
How many shrink into the sordid hut
*Of cheerless poverty ...**

Neu war hier die Stimme des Mitleids, die Pall Mall und Downing Street beschämen sollte, und die Rückkehr zu den freien Versen Miltons nach der «glitzernden Niedlichkeit» der Reime Popes, wie Thomson sich ausdrückte.

Ein Jahr später (1727) erschien mit Hilfe eines neuen Gönners Thomsons *Sommer*, und im gleichen Jahre stimmte er mit einem berühmten Gedicht in das Kriegsgeschrei gegen Spanien ein:

When Britain first at Heaven's command
Arose from out the azure main,
This was the charter of her land,
And guardian angels sung this strain:
Rule, Britannia, rule the waves;
*Britons never will be slaves.***

Von London aus machte er tage- und wochenlang Ausflüge aufs Land und nahm mit den geschärften Sinnen des Dichters «jede ländliche Ansicht, jeden ländlichen Klang» in sich auf, sog den «Molkereigeruch» der Bauernhäuser mit vollen Zügen ein, sah mit freudigem Entzücken die Sonne nach dem Regen triumphieren und gefiel sich noch vor Keats in der düsteren Herbststimmung. So veröffentlichte er 1728 den *Frühling*, und nachdem noch ein *Herbst* dazugekommen war («das vergiftete Blatt beginnt sich einzurollen»), vereinigte er 1720 die vier Gedichte in *The Seasons* (Die Jahreszeiten). Er wurde mit einer Reise durch den Kontinent belohnt, als Begleiter von Charles Talbot, dem Sohn des damaligen Kanzlers. Nach seiner Rückkehr lebte er bis zum Tode des Kanzlers (1737) in Wohlstand und schrieb schlechte Gedichte. Dann hatte er wieder mit Armut zu kämpfen, wurde aber eines Tages dem Prinzen von Wales vorge-

* «Ach, wie wenig denken die vergnügten, ausschweifenden Stolzen daran, wie viele in diesem Augenblick den Tod und all die traurige Vielfalt des Schmerzes erleiden. Wie viele in Mangel und düsterem Kerker verkommen; von freier Luft und sogar dem Gebrauch ihrer Glieder ausgeschlossen; wie viele den Becher bitteren Kummers leeren und das harte Brot der Not essen, zitternd im eisigen Winterwind. Wie viele sich in die elende Hütte der freudlosen Armut verkriechen ...»

** «Als sich Britannien auf Befehl des Himmels aus der blauen Flut erhob, war die Urkunde, die dem Land verliehen wurde und die seine Schutzengel sangen:
Herrsche Britannia, herrsche über die Wogen;
Briten werden niemals Sklaven sein.»

stellt, der ihn fragte, wie es um seine Angelegenheiten bestellt sei. Thomson antwortete, «daß sie in einem poetischeren Zustand seien als früher», und erhielt eine Rente von hundert Pfund für seine treffende Bemerkung. Eine Erkältung, die er sich auf der Themse geholt hatte, setzte seinem Leben ein plötzliches Ende. Er war achtundvierzig Jahre alt. *Die Jahreszeiten* begründeten eine Stilart für kleinere Dichtungen in England, die auch Anhänger in Frankreich fand. Dort verfaßte Jean-François de Saint-Lambert, der Voltaire seine Emilie gestohlen hatte, im Jahre 1769 *Les Saisons* (Die Jahreszeiten). Während die heroischen Reime durch das Jahrhundert stolzierten, schlugen Edward Young, William Collins, William Shenstone, Mark Akenside und Thomas Gray den romantischen Weg ein, der zu Wordsworth und Chatterton führte. Young, der bis zum Alter von sechzig Jahren nichts als fröhlichen Unsinn von sich gegeben hatte, sorgte für sein Plätzchen im Himmel mit *Night Thoughts on Life, Death, and Immortality* (Nächtliche Gedanken über Leben, Tod und Unsterblichkeit, 1742/44). Voltaire tat dieses nächtliche Erzeugnis als «eine verwirrte Mischung von Schwulst und undurchsichtigen Gemeinplätzen» ab; aber das war vielleicht eine Antwort auf ein Epigramm, mit dem Young ihn gestichelt hatte:

You are so witty, profligate, and thin,
at once we think you Milton, Death, and Sin.[56]*

William Collins lebte nur halb so lang wie Young, schrieb halb soviel wie er und doppelt so gut. Seine ursprüngliche Berufung zum Priestertum gab er auf und opferte seinen ganzen Besitz, um die fünfzehnhundert Verse zu vervollkommnen, die er abfaßte, bevor er wahnsinnig wurde und 1759 im Alter von achtunddreißig Jahren starb. Noch schöner als seine vielgepriesene *Ode an den Abend* ist seine Grabschrift für die britischen Soldaten, die 1745 im Kampf gefallen waren:

How sleep the brave who sink to rest
By all their country's wishes blest!
When Spring, with dewy fingers cold,
Returns to deck their hallow'd mold,
She there shall dress a sweeter sod
Than Fancy's feet have ever trod.
By fairy hands their knell is rung,
By form unseen their dirge is sung;
There Honor comes, a pilgrim gray,
To bless the turf that wraps their clay;
And Freedom shall awhile repair
*To dwell a weeping hermit there.***

---

* Du bist so geistreich, ruchlos und dünn,
Daß wir sogleich an Milton, Tod und Sünde denken.

** «Wie schlafen die Tapferen, die zur Ruhe sinken, unter den Segenswünschen ihres Landes! Wenn der Frühling mit kalten, taubenetzten Fingern wiederkehrt, überzieht er die geweihte Erde über ihnen mit zarterem Grün, als es je der Fuß eines überirdischen Wesens betreten hat. Feenhände läuten die Glocken für sie, und unsichtbare Gestalten singen ihnen den Grabgesang. Die Ehre, ein grauer Pilger, kommt, um den Rasen über ihrem Grab zu segnen. Und die Freiheit verweilt hier, um einsame Tränen über ihnen zu vergießen.»

Besonders denkwürdig unter diesen Dichtern der Empfindsamkeit ist der merkwürdige Geist, der jedem englischsprechenden Jüngling zarte Worte für melancholische Stunden schenkte. Thomas Gray war eines von den zwölf Kindern eines Londoner Schreibers; die anderen elf starben noch im Kindesalter. Er überlebte diese gefährliche Zeit nur dank seiner Mutter, die ihn einmal in Krämpfen sah, zur Schere griff und eine Ader öffnete. Mit elf Jahren kam er nach Eton, wo er verhängnisvolle Freundschaften mit Horace Walpole und Richard West schloß. Dann ging er nach Cambridge, wo er die Universität «voll von traurigen Kreaturen» und schläfrigen Professoren fand. Er hatte sich vorgenommen, die Rechte zu studieren, wechselte aber zur Entomologie und Poesie. Mit der Zeit hatte er sich soviel Gelehrsamkeit in Sprachen, Naturwissenschaften und Geschichte erworben, daß seine Verse von gelehrten Anspielungen erdrückt wurden.

1739 bereiste er den Kontinent zusammen mit Horace Walpole. Als er die Alpen im Winter überquerte, berichtete er, daß «jeder Abgrund, jeder Wildbach, jede Klippe von Religion und Poesie erfüllt ist»; in einem Brief aus Rom (1740) führte er das Wort *picturesque* (malerisch) in die englische Sprache ein. Sogar in Johnsons *Dictionary* aus dem Jahre 1755 war es noch nicht bekannt. In Reggio Emilia kam es zum Streit zwischen ihm und Walpole. Horace war zu standesbewußt, Thomas zu stolz auf seine Armut, ein «gemeinsamer Freund» klärte jeden der beiden über die private Meinung des anderen auf; sie gingen auseinander, und Gray reiste allein nach Venedig, Grenoble und London weiter.

Der Tod seines Freundes West (1742) im Alter von sechsundzwanzig Jahren vergällte ihm das Leben. Er zog sich in das Haus seines Onkels in Stoke Pages zurück. Dort schrieb er neben fortgesetzten Studien (1742) seine «Ode an eine ferne Aussicht auf Eton College». Aus sicherer Entfernung blickte er auf diese Studentenzeit und gedachte seines so vorzeitig verstorbenen Freundes; und jenseits der sportlichen Vergnügungen und der Fröhlichkeit dieser jungen Menschen beschwor er die trübe Vision ihres beunruhigenden Geschicks herauf:

These shall the fury Passions tear,
The vultures of the mind,
Disdainful Anger, pallid Fear,
And Shame that skulks behind;
Or pining Love shall waste their youth,
Or Jealousy with rankling tooth
That inly gnaws the secret heart,
And Envy wan, and faded Care,
Grim-visaged comfortless Despair,
And Sorrow's piercing dart ...

Lo! in the vale of years beneath,
A grisly troop are seen,
The painful family of Death,
More hideous than their Queen.
This racks the joints, this fires the veins,
That every laboring sinew strains,

Those in the deeper vitals rage;
Lo, Poverty, to fill the band,
That numbs the soul with icy hand,
And slow-consuming Age.
To each his sufferings; all are men,
Condemned alike to groan,
The tender for another's pain,
The unfeeling for his own.
Yet ah! why should they know their fate,
Since sorrow never comes too late,
And happiness too swiftly flies?
Thought would destroy their paradise.
No more; where ignorance is bliss
*'Tis folly to be wise.**

Ende 1742 kehrte er nach Cambridge zurück, um seine Studien wieder aufzunehmen. 1750 schickte er Walpole, mit dem er sich wieder versöhnt hatte, seine «Elegie, geschrieben in einem ländlichen Kirchhof». Walpole ließ sie unter seinen Bekannten herumgehen; ein unrechtmäßiger Nachdrucker gab sie völlig verstümmelt heraus. Um sich dagegen zu schützen, ließ Gray eine bessere, aber auch nicht vollkommene Ausgabe von Dodsley besorgen (1751). Es ist eines der besten Gedichte des Jahrhunderts, in dem Gray romantische Melancholie in klassisch-ziselierte Form kleidete, die das «Geklingel» der Popeschen Reime durch ruhige Vierzeiler ersetzte und mit melodiöser Würde zum düsteren Ende führte.

Seine Mutter starb im Jahre 1753; er verfaßte ein zärtliches Epitaph für sie und vergrub sich in die Poesie. Die Ode «Der Fortschritt der Dichtkunst» feierte den Zug der Musen von Griechenland und Rom nach «Albion»; er gestand den Traum seiner Jugend, es Pindar gleichzutun, und bat die Poesie um die Gabe eines «unbezwinglichen Geistes». Noch erhabener war die Ode «Der Barde», worin die Dichter als Wächter

---

* «Wildbewegte Leidenschaften werden sie zerreißen, die Geier des Gemüts: verächtlicher Zorn, blasse Furcht und die Scham, die auf der Lauer liegt. Sie werden ihre Jugend an Liebesgram verschwenden oder an Eifersucht, die mit ihrem vernichtenden Zahn am geheimen Inneren des Herzens frißt, oder an sinnlosen Neid und welken Kummer, in grimmiger, trostloser Verzweiflung, durchbohrt vom Dolch der Sorge ...
Siehe, im Tal der irdischen Jahre zieht eine grausige Truppe einher,
Die leidvolle Familie des Todes,
Noch scheußlicher als ihr König.
Der bricht die Gelenke, jener brennt in den Adern, dieser zerrt an allen Sehnen, andere wüten in den Eingeweiden.
Sieh auch die Armut, die dazu gehört, die die Seele mit ihrer eisigen Hand erstarren läßt, und das langsam verzehrende Alter.
Jedem seine Leiden. Alle sind Menschen,
Alle gleich verurteilt zu stöhnen:
Die Zartbesaiteten wegen dem Schmerz der anderen.
Die Gefühllosen wegen dem eigenen.
Und doch! Warum sollten sie ihr Schicksal kennen, wo doch die Sorgen nie zu spät kommen und das Glück zu schnell entflieht?
Der Gedanke würde ihr Paradies vernichten. Halt ein; wo Unwissenheit Seligkeit bedeutet, wäre es Narrheit, weise zu sein.»

des britischen Lebens erscheinen, die Laster und Tyrannei anprangern. Diese beiden *Pindarischen Oden*, die von der Walpoleschen Druckerei in Strawberry Hill herausgegeben wurden, waren so gekünstelt, so gespickt mit klassischen und mittelalterlichen Anspielungen, daß sie nur Gelehrten verständlich waren. Diese Vereinsamung Grays war angeblich, was er suchte. «Ich hätte nicht eine einzige Anmerkung hinzugefügt, und wenn es um die Seelen aller Eulen in London gegangen wäre. Es könnte gar nicht besser sein – keiner versteht mich, und ich bin hochzufrieden.»[57]

So lebte Gray einsam in seinem Zimmer in Peterhouse an der Universität Cambridge, zu arm und zu schüchtern, um zu heiraten, zu empfindlich für das rauhe Leben, und wurde zu einem melancholischen, verschlossenen Menschen. Einige Studenten, die er mit seiner Zurückhaltung und Würde gekränkt hatte und die seine Angst vor Bränden kannten, schrien eines Nachts unter seinem Fenster, daß ein Feuer im Vorplatz ausgebrochen sei. Nach einem umstrittenen Bericht soll er erschrocken im Nachthemd aus dem Fenster geklettert sein und sich an einem Strick hinuntergelassen haben, um in einem Wasserkübel zu landen, den die Unfugstifter dort aufgestellt hatten[58]. 1769 machte er eine Reise an die englischen Seen. In seinem *Tagebuch*, das er in einer wunderschönen Handschrift führte, machte er als erster England auf die Schönheit dieser Gegend aufmerksam. Auf einer anderen Reise nach Malvern wurde ihm ein Exemplar des *Verlassenen Dorfes* zugeschickt; «dieser Mann», rief er aus, «ist ein Dichter». Dann machte die Gicht seinen Reisen ein Ende, und bald darauf starb er (1771).

Eine Zeitlang war er außerordentlich beliebt. Um 1757 wurde er allgemein als der beste englische Dichter anerkannt. Die Würde eines Hofdichters wurde ihm angetragen, was er aber ablehnte. Cowper stellte ihn höher als Milton und nannte Gray «den einzigen Dichter seit Shakespeare, der den Titel ‘der Erhabene’ verdient». Adam Smith, der Shakespeare überging, fügte hinzu: «Gray vereint die Erhabenheit Miltons mit der Eleganz und der Harmonie Popes; und man könnte ihn ohne weiteres den größten Dichter in englischer Sprache nennen, wenn er etwas mehr geschrieben hätte.»[59] Johnson bewunderte die *Elegie*, war aber so gelehrt, daß er einige Fehler in den Oden entdeckte: «Gray hat eine Art stolzierender Würde und wirkt groß, weil er sich auf die Zehenspitzen stellt ... Ich muß zugeben, daß ich seine Poesie mit weniger Befriedigung betrachte als sein Leben.»[60]

Man darf diesen Ausspruch umkehren. Gray führte ein unglückliches, reizloses Leben, vom Streit mit Walpole bis zu der Geschichte mit dem Wasserkübel. Seine Höhepunkte bildeten drei oder vier Gedichte, die noch lange Zeit für den «Fortschritt der Dichtkunst» von Griechenland und Rom nach Albion zeugen werden.

IV. DIE BÜHNE

Was geschah in den Londoner Theatern während dieses halben Jahrhunderts? Die bedeutendsten Bühnen waren Drury Lane und (seit 1733) Covent Garden; außerdem gab es kleinere Bühnen wie Lincoln’s Inn Fields und Goodman’s Fields, das kleine Theater am Haymarket, eine Komödie, und His Majesty's Theatre, die Oper; im ganzen hatte London doppelt so viele Theater wie Paris. Die Aufführungen begannen um sechs Uhr nachmittags. Das Publikum hatte sich seit der Wiederherstellung des Königtums stark gewandelt. Die «gute» Gesellschaft ging weniger ins Theater als in die Oper. Bevorzugte oder reiche Zuschauer saßen immer noch auf der Bühne. Im Parkett und auf den Galerien überwog der Mittelstand, und von seinem Beifall hing die Aufnahme und Beurteilung eines Stückes ab; weswegen bürgerliche Themen den romantischen allmählich den Platz streitig machten. Frauen füllten die weiblichen Rollen aus und manches Männerherz; jetzt begann die Herrschaft berühmter Schauspielerinnen wie Kitty Clive und Peg Woffington, die von Hogarth gemalt wurden und in einem Roman von Charles Reade vorkamen.

Da die «erste große, überwältigende Leidenschaft des Schauspielers ein satter Magen ist»[61] – wie Garrick sich ausdrückte –, zogen diese mit Liebesszenen gewürzte Stücke vor. Fieldings Pfarrer Adams sagte zwar: «Ich habe nie von einem Stück gehört, das ein anständiger Christ lesen könnte, außer denen von Addison und [Steeles] *The Conscious Lovers* (Das kundige Liebespaar)», was Fielding aber nicht hinderte, selbst gepfefferte Komödien zu verfassen[62]. Voltaire äußerte sich über die englischen Theater als «ohne jeden Anstand». Sir John Barnard forderte das Unterhaus im Jahre 1735 auf, die Theater zu überwachen, und behauptete, «die britische Nation ... sei nun so unglaublich unzüchtig und müßigen Unterhaltungen ergeben ..., daß ganz Europa darüber staune, wie italienische Eunuchen und Signoras zu ebenso hohen Gehältern kämen wie die Finanzminister»[63]. Es geschah jedoch nichts gegen unmoralische Szenen und Verse; aber als Fielding und Gay das Theater für ihre politischen Satiren ausnutzten und Robert Walpole und Georg II. angriffen, brachte der Minister, der sonst der Opposition gegenüber tolerant war, ein Zensurgesetz ein, das 1737 vom Parlament erlassen wurde und den Lordkämmerer dazu aufforderte, größere Strenge bei der Bewilligung dramatischer Aufführungen walten zu lassen*.

In der *Encyclopédie* hob Diderot ganz besonders das Stück *Der Kaufmann von London* hervor, das 1731 in London aufgeführt worden war. Diderot interessierte sich dafür, weil es den Beginn des bürgerlichen Trauerspiels auf der englischen Bühne bedeutete. Das französische klassische Drama hielt sich an das Prinzip, daß die Tragödie zur Aristokratie gehöre und Ansehen und Würde einbüße, falls sie sich zu bürgerlichen Szenen herablasse. George Lillo nahm ein doppeltes Wagnis auf sich: Er führte die Tragödie in das Haus eines Handelsmannes ein, und er schrieb in Prosa. Thorowgood, der anständige Kaufmann, hält «die Würde unseres Berufs» aufrecht und meint, daß «die Bezeichnung Kaufmann einen Ehrenmann nie erniedrigt hat und ihn keineswegs ausschließt». Das Stück ist die Geschichte eines Kaufmannslehrlings, der von einer verführerischen Kokotte zugrunde gerichtet wird; das Thema ist mit moralischen Beschwörungen ausgeschmückt und trieft von Gefühl. Der Mittelstand nahm das Stück begeistert auf, weil er endlich eine Darstellung seiner Tugenden und Ideale auf einer

* Dieses Gesetz ist mit Abänderungen aus dem Jahre 1843 immer noch in Kraft, wird aber nur selten angewendet.

britischen Bühne sah. Diderot begrüßte es warm und ahmte es nach, als er darum kämpfte, die *tragédie domestique et bourgeoise* in das französische Theater einzuführen. Lessing übernahm den Ton des Stückes in *Miss Sarah Sampson* (1755). Der Mittelstand setzte sich in Literatur wie in Politik durch.

In Schottland erhitzten sich die Gemüter, als der Geistliche John Home seinen Amtsbrüdern die Kränkung erwies, die erfolgreichste Tragödie seiner Zeit, *Douglas* (1756), zu schreiben und aufzuführen. Johns Vetter, David Hume, geriet in eine Begeisterung, die sich für einen skeptischen Philosophen eigentlich nicht gehörte, und sprach von dem «echten Schüler von Sophokles und Racine», der «mit der Zeit die englische Bühne von dem Vorwurf der Barbarei»[64] reinigen könne. Als Garrick das Stück ablehnte, ermöglichten Hume, Lord Kames (Henry Home) und die «gemäßigten» unter den schottischen Geistlichen eine Aufführung in Edinburgh, bei der David Hume Eintrittskarten verkaufte. Das Ereignis war ein Triumph für alle Homes und Humes und für das übrige Schottland, denn Home hatte eine alte schottische Ballade in ein patriotisches Drama verwandelt, bei dem jeder Schotte Freudentränen weinte. Die einzige Ausnahme bildete das Presbyterium der Edinburgher Kirche, das Home als eine Schande für den geistlichen Rock bezeichnete und das ihm «die Meinung der christlichen Kirche» ins Gedächtnis rief, wonach «Theaterstücke und Schauspieler schädlich für Religion und Moral»[65] seien. Home und ein anderer Geistlicher, Alexander Carlisle, wurden angeklagt, weil sie der Aufführung beigewohnt hatten. David Hume, hingerissen von verwandtschaftlichen Gefühlen, widmete seine *Vier Abhandlungen* seinem Vetter und schrieb eine heftige Anklage gegen die Unduldsamkeit. John gab sein Kirchenamt auf, ging nach London und hatte die Genugtuung, seinen *Douglas* in einer Aufführung mit Peg Woffington in der weiblichen Hauptrolle zu sehen (1757). Es war abermals ein Triumph; alle Schotten in London kamen, um Beifall zu klatschen; und als die Londoner Erstaufführung zu Ende war, ertönte die Stimme eines Schotten auf der Galerie: «Na, ihr Burschen, was haltet ihr jetzt von eurem Willy Shakespeare?»[66] Das Stück, heute so tot wie Addisons *Cato,* hielt sich während einer Generation. Als Mrs. Siddons es 1784 in Edinburgh spielte, mußte die Kirchenversammlung «sämtliche wichtigen Zusammenkünfte auf die Tage verlegen, an denen sie nicht auftrat»[67].

Der größte Lacherfolg der Londoner Bühne aus dieser Zeit war *Die Bettleroper*. John Gay begann seine Laufbahn als Lehrling bei einem Kaufmann, stieg zum Sekretär bei dem Grafen von Clarendon auf und wurde zu einem der aktivsten Mitglieder im Scriblerus Club. Pope beschrieb ihn als

Of manners gentle, of affections mild;
In wit a man; simplicity, a child;
With native humor temp'ring virtuous rage,
Form'd to delight at once and lash the age.[68]*

* Sanft im Umgang, mild in seiner Zuneigung;
An Geist ein Mann, an Einfältigkeit ein Kind.
Sittliche Entrüstung gemäßigt durch angeborenen Humor.
Das Entzücken seiner Mitmenschen, aber auch ihre Geißel.

Gay wurde 1716 berühmt mit *Trivia, oder die Kunst durch die Straßen Londons zu gehen*. Das Rattern der Wagenräder auf den Pflastersteinen, die Kutscher, die ihre Pferde mit Peitsche und Zunge antreiben, die «Schlampe», die Fisch nach Billingsgate trägt, die vornehme Ruhe in «Pell Mell», wo sich parfümierte Damen auf den Arm ihres Anbeters stützen, der Fußgänger, der sich durch ein Fußballspiel mitten auf der Straße hindurchschlängeln muß, die gutartigen Diebe, die mit «flinken Fingern deine Taschen erleichtern», und der stämmige «Wächter, der mit seinem freundlichen Licht deine torkelnden Schritte lenkt» und dich nach Hause führt – all dies und noch viel mehr bietet «Trivia» denen, die sich London im Jahre 1716 vorstellen wollen.

1720 brachte die Veröffentlichung seiner *Gedichte* durch eine Subskription Gay tausend Pfund ein, die er aber beim Krach der Südsee-Kompanie verlor. Pope und andere unterstützten ihn, bis ihm 1728 die *Bettleroper* zu neuem Wohlstand verhalf. Das Vorspiel stellt den Bettler vor, der die Oper einführt. Diese beginnt mit einer Ballade Peachums, der (wie Jonathan Wild) vorgibt, dem Gesetz durch Anzeigen von Dieben zu dienen (wenn sie nicht für ihn arbeiten wollen), der aber tatsächlich mit Diebesgut handelt. Er nennt sich einen Ehrenmann, weil «alle Berufe sich gegenseitig übervorteilen» und nur auf Habsucht beruhen. Seine Angelegenheiten sind in Gefahr, weil seine Tochter Polly in einen gutaussehenden, forschen Straßenräuber, den Kapitän Macheath, verliebt ist, mit dem sie sich vielleicht sogar verheiratet hat; das wäre natürlich ein Hindernis für die Verwendung von Pollys Reizen zur Erweichung von Käufern, Verkäufern und Polizisten. Mrs. Peachum beruhigt ihn:

> «Warum sollte sich ausgerechnet unsere Polly von ihrem Geschlecht unterscheiden und nur ihren Ehemann lieben, und warum sollte Pollys Heirat – allen Beobachtungen zum Trotz – zur Folge haben, daß ihr die Männer weniger nachlaufen? In der Liebe sind alle Männer Diebe, und sie haben eine Frau noch lieber, wenn sie einem anderen gehört.»[69]

Gleichzeitig warnt sie aber ihre Tochter:

> «Du weißt, Polly, daß ich nichts dagegen habe, wenn du mit einem Kunden von Geschäfts wegen, oder um hinter ein Geheimnis zu kommen, ein bißchen herumspielst. Aber wenn ich herausbekomme, daß du dich wie eine dumme Gans benommen und geheiratet hast, du Miststück, dann schneide ich dir die Kehle durch.»

Polly rechtfertigt ihre Heirat in einer Ballade:

Can love be controlled by advice?
Will Cupid our mothers obey?
Though my heart were as frozen as ice,
At his flame 'twould have melted away.
When he kissed me, so closely he pressed,
'Twas so sweet that I must have complied;
So I thought it both safest and best
To marry, for fear you should chide.[70]*

---

* «Kann Liebe mit Ratschlägen unterdrückt werden? Wird Amor auf Mütter hören? Selbst wenn ich ein Herz aus Eis hätte, bei seiner Flamme wäre es geschmolzen. Als er mich küßte und so fest an sich drückte, war es so schön, daß ich nachgeben mußte. So hielt ich es für das sicherste und das beste, zu heiraten, aus Angst, du würdest mich schimpfen.»

Peachum kocht vor Wut. Er fürchtet, daß Macheath ihn und seine Frau umbringen will, um über Polly ihr Vermögen zu erben. Er plant, Macheath an die Polizei zu verraten und dafür zu sorgen, daß er gehängt wird. Macheath erscheint auf der Bühne, tröstet Polly mit Umarmungen und versichert ihr, daß er von nun an nur ihr gehört:

My heart was so free
It roved like the bee,
Till Polly my passion requited;
I sipped each flower,
I changed every hour,
*But here every flower is united.**

Sie bittet ihn, ihr zu schwören, daß er sie mitnehmen werde, falls er in die Verbannung geht. Er schwört: «Gibt es eine Gewalt ..., die mich von dir losreißen könnte? Eher könnte man einem Höfling seine Rente entreißen, einem Anwalt seine Gebühren und eine hübsche Frau ihrem Abbild im Spiegel.» Und sie singen zusammen das reizende Duett:

He: Were I laid on Greenland's coast,
And in my arms embraced my lass,
Warm amidst eternal frost,
Too soon the half-year's night would pass.
She: Were I sold on Indian soil,
Soon as the burning day was closed,
I could mock the sultry toil
When on my charmer's breast reposed.
He: And I would love you all the day,
She: Every night would kiss and play,
He: If with me you'd fondly stray,
*She: Over the hills and far away.***

Sie verrät ihm, daß ihr Vater ihn dem Arm des Gesetzes ausliefern will, und bittet ihn unter Tränen, sich eine Zeitlang zu verstecken. Er geht, macht jedoch in einem Wirtshaus halt, wo er sich mit den Dirnen vergnügt, die von Peachum bestochen worden

---

* Mein Herz war so frei,
Es war auf der Suche wie eine Biene,
Bis Polly mir meine Leidenschaft vergalt;
Ich nippte an jeder Blume,
Jede Stunde an einer anderen,
Aber hier sind alle Blumen vereint.

** Er: Wäre ich an Grönlands Küste
Und mein Liebchen fest im Arm,
Wär mir warm im ew'gen Frost.
Allzu kurz ein halb' Jahr Nacht.
Sie: Würde ich nach Indien verkauft,
Wär mir keine Arbeit allzu schwer,
Achtet' nicht der Sonne heiße Glut,
Wenn ich dann am Herz des Liebsten ruht'.
Er: Und ich würde dich den ganzen Tag lang lieben,
Sie: Jede Nacht dich küssen und vergnügen,
Er: Wenn du nur mit mir von dannen ziehst,
Sie: Über die Hügel und weit von hier.

sind, um ihn zu verraten. Während sie ihn streicheln, stehlen sie seine Pistolen, dann rufen sie die Polizei. In der nächsten Szene ist er im Newgate-Gefängnis. Dort streiten sich Polly und eine seiner anderen Frauen um seine Person; sie befreien ihn, aber er wird wieder eingefangen und an den Galgen geschickt. Unterwegs tröstet er seine Damen mit dem Lied:

Then farewell, my love – dear charmers, adieu!
Contented I die – 'tis the better for you.
Here ends all dispute for the rest of our lives,
For this way, at once, I please all my wives.[71]*

Nun erscheint wieder der erzählende Bettler und rühmt sich, daß in seiner Geschichte am Ende das Laster bestraft wird, wie es sich für ein anständiges Stück gehört. Aber dann protestiert einer der Schauspieler, weil «eine Oper ein glückliches Ende haben muß» (wie sich die Sitten wandeln!). Der Bettler gibt nach, rettet Macheath von der Schlinge des Henkers und fesselt ihn stattdessen an Polly; alles tanzt um das Paar, während sich Macheath fragt, ob sein künftiges Schicksal nicht schlimmer sei als der Tod.

Gay war so glücklich, in dem deutschen Komponisten Johann Pepusch, der in England lebte, einen Mitarbeiter zu finden. Pepusch lehnte seine Musik zu Gays Balladen an altenglische Weisen an; das Ergebnis war von unwiderstehlicher Wirkung. Trotz der Satire auf Bestechlichkeit und Heuchelei war das Publikum bei der Erstaufführung im Lincoln's Inn Fields Theatre (29. Januar 1728) voller Begeisterung. Das Stück wurde dreiundsechzig Abende hintereinander gegeben, was noch nie vorgekommen war; auch in den größeren Städten Englands wurde es lange gespielt. Auf den Bühnen zweier Erdteile steht es immer noch auf dem Programm, und zweimal wurde es mit Erfolg verfilmt. (Von Brecht gar nicht zu reden; der Übersetzer.) Die Schauspielerin, die die Rolle Pollys spielte, wurde von der galanten Jugend umschwärmt und überall eingeladen. Ihre Lebensgeschichte und ihr Porträt fanden reißenden Absatz. Ihre Lieder wurden auf Fächer gemalt, und sie heiratete einen Herzog. Ein hoher Würdenträger der Kirche erhob jedoch Protest, weil Gay einen Straßenräuber zu seinem Helden gemacht hatte und ihn unbestraft davonkommen ließ. Als Gay versuchte, eine Fortsetzung mit dem Titel *Polly* aufzuführen, wurde die Bewilligung dafür vom Lordkämmerer verweigert. Gay veröffentlichte *Polly* in Buchform. Sie verkaufte sich so gut und die Einkünfte aus der *Bettleroper* waren so erfreulich, daß sie Gay zum reichen Mann machten. Vier Jahre nach seinem Triumph wurde der Dichter von Koliken dahingerafft.

---

* So leb wohl, meine Liebe – meine Süßen, Adieu!
Bin's zufrieden zu sterben – 's ist am besten für euch.
Hier endet aller Streit für den Rest unsres Lebens,
Denn so gefall' ich allen meinen Frauen zugleich.

V. DER ROMAN

Das bedeutendste Ereignis in der Literaturgeschichte dieser Zeit war das Entstehen des modernen Romans. *Clarissa* und *Tom Jones* sind vom historischen Standpunkt wichtiger als jedes englische Gedicht oder Theaterstück aus dieser Periode. Ungefähr vom Jahre 1740 an, als sich das Interesse vom Hofleben dem Volke, von der Handlung dem Gefühl zuwandte, ersetzte der Roman das Drama als Sprachrohr und Spiegel Englands.

Geschichten waren so alt wie die Schrift. Indien besaß seine Märchen und Fabeln; Judäa hatte in seine Literatur die Erzählungen von Ruth, Esther und Hiob aufgenommen; das hellenistische Griechenland und das mittelalterliche Christentum hatten Abenteuer- und Liebesromane hervorgebracht; in Italien waren zur Zeit der Renaissance Tausende von Novellen wie die von Bocaccio und Bandello entstanden; das Spanien der Renaissancezeit und das Elisabethanische England hatten abenteuerliche Schelmenromane geschrieben, und Frankreich hatte die Welt im siebzehnten Jahrhundert mit Liebesgeschichten, länger als die längste Liebe, überflutet. Lesage hatte seinen *Gil Blas* ausgesponnen; Defoe hatte die Abenteuergeschichte vervollkommnet, um menschlichen Mut zu feiern; Swift hatte eine Reisebeschreibung dazu benützt, die Menschheit aufzurütteln.

Konnten diese Erzeugnisse jedoch als Romane im heutigen Sinn aufgefaßt werden? Sie ähnelten den Romanen des achtzehnten Jahrhunderts, denn es handelte sich um erfundene Geschichten, auch waren manche von beträchtlicher Länge; andere bemühten sich bei der Beschreibung der Charaktere um Wirklichkeitsnähe. Was ihnen aber fehlte (vielleicht mit Ausnahme *Robinson Crusoes*), war das Entrollen einer Handlung, die Ereignisse und Charaktere zu einem einheitlichen Ganzen verschmolz. In dem Buch *Oroonoko* von Aphra Behn (1688), der Geschichte eines afrikanischen Sklaven, war eine verbindende Handlung vorhanden; ebenso in *Kapitän Singleton* von Defoe (1720), in *Moll Flanders* (1722) und *Roxana* (1724); trotzdem lag hier eher eine Reihe von Episoden vor als ein einheitlicher Aufbau, in dem jede Einzelheit zur Förderung des Themas im Ganzen beiträgt. Erst als Richardson und Fielding diese Kunst der allmählichen Entfaltung meisterten, Charaktere schufen, die sich im Laufe der Ereignisse formten und gleichzeitig die Sitten ihres Zeitalters abbildeten, war der moderne Roman geboren.

1. Samuel Richardson: 1689–1761

Der Begründer des neuen Romans war der Sohn eines Tischlers aus Derbyshire, der bald nach der Geburt Samuels nach London übersiedelte. Seine Familie hoffte, aus ihm einen Geistlichen zu machen, war aber zu arm, um ihm eine entsprechende Erziehung zu geben; dafür gelangen ihm dann einige Predigten in seinen Büchern. In seiner Umgebung hielt man sich noch an die puritanische Moral. Er kam zu einem Drucker in die Lehre und war bekannt wegen seiner schönen Handschrift, so daß er den Mädchen, die nicht schreiben konnten, ihre Liebesbriefe abfaßte, womit er sein Taschengeld aufrundete; dieser Zufall bestimmte die Briefform und seine eingehende Untersuchung weiblicher Psyche und Gefühle in seinen Romanen. Sein Fleiß und seine Sparsamkeit wurden belohnt; er gründete seine eigene Druckerei, heiratete die Tochter seines ehemaligen Meisters (1721) und hatte sechs Kinder mit ihr, von denen fünf im Kindesalter starben. Auch sie starb jung (1730), und da er sie sehr geliebt hatte, trug dieser Verlust dazu bei, seine eher düstere Veranlagung zu vertiefen. Er heiratete wieder, hatte noch einmal sechs Kinder, erlitt noch mehrere Verluste und arbeitete sich zum Drucker des Unterhauses hoch. Er war fünfzig Jahre alt, als er sein erstes Buch veröffentlichte.

Im Jahre 1739 forderten ihn zwei befreundete Drucker auf, ein Büchlein mit Briefmustern zu schreiben, als Anleitung für «jene ländlichen Leser, die unfähig waren, selbst welche abzufassen», und auch als eine Unterweisung, «wie man sich in den allgemeinen Umständen des menschlichen Lebens richtig und vorsichtig zu verhalten habe»[72]. Bei der Vorbereitung dieses Buches – hier faßte das Genie die Gelegenheit beim Schopf – kam Richardson auf die Idee, eine Brieffolge mit einer Liebesgeschichte zu verweben, die das schickliche Benehmen eines jungen Mädchens veranschaulichte. Das Thema der Keuschheit, die einer langen Reihe von Versuchungen widersteht, war vielleicht auf Marivaux' *Vie de Marianne* (1731–1741) zurückzuführen. Jedenfalls bedeuteten die beiden Bände, die Richardson im November 1740 herausgab, einen Meilenstein in der englischen Literatur: *Pamela oder die belohnte Tugend, eine Reihe von Familienbriefen von einem schönen jungen Mädchen an ihre Eltern; jetzt zum erstenmal veröffentlicht, um die Jugend beiderlei Geschlechts in den Prinzipien der Tugend und der Religion zu bestärken*. Das Buch ging gut, und 1741 veröffentlichte Richardson noch zwei weitere Bände: *Pamela in ihrem gehobenen Stande*, die von ihrem tugendhaften und weisen Verhalten nach der Heirat erzählten.

Die erste Hälfte der Geschichte ist immer noch von Interesse, denn wir sind nie zu alt, um uns für Verführung zu interessieren, wenn auch nach tausend Seiten sogar Verführung langweilig wird. Schon die erste Seite beginnt mit Gefühl, wo Pamela schreibt: «O wie meine Augen überströmen! Wundert euch nicht, wenn das Papier voller Flekken ist.» Sie ist ein Muster an Gehorsam, Güte und Bescheidenheit. Sie wurde mit sechzehn Jahren «in Dienst» geschickt und sendet ihren ersten Lohn ihren Eltern, «... denn die Vorsehung wird mich nicht darben lassen ... Sollte ich mehr bekommen, so bin ich sicher, daß es meine Pflicht und meine Sorge sein wird, euch beide zu hegen und zu pflegen; denn ihr habt mich gehegt und gepflegt, als ich noch nicht für mich sorgen konnte.»[73] Die vorsichtigen Eltern weigern sich, das Geld anzunehmen, bevor sie ganz sicher sind, daß es keine Anzahlung auf Pamelas Gunstbezeigungen von ihrem unverheirateten Dienstherrn ist. Sie warnen sie, daß ihre Schönheit ihre Keuschheit gefährde. «Wir fürchten, ja mein liebes Kind, wir *fürchten*, daß du ihn aus allzu großer Dankbarkeit mit dem Kleinod deiner Tugend belohnst, die dir kein Reichtum ... ersetzen kann.» Pamela verspricht, sich zu hüten, und fährt fort: «O wie angenehm ist es, Gutes zu tun! Das ist alles, worum ich die großen Herren beneide.» Ihre Gefühle sind bewundernswert, wenn sie auch etwas an Reiz verlieren, weil sie ausgesprochen werden. Es kommt zu einer Katastrophe, als der Dienstherr ohne jede Einleitung in ihr

Bett steigt und sie an sein klopfendes Herz drückt. Sie fällt in Ohnmacht, wodurch sein Programm gestört wird. Nachdem sie wieder zu sich kommt: «Ich legte meine Hand an seinen Mund und fragte – 'O sage mir, oder sag es mir lieber nicht, was habe ich in dieser Bedrängnis erlitten?'»[74] Er versichert ihr, daß seine Absichten durchkreuzt wurden. Sie anerkennt aber sein Begehren als ein Kompliment und fängt langsam an, ihn zu lieben; und die allmähliche Verwandlung ihrer Furcht in Liebe gehört zu den vielen feinen Zügen, die den Ruf Richardsons als eines Psychologen begründeten. Trotzdem widersteht sie seiner Belagerung, und schließlich gibt er sich geschlagen und bietet ihr die Heirat an. Pamela ist glücklich, daß sie ihre Tugend und seine Seele gerettet hat, und beschließt, eine vollkommene englische Ehefrau zu werden, die zu Hause bleibt, großartige Gesellschaften vermeidet, über das Haushaltsgeld Buch führt, Almosen verteilt, Plätzchen bäckt und Früchte einmacht und dankbar ist, wenn ihr Mann sich ab und an dazu herbeiläßt, sie mit seiner Unterhaltung zu beehren. Richardson beendet den zweiten Band mit einer Predigt über die Vorteile der Tugend beim Handel zwischen den Geschlechtern. «Der Herausgeber dieser Zeilen hat sein Ziel erreicht, wenn sie [Pamelas Tugend] andere würdige Personen zu löblicher Nachahmung anspornt, die damit Anspruch auf die Belohnung, das Lob und den Segen erheben dürfen, die Pamela mit Recht zuteil wurden.»

Einige Engländer, darunter der lebensfreudige Fielding, lachten darüber, aber Tausende von kleinbürgerlichen Lesern schluchzten mit Pamela. Die Geistlichkeit lobte das Buch, hochzufrieden, daß sie endlich Unterstützung in der Literatur fand, die bisher ganz dem Teufel verschrieben schien. Vier Ausgaben von *Pamela* waren in einem halben Jahr vergriffen; selbstverständlich drängten die Verleger Richardson, diese Goldader weiter auszubeuten. Er war jedoch nicht auf Geld aus, und zudem begann er zu kränkeln. Er nahm sich Zeit und beschäftigte sich mit seiner Druckerei. Erst im Jahre 1747 brachte er das Meisterwerk heraus, vor dem sich das ganze bürgerliche Europa verneigte.

Clarissa oder die Geschichte einer jungen Dame hatte zweitausend Seiten und erschien zwischen November 1747 und Dezember 1748. Man hatte *Pamela* vorgeworfen, daß die Tugend nur als Tauschobjekt und ein ehemaliger Wüstling als guter Ehemann dargestellt werde; so nahm sich Richardson vor, diesmal die Tugend als ein göttliches Geschenk zu zeigen, das im Himmel belohnt wird, während der unverbesserliche Wüstling einem unvermeidlichen bösen Ende entgegengehen sollte. Der stürmische Lovelace, der als unwiderstehlich gilt, wirbt um die Hand Clarissa Harlowes. Sie traut ihm nicht, fühlt sich aber gegen ihren Willen von ihm und seinem Ruf angezogen. Ihre Familie untersagt ihr jede Beziehung zu solch einem Schurken, verbietet ihm das Haus und will Clarissa mit einem Mr. Solmes verheiraten, einem unbescholtenen, aber unbedeutenden Mann. Sie weigert sich. Um ihren Widerstand zu brechen, wird sie gescholten, gequält und eingeschlossen. Lovelace wirbt einen Helfer an, mit dem er einen Scheinangriff auf sie unternimmt – sie im Glauben lassend, es handle sich um einen Plan ihrer Verwandten. Daraufhin erlaubt sie ihm, sie nach St. Albans zu entführen.

Sie ist bereit, ihn zu heiraten, aber zu solch einem verzweifelten Schritt will er es nicht kommen lassen. Er schreibt einem Freund:

«... Ich würde mich ja zur Heirat entschließen, wenn ich mir nicht sagen würde – ist man einmal verheiratet, so ist man es auf Lebenszeit. Das ist der Haken! Könnte ein Mann es den Vögeln gleichtun und jeden Frühling sein Weibchen wechseln ..., dann wäre gar nichts dabei ... Damit würde man gleichzeitig ... vier oder fünf gräßliche Todsünden aus der Welt schaffen: Notzucht, um einen gewöhnlichen Ausdruck zu gebrauchen, Ehebruch und Unzucht; auch die Vielehe würde nicht mehr verfolgt. Häufig würden Morde und Duelle damit vermieden. Von der Eifersucht (der Ursache empörender Gewalttaten) würde man kaum noch etwas zu hören bekommen ... Unfruchtbare Frauen dürfte es wohl auch nicht mehr geben ... Beide Geschlechter würden sich ohne weiteres ertragen, in der Aussicht auf eine bessere Lösung nach ein paar Monaten ... Die Zeitungen wären voll von Artikeln über die Frage: *Wer ist mit wem zusammen?* Und wäre die Unterscheidung nicht wirklich nett, Jack? Wie bei den Blumen: Herr Soundso oder Frau Soundso ist *einjährig*, jemand anderer beständig.»[75]

Er versucht, Clarissa zu verführen. Sie droht ihm, daß sie sich umbringen werde, wenn er sie anrühre. Er hält sie gefangen, wenn auch in einem goldenen Käfig, von wo aus sie herzzerreißende Briefe an ihre Vertraute Anna Howe schickt. Er erfindet immer neue Listen, um ihren Widerstand zu brechen; sie gibt nicht nach, hält sich aber für entehrt, weil sie eingewilligt hat, mit ihm davonzulaufen. Sie schreibt rührende Briefe an ihren Vater und bittet ihn, ihr zwar nicht zu verzeihen, aber den Fluch zurückzunehmen, der ihr, wie sie fürchtet, auf ewig die Pforten des Paradieses verschließt; er weigert sich. Von nun an siecht sie dahin, und ihr einziger Trost ist die Religion. Lovelace verschwindet in Frankreich, wo er in einem Duell von Clarissas Onkel getötet wird. Schließlich kommen ihre Eltern zu ihr, zur Vergebung bereit, und finden sie tot.

Es ist eine einfache Geschichte, die für unsere heutige Ungeduld zu sehr in die Länge gezogen ist; aber im achtzehnten Jahrhundert war ganz England davon gefangen. In der Zeit zwischen der Veröffentlichung der verschiedenen Bände erhielt Richardson Hunderte von Leserbriefen, die ihn anflehten, Clarissa nicht sterben zu lassen[76]. Ein Vater beschrieb seine drei Töchter, von denen jede «in diesem Augenblick einen anderen Band (von *Clarissa*) in Händen hält; und alle drei haben Augen so feucht wie Blumen im April»[77]. Lady Mary Wortley Montagu, eine der gebildetsten Engländerinnen ihrer Zeit, las das Buch als ein Zugeständnis an die Gefühle des Mittelstandes und an den Lärm, der darüber gemacht wurde; es beleidigte jedoch ihren aristokratischen Geschmack:

«Ich alte Närrin weinte über Clarissa Harlowe wie ein sechzehnjähriges Milchmädchen über eine rührselige Ballade. In Wirklichkeit berührten mich die ersten Bände, weil sie mich stark an meine Jungmädchenzeit erinnerten; aber im Ganzen ist es jämmerliches Zeug ... Clarissa hält sich an den Grundsatz, jedem ersten besten alles, was ihr durch den Kopf geht, zu erzählen, ohne darüber nachzudenken, daß wir Sterbliche uns in einem Zustand der Unvollkommenheit befinden, der Feigenblätter ebensonötig für unseren Geist als unseren Körper macht, denn es ist genau so unanständig, alles, was wir denken, wie alles, was wir haben, zu zeigen.»[78]

Jetzt lagen die englischen Frauen dem triumphierenden Richardson in den Ohren, er solle ihnen den idealen Mann beschreiben, so wie er ihrer Meinung nach in *Pamela* die ideale Frau abgebildet hatte. Er zögerte vor solch einer umfangreichen Aufgabe, entschied sich aber, nachdem Fielding in *Joseph Andrews* eine Satire auf *Pamela* und mit *Tom Jones* das lebensgetreue Bildnis eines Mannes herausgegeben hatte. So veröffentlichte er zwischen November 1753 und März 1754 *Die Geschichte des Sir Charles Grandison* in sieben Bänden. Der blasierte Leser der heutigen Zeit kann nur schwer verstehen, wieso dieser dritte Roman einen ebenso großen Erfolg hatte wie die beiden ersten. Die Reaktion des zwanzigsten Jahrhunderts auf den Puritanismus und viktorianische Kompromisse hat uns gegen Abbilder idealer Vollkommenheit, wenigstens im Manne, abgehärtet. Wir sind manchem wackeren Mann begegnet, aber keiner war glücklicherweise ganz ohne Fehler. Richardson versuchte seinen Sir Charles mit einigen kleinen Mängeln auszustatten, aber trotzdem finden wir den Abstand zwischen ihm und uns unüberbrückbar. Außerdem verliert Tugend an Reiz, wenn damit geprahlt wird. Grandison entging gerade noch der Heiligsprechung.

Richardson war so aufs Predigen aus, daß seine Kunst darunter litt. Humor oder Witz waren ihm fremd. Sein Versuch, eine lange Geschichte in Briefen zu erzählen, führte zu verschiedenen unwahrscheinlichen Situationen (die Wiedergabe weitläufiger Unterhaltungen), ermöglichte ihm aber andererseits, das gleiche Ereignis von verschiedenen Standpunkten zu betrachten und der Erzählung eine intime Note zu geben, wie sie in einer weniger subjektiven Form kaum denkbar gewesen wäre. Zu jener Zeit war es gang und gäbe, erprobten Verwandten oder Freunden lange vertrauliche Briefe zu schreiben. Außerdem konnte Richardson im Briefroman sein besonderes Talent zur Schau stellen – die Darstellung des weiblichen Charakters. Weitere Mängel kamen hinzu; er kannte Männer weniger gut als Frauen, Adlige weniger als Bürgerliche; und nur selten fing er all die Schattierungen, Widersprüche und Entwicklungen der «menschlichen Seele» ein. Tausende von Einzelheiten zeigen ihn hingegen als einen scharfen Beobachter menschlichen Verhaltens. Mit diesen Werken wurde der englische psychologische Roman geboren, und in ihnen war der Keim jenes Subjektivismus enthalten, der später Rousseau gleich einem Fieber verzehrte.

Richardson nahm seinen Erfolg mit Bescheidenheit entgegen. Er arbeitete weiter als Drucker, erbaute sich jedoch ein schöneres Haus. Er schrieb lange Briefe mit Ratschlägen an einen umfangreichen Kreis von Frauen, die ihn zum Teil mit «Lieber Papa» anredeten. In seinen späteren Jahren mußte er die ständige Anspannung seiner Schaffenskraft mit nervöser Überempfindlichkeit und Schlaflosigkeit bezahlen. Am 4. Juli 1761 starb er an einem Schlaganfall.

Er hatte mehr Einfluß im Ausland als jeder andere Engländer seiner Zeit, ausgenommen Wesley und der ältere Pitt. Er war mitbestimmend für das moralische Klima in England zur Zeit Johnsons und trug zur Hebung der Sitten am Hof, nach der Zeit Georgs II., bei. Seine ethische und literarische Hinterlassenschaft machte sich im *Landprediger von Wakefield* von Goldsmith (1766) und in *Sense and Sensibility* (Verstand und Gefühle; 1811) von Jane Austen bemerkbar. In Frankreich wurde er als der beste englische Romanschriftsteller betrachtet. «In keiner Sprache», sagte Rousseau, «ist ein so ausgezeichneter oder auch nur annähernd so guter Roman geschrieben worden wie *Clarissa.*»[79] Richardson wurde von Abbé Prévost übersetzt; Voltaire dramatisierte

Pamela in seiner *Nanine*. In Thema, Form und moralischer Absicht nahm sich Rousseau in *La Nouvelle Héloïse Clarissa* zum Vorbild. Diderot zollte Richardson ekstatische Anerkennung in *Eloge de Richardson* (1761). Wenn er seine ganze Bibliothek verkaufen müßte, sagte er, so würde er von all seinen Büchern nur Homer, Euripides, Sophokles und Richardson behalten. Gellert übersetzte *Pamela* ins Deutsche, ahmte sie nach und weinte bei der Lektüre von *Grandison*[80]; Klopstock war hingerissen von *Clarissa;* Wieland verwendete *Grandison* als Vorlage zu einem Stück; und Deutsche machten Pilgerfahrten zum Hause Richardsons[81]. In Italien bearbeitete Goldoni *Pamela* für die Bühne.

Heute liest niemand mehr Richardson, den seine Studien nicht dazu zwingen; wir haben keine Zeit mehr, um solche Briefe zu schreiben, geschweige denn, sie zu lesen; und die moralische Auffassung eines industriellen und darwinistischen Zeitalters wendet sich ungeduldig vor puritanischer Vorsicht und Hemmung zurück. Wir sind uns jedoch bewußt, daß diese Romane, noch mehr als die Gedichte von Thomson, Collins und Gray, die Revolte des Gefühls gegen die Anbetung von Verstand und Vernunft darstellten; und wir müssen in Richardson den Vater – wie in Rousseau die Hauptfigur – jener romantischen Bewegung sehen, die gegen Ende des Jahrhunderts über die klassische Gekünsteltheit Popes und den sinnlichen Realismus Fieldings triumphierte.

2. *Henry Fielding: 1707–1754*

Als er 1727 in London auftauchte, erregte der hochgewachsene, kräftig gebaute Mann mit den angenehmen Gesichtszügen allgemeine Bewunderung; er war witzig und offenherzig und von der Natur dazu ausgerüstet, das Leben in vollen Zügen und von allen Seiten zu genießen. Da er dazu verurteilt war, seinen Unterhalt sauer zu verdienen, zog er die Feder vor und hielt sich mit Komödien und Possen über Wasser. Lady Mary Montagu, eine entfernte Kusine von ihm, benutzte ihren Einfluß und erreichte die Aufführung seines Stückes *Liebe in verschiedenen Masken* im Drury Lane Theatre (1728). Sie selbst sah es sich liebenswürdigerweise zweimal an, um die Aufmerksamkeit darauf zu lenken; 1732 verhalf sie seinem *Modernen Ehemann* zu einer guten Aufnahme. Er fabrizierte ein mittelmäßiges Stück nach dem anderen und begnügte sich mit gutartiger Satire in *Die Tragödie der Tragödien oder Leben und Tod Tom Däumlings des Großen* (1731).

Nachdem er Charlotte Gradock vier Jahre lang den Hof gemacht hatte, heiratete er sie im Jahre 1734. Bald darauf erbte sie 1500 Pfund, woraufhin sich Fielding mit ihr zu einem sorgenlosen Leben aufs Land zurückzog. Er liebte seine Frau innig und beschrieb sie immer wieder als die scheue und schöne Sophia Western und die unendlich geduldige Amelia Booth. Lady Bute versichert, daß «die glühenden Worte, mit denen er sie beschrieb, nur den ausgezeichneten Eigenschaften des Originals und seiner Schönheit Gerechtigkeit widerfahren ließen»[82].

1736 war er wieder in London, um mittelmäßige Stücke zur Aufführung zu bringen. Als das Zensurgesetz von 1737 dem Theater Fesseln anlegte, zog sich Fielding von der Bühne zurück. Er studierte Jura und wurde 1746 als Anwalt zugelassen. Doch im selben Jahr wurde sein Leben in neue Bahnen gelenkt, weil Richardson seine *Pamela* veröffentlichte. Die satirischen Neigungen Fieldings konnten der Verlockung von soviel ausgesprochener Tugend, wie sie *Pamela* und ihr Schöpfer vertraten, nicht widerstehen. Und er begann *Die Geschichte von den Abenteuern Joseph Andrews' und seines Freundes Mr. Abraham Adams, geschrieben in der Art des Cervantes* (1742) als eine Parodie auf *Pamela*. Joseph, der als ein Bruder Pamelas vorgestellt wird, ist ebenso rein und schön wie seine Schwester. Wie sie wird er verschiedentlich von seiner Brotgeberin in Versuchung geführt, der er aber widersteht; und wie sie geht er in seinen Briefen auf alle Einzelheiten dieser niederträchtigen Anschläge auf seine Keuschheit ein. Sein Brief an Pamela klingt fast, aber doch nicht ganz, wie Richardson:

«Liebe Schwester Pamela!
Ich hoffe, daß es Dir gut geht. Was für Neuigkeiten habe ich Dir mitzuteilen! ... Meine Herrin hat sich in mich verliebt – oder was diese Herrschaften so nennen –, und sie ist darauf aus, mich zu verderben. Aber ich hoffe, daß ich genug Entschlossenheit und Anstand in mir habe, um meine Tugend vor jeder Dame auf der Welt zu bewahren.

Mr. Adams hat mir oft gesagt, daß Keuschheit eine ebenso große Tugend für einen Mann wie für eine Frau ist. Er erzählte mir, daß er nie eine andere Frau außer seiner eigenen gekannt habe, und ich werde mich bemühen, es ihm gleichzutun. Seinen Predigten und Ratschlägen wie auch Deinen Briefen verdanke ich es, wenn ich bis jetzt einer Versuchung widerstehen konnte, denn jeder Mann, sagt er, der ihr erliegt, bereut es im Diesseits und ist im Jenseits verdammt ... Wie wunderbar sind doch gute Ratschläge und gute Vorbilder! Aber ich bin froh, daß sie mich damals aus ihrem Zimmer wies; denn einmal hätte ich fast jedes Wort vergessen, das Pastor Adams mir einflößte.

Ich bin sicher, liebe Schwester, daß Dein Anstand Deine Tugend vor allen Versuchungen bewahren wird. Und ich bitte Dich, recht viel für mich zu beten, damit auch ich imstande bin, die meinige zu bewahren; denn mehr als eine macht ernsthafte Angriffe darauf; aber ich hoffe, daß ich Deinem Beispiel nacheifern werde und auch dem Vorbild meines Namensvetters Joseph und meine Tugend allen Anfechtungen zum Trotz rein halte ...»[83]

Es gelingt ihm, und er bleibt unberührt, bis er die unberührte Fanny heiratet. Pamela, die als Frau ihres reichen Arbeitgebers eine höhere Sprosse auf der sozialen Stufenleiter erklommen hat, macht Fanny Vorwürfe, da sie es gewagt hat, ihren Bruder zu heiraten, der durch Pamelas vorteilhafte Heirat ebenfalls sozial gehoben wurde. Richardson beklagte sich, daß Fielding einen «unanständigen und kleinlichen Ableger» von *Pamela* geschrieben habe[84].

Mit der Parodie auf Richardson war Fieldings Lust auf Satire noch nicht gestillt; Homers *Ilias* nachäffend, rief er die Musen an und machte aus seinem Buch ein Epos. Mit übersprudelndem Humor erfand er die Figuren, die Joseph und Adams unterwegs treffen, besonders den Wirt Tow-wouse, der von Frau Tow-wouse *in flagrante delicto* mit Betty, dem Stubenmädchen, erwischt wird; seine Frau verzeiht ihm, und «er ertrug es ruhig und gelassen, daß er für den Rest seines Lebens ein- bis zweimal am Tag an seine Verfehlungen erinnert wurde». Da es aber nicht in Fieldings Natur lag, aus einem unbefleckten Jüngling einen Helden zu machen und über ihn einen ganzen Roman zu schreiben, verlor er bald jedes Interesse an Joseph und stellte Pastor Adams in den Mittelpunkt seines Buches. Das schien eine merkwürdige Wahl, denn Adams war ein aufrichtiger, gläubiger Geistlicher, der ein Manuskript mit seinen Predigten bei sich hatte, auf der Suche nach einem tollkühnen Verleger. Der Schöpfer stattete Adams mit einer lauten Stimme, einem zähen Magen und harten Fäusten aus; und wenn er auch gegen den Krieg ist, so schlägt er sich doch gut und bringt eine ansehnliche Reihe von Schuften zu Fall, die im Laufe der Geschichte auftauchen. Er ist bei weitem die sympathischste Figur des Buches; und wir teilen das Vergnügen Fieldings, der seinen Pastor die merkwürdigsten Abenteuer mit Schweinen, Schmutz und Blut bestehen läßt. Alle, die in ihrer Jugend für das christliche Ideal geschwärmt haben, müssen Zuneigung für diesen Geistlichen verspüren, der ohne jeden Falsch ist und sich ausschließlich von Barmherzigkeit leiten läßt. Fielding stellt ihm den geldgierigen Pastor Trulliber gegenüber, «einen der beleibtesten Männer, den man je zu Gesicht bekam, der die Rolle von Sir John Falstaff ohne jedes Polster spielen könnte»[85].

Stolz auf diesen Erfolg, gab Fielding 1743 drei Bände heraus, die er bescheiden *Vermischte Schriften* nannte. Der dritte Band enthielt ein satirisches Meisterwerk, *Das Leben von Mr. Jonathan Wild dem Großen.* Es war keine tatsächliche Biographie des berühmten Fagin aus dem achtzehnten Jahrhundert, «meine Erzählung befaßt sich mehr mit den Handlungen, die er ausgeführt haben könnte»[86]. In der ursprünglichen Form war es ein Angriff auf Sir Robert Walpole, der gestohlene Stimmen für sich in Anspruch nahm; die Neuausgabe nach Walpoles Tod sollte eine Satire auf sogenannte «Größe» und ihre Entstehung sein. Fielding war der Ansicht, daß die meisten «großen Männer» der Menschheit mehr geschadet als genutzt hätten; nachdem Alexander «mit Feuer und Schwert ein riesiges Reich erobert, das Leben einer unglaublichen Anzahl von Unschuldigen zerstört und Vernichtung und Verzweiflung wie ein Wirbelwind um sich verbreitet hatte, wurde er – wie man uns mitteilt – der Große genannt, weil er Milde walten ließ und einer alten Frau nicht die Kehle durchschnitt und ihre Tochter nicht schändete»[87]. Der Dieb sollte eigentlich ein reineres Gewissen haben als der «Staatsmann», weil er viel weniger Opfer macht und sich mit geringerer Beute zufriedengibt[88].

Nach Art politischer Biographien versieht Fielding seinen Jonathan mit einem beeindruckenden Stammbaum und verfolgt seine Abstammung bis auf «Wolfstan Wild, der mit Hengist herüberkam». Seine Mutter «hatte Finger, an denen alles auf die wunderbarste Weise hängenblieb»[89]. Von ihr lernte Jonathan Kunst und Ethik des Diebstahls. Seine überdurchschnittliche Intelligenz befähigte ihn sehr früh, eine Bande tapferer junger Burschen zusammenzustellen, die es sich zur Aufgabe machten, überflüssige Leute von ihren überflüssigen Gütern oder ihrem bedeutungslosen Leben zu trennen. Den Löwenanteil ihres Gewinns behielt er für sich, und wenn er sich eines aufsässigen Untergebenen entledigen wollte, übergab er ihn den Hütern von Gesetz und Ordnung. Er stellte erfolglos einer gewissen Laetitia nach, die es vorzog, sich von seinem Gehilfen Fireblood ins Verderben locken zu lassen, der «diese schöne Kreatur nach einigen Minuten vergewaltigte, oder zumindest vergewaltigt hätte, wenn sie ihn nicht durch ihre rechtzeitige Zustimmung davor bewahrt hätte»[90]. Daraufhin heiratete sie Wild. Zwei Wochen später halten sie «eine eheliche Zwiesprache», wobei sie ihr natürliches Recht verteidigt, sich dem hinzugeben, der ihr gerade gefällt; er schimpft sie eine Hure; sie küssen und versöhnen sich. Er begeht immer größere Verbrechen, bis seine

Frau die Genugtuung hat, ihn zum Tode verurteilt zu sehen. Ein Geistlicher begleitet ihn zum Galgen; unterwegs erleichtert Wild seine Taschen, findet aber nur einen Korkenzieher, denn der fromme Mann ist ein Weinkenner. Und «so wurde Jonathan Wild der Große nach all seinen Taten aufgehängt, bis er tot in der Schlinge hing – was so wenigen GROSSEN MÄNNERN gelingt»[91].

Gegen Ende 1744 verlor Fielding seine Frau; dieses Ereignis verdüsterte sein Gemüt, bis er sich seinen Kummer in den liebevoll gezeichneten Abbildern der Verstorbenen, Sophia und Amelia, von der Seele schreiben konnte. Er war der Zofe seiner Frau, die bei ihm blieb, um für seine Kinder zu sorgen, für ihre treue Ergebenheit so dankbar, daß er sie 1747 heiratete. Inzwischen hatten sowohl seine Gesundheit als sein Einkommen gelitten. Eine Ernennung zum Friedensrichter (1748) von Westminster und bald darauf von Middlesex rettete ihn. Es war ein mühseliges Amt, das recht und schlecht vom Honorar der streitenden Parteien, die vor ihm erschienen, bezahlt wurde. Er nannte die dreihundert Pfund, die im Jahr zusammenkamen, «das dreckigste Geld auf der Welt»[92]. In den sorgenvollen Jahren zwischen 1744 und 1748 muß er an seinem größten Roman gearbeitet haben, denn 1749 erschien in sechs Bänden *Die Geschichte von Tom Jones, einem Findling*. Er selbst erzählt, daß er das Buch «in einigen tausend Stunden» neben seinem Amt und neben allen möglichen Pfuscharbeiten zum Geldverdienen verfaßt habe; auch wird man bei seinem kräftigen Humor und seiner virilen Ethik nicht gewahr, daß es sich für ihn um Jahre voller Kummer, Gicht und Geldsorgen handelte. Denn diese zwölfhundert Seiten bilden ein Buch, das von vielen als der beste englische Roman angesehen wird. Niemand in der englischen Literatur hatte vorher mit so vollständiger Offenheit Körper und Geist, Benehmen und Charakter eines Mannes beschrieben. Berühmt sind die Worte Thackerays in der Einleitung zu *Pendennis:*

> «Seit der Verfasser von *Tom Jones* beerdigt wurde, war es keinem unter uns Romanschriftstellern erlaubt, mit seinem ganzen Können einen Mann zu beschreiben. Wir müssen ihm einen Mantel umhängen und einen von der Gesellschaft geforderten Dämpfer aufsetzen. Denn die Gesellschaft duldet das Natürliche in unserer Kunst nicht ... Niemand bekommt zu hören, was sich wirklich in der Welt, in der Gesellschaft, in Vereinen, Hochschulen und Messen abspielt – worin das Leben und die Unterhaltung eurer Söhne besteht.»

Tom wird als unehelicher Säugling im sittsamen Bett von Mr. Allworthy gefunden. Zwischen diesem ersten Auftritt bis zu Toms Hochzeit am Schluß ereignen sich gut hundert Episoden, die Fielding scheinbar in Form von unverbundenen Abenteuern aneinandergereiht hat. Aber am Ende des Buches wird der Leser mit Überraschung feststellen, daß all diese Ereignisse für das feine Gewebe der Handlung oder die Darstellung und Entwicklung der Charaktere notwendig waren; nach und nach werden die verschlungenen Fäden entwirrt, die Knoten gelöst. Einige der Personen, wie zum Beispiel Allworthy, der an Grandison erinnert, sind idealisiert. Andere sind zu sehr vereinfacht, so der unentwegt verächtliche Blifil oder Ehrwürden Mr. Thwackum, der Lehrer, «dessen Meditationen voll von Birkenruten waren»[93]. Viele andere sind hingegen aus dem Leben gegriffen. Junker Western schätzt von allen Dingen auf der Welt «nichts höher ... als seine Pistolen, seine Hunde und seine Pferde»[94], danach eine gute

Flasche und schließlich seine unvergleichliche Tochter Sophia. Das ist eine Clarissa, die die Fallen kennt, die die Männer ihr stellen, eine Pamela, die dem Mann, der sie vor der Ehe ausprobieren möchte, selbst ohne weiteres eine Falle stellt.

Tom war zwar ein Schürzenjäger, aber im übrigen fast zu gut, um sich durchs Leben zu schlagen. Allworthy adoptiert ihn. Thwackum unterrichtet und verprügelt ihn, und so wächst er zu einem stämmigen jungen Mann heran, dessen Übermut nur dann und wann durch bösartige Bemerkungen über seine geheimnisvolle Abstammung gedämpft wird. Er plündert einen Obstgarten und stiehlt eine Ente, aber sein Adoptivvater verzeiht ihm das als Jugendstreiche, in bester Shakespeare-Tradition. Sophia bewundert ihn aus züchtiger Entfernung, aber Tom, der seine uneheliche Geburt nicht vergißt, wagt es nicht, sich in eine Dame zu verlieben, die an Rang und Vermögen so hoch über ihm steht. Er begnügt sich mit Molly Seagrim, der Försterstochter, und gibt zu, daß er als Vater ihres Kindes in Frage kommt; mit großer Erleichterung stellt er fest, daß er nur einer unter verschiedenen möglichen Vätern ist. Sophia leidet, als sie von dieser Liebschaft erfährt, doch wird ihre Bewunderung für Tom nur vorübergehend abgekühlt. Er fängt sie in seinen Armen auf, als sie auf der Jagd vom Pferd fällt; ihr Erröten enthüllt ihm ihre Gefühle, und jetzt verliert er, ohne Zeit zu versäumen, sein Herz. Junker Western ist jedoch darauf aus, seine Finanzen durch Sophias Heirat mit Mr. Blifil aufzubessern, der der legitime Neffe und Erbe des wohlhabenden und kinderlosen Allworthy ist. Sophia weigert sich, diesen jungen Heuchler zu heiraten; der Junker besteht auf seiner Entscheidung, und der Kampf zwischen dem väterlichen Willen und den töchterlichen Tränen verdüstert mehrere Bände. Tom schreckt zurück und läßt sich im Wald mit Molly im Arm erwischen; Sophia ist Zeuge dieser Szene und fällt in Ohnmacht. Allworthy schickt ihn, wenn auch widerstrebend, weg, und Tom beginnt eine jener ereignisreichen Reisen, ohne die Fielding, der darin noch mit Cervantes und Lesage verwandt ist, sich einen Roman nicht vorstellen konnte. Toms Herz gehört immer noch der untröstlichen Sophia, aber da er glaubt, daß sie endgültig für ihn verloren ist, schlüpft er ins Bett zu Mrs. Waters. Nach manchem Kummer und unglaublichen Schwierigkeiten kommt es zur Versöhnung zwischen ihm und Allworthy, der ihn anstelle von Blifil zu seinem Erben bestimmt; er spricht sich mit der zurückhaltenden, aber nachsichtigen Sophia aus und wird von Junker Western mit offenen Armen als Schwiegersohn empfangen, obschon dieser ihn noch eine Woche vorher hat erschlagen wollen. Dem Junker kann es auf einmal mit der Eheschließung gar nicht schnell genug gehen:

> «Zu ihr, mein Junge, zu ihr, geh zu ihr ... Ist es soweit? Hat sie den Tag festgelegt, mein Junge? Wann soll es sein, morgen oder übermorgen? Beim Himmel, sie würde sich von Herzen gern schon heute abend vermählen! Stimmt das nicht, Sophie? ... Wo, zum Teufel, steckt Allworthy? Hör mal zu, Allworthy, ich wette mit dir fünf Pfund gegen eine Krone, daß wir morgen in neun Monaten einen Buben haben.»[95]

Seit Shakespeare hatte niemand mehr das englische Leben so eingehend und offen beschrieben. Allerdings fehlt es an Zärtlichkeit, Ergebenheit, Heldenhaftigkeit, Liebenswürdigkeit und Pathos, die jeder Gesellschaft eigen sind. Fielding zog den Mann von Instinkt dem Mann von Geist vor. Er verachtete die Leute seiner Zeit, die die anstößigen Stellen bei Chaucer und Shakespeare ausmerzen wollten, ebenso wie die Dichter und Kritiker, die der Ansicht waren, daß ernsthafte Literatur sich nur mit der besseren Gesellschaft zu befassen habe. Liebe zwischen den Geschlechtern war für ihn physische Liebe, und er hielt alles übrige für Humbug. Die Geldsucht, die er auf allen Gesellschaftsstufen beobachtete, ekelte ihn an, und er haßte Betrug und Heuchelei. Mit Predigern machte er kurzen Prozeß; aber er liebte seinen Pastor Adams, und der einzige Held in *Amelia* ist Dr. Harrison, ein anglikanischer Geistlicher; Fielding selbst predigte bei jeder Gelegenheit.

Nachdem er *Tom Jones* veröffentlicht hatte, wandte er sich Problemen zu, mit denen er als Beamter zu tun hatte. Seine Arbeit brachte ihn täglich in Berührung mit Londoner Gewalttätigkeiten und Verbrechen. Er schlug verschiedene Methoden vor, die den Schutz der öffentlichen Ordnung und die Ausübung der Justiz verbessern sollten. Ihm und seinem Halbbruder Sir John Fielding, seinem Nachfolger in der Magistratur von Bow Street, war es zu danken, daß eine der Banden, die London terrorisierten, eingefangen werden und an den Galgen gebracht werden konnte. Ein Optimist berichtete im Jahre 1757, daß «das herrschende Übel, die Straßenüberfälle, fast völlig beseitigt wurde»[96].

Inzwischen hatte Henry Fielding (Dezember 1751) seinen letzten Roman *Amelia* veröffentlicht. Er konnte seine erste Frau nicht vergessen. Jetzt errichtete er ihr als der fehlerlosen Kameradin eines leichtsinnigen Soldaten ein Denkmal. Hauptmann Booth ist gütig, tapfer und großzügig; er betet seine Amelia an; aber er spielt, gerät in Schulden, und zu Anfang des Buches befindet er sich im Gefängnis. Hundert Seiten lang erzählt er seine Geschichte einer anderen Gefangenen, einer Miß Matthews; er beschreibt ihr die Schönheit, Bescheidenheit, Treue, Zärtlichkeit und andere Züge der Vollkommenheit seiner Frau und nimmt dann Miß Matthews' Einladung, ihr Bett zu teilen, an. «Eine ganze Woche lang» setzt er «diese verbrecherische Unterhaltung»[97] fort. In dieser und späteren Gefängnisszenen enthüllt Fielding – vielleicht mit einiger Übertreibung – die Heuchelei von Mann und Weib, die Bestechlichkeit von Polizisten und Beamten und die Roheit der Gefängnisaufseher. Hier geht es bereits um den Schuldturm, der noch hundert Jahre später den Zorn Dickens' erregen sollte. Richter Thrasher wußte, ob ein Gefangener schuldig war, wenn er seinen Akzent hörte. «Herrchen, deine Zunge verrät deine Schuld. Du bist ein Ire, und das ist für mich immer Beweis genug.»[98] Die Anzahl der Schurken wächst mit jedem Kapitel, bis Amelia ihren verarmten Kindern zuruft: «Verzeiht mir, daß ich euch in die Welt gesetzt habe.»[99]

Amelia ist Fieldings geduldige Griseldis. In einem der ersten Kapitel wird ihr die Nase gebrochen, aber nach einer Operation ist sie wieder so schön, daß fast in jedem zweiten Kapitel ein Anschlag auf ihre Tugend gemacht wird. Sie gibt zu, daß sie ihrem Mann geistig unterlegen ist. Sie gehorcht ihm in allem, weigert sich nur, auf einen Maskenball zu gehen. Sie wohnt einem Oratorium von Händel bei, zögert jedoch, sich den Blicken der Müßiggänger in Vauxhall auszusetzen. Als Booth nach einer seiner Eskapaden zu ihr zurückkehrt, stellt er fest, daß sie «das Amt einer Köchin mit demselben Vergnügen ausübt, das eine feine Dame bei den Vorbereitungen für einen Ball empfindet»[100]. Sie erhält einen Brief, in dem die böse Miß Matthews ihr Booths Ehebruch im Gefängnis verrät. Sie zerreißt den Brief, erwähnt ihn nicht bei ihrem Mann und liebt ihn nach wie vor, trotz Trunkenheit, Glücksspielen, Schulden und Verhaftungen; sie verkauft ihren Schmuck und ihre Kleider, um ihn und ihre Kinder zu ernähren. Sie läßt sich nicht so sehr von seinen Schwächen als von der Grausamkeit der Menschen und Einrichtungen entmutigen, mit denen er zu tun hat. Fielding nimmt wie Rousseau und Helvetius an, daß die meisten Menschen von Natur aus gut sind, aber von der Schlechtigkeit ihrer Umgebung und der Unzulänglichkeit der Gesetze verdorben werden. Thackeray hielt Amelia für «die reizvollste Figur im englischen Roman»[101]. Aber vielleicht war sie nur der Traum eines Ehemanns. Am Schluß stellt sich natürlich heraus, daß Amelia eine reiche Erbin ist; sie und Booth ziehen sich auf ihren Besitz zurück, und Booth wird ein guter Mann.

Diese Schlußfolgerung wird durch das Vorhergehende kaum gerechtfertigt: einmal ein Booth – immer ein Booth. Fielding versuchte, all die Verwicklungen in seiner Handlung zu einer glücklichen Einheit zu verschmelzen, aber hier springt sein Kunstgriff allzusehr ins Auge. Der große Romancier war erschöpft und angeekelt von den Dieben und Mördern in seiner Umgebung. Nachdem er *Amelia* beendet hatte, schrieb er: «Ich werde die Welt nicht weiter mit Kindern meiner Muse beunruhigen.» Im Januar 1752 begründete er *The Covent Garden Journal,* steuerte einige energische Artikel bei, beantwortete die Kritik Smolletts, schoß ein paar Pfeile auf *Roderick Random* ab und ließ dann die Zeitung im November wieder eingehen. Seine Gesundheit wurde vom Winter 1753/54 schwer erschüttert, denn er war überarbeitet und litt an Gicht, Gelbsucht und Asthma. Er versuchte es mit dem Teerwasser von Bischof Berkeley, aber seine Gicht verschlimmerte sich. Sein Arzt empfahl einen Aufenthalt in einem sonnigeren Klima. Im Juni 1754 schiffte er sich mit Frau und Tochter auf der *Queen of Portugal* ein; unterwegs verfaßte er sein *Tagebuch einer Reise nach Lissabon,* eines seiner reizvollsten Erzeugnisse. Er starb in Lissabon am 8. Oktober 1754 und wurde dort auf dem englischen Friedhof begraben.

Was war sein Verdienst? Er begründete den realistischen Sittenroman; er beschrieb das Leben des englischen Mittelstandes in lebendigeren Farben als jeder Historiker. Seine Bücher eröffneten eine Welt. Er hatte nicht soviel Glück mit den höheren Ständen; dort mußte er sich wie Richardson mit Beobachtungen von außen begnügen. Er kannte das greifbare Leben seines Landes besser als seine Seele und das Körperliche der Liebe besser als ihr Geistiges; die zarteren, verfeinerten Elemente des englischen Charakters entgingen ihm. Nichtsdestoweniger drückte er Smollett, Sterne, Dickens und Thackeray seinen Stempel auf; er war ihrer aller Vater.

3. Tobias Smollett: 1721–1771

Smollett konnte Fielding nicht leiden, denn er war eifersüchtig auf dessen Erfolg. Er war Schotte und gab Hume recht, der bedauerte, daß England ein Hindernis auf dem Weg nach Frankreich sei. Sein Großvater hatte sich jedoch für die parlamentarische

Union mit England (1707) eingesetzt und war ein Mitglied des Vereinigten Parlaments gewesen. Sein Vater starb, als Tobias kaum zwei Jahre alt war; aber seine Familie ermöglichte ihm den Besuch des Gymnasiums in Dumbarton und dann der Universität Glasgow, wo er medizinische Vorstudien machte. Anstatt aber für den Doktortitel zu arbeiten, unterlag er der Versuchung zu schreiben und eilte mit einer wertlosen Tragödie nach London, um sie Garrick vorzulegen, der ihn jedoch abwies. Tobias hungerte sich eine Weile durch, ließ sich als Gehilfe des Schiffsarztes auf das Kriegsschiff *Cumberland* anwerben und segelte auf ihm 1740 in den Krieg für Jenkins' Ohr. Er nahm an dem verfehlten Angriff auf Cartagena an der Küste Kolumbiens teil. In Jamaika nahm er seinen Abschied; dort lernte er Nancy Lascelles kennen, die er bald nach seiner Rückkehr nach England (1744) heiratete. Er bezog ein Haus in Downing Street und ließ sich als Arzt nieder; aber es juckte ihn, seine Erfahrungen in der Flotte niederzuschreiben, und so veröffentlichte er 1748 seinen bekanntesten Roman.

Roderick Randoms Abenteuer ist der alte Abenteuerroman, in dem die Ereignisse über die Hauptperson miteinander verknüpft sind. Smollett fühlte sich Fielding nicht verpflichtet, um so mehr aber Cervantes und Lesage. Sein Interesse war mehr auf Männer und Taten gerichtet als auf Bücher und Worte. Seine Geschichte ist eine Folge kunterbunter Ereignisse, manchmal anrüchig, immer saft- und kraftvoll, und wimmelt von merkwürdigen Persönlichkeiten mit kerniger Ausdrucksweise. Es ist eine der ersten und besten unter tausend anderen englischen Seefahrergeschichten. Bevor er sich zur Marine pressen läßt, untersucht Roderick – wie sein Schöpfer – gründlich die englischen Wirtshäuser und die moralische Beschaffenheit Londons. Was für ein Jammer, daß wir die Reisen in jenen Postkutschen des achtzehnten Jahrhunderts und jene Gasthöfe verpaßt haben! Was für eine Bildergalerie verschiedenster Typen – verwahrloste Soldaten, Zuhälter und Kupplerinnen, Hausierer, die ihre Ware in einem Bündel herumschleppen und ihr Geld verstecken, Männer, die Nachttöpfe umwerfen, weil sie nach dem verkehrten Bett suchen, Weiber, die Vergewaltigung kreischen und mit einer Münze zum Schweigen gebracht werden, all die armen Seelen, die großtun wollen und einander im Fluchen überbieten. Miß Jenny nennt den Hausierer einen «alten Bock, der für Pfennige hurt», und fragt den Kapitän: «Hol's der Teufel, Herr, wer seid *Ihr?* Wer hat *Euch* zum Kapitän gemacht, so einen jämmerlichen Hungerleider, so ein Zuhältergewürm? Tod und Verdammnis! Die Armee muß ja gut dran sein, wenn sie Burschen wie Euch befördert!»[102]

In London arbeitet Roderick (der darin Smollett gleicht) als «fahrender Apotheker», das heißt als Gehilfe eines Drogisten. Er entgeht einer drohenden Heirat, als er seine Braut mit einem anderen Mann im Bett findet. «Der Himmel verlieh mir Geduld und Geistesgegenwart, so daß ich mich sofort zurückzog, meinen Sternen tausendfach für diese holde Entdeckung dankte und beschloß, daraus die Lehre zu ziehen und in Zukunft jeden Gedanken an Heirat aufzugeben.»[103] Er begnügt sich mit Gelegenheitsliebe, macht Erfahrungen mit den Gewohnheiten und Leiden der Straßendirnen, heilt ihre Krankheiten, prangert die Quacksalber an, die sie schröpfen, und stellt fest, daß die Prostituierte, «wenn sie auch oft als öffentliches Ärgernis verklagt wird, trotzdem durch die Maschen schlüpft, weil sie den Richtern regelmäßig eine Summe für ihren Platz bezahlt»[104].

Roderick wird zu Unrecht des Diebstahls angeklagt und gerät in solche Armut, daß «ich keinen anderen Ausweg als die Armee oder die Flotte sah». Die Qual der Entscheidung wird ihm abgenommen, denn ein Preßkommando schlägt ihn bewußtlos und zerrt ihn auf SMS *Thunder*. Er fügt sich in sein Schicksal und wird Gehilfe des Schiffsarztes. Schon nach einem Tag zur See bemerkt er, daß Kapitän Oakum ein halbverrückter Rohling ist, der aus Sparsamkeitsgründen kranke Matrosen zur Arbeit zwingt, bis sie sterben. Roderick nimmt am Kampf bei Cartagena teil, sein Schiff geht unter, er schwimmt bis zur Küste von Jamaika, wird Diener bei einer alten, heruntergekommenen Dichterin, «verliebt» sich in ihre Nichte Narcissa und «nährt die Hoffnung, dieses liebenswürdige Geschöpf eines Tages genießen zu dürfen»[105]. Und so erzählt Smollett atemlos weiter, mit drei Seiten langen Absätzen, in seiner einfachen, kraftvollen und von Flüchen durchsetzten Sprache. In London schließt Roderick neue ausgefallene Freundschaften, darunter mit Miß Helinda Goosetrap und Miß Biddy Gripewell. Dann geht es mit der Postkutsche nach Bath, wo er die liebliche Narcissa trifft, ihr Herz gewinnt, sie wieder verliert und ein Duell austrägt ... Er schifft sich aufs neue als Arzt ein, segelt nach Guinea (wo sein Kapitän vierhundert Sklaven «kauft», um sie in Paraguay «sehr vorteilhaft» zu verkaufen), dann wieder nach Jamaika, wo er seinen verloren geglaubten und jetzt begüterten Vater auffindet; zurück nach Europa; zurück zu Narcissa; Hochzeit; zurück nach Schottland und auf das väterliche Gut; Narcissa «fängt an, merklich rund um die Taille zu werden». Roderick selbst:

«Wenn es so etwas wie wahres Glück auf Erden gibt, so ist es mir zuteil geworden. Meine stürmischen Leidenschaftsbezeugungen haben sich besänftigt und sich in liebevolle Zärtlichkeit und warme Zuneigung verwandelt, die ihre Wurzel in jener innigen Verbindung, in jenem Anstand des Herzens haben, wie sie nur im Rahmen einer sittsamen Ehe entstehen können.»

Roderick Random verkaufte sich gut. Daraufhin bestand Smollett auf der Veröffentlichung seines Theaterstückes *Der Königsmörder*, mit einem Vorwort, in dem er über alle, die das Stück abgelehnt hatten, ein vernichtendes Urteil fällte. Während seiner ganzen Laufbahn ließ er seine Launen mit sich durchgehen und machte sich damit viele Feinde. Im Jahre 1750 fuhr er nach Aberdeen und machte sein medizinisches Examen; sein Charakter war aber für die Praxis ungeeignet, und so wandte er sich wieder der Literatur zu. 1751 brachte er *Die Abenteuer des Peregrinus Pickle* heraus, ein Buch, das den Leser – wie *Random* – zum Miterleben einer Reihe aufregender Ereignisse einlud. Seinen erfolgreichsten Helden hatte Smollett aber mit würzigem Humor ausgestattet. Kommodore Trunnion wird als «ein sehr eigenartiger Herr» beschrieben, der «seinerzeit ein großer Krieger war und im Kriegsdienst ein Auge und eine Ferse verlor»[106]. Er besteht darauf, zum x-ten Male die Geschichte zu erzählen, wie er ein französisches Kriegsschiff bei Kap Finisterre bombardiert hat. Er fordert seinen Diener Tom Piper auf, die Wahrheit seiner Geschichte zu bezeugen, woraufhin Tom «seinen Mund wie ein Dorsch, der nach Luft schnappt, öffnete und mit einer Stimme, so melodisch wie der Ostwind, der in einer Ritze pfeift», die gewünschte Bekräftigung von sich gibt. (Vielleicht schöpfte Sterne hieraus einige Ideen für Onkel Toby und Korporal Trim.)

Smollett amüsiert sich königlich bei der Schilderung, wie Mrs. Grizzle dem Kommodore den Hof macht und wie sein einbeiniger Leutnant Jack Hatchway ihn darum bittet, sich von ihr «nicht unter ihr Heck abschleppen» zu lassen, denn «wenn er erst einmal an ihrem Achterschiff festliegt, bei Gott, dann wird sie so lange darauf losprügeln, bis jeder Balken in deinem Leib vor Anstrengung kracht». Der Kommodore beruhigt ihn: «Kein Mensch wird je Hawser Trunnion achtern im Kielwasser einer Hure zu sehen bekommen.»[107] Verschiedenste Angriffspläne erschüttern jedoch seine Keuschheit; er willigt ein, in den Hafen der Ehe einzulaufen; aber er geht zur Hochzeit «wie ein Missetäter zur Verurteilung ..., als ob er jeden Augenblick die Auflösung der Natur befürchtete». Er besteht auf einer Hängematte anstelle eines Hochzeitsbetts; sie reißt unter dem doppelten Gewicht, aber erst nachdem die Dame «der Ansicht war, ihr Ziel erreicht und ihre Autorität ein für allemal gegen alle Schicksalsschläge gesichert zu haben». Trotzdem bleibt diese Seeschlacht unentschieden, und Mrs. Trunnion kehrt wieder zu ihrem Schnaps zurück und «ihren religiösen Pflichten, die sie mit erbitterter Strenge erfüllte».

Sir Walter Scott beschrieb den vierzigjährigen Smollett als «außerordentlich gutaussehend, mit einnehmenden Zügen und, nach dem einstimmigen Urteil seiner noch vorhandenen Freunde, äußerst erbaulich und amüsant in der Unterhaltung»[108]. Alle stimmen darin überein, daß er jähzornig war und sich mit großer Heftigkeit ausdrückte. So beschrieb er Charles Knowles als «einen Admiral ohne Disziplin, einen Ingenieur ohne Kenntnisse, einen Offizier ohne Entschlußfähigkeit und einen Mann ohne Wahrhaftigkeit»[109]. Der Admiral verklagte ihn wegen Verleumdung, und Smollett wurde zu drei Monaten Gefängnis und einer Strafe von hundert Pfund verurteilt (1757). Neben seiner Reizbarkeit hatte er viele gute Eigenschaften; er war freigebig und wohlwollend, half armen Schriftstellern und war, wie Scott sagte, «ein zärtlicher Vater und liebevoller Ehemann».[110] Sein Haus in der Lawrence Lane in Chelsea war ein Treffpunkt für unbedeutende Schreiber, die seine Gastfreundlichkeit, wenn auch nicht seine Ratschläge ausnutzten; darunter wählte er sich einige zu literarischen Gehilfen aus. Er war einer der ersten Prosaschriftsteller (Dryden vielleicht der erste Dichter?), der bei seinen Verlegern erreichte, ihm Lebensbedingungen zu gestatten, die seinem Talent entsprachen. Manchmal verdiente er sechshundert Pfund im Jahr, aber er mußte schwer dafür arbeiten. Er schrieb noch drei weitere Romane, davon zwei unbedeutende. Er überredete Garrick, sein Stück *Die Vergeltung* aufzuführen, das wegen seiner Angriffe auf Frankreich Erfolg hatte. Er versorgte verschiedene Zeitschriften mit seinen angriffslustigen Artikeln und gab *The Briton*, das Sprachrohr der Tories, heraus. Er übersetzte *Gil Blas*, verschiedene Werke von Voltaire und (mit Hilfe einer früheren Ausgabe) *Don Quixote;* außerdem war er Mitverfasser und -herausgeber einer *Geschichte Englands* in neun Bänden (1757–1765). Zweifellos benutzte er seine «Literaturfabrik» aus Grub-Street-Schreiberlingen, um eine *Weltgeschichte* und *Die gegenwärtige Lage der Nationen* in acht Bänden zusammenzustellen.

Im Jahre 1763 war die Gesundheit des damals Zweiundvierzigjährigen bereits zerrüttet von einem abenteuerlichen Leben voller Arbeit, Zänkereien und Zornausbrüche. Sein Arzt riet ihm, einen Spezialisten, Dr. Fizes in Montpellier, zu konsultieren, was er auch tat. Er erfuhr, daß sein Asthma, Husten und eitriger Auswurf auf Schwindsucht hindeuteten, woraufhin er auf Englands grünende Feuchtigkeit verzichtete und zwei Jahre lang auf dem Kontinent blieb. Seine Ausgaben bestritt er mit dem Buch *Reisen durch Frankreich und Italien* (1766). Wie in seinen Romanen bewies er auch hier seinen raschen, scharfen Blick für die äußeren Anzeichen und Angewohnheiten, in denen sich der Charakter von Personen und Völkern offenbart; doch würzte er seine Berichte mit unverhüllter Entrüstung. Er teilte Postillonen, Mitreisenden, Wirten, Bedienten und ausländischen Patrioten unverbrämt mit, was er von ihnen hielt, schimpfte über jede Rechnung, machte französische und italienische Kunst herunter, ging auf den Katholizismus los und tat die Franzosen als Diebe ab, die ihre Diebereien nicht einmal immer mit Höflichkeit bemäntelten. Man höre:

«Wenn man einen Franzosen in seine Familie aufnimmt ..., so zeigt er sich für die genossene Gastfreundschaft zunächst damit erkenntlich, daß er der Dame des Hauses den Hof macht – falls sie hübsch ist; andernfalls der Schwester, Tochter, Nichte ... oder Großmutter des Hausherrn ... Wird er erwischt, so behauptet er noch obendrein, daß er sich nur galant benommen habe, wie es in Frankreich zur guten Erziehung gehöre.»[111]

Als Smollett nach England zurückkam, hatte sich sein Gesundheitszustand erheblich gebessert. 1768 ging es jedoch wieder bergab mit ihm, und er versuchte es mit einer Kur in Bath, die aber völlig wirkungslos blieb; im Gegenteil, die feuchte Luft war schädlich für ihn; im Jahre 1769 war er wieder in Italien. In einer Villa bei Livorno schrieb er sein letztes und bestes Buch, *Die Expedition des Humphrey Clinker*, von dem Thackeray sagte, es sei «die lustigste Geschichte, die je seit Anbeginn der schönen Kunst des Romanschreibens verfaßt worden ist»[112]. Auf jeden Fall ist es das erfreulichste und liebenswürdigste von Smolletts Büchern, wenn man einige Zoten in Kauf nimmt. Fast gleich am Anfang machen wir die Bekanntschaft von Dr. L...n, der «gute» oder «schlechte» Gerüche für rein persönliche Vorurteile hält, «weil nämlich jeder, dem es angeblich vom Kotgeruch eines anderen übel wird, seinen eigenen mit besonderem Behagen beschnuppert; zur Bestätigung wandte er sich an die anwesenden Damen und Herren»[113]. Worauf zwei oder drei Seiten noch stärkeren Tobaks folgen. Nachdem Smollett sich also erleichtert hatte, ging er zur Erfindung einer ganzen Schar von Figuren über, die die Erzählung in Form eines Briefwechsels auf unglaubliche und ganz reizende Art fortsetzen. Da ist zuerst Matthew Bramble, «ein feiner, alter Herr» und eingefleischter Junggeselle, das Sprachrohr Smolletts. Seiner Gesundheit wegen muß er nach Bath fahren, findet aber, daß der Gestank des Wassers stärker ist als seine Heilkraft. Menschenmengen kann er nicht ausstehen und fällt einmal in Ohnmacht, weil er den Geruch, den sie ausströmen, nicht aushalten kann. Auch die verdorbene Luft und das schlechte Essen in London findet er unerträglich:

«Das Brot, das ich in London esse, ist ein unverdaulicher Teig, der mit Kreide, Alaun und Knochenasche vermischt ist; ohne jeden Geschmack und gesundheitsschädigend. Die guten

Leute wissen um diese Verfälschung, ziehen aber dieses Brot dem gesunden vor, weil es weißer ist ... Dafür opfern sie Geschmack und Gesundheit ... Und der Müller oder Bäcker ist genötigt, sie zu vergiften ... Der gleiche Riesenunfug wird mit Kalbfleisch getrieben, das durch mehrfaches Bluten und andere Schelmenstreiche gebleicht wird ..., so daß ein Mensch genausogut ein Frikassee aus Ziegenlederhandschuhen zu sich nehmen könnte ... Es ist kaum zu glauben, daß sie verrückt genug sind, um ihre Gemüse mit einem roten Heller zu kochen, damit die Farbe schöner wird.»[114]

So beeilt sich Matthew, auf sein Landgut zurückzukehren, wo er ohne Lebensgefahr atmen und essen kann. Unterwegs – nachdem die Erzählung bis zum ersten Viertel gediehen ist – greift er einen armen, halbnackten Bauernburschen namens Humphrey Clinker auf. «Man sah ihm den Hunger am Gesicht an, und die Lumpen, die er trug, bedeckten ihn kaum so weit, wie es der Anstand erfordert.» Dieser Landstreicher bietet sich als Kutscher an; während er auf den Bock klettert, platzen seine Hosen, und Mrs. Tabitha Bramble (Matthews Schwester) beklagt sich, daß Humphrey «die Unverfrorenheit besaß, ihr den empörenden Anblick seines entblößten Hinterteils zu bieten». Matthew kleidet den Jungen ein, stellt ihn bei sich an und hat große Geduld mit ihm, sogar als er Methodistenprediger wird, weil er eine Rede von George Whitefield gehört hat.

Eine andere Seite der religiösen Frage wird durch Mr. H...t angedeutet, den Bramble in Scarborough trifft und der sich damit brüstet, daß er in Genf mit Voltaire erwogen habe, «wie man dem christlichen Aberglauben den letzten Stoß versetzen könnte»[115]. Eine weitere merkwürdige Figur, Kapitän Lismahago, tritt in Durham in die Erzählung ein – «eine hohe, magere Gestalt, die zu Pferd genau der Beschreibung Don Quixotes auf seiner Rosinante entsprach». Er hat unter nordamerikanischen Indianern gelebt und erzählt mit Genugtuung, wie diese zwei französische Missionare rösteten, weil sie gesagt hatten, Gott habe es zugelassen, daß sein Sohn «in die Eingeweide einer Frau eingetreten und als Missetäter hingerichtet worden sei», und weil sie behauptet hatten, sie wären imstande, «Gott *ad infinitum* mit Hilfe von ein wenig Mehl und Wasser zu vervielfältigen». Lismahago «legte viel Nachdruck auf die Worte *Verstand, Philosophie* und *innerer Widerspruch;* er höhnte über das ewige Höllenfeuer; und erlaubte sich sogar spöttische Bemerkungen über die Unsterblichkeit der Seele, womit er die Schnurrbartenden von Mrs. Tabithas Glauben leicht versengte»[116].

Smollett erlebte die Veröffentlichung von *Humphrey Clinker* nicht mehr. Am 17. September 1771 starb er in seiner Villa in Italien im Alter von fünfzig Jahren; er hatte sich mehr Feinde gemacht und mehr lebensnahe Figuren geschaffen als alle anderen Schriftsteller seiner Zeit. Wir vermissen in seinem Werk das Wohlwollen, die gesunde Lebensbejahung und auch den durchdachten Aufbau der Handlung, die wir bei Fielding antreffen; dafür entschädigt uns Smollett durch seine Lebenslust; aus seinen Büchern steigt der Lärm und Geruch von Englands Städten und Schiffen und Menschen empor, er erzählt fließender, lebendiger als Fielding, und der Gang der Handlung wird nicht von Predigten unterbrochen. Die Charakterzeichnung fällt bei Fielding weniger ins Auge, ist aber vielseitiger; Smollett begnügt sich oft damit, Gewohnheiten aller Art aufzuzählen, anstatt sich in die Widersprüche, Zweifel und tastenden Versuche zu vertiefen, die eine Persönlichkeit ausmachen. Diese Art der Darstellung – wobei eine Besonderheit übertrieben und zum Leitmotiv der Person wird – wurde von Dickens übernommen, dessen *Pickwickier* die Reise fortsetzten, die Matthew Bramble begonnen hatte.

Richardson, Fielding und Smollett zusammen haben das achtzehnte Jahrhundert in England eingehender und bildkräftiger beschrieben als irgendein Historiker – oder alle Historiker zusammen, denn sie verlieren sich in Einzelheiten. Hier ist alles vorhanden, außer den oberen Schichten, die Frankreichs Manieren und Kolonien übernahmen. Diese Schriftsteller führten den Mittelstand im Triumph in die Literatur ein, wie Lillo ihn ins Schauspiel, Gay in die Oper und Hogarth in die Malerei eingeführt hatten. Sie schufen den modernen Roman und hinterließen uns mit ihm ein unvergleichliches Vermächtnis.

VI. LADY MARY

So nannte man in England familiär die glänzendste Engländerin ihrer Zeit, die durch ihre Angriffe auf die Beschränkungen, die ihrem Geschlecht auferlegt waren, in die Sittengeschichte und durch ihre Briefe, die sich mit denen von Frau von Sévigné messen können, in die Literaturgeschichte einging.

Ihre Lebensumstände waren günstig; sie war die Enkelin von Sir John Evelyn und die Tochter von Evelyn Pierrepont, der in ihrem Geburtsjahr (1689) ins Parlament gewählt wurde und bald darauf als Graf von Kingston ein reiches Erbe antrat; so war seine Tochter von Kind auf «Lady» [adliger Titel] Mary. Ihre Mutter, Lady Mary Feilding (wie sie ihren Namen schrieb), war die Tochter eines Grafen und die Kusine des Schriftstellers Fielding. Sie starb, als ihre Tochter kaum vier Jahre alt war. Daraufhin wurden die Kinder zur Großmutter väterlicherseits geschickt, die sie erzog. Nach deren Tod kehrten sie wieder zum Vater auf den großartigen Landsitz Thoresby Park in Nottinghamshire zurück; und manchmal nahm er sie auch mit in die Stadt, sein Haus in Piccadilly. Er hatte eine besondere Vorliebe für Mary, die er, als sie acht Jahre alt war, im Kit-Cat-Klub herumreichte, wo sie von einem Schoß auf den andern kletterte und witzige Aussprüche zum besten gab. Mit Hilfe einer Gouvernante eignete sie sich ihre Bildung in der Bibliothek ihres Vaters an, wo sie manchmal acht Stunden hintereinander verbrachte und französische Romane und englische Theaterstücke verschlang. Sie sprach etwas Französisch und Italienisch und lernte Latein aus Ovids *Metamorphosen*. Addison, Steele und Congreve kamen häufig zu Besuch, ermutigten sie in ihren Studien und regten ihren Geist an. Sie selbst behauptete, daß sie die Aufmerksamkeit Edward Wortleys durch ihre Kenntnis der lateinischen Klassiker auf sich lenkte.

Er war ein Enkel von Edward Montagu, dem ersten Grafen von Sandwich; sein Vater Sidney Montagu hatte den Namen Wortley nach seiner Heirat mit einer Erbin dieses Namens angenommen. Als Edward (1708) im Alter von dreißig Jahren die Bekanntschaft Marys machte, war er bereits ein Mann von Bedeutung, der eine glänzende Laufbahn vor sich hatte; er hatte studiert, war mit einundzwanzig Jahren Anwalt und mit siebenundzwanzig Parlamentsmitglied. Es ist nicht bekannt, wann ihre Zuneigung für ihn erwachte, aber zwischen ihnen muß sich etwas angebahnt haben, denn am 28. März 1710 schrieb sie ihm:

«Wenn ich mich so ausdrücken darf (ich weiß, es klingt eingebildet): Aber ich könnte einen Mann mit Geist glücklich machen; aber dieser Mann ... müßte auch das Seinige dazu beitragen ... Dies ist der erste Brief ..., den ich je an einen Mann geschrieben habe, und wird der letzte sein. Erwarten Sie keinen anderen.»[117]

Diese zögernden Eingeständnisse hatten Erfolg. Als sie an Masern erkrankte, schickte er ihr ein paar Zeilen von einer bei ihm ungewohnten Wärme: «Ich wäre hocherfreut über die Nachricht, daß Ihre Schönheit gelitten hat – falls ich an irgend etwas Gefallen haben könnte, was Ihnen mißfällt –, denn dann würde die Zahl Ihrer Bewunderer abnehmen.»[118] In ihrer Antwort ging sie einen Schritt weiter: «Sie meinen – wenn Sie mich heiraten –, ich wäre einen Monat lang leidenschaftlich in Sie verliebt und im nächsten in jemand anders; weder das eine noch das andere stimmt. Ich kann verehren, ich kann eine Freundin sein, aber ich weiß nicht, ob ich lieben kann.»[119] Diese Aufrichtigkeit scheint ihn nachdenklich gestimmt zu haben, denn im November schrieb sie: «Sie sagen, daß Sie noch nicht entschlossen sind; erlauben Sie mir, den Entschluß für Sie zu fassen und Ihnen die Mühe zu ersparen, nochmals zu schreiben. Auf immer Lebewohl! Antworten Sie nicht!»[120] Im Februar 1711 schrieb sie wieder, um ihm zu sagen: «Dies ist mein letzter Brief an Sie.»[121] Er machte wieder Annäherungsversuche, sie wich ihm aus, woraufhin er sie plötzlich bestürmte. Nun galt es, finanzielle Schwierigkeiten und den Widerstand ihres Vaters zu überwinden. Er plante ihre Entführung, obwohl das bedeutete, daß sie keine Mitgift von ihrem Vater erwarten konnte. Sie warnte Wortley im voraus: «Überlege noch einmal, in welcher Verfassung Du mich zur Frau nehmen mußt. Ich werde zu Dir mit einem Nachthemd und einem Unterrock kommen, und das ist alles, was Du von mir erwarten kannst.»[122] Sie trafen sich in einem Gasthof und heirateten im August 1712; von nun an war sie Lady Mary Wortley Montagu; der letzte Name gehörte zur Adelslinie ihres Mannes; da er aber der Nachkomme eines jüngeren Sohnes war, wurde er weiterhin einfach Edward Wortley genannt.

Geschäfte und Politik entführten ihn bald nach Durham und London, während sie mit bescheidenen Mitteln in verschiedenen Landhäusern der Niederkunft ihres Kindes entgegensah. Im April fuhr sie nach London zu Wortley, wo im Mai ihr erstes Kind zur Welt kam. Ihr Glück dauerte nicht lange, denn ihr Gatte reiste herum, in der Hoffnung, wieder gewählt zu werden, und sie klagte über ihre Einsamkeit; sie hatte auf Flitterwochen gehofft, er auf einen Sitz im neuen Parlament. Den kostspieligen Wahlkampf verlor er, wurde aber zum stellvertretenden Polizeipräfekten ernannt. Er mietete ein Haus in der Nähe des Sankt-James-Palastes, und von hier aus begann Lady Mary im Januar 1715 die Eroberung Londons.

Sie stürzte sich in den gesellschaftlichen Wirbel. Am Montag empfing sie, am Mittwoch ging sie in die Oper, am Donnerstag ins Theater. Sie empfing und erwiderte Besuche, nahm teil am Hofleben Georgs I. und erwarb trotzdem die Gunst der Kronprinzessin Caroline. Sie pflegte den Umgang mit Dichtern und verkehrte mit Pope und Gay.

Ihr wacher Geist fesselte Pope, der vorübergehend seine Verachtung für das schwache Geschlecht vergaß, ihre Bemühungen um die Schulung junger Mädchen begrüßte und ihr einige hastig hingeworfene Reime widmete:

In beauty or wit
No mortal as yet
To question your empire has dared;
But men of discerning
Have thought that in learning,
To yield to a lady was hard.
Impertinent schools
With musty dull rules
Have reading to females denied;
So Papists refuse
The Bible to use,
Lest flocks be as wise as their guide.
'Twas a woman at first
(Indeed she was curs'd)
In knowledge that tasted delight;
And sages agree
The laws should decree
To the first possessor the right.
Then bravely, fair dame,
Resume the old claim,
Which to your whole sex does belong;
And let men receive
From a second bright Eve
The knowledge of right and of wrong.
But if the first Eve
Hard doom did receive
When only one apple had she,
What a punishment new
Shall be found out for you,
Who tasting, have robbed the whole tree?[123] *

Zu dieser Zeit verfaßte Gay ein Hirtengedicht, das eine kaum verschleierte Satire auf Londoner Berühmtheiten darstellte. Lady Mary beteiligte sich an diesem Spiel. Mit Hilfe von Gay und Pope schrieb sie zwei Hirtengedichte, die sich an Schärfe, Eleganz und wohlgezielten Nadelstichen mit den ihrigen messen konnten. Sie veröffentlichte

* «An Schönheit oder Geist konnte es bisher noch kein Sterblicher mit dir aufnehmen. Aber Männer mit Scharfsinn fanden es schwierig, sich in der Gelehrsamkeit einer Frau zu unterwerfen.

Anmaßende Schulen mit verstaubten langweiligen Regeln haben dem weiblichen Geschlecht das Lesen vorenthalten. So weigern sich die Papisten, die Bibel zu benützen, aus Angst, daß die Herde es dem Hirten gleichtun könnte.

Zu Anfang war es eine Frau (sie wurde dafür verflucht), die an der Erkenntnis Gefallen fand; und die Weisen sind sich darüber einig, daß nach dem Gesetz dem ersten Besitzer alle Rechte zustehen.

So mache, schöne Dame, kühn den alten Anspruch geltend, den dein ganzes Geschlecht erheben darf, und laß die Männer von einer zweiten klugen Eva die Erkenntnis von Gut und Böse empfangen.

Aber wenn die erste Eva für einen einzigen Apfel schwer büßen mußte, was für eine neue Strafe wird man für dich erfinden, die den ganzen Baum gekostet und geplündert hat?»

diese Gedichte nicht, aber das Manuskript ging mit ihrer Erlaubnis unter ihren Freunden um. Damit erwarb sie sich den Ruf eines weiblichen Pope, die mit ihrer Feder nicht nur Verse, sondern auch Waffen schmieden konnte.

Im Dezember 1715 erlitt sie einen schweren Schlag. Sie erkrankte so gefährlich an Pocken, an denen ihr Bruder gestorben war, daß man schon von ihrem Tod munkelte. Sie erholte sich, aber ihr Gesicht war von Pockennarben gezeichnet, und sie hatte ihre Wimpern verloren. Von ihrer Schönheit, mit der sie gerechnet hatte, um die Laufbahn ihres Mannes zu fördern, blieben ihr nur die funkelnden schwarzen Augen. Wortley bekam aber trotzdem im April 1716 seine Beförderung, als er zum «außerordentlichen Gesandten» am türkischen Hof ernannt wurde. Lady Mary war begeistert; sie hatte schon immer vom romantischen Osten geträumt, und selbst mit ihrem Gatten konnte ihr vielleicht die Romanze in Konstantinopel oder unterwegs begegnen. Pope schrieb ihr am 1. Juli in einem Anfall von Phantasie einen Brief, in dem er elegant am Abgrund der Liebe vorbeitänzelte:

«Wenn ich wüßte, daß ich Sie nicht mehr wiedersehe, würde ich hier etwas aussprechen, wozu ich sonst nicht imstande gewesen wäre. Denn ich möchte nicht, daß Sie mich bis zum Ende Ihres Lebens verkennen, ich meine damit, daß Sie nach Konstantinopel fahren, ohne zu wissen, daß ich mit einiger Überschwenglichkeit, aber auch mit völliger Klarheit, Madame, Ihr»[124]

– hier kamen die üblichen Floskeln: «ergebener und gehorsamer Diener bin.»

Am 1. August setzten Wortley, Mary, ihr dreijähriges Söhnchen und ein zahlreiches Gefolge nach Holland über. Dann ging es über Köln nach Regensburg, wo sie ein Hausboot mit zwölf Ruderern bestiegen, das sie an den Bergen mit den Schlössern auf den Gipfeln entlangführte. In Wien erwartete sie ein Brief von Pope, der ihr sein Herz anbot und ihr versicherte, daß

«niemand an Sie und noch einige wenige in meiner Vorstellung heranreicht ... Sie können sich vorstellen, wie sehr es mich nach einem Briefwechsel mit einer Person verlangt, die mich schon vor langer Zeit gelehrt hat, daß Achtung auf den ersten Blick ebenso unmöglich ist wie Liebe; dieser Person ist es zu danken, wenn es für mich keine Unterhaltung mit dem einen und fast keine Freundschaft mehr mit dem anderen Geschlecht gibt. Bücher haben ihren Reiz für mich verloren; seit ich Sie kenne, bin ich überzeugt, daß es etwas Stärkeres gibt als Philosophie, und seit ich Ihnen gelauscht habe, weiß ich, daß es einen Menschen gibt, der weiser als alle Gelehrten ist.»[125]

Am Ende sprach er jedoch die Hoffnung aus, daß sie mit ihrem Mann glücklich werde. Sie antwortete:

«Vielleicht werden Sie sich darüber lustig machen, daß ich Ihnen so ernsthaft für die liebenswürdige Anteilnahme, der Sie Ausdruck verliehen, danke. Natürlich könnte ich, wenn ich wollte, all die schönen Dinge, die Sie mir sagen, als geistvollen Spott abtun – und wahrscheinlich hätte ich recht. Aber nie in meinem Leben hatte ich solche Lust, Worte wie die Ihren ernst zu nehmen.»[126]

Am 3. Februar 1717 schickte Pope ihr eine weitere Erklärung seiner tiefen Zuneigung und lehnte sich dagegen auf, «nur als ihr Freund» zu gelten. Diese Briefe behielt Mary für sich, überglücklich, daß sie in jenem menschlichen Wrack, das der größte Dichter seiner Zeit war, ein Gefühl erweckt hatte.

Im Mai erreichte die Gesellschaft Konstantinopel. Dort machte sich Mary sofort daran, Türkisch zu lernen; sie eignete sich genügend Kenntnisse an, um türkische Poesie verstehen und bewundern zu können; sie kleidete sich wie eine Türkin, besuchte Haremsdamen und fand sie gebildeter als die Mätressen Georgs I. Sie beobachtete, daß die Türken regelmäßig und mit Erfolg gegen Pocken geimpft wurden, und ließ ihren Sohn vom englischen Arzt in Konstantinopel, Dr. Maitland, impfen. Ihre Berichte aus dieser Stadt sind ebenso fesselnd wie die Briefe Frau von Sévignés, Horace Walpoles oder Melchior Grimms. Man brauchte sie nicht auf ihren literarischen Wert aufmerksam zu machen; sie schrieb die Briefe in dieser Absicht und erzählte ihren Freunden: «Kürzlich hatte ich das Vergnügen, Frau von Sévignés Briefe zu lesen; sie sind sehr hübsch; aber ich versichere Ihnen, ohne die geringste Einbildung, daß meine in vierzig Jahren ebenso unterhaltsam sein werden. Weswegen ich Ihnen rate, sie nicht in den Papierkorb zu werfen.»[127]

Sie setzte ihren Briefwechsel mit Pope fort. Er bat sie, seine Erklärungen ernst zu nehmen, aber in seinem Ton war immer eine verblüffende Mischung aus Verspieltheit und Liebe. In seiner ausschweifenden Phantasie sah er die Türkei als ein «Land der Eifersucht, wo sich die unglücklichen Frauen mit niemandem als mit Eunuchen unterhalten können und wo ihnen sogar die Gurken nur kleingeschnitten geboten werden». Und fügte dann im traurigen Bewußtsein seiner Verunstaltung hinzu: «Ich wäre fähig, einer Geliebten nicht nur nach Konstantinopel, sondern auch in jene Gegenden Indiens zu folgen, wo die Frauen angeblich häßliche Männer am meisten lieben ... und ihre Entstellung als ein Zeichen göttlicher Gnade betrachten.» Wenn sie es wünschte, würde er Muselman werden und sie nach Mekka begleiten; sollte sie ihn dazu ermuntern, so würde er sie in der Lombardei treffen, «dem Schauplatz jener berühmten Liebe zwischen der Prinzessin und ihrem Zwerg»[128]. Als er von ihrer Rückkehr hörte, gab er sich geradezu ekstatisch: «Ich schreibe, als ob ich trunken wäre; das Vergnügen, das ich beim Gedanken an Ihre Rückkehr empfinde, übersteigt die Grenzen des gesunden Verstands und Anstands ... Kommen Sie, um Gottes willen, Lady Mary, kommen Sie schnell!»[129]

Wortleys Mission war erfolglos, und er wurde nach London zurückberufen. Reisen im achtzehnten Jahrhundert waren nicht einfach. Sie fuhren am 25. Juni 1718 von Konstantinopel ab und kamen am 2. Oktober in London an. Dort nahm Lady Mary ihr Leben bei Hofe und mit den Vertretern des Geistes wieder auf, aber Pope, der in Homer vertieft war, konnte Stanton Harcourt nicht verlassen. Im März 1719 siedelte er jedoch nach Twickenham über, und im Juni fanden Wortley und Lady Mary dort mit seiner Hilfe ebenfalls ein Haus, das ihnen Sir Godfrey Kneller verkaufte. Bald darauf porträtierte Kneller in Popes Auftrag Lady Mary, wofür dieser zwanzig Guineen bezahlte[130]. Es war ein gutes Bild, obwohl Kneller vierundsiebzig Jahre alt war: wunderbare Hände, die Züge fast so orientalisch wie der türkische Kopfputz, sinnlich volle Lippen und große, dunkle Augen, die immer noch ihren Zauber ausübten – damals wurden sie von Gay in Versen gefeiert. Pope hängte das Bild in seinem Schlafzimmer auf und verewigte es in einem Gedicht, das er ihr zuschickte:

The playful smiles around the dimpled mouth,
The happy air of majesty and truth; ...
The equal luster of the heavenly mind,
Where every grace with every virtue's joined;
Learning not vain, and wisdom not severe,
With greatness easy, and with wit sincere ...[131]*

Damit hatte ihre Laufbahn den Scheitelpunkt erreicht, und nun begannen alle möglichen Unannehmlichkeiten. Ein französischer Besucher, Toussaint Rémond, übergab ihr zweitausend Pfund mit der Bitte, sie nach ihrem Gutdünken anzulegen; auf Popes Anraten kaufte sie Anteile der Südsee-Kompanie; die Papiere verloren aber so katastrophal an Wert, daß aus den zweitausend Pfund fünfhundert wurden: Als sie Rémond davon Mitteilung machte, beschuldigte er sie (1721), sein Geld veruntreut zu haben. Im gleichen Jahr wurde das Leben ihrer 1718 geborenen Tochter von einer Pockenepidemie bedroht; sie ließ den aus Konstantinopel zurückgekehrten Dr. Maitland kommen und das Kind impfen. Die Wirkung, die diese Impfung auf die britische Medizin vor Jenner hatte, werden wir später behandeln.

1722 war es mit der Freundschaft zwischen ihr und Pope plötzlich aus. Noch im Juli trafen sie sich so oft, daß darüber in Twickenham geklatscht wurde. Aber im September begann er, galante Briefe an Judith Cowper zu schreiben, worin er, um der Dame zu gefallen, eine Bemerkung über den offensichtlichen Niedergang «des leuchtendsten Geistes auf der Welt» machte. Lady Mary behauptete, Pope habe ihr eine leidenschaftliche Liebeserklärung gemacht und habe ihr nie den Leichtsinn verziehen, mit dem sie über diese heldenhafte Tat hinweggegangen sei[132]. Eine Zeitlang verhielt er sich ruhig, aber ab und zu verfaßte er verletzende Verse mit kaum verhüllten Anspielungen. Als sie einem Freund mitteilte, daß Swift, Pope und Gay die gemeinsamen Autoren einer gewissen Ballade seien, von der ihr Freund annahm, sie selbst habe sie verfaßt, sandte Pope ihr eine scharfe Zurechtweisung. Und in den *Vermischten Schriften*, die er 1728 veröffentlichte, drückte er sich mit nur zu klarer Abfälligkeit aus:

Such, Lady Mary, are your tricks;
But since you hatch, pray own your chicks;
You should be better skilled in nocks,
Nor, like your capons, serve your cocks.[133]**

In einem Gedicht mit dem Titel «Nachfolge» (1733) machte er Anspielungen auf die «wütende Sappho ..., die Narben der Liebe auf sich trägt», das heißt Spuren von Syphi-

---

* Das verspielte Lächeln um die Lippen und die Grübchen,
Dieser glückliche Ausdruck von Majestät und Wahrhaftigkeit,
Der unveränderte Abglanz eines himmlischen Gemüts, wo
Jede Anmut sich mit jeder Tugend vereint;
Gelehrtheit ohne Eitelkeit, Weisheit ohne Strenge,
Einfach in der Größe und geistvoll in der Aufrichtigkeit ...

** So sehen deine Kunststücke aus, Lady Mary;
Aber wenn du schon ausbrütest, so erkenne wenigstens deine Küken an;
Du solltest dich besser in deinen gefiederten Pfeilen auskennen
Und nicht einen Hahn für einen Kapaun auftischen.

lis, mit der sie eines ihrer Verhältnisse angesteckt haben sollte[134]. Nach einer Bemerkung Horace Walpoles drohte sie, ihn auspeitschen zu lassen.

Zu diesen anstößigen Streitigkeiten kam noch ihre zerrüttete Ehe. Wortley, der seinen Sitz im Parlament wieder eingenommen hatte, vernachlässigte sie auffallend in Twickenham. Seit dem Tode seines Vaters (1727) war er ein sehr begüterter Mann. Er sorgte für ihre materiellen Bedürfnisse, überließ sie jedoch ihrem Schicksal, was die Liebe anging. Ihr Sohn erwies sich als haltloser Nichtsnutz. Ihr einziger Trost war ihre Tochter, die zu einer intelligenten, wohlerzogenen jungen Dame heranwuchs. Lord Hervey versuchte, ihr Pope zu ersetzen, aber eine natürliche Veranlagung machte es ihm unmöglich, ihr oder seiner Gattin zu verzeihen, daß sie Frauen waren. Außerdem mußte er gehört haben, daß Lady Mary die menschliche Rasse in Männer, Frauen und Herveys aufteilte[135].

Im Jahre 1736 erschien ein italienischer Meteor an ihrem Firmament und veränderte ihre Welt. Francesco Algarotti wurde 1712 in Venedig geboren und hatte schon einiges Aufsehen in Wissenschaft und Literatur erregt. Im Jahre 1735 war er ein Gast Voltaires und Frau von Châtelets in Cirey gewesen, wo sie zusammen Newton studierten. In London kam er mit Empfehlungsbriefen von Voltaire an, wurde bei Hof empfangen und mit Hervey – und durch ihn – mit Lady Mary bekannt. Sie faßte eine Neigung zu ihm, die viel heftiger war als alles, was sie je für Wortley empfunden hatte, denn ihr Herz war leer, und er war gutaussehend, blendend und jung; sie zitterte bei dem Gedanken, daß sie siebenundvierzig Jahre alt war und er vierundzwanzig. Der Weg zur Romanze schien frei, als ihre Tochter im August 1736 den Grafen von Bute heiratete. Als sie erfuhr, daß Algarotti im Begriff stand, nach Italien zurückzukehren, sandte sie ihm einen mädchenhaft verliebten Brief:

«Ich weiß nicht mehr, wie ich Ihnen schreiben soll. Meine Gefühle sind zu stark; ich könnte sie weder erklären noch verbergen. Um meine Briefe mit Nachsicht zu behandeln, müßten Sie von der gleichen Begeisterung erfaßt sein wie ich. Ich sehe ein, daß das alles sinnlos ist, ohne etwas daran ändern zu können. Nur der Gedanke, Sie wiederzusehen, hat mich in solche Verzückung versetzt, daß ich ganz aufgelöst bin. Was ist aus meinem philosophischen Gleichmut geworden, aus der Ruhe, deren ich mich früher rühmte? All das ist auf immer verloren; und könnte ich diese Leidenschaft heilen, so bliebe nichts als tödliche Langeweile zurück. Verzeihen Sie den Überschwang, den Sie verursacht haben, und kommen Sie zu mir.»[136]

Am Vorabend seiner Abreise kam er zum Abendessen zu ihr. Hervey hatte ihn ebenfalls eingeladen und eine Absage bekommen. Wütend vor Eifersucht, schrieb er an Algarotti eine bittere Anklage Lady Marys und warnte ihn, sie habe ganz London von ihrer italienischen Eroberung erzählt und sich dabei gerühmt *Veni, vidi, vici*. Dies waren ihre Briefe an Algarotti, nicht die eines Eroberers:

«Wie schüchtern wird man, wenn man liebt! Ich fürchte, Sie mit diesen Zeilen zu kränken, obwohl ich Ihnen damit Vergnügen bereiten möchte. Ich bin so durcheinander, wenn irgend etwas mit Ihnen zu tun hat, daß ich nicht einmal meiner eigenen Gedanken sicher bin ... Ich weiß nur eines, daß ich Sie mein Leben lang lieben werde, ungeachtet Ihrer Launen und meiner Vernunft.»[137]

Er beantwortete weder diesen Brief, noch einen zweiten und einen dritten, obwohl sie von Selbstmord sprach. Endlich kam eine Antwort auf einen vierten Brief, wie sie sagte, «gerade noch rechtzeitig, um die ärmlichen Reste meines Verstandes zu retten». Sie erbot sich, ihm nach Italien zu folgen; er gab ihr zu verstehen, daß ihm nichts daran liege, und drei Jahre lang nährte sie ihre Leidenschaft in der Einsamkeit. Im Jahre 1739 überzeugte sie ihren Mann, daß sie eine Reise nach Italien brauche. Da er sie nicht mehr liebte, fiel es ihm nicht schwer, sich großzügig zu zeigen. Er war bei ihrer Abreise zugegen und erklärte sich einverstanden, ihr alle drei Monate 245 Pfund von seinem eigenen Einkommen und die Jahresrente von 150 Pfund, die ihr ihr Vater hinterlassen hatte, zu schicken. Sie fuhr auf dem kürzesten Wege nach Venedig, wo sie Algarotti zu treffen hoffte. Stattdessen fuhr er (1740) nach Berlin, um am Hofe des neugekrönten Friedrichs II. zu leben, der ihn gern hatte. Die untröstliche Mary mietete ein Haus am Canale Grande, hielt einen Salon, wo sie Literaten und Würdenträger empfing, und wurde von der venezianischen Aristokratie und Regierung sehr zuvorkommend behandelt.

Nach einem Jahr in Venedig zog sie nach Florenz, wo sie zwei Monate im Palazzo Ridolfi als Gast von Lord und Lady Pomfret wohnte. Dort traf sie mit Horace Walpole zusammen, der eine zartfühlende Beschreibung von ihr an H. S. Conway sandte:

«Habe ich Dir erzählt, daß Lady Mary Wortley hier ist? Sie macht sich über meine Lady Walpole [seine Schwägerin] lustig, schimpft mit Lady Pomfret und ist das Gespött der ganzen Stadt. Ihre Kleidung, ihr Geiz und ihre Unverschämtheit erstaunen jeden, der nie ihren Namen gehört hat. Sie trägt eine scheußliche Haube, die ihre fettigen, schwarzen Haare, die in Strähnen herunterhängen und nie gekämmt oder in Locken gelegt werden, nicht verdeckt; außerdem einen alten, blauen Umhang, der nicht schließt und einen Leinwandrock sichtbar werden läßt. Ihr Gesicht ist auf einer Seite stark angeschwollen, Überreste von ..., die zum Teil mit einem Pflaster und zum Teil mit weißer Schminke verdeckt sind ... Zwei- oder dreimal spielte sie Karten im Hause der Prinzessin Craon, wobei sie beschummelt wie ein ganzes Infanterieregiment. Sie ist wirklich unterhaltsam; ich habe ihre Werke gelesen, die sie im Manuskript ausleiht; aber sie sind zu weibisch; nur wenige gefallen mir.» [138]

Diese Karikatur war nicht ganz aus der Luft gegriffen. In Italien war es üblich für eine Frau, sich im eigenen Heim nachlässig-bequem zu kleiden. Und wenn Mary zweifellos viele Narben im Gesicht hatte, so bestimmt nicht von Syphilis [139]. Auch war es nicht ungewöhnlich, daß Autoren ihre Manuskripte Freunden zum Lesen gaben. Lady Mary hatte den Unmut Walpoles erregt, weil sie sich mit Molly Skerrett angefreundet hatte, die ihrerseits seinen Unmut erregt hatte, weil sie seinen Vater in zweiter Ehe geheiratet hatte. Wahrscheinlich war Lady Mary jetzt noch nachlässiger als gewöhnlich in ihrem Anzug, weil sie jede Hoffnung auf Algarotti aufgegeben hatte.

Dann erfuhr sie, daß Algarotti in Turin war, stürzte sich dorthin, erreichte ihn und lebte zwei Monate lang mit ihm. Aber er ging mit ihr grob und nachlässig um, bald kam es zu Streitigkeiten, dann zur Trennung; er fuhr nach Berlin, sie nach Genua. Dort besuchte Walpole sie nochmals, genoß ihre Gastfreundschaft und schrieb einige giftige Zeilen, die an ihre Kutsche gerichtet waren:

O chaise, who art condemned to carry
The rotten hide of Lady Mary,
To Italy's last corner drive,

And prithel set her down alive;
Nor jumble off with jolts and blows
The half she yet retains of nose.[140]*

1768 erfuhr sie mit großer Freude, daß ihr Schwiegersohn zum Mitglied des Geheimen Staatsrates Georgs III. ernannt worden war. Am 21. Januar 1765 starb ihr Gatte, der den größten Teil seines Vermögens seiner Tochter und seiner Witwe 1200 Pfund im Jahr hinterließ. Ob sein Tod ein geheimes Hindernis aus dem Weg schaffte oder ob Lady Mary von der politischen Rolle ihres Schwiegersohns angezogen wurde, jedenfalls kehrte sie nach einundzwanzigjähriger Abwesenheit im Januar 1762 nach England zurück.

Es blieben ihr nur noch sieben Monate, die keineswegs glücklich waren. Durch ihre Verfolgung Algarottis und Berichte in der Art Horace Walpoles hatte ihr Ruf gelitten. Ihre Tochter tat zwar alles für ihre Gesundheit und Bequemlichkeit, war aber nicht gern mit ihr zusammen. Im Juni begann Lady Mary an Brustkrebs zu leiden. Die Enthüllung ihres Arztes, daß sie an Krebs leide, nahm sie mit Gelassenheit auf und sagte, sie habe lange genug gelebt. Sie starb am 21. August 1762 nach monatelangen Schmerzen.

Zu ihren letzten Verfügungen gehörte die Bitte um Veröffentlichung ihrer Briefe, um sich auch ihrerseits Gehör zu verschaffen und ihren Anspruch auf ein Weiterleben im Gedächtnis der Nachwelt zu begründen. Sie hatte jedoch ihre Manuskripte ihrer Tochter anvertraut, und Lady Bute, inzwischen die Gattin des Ministerpräsidenten, tat alles, um deren Veröffentlichung zu verhindern. Die Briefe aus der Türkei waren jedoch heimlich abgeschrieben worden, bevor sie in die Hände der Tochter gelangten, und wurden 1763 herausgegeben. Mehrere Ausgaben waren nach kurzer Zeit vergriffen. Johnson und Gibbon gehörten zu den begeisterten Lesern. Die Kritiker, die zu ihren Lebzeiten so unbarmherzig mit der Verfasserin umgegangen waren, konnten sich jetzt des Lobes nicht genug tun. Smollett schrieb, daß «kein anderer Briefschreiber, männlichen oder weiblichen Geschlechts und in keiner Sprache, an diese Briefe heranreichte»; und Voltaire schätzte sie höher als Sévignés Briefe[141]. Vor ihrem Tode, im Jahre 1794, verbrannte Lady Bute das umfangreiche Tagebuch ihrer Mutter, hinterließ aber die Briefe ihrem ältesten Sohn; einige davon wurden 1803 mit seinem Einverständnis gedruckt. Die Briefe an Algarotti blieben geheim, bis Byron (1817) John Murray dazu überredete, sie ihrem italienischen Eigentümer abzukaufen. Erst im Jahre 1861 kam es zu einer Veröffentlichung sämtlicher Briefe; dann erst erkannte man, daß auch Lady Mary, zusammen mit Pope, Gray, Gay, Richardson, Fielding, Smollett und Hume, dazu beigetragen hatte, die englische Literatur dieser männlichen Epoche so abwechslungsreich, so lebendig und einflußreich zu gestalten.

---

* O Chaise, die du verdammt bist
Lady Marys vermodertes Gestell zu tragen,
Fahre in den entferntesten Winkel Italiens
Und setze sie, bitte, lebendig ab;
Und rüttele und schüttele nicht zu sehr,
Damit sie wenigstens nicht um die halbe Nase
kommt, die ihr noch bleibt.

FÜNFTES KAPITEL

Bildende Kunst und Musik

[1714–1756]

I. DIE KÜNSTLER

Während England in Literatur und Staatskunst in eigenem Licht erstrahlte, waren bildende Kunst und Musik nur ein Abglanz des Auslands. Mehrere Ursachen waren dafür verantwortlich. Den düsteren Himmel konnte man nicht dazuzählen, denn er war nicht freundlicher in Holland, wo es ebenso viele Künstler wie Windmühlen gab. Den Ärmelkanal könnte man in Betracht ziehen, denn er hielt England nicht nur von den Kriegen, sondern auch von den Kunstströmungen auf dem Kontinent fern. Vielleicht wurde der englische Genius zu sehr vom Handel und (nach Walpole) vom Krieg in Anspruch genommen. Auch der Protestantismus hemmte die englische Kunst, denn Kunst braucht Phantasie zu ihrem Wachstum, und gerade Phantasie war vom Protestantismus aus der Kunst verbannt und auf Literatur und Theologie beschränkt worden; andererseits war auch Holland protestantisch. Wahrscheinlich war die Hauptursache im puritanischen Aufstand und seinem Erbe zu suchen: der Hinrichtung des kunstliebenden Karl I., der Zerstreuung seiner Kunstsammlung, dem Rückgang des englischen Geisteslebens – wenn man von Milton absieht – während der Wirren des *Commonwealth*. Der puritanische Einfluß ging mit der Wiederaufrichtung des Thrones zurück, machte sich unter Wilhelm III. und den Hannoveranern neuerdings breit und verstärkte sich durch den Methodismus. Schönheit war wieder eine Sünde.

Im Kunsthandwerk kam es zu einigen Errungenschaften. Feines Weichporzellan wurde nach dem Muster von Meißen und Sèvres von 1755 an in Chelsea hergestellt. Spezialisten in Birmingham verdienten ein Vermögen mit Lackarbeiten, darunter John Baskerville, der sein Geld zum Druck von Luxusausgaben englischer Dichter verwendete. Krause Rokokoschnörkel verzierten Bücher, Gewebe, Möbel, Gefäße und die Silberwaren aus Sheffield, die Rotunde in den Vauxhall-Gärten sowie einige Räume in Chesterfield House und Strawberry Hill.

Man fing gerade erst an, die Bildhauer von den Steinmetzen zu unterscheiden. Die führenden Bildhauer Englands waren Ausländer, wenn sie auch meistens die englische Staatsangehörigkeit annahmen. Peter Schaemaekers, der mit Laurent Delvaux zusammen an dem Standbild des Herzogs von Buckingham und Normanby in der Westminster Abbey arbeitete, stammte aus Antwerpen. Der bedeutendste unter diesen Ausländern war Louis Roubillac, Sohn eines Bankiers aus Lyon. Er kam 1744 nach England, wo er als Schützling der Walpoles schnell vorwärtskam. Er schuf eine Büste Shakespeares – jetzt im British Museum – sowie die Büste Händels in der National Portrait Gallery. Er war ein Günstling der Königin Caroline, die für ihn saß und ihm die Büsten von Boyle, Newton, Locke und anderen großen Engländern für ihre Grotte in Richmond in Auftrag gab. Chesterfield, ein Mann von Geschmack, nannte Roubillac «den neuen Pheidias»[1]. Roubillac starb völlig mittellos 1762, nachdem er sein ganzes Leben der Kunst gewidmet hatte.

Die Architektur stand völlig im Banne Palladios. Der zunehmende Reichtum der oberen Klassen, den sie während der Friedensperiode, die Walpole gegen ihren Willen aufrechterhielt, ansammelten, begünstigte Tausende von weiten Reisen, auf denen die britische Gesellschaft eine Vorliebe für römische Tempel und Renaissancepaläste entwickelte. Bei keiner Reise wurde Venedig vergessen; unterwegs hielten sich die Reisenden in Vicenza auf, um die Fassaden Palladios zu bewundern, und wenn sie nach England zurückkamen, übersäten sie die Landschaft mit klassischen Säulen, Architraven und Giebeln. Zwischen 1715 und 1725 gab Colin Campbell seinen *Vitruvius Britannicus* heraus, der zur Bibel der Palladio-Anhänger wurde. Auch William Kent (1727) und James Gibbs (1728) förderten den Stil mit ihren Handbüchern für Architektur. 1716 ließ Richard Boyle, der dritte Graf von Burlington, eine wunderbare Ausgabe der Texte Palladios drucken, und 1730 veröffentlichte er eine Übersicht über Palladios Restaurierungen antiker Gebäude. Auf seinem eigenen Landsitz in Chiswick ließ er Palladios Villa Rotonda in Vicenza mit Säulenhalle und Kuppel nachbilden. Burlington war ein großzügiger Mäzen für Literatur, Musik und bildende Kunst, ein Freund Berkeleys und Händels, Popes und Gays. 1719 kehrte er in Begleitung eines jungen Architekten, William Kent, aus Rom zurück, wo der junge Künstler, ebenfalls ein begeisterter Anhänger alles Klassischen, einen Malerpreis des Papstes gewonnen hatte. Kent wohnte bis zu seinem Tode in Burlington House (nach wie vor ein Zentrum der englischen Kunst) und entwickelte sich zum beliebtesten und vielseitigsten Künstler in England. Er malte die Decken in Houghton, Stowe und Kensington Palace. Er entwarf Möbel, Tafelgeschirr, Spiegel, Gläser, eine Barke und Kostüme für elegante Damen. Er war der Schöpfer der Shakespeare-Statue in Westminster Abbey; er war einer der hauptsächlichen Befürworter des «natürlichen», englischen Gartens. Zu seinen Bauwerken gehören der Tugendtempel im Stowe-Park, Devonshire House in Piccadilly, Horse Guards House in Whitehall und die wunderbare Holkham Hall in Norfolk.

1738 legte Lord Burlington dem Londoner Stadtrat einen Plan Kents für Mansion House, den Wohnsitz des Oberbürgermeisters von London, im Stil Palladios vor. Einer der Räte wies darauf hin, daß Palladio ein Papist sei, und Kents Entwurf wurde abgelehnt. George Dance der Ältere, ein Protestant, erhielt den Auftrag und führte ihn zur allgemeinen Zufriedenheit aus. Im gleichen Jahr begannen die Ausgrabungen in Herculaneum; die dortigen Entdeckungen führten zur Freilegung von Pompeji (von 1748 an); im Jahre 1753 veröffentlichte Robert Wood *Die Ruinen von Palmyra* und 1757 *Die Ruinen von Baalbek;* diese neuen Erkenntnisse verliehen der klassischen Richtung in England unwiderstehlichen Antrieb und machten dem Überschwang des Barocks, wie er in dem Palast von Vanbrugh für die Familie Churchill in Blenheim zum Ausdruck gekommen war, ein Ende. Isaac Ware, ein weiterer Schützling Burlingtons, baute 1748 Chesterfield House in Curzon Street.

Vor lauter Begeisterung vergaßen die Jünger Palladios, daß die klassische Architektur südlichen Himmeln entsprach, nicht englischen Winden und Wolken. Besonders versündigte sich hierin Colin Campbell, der italienische Vorbilder übernahm, ohne sie dem englischen Winter anzupassen. Das von ihm erbaute Schloß von Mereworth erlaubte der Sonne kaum Zutritt, und in Houghton Hall, das er für Robert Walpole baute, beschnitt er den Wohnraum zugunsten der majestätischen Hallen voll eisiger Zugluft. James Gibbs, der ein Schüler Christopher Wrens war, gelang eine wirkungsvolle Anwendung des klassischen Stils in der Kirche St. Mary-le-Strand in London (1714–1717); ihr Turm ist steingewordene Poesie. Der von Wren erbauten Kirche St. Clement Dane setzte Gibbs (1719) den Turm auf, der zu hoch für den Unterbau, aber doch von kühner Schönheit ist. 1721 krönte er sein Werk mit dem klassischen Portikus und den korinthischen Säulen von St. Martin's-in-the-Fields am Trafalgar Square und schuf eine vollendete Harmonie von Säulen und Kuppel in der Radcliffe-Bibliothek von Oxford (1737–1747).

Die baukünstlerische Pracht von Bath war vor allem das Werk von John Wood. Er strebte nach einem Zusammenschluß der einzelnen Häuser zu einem einheitlichen Ganzen. So entwarf er die Pläne für den massigen «Royal Crescent» und begann mit der Ausführung, die dann von seinem begabten Sohn John beendet wurde: dreißig Häuser hinter einer einheitlichen, halbmondförmigen Front mit hundertundvierzehn korinthischen Säulen. Der Komplex erlitt schweren, aber nicht unheilbaren Schaden im Zweiten Weltkrieg. Ganz in der Nähe erbauten Vater und Sohn Wood den «Circus» (1754–1764), eine kreisförmige Anlage von schönen Wohnsitzen hinter einem fortlaufenden Fries und einem dreifachen Bogengang. Dort wohnten einstmals der ältere Pitt, Thomas Gainsborough und Clive von Plassey – auch «von Indien» genannt. Für die drei Seiten des «Queen Square» entwarf Wood eine Reihe von Wohnsitzen hinter einer palastähnlichen Renaissancefassade, die aber nie zur Ausführung kam. Wenn ein großer Teil dieses Städtebauprogramms verwirklicht werden konnte, so war dies der Unterstützung Ralph Allens zu danken, den Fielding zum Vorbild für seinen Junker Allworthy machte. Für Allen selbst errichtete Wood einen herrlichen Palast im Stil Palladios in Prior Park (1735 bis 1743), dreieinhalb Kilometer von Bath entfernt.

Die Armut der Massen stand im umgekehrten Verhältnis zum Glanz der britischen Paläste. Allens Schloß in Prior Park kostete 240000 Pfund. Ein wahrer Taumel erfaßte Adel und Kaufherren, riesige Bauten als Rahmen für ihre Gastfreundschaft und zur Befriedigung ihrer Prunksucht zu errichten. Hervey berichtet, daß Robert Walpole sich mit dem Bau von Houghton Hall die ewige Feindschaft Lord Townshends verdiente, da dieses noch großartiger war als das benachbarte Raynham Park, der Besitz Townshends. Lord Lyttleton prangerte diese «krankhafte Sucht» nach Palästen an; das hinderte aber seine Frau nicht daran, einen neuen Palast im italienischen Stil von ihm zu fordern; er gab ihrem Drängen nach, und zwar so weit, daß er sich völlig ruinierte. Als der Palast fertig war, lief sie ihm mit einem italienischen Opernsänger unbestimmten Geschlechts davon. Bald war ganz England und sogar der englische Teil Irlands mit diesen Prunkbauten der Reichen übersät. Fahrten wurden unternommen, und besondere Führer zum Besuch dieser Herrensitze, ihrer Gärten und ihrer Bildersammlungen herausgegeben. Der Ruhm dieser Bauten verbreitete sich bis nach Rußland; Katharina die Große gab Josiah Wedgwood einen Auftrag zur Anfertigung eines kaiserlichen Tafelgeschirrs mit Ansichten der englischen Landsitze als Verzierung[2].

Die meisten Bilder in England waren in diesen Schlössern vergraben. Museen, wo das allgemeine Publikum Bilder ansehen konnte, gab es noch nicht. Gönner kümmerten sich hauptsächlich um ausländische Künstler und interessierten sich fast ausschließlich für ihr eigenes Porträt, weil sie darauf hofften, auf der Leinwand fortzuleben, während sie schon im Sarg moderten; Landschaften oder historische Bilder fanden keinen Absatz. Als Carle Vanloo 1737 nach England kam, wollten sich so viele Adlige von ihm malen lassen, daß wochenlang ebenso viele Kaleschen vor seinem Haus hielten wie vor einem Theater. Der Mann, der über die Verabredungen Buch führte, steckte große Bestechungssummen ein, um diese auf ein früheres Datum zu verlegen, da man sonst sechs Wochen auf eine Sitzung warten mußte[3].

Die Royal Society of Arts (Königliche Kunstgesellschaft), die 1754 gegründet wurde, versuchte, das einheimische Talent durch Wettbewerbe und Ausstellungen anzuregen, aber die Nachfrage nach englischer Kunst blieb auch in den nächsten dreißig Jahren sehr schwach. Joseph Highmore, ein Schüler Knellers, fand einige Käufer, weil er Szenen aus *Pamela* gemalt hatte[4], und Thomas Hudson gelang es, in seinem Händel-Porträt aus dem Jahre 1749 wenigstens einen schwachen Abglanz vom Temperament des Musikers einzufangen[5]. Zu seinen Schülern gehörte der junge Joshua Reynolds, von dem Hudson voraussagte, daß «er sich nie auszeichnen werde»[6]. Sir James Thornhill war weitsichtiger. Er errang seine Erfolge mit Bildnissen von Newton, Bentley und Steele. Er malte die Kuppel der Sankt-Pauls-Kirche innen aus und Decken im Greenwich Hospital und im Blenheim Palace; und er erwarb sich eine Art Unsterblichkeit, weil er seine Tochter dem größten englischen Künstler seiner Zeit zur Frau gab.

II. WILLIAM HOGARTH: 1697–1764

Sein Vater, von Beruf Schullehrer und Schreiberling, gab ihn ganz jung zu einem Graveur von Wappen in die Lehre. Dann ging William zum Kupferstechen und Buchschmuck über. Im Jahre 1726 war er mit zwölf großen Stichen für Butlers *Hudibras* beschäftigt. Er trat in Thornhills Malschule ein, lernte die Ölmalerei und entführte die Tochter seines Meisters; Thornhill verzieh ihm und stellte ihn als Gehilfen ein. Hogarths Illustrationen zu *Sturm* und *Heinrich IV.* und zur *Bettleroper* waren von großer Lebendigkeit: Miranda zärtlich, Kaliban roh, Prospero gütig; Ariel auf seiner Laute klimpernd; Sir John Falstaff seinen Bauch zur Schau stellend; Räuberhauptmann Macheath, in Ketten geschlagen, aber für seine Frauen immer noch ein Held. Der künftige Satiriker zeigte sich schon in der *Schlafenden Gemeinde,* denn Hogarth haßte alle Predigten außer seinen eigenen, während er in der *Kindergesellschaft* den schönsten Abschnitt des englischen Lebens verherrlichte. Diese Bilder gefallen heute, erweckten aber damals keinen Beifall.

Er versuchte sich, ohne besonderen Erfolg, in der Bildnismalerei. Die Konkurrenz war bedeutend. Ein Dutzend Maler verdienten nicht schlecht, weil sie ihren Auftraggebern schmeichelten und die Arbeit aufteilten; sie selbst malten nur den Kopf, alles übrige, Hintergrund und Drapierungen, wurde schlechtbezahlten Gehilfen überlassen; «und damit», sagte Hogarth, «verdienen diese Maler ohne weiteres mehr in einer Woche als ein begabter Künstler in drei Monaten»[7]. Er bezeichnete sie als «Visagenkleckser», die die Gesichter ihrer Kunden verschönerten, um deren Eitelkeit zu schmeicheln und deren Geldbörse zu öffnen. Er selbst malte sein Modell entweder mit all seinen Warzen oder überhaupt nicht. Als ein Aristokrat mit einem ausgesprochenen Affengesicht für sein Porträt saß, malte ihn Hogarth mit beleidigender Aufrichtigkeit. Der Lord, der sich nie so gesehen hatte, wie ihn andere sahen, verweigerte die Annahme des Porträts. Daraufhin sandte ihm der Künstler ein Billett:

> «Mr. Hogarth ergebungsvoll an Lord ... Da er feststellen muß, daß der Auftraggeber das Bild, das für ihn gemalt wurde, nicht entgegennehmen will, macht er ihn noch einmal darauf aufmerksam, wie sehr Mr. Hogarth Geld braucht. Wenn daher Seine Gnaden es nicht innerhalb von drei Tagen bezahlen, wird das Bild, unter Hinzufügung eines Schwanzes und anderer kleiner Zusätze, Mr. Hare, dem bekannten Tierspezialisten, zur Verfügung gestellt, da Mr. Hogarth es ihm – freibleibend – als Ausstellungsbild versprochen hat ...»[8]

Worauf Seine Gnaden bezahlten.

Hogarth war überzeugt, daß er es in der Porträtmalerei mit jedem aufnehmen konnte. Als er das Bild von Henry Fox, dem späteren Baron Holland, malte, erzählte er Horace Walpole, er habe Fox versprochen, falls dieser sich bei den Sitzungen an seine Anweisungen hielte, so werde er, Hogarth, ein ebenso gutes Porträt von ihm anfertigen wie Rubens oder Van Dyck[9]; was Horace empörend fand. Viele von Hogarths männlichen Porträts rechtfertigen die Abneigung, die Walpole dafür empfand; die Gesichter sind zu stereotyp, und manche verdienen die verächtliche Bezeichnung «Stilleben», mit denen Hogarth selbst gewisse englische Porträts belegte. Das Bild von Sir Thomas Coram, dem Gründer des Findlingshospitals, wo das Porträt hängt, bildet eine Ausnahme; Hogarth erfaßte die menschenfreundliche Natur in dem lächelnden Gesicht und die Charakterfestigkeit in den energischen Händen des Porträtierten. Im allgemeinen war der Pinsel des Künstlers nachsichtiger gegenüber Frauen als Männern. Das *Bildnis einer Dame*[10] reicht an Gainsborough heran. *Eine Dame in Braun*[11] zeigt die kraftvollen Züge einer Frau, die eine ganze Kinderschar mit Erfolg aufgezogen hat; und wenn *Miß Mary Edwards*[12] etwas leblos erscheint, so wird das Bild durch den bei Hogarth überall auftauchenden Hund belebt. Besser sind die Gruppenbilder: *Die Familie Price*[13], *Die Kinder der Familie Graham*[14]; noch besser jedoch *Hogarths Dienerschaft*[15], wo jedes Gesicht liebevoll mit seinem unnachahmlichen Charakter gezeichnet ist. Sein bestes Werk ist selbstverständlich *Die Garnelenverkäuferin*[16], kein Porträt, sondern die Erinnerung eines lebenslustigen Mannes an eine junge Frau, die er beobachtet hatte, als sie mit einem Korb auf dem Kopf ihre Garnelen feilbot; ein Mädchen ohne Rüschen, das sich seiner Lumpen nicht schämt und mit roten Wangen und leuchtenden Augen unternehmend in die Welt schaut.

Hogarth hinterließ mindestens vier Selbstbildnisse. Im Jahre 1745 malte er sich mit seinem dicken Hund Trump[17], im Jahre 1758 vor seiner Staffelei – eine kurze, stämmige Gestalt mit einem rundlichen Mondgesicht, breiter Stupsnase, blauen, etwas müden Augen und einem entschlossenen Mund, der den Kampf noch nicht aufgibt. Nach Thackerays Ansicht war er «ein leutseliger, ehrlicher Londoner Bürger, ein herzhafter Mann, der mit seinen Ansichten nicht zurückhielt, der gerne lachte und die Gesellschaft von Freunden bei einem guten Glas und einem gutenglischen Roastbeef genoß»[18]. Er war auffallend klein, trug aber einen Degen[19] und ließ sich von niemandem etwas gefallen. Hinter dieser scheinbaren Streitbarkeit versteckte sich ein warmes, manchmal sentimentales Herz, und er führte sein Leben lang Krieg gegen Heuchelei und Grausamkeit. Er verachtete die Aristokraten, die er malte, und zog ihnen den einfachen Londoner vor, der sich gab, wie er war. Er verschaffte der englischen Masse Zugang zur Kunst; er bildete sie mit all ihren Sünden und Leiden ab, im Irrenhaus, im Gefängnis, verschuldet und bei schwerer Arbeit. Die Franzosen konnte er nicht ausstehen, weil sie seiner Meinung nach England mit zimperlichem Putz und aristokratischer Hochnäsigkeit verdorben hatten. Er konnte nie vergessen, daß man ihn verhaftet hatte, weil er Skizzen vom Tor von Calais gemacht hatte. Er rächte sich mit der Darstellung der Franzosen, wie er sie dort gesehen hatte: grobe Arbeiter, abergläubisches Volk und ein fetter Mönch, der mit Verzückung auf einen Rindsbraten blickt[20].

In seinen *Anekdoten* erzählt Hogarth, wie er sich den Themen, die seinen Ruhm begründeten, zuwandte, weil die Porträtmalerei nicht genug einbrachte:

«Ich wollte mich nicht dazu hergeben, nichts als ein Porträtfabrikant zu werden; und da es mir immer noch darauf ankam, selbständig zu bleiben, gab ich jede Hoffnung auf diese Erwerbsquelle auf ... Ich konnte mich nicht wie einige meiner Kollegen dazu überwinden, [aus der Malerei] eine Art Fabrikation zu machen und Hintergrund- und Draperienmaler anzustellen, und so verdiente ich nicht genug, um die notwendigen Ausgaben für meine Familie zu bezahlen. Ich kam daher auf den Gedanken, moderne moralische Themen zu malen und zu gravieren, ein Gebiet, das bisher überall unberührt geblieben war.»[21]

So malte er im Jahre 1731 sechs Bilder, die er *Der Weg der Buhlerin* nannte; er stach sie in Kupfer und machte von diesen Platten eine Reihe von Abzügen, die ein Jahr später in den Handel kamen. Ein Mädchen kommt vom Lande in die Stadt und wird von einer beredten Kupplerin bei einem lüsternen Herrn eingeführt; das Mädchen ist gelehrig und bringt es bald zu einem sündhaften Vermögen. Sie wird verhaftet, aber nicht wegen Prostitution, sondern wegen Diebstahls; sie sitzt ihre Frist im Gefängnis ab, wo sie Hanf brechen muß. Dann wird sie bald darauf krank und stirbt, hat aber die Genugtuung, daß eine ganze Horde von Lebemännern hinter ihrem Sarg hergeht. Hogarths Charaktere waren aus dem Leben gegriffen. So wurde zum Beispiel, wie bereits erwähnt, eine Mrs. Needham wegen Prostitution an den Pranger gestellt, vom Pöbel mit Steinen beworfen und starb an ihren Verletzungen; Hauptmann Charteris hingegen, der zweimal wegen Vergewaltigung angeklagt und zweimal zum Tode verurteilt wurde, wurde zweimal vom König begnadigt und starb in allen Ehren auf seinem Landsitz[22]. Hogarth täuschte sich, wenn er meinte, mit seinen Genrebildern ein neues Gebiet zu eröffnen; während der Renaissance hatte es schon Ähnliches in Italien, Frankreich, den Niederlanden und Deutschland gegeben. Hogarth machte aber eine Kunst und eine Philosophie aus diesen «moralischen Themen». Wie die meisten Moralisten war er selbst nicht makellos. Er ertrug die Gesellschaft von Säufern und Huren ohne besonderen Abscheu[23], und seine Stiche beabsichtigten in erster Linie, Geld hervorzubringen und erst nachher, wenn möglich, auch Heilige.

Die Serie der *Buhlerin* verkaufte sich gut, denn Hogarth fand zwölfhundert Subskribenten, was ihm über tausend Pfund einbrachte. Wenn der Künstler auch durch unerlaubte Nachdrucke geschädigt wurde, so drohte ihm wenigstens der Hunger nicht mehr. Die britische Öffentlichkeit, die kein Gefühl für Malerei hatte, zeigte sich diesen Sündenszenen geneigt. Denn hier handelte es sich um verbotene Früchte, zwar mit Moral durchsetzt, aber trotzdem sehr vergnüglich; hier konnte man sich für wenig Geld mit dem Laster bekannt machen, das zudem noch seine gerechte Strafe erhielt. Mit seinem Verdienst konnte Hogarth jetzt seine Familie ernähren und sich sogar ein Haus im eleganten Viertel Leicester Fields erlauben, wo er einen goldenen Kopf über den Eingang hängte, das Wahrzeichen der Maler. Später kaufte er ein Landhaus in Chiswick.

Im Laufe der nächsten Jahre malte er einige große Bilder, vor allem *Der Jahrmarkt in Southwark* – ein englischer Brueghel – und ein hübsches Gruppenbild, *Die Familie Edwards.* Im Jahre 1733 wandte er sich wieder dem Kupferstich zu und schuf eine der

Buhlerin entsprechende Serie, die er *Der Weg des Liederlichen* nannte. Ein leichtsinniger Bursche erbt unerwartet ein großes Gut; er verläßt Oxford, geht nach London, genießt Wirtshäuser und Dirnen, verschwendet sein Geld, wird wegen Schulden verhaftet, von seiner verstoßenen Geliebten gerettet und macht sich durch die Heirat mit einer älteren, einäugigen, aber sehr begüterten Dame wieder flott; er verspielt auch dieses neue Vermögen, kommt wieder ins Gefängnis, verliert den Verstand und beendet seine Laufbahn im Irrenhaus. Es war ein leichtverständliches Sittenstück in Bildern, das ein Stück aus dem Leben darstellte. Um seinen *Liederlichen* vor unerlaubtem Nachdruck zu bewahren, setzte sich Hogarth für gesetzlichen Schutz seiner Rechte ein. Im Jahre 1735 erließ das Parlament ein Gesetz zum Schutz von Zeichnungen, Gravüren und Stichen. Dieses Gesetz, das volkstümlich als «Hogarths Erlaß» bezeichnet wurde, gab ihm eine Art Verlagsrecht auf seine Drucke. Im Jahre 1745 versteigerte er die Bilder, nach denen er die *Buhlerin* und den *Liederlichen* gestochen hatte, und nahm dafür 427 Pfund ein.

Kreditfähig und voller Vertrauen, machte er sich wieder an die Malerei. «Ich nährte einige Hoffnung auf Erfolg auf einem Gebiet, das die Bücherwürmer 'den großen Stil der historischen Malerei' nennen.»[24] In dem Jahrzehnt zwischen 1735 und 1745 brachte er einige ausgezeichnete Bilder hervor, die aber erst hundert Jahre später Anerkennung fanden. *Der Dichter in der Not*[25] ist die alte Geschichte von einem verarmten Poeten, der an die Miete gemahnt wird, während seine Frau fieberhaft strickt und die Katze unbekümmert schläft. Im *Teich von Bethesda* versuchte er eine biblische Szene, die er aber mit halbnackten Schönen im Blickfeld Christi würzte. Der Künstler war für den weiblichen Körper nicht unempfindlich, und auf dem Stich *Herumstreichende Komödiantinnen, die sich in einer Scheune ankleiden* erhöhte er dessen Anziehungskraft durch teilweise Enthüllung. *Der Barmherzige Samariter*[26] reicht fast an die «alten Meister» heran. Äußerst anziehend ist ein großes Bild *David Garrick als Richard III.*[27], das von einem Mr. Duncombe bestellt wurde, der dafür zweihundert Pfund bezahlte, den höchsten Preis, den bis dahin ein englischer Maler erhalten hatte.

Mit diesen Werken verdiente er sich jedoch nicht den Beifall der Kritik. Hogarth kehrte wieder (1745) zu seinen Satiren auf das Leben in London zurück, wo er mit seinem Stichel eine moralische Geschichte erzählen konnte. In der ersten Szene der Bilderfolge *Die Heirat nach der Mode* ist ein ruinierter, gichtkranker Graf dabei, seinen Titel und seinen widerstrebenden Sohn mit der widerstrebenden Tochter eines reichen Ratsherrn zu vermählen. Der Graf stellt seinen Stammbaum auf einer Rolle zur Schau; der Notar streut Sand über die Unterschriften; der Bräutigam wendet sich von der Braut ab, die ihrem Geliebten das Ohr leiht; und zwei Hunde stellen den häuslichen Frieden dar. In der nächsten Szene ist das junge Paar bereits entzweit. Der junge Lord hat die ganze Nacht bei Abenteuern zugebracht, deren Natur an dem Spitzenhäubchen, das aus seiner Tasche hängt, zu erkennen ist; die junge Frau gähnt, denn sie hat die Nacht in fröhlicher Gesellschaft bei Musik, Glücksspiel und Geplauder vertändelt; auch hier ist nur der Hund glücklich. In der dritten Szene tritt die ganze Kühnheit Hogarths zutage; der aristokratische Schuft bringt seine Mätresse zu einem Quacksalber für eine Abtreibung. In der vierten Szene läßt sich seine Frau während des Morgenempfangs frisieren; ihr Liebhaber ist zugegen, und sie kümmert sich nicht um ihre musizierenden Gäste, zu denen auch ein Homosexueller mit Lockenwicklern im Haar gehört. In der fünften Szene wird sie mit ihrem Liebhaber von ihrem Mann ertappt; beide Männer ziehen den Degen; der Ehemann wird tödlich verwundet; der Liebhaber entflieht durch das Fenster; die Frau wird von Gewissensbissen zerfleischt; ein Polizist erscheint an der Tür. In der letzten Szene liegt die junge Witwe im Sterben; ihr Vater zieht ihr einen kostbaren Ring vom Finger – das ist alles, was er von dem Vermögen retten kann, das er für ihren Titel bezahlt hatte.

Im Jahre 1751 machte Hogarth bekannt, daß er zu einer bestimmten Stunde in seinem Atelier die Ölbilder versteigern werde, die er für die *Heirat* gemacht hatte, wobei er sich den Besuch von Bilderhändlern verbat. Nur ein einziger Käufer erschien und bot 126 Pfund für die Bilder mit Rahmen. Hogarth gab sie zu diesem Preise her, obgleich er insgeheim über das, was ihm als beschämender Mißerfolg erschien, wütete. Im Jahre 1797 brachten diese Bilder 1381 Pfund ein, und heute gehören sie zum wertvollsten Besitz der National Gallery in London.

Inzwischen hatte der Künstler sich mit seinem Bild *Ausmarsch der Truppen nach Finchley* (1745) den Zorn des Königs zugezogen, denn in diesem Jahr versuchte Bonnie Prince Charlie die Hannoveraner zu stürzen. Hogarth stellte die königliche Garde dar, wie sie sich in Finchley, einem Vorort Londons, sammelt. Ein Pfeifer und ein Trommler rufen sie zusammen. Mit Hilfe von Alkohol ergeben sich die Soldaten in ihr Schicksal; sie sehen jämmerlich aus, geeigneter für eine Wirtshausschlägerei als für den Heldentod. Der Künstler schickte das Bild Georg II. mit der Bitte, es ihm widmen zu dürfen. Der König lehnte ab mit dem Ausruf: «Was! Ein Maler, der einen Soldaten lächerlich macht? Ins Gefängnis gehört er für solch eine Unverschämtheit. Daß mir seine Schmiererei nicht mehr vor Augen kommt!» Angeblich soll Hogarth das Bild Friedrich dem Großen als einem «Förderer der Künste und Wissenschaften» gewidmet haben[28].

Aufs neue vertiefte er sich in seine satirischen Stiche. Auf zwölf Platten, genannt *Fleiß und Faulheit* (1747), erzählte er den Werdegang von zwei Lehrlingen. Frank Goodchild («Gutkind») arbeitet schwer, liest gute Bücher, geht jeden Sonntag in die Kirche, heiratet die Prinzipalstochter, verteilt Almosen an die Armen, wird Verwaltungsbeamter, Ratsherr und schließlich Oberbürgermeister von London. Tom Idle («Faulhans») schnarcht an seinem Webstuhl, liest schlechte Bücher, wie zum Beispiel *Moll Flanders,* trinkt, spielt, stiehlt, kommt vor den Ratsherrn Goodchild, der ihn mit Tränen des Mitleids im Auge zum Tod am Galgen verurteilt. Zwei weitere Gravüren, *Branntweingäßchen* und *Biergasse* (1751), stellten die «furchtbaren Folgen des Gin-Trinkens» der wohltuenden Wirkung des Biers gegenüber. *Die vier Stationen der Grausamkeit* (1751) beabsichtigte, wie der Künstler sagte, «die barbarische Behandlung von Tieren zu bekämpfen, ein unerträglicher Anblick für jeden Menschen mit Gefühl, der durch die Straßen dieser Großstadt geht. Ich bin ebenso stolz (auf diese Stiche), wie wenn ich die Entwürfe Raffaels geschaffen hätte.»[29] Ein weiteres Übel wurde von ihm in den vier Stichen *Die Wahl* (1755–1758) aufs Korn genommen, worin er die Bestechlichkeit in der britischen Politik bloßstellte.

Vom Standpunkt der reinen Zeichnung aus betrachtet sind Hogarths Drucke grob in der Auffassung und in der Ausführung, übereilt und skizzenhaft in den Einzelheiten. Er sah sich eher in der Rolle eines Schriftstellers oder eines Dramatikers als in der eines Malers. Er glich seinem Freund Fielding mehr als seinem Erzfeind William Kent; er brachte seine Zeit zum Ausdruck, nicht so sehr eine künstlerische Technik. «Ich habe mich darum bemüht, mein Thema nach Art eines dramatischen Autors zu behandeln; mein Bild ist meine Bühne, und Männer und Frauen meine Schauspieler, die mit Hilfe gewisser Handlungen und Bewegungen eine Pantomime aufführen.»[30] Wie jede Satire sind die Stiche bewußt übertrieben. Sie unterstreichen gewisse Seiten und heben bestimmte Punkte hervor. Für ein Kunstwerk sind sie zu sehr mit Einzelheiten gefüllt; aber jede Einzelheit, außer dem unvermeidlichen Hund, trägt etwas zum Thema bei. Alles in allem vermitteln uns diese Bilder einen Einblick in das Leben des bescheidenen Londoner Mittelstandes im achtzehnten Jahrhundert: seine Heime, seine Wirtshäuser und gewisse Bezirke seiner Stadt, die mit größter Lebendigkeit wiedergegeben sind.

Die Kunstkritiker, Sammler und Händler seiner Zeit hielten weder etwas von Hogarths Fähigkeiten als Maler noch von seiner Aufrichtigkeit als Satiriker. Sie beschuldigten ihn, nur den Abschaum des englischen Lebens abzubilden. Sie machten gehässige Bemerkungen über seine volkstümlichen Drucke, denen er sich nur deswegen zugewandt habe, weil er nicht fähig sei, gute Porträts oder historische Szenen zu malen; und seine Zeichnung erklärten sie für nachlässig und ungenau. Daraufhin beschuldigte er die Kunsthändler, sie seien nur an ihrem Vorrat alter Meister interessiert und ließen inzwischen lebende Künstler verhungern:

> «Wenn sie nicht ihren Segen dazu gegeben haben und es nicht von der Tradition geheiligt ist, dann kann auch das besterhaltene Bild ... bei einer öffentlichen Versteigerung keine fünf Shilling einbringen; während eine unansehnliche, beschädigte und restaurierte alte Leinwand, die ihre Anerkennung gefunden hat, zu jedem Preis erworben und in die herrlichsten Sammlungen aufgenommen wird. Und das wissen die Kunsthändler nur zu gut.»[31]

Er wollte sich dem Urteil solcher Händler oder Kenner nicht unterwerfen. Er lehnte sich gegen die Versklavung der englischen Maler auf, die nur auf die Nachahmung von Van Dyck oder Lely oder Kneller festgelegt würden. Sogar die Giganten der italienischen Kunst wurden von ihm mit dem Spitznamen «Schwarze Meister» belegt, weil sie angeblich der englischen Malerei mit der schwarzen Magie ihrer braunen Soße ein Bahrtuch übergeworfen hätten. Als ein Bild, das Correggio zugeschrieben wurde, auf einer Versteigerung in London vierhundert Pfund einbrachte, stellte er seinen Ursprung und Wert in Frage und erbot sich, jederzeit ein ebenso gutes Bild zu malen. Man nahm ihn beim Wort, woraufhin er *Sigismunda* (1759)[32] schuf, eine gute Nachahmung Correggios, mit Spitzen und Putz, zarten Händen und schönem Gesicht; aber die traurigen Augen gefielen dem Auftraggeber nicht, und er weigerte sich, die vierhundert Pfund dafür zu bezahlen, die Hogarth verlangte. Nach seinem Tode wurde das Bild für sechsundfünfzig Pfund verkauft.

Er schrieb ein Buch, womit er seinen Kritikern eine neue Waffe in die Hand gab. Auf seinem Selbstbildnis mit Hund (1745) war auf der Staffelei eine Schlangenlinie zu sehen, die ihm als der Grundbegriff der schönen Form erschien. In einer pädagogischen Abhandlung *Die Analyse der Schönheit* (1753) erklärte er die Entstehung dieser Linie als die Windungen einer Spirale um einen Kegel. In dieser Linie sah er nicht nur das Geheimnis der Anmut, sondern auch die Bewegung des Lebens. Hogarths Kritikern kam das aber nur wie leeres Geschwätz vor.

Trotzdem ging es ihm recht gut. Seine Stiche hingen in jedem gebildeten Heim, und ihr ununterbrochener Verkauf sicherte ihm ein regelmäßiges Einkommen. Im Jahre 1757 wurde er, nachdem sein *Ausmarsch der Truppen* in Vergessenheit geraten war, zum «Oberhofmaler Seiner Majestät» ernannt, was ihm zusätzlich zweihundert Pfund im Jahr einbrachte. Er konnte sich denn auch neue Feinde leisten. 1762 gab er einen Druck heraus, *Die Zeiten*, worin er Pitt, Wilkes und andere als Kriegshetzer angriff. Wilkes veröffentlichte seine Antwort in seiner Zeitschrift *The North Briton*, worin er Hogarth als einen eitlen und geizigen alten Mann hinstellte, der nicht einer «einzigen Idee von Schönheit» fähig sei. Hogarth rächte sich mit einem Porträt von Wilkes als schielendem Ungeheuer. Churchill, ein Freund von Wilkes, antwortete mit einer ausfallenden «Epistel an William Hogarth», woraufhin Hogarth einen Stich von Churchill als Bär machte. «Das Vergnügen und die Einnahmen, die mir diese beiden Stiche verschafften», schrieb er, «haben, im Verein mit einigen Ausflügen zu Pferde, meine Gesundheit so weit wiederhergestellt, als dies in meinem Alter möglich ist.»[33] Aber am 26. Oktober 1764 platzte ihm eine Schlagader, und er starb.

Er hinterließ keine sichtbaren Spuren in der Kunst seiner Zeit. Im Jahre 1734 hatte er eine «*Life School*» (Schule für Aktzeichnen) eröffnet, die 1768 mit der Königlichen Akademie der Künste vereinigt wurde. Aber selbst die Künstler, die in seinem Atelier gelernt hatten, tauschten seinen Realismus gegen den modischen Idealismus von Reynolds und Gainsborough ein. Sein Einfluß machte sich jedoch auf dem Gebiet der Karikatur bemerkbar. Sein saftiger Humor übertrug sich auf Thomas Rowlandson und von ihm auf Isaac und George Cruikshank, und die Karikatur wurde zur Kunst erhoben. Hogarths jetziger Ruf begann mit einer Bemerkung Whistlers, wonach Hogarth «der einzige große englische Maler» war[34]; Whistler schloß sich vorsichtigerweise von diesem Vergleich aus (er war Amerikaner). Ein weniger vorsichtiges Urteil bezeichnete Hogarth «in seinen besten Werken als die markanteste Figur in der Malerei des achtzehnten Jahrhunderts»[35]. Diese Auffassung spiegelt die augenblicklich geltende Meinung wider, die in Reynolds abschätzigerweise einen auf das Geld der Aristokraten versessenen Schönfärber sieht. Auch diese Einstellung wird sich wieder ändern. Es ist nicht leicht, Hogarth als Maler einzuordnen, denn er war mehr als ein solcher. Er war die Stimme Englands, empört über sein Elend und seine Verkommenheit, und er hielt sich mit Recht für eine soziale Kraft. So sah ihn auch Fielding: «Ich möchte fast behaupten, daß seine beiden Werke, die er *Der Weg des Liederlichen* und *Der Weg der Buhlerin* nennt, letzten Endes mehr für die Sache der Tugend tun ... als alle Wälzer über Moral, die je geschrieben wurden.»[36] Eines steht fest – er war der englischste aller englischen Künstler, die je gelebt haben.

III. DIE MUSIKER

Es ist rätselhaft, warum England, das in so reichem Maße zur theoretischen und praktischen Entwicklung von Politik und Ökonomie, zu Literatur, Wissenschaft, Religion und Philosophie beigetragen hat, seit der Zeit Elisabeths I. verhältnismäßig unfruchtbar in den höheren Bereichen der musikalischen Komposition gewesen ist. Eine teilweise Erklärung dürfte im Übergang vom Katholizismus zum Puritanismus zu suchen sein; der neue Glaube wirkte sich weniger anregend auf die musikalische Schöpfung aus. Und wenn die Musik auch zum lutherischen Kult in Deutschland gehörte, so ermutigten die strengeren Formen des Protestantismus in England und Holland kaum eine andere Musik als die Kirchenlieder. Die Legenden und der Gottesdienst der römischen Kirche, die vielfach die Freuden des Glaubens verherrlichten, wurden vom düsteren Glauben an die Gnadenwahl und der Furcht vor der Hölle verdrängt, und nur ein Orpheus konnte beim Anblick der Hölle singen. Die Madrigale des elisabethanischen England gingen im puritanischen Frost zugrunde. Die Wiederherstellung der Monarchie brachte einen fröhlicheren Geist aus Frankreich mit, aber nach dem Tod von Purcell erstarrte die englische Musik wieder.

Bis auf die Lieder. Von den Tafelliedern der Gesangvereine (*Glee Clubs*) bis zu den luftigen lyrischen Leckerbissen aus Shakespeares Stücken. Das Wort *Glee* stammte vom angelsächsischen *gleo,* das Musik bedeutet. Es hatte nicht unbedingt mit Freude (wie im heutigen Sinn) zu tun. Gewöhnlich bezeichnete man mit *glee songs* unbegleitete Lieder für drei oder mehr Stimmen. Diese Gesangvereine vermehrten sich ein Jahrhundert lang und erreichten ihre höchste Blüte um 1780, der fruchtbarsten Zeit des Liederkomponisten Samuel Webbe. Von größerer Schönheit waren die Vertonungen der Shakespeare-Lieder von Thomas Arne, die heute noch in England gesungen werden. Der gleiche Arne schrieb auch die Musik zu Thomsons *Rule Britannia!* Ungefähr um diese Zeit komponierte ein unbekannter Patriot die britische Nationalhymne *God save the King*. Soweit wir unterrichtet sind, wurde sie zum erstenmal öffentlich im Jahre 1745 gesungen, als sich die Nachricht von der Niederlage der königstreuen Truppen Georgs II. gegen die Schotten des «jungen Thronanwärters» bei Prestonpans verbreitete und die Hannoveraner dem Untergang geweiht schienen. In ihrer frühesten Form bat die Hymne (die sich in Text und Melodie nur wenig von der heutigen unterschied) Gott um den Sieg über die Jakobiten in England wie auch über die Armee der Stuart-Anhänger, die aus Schottland vorrückte:

God save our Lord the King,
Long live our noble King [George II],
God save the King.
Send him victorious,
Happy and glorious,
Long to reign over us;
God save the King.

O Lord our God arise,
Scatter his enemies,
And make them fall;
Confound their knavish tricks,
On him [now Thee] *our hopes are fixed;*
O save us all.[37]*

Die Melodie wurde für unterschiedliche Zeitabschnitte von neunzehn anderen Ländern für ihre patriotischen Hymnen übernommen, darunter Deutschland, die Schweiz, Dänemark und die Vereinigten Staaten von Amerika; diese ersetzten 1931 die Hymne «Amerika» durch das «Sternenbanner», dessen wenig ansprechende Weise von einem alten englischen Trinklied herstammt.

Die Beliebtheit schöner Lieder in England deutet auf weitverbreiteten musikalischen Geschmack. Außer bei den Armen war in jedem Haus ein Klavichord vorhanden. Fast jedermann spielte ein Instrument, und es gab genug Musiker, um das Konzert zum Andenken an Händel in der Westminster Abbey (1784) mit 95 Geigen, 26 Bratschen, 21 Cellos, 15 Kontrabässen, 6 Flöten, 26 Oboen, 12 Trompeten, 12 Hörnern, 6 Posaunen und 4 Trommeln zu besetzen, dazu mit einem Chor von 29 Sopranstimmen, 48 Altstimmen, 83 Tenören und 84 Bässen – genug, um Händel in seinem Grab in der Abbey zu erschüttern. Die Klarinette wurde erst gegen Ende des Jahrhunderts eingeführt. Es gab wunderbare Orgeln und große Organisten, wie Maurice Green, dessen Choräle und Tedeums – außer denen von Händel und Boyle – fast die einzige nennenswerte Kirchenmusik Englands zu jener Zeit bildeten. Obwohl William Boyle von Jugend auf schwerhörig war, brachte er es zum Konzertmeister des königlichen Orchesters und zum Organisten der Königskapelle. Er war der erste Maestro, der im Stehen dirigierte; Händel und andere Zeitgenossen dirigierten von der Orgel oder dem Klavichord aus. Einige seiner Choräle – besonders «An den Wassern Babylons» – sind immer noch in anglikanischen Kirchen zu hören, auch zwei seiner Lieder werden noch immer in England gesungen; das eine wurde für eine Pantomime Garricks geschrieben, *Hearts of Oak,* das andere stammt aus seiner Kantate *Salomon – Softly Rise, O Southern Breeze.* Seine Symphonien klingen in unseren abgehärteten Ohren zu schwächlich und zu dünn.

Das einzige Ereignis in der englischen Musikwelt zu Beginn des achtzehnten Jahrhunderts war das Aufkommen der Oper. Bereits im Jahre 1674 hatte es solche Aufführungen gegeben, aber die Oper eroberte sich erst 1702 einen Platz in England, als italienische Sänger von Rom kamen. Ein berühmter Kastrate, Nicolini, erregte 1708 mit seinem hinreißenden Sopran großes Aufsehen in London. Ihm folgten weitere Kastraten; England gewöhnte sich an sie und begeisterte sich für Farinelli. Gegen 1710

---

* Gott erhalte unsern Herrn, den König,
Lang lebe unser edler König [Georg II.],
Gott erhalte unsern König.
Sende ihm Siege,
Glückseligkeit und Ruhm,
Möge er lange über uns herrschen;
Gott erhalte den König.

O, Herrgott zerstreue seine Feinde, vernichte sie;
Verwirre ihre Pläne, verhindere ihre feigen Anschläge.
In ihm [jetzt: Dir] ruht all unsere Hoffnung.
Erhalte uns alle.

gab es bereits genügend italienische Sänger in London, um die erste Oper auf italienisch aufzuführen. Viele Stimmen wurden gegen diese Überfremdung laut. Addison widmete dem Problem die Nummer achtzehn seiner Zeitschrift *The Spectator* und schlug vor,

«der Nachwelt ein getreues Bild von der italienischen Oper zu überliefern ... Unsere Urenkel werden sich mit Verwunderung fragen, warum sich ihre Vorväter im eigenen Lande wie ein Ausländerpublikum zusammentaten, um ganzen Aufführungen in einer Sprache beizuwohnen, die sie nicht verstanden.»

Er schloß aus den üblichen Themen, daß sich in der Oper «nur der reinste Unsinn zur Vertonung eignet». Er spottete über die Szenen, wo der Held seine Liebeserklärungen auf italienisch machte und die Heldin ihm auf englisch antwortete – als ob in solch entscheidenden Augenblicken die Sprache eine Rolle spielte. Er hatte auch etwas gegen großartige Aufmachung: wenn ein echter Sperling über die Bühne flog und Nicolini in einem Ruderboot auf einem Meer aus Pappe fröstelte.

Addison war erbittert, denn er hatte den Text zu der englischen Oper *Rosamond* von Thomas Clayton geschrieben, und die Oper war durchgefallen[38]. Seine vernichtende Kritik (am 21. März 1711) war wahrscheinlich gegen die Uraufführung der italienischen Oper *Rinaldo* am 24. Februar in der Oper am Haymarket gerichtet. Dazu kam, daß nicht nur der Text italienisch war, sondern die Musik von einem erst kürzlich in England aufgetauchten Deutschen stammte. Zu Addisons Befremdung erlebte die Oper einen wahren Triumph; innerhalb dreier Monate wurde sie fünfzehnmal vor einem vollen Haus aufgeführt; London tanzte zu Auszügen aus dieser Musik und sang die leichteren Arien[39]. Damit begann die englische Phase in der erstaunlichsten Laufbahn der ganzen Musikgeschichte.

IV. HÄNDEL: 1685–1759[40]

1. Sein Werdegang

Der berühmteste Komponist aus der Zeit Johann Sebastian Bachs war Georg Friedrich Händel. In Deutschland trug er Triumphe davon, das musikalische Italien lag ihm zu Füßen, und er prägte das Leben und die Geschichte der Musik in England während der ersten Hälfte des achtzehnten Jahrhunderts. Er nahm seine Überlegenheit als naturgegeben hin, und niemand stellte sie in Frage. Er überragte die Musikwelt, ein Gebieter, ein Koloß, 113 Kilo schwer[41].

Er war in Halle an der Saale am 23. Februar 1685 geboren, genau sechsundzwanzig Tage vor Johann Sebastian Bach und acht Monate vor Domenico Scarlatti. Während aber Bach und Scarlatti schon mit der Musik auf die Welt kamen, Söhne berühmter Komponisten, die von Kindesbeinen an mit Tonleitern genährt wurden, wuchs Händel in einer Familie auf, die der Musik gleichgültig gegenüberstand. Sein Vater war Wundarzt am Hof des Herzogs Johann Adolf von Sachsen-Weißenfels; seine Mutter war die

Tochter eines lutherischen Pastors. Sie waren gar nicht einverstanden mit der Vorliebe ihres Sohnes für die Orgel und das Klavichord. Nachdem ihn aber der Herzog gehört hatte und auf einer musikalischen Ausbildung bestand, erlaubten ihm seine Eltern, Stunden bei Friedrich Zachau, dem Organisten der Liebfrauenkirche in Halle, zu nehmen. Zachau war ein hingebungsvoller und anspruchsvoller Lehrer. Mit elf Jahren komponierte Händel Sonaten (von denen sechs erhalten sind) und spielte die Orgel mit soviel Begabung, daß ihn Zachau und die resignierten Eltern nach Berlin schickten, wo er vor Sophie Charlotte, der gebildeten Kurfürstin von Brandenburg und künftigen Königin von Preußen, spielte. Kurze Zeit nach dem Tode seines Vaters (1697) kehrte er nach Halle zurück; seine Mutter blieb bis 1729 am Leben.

Im Jahre 1702 bezog er die Universität in Halle, angeblich um sich auf eine juristische Laufbahn vorzubereiten. Einen Monat später berief ihn der Vorstand des calvinistischen Domes in Halle zum Organisten, da sich der Vorgänger allzu sehr dem Trunk ergeben hatte. Nach einem Jahr wurde es dem jungen Genie in Halle, wo ihn nichts als die Liebe zu seiner Mutter zurückhielt, zu eng, und er machte sich nach Hamburg auf, wo Musik fast so beliebt war wie Geld. Seit 1678 verfügte Hamburg über ein Opernhaus. Dort wurde der achtzehnjährige Händel als zweiter Geiger angestellt. Er freundete sich mit dem zweiundzwanzigjährigen Johann Mattheson, dem führenden Tenor der Oper, an, der später zum berühmtesten Musikkritiker des achtzehnten Jahrhunderts wurde. Zusammen machten sie eine Reise nach Lübeck, um den greisen Buxtehude spielen zu hören und um die Möglichkeiten, seine Nachfolge als Organist an der Marienkirche anzutreten, auszuforschen. Sie erfuhren, daß Buxtehudes Nachfolger dessen Tochter heiraten sollte, warfen einen Blick auf das Mädchen und fuhren wieder ab.

Ihre Freundschaft endete in einem Duell, das einem Lustspiel entsprungen schien. Am 20. Oktober 1704 führte Mattheson seine eigene Oper *Kleopatra* auf, in der er die männliche Hauptrolle sang. Sie war ein ausgesprochener Erfolg und wurde häufig gespielt. Bei diesen Aufführungen dirigierte Händel Orchester und Sänger vom Klavichord aus. Es geschah jedoch mehrmals, daß Mattheson, nachdem er als Antonius auf der Bühne gestorben war, vom Beifall berauscht ins Orchester herunterkam, seinen Freund als Klavichordspieler und Dirigenten ersetzte und den Beifall am Ende entgegennahm. Am 5. Dezember weigerte sich Händel, ihm seinen Platz zu überlassen. Die Freunde verlängerten die Oper mit ihrem hitzigen Streit und begaben sich, nachdem der Vorhang gefallen war, auf die Straße, zogen ihre Degen und duellierten sich in Gegenwart von Opernliebhabern und Vorübergehenden. Matthesons Waffe traf auf einen Metallknopf am Mantel Händels und zerbrach. Das Drama verwandelte sich für alle, außer den Beteiligten, in ein Lustspiel. Der Krach dauerte so lange, bis der Operndirektor eine Oper von Händel, *Almira,* annahm, in der Mattheson den Tenor singen mußte. Nach dem Erfolg der Oper (8. Januar 1705) versöhnten sich die beiden wieder.

Mit ihren einundvierzig Arien auf deutsch und fünfzehn auf italienisch wurde *Almira* gleich so beliebt, daß sie zwanzigmal in sieben Wochen aufgeführt wurde. Aber der Vorsteher des Opernhauses, Reinhard Keiser, der bisher die meisten Opern verfaßt hatte, wurde eifersüchtig. Die Hamburger Oper verlor an Beliebtheit, und zwei Jahre lang lebte Händel von einem herabgesetzten Gehalt. Bei einem Aufenthalt in Hamburg hatte ihm der Prinz Giovan Gastone de' Medici geraten, sich nach Italien zu begeben, wo jeder in Musik verliebt sei und selbst die Kellner mit *bel canto* bedienten. Mit zweihundert Dukaten und einem Empfehlungsbrief von Gastone an seinen Bruder Fernando, den Gönner der Oper von Florenz, in der Tasche, wagte sich Händel trotz Schnee und Eis im Dezember über die Alpen und kam Ende 1706 in Florenz an. Fernando zeigte sich jedoch nicht zu Ausgaben geneigt, und so fuhr Händel weiter nach Rom. Dort war die Oper indessen von Papst Innozenz XII. als ein Ort der Verderbnis geschlossen worden. Händel spielte die Orgel in der Kirche San Giovanni Laterano und wurde als Virtuose gefeiert; da aber niemand seine Oper aufführen wollte, kehrte er nach Florenz zurück. Gastone war inzwischen heimgekehrt und verwendete sich für ihn bei seinem Bruder. Fernando zeigte sich freigebiger, und *Rodrigo* wurde aufgeführt. Er gefiel allenthalben, und Fernando belohnte den jungen Komponisten mit hundert Zechinen und einem Tafelservice aus Porzellan. Aber Florenz hatte keine öffentliche Oper, während Venedig sechzehn Opernhäuser besaß. Händel fuhr nach Venedig.

Er kam im Herbst 1707 dort an. Zu jener Zeit stand die Königin der Adria ganz unter dem Zauber von Alessandro Scarlatti und jubelte seiner größten Oper, *Mitridate Eupatore*, zu; da war kein Raum für einen jungen Deutschen, der gerade erst die Anfangsgründe der italienischen Melodik entdeckt hatte. Händel studierte die Opern Scarlattis und freundete sich mit dessen Sohn an. Als Händel einmal maskiert das Klavichord auf einem venezianischen Maskenball spielte, soll Domenico Scarlatti – einer Anekdote nach – ausgerufen haben: «Das ist entweder der wunderbare Sachse oder der Teufel.»[42] Die anhaltende Freundschaft zwischen den beiden größten Klavichordspielern ihrer Zeit ist ein harmonischer Augenblick inmitten der Zwistigkeiten der Geschichte. Sie überließen Venedig älteren Meistern und begaben sich zusammen nach Rom (Januar 1708?).

Diesmal wurde Händel besser empfangen. Die Kunde von seinem *Rodrigo* war bis zur Hauptstadt gedrungen. Fürsten und Kardinäle nahmen ihn bei sich auf und stießen sich mehr an seinem deutschen Akzent als an seinem lutherischen Glauben. Der Marchese di Ruspoli ließ sich ein Theater in seinem Palast bauen, um Händels erstes Oratorium, *La Risurrezione*, aufzuführen; die Musik war eine Offenbarung von Kraft, Reichtum und Tiefe, und bald sprach das ganze gebildete Rom von «*il gran Sassone*», dem großen Sachsen. Seine schwierigen Partituren waren jedoch nicht nach dem Geschmack der italienischen Musiker. Als Kardinal Pietro Ottoboni Händels *Serenata* aufführen ließ, beunruhigte diese Musik Arcangelo Corelli, der die erste Geige spielte und das Orchester dirigierte; er murmelte höflich: «*Caro Sassone,* diese Musik ist im französischen Stil, den ich nicht verstehe.»[43] Daraufhin nahm Händel Corelli die Violine aus der Hand und spielte mit seinem üblichen Feuer. Corelli verzieh ihm.

Jetzt hieß es, noch Neapel zu erobern. Einer fraglichen Überlieferung zufolge sollen Händel, Corelli und die beiden Scarlatti zusammen dorthin gereist sein (Juni 1708). Eine andere, nicht belegte Anekdote erzählt von einer Liebesaffäre, die Händel dort gehabt haben soll. Vorsichtige Historiker müssen aber mit Bedauern zugeben, daß es keine Anzeichen für irgendeine Liebesbeziehung in Händels Leben gibt, es sei denn die zu seiner Mutter oder zur Musik. Es scheint unglaublich, daß der Mann, der solche glühenden Arien schrieb, selbst völlig unbeteiligt blieb. Vielleicht verbrauchte sich sein ganzes Temperament in seinen Schöpfungen. Das bedeutendste Ereignis während seines Aufenthaltes in Neapel scheint die Begegnung mit Kardinal Vincenzo Grimani, dem Vizekönig von Neapel und Sproß einer reichen venezianischen Familie, gewesen zu sein. Er bot dem Komponisten das Libretto zu einer Oper an, das das alte Thema von Neros Mutter zum Gegenstand hatte. In drei Wochen vollendete Händel das Werk. Grimani vereinbarte eine Aufführung im Privattheater seiner Familie in Venedig. Händel stürzte sich mit seiner Partitur dorthin.

Die Uraufführung der *Agrippina* (26. Dezember 1709) erwies sich als der erfreulichste Triumph, den Händel bisher erlebt hatte. Die großzügigen Italiener waren nicht eifersüchtig auf einen Deutschen, der sie auf ihrem ureigensten Gebiet geschlagen hatte und ihnen glanzvolle Harmonien, kühne Modulationen und eine Technik vor Augen führte, wie sie selbst ihrem Liebling Alessandro Scarlatti nur selten gelungen waren. Sie riefen: «*Viva il caro Sassone*»[44], und schlossen in ihren Beifall den außergewöhnlichen Baß Giuseppe Boschi mit ein, dessen Stimme eine Reichweite von fast vier Oktaven hatte.

Händel wurde jetzt umworben. Der britische Gesandte in Venedig, Charles Montagu, Graf von Manchester, riet ihm, nach London zu gehen. Prinz Ernst August, der jüngere Bruder des Kurfürsten Georg Ludwig, bot ihm den Posten eines Kapellmeisters in Hannover an. Venedig war schön und atmete Musik, aber wie lange konnte man von einer Oper zehren, und wie lange konnte man sich auf diese temperamentvollen Italiener verlassen? In Hannover hatte er zwar Nebel, Wolken und gutturale Stimmen zu erwarten, aber auch eine gute Oper, ein festes Gehalt und reichliches deutsches Essen; und ab und zu konnte er seine Mutter in Halle besuchen. So wurde Händel am 15. Juni 1710 im Alter von fünfundzwanzig Jahren zum Kapellmeister in Hannover ernannt, mit einem Jahresgehalt von fünfzehnhundert Kronen und der Erlaubnis, sich hin und wieder auf Reisen zu begeben. Im Herbst desselben Jahres wurde ihm gestattet, England zu besuchen, und er versprach, in Bälde zurückzukehren.

2. Die Eroberung Englands

Die Londoner Oper war in schlechtem Zustand. Eine italienische Gesellschaft mit dem Baß Boschi, seiner Frau – einer Altistin – und dem männlichen Sopran Nicolini, den der eifrige Musikhistoriker Charles Burney «als den ersten wirklich großen Sänger, der je in unserem Theater gesungen hat»[45], bezeichnete, gab dort Gastvorstellungen. Aber sowohl das Theater am Haymarket (damals das Theater Seiner Majestät) als das Drury-Lane-Theater lagen in unsicheren Stadtteilen, voll von Taschendieben und Raufbolden, und die «gute» Gesellschaft zögerte, sich mit ihren Perücken und Geldbeuteln dorthin zu wagen.

Als der Impresario Aaron Hill erfuhr, daß Händel in London war, bot er ihm ein Libretto nach Tassos *Gerusalemme liberata* an. Händel machte sich mit seiner grenzenlosen Energie an die Arbeit, machte unbekümmert bei seinen früheren Kompositionen Anleihen und beendete den *Rinaldo* innerhalb von vierzehn Tagen. Nach der Uraufführung, am 24. Februar 1711, wurde er noch vierzehnmal bis zum Ende der Saison am 22. Juni, jedesmal vor einem ausverkauften Saal, aufgeführt. Addison und Steele lehnten ihn ab, aber London gefielen seine Arien, die auf allen Straßen gesungen wurden ..., besonders «Lascia ch'io pianga» und «Cara sposa», die an sentimentale Saiten rührten und uns auch heute noch bewegen können. John Walsh verdiente 1400 Guineen mit einer Veröffentlichung der Lieder aus *Rinaldo,* weswegen ihm Händel den ironischen Vorschlag machte, Walsh solle die Musik für die nächste Oper schreiben und ihn die Partitur veröffentlichen lassen[46]. Bald danach wurde die Oper – die beste, die Händel komponiert hat – in Dublin, Hamburg und Neapel aufgeführt. In London hielt sie sich zwanzig Jahre lang auf der Bühne.

Händel kostete seinen Erfolg aus und verlängerte seinen Urlaub auf ein Jahr. Dann fuhr er widerstrebend nach Hannover zurück (Juni 1711). Dort erwartete ihn nicht die Rolle eines Salonlöwen, sondern die eines Dieners im kurfürstlichen Schloß. Die Opernsaison war beendet; er komponierte *concerti grossi* und Kantaten, aber sein Herz war bei der Oper. Im Oktober 1712 bat er um einen weiteren «kurzen» Urlaub, um England zu besuchen. Der Kurfürst willigte ein, vielleicht weil er ahnte, daß England bald mit Hannover vereint sein würde. Im November kam Händel in London an und blieb dort sechsundvierzig Jahre lang.

Er hatte eine neue Oper mitgebracht, *Il Pastor Fido* (*Der treue Schäfer*), deren reizvolle Ouvertüre heute noch gespielt wird. Sie wurde am 22. November aufgeführt und war ein Mißerfolg. Anstatt sich entmutigen zu lassen, bearbeitete er sofort ein neues Thema, *Teseo* (*Theseus*). Die Premiere (10. Januar 1713) war ein Triumph, aber am zweiten Abend entfloh der Direktor mit sämtlichen Einnahmen. Der neue Direktor, John Heidegger, führte *Teseo* noch dreizehnmal auf und belohnte den unbezahlten Komponisten mit einer Aufführung zu «Mr. Hendels» Gunsten, bei der der Komponist das Klavichord spielte. Ein begeisterter Zuhörer, der Graf von Burlington, lud Händel zu sich nach Burlington House ein. Händel nahm an, wohnte in angenehmer Umgebung, wurde gut ernährt und kam mit Pope, Gay, Kent und anderen führenden Literaten und Künstlern zusammen.

Ein guter Stern leuchtete über ihm. Königin Anna hatte längst das Ende des Spanischen Erbfolgekrieges herbeigewünscht; jetzt kam es mit dem Vertrag von Utrecht. Händel erregte das Gefallen der Königin mit seinem *Utrechter Tedeum* und mit einer *Geburtstagsode* zu ihrem Wiegenfest; darin zeigte sich, daß er Purcells Chorwerke studiert hatte. Die gütige Königin belohnte ihn mit einer Pension von zweihundert Pfund. Endlich wohlhabend, spannte er ein Jahr lang aus.

Am 1. August 1714 starb Königin Anna, und Kurfürst Georg Ludwig von Hannover wurde als Georg I. König von England. Händel sah dieser Veränderung mit einiger Unruhe entgegen. Für Hannover war er so gut wie ein Deserteur und konnte sich auf eine kühle Aufnahme beim König gefaßt machen. Das war in der Tat der Fall, wenn der König sich auch nicht besonders darüber äußerte. Das Haus am Haymarket wurde jetzt in «Theater Seiner Majestät» umbenannt; der König fühlte sich verpflichtet, es zu fördern; ausgerechnet dort gab man jedoch den *Rinaldo*, das Machwerk jenes Subjekts. Der König begab sich inkognito – bis auf seinen Akzent – dorthin und genoß die Aufführung. Inzwischen hatte Händel eine neue Oper, *Amadigi di Gaula*, komponiert; Heidegger führte sie am 25. Mai 1715 zum erstenmal auf; sie gefiel dem König. Bald darauf gab der italienische Geiger und Komponist Francesco Geminiani eine Vorstellung bei Hof und bat um die Mitwirkung Händels, des einzigen Klavichordspielers in England, der dazu geeignet sei, ihn zu begleiten. Seine Bitte wurde gewährt; Händel übertraf sich selbst, der König vergab ihm und erhöhte seine Pension auf vierhundert Pfund im Jahr. Kronprinzessin Caroline stellte ihn als Musiklehrer für ihre Töchter an und fügte eine Pension von zweihundert Pfund hinzu. Händel war nun der bestbezahlte Komponist Europas.

Als Georg I. London verließ (9. Juli 1716), um Hannover zu besuchen, nahm er Händel mit. Der Musiker sah seine Mutter in Halle und begann von nun an, der verarmten Witwe seines alten Lehrers Zachau regelmäßig Geld zu schicken. Der König und der Komponist kehrten zu Beginn des Jahres 1717 nach London zurück. James Brydges, Graf von Carnarvon, der spätere Herzog von Chandos, lud Händel in seinen großartigen Palast Canons in Middlesex ein, wo er die Nachfolge des gräflichen Kapellmeisters Johann Pepusch antreten sollte, der sich nachträglich mit der von ihm komponierten Musik zu *The Beggar's Opera* rächte. Dort schrieb Händel *Suites de Pièces pour le Clavecin*, Klavichordphantasien im Stil Domenico Scarlattis und Couperins, einige *concerti grossi*, zwölf *Chandos-Choräle*, die Musik zu Gays Maskenspiel *Acis und Galatea* und eine Oper, *Radamisto*.

Wer sollte aber die Oper aufführen? Die Zahl der Zuschauer im «Theater Seiner Majestät» war zurückgegangen; Heidegger stand vor dem Ruin. Um ihm und der Oper zu Hilfe zu kommen, bildete eine Gruppe von Adligen und reichen Bürgern (Februar 1719) die Königliche Musikakademie; sie wurde mit fünfzig Aktien finanziert, die dem Publikum zu zweihundert Pfund die Aktie angeboten wurden. Georg I. übernahm fünf Aktien. Am 21. Februar berichtete eine Londoner Wochenzeitung: «Mr. Hendel, der berühmte Kapellmeister, ist auf Befehl Seiner Majestät auf den Kontinent gereist, um in Europa eine Gesellschaft auserwählter Sänger für die Oper am Haymarket auszusuchen.»[47] Händel durchforstete verschiedene Musikgesellschaften in Deutschland und besuchte abermals seine Mutter. Einige Stunden, nachdem er von Halle nach England abgereist war, erschien Johann Sebastian Bach in der Stadt, der angeblich die vierzig Kilometer von Köthen zu Fuß zurückgelegt haben soll, und fragte, ob er den großen Deutschen sehen könne, der England erobert hatte. Er kam zu spät. Die beiden Meister trafen sich nie.

Am 27. April 1720 wurde *Radamisto* in Gegenwart des Königs, seiner Mätresse und eines von Titeln und Juwelen glänzenden Publikums aufgeführt; hochstehende Persönlichkeiten kämpften um Zutritt. Verschiedene Herrschaften, berichtete Mainwaring, «wurden abgewiesen, die vierzig Shilling für einen Platz auf der Galerie angeboten hatten»[48]. Das englische Publikum stand nicht hinter den Venezianern zurück, die vor elf Jahren *Agrippina* mit stürmischem Beifall begrüßt hatten. Händel war wieder der Held Londons. Aber doch nicht ganz Londons. Eine rivalisierende Gruppe von Musikliebhabern unter Führung von Händels ehemaligem Gönner, dem Grafen von Burlington, zog Giovanni Battista Bononcini vor. Sie überredeten die Königliche Musikakademie, ihre zweite Saison mit Bononcinis Oper *Astarto* zu eröffnen (19. November 1720), und sicherten sich für die Hauptrolle die Mitwirkung des männlichen Soprans Senesino (Francesco Bernardi), der inzwischen Nicolini ausgestochen hatte, eines arroganten Künstlers mit einer unwiderstehlichen Stimme, dem *Astarto* einen Triumph und zehn Aufführungen verdankte. Bononcinis Bewunderer schätzten ihn höher als Händel. Keiner der beiden Komponisten war für den Krieg verantwortlich, der von nun an das Londoner Publikum in zwei feindliche Gruppen aufteilte, aber London war in diesem Jahr, in dem es zum Krach der Südsee-Kompanie kam, ebenso leicht erregbar wie Paris. Der König und die Whigs begünstigten Händel, der Prinz von Wales und die Tories unterstützten Bononcini, und die Witzbolde und Schreiberlinge stürzten sich begeistert in die Rauferei. Bononcini schien seine Überlegenheit mit einer neuen Oper, *Crispo*, zu beweisen (Januar 1722), die soviel Erfolg hatte, daß die Akademie gleich noch eine weitere, ebenso erfolgreiche Oper von ihm aufführte, *Griselda*. Als der große Marlborough im Juni starb, wurde Bononcini, nicht Händel, ausgesucht, um das Begräbnis-Anthem zu komponieren; außerdem setzte die Tochter des verstorbenen Herzogs Bononcini eine Jahresrente von fünfhundert Pfund aus. Es war das Jahr Bononcinis.

Händel behauptete sich mit Hilfe von *Ottone* und dank einer neuen Sopranistin, die er mit der unerhörten Garantie von zweitausend Pfund aus Italien gelockt hatte. Francesca Cuzzoni war, wie Horace Walpole sie beschrieb, «untersetzt und gedrungen, mit einem verschwommenen, mürrischen Gesicht, aber einem schönen Teint; keine gute Schauspielerin, schlecht angezogen, albern und eingebildet»[49]; aber ihre Stimme war hinreißend. Sie belebte die Proben mit ihrer Starrköpfigkeit und ihren Ausbrüchen, aber Händel war ihr gewachsen; «Madame», sagte er, «ich weiß, daß Sie eine wahre Teufelin sind. Sie müssen aber wissen, daß ich selbst Beelzebub, der Oberteufel, bin.» Als sie darauf bestand, eine Arie nach ihrer Art und nicht nach seinen Anweisungen zu singen, packte er sie und drohte, sie aus dem Fenster zu werfen[50]. Da die zweitausend Pfund denselben Weg genommen hätten, gab sie nach. Bei der Erstaufführung (12. Januar 1723) sang sie so gut, daß ein begeisterter Zuhörer von der Galerie rief: «Donnerwetter, die hat ein Nachtigallennest im Bauch.»[51] Senesino war ebenfalls ausgezeichnet, und Boschi unterstützte beide mit seinem Baß. Bei der zweiten Aufführung stiegen die Eintrittspreise um fünf Pfund. Damals schrieb John Gay an Jonathan Swift:

> «Was die Zerstreuungen in der Stadt anbelangt, so gibt es nur noch Musik; richtige Geigen, Bratschen und Oboen, keine poetischen Harfen, Leiern und Pfeifen. Niemand darf sagen, *Ich singe*, wenn es sich nicht um einen Eunuchen oder eine Italienerin handelt. Heutzutage fühlt sich jeder berufen, sein Urteil über Musik abzugeben, wie zu Ihrer Zeit über Poesie. Und Leute, die

kaum zwei Töne voneinander unterscheiden konnten, lassen sich jetzt täglich über die verschiedenen Stilarten von Händel, Bononcini und Attilio (Ariosti) aus ... Wer sich in London und Westminster für gebildet hält, spricht von Senesino nur noch als dem größten Menschen, den es je gegeben hat.»[52]

Händel – wieder *in excelsis* – kaufte ein Haus in London (1723) und nahm die britische Staatsbürgerschaft an (1727). Er führte den Opernkrieg bis zum Jahre 1728 weiter. Er durchstöberte die Geschichte nach neuen Themen und brachte Flavius, Caesar, Tamerlan, Scipio, Alexander und Richard I. auf die Bühne; Bononcini entgegnete mit Astyanax, Erminia, Pharnakes und Calpurnia; ein dritter Komponist, Ariosti, vertonte Coriolan, Vespasian, Artaxerxes und Dareios. Noch nie war Geschichte so voller Harmonie gewesen. Im Jahre 1726 fand der Zwist neue Nahrung durch die Ankunft von Faustina Bordoni, einer Mezzosopranistin, die bereits Venedig, Neapel und Wien erobert hatte. Ihre Stimme war nicht so zart und süß wie die der Cuzzoni, aber ihr Gesicht, ihre Figur und ihre Anmut kamen ihr zu Hilfe. In der Oper *Alessandro* (5. Mai 1726) brachte Händel die beiden Diven zusammen, gab ihnen gleichviel Solos und wog sie sorgfältig in einem Duett gegeneinander ab. Ein paar Abende wurden beide mit Beifall überschüttet; dann teilte sich die Zuhörerschaft; die einen zischten, wenn die anderen klatschten, und der Krieg der Töne nahm neue Ausmaße an. Am 6. Juni 1727, als die feindlichen Primadonnen in Bononcinis *Astianatte* sangen, brachen die Anhänger der Cuzzoni in solch einen unerhörten Tumult aus, daß die Bordoni bei diesem Radau nicht weitersingen konnte. Man schlug sich im Parkett und dann auch auf der Bühne; schließlich gerieten sich auch die Diven in die Haare; die Zuschauer zerschlugen die Kulissen – und all das in Gegenwart der Prinzessin von Wales, Caroline.

Diese *reductio ad absurdum* hätte schon an und für sich genügt, um der italienischen Oper in England den Gnadenstoß zu versetzen. Ganz vernichtet wurde sie aber von einem der sanftesten Gemüter in London. Am 29. Januar 1728 führte John Gay im Lincoln's-Inn-Fields-Theater *The Beggar's Opera* (Die Bettleroper) auf. Den lustigen, geistreichen, saftigen Text haben wir bereits erwähnt, aber man muß ihn mit der Musik gehört haben, die Johann Pepusch dazu komponiert oder übernommen hatte, um zu verstehen, warum das Theaterpublikum massenhaft von Händel, Bononcini und Ariosti zu Pepusch, Polly und Gay überging. Neun Wochen lang wurde die *Bettleroper* Abend für Abend vor einem ausverkauften Saal gespielt, während die Sirenen und Eunuchen im «Theater Seiner Majestät» vor leeren Sitzen sangen. Zudem hatte sich Gay über die italienische Oper mit ihrer sinnlosen Handlung, ihren Koloraturtrillern und dem Gezwitscher der Soprane beiderlei Geschlechts lustig gemacht. Seine Helden waren Diebe, Bettler und Huren, nicht Könige, Adlige, Jungfrauen und Königinnen, und er zog englische Balladen italienischen Arien vor. Das Publikum war begeistert über Worte, die es verstehen konnte, zumal wenn sie etwas gewagt waren. Händel antwortete auf diese Herausforderung mit neuen Opern – *Siroe* und *Tolomeo, Re d'Egitto* (1728). Trotz schöner Einzelheiten machten sie sich nicht bezahlt. Am 5. Juni erklärte sich die Königliche Musikakademie für zahlungsunfähig und stellte ihre Tätigkeit ein.

Aber Händel wollte sich nicht geschlagen geben. Da die Adligen, die ihm die Schuld an ihren Verlusten gaben, ihn im Stich ließen, bildete er mit Heidegger (Juni 1728) die «Neue Musikakademie», in die er zehntausend Pfund steckte – fast seine ganzen Ersparnisse. Vom neuen König Georg II. erhielt er das Versprechen auf eine Unterstützung von tausend Pfund im Jahr. Im Februar machte er sich wieder auf eine Rundreise, um neue Talente vom Kontinent einzuführen, denn Cuzzoni, Bordoni, Senesino, Nicolini und Boschi hatten das sinkende Schiff verlassen und trillerten in Venedig. An ihrer Stelle verpflichtete Händel andere Lerchen und Nachtigallen: Antonio Bernacchi, einen männlichen Sopran, Annibale Fabri, einen Tenor, und Anna Maria Strada del Pò, Sopran. Auf dem Rückweg besuchte er zum letztenmal seine Mutter. Sie war inzwischen neunundsiebzig Jahre alt geworden, blind und fast gänzlich gelähmt. Während er sich in Halle aufhielt, erhielt er den Besuch von Wilhelm Friedemann Bach, der ihm eine Einladung nach Leipzig überbrachte, wo die *Matthäuspassion* gerade zum erstenmal aufgeführt worden war. Händel mußte ablehnen. Er hatte kaum etwas von Johann Sebastian Bach gehört und hatte nicht die geringste Ahnung, daß der Ruhm dieses Mannes eines Tages seinen eigenen in den Schatten stellen sollte. Er eilte nach London zurück und nahm auf der Durchreise noch den Hamburger Baß Johann Riemenschneider mit.

Die neue Truppe trat am 2. Dezember 1729 in *Lotario* auf, aber ohne Erfolg. Am 24. Februar versuchte er es mit *Partenope* – wieder ohne Erfolg. Bernacchi und Riemenschneider wurden entlassen und Senesino von Italien zurückgeholt. Er und Strada del Pò in den Hauptrollen, ein Libretto von Metastasio, Händels Musik zu *Poro,* die eine seiner rührendsten Arien enthielt, all dies ließ London denn doch aufhorchen (2. Februar 1731), und das Königliche Theater füllte sich wieder. Zwei weitere Opern, *Ezio* und *Sosarme,* fanden ebenfalls günstige Aufnahme.

Aber der Kampf der italienischen Oper um eine englische Zuhörerschaft wurde immer schwieriger. Aus dieser Sackgasse war kein Ausweg zu finden, und körperliche und finanzielle Erschöpfung drohten. Händel hatte England erobert, jetzt aber wurde er offensichtlich von England erobert. Seine verschiedenen Opern glichen einander zu sehr und konnten auf die Dauer nicht mehr fesseln. Sie enthielten prachtvolle Arien, die aber mit der Handlung nur sehr wenig zu tun hatten und in einer Sprache verfaßt waren, die zwar melodisch, aber unverständlich war. Außerdem verlangten sie zum Teil nach einem männlichen Sopran, der immer seltener zu finden war. Strenge Regeln und Künstlereifersucht bestimmten die Verteilung der Rollen, was das Gekünstelte der Handlung noch unterstrich. Hätte Händel sich weiter an die italienische Oper geklammert, so würde man sich heute kaum noch an ihn erinnern. Eine Reihe von Ereignissen drängte ihn in eine neue Richtung, auf ein Gebiet, auf dem er bis auf den heutigen Tag unübertroffen geblieben ist.

3. Die Niederlage

Am 23. Februar 1732 gab Bernard Gates zur Feier des siebenundvierzigsten Geburtstages des Komponisten in der «Crown and Anchor Tavern» eine private Aufführung von Händels neuem Werk *Esther, ein Oratorium*. Es erregte soviel Aufsehen und brachte soviel ein, daß Gates es noch zweimal wiederholte, einmal für eine private Gesellschaft und dann (20. April) für die Öffentlichkeit; das war die erste öffentliche Aufführung eines Oratoriums in England. Prinzessin Anna schlug vor, *Esther* im Königlichen Theater mit Kostümen, Kulissen und handelnden Figuren aufzuführen. Der Bischof von London sprach sich jedoch gegen die Verwandlung der Bibel in eine Oper aus. Damals traf Händel eine der wichtigsten Entscheidungen in seiner Laufbahn. Er ließ bekanntmachen, daß er am 2. Mai die *Heilige Geschichte Esthers* als ein «Englisches Oratorium» im Haymarket-Theater aufführen werde, fügte jedoch hinzu «ohne Handlung auf der Bühne» und mit einer Musik, die nach Art der «Krönungsfeiern angeordnet» werde; so unterschied er das Oratorium von der Oper. Er sorgte selbst für Chor und Orchester und lehrte La Strada und andere Italiener, ihre Soli auf englisch zu singen. Die königliche Familie war zugegen, und *Esther* erlebte fünf Aufführungen im ersten Monat. Nachdem ein weiteres Oratorium, *Acis und Galatea* (10. Juni), weniger gefallen hatte, wandte sich Händel wieder der Oper zu. *Orlando* (27. Januar 1733) fand gute Aufnahme, aber trotzdem stand das gemeinsame Unternehmen mit Heidegger vor dem Zusammenbruch. Bei der Aufführung seines dritten Oratoriums, *Deborah* (17. März), versuchte Händel, die Einnahmen durch Erhöhung des Eintrittspreises auf das Doppelte zu steigern. Ein anonymer Brief an die Zeitschrift *The Craftsman* prangerte diese Maßnahme an und forderte die Befreiung der Musik in London vom Joch des «unverschämten ..., herrischen und verstiegenen Mr. Hendel»[53]. Da Händel die Gunst des Königs genoß, verlor er automatisch die Sympathie von Friedrich, dem Prinzen von Wales, dem Sohn und Feind Georgs II. Händel, der sich oft von seinem Temperament mitreißen ließ, beging den Fehler, Friedrichs Zeichenlehrer Joseph Goupy zu beleidigen. Goupy rächte sich mit einer Karikatur des Komponisten, die ihn als einen riesigen Vielfraß mit einer Eberschnauze darstellte; Abzüge davon gingen in ganz London um und vergrößerten Händels Elend. Im Frühjahr 1733 regte der Prinz von Wales seine Höflinge zur Gründung einer eigenen Operngesellschaft, der «Oper des Adels», an. Sie holten den berühmtesten Gesanglehrer der Zeit, Niccolò Porpora, aus Neapel, machten Händel Senesino abspenstig und lockten die Cuzzoni aus Italien herüber. Am 29. Dezember führte diese «Oper des Adels» im Lincoln's-Inn-Fields-Theater Porporas *Ariadne* mit großem Erfolg auf. Diese neue Herausforderung beantwortete Händel mit einem gewollt ähnlichen Thema, *Ariadne auf Kreta* (26. Januar 1734), das ebenfalls günstig aufgenommen wurde. Am Ende der Spielzeit lief jedoch sein Vertrag mit Heidegger ab, der das Königliche Theater an die «Oper des Adels» vermietete; Händel zog mit seiner Truppe in das von John Rich geleitete Covent-Garden-Theater.

Porporas Erfolg beruhte auf der Mitwirkung des berühmtesten Kastraten der Welt, Carlo Broschi, der in ganz Europa unter dem Namen Farinelli bekannt war. Auf den Gesang dieses Mannes werden wir noch zu sprechen kommen, wenn wir ihn in seiner Heimatstadt in Bologna treffen. Hier sei nur bemerkt, daß seine Mitwirkung neben Senesino und Cuzzoni in Porporas *Artaserse* (Artaxerxes, 29. Oktober 1734) ein Ereignis in der Musikgeschichte Englands darstellte; während Farinellis dreijährigem Aufenthalt wurde die Oper vierzigmal aufgeführt. Händel seinerseits kam mit *Ariodante* heraus (8. Januar 1735), einer seiner besten Opern, besonders im Hinblick auf die Instrumentalmusik. Sie erzielte zehn Aufführungen in zwei Monaten, und Händel durfte sich viel von diesem Erfolg versprechen. Als aber Porpora *Polifemo* mit Farinelli in der Hauptrolle aufführte (1. Februar), konnten der König, die Königin und der Hof nicht wegbleiben. Er wurde noch häufiger aufgeführt als *Artaserse,* während Händels *Alcina* (16. April) bald vor einem leeren Haus spielte – obwohl eine Suite daraus noch heute gelegentlich im Programm erscheint. Daraufhin zog sich Händel ein halbes Jahr lang vom Schlachtfeld zurück, um seine rheumatischen Schmerzen mit Bädern in Tunbridge Wells zu heilen.

Am 19. Februar 1736 erschien er in Covent Garden mit einem Oratorium zu einem Text von Dryden, *Das Alexanderfest*. Nach dem Bericht eines Zeitgenossen nahmen die tausenddreihundert Zuhörer, die das Theater bis zum letzten Platz füllten, das Oratorium mit einem Beifall auf, «wie er nur selten in London gehört worden war»[54]. Zu Händels Genugtuung betrug die Einnahme 450 Pfund; trotz seines erschütternden Orgelvortrags als Einlage brachte es das Oratorium nur auf vier Wiederholungen; und der verzweifelte Komponist, Impresario, Dirigent und Virtuose wandte sich wieder der Oper zu. Am 12. Mai trat er mit *Atalanta* hervor, einem Schäferspiel, das die Heirat des Prinzen von Wales feierte. Er hatte aus Italien einen neuen Kastraten, Gizziello (Giacchino Conti), für die Rolle des Soprans kommen lassen, für den er eine besondere Arie «Care selve» geschrieben hatte, eine der schönsten seiner unsterblichen Weisen. Kronprinz Friedrich war so begeistert, daß er statt Porpora nun Händel unter seinen Schutz nahm. Aber Händels Freude über diesen Sieg dauerte nicht lange, denn als der König von der Geste seines Sohnes hörte, entzog er Händel die bisherige jährliche Unterstützung von tausend Pfund.

Porpora gab den Kampf im Frühling 1736 auf. Händel unterhielt sein Publikum abwechselnd mit Opern und Oratorien und bereicherte die Besetzung in *Giustino* (16. Februar 1737) mit «Bären, phantastischen Tieren und feuerspeienden Drachen»[55]. Aber die ständige Anspannung und all die Verantwortung, die auf ihm lastete, waren auf die Dauer zu viel. Im April erlitt er einen Nervenzusammenbruch und einen Schlaganfall, der eine Zeitlang seinen rechten Arm lähmte. Am 18. Mai führte er *Berenice* auf, die letzte Oper, die er für seine Truppe komponierte. Am 1. Juni schloß er sein Theater; er hinterließ viele Schulden, versprach aber, sie alle restlos zu bezahlen – was er auch tat. Zehn Tage später wurde auch die «Oper des Adels» aufgelöst, die zwölftausend Pfund Schulden hinterließ. In England war es mit dem großen Zeitalter der Oper vorbei.

Auch Händels Gesundheit war ruiniert. Zu den rheumatischen Schmerzen und der Gicht, die ihn peinigten, kam im Sommer 1737 noch ein vorübergehender Anfall von Geistesgestörtheit hinzu[56]. Er verließ England, um eine Kur in Aachen zu machen. Dort, so berichtete Sir John Hawkins,

> «unterwarf er sich solchen Schwitzkuren im Dampfbad, daß alles staunte. Nach einigen Bädern dieser Art, wobei die übermäßigen Schweißausbrüche seinen Geist eher heiter als trübe stimm-

ten, verließ ihn sein Leiden, und ein paar Stunden später ... begab er sich in die große Kirche der Stadt, setzte sich an die Orgel und spielte derartig, daß jedermann seine Heilung einem Wunder zuschrieb.»[57]

Im November kehrte er nach London zu Wohlstand und Ehren zurück. Heidegger hatte wieder das Königliche Theater übernommen. Er zahlte Händel tausend Pfund für zwei neue Opern; eine davon, *Serse* (Xerxes, 15. April 1738), enthielt das berühmte Largo «Ombra mai fù». Der Pächter von Vauxhall Gardens zahlte Roubillac dreihundert Pfund für ein Denkmal, das den Komponisten mit einer Lyra darstellte. Dieses Standbild – es zeigte Händel mit einer unvorteilhaften Figur und einem einfältigen Gesichtsausdruck – wurde am 2. Mai zu den Tönen einer Unterhaltungsmusik in den Gärten enthüllt. Händel dürfte sich mehr über die Benefizvorstellung zu seinen Gunsten (28. März), die ihm über tausend Pfund einbrachte, gefreut haben. Damit konnte er seine ungeduldigsten Gläubiger abfinden, von denen einer gedroht hatte, ihn in den Schuldturm zu bringen. Trotz aller Ehren waren seine Mittel wieder erschöpft. Er konnte nicht länger auf Heidegger hoffen, der ihm (24. Mai) mitteilte, daß nicht genügend Leute gezeichnet hatten, so daß er 1738/39 keine Opern zur Aufführung bringen konnte. Ohne einen Auftrag, ohne eine Truppe trat der dreiundfünfzig Jahre alte und kränkliche Händel in seine größte Zeit.

4. Die Oratorien

Das Oratorium, dieses verhältnismäßig moderne musikalische Gebilde, hatte sich aus den mittelalterlichen Chorwerken entwickelt, welche Ereignisse aus der biblischen Geschichte oder aus dem Leben der Heiligen darstellten. Der heilige Filippo Neri hatte dieser Kunstform ihren Namen gegeben, indem er sie im *oratorio*, dem Gebetssaal der Oratorianer in Rom, als Mittel der religiösen Belehrung und zur Steigerung der Andacht einführte. Giacomo Carissimi und sein Schüler Alessandro Scarlatti entwickelten das Oratorium in Italien weiter; Heinrich Schütz übernahm es von Italien und führte es in Deutschland ein, und Reinhard Keiser brachte es zu einem hohen Grade von Vollendung. Dieses Erbe gipfelte 1741 in Händels *Messias*.

Händels Erfolg stammte zum Teil daher, daß er diese Kunstform dem englischen Geschmack anpaßte. Er entnahm auch weiterhin die Themen seiner Oratorien der Bibel, flocht aber ab und zu eine weltliche Episode ein, wie das Thema der Liebe in *Joseph und seine Brüder* und in *Jephtha;* er unterstrich mehr den dramatischen Charakter als den religiösen, so etwa in *Saul* und *Israel in Ägypten;* die Texte, die er verwendete, waren ausgesprochen englisch und nur teilweise biblisch. Zum größten Teil handelte es sich um religiöse Musik, die jedoch unabhängig von Kirche und Liturgie war. Die Aufführung fand auf der Bühne in einem weltlichen Rahmen statt. Darüber hinaus benützte Händel biblische Themen, um englische Geschichte zu symbolisieren: «Israel» bedeutete England; der große Aufstand des Jahres 1642 und die glorreiche Revolution von 1688 klangen im Kampf der Juden um ihre Befreiung aus der Gefangenschaft der Ägypter (der Stuarts) und von der hellenistischen (gallischen) Herrschaft an. Das auserwählte Volk war in Wirklichkeit die englische Nation, und der Gott Israels war der gleiche, der das englische Volk durch Prüfungen zum Sieg geführt hatte. Wie die Puritaner sah Händel in Gott den mächtigen Jehova des Alten Testaments und nicht den barmherzigen Vater des Neuen[58]. England spürte das und zollte Händels Oratorien eine von Stolz genährte Anerkennung.

Der Aufstieg zum *Messias* begann mit *Saul,* der am 16. Januar 1739 im Königlichen Theater aufgeführt wurde. «Der feierliche und majestätische Trauermarsch würde genügen, um dieses Werk unsterblich zu machen.»[59] Aber das Publikum war noch nicht an die Form des Oratoriums gewöhnt, und so kam es nur zu sechs Aufführungen von *Saul.* Mit unglaublicher Energie machte sich Händel an ein weiteres Meisterwerk; am 4. April wurde *Israel in Ägypten* aufgeführt. Hier machte er den Chor, als die Stimme einer werdenden Nation, zum Helden und schrieb dafür eine Musik, die von vielen für seine beste gehalten wird[60]. Für den damaligen Geschmack war das Werk aber zu weitläufig, zu schwierig, und so beendete Händel diese historische Spielzeit mit neuen Schulden.

Am 23. Oktober 1739 stürzte sich England in den Krieg gegen Spanien. In all dem Aufruhr mietete Händel ein kleines Theater und gab zur Feier der Schutzheiligen der Musiker seine Vertonung der *Ode für das Fest der heiligen Cäcilia* von Dryden (22. November 1739). Trotz der Kälte und des kriegerischen Aufruhrs dieser Winternacht konnte London der melodischen Ouvertüre ebensowenig widerstehen wie der überirdisch lieblichen Arie des Soprans in der dritten oder der «sanften Klage der Flöte» und dem «Wohlklang der Laute» in der fünften Strophe, während das Dröhnen der Trommeln mit dem Kampfgeist, der die Straßen erfüllte, verschmolz. Händel faßte wieder Mut und versuchte sich an einer neuen Oper, *Imeneo* (1740), die aber durchfiel, dann an einer weiteren, *Deidamia* (1741), die ebenfalls ein Mißerfolg war. Hierauf zog sich der erschöpfte Gigant fast zwei Jahre lang von der musikalischen Bühne Londons zurück.

Diese beiden Jahre waren seine besten. Am 22. August 1741 begann er mit der Arbeit am *Messias.* Charles Jennens besorgte den Text nach den Psalmen, dem Buch Hiob, Jesaja, den Klageliedern Jeremiä, nach Haggai, Sacharja und Malachias im Alten Testament und nach den Evangelien des Matthäus, Lukas und Johannes, dem Römerbrief und der Offenbarung des Johannes im Neuen Testament. Die Partitur war in dreiundzwanzig Tagen beendet. Manchmal, so erzählte er einem Freund, «schien es mir, als ob ich den ganzen Himmel und den Herrgott selbst vor mir sähe»[61]. Da er vorläufig keine Aussicht hatte, damit vor ein Publikum zu treten, arbeitete er an einem anderen großen Oratorium, *Samson,* das auf dem *Samson Agonistes* von Milton beruhte. Während er sich in dieser schöpferischen Ekstase befand, erhielt er eine Einladung nach Dublin zur Vorführung einiger seiner Werke. Der Vorschlag schien von der Vorsehung selbst zu stammen; in Wirklichkeit kam er von William Cavendish, Herzog von Devonshire, dem Statthalter von Irland.

Am 17. November 1741 kam er in Dublin an. Er verpflichtete die besten Sänger, die er finden konnte, darunter die begabte Tochter von Thomas Arne. Verschiedene

Wohltätigkeitsorganisationen hatten für sechs Konzerte gesorgt; der Erfolg war so groß, daß eine zweite Serie stattfand. Am 27. März 1742 erschien in zwei Zeitungen Dublins die folgende Bekanntmachung:

«Zugunsten der Gefangenen in den verschiedenen Kerkern und zur Unterstützung des Mercer-Hospitals ... findet am Montag, dem 12. April, in der Musikhalle in der Fishamble-Straße die Aufführung von Mr. Hendels neuem Großem Oratorium, genannt der *Messias*, statt, an dem die Herren vom Chor beider Kathedralen teilnehmen und Mr. Hendel einige Orgelkonzerte spielen wird.»[62]

Auch für die Probe am 8. April wurden Eintrittskarten verkauft, die, wie *Faulkner's Journal* berichtete, «so ausgezeichnet verlief ..., daß die größten Kenner diese Musikkomposition als die hervorragendste bezeichneten, die je zu hören war». Dann kam eine Bekanntmachung, wonach die Montagaufführung auf Dienstag verschoben war und die Damen gebeten wurden, «bitte ohne Reifröcke zu erscheinen, was der Wohltätigkeit zugute kommen wird, da dadurch mehr Plätze besetzt werden können». Später wurden auch noch die Herren aufgefordert, ohne ihren Degen zu kommen. Auf diese Art konnten anstatt sechshundert siebenhundert Plätze im Konzertsaal besetzt werden.

Schließlich wurde am 13. April 1742 das berühmteste aller großen Musikstücke aufgeführt. Am 17. April veröffentlichten die drei Zeitungen Dublins die gleiche Kritik:

«Am letzten Dienstag wurde Mr. Hendels Großes Frommes Oratorium, der *Messias*, aufgeführt ... Die besten Kritiker halten es für ein vollendetes Musikstück. Worte fehlen, um den außerordentlichen Genuß auszudrücken, der der bewundernden Menge dargeboten wurde. Die überirdisch großartige und zarte Musik, vereint mit majestätischen und rührenden Worten, versetzte Herz und Ohr in einen Zustand der Verzückung und Bezauberung. Auch gereicht es Mr. Hendel zur Ehre, was wir hiermit die Öffentlichkeit wissen lassen, daß er in seiner Freigebigkeit den Ertrag seiner großartigen Aufführung zu gleichen Teilen der Gesellschaft für die Gefangenenhilfe, dem Armenhospiz und dem Mercer-Hospital zur Verfügung gestellt hat, wofür sie ihm auf ewig dankbar sein werden.»[63]

Der *Messias* wurde am 3. Juni noch einmal in Dublin gespielt. Seitdem hat er Tausende von Aufführungen erlebt, ohne daß die Welt der herrlichen Arien mit ihrer gedämpften Begleitung überdrüssig würde. Als Mrs. Cibber bei der Uraufführung in Dublin die Arie «Er war verachtet und ausgestoßen» sang, rief ein anglikanischer Priester unter den Zuhörern aus: «Weib, hierfür mögen dir deine Sünden vergeben sein!» All die Tiefe und Glut frommer Hoffnung, all die Innigkeit des Kirchenlieds, Kunst und Zartgefühl des Komponisten verschmolzen in diesen Arien und machten sie zu einem Höhepunkt der modernen Musik.

Am 13. August verließ Händel Dublin, fröhlichen Mutes und mit vollem Beutel, um sich noch einmal an die Eroberung Englands zu machen. Es muß ein Trost für ihn gewesen sein, daß Pope ihm im vierten Buch der *Dunciad* (1742) ganz besondere Achtung zollte:

Strong in new arms, lo! giant Handel stands,
Like bold Briareus, with a hundred hands

To stir, to rouse, to shake the soul he comes,
*And Jove's own thunders follow Mar's drums.**

Am 18. Februar 1743 führte der Komponist mit verjüngten Kräften sein Oratorium *Samson* im Königlichen Theater in Covent Garden auf. Georg II. und die ganze Londoner Gesellschaft kamen zur Uraufführung. Die schöne Ouvertüre fand allgemeinen Anklang, nur nicht bei Horace Walpole, der entschlossen war, *nil admirari*.

Wie einst Samson erschütterte *Samson* das «Haus in seinen Grundfesten». Als aber einen Monat später (23. März) der *Messias* zum erstenmal in London aufgeführt wurde, konnte nicht einmal der König, der damals die Sitte einführte, das «Hallelujah» stehend anzuhören, dem Oratorium zu einer günstigen Aufnahme verhelfen. Die Geistlichkeit wollte von religiöser Musik in einem Theater nichts hören, und der Adel, der den Mißerfolg seiner Operngesellschaft noch nicht verschmerzt hatte, hielt sich fern. In den nächsten zwei Jahren kam der *Messias* nur dreimal aufs Programm und danach erst wieder 1749, dem Jahre, in dem Händel, der sich in den Pausen zwischen seiner Mittellosigkeit als Philanthrop erwies, dem Findelheim, das seinem Freund Hogarth so am Herzen lag, eine schöne Orgel schenkte; und am 1. Mai 1750 führte er zum erstenmal – wie später jedes Jahr – den *Messias* zugunsten dieser glücklichen Unglücklichen auf.

Am 27. Juni 1743 führte Georg II. sein Heer zum Sieg bei Dettingen. Bei seiner Rückkehr nach London grüßte ihn die Stadt mit Paraden, Illuminationen und Musik. Die Königskapelle im Sankt-James-Palast hallte vom *Dettinger Tedeum* wider, das Händel zu diesem Anlaß komponiert hatte (27. November). Es war ein Ergebnis von Talent und Schere, denn es enthielt Ausschnitte älterer und weniger bekannter Komponisten, aber im ganzen war es genial zusammengekittet. Dem König gefiel es.

Von diesem königlichen Lächeln ermuntert, erneuerte Händel seine Bemühungen um das Gehör Londons. Am 10. Februar 1744 trat er mit einem neuen Oratorium, *Semele,* hervor, das die herrliche Arie «Auf allen deinen Wegen» enthielt, die noch heute gesungen wird. Trotzdem kam es nur zu vier Aufführungen. Der Adel verharrte in seiner feindseligen Haltung. Verschiedene Damen der Aristokratie hielten absichtlich an den Abenden, an denen ein Händel-Konzert stattfand, große Empfänge ab; Lümmel wurden angeworben, um die öffentlichen Ankündigungen abzureißen. Am 23. April 1745 sagte Händel acht Konzerte ab, die er angekündigt hatte. Er schloß sein Theater und zog sich nach Tunbridge Wells zurück. Gerüchte gingen um, er sei geistesgestört. «Der arme Händel», schrieb Graf von Shaftesbury am 24. Oktober, «sieht etwas besser aus. Ich hoffe, daß er sich vollständig erholt, wenn auch sein Geist gänzlich gestört ist.»[64]

Die Gerüchte mögen unbegründet gewesen sein, denn der inzwischen sechzig Jahre alt gewordene Händel warf sich mit seiner ganzen Energie auf ein Werk, zu dem ihn der Prinz von Wales aufgefordert hatte und das den Sieg des Herzogs von Cumberland,

---

* «Da steht er stark, in neuen Waffen, der Riese Händel. Wie der kühne Briareos kommt er daher, um mit hundert Händen [dem Orchester] die Seele aufzurütteln, zu erheben, zu erschüttern. Und der Donner Jupiters folgt auf die Trommeln des Mars.»

des jüngeren Bruders des Prinzen, über Charles' Streitkräfte bei Culloden feiern sollte. Zum symbolischen Thema wählte Händel den Triumph des Judas Makkabäus über Antiochos IV. und seine Hellenisierungsbestrebungen (166–161 vor Christus). Das neue Oratorium fand solchen Anklang, daß es in der ersten Saison fünfmal wiederholt wurde. Die Londoner Juden, die voller Genugtuung einen Helden ihres Volkes verherrlicht sahen, trugen dazu bei, den Zuschauerraum zu füllen, so daß Händel das Oratorium zu seinen Lebzeiten vierzigmal aufführen konnte. Er war dankbar für diesen Beistand und entnahm von nun an die meisten Themen für seine Oratorien der jüdischen Legende oder Geschichte: *Alexander Balus, Josua, Susanna, Salomon, Jephtha.* Im Gegensatz dazu zog *Theodora,* ein christliches Thema, eine so geringe Zuhörerschaft an, daß Händel die klägliche Bemerkung machte: «Man hätte tanzen können, soviel Platz war vorhanden.» Chesterfield verließ das Konzert vorzeitig mit der Erklärung, daß er «den König in seiner Andacht nicht stören wollte»[65].

5. *Prometheus*

Die Oratorien sind nur ein Teilgebiet von Händels Schaffen. Sein vielseitiger Geist wandte sich mit der gleichen Leichtigkeit einem Dutzend anderer Musikformen zu. Lieder, die uns heute noch berühren, Klavierstücke von größter Zartheit, Sonaten, Suiten, Quartette, Konzerte, Opern, Oratorien, Ballettmusik, Oden, Pastoralen, Kantaten, Hymnen, Choräle, Tedeums, Passionen – fast alle Formen sind in seinem Werk vertreten, mit Ausnahme der erst in der Entwicklung begriffenen Symphonie, ein unendlicher Reichtum, der an Beethoven oder Bach heranreicht. Die *Suites de Pièces pour le Clavecin* tönen heute auf dem Klavichord wie die Stimmen glücklicher Kinder, die von Geschichte noch nichts wissen. Eine zweite Folge der *Suiten* begann mit dem Präludium, mit dem Brahms sich in *Variationen und Fuge über ein Thema von Händel* vergnügte.

So wie Händel das Oratorium von Carissimi und Keiser übernommen und es zur vollsten Entfaltung gebracht hatte, so übernahm er von Torelli und Corelli das *concerto grosso* mit zwei oder mehr Soloinstrumenten und einem Kammerorchester. In Opus 6 hinterließ er zwölf solcher *concerti grossi,* in denen zwei Geigen und ein Cello mit einem Streichorchester wetteifern; einige wirken heute monoton, andere stehen nicht weit hinter Bachs *Brandenburgischen Konzerten* zurück. Händel schuf auch bezaubernde Konzerte für ein Soloinstrument, so für das Klavichord, die Orgel, die Geige, die Bratsche, die Oboe oder die Harfe. Orgel- und Klavichordkompositionen spielte Händel als Vor- oder Zwischenspiel. Manchmal ließ er in der Partitur Raum für das, was wir heute Kadenz nennen, wo der Virtuose improvisieren und seine Technik beweisen konnte. Er selbst war ein vielbewunderter Meister der Improvisation.

Im Juli 1717 organisierte Georg I. eine königliche Ausfahrt in geschmückten Booten auf der Themse. Der *Daily Courant* vom 19. Juli 1717 beschrieb die Szene:

«Mittwoch abend um ungefähr acht Uhr bestieg der König in Whitehall eine offene Barke, in der auch die Herzogin von Newcastle, die Gräfin von Godolphin, Frau Kilmanseck und der Graf von Orkney Platz nahmen, und fuhr flußaufwärts nach Chelsea. Viele andere Barken mit hochstehenden Persönlichkeiten folgten der ersten, und so viele Boote nahmen an dem Zug teil, daß der Fluß sozusagen davon bedeckt war. Eine besondere Barke war für die Musik reserviert, fünfzig Instrumente aller Art, die während der ganzen Fahrt von Lambeth an die schönsten Konzerte spielten, die Mr. Hendel speziell für diesen Anlaß komponiert hatte und die dem König so gefielen, daß er sie auf der Hin- und Rückfahrt dreimal wiederholen ließ.»[66]

Es war die *Wassermusik*, eine angenehme Instrumentalmusik, die sich bis jetzt erhalten hat. Offenbar bestand sie ursprünglich aus einundzwanzig Sätzen – zu viele für den modernen Zuhörer, der weder Zeit noch Barken hat; gewöhnlich werden nicht alle gespielt. Sie sind, obgleich zum Teil etwas breit geraten, von großem melodischem Reiz, unbeschwert, einschmeichelnd und wohlgeeignet, königliche Mätressen in den Schlaf zu wiegen. Die *Wassermusik* ist das älteste Musikstück in den heutigen Orchesterprogrammen.

Für die nächste Generation, unter Georg II., hielt Händel ein anderes Ereignis im Freien fest. Um den Frieden von Aachen zu feiern, fand im Green-Park ein Feuerwerk statt, und die Regierung beauftragte Händel, die *Königliche Feuerwerkmusik* zu komponieren. Bei der Probe in Vauxhall Gardens (21. April 1749) zahlten zwölftausend Personen den damals beträchtlichen Eintrittspreis von zwei Shilling, um zuhören zu dürfen. Das führte zu solchen Stockungen, daß der Verkehr in der Nähe von London Bridge drei Stunden lang aufgehalten werden mußte – «wahrscheinlich der phantastischste Tribut, der je einem Komponisten zuteil wurde»[67]. Am 27. April drängte sich halb London in den Green-Park – ein Teil der Mauer mußte niedergerissen werden, damit die Menge rechtzeitig hineinströmen konnte. Eine Kapelle von hundert Musikern spielte Händels Musik, und das Feuerwerk leuchtete am Himmel auf. Eine der Festbuden fing Feuer; eine Panik brach aus, bei der viele Personen verletzt wurden und zwei starben. Von dem ganzen Fest blieb nur Händels Musik übrig. Da sie einerseits einen siegreichen Krieg feiern und andererseits aus großer Entfernung gehört werden sollte, ist es nicht verwunderlich, daß wir dieses Geschmetter und Getrommel heute mehr als Lärm empfinden, mit Ausnahme eines angenehm sanften Largos.

Zu guter Letzt entdeckte England sein Herz für diesen alten Deutschen, der sich so sehr darum bemüht hatte, ein Engländer zu sein. Es war ihm nicht gelungen, aber er hatte wenigstens versucht, auf englisch zu fluchen. Mit der Zeit vergab London ihm seine massige Korpulenz, sein breites, rundwangiges Gesicht, die O-Beine und den schwerfälligen Gang, seinen roten Samtmantel, den Stock mit dem Goldknauf und seine stolze, hochmütige Art. Nach all seinen Kämpfen hatte dieser Mann das Recht, sich wie ein Eroberer oder wenigstens wie ein Gebieter zu geben. Er war rauh im Umgang, ergoß abwechselnd Liebe und Zorn über seine Musiker, schimpfte mit den Zuhörern, wenn sie sich bei den Proben unterhielten, und drohte den Primadonnen mit nackter Gewalt. Aber all das wurde von seinem Humor gedämpft. Als Cuzzoni und Bordoni sich gegenseitig auf der Bühne die Haare ausrauften, sagte er in aller Ruhe: «Laßt sie es nur ausfechten» und begleitete ihren Wutausbruch mit einem vergnügten Obligato auf der Kesselpauke[68]. Als ein Sänger damit drohte, auf das Klavichord zu springen, weil Händels Begleitung mehr Aufmerksamkeit erregte als sein Gesang, bat ihn Händel, ihm das Datum für die geplante Vorführung mitzuteilen, damit er es veröffentlichen könnte, denn, so sagte er, «mehr Leute werden kommen, um dich springen zu sehen als um dich singen zu hören»[69].

Er machte ebenso witzige Aussprüche wie Jonathan Swift, aber man mußte vier Sprachen sprechen, um sie genießen zu können. 1752 begann seine Sehkraft zu schwinden. Während er an *Jephtha* arbeitete, sah er alles so verschwommen, daß er aufhören mußte. Auf dem ursprünglichen Manuskript im Britischen Museum kommen merkwürdige Fehler vor – «Notenschwänze in einiger Entfernung von den Noten, zu denen sie gehören, und Noten, die sich offensichtlich verirrt haben»[70]. Unten auf die Seite schrieb der Komponist: «Bin so weit gekommen, Mittwoch 13. Februar. Kann nicht weiter arbeiten wegen dem linken Auge.» Zehn Tage später vermerkte er am Rand: «23. Februar, geht etwas besser, Arbeit wiederaufgenommen.» Dann komponierte er die Musik zu den Worten «Unsere Freude vergeht in Gram, wie der Tag sich in der Nacht verliert»[71]. Am 4. November berichtete der *General Advertiser*: «Gestern wurde Herr George Frederic Hendel von Herrn Wm. Bromfield, dem Chirurgen seiner Königlichen Hoheit, des Prinzen von Wales, einem Eingriff (wegen grauen Stars) unterzogen.» Die Operation schien geglückt, aber am 27. Januar 1753 brachte eine Londoner Zeitung die Nachricht, daß «Mr. Hendel leider doch das Augenlicht verloren hat». Spätere Berichte deuten an, daß ihm bis zuletzt noch Spuren von Sehvermögen blieben.

Er komponierte und dirigierte noch weitere sieben Jahre lang. 1759 führte er innerhalb von sechs Wochen (vom 23. Februar bis zum 6. April) zweimal *Salomon*, einmal *Samson*, zweimal *Judas Makkabäus* und dreimal den *Messias* auf. Aber als er das Theater am 6. April nach dem *Messias* verließ, fiel er in Ohnmacht und mußte nach Hause getragen werden. Als er wieder zu sich kam, hatte er nur den einen Wunsch, noch eine Woche zu leben: «Ich möchte am Karfreitag sterben, weil ich hoffe, vor meinem Herrgott, vor meinem lieben Herrn und Erlöser, am Tage seiner Auferstehung zu erscheinen.»[72] Er verfaßte einen Anhang zu seinem Testament, in dem er der Gesellschaft zur Unterstützung verarmter Musiker und ihrer Familien tausend Pfund vermachte, dreizehn Freunden ansehnliche Summen und «jedem meiner Dienstmädchen einen Jahreslohn» hinterließ. Er starb am Samstag vor Ostern, am 14. April 1759. Am 20. April wurde er in der Westminster-Abtei beigesetzt, unter «einer so großen Beteiligung von Personen jeden Ranges, wie man sie nie, weder aus solch einem Anlaß noch irgendeinem anderen, erlebt hatte»[73].

Er hinterließ ein musikalisches Erbe von unübertroffenen Ausmaßen: 46 Opern, 32 Oratorien, 70 Ouvertüren, 71 Kantaten, 26 *concerti grossi*, 18 Orgelkonzerte und soviel anderes, daß das Ganze hundert dicke Bände füllt, fast soviel wie die Werke Bachs und Beethovens vereint. Manches war Wiederholung und manches gestohlen, denn Händel beging, ohne sich dazu zu bekennen, bei insgesamt neunundzwanzig Komponisten Plagiate, vor allem, wenn es darum ging, eine festgesetzte Frist einzuhalten[74]. So hatte er das Menuett in der Ouvertüre zu *Samson* sozusagen *notatim* Keisers Oper *Claudius* entnommen[75].

Es ist nicht leicht, Händel einzuschätzen, denn nur ein kleiner Teil seines Werkes wird uns heute noch geboten. Seine Opern sind, von Ausnahmen abgesehen, nicht mehr spielbar; er hatte sie der italienischen Mode angepaßt, mit der es unwiderruflich zu Ende ist; die vorhandenen Partituren sind unvollständig, und ein Teil der Zeichen und Abkürzungen darin heute unverständlich. Sie waren für Orchester mit einer ganz anderen Zusammensetzung als die unsrigen geschrieben und für Stimmen eines dritten Geschlechts, das es in dieser Form heute nicht mehr gibt. Die Concerti blieben bestehen, selige Jagdgründe vergessener Schätze, ebenso wie die *Wassermusik* und die Oratorien. Aber sogar die Oratorien sind «veraltet», denn sie waren für schlachtengewohnte Engländer und dankbare Juden geschrieben. Diese massigen Chöre und wuchernden Arien können nur noch von einem musikwissenschaftlichen Magen verdaut werden, wenn auch *Jephtha* und *Israel in Ägypten* noch ein Vergnügen für das Ohr sind. Musiker sind der Auffassung, daß die vernachlässigten Oratorien Werke von feierlicher Größe, erhabenem Gefühl, mächtigem Ausdruck und dramatischer Spannung darstellen und einen Reichtum und eine Fertigkeit in der Kompositionstechnik aufweisen, die in dieser Kunstform einzigartig dastehen. Der *Messias* überlebt all seine Wiederholungen und Bearbeitungen zum Teil deshalb, weil er in großen Linien die christliche Lehre umfaßt, die selbst denen, die sich davon losgelöst haben, teuer ist, in der Hauptsache aber, weil er mit seinen erschütternden Gesängen und jauchzenden Chören alles in allem doch eine der größten Kompositionen in der Geschichte der Musik darstellt.

England erkannte Händels Größe nach seinem Tod. Sein hundertster Geburtstag wurde von dem ihm einst feindlich gesinnten Adel zusammen mit König und Bürgertum durch eine dreitägige Musikfeier geehrt. Nach dem englischen Kalender fiel seine Geburt auf das Jahr 1684, und die erste Erinnerungsfeier fand am 26. Mai 1784 in der Westminster-Abtei statt; die zweite und dritte am 27. und 29. Mai. Der Ansturm des Publikums war so groß, daß am 3. und 5. Juni noch zwei weitere Aufführungen in der Abtei gegeben wurden. 274 Sänger und ein Orchester von 251 Musikern wirkten dabei mit. Von da datierte die Sitte, Händels Musik in monumentalem Stil zu spielen. Ähnliche gigantische Feiern fanden auch später zum Andenken an ihn statt, bis im Jahre 1874 die Anzahl der Mitwirkenden auf 3500 anschwoll. Burney, der einer dieser enormen Aufführungen beiwohnte, fand, die Quantität der Klänge habe die Qualität der Musik nicht beeinträchtigt[76]. Auf jeden Fall waren es die gewichtigsten Gedenkfeiern, die je für einen Musiker abgehalten wurden. Nachdem sie glücklich überstanden sind, darf man vielleicht darauf hoffen, den wirklichen Händel wieder zu hören.

V. VOLTAIRE IN ENGLAND: 1726–1728

Ein junger Franzose lebte 1726 in England, der viel bedeutender für die Geschichte des achtzehnten Jahrhunderts werden sollte als Händel. Voltaire betrat englischen Boden am 10. oder 11. Mai in Greenwich bei London. In dieser Woche wurde der Jahrmarkt von Greenwich abgehalten, und auf der Themse drängten sich Boote und elegante Segler; der König fuhr in einer geschmückten Barke flußabwärts, ihm voraus seine Musikkapelle. Dem Ufer entlang trabten Damen und Herren auf eleganten Pferden; eine Menge hübscher, festlich gekleideter Mädchen spazierte auf und ab. Der zweiunddreißig Jahre alte Voltaire betrachtete mit Wohlgefallen diese graziösen Figuren, diese bescheidene Sittsamkeit und diese rosigen Wangen. All das verging ihm, als er nach London kam und herausfand, daß die Bank, auf die er einen Wechselbrief von zwanzigtausend Franken hatte, inzwischen Bankrott erklärt hatte. Er wurde von Everard Falkener, einem Kaufherrn, mit dem er in Frankreich Bekanntschaft gemacht hatte, gerettet. Einige Monate lang wohnte er auf dem Besitz dieses großzügigen Engländers in Wandsworth, einem Vorort von London. Als Georg I. von Voltaires Mißgeschick hörte, übersandte er ihm hundert Guineen.

Horatio Walpole, der britische Gesandte in Frankreich, hatte ihm Empfehlungsbriefe an verschiedene Berühmtheiten mitgegeben; mit der Zeit traf er fast jede Persönlichkeit der englischen Literatur oder Politik. Er wurde von Robert Walpole, dem Ministerpräsidenten, empfangen; vom Herzog von Newcastle, von Sarah, Herzogin von Marlborough; von Georg August und Caroline, dem Prinzen und der Prinzessin von Wales, und schließlich vom König, der ihm eine wertvolle Uhr schenkte, die Voltaire seinem Vater als Friedensangebot schickte. Er besuchte «Mylord und Mylady Bolingbroke» und «fand ihre gegenseitige Zuneigung unverändert»[77]. Im August machte er eine kurze Reise nach Frankreich, immer noch in der Absicht, sich mit Rohan zu schlagen, aber wahrscheinlich in erster Linie, um seine Geldangelegenheiten zu regeln. Drei Monate lebte er zum Teil mit Swift zusammen, als Gast bei dem dritten Grafen von Petersborough. Weitere drei Monate genoß er in Eastbury Manor die Gastfreundschaft von Bubb Dodington, einem bestechlichen Politiker, aber warmherzigen Mäzen von Fielding, Thomson und Young. Voltaire traf dort die beiden Dichter und las ihre Gedichte, fand aber nichts daran. Er machte sich nun ernsthaft daran, die Sprache zu lernen, und schrieb Ende 1726 Briefe in Englisch[78]. In den ersten Monaten beschränkte er seinen Umgang auf Kreise, wo man Französisch verstand. Damals sprachen jedoch fast alle Herren und Damen, die etwas in englischer Literatur oder Politik zu sagen hatten, Französisch. Seine Notizbücher, die er zu dieser Zeit mit Aufzeichnungen füllte, waren in beiden Sprachen gehalten und beweisen, daß er zuerst die Schimpfworte lernte.

Er erwarb sich eine so weitgehende Kenntnis der englischen Literatur wie kein anderer bedeutender Franzose nach ihm, bis zu Hippolyte Taine. Er las Bolingbroke, fand aber die Feder des Viscounts nicht so glänzend wie seine Zunge. Trotzdem hat er vielleicht aus Bolingbrokes *Idee eines patriotischen Königs* die Überzeugung gewonnen, die beste Aussicht auf eine soziale Reform sei mit einer aufgeklärten Monarchie verbunden. Er arbeitete sich durch Swifts konzentrierte Gehässigkeiten, lernte von ihm vielleicht etwas von der Kunst der Satire und erklärte ihn als «unvergleichlich höherstehend als Rabelais»[79]. Er las Milton und erfaßte sofort, daß der wahre Held des *Verlorenen Paradieses* der Satan war[80]. Wir haben schon auf seine widersprüchliche Haltung Shakespeare gegenüber hingewiesen – seine Bewunderung für die Beredsamkeit des «liebenswürdigen Barbaren», bei dem er «Perlen» der Erhabenheit und Zartheit auf einem «enormen Misthaufen» aus Schwänken und Grobheiten fand[81]. Er ahmte *Julius Caesar* in *La Mort de César* (Caesars Tod) nach und *Othello* in *Zaïre*. Ebenso tauchten *Gullivers Reisen* in *Micromégas* auf und Popes *Essay über den Menschen* in *Discours en vers sur l'homme* (Gespräch in Versen über den Menschen).

Bald nach seiner Ankunft in England suchte er Pope auf. Er war betroffen von der Mißbildung und den Leiden Popes und voller Bewunderung für die Schärfe seines Geistes und seiner Feder; er schätzte Popes *Essay über die Kritik* höher als Boileaus *Art poétique*[82]. Er besuchte auch den alternden Congreve und stellte mit Verärgerung fest, daß der einst große Dramatiker «nicht als Autor, sondern als Gentleman» geachtet werden wollte[83]. Er beneidete die englischen Schriftsteller um ihre Pfründe und Renten, die ihnen die Ministerien – vor Walpole – verschafften, und zog bittere Vergleiche mit Frankreich, wo einer der ersten Poeten in die Bastille geworfen wurde, weil er sich die Beleidigungen eines Adligen nicht gefallen lassen wollte.

Von der Literatur ging er zur Wissenschaft über, traf Mitglieder der Royal Society und begann mit dem Studium Newtons, was ihn später dazu befähigte, Descartes in Frankreich zugunsten Newtons zu verdrängen. Er war tief beeindruckt von der feierlichen Beisetzung, mit der die Elite Englands Newton ehrte, und der Bereitwilligkeit der anglikanischen Geistlichkeit, mit der sie einen Wissenschaftler in die Westminster-Abtei aufnahm. Obwohl er schon als Deist nach England gekommen war – Rabelais, Montaigne, Gassendi, Fontenelle und Bayle hatten den Zweifel in seiner Seele gesät –, fand er sich jetzt von den Deisten in England bestätigt, von Toland, Woolston, Tindal, Chubb, Collins, Middleton und Bolingbroke. Später gehörten ihre Bücher zum eisernen Bestand seiner Bibliothek. Noch stärker war der Einfluß Lockes, den Voltaire als den ersten Denker hervorhob, der eine realistische Studie des Geistes vorgenommen hatte. Er stellte fest, daß nur ganz selten einer dieser hartgesottenen Ketzer seiner Ansichten wegen ins Gefängnis gekommen war, und beobachtete die wachsende religiöse Toleranz seit 1689. Er meinte sogar, es gäbe keine Frömmelei und keinen religiösen Fanatismus in England; sogar die Quäker waren zu gemächlichen Kaufleuten geworden. Er stattete einem von ihnen einen Besuch ab und hörte mit Vergnügen, daß Pennsylvanien eine Utopie ohne Klassen, ohne Krieg und ohne Feinde war[84]. «Wie gern ich die Engländer habe!» schrieb er später an Frau von Deffand. «Wie gerne ich diese Leute habe, die sagen, was sie denken!»[85] Und wieder:

> «Man bedenke, was das Gesetz in England erreicht hat: Es hat jedem Menschen seine natürlichen Rechte zurückerstattet, die ihm von fast allen Monarchien geraubt worden sind. Diese Rechte sind: volle Freiheit der Person und des Eigentums; die Möglichkeit, mit der Feder zur Nation zu sprechen; bei Kriminalfällen von einem Geschworenengericht aus freien Männern gerichtet zu werden; in allen Fällen nur nach bestimmten Gesetzen gerichtet zu werden; sich ungestört zu der Religion, die man vorzieht, bekennen zu dürfen, unter Verzicht auf die Ämter, die den Mitgliedern der anglikanischen Kirche vorbehalten sind.»[86]

Der letzte Satz beweist, daß Voltaire sich über die Grenzen der englischen Freiheit klar war. Er wußte, daß völlige Religionsfreiheit noch nicht erreicht war; und in seinem Notizbuch machte er eine Bemerkung über die Verhaftung von «Mr. Shipping» wegen abfälliger Bemerkungen über eine Rede des Königs[87]. Die beiden Häuser des Parlaments konnten jemanden, der unpassende Äußerungen über ein Parlamentsmitglied tat, vor Gericht stellen; der Oberkammerherr konnte die Erlaubnis für ein Theaterstück verweigern; Defoe war wegen eines sarkastischen Pamphlets angeprangert worden. Trotzdem schien es Voltaire, daß die englische Regierung, bei aller Bestechlichkeit, dem Volk ein Ausmaß an Freiheit ließ, das sich auf allen Gebieten als anregend erwies.

Der Handel war hier verhältnismäßig frei und nicht auf jedem Schritt von Zollschranken gehemmt wie innerhalb Frankreichs. Kaufleute wurden mit hohen Posten in der Verwaltung geehrt. Sein Freund Falkener wurde bald darauf zum Gesandten in der Türkei ernannt. Der Geschäftsmann in Voltaire schätzte die praktische Seite im Engländer, dessen Achtung vor Tatsachen, vor der Wirklichkeit, vor der Nützlichkeit, die Einfachheit im Umgang, in Gebräuchen und Kleidung, selbst bei den Reichen. Am besten gefiel ihm der englische Mittelstand. Er verglich die Engländer mit ihrem Bier: oben Schaum, unten Bodensatz, in der Mitte – ausgezeichnet[88]. «Wenn ich meiner Neigung folgen würde», schrieb er am 12. August 1726, «so würde ich hier bleiben, und wäre es nur, um denken zu lernen.» Und in einem Begeisterungsausbruch lud er Thieriot ein, «eine Nation, die auf ihre Freiheit hält, die gebildet und geistreich ist, Leben und Tod verachtet – eine Nation von Philosophen», zu besuchen[89]. Diese Zuneigung zu England kühlte sich für eine Weile etwas ab, weil Pope und andere Voltaire verdächtigten, seine Tory-Freunde für das Ministerium Walpoles zu bespitzeln[90]. Dieser Verdacht erwies sich als unbegründet und wurde schnell wieder fallengelassen, und Voltaire erfreute sich großer Beliebtheit in aristokratischen und intellektuellen Kreisen. Als er beschloß, *La Henriade* in England zu veröffentlichen, erhielt er Subskriptionen von fast allen literarischen Zirkeln, an erster Stelle von Georg I., von der Kronprinzessin Caroline und den beiden verfeindeten Höfen. Swift setzte sich für ihn ein und verschaffte ihm eine Reihe dieser Vorbestellungen. Als die Dichtung 1728 erschien, enthielt sie eine Widmung an Caroline, die inzwischen Königin war, und eine scheinbar zufällige Verneigung vor Georg II., der sich mit einem Geschenk von vierhundert Pfund und einer Einladung an die königliche Tafel erkenntlich zeigte. Drei Auflagen waren innerhalb von drei Wochen vergriffen, trotz des außerordentlich hohen Preises von drei Guineen für das Exemplar. Voltaire schätzte seine Einkünfte aus dieser englischen Ausgabe auf 150000 Franken. Mit einem Teil dieses Geldes unterstützte er verschiedene Franzosen in England[91]. Den Rest legte er so weitblickend an, daß er später diese unverhoffte Einnahme als den Grundstein zu seinem Vermögen betrachtete. Er war England sein ganzes Leben lang dankbar.

Er verdankte ihm vor allem eine außerordentliche geistige Anregung und die Entfaltung seines Denkens. Als er aus dem Exil heimkehrte, führte er Newton und Locke in seinem Gepäck mit; einen Teil der nächsten zwanzig Jahre verbrachte er in dem Bemühen, Frankreich mit ihnen bekannt zu machen. Er trug auch die englischen Deisten mit sich, die ihm Munition für seinen späteren Kampf gegen *l'infâme* lieferten. England hatte unter Karl II. Gut und Böse vom Frankreich unter Ludwig XIV. gelernt;

jetzt zog Frankreich unter Ludwig XV. die Lehre aus dem Leben Englands zwischen 1680 und 1760. Voltaire war nicht der einzige Vermittler seiner Generation zwischen den beiden Nationen; Montesquieu, Maupertuis, Prévost, Buffon, Raynal, Morellet, Lalande, Helvétius und Rousseau kamen ebenfalls nach England. Andere, die nicht hinfuhren, lernten genug Englisch, um englische Ideen zu verbreiten. In einem Brief an Helvétius anerkannte Voltaire später diese Schuld:

> «Wir haben von den Engländern die Jahresrente ..., den Tilgungsfonds, Schiffsbau und Schiffahrt übernommen, die Gesetze der Schwerkraft ..., die sieben Grundfarben und die Impfung. Ohne es zu bemerken, werden wir uns auch ihre edle Gedankenfreiheit und ihre tiefe Verachtung für die kleinlichen Streitigkeiten der verschiedenen Schulen aneignen.»[92]

Dennoch sehnte er sich nach Frankreich zurück. Wenn England für ihn gleichsam Bier bedeutete, dann bedeutete Frankreich Wein. Mehrfach ersuchte er um die Erlaubnis zur Rückkehr. Offenbar wurde sie ihm schließlich gewährt, und zwar unter der nicht schwer zu erfüllenden Bedingung, daß er sich während vierzig Tagen von Paris fernhalte. Wann genau er England verließ, wissen wir nicht; vermutlich war es im Herbst 1728. Im März 1729 treffen wir ihn in Saint-Germain-en-Laye, am 9. April in Paris – etwas ernüchtert, aber dennoch hochgemut und von Ideen übersprudelnd. Es juckte ihn in allen Fingern, die Welt nach seinen Ideen umzumodeln.

Anhang

BIBLIOGRAPHIE

AARON, R. J., John Locke. Oxford University Press, 1937.
ACTON, JOHN EMERICH, LORD, Lectures on Modern History. London, 1950.
ALDINGTON, RICHARD, French Comedies of the Eighteenth Century. London: Routledge, o.J.
ALLEN, B. SPRAGUE, Tides in English Taste, 2 Bde. New York, 1958.
ALLEN, ROBERT J., Life in Eighteenth-Century England. Boston Museum of Fine Arts, 1941.
ALTAMIRA, RAFAEL, A History of Spain. Princeton, N.J., 1955.
ANDRADE, E. N., Sir Isaac Newton. London, 1954.
ARNOLD, MATTHEW, Essays in Criticism, Erste Serie, New York, o.J.
ASHTON, T. S., Economic History of England: The Eighteenth Century. New York, 1959.
AUBREY, JOHN, Brief Lives, ed. O. L. Dick. Ann Arbor, Mich., 1957.

BACON, FRANCIS, Essays. Everyman's Library.
– Philosophical Works, ed. J.M. Robertson. London, 1905.
BAIN, F. W., Christina, Queen of Sweden. London, 1890.
BARNES, HARRY ELMER, Economic History of the Western World. New York, 1942.
BATIFFOL, LOUIS (Hrsg.), The Great Literary Salons. Übers. von Mabel Robinson. New York, 1930.
BAYLE, PIERRE, Dictionnaire historique et critique, 16 Bde. Paris, 1820.
– Selections from the Dictionary. Princeton, N.J., 1952.
– Philosophisches Wörterbuch. Hrsg. von L. H. Jakob. 2 Bde. Halle 1797.
BEARD, MIRIAM, History of the Business Man. New York, 1938.
BEARNE, MRS., A Court Painter (Boucher) and His Circle. London, 1913.
BECKETT, R. B., Hogarth. London, 1949.
BELL, E. T., Men of Mathematics. New York, 1937.
BENN, ALFRED W., History of English Rationalism in the Nineteenth Century, 2 Bde. London, 1906.
BENOIST, LUCIEN, Coysevox. Paris, 1930.
BERKELEY, GEORGE, Abhandlung über die Prinzipien der menschlichen Erkenntnis. Leipzig, 1900.
– Drei Dialoge zwischen Hylas und Philonous. Berlin, 1955.
BESANT, SIR WALTER, London in the Eighteenth Century. London, 1903.
BEVAN, EDWYN und CHARLES SINGER, The Legacy of Israel. Oxford, 1927.
BIDNEY, DAVID, The Psychology and Ethics of Spinoza. Yale University Press, 1940.
BLACK, J. B., The Art of History. New York, 1926.
BLACKSTONE, SIR WILLIAM, Commentaries on the Laws of England. Hrsg. von George Chase. New York, 1914.
BOLINGBROKE, HENRY ST. JOHN, VISCOUNT, On the Spirit of Patriotism; The Idea of a Patriot King. London, o.J.
BOSWELL, JAMES, Boswell on the Grand Tour: Germany and Switzerland. New York, 1955.
– Journal of a Tour to the Hebrides. Everyman's Library.
– Life of Samuel Johnson. Modern Library.

BOULENGER, JACQUES, The Seventeenth Century. New York, 1920.
BOYLE, ROBERT, The Sceptical Chymist. Everyman's Library.
BRANDES, GEORG, Main Currents in Nineteenth-Century Literature, 6 Bde. New York, 1905.
– Voltaire, 2 Bde. New York, 1930.
BRETT, G. S., History of Psychology. London, 1953.
BREWSTER, SIR DAVID, Memoirs of the Life, Writings, and Discoveries of Sir Isaac Newton, 2 Bde., Edinburgh, 1855.
BROCKWAY, WALLACE und HERBERT WEINSTOCK, Men of Music. New York, 1939.
BROCKWAY, WALLACE und BART WINER, A Second Treasury of the World's Great Letters. New York, 1941.
BRUNETIÈRE, FERDINAND, Manual of the History of French Literature. Übers. von Ralph Derechef. New York, 1898.
BRUNSCHVICG, LÉON, Spinoza et ses contemporains. Paris, 1951.
BUCKLE, HENRY THOMAS, Introduction to the History of Civilization in England, 4 Bde. New York, 1913.
BURKE, EDMUND, Reflections on the French Revolution, and Other Essays. Everyman's Library.
BURNET, GILBERT, BISHOP, History of His Own Times. Everyman's Library.
BURNEY, CHARLES, General History of Music, 2 Bde. New York, 1957.
BURTON, JOHN H., Life and Correspondence of David Hume, 2 Bde. Edinburg, 1846.
BURY, J. B., History of Freedom of Thought. New York: Home University Library, o. J.
– The Idea of Progress. New York, 1955.
BUTTERFIELD, H., The Origins of Modern Science. New York, 1951.

Cambridge History of English Literature, 14 Bde. New York, 1910 f.
Cambridge Modern History, 12 Bde. New York, 1907 f.
CAMPBELL, THOMAS J., The Jesuits. New York, 1921.
CASSIRER, ERNST, The Philosophy of the Enlightenment. Princeton, N. J., 1951.
– Die Philosophie der Aufklärung. Tübingen, 1932.
– Die Platonische Renaissance in England und die Schule von Cambridge. Leipzig, 1932.
CASTIGLIONI, ARTURO, A History of Medicine. New York, 1941.
CHESTERFIELD, PHILIP DORMER STANHOPE, 4TH EARL OF, Letters to His Son. New York, 1901.
CHIDSEY, DONALD BARR, Marlborough. New York, 1929.
CHURCHILL, WINSTON S., History of the English-Speaking Peoples, 4 Bde. London, 1957.
– Marlborough: His Life and Times, 2 Bde. London, 1947.
CLARK, BARRETT H., Great Short Biographies of the World. New York, 1928.
CLARK, GEORGE NORMAN, The Seventeenth Century. Oxford University Press, 1929.
CLERGUE, HELEN, The Salon. New York, 1907.
COLLINS, ANTHONY, A Discours of Free-thinking. London, 1713.
COLLINS, JOHN CHURTON, Bolingbroke and Voltaire in England. New York, 1886.
CRAVEN, THOMAS, Treasury of Art Masterpieces. New York, 1952.
CRÉQUI, RENÉE-CAROLINE DE FROULLAY, MARQUISE DE, Souvenirs. New York, 1904.
CROCKER, LESTER G., An Age of Crisis: Man and the World in Eighteenth-Century French Thought. Baltimore, 1959.
CRUTTWELL, MAUD, Madame de Maintenon. London, 1930.

D'ALTON, E. A., History of Ireland, 6 Bde. Dublin, o. J.
DAVISON, ARCHIBALD, Bach and Handel. Cambridge, Mass., 1951.
DAY, LILLIAN, Ninon: A Courtesan of Quality. New York, 1957.
DEFOE, DANIEL, Tour through England and Wales, 2 Bde. Everyman's Library.

DESNOIRESTERRES, GUSTAVE, Voltaire et la société française au dix-huitième siècle, 8 Bde. Paris, 1871.
DEUTSCH, OTTO, Handel. London, 1955.
DEWEY, JOHN und andere, Studies in the History of Ideas, 2 Bde. Columbia University Press, 1935.
DISRAELI, ISAAC, Curiosities of Literature, 3 Bde. London: Frederick Warne & Co., o. J.
DOBSON, AUSTIN, Hogarth. London, 1883.
DUCLOS, CHARLES PINOT, Considérations sur les moeurs. Cambridge, 1939.
– Secret Memoirs of the Regency. New York, 1910.
DUCROS, LOUIS, French Society in the Eighteenth Century. London, 1926.
DUNNING, W. A., History of Political Theories from Luther to Montesquieu. New York, 1905.

Encyclopaedia Britannica, 14. Aufl.
Encyclopaedia of Religion and Ethics. Hrsg. von James Hastings, 12 Bde. New York, 1928.
ERCOLE, LUCIENNE, Gay Court Life: France in the Eighteenth Century. New York, 1932.
EVELYN, JOHN, Diary, 2 Bde. Everyman's Library.

FAGUET, EMILE, Dix-septième siècle: Etudes et poetraits littéraires. Paris: Boivin et Cie, o. J.
– Literary History of France. New York, 1907.
FAŸ, BERNARD, La Franc-Maçonnerie et la révolution intellectuelle du dix-huitième siècle. Paris, 1935.
FELLOWS, OTIS und NORMAN TORREY, The Age of the Enlightenment. New York, 1942.
FIELDING, HENRY, Works, 12 Bde. New York, 1903.
FOXE-BOURNE, H. R., Life of John Locke, 2 Bde. London, 1876.
FRANCKE, KUNO, History of German Literature as Determined by Social Forces. New York, 1901.
FRIEDRICH I., Mémoires, 2 Bde. Paris, 1866.
FROUDE, J. A., Short Studies on Great Subjects, 2 Bde. Everyman's Library.
FUNCK-BRENTANO, FRANTZ, L'Ancien Régime. Paris, 1926.

GARLAND, H. B., Lessing. Cambridge University Press, 1949.
GARNETT, RICHARD und EDMUND GOSSE, English Literature, an Illustrated Record, 4 Bde. New York, 1908.
GARRISON, F., History of Medicine. Philadelphia, 1929.
GAY, PETER, Voltaire's Politics. Princeton, N. J., 1959.
GEORGE, M. DOROTHY, London Life in the Eighteenth Century. London, 1925.
GIBBON, EDWARD, Memoirs. London, 1900.
GOLDSMITH, OLIVER, Miscellaneous Works. London, 1904.
GONCOURT, EDMOND und JULES DE, French Eighteenth-Century Painters. New York, 1948.
GRAETZ, H., History of the Jews, 6 Bde. Philadelphia, 1891.
Grove's Dictionary of Musik and Musicians, 5 Bde. New York. 1927/28.
GUIZOT, FRANÇOIS, History of France, 8 Bde. London, 1872.
GUÉRARD, ALBERT, Life and Death of an Ideal: France in the Classical Age. New York, 1928.
GUIZOT, F., History of Civilization, 3 Bde. London, 1898.
– History of France, 8 Bde. London, 1872.

HALLAM, HENRY, Constitutional History of England, 3 Bde. New York, 1862.
– Introduction to the Literature of Europe in the Fifteenth, Sixteenth, and Seventeeth Centuries, 4 Bde. in 2. New York, 1880.

HALSBAND, ROBERT, Life of Lady Mary Wortley Montagu. Oxford, 1957.
HAMPDEN, JOHN (Hrsg.), Eighteenth-Century Plays. Everyman's Library.
HARDING, T. SWANN, Fads, Frauds, and Physicians. New York, 1930.
HARDY, EVELYN, The Conjured Spirit: Swift. London, 1949.
HARRINGTON, JAMES, Oceana, in Ideal Commonwealths. New York, 1901.
HAUSER, ARNOLD, The Social History of Art, 2 Bde. New York, 1952.
HAZARD, PAUL, The European Mind: The Critical Years (1680–1715). Yale University Press, 1953.
– European Thought in the Eighteenth Century. New Haven, 1954.
HEARNSHAW, F. J., Social and Political Ideas of Some English Thinkers of the Augustan Age. New York, 1950.
History Today, London.
HOBHOUSE, LEONARD T., Morals in Evolution. New York, 1916.
HOBBES, THOMAS, Naturrecht und allgemeines Staatsrecht. Berlin, 1926.
– Grundzüge der Philosophie. Teil I: Vom Körper. Teil II: Vom Menschen. Teil III: Vom Bürger. Leipzig, 1915–1918.
– Leviathan, oder von Materie, Form und Gewalt des kirchlichen und bürgerlichen Staates. Zürich, 1936.
– The Metaphysical System of Thomas Hobbes, ed. Mary W. Calkins. Chicago, 1913.
HOLZKNECHT, KARL, Backgrounds of Shakespeare's Plays. New York, 1950.
HOOVER, HERBERT und H. A. GIBBONS, Conditions of a Lasting Peace. New York, 1939.
HUME, DAVID, Untersuchung in Betreff des menschlichen Verstandes. Leipzig, 1875.
– Essays, Literary, Moral, and Political. London: Ward, Lock & Co., o. J.
– History of England, 5 Bde. Philadelphia: Porter & Coates, o. J.
– Dialogues Concerning Natural Religion. New York, 1948.
– Enquiries concerning the Human Understanding and concerning the Principles of Morals. Oxford University Press, 1955.
– Treatise of Human Nature, 2 Bde. Everyman's Library.
HUXLEY, THOMAS H., Hume. New York, 1901.

INGE, WILLIAM R., Christian Mysticism. London, 1899.

JAMES, B. B., Women of England. Philadelphia, 1908.
JARDINE, SIR WILLIAM, The Naturalist's Library. London, o. J.
JAURES, JEAN, Histoire socialiste de la Révolution françaice, 8 Bde. Paris, 1922.
JEFFERSON, D. W., (Hrsg.) ,Eighteenth-Century Prose. Pelican Books, 1956.
JOHNSON, SAMUEL, Lives of the English Poets, 2 Bde. Everyman's Library.
– The Rambler. Everyman's Library.
JORDAN, G. J., The Reunion of the Churches: A Study of G. W. Leibniz and His Great Attempt. London, 1927.
JOSEPH, H. W., Lectures on the Philosophy of Leibniz. Oxford, 1949.

KAYSER, RUDOLF, Spinoza. New York, 1946.
KESTEN, HERMANN, Copernicus and His World. New York, 1945.
KIRBY, R. S., Engineering in History. New York, 1956.
KOVEN, ANNA DE, Horace Walpole and Madame du Deffand. New York, 1929.
KRUTCH, JOSEPH WOOD, Samuel Johnson. New York, 1945.

LA BRUYÈRE, JEAN DE, Characters. New York, 1929.
LACROIX, PAUL, The Eighteenth Century in France. London: Bickens & Sons, o. J.

LANG, ANDREW, History of Scotland, 4 Bde. Edinburgh, 1902.
LÁNG, P. H., Music in Western Civilization. New York, 1941.
LANGE, F. A., History of Materialism, 2 Bde. in 1, New York, 1925.
LANGDON-DAVIES, JOHN, Short History of Women. New York, 1927.
LASKI, HAROLD, Political Thought in England, Locke to Bentham. Oxford University Press, 1950.
LECKY, W. E., History of England in the Eighteenth Century, 8 Bde. London, 1888.
– History of the Rise and Influence of the Spirit of Rationalism in Europe. London, 1910.
LEIBNIZ, GOTTFRIED WILHELM VON, Sämtliche Schriften und Briefe. Hrsg. von der Deutschen Akademie der Wissenschaften. Darmstadt, 1923 ff.
– Hauptschriften zur Grundlegung der Philosophie. 2 Bde. Leipzig, o. J. (Philosophische Bibliothek 107, 108).
– Neue Abhandlung über den menschlichen Verstand. Leipzig, o. J. (Philosophische Bibliothek 69).
– Theodizee. Leipzig, o. J. (Philosophische Bibliothek 71).
– Die keleineren philosophisch wichtigen Schriften. Leipzig, o. J. (Philosophische Bibliothek 81).
– New Essays concerning Human Understanding. La Salle, Ill., 1949.
Leibniz-Clarke Correspondence. University of Manchester, 1956.
LESAGE, ALAIN-RENÉ, Adventures of Gil Blas. New York: A. L. Burt, o. J.
LEWIS, W. H., The Splendid Century. New York, 1954.
LIPSON, E., Growth of English Society. London, 1949.
LOCKE, JOHN, Essay concerning Human Understanding. Everyman's Library.
– Versuch über den menschlichen Verstand. Berlin, 1872/73.
– Zwei Abhandlungen über Regierung. Halle, 1906.
LOCY, W. A., Growth of Biology. New York, 1925.
LOVEJOY, ARTHUR, Essays in the History of Ideas. Baltimore, 1948.

MACAULAY, THOMAS BABINGTON, Critical and Historical Essays, 2 Bde. Everyman'sLibrary.
– History of England, 4 Bde. Everyman's Library.
MACKAY, CHARLES, Extraordinary Popular Delusions and the Madness of Crowds. Boston, 1932.
MACLAURIN, C., Post Mortem. New York: George Doran, o. J.
MAHAN, A. T., Influence of Sea Power in History: 1660–1783. New York, 1950.
MAIMONIDES, Guide to the Perplexed, 3 Bde. London, 1885.
MANDEVILLE, BERNARD, The Fable of the Bees. London, 1934.
MANTOUX, PAUL, The Industrial Revolution in the Eighteenth Century. London, 1955.
MARKUN, LEO, Mrs. Grundy: A History of Four Centuries of Morals. New York, 1930.
MARTIN, HENRI, The Age of Louis XIV, 2 Bde. Boston, 1865.
– Histoire de France, 16 Bde. Paris, 1860.
MARTIN, KINGSLEY, The Rise of French Liberal Thought. New York, 1956.
MAVERICK, L. A., China a Model for Europe. San Antonio, Tex., 1946.
MAYER, JOSEPH, Seven Seals of Science. New York, 1927.
MCCONNELL, FRANCIS J., John Wesley. New York: Abingdon Press, o. J.
MCKINNEY, H. D. und W. R. ANDERSON, Music in History. Cincinnati, 1940.
MEYER, R. W., Leibniz und die europäische Ordnungskrise. Hamburg, 1948.
MICHELET, JULES, Histoire de France, 5 Bde. Paris: J. Hetzel & Cie, o. J.
MONROE, PAUL, Text-Book in the History of Education. New York, 1928.
MONTAGU, LADY MARY WORTLEY, Letters and Works, 2 Bde. London, 1893/94.
MONTALEMBERT, CHARLES, COMTE DE, The Monks of the West, 2 Bde. Boston: Marlier, Callanan & Co., o. J.

Mossner, Ernest, Bishop Butler and the Age of Reason. New York, 1936.
– Life of David Hume. Austin, Tex., 1954.
Motteville, Mme. Françoise de, Memoirs, 3 Bde. Boston, 1901.
Mousnier, Roland, Histoire générale des civilisations, Tome IV: Les XVIe et XVIIe Siècles. Paris, 1956.
Mumford, Lewis, Technics and Civilization. New York, 1934.

New Cambridge Modern History, Bd. VII. Cambridge, 1957.
Newman, James R., The World of Mathematics, 4 Bde. New York, 1956.
Newton, Isaac, Mathematical Principles of Natural Philosophy, Übers. von Andrew Motte, ed. Florian Cajori. University of California Press, 1946. Zitiert als Principia.
Nicolson, Harold, The Age of Reason, London, 1960.
Nietzsche, Friedrich Wilhelm, Antichrist. Edinburgh, 1915.
Noyes, Alfred, Voltaire. New York, 1936.
Nussbaum, F. L., History of the Economic Institutions of Modern Europe. New York, 1937.

Ogg, David, Europe in the Seventeenth Century. London, 1956.
Oxford History of Music, 7 Bde. London, 1929/30.

Parton, James, Life of Voltaire, 2 Bde. Boston, 1882.
Pollock, Sir Frederick, Introduction to the History of the Science of Politics. London, 1897.
Pope, Alexander, Collected Poems. Everyman's Library.
– Herrn B. H. Brockes aus dem Englischen übersetzter Versuch vom Menschen des Herrn Alexander Pope, Esq. Hamburg, 1740.
Putnam, G. H., Censorship of the Church of Rome, 2 Bde. New York, 1906.

Quennell, Marjorie und Charles, History of Everyday Things in England, 1733–1851. New York, 1934.
Quennell, Peter, Caroline of England. New York, 1940.
– Hogarth's Progress. New York, 1955.

Ranke, Leopold, History of the Reformation in Germany. London, 1905.
Richardson, Samuel, Clarissa. Modern Library.
– Pamela, 2 Bde. Everyman's Library.
Robertson, John Mackinnon, Short History of Freethought, 2 Bde. London, 1914.
Robinson, D. S., Anthology of Modern Philosophy. New York, 1931.
Rogers, James Edwin Thorold, Economic Interpretation of History. London, 1891.
Rolland, Romain, Musical Tour through the Land of the Past. London, 1922.
Rowse, A. L., The Early Churchills. New York, 1956.
Russell, Bertrand, Critical Exposition of the Philosophy of Leibniz. London, 1929.
– History of Western Philosophy. New York, 1945.

Saint-Amand, Imbert de, Court of Louis XIV. New York, 1900.
Sainte-Beuve, Charles-Augustin, English Portraits. New York, 1875.
– Portraits of the Eighteenth Century, 2 Bde. in 1, New York, 1905.
Saint-Simon, Louis de Rouvroy, Duc de, Memoirs, 3 Bde. London, 1901.
– Memoirs of Louis XIV and the Regency, 3 Bde. Washington, 1901.
Saw, Ruth, Leibniz, Pelican Books, 1954.
Schoenfeld, Hermann, Women of the Teutonic Nations. Philadelphia, 1908.
Sévigné, Marie de Rabutin-Chantal, Marquise de, Letters, 10 Bde. London, 1927.

SHAFTESBURY, ANTHONY ASHLEY COOPER, EARL OF, Characteristics, 2 Bde. London, 1900.
SIDGWICK, HENRY, Outlines of the History of Ethics. London, 1949.
SMITH, D. E., History of Mathematics, 2 Bde. Boston, 1923.
SMITH, D. E. und andere, Sir Isaac Newton. Baltimore, 1928.
SMITH, PRESERVED, History of Modern Culture, 2 Bde. New York, 1930.
SMOLLETT, TOBIAS, Adventures of Peregrine Pickle. New York, 1936.
– Humphrey Clinker. Modern Library.
– Roderick Random. Everyman's Library.
– Travels through France and Italy. London, 1919.
SPENGLER, OSWALD, The Decline of the West, 2 Bde. New York, 1928.
SPINOZA, BARUCH, Correspondence. London, 1928.
– Sämtliche Werke. Leipzig 1914–1922. (Philosophische Bibliothek 91–96 b.) Darin: Abhandlung von Gott, dem Menschen und seinem Glück (91). Ethik (92). Theologisch-politischer Traktat (93). Descartes' Prinzipien der Philosophie (94). Abhandlung über die Verbesserung des Verstandes und Abhandlung vom Staate (95). Briefwechsel (96 a). Lebensbeschreibungen. Gespräche (96 b).
– Tractatus Theologico-Politicus and Tractatus Politicus. London, 1895.
STEPHEN, LESLIE, Alexander Pope. New York, 1880.
– English Literature and Society in the Eighteenth Century, London, 1904.
– History of English Thought in the Eighteenth Century, 2 Bde. London, 1902.
– Hobbes. London, 1904.
– Swift. New York, 1902.
STERNE, LAURENCE, Life and Opinions of Tristram Shandy. Everyman's Library.
STRACHEY, LYTTON, Books and Characters. New York, 1922.
– Portraits in Miniature. New York, 1931.
STRYIENSKI, CASIMIR, The Eighteenth Century. London, 1916.
SWIFT, JONATHAN, Satirische Schriften. Hrsg. von Joh. von Breitenfels. 2. Aufl. Hamburg, 1760.

TAINE, HIPPOLYTE, History of English Literature. New York, 1873.
TAVERNIER, JEAN BAPTISTE, Six Voyages. London, 1678.
TAWNEY, R. H., Religion and the Rise of Capitalism. New York, 1926.
TEXTE, JOSEPH, Jean-Jacques Rousseau and the Cosmopolitan Spirit in Literature. London, 1899.
THACKERAY, WILLIAM MAKEPEACE, English Humourists. Boston: Dana, Estes & Co., o. J.
– The Four Georges. Boston: Dana, Estes & Co., o. J.
THORNDIKE, LYNN, History of Magic and Experimental Science, 4 Bde. New York, 1929 f.
THORNTON, J. C., Table Talk from Ben Jonson to Leigh Hunt. Everyman's Library.
TOCQUEVILLE, ALEXIS DE, L'Ancien Régime. Oxford, 1937.
TOLAND, JOHN, Christianity not Mysterious. London, 1702.
TORREY, NORMAN L., The Spirit of Voltaire. New York, 1938.
– Voltaire and the English Deists. New Haven, 1930.
TOTH, KARL, Woman and Rococo in France. Philadelphia, 1931.
TOYNBEE, ARNOLD J., A Study of History, 10 Bde. Oxford, 1935/36.
– A Study of History, Bde. I–VI, gekürzt von D. C. Sommervell. New York, 1947.
TRAILL, HENRY DUFF (Hrsg.), Social England, 6 Bde. New York, 1902.
TRAUBEL, HORACE, With Walt Whiteman in Camden. Boston, 1906.
TREVELYAN, G. M., England under the Stuarts. New York, 1933.
– English Social History. London, 1947.
TURBERVILLE, A. S. (Hrsg.), Johnson's England, 2 Bde. Oxford, Engl., 1952.

ÜBERWEG, FRIEDRICH, Grundriß der Geschichte der Philosophie. 12. Aufl. 5 Bde. Berlin, 1924–1928.
USHER, ABBOTT P., History of Mechanical Inventions. New York, 1929.

VARTANIAN, ARAM, Diderot and Descartes. Princeton, 1953.
VOLTAIRE, Age of Louis XIV. Everyman's Library.
– Age of Louis XV, 2 Bde. Glasgow, 1771.
– Correspondance. Hrsg. von Theodore Besterman, 59 Bde. Genf, 1950 ff.
– Philosophical Dictionary, in Works, Bde. III–VI.
– Works, 44 Bde. in 22, New York, 1927.

WALPOLE, HORACE, Letters. Hrsg. von Peter Cunningham, 9 Bde. London, 1880.
– Memoires of the Last Ten Years of the Reign of George the Second, 2 Bde. London, 1822.
WAXMAN und MEYER, History of Jewish Literature, 3 Bde. New York, 1930.
WEBB, SIDNEY und BEATRICE, History of Trade Unionism. New York, 1920.
WEINSTOCK, HERBERT, Händel. New York, 1959.
WESLEY, JOHN, The Heart of Wesley's Journal. New York, 1942.
WESTERMARCK, EDVARD A., The Original and Development of the Moral Ideas, 2 Bde. London, 1924.
WHARTON, GRACE und PHILIP, The Wits and Beaux of Society, 2 Bde. Philadelphia, 1860.
WHEWELL, WILLIAM, History of the Inductive Sciences, 2 Bde. New York, 1859.
WHITEHEAD, ALFRED NORTH, Science and the Modern World. New York, 1926.
WILENSKI, R. H., English Painting. London, 1946.
WILLEY, BASIL, The Seventeenth-Century Background. London, 1950.
WINGFIELD-STRATFORD, ESME, History of British Civilisation. London, 1948.
WOLF, A., History of Science, Technology, and Philosophy in the Sixteenth and Seventeenth Centuries. New York, 1939.
– History of Science, Technology, and Philosophy in the Eighteenth Century. New York, 1939.
WOLFSON, H. A., The Philosophy of Spinoza. Harvard University Press, 1948.
WOODS, G., HOMER WATT und GEORGE ANDERSON, The Literature of England, 2 Bde. Chicago, 1936.
World Christian Handbook. London, 1957.
WORMELEY, KATHARINE PRESCOTT, Correspondence of Madame, Princess Palatine, . . . Marie-Adélaïde de Savoie, . . . and Madame de Maintenon . . . Boston, 1902.

ZEITLIN, S., Maimonides. New York, 1935.

ANMERKUNGEN

I. BUCH, KAPITEL 1

[1] Voltaire, *Age of Louis XIV*, S. 271. – [2] Brewster, *Memoirs of . . . Sir Isaac Newton*, Bd. II, S. 375. – [3] Hazard, *Critical Years*, S. 177. – [4] dto. – [5] Bain, *Christina*, S. 144. – [6] Lecky, *Rationalism*, Bd. I, S. 45. – [7] ebd., S. 43. – [8] Smith, *History of Modern Culture*, Bd. I, S. 457. – [9] Lang, Andrew, *History of Scotland*, Bd. III, S. 205. – [10] Lecky, *Rationalism*, Bd. I, S. 44. – [11] Voltaire, *Age of Louis XIV*, S. 355. – [12] Putnam, *Censorship of the Church of Rome*, Bd. II, S. 264 f. – [13] Smith, *Culture*, Bd. I, S. 491. – [14] in Lecky, *Rationalism*, Bd. II, S. 28. – [15] *Encyclopaedia Britannica*, Bd. XVI, S. 335d. – [16] Parton, *Voltaire*, Bd. I, S. 71. – [17] *Cambridge History of English Literature*, Bd. IX, S. 454. – [18] Smith, *Culture*, Bd. I, S. 344. – [19] Martin, *Histoire de France*, Bd. XIV, S. 304. – [2] Macaulay, *History*, Bd. I, S. 304. – [21] Swift, «*Of the Education of Girls*», in Hardy, *Conjured Spirit*, S. 47. – [22] Woods, etc., *Literature of England*, Bd. I, S. 787. – [23] die Zusammenfassung stützt sich auf Lockes *Conduct of the Understanding*, postum 1706 veröffentlicht. – [24] die Zitate stammen aus Monroe, *Text-Book in the History of Education*, S. 514 ff., und Aaron, *John Locke*, S. 290 ff. – [25] Montalembert, *Monks of the West*, Bd. I, S. 141. – [29] *Cambridge History of English Literature*, Bd. IX, S. 373. – [27] ebd., S. 374. – [28] Pope, *The Dunciad*, IV. Buch, S. 211 f. – [29] Ussher, *Annals of the Old and the New Testament (1650–1654)*, in Smith, Bd. I, S. 290. – [30] ebd., S. 286 f.; Martin, *Histoire de France*, Bd. XIV, S. 294; Hazard, *Critical Years*, S. 182 ff. – [31] Leibniz, *Sämtliche Schriften*, Bd. I, S. 148, in Smith, Bd. I, S. 286.

I. BUCH, KAPITEL 2

[1] Hallam, *Literature of Europe*, Bd. IV, S. 319. – [2] Smith, P., Bd. I, S. 170. – [3] Voltaire, *Age of Louis XIV*, S. 379. – [4] Buckle, Bd. I, S. 500 ff. – [5] Smith, P., Bd. I, S. 166. – [6] Wingfield-Stratford, S. 592. – [7] Swift, *Gullivers Reisen*, Buch III, Kap. 5. – [8] Smith, Bd. I, S. 169. – [9] Spinoza, *Correspondence*, S. 35. – [10] ebd., S. 80. – [11] in Smith, Bd. I, S. 149. – [12] ebd., S. 156. – [13] Hazard, S. 306. – [14] Bell, *Men of Mathematics*, S. 56. – [15] Clark, *Seventeenth Century*, S. 251. – [16] Wolf, *History of Science . . . in the 16th and 17th centuries*, S. 594. – [17] ebd., S. 609. – [18] ebd., S. 595. – [19] Aubrey, S. 238. – [20] Smith, Bd. I, S. 251. – [21] Wolf, S. 82. – [22] Newman, *The World of Mathematics*, Bd. II, S. 792. – [23] Martin, *Histoire*, Bd. XIII, S. 173. – [24] Brewster, *Memoirs . . . of Newton*, Bd. I, S. 312. – [25] Newton, *Mathematical Principles of Natural Philosophy*, Buch III, Prop. 41 (S. 521). – [26] Smith, *History of Mathematics*, Bd. I, S. 405. – [27] Voltaire, *Age of Louis XIV*, S. 378. – [28] Aubrey, S. 164. – [29] Wolf, S. 358. – [30] Mayer, *Seven Seals of Science*, S. 109. – [31] Newman, *World of Mathematics*, Bd. II, S. 794. – [32] Tavernier, *Six Voyages*, Vorwort. – [33] in Hazard, *Critical Years*, S. 12. – [34] La Bruyère, *Characters*, XVII. Buch, Abschnitt 4. – [35] Hazard, S. 13. – [36] ebd., S. 25. – [37] Smith, Bd. I, S. 79. – [38] *History Today*, Mai 1957, S. 324. – [39] Bacon, *Novum Organum*, II. Buch, Absatz 21. – [40] Hooke, *Micrographia*, in Wolf, S. 278. – [41] Pratt, *History of Music*, S. 325. – [42] Wolf, S. 528. – [43] *Encyclopaedia Britannica*, Bd. III, S. 994c. – [44] Fox-Bourne, *John Locke*, Bd. II,

S. 223 ff. – [45] Boyle, *Sceptical Chymist*, I. Buch. – [46] ebd., S. 2. – [47] ebd., S. 17. – [48] Butterfield, *Origins of Modern Science*, S. 105. – [49] Wolf, S. 349. – [50] ebd., S. 545. – [51] Kirby, *Engineering in History*, S. 154. – [52] Wolf, S. 550. - [53] Beard, *Miriam*, S. 465. – [54] Wolf, S. 551. – [55] ebd., S. 552. – [56] Wolf, *History of Science . . . in the 18th Century*, S. 611. – [57] Evelyn, *Diary*, 7. November 1651. – [58] Wolf, *18th Century*, S. 406. – [59] Shakespeare, *Hamlet*, II. Akt, 2. Szene. – [60] Locy, *Growth of Biology*, S. 212. – [61] ebd., S. 214 ff. – [62] ebd., S. 236. – [63] Castiglioni, *History of Medicine*, S. 537 f. – [64] Brett, *History of Psychology*, S. 337. – [65] ebd., S. 339; Sigerist, *The Great Doctors*, S. 184. – [66] Garrison, *History of Medicine*, S. 313. – [67] Dick in Aubrey, XIX. Buch. – [68] Lewis, *Splendid Century*, S. 181. – [69] Harding, *Fads, Frauds and Physicians*, S. 151. – [70] Macaulay, *History*, Bd. III, S. 78. – [71] Sévigné, *Letters*, Bd. I, S. 106 (8. April 1671). – [72] Michelet, *Histoire*, Bd. V, S. 29. – [73] Motteville, *Memoirs*, Bd. I, S. 186. – [74] Castiglioni, S. 560. – [75] ebd., S. 562; Garrison, S. 304. – [76] Dick in Aubrey, XIX. Buch. – [77] Garrison, S. 252. – [78] ebd., S. 253. – [79] Dick in Aubrey, XIX. Buch. – [80] Hallam, *Literature of Europe*, Bd. IV, S. 341. – [81] Wolf, *16th Century*, S. 438. – [82] dto. - [83] Garrison, S. 295. – [84] Voltaire, *Age of Louis XIV*, S. 374. – [85] Pepys, 14. November 1666. – [86] MacLaurin, *Post Mortem*, S. 170 f. – [87] Dick in Aubrey, XX. Buch. – [88] Castiglioni, S. 566. – [89] Whitehead, *Science in the Modern World*, S. 58. – [90] Sprat, *History of the Royal Society* (1667), S. 113, in Clark, *Seventeenth Century*, S. 336. – [91] Newman, *World of Mathematics*, Bd. I, S. 286. – [92] Wolf, *16th Century*, S. 668 ff. – [93] *Encyclopaedia Britannica*, Bd. V., S. 994c. – [94] in Smith, Bd. I, S. 150. – [95] in Hazard, *Critical Years*, S. 316; Mousnier, *Histoire générale*, Bd. IV, S. 331.

I. BUCH, KAPITEL 3

[1] Brewster, *Newton*, Bd. I, S. 4. – [2] ebd., S. 92. – [3] Newtons Sekretär nach Brewster, Bd. II, S. 96. – [4] Keynes, in Newman, J. R., *World of Mathematics*, Bd. I, S. 282. – [5] Smith, *Isaac Newton*, S. 207. – [6] Keynes in Newman (s. unter 4). – [7] Brewster, Bd. II, S. 96 f. – [8] ebd., S. 93. – [9] ebd., S. 413. – [10] Andrade, *Sir Isaac Newton*, S. 17. – [11] Newton, *Principia*, S. 546. – [12] ebd., XVII. Buch, Vorwort zur ersten Auflage. – [13] Newton, *Opticks*, Appendix «*De Quadratura Curvarum*», in Wolf, *16th Century*, S. 211. – [14] Brewster, Bd. II, S. 24, Anm. – [15] Wolf, S. 217. – [16] *Principia*, Scholium zu Prop. 7 von Buch II. – [17] vgl. ebd., S. 656. – [18] Wolf, S. 266. – [19] *Encyclopaedia Britannica*, Bd. XVI, S. 361 b. – [20] Brewster, Bd. I, S. 96. – [21] *Encyclopaedia Britannica*, Bd. XVI, S. 361 b. – [22] in Parton, *Voltaire*, Bd. I, S. 213. – [23] dto. – [24] Brewster, Bd. I, S. 26. – [25] Thorndike, *History of Magic and Experimental Science*, Bd. IV, S. 158. – [26] Gilbert, *De Mundo Nostro Sublunari Philosophia*, in Whewell, *Inductive Sciences*, Bd. I, S. 394. – [27] Brewster, Bd. I, S. 282. – [28] Whewell, Bd. I, S. 393. – [29] Brewster, Bd. I, S. 287. – [30] Aubrey, S. 166. – [31] Butterfield, S. 118. – [32] Brewster, Bd. I, S. 293. – [33] *Principia*, S. 546. – [34] Brewster, Bd. I, S. 337. – [35] Leibniz, Brief an Hartsoeker, 10. Februar 1711. – [36] *Principia*, S. 546, Allg. Scholium. – [37] ebd., S. 634. – [38] Cajori in *Principia*, S. 677. – [39] Vartanian, *Diderot and Descartes*, S. 96. – [40] Allg. Scholium. – [41] *Principia*, S. 547. – [42] Brewster, Bd. II, S. 97. – [43] ebd., S. 84. – [44] Andrade in Newman, Bd. I, S. 274. – [45] Robertson, *Freethought*, Bd. II, S. 112 f. – [46] Clark, *Seventeenth Century*, S. 249. – [47] Keynes, Grußadresse zur Feier von Newtons dreihundertstem Geburtstag, veranstaltet von der Royal Society, Juli 1946, in Newman, Bd. I, S. 283. – [48] in Bell, *Men of Mathematics*, S. 113. – [49] Brewster, Bd. II, S. 132 ff. – [50] Keynes. – [51] Andrade in Newman, Bd. I, S. 274. – [53] Keynes. – [52] Parton, *Voltaire*, Bd. I, S. 213. – [54] Andrade, *Newton*, S. 121. – [55] Keynes in Newman, Bd. I, S. 278; Locke in Brewster, Bd. II, S. 163. – [56] Parton, Bd. I, S. 213. – [57] Smith, *History of Mathematics*, Bd. I, S. 404. – [58] Hume, *History of England*, Bd. V, S. 433. – [59] Voltaire, *Works*, Bd. XXI b, S. 66. – [60] Smith, *Newton*, S. 15; Brewster, Bd. I, S. 343. – [61] S. Brodetsky in Smith, *Newton*, S. 8. – [62] Andrade in Newman, Bd. I, S. 275. – [63] *Principia*, Erstes Scholium. – [64] Andrade, *Newton*, S. 131.

I. BUCH, KAPITEL 4

[1] Aubrey, S. 157. – [2] ebd., S. 150. – [3] ebd., S. 151. – [4] Hobbes, *Leviathan*, Kap. IV, Abs. 79. – [5] Hobbes, *Grundzüge*, Teil I, Kap. X, Abs. 4. – [6] *Leviathan*, Kap. VII, Abs. 106. – [7] ebd., Kap. I, Abs. 55. – [8] ebd., Kap. I, Abs. 56. – [9] *Elementorum Philosophiae*, in *Metaphysical System*, Abs. 119. – [10] *Leviathan*, Kap. II, Abs. 59 f. – [11] ebd., Kap. III, Abs. 65 f. – [12] Hobbes, *Naturrecht*, Teil I, Kap. III, Abs. 3. – [13] *Leviathan*, Kap. II, Abs. 62. – [14] ebd. Kap. VI, Abs. 102. – [15] dto. – [16] *Leviathan*, Kap. XXI, Abs. 242. – [17] ebd., Kap. VI, Abs. 93. – [18] *Naturrecht*, Teil I, Kap. XI, Abs. 4. – [19] *Leviathan*, Kap. XI, Abs. 139 f. – [20] ebd., Kap. XI, Abs. 137. – [21] ebd., Kap. VI, Abs. 100. – [22] ebd., Kap. VI, Abs. 95. – [23] ebd., Kap. VIII, Abs. 115. – [24] ebd., Kap. XI, Abs. 137. – [25] *Naturrecht*, Teil I, Kap. XII, Abs. 6. – [26] *Leviathan*, Kap. XIII, Abs. 164. – [27] ebd., Kap. XIII, Abs. 165. – [28] ebd., Kap. XIII, A[illegible] 163 f. – [29] dto. – [30] dto. – [31] *Leviathan*, Kap. XVII, Abs. 205 f. – [32] ebd., Kap. XVII, Abs. 206. – [33] ebd., Kap. XXI, Abs. 247 ff. – [34] ebd., Kap. XXIX, Abs. 332. – [35] ebd., Kap. XXIX, Abs. 328. – [36] ebd., Kap. XIX, Abs. 219 f. – [37] *Naturrecht*, Teil I, Kap. II, Abs. 5. – [38] *Leviathan*, Kap. XVIII, Abs. 212; Kap. XXIX, Abs. 333. – [39] ebd. Kap. XXIX, Abs. 329. – [40] ebd., Kap. VI, Abs. 99; Kap. XI, Abs. 144. – [41] ebd., Kap. XI, Abs. 145 f. – [42] ebd., Kap. XII, Abs. 147. – [43] dto. – [44] *Grundzüge*, Teil II, Kap. I, Abs. 1. – [45] *Leviathan*, Kap. XI, Abs. 145. – [46] ebd., Kap. XXXI, Abs. 364 f. – [47] ebd., Kap. XXXI, Abs. 365. – [48] Stephen, *Hobbes*, S. 151 f. – [49] Hobbes, *Leviathan*, Kap. XII, Abs. 154 f. – [50] ebd., Kap. XXIX, Abs. 335. – [51] ebd., Kap. XXIX, Abs. 335 f. – [52] ebd., Kap. XXXI, Abs. 368. – [53] *Grundzüge*, Teil II, Kap. XVIII, Abs. 4. – [54] Bayle, *Philosophisches Wörterbuch*, Art. Hobbes. – [55] Burnet, *History of His Own Time*, S. 45. – [56] Aubrey, S. 152. – [57] Bowle, *Hobbes and His Critics*, S. 152. – [58] ebd., S. 34. – [59] *Encyclopaedia Britannica*, Bd. XI, S. 613 b. – [60] Aubrey, S. 156. – [61] ebd., S. 153. – [62] *Encyclopaedia Britannica*, Bd. XI, S. 613 d. – [63] Aubrey, S. 153 ff. – [64] Brewster, *Newton*, Bd. II, S. 149, Anm.; Stephen, *Hobbes*, S. 68. – [65] Bayle, Art. *Hobbes*. – [66] Aubrey, S. 124. – [67] Harrington, *Oceana*, S. 186. – [68] ebd., S. 186. – [69] ebd., S. 187. – [70] ebd., S. 197. – [71] *Cambridge Modern History*, Bd. VI, S. 796. – [72] Aubrey, S. 125. - [73] Stephen, *History of English Thought in the 18th Century*, Bd. II, S. 80. – [74] Robertson, *Freethought*, Bd. II, S. 87; *Psalmen* Kap. XIV, Vers 1; Kap. LIII, Vers 1. – [75] Robertson, Bd. II, S. 90. – [76] ebd., S. 91. – [77] ebd., S. 95; Smith, *Modern Culture*, Bd. II, S. 482. – [78] Toland, *Christianity not Mysterious*, Bd. II, S. 10; Bd. III, S. 37. – [79] Lange, *History of Materialism*, Bd. I, S. 328 f. – [80] ebd., S. 325; Wolf, *History of Science . . . in the 18th Century*, S. 792. – [81] ebd., *Encyclopaedia Britannica*, Bd. XXII, S. 270 b. – [82] Lange, Bd. I, S. 325. – [83] Hazard, *Critical Years*, S. 264. – [84] ebd., S. 152. – [85] in Robertson, *Freethought*, Bd. II, S. 55. – [86] Collins, *Discourse of Freethinking*, S. 5. – [87] ebd., S. 88 f. – [88] ebd., S. 105. – [89] Robertson, Bd. II, S. 153. – [90] Willey, *Seventeenth-Century Background*, S. 87. – [91] Leibniz, *Hauptschriften*, Bd. I, S. 123. – [92] in Stephen, *Eighteenth-Century Thought*, Bd. II, S. 210. – [93] *Cambridge Modern History*, Bd. V, S. 750. – [94] More, Henry, *Philosophical Poems*, in Willey, *Seventeenth Century*, S. 140. – [95] in Willey, S. 161. – [96] Disraeli, I., *Curiosities of Literature*, Bd. I, S. 210. – [97] *Cambridge Modern History*, Bd. V, S. 751. – [98] Cassirer, *Platon. Renaissance in England*, S. 40 ff. – [99] in Willey, S. 175. – [100] ebd., S. 179. – [101] ebd., S. 182, 193. – [102] Glanvill, *Vanity of Dogmatizing*, in Mumford, *Technics and Civilisation*, S. 58. – [103] Glanvill, *Sadducismus Triumphatus*, in Willey, S. 195. – [104] Fox-Bourne, *Locke*, Bd. I, S. 13. – [105] Aaron, *Locke*, S. 6. – [106] dto. – [107] Fox-Bourne, Bd. I, S. 198. – [108] Locke, *Two Treatises on Government*, Einführung, S. XXXIII. – [109] Macaulay, *History*, Bd. I, S. 417. – [110] Aaron, S. 23. – [111] *Encyclopaedia Britannica*, Bd. XIV, S. 271 d. – [112] Aaron, S. 24. – [113] Locke, *Zwei Abhandlungen über Regierung*, S. 78. – [114] Filmer, *Patriarcha*, in Locke, *Zwei Abhandlungen*, S. 1 f. – [115] Filmer, *Observations upon Aristotle's Politics*, in Hearnshaw, *Thinkers of the Augustan Age*, S. 37. – [116] ebd., S. 39. – [117] Filmer, *Patriarcha*, S. 36. – [118] Locke, *Zwei Abhandlungen*, Kap. I, Nr. 78. – [119] ebd., Kap. II, Nr. 119. – [120] ebd., Kap. II, Nr. 87. –

[121] ebd., Kap. II, Nr. 124. – [122] ebd., Kap. II, Nr. 40. – [123] ebd., Kap. II, Nr. 36. – [124] ebd., Kap. II, Nr. 138. – [125] Pollock, *Introduction to the History of the Science of Politics*, S. 65. – [126] Locke, *Zwei Abhandlungen*, Kap. II, Nd. 228, 229. – [127] Locke, *Versuch über den menschlichen Verstand*, Brief an den Leser, S. 20 f. – [128] Lamprecht, S. P., in Dewey, *Studies in the History of Ideas*, Bd. III, S. 217. – [129] Locke, *Versuch*, Kap. II, Nr. 17. – [130] ebd., Brief an den Leser, S. 20. – [131] ebd., Kap. III, X, Nrn. 5–14. – [132] ebd., Kap. II, XIII, Nr. 25. – [133] ebd., Kap. II, XXI, Nr. 8. – [134] ebd., Kap. III, VI, Nrn. 12, 37. – [135] ebd., Kap. I, II, Nr. 1. – [136] ebd., Kap. II, XXXIII, Nr. 6. – [137] ebd., Kap. I, IV, Nrn. 8–9. – [138] ebd., Kap. I, III, Nr. 27. – [139] ebd., Kap. II, I, Nr. 2. – [140] ebd., Kap. II, IX, Nr. 1. – [141] ebd., Kap. II, XXIII, Nrn. 1–4. – [142] ebd., Nr. 5. – [143] ebd., Nrn. 14–15. – [144] ebd., Kap. II, XXI, Nrn. 47., 52–53. – [145] ebd., Kap. VI, III, Nr. 6. – [146] ebd., Kap. II, XXVII, Nr. 25. – [147] Sterne, *Tristram Shandy*, S. 62. – [148] Voltaire, *Letters on the English*, in *Works*, Bd. XIX b, S. 36. – [149] Voltaire, *Age of Louis XIV*, S. 379. – [150] Cassirer, *Die Philosophie der Aufklärung*, S. 99. – [151] Locke, *Versuch*, Kap. IV, XVIII, Nr. 2. – [152] ebd., Nr. 10. – [153] ebd., Nr. 5. – [154] ebd., Nr. 7. – [155] ebd., Nr. 10. – [156] ebd., Kap. IV, XIX, Nr. 1. – [157] ebd., Nr. 14. – [158] Locke, *Reasonableness of Christianity*, in Willey, S. 285. – [159] Locke, *Versuch*, Kap. IV, X, Nr. 12. – [160] Aaron, *Locke*, S. 298. – [161] ebd., S. 19. – [162] Spengler, *Decline of the West*, Bd. II, S. 308. – [163] Shaftesbury, *Characteristics*, Bd. I, Bd. XXII. – [164] ebd., Bd. I, Bd. XII. – [165] ebd., S. 237. – [166] ebd., S. 263. – [167] ebd., S. 267 ff. – [168] ebd., S. 45. – [169] ebd., S. 239 ff. – [170] ebd., Kap. I, XXVII. – [171] ebd., Kap. II, S. 150. – [172] ebd., Kap. I, S. 79. – [173] ebd., S. 75. – [174] Sidgwick, *History of Ethics*, S. 186 f. – [175] Shaftesbury, Bd. I, S. 260. – [176] ebd., Bd. I, S. 86. – [177] Cassirer, *Platonische Renaissance*, S. 139. – [178] Berkeley, *Prinzipien*, Nr. 92. – [179] Locke, *Versuch*, Bd. II, Kap. IX, 8. – [180] Berkeley, *Theorie*, Nr. 41. – [181] Wolf, *Science . . . in the 18th Century*, S. 672. – [182] Berkeley, *Prinzipien*, Nr. 47. – [183] ebd., Nrn. 15–19. – [184] ebd., Nrn. 45–46. – [185] ebd., Nrn. 34–35. – [186] ebd., Nr. 91. – [187] ebd., Nr. 57. – [188] Chesterfield, *Letter of September 27, 1748*. – [189] Boswell, *Johnson, S. 285*. – [190] Hume, *Untersuchung über den menschlichen Verstand*, Anm. zu Nr. 122. – [191] Berkeley, *Dialoge*, S. 145 ff. – [192] ebd., S. 148. – [193] Hume, *Untersuchung*, Nr. 122. – [194] *Cambridge History of English Literature*, Bd. IX, S. 314. – [195] Berkeley, *Principien*, Nr. 6.

I. BUCH, KAPITEL 5

[1] Hazard, *Critical Years*, S. 330. – [2] Vartanian, *Diderot and Descartes*, S. 25. – [3] Mousnier, *Histoire générale*, Bd. IV, S. 309. – [4] *Récit de Marguerite Périer* (Pascals Nichte), in Robertson, *Freethought*, Bd. II, S. 121, Anm. – [5] Day, *Ninon*, S. 211. – [6] Smith, *Modern Culture*, Bd. I, S. 407. – [7] in Vartanian, S. 57. – [8] in Fellows und Torrey, *Age of the Enlightenment*, S. 23. – [9] Malebranche, *Dialogues on Metaphysics*, in Robinson, *Anthology of Modern Philosophy*, S. 227 ff. – [10] Sévigné, Brief vom 4. August 1680. – [11] Faguet, *Dix-septième Siècle*, S. 77. – [12] Robinson, *Bayle*, S. 46. – [13] ebd., S. 19. – [14] Bayle, *Pensées diverses sur la comète*, Kap. 100, in Fellows and Torrey, S. 69. – [15] Kap. 91, in Robinson, *Bayle*, Kap. 25. – [16] Kap. 141, in Fellows and Torrey, S. 73. – [17] Kap. 172, ebd., S. 75. – [18] Bayle in Fellows und Torrey, S. 16 ff. – [19] Bayle, *Selections*, XIV. Buch. – [20] in Robinson, *Bayle*, S. 83. – [21] Hazard, S. 93. – [22] Disraeli, *Curoisities*, Bd. II, S. 391 f. – [23] in Robinson, *Bayle*, S. 236. – [24] Disraeli, Bd. II, S. 393. – [25] Bayle, *Selections*, S. 173 (Artikel «Manichees»). – [26] ebd., S. 8 ff. (Artikel «Adam») und S. 157 ff. («Manichees»); Robinson, *Bayle*, S. 208 ff. – [27] *Selections*, S. 208 (Artikel «Pyrrho»). – [28] ebd., S. 209. – [29] S. 210. – [30] S. 204 (Artikel «Abdas»). – [31] S. 205 («Pyrrho»). – [32] Faguet, *Dix-huitième Siècle*, S. 15. – [33] *Selections*, S. 211 («Pyrrho»). – [34] ebd., S. 214 («Pyrrho») und S. 177 («Manichees»). – [35] in Faguet, S. 18. – [36] ebd., S. 10. – [37] Havens, *Age of Ideas*, S. 35. – [38] Hazard, S. 444. – [39] Havens, S. 37. – [40] *Selections*, Einleitung. – [41] Robinson, H., *Bayle*, S. 274. – [42] *Selections*, Einleitung. – [43] Faguet, S. 6. – [44] *Selections*, Einleitung, S. XXVII. –

[45] Faguet, S. 6. – [46] Robinson, *Bayle*, S. 294. – [47] Noyes, *Voltaire*, S. 470. – [48] Faguet, S. 54. – [49] in Fellows and Torrey, S. 62. – [50] Fontenelle, *Origine des fables*. – [51] Fellows and Torrey, S. 43. – [52] ebd., S. 60. – [53] ebd., S. 44 ff. – [54] Flint, *History of the Philosophy of History*, S. 215. – [55] in Lanfrey, *History politique des papes*, Bd. II, S. 138. – [56] in Bell, *Men of Mathematics*. – [57] Bury, *The Idea of Progress*, S. 108. – [58] Desnoiresterres, Bd. III, S. 239. – [59] in Faguet, S. 21. – [60] Havens, S. 60. – [61] Aldis, *Mme. Geoffrin*, S. 25. – [62] ebd., S. 30; Havens, S. 62.

I. BUCH, KAPITEL 6

[1] Kayser, *Spinoza*, S. 49. – [2] Maimonides, *Guide to the Perplexed*, Bd. I, Einführung; Bd. II, Props. S. 37 ff.; Bd. III, Props. S. 22, 30 usw. – [3] ebd., Bd. II, S. 17 f. – [4] ebd., Bd. II, Einführung; Zeitlin, *Maimonides*, S. 151. – [5] *Encyclopaedia Judaica*, Bd. VIII, S. 29. – [6] Martin, *Louis XIV*, Bd. I, S. 403. – [7] Lucas, *Spinoza*. In Spinoza, *Sämtliche Werke*, Bd. III, S. 14. – [8] ebd., S. 16. – [9] ebd., S. 17. – [10] Graetz, *History of the Jews*, Bd. V, S. 93. – [11] dto. – [12] Lucas, *Spinoza*, S. 18. – [13] Graetz, Bd. V, S. 94. – [14] Lucas, S. 21. – [15] Wolf, A., in Spinoza, *Correspondence*, S. 49. – [16] Spinoza, *Briefwechsel* XXXVII. – [17] ebd., XIX, S. 78. – [18] Spinoza, *Ethik*, Bd. IV, S. 45, Anm II. – [19] Waxman, *History of Jewish Literature*, Bd. II, S. 263. – [20] Bayle, in Spinoza, *Werke* Bd. III, S. 45. – [21] Spinoza, *Verbesserung des Verstands*, Nrn. 1–10. – [22] ebd., Nrn. 13 und 40. – [23] ebd., Nr. 16. – [24] Spinoza, *Descartes, Principien der Philosophie*, Anh. I, S. 4. – [25] Brunschvicg, *Spinoza et ses contemporains*, S. 138. – [26] Spinoza, *Theologisch-politischer Traktat*, Vorrede, S. 9 f. – [27] ebd., IX, S. 133. – [28] ebd., II, S. 46. – [29] ebd., I, S. 34 ff. – [30] ebd., VI, S. 125. – [31] ebd., XIV, S. 255. – [32] ebd., XIV, S. 258. – [33] ebd., VII, S. 160. – [34] ebd., XIX, S. 235. – [35] ebd., Vorrede, S. 6 f. – [36] ebd., Vorrede, S. 10. – [37] ebd., III, S. 74. – [38] *Briefwechsel*, LXXV, S. 281 f. – [39] *Traktat*, I, S. 24 f. – [40] Kayser, S. 237. – [41] Meyer, *Leibniz und die europäische Ordnungskrise*, S. 47. – [42] ebd., S. 46. – [43] Spinoza, *Briefwechsel* XLII. – [44] Kayser, S. 233. – [45] Bayle, S. 47. – [46] Brunschvicg, S. 140. – [47] ebd., 146. – [48] Lucas, S. 26. – [49] Kayser, S. 241. – [50] Putnam, *Censorship of the Church of Rome*, Bd. II, S. 255. – [51] *Briefwechsel*, XLVIII, S. 204 ff. – [52] Lucas, S. 27. – [53] Brunschvicg, S. 141. – [54] Kayser, S. 254; *Encyclopaedia Britannica*, Bd. XXI, S. 234 b. – [55] Lucas, S. 28. – [56] Spinoza, *Briefwechsel* I, S. 3. – [57] Bayle, S. 47. – [58] ebd., S. 48. – [59] Spinoza, *Ethik*, IV, Anh. 5. – [60] *Briefwechsel*, LXV, S. 251. – [61] *Stenonis Epistolae*, ed. G. Scherz, Freiburg i. Br. 1962, S. 231 f. – [62] *Briefwechsel*, LXVII, S. 253 f. – [63] ebd., LXXVI, S. 283 f. – [64] ebd., LXXIX, S. 295. – [65] ebd., VI, S. 30. – [66] Ebd., VII, S. 32. – [67] ebd., LXVIII, S. 267. – [68] Kayser, S. 285. – [69] Bayle, S. 50 f. – [70] Spinoza, *Briefwechsel*, IX, S. 39. – [71] Ethik I, S. 8, Anm. 2. – [72] ebd., I, Definition IV. – [73] ebd., II, S. 13, Anm. – [74] *Verbesserung des Verstands*, Nrn. 100, 101. – [75] *Ethik*, I, S. 15. – [76] *Briefwechsel*, LIV, S. 218. – [77] *Traktat*, S. 88. – [78] *Ethik*, V, S. 17. – [79] ebd., I, S. 8, Anm. II. – [80] in Wolfson, *Philosophy of Spinoza*, Bd. II, S. 158. – [81] Spinoza, *Briefwechsel*, XXXII, S. 148; *Ethik*, II, S. 11, Folgesatz. – [82] *Ethik*, I, S. 17, Anm. – [83] ebd., I, S. 31. – [84] ebd., I, S. 18. – [85] *Briefwechsel*, LXXV, S. 281. – [86] *Ethik*, I, S. 32, Folgesatz I. – [87] *Traktat*, S. 78. – [88] *Ethik*, I, Anhang. – [89] *Traktat*, S. 276, – [90] *Briefwechsel*, LIV, S. 219 f. – [91] Ethik, I, Anhang. – [92] *Briefwechsel*, LXXIII, S. 276. – [93] auch Wolfson, H., Bd. II, S. 348. – [94] *Briefwechsel* XIX, S. 79 ff. – [95] ebd., XXX, S. 142. – [95a] Novalis, *Werke*, Bong, Berlin, o. J. *Religiöse Fragmente*, Nr. 1008. – [96] Spinoza, *Ethik*, V, S. 24. – [97] ebd., II, S. 13. – [98] ebd., III, S. 2, Anm. – [99] dto. – [100] ebd. II, S. 12. – [101] ebd., III, S. 2. – [102] ebd., II, S. 17, 18. – [103] ebd., II, S. 26. – [104] ebd., II, S. 21. – [105] ebd., II, S. 48, Anm.; *Briefwechsel*, II, S. 8 f. – [106] *Ethik*, II, S. 49. – [107] ebd., III, S. 2, Anm. – [108] Ebd., II, S. 49, Folgesatz. – [109] ebd,. III, Definition I. – [110] ebd., II, S. 48. – [111] ebd., I, Anhang. – [112] *Briefwechsel*, LVIII, S. 236. – [113] *Ethik*, I, Anhang. – [114] ebd., III, S. 6 f. – [115] ebd., I, S. 34. – [116] ebd., I, Anhang. – [117] ebd., IV, Definition VIII. – [118] ebd., V, S. 20, Anm. – [119] ebd., IV, S. 20; S. 22, Folgesatz. – [120] ebd.,

IV, S. 18, Anm. – [121] dto. – [122] ebd., III, S. 59. – [123] ebd., III, S. 9, Anm. – [124] ebd., IV, Definition I. – [125] ebd., III, Anhang. – [126] ebd., III, S. 11, Anm.; IV, S. 59. – [127] ebd., III, Anhang. – [128] Nietzsche, *Antichrist*, Nr. 2. – [129] Spinoza, *Ethik*, IV, S. 45, Anm.; IV, S. 50 ff. – [130] ebd., IV, S. 42; S. 45, Anm. II. – [131] ebd., III, Definition III. – [132] ebd., III, Einleitung. – [133] ebd., V, S. 3, Folgesatz. – [134] Müller, Johannes, *Physiologie des Menschen*, 1840, Bd. II, S. 543 ff. – [135] Spinoza, *Ethik*, III, S. 1, Folgesatz. – [136] ebd., III, S. 59, Anm. – [137] ebd., IV, S. 7. – [138] ebd., IV, S. 51, Anm.; S. 58, Anm. – [139] ebd., III, S. 59, Definition XXVII. – [140] ebd., IV, S. 67. – [141] ebd., III, S. 12, Anm. – [142] ebd., V, S. 21. – [143] ebd., V, S. 34, Anm. – [144] ebd., V, S. 29, Anm. – [145] ebd., V, S. 23. – [146] ebd., V, S. 31, Anm. – [147] ebd., V, S. 3. – [148] ebd., V, S. 6. – [149] ebd., IV, S. 26. – [150] ebd., II. Nachtrag. – [151] ebd., IV, S. 68. – [152] ebd., IV, S. 50, Anm. – [153] ebd., IV, Anhang; XIII. – [154] ebd., IV, S. 73, Anm. – [155] ebd., IV, S. 46. – [156] ebd., IV, S. 18, Anm. – [157] zum Beispiel Bidney, *Psychology and Ethics of Spinoza*, S. 246. – [158] Spinoza, *Ethik*, IV, S. 14. – [159] ebd., III, Anm., Definition VI. – [160] *Verbesserung des Verstands*, S. 6. – [161] *Ethik*, S. 28. – [162] *Abhandlung vom Staate*, I, S. 57. – [163] ebd., II, S. 63. – [164] end., II, S. 60; *Traktat*, XVI, S. 274 f. – [165] *Ethik*, IV, S. 37, Anm. – [166] *Abhandlung vom Staate*, VI, S. 91. – [167] *Ethik*, IV, S. 20, 22. – [168] ebd., IV, S. 35, Anm.; S. 13. – [169] *Abhandlung vom Staate*, I, S. 58. – [170] *Traktat*, XX, S. 352 f. – [171] *Abhandlung vom Staate*, VI, S. 92 f. – [172] ebd., XI, S. 179. – [173] *Traktat*, XVII, *S. 295*. – [174] ebd., XVII, S. 182. – [175] *Abhandlung vom Staate*, XI, S. 180. – [176] ebd., VII, S. 117. – [177] *Ethik*, IV, Anhang, S. 17. – [178] *Abhandlung vom Staate*, VI, S. 95 f. – [179] in Bevan und Singer, *Legacy of Israel*, S. 451. – [180] Wolfson, Bd. II, S. 233 f. – [181] Spinoza, *Briefwechsel*, LVI, S. 231. – [182] *Encyclopaedia Judaica*, Bd. XI, S. 517. – [183] *Ethik*, III, Vorrede; V, Vorrede. – [184] *Abhandlung vom Staate*, X, S. 1; V, S. 7. – [185] *Briefwechsel*, III, S. 9 f. – [185] Überweg, *Geschichte der Philosophie*, Bd. III, S. 282 ff. – [187] Bayle, *Philosophisches Wörterbuch*, Art. Spinoza. – [188] *Encyclopaedia Judaica*, Bd. XI, S. 519. – [189] Spinoza, *Ethik*, V, S. 36. – [190] Garland, *Lessing*, S. 174. – [191] Brandes, *Main Currents of 19th-Century Literature*, Bd. I, S. 170; Bd. III, S. 527; Bd. IV, S. 75. – [192] Robertson, *Freethought*, Bd. II, S. 168. – [193] Hume, *Untersuchung . . . menschlichen Verstandes*, Buch I, IV, Nr. 5. – [194] Froude, *Short Studies in Great Subjects*, Bd. I, S. 219 ff. – [195] Arnold, «Spinoza», In *Essays in Criticism*.

I. BUCH, KAPITEL 7

[1] Dunning, *Political Theories from Luther to Montesquieu*, S. 321. – [2] Robertson, *Freethought*, Bd. II, S. 296. – [3] ebd., S. 298. – [4] Leibniz, *Neue Abhandlungen über den menschlichen Verstand*, S. 16; 29. – [5] Leibniz, Streitschriften mit Clarke, in *Hauptschriften*, Bd. I, S. 120. – [6] Meyer, *Leibniz und die europäische Ordnungskrise*, S. 81. – [7] Spengler, Bd. I, S. 42. – [8] Mahan, *Influence of Sea Power in History*, S. 107. – [9] Russell, *Critical Exposition of the Philosophy of Leibniz*, S. 6, Anm.; *Cambridge Modern History*, Bd. V, S. 717. – [10] ebd., S. 718; Meyer, S. 88 f. – [11] Dampier, *History of Science*, S. 175; *Cambridge Modern History*, Bd. V, S. 717. – [12] [12] Wolf, A., in Spinoza, *Correspondence*, S. 47. – [13] *Encyclopaedia Britannica*, Bd. XIII, S. 885 c. [14] Jordan, *Reunion of the Churches: A Study of G. W. Leibniz and his Great Attempt*, S. 42. – [15] Meyer, S. 254. – [16] Leibniz, *Theodizee*, Vorrede, S. 30. – [17] Jordan, S. 36. – [18] Robertson, *Freethought*, Bd. II, S. 300. – [19] Piat, in Kayser, *Spinoza*, S. 206. – [20] Russell, *Critical Exposition*, Bd. VII. – [21] Meyer, S. 124. – [22] ebd., S. 254. – [23] Hazard, *Critical Years*, S. 223. – [24] Jordan, S. 81 ff. – [25] ebd., S. 97. – [26] Hazard, S. 224. – [27] Kesten, *Copernicus and his World*, S. 400. – [28] Hazard, S. 228: Leibniz, *Sämtliche Schriften*, Bd. I, S. 7, Nr. 103. – [29] Hazard, S. 234. – [30] ebd., S. 230; Martin, *Histoire de France*, Bd. XIV, S. 292. – [31] Hazard, S. 231. – [32] Leibniz, *Sämtliche Schriften*, Bd. I, I. Anschnitt, S. 417. – [33] *Neue Abhandlungen*, Vorrede, S. 3. – [34] Locke, *Versuch*, Bd. II, I. Abschnitt, S. 2. – [35] Aristoteles, *De Anima*, Bd. III, S. 4. – [36] *Neue Abhandlungen*, Bd. II, I. Abschnitt, S. 84. – [37] dto. – [38] ebd., Vorrede, S. 5. – [39] ebd., Bd. I, I. Abschnitt, S. 48. – [40] Locke, *Versuch*, Bd. II, II. Abschnitt, S. 1.

– [41] *Neue Abhandlungen*, Bd. I, II. Abschnitt, S. 57; 62. – [42] *Streitschrift mit Clarke*, Nr. 4, in *Hauptschriften*, Bd. I, S. 128 f. – [43] Leibniz, *Monadologie*, Nrn. 28–30, in *Hauptschriften*, Bd. II; *Neue Abhandlungen*, Vorrede, S. 6. – [44] *Streitschriften mit Clarke*, Nr. 4. – [45] *Neue Abhandlungen*, Bd. I, II. Abschnitt, S. 59. – [46] ebd., Bd. I, III. Abschnitt, S. 77. – [47] ebd., Bd. II, I. Abschnitt, S. 85. – [48] ebd., Bd. II, I. Abschnitt, S. 92. – [49] Überweg, *Geschichte der Philosophie*, Bd. III, S. 325; Meyer, S. 281. – [50] A. G. Langley in Leibniz, *New Essays*, S. 101 f. – [51] Leibniz, *Monadologie*, Nr. 66. – [52] Leibniz, *Neues System der Natur*, in *Hauptschriften*, Bd. II, S. 267; Überweg, Bd. III, S. 325 f. – [53] Walt Whitmann. – [54] *Monadologie*, Nr. 9. – [55] ebd., Nr. 11. – [56] ebd., Nr. 18; 70. – [57] *Brief an Bayle*, 1702, in *Hauptschriften*, Bd. II, S. 393. – [58] *Monadologie*, Nr. 62, 63. – [59] Leibniz, *Vernunftprinzipien der Natur und der Gnade*, Nr. 4, in *Hauptschriften*, Bd. II, S. 425. – [65] *Monadologie*, Nr. 72. – [61] ebd., Nr. 78. – [62] ebd., Nr. 81. – [63] Leibniz, *Erläuterung des neuen Systems*, in *Die kleinen philosophischen wichtigen Schriften*, S. 75. – [64] Brief vom 3. März 1696, in *Die kleinen philosophisch wichtigen Schriften*, S. 80. – [65] *Theodizee*, Vorrede, S. 18 ff. – [66] *Monadologie*, Nr. 41; *Theodizee*, S. 35. – [67] *Neue Abhandlungen*, Vorrede, S. 29; *Monadologie*, Nr. 77. – [68] *Theodizee*, S. 285. – [69] ebd., S. 103, 285. – [70] *Monadologie*, Nr. 69. – [71] *Theodizee*, S. 210. – [72] ebd., S. 110 f. – [73] ebd., S. 487 f. – [74] *Vernunftprinzipien*, Nr. 10. – [75] *Brief an Bayle*, 1702, in *Hauptschriften*, Bd. II, XXXII, S. 383 f. – [76] Couturat, *Opuscules . . . de Leibniz*, S. 590, in Joseph, *Lectures on the Philosophy of Leibniz*, S. 44. – [77] *Streitschrift mit Clarke*, Nr. 10, in *Hauptschriften*, Bd. I, S. 235, 240. – [78] ebd., Nr. 2, in Bd. I, S. 123. – [79] *Neue Abhandlungen*, Bd. III, VI. Abschnitt, S. 340. – [80] ebd., Vorrede, S. 13 f. – [81] *Brief an Varignon*, in *Hauptschriften*, Bd. II, XXII. Abschnitt, S. 77 und 558. – [82] Wolf, *History of Science . . . in the 16th and 17th Centuries*, S. 391; *History of Science . . . in the 18th Century*, S. 352. – [83] Leibniz, *Protogaea*, in Locy, *Growth of the Biology*, S. 256. – [84] dto. – [85] ebd., S. 257. – [86] Meyer, S. 164. – [87] Maverick, *China a Model for Europe*, S. 14. – [88] Russell, *History of Western Philosophy*, S. 591; Newman, *World of Mathematics*, Bd. III, S. 1861. – [89] Brewster, *Newton*, Bd. II, S. 215. – [90] Hazard, S. 234. – [91] Meyer, S. 255. – [92] ebd., S. 126. – [93] Saw, *Leibniz*, S. 147. – [94] Meyer, S. 242. – [95] Robinson, *Bayle*,S. 268. – [96] Hazard, S. 303. – [97] Spengler, Bd. I, S. 42. – [98] *Neue Abhandlungen*, Bd. IV, XVI. Abschnitt, S. 555 f. – [99] ebd., Bd. IV, XVI. Abschnitt, S. 556 f. – [100] Lecky, *Rationalism*, Bd. I, S. 148.

II. BUCH, KAPITEL 1

[1] Boulenger, *Seventeenth Century*, S. 242. – [2] Cruttwell, *Mme. de Maintenon*, S. 189. – [3] ebd., S. 186. – [4] ebd., S. 195, nach Lavallée, *Lettres édifiantes*, S. 149. – [5] Saint-Simon, Bd. III, S. 12. – [6] ebd., S. 13. – [7] Acton, *Lectures*, S. 244. – 71 Voltaire, *Works*, Bd. XXI a, S. 290. – [8] Martin, *Louis XIV*, Bd. I, S. 552; Michelet, Bd. V, S. 127 f. – [9] Saint-Simon, Bd. III, S. 12. – [10] ebd., S. 11. – [11] Macaulay, *History*, Bd. II, S. 475. – [12] Martin, Bd. I, S. 535. – [13] ebd., Bd. II, S. 64. – [14] Michelet, Bd. V, S. 16. – [15] Benoist, *Coysevox*, S. 37. – [16] Michelet, Bd. V, S. 6. – [17] Boulenger, S. 239. – [18] Martin, Bd. II, S. 65. – [19] Voltaire, *Louis XIV*, S. 302. – [20] Michelet, Bd. V, S. 39. – [21] Clark, *Seventeenth Century*, S. 72. – [22] *Encyclopaedia Britannica*, Bd. III, S. 242 a. – [23] Voltaire, S. 148. – [24] ebd., S. 149. – [25] Ogg, *Europe in the Seventeenth Century*, S. 314. – [26] Martin, Bd. II, S. 106. – [27] Voltaire, S. 157. – [28] *Encyclopaedia Britannica*, Bd. XIV, S. 923 a. Sir Winston Churchills edles Bestreben, seinen Vorfahr zu entlasten, überzeugt nicht; vgl. seinen Marlborough, Bd. II, S. 238, 373 ff. – [29] Nussbaum, *Economic Institutions*, S. 108. – [30] Martin, Bd. II, S. 288. – [31] Tocqueville, *L'Ancien Régime*, S. 179, Buch III, Kap. 4. – [32] Guérard, *Life and Death of an Ideal*, S. 208; Havens, *The Age of Ideas*, S. 52. – [33] Cruttwell, S. 201. – [34] Lewis, *Splendid Century*, S. 31. – [35] Michelet, Bd. V, S. 14 f. – [36] ebd., S. 36 f. – [37] *Cambridge Modern History*, Bd. V, S. 349. – [38] ebd., S. 378. – [39] Ogg, S. 266. – [40] Professor Wolfgang Michael in *Cambridge Modern History*, Bd. V, S. 393. – [41] Martin, S. 314. – [42] *Cambridge Modern History*, Bd. V, S. 394. – [43] dto. –

[44] ebd., S. 395; Martin, Bd. II, S. 317. – [45] Voltaire, S. 310; *Cambridge Modern History*, Bd. V, S. 396; Martin, Bd. II, S. 318, Anm. – [46] Chesterfield, Brief vom 31. Mai 1752. – [47] Martin, Bd. II, S. 325. – [48] Ogg, S. 267; *Cambridge Modern History*, Bd. V, S. 401. – [49] Boulenger, S. 291. – [50] Voltaire, S. 186. – [51] Mahan, S. 204; Ogg, S. 268; *Cambridge Modern History*, Bd. V, S. 398 f. – [52] *Cambridge Modern History*, Bd. V, S. 9. – [53] Martin, Bd. II, S. 335. – [54] Voltaire, S. 330. – [55] Guizot, *History of France*, Bd. IV, S. 373. – [56] Voltaire, S. 219. – [57] Saint-Simon, Bd. I, S. 370. – [58] Michelet, Bd. V, S. 86. – [59] Funck–Brentano, *L'Ancien Régime*, S. 410; Lacroix, *Eighteenth Century*, S. 80. – [60] *Cambridge Modern History*, Bd. V, S. 30. – [61] Saint-Simon, Bd. I, S. 372. – [62] Martin, Bd. II, S. 431. – [63] Saint-Simon, Bd. II, S. 61. – [64] Boulenger, S. 306. – [65] Saint-Simon, Bd. II, S. 262. – [66] Martin, Bd. II, S. 447. – [67] ebd., S. 448. – [68] Voltaire, S. 229. – [69] ebd., S. 230. – [70] Churchill, *English-speaking Peoples*, Bd. III, S. 68. – [71] Saint-Simon, Bd. II, S. 68. – [72] Lacroix, *Eighteenth Century*, S. 22. – [73] Boulenger, S. 307. – [74] dto. – [75] Saint-Simon, Bd. II, S. 166. – [76] ebd., S. 67. – [77] ebd., S. 66. – [78] Voltaire, *Age of Louis XIV*, S. 233; Michelet, Bd. V, S. 95. – [79] Rowse, *Early Churchills*, S. 254. – [80] Trevelyan, *English Social History*, S. 294. – [81] Martin, Louis XIV, Bd. II, S. 474. – [82] Hoover und Gibbons, *Conditions of a Lasting Peace*, S. 33. – [83] Hazard, S. 437. – [84] Voltaire, *Age of Louis XIV*, S. 306. – [85] Martin, *Louis XIV*, Bd. II, S. 493. – [86] Lewis, S. 181. – [87] vgl. z. B. Cruttwell, S. 284. – [88] Saint-Amand, *Court of Louis XIV*, S. 51. – [89] Martin, *Louis XIV*, Bd. II, S. 54, Anm. – [90] Cruttwell, S. 347. – [91] Martin, *Louis XIV*, Bd. II, S. 539. – [92] Saint-Simon, Bd. II, S. 345; Guizot, Bd. IV, S. 483. – [93] Boulenger, S. 317. – [94] Saint-Simon, Bd. II, S. 355. – [95] ebd., S. 356. – [96] Boulenger, S. 318. – [97] Michelet, Bd. V, S. 125. – [98] Martin, *Histoire de France*, Bd. XV, S. 7. – [99] Duclos, *Secret Memoirs of the Regency*, S. 21. – [100] Voltaire, *Age of Louis XIV*, S. 308 f. – [101] Michelet, Bd. IV, S. 392. – [102] zitiert von Voltaire in *Works*, Bd. XIX b, S. 99. – [103] Parton, Bd. II, S. 493. – [104] Saint-Amand, S. 53. – [105] Acton, S. 234.

III. BUCH, KAPITEL 1

[1] Brandes, *Voltaire*, Bd. I, S. 30. – [2] ebd., S. 31; Parton, *Life of Voltaire*, Bd. I, S. 26; Campbell, *The Jesuits*, S. 354. – [3] Desnoiresterres, *Voltaire et la société française au XVIIIe siècle*, Bd. I, S. 32. – [4] ebd., S. 17 f. – [5] Brief vom 7. 2. 1746 an Pater Latour, in Desnoireterres, Bd. I, S. 24; Brandes, Bd. I, S. 44. – [6] Parton, Bd. I, S. 53. – [7] Hazard, *European Thought in the 18th Century*, S. 129. – [8] Parton, Bd. I, S. 66. – [9] Desnoiresterres, Bd. I, S. 171. – [10] Duclos, *Secret Memoirs of the Regency*, S. 6. – [11] Saint-Simon, *Memoirs*, Bd. II, S. 329. – [12] Duclos, S. 10. – [13] Saint-Simon, Bd. II, S. 326. – [14] Desnoiresterres, Bd. I, S. 96. – [15] Wormeley, *Correspondence of Madame, Princess Palatina . . . Marie-Adélaïde de Savoie, . . . and Madame de Maintenon*, S. 29. – [16] Guizot, History of France, Bd. V, S. 3. – [17] Martin, H., *Histoire de France*, Bd. XV, S. 13. – [18] Ducros, *French Society in the 18th Century*, S. 55. – [19] Martin, H., Bd. XV, S. 20 ff.; Desnoiresterres, Bd. I, S. 164. – [20] Stryiensky, *Eighteenth Century*, S. 82. – [21] Beard, *History of the Business Man*, S. 47. – [22] Martin, H., Bd. XV, S. 53. – [23] Voltaire, *Works*, Bd. XVI, S. 20. – [24] Martin, H., Bd. XV, S. 54. – [25] Michelet, *Histoire de France*, Bd. V, S. 268. – [26] Saint-Simon, Bd. II, S. 232. – [27] ebd., Bd. III, S. 239. – [28] Martin, H., Bd. XV, S. 62. – [29] Saint-Simon, Bd. III, S. 243. – [30] Lacroix, *Eighteenth Century in France*, S. 201. – [31] Wormeley, S. 31. – [32] Guizot, Bd. V, S. 42. – [33] Duclos, *Secret Memoirs*, S. 70. – [34] Martin, H., Bd. XV, S. 107. – [35] Saint-Simon, Bd. III, S. 338. – [36] Michelet, Bd. V, S. 133. – [37] ebd., S. 135. – [38] Saint-Simon, Bd. III, S. 69. – [39] Voltaire, *Works*, Bd. XVI a, S. 155. – [40] Saint-Simon Bd. III, S. 418. – [41] *Cambridge Modern History*, Bd. II, S. 133. – [42] Michelet, Bd. V, S. 197; Martin, H., Bd. XV, S. 11. – [43] Duclos, *Secret Memoirs*, S. 8. – [44] Ercole, *Gay Court Life in France in the 18th Century*, S. 18 ff. – [45] Saint-Simon, Bd. III, S. 69. – [46] Ercole, S. 27. – [47] ebd., S. 10. – [48] Ducros, *French Society*, S. 56. – [49] Ercole, S. 44. – [50] *Cambridge Modern History*, Bd. VI, S. 132. – [51] Duclos, *Secret Memoirs*,

S. 131. – [52] Ercole, S. 44. – [53] Martin, H., Bd. XV, S. 552, und Michelet, Bd. V, S. 160, glauben an die Anschuldigung des Inzests. – [54] Martin, H., Bd. XV, S. 12. – [55] Dupuy, *Dialogues sur les plaisirs*, S. 14, in Crocker, *Age of Crisis*, S. 117. – [56] Brunetière, *Manual of the History of French Literature*, S. 282. – [57] Wormeley, S. 30. – [58] Lacroix, S. 83. – [59] Michelet, Bd. V, S. 251. – [60] Martin, H., Bd. XV, S. 339. – [61] Batiffol, *The Great Literary Salons*, S. 103. – [62] Toth, *Woman and Rococo in France*, S. 107. – [63] dto. – [64] Lacroix, S. 417. – [65] Ercole, S. 56. – [66] Louvre. – [67] Metropolitan Museum of Art, New York. – [68] Louvre. – [69] Metropolitan Museum of Art, New York. – [70] Wallace Collection, London. – [71] Dresden, Gemäldegalerie. – [72] Wallace Collection. – [73] hervorragende Sammlungen von Zeichnungen Watteaus befinden sich im Louvre und in der Pierpont Morgan Library, New York. – [74] Goncourts, *French 18th-Century Painters*, S. 1. – [75] Aldington, *French Comedies of the 18th Century*, S. 103. – [76] Sainte-Beuve, *Portraits of the 18th Century*, Bd. I, S. 81. – [77] ebd., S. 82. – [78] Lesage, *Adventures of Gil Blas*, Vorwort. – [79] Aldington, S. 131. – [80] Lesage, *Gil Blas*, 8. Buch, 10. Kap. – [81] Gil Blas, letzte Zeile. – [82] Sainte-Beuve, *Portraits*, Bd. I, S. 104. – [83] Saint-Simon, Bd. III, S. 42. – [84] Créqui, Marquise de, *Souvenirs*, S. 44. – [85] Michelet, Bd. V, S. 126. – [86] Faguet, *Literary History of France*, S. 474. – [87] Saint-Simon, Bd. III, S. 376. – [88] Duclos, *Secret Memoirs*, S. 326. – [89] Michelet, Bd. V, S. 155; Martin, Bd. XV, S. 80. – [90] ebd., S. 115. – [91] Saint-Simon, Bd. III, S. 373. – [92] ebd., S. 376. – [93] ebd., S. 77. – [94] Torrey, *The Spirit of Voltaire*, S. 21. – [95] Parton, Bd. I, S. 99. – [96] Desnoiresterres, Bd. I, S. 217. – [97] Parton, Bd. I, S. 98. – [98] Brandes, Bd. I, S. 97. – [99] ebd., S. 98. – [100] ebd., S. 99. – [101] Parton, Bd. 1, S. 115. – [102] wie Desnoiresterres, Bd. I, S. 159, und Brandes, Bd. I, S. 100. – [103] Créqui, S. 149. – [104] Desnoiresterres, Bd. I, S. 157. – [105] Beard, *History of the Business Man*, S. 463; Brandes, Bd. I, S. 306. – [106] Desnoiresterres, Bd. I, S. 190. – [107] Parton, Bd. I, S. 154. – [108] Desnoiresterres, Bd. I, S. 242; Faguet, *Literary History*, S. 469, enthält eine andere Version: «Gare que cet écrit in extremis n'aille pas à son adresse». – [109] Parton, Bd. I, S. 165. – [110] Voltaire, *Works*, Bd. XXI a, S. 221. – [111] Friedrich der Große, *Mémoires*, Bd. I, S. 59. – [112] Desnoiresterres, Bd. I, S. 345. – [113] Brandes, Bd. I, S. 152. – [114] ebd., Parton, Bd. I, S. 185. – [115] Parton, Bd. I, S. 190.

IV. BUCH, KAPITEL 1

[1] Shakespeare, *Richard II*, II. Aufzug, 1. Szene. – [2] Defoe, *Tour through England and Wales*, Bd. I, S. 1 und andere Stellen. – [3] Voltaire, *Lettres philosophiques*, Nr. 9; Ashton, *Economic History of England: The 18th Centure*, S. 36. – [4] Quennell, *History of Everyday Things in England*, S. 21; Mantoux, *Industrial Revolution in the 18th Century*, S. 165. – Quennell, *Everyday Things*, S. 12. – [6] Trevelyan, *English Social History*, S. 379. – [7] Besant, *London in the 18th Century*, S. 386. – [8] Lipson, *Growth of English Society*, S. 212. – [9] Nussbaum, *Economic Institution of Modern Europe*, S. 252. – [10] Jaurès, *Histoire socialiste de la Révolution française*, Bd. I, S. 67. – [11] Usher, *History of Mechanical Inventions*, S. 280. – [12] Lipson, S. 196. – [13] Ashton, *Economic History*, S. 220. – [14] *Encyclopaedia Britannica*, Bd. VI, S. 544 a. – [15] Mantoux, S. 73. – [16] Ashton, S. 201 ff. – [17] Tawney, *Religion and the Rise of Capitalism*, S. 190. – [18] Ashton, S. 212; Mantoux, S. 72. – [19] Ashton, S. 203. – [20] Webb, *History of Trade Unionism*, S. 31 ff. – [21] Mantoux, S. 119. – [22] Chesterfield, *Letters to His Son*, Brief vom 22. 9. 1749. – [23] Mantoux, S. 102; Taine, *Ancient Regime*, S. 33. – [24] Beard, *Business Man*, S. 430. – [25] Voltaire, *Lettres sur les Anglais*, Nr. 10, in Mantoux, S. 138. – [26] Hume, Enquiry concerning the Principles of Morals, S. 248. – [27] Beard, S. 435. – [28] Lecky, *History of England*, Bd. I, S. 323. – [29] Mackay, *Extraordinary Popular Delusions*, S. 50. – [30] ebd., S. 55. – [31] Quennell, *Caroline of England*, S. 71. – [32] *Cambridge Modern History*, Bd. VI, S. 181. – [33] Mackay, S. 73. – [34] ebd., S. 78. – [35] Voltaire, *Works*, Bd. XIII a, S. 23. – [36] Ranke, *History of the Reformation in Germany*, S. 468. – [37] Rogers, *Economic Interpretation of History*, S. 157; Ashton, S. 2; Ogg, *Europe in the 17th Century*, S. 2. – [38] Defoe, *Tour*, Bd. I, S. 337. –

[39] Besant, *London in the 18th Century*, S. 352. – [40] Trevelyan, *English Social History*, S. 142. – [41] Lecky, *History of England*, Bd. I, S. 482 ff. – [42] dto. – [43] Brief vom 23. 3. 1752. – [44] Besant, S. 380 f. – [45] W. R. Brock in *New Cambridge Modern History*, Bd. VII, S. 266. – [46] Besant, S. 238. – [47] Lecky, Bd. II, S. 543 ff. – [48] James, *Women of England*, S. 335. – [49] Besant, S. 138. – [50] Markun, *Mrs. Grundy*, S. 183. – [51] Faÿ, *La Franc – Maçonnerie et la Révolution intellectuell du XVIIIe siècle*, S. 78 f. – [52] Besant, S. 384. – [53] Blackstone, *Commentaries on the Laws of England*, S. 151. – [54] W. Congreve, *Way of the World*, Bd. III, S. 3, in Hampden, *Eighteenth Century Plays*. – [55] John Gay, *Beggar's Opera*, I. Aufzug, 5. Szene in Hampden. – [56] Halsband, *Lady Mary Wortley Montague*, S. 14. – [57] Langdon-Davies, *Short History of Women*, S. 305. – [58] Besant, S. 459; Lecky, Bd. I, S. 522; Quennell, *Caroline of England*, S. 29. – [59] George, *London in the 18th Century*, S. 29. – [60] Lecky, Bd. I, S. 477. – [61] ebd., S. 479; Besant S. 297 f. – [62] Berkeley, *Siris*, in Jefferson, *Eighteenth Century Prose*, S. 122. – [63] Besant, S. 301 f. – [64] Turberville, *Johnson's England*, Bd. I, S. 48. – [65] Boswell, *Journal of a Tour to the Hebrides*, S. 84 (31. 8. 1773). – [66] *Encyclopaedia Britannica*, Bd. XX, S. 779 d. – [67] *Cambridge Modern History*, Bd. VI, S. 187. – [68] Ashton, S. 62 f. – [69] Hobhouse, *Morals in Evolution*, S. 313. – [70] Besant, S. 342. – [71] Lecky, Bd. I, S. 183. – [72] ebd., S. 367; Barnes, *Economic History of the Western World*, S. 256. – [73] Westermarck, *Origin and Development of the Moral Ideas*, Bd. II, S. 558. – [74] Turberville, Bd. I, S. 72. – [75] einige Beispiele bei Thackeray *The Four Georges*, S. 42 f. – [76] Turberville, Bd. I, S. 312. – [77] Fielding, *Amelia*, I. Buch, 2. Kap. – [78] Turberville, Bd. I, S. 310. – [79] Quennell, *Everyday Things*, S. 9. – [80] Lecky, Bd. I, S. 507. – [81] Turberville, Bd. I, S. 322. – [82] ebd., S. 319; Lecky, Bd. I, S. 501 f. – [83] Smith, *History of Modern Culture*, Bd. II, S. 586. – [84] Johnson, *The Rambler*, S. 183. – [85] Pope, *Imitations of Horace*, Brief II. – [86] James, *Women of England*, S. 318. – [87] Turberville, Bd. I, S. 341. – [88] Thackeray, *Four Georges*, S. 41. – [89] Allen, *Tides in English Taste*, Bd. I, S. 249. – [90] Lecky, Bd. I, S. 552. – [91] ebd., S. 553 f. – [92] Walpole, *Letters*, Bd. I, S. 309 (29. 6. 1744). – [93] Weinstock, *Handel*, S. 228. – [94] Allen, *Tides*, Bd. I, S. 94; Chesterfield, *Letters*, 19. 10. 1748. – [95] Clergue, *The Salon*, S. 4. – [96] Chesterfield, *Letters*, 11.6. 1760. – [97] Sainte-Beuve, *English Portraits*, S. 25. – [98] Wharton, *Wits and Beaux of Society*, Bd. I, S. 349. – [99] Sainte-Beuve. *English Portraits*, S. 19. – [100] Chesterfield, Brief vom 8. 7. 1739. – [101] Brief vom Juni 1752, in *Letters to His Son*, Bd. II, S. 96. – [102] Brief vom 19. 4. 1749. – [103] 13. 4. 1752. – [104] 6. 11. 1747. – [105] 16. 5. 1751. – [106] 23. 5. 1751. – [107] 5. 9. 1748. – [108] 15. 4. 1751. – [109] Sainte-Beuve, *English Portraits*, S. 41. – [110] 25. 12. 1753. – [111] 17. 5. 1748. – [112] 11. 11. 1752. – [113] 9. 10. 1747. – [114] 22. 2. 1748. – [115] 19. 10. 1748. – [116] 8. 1. 1750. – [117] 13. 4. 1752. – [118] 25. 12. 1753. – [119] Stephen, *English Literature and Society in the 18th Century*, S. 150. – [120] Krutch, *Samuel Johnson*, S. 354. – [121] Chesterfield, 25. 7. 1741. – [122] 24. 2. 1747. – [123] Krutch, S. 354. – [124] Parton, Bd. II, S. 551. – [125] Sainte-Beuve, *English Portraits*, S. 43. – [126] Nicolson, *Age of Reason*, S. 201. – [127] Sainte-Beuve. *English Portraits*, S. 34. – [128] 2. 12. 1746. – [129] 17. 10. 1768. – [130] *Letters*, Bd. II, S. 334. – [131] 11. 10. 1769. – [132] Sainte-Beuve, *English Portraits*, S. 44. – [133] ebd., S. 45.

IV. BUCH, KAPITEL 2

[1] Acton, *Lectures on Modern History*, S. 266. – [2] Quennell, *Caroline*, S. 22. – [3] Halsband, *Lady Mary*, S. 45. – [4] Voltaire, *Works*, Bd. XXI b, S. 70 ff; vgl. Laski, *Political Thought in England, Locke to Bentham*, S. 16. – [5] Hauser, *Social History of Art*, Bd. II, S. 261. – [6] *New Cambridge Modern History*, Bd. VII, S. 261. – [7] Voltaire, Bd. XIX b, S. 29. – [8] Chidsey, *Marlborough*, S. 291. – [9] Rowse, *The Early Churchills*, S. 131. – [10] Martin, H., Bd. XV, S. 76. – [11] Lang, *History of Scotland*, Bd. IV, S. 226 f. – [12] Collins, *Bolingbroke and Voltaire in England*, S. 117. – [13] Churchill, *History of the English-speaking Peoples*, Bd. III, S. 91. – [14] Schoenfeld, *Women of the Teutonic Nations*, S. 275. – [15] Quennell, *Caroline*, S. 93. – [16] Traill, *Social England*, Bd. V, S. 139. – [17] Walpole, *Reminiscences in Letters*, Einl., CXXX. – [18] Walpole, *Memoires, of . . . the*

Reign of George II, Bd. I, S. 63. – [19] Thackeray, *Four Georges*, S. 33. – [20] Wharton, *Wits and Beaux of Society*, Bd. I, S. 276. – [21] Lecky, *History of England*, Bd. I, S. 465. – [22] Mossner, *Bishop Butler and the Age of Reason*, S. 4; Quennell, *Caroline*, S. 134. – [23] *Cambridge Modern History*, Bd. VI, S. 77. – [24] Voltaire, Bd. XIX b, S. 23. – [25] Lecky, Bd. I, S. 520. – [26] Quennell, *Caroline*, S. 252. – [27] Lecky, Bd. I, S. 326; *Cambridge Modern History*, Bd. VI, S. 181. – [28] Macaulay, *Essays*, Bd. I, S. 346. – [29] Walpole, *Memoires of the Reign of George II*, Bd. II, S. 273. – [30] Mossner, *Bishop Butler*, S. 5. – [31] Beard, *History of the Business Man*, S. 477. – [32] Macaulay, *Essays*, Bd. I, S. 348; Lecky, Bd. I, S. 367 ff; Koven, *Horace Walpole and Madame du Deffand*, S. 13. – [33] Lord Hervey in Jefferson, *Eighteenth-Century Prose*, S. 28. – [34] Tucker, in Lecky, Bd. I, S. 334. – [35] Friedrich der Große, *Memoires*, Bd. I, S. 29. – [36] Chesterfield, Brief vom 12. 12. 1749. – [37] Lovejoy, *Essays*, S. 177. – [38] Collins, *Bolingbroke*, S. 166. – [39] *Cambridge History of English Literature*, Bd. IX, S. 254. – [40] Bolingbroke, *On the Spirit of Patriotism*, S. 28. – [41] Collins, S. 172. – [42] Bolingbroke, S. 128. – [43] Hearnshaw, *Social and Political Ideas of Some English Thinkers of the Augustan Age*, S. 215. – [44] dto. – [45] Acton, *Lectures*, S. 273. – [46] *Cambridge Modern History*, Bd. VI, S. 54 f; Wingfield-Stratford, *History of British Civilization*, S. 681; Churchill, Bd. III, S. 101. – [47] Lecky, Bd. I, S. 385; Burke, *Letters on a Regicide Peace*, in *Reflections on the French Revolution*. – [48] Altamiry, *History of Spain*, S. 435. – [49] *Encyclopaedia Britannica*, Bd. XX, S. 779 c. – [50] Lecky, Bd. I, S. 394. – [51] ebd., S. 291. – [52] dto. – [53] ebd., S. 239. – [54] ebd., S. 241. – [55] Mantoux, *Industrial Revolution*, S. 87. – [56] Swift, Jonathan, *Short View of the State of Ireland*, in Lecky, Bd. II, S. 208. – [57] Lecky, Bd. II, S. 424. – [58] *Cambridge Modern History*, Bd. VI, S. 485. – [59] D'Alton, *History of Ireland*, Bd. IV, S. 531. – [60] Lecky, Bd. II, S. 199. – [61] D'Alton, Bd. IV, S. 472 f. – [62] Lecky, Bd. II, S. 217. – [63] dto. – [64] Mossner, *Life of Hume*, S. 234. – [65] Lecky, Bd. II, S. 83. – [66] Trevelyan, *English Social History*, S. 444. – [67] Robertson, *Short History of Freethought*, Bd. II, S. 168. – [68] Traill, *Social England*, Bd. V, S. 159. – [69] Lang, *History of Scotland*, Bd. IV, S. 425 ff. – [70] ebd., S. 449. – [71] ebd., S. 451. – [72] Voltaire, *Age of Louis XV*, Bd. II, S. 14. – [73] Lang, Bd. IV, S. 512. – [74] *Cambridge Modern History*, Bd. VI, S. 117. – [75] Lang, Bd. IV, S. 519. – [76] *Encyclopaedia Britannica*, Bd. IV, S. 292 d. – [77] Voltaire, *Age of Louis XV*, Bd. II, S. 44. – [78] Friedrich der Große, *Mémoires*, Bd. I, S. 191. – [79] Wingfield-Stratford, S. 682. – [80] Lecky, Bd. II, S. 479 f. – [81] ebd., S. 476. – [82] Churchill, Bd. III, S. 112.

IV. BUCH, KAPITEL 3

[1] *Pensées diverses*, in Lecky, Bd. II, S. 531. – [2] Davidson, Einleitung zu Montesquieus *Persian Letters*. – [3] dto. – [4] Hervey, *Memoirs of the Court of George II*, in der Einleitung zu Mandevilles *Fable of the Bees*. – [5] Besant, *London*, S. 152. – [6] *Cambridge Modern History*, Bd. VI, S. 79. – [7] Stephen, *History of English Thought in the 18th Century*, Bd. I, S. 217. – [8] Thackeray, *Four Georges*, S. 34. – [9] Lecky, Bd. I, S. 468. – [10] Hume, Essay «*Of National Character*». – [11] Besant, S. 153. – [12] Lecky, Bd. I, S. 275 f, 303 f. – [13] Trevelyan, *England under the Stuarts*, S. 342. – [14] Robertson, *History of Freethought*, Bd. II, S. 161; Lecky, Bd. I, S. 313. – [15] Voltaire, *Works*, Bd. XIX b, S. 218. – [16] Voltaire, Bd. VI a, S. 288. – [17] Woolston, *Discourses*, Bd. I, S. 34, in Stephen, *History of English Thought*, Bd. I, S. 232. – [18] Bury, *History of Freedom of Thought*,S. 141; Voltaire, *Philosophical Dictionary*, Artikel «*Miracles*», in *Works*, Bd. VI a, S. 288 ff.; Robertson, *Freethought*, Bd. II, S. 157 ff; Stephen, *History of English Thought*, Bd. I, S. 228 ff. – [19] Benn, *History of English Rationalism in the 19th Century*, Bd. I, S. 145. – [20] Tindal, *Christianity as Old as the Creation*, S. 14, in Stephen, *History*, Bd. I, S. 139. – [21] Stephen, Bd. I, S. 262; Robertson, Bd. II, S. 158. – [22] Stephen, Bd. I, S. 266. – [23] Collins, *Bolingbroke*, S. 183. – [24] Stephen, Bd. I, S. 178. – [25] Torrey, *Voltaire and the English Deists*, S. 149. – [26] Hearnshaw, *English Thinkers of the Augustan Age*, S. 240. – [27] Stephen, *History*, Bd. I, S. 180. – [28] Collins, S. 180. – [29] O. Goldsmith, *Life of Bolingbroke*, in Clark, *Great Short Bio-*

graphies, S. 1057. – [30] Stephen, Bd. I, S. 246. – [31] ebd., S. 345. – [32] ebd., S. 349 ff. – [33] ebd., S. 356. – [34] *Encyclopaedia Britannica*, Bd. IV, S. 463 b. – [35] Mossner, *Bishop Butler and the Age of Reason*, S. 8. – [36] Toynbee, *Study of History* (Somervell), S. 486. – [37] Gibbon, *Memoirs*, S. 21. – [38] Turberville, *Johnson's England*, Bd. I, S. 33. – [39] Inge, *Christian Mysticism*, S. 283. – [40] *Cambridge Modern History*, Bd. VI, S. 81. – [41] Gibbon, *Memoirs*, S. 22. – [42] Bearne, *Court Painter*, S. 198. – [43] Voltaire, Essay «*Poésie épique*». – [44] Besant, S. 149. – [45] McConnell, *John Wesley*, S. 13. – [46] Wesley, John, *Journal*, S. 94. – [47] *Encyclopaedia of Religion and Ethics*, Bd. XII, S. 724 d. – [48] ebd., S. 725 a. – [49] McConnell, S. 47. – [50] Lecky, Bd. II, S. 554. – [51] Wesley, *Journal*, S. 43; Hastings, Bd. XII, S. 725 d. – [52] *Encyclopaedia Britannica*, Bd. XXIII, S. 576. – [53] Lecky, Bd. II, S. 565. – [54] dto. – [55] ebd., S. 563. – [56] ebd., S. 591 ff; Lecky, *History of European Rationalism*, Bd. I, S. 45. – [57] Turberville, *Johnson's England*, Bd. I, S. 221. – [58] Wesley, *Journal for 1739*, in Lecky, *History of England*, Bd. II, S. 584. – [59] ebd., S. 583. – [60] ebd., S. 590. – [61] ebd., S. 636; Toynbee, *Study of History*, Bd. IX, S. 459 f. – [62] McConnell, S. 48. – [63] ebd., S. 66. – [64] Wesley, *Journal*, Eintragung am 30. 3. 1763. – [65] *World Christian Handbook*, S. 5. – [66] Journal, 1. 1. 1790. – [67] Shaftesbury, *Characteristics*, Bd. I, S. 260. – [68] Mandeville, *Fable of the Bees*, S. 83 ff. – [69] Hutcheson, *Inquiry concerning Moral Good and Evil* in *Encyclopaedia Britannica*, Bd. XI, S. 945 c. – [70] Buckle, Bd. II, S. 334. – [71] ebd., S. 336. – [72] Hume, *Dialogues concerning Natural Religion*, S. 4. – [73] Huxley, *Hume*, S. 3. – [74] ebd., S. 6. – [75] Mossner, *Life of Hume*, S. 51. – [76] Huxley, S. 6. – [77] «*My Own Life*», in Hume, *Dialogues concerning Natural Religion*, S. 233. – [78] Mossner, S. 82. – [79] ebd., S. 94. – [80] ebd., S. 111. – [81] Hume, *Treatise of Human Nature*, Buch I, Teil II, Abschn. 5. – [82] ebd., Buch I, Teil II, Abschn. 1. – [83] ebd., Buch I, Teil III, Abschn. 10 und 7. – [84] ebd., Buch I, Teil IV, Abschn. 2 und 6. – [85] ebd., Buch I, Teil IV, Abschn. 1. – [86] dto. – [87] Anhang. – [88] Hume, *Treatise*, Buch I, Teil IV, Abschn. 1. – [89] ebd., Buch I, Teil IV, Abschn. 7. – [90] ebd., Buch I, Teil IV, Abschn. 2. – [91] ebd., Buch I, Teil IV, Abschn. 1. – [92] ebd., Buch II, Teil III, Abschn. 3. – [93] dto. – [94] ebd., Buch II, Teil I, Abschn. 10. – [95] ebd., Buch II, Teil I, Abschn. 7. – [96] Buch II, Teil I, Abschn. 8. – [97] ebd., Buch II, Teil II, Abschn. 11. – [98] «*My Own Life*», in Hume, *Dialogues concerning Natural Religion*, S. 234. – [99] Mossner, S. 129. – [100] Hume, *Treatise*, Buch III, Teil I, Abschn. 1. – [101] ebd., Buch III, Teil II, Abschn. 2. – [102] ebd., Buch III, Teil III, Abschn. 6. – [103] Mossner, S. 213. – [104] ebd., S. 215 ff. – [105] Hume, *Enquiry concerning the Human Understanding*, S. 2. – [106] ebd., Teil X, Abschn. 91–95 und 100–101. – [107] ebd., Teil XI, Abschn. 102. – [108] Hume, *Enquiry concerning the Principles of Morals*, Buch V, Teil I, Abschn. 174–175; Anhang II; vgl. den Essay «*Of the Dignity and Meanness of Human Nature*». – [109] *Enquiry concerning . . . Morals*, Buch IX, Teil I, Abschn. 226. – [110] ebd., Buch IV, Abschn. 166. – [111] «*My Own Life*», S. 236. – [112] Hume, *Dialogues concerning Natural Religion*, S. 156. – [113] ebd., S.148. – [114] ebd., S. 182 ff. – [115] Essay, «*On Suicide*». – [116] *Dialogues*, S. 210. – [117] ebd., S. 194. – [118] ebd., S. 211. – [119] ebd., S. 169. – [120] ebd., S. 180. – [121] ebd., S. 171. – [122] ebd., S. 227. – [123] ebd., S. 214. – [124] Hume, *Natural History of Religion*, Abschn. I, XIII–XV, in Cassirer, *Philosophy of the Enlightenment*, S. 181. – [125] Hume, *Dialogues*, Einleitung. – [126] Burton, *Life of Hume*, Bd. II, in Lecky, *History of England*, Bd. II, S. 543. – [127] Hume, *Enquiry concerning . . . Morals*, Buch III, Teil II, Abschn. 155. – [128] Hume, *History of England*, Bd. IV, S. 480. – [129] Hume, *Essays Literary, Moral and Political*, S. 27, 273. – [130] ebd., S. 161. – [131] Essay «*Of National Character*». [132] Hume, *Enquiry concerning the Human Understanding*, Teil VII, Abschn. 65. – [133] Essay «*Of Commerce*». – [134] Essay «*Of Civil Liberty*». – [135] Essay «*Jealousy of Trade*». – [136] Black, *Art of History*, S. 80. – [137] Mossner, S. 317. – [138] Hume, Essay «*Of the Study of History*». – [139] Hume, «*My Own Life*», S. 236. – [140] Black, S. 114. – [141] Mossner, S. 318. – [142] Hume, «*My Own Life*», S. 236. – [143] ebd., S. 237. – [144] Mossner, S. 223. – [145] ebd., S. 318. – [146] ebd., S. 444 f. – [147] Hume, «*My Own Life*», S. 238. – [148] ebd., S. 239. – [149] Hume, *Enquiry concerning the Human Understanding*, Teil XI, Abschn. 108. – [150] Mossner, S. 568.

– [151] Adam Smith, Brief an W. Strahan vom 9. 11. 1776, in Hume, *Dialogues*, S. 247. – [152] Hume, *Treatise of Human Nature*, Buch I, Teil IV, Abschn. 5. – [153] Wolf, *History of Science*, S. 757. – [154] Mossner, S. 478. – [155] Hume, *Dialogues*, Einleitung. – [156] Mossner, S. 588. – [157] Hume, *«My Own Life»*, S. 239. – [158] Strachey, *Portraits in Miniature*, S. 151. – [159] Hume, *«My Own Life»*, S. 244. – [160] ebd., S. 245. – [161] Mossner, S. 598 ff. – [162] ebd., S. 603.

IV. BUCH, KAPITEL 4

[1] Sainte-Beuve, *Portraits of the 18th Century*, Bd. I, S. 132. – [2] Buckle, Bd. I, S. 312. – [3] Johnson, *Lives of the Poets*, Bd. II, S. 143. – [4] Pope, *«Epistle to Dr. Arbuthnot»*, Z. 127–128. – [5] Pope, *Essay on Criticism*, Z. 214–215. – [6] ebd., Z. 298. – [7] ebd., Z. 631–642. – [8] ebd., Z. 585–587. – [9] Stephen, *Alexander Pope*, S. 45. – [10] Pope, *Rape of the Lock*, Canto II, Z. 105–109. – [11] ebd., Canto III, Z. 16. – [12] ebd., Canto V, Z. 85–86. – [13] s. «Windsor Forest», Z. 41–42. – [14] Pope, *«Eloïsa to Abelard»*, Z. 281–292. – [15] ebd., Z. 325–328. – [16] Stephen, *Pope*, S. 61. – [17] ebd., S. 64. – [18] Johnson, *Lives*, Bd. II, S. 161. – [19] Stephen, *Pope*, S. 64. – [20] ebd., S. 78. – [21] Pope, *«Second Epistle of the Second Book of Horace»*, Z. 68–69, in *Collected Poems*, S. 305. – [22] Thornton, *Table Talk from Ben Jonson to Leigh Hunt*, S. 112. – [23] vgl. zum Beispiel Jefferson, *Eighteenth-Century Prose*, S. 25. – [24] Parton, Bd. I, S. 214. – [25] Stephen, *Pope*, S. 91. – [26] Boston Museum of Fine Arts. – [27] London, National Portraits Gallery. – [28] Stephen, *Pope*, S. 100. – [29] s. *«Farewell to London»*, in *Poems*, S. 368, und Strachey, *Portraits*, S. 14. – [30] Garnett und Gosse, *English Literature*, Bd. III, S. 199. – [31] Pope, *Dunciad*, Buch II, Z. 75–76, 102–108, 155–156. – [32] ebd., Buch IV, Z. 471–482. – [33] Robertson, J. M., in Shaftesbury, *Characteristics*, Einleitung. – [34] Collins, *Bolingbroke*, S. 158. – [35] Stephen, *Pope*, S. 166. – [36] Pope, *Essay on Man*, Epistel I, Z. 1–16. – [37] Milton, *Paradise Lost*, I, Z. 26. – [38] Pope, *Essay on Man*, Epistel I, Z. 81–84. – [39] Epistel I, Z. 91–96. – [40] Ende der Epistel 1. – [41] Pope, *Essay on Man*, Epistel II, Z. 1–17. – [42] ebd., Z. 217–220. – [43] Epistel III, Z. 303–306. – [44] Epistel IV, Z. 35–36. – [45] Epistel IV, Z. 49–50. – [46] Taine, *History of English Literature*, Buch III, Kap. VII, Abs. 4. – [47] Voltaire, *Lettres sur les Anglais*, in *Works*, Bd. XIX b, S. 94. – [48] Johnson, *Lives*, Bd. II, S. 193. – [49] Pope, *«Epistle to Dr. Arbuthnot»*, Z. 305–329. – [50] Pope, *Satires*, Epilog, Z. 208–209. – [51] Pope, *Dunciad*, Buch IV, Z. 629–655. – [52] Johnson, *Lives*, Bd. II, S. 199. – [53] Thackeray, *English Humourists*, S. 213. – [54] Walt Whitman, in Traubel, *With Walt Whitman in Camden*, S. 126. – [55] Lecky, *History of England*, Bd. I, S. 463. – [56] Brandes, *Voltaire*, Bd. I, S. 16. – [57] Woods, Watt und Anderson, *Literature of England*, Bd. II, S. 51. – [58] Garnett und Gosse, Bd. III, S. 287; angezweifelt in *Cambridge History of English Literature*, Bd. X, S. 147. – [59] Arnold, *Essays in Criticism*, S. 317. – [60] Johnson, *Lives*, Bd. II, S. 391, 388. – [61] Allen, *Life in 18th-Century England*, S. 16. – [62] Brandes, *Voltaire*, Bd. I, S. 32. – [63] Lecky, *History of England*, Bd. I, S. 541. – [64] Mossner, *Hume*, S. 357. – [65] ebd., S. 360. – [66] ebd., S. 379. – [67] ebd., S. 364. – [68] Pope, *«Epitaph on Gay»*. – [69] John Gay, *Beggar's Opera*, I. Aufzug, V. Szene. – [70] ebd., I. Aufzug, VIII. Szene. – [71] ebd., III. Aufzug, XI. Szene. – [72] *Cambridge History of English Literature*, Bd. X, S. 3. – [73] Richardson, *Pamela*, S. 2. – [74] ebd., S. 179. – [75] Richardson, *Clarissa*, S. 429 ff. – [76] ebd., Einleitung. – [77] dto. – [78] Montagu, *Letters*, Bd. II, S. 232 (1. 3. 1752). – [79] Rousseau, *Brief an Duclos vom 19. 11. 1760*. – [80] Francke, *History of German Literature*, S. 216. – [81] Texte, *J. J. Rousseau and the Cosmopolitan Spirit*, S. 148 f. – [82] Fielding, Einl. zu *Amelia;* Thackeray, *English Humourists*, S. 263. – [83] Fielding, *Joseph Andrews*, Buch I, Kapitel X. – [84] G. Saintsbury, Einl. zu *Pamela*. – [85] Fielding, *Joseph Andrews*, Buch II, Kapitel XIV. – [86] Fielding, *Jonathan Wild*, Vorwort. – [87] dto., *Jonathan Wild*, Buch I, Kapitel I. – [88] ebd., Buch I, Kapitel V. – [89] ebd., Buch I, Kapitel III. – [90] ebd., Buch III, Kapitel VII. – [91] ebd., Buch IV, Kapitel XV. – [92] Thackeray, *English Humourists*, S. 266. – [93] Fielding, *Tom Jones*, Buch III, Kapitel V. – [94] ebd., Buch III, Kapitel X. – [95] ebd., Buch XVIII, Kapitel XII. – [96] Besant, *London*, S. 502f.; Lecky, *History of England*, Bd. I, S. 487. – [97] Fielding, *Amelia*, Buch IV, Kapitel II. –

[98] ebd., Buch I, Kapitel II. – [99] ebd., Buch XI, Kapitel IX. – [100] ebd., Buch VI, Kapitel II. – [101] Thackeray, S. 263. – [102] Smollett, *Roderick Random*, Kap. XI, S. 56 ff. – [103] ebd., Kap. XX, S. 114. – [104] ebd., Kap. XVII, S. 95. – [105] ebd., Ka. XXXIX, S. 223. – [106] Smollett, *Adventures of Peregrine Pickle*, Kap. II. – [107] ebd., Kap. VI. – [108] Thackeray, S. 254. – [109] ebd., S. 255. – [110] ebd., S. 254. – [111] Smollett, *Travels through France and Italy*, Kap. XXVII. – [112] Thackeray, S. 256. – [113] Smollett, *Humphrey Clinker*, S. 16 (Brief vom 18. 4.). – [114] ebd., S. 142 (Brief vom 8. 6.). – [115] ebd., S. 218 ff. (Brief vom 4. 7.). – [116] ebd., S. 225 ff. (Brief vom 13. 7.). – [117] Montagu, *Letters*, Bd. I, S. 173. – [118] Halsband, *Lady Mary Wortley Montagu*, S. 11. – [119] Montagu, *Letters*, Bd. I, S. 174 (25. 4. 1710). – [120] ebd., S. 178. – [121] ebd., S. 181. – [122] Brief vom 16. 8. 1712; Halsband, S. 25. – [123] Pope, *Collected Poems*, S. 370. – [124] Halsband, S. 58. – [125] Pope, Brief vom 18. 8. 1716, in Montagu, Bd. I, S. 405 ff. – [126] Montagu, Bd. I, S. 237 (14. 9. 1716). – [127] Brockway und Winer, *Second treasury of the World's Great Letters*, S. 170. – [128] Halsband, S. 63. – [129] Montagu, Bd. I, S. 431, 434. – [130] Sammlung Marquess of Bute. – [131] Pope, *Poems*, S. 371. – [132] Halsband, S. 113. – [133] ebd., S. 130. – [134] ebd., S. 141. – [135] *Cambridge History of English Literature*, Bd. IX, S. 277. – [136] übersetzt von Halsband, S. 156. – [137] ebd., S. 157. – [138] Walpole, *Letters*, Bd. I, S. 57 ff. (25. 9. und 2. 10. 1740). – [139] Halsband, S. 204, 218. – [140] ebd., S. 218. – [141] ebd., S. 289.

IV. BUCH, KAPITEL 5

[1] Turberville, *Johnson's England*, Bd. II, S. 75. – [2] Allen, *Tides in English Taste*, Bd. I, S. 73 f. – [3] Lecky, *History of England*, Bd. I, S. 530. – [4] Tate Gallery, London. – [5] Staatsbibliothek, Hamburg. – [6] Traill, *Social England*, Bd. V, S. 271. – [7] Wilenski, *English Painting*, S. 102. – [8] Thackeray, *English Homourists*, S. 247. – [9] Beckett, *Hogarth*, S. 22. – [10] Wien. – [11] Sammlung Sir Francis Cook. – [12] Frick Gallery, New York. – [13] Metropolitan Museum of Art, New York. – [14] Tate Gallery. – [15] ebd., – [16] National Gallery, London. – [17] Tate Gallery. – [18] Thackeray, S. 247. – [19] Quennell, *Hogarth's Progress*, S. 31. – [20] Tate Gallery. – [21] Thackeray, S. 245; Wilenski, S. 60. – [22] Wilenski, S. 79 f.; Dobson, *Hogarth*, S. 23. – [23] Wilenski, S. 72. – [24] Beckett, S. 13. – [25] Art Gallery, Birmingham, England. – [26] St. Bartholomew's Hospital, London. – [27] Sammlung Earl of Faversham. – [28] Wilenski, S. 63; Beckett, S. 18, zweifelt diese Geschichte an. – [29] Wilenski, S. 85. – [30] Dobson, S. 21. – [31] Wilenski, S. 71. – [32] Tate Gallery. – [33] Willenski, S. 68. – [34] Craven, *Treasury of Art Masterpieces*, S. 210; Quennell, *Hogarth*, S. 7. – [35] Wingfield-Stratford, *History of British Civilization*, S. 777. – [36] Dobson, S. 31. – [37] *Grove's Dictionary of Music and Musicians*, Bd. II, S. 406. – [38] Weinstock, *Handel*, S. 55. – [39] Brockway und Weinstock, *Men of Music*, S. 60; Turberville, *Johnson's England*, Bd. II, S. 160. – [40] dieser Abschnitt stützt sich besonders auf Herbert Weinstocks *Handel*. – [41] *Grove's Dictionary*, Bd. II, S. 504. – [42] Weinstock, S. 32; Brockway und Weinstock, S. 57. – [43] *Oxford History of Music*, Bd. IV, S. 80; Weinstock, S. 38. – [44] Mainwaring, *Life of Handel*, in Deutsch, *Handel*, S. 27. – [45] Burney, *General History of Music*, Bd. II, S. 662. – [46] Weinstock, S. 60. – [47] ebd., S. 92. – [48] ebd., S. 97. – [49] *Oxford History of Music*, Bd. IV, S. 209. – [50] Burney, Bd. II, S. 721. – [51] dto. – [52] Weinstock, S. 115. – [53] ebd., S. 172. – [54] McKinney und Anderson, *Music in History*, S. 438. – [55] Weinstock, S. 207. – [56] Burney, Bd. II, S. 817. – [57] Weinstock, S. 212. – [58] Láng, *Music in Western Civilization*, S. 522. – [59] Brockway und Weinstock, *Men of Music*, S. 76. – [60] *Oxford History of Music*, Bd. IV, S. 84; Weinstock, S. 225; Brockway und Weinstock, S. 76. – [61] Weinstock, S. 232. – [62] ebd., S. 239. – [63] ebd., S. 241. – [64] Rolland, *Musical Tour through the Land of the Past*, S. 58. – [65] *Oxford History of Music*, Bd. IV, S. 198. – [66] Weinstock, S. 77. – [67] Brockway und Weinstock, S. 81. – [68] Rolland, S. 49. – [69] Davison, *Bach und Händel*, S. 46. – [70] ebd., S. 44. – [71] Rolland, S. 67. – [72] Weinstock, S. 303. – [73] ebd., S. 305. – [74] Davison, S. 41. – [75] *Oxford History of Music*, Bd. IV, S. 85ff, 93. – [76] Burney,

Bd. II, S. 1023. – [77] *Brief an Thieriot*, nach Strachey, *Books and Characters*, S. 122. – [78] zum Beispiel Voltaire, *Works*, Bd. XXI a, S. 211. – [79] Works, Bd. XIX b, S. 91. – [80] Goldsmith, *Life of Voltaire*, in *Miscellaneous Works*, S. 504. – [81] Brief vom 19. 7. 1776, nach Desnoiresterres, Bd. VIII, S. 108; Artikel «*Art dramatique*», zitiert bei Holzknecht, *Backgrounds of Shakespeare*, S. 387. – [82] Collins, *Bolingbroke and Voltaire in England*, S. 201; Brandes, *Voltaire*, Bd. I, S. 173. – [83] Johnson, *Lives of the Poets*, Bd. II, S. 7. – [84] Voltaire, *Works*, Bd. XIX b, S. 209. – [85] Buckle, Bd. I, S. 528. – [86] *Philosophical Dictionary*, Artikel «*Government*». – [87] Gay, *Voltaire's Politics*, S. 44. – [88] Parton, Bd. II, S. 523. – [89] Voltaire, *Correspondance*, ed. Besterman, Bd. II, S. 31. – [90] Johnson, *Lives*, Bd. II, S. 176; Collins, S. 210. – [91] Collins, S. 230. – [92] Brunetière, *Manual of the History of French Literature*, S. 319.

PERSONENVERZEICHNIS

D

I

J

M

QUELLENVERZEICHNIS DER ABBILDUNGEN

Bruckmann KG, Bildarchiv, München: Bildseiten 6, 8; Archiv Oslinger, Wörthsee: Bildseiten 1, 3, 7; Bildarchiv Preußischer Kulturbesitz, Berlin: Bildseiten 2, 4, 5

Farbtafeln:
Archiv Dollinger, Wörthsee: Bildseiten 2, 3, 6; Holle Bildarchiv, Baden-Baden: Bildseiten 1, 7; Bildarchiv Preußischer Kulturbesitz, Berlin: Bildseiten 4, 5 (Staatsbibliothek Berlin), 8